EL NUEVO COMENTARIO INTERNACIONAL
AL TESTAMENTO GRIEGO

Editores
I. Howard Marshall
y
Donald A. Hagner

El Evangelio de
MARCOS

El Evangelio de
MARCOS

Un comentario sobre el texto griego

por

R. T. FRANCE

Traductor: Reynaldo Gastón Medina
Editor: Guillermo Powell

El Evangelio de Marcos

Título original en inglés:
The New International Greek Testament Commentary: The Gospel of Mark
Autor: R.T. France
Publicado por William. B. Eerdmans Publishing Co.
2140 Oak Industrial Drive N.E., Grand Rapids, Michigan 49505 © 2002
Y por Paternoster Press
P.O. Box 300, Carlisle, Cumbria CA3 0QS, U.K.

Título: El Evangelio de Marcos, un comentario sobre el texto griego
Serie: El Nuevo Comentario Internacional al Testamento Griego

Traductor: Reynaldo Gastón Medina
Editor: Guillermo Powell
Diseño gráfico: Outboard Marketing
Tipografía y maquetación: Sonia Martínez

"La Fundación Hurtado se dedica a la traducción de trabajos teológicos en español, posibilitado gracias a las donaciones generosas de sus socios y la gracia de Dios."

"Puede obtener una copia digital de esta obra en www.logos.com/es"

Publicado por
FUNDACIÓN HURTADO
4536 Longfellow Drive, Plano, Texas 75093-3520
ISBN: 978-1-943840-16-8

En grato recuerdo de

MI PADRE

5.1.1908—13.5.2000

Contenido

Índices

PRÓLOGO

En los últimos años, se han escrito muchas series de comentarios acerca del texto en ingles del Nuevo Testamento; sin embargo, poco se ha hecho con el fin de atender a las necesidades de los estudiantes del texto griego. Este primer paso orientado a subsanar esa deficiencia por medio de la publicación del "Nuevo comentario internacional al Testamento griego" se debe en gran medida a la visión de W. Ward Gasque, uno de los editores originales de esta serie. En este tiempo en el que el estudio del griego ha decaído en muchas instituciones teológicas, cabe esperar que este comentario demuestre la importancia que tiene estudiar el Nuevo Testamento en su lengua original y contribuya al resurgimiento de este estudio.

El propósito de la serie es satisfacer las necesidades de los estudiantes que quieren algo que sea menos técnico que un comentario crítico exhaustivo. Al mismo tiempo, los comentarios tienen por objeto relacionarse con la erudición contemporánea y hacer su propia contribución académica al estudio del Nuevo Testamento. El gran caudal de estudios detallados del Nuevo Testamento en artículos y monografías sigue adelante sin interrupción, y la finalidad de esta serie es cosechar los resultados de esa investigación de modo que sea más fácilmente accesible. Por tanto, los comentarios incluyen amplias bibliografías y procuran abordar todos los problemas importantes de historia, exégesis e interpretación que puedan surgir.

Uno de los beneficios de los últimos logros académicos ha sido el reconocimiento del carácter eminentemente teológico de los libros del Nuevo Testamento. Por ese motivo, esta serie intentará proporcionar una comprensión teológica del texto, basada en una exégesis histórica, crítica y lingüística. Sin embargo, su meta principal no es la de aplicar ni de exponer el texto para los lectores modernos, aunque sí se espera que la exégesis ofrezca algún indicio del modo en que el texto debe ser expuesto.

Dentro de los límites establecidos por el uso del idioma inglés, la serie aspira a tener un carácter internacional, aunque los colaboradores no fueron escogidos con el objetivo principal de lograr una difusión entre los distintos países, sino atendiendo, ante todo, a las calificaciones especializadas que cada uno posee para realizar su tarea particular.

La meta suprema de la serie es servir a los que están comprometidos en el ministerio de la Palabra y glorificar así el nombre de Dios. Nuestra oración es que estos comentarios puedan resultar de utilidad en esta tarea.

I. Howard Marshall
Donald A. Hagner

PREFACIO A LA EDICIÓN ESPAÑOLA

La traducción de palabras y frases griegas y hebreas al inglés resulta en una variedad de palabras o frases traducidas de la misma palabra original. Por consiguiente, a través de los años, se han producido una gran cantidad de ediciones en inglés de las Escrituras hebreas y griegas. Lo mismo ha sucedido en español donde gozamos de muchas versiones de la Biblia.

En este comentario, como en otros, el autor considera varias traducciones de los pasajes bíblicos tratados. El propósito es mostrar como una frase o palabra ha sido interpretada por diferentes expertos del texto.

Debido a que existen una buena cantidad de traducciones del texto bíblico en español así como en inglés, en ciertos momentos se ha tomado la libertad de usar varias traducciones españolas en lugar de las que el autor utiliza en inglés, respetando de igual manera la intención del pensamiento del autor.

De igual manera, animamos al lector a que consulte varias versiones de la Biblia en español y compare como estas han traducido esos términos del idioma original. La comparación de textos en las diferentes versiones de la Biblia, es un ejercicio de gran valor para el estudiante serio de las Escrituras.

PLANO, TEXAS   ARTURO HURTADO
ENERO, 2021   FUNDACIÓN HURTADO

ABREVIATURAS

1. LIBROS DE LA BIBLIA

Gn., Ex., Lv., Nu., Dt., Jos., Jue., Ru., 1Sa., 2Sa., 1Re., 2Re., 1Cr., 2Cr., Esd., Neh., Est., Job, Sal., Pr., Ec., Cnt., Is., Jer., Lm., Ezk., Dn., Os., Jl., Am., Abd., Jon., Mi., Nah., Hab., Sof., Hag., Zac., Mal., Mt., Mr., Lc., Jn., Hch, Ro., 1Co., 2Co., Gá., Ef., Fil., Col., 1Ts., 2Ts., 1Ti, 2Ti., Tit., Flm., Heb., Stg., 1Pe., 2Pe., 1Jn., 2Jn., 3Jn., Jud, Ap.

2. APÓCRIFOS Y PSEUDEPÍGRAFOS DEL ANTIGUO TESTAMENTO

AL	Antigua Latina
Ben Sirá	La Sabiduría de Jesús ben Sirá, o Eclesiástico
2 Bar.	Apocalipsis Siríaco de Baruc
1 Enoch	*Enoc etíope*
2 Enoch	*Enoc eslavo*
3 Enoch	*Enoc hebreo*
2 Esdr.	2 Esdras
Jdt.	Judit
Jub.	*Jubileo*
1, 2, 3, 4 Macc.	1, 2, 3, 4 Macabeos
Pss. Sol.	*Salmos de Salomón*
Sib. Or.	*Oráculos sibilinos*
Sus.	Susana
Test. Abr.	*Testamento de Abraham*
Test. Ben.	*Testamento de Benjamín*
Test. Dan	*Testamento de Dan*
Test. Iss.	*Testamento de Isacar*
Test. Job	*Testamento de Job*
Test. Levi	*Testamento de Leví*
Test. Mos.	*Testamento de Moisés*
Test. Naph.	*Testamento de Neftalí*
Test. Sim.	*Testamento de Simeón*
Test. Sol.	*Testamento de Salomón*
Test. Zeb.	*Testamento de Zabuló*
Tob.	Tobit
Wis.	Sabiduría de Salomón

3. ROLLOS DEL MAR MUERTO Y OTROS TEXTOS RELACIONADOS

CD	Cairo *Damascus Document*
1QH	*Hodayot (Thanksgiving) Hymns* from Qumran Cave 1
1QM	*Milḥamah (War Scroll)* from Qumran Cave 1
1QS	*Serek hayyahad (Rule of the Community)* from Qumran Cave 1
1QSa	Appendix A to 1QS *(Rule of the Congregation)*
4Q174	*Florilegium* from Qumran Cave 4
4Q246	*Apocryphon of Daniel* from Qumran Cave 4
11Q13	*Melchizedek Scroll* from Qumran Cave 11
11Q19	*Temple Scroll* from Qumran Cave 11

4. LITERATURA RABÍNICA Y TARGÚMICA

ʾAbod. Zar.	ʿAbodah Zarah
ʾAbot	ʿAbot
ʾAbot. R. Nat.	ʿAbot de Rabbi Nathan
ʾArak.	ʾArakhin
b.	Babylonian Talmud
B. Bat.	*Baba Batra*
B. Meṣ.	*Baba Meṣia*
B. Qam.	*Baba Qamma*
Ber.	*Berakhot*
Beṣah	*Beṣah (= Yom Ṭob)*
Ct. Rab.	*Canticles Rabbah*
ʾEduy.	ʾEduyyot
ʾErub.	ʾErubin
Ex. Rab.	*Exodus Rabbah*
Giṭ.	*Giṭṭin*
Ḥag.	*Ḥagigah*
Ḥul.	*Ḥullin*
Ket.	*Ketubbot*
Lv. Rab.	*Leviticus Rabbah*
m.	Mishnah
Mak.	*Makkot*
Meg.	*Megillah*
Mek. Ex.	*Mekilta on Exodus*
Mid.	*Middot*
Miq.	*Miqwaʿot*
Naz.	*Nazir*
Ned.	*Nedarim*
Neg.	*Negaʾim*
Nid.	*Niddah*
Ohol.	*Oholot*

Parah	*Parah*
Peʿah	*Peʿah*
Pes.	*Pesaḥim*
Roš HaŠ.	*Roš HaŠanah*
Sanh.	*Sanhedrin*
Šab.	Šabbat
Šebi.	Šebiʾit
Šebu.	Šebuʾot
Šeq.	Šeqalim
Sop.	*Soperim*
Soṭah	*Soṭah*
Suk.	*Sukkah*
t.	Tosefta
Taʾan.	*Taʾanit*
Tg. Ct.	*Targum on Canticles*
Tg. Ps-J.	*Targum Pseudo-Jonathan*
Ṭoh.	*Ṭoharot*
Yad.	*Yadayim*
Yom.	*Yoma*
Zeb.	*Zebaḥim*

5. APÓCRIFOS DEL NUEVO TESTAMENTO Y OTROS ESCRITOS CRISTIANOS TEMPRANOS

Barn.	*Bernabé*
Chrysostom	Crisóstomo
Hom. Mt.	*Homilías de Mateo*
1 Clem.	*1 Clemente*
Did.	*Didaché*
Epiphanius	Epifanio
De Mens.	*De Mensibus*
Haer.	*Adversus Haereses*
Euseb.	Eusebio
H.E.	*Historia Ecclesiastica*
Gos. Pet.	*Evangelio de Pedro*
Gos. Thom.	*Evangelio de Tomás*
Hermas	Hermas
Sim.	*Similitudes*
Vis.	*Visions*
Irenaeus	Ireneo
Haer.	*Adversus Omnes Haereses*
Jerome	Jerónimo
De Vir Ill.	*De Viris Illustribus*
Ep.	*Epistles*

Justin	Justino Mártir
Apol.	*Apology*
Dial.	*Dialogue with Trypho*
Origen	Orígenes
Comm. Joh.	*Commentary on John*
Contra Cels.	*Contra Celsum*
Pol.	Policarpo
Tertullian	Tertuliano
Adv. Marc.	*Adversus Marcionem*

6. OTRAS OBRAS LITERARIAS JUDÍAS, CLÁSICAS Y HELENÍSTICAS

Dio Chrysostom	Dio Chrisóstomo
Orat.	*Orations*
Josephus	Josefo
Ant.	*Antigüedades Judías*
Ap.	*Contra Apión*
Life	*Vida de Flavio Josefo*
War	*Las Guerras de los Judíos*
Juvenal	Juvenal
Sat.	*Satires*
Philo	Filón de Alejandría
Abr.	*De Abrahamo*
Decal.	*De Decalogo*
Flacc.	*In Flaccum*
Leg. Gai.	*De Legatione ad Gaium*
Spec. Leg.	*De Specialibus Legibus*
Philostratus	Filóstrato
VA	*Vita Apollonii*
Pliny the Elder	Plinio el viejo
Ep.	*Epistles*
Pliny the Younger	Plinio el joven
Nat. Hist.	*Natural History*
P. Oxy.	*Oxyrhynchus Papyri*
Plutarch	Plutarco
Apophth. Lacon.	*Apophthegmata Laconica*
Tacitus	Tácito
Ann.	*Annals*
Hist.	*Histories*

7. OBRAS CONTEMPORÁNEAS

ABD   The Anchor Bible Dictionary, ed. D. N. Freedman. 6 vols.,
          New York: Doubleday, 1992

Aland   *Synopsis Quattuor Evangeliorum*, ed. K. Aland. Stuttgart:
          Württembergische Bibelanstalt, 1973

ASNU   Acta Seminarii Neotestamentici Upsaliensis

ASTI   Annual of the Swedish Theological Institute

BAGD   *A Greek-English Lexicon of the New Testament and Other Early
          Christian Literature*, por W. Bauer, trans. y rev. por W. F. Arndt
          y F. W. Gingrich; 2d ed. rev. y F. W. Gingrich y F. W. Danker.
          Chicago: University of Chicago Press, 1979

BBR   Bulletin for Biblical Research

BDF   *A Greek Grammar of the New Testament and Other Early
          Christian Literature*, por F. Blass y A. Debrunner, trans. y rev.
          por R. W. Funk. Chicago: University of Chicago Press, 1961

BETL   Bibliotheca Ephemeridum Theologicarum Lovaniensium

Bib   Biblica

BJRL   Bulletin of the John Rylands Library

BT   The Bible Translator

BTB   Biblical Theology Bulletin

BZ   Biblische Zeitschrift

BZNW   Beihefte zur Zeitschrift für die neutestamentliche Wissenschaft

CBQ   Catholic Biblical Quarterly

DNTT   *The New International Dictionary of New Testament Theology*,
          ed. C. Brown. 3 vols., Exeter: Paternoster, 1975-78

EQ   Evangelical Quarterly

ETL   Ephemerides Theologicae Lovanienses

ExpTim   Expository Times

GP   *Gospel Perspectives: Studies of History and Tradition in the Four
          Gospels*, ed. R. T. France, D. Wenham, y C. L. Blomberg. 6
          vols., Sheffield: JSOT Press, 1980-86

H e n n . - *New Testament Apocrypha*, por E. Hennecke, ed. W.
Schn.   Schneemelcher. ET, 2 vols., London: SCM, 1963, 1965

HeyJ   Heythrop Journal

HTR   Harvard Theological Review

ICC   International Critical Commentary

IEJ	Israel Exploration Journal
Int	Interpretation
ISBE	*The International Standard Bible Encyclopedia*, ed. G. W. Bromiley et al. 4 vols., Grand Rapids: Eerdmans, 1979-88
JBL	Journal of Biblical Literature
JETS	Journal of the Evangelical Theological Society
JJS	Journal of Jewish Studies
JSNT	Journal for the Study of the New Testament
JSNTS	Journal for the Study of the New Testament Supplements
JSOTS	Journal for the Study of the Old Testament Supplements
JSS	Journal of Semitic Studies
JTS	Journal of Theological Studies
LSJ	*A Greek-English Lexicon*, por H. G. Liddell y R. Scott, nueva ed. por H. S. Jones y R. McKenzie. Oxford: Oxford University Press, 1940 (supplement, ed. E. A. Barber, 1968)
MM	*The Vocabulary of the Greek Testament Illustrated from the Papyri and Other Non-Literary Sources*, por J. H. Moulton y G. Milligan. London: Hodder & Stoughton, 1930
NA	*Novum Testamentum Graece*, 27th edn., ed. E. Nestle, K. Aland et al. Stuttgart: Deutsche Bibelstiftung, 1993
NovT	Novum Testamentum
NTS	New Testament Studies
RB	Revue Biblique
RSR	Recherches de Science Religieuse
SBLDS	Society of Biblical Literature Dissertation Series
SBLM	Society of Biblical Literature Monographs
SBT	Studies in Biblical Theology
Schürer	E. Schürer, *The History of the Jewish People in the Age of Jesus Christ*, rev. y ed. por G. Vermes, F. Millar, M. Goodman, y M. Black. 3 vols., Edinburgh: T. & T. Clark, 1973-87
SE	Studia Evangelica
SJT	Scottish Journal of Theology
SNT	Supplements to Novum Testamentum
SNTSM	Society for New Testament Studies Monographs
ST	Studia Theologica

Str-B	*Kommentar zum neuen Testament aus Talmud und Midrasch*, por H. L. Strack y P. Billerbeck. Vols. 1-4, München: Beck, 1922-28; vols. 5-6 por J. Jeremias y K. Adolph, München: Beck, 1956, 1961
TDNT	*Theological Dictionary of the New Testament*, ed. G. Kittel y G. Friedrich. ET, 9 vols., Grand Rapids: Eerdmans, 1964-74
TynB	Tyndale Bulletin
TZ	Theologische Zeitschrift
UBS	*The Greek New Testament*, 4th rev. edn., ed. B. Aland, K. Aland, et al. Stuttgart: Deutsche Bibelgesellschaft/United Bible Societies, 1993
VT	Vetus Testamentum
WUNT	Wissenschaftliche Untersuchungen zum Neuen Testament
ZNW	Zeitschrift für die neutestamentliche Wissenschaft

BIBLIOGRAFÍA DE OBRAS MENCIONADAS EN ESTE COMENTARIO

(Para la lista de obras de referencia estándar ver la lista de abreviaturas al comienzo de este volumen.)

Los comentarios en la primera sección de este comentario se mencionan solo por el nombre del autor. Las menciones a estos comentarios (y las obras de referencia estándar) no están listadas en el Índice de autores. Los libros en la segunda sección de este comentario se mencionan por el nombre del autor y las iniciales y títulos abreviados. Los artículos en la tercera sección se mencionan por revista, volumen, y año de publicación.

1. Comentarios sobre el Evangelio de Marcos

H. Anderson, *The Gospel of Mark* (New Century Bible). London: Oliphants, 1976.

F. Belo, *A Materialist Reading of the Gospel of Mark*. ET, Maryknoll: Orbis, 1981.

C. E. B. Cranfield, *The Gospel according to Saint Mark* (Cambridge Greek Testament Commentary). Cambridge: Cambridge University Press, 1959.

J. Gnilka, *Das Evangelium nach Markus* (Evangelisch-katholischer Kommentar zum NT). 2 vols., Zürich: Benziger Verlag/Neukirchen-Vluyn: Neukirchener Verlag, 1978, 1979.

E. P. Gould, *The Gospel according to St. Mark* (ICC). Edinburgh: T. & T. Clark, 1896.

R. A. Guelich, *Mark 1:1-8:26* (Word Biblical Commentary). Dallas: Word, 1989.

R. H. Gundry, *Mark: A Commentary on His Apology for the Cross*. Grand Rapids: Eerdmans, 1993.

E. Haenchen, *Der Weg Jesu: Eine Erklärung des Markus-Evangeliums und der kanonischen Parallelen*. 2d edn., Berlin: de Gruyter, 1968.

M. D. Hooker, *The Gospel according to St. Mark* (Black's NT Commentaries). London: A. & C. Black, 1991.

L. W. Hurtado, *Mark* (New International Biblical Commentary). Peabody, MA: Hendrickson, 1989.

W. L. Lane, *The Gospel according to Mark* (New International Commentary on the NT). Grand Rapids: Eerdmans, 1974.

S. C. E. Legg, *Novum Testamentum Graece, secundum Textum Westcotto-Hortianum: Euangelium secundum Marcum*. Oxford: Oxford University Press, 1935.

E. Lohmeyer, *Das Evangelium des Markus* (Kritisch-exegetischer Kommentar über das NT). 17th edn., Göttingen: Vandenhoeck & Ruprecht, 1967.

C. S. Mann, *Mark: A New Translation with Introduction and Commentary* (Anchor Bible). New York: Doubleday, 1986.

C. Myers, *Binding the Strong Man: A Political Reading of Mark's Story of Jesus*. Maryknoll, NY: Orbis, 1988.

D. E. Nineham, *The Gospel of St. Mark* (Pelican Gospel Commentaries). Harmondsworth: Penguin, 1969.

R. Pesch, *Das Markus-Evangelium* (Herders theologischer Kommentar zum NT). 2 vols., 3d edn., Freiburg: Herder, 1980.

E. Schweizer, *The Good News according to Mark*. ET, London: SPCK, 1971.

A. Stock, *The Method and Message of Mark*. Wilmington, DE: Michael Glazier, 1989.

V. Taylor, *The Gospel according to St. Mark*. London: Macmillan, 1952.

B. M. F. Van Iersel, *Mark: A Reader-Response Commentary* (JSNTS 164). Sheffield: Sheffield Academic Press, 1998.

2. Libros

W. F. Albright y C. S. Mann, *Matthew* (Anchor Bible). New York: Doubleday, 1971.

L. C. Allen, *Psalms 101-150* (Word Biblical Commentary). Waco: Word, 1983.

D. C. Allison, *The End of the Ages Has Come: An Early Interpretation of the Passion and Resurrection of Jesus*. Edinburgh: T. & T. Clark, 1985.

A. M. Ambrozic, *The Hidden Kingdom: A Redaction-critical Study of the References to the Kingdom of God in Mark's Gospel*. Washington: Catholic Biblical Association, 1972.

D. E. Aune, *Prophecy in Early Christianity and the Ancient Mediterranean World*. Grand Rapids: Eerdmans, 1983.

———, *The NT in Its Literary Environment*. Cambridge: James Clarke, 1987.

M. Avi-Yonah (ed.), *Encyclopaedia of Archaeological Excavations in the Holy Land* Oxford: Oxford University Press, 1976.

K. E. Bailey, *Through Peasant Eyes*. Grand Rapids: Eerdmans, 1980.

E. Bammel (ed.), *The Trial of Jesus: Cambridge Studies in Honour of C. F. D. Moule* (SBT 13). London: SCM, 1970.

E. Bammel y C. F. D. Moule (ed.), *Jesus and the Politics of His Day*. Cambridge: Cambridge University Press, 1984.

R. J. Banks, *Jesus and the Law in the Synoptic Tradition* (SNTSM 28). Cambridge: Cambridge University Press, 1975.

M. Barth, *Ephesians 1-3* (Anchor Bible). New York: Doubleday, 1974.

S. C. Barton, *Discipleship and Family Ties in Mark and Matthew* (SNTSM 80). Cambridge: Cambridge University Press, 1994.

R. J. Bauckham, *Jude and the Relatives of Jesus in the Early Church*. Edinburgh: T. & T. Clark, 1990.

——— (ed.), *The Gospels for All Christians: Rethinking the Gospel Audiences*. Edinburgh: T. & T. Clark, 1998.

G. R. Beasley-Murray, *Jesus and the Kingdom of God*. Grand Rapids: Eerdmans, 1986.

———, *Jesus and the Last Days: The Interpretation of the Olivet Discourse* (incorporating revised editions of *Jesus and the Future*, 1954, and *A Commentary on Mark 13*, 1957). Peabody, MA: Hendrickson, 1993.

M. A. Beavis, *Mark's Audience: The Literary and Social Setting of Mark 4.11-12* (JSNTS 33). Sheffield: Sheffield Academic Press, 1989.

P. Benoit, *Jesus and the Gospel*. London: Darton, Longman & Todd, 1973.

K. Berger, *Die Amen-Worte Jesu* (BZNW 39). Berlin: de Gruyter, 1970.

E. Best, *The Temptation and the Passion: The Markan Soteriology* (SNTSM 2). Cambridge: Cambridge University Press, 1965 (2d edn., 1990, pagination unchanged).

———, *Following Jesus: Discipleship in the Gospel of Mark* (JSNTS 4). Sheffield: JSOT

Press, 1981.

————, *Mark: The Gospel as Story*. Edinburgh: T. & T. Clark, 1983.

————, *Disciples and Discipleship: Studies in the Gospel according to Mark*. Edinburgh: T. & T. Clark, 1986.

G. B. Bilezikian, *The Liberated Gospel: A Comparison of the Gospel of Mark and Greek Tragedy*. Grand Rapids: Baker, 1977.

C. C. Black, *The Disciples according to Mark: Markan Redaction in Current Debate* (JSNTS 27). Sheffield: Sheffield Academic Press, 1989.

M. Black, *An Aramaic Approach to the Gospels and Acts*. 3d edn., Oxford: Oxford University Press, 1967.

J. Blinzler, *The Trial of Jesus: The Jewish and Roman Proceedings against Jesus Christ Described and Assessed from the Oldest Accounts*. ET, Cork: Mercier Press, 1959.

D. L. Bock, *Blasphemy and Exaltation in Judaism and the Final Examination of Jesus: A Philological-Historical Study of the Key Jewish Themes Impacting Mark 14:61-64* (WUNT 106). Tübingen: Mohr (Siebeck), 1998.

E. L. Bode, *The First Easter Morning: The Gospel Accounts of the Women's Visit to the Tomb of Jesus* (Analecta Biblica 45). Rome: Biblical Institute Press, 1970.

P. Bonnard, *L'Évangile selon Saint Matthieu*. Neuchâtel: Delachaux & Niestlé, 1963.

G. H. Boobyer, *St Mark and the Transfiguration Story*. Edinburgh: T. & T. Clark, 1942.

R. P. Booth, *Jesus and the Laws of Purity: Tradition History and Legal History in Mark 7* (JSNTS 13). Sheffield: JSOT Press, 1986.

J. W. Bowker, *The Targums and Rabbinic Literature*. Cambridge: Cambridge University Press, 1969.

————, *Jesus and the Pharisees*. Cambridge: Cambridge University Press, 1973.

S. G. F. Brandon, *Jesus and the Zealots*. Manchester: Manchester University Press, 1967.

K. E. Brower and M. W. Elliott (ed.), *"The Reader Must Understand": Eschatology in Bible and Theology*. Leicester: Apollos, 1997.

R. E. Brown, *The Gospel according to John* (Anchor Bible). New York: Doubleday, 1966.

————, *The Semitic Background of the Term "Mystery" in the NT*. Philadelphia: Fortress, 1968.

————, *The Death of the Messiah: From Gethsemane to the Grave. A Commentary on the Passion Narratives in the Four Gospels*. London: Chapman, 1994.

F. F. Bruce, *This Is That: The NT Development of Some OT Themes*. Exeter: Paternoster, 1968.

————, *The "Secret" Gospel of Mark*. London: Athlone Press, 1974.

C. Bryan, *A Preface to Mark: Notes on the Gospel in Its Literary and Cultural Settings*. Oxford: Oxford University Press, 1993.

R. Bultmann, *The History of the Synoptic Tradition*. ET, Oxford: Blackwell, 1963.

R. A. Burridge, *What Are the Gospels? A Comparison with Graeco-Roman Biography* (SNTSM 70). Cambridge: Cambridge University Press, 1992.

G. B. Caird, *Jesus and the Jewish Nation*. London: Athlone Press, 1965.

J. Camery-Hoggatt, *Irony in Mark's Gospel: Text and Subtext* (SNTSM 72). Cambridge: Cambridge University Press, 1992.

G. S. Cansdale, *Animals of Bible Lands*. Exeter: Paternoster, 1970.

P. Carrington, *According to Mark: A Running Commentary on the Oldest Gospel*. Cambridge: Cambridge University Press, 1960.

D. A. Carson, *The Gospel according to John*. Leicester: Inter-Varsity Press, 1991.

M. Casey, *Aramaic Sources of Mark's Gospel* (SNTSM 102). Cambridge: Cambridge

University Press, 1998.

H. C. C. Cavallin, *Life after Death, Part 1: An Enquiry into the Jewish Background*. Lund: Gleerup, 1974.

D. W. Chapman, *The Orphan Gospel: Mark's Perspective on Jesus*. Sheffield: JSOT Press, 1993.

J. H. Charlesworth (ed.), *The OT Pseudepigrapha*. London: Darton, Longman & Todd, vol. 1, 1983; vol. 2, 1985.

B. D. Chilton, *A Galilean Rabbi and His Bible: Jesus' Own Interpretation of Isaiah*. London: SPCK, 1984.

———, *God in Strength: Jesus' Announcement of the Kingdom*. Sheffield: JSOT, 1987.

M. J. Cook, *Mark's Treatment of the Jewish Leaders* (SNT 51). Leiden: Brill, 1978.

O. Cullmann, *Peter: Disciple, Apostle, Martyr. A Historical and Theological Study*. 2d edn., London: SCM, 1962.

———, *The Christology of the NT*. ET, London: SCM, 1963.

H. Cunliffe-Jones, *A Word for Our Time? Zechariah 9–14, the NT and Today*. London: Athlone Press, 1973.

P. L. Danove, *The End of Mark's Story: A Methodological Study*. Leiden: Brill, 1993.

D. Daube, *The NT and Rabbinic Judaism*. London: Athlone Press, 1956.

W. D. Davies and D. C. Allison Jr., *The Gospel according to Saint Matthew* (ICC). 3 vols., Edinburgh: T. & T. Clark, 1988, 1991, 1997.

J. D. M. Derrett, *Law in the NT*. London: Darton, Longman & Todd, 1970.

———, *Jesus' Audience*. London: Darton, Longman & Todd, 1973.

———, *Studies in the NT*, vol. 1. Leiden: Brill, 1977.

C. H. Dodd, *Historical Tradition in the Fourth Gospel*. Cambridge: Cambridge University Press, 1963.

S. E. Dowd, *Prayer, Power and the Problem of Suffering:Mark 11:22-25 in the Context of Markan Theology* (SBLDS 105). Atlanta: Scholars Press, 1988.

F. G. Downing, *Christ and the Cynics*. Sheffield: Sheffield Academic Press, 1988.

J. D. G. Dunn, *Baptism in the Holy Spirit: A Re-examination of the NT Teaching on the Gift of the Spirit in relation to Pentecostalism Today*. London: SCM, 1970.

———, *Jesus and the Spirit: A Study of the Religious and Charismatic Experience of Jesus and the First Christians as Reflected in the NT*. London: SCM, 1975.

———, *The Partings of the Ways between Christianity and Judaism and Their Significance for the Character of Christianity*. London: SCM, 1991.

T. Dwyer, *The Motif of Wonder in the Gospel of Mark* (JSNTS 128). Sheffield: Sheffield Academic Press, 1996.

E. E. Ellis, *The Gospel of Luke* (The Century Bible). London: Nelson, 1966.

C. A. Evans, *To See and Not Perceive: Isaiah 6:9-10 in Early Jewish and Christian Interpretation* (JSOTS 64). Sheffield: Sheffield Academic Press, 1989.

———, *Jesus and His Contemporaries: Comparative Studies*. Köln: Brill, 1995.

C. F. Evans, et al., *The New Testament Gospels*. London: BBC, 1965.

W. R. Farmer, *The Synoptic Problem*. New York: Macmillan, 1964; 2d edn., Dillsboro: Western North Carolina Press, 1976.

———, *The Last Twelve Verses of Mark* (SNTSM 25). Cambridge: Cambridge University Press, 1974.

W. Feneberg, *Der Markusprolog: Studien zur Formbestimmung des Evangeliums*. München: Kösel, 1974.

J. Finegan, *Handbook of Biblical Chronology*. Princeton, NJ: Princeton University Press,

1964.

———, *The Archeology of the NT*. Princeton, NJ: Princeton University Press, 1969.

J. A. Fitzmyer, *Essays on the Semitic Background of the NT*. London: Chapman, 1971.

———, *A Wandering Aramean: Collected Aramaic Essays*. Missoula: Scholars Press, 1979.

R. M. Fowler, *Loaves and Fishes: The Function of the Feeding Stories in the Gospel of Mark* (SBLDS 54). Chico, CA: Scholars Press, 1981.

R. T. France, *Jesus and the OT: His Application of OT Passages to Himself and His Mission*. London: Tyndale, 1971.

———, *The Gospel according to Matthew: An Introduction and Commentary*. Leicester: Inter-Varsity Press, 1985.

———, *The Evidence for Jesus*. London: Hodder, 1986.

———, *Matthew: Evangelist and Teacher*. Exeter: Paternoster, 1989.

———, *Divine Government: God's Kingship in the Gospel of Mark*. London: SPCK, 1990.

S. Freyne, *Galilee from Alexander the Great to Hadrian 323 BCE to 135 CE: A Study of Second Temple Judaism*. Wilmington: Glazier, 1980.

———, *Galilee, Jesus and the Gospels: Literary Approaches and Historical Investigations*. Dublin: Gill & Macmillan, 1988.

S. R. Garrett, *The Temptations of Jesus in Mark's Gospel*. Grand Rapids: Eerdmans, 1998.

B. Gärtner, *The Temple and the Community in Qumran and the NT: A Comparative Study in the Temple Symbolism of the Qumran Texts and the NT* (SNTSM 1). Cambridge: Cambridge University Press, 1965.

L. Gaston, *No Stone on Another: Studies in the Significance of the Fall of Jerusalem in the Synoptic Gospels* (SNT 23). Leiden: Brill, 1970.

T. J. Geddert, *Watchwords: Mark 13 in Markan Eschatology* (JSNTS 26). Sheffield: Sheffield Academic Press, 1989.

E. J. Goodspeed, *Problems of NT Translation*. Chicago: University of Chicago Press, 1945.

M. D. Goulder, *Midrash and Lection in Matthew*. London: SPCK, 1974.

L. Grollenberg, *Unexpected Messiah: or How the Bible Can Be Misleading*. ET, London: SCM, 1988.

R. H. Gundry, *The Use of the OT in St. Matthew's Gospel, with Special Reference to the Messianic Hope* (SNT 18). Leiden: Brill, 1967.

———, *Matthew: A Commentary on His Literary and Theological Art*. Grand Rapids: Eerdmans, 1982.

L. Hartman, *Prophecy Interpreted: The Formation of Some Jewish Apocalyptic Texts and of the Eschatological Discourse Mark 13 par*. Lund: Gleerup, 1966.

A. E. Harvey, *Jesus and the Constraints of History*. London: Duckworth, 1982.

V. Hasler, *Amen: redaktionsgeschichtliche Untersuchung zur Einführungsformel der Herrenworte "Wahrlich ich sage euch'*. Zürich: Theologischer Verlag, 1969.

D. M. Hay, *Glory at the Right Hand: Psalm 110 in Early Christianity* (SBLM 18). Nashville: Abingdon, 1973.

B. W. Henaut, *Oral Tradition and the Gospels: The Problem of Mark 4* (JSNTS 82). Sheffield: Sheffield Academic Press, 1993.

M. Hengel, *Judaism and Hellenism: Studies in Their Encounter in Palestine during the Early Hellenistic Period*. ET, London: SCM, 1974.

———, *Property and Riches in the Early Church: Aspects of a Social History of Early Christianity*. ET, London: SCM, 1974.

————, *The Son of God: The Origin of Christology and the History of Jewish-Hellenistic Religion*. ET, London: SCM, 1976.

————, *Crucifixion in the Ancient World and the Folly of the Message of the Cross*. ET, London: SCM, 1977.

————, *The Charismatic Leader and His Followers*. ET, Edinburgh: T. & T. Clark, 1981.

————, *Studies in the Gospel of Mark*. ET, London: SCM, 1985.

————, *The Zealots: Investigations into the Jewish Freedom Movement in the Period from Herod until 70 A.D.* ET, Edinburgh: T. & T. Clark, 1989.

H. Hoehner, *Herod Antipas* (SNTSM 17). Cambridge: Cambridge University Press, 1972.

C. H. Holladay, *"Theois Aner" in Hellenistic Judaism: A Critique of the Use of This Category in NT Christology* (SBLDS 40). Missoula: Scholars Press, 1977.

J. W. Holleran, *The Synoptic Gethsemane: A Critical Study*. Rome: Universita Gregoriana Editrice, 1973.

M. D. Hooker, *Jesus and the Servant: The Influence of the Servant Concept of Deutero-Isaiah in the NT*. London: SPCK, 1959.

————, *The Son of Man in Mark*. London: SPCK, 1967.

————, *The Message of Mark*. London: Epworth, 1983.

M. Hubaut, *La parabole des vignerons homicides*. Paris: Gabalda, 1976.

J. M. Hull, *Hellenistic Magic and the Synoptic Tradition* (SBT 28). London: SCM, 1974.

J. Jeremias, *Infant Baptism in the First Four Centuries*. ET. London: SCM, 1960.

————, *The Parables of Jesus*. ET, London: SCM, 1963.

————, *The Eucharistic Words of Jesus*. ET, London: SCM, 1966.

————, *Abba. Studien zur neutestamentlichen Theologie und Zeitgeschichte*. Göttingen: Vandenhoeck & Ruprecht, 1966.

————, *The Prayers of Jesus* (SBT 6). ET, London: SCM, 1967.

————, *Jerusalem in the Time of Jesus: An Investigation into Economic and Social Conditions during the NT Period*. ET, London: SCM, 1969.

————, *New Testament Theology, vol. 1: The Proclamation of Jesus*. ET, London: SCM, 1971.

D. Juel, *Messiah and Temple: The Trial of Jesus in the Gospel of Mark* (SBLDS 31). Missoula: Scholars Press, 1977.

————, *Messianic Exegesis: Christological Interpretation of the OT in Early Christianity*. Philadelphia: Fortress, 1988.

S. P. Kealy, *Mark's Gospel: A History of Its Interpretation, from the Beginning until 1979*. New York: Paulist Press, 1982.

H. C. Kee, *Community of the New Age: Studies in Mark's Gospel*. London: SCM, 1977.

————, *Medicine, Miracle and Magic in NT Times* (SNTSM 55). Cambridge: Cambridge University Press, 1986.

W. H. Kelber, *The Kingdom in Mark: A New Place and a New Time*. Philadelphia: Fortress, 1974.

———— (ed.), *The Passion in Mark: Studies on Mark 14–16*. Philadelphia: Fortress, 1976.

F. Kermode, *The Genesis of Secrecy: On the Interpretation of Narrative*. Cambridge, MA: Harvard University Press, 1979.

J. D. Kingsbury, *The Christology of Mark's Gospel*. Philadelphia: Fortress, 1983.

E. F. Kirschner, *The Place of the Exorcism Motif in Mark's Christology, with Special Reference to Mark 3:22-30*. Unpublished Ph.D. dissertation, CNAA, 1988.

W. Klassen, *Judas: Betrayer or Friend of Jesus?*. London: SCM, 1996.

G. Klinzing, *Die Umdeutung des Kultus in der Qumrangemeinde und im NT*. Göttingen: Vandenhoeck & Ruprecht, 1971.

H.-W. Kuhn, *Ältere Sammlungen im Markusevangelium* (Göttingen: Vandenhoeck & Ruprecht, 1971.

M. Künzi, *Das Naherwartungslogion Markus 9.1 par*. Tübingen: Mohr, 1977.

D. Lamont, *Christ and the World of Thought*. Edinburgh, 1934.

S. Légasse, *Le Procès de Jésus*. Paris: Cerf, 1995.

R. H. Lightfoot, *History and Interpretation in the Gospels*. London: Hodder & Stoughton, 1935.

———, *Locality and Doctrine in the Gospels*. London: Hodder & Stoughton, 1938.

———, *The Gospel Message of St. Mark*. Oxford: Oxford University Press, 1950.

B. Lindars, *NT Apologetic: The Doctrinal Significance of the OT Quotations*. London: SCM, 1961.

E. Lohmeyer, *Galiläa und Jerusalem*. Göttingen: Vandenhoeck & Ruprecht, 1936.

R. N. Longenecker, *Biblical Exegesis in the Apostolic Period*. Grand Rapids: Eerdmans, 1975.

——— (ed.), *The Challenge of Jesus' Parables*. Grand Rapids: Eerdmans, 2000.

B. L. Mack, *A Myth of Innocence*. Philadelphia: Fortress, 1988.

R. J. McKelvey, *The New Temple: The Church in the NT*. Oxford: Oxford University Press, 1969.

A. H. McNeile, *The Gospel according to St. Matthew*. London: Macmillan, 1915.

J. L. Magness, *Sense and Absence: Structure and Suspension in the Ending of Mark's Gospel*. Atlanta: Scholars Press, 1986.

J. Mann, *The Bible as Read and Preached in the Old Synagogue*, vol. 1. Cincinnati, 1940.

T. W. Manson, *The Teaching of Jesus: Studies of Its Form and Content*. 2d edn., Cambridge: Cambridge University Press, 1935.

———, *The Sayings of Jesus*. London: SCM, 1949.

J. Marcus, *The Mystery of the Kingdom of God* (SBLDS 90). Atlanta: Scholars Press, 1986.

———, *The Way of the Lord: Christological Exegesis of the OT in the Gospel of Mark*. Edinburgh: T. & T. Clark, 1993.

C. D. Marshall, *Faith as a Theme in Mark's Narrative* (SNTSM 64). Cambridge: CUP, 1989.

I. H. Marshall, *Last Supper and Lord's Supper*. Exeter: Paternoster, 1980.

E. L. Martin, *Secrets of Golgotha*. Alhambra, CA: ASK, 1988.

R. P. Martin, *Mark: Evangelist and Theologian*. Exeter: Paternoster, 1972.

W. Marxsen, *Mark the Evangelist: Studies on the Redaction History of the Gospel*. ET, Nashville: Abingdon, 1969.

F. J. Matera, *The Kingship of Jesus: Composition and Theology in Mark 15* (SBLDS 66). Chico, CA: Scholars Press, 1982.

———, *NT Christology*. Louisville: Westminster John Knox, 1999.

U. Mauser, *Christ in the Wilderness* (SBT 39). London: SCM, 1963.

B. M. Metzger, *The Text of the NT: Its Transmission, Corruption, and Restoration*. 2d edn., Oxford: Oxford University Press, 1968.

———, *A Textual Commentary on the Greek New Testament*. London/New York: United Bible Societies, 1971.

R. P. Meye, *Jesus and the Twelve: Discipleship and Revelation in Mark's Gospel*. Grand Rapids: Eerdmans, 1968.

B. F. Meyer, *The Aims of Jesus*. London: SCM, 1979.

E. M. Meyers y J. F. Strange, *Archaeology, the Rabbis and Early Christianity*. London: SCM, 1981.

J. Ramsey Michaels, *Servant and Son: Jesus in Parable and Gospel*. Atlanta: John Knox, 1981.

G. Minette de Tillesse, *Le Secret Messianique dans l'Évangile de Marc*. Paris: Cerf, 1968.

D. J. Moo, *The OT in the Gospel Passion Narratives*. Sheffield: Almond, 1983.

G. F. Moore, *Judaism in the First Centuries of the Christian Era*. 3 vols., Cambridge, MA: Harvard University Press, 1927-30.

L. Morris, *Studies in the Fourth Gospel*. Exeter: Paternoster, 1969.

C. F. D. Moule, *An Idiom-Book of NT Greek*. 2d edn., Cambridge: Cambridge University Press, 1960.

———, *The Origin of Christology*. Cambridge: Cambridge University Press, 1977.

F. Neirynck, *Duality in Mark: Contributions to the Study of the Markan Redaction* (BETL 31). Leuven University Press, 1972.

G. W. E. Nickelsburg, *Resurrection, Immortality, and Eternal Life in Intertestamental Judaism*. Cambridge, MA: Harvard University Press, 1972.

D. E. Oakman, *Jesus and the Economic Questions of His Day*. New York: Mellen, 1986.

G. R. Osborne, *The Resurrection Narratives: A Redactional Study*. Grand Rapids: Baker, 1984.

R. V. Peace, *Conversion in the NT: Paul and the Twelve*. Grand Rapids: Eerdmans, 1999.

N. Perrin, *Jesus and the Language of the Kingdom: Symbol and Metaphor in NT Interpretation*. Philadelphia: Fortress, 1976.

C. Perrot, *Jésus et l'Histoire*. Paris: Desclée, 1979.

J. Piper, *Love Your Enemies: Jesus' Love Command in the Synoptic Gospels and in the Early Christian Paraenesis* (SNTSM 38). Cambridge: Cambridge University Press, 1979.

E. J. Pryke, *Redactional Style in the Marcan Gospel: A Study of Syntax and Vocabulary as Guides to Redaction in Mark* (SNTSM 33). Cambridge: Cambridge University Press, 1978.

Q. Quesnell, *The Mind of Mark: Interpretation and Method through the Exegesis of Mark 6, 52* (Analecta Biblica 38). Rome: Biblical Institute Press, 1969.

H. Räisänen, *Die Mutter Jesu im NT*. Helsinki, 1969.

———, *The 'Messianic Secret' in Mark*. ET, Edinburgh: T. & T. Clark, 1990.

D. Rhoads y D. Michie, *Mark as Story: An Introduction to the Narrative of a Gospel*. Philadelphia: Fortress, 1982.

J. Richards, *But Deliver Us from Evil*. London: Darton, Longman & Todd, 1974.

A. Richardson, *The Miracle-Stories of the Gospels*. London: SCM, 1941.

H. Riesenfeld, *Jésus Transfiguré* (ASNU 16). Copenhagen: Munksgaard, 1947.

J. A. T. Robinson, *Redating the NT*. London: SCM, 1976.

——— (ed. J. F. Coakley), *The Priority of John*. London: SCM, 1985.

J. M. Robinson, *The Problem of History in Mark* (SBT 21). London: SCM, 1957.

C. Rowland, *The Open Heaven: A Study of Apocalyptic in Judaism and Early Christianity*. London: SPCK, 1982.

D. S. Russell, *The Method and Message of Jewish Apocalyptic, 200 BC-AD 100*. London: SCM, 1964.

M. Sabbe (ed.), *L'Évangile selon Marc: Tradition et rédaction* (BETL 34). Leuven University Press, 1974.

W. Sanday y A. C. Headlam, *The Epistle to the Romans* (ICC). Edinburgh: T. & T. Clark, 1902.

E. P. Sanders, *The Tendencies of the Synoptic Tradition* (SNTSM? 9). Cambridge:

Cambridge University Press, 1969.

———, *Paul and Palestinian Judaism*. London: SCM, 1977.

———, *Jesus and Judaism*. London: SCM, 1985.

———, *Judaism: Practice and Belief, 63 BCE-66 CE*. London: SCM, 1992.

——— and M. Davies, *Studying the Synoptic Gospels*. London: SCM, 1989.

P. E. Satterthwaite, R. S. Hess, and G. J.Wenham (ed.), *The Lord's Anointed: Interpretation of OT Messianic Texts*. Carlisle: Paternoster, 1995.

T. E. Schmidt, *Hostility to Wealth in the Synoptic Gospels* (JSNTS 15). Sheffield: JSOT, 1987.

H.-H. Schroeder, *Eltern und Kinder in der Verkündigung Jesu*. Hamburg: Herbert Reich, 1972.

E. Schürer, *The History of the Jewish People in the Age of Jesus Christ*, rev. y ed. by G. Vermes, F. Millar, M. Goodman, and M. Black. 3 vols., Edinburgh: T. & T. Clark, 1973, 1979, 1986/1987.

H. Schürmann, *Das Lukasevangelium I*. Freiburg: Herder, 1969.

C. H. H. Scobie, *John the Baptist*. London: SCM, 1964.

J. Sergeant, *Lion Let Loose: The Structure and Meaning of St. Mark's Gospel*. Exeter: Paternoster, 1988.

A. N. Sherwin-White, *Roman Society and Roman Law in the NT*. Oxford: Oxford University Press, 1963.

W. T. Shiner, *Follow Me! Disciples in Markan Rhetoric* (SBLDS 145). Atlanta: Scholars Press, 1995.

P. F. Shuler, *A Genre for the Gospels: The Biographical Character of Matthew*. Philadelphia: Fortress, 1982.

M. Smith, *Clement of Alexandria and a Secret Gospel of Mark*. Cambridge, MA: Harvard University Press, 1973.

———, *The Secret Gospel*. New York: Harper & Row, 1973.

———, *Jesus the Magician*. London: Gollancz, 1978.

K. Snodgrass, *The Parable of the Wicked Tenants* (WUNT 27). Tübingen: Mohr, 1983.

B. Standaert, *L'Évangile selon Marc: Composition et Genre Littéraire*. Brugge: Sint Andriesabdij, 1978.

G. N. Stanton, *Jesus of Nazareth in NT Preaching* (SNTSM 27). Cambridge: Cambridge University Press, 1974.

E. Stauffer, *Jesus and His Story*. ET, London: SCM, 1960.

R. H. Stein, *An Introduction to the Parables of Jesus*. Philadelphia: Westminster, 1981.

K. Stendahl, *The School of St. Matthew and Its Use of the OT*. Uppsala, 1954.

N. B. Stonehouse, *The Witness of Matthew and Mark to Christ*. London: Tyndale, 1944.

C. H. Talbert, *What Is a Gospel? The Genre of the Canonical Gospels*. Philadelphia: Fortress, 1977.

J. E. Taylor, *John the Baptist within Second Temple Judaism*. London: SPCK, 1997.

W. R. Telford, *The Barren Temple and the Withered Tree* (JSNTS 1). Sheffield: JSOT Press, 1980.

——— (ed.), *The Interpretation of Mark*. 2d edn., Edinburgh: T. & T. Clark, 1995.

———, *The Theology of the Gospel of Mark*. Cambridge: Cambridge University Press, 1999.

G. Theissen, *The Miracle Stories of the Early Christian Tradition*. ET, Edinburgh: T. & T. Clark, 1983.

———, *The Shadow of the Galilean*. ET, London: SCM, 1987.

————, *The Gospels in Context: Social and Political History in the Synoptic Tradition*. Minneapolis: Fortress, 1991.

C. P. Thiede, *The Earliest Gospel Manuscript?: The Qumran Papyrus 7Q5 and Its Significance for NT Studies*. Carlisle: Paternoster, 1992.

D. L. Tiede, *The Charismatic Figure as Miracle-Worker* (SBLDS 1). Missoula: Scholars Press, 1972.

M. A. Tolbert, *Sowing the Gospel: Mark's World in Literary-Historical Perspective*. Minneapolis: Fortress, 1989.

É. Trocmé, *The Formation of the Gospel according to Mark*. ET, London: SPCK, 1975.

C. M. Tuckett (ed.), *The Messianic Secret*. London: SPCK, 1983.

———— (ed.), *Synoptic Studies*. Sheffield: JSOT Press, 1984.

———— (ed.), *The Scriptures in the Gospels* (BETL 131). Leuven University Press, 1997.

N. Turner, *A Grammar of NT Greek, vol. 3: Syntax*. Edinburgh: T. & T. Clark, 1963.

G. H. Twelftree, *Christ Triumphant*. London: Hodder & Stoughton, 1985.

B. M. F. Van Iersel, *Reading Mark*. ET, Edinburgh, T. & T. Clark, 1989.

P. A. Verhoef, *The Books of Haggai and Malachi*. Grand Rapids: Eerdmans, 1987.

G. Vermes, *Scripture and Tradition in Judaism*. Leiden: Brill, 1961.

————, *Jesus the Jew: A Historian's Reading of the Gospels*. London: Collins, 1973.

————, *Jesus and the World of Judaism*. London: SCM, 1983.

H. C. Waetjen, *A Reordering of Power: A Sociopolitical Reading of Mark's Gospel*. Minneapolis: Fortress, 1989.

R. E. Watts, *Isaiah's New Exodus and Mark* (WUNT 88). Tübingen: Mohr Siebeck, 1997.

R. L. Webb, *John the Baptizer and Prophet: A Socio-Historical Study* (JSNTS 62). Sheffield: Sheffield Academic Press, 1991.

A. J. M. Wedderburn, *Beyond Resurrection*. London: SCM, 1999.

D. Wenham, *The Rediscovery of Jesus' Eschatological Discourse* (*GP*, vol. 4). Sheffield: JSOT, 1984.

————, *Paul: Follower of Jesus or Founder of Christianity?*. Grand Rapids: Eerdmans, 1995.

S. Westerholm, *Jesus and Scribal Authority*. Lund: Gleerup, 1978.

J. Wilkinson, *Jerusalem as Jesus Knew It: Archaeology as Evidence*. London: Thames & Hudson, 1978.

J. F. Williams, *Other Followers of Jesus: Minor Characters as Major Figures in Mark's Gospel* (JSNTS 102). Sheffield: Sheffield Academic Press, 1994.

J. G. Williams, *Gospel against Parable: Mark's Language of Mystery*. Sheffield: JSOT, 1985.

W. Wink, *John the Baptist in the Gospel Tradition* (SNTSM 7). Cambridge: Cambridge University Press, 1968.

N. T. Wright, *Jesus and the Victory of God* (Christian Origins and the Question of God 2). London: SPCK, 1996.

W. H. Wuellner, *The Meaning of "Fishers of Men"*. Philadelphia: Westminster, 1967.

F. Zimmermann, *The Aramaic Origin of the Four Gospels*. New York, 1979.

3. Artículos

P. J. Achtemeier, "Person and Deed: Jesus and the Storm-tossed Sea", *Int* 16 (1962) 169-176.

————, "Toward the Isolation of Pre-Markan Miracle Catenae", *JBL* 89 (1970) 265-91.

———, "The Origin and Function of the Pre-Markan Miracle Catenae", *JBL* 91 (1972) 198-221.

———, "Miracles and the Historical Jesus: A Study of Mark 9:14-29", *CBQ* 37 (1975) 471-91.

B. Ahern, "Staff or No Staff", *CBQ* 5 (1943) 332-37.

D. E. Aune, "The Problem of the Genre of the Gospels: A Critique of C. H. Talbert's *What Is a Gospel*", en R. T. France y D. Wenham (ed.), *GP*, 2. 9-60.

N. Avigad, "A Depository of Inscribed Ossuaries in the Kidron Valley", *IEJ* 12 (1962) 1-12.

T. J. Baarda, "Mark 9, 49", *NTS* 5 (1958/9) 318-21.

———, "Gadarenes, Gerasenes, Gergesenes and the 'Diatessaron' Tradition", en E. E. Ellis y M. Wilcox (ed.), *Neotestamentica et Semitica* (FS M. Black). Edinburgh: T. & T. Clark, 1969, 181-97.

G. J. Bahr, "The Seder of Passover and the Eucharistic Words", *NovT* 12 (1970) 181-202.

K. E. Bailey, "The Fall of Jerusalem and Mark's Account of the Cross", *ExpTim* 102 (1990/1) 102-5.

E. Bammel, "Crucifixion as a Punishment in Palestine", en E. Bammel (ed.), *Trial*, 162-65.

———, "Markus 10, 11f und das jüdische Eherecht", *ZNW* 61 (1970) 95-101.

———, "The Titulus", en E. Bammel and C. F. D. Moule (ed.), *Politics*, 353-64.

———, "The Trial before Pilate", en E. Bammel and C. F. D. Moule (ed.), *Politics*, 415-51.

J. M. G. Barclay, "Mirror-reading a Polemical Letter: Galatians as a Test-case", *JSNT* 31 (1987) 73-93.

P. W. Barnett, "'Under Tiberius All Was Quiet'", *NTS* 21 (1974/5) 564-71.

J. Barr, "'Abba Isn't 'Daddy'", *JTS* 39 (1988) 28-47.

C. K. Barrett, "The House of Prayer and the Den of Thieves", en E. E. Ellis y E. Grässer (ed.), *Jesus und Paulus* (FS W. G. Kümmel). Göttingen: Vandenhoeck & Ruprecht, 1975, 13-20.

R. J. Bauckham, "Synoptic Parousia Parables and the Apocalypse", *NTS* 23 (1976/7) 162-76.

———, "Salome the Sister of Jesus, Salome the Disciple of Jesus, and the Secret Gospel of Mark", *NovT* 33 (1991) 245-75.

W. Bauer, "The 'Colt' of Palm Sunday", *JBL* 72 (1953) 220-29.

N. A. Beck, "Reclaiming a Biblical Text: The Mark 8:14-21 Discussion about the Bread in the Boat", *CBQ* 43 (1981) 49-56.

W. J. Bennett, "The Herodians of Mark's Gospel", *NovT* 17 (1975) 9-14.

P. Benoit, "Prétoire, Lithostroton et Gabbatha", *RB* 59 (1952) 531-50.

———, "Les outrages à Jésus prophète (Mc xiv 65 par.)", en W. C. Van Unnik (ed.), *Neotestamentica et Patristica* (FS O. Cullmann; SNT 6). Leiden: Brill, 1962, 92-110.

K. Berger, "Zur Geschichte der Einleitungsformel 'Amen, ich sage euch'", *ZNW* 63 (1972) 45-75.

E. Best, "Mark III.20, 21, 31-35", *NTS* 22 (1975/6) 309-19 (= *Disciples*, 49-63).

———, "Mark's Narrative Technique", *JSNT* 37 (1989) 43-58.

J. N. Birdsall, "Τὸ ῥῆμα ὡς εἶπεν αὐτῷ ὁ Ἰησοῦς: Mark xiv 72", *NovT* 2 (1958) 272-75.

———, "The Withering of the Fig-Tree", *ExpTim* 73 (1961/2) 190-91.

D. A. Black, "The Text of Mark 6.20", *NTS* 34 (1988) 141-45.

J. Blenkinsopp, "The Oracle of Judah and the Messianic Entry", *JBL* 80 (1961) 55-64.

C. Bonner, "Traces of Thaumaturgic Technique in the Miracles", *HTR* 20 (1927) 171-81.

G. H. Boobyer, "The Eucharistic Interpretation of the Miracles of the Loaves in St.

Mark's Gospel", *JTS* 3 (1952) 161-71.

———, "Mark II 10a and the Interpretation of the Healing of the Paralytic", *HTR* 47 (1954) 115-20.

———, "Ἀπέχει in Mark xiv 41", *NTS* 2 (1955/6) 44-48.

G. Bornkamm, "Die Sturmstillung im Matthäus-Evangelium" *Wort und Dienst* (1948) 49-54; ET in G. Bornkamm, G. Barth, y H. J. Held, *Tradition and Interpretation in Matthew*. ET, London: SCM, 1963, 52-57.

F. H. Borsch, "Mark xiv 62 and 1 Enoch lxii.5", *NTS* 14 (1967/8) 565-67.

L. C. Boughton, "'Being Shed for You/Many': Time-sense and Consequences in the Synoptic Cup Quotations", *TynB* 48 (1997) 249-70.

D. Brady, "The Alarm to Peter in Mark's Gospel", *JSNT* 4 (1979) 42-57.

R. G. Bratcher, "A Note on Mark XI,3", *ExpTim* 64 (1952/3) 93.

P. G. Bretscher, "Exodus 4:22-23 and the Voice from Heaven", *JBL* 87 (1968) 301-11.

D. I. Brewer, "Review Article: The Use of Rabbinic Sources in Gospel Studies", *TynB* 50 (1999) 281-98.

K. E. Brower, "Mark 9:1: Seeing the Kingdom in Power", *JSNT* 6 (1980) 17-41.

———, "Elijah in the Markan Passion Narrative", *JSNT* 18 (1983) 85-101.

———, "'Let the Reader Understand': Temple and Eschatology in Mark", en K. E. Brower y M. W. Elliott (ed.), *Reader*, 119-43.

R. E. Brown, "The Pre-Christian Semitic Concept of 'Mystery'", *CBQ* 20 (1958) 417-43.

———, "The Semitic Background of the NT Mysterion", *Bib* 39 (1958) 426-48; 40 (1959) 70-87.

———, "The Burial of Jesus (Mark 15:42-47)", *CBQ* 50 (1988) 233-45.

S. G. Browne, "Leprosy: The Christian Attitude", *ExpTim* 73 (1961/2) 242-45.

F. F. Bruce, "The Book of Zechariah and the Passion Narrative", *BJRL* 43 (1960/1) 336-53.

———, "Render to Caesar", en E. Bammel y C. F. D. Moule (ed.), *Politics*, 249-63.

G. W. Buchanan, "Jesus and the Upper Class", *NovT* 7 (1964) 195-209.

C. Burchard, "Das doppelte Liebesgebot in der frühen christlichen Überlieferung", en E. Lohse (ed.), *Das Ruf Jesu und die Antwort der Gemeinde* (FS J. Jeremias). Göttingen: Vandenhoeck & Ruprecht, 1970, 39-62.

R. Buth, "Mark 3:17 BONEPEΓEM and Popular Etymology", *JSNT* 10 (1981) 29-33.

M. Casey, "The Original Aramaic Form of Jesus' Interpretation of the Cup", *JTS* 41 (1990) 1-12.

———, "The Date of the Passover Sacrifices and Mark 14:12", *TynB* 48 (1997) 245-47.

D. R. Catchpole, "The Answer of Jesus to Caiaphas (Matthew xxvi 64)", *NTS* 17 (1970/1) 213-26.

———, "The Synoptic Divorce Material as a Traditio-Historical Problem", *BJRL* 57 (1974/5) 92-127.

———, "The 'Triumphal' Entry", en E. Bammel y C. F. D. Moule (ed.), *Politics*, 319-34.

C. H. Cave, "The Leper: Mark 1:40-45", *NTS* 25 (1978/9) 245-50.

C. P. Ceroke, "Is Mark 2:10 a Saying of Jesus? ", *CBQ* 22 (1960) 369-90.

C. B. Chavel, "The Releasing of a Prisoner on the Eve of Passover in Ancient Jerusalem", *JBL* 60 (1941) 273-78.

B. D. Chilton, "Jesus *ben David:* Reflections on the *Davidssohnfrage*" , *JSNT* 14 (1982) 88-112.

H. L. Chronis, "The Torn Veil: Cultus and Christology in Mark 15:37-39", *JBL* 101 (1982) 97-114.

D. M. Cohn-Sherbok, "An Analysis of Jesus' Arguments concerning the Plucking of

Grain on the Sabbath", *JSNT* 2 (1979) 31-41.

———, "Jesus' Defence of the Resurrection of the Dead", *JSNT* 11 (1981) 64-73.

A. Y. Collins, "The Appropriation of the Psalms of Individual Lament by Mark", en C. M. Tuckett (ed.), *The Scriptures in the Gospels*, 223-41.

L. W. Countryman, "How Many Baskets Full? Mark 8:14-21 and the Value of the Miracles in Mark", *CBQ* 47 (1985) 643-55.

J. D. Crossan, "Mark and the Relatives of Jesus", *NovT* 15 (1973) 81-113.

———, "The Parable of the Wicked Husbandmen", *JBL* 90 (1971) 451-65.

B. Couroyer, "De la mesure dont vous mesurez il vous sera mesuré", *RB* 77 (1970) 366-70.

R. J. Daly, "The Soteriological Significance of the Sacrifice of Isaac", *CBQ* 39 (1977) 45-75.

F. W. Danker, "Mark 8, 7", *JBL* 82 (1963) 215-16.

———, "The Literary Unity of Mark 14:1-25", *JBL* 85 (1966) 467-72.

D. Daube, "Responsibilities of Master and Disciples in the Gospels", *NTS* 19 (1972/3) 1-15.

P. R. Davies y B. D. Chilton, "The Aqedah: A Revised Tradition History", *CBQ* 40 (1978) 514-46.

S. L. Davies, "Who Is Called Bar Abbas?", *NTS* 27 (1980/1) 260-62.

P. G. Davis, "Mark's Christological Paradox", *JSNT* 35 (1989) 3-18.

B. Dehandschutter, "La parabole des vignerons homicides (Mc., XII,1-12) et l'évangile selon Thomas", en M. Sabbe (ed.), *Marc*, 203-19.

G. Delling, "Βάπτισμα, βαπτισθῆναι", *NovT* 2 (1957) 92-115.

J. D. M. Derrett, "The Anointing at Bethany", *SE* 2 (1964) 174-82 (repr. in Derrett, *Law*, 266-75).

———, "The Stone That the Builders Rejected", *SE* 4 (1968) 180-86.

———, "Law in the NT: The Palm Sunday Colt", *NovT* 13 (1971) 241-58.

———, "'Eating Up the Houses of Widows': Jesus' Comment on Lawyers", *NovT* 14 (1972) 1-9.

———, "Figtrees in the NT", *HeyJ* 14 (1973) 249-65.

———, "Salted with Fire: Studies in Texts: Mark 9:42-50", *Theology* 76 (1973) 364-68.

———, "Allegory and the Wicked Vinedressers", *JTS* 25 (1974) 426-32.

———, "ἦσαν γὰρ ἁλιεῖς (Mk. I 16): Jesus' Fishermen and the Parable of the Net", *NovT* 22 (1980) 108-37.

———, "Why and How Jesus Walked on the Sea", *NovT* 23 (1981) 330-48.

K. E. Dewey, "Peter's Curse and Cursed Peter (Mark 14:53-54, 66-72)", en W. H. Kelber (ed.), *Passion*, 96-114.

J. R. Donahue, "Tax Collectors and Sinners: An Attempt at Identification", *CBQ* 33 (1971) 39-61.

G. Dow, "The Case for the Existence of Demons", *Churchman* 94 (1980) 199-208.

F. G. Downing, "The Resurrection of the Dead: Jesus and Philo", *JSNT* 15 (1982) 42-50.

F. Dreyfus, "L'argument scripturaire de Jésus en faveur de la résurrection des morts (Marc, XII,26-27)", *RB* 66 (1959) 213-24.

J. Drury, "The Sower, the Vineyard, and the Place of Allegory in the Interpretation of Mark's Parables", *JTS* 24 (1973) 367-79.

I. Duguid, "Messianic Themes in Zechariah 9–14", en P. E. Satterthwaite, et al. (ed.), *Anointed*, 265-80.

D. C. Duling, "Solomon, Exorcism, and the Son of David", *HTR* 68 (1975) 235-52.

J. D. G. Dunn, "Jesus and Ritual Purity: A Study of the Tradition-History of Mark 7.15", en *Jesus, Paul and the Law*. London: SPCK, 1990, 37-60.

P. Ellingworth, "Text and Context in Mark 10:2, 10", *JSNT* 5 (1979) 63-66.

J. K. Elliott, "The Conclusion of the Pericope of the Healing of the Leper and Mark 1.45", *JTS* 22 (1971) 153-57.

———, "The Text and Language of the Endings to Mark's Gospel", *TZ* 27 (1971) 255-62.

———, "The Anointing of Jesus", *ExpTim* 85 (1973/4) 105-7.

———, "*Ho baptizōn* and Mark 1:4", *TZ* 31 (1975) 14-15.

———, "Is ὁ ἐξελθών a Title for Jesus in Mark 1:45?", *JTS* 27 (1976) 402-5.

E. E. Ellis, "Deity-Christology in Mark 14:58", en J. B. Green and M. M. B. Turner (ed.), *Jesus of Nazareth: Lord and Christ* (FS I. H. Marshall). Grand Rapids: Eerdmans, 1994, 192-203.

V. Eppstein, "The Historicity of the Gospel Account of the Cleansing of the Temple", *ZNW* 55 (1964) 42-58.

C. A. Evans, "On the Vineyard Parables of Isaiah 5 and Mark 12", *BZ* 28 (1984) 82-86.

———, "Jesus' Action in the Temple: Cleansing or Portent of Destruction?", *CBQ* 51 (1989) 237-70.

C. F. Evans, "I will go before you into Galilee", *JTS* 5 (1954) 3-18.

A. Feuillet, "Le sens du mot Parousie dans l'évangile de Matthieu", en W. D. Davies and D. Daube (ed.), *The Background of the NT and Its Eschatology* (FS C. H. Dodd) Cambridge: Cambridge University Press, 1956, 261-80.

———, "La coupe et le baptême de la Passion", *RB* 74 (1967) 356-91.

———, "Le 'Commencement' de l'économie Chrétienne d'après He. 2:3-4, Mc. 1:1 et Ac. 1:1-2", *NTS* 24 (1978) 163-74.

J. A. Fitzmyer, "The Aramaic Qorban Inscription from Jebel Hallet Et-turi and Mk 7:11/ Mt 15:5", *JBL* 78 (1959) 60-65.

———, "The Use of *Agein* and *Pherein* in the Synoptic Gospels", en E. H. Barth and R. E. Cocroft (ed.), *Festschrift to Honor F. Wilbur Gingrich*. Leiden: Brill, 1972, 147-60.

———, "Aramaic *Kepha* and Peter's Name in the NT", en E. Best y R. McL. Wilson (ed.), *Text and Interpretation* (FS M. Black). Cambridge: Cambridge University Press, 1979, 121-32.

H. Fleddermann, "The Flight of a Naked Young Man (Mark 14:51-52)", *CBQ* 41 (1979) 412-18.

———, "A Warning about the Scribes (Mark 12:37b-40)", *CBQ* 44 (1982) 52-67.

———, "'And he wanted to pass by them' (Mark 6:48c)", *CBQ* 45 (1983) 389-95.

C. Fletcher-Louis, "The Destruction of the Temple and the Relativization of the Old Covenant: Mark 13:31 and Matthew 5:18", en K. E. Brower y M. W. Elliott (ed.), *Reader*, 145-69.

J. M. Ford, "Money 'bags' in the Temple (Mk 11, 16)", *Bib* 57 (1976) 249-53.

R. T. France, "The Servant of the Lord in the Teaching of Jesus", *TynB* 19 (1968) 26-52.

———, "Mark and the Teaching of Jesus", en R. T. France y D. Wenham (ed.), *GP*, 1. Sheffield: JSOT Press, 1980, 101-36.

———, "Chronological Aspects of 'Gospel Harmony'", *Vox Evangelica* 16 (1986) 33-59.

R. W. Funk, "The Looking-Glass Tree Is for the Birds; Ezekiel 17:22-24; Mark 4:30-32", *Int* 27 (1973) 3-9.

P. H. Furfey, "Christ as *Tekton*", *CBQ* 17 (1955) 204-15.

P. J. Gannon, "Could Mark employ *auton* in 3, 21 referring to *ochlos* in 3, 20?", *CBQ* 15 (1953) 460-61.

P. Garnet, "The Baptism of Jesus and the Son of Man Idea", *JSNT* 9 (1980) 49-65.

L. Gaston, "Beelzebul", *TZ* 18 (1962) 247-55.

B. Gerhardsson, "The Parable of the Sower and Its Interpretation", *NTS* 14 (1967/8) 165-93.

C. H. Giblin, "'The Things of God' in the Question concerning Tribute to Caesar", *CBQ* 33 (1971) 510-27.

J. B. Gibson, "The Rebuke of the Disciples in Mark 8:14-21", *JSNT* 27 (1986) 31-47.

———, "Jesus' Refusal to Produce a 'Sign' (Mark 8:11-13)", *JSNT* 38 (1990) 37-66.

T. F. Glasson, "Davidic Links with the Betrayal of Jesus", *ExpTim* 85 (1973/4) 118-19.

A. M. Goldberg, "Sitzend zur Rechten der Kraft: Zur Gottesbezeichnung Gebura in der frühen rabbinischen Literatur", *BZ* 8 (1964) 284-93.

H. Gollwitzer, "Liberation in History", *Int* 28 (1974) 404-21.

M. D. Goulder, "On Putting Q to the Test", *NTS* 24 (1977/8) 218-34.

———, "The Order of a Crank", en C. M. Tuckett (ed.), *Studies*, 111-30.

K. Grayston, "The Study of Mark XIII", *BJRL* 56 (1973/4) 371-87.

J. H. Greenlee, "Εἰς μνημόσυνον αὐτῆς, 'For her Memorial': Mt xxvi 13, Mk xiv 9", *ExpTim* 71 (1959/60) 245.

K. Grobel, "He That Cometh after Me", *JBL* 60 (1941) 397-401.

J. J. Gunther, "The Fate of the Jerusalem Church: The Flight to Pella", *TZ* 29 (1973) 81-84.

G. Hartmann, "Markus 3, 20f", *BZ* 11 (1913) 249-79.

A. E. Harvey, "The Use of Mystery Language in the Bible", *JTS* 31 (1980) 320-36.

N. Q. Hamilton, "Temple Cleansing and Temple Bank", *JBL* 83 (1964) 365-72.

P. B. Harner, "Qualitative Anarthrous Predicate Nouns: Mark 15:39 and John 1:1", *JBL* 92 (1973) 75-87.

H. StJ. Hart, "The Crown of Thorns in John 19.2-5" *JTS* 3 (1952) 66-75.

———, "The Coin of 'Render unto Caesar ...' (A Note on Some Aspects of Mark 12:13-17; Matt. 22:12-22; Luke 20:20-26)", en E. Bammel y C. F. D. Moule (ed.), *Politics*, 241-48.

N. Hass, "Anthropological Observations on the Skeletal Remains from Giv'at ha-Mivtar", *IEJ* 20 (1970) 49-59.

L. S. Hay, "The Son of Man in Mark 2:10 and 2:28", *JBL* 89 (1970) 69-75.

M. Hengel, "Mk 7, 3 πυγμῇ: Die Geschichte einer exegetischen Aporie und der Versuch ihrer Lösung", *ZNW* 60 (1969) 182-98.

J. Héring, "Zwei exegetische Probleme in der Perikope von Jesus in Gethsemane", en W. C. Van Unnik (ed.), *Neotestamentica et Patristica* (FS O. Cullmann; SNT 6). Leiden: Brill, 1962, 64-69.

J. D. Hester, "Socio-Rhetorical Criticism and the Parable of the Tenants", *JSNT* 45 (1992) 27-57.

R. H. Hiers, "Not the Season for Figs", *JBL* 87 (1968) 394-400.

B. Hollenbach, "Lest They Should Turn and Be Forgiven: Irony", *BT* 34 (1983) 312-21.

M. D. Hooker, "Trial and Tribulation in Mark XIII", *BJRL* 65 (1982/3) 78-99.

———, "'What Doest Thou Here, Elijah?': A Look at St Mark's Account of the Transfiguration", en L. D. Hurst y N. T. Wright (ed.), *The Glory of Christ in the NT*. Oxford: Oxford University Press, 1987, 59-70.

T. Ilan, "Notes on the Distribution of Jewish Women's Names in Palestine in the Second Temple and Mishnaic Periods", *JJS* 40 (1989) 186-200.

H. M. Jackson, "The Death of Jesus in Mark and the Miracle from the Cross", *NTS* 33 (1987) 16-37.

H. Jahnow, "Das Abdecken des Daches Mc 2, 4; Lk 5, 19", *ZNW* 24 (1925) 155-58.

J. Jeremias, "Markus 14:9", *ZNW* 44 (1952/3) 103-7.

———, "Paarweise Sendung im NT", en A. J. B. Higgins (ed.), *NT Essays* (FS T. W. Manson). Manchester: Manchester University Press, 1959, 136-43.

———, "Palästinakundliches zum Gleichnis vom Sämann", *NTS* 13 (1966/7) 48-53.

———, "Zum nichtresponsorischen Amen", *ZNW* 64 (1973) 122-23.

E. S. Johnson, "Mark viii 22-26: The Blind Man from Bethsaida", *NTS* 25 (1978/9) 370-83.

———, "Is Mark 15:39 the Key to Mark's Christology?", *JSNT* 31 (1987) 3-22.

S. R. Johnson, "The Identity and Significance of the *Neaniskos* in Mark", *Forum* 8 (1992) 123-39.

D. R. Jones, "A Fresh Interpretation of Zechariah IX-XI", *VT* 12 (1962) 256-58.

L. E. Keck, "Mark 3:7-12 and Mark's Christology", *JBL* 84 (1965) 341-58.

———, "The Introduction to Mark's Gospel", *NTS* 12 (1965/6) 352-70.

———, "Toward the Renewal of NT Christology", *NTS* 32 (1986) 362-77.

A. Kee, "The Old Coat and the New Wine: A Parable of Repentance", *NovT* 12 (1970) 13-21.

H. C. Kee, "Aretalogy and Gospel", *JBL* 92 (1973) 402-22.

———, "The Terminology of Mark's Exorcism Stories", *NTS* 14 (1967/8) 232-46.

———, "The Transfiguration in Mark: Epiphany or Apocalyptic Vision? ", en J. Reumann (ed.), *Understanding the Sacred Text* (FS M. S. Enslin). Valley Forge: Judson, 1972, 137-52.

R. Kempthorne, "The Markan Text of Jesus' Answer to the High Priest (Mark xiv 62) ", *NovT* 19 (1977) 197-208.

A. Kenny, "The Transfiguration and the Agony in the Garden", *CBQ* 19 (1957) 444-52.

P. Ketter, "Zur Localisierung der Blindenheilung bei Jericho", *Bib* 15 (1934) 411-18.

G. D. Kilpatrick, "The Gentile Mission in Mark and Mk 13, 9-10", en D. E. Nineham (ed.), *Studies in the Gospels* (FS R. H. Lightfoot). Oxford: Blackwells, 1955, 145-58.

———, "Mk 13, 9-10", *JTS* 9 (1958) 81-86.

———, "Jesus, His Family and His Disciples", *JSNT* 15 (1982) 3-19.

J. D. Kingsbury, "The 'Divine Man' as the Key to Mark's Christology—The End of an Era? ", *Int* 35 (1981) 243-57.

H.-J. Klauck, "Die Frage der Sündenvergebung in der Perikope von der Heilung des Gelähmten (Mk 2, 1-12 parr)", *BZ* 25 (1981) 223-48.

J. Knackstedt, "Die beiden Brotvermehrungen im Evangelium", *NTS* 10 (1963/4) 309-35.

D. A. Koch, "Inhaltliche Gliederung und geographischer Aufriss im Markusevangelium", *NTS* 29 (1983) 145-66.

H. Kosmala, "The Time of the Cock-Crow", *ASTI* 2 (1963) 118-20; 6 (1968) 132-34.

S. Krauss, "Das Abdecken des Daches Mc 2, 4, Lc 5, 19", *ZNW* 25 (1926) 307-10.

H. Kruse, "Die 'Dialektische Negation' als semitisches Idiom", *VT* 4 (1954) 385-400.

H.-W. Kuhn, "Das Reittier Jesu in der Einzugsgeschichte des Markusevangeliums", *ZNW* 50 (1959) 82-91.

K. Lake, "Ἐμβριμησάμενος and ὀργισθείς (Mark 1, 40-43)", *HTR* 16 (1923) 197-98.

J. Lambrecht, "Redaction and Theology in MK., IV", en M. Sabbe (ed.), *Marc*, 269-307.

G. W. H. Lampe, "St. Peter's Denial", *BJRL* 55 (1972/3) 346-68.

———, "The Two Swords (Luke 22:35-38)", en E. Bammel y C. F. D. Moule (ed.), *Politics*, 335-51.

S. Légasse, "Approche de l'episode préévangélique des Fils de Zébédée", *NTS* 20 (1974) 161-77.

E. E. Lemcio, "External Evidence for the Structure and Function of Mark iv 1-20, vii 14-23 and viii 14-21", *JTS* 29 (1978) 323-38.

F. Lentzen-Deis, "Das Motif der 'Himmelsöffnung' in verschiedenen Gattungen der Umweltliteratur des NT", *Bib* 50 (1969) 301-27.

W. L. Liefeld, "Theological Motifs in the Transfiguration Narrative", en R. N. Longenecker y M. C. Tenney (ed.), *New Dimensions in NT Study*. Grand Rapids: Zondervan, 1974, 162-79.

A. T. Lincoln, "The Promise and the Failure: Mark 16:7, 8", *JBL* 108 (1989) 283-300.

B. Lindars, "Matthew, Levi, Lebbaeus and the Value of the Western Text", *NTS* 4 (1957/8) 220-22.

——, "Two Parables in John", *NTS* 16 (1969/70) 318-29.

O. Linton, "The Demand for a Sign from Heaven (Mk 8, 11-12 and parallels)", *ST* 19 (1965) 112-29.

H. K. McArthur, "On the Third Day", *NTS* 18 (1971/2) 81-86.

——, "Son of Mary", *NovT* 15 (1973) 38-58.

S. V. McCasland, "Signs and Wonders", *JBL* 76 (1957) 149-52.

C. C. McCown, "ὁ τέκτων", en S. J. Case (ed.), *Studies in Early Christianity*. Chicago: University of Chicago Press, 1928, 173-89.

——, "Luke's Translation of Semitic into Hellenistic Custom", *JBL* 58 (1939) 213-20.

F. R. McCurley, "'And after Six Days' (Mark 9:2): A Semitic Literary Device", *JBL* 93 (1974) 67-81.

J. I. H. McDonald, "Receiving and Entering the Kingdom: A Study of Mark 10, 15", *SE* 6 (1973) 328-32.

R. McKinnis, "An Analysis of Mark X,32-34", *NovT* 18 (1976) 81-100.

A. Mahoney, "A New Look at "The Third Hour" of Mk 15, 25", *CBQ* 28 (1966) 292-99.

E. S. Malbon, "TH OIKIA ΑΥΤΟΥ: Mark 2:15 in Context", *NTS* 31 (1985) 282-92.

——, "The Poor Widow in Mark and Her Poor Rich Readers", *CBQ* 53 (1991) 589-604.

J. Mánek, "Mark viii 14-21", *NovT* 7 (1964) 10-14.

T. W. Manson, "The Cleansing of the Temple", *BJRL* 33 (1951) 271-82.

J. Marcus, "Scripture and Tradition in Mark 7", en C. M. Tuckett (ed.), *The Scriptures in the Gospels*, 177-95.

I. H. Marshall, "Son of God or Servant of Yahweh?—A Reconsideration of Mark 1:11", *NTS* 15 (1968/9) 326-36.

——, "The Meaning of the Verb 'to baptize'", *EQ* 45 (1973) 130-40.

B. A. Mastin, "The Date of the Triumphal Entry", *NTS* 16 (1969/70) 76-82.

S. Masuda, "The Good News of the Miracle of the Bread", *NTS* 28 (1982) 191-219.

H. Merkel, "Peter's Curse", en E. Bammel (ed.), *Trial*, 66-71.

R. L. Merritt, "Jesus Barabbas and the Paschal Pardon", *JBL* 104 (1985) 57-68.

R. P. Meye, "Mark 4:10: 'Those about him with the Twelve'", *SE* 2 (1964) 211-18.

——, "Psalm 107 as 'Horizon' for Interpretating the Miracle Stories of Mark 4:35–8:26", en R. A. Guelich (ed.), *Unity and Diversity in NT Theology* (FS G. E. Ladd). Grand Rapids: Eerdmans, 1978, 1-13.

O. Michel, "Eine philologische Frage zur Einzugsgeschicht", *NTS* 6 (1959/60) 81-82.

D. L. Miller, "EMΠAIZEIN: Playing the Mock Game (Luke 22:63-64) ", *JBL* 90 (1971) 309-13.

J. V. Miller, "The Time of the Crucifixion", *JETS* 26 (1983) 157-66.

P. S. Minear, "Audience Criticism and Markan Ecclesiology", en H. Baltensweiler y B. Reicke (ed.), *NT und Geschichte* (FS O. Cullmann). Zürich: Theologischer Verlag,

1972, 79-89.

H. W. Montefiore, "Josephus and the NT", *NovT* 4 (1960) 139-60, 307-18.

———, "Revolt in the Desert? (Mark vi 30ff)", *NTS* 8 (1961/2) 135-41.

W. E. Moore, "'Outside' and 'Inside': A Markan Motif", *ExpTim* 98 (1986/7) 39-43.

S. Morag, "Ἐφφαθά (Mark vii 34): Certainly Hebrew, Not Aramaic?", *JSS* 17 (1972) 198-202.

S. Motyer, "The Rending of the Veil: A Markan Pentecost?", *NTS* 33 (1987) 155-57.

W. J. Moulder, "The OT Background and the Interpretation of Mark x.45", *NTS* 24 (1977) 120-27.

C. F. D. Moule, "Mark 4:1-20 Yet Once More", en E. E. Ellis y M. Wilcox (ed.), *Neotestamentica et Semitica* (FS M. Black). Edinburgh: T. & T. Clark, 1969, 95-113.

J. B. Muddiman, "Jesus and Fasting: Mark ii 18-22", en J. Dupont (ed.), *Jésus aux Origines de la Christologie* (BETL 40). Gembloux: Duculot, 1975, 271-81.

A. Negoita y C. Daniel, "L'énigme du levain. Ad Mc. viii 15; Mt. xvi 6; et Lc. xii 1", *NovT* 9 (1967) 306-14.

J. E. y R. R. Newell, "The Parable of the Wicked Tenants", *NovT* 14 (1972) 226-37.

J. O'Callaghan, "Papiros neotestamentarios en la cueva 7 de Qumran?", *Bib* 53 (1972) 91-100. ET in *JBL* 91 (1972), supplement 2.1-14.

G. Ogg, "The Chronology of the Last Supper", en D. E. Nineham et al., *History and Chronology in the NT*. London: SPCK, 1965, 75-96.

D. Palmer, "Defining a Vow of Abstinence", *Colloquium* 5/2 (1973) 38-41.

D. W. Palmer, "The Origin, Form and Purpose of Mark xvi 4 in Codex Bobiensis", *JTS* 27 (1976) 113-22.

P. B. Payne, "The Order of Sowing and Ploughing in the Parable of the Sower", *NTS* 25 (1978/9) 123-29.

———, "The Authenticity of the Parable of the Sower and Its Interpretation", en *GP*, 1.163-207.

———, "The Seeming Inconsistency of the Interpretation of the Parable of the Sower", *NTS* 26 (1980) 564-68.

N. Perrin, "The High Priest's Question and Jesus' Answer (Mark 14:61-62)", en W. H. Kelber (ed.), *Passion*, 80-95.

R. Pesch, "Levi-Matthäus (Mc 2, 14/Mt 9, 9; 10, 3): Ein Beitrag zur Lösung eines alten Problems", *ZNW* 59 (1968) 40-56.

N. R. Petersen, "When Is the End Not the End? Literary Reflections on the Ending of Mark's Narrative", *Int* 34 (1980) 151-66.

J. Pobee, "The Cry of the Centurion—A Cry of Defeat", en E. Bammel (ed.), *Trial*, 91-102.

I. Rabinowitz, "'Be Opened' = Ἐφφαθά (Mark 7, 34): Did Jesus Speak Hebrew?", *ZNW* 53 (1962) 229-38.

———, "ΕΦΦΑΘΑ (Mark VII 34): Certainly Hebrew, Not Aramaic", *JSS* 16 (1971) 151-56.

B. Reicke, "Synoptic Prophecies on the Destruction of Jerusalem", en D. E. Aune (ed.), *Studies in NT and Early Christian Literature* (FS A. P. Wikgren). Leiden: Brill, 1972, 121-34.

J. H. Reumann, "Psalm 22 at the Cross: Lament and Thanksgiving for Jesus Christ", *Int* 28 (1974) 39-58.

R. Riesner, "Bethany beyond the Jordan", *TynB* 38 (1987) 29-63.

V. K. Robbins, "Last Meal: Preparation, Betrayal and Absence (Mark 14:12-25)", en W. H. Kelber (ed.), *Passion*, 21-40.

A. de Q. Robin, "The Cursing of the Fig Tree in Mark", *NTS* 8 (1961/2) 276-81.

K. Romaniuk, "Car ce n'était pas la saison des figues (Mk 11, 12-14 parr.)", *ZNW* 66 (1975) 275-78.

J. M. Ross, "With the Fist", *ExpTim* 87 (1975/6) 374-75.

C. Roth, "The Cleansing of the Temple and Zechariah XIV 21", *NovT* 4 (1960) 172-81.

H. H. Rowley, "Jewish Proselyte Baptism and the Baptism of John", en su *From Moses to Qumran*. London: Lutterworth, 1963, 211-35.

H. P. Rüger, "'Mit welchem Mass ihr messt, wird euch gemessen werden'", *ZNW* 60 (1969) 174-82.

M. Sabin, "Reading Mark 4 as Midrash", *JSNT* 45 (1992) 3-26.

H. Sahlin, "Die Perikope vom gerasenischen Besessenen und der Plan des Markusevangeliums", *ST* 18 (1964) 159-72.

E. P. Sanders, "Priorités et dépendance dans la tradition synoptique", *RSR* 60 (1972) 519-40.

———, "The Overlaps of Mark and Q and the Synoptic Problem", *NTS* 19 (1972/3) 453-65.

B. Schaller, "'Commits adultery with her' not 'against her', Mark 10:11", *ExpTim* 83 (1971/2) 107-8.

F. A. Schilling, "What Means the Saying about Receiving the Kingdom of God as a Little Child (Mk X.15; Lk XVIII 17)? ", *ExpTim* 77 (1965/6) 56-58.

T. E. Schmidt, "Cry of Dereliction or Cry of Judgment? Mark 15:34 in Context", *BBR* 4 (1994) 145-53.

———, "Mark 15:16-32: The Crucifixion Narrative and the Roman Triumphal Procession", *NTS* 41 (1995) 1-18.

K. Schubert, "Biblical Criticism Criticised: with Reference to the Markan Report of Jesus's Examination before the Sanhedrin", en E. Bammel y C. F. D. Moule (ed.), *Politics*, 385-402.

G. Schwarz, "'Aus der Gegend' (Mk v.10b) ", *NTS* 22 (1975/6) 215-16.

E. Schweizer, "Er wird Nazoräer heissen (zu Mc 1, 24; Mt 2, 23)", en W. Eltester (ed.), *Judentum, Urchristentum, Kirche* (FS J. Jeremias; BZNW 26). Berlin: Töpelmann, 1960, 90-93.

R. Scroggs y K. I. Groff, "Baptism in Mark: Dying and Rising with Christ", *JBL* 92 (1973) 531-48.

A. Segal, "'He who did not spare his own son ...': Jesus, Paul and the Akedah", en P. Richardson y J. C. Hurd (ed.), *From Jesus to Paul*. Waterloo: Wilfrid Laurier University Press, 1984, 169-84.

O. J. F. Seitz, "The Future Coming of the Son of Man: Three Midrashic Formulations in the Gospel of Mark", *SE* 6 (1973) 478-94.

H. D. Slingerland, "The Transjordanian Origin of St. Matthew's Gospel", *JSNT* 3 (1979) 18-28.

J. Slomp, "Are the Words 'Son of God' in Mark 1:1 Original?", *BT* 28 (1977) 143-50.

C. W. F. Smith, "Fishers of Men: Footnotes on a Gospel Figure", *HTR* 52 (1959) 187-203.

———, "No Time for Figs", *JBL* 79 (1960) 315-27.

K. R. Snodgrass, "The Parable of the Wicked Husbandmen: Is the Gospel of Thomas Version Original?", *NTS* 21 (1974/5) 142-44.

T. Snoy, "Marc 6, 48: '... et il voulait les dépasser.' Proposition pour la solution d'une énigme", en M. Sabbe (ed.), *Marc*, 347-63.

S. Sowers, "The Circumstances and Recollection of the Pella Flight", *TZ* 26 (1970) 305-20.

E. Stauffer, "Jeschua ben Mirjam (Mk 6, 3)", en E. E. Ellis y M. Wilcox (ed.), *Neotestamentica et Semitica* (FS M. Black). Edinburgh: T. & T. Clark, 1969, 119-28.

R. H. Stein, "A Short Note on Mark xiv 28 and xvi 7", *NTS* 20 (1973/4) 445-52.

————, "Is the Transfiguration (Mark 9:2-8) a Misplaced Resurrection-Account?", *JBL* 95 (1976) 79-96.

J. E. Steinmueller, "Jesus and οἱ παρ' αὐτοῦ (Mk 3, 20-21)", *CBQ* 4 (1942) 355-59.

R. L. Sturch, "The "ΠΑΤΡΙΣ" of Jesus", *JTS* 28 (1977) 94-96.

M. E. Thrall, "Elijah and Moses in Mark's Account of the Transfiguration", *NTS* 16 (1969/70) 305-17.

É. Trocmé, "Marc 9, 1: prédiction ou réprimande?", *SE* 2 (1964) 259-65.

G. W. Trompf, "The First Resurrection Appearance and the Ending of Mark's Gospel", *NTS* 18 (1971/2) 308-30.

P. Trudinger, "The Word on the Generation Gap: Reflections on a Gospel Metaphor", *BTB* 5 (1975) 311-15.

C. H. Turner, "ὁ υἱός μου ὁ ἀγαπητός", *JTS* (1925/6) 113-29.

N. Turner, "The Translation of Μοιχᾶται ἐπ' αὐτήν in Mark 10, 11", *BT* 7 (1956) 151-52.

G. H. Twelftree, "ΕΙ ΔΕ ... ΕΓΩ ΕΚΒΑΛΛΩ ΤΑ ΔΑΙΜΟΝΙΑ ...", en *GP*, 6.361-400.

J. M. Van Cangh, "Les Multiplication des pains dans l'évangile de Marc", en M. Sabbe (ed.), *Marc*, 309-46.

P. W. Van der Horst, "Can a Book End with γάρ? A Note on Mark xvi:8", *JTS* 23 (1972) 121-24.

A. Vanhoye, "La fuite du jeune homme nu (Mc 14, 51-52) ", *Bib* 52 (1971) 401-6.

B. M. F. Van Iersel, "'To Galilee' or 'in Galilee' in Mark 14, 28 and 16, 7? ", *ETL* 58 (1982) 365-70.

————, "The Sun, Moon and Stars of Mark 13, 24-25 in a Greco-Roman Reading", *Bib* 77 (1996) 84-92.

J. Verheyden, "Describing the Parousia: The Cosmic Phenomena in Mk 13, 24-25", en C. M. Tuckett (ed.), *The Scriptures in the Gospels*, 525-50.

H.Wansbrough, "Mark III 21—Was Jesus out of His Mind?", *NTS* 18 (1971/2) 233-35.

T. J. Weeden, "The Cross as Power in Weakness (Mark 15:20b-41)", en W. H. Kelber (ed.), *Passion*, 115-34.

————, "The Heresy That Necessitated Mark's Gospel", *ZNW* 59 (1968) 145-58, repr. in W. R. Telford (ed.), *Interpretation*, 89-104.

D. Wenham, "The Meaning of Mark iii 21", *NTS* 21 (1974/5) 295-300.

J. W. Wenham, "How Many Cock-Crowings? The Problem of Harmonistic Text-Variants", *NTS* 25 (1978/9) 523-25.

K. D. White, "The Parable of the Sower", *JTS* 15 (1964) 300-307.

J. Wilkinson, "The Case of the Epileptic Boy", *ExpTim* 79 (1967/8) 39-42.

————, "The Physical Cause of the Death of Christ", *ExpTim* 83 (1971/2) 104-7.

J. Winandy, "Le logion de l'ignorance (Mc., XIII,32; Mt., XXIV,36)", *RB* 75 (1968) 63-79.

A. G. Wright, "The Widow's Mites: Praise or Lament? A Matter of Context", *CBQ* 44 (1982) 256-65.

E. Yamauchi, "Magic or Miracle? Diseases, Demons and Exorcisms", en *GP*, 6.89-183.

J. A. Ziesler, "The Transfiguration Story and the Markan Soteriology", *ExpTim* 81 (1969-70) 263-68.

————, "The Vow of Abstinence: A Note on Mark 14:25 and Parallels", *Colloquium* 5/1 (1972) 12-14.

———, "The Vow of Abstinence Again", *Colloquium* 6/1 (1973) 49-50.

G. Zuntz, "Ein Heide las das Markusevangelium", en H. Cancik (ed.), *Markus-Philologie: Historische, literargeschichtliche und stilistiche Untersuchungen zum zweiten Evangelium* (WUNT 33). Tübingen: Mohr, 1984, 205-22.

INTRODUCCIÓN

ACERCA DE ESTE COMENTARIO

He tratado de escribir el tipo de comentario que a mí me agrada usar. Si esto es lo que otros lectores están buscando dependerá de lo que ellos consideren que debe ser un comentario bíblico. Sin embargo, albergo la esperanza de haya muchas otras personas que compartan mis expectativas para hacer que la iniciativa valga la pena. Permítanme explicarles lo que quiero decir.

Mi intención es que este sea un comentario sobre Marcos, no un comentario basado en otros comentarios sobre Marcos.[1] He comentado acerca de los temas que, a mi entender, necesitan o merecen comentarse, y no necesariamente sobre los que han despertado el interés tradicional de otros comentaristas. Aunque en muchas ocasiones, la relación que existe entre ambas cosas es bastante estrecha, no me sentí obligado a decir algo sobre cada uno de los temas que han planteado otros comentaristas. Mi método ha consistido en escribir primeramente mis propios comentarios sobre cada sección del texto (moldeados, por supuesto, por el conocimiento de muchos años de los temas que generalmente se han abordado en los estudios de Marcos), y solo después de eso, analizar otros estudios y comentarios sobre ese pasaje. Las demás inquietudes que surgieron a partir de esta lectura, y sobre las que quise llamar la atención, aparecen con más frecuencia en las notas al pie.

Mi interés principal se centra en la exégesis del texto de Marcos, no en las teorías acerca de su prehistoria o del proceso de su composición. Cuando la comparación sinóptica resultaba esclarecedora para entender el texto de Marcos, traté de tomarla en cuenta, pero mi objetivo siempre fue comprender y valorar el texto de Marcos tal como lo poseemos ahora en vez de proponer explicaciones en cuanto a cómo o porqué Marcos difirió o coincidió con Mateo o con Lucas. Y en general, tampoco consideré importante examinar qué elementos en un pasaje dado podían provenir de una tradición más antigua y cuáles de la contribución misma de Marcos. El texto griego del Evangelio, cualquiera que sea su procedencia, es el factor específico en torno al cual giran las teorías críticas, y la exégesis de ese texto, no la exploración de las teorías, es el objetivo de este comentario.[2]

---

1. En términos usados por Van Iersel, 15-21, este comentario ofrece, pues, un enfoque "sincrónico" del texto y no "diacrónico", aunque, de acuerdo con mi opinión personal, esa terminología (y las teorías literarias que la sustentan y están esquematizadas por Van Iersel) no es útil ni necesaria.

2. Me complace, por tanto, repetir los tres "requisitos con propósitos específicos" que M. A. Tolbert, Sowing, 21-29, expone para su interpretación de Marcos bajo los títulos "Circumventing the Vorleben" [la forma en que existieron las tradiciones antes que Marcos hiciera uso de ellas], "Cir-

Eso, por supuesto, no significa que este comentario fuera escrito en forma aislada, en dos sentidos importantes, uno literario y el otro histórico. En primer lugar, mi enfoque del texto es inevitablemente el resultado de la experiencia que adquirí a partir de los estudios bíblicos que realicé desde la época en que predominaba la crítica de la forma, a lo largo del descubrimiento del mundo nuevo y espléndido de la crítica de la redacción y hasta la proliferación de otros enfoques literarios más "contemporáneos" que se ofrecen en la actualidad. Aunque yo no me incluiría en ninguna "escuela" específica de crítica literaria, sí creo haber aprendido de varias ellas. Si alguna palabra desempeña un papel fundamental en mi comprensión de la tarea del exégeta del Evangelio, es probable que dicha palabra sea "narración". Me acerco al Evangelio de Marcos como a un libro que espera que lo leamos y disfrutemos, una historia fluida de Jesús y sus discípulos compilada con sumo cuidado, que debe leerse y entenderse como una unidad literaria y no como una colección de unidades separadas que podrían analizarse fuera de su contexto en la obra total. He procurado evitar el exceso de jerga técnica, especialmente la que se ha acumulado en una gran parte de la teoría literaria actual y tiene la tendencia de alienar a los que solo quieren apreciar el texto tal como aparece. Espero que mis comentarios sean los de un lector teológicamente solidario que pretende utilizar un sentido literario común y sensibilidad histórica para explicar un texto que proviene de un mundo diferente del nuestro.

Más adelante en esta introducción expondré mi interpretación de la estructura del Evangelio como un verdadero "drama en tres actos" en el que he procurado analizar cada parte del libro a la luz de su lugar en el desarrollo integral previsto. Para comentar el texto detalladamente, es necesario dividirlo en secciones, pero reconozco que esas divisiones son mías, no de Marcos, y me he esforzado en no permitir que las mismas impidan apreciar el hilo de la narración del drama en general. El comentario "versículo por versículo" sobre los detalles del texto que aparece en cada sección tiene por objeto complementar los comentarios introductorios sobre la propia sección y deben interpretarse únicamente desde esa óptica. En otras palabras, la referencia solo a lo que digo con respecto a un cierto versículo tal vez no representa todo, ni siquiera la parte más importante de lo que quiero decir sobre el significado de ese versículo en su contexto.

El segundo sentido en el que este comentario no fue escrito en forma aislada es que me propuse aprovechar y guiarme por los últimos fascinantes avances acerca de nuestra percepción histórica del mundo en el que se ubica la historia de Marcos y que se han agrupado bajo el título general de "la tercera búsqueda del Jesús histórico".[3] Es probable que el mundo de la erudición

---

cumventing Fragmentation" y "Circumventing the Nachleben" [leyendo a Marcos como Marcos, no como si fuera interpretado especialmente por Mateo y Lucas].

3. El término fue acuñado por N. T. Wright en su revisión de S. Neill, The Interpretation of the NT, 1861-1986 (Oxford: Oxford University Press, 1988), 379.

neotestamentaria actual valore, más que en ningún otro período de la época moderna, el contexto histórico y cultural de la Palestina del siglo I, debido en parte al descubrimiento de un material nuevo, pero principalmente en razón de la mayor predisposición por parte de los eruditos del NT a explorar y beneficiarse de lo que desde hacía mucho tiempo había estado al acceso de ellos en los estudios judíos y (en menor grado) clásicos. Esto ha dado como resultado una impresionante (aunque no, por supuesto, unánime) recopilación de datos procedentes de un amplio abanico de fuentes que nos ayudan a tener una visión de Jesús más fiel a la que tenían la gente de su tiempo. Como antiguo estudiante de los clásicos, he seguido con deleite este movimiento académico, y considero que podemos obtener de él algunas ideas importantes para la exégesis de las historias del Evangelio. He procurado traer a colación en este comentario, cada vez que ha resultado conveniente, esas ideas históricas para esclarecer los acontecimientos que conforman el tema del drama de Marcos.

Este comentario pertenece a una serie basada en el texto griego, y ha sido para mí muy grato comentar directamente sobre las palabras de Marcos y no tener que trabajar (y a veces discrepar) con una traducción publicada. He dado por sentado que el lector posee un conocimiento básico del griego neotestamentario, y por tanto, no he traducido el texto al español, ni tampoco me sentí obligado a explicar ciertas formas y expresiones idiomáticas para beneficio de los principiantes. Pero cada vez que la exégesis requirió dedicar especial atención a los problemas gramaticales, sintácticos y léxicos, incluí esos comentarios, indicando normalmente una o más de las obras de consulta a las que suele hacerse referencia.

El texto griego que he comentado es el texto consensuado impreso por las SBU del *Nuevo Testamento Griego* (4ta. ed. rev., 1993) y el Nestle-Aland *Novum Testamentum Græce* (27ma. ed., 1993). En las notas textuales que preceden a los comentarios sobre la mayoría de las secciones del texto se examinan las variantes seleccionadas para la presentación en el aparato textual de las SBU, junto con algunas otras variantes que, en mi consideración, valía la pena comentar. En razón de la gama tan extraordinariamente amplia de testimonios textuales para el Evangelio de Marcos (catalogadas con el mayor esmero por S. C. C. Legg, *Novum Testamentum Graece: Evangelium secundum Marcum*, Oxford: Clarendon, 1935, una labor realizada con amor de la que me he beneficiado en gran medida) habría sido posible escribir notas textuales mucho más extensas, pero esto habría resultado desproporcionado en un comentario como este, y por ende, el proceso cuidadoso de selección que ya habían emprendido los editores de las SBU me pareció una base idónea para trabajar.

La bibliografía que precede a esta introducción contiene las obras que en realidad se citan en este comentario, aunque no necesariamente todas las que usé y de las que me beneficié mientras lo preparaba. No pretende ser una lista completa de todas las obras importantes relacionadas con Marcos, pero tampoco me di a la tarea de compilar bibliografías detalladas para cada sección del texto, porque esto ya lo habían hecho con todo esmero otros exégetas cuyos comentarios aún están disponibles.[4] De cualquier forma, esa tarea me habría resultado imposible en razón del relativo aislamiento en el que me encontraba y que me impidió el uso de los servicios adecuados de biblioteca en las últimas etapas de la escritura de esta obra. Cabría también mencionar que en los diez años que ha tardado la confección de este comentario, algunos libros y artículos que fueron publicados durante ese período (en especial, el comentario de Gundry, 1993, y el de Van Iersel, 1998) recibirán una atención un tanto desigual. A los que disfrutan de esas investigaciones tal vez les agradaría indagar en qué etapa de la escritura me fue posible acceder a cada uno de estos comentarios.[5] La escritura de este comentario terminó en agosto de 2000.

ACERCA DEL EVANGELIO DE MARCOS

Esta obra no es un estudio completo de todos los temas introductorios tradicionales relacionados con el Evangelio de Marcos. Esos estudios ya fueron escritos por otros con mayor detalle que lo que permite la introducción a un comentario. En especial, pienso en cuatro estudios, realizados desde perspectivas diferentes y que representan distintas etapas en la historia de los estudios sobre Marcos, que me han resultado de mucho valor: R. P. Martin, *Mark: Evangelist and Theologian* (Exeter: Paternoster, 1972); E. Best, *Mark: The Gospel as Story* (Edinburg: T. & T. Clark, 1983); M. Hengel, *Studies in the Gospel of Mark* (ET, Londres: SCM, 1985); y más recientemente, C. Bryan, *A Preface to Mark: Notes on the Gospel in Its Literary and Cultural Settings* (Oxford: Oxford University Press, 1993). Otros comentaristas como, S. P. Kealy, *Mark's Gospel: A History of Its Interpretation* (Nueva York: Paulist Press, 1982) y W. R. Telford, *The Interpretation of Mark* (2da. ed.; Edinburg: T. & T. Clark, 1995), 1-61, también han ofrecido algunas investigaciones detalladas de la literatura académica sobre Marcos. A la luz de estos estudios, no tengo necesidad ni deseos de repetir la misma información. El único propósito de las páginas que siguen es presentar un bosquejo básico de la interpretación del libro de Marcos en el cual se basará este comentario.

---

4. Las bibliografías seccionales más completas relativamente recientes que están a mi alcance se encuentran en los comentarios en alemán de Pesch (1976, 1977) y, menos completas, Gnilka (1978, 1979) y en el comentario en inglés de Guelich (1989, sobre Marcos 1:1–8:26 solamente; el segundo volumen previsto por C. A. Evans tras la muerte repentina de Guelich lamentablemente todavía no se había publicado cuando este comentario fue enviado para impresión. El enorme comentario de Gundry (1993), aunque no contiene bibliografías seccionales propiamente dichas, analiza en las "Notas" sobre cada sección un abanico extraordinariamente amplio de interpretaciones publicadas.

5. El principal comentario sobre Marcos de Joel Marcus en la serie de Bible Anchor, que remplaza el de C. S. Mann, apareció demasiado tarde para ser tomado en cuenta en esta obra, aunque yo espero que el amplio uso que hago de *The Way of the Lord* de Marcus (publicado también mientras esta obra estaba en marcha) y de sus otras publicaciones sobre Marcos me hayan permitido anticipar algo de la exégesis ofrecida en este comentario.

A. ¿Qué clase de libro es?

Los primeros títulos que encontramos para este libro[6] lo llaman ΕΥΑΓΓΕΛΙΟΝ ΚΑΤΑ ΜΑΡΚΟΝ, y existe un consenso general de que esta denominación procede del término que usa Marcos como encabezamiento de su libro, Ἀρχὴ τοῦ εὐαγγελίου.... Sin embargo, suele admitirse también que Marcos no usó el sustantivo εὐαγγέλιον para referirse a un género literario, sino simplemente para indicar la naturaleza del tema principal de su obra —a saber, una presentación en forma escrita de las "buenas nuevas" acerca de Jesús que fueron y son el tema de la enseñanza y la misión de la iglesia (véase 1:1 más adelante). Marcos no se dijo a sí mismo: "voy a escribir ahora un εὐαγγέλιον"; solamente cuando se hizo necesario que la iglesia encontrara un rótulo conveniente para esta categoría literaria —los libros de la iglesia sobre Jesús— Marcos les proporcionó uno con su encabezamiento. En cuanto el término quedó establecido como una designación para las cuatro versiones canónicas del único εὐαγγέλιον (de modo que la traducción correcta de τὸ εὐαγγέλιον κατὰ Μάρκον no sería "el [libro] del Evangelio de Marcos" sino "el [único] Evangelio según la versión de Marcos"), el rótulo literario quedó disponible para otras obras acerca de Jesús que se escribieron a partir del siglo II, por diferentes que fueran en su naturaleza de los "evangelios" del siglo I. De ahí *El Evangelio de Tomás*, *El Evangelio de Pedro*, *El Evangelio de Felipe*, *El Evangelio de la Verdad*, *El Evangelio según los Hebreos*, y otros por el estilo. El término que, en opinión de Marcos, había designado el mensaje (oral hasta entonces) de la iglesia del siglo I se había convertido en una especie de "libro de las iglesias acerca de Jesús".

Pero si Marcos no contaba con un género literario preexistente llamado εὐαγγέλιον que le sirviera de guía, ¿cómo pudieron percatarse de la naturaleza de su libro él y los que primeramente lo leyeron? Es un libro sobre Jesús, una figura histórica del pasado reciente, a quien el escritor desea presentar y recomendar a sus lectores, y logra este objetivo narrando la historia de (parte de) su vida y de su muerte junto con una selección de sus enseñanzas.[7] Esa descripción es lo que la mayoría de las personas llamaría una biografía. Hace cincuenta años se nos entrenaba en la ortodoxia crítica de la escuela crítica de la forma que insistía en que los Evangelios no debían considerase biografías,[8]

---

6. Sobre los títulos de los Evangelios (y especialmente su origen primitivo) véanse el importante y esclarecedor estudio de M. Hengen, Studies, 64-84.

7. En comparación con los demás Evangelios del siglo I, suele decirse que el de Marcos contiene pocas enseñanzas de Jesús, aunque hace referencia a Jesús como maestro muchas más veces que ellos. Pero si no se toman en consideración los demás Evangelios, Marcos contiene un porcentaje bastante alto de enseñanza en comparación con otros escritos biográficos de la época, es suficiente sin duda para apoyar su insistencia en la enseñanza como una actividad característica de Jesús. Véase mi artículo "Mark and the Teaching of Jesus" en *GP*, 1.101-36, donde estimo (113) que "alrededor del 40% de los versículos de Marcos contienen dichos de Jesús con algún contenido "didáctico", sin mencionar otro 12% aproximadamente que incluyen los contextos narrativos necesarios para introducir dichos y diálogos importantes [...] en los que la enseñanza constituye *raison d'être* de la narración".

8. Este punto de vista todavía aparece, p. ej., en Nineham, 35-36.

pero desde entonces, la opinión de la erudición ha variado considerablemente en este respecto, y los estudios cada vez más sofisticados de la naturaleza de los escritos biográficos en el mundo antiguo ha provocado el reconocimiento general de que, en razón de todas las peculiaridades de su contenido y orientación cristianos en lo tocante a la forma literaria, cualquier lector educado del siglo I habría incluido el libro de Marcos (y los de Mateo, Lucas y Juan), más o menos en la misma categoría de las vidas de algunos hombres famosos iniciada por Cornelio Nepote y que muy pronto llegó a su expresión más destacada en las "Vidas paralelas" de Plutarco.[9] No existe, por supuesto, ninguna descripción exhaustiva de escritura "biográfica" que pudiera adecuarse a toda la variedad de esfuerzos que se han hecho en la literatura clásica y judía para presentar las vidas de personajes famosos, y algunos eruditos han considerado necesario subdividir la categoría en clases, como por ejemplo, biografías de encomio, peripatéticas, alejandrinas y románticas.[10] Pero cualquiera que lea por primera vez el libro de Marcos se sentiría inclinado probablemente a incluirlo en algún lugar dentro de esta amplia gama de βίοι.[11] Sin embargo, aunque el hecho de asignarle a un libro un género literario puede ayudarnos a comprender dentro de qué parámetros se esperaba que sus lectores originales lo entendieran, eso no es todo lo que hay que decir con respecto a dicho libro. El género es un "concepto dinámico, no estático".[12] Así como existe una amplia variedad entre las "biografías" greco-romanas, Marcos es autónomo y no se limita a seguir ningún patrón preestablecido.[13] Su libro representa algo peculiar dentro del campo de la escritura biográfica en lo tocante a su tema, su origen y el uso para el cual fue previsto. Cada uno de estos puntos merece una breve mención aquí.

9. Entre los esfuerzos más valiosos por incluir los Evangelios en esta categoría literaria pueden mencionarse los de G. N. Stanton, *Jesus*, 117-36; C. H. Talbert, *Gospel;* P. L. Shuler, *Genre;* D. E. Aune, *Environment*, 17-76; idem, *GP*, 2.9-60 (una crítica de Talbert); R. A. Burridge, *Gospels;* C. Bryan, *Preface*, 9-64. Sin embargo, véanse también las importantes enmiendas ofrecidas por M. A. Tolbert, *Sowing*, 59-79, que indican que Marcos pertenece más a la categoría de literatura popular que a la de las producciones literarias más "elitistas" que los eruditos actuales se ven obligados a usar como una vía para adentrarse en el mundo literario antiguo.

10. C. H. Talbert, *Gospel*, 92-98, propone una clasificación alternativa en cinco tipos que no depende de las características literarias sino de la función aparente de la biografía (proporcionando un patrón para copiar; disipando una falsa imagen, revelando el asunto para cuestionarlo, etc.).

11. En un programa radial de 1965, C. F. Evans (*Gospels*, 7ff.) formuló la pregunta: "¿qué tipo de libro es un Evangelio?", y para responderla propuso considerar el dilema al que se habría enfrentado un bibliotecario en la antigua Alejandría si hubiera tenido que buscar un estante conveniente en el que colocar el Evangelio de Marcos. A la luz de una generación de estudios desde entonces, el acuerdo bastante generalizado en la actualidad es que debería colocarse en la sección biográfica de la biblioteca.

12. P. L. Shuler, *Genre*, 25-28.

13. L. Alexander en R. J. Bauckham (ed.), *Gospels*, 105, comenta con razón que en lo que respecta al género los Evangelios "se abrieron sin duda paso en el mundo por sus propios senderos sociales bien lubricados, despreocupados del canon literario y sus autoproclamados guardianes".

1. El tema del libro de Marcos

Lucas Grollenberg llama de manera interesante nuestra atención sobre el relato que ofrece el erudito clásico alemán Günther Zuntz de su primer encuentro con el Evangelio de Marcos. Zuntz, se nos cuenta, tenía un conocimiento exhaustivo de la literatura del imperio romano, pero desconocía el cristianismo y su literatura, y por tanto, se acercó a Marcos con una lozanía de percepción imposible para los lectores cristianos modernos. Su respuesta, pues, representa, dice Grollenberg, "lo que un lector educado del siglo I de nuestra era habría pensado sobre este libro". Zuntz habla de su "fuerte impresión" de que "algo muy importante iba a plantearse con un propósito y un enfoque superiores a través del libro [...]. El estilo y el contenido de la historia suscitan un sentimiento de otredad, un sentimiento de que esta no es una historia igual a otras historias, ni una biografía semejante a otras biografías, sino una exposición de las acciones, los dichos y el sufrimiento de un ser superior en su paso por este mundo ansioso de seres humanos y demonios".[14] Aunque Zuntz le atribuye el "sentimiento de otredad" tanto al estilo como al contenido, en su comentario predomina el contenido. Y yo pienso que un lector del siglo I familiarizado con otros βίοι habría experimentado un "sentimiento de otredad" similar, por la sencilla razón de que Jesús no es como los demás seres humanos, y por tanto, una "biografía" de Jesús tampoco será "como las demás biografías", especialmente si está escrita por uno de sus seguidores, que creía que él era el Hijo de Dios y que aún estaba vivo y seguía siendo el objeto de una lealtad incondicional, y no una figura destacada del pasado que debía imitarse.

En cuanto al "estilo", no creo que la intención de Zuntz fuera decir que el estilo del griego de Marcos fomentara un sentimiento de otredad, a no ser por su absoluta carencia de sofisticación literaria (¿y matiz semítico?) en comparación con la de otros biógrafos. A mi entender, el pensamiento de Zuntz se centraba más en la concepción general del libro y su capacidad para sorprender y subvertir las expectativas literarias agradables. Por consiguiente, aunque no cabe duda de que Jesús es el "héroe" de esta historia, Marcos, al parecer, insiste en presentarlo como un individuo desconocido y rechazado, incluso humillado, constantemente decepcionado y finalmente abandonado por sus compañeros más íntimos, y en última instancia, la víctima de un sistema hostil. Si no fuera por lo que Zuntz llama "un postrer destello de consuelo", si se leyera esta historia fuera del contexto cristiano de la fe y la retrospectiva, sería la de una derrota heroica. Esa no es la sustancia de la biografía antigua, a menos que se pretendiera deliberadamente hacer una sátira (como ciertamente no lo es la de Marcos). En este comentario tendré la oportunidad de hacer hincapié frecuentemente en la preferencia de Marcos por la paradoja y la elusión del "encomium" en su presentación de Jesús, y de hecho, también de sus discípulos.

---

14. L. Grollenberg, *Messiah*, 59-60, traduciendo el relato de Zuntz de la obra de H. Cancik (ed.), *Markusphilologie*, 207.

Más que la sofisticación estilística, esto es lo que contribuye al "sentimiento de otredad" que experimentan los que leen este extraordinario pequeño libro sin la "ventaja" del condicionamiento cristiano.

2. El origen del libro de Marcos

Uno de los rasgos persistentes de la tradición cristiana primitiva acerca de Marcos es la creencia de que su origen se relaciona con el apóstol Pedro. Volveremos a referirnos a esta tradición más adelante, pero aquí vale la pena señalar que Papías, tal como cita Eusebio (*H.E.* 3.39.15), describe el origen del material que intervino en la composición del libro (obsérvese que al principio del siglo II, el propio Papías cita en sus escritos una autoridad anterior, "el Anciano";[15] en todo caso, no está claro en qué parte de la cita Papías deja atrás el informe del Anciano y comienza su propio comentario):

> Esto es lo que el Anciano solía decir: Marcos se convirtió en el intérprete de Pedro y escribió con mucho acierto, aunque no en forma ordenada (τάξει), todo lo que recordaba de las cosas que el Señor había dicho o hecho. Él no había oído al Señor ni había sido su seguidor, pero más tarde, como ya dije, siguió a Pedro. Cuando la ocasión lo exigía, Pedro le transmitía las enseñanzas en vez de compilar una especie de presentación ordenada (σύνταξιν) de las tradiciones acerca del Señor.[16] De este modo, Marcos no se equivocó al relatar los temas individuales tal como los recordaba. Su única preocupación era no omitir nada de lo que había oído y no hacer ninguna declaración falsa en su narración.

Si esta tradición de principios del siglo II merece una seria atención,[17] Papías (y/o "el Anciano") sintió la necesidad de pedir disculpas por la falta de "orden" de Marcos (especialmente quizás al compararlo con la obra de Mateo, quien, según una cita independiente de Papías que sigue inmediatamente a la anterior en la obra de Eusebio [*H.E.* 3.39.16], sí "puso las tradiciones en orden", τὰ λόγια συνετάξατο, de un modo en que ni Pedro ni Marcos lo habían hecho), y lo explicó en razón del tipo de material que había tenido a su alcance en la

---

15. Gundry, 1029-34, alega que este "Anciano" es en realidad el apóstol Juan.

16. Traduje τὰ κυριακὰ λόγια como "tradiciones acerca del Señor" y no como "oráculos" o "dichos" del Señor porque, al parecer, el contexto sugiere que Papías está refiriéndose a la materia prima para el Evangelio de Marcos en forma general ("las cosas que dijo o hizo el Señor") y no solo a los dichos. Véase mi obra *Matthew: Evangelist*, 58-60, para un estudio del significado de λόγια en los fragmentos de Papías.

17. M. Hengel, *Studies*, 47-53, ofrece una información útil y positiva acerca de su estatus. La fecha probable del escrito de Papías solía ubicarse alrededor del año 140 d.C., pero la opinión cada vez más aceptada actualmente es que él escribió en la primera década del siglo II; véase Gundry, 1026-29.

predicación "asistemática" de Pedro. Por ende, si la vida de Jesús según Marcos carecía de la estructuración literaria sofisticada que cabría esperar de un βίος, era porque Marcos estaba haciendo lo mejor que podía con el material que tuvo su origen en la predicación y la enseñanza ocasional, no en documentos formales ni en investigaciones académicas. Esa caracterización del libro de Marcos como una colección bastante desorganizada de "temas individuales" carente de un "orden" discernible contradice en gran medida las evaluaciones modernas del talento literario de Marcos y de la integridad narrativa de su obra (se asemeja más a la crítica de la forma en la antigüedad con su descripción desdeñosa de Marcos el compilador como un niño enhebrando un collar), y refleja las preferencias literarias de la época y la cultura de Papías (moldeadas en parte por la creciente popularidad de los Evangelios más "sistemáticos" de Mateo, Lucas y Juan) en lugar de una evaluación de Marcos como un escritor autónomo. Pero lo que debemos señalar aquí es que el carácter distintivo de la obra de Marcos en comparación con otros βίοι se deriva no solo de su tema principal sino también del origen de su material en la tradición de la enseñanza viva de la iglesia del siglo I.

Si la información de Papías es correcta, aun cuando Pedro no sea lo bastante "sistemático" para los gustos de algunas personas, tiene que haber sido un predicador energético. El vigoroso estilo narrativo y el contenido de las historias de Marcos podrían derivarse tanto de la forma en que Pedro solía relatarlas como de la propia habilidad de Marcos para contar anécdotas.[18] La narración de los hechos y la enseñanza brotan principalmente de la experiencia del grupo de los discípulos. Por esta razón, el libro de Marcos no refleja la evaluación distante del admirador académico de Jesús sino la experiencia subjetiva de uno de los que participaron muy íntimamente en los sucesos emocionantes y también perturbadores del ministerio público de Jesús y de su enfrentamiento a la clase dirigente de Jerusalén. Y refleja esas experiencias tal como se transmitían en el ministerio diario de enseñanza, "cuando la ocasión así lo requería", de una comunidad viva de seguidores de Jesús (dentro de la cual Marcos sin duda también seguía el ejemplo de Pedro como un reconocido narrador de las historias de Jesús). Es tal vez esta relación con la vida activa de la iglesia lo que le otorga a las "buenas nuevas" anunciada por Marcos gran parte de su sabor especial (y de su "sentimiento de otredad").

---

18. Lane, 10-11, va más allá y sugiere que el bosquejo general del Evangelio de Marcos se corresponde con el contenido del breve sermón que se le atribuye a Pedro en Hechos 10:36-41. Pero la diferencia en la magnitud de ambos relatos y la semejanza que existe entre el bosquejo de Hechos 10 y otros bosquejos kerigmáticos cristianos primitivos, hacen que esta comparación resulte menos convincente.

3. La función del libro de Marcos

Podría parecer obvio que el propósito que se persigue con un libro es que se lea. Sin embargo, los eruditos modernos tienden a olvidar que en el mundo antiguo la mayor parte de las personas no *podían* leer. Recientemente se ha estimado que el número de personas alfabetizadas en el mundo mediterráneo de la antigüedad tal vez "no superaba el 10 por ciento, aunque la cifra puede haber alcanzado niveles entre el 15 y el 20 por ciento en ciertas ciudades".[19] A no ser que Marcos escribiera su obra solamente para el beneficio de la ínfima minoría que sí podía leer,[20] el evangelista tiene que haber pensado que a la mayoría de sus destinatarios llegaría solo como un texto oral, que se leería en alta voz probablemente en las reuniones de la iglesia local. E. Best la describe como una "predicación".[21] Los últimos estudios realizados han reconocido cada vez más este factor, y es relativamente común en la actualidad oír de los que analizan a Marcos como un texto oral, o al menos, como un texto parcialmente destinado a la presentación oral. La mayor parte de la provechosa obra de C. Bryan, *"A Preface to Mark"*, está dedicada a la pregunta, "¿fue escrito Marcos para que se leyera en voz alta?" y la respuesta del autor es un rotundo sí: "Marcos fue concebido para ser transmitido en forma oral —y transmitido como una unidad ininterrumpida— y no para el estudio privado ni para la lectura silenciosa".[22] Varias características del estilo de Marcos reflejan, al parecer, ese propósito, en particular, la forma más comunicativa que emplea para narrar las historias y su reconocida afición por la repetición o por el uso de expresiones dobles cuando una sola sería suficiente (ὀψίας γενομένης, ὅτε ἔδυ ὁ ἥλιος, 1:32; τότε, ἐν ἐκείνῃ τῇ ἡμέρᾳ, 2:20; χρείαν ἔσχεν καὶ ἐπείνασεν, 2:25, etc.). Esas características hacen que el texto resulte más fácil de recordar, y que al oyente, que no tiene la opción de hacer una pausa y volver atrás para refrescar su memoria, le ayuden a tener presente en todo momento el hilo de la narración.[23] La técnica de "sándwich", a la que volveremos a referirnos más adelante, es un método bien probado que utilizan los narradores de anécdotas para mantener viva la atención de su auditorio.[24]

---

19. M. B. Thompson en R. J. Bauckham (ed.), *Gospels*, 66.

20. R. A. Burridge, en R. J. Bauckham (ed.), *Gospels*, 138, comenta que el NT "contiene un material de un nivel social diferente del de la mayoría de los textos clásicos que se conservan, y que probablemente procede de las clases gobernantes y cultas". Sugiere además que los Evangelios fueron concebidos para un "público de un nivel medio en la escala social" (140).

21. E. Best, *Story*, 38-41.

22. C. Bryan, *Preface*, 152.

23. E. Best, *JSNT* 37 (1989) 43-58, ofrece un estudio revelador de la "técnica narrativa de Marcos" como un autor que "estaba en la frontera entre la literatura oral y la escrita". Cf. D. Rhoads y D. Michie, *Story*, 44-62; C. Bryan, *Preface*, *passim*, particularmente 72-81, 126-35. En J. Camery-Hoggatt, *Irony*, 157-58 hay una descripción muy útil de la función de la repetición en un texto oral, con una referencia especial a las reiteradas predicciones de la pasión en Marcos 8–10.

24. El comediante Ronnie Corbett de la televisión británica es particularmente conocido por esta técnica.

En los últimos años en el mundo literario occidental ha habido un reconocimiento creciente del libro de Marcos como un texto oral. En Gran Bretaña la recitación del Evangelio completo (¡en la Versión Autorizada!) por parte de Alec McCowan mantuvo embelesado al público teatral, y siguiendo su ejemplo, ha habido otros que han realizado algunas presentaciones similares del Evangelio en una sola sesión. La traducción del texto íntegro de Marcos que aparece en D. Rhoads y D. Michie, *Story*, 7-34, se preparó con este propósito, empleando algunas expresiones idiomáticas inglesas no tradicionales para comunicar algo del efecto del estilo griego menos que literario de Marcos y el impacto oral del texto.[25] En opinión de muchos, el escuchar el Evangelio de esta manera como una obra completa les ha dado una nueva valoración de su calidad narrativa a gran escala.

Algunos consideran que el impacto de la obra podría expresarse mejor describiéndola como un "drama".[26] Mientras que otros han querido llegar hasta donde llegó G. B. Bilezikian, *Gospel*, en cuya opinión, Marcos sigue conscientemente el modelo de la tragedia griega clásica, pero la mayoría de los lectores y de los oyentes que disfrutan de Marcos como una unidad perciben una cualidad "dramática" en el esmerado desarrollo de la trama. En particular, existe una acumulación de tensión cuando diversos tipos de reacciones opuestas a Jesús se reúnen en una poderosa confrontación final que conduce al desenlace del arresto, el juicio y la muerte de Jesús, que le dan cumplimiento al doble patrón de la conspiración de los adversarios de Jesús y de su propia predicción con respecto a su destino final que ha estado latente en la historia casi desde el principio. En un intento de representar este carácter dramático de Marcos, voy a exponer la siguiente descripción del libro como un "drama en tres actos".

Para concluir estos comentarios sobre el género literario de Marcos, diremos que por muy diferente que pueda parecer con lo que hoy se espera de una biografía, la obra sin duda alguna debe clasificarse como una "biografía" dentro de la amplia categoría de las vidas de personajes famosos que se escribieron en el antiguo mundo greco-romano (y en menor medida, también en el judío), porque nos cuenta la historia de una figura histórica reciente de un modo que encomia al personaje y su mensaje, e insta a los que la leen o escuchan a seguirlo de la misma manera en que se invitó a sus primeros discípulos a hacerlo. Pero para los que están acostumbrados a las biografías laudatorias como las de Cornelio Nepote, el Evangelio de Marcos creaba a la vez un "sentimiento de otredad". Este rasgo peculiar podría atribuirse en primer lugar a su tema principal, por cuanto es una obra cristiana inspirada por la convicción de que Jesús de Nazaret era más que un gran hombre, y que

---

25. Una retraducción similar para tratar de reproducir en inglés las idiosincrasias sintácticas de Marcos, los cambios extraños en los tiempos verbales y otras cosas por el estilo se encuentra en H. C. Waetjen, *Reordering*, 27-61 (con una explicación en xi-xii). El resultado parece (para usar sus propias palabras) aún más "excéntrico, extraño e incluso inapropiado" que el de Rhoads y Michie.

26. Así, p. ej., E. Best, *Story*, 128-33.

continúa vivo y sigue siendo un objeto digno de devoción y compromiso; pero paradójicamente, también presenta esta figura más que humana como el objeto del rechazo y la humillación que culminaron en la más vergonzosa de las muertes. En segundo lugar, también resulta peculiar en cuanto a la naturaleza del material que se usó para su composición, la tradición de la enseñanza y la predicación de una iglesia viva, para que la obra resultante pueda considerarse una "predicación". Y es peculiar, en tercer lugar, en cuanto a que no parece haber sido escrita como un libro para leerse en privado, como tal vez ocurría con la mayor parte de las biografías literarias del mundo antiguo, sino como un texto que debía presentarse en forma oral, en un estilo que aunque no satisficiera los cánones de la literatura sofisticada, comunicaba vigorosamente su mensaje a un auditorio no literario.

B. El Evangelio de Marcos como un "drama en tres actos"

Aunque los esfuerzos por explicar la estructura del libro de Marcos difieren mucho en los detalles, por lo general reconocen un patrón básicamente similar en el desarrollo de la trama. Tal vez la opinión más aceptada es que hacia el final del capítulo 8 aparece un punto de inflexión creado por el reconocimiento de Jesús como Mesías por parte de Pedro (8:29) y por la declaración que inmediatamente hace Jesús de que su misión mesiánica debe culminar en rechazo y muerte (8:31), un destino que los que le siguen deben esperar compartir (8:34-38). Hasta este punto, la historia ha girado en torno al ministerio público de Jesús en y alrededor de Galilea, y a la percepción gradual de sus discípulos acerca de su persona. A partir de aquí, la historia emprende inexorablemente el camino a Jerusalén donde el rechazo y la muerte habrán de tener lugar, y hace más hincapié en la preparación de los discípulos para lo que se avecina que en su ministerio público. Otro punto de inflexión generalmente reconocido aparece al final del capítulo 10, cuando Jesús y sus seguidores llegan a Jerusalén y comienza el enfrentamiento predicho con la clase dirigente.

Como resultado de eso, suele considerarse que la trama del Evangelio (después de las declaraciones iniciales en el "prólogo", normalmente definidas como 1:1-13 o 1:1-15) se compone de tres etapas principales, que se centran en tres ubicaciones geográficas, la primera etapa en y alrededor de Galilea (hasta aproximadamente[27] 8:21), la segunda etapa en el camino a Jerusalén (aproximadamente 8:22–10:52) y la tercera etapa en la propia capital (desde 11:1 en adelante). Dentro de cada una de estas principales etapas pueden distinguirse varias subdivisiones, más obviamente en la transición del período de la actividad pública de Jesús en Jerusalén (caps. 11–12) a la narración de la pasión (caps. 14–16), con el discurso del capítulo 13, en cierto sentido, como un puente entre ambas. Pero la progresión geográfica de las tres etapas es

---

27. Para diversos puntos de vista sobre el lugar exacto en el que termina esta sección, véase más adelante, pág. 321 n. 28.

ampliamente reconocida, y varios intérpretes la han considerado la principal base estructural del relato de Marcos.[28]

Cuando tenemos en cuenta la artificialidad de este bosquejo geográfico, esta es la conclusión más probable. En la historia de Marcos, Jesús visita la ciudad de Jerusalén una sola vez, y al parecer, el objetivo de toda la historia es sentar las bases para esa visita: en la etapa Galilea, obsérvense las dos referencias a Jerusalén como el lugar adonde acuden los adversarios de Jesús (3:22; 7:1), y las referencias a la hostilidad de la clase dirigente de Jerusalén (aun cuando no se nombra la ciudad) que salpican el recorrido de norte a sur (8:31; 9:31; 10:33-34). Todo esto establece un fuerte contraste con el patrón que presenta el Evangelio de Juan, donde Jesús aparece realizando frecuentes viajes entre Galilea y Jerusalén (generalmente relacionados con las fiestas judías), de modo que incluso en el período anterior a la dramática entrada de Jesús en la ciudad en Juan 12:12-19, podría decirse que, según este Evangelio, Jesús pasó al menos tanto tiempo en Judea como en su propio territorio. Desde el punto de vista histórico, el patrón joánico, al parecer, es el más probable, porque la mayoría de los judíos galileos hacían visitas regulares a Jerusalén en la temporada de la pascua, y resultaría sorprendente que Jesús, tras haber comenzado su ministerio público en el norte, no atrajera la atención en esas visitas a Judea. Por otra parte, hay indicios en la propia narración de Marcos de que Jesús sí estuvo en Jerusalén antes de la última semana, como por ejemplo, las relaciones que ya mantenía con sus anfitriones en Betania, con el dueño del asno en el monte de los Olivos y el del aposento alto en Jerusalén que usó para la cena "pascual". Aunque la cantidad de material que aparece en Marcos 11-12 era tal vez suficiente para incentivar el deseo de las autoridades religiosas de eliminar a Jesús, su resuelta hostilidad (y el conocimiento previo de la misma por parte de Jesús) se explicaría mejor si él ya se hubiera convertido en el centro de su atención antes de esta última visita pascual. Todo esto sugiere que el simple bosquejo de Marcos de un extenso ministerio en Galilea y sus alrededores, seguido de un recorrido largo y minucioso en dirección al sur que terminó con una única visita culminante a Jerusalén, se debe más a su dramática reconfiguración de la historia que a un ingenuo relato de los hechos tal como ocurrieron. Más adelante, analizaremos si es correcto interpretar

---

28. Véanse, p. ej., gran parte de la segunda mitad de C. Bryan, *Preface*, especialmente las págs. 82-84; B. Van Iersel, *Reading*, 19-26, y de manera más detallada su comentario, 75-86. Sin embargo, yo no desearía imitar a Van Iersel, y mucho menos a su discípulo B. Standaert, *Composition*, cuando van mucho más allá del desarrollo en tres etapas de la historia para buscar una estructura "concéntrica" ("una composición en líneas y círculos", Van Iersel) a lo largo de la narración de Marcos, en los detalles y también en la trama general. Stock, 23-32, adopta la estructura de Standaert, prologándola con un informe sobre la "concienciación quiástica" en la literatura greco-romana (19-23) que no ejerce ninguna influencia inmediatamente obvia sobre Marcos. Aunque el uso por parte de Marcos de las composiciones en forma de "sandwich" en distintos lugares del Evangelio es bien conocido e importante (véase más adelante), para reconocer el uso de esta técnica en algunos pasajes no necesitamos descubrir patrones concéntricos cuando no son obvios en el texto.

que este esquema de "Galilea y Jerusalén" tiene algún significado simbólico para Marcos; pero incluso como un dato puramente geográfico parece una estructura que se le impuso deliberadamente a la historia.

Es por eso que considero apropiado leer a Marcos como "un drama en tres actos". Con esto, empero, no pretendo sugerir ni que Marcos fuera concebido como una "representación" en tres secciones, ni que sea posible distinguir descansos definidos entre los "actos". Es simplemente una observación de la manera en que yo percibo el desarrollo de la trama, y no de alguna indicación que Marcos puede haber dado de cómo planeó la estructura de su texto. Algunos escritos cristianos primitivos ofrecen indicadores estructurales explícitos: las series de sietes en el libro de Apocalipsis, y la fórmula recurrente con la que concluyen los cinco discursos principales en el Evangelio de Mateo se destacan como excepciones, y Marcos no ofrece nada parecido. Por tanto, no es extraño que los intérpretes de Marcos discrepen en cuanto a dónde termina una sección y comienza la otra: observaremos varios ejemplos de pasajes "de transición" que desafían cualquier ubicación estructural fácil. Aun el punto de transición del ministerio en Galilea al viaje a Jerusalén (entre el "primer acto" y el "segundo acto") se ubica indistintamente en 8:14, 8:22, 8:27 o 8:31, y se exponen buenas razones para preferir cada una de estas como el nuevo principio. Parece claro, pues, que Marcos no escribió un texto en secciones, sino una sola narración fluida, y que cualquier estructura que distingamos depende de nuestra lectura del texto, y no de ninguna indicación de Marcos.

Tras haber hecho esa salvedad necesaria, paso a exponer el bosquejo del desarrollo de la historia de Marcos que he considerado conveniente seguir al comentar sobre este texto. No hay ninguna simetría en él,[29] solo un "hilo narrativo", dentro del cual se entretejen los distintos elementos que conducen al lector hacia el clímax. Este es un bosquejo general y no un desglose pormenorizado del texto, por cuanto la mayoría de las secciones que presento a continuación contienen cierto número de subsecciones que serán analizadas por separado en el comentario.

---

29. Me resultan muy sospechosos algunos de los patrones nítidos y simétricos (particularmente cuando son reforzados con el nombre de "quiasmos") que se "descubren" en ciertos textos que a simple vista no presentan esa forma. Véase, p. ej., E. E. Ellis, *Luke*, 30-37, que propone un análisis en tres secciones principales, de las que las dos primeras se dividen en seis subsecciones de seis subdivisiones cada una, y la tercera en tres subsecciones de seis subdivisiones cada una. Con respecto a Marcos, R. V. Peace, *Conversion*, 110-56 sugirió recientemente un esquema estructural mucho menos elaborado aunque, en mi opinión, sigue siendo artificial. Divide a Marcos (después del prólogo) en dos partes principales (separadas en 8:30), cada una de las cuales tiene tres "unidades"; cada unidad se centra en un título diferente de Jesús (maestro, profeta, Mesías, Hijo del Hombre, Hijo de David, Hijo de Dios), y esa secuencia representa el progreso en el conocimiento cristológico de los discípulos. Aunque este argumento sobre el desarrollo cristológico tiene valor, la división en seis unidades, a mi entender, no es necesaria para defenderlo ni está bien respalda, especialmente cuando Peace trata de discernir en el texto indicadores de las presuntas divisiones seccionales. Los indicadores que presupone (un cambio brusco en el tema junto con un intento por parte de Marcos de ofrecer una transición sin tropiezos; 136) son tan flexibles que es posible descubrirlos en muchos otros lugares del Evangelio también.

1:1	**El encabezamiento**
1:2-13	**El prólogo: preparación de las escena —el elenco del drama**
1:14–8:21	**Primer acto: Galilea**
1:14-15	Introducción: El mensaje esencial de Jesús
1:16-20	La formación del "círculo íntimo de Jesús"
1:21-39	Predicación y sanidad: impresión general (un día en Capernaúm)
1:40–3:6	Aspectos controvertidos del ministerio de Jesús
3:7-12	Amplio reconocimiento de la autoridad de Jesús para sanar
3:13-35	Respuestas diferentes a Jesús: seguidores y adversarios
4:1-34	Discurso explicativo: la paradoja del reino de Dios
4:35–5:43	Más revelaciones de la autoridad exclusiva de Jesús
6:1-6	No todos se sienten impresionados por Jesús
6:7-30	Extensión de la misión de Jesús por parte de los discípulos
6:31-56	Una serie de milagros a orillas del lago: ¿Quién *es* Jesús?
7:1-23	Un anticipo de confrontación en Jerusalén: el tema de la pureza
7:24–8:10	La misión se extiende a las regiones vecinas
8:11-21	Resumen hasta aquí: adversarios y seguidores tienen todavía mucho que aprender
8:22–10:52	**Segundo acto: de camino a Jerusalén (enseñanzas acerca de la cruz)**
8:22-26	Primera curación de un ciego
8:27–9:13	Aprendiendo a reconocer a Jesús
9:14-29	Éxito y fracaso en el exorcismo
9:30-50	Más lecciones acerca del camino de la cruz
10:1-31	Los valores revolucionarios del reino de Dios
10:32-45	Siguiendo a Jesús en el camino de la cruz
10:45-52	Segunda curación de un ciego
11:1–16:8	**Tercer acto: Jerusalén**
11:1-25	Desafío abierto
11:27–13:2	Confrontación con la clase dirigente en Jerusalén
13:3-35	Discurso explicativo: el fin del antiguo orden
14:1-11	Preparación del camino a la pasión
14:12-42	Últimas horas con los discípulos
14:43–15:15	El arresto y los juicios de Jesús
15:16-47	La crucifixión, la muerte y la sepultura de Jesús
16:1-8	La tumba vacía

Como ya mencioné antes, muchas de estas secciones contienen algunas perícopas independientes que yo agrupé porque me parecieron que guardaban cierta coherencia a prima facie con el tema principal y/o la función en el desarrollo de la narración. Explicaré esas agrupaciones en el comentario a medida que lleguemos a cada sección.

El único aspecto de mi bosquejo que exige un comentario ahora es lo que he catalogado como los dos "discursos explicativos" que aparecen aproximadamente en el medio del primer y el tercer acto. Suele señalarse que en el Evangelio de Marcos hay dos concentraciones prominentes de material didáctico en los capítulos 4 y 13 (las bases de la tercera y quinta colecciones de cinco discursos de Mateo respectivamente), pero no siempre se valora la importancia de su ubicación dentro del hilo narrativo general del Evangelio.[30] En los capítulos 1–3 la proclamación del reino de Dios por parte de Jesús y las obras de poder con las que acompañó esa proclamación provocaron una gran variedad de reacciones, desde el compromiso entusiasta de los discípulos a la hostilidad grosera y siniestra de los escribas procedentes de Jerusalén. Hasta aquí la narración se ha movido a un ritmo acelerado, pero ahora, en el capítulo 4 Jesús se sienta para explicar lo que está ocurriendo, primeramente a la multitud y luego, con mayor profundidad, a los discípulos. Las parábolas analizan lo que sucede cuando se "siembra" el mensaje del reino de Dios y por qué las personas reaccionan ante él de maneras tan diferentes, y la explicación del porqué Jesús enseña en parábolas ofrece una nueva perspectiva para establecer la continuidad de su ministerio en los capítulos que siguen. De un modo similar, en los capítulos 11–12 observamos una secuencia rápida de encuentros entre Jesús y las autoridades religiosas de Jerusalén que tienen lugar en el atrio del templo y culminan con la predicción de Jesús sobre la destrucción del templo. El discurso en el monte de los Olivos, que Jesús también pronuncia sentado, explica el significado de lo que está sucediendo con especial referencia al destino final del templo, pero lo presenta de una manera más general en función del "fin del antiguo orden", la soberanía futura del Hijo del Hombre que sucederá al colapso de la estructura de poder actual.

Por consiguiente, los dos discursos de los capítulos 4 y 13 le permiten al lector hacer una pausa en medio del ritmo acelerado de la narración para meditar bien en las implicaciones de la historia hasta este punto, y le proporcionan un marco teológico para que pueda entender la novedad de lo que está ocurriendo con la venida de Jesús de Nazaret. El hecho de que cada uno de esos discursos aparezca aproximadamente en la mitad de lo que he denominado "primer acto" y "tercer acto" del drama sugiere que en ambos discursos puede haber un propósito literario y también un propósito teológico, para ofrecer una pausa en la narración que le dé tiempo al lector para reflexionar en los acontecimientos

---

30. Véase, sin embargo, B. Van Iersel, *Reading*, 24-25, para un breve reconocimiento del lugar de los dos discursos que aparecen enmarcados respectivamente en las secciones de la narración que corresponden a Galilea y a Jerusalén; el tema es desarrollado en su comentario, págs. 74, 110-13.

que van teniendo lugar. ¿Por qué, entonces, no hay ningún discurso similar a mitad del segundo acto? El propio hecho de plantear la pregunta de esa forma le otorga a mi esquema de tres actos una autoridad que no posee. No estoy diciendo que Marcos estructurara deliberadamente su obra en tres actos, y que por ello se viera obligado a crear patrones simétricos que se ajusten a la estructura que he considerado conveniente discernir en su obra. Pero si reformulamos nuestro interrogante con más circunspección y preguntamos: "¿por qué Marcos no consideró necesario otro discurso explicativo entre los capítulos 4 y 13?", tal vez podríamos señalar el ritmo menos agitado de la narración del segundo acto, gran parte del cual, aunque no está estructurado en discursos largos y coherentes, contiene menos actividad pública y más material de enseñanza dirigido a los discípulos. En esta parte más "discursiva" del drama se hace quizás menos necesaria una pausa para reflexionar.

Para más comentarios sobre la coherencia de los grupos anteriores de perícopas, y especialmente sobre la naturaleza y la función peculiares del segundo acto en general, véanse las introducciones a cada sección en el comentario.

C. Marcos el narrador

Existe un increíble contraste entre el desconcierto del Anciano de Papías con respecto a la falta de "orden" de Marcos y la tendencia actual a elogiar la forma cuidadosa y eficaz en que se cuenta la historia de Marcos. En los primeros siglos del cristianismo, el Evangelio de Marcos se hallaba tan opacado por sus pares más "ordenados", más completos y más teológicamente explícitos que si no hubiera sido por su prestigio como el Evangelio procedente de Pedro, podría haber caído totalmente en desuso.[31] Ahora ese mismo Evangelio es alabado en todo lugar por su poderosa y sugerente descripción de Jesús,[32] y (debido sin duda en gran parte a la opinión moderna generalizada de que fue el primer Evangelio escrito) es el punto de partida reconocido para la mayor parte de las investigaciones sobre los orígenes cristianos.[33] La diferencia en la

---

31. El uso un tanto escaso (y decreciente) de Marcos está ampliamente demostrado por la cantidad de espacio que se emplea en cada Evangelio para mencionar las referencias bíblicas en la literatura patrística publicada por el Centre d'Analyse et de Documentation Patristiques bajo el título de *Biblia Patristica* (París: Centre Nationale de la Recherche Scientifique, 1975ss.). Las listas de referencias en los siglos I y II ofrecen 27 páginas de referencias a Marcos contra 70 para Mateo, 60 para Lucas y 37 para Juan, pero en el siglo III Marcos logra solo 10 páginas, contra 130 para Mateo, 41 para Lucas y 69 para Juan. La falta de uso de Marcos también se pone de manifiesto en el hecho de que a finales del siglo V, Víctor de Antioquía no encontró ningún comentario sobre Marcos aún disponible.

32. Esta revaluación del mérito literario de Marcos es bastante reciente. En 1963, E. Trocmé, *Formation*, 72, concluyó una revisión de la habilidad literaria de Marcos con este franco veredicto: "El autor de Marcos era un escritor torpe que no merece mencionarse en ninguna historia de la literatura".

33. Obsérvese, sin embargo, la importante excepción de J. A. T. Robinson, *Priority*, 36-122,

estimación de Marcos se deriva parcialmente de la inversión decimonónica de la opinión tradicional de que Mateo era el más antiguo de los Evangelios, pero también en los últimos años, de la concienciación de que la obra de Marcos no debe justipreciarse principalmente como una fuente de material didáctico sistemático sino como una historia. Es, sobre todo, como narrador que Marcos impresiona y deleita a los lectores modernos, del mismo modo que, según cabe suponer, afectó su obra a los que la oyeron en el siglo I.

Las cualidades que hacen que Marcos sea un libro tan fácil de leer son, en gran medida, las mismas que caracterizan la "literatura oral".[34] Mencioné anteriormente su tendencia a la repetición o recapitulación y a las expresiones dobles, para permitir que el lector o el oyente vayan entendiendo la historia a medida que se desarrolla. Muchos han comentado acerca del ritmo en el que se mueve la narración, acentuado por el notorio uso excesivo del adverbio εὐθύς por parte de Marcos para señalar el desarrollo narrativo dentro de una perícopa y para relacionar estrechamente acontecimientos sucesivos (42 apariciones, 7 de las cuales solamente dentro de la breve secuencia de 1:16-31); un efecto similar se produce por su uso frecuente de ἤρξα(ν)το como un verbo auxiliar, mientras que πάλιν aparece 26 veces para permitir que el lector relacione un nuevo incidente con la historia precedente. La sensación de rapidez en el movimiento se ve reforzada por el hecho de que sus cláusulas narrativas por lo general aparecen paratácticamente relacionadas y no subordinadas en las cláusulas adverbiales que hubiera preferido un estilista griego más sofisticado.[35] Su uso frecuente del presente histórico (al menos 150 veces en Marcos; el texto mucho más largo de Mateo solo contiene la mitad, y en Lucas casi no aparece), particularmente del verbo λέγω, intensifica el estilo vivo y coloquial de su narración. Marcos también suele usar las formas verbales perifrásticas (es especial ἦν con un participio presente). Estas y otras cualidades estilísticas peculiares de Marcos[36] aumentan la animación y el impacto de su texto, ya sea en forma oral o escrita.

---

que alega que el Evangelio de Juan es el más próximo a la fuente en lo que respecta a su verdadero origen, por cuanto es la obra del hijo de Zebedeo, y también en lo que respecta a la naturaleza más íntimamente informada de su contenido. Juan, según Robinson, *Priority,* 23-24, "regresa a la fuente, no a las fuentes".

34. Cf. la información sobre los "patrones narrativos" de Marcos y "otras características literarias" en D. M. Rhoads y D. M. Michie, *Story,* 45-62.

35. Con respecto a la enseñanza de la retórica en la antigüedad, E. Best, *Story,* comenta que "el griego de Marcos sugiere que él nunca pasó del primer nivel". Pesch describe repetidamente la obra de Marcos como "poco literaria" (Pesch, 1.25, 32, etc.). En este comentario tendremos frecuentes ocasiones de observar las formas de expresión "torpes", "poco elegantes" o "gramaticalmente toscas" de Marcos; le corresponderá al lector entonces juzgar si esa falta de refinamiento reduce el impacto de la narración o si en ocasiones lo refuerza.

36. Para un estudio útil de las peculiaridades estilísticas de Marcos, véase Taylor, 44-54, y el análisis que sigue (55-66) para determinar hasta qué punto estos son los resultados de la influencia semítica sobre el griego de Marcos. Cf. Mann, 168-72, y el artículo más breve del "Marcan Style and Oral Syntax" de B. W. Henaut, *Tradition,* 66-68, posterior a W. H. Kelber.

La satisfacción que produce el relato de Marcos se ve reforzada por los destalles descriptivos que aparecen con mayor profusión que en los demás Evangelios. Normalmente, la versión de Marcos de una historia milagrosa puede ser dos veces más larga que la perícopa equivalente en Mateo, por el simple hecho de que la descripción de Marcos es más vívida, mientras que Mateo va directamente al fondo de la historia. Algunos ejemplos notables incluyen la apertura de un boquete en el techo de una casa en 2:4 (que Mateo ignora) y los relatos gráficos de los que fueron sometidos a exorcismos en 5:2-5 y 9:17-22. En el caso de Legión (un nombre que Mateo no menciona), toda la sección descriptiva de la historia está representada en Mateo solamente por el comentario lacónico de que los dos endemoniados eran χαλεποὶ λίαν (Mt. 8:28). Las tres historias milagrosas que ocupan los 43 versículos de Marcos 5 son narradas por Mateo en solo 16 versículos. A Marcos, está claro, le agradan las buenas historias y se deleita contándolas casi hasta el punto de la autocomplacencia.

Gran parte de los pormenores gráficos en el relato de Marcos se derivan tal vez simplemente de su pericia imaginativa como narrador. Incluso lo que a menudo se cataloga como "detalles de testigos oculares" podría deberse a la creatividad del narrador y no a la memoria personal o a la tradición. Pero la tradición persistente de la iglesia, que menciona a Pedro como la fuente del material de Marcos, señala como un origen posible para esos elementos de "testigos oculares" la memoria (¿mejorada quizás por las frecuentes narraciones de su historia?) de la persona que estuvo más cerca del centro de la mayoría de los acontecimientos que Marcos relata que cualquier otra exceptuando al propio Jesús. Vincent Taylor (135-39) ofrece una lista (bajo el sorprendente título de "La objetividad del evangelio") de unos 200 elementos característicos de Marcos en los primeros seis capítulos del Evangelio, que consisten en su mayor parte de detalles adicionales en la narración de las historias que Marcos comparte con uno o más de los otros evangelistas, y muchos de los cuales podrían clasificarse como el tipo de cosas que un testigo ocular probablemente recordaría, como por ejemplo, la "apertura del boquete" en el techo de una casa en 2:4, y la barca que, al parecer, nunca se había usado a la que se hace referencia en 3:9, la "mirada de Jesús a los que estaban sentados alrededor de él" en 3:34, la barca en medio de una tempestad ἤδη γεμίζεσθαι, mientras Jesús estaba "en la popa" "durmiendo sobre un cabezal" en 4:37-38, la descripción de las multitudes sentadas por grupos sobre la "hierba verde", πρασιαὶ πρασιαί (¿que parecían ¡hileras de vegetales!?) en 6:39-40, etcétera. Por supuesto, ninguna de estas cosas excedería la creatividad de un novelista imaginativo, pero a no ser que existan otras razones para dudar de la tradición de la dependencia de Pedro por parte de Marcos (véase más adelante), atribuir el origen de esos detalles a "la tradición" (es decir, Pedro) resulta al menos igualmente plausible. El propio Taylor llega a la conclusión de que "la gran mayoría de los elementos de la lista tienen la apariencia de detalles gráficos que se mencionaron porque aparecían en la tradición". Si su percepción es válida, como a mí me parece probable, una de las razones del carácter vívido de la narración de Marcos podría ser que él dependió de un buen maestro que tenía ojo para los detalles interesantes y memoria para recordarlos. Marcos nos cuenta una buena historia porque Pedro tiene que haber sido un hombre al que valía la pena escuchar.

Eso mismo pudiera decirse de los comentarios sicológicos que de vez en cuando surgen en Marcos, con respecto a los pensamientos y las emociones de Jesús y de sus discípulos. Estos, no obstante, también podrían ser simplemente las ficciones de un "narrador omnisciente", pero si la tradición acerca de la relación de Marcos con Pedro tiene alguna validez, hay rasgos descriptivos en los que podría haber tanto de memoria como de arte, como por ejemplo, el enojo de Jesús con el leproso y la severa amonestación que le hizo (1:41, 43) y en su tortura mental en Getsemaní (14:33-34), o en el silencio culpable de los discípulos en 9:34 y la descripción gráfica del grupo temeroso y desconcertado que seguía a Jesús en el camino a Jerusalén en 10:32. Ya sea que aprovechara de la memoria de Pedro o que ejercitara su propia imaginación, Marcos se las ingenió para infundir en sus lectores la sensación de "estar allí", y eso es, en gran parte, lo que hace que la lectura de su historia resulte tan fácil y tan gratificante.

Al debatir opiniones sobre la estructura de Marcos, me mostré dudoso acerca del gran número de patrones "quiásticos" o "concéntricos" que se habían hallado en su obra. Pero aunque esta tal vez no sea la manera correcta de interpretar la estructura general de la obra de Marcos, todo el mundo está de acuerdo en que en lo que respecta a la disposición de algunas perícopas individuales, Marcos es un consumado maestro en la técnica narrativa de intercalar una historia o una escena dentro de otra (conocida también por algunos como interpolación, intercalación, complementación, encuadramiento, etc.). En algunas ocasiones, como en el ejemplo que se cita con más frecuencia, la inclusión de la curación de la mujer hemorroísa dentro del relato de la resurrección de la hija de Jairo (5:21-43), esta disposición no es específicamente de Marcos, sino que la comparte con los demás evangelistas sinópticos. En ese caso, podría al menos afirmarse, sobre todo si no damos por sentado la existencia de un patrón rígido que Mateo y Lucas "copiaron" de Marcos, que la relación entre las dos historias no procede de la creatividad de Marcos sino de la tradición, simplemente porque fue así como ocurrió y como se recordaba. Pero otras intercalaciones de Marcos sí son propias de su Evangelio, o al menos se ponen de relieve más claramente en su narración, y aquí podríamos hablar con más confianza del estilo narrativo peculiar de Marcos.

No todas las intercalaciones de Marcos son del mismo tipo. Cuando Marcos inserta una analepsis acerca de la muerte de Juan el Bautista entre el envío de los doce y su regreso (6:7-30), se trata formalmente de una "digresión" de la secuencia narrativa, y en el comentario la clasifiqué como tal. Su función es llenar el espacio que exige la narración entre el envío de los discípulos y su regreso. Sin embargo, en el comentario voy a argumentar (véanse las notas introductorias a 6:7-13, 30 y a 6:17-29) que cumple también un propósito más importante al ubicar la misión de Jesús y sus discípulos dentro del contexto de la hostilidad oficial. El comentario sobre la opinión de Herodes con respecto a Jesús como un "segundo Juan" (6:14-16) se mantiene dentro del marco narrativo de la misión de los discípulos, y es la nota que da lugar a la analepsis. El efecto no es solo llenar un espacio en la narración, sino también establecer una relación importante entre los destinos de Juan y de su "sucesor", y contribuir con ello a la compresión del lector de la dinámica de la historia que finalmente culminará en la muerte de Jesús.

La mayoría de las intercalaciones de Marcos no tienen su origen en una analepsis narrativa sino en la manera en que se entrelazan algunos sucesos contemporáneos para que uno ayude a interpretar a los demás. Ejemplos notables de esto son el paréntesis sobre la acusación por parte de los escribas de que Jesús actuaba en combinación con el diablo dentro de la historia del intento de sus propios familiares de reprimirlo porque pensaban que estaba fuera de sí (3:21-35), el entrelazamiento más complejo de la destrucción de la higuera con las expresiones de Jesús contra el templo "infructuoso" (11:11-27) y las escenas paralelas que se entrelazan en 14:53–15:1 sobre el juicio de Jesús y el "juicio" de Pedro. En este comentario serán analizados cada uno de estos ejemplos y se señalarán otros más.[37] Observaremos también que en los últimos dos casos no se trata de una simple intercalación tripartita sino de visitas sucesivas a las dos escenas paralelas, que en cada caso constan no de tres fases y sino de cinco. Podríamos señalar también que la intercalación tripartita en el capítulo 3 se enmarca dentro de un contexto más amplio, por cuanto la actitud contrapuesta de los seguidores comprometidos de Jesús aparece descrita inmediatamente antes de la mención del escepticismo de sus familiares (3:13-19) y vuelve a introducirse entonces en la parte final de la intercalación (3:31-35) para establecer un contraste con la incapacidad de los familiares para comprender a Jesús. Otro ejemplo más complejo se encuentra en 14:1-12, donde aparecen tres escenas paralelas entre sí, con la devoción de la mujer anónima en Betania incluida entre dos fases del complot de los sacerdotes, y la segunda fase enmarcada dentro de dos referencias a la llegada de la fiesta de la pascua.

Todo esto sugiere que "intercalación" es un término demasiado simple para lo que hace Marcos; y además, no todos sus entrelazamientos son "concéntricos". Marcos no se conforma con incluir una historia dentro de otra sino que se complace en presentar escenas paralelas y trasladar la atención sucesivamente de una a otra. Esta eficacísima técnica narrativa y dramática ayuda a mantener el interés del lector o del oyente y le permite obtener una perspectiva más amplia sobre los elementos que componen la historia, porque coloca uno junto al otro para que se iluminen mutuamente. De esta forma se invita al lector a comparar y a contrastar las distintas valoraciones de Jesús que hicieron los escribas, sus familiares y sus discípulos, a observar los

---

37. Para otros ejemplos y análisis véase también H. C. Kee, *Community*, 54-56.

elementos comunes en la suerte que corrieron Juan el Bautista y el "segundo Juan", a especular sobre el significado simbólico de la destrucción inexplicable de la higuera o a contrastar las respuestas de Pedro y de su maestro ante una situación amenazadora. Y además de todo esto, la enorme satisfacción artística que produce una narración bien elaborada.

De este modo, las intercalaciones de Marcos cumplen una variedad de funciones, literarias y teológicas. Pero sin ir más lejos, crean suspenso, porque el lector no puede conocer el final de una historia hasta que otra termine (esto resulta especialmente obvio en el relato sobre la hija de Jairo, que queda paralizada en el último momento mientras Jesús se ocupa de un caso mucho menos urgente). Y el suspenso se entreteje a lo largo de toda la estructura dramática de Marcos, porque los elementos de la trama van entrelazándose mientras se acerca gradualmente el clímax, que aunque bien definido de antemano, resulta tan improbable en relación con el principio de la historia que el lector va aproximándose a él con una sensación mezclada de incredulidad y de inevitabilidad, porque esta es una historia de paradojas. Frank Kermode resume muy bien este punto:

> Las paradojas continúan: los reconocimientos públicos inconfundibles se alternan con los requerimientos de silencio y los aislamientos para ello. Los demonios infaliblemente lo reconocen; los discípulos no. La ley ora se observa, ora se quebranta. Los cánones de pureza son cuestionados; una pureza que está acusada de impureza se opone y limpia a los inmundos. Si la opinión generalizada de que existe un momento especialmente vigoroso en el capítulo ocho está bien fundamentada, debe ser porque muchas de estas paradojas convergen en él formando un gran nudo. Pero hay muchos nudos; aparecen en las enigmáticas parábolas, en la frecuente ubicación conjunta de demonios perspicaces y santos insensibles, en el deleite y la gratitud de los de afuera que son sanados, y el asombro, el temor y la consternación de los de adentro.[38]

El hecho de que estas paradojas mantengan su vigencia y nunca se den explicaciones concretas para resolverlas de manera cabal hace que muchas personas consideren que el libro de Marcos es una lectura buena, incitante, sugerente y sobre todo, muy animada. Y por supuesto, para los que creen que 16:8 es el final previsto del libro, el elemento de la paradoja alcanza su punto más alto cuando la historia está a punto de terminar, y sin resolución. En el comentario sobre el capítulo 16 voy a argumentar que tal paradoja no es necesaria, y que la intención de Marcos no era dejar al lector en suspenso al final del libro. Pero de camino a su conclusión, cualquiera que pueda haber sido o haya sido su intención, el suspenso y la paradoja son los rasgos distintivos de la forma específica en que Marcos cuenta la historia de Jesús.

---

38. F. Kermode, *Genesis*, 141.

D. El mensaje de Marcos

No hace mucho tiempo, se puso de moda explicar el mensaje de Marcos en términos negativos, presuponiendo la existencia de opiniones y tendencias indeseables en la iglesia del siglo I que pretendía refutar con la escritura de su libro. Hubo, pues, títulos como "The Heresy That Necessitated Mark's Gospel"[39] o "The Aversions Displayed by the Evangelist".[40] Con referencia a esas interpretaciones "correctoras" de Marcos, E. Best[41] hace el siguiente comentario, pícaro pero perspicaz:

> Tras esas opiniones se halla la suposición de que Marcos es un escrito polémico [...] La gente leyó el Evangelio durante siglos sin que esa idea jamás le pasara por la cabeza. Se trata, pues, probablemente de un espejismo de los eruditos creado por la actitud que adoptan con respecto a los escritos de los demás eruditos; ¡están tan acostumbrados a escribir en forma polémica contra los otros que dan por sentado que esa es la única razón por la que las personas escriben!

En la época en que predominaban esos enfoques "correctivos", una de las primeras teorías que se oponía al papel que desempeñaba la "herejía" que Marcos refutaba era una concepción de Jesús que se ajustaba al ideal helenístico del θεῖος ἀνήρ, el filósofo taumaturgo que sus seguidores consideraban quasi-divino. Esta estimación triunfalista de Jesús (y, por lógica, de lo que implica seguirlo), según se decía, contrastaba marcadamente con el mensaje que presentaba Marcos de un Mesías rechazado, no reconocido y sufriente; su representación paradójica de un Hijo de Dios crucificado constituía, pues, un esfuerzo por restablecer el equilibrio.[42] La asombrosa incapacidad de los discípulos para entender la naturaleza de la misión de Jesús, que es un rasgo tan prominente en la historia de Marcos, formaba parte de esta estrategia, y tenía por objeto hacer que los lectores de Marcos adoptaran la perspectiva nueva y radical del reino de Dios que los discípulos evidentemente no lograron comprender, y por ende,

---

39. T. J. Weeden en *ZNW* 59 (1968) 145-58, reimpreso en W. R. Telford (ed.), *Interpretation*, 89-104.

40. Título del capítulo 2 de E. Trocmé, *Formation*, pp. 87-137.

41. E. Best, *Story*, 45-46. El propio enfoque de Best aparece bien resumido en la pág. 93: "Marcos no es un polemista, y menos aún un polemista académico, sino un pastor".

42. Anderson, 55, ofrece una elocuente explicación para este punto de vista del propósito de Marcos: "Marcos hace campaña en contra de los cristianos de balcón que se creen demasiado importantes para dedicarse a la misión y al discipulado que en los términos de Marcos implican necesariamente llevar la cruz y sacrificarse. Ora se pierden en vanos recuerdos y en disquisiciones de las poderosas obras y el estatus celestial glorioso de Cristo [...] Ora cautivados por lo emocionante que resulta vivir, según creen, en los postreros días, afirman tener un derecho privado sobre la autoridad divina de Jesús y tratan de demostrar su propio estatus mesiánico obrando señales y maravillas [...] El evangelista tiene que hacer que esos exaltados pongan los pies en la tierra y advertirles que el camino cristiano auténtico es el camino del Hijo del Hombre sufriente.

repudiar la estimación, superficialmente más atractiva aunque esencialmente desastrosa, de Jesús como un θεῖος ἀνήρ. En la actualidad, se oye hablar mucho menos del θεῖοι ἄνδρες, porque los estudios recientes han puesto en duda que en realidad haya existido semejante categoría, y que al término θεῖος ἀνήρ se le haya dado generalmente el sentido en el que los eruditos modernos lo han usado.[43] Lo que a Marcos probablemente le interesaba destacar, al parecer, no era un concepto tan específico, sino la reticencia de la naturaleza humana a aceptar que el Mesías prometido pudiera ser rechazado por los líderes judíos y que un Hijo de Dios pudiera pasar inadvertido entre los seres humanos y morir de un modo vergonzoso. Esta reticencia, ilustrada por la experiencia de los primeros discípulos de Jesús, era sin duda igualmente fuerte entre muchos de los posibles lectores de Marcos, pero parece innecesariamente negativo afirmar que escribió su Evangelio con el fin específico de refutar esa "herejía" y no de centrarse en su propósito más positivo, a saber, presentar a Jesús como el Maestro que Marcos consideraba que era e invitar a sus lectores a seguir a Jesús de la manera adecuada.[44]

Uno de los estudios recientes más resueltos que se han hecho para entender el propósito de Marcos es el de R. H. Gundry en su comentario titulado *"Mark: A Commentary on His Apology for the Cross.*[45] En contraposición con casi todos los esfuerzos anteriores por discernir el tema o el propósito central de Marcos (que se mencionan y se descartan inmediatamente en la pág. 1 bajo el subtítulo: "'The Gospel of Mark contains no ciphers, no hidden meanings, no sleight of hand'!" [El Evangelio de Marcos no contiene códigos, ni significados ocultos, ni prestidigitación]), y con un enérgico desprecio por el "punto de vista reinante de que Marcos corrige la teología de la gloria con la teología del sufrimiento", Gundry alega que lo que ocurre es todo lo contrario, que, para Marcos, el sufrimiento de la cruz está incluido en la autoridad y la gloria del Mesías triunfante de Dios. Incluso, y sobre todo, en el relato de los padecimientos y la crucifixión de Jesús el énfasis recae en su dignidad y en su triunfo: Marcos "ha glorificado la pasión". Como reacción en contra de los relatos "correctivos" anteriores del propósito de Marcos, esto constituye un restablecimiento estimulante del equilibrio. Pero dudo que los intérpretes posteriores coincidan en que ese único propósito preponderante haya regido

---

43. Entre los análisis importantes están D. L. Tiede, *Figure;* C. H. Holladay, *Theios Aner;* J. D. Kingsbury, *Int* 35 (1981) 243-57; W. von Martitz, *TDNT,* 8.338-40.

44. S. E. Dowd, *Prayer,* 6-24, ofrece un interesante análisis histórico del surgimiento y la caída de los que ella llama "el consenso ahora obsoleto" de que el Evangelio de Marcos debía interpretarse como "una polémica contra los milagros". Un ejemplo menos extremista de un objetivo "corrector" propuesto para Marcos (y más sólidamente establecido en lo que conocemos de la cristiandad del siglo I) es el que presentó R. P. Martin, *Evangelist,* 160-62, y desarrolló en el siguiente capítulo, a saber, que Marcos escribió para contrarrestar una distorsión del kerigma de Pablo que "hacía especial hincapié en Cristo como una figura celestial, distante de la historia empírica y desconectada de la realidad terrenal".

45. Gundry expone su tesis a grandes rasgos en las págs. 1-15, y hace uso constante de ella a lo largo de las 1000 páginas del comentario antes que reaparezca en las págs. 1022-26.

verdaderamente la compleja narración de Marcos en todas sus partes, o que Marcos no escribiera el Evangelio en primer lugar para los miembros de la iglesia sino "como una actividad de propaganda religiosa que debía realizarse ante un auditorio interesado, es decir, como un mensaje misionero que debía leerse en público especialmente para los que no eran cristianos".[46]

A veces se sugiere otro tipo de propósito preponderante en función del deseo de Marcos de presentar a Jesús a la luz de un modelo veterotestamentario particular.[47] En este comentario, voy a referirme con frecuencia a dos ejemplos recientes que ilustran este enfoque y que han contribuido mucho a nuestros esfuerzos por entender el Evangelio de Marcos. Joel Marcus, en *The Way of the Lord* (1993), hace hincapié en una serie de pasajes en los que Marcos toma algunos textos del AT como la base de la "exégesis cristológica", y a menudo lo hace a la luz de desarrollos más sutiles del pensamiento judío posterior a la Biblia, y sugiere que está elaborando un patrón de cumplimiento mesiánico deliberadamente diferente de la ideología de los zelotes recientemente desacreditada por el fracaso de la revuelta contra Roma. R. E. Watts, en *Isaiah's New Exodus and Mark* (1997), propone que Marcos se centró de una manera más específica en el libro de Isaías con su esperanza de un "nuevo éxodo", y adaptó su presentación de Jesús con el objeto de demostrar el cumplimiento de esta esperanza.[48] Aunque, en mi opinión, ni Marcus ni Watts afirmaron que *todo* el Evangelio de Marcos puede explicarse en función de sus tesis, cada uno de ellos considera que este argumento de la escritura es más que un simple factor determinante entre otros.

De vez en cuando se sugiere un propósito más inmediato para el Evangelio a la luz de los acontecimientos del siglo I, como por ejemplo, la opinión de Marxsen de que Marcos escribió para advertirles a los cristianos de Jerusalén que huyeran a Galilea antes de que fuera destruida la ciudad, o la opinión de Brandon de que Marcos escribió en Roma inmediatamente después de la guerra para distanciar al cristianismo gentil de la vergüenza de sus raíces judías.[49] Esas teorías específicas del propósito de Marcos no han recibido una aprobación general, y mientras la fecha y el lugar de la escritura sigan siendo motivo de controversia, ninguna teoría que dependa de una fecha y un lugar concretos puede recibir tal aprobación.

De cualquier forma, cabe preguntarse si resulta práctico esperar descubrir un propósito tan específico detrás de la escritura de un Evangelio. Son pocos

---

46. Gundry, 1026.

47. Para algunas propuestas recientes de este tipo que hasta ahora no han demostrado ser influyentes (las de J. D. M. Derrett, W. Roth, H. M. Humphrey y W. M. Swartley) véase Van Iersel, 60-64.

48. Watts ha demostrado convincentemente que Isaías desempeña un papel más predominante en el uso que hace Marcos del AT que el que habían admitido los estudios académicos anteriores. Cf. también R. Schneck, *Isaiah in the Gospel of Mark I-VIII* (Vallejo, CA: BIBAL, 1994), al que hace referencia Watts, *Exodus*, 26-27; no me fue posible tener acceso a la obra de Schneck.

49. W. Marxsen, *Mark;* S. G. F. Brandon, *Zealots.*

los libros, especialmente los de carácter narrativo, que si los comparamos, por ejemplo, con una carta paulina, están escritos con un fin tan limitado. La mayoría de los eruditos, por tanto, se conforman con aceptar simplemente que el propósito de Marcos era escribir acerca de Jesús, basándose en la información que tenía a su alcance, y que al hacerlo, algunas de sus preocupaciones personales y las circunstancias de la iglesia en el seno de la cual escribió deben haber guiado su escritura, sin que ninguna de esas cosas fuera tan importante que pudiera tomarse (consciente o inconscientemente) como *el propósito* del libro.

Para un líder o un maestro eclesiástico del siglo I, escribir acerca de Jesús no consistía solamente en contar la historia personal del profeta de Nazaret, sino que también debía explicar qué implicaba seguirlo e inspirar a otras personas a desempeñar su propio papel en el movimiento que él fundó. Por tanto, la mayoría de los análisis sobre el propósito o el mensaje de Marcos giran precisamente en torno a las dos extensas áreas de la cristología y el discipulado, quién es Jesús y que significa seguirlo, y tal vez nos resultaría útil adoptar esos dos encabezamientos.

Cristología

El análisis de la cristología neotestamentaria solía concentrarse casi exclusivamente en los "títulos" (y particularmente, en la evolución de los cuatro "grandes títulos", Cristo, Señor, Hijo del Hombre, Hijo de Dios). De ese estudio surgen muchos aspectos importantes, pero no es solo de eso que trata la cristología, una observación que formuló claramente Leander Keck: "Reconstruir la historia de los títulos como si ese fuera el estudio de la cristología es semejante a tratar de entender las ventanas de la catedral de Chartres estudiando la historia de los vitrales.[50] Lo que Marcos dice acerca de Jesús va más allá de su uso de "Cristo", "Hijo del Hombre" e "Hijo de Dios", y si tratamos de restringirlo a unas cuantas oraciones definitorias, pasamos por alto el hecho de que todo el Evangelio, tanto en sus narraciones como en sus relativamente pocas declaraciones teológicas sobre Jesús, es "cristología". A medida que se desarrolla la narración, su imagen de Jesús aparece un tanto desprolija pero con una vasta profusión de elementos, y por tanto, resumir su cristología es una expresión tan amplia e imprecisa como "Jesús el que se preocupa por los demás"[51] es al menos tan adecuado como centrarse en los "títulos cristológicos". De acuerdo con la acertada conclusión de Frank Matera, "ninguno de estos [los títulos Mesías, Hijo de Dios, Hijo del Hombre] puede entenderse en forma correcta si se

---

50. Tomado del estimulante artículo de L. E. Keck's "Toward the Renewal of NT Christology", *NTS* 32 (1986) 362-77, que trata acerca del estudio de los títulos especialmente en las págs. 368-70.

51. Este es el título de un capítulo fundamental de E. Best, *Story* (55-65), que con toda razón ocupa un lugar más prominente en su estudio que el capítulo breve y casi apologético titulado "cristología" (79-82) en el que Best trata acerca de los títulos, pero también protesta contra "el intento de imponerle a Marcos un patrón cristológico" (80).

separa de la narración de Marcos, porque la cristología está en el relato, y a través del relato aprendemos a interpretar los títulos".[52]

Mencioné anteriormente a Richard Peace con su teoría de que el Evangelio de Marcos está estructurado en dos partes principales, cada una de las cuales contiene tres secciones más o menos iguales y cada una de ellas se centra en un nuevo "título" de Jesús, para que la concienciación de los discípulos acerca del papel de Jesús aumente en forma progresiva con la introducción de cada nuevo título. La secuencia, alega Peace, es la siguiente: Parte I ("Mesías", 1:16–8:30) que contiene la unidad 1, "Jesús el Maestro", 1:16–4:34; la unidad 2, "Jesús el Profeta", 4:35–6:30 y la unidad 3, "Jesús el Mesías", 6:31–8:30; Parte II ("Hijo de Dios", 8:31–15:39) que contiene la unidad 4, "Jesús, el Hijo del Hombre", 8:31–10:45; la unidad 5, "Jesús, el Hijo de David", 10:46–13:37; y la unidad 6, "Jesús, el Hijo de Dios", 14:1–15:39.[53] En mi opinión, esta estructura es más ordenada que lo que Marcos se había propuesto, y los títulos Hijo del Hombre e Hijo de Dios aparecen en lugares destacados de la narración antes de las unidades que se les han designado y de grandes porciones de diversas unidades que no guardan ninguna relación obvia con el título que se les ha asignado. En algunos lugares, Marcos, al parecer, se centra menos en los discípulos que en otras personas (Jesús es reconocido, o en 6:4 no es reconocido, como "profeta" por el pueblo en general y por Herodes en particular y no por sus discípulos; no es a los discípulos sino al centurión a quién Jesús es revelado como "Hijo de Dios" en 15:39); de hecho, en la segunda mitad del Evangelio, lo que aparentemente se pone de relieve es lo que los discípulos dejaron de percibir y no en el progreso de su comprensión cristológica. Al final, son los lectores, más que los discípulos, los beneficiarios de la revelación cristológica que Marcos ha incorporado a su narración. Pero el análisis de Peace hace una contribución útil: en primer lugar, amplía el estudio más allá de los tres "títulos" principales de Mesías, Hijo de Dios e Hijo del Hombre (aunque su estructura no deja espacio para la presentación aún más importante de Jesús como Rey de los judíos en el capítulo 15); en segundo lugar, reconoce que el enfoque cristológico de Marcos se encuentra en el desarrollo de la narración y no en ciertos dichos aislados, dando como resultado una revelación progresiva de la persona de Jesús y de lo que vino a hacer.

Jesús aparece desde el principio de la narración de Marcos como alguien que causa admiración, como una figura revestida de una autoridad sin precedentes. La respuesta sorprendentemente inmediata de Pedro, Andrés, Jacobo y Juan al llamado de un extraño al discipulado (1:16-20) conduce directamente a un incidente en Capernaúm donde la autoridad de la enseñanza de Jesús y de su poder sobre los espíritus inmundos provocaron asombro (1:22, 27), después de lo cual Jesús se convirtió en el personaje favorito de la ciudad y sus alrededores (1:28, 32-33, 37, 45; 2:2, etc.). El patrón así establecido recorre

---

52. F. J. Matera, *Christology*, 26.
53. R. V. Peace, *Conversion*, 116-22.

todo el primer acto, mientras la multitud y los discípulos tratan de comprender a este extraordinario "maestro" y "profeta", y la realización de un milagro tras otro hace que aumente su asombro. Como resultado de eso, ocurre una división de opiniones "cristológicas" que Marcos ilustra gráficamente en los grupos contrastantes del capítulo 3 y luego analiza por medio del discurso explicativo del capítulo 4 en el que hace hincapié en la diversidad de las reacciones, en los que están dentro y los ajenos, en la visión privilegiada de los discípulos y en el desconcierto de la multitud, en lo que está oculto y lo que debe ser revelado. Pero en la continuación de la historia, incluso los supuestamente iluminados discípulos siguen preguntando: "¿Quién es este?" (4:41), y las pruebas cada vez más claras de la autoridad sobrenatural de Jesús no producen, al parecer, el consiguiente progreso en su entendimiento (6:52; 7:18; 8:14-21).

Cuando el aparente avance se pone finalmente de relieve en el uso que Pedro le da al título ὁ Χριστός, todo lo que se había ganado parece que vuelve a perderse, porque la interpretación de dicho término por parte de Pedro resulta ser totalmente contraria a los "pensamientos de Dios" (8:32-33). A partir de ahí la repetición de la imagen del Hijo de Dios rechazado y quebrantado y de un reino de Dios en el que los primeros son postreros y los postreros primeros deja a los discípulos totalmente a la deriva; incluso la extraordinaria revelación de la gloria celestial de Jesús en el monte deja al grupo íntimo de Pedro, Jacobo y Juan con más dudas que certezas. En esto los discípulos no representan una ideología particularmente hostil ni obtusa, sino la reacción humana muy natural ante un plan divino que humanamente no tiene sentido; sus pensamientos son "más humanos que divinos", para volver a usar el lenguaje de un dicho que resulta fundamental para comprender la perspectiva cristológica de Marcos (8:33).

Y sin embargo, en sus palabras, aunque no en sus pensamientos, Pedro había tenido razón, y la llegada mesiánica de Jesús fuera de los muros de Jerusalén pone a este "Hijo de Dios" públicamente proclamado (10:47-48; 11:10) en un inevitable conflicto con los líderes vigentes en la ciudad de David. La antigua pregunta, "¿quién es este?", adquiere de este modo una nueva dimensión, por cuanto ya no se trata simplemente de entender a Jesús por sí mismo, sino de encajarlo en la teología establecida del pueblo de Dios, en su llamamiento divino, en su historia y en sus instituciones, y de relacionarlo con la estructura de poder que Jerusalén ha llegado a representar. Dicha estructura está representada en la narración por dos "elementos" predominantes, a saber, la imponente estructura física del templo y el liderazgo humano de los ἀρχιερεῖς καὶ γραμματεῖς καὶ πρεσβύτεροι τοῦ λαοῦ para quienes el templo constituye el símbolo de su autoridad. Por esa razón, a partir del capítulo 11 la historia gira en torno al templo, como lugar geográfico y como entidad, y los miembros del sanedrín con quienes Jesús entabla un diálogo cada vez más hostil. El tema de la autoridad mantiene su centralidad, y el lector va percatándose gradualmente del contraste entre el poder fáctico concentrado en las manos del sanedrín y la verdadera autoridad del Mesías/Hijo de Dios, que aunque está sujeto al poder temporal de aquellos, es a quien el Padre envió para desposeerlos (12:6-9), la piedra que desecharán los edificadores pero que se convertirá en la piedra angular puesta por Dios. En contraste con esta nueva estructura edificada por Dios ("hecha sin mano", 14:58) el templo existente y todo lo que simboliza es ahora redundante. El discurso explicativo del capítulo 13 relaciona la destrucción futura del tiempo con la entronización del Hijo del Hombre, y las palabras de Jesús en su última cena pascual aluden a un nuevo pacto, y por ende, a un pueblo que será constituido a raíz y como resultado de su muerte.

Por consiguiente, cuando llega el momento del arresto, el juicio y la ejecución de Jesús, el lector ya dispone de los elementos necesarios para comenzar a elaborar una respuesta de mayor alcance a la pregunta "¿quién es este?" que la que patentizaba la persona del profeta taumaturgo de Galilea, de mayor alcance también que la que podía transmitir la simple aplicación de unos cuantos "títulos cristológicos". Es una cristología que en todos los aspectos rechaza los "pensamientos humanos", y que puede verse expresada en las últimas escenas del Evangelio a través de la ironía de la narración que presenta a Jesús en el momento de su condenación oficial cuando finalmente declaró en forma abierta su autoridad suprema sobre los que se adjudicaban el derecho de juzgarlo (14:61-62), y le permite al lector, incluso en la tortura y crucifixión de Jesús, oír en las repetidas burlas de Pilato, de sus soldados gentiles, de la multitud de los judíos y de los principales sacerdotes y escribas la verdad definitiva acerca de Jesús, a saber, que este Hijo del Hombre moribundo era en realidad el rey de los judíos. Este título, al que ya se había hecho alusión mientras Jesús avanzaba hacia la ciudad y en el moderado despliegue de lenguaje davídico, ahora en el penúltimo capítulo del Evangelio sale a la luz, y junto con el rasgamiento del velo del templo y la aclamación del centurión gentil de Jesús como Hijo de Dios, deja al lector con una potente mezcla de temas cristológicos para asimilar. La narración paradójica de Marcos nos invita así a pensar los pensamientos de Dios, no los pensamientos humanos, y cuando comenzamos a hacerlo, no nos resulta sorprendente descubrir que el final, después de todo, no era en realidad el final, y que la promesa de la resurrección que era el colofón apenas perceptible de las predicciones de la pasión de Jesús es la única forma posible de avanzar. La historia no ha hecho más que empezar.

Comencé este bosquejo tan escueto de algunos de los aspectos principales de la narración cristológica de Marcos con el principio del primer acto, en Galilea. Pero, por supuesto, el Evangelio de Marcos no empieza ahí. En el prólogo, Marcos ya había ofrecido definiciones muy claras sobre la importancia de la persona cuya historia estaba a punto de contar: el Mesías, el Hijo de Dios, el que trae la salvación de Dios, más poderoso que el Elías que ha de regresar, el que da y recibe el Espíritu de Dios, el escogido que vienen a batallar con los poderes del mal y que tiene ángeles a su lado. En gran parte de la historia que sigue, las últimas dimensiones expuestas en el prólogo no se ponen claramente de manifiesto, pero el lector sabe en todo momento lo que no saben los discípulos, la multitud y los principales sacerdotes, y por tanto, está en condiciones de desarrollar una cristología que para ellos solo estaba disponible ἐν παραβολαῖς.

Las categorías que he usado para tratar de reseñar la presentación que hace Marcos de Jesús son mucho más amplias y menos filosóficas que el tema del que se ocupa la cristología sistemática tradicional, es decir, lo que solía llamarse "la persona de Cristo" o "la doctrina de la encarnación". Para entender quién es Jesús, en opinión de Marcos, es preciso entender primeramente lo que vino a hacer, cómo encaja en la historia ininterrumpida de los tratos de Dios con su pueblo en el contexto particular de la Palestina tiberiana.[54] Eso no quiere decir que Marcos no le atribuyera ninguna importancia a Jesús más allá del mundo de mediados del siglo I, sino que él escribió una historia de Jesús, no un tratado sobre la encarnación y la expiación, y mucho menos un análisis de la ortodoxia trinitaria. Puede ser legítimo usar aspectos de su narración para guiar nuestro pensamiento en estas áreas más abstractas, pero si lo hacemos tenemos que reconocer, hasta donde nos permite juzgar su libro, que estamos yendo más allá de la perspectiva dentro de la cual él los escribió. La obra de Marcos es una narración cristológica.

Discipulado[55]

Aunque es obvio que el propósito principal de un libro acerca de Jesús tiene que ser, en el sentido más amplio del término, la cristología, el Evangelio de Marcos es la historia no solo de Jesús sino de Jesús y sus discípulos. Desde el momento de su primera aparición junto al lago de Galilea en 1:16, son raras las ocasiones en que Jesús está solo. Les pide a algunas personas que se unan a él, y mientras viaja por Galilea y sus alrededores siempre va acompañado por un grupo de colaboradores cercanos, llamados μαθηταί,[56] que aunque a veces se nombran en forma individual, en la mayoría de los casos se hace referencia a ellos como un grupo. La elección del grupo básico de doce, a quiénes Marcos característicamente les aplica el término μαθηταί, de entre un círculo más amplio de seguidores que se destaca en 3:13-19 puede resultar sorprendente por cuanto la mayoría de sus nombres nunca vuelven a aparecer; no es en los individuos en los que Marcos quiere que sus lectores centren su atención, sino más bien en el grupo y en lo que ellos representan. Aun cuando en la mayoría de los sucesos que se narran los doce no desempeñan ningún papel importante, siempre están allí como una presencia silenciosa, observando, aprendiendo, reaccionando y transformándose poco a poco en la comunidad específica que se convertirá en la vanguardia del nuevo movimiento del reino

---

54. E. Best, *Story*, 79-82, subraya correctamente que la cristología de Marcos no se ocupa de la identidad sino de la actividad. Jesús debe entenderse ante todo por lo que hace.

55. Para un análisis detallado y evaluativo de los estudios sobre los discípulos en Marcos desde el punto de vista de la crítica de la redacción, véase C. C. Black, *Disciples*.

56. Véase la pág. 158 más adelante.

de Dios después que Jesús se haya marchado. Durante el viaje a Jerusalén que constituye el segundo acto del drama, el principal centro de atención de Jesús será la formación de ellos, y su incapacidad para entender la misión de Jesús y los nuevos valores del reino de Dios que él vino a establecer creará la tensión que preocupa al lector hasta que la historia entra en su fase final en Jerusalén. Por algún tiempo, los discípulos allí ocuparán un lugar menos prominente aunque siempre presente, mientras Jesús se dedica a debatir con los líderes de Jerusalén, pero el discurso del capítulo 13 va dirigido al grupo principal de discípulos para orientarlos con respecto al futuro, y la historia de la pasión propiamente dicha comenzará con la participación activa de Jesús con sus discípulos en la cena pascual y de camino a Getsemaní. Es allí en Getsemaní que el grupo se divide, dejando solo a Jesús por el resto de la narración de la pasión, en marcado contraste con la historia hasta aquí. La deserción de los discípulos (que se hace aún más patente con el intento fallido por parte de Pedro de permanecer con Jesús, 14:54, 66-72) deja al lector perplejo por la aparente demolición de todo lo que Jesús había estado edificando con tanto esmero a lo largo de la narración, pero una inesperada "revelación del futuro" en la predicción de Jesús de camino a Getsemaní (14:28) ha dejado abierto un atisbo de esperanza, y esta esperanza se reafirma cuando la historia (tal como la conocemos ahora)[57] termina con el llamado a los discípulos, y especialmente a Pedro, a reunirse con Jesús resucitado en Galilea.

Los discípulos (como tema de la narración) constituyen, pues, un elemento central en la historia de Marcos. Aunque tal vez sería exagerado decir que "el tema que desempeña el papel determinante en el desarrollo del Evangelio de Marcos es la conversión de los doce",[58] esa afirmación al menos desaconseja cualquier tendencia a considerar que el discipulado no es más que un tema secundario en este Evangelio, y buscar el mensaje distintivo de Marcos solamente en la cristología del autor. No es que ambas cosas puedan llegar a separarse, por supuesto. Lo que ocupa nuestra atención con respecto a los discípulos es su descubrimiento de quién es Jesús y su respuesta a él; el discipulado es el resultado correcto de una cristología sana. Pero la historia que Marcos cuenta es, en gran medida, la historia de Jesús tal como la veían sus discípulos. Es la historia de su "conversión" gradual, con los nuevos conceptos y los compromisos sacrificiales que implica esa conversión y también con sus errores y fracasos, y cuenta cómo doce hombres comunes se encontraron con Jesús y entraron en una nueva dimensión de la vida.

En el plano narrativo, los discípulos no podían ser ignorados: el Jesús histórico no era un maestro solitario, sino el líder de un pequeño grupo itinerante. Pero el interés de Marcos en los discípulos no es simplemente

---

57. Analizaré el tema del inusual final de Marcos en el comentario sobre 16:1-8, y alegaré que 16:7 sugiere que 16:8 no fue concebido como el final de la historia, aun cuando no contemos ahora con ningún texto auténtico de Marcos después de ese versículo.

58. R. V. Peace, *Conversion*, 112, donde se resume el enfoque principal de su estudio.

un asunto de reminiscencias históricas. Son demasiado importantes en su narración para eso. Marcos escribe en el contexto, y para la orientación, de los que ahora son sucesores de aquel grupo primitivo de seguidores de Jesús, mediante los cuales la misión del reino de Dios debe llevarse a cabo ahora como originalmente hicieron aquellos primeros discípulos.

Por tanto, Marcos les presenta a sus lectores esos primeros discípulos como una guía para seguir a Jesús. En algunas ocasiones constituyen modelos ejemplares a imitar: en su compromiso incondicional cuando dejan todo para seguir a Jesús (1:18, 20; 2:14; 10:28-30), en su conocimiento privilegiado del secreto del reino de Dios (4:11) y en su participación en la obra de Jesús de proclamación y liberación (3:14-15; 6:12-13, 30). Pero son más las veces que constituyen modelos negativos, por su temor y falta de fe (4:40; 6:49-50), sus ambiciones egoístas (9:34; 10:35-45), su fracaso espiritual (9:14-29) y el abandono final a su maestro. Sobre todo, a pesar de la declaración de 4:11 de que a ellos se les había conferido un conocimiento especial, demostraron repetidamente, y cada vez más a medida que la historia progresa, que eran incapaces de entender los principios básicos de la enseñanza y de la misión de Jesús (6:52; 7:18; 8:14-21), y con ello, lo que Jesús dijo acerca de los que están fuera en 4:11-12 resulta igualmente válido con respecto a los discípulos en 8:17-18, y el tema central del segundo acto es la necesidad de los discípulos (aunque con una pasmosa incapacidad de beneficiarse) de un programa drástico de reeducación acerca de los valores del reino (8:31–10:45 póssim). Pedro en particular se describe como una mezcla estimulante de perspicacia especial (8:29) y de extraordinaria torpeza (8:32-33; 9:5-6), un hombre cuya alardeada lealtad se transformó en la traición más vergonzosa (14:29-31, 66-72). Y luego, está Judas Iscariote también.[59] El "realismo" de Marcos con respecto a los discípulos se ha interpretado a veces como una vendetta personal, una especie de difamación colectiva. Marcos sin duda no se anda con rodeos, pero no es en absoluto inconcebible que en la vida real un grupo de hombres comunes involucrados en una historia tan extraordinaria como esta respondieran de esa manera al enfrentarse en carne propia y sin previo aviso a una revolución de ideas y valores que gran parte de la iglesia aún se esfuerza por entender después de veinte siglos de entrenamiento. Todas las pruebas que tenemos a partir del siglo I confirman el fracaso definitivo de los doce hasta que la situación cambió en Pentecostés. Lo que Marcos hizo es permitir que sus lectores le siguieran la pista a las debilidades que condujeron a tal fracaso para que la historia no pudiera repetirse.

Los párrafos anteriores expusieron a grandes rasgos lo que, según la opinión general, son las dos áreas más importantes para analizar el mensaje de Marcos sobre quién es Jesús y lo que significa seguirlo –a saber, su presentación de la

---

59. C. C. Black, *Disciples*, 41-46, expone provechosamente los elementos positivos y negativos en la descripción que hace Marcos de los Doce en general y de Pedro en particular.

cristología y el discipulado. Pero debemos mencionar brevemente algunos otros temas que se pondrán de relieve mientras estudiamos el Evangelio de Marcos.

El reino de Dios[60]

Para comenzar el primer acto, Marcos resume las buenas nuevas que Jesús anuncia en función de la venida del βασιλεία τοῦ θεοῦ (1:15).[61] En el comentario sobre ese pasaje voy a ocuparme del origen y el significado del término, pero aquí debemos señalar que una frase introducida con ese énfasis al principio de la narración del ministerio de Jesús cabe prever que desempeñará un papel prominente en la historia en general. Por tanto, a los que están familiarizados con el Evangelio de Mateo les resultará sorprendente descubrir que Marcos usa el término solo 14 veces, cinco de las cuales se concentran en la sección 10:13-27. Pero la importancia que tiene en el pensamiento de Marcos se pone de relieve en el hecho de que el primer discurso explicativo (4:1-34), que ayuda al lector a entender toda la naturaleza del ministerio de Jesús y sus efectos, gira en torno a este término. Marcos no solo presenta explícitamente dos de las tres parábolas como ilustraciones de la naturaleza del reino de Dios (4:26, 30), sino que para explicar la primer parábola, Jesús comienza con una expresión muy significativa acerca de la comprensión de τὸ μυστήριον τῆς βασιλείας τοῦ θεοῦ (4:11), lo cual, por tanto, debe interpretarse también como el tema de esa parábola (y asimismo, de todas las parábolas, 4:13) y a la vez, denota la idea del propósito secreto de Dios que distingue a los verdaderos seguidores de Jesús de "los que están fuera", y que este discurso tiene la función de explicar.

Por tanto, a pesar de la proclamación abierta por parte de Jesús (1:15), el reino de Dios es algo que no todos pueden entender; está más allá de la percepción humana natural porque se trata del reino *de Dios*. Toma a la gente por sorpresa, como la semilla que crece sin que nadie sepa cómo, αὐτομάτη, y como la semilla de mostaza que es fácil de ignorar y luego se convierte en un árbol grande. Por algún tiempo opera en secreto, pero un día veremos que viene ἐν δυνάμει (9:1); aunque ya está dinámicamente presente (1:15), su plena manifestación es aún un suceso futuro (14:25). Mientras tanto, continuará desafiando y derribando las expectativas y valores naturales de los discípulos y de los adversarios por igual (10:13-27), llamándolos a una nueva lealtad radical (9:47) que los apartará de aquellos que solo pueden ver las cosas desde un punto de vista humano tradicional (12:34; 15:43).

La frase ἡ βασιλεία τοῦ θεοῦ (tal vez mejor traducida en español como "el reinado de Dios"), pues, sintetiza la paradoja que, según vimos ya, ocupa el lugar

---

60. En cuanto a la opinión de B. L. Mack, *Myth*, de que el mensaje de Marcos gira en torno a un concepto del "reino de Dios" que proviene de ideas cínicas y estoicas, véanse los comentarios de Gundry, 1022.

61. He analizado el uso de la frase por parte de Marcos y la teología en la que está basada en mi obra *Divine Government*.

central en la historia de Marcos. Es un μυστήριον, no porque sea un concepto oscuro en sí mismo, sino porque cuestiona y se opone a toda evaluación humana natural. Mientras las personas continúen albergando pensamientos humanos, nunca entenderán el βασιλεία τοῦ θεοῦ, y mucho menos formarán parte de él. El Evangelio de Marcos es la historia que cuenta cómo Jesús sembró esta buena semilla en distintos terrenos de la Palestina romana, y las diversas maneras en que reaccionaron ante ella sus habitantes humanos. En particular, es la historia de cómo a un grupo selecto de individuos se le dio el privilegio de acceder a los pensamientos de Dios, y de sus esfuerzos, en gran medida fallidos incluso al final de la historia, por trascender sus pensamientos humanos para que la buena semilla del reinado de Dios pudiera crecer y florecer en ellos y por medio de ellos, hasta que se hiciera claramente patente que había venido con poder. Cuando la historia de Marcos termina, esa época sigue siendo, al parecer, parte del futuro.

Si esa es la manera en que Marcos interpreta la venida del reino de Dios, que es el contexto en el que se ubican la vida y la obra de su héroe, no resulta extraño que toda su historia tenga un carácter paradójico.

Secretismo

Una mejor traducción de la palabra μυστήριον sería "secreto", algo que está al alcance solamente de aquellos a quienes les ha sido revelado. El uso que Marcos le da al término en 4:11 hace referencia a un tema que se pone de relieve en otras palabras en muchos lugares del Evangelio y que a menudo se ha señalado como una de las principales características de su presentación de la historia de Jesús. Se destaca más en los cuatro intentos de Jesús para impedir que la gente hablara abiertamente de sus milagros (1:43-44; 5:43; 7:36; 8:26), intentos que en algunas ocasiones fracasaron estrepitosamente (1:45; 7:36-37). A los demonios también, con su conocimiento sobrenatural, se les prohíbe revelar la verdad acerca de aquel que los había desposeído (1:25, 34; 3:12). De Jesús se dice a menudo que intencionalmente evitaba el reconocimiento público y los elogios (1:37-38; 5:40; 6:31-32, 45-46; 7:24, 33; 8:23; 9:30). Pero el patrón no es monocromático. El relato inicial del ministerio de Jesús en Galilea es de una proclamación abierta y respuesta de parte de los oyentes (1:14-39). La mayor parte del tiempo Jesús no parece oponerse a que se le reconozca públicamente y se comente sobre sus milagros e incluso invita a ello (2:8-12; 3:2-5; 5:19-20, 30-34; 10:46-52), y en su última entrada en Jerusalén llama deliberadamente la atención sobre su persona y su misión (11:1-10, 15-18), para que cuando sea arrestado pueda hacer referencia a su actividad pública en el templo (14:49).

En el plano histórico, gran parte de esto pudiera explicarse como un reflejo de la prudencia con la que Jesús administraba la respuesta de la gente para evitar cualquier publicidad y perturbación inoportunas provocadas por un reconocimiento popular insensible como el que se registra en 1:45–2:2; 6:31, y para evitar llamar la atención de las autoridades hostiles (6:14-16) antes que hubiera llegado el momento en que debía manifestarse.[62] Pero el silenciamiento del testimonio sobrenatural de los demonios sugiere que existían más razones, y esta otra dimensión se ve reforzada por los dos mandatos a guardar silencio que no se relacionan con ningún milagro sino con la verdad acerca del propio Jesús, su carácter mesiánico (8:30) y su gloria divina y estatus como hijo único de Dios revelados en la transfiguración (9:9). Sin embargo, debemos señalar que estos dos mandatos no van dirigidos a las multitudes sino a los discípulos. A ellos (y a los demonios) se les ha permitido conocer el secreto que hasta entonces les había sido vedado a todas las personas, y que todavía aguardaba el momento en que pudiera conocerse más ampliamente. Lo que ha estado oculto, a su tiempo, será revelado (4:21-22): el propio Jesús declarará que él es el Mesías y el Hijo de Dios (14:61-62), y la prohibición de hablar sobre la transfiguración será válida solo hasta después de la resurrección (9:9).

La gran diversidad de las pruebas sugiere que cualquier teoría simple sobre un tema de secretismo por parte de Marcos resulta probablemente inadecuada. El secretismo no es un tema en sí mismo sino una función de la naturaleza del mensaje y el ministerio de Jesús, que, según vimos en la sección anterior, va en contra de los valores humanos convencionales, incluso los de la esperanza religiosa judía tradicional. Los constantes malentendidos, aun de los propios discípulos más cercanos de Jesús, ilustran de manera muy clara la razón de la cautela de Jesús para no permitir que las gentes, incluyendo los discípulos, hablaran abiertamente del μυστήριον que solo la revelación divina podía manifestarle al conocimiento humano, y que finalmente lo haría valiéndose de los medios humanamente incomprensibles de un Mesías rechazado y abandonado, un moribundo Hijo de Dios y un sepulcro vacío. A la luz de la paradoja del "reinado de Dios", tal como Marcos lo interpreta, no necesitamos ninguna "teoría conspirativa" (como la que propuso William Wrede en 1901 y han actualizado desde entonces muchos otros de diversas formas) para explicar el hincapié que hace a menudo en la necesidad de evitar revelaciones prematuras de los medios misteriosos que Dios ha escogido para establecerlo. La semilla de mostaza crecerá a su debido tiempo, pero hasta entonces su importancia necesariamente permanecerá oculta de todos excepto unos pocos a quienes Dios ha abierto los ojos de su entendimiento. Pero un día sin duda descubrirán que, a pesar del fracaso y la demora aparentes, el reinado de Dios ha venido con poder.

Escatología

En el sentido veterotestamentario de la palabra, el Evangelio de Marcos está lleno de escatología porque todo en él se relaciona con el cumplimiento de las promesas de Dios a lo largo de la historia. Las buenas nuevas del cumplimiento de las Escrituras, tal como se indica en el anuncio inicial del testimonio

---

62. Desarrollaré este punto en el comentario sobre 8:30; véanse las págs. 330-31.

profético (1:2-3), es un tema recurrente a través de toda la historia, no solo con referencia a la proclamación de Jesús y su manifestación del reinado de Dios en el período previo a su llegada "davídica" a Jerusalén, sino también, y de manera especial, en el aparente desastre que sigue, cuando el Hijo de Dios "va[ya] según está escrito de él" (14:21; cf. 9:12; 14:49), para que la piedra desechada por los edificadores pueda convertirse finalmente en la piedra angular (12:10-11), y mediante la muerte de Jesús a favor de muchos sea establecido un nuevo pacto y el pueblo de Dios sea reconstituido (14:22-25).

Este es lenguaje escatológico, pero no se refiere al fin del mundo sino más bien a un nuevo comienzo del mundo restaurado bajo el reinado de Dios. El horizonte histórico que domina el Evangelio de Marcos se halla, al parecer, acotado por la próxima destrucción del templo y todo lo que representa y el período indefinido durante el cual el pueblo recientemente reunido por Dios continuará viviendo bajo la autoridad del entronizado Hijo de Dios (véanse especialmente los comentarios sobre 13:24-27), un período en el que las buenas nuevas seguirán proclamándose en todo el mundo (13:10; 14:9). En este comentario voy a argumentar que los pasajes que tratan acerca de la "venida del Hijo del Hombre", que, de acuerdo con la interpretación tradicional, se refieren a la parusía que marcará el final de la historia terrenal (8:38; 13:26; 14:62) no tienen, por naturaleza, ese significado, sino que reflejan el lenguaje relacionado con la entronización de Dn. 7:13-14 para describir la inminente vindicación del Hijo de Dios rechazado y su autoridad a la "diestra del poder" (14:62). Esa autoridad, aunque ubicada en el cielo, está vigente en la historia de la tierra.

Tras haber llegado a esa conclusión, algunos intérpretes, por tanto, no hallan cabida en Marcos para la doctrina tradicional de la parusía o para un final de la historia terrenal.[63] Esta opinión posee la cautivadora sencillez de la navaja de Ockham, pero, a mi entender, resulta vulnerable en dos sentidos. En primer lugar, el autor de este Evangelio vivió en un período en el que las iglesias cristianas, hasta donde podemos juzgar a partir del NT, y especialmente de las cartas de Pablo que anteceden al Evangelio, compartían no solo una creencia teórica en el regreso de Jesús, sino también una esperanza entusiasta y ocasionalmente perjudicial en la inminencia de ese hecho. Y el Evangelio de Marcos no parece ser un documento que surgiera de un grupo esotérico que se hubiera apartado de la corriente principal de la fe cristiana vigente. Por supuesto, un autor que compartía esta fe no estaba obligado a incluir ninguna expresión de la misma en una obra en la que, a su juicio, esa creencia resultaba irrelevante. Pero en razón de la magnitud de la obra de Marcos y de su fuerte interés en la autoridad de Jesús posterior a su resurrección, cabría naturalmente esperar que la creencia en la parusía hubiera surgido en algún momento de la narración. Y en segundo lugar, el Evangelio sí incluye un pasaje con un

---

63. Así especialmente N. T. Wright, *Victory*, en su estudio de Marcos 13 y pasajes paralelos (339-68), aunque su enfoque pan-sinóptico no conduce a una exégesis clara de Marcos 13:32-37.

lenguaje relativo a la parusía muy parecido al que usan los otros Evangelios sinópticos, la declaración acerca del día y la hora desconocidos y la necesidad de permanecer velando para estar preparados para una venida inesperada 13:32-37). En el comentario voy a argumentar que, aun cuando el lenguaje de 13:24-31 no se refiera a la parusía sino a la entronización, en el v. 32 el tema cambia, y a partir de ese momento Marcos pone su mirada en el futuro. No usa el término παρουσία como sí lo hace Mateo en su extensa ampliación (24:36–25:46) de esta parte de la tradición, pero el tema es el mismo. Por tanto, aunque la sección relativa a la parusía de Marcos es sorprendentemente breve, alusiva y discreta, yo pienso que eso es lo que significa, y que Mateo no malinterpretó esta pequeña perícopa cuando la usó como base de un tratamiento sustancial de la parusía de Jesús y el συντέλεια τοῦ αἰῶνος.

Galilea y Jerusalén

Como ya dije antes, el esquema aparentemente artificial de la narración de Marcos en cuanto al contexto geográfico de las fases sucesivas de la historia (el primer acto en Galilea y en las regiones colindantes, el segundo acto en el camino a Jerusalén, el tercer acto en Jerusalén) es tal vez una simplificación radical de los verdaderos movimientos históricos de Jesús. Ofrece, sin embargo, una estructura dramática eficaz que marca el desarrollo de la trama hasta su clímax. Pero a menudo se ha sugerido que también posee un significado simbólico, que Galilea y Jerusalén representan dos polos en la teología de Marcos, y por tanto, la geografía constituye el medio a través del cual comunica su mensaje. Este enfoque del Evangelio de Marcos, relacionado particularmente con la obra de Ernst Lohmeyer y R. H. Lightfoot,[64] ha sido objeto de análisis exhaustivos en los últimos estudios del Evangelio.

El reconocimiento cada vez mayor en los estudios recientes del marcado contraste, y a veces la hostilidad, entre las dos regiones de Galilea y de Judea durante el período neotestamentario, le ha dado mucho auge a dicho enfoque.[65] Las regiones del norte y del sur de Israel, que por un tiempo breve permanecieron unidas durante los reinados de David y Salomón, se separaron de nuevo bajo Roboam, y desde ese momento hasta las conquistas macabeas en el siglo II a.C., se mantuvieron como provincias individualmente gobernadas bajo los sucesivos imperios. Después de la muerte de Herodes el Grande, volvieron a dividirse políticamente, y en la época de Jesús, Galilea estaba sujeta al rey mandante Herodes Antipas, y Judea dependía directamente del imperio romano. Las historias separadas de ambas áreas provocaron en cada una de ellas su propio sentido de identidad. De las dos, Galilea era un territorio con convicciones judías menos firmes. Durante las guerras macabeas se consideró

---

64. E. Lohmeyer, *Galiläa;* R. H. Lightfoot, *Locality.* Cf. también W. Marxsen, *Mark*, Study Two.

65. Resumido por G. Vermes, *Jew*, 42-57, y plenamente demostrado por S. Freyne, *Galilee from Alexander* and *Galilee, Jesus and Gospels.*

necesario evacuar al resto de la población judía de Galilea y llevarlos a Judea por razones de seguridad (1Mac. 5:14-23), y el repoblamiento judío en algunas partes de Galilea aparentemente se debió, en gran medida, a los éxitos militares de Aristóbulo I a finales del siglo II a.C. (Schürer, 1.217-18). Pero estas áreas judías bastante conservadoras de Galilea, en las que se desarrolla la mayor parte del primer acto de Marcos, estaban rodeadas por comunidades gentiles florecientes, y por ese motivo, los judíos sureños solían mirar a los galileos con cierto recelo. El territorio hostil de Samaria que separaba los dos distritos aumentó el aislamiento de Galilea, y existen testimonios rabínicos de que los judíos galileos hablaban una forma del arameo marcadamente "norteña" (cf. Mr. 14:70; Mt. 26:73). En la época de Jesús, a un galileo en Jerusalén, por más sólidas que fueran sus referencias judías, se le habría considerado y distinguido, en cierta medida, como extranjero y blanco fácil de cualquier sospecha.

Esta diferencia histórica y sociológica entre Galilea y Jerusalén es un trasfondo importante en la interpretación de algunos sucesos del Evangelio sobre los que llamaré la atención en el comentario que sigue. Pero el esquema Galilea/Jerusalén de la narración de Marcos no proviene solamente de la observación histórica sino también, en opinión de muchos intérpretes, de un valor simbólico que él le atribuyó a ambas ubicaciones. Aunque existen excepciones, en líneas generales el primer acto, que se desarrolla en Galilea y sus alrededores, es una historia de proclamación abierta y de respuesta, con discípulos comprometidos y multitudes entusiastas, mientras que el tercer acto, en Jerusalén, es una historia sombría de conflicto, rechazo y muerte. Y entre ellos se encuentra el segundo acto, el viaje de Galilea a Jerusalén, que comienza con el aviso del rechazo y el sufrimiento en Jerusalén y se transforma en una marcha resuelta hacia la muerte. A pesar de los escribas y fariseos hostiles, Jesús prosigue su misión sin desánimo, aun cuando dos apariciones de escribas *de Jerusalén* presagian el peligro más profundo que les aguarda (3:22; 7:1). La clase dirigente de Jerusalén es la que, de hecho, eliminará finalmente al profeta y disolverá el grupo de sus seguidores galileos. Los peregrinos galileos que celebraron la llegada de Jesús a Jerusalén nada podrán contra la multitud de los que pedirán su ejecución. Pero incluso ya cerca de la cruz, Jesús contempla con antelación el día en que las buenas nuevas que comenzó predicando en Galilea volverán a proclamarse en todo el mundo aun cuando el templo sea destruido (13:10; 14:9), y el hecho de que los dos indicadores que iluminan las tinieblas del clímax de Jerusalén señalen otra vez hacia Galilea (14:28; 16:7) sugiere que es allí que debe comenzar la nueva misión (como sin duda afirma Mt. 28:16-20, y según voy a argumentar, Marcos podría perfectamente haberlo imaginado; véase el comentario sobre 16:1-8).

Es, por supuesto, demasiado simple imaginar que la Galilea de Marcos estaba totalmente poblada por héroes y su Jerusalén por villanos, que en el primer acto todo es un triunfo glorioso y en el tercer acto todo es un desastre. Marcos habla del rechazo y la duda en Galilea y de la aclamación pública en Jerusalén, pero la caracterización general de Galilea como el lugar de proclamación y respuesta y de Jerusalén como el lugar de conflicto y rechazo es, al parecer, muy deliberada. La singularidad de esto como un tema de Marcos está ilustrada por las diversas maneras en que Mateo y Lucas parecen haber reaccionado ante eso. Ambos adoptan la misma estructura narrativa artificial, pero da la impresión de que el simbolismo con el que Marcos lo ha investido era compatible con Mateo pero no con Lucas, puesto que si bien Mateo intensificó la importancia simbólica del contraste entre Galilea y Jerusalén en detrimento de la segunda (véase su material adicional en 4:12-16; 21:10-11; 28:11-20), Lucas en su Evangelio, y mucho más en Hechos, ya describe con claridad a Jerusalén como la verdadera sede de la iglesia.

El simbolismo geográfico de Marcos, si en realidad existe, no es un tema teológico de gran peso; es más bien un medio del que se vale para recontar con dramatismo la historia de Jesús, y que sirve para acentuar las reacciones intensamente opuestas que había provocado, los terrenos contrastantes en los que debía sembrarse la buena semilla. Pero dado que Jerusalén, y especialmente el templo que ocupaba el lugar central de su vida, representaban el estatus quo que se veía amenazado por el mensaje nuevo y radical de Jesús, su incapacidad para responder y el desastre que le aguardaba marcan un cambio decisivo en la teología del pueblo de Dios, que ya no debe centrarse en la ciudad, el templo y su sacerdocio, sino en la piedra que rechazaron los edificadores y que ahora se ha convertido en la piedra angular de un nuevo templo no hecho por manos humanas.

E. El origen del libro

Esta es, pues, una narración de Jesús tal como lo veía un líder en una iglesia cristiana poco después de la mitad del siglo I. Sin embargo, cabe preguntarse qué importancia tendría para nosotros que fuéramos más específicos, en caso de ser posible. El simple hecho de conocer cuándo y dónde fue escrito el libro, y por quién, por interesante que pueda ser para la investigación histórica, no son temas que probablemente produzcan un gran impacto en la exégesis de la obra. Las pruebas que normalmente se aducen para responder estas preguntas se derivan del carácter y el contenido del propio libro, y por tanto, sobre esta base existe una inevitable circularidad en cualquier esfuerzo por determinar el significado del libro a partir del supuesto lugar o la época en que vio la luz. Únicamente si a las pruebas externas de las tradiciones de la iglesia primitiva con respecto al origen del libro se les conceden más peso que a los argumentos que provienen de las características internas, podríamos esperar encontrar mayor aclaración exegética a partir de un análisis de su procedencia. Pero los eruditos modernos se han mostrado prácticamente unánimes en restarle importancia al significado de las pruebas externas (aunque yo voy a seguir sugiriendo que este escepticismo sobre las tradiciones de la iglesia primitiva no siempre está justificado).

Otra razón para mostrarnos cautelosos cuando esperamos que la determinación del lugar y la época del origen del libro puedan ofrecernos cualquier ayuda exegética importante, se relaciona con la finalidad con la cual fueron escritos los Evangelios. En gran parte de los estudios del siglo XX se ha dado por sentado no solo que un Evangelio fue escrito en el contexto de la situación de una iglesia local particular sino también que su propósito era referirse concretamente a esa situación. Con este enfoque, los Evangelios deben interpretarse de un modo similar a las epístolas paulinas, es decir, como textos locales e imprevistos, y no concebidos para la circulación universal que, de hecho, resultó ser su destino. Sobre esta base, muchos estudios modernos de los Evangelios (entre los que se destacan los enfoques "correctivos" descritos anteriormente) se han asemejado al método de "lectura reconstructiva" de las epístolas de Pablo[66] para reconstruir las situaciones y las inquietudes locales a las que los Evangelios se refirieron directamente, y la exégesis de su contenido se ha basado en esa presunta reconstrucción. Pero en 1995, en su conferencia, "¿Para quiénes se escribió el Evangelio?", Richard Bauckham planteó una duda importante sobre esa evaluación del carácter literario y el propósito de los Evangelios, y el desarrollo subsiguiente de sus ideas sobre el tema por parte de sus colegas reforzó su argumento de que lejos de explicar el supuesto enfoque local de los Evangelios, se daba por sentado, y de hecho, es una suposición bastante improbable.[67] Si lo que dice Bauckham es correcto, y en mi opinión, sí lo es, la importancia que pudiera tener la procedencia histórica del Evangelios para su exégesis disminuye de manera significativa puesto que el mensaje que pretende transmitir no se centra específicamente en la comunidad cristiana local de la cual surgió, y mucho menos, se limita a ella.[68]

Los comentarios que siguen con respecto a dónde, cuándo y por quién fue escrito este libro serán, por tanto, bastante breves, porque no afectan sustancialmente al propósito principal de este comentario, que es la interpretación del texto.

Las tradiciones más antiguas de la iglesia con respecto al Evangelio de Marcos, empezando con Papías a principios del siglo II (o más bien, con

---

66. Fue J. M. G. Barclay, *JSNT* 31 (1987) 73-93 quien sugirió acertadamente el término.

67. La lectura original, ofrecida en la Conferencia británica del Nuevo Testamento en Bangor en septiembre de 1995, aparece junto con otros ensayos que desarrollan el tema de la misma en R. J. Bauckham (ed.), *Gospels*.

68. Un indicio anterior de un punto de vista similar se encuentra en la propuesta de M. A. Beavis, Audience, 171, de que "Marcos iba dirigido no solo a la iglesia del evangelista, sino al público más general de los oyentes de las primeras enseñanzas y predicaciones misioneras cristianas. Cf. sus conclusiones en 175-76, que contrastan esta hipótesis de una enseñanza misionera con "el consenso crítico de que los Evangelios fueron escritos solamente para un público cristiano". Cf. la opinión de Gundry que se mencionó anteriormente de que el Evangelio de Marcos ha de interpretarse como una actividad de "propaganda religiosa que debía realizarse ante un auditorio interesado, es decir, como un mensaje misionero que debía leerse en público especialmente para los que no eran cristianos" (Gundry, 1026).

el "Anciano" a quien Papías cita, y por ende, se remonta al primer siglo)[69] concuerdan, cada vez que ofrecen algún comentario específico sobre estos puntos, en que el autor llamado Marcos (que según se supone,[70] es el mismo que aparece en algunos lugares del NT como compañero y colega de Bernabé, Pablo y Pedro),[71] que extrajo su material de la predicación de Pedro, con quien estuvo íntimamente relacionado, y que la obra fue compilada en Roma, o de manera más general, "en Italia". Este relato del origen del Evangelio se repite con pequeñas variaciones en Papías,[72] los prólogos antimarcionitas y monarquianos, Ireneo, Clemente de Alejandría, Tertuliano, Orígenes, Eusebio, Efrén, Epifanio y Jerónimo; en los que no se menciona concretamente el lugar de la escritura (Papías, Tertuliano y Orígenes), se da por sentado que sea Roma, en base a la relación con el ministerio de Pedro en esa ciudad. La vinculación tradicional de Marcos con la iglesia de Alejandría no debe desvirtuar esta interpretación general del origen del Evangelio: Eusebio, *H.E.* 2.15-16 explica que Marcos fue a Egipto después de escribir su Evangelio en Roma, y Epifanio, *Haer.* 6.10 dice que Pedro lo envió allá tras después que hubo escrito el Evangelio.[73]

La única discrepancia significativa entre estas observaciones patrísticas primitivas tiene que ver con el hecho de si Marcos escribió el Evangelio antes o después de la muerte de Pedro (a la que normalmente se le asigna una fecha entre los años 64 y 65 d.C.). Los eruditos modernos (tal vez porque se adapta mejor a la fecha de su preferencia) suelen citar solamente la afirmación de Ireneo (*Haer.* 3.1.1) de que Marcos escribió μετὰ τὴν ἔξοδον *(post excessum)* de Pedro y de Pablo, cf. el prólogo antimarcionita, *post excessionem Petri*. Pero la

---

69. Véanse las págs. 7-8 para el texto y comentarios sobre esta fecha.

70. De acuerdo con la acertada observación de W. R. Telford, *Theology*, 10, esta identificación no la hace Papías, y de hecho, no la hace nadie explícitamente antes de Jerónimo, y Marcos era un nombre romano muy común. Pero cabría razonablemente suponer que cuando se menciona a "Marcos" sin ninguna especificación se trata del personaje neotestamentario bien conocido. Los relatos patrísticos de la relación de Marcos con Pedro en Roma, sin embargo, no dependen de su identificación con Juan Marcos de Jerusalén.

71. Por supuesto, no es posible asegurar que todas las veces que aparece el nombre de "Marcos" en el NT se refiera a la misma persona, aunque el hecho de que el "Marcos" de 1Pe. 5:13 se mencione junto con "Silvano" en 5:12, y que Silvano (Silas) fuera también un colaborador destacado de Pablo, tiende a confirmar que el mismo hombre estaba relacionado con Pablo y con Pedro.

72. Se afirma a menudo, pero sin dar ninguna razón para ello, que todos los relatos posteriores *dependen* del de Papías, y la conclusión a la que se llega entonces es que esta multiplicidad de testigos puede reducirse con certeza a uno solo. Esto, empero, no es tan obvio porque ninguno de los escritores antes de Eusebio menciona a Papías como una fuente de su información. El hecho de que ellos estén de acuerdo con la esencia (aunque no con la redacción) del relato de Papías no implica necesariamente que ellos derivaran de él su información.

73. La afirmación de Crisóstomo de que Marcos escribió el Evangelio en Alejandría suele tomarse como el resultado de una malinterpretación de la afirmación de Eusebio (*H.E.* 2.16.1) de que Marcos fue enviado a Alejandría para predicar τὸ εὐαγγέλιον ὃ δὴ καὶ συνεγράψατο, lo cual implica más naturalmente que el libro fue escrito *antes* de su misión a Egipto..

suposición de que estos términos se refieren a la *muerte* de Pedro no es segura,[74] y se pone en entredicho por la redacción de la tradición en el comentario de "Efrén" sobre el Diatessaron, en cuya versión latina se lee *cum abiisset Romam*, que con toda certeza alude a una reubicación y no a la muerte.

Pero aun cuando Ireneo sí hubiera querido decir que Pedro había muerto antes que el Evangelio de Marcos se escribiera, su opinión contrasta con una tradición más generalizada de que Pedro estaba vivo cuando Marcos lo escribió. Clemente de Alejandría en su obra perdida "*Hypotyposeis*" (apud Eusebio, *H.E.* 6.14.6-7; 2.15.1-2, que en el segundo pasaje especifica que la referencia es al libro 6 de *Hypotyposeis*), da a conocer la respuesta ambigua de Pedro en cuanto al hecho de estar enterado de la escritura de Marcos (μήτε κωλῦσαι μήτε προτρέψασθαι) y el respaldo que le dio (κυρῶσαι τὴν γραφὴν εἰς ἔντευξιν ταῖς ἐκκλησίαις).[75] Orígenes (apud Eusebio, *H.E.* 6.25.5) insinúa una participación más directa de Pedro en el proyecto cuando dice que Marcos escribió ὡς Πέτρος ὑφηγήσατο αὐτῷ. Epifanio, tal como se señaló anteriormente, dice que Pedro envió a Marcos a Egipto después que hubo escrito el Evangelio. Jerónimo (*Ep.* 120.11), al parecer, cree que Marcos escribió lo que Pedro le dictaba (*Evangelium Petro narrante et illo scribente compositum est*), y dice que Pedro aprobó y autorizó el Evangelio (*De Viris Illustribus* 8). Tanto Eusebio como Jerónimo afirman haber recibido su información sobre este punto no solo de Clemente sino también de Papías; si bien es cierto que el texto de Papías que cita Eusebio no especifica que la escritura se hubiera realizado en vida de Pedro, dicho texto no es más que un breve extracto de la obra más extensa de Papías, y podría decirse que incluso en estas pocas palabras acerca de que Marcos escribió lo que le había oído decir a Pedro, Papías da por sentado que Pedro aún vivía en ese tiempo. Por consiguiente, en lo que respecta a la frecuencia y la claridad de la referencia, la tradición de que Pedro todavía estaba vivo cuando Marcos escribió su Evangelio es claramente la mejor, y si Eusebio y Jerónimo merecen nuestra credibilidad, también la merece la opinión más antigua avalada con Papías.[76] Ya sea que esta tradición se base en registros históricos o en la suposición lógica de que Pedro debe haber participado personalmente en la producción de un Evangelio que estaba

---

74. Véase Mann, 75-76, aceptando la sugerencia anterior de T. W. Manson.

75. La carta de Clemente que se refiere al Evangelio secreto de Marcos (véase más adelante el comentario sobre 10:32-34) también afirma que el Evangelio original (canónico) de Marcos fue escrito κατὰ τὴν τοῦ Πέτρου ἐν Ῥώμῃ διατριβὴν y explica el origen del "Evangelio secreto" como la obra posterior de Marcos cuando fue a Alejandría después de la muerte de Pedro, llevando consigo sus propias memorias y las de Pedro. Otra referencia en la versión latina de las *Adumbrationes* de Clemente sobre 1Pe. 5:13 confirma la opinión de Clemente de que Marcos escribió el Evangelio *praedicante Petro evangelium Romae*.

76. J. A. T. Robinson defiende la postura de manera convincente en *Redating*, 107-15, y Gundry, 1041-43 la apoya. M. Hengel, *Studies*, 2-6, alega, sin embargo, que Ireneo representa el punto de vista más antiguo, y que la primera fecha asignada por Clemente et al. (aunque, a su entender, no por Papías, a pesar de las afirmaciones contrarias de Eusebio y de Jerónimo) fue un esfuerzo tardío por relacionar más estrechamente el Evangelio con Pedro.

tan firmemente relacionado con su enseñanza, dicha tradición sigue siendo, por supuesto, una cuestión de criterio.

La tradición de la iglesia primitiva, pues, afirma coherentemente que este Evangelio fue escrito por Marcos en Roma como un historial de la enseñanza de Pedro, muy probablemente en vida de Pedro y, por tanto, a más tardar en la primera década de los años sesenta en el siglo I.

Los estudios modernos han mostrado una notable propensión a considerar de manera automática que las tradiciones de la iglesia primitiva de esta naturaleza resultan sospechosas, aunque no son tan comunes los argumentos reales que se plantean para que no se tomen en serio las tradiciones. En cambio, se ha creado una estructura alternativa en torno a una presumible fecha posterior para la escritura de los Evangelios en forma colectiva, parcialmente basada en reconstrucciones conjeturales de la relación de cada Evangelio con algunos acontecimientos del siglo I, en particular la caída de Jerusalén[77] y las presuntas fases del desarrollo de ciertas preocupaciones internas de la iglesia y de algunas relaciones externas especialmente con el judaísmo. Esas reconstrucciones tienden a ver la escritura de los Evangelios como una iniciativa posterior a la época de Pedro, y a asignarle al Evangelio de Marcos una fecha entre el año 65 d.C. como mínimo y con mayor probabilidad el año 70 d.C. o después, y por ese motivo, la relación con Pedro para este Evangelio por lo general se descarta como un hecho históricamente inviable.[78]

Un factor importante en esta noción general acerca de lo que pensaba la iglesia primitiva con respecto a la escritura de los Evangelios es sin duda la opinión patrística casi unánime[79] de que Mateo fue el primer Evangelio que se escribió. Desde mediados del siglo XIX Marcos pasó a ocupar ese lugar de prioridad cronológica. En algunos estudios recientes, una minoría significativa de eruditos del NT ha vuelto a imponer la prioridad de Mateo, pero sigue siendo cierto que la prioridad de Marcos es el punto de partida que se adopta a principios del siglo XXI para la mayoría de los estudios del Evangelio. Ahora

77. Para una evaluación breve y útil de dos intentos famosos aunque muy diferentes de relacionar la escritura del Evangelio de Marcos con los acontecimientos de la guerra judía y la caída de Jerusalén, a saber, el de W. Marxsen y el de S. G. F. Brandon, véase E. Best, *Story*, 28-34.

78. Véase más adelante, en la pág. 274 n. 75, la afirmación de J. O'Callaghan de que un fragmento del texto griego hallado en la cueva 7 de Qumrán procede del Evangelio de Marcos. De ser así, esto abogaría por una fecha para Marcos (¿50 d.C.?) anterior a la que permite cada uno de los estudios académicos modernos o incluso la tradición de la iglesia primitiva, pero la probabilidad de que la identificación de O'Callaghan se acepte parece extremadamente remota. Los datos están convenientemente disponibles en Lane, 18-21.

79. Papías, el testigo más antiguo, disiente posiblemente de este punto de vista porque sus relatos de los orígenes de Marcos y de Mateo, tal como los cita Eusebio, dicen, al parecer, que Mateo produjo una obra "ordenada" en reacción contra la falta de "orden" de Marcos (véanse las págs. 7-8); sin embargo, la inferencia no es segura, particularmente porque no podemos decir con certeza que los dos relatos citados por Eusebio en *H.E.* 3.39.14-16 aparecieran juntos en la obra de Papías, ni en el orden (Marcos seguido de Mateo) en el que Eusebio los presenta. Véase además mi obra *Matthew, Evangelist*, 25-27.

bien, si las opiniones patrísticas estaban equivocadas en cuanto a este asunto, ¿por qué debemos darles crédito con respecto a otros temas relacionados? Por consiguiente, su interpretación del origen de Marcos debería descartarse por la relación que guarda con sus opiniones erradas acerca de la prioridad de este Evangelio.

En contraste con este escepticismo general, Martin Hengel en sus "*Studies in the Gospel of Mark*" presenta un sólido argumento para que se tomen seriamente las explicaciones patrísticas acerca de Marcos. Hengel desestima especialmente la afirmación tan repetida de que los Evangelios son documentos "anónimos",[80] a los que se les asignó conjeturalmente los nombres de "autores" en algún momento del siglo II. En su estudio sobre "The Titles of the Gospels"[81] alega que cuando más de una versión escrita del εὐαγγέλιον comenzaron a circular, fue necesario darles un título para diferenciarlas, y los únicos títulos que conocemos son los términos tradicionales κατὰ Μαθθαῖον, κατὰ Μάρκον, etc., que aparecen con notable unanimidad desde los tiempos en que podemos descubrir los primeros vestigios de los títulos de estos libros. Hengel señala que es muy improbable que una atribución conjetural posterior pudiera haber provocado esa unanimidad y no dejara rastro de ninguna otra atribución alternativa. También cita a Tertuliano, *Adv. Marc.* 4.2.3 como representativo de la opinión típica de que un "evangelio" que no llevara el nombre de su autor no podía aceptarse como autorizado. Resulta, pues, totalmente improbable que los Evangelios pudieran haber circulado sin títulos durante la última parte del siglo I, y esos títulos adoptaron la forma de una declaración de autoría. Por tanto, la tradición de que Marcos fue el autor de este Evangelio se remonta a una época incluso anterior a Papías, cercana al momento en que se compuso el libro.

En lo que respecta a los demás aspectos del origen del Evangelio de Marcos, Hengel igualmente considera que la tradición de la iglesia primitiva es más plausible que las alternativas críticas más modernas, y opta por la fecha que le asignó Ireneo posterior a la muerte de Pedro y no por la fecha más antigua que se mencionó anteriormente y que goza de un apoyo más generalizado. Sugiere además que el Evangelio vio la luz en Roma en el año 69 d.C., y que era la obra de un "greco-palestino judío llamado Juan Marcos, que fue compañero de misión de Pedro por algún tiempo".[82] La relación que suele atribuírsele al Evangelio con Pedro, que data de la época de Papías,[83] debe tomarse

---

80. Es cierto, por supuesto, que todos los Evangelios son "anónimos" (en contraste con, p. ej., las cartas paulinas) en el sentido formal de que el nombre del autor no se menciona en el texto. Pero sobre esa base la mayoría de los libros modernos (incluyendo este comentario) también serían "anónimos": solo en la página de presentación y en la portada se lee el nombre del autor. Y los manuscritos antiguos normalmente portaban títulos o colofones que pudieran identificar la obra que contenían; era en esos títulos y no en el texto que aparecía el nombre del autor.

81. *Studies*, 64-84.

82. *Studies*, 28-30.

83. Otro testimonio muy antiguo de la relación del Evangelio de Marcos con Pedro se en-

seriamente en cuenta, y concuerda con el carácter del Evangelio.[84] En cuanto al lugar de origen, Hengel declara que "la afirmación constantemente repetida de que la obra fue escrita en Siria Palestina —aunque hace poco también se mencionó Antioquía— no posee ninguna base seria. La pésima costumbre que han adquirido los estudiosos del Nuevo Testamento de repetir tantas veces opiniones erróneas sin comprobarlas ha hecho que estas se conviertan en hipótesis generalizadas".[85] Para apoyar el origen romano tradicional,[86] Hengel cita no solo los latinismos[87] que regularmente se señalan en el Evangelio griego de Marcos (que por sí mismos podrían interpretarse como reflejos del lenguaje de la ocupación romana en la región oriental),[88] sino también algunos elementos que habrían sido totalmente innecesarios o inadecuados para alguien que estuviera familiarizado con la situación en Palestina o en Siria: λεπτὰ δύο, ὅ ἐστιν κοδράντης (12:42); αὐλῆς, ὅ ἐστιν πραιτώριον (15:16) y la descripción de la mujer en 7:26 como Συροφοινίκισσα, y no simplemente como Φοινίκισσα. La necesidad de traducir los términos arameos al griego para sus lectores, como Marcos hace en varias ocasiones, también sugiere que él escribió en un área en la que el arameo no era familiar.[89]

No me he referido a los argumentos de Hengel porque ellos sean irrefutablemente correctos (aunque, en mi opinión, son los mejores en cuanto

---

cuentra tal vez en Justino; *Dial.* 106.3, donde cita la asignación que se les da a Jacobo y Juan del nombre de "Boanérges, que significa hijos del trueno" (un elemento que solo aparece en Marcos 3:17, no en los demás Evangelios) tal como constaba en las memorias de Pedro.

84. *Studies*, 47-53; cf. el excurso de R. Feldmeier, "The Portrayal of Peter in the Synoptic Gospels", *Studies*, 59-63.

85. *Studies*, 28. El argumento más influyente a favor de un origen sirio ha sido tal vez el de H. C. Kee, *Community*, en especial 100-105. Más recientemente, véanse G. Theissen, *Gospels*, 235-58, y la respuesta de Van Iersel, 36-39.

86. Para una defensa cuidadosa reciente de este punto de vista tradicional, véase Van Iersel, 31-57.

87. Gundry menciona y analiza los latinismos, 1043-45. Véase también Van Iersel, 33-35, el cual añade a los elementos del vocabulario normal dos aspectos de la sintaxis de Marcos (desviaciones del orden estándar de las palabras griegas y el no usar ἵνα al final), que, según él, delatan la influencia del latín.

88. A menudo se dice que los latinismos son términos militares y económicos adecuados para un territorio ocupado, no para el vocabulario social y doméstico de Roma. Así, p. ej., H. C. Waetjen, *Reordering*, 13-15, en consonancia con W. H. Kelber, *Kingdom*, 129, sugiere un origen en un contexto gentil en el sur de Siria. Más específicamente, Waetjen alega que el Evangelio fue escrito para "cristianos gentiles rurales [que] pertenecían a los estratos sociales más bajos de la Siria ocupada por Roma" (15).

89. D. W. Chapman, *Orphan* (el argumento del libro se resume en la pág. 29), alegando que Marcos escribió en Palestina alrededor del año 50 d.C., explica los elementos "romanos" del Evangelio partiendo de la base de que no estaba escribiendo para su propia iglesia sino para una que estaba "solo remotamente familiarizada con la Tierra Santa" (más adelante identificada como Roma, págs. 203-5), y que los destinatarios distantes le añadieron algunas "explicaciones" al texto de Marcos (véase el cap. 10 de su obra para estas adiciones posteriores propuestas; él las menciona en las págs. 201-2).

al método histórico)[90] sino porque ilustran cuán cuestionables pueden resultar las reconstrucciones críticas modernas de los orígenes del Evangelio — con su rechazo casi axiomático de la tradición de la iglesia primitiva por considerar que no valía la pena tomarla seriamente en cuenta— cuando se examinan a la luz del realismo histórico. No es mi deseo afirmar que cualquier punto de vista acerca de los orígenes del Evangelio sea necesariamente correcto, ni siquiera el de los primeros padres de la iglesia en los aspectos en los que están de acuerdo, sino más bien sugerir que cualquier exégesis que se base firmemente en una teoría particular de los orígenes del Evangelio es muy probable que esté fundada sobre arenas movedizas.

Este comentario, pues, no se basa conscientemente en ninguna teoría particular sobre la autoría, la fecha y la ubicación. Aunque lo que dije antes deja bien claro que, a mi juicio, la evaluación positiva de Hengel sobre la tradición de la iglesia primitiva representa la opción crítica más responsable, no considero que esta opinión haya influido significativamente en la exégesis que ofrezco aquí. El aspecto de los orígenes del Evangelio que muy probablemente sí influyó en la exégesis es, a mi entender, la tradición de que el mensaje y el contenido narrativo del mismo están relacionados con la predicación de Pedro, ya sea porque los haya derivado directamente de él o porque el pensamiento del autor haya estado moldeado por su relación con el destacado apóstol. Hay ocasiones en las que tendré en cuenta esta posibilidad, pero no creo que la exégesis ofrecida aquí se vería muy afectada si pudiera demostrarse que el nexo que existía entre Marcos y el principal testigo de la historia de Jesús no era tan directo o tan contemporáneo como Papías pensaba.

F. Marcos en relación con Mateo y Lucas

Otro aspecto de la tradición que puede haber repercutido en la exégesis no pertenece a la tradición de la iglesia primitiva sino a la de la erudición de los siglos XIX y XX: la teoría de las supuestas relaciones literarias entre los tres Evangelios sinópticos. La importancia que tiene este tema para la exégesis se pone de relieve en la llamativa diferencia de enfoque entre el comentario de C. S. Mann de 1986 que apareció en la *Anchor Bible Commentary* y casi todos los comentarios recientes sobre Marcos, porque Mann cree en la prioridad cronológica de Mateo, y por ende, considera que Marcos es una revisión deliberada del material que Mateo había escrito con anterioridad. Por esta razón, podría ser útil que dejara claro desde el principio cuál es mi postura con respecto a las relaciones sinópticas, para que la exégesis que sigue pueda ser evaluada a la luz de esa conjetura previa.

---

90. El enfoque general de Hengel está fuertemente apoyado por el estudio más extenso de Gundry, 1026-45 sobre el origen de Marcos; Gundry basa firmemente su hipótesis en las pruebas del Anciano de Papías, a quien identifica como el apóstol Juan (aunque esta identificación no es esencial para su argumento).

La introducción a un comentario no es el lugar adecuado para hacer un análisis completo sobre el problema sinóptico. Todas mis ideas con respecto a ese asunto las plasmé en mi obra *"Matthew, Evangelist and Teacher"*, págs 24-49. Aquí solo resumo los lineamientos principales de ese análisis que sigue representando mi interpretación del tema, con la esperanza de que cualquier lector que desee una explicación más detallada esté dispuesto a buscarla ahí.

La publicación del libro *"The Synoptic Problem"* de W. R. Farmer en 1964 marcó la primera reapertura importante de lo que normalmente se había considerado un asunto concluido durante la primera parte del siglo XX. La teoría "Streeteriana" clásica de la prioridad cronológica de Marcos, la existencia de un documento Q perdido y la dependencia directa de Mateo y de Lucas de estas dos fuentes se dio por sentado que había sido demostrada más allá de toda duda razonable, a pesar de que algunos eruditos católicos siguieron abogando por la prioridad de Mateo y de que el problema de las "pequeñas coincidencias de Mateo y Lucas con Marcos" nunca había quedado definitivamente resuelto. El libro de Farmer no solo planteó dudas significativas en cuanto a la medida en que la teoría actual de las dos fuentes podía en realidad justificar la información tan compleja de las relaciones sinópticas, sino que también resucitó con entusiasmo la "Hipótesis de Griesbach" del siglo XIX (la prioridad cronológica de Mateo, el uso de Mateo por parte de Lucas y Marcos como el último evangelio "intermediario" basado en Mateo y Lucas) como una explicación radicalmente diferente que, entre sus demás atractivos, eliminó la necesidad de postular un hipotético Q. Por ese motivo, desde 1964 el análisis sobre el problema sinóptico ha vuelto a cobrar vida.

Después de cuarenta años es posible decir con toda certeza que la teoría de las dos fuentes sigue siendo, por mucho, la explicación más ampliamente apoyada y aceptada del origen de los sinópticos. Sin embargo, ya no posee el predominio sin rival que mantuvo en la primera parte del siglo XX. Para simplificar radicalmente la situación, podemos observar que hay, al menos, otros tres enfoques que han quedado ampliamente establecidos. Uno de ellos es la propia hipótesis de Griesbach, que ha sumado un importante número de adeptos procedentes de una gran variedad de entornos teológicos y eclesiásticos, aunque sigue siendo, en gran medida, un movimiento minoritario. Otro enfoque, que si bien acepta la prioridad de Marcos, es una tendencia a tratar la existencia de un documento Q con cierto escepticismo, ya sea negando por completo la necesidad de un Q (particularmente en la obra de M. D. Goulder)[91] o de un modo menos radical, prefiriendo hablar de una corriente de tradición "Q" (algunos o todos más probablemente orales que escritos) y no de un solo documento.[92] El tercer enfoque es el punto de vista que promovió

---

91. Goulder abogó por el uso directo de Mateo por parte de Lucas en una serie de estudios: *Midrash*, 452-71; *NTS* 24 (1977/8) 218-34 y en C. M. Tuckett (ed.), *Studies*, 111-30.

92. Esta interpretación más informal de un documento "Q" curiosamente ha ido avanzando en forma simultánea con una tendencia opuesta entre los partidarios de tal documento hasta alcanzar

E. P. Sanders[93] y desarrolló J. A. T. Robinson[94] entre otros, a saber, que tanto la teoría de las dos fuentes como la hipótesis Griesbach (así como otras soluciones igualmente "buenas" para el problema sinóptico) son demasiado simples y que el proceso mediante el cual se formaron los Evangelios neotestamentarios tal vez haya sido más complejo y fluido que una simple dependencia literaria de un escritor con respecto a otro. Esta tercera corriente de pensamiento es la que, a mi entender, resulta más convincente.

La base fundamental del punto de vista de Robinson está bien resumida en el siguiente párrafo:

> Nos hemos acostumbrado durante tanto tiempo a lo que podría llamarse soluciones lineales para el problema sinóptico —en el que un Evangelio simplemente "hizo uso" de otro y por ende debe considerarse posterior— que resulta difícil insistir en una interrelación más fluida y compleja entre ellos y sus tradiciones sin que se nos acuse de querer introducir hipótesis y modificaciones innecesarias. Pero si algo hemos aprendido durante los últimos cincuenta años es sin duda que si bien las epístolas se escribieron para ocasiones específicas (aunque podían admitir añadiduras o adaptaciones posteriores), los Evangelios fueron escritos fundamentalmente para que se usaran de manera constante en la predicación, la enseñanza, la apologética y la vida litúrgica de las comunidades cristianas. Surgieron a partir de las necesidades y se desarrollaron *junto con* ellas. Solo se pueden asignar fechas aproximadas a ciertos estados o etapas y establecer un cierto *terminus ad quem* para ellos, según lo que ellos reflejen o no. Y en cualquier etapa de este desarrollo debemos estar preparados para permitir un intercambio de ideas entre las tradiciones vigentes.[95] Este concepto de un "intercambio de ideas", a mi entender, más que una "dependencia puramente lineal", toma en consideración con más realismo el crecimiento probable de las tradiciones en las iglesias del siglo I, que no eran grupos aislados sino que se mantenían en contacto entre sí por medio de los cristianos que viajaban

---

una mayor definición mediante el debate de las supuestas "recensiones" de Q y la teología y el desarrollo distintivos de la "comunidad Q".

93. Sanders presagió este enfoque en 1969 en la conclusión de su obra *Tendencies*, en la que pidió "que se suspendieran todos los juicios sobre el problema Sinóptico hasta que volvieran a analizarse las pruebas", y sugirió que un nuevo punto de vista sería "más flexible y complicado que la esmerada hipótesis de los dos documentos. Con el debido respeto que merece la preferencia científica por el punto de vista más simple, las pruebas, al parecer, exigen uno más complicado" (278-79). El tema fue desarrollado en artículos posteriores en *RSR* 60 (1972) 519-40; *NTS* 19 (1972/3) 453-65, y en E. P. Sanders y M. Davies, *Studying*, 51-119. Podríamos destacar de manera especial la sección en el último libro titulado "In Favour of Complicated Solutions" (97-100), seguido de un análisis de varias soluciones de ese tipo (con diagramas); se llegó a la conclusión de que cualquier solución que pretenda explicar cada aspecto de las relaciones sinópticas resulta sospechosa, y que "no existe una sola respuesta que pueda resolverlo todo fácilmente" (117).

94. J. A. T. Robinson, *Redating*, 92-117.

95. J. A. T. Robinson, *Redating*, 94.

a través de la región oriental del imperio —el tipo de movimiento libre de los líderes y maestros cristianos que se ilustra de manera gráfica en un período ligeramente posterior en *Did.* 11–12. En esa situación, sería natural que las tradiciones acerca de Jesús se compartieran y compararan, y que surgieran en distintos lugares las colecciones de lo que más tarde se conocería como material "evangélico", cada una en su forma peculiar pero permitiendo siempre que las tradiciones que se conservaban en otros centros de la iglesia influyeran sobre ellas y las ampliaran. Por tanto, cuando Mateo o Lucas terminaron de compilar el material acerca de Jesús que estaba a su disposición, este era una mezcla rica de distintas tradiciones que se conservaban en su propia iglesia junto con una gama de materiales en común que circulaban entre las iglesias, mayormente tal vez en forma oral aunque sin duda con algún material escrito disponible (de ahí quizás las coincidencias más literales en algunas partes del material "Q"), como, de hecho, Lucas 1:1 nos dice en forma explícita.

De acuerdo con la tradición de la iglesia, la situación de Marcos era bastante diferente por cuanto él tenía acceso directo a una fuente oral importante de la tradición de Jesús, la enseñanza de Pedro, y el historial de esa tradición claramente proporcionaron a Mateo y Lucas el componente individual más significativo en las colecciones de ellos. En ese sentido, yo seguiría afirmando la prioridad cronológica de Marcos y la probabilidad de que Mateo y Lucas dependieron de él y no lo contrario. Pero eso no implica que en cada punto la versión de Marcos de una tradición determinada deba tomarse como punto de partida para la elaboración de los sinópticos. Es totalmente posible que las versiones de las que disponían Mateo o Lucas hubieran tomado forma antes que Marcos redactara esas mismas historias o dichos, y también, sin duda, que el propio Marcos (¿e incluso Pedro?) se beneficiara de las tradiciones procedentes de otros centros de la iglesia. Por tanto, aunque yo considero que Marcos es el más antiguo de los Evangelios que se conservan en la actualidad, no me parece necesario llegar a la conclusión de que en todos los puntos Marcos representa una forma más temprana de la tradición que la que se preserva en Mateo o en Lucas.

La opinión de Robinson sobre la "prioridad" literaria entre los Evangelios sinópticos es la siguiente:

> Debemos estar dispuestos a aceptar que el estado más antiguo de la tradición triple, o "marcana", (como de hecho lo haría la mayoría de los eruditos con relación a la tradición doble, o "Q") no se encuentra sistemática y exclusivamente en ninguno de los Evangelios, a los que debemos asignarles entonces una prioridad cronológica general. Yo creo, en cambio, que detrás de cada uno de ellos hubo una tradición escrita (y también oral), que a veces Mateo conserva en su forma más original, otras veces Lucas, aunque con mayor frecuencia, a mi juicio, Marcos. De ahí la

solidez del argumento a favor de la prioridad cronológica de Mateo, que resulta, no obstante, exagerada cuando este Evangelio en particular se considera el documento base de los otros dos. Los Evangelios en su forma actual deben tomarse como desarrollos paralelos, aunque de ninguna manera aislados, de un material común para diferentes esferas de la misión cristiana, y no como una serie de documentos que aparecen en orden cronológico.[96] En lo único que discreparía con Robinson acerca de esta valoración es en el peso que él le otorga a la tradición de la dependencia de Marcos con respecto Pedro y que yo desearía que fuera mayor. Esto, al parecer, colocaría a Marcos en una posición más "privilegiada" que la de Mateo o Lucas en cuanto a su acceso a la tradición apostólica. En ese caso, Marcos habría dependido menos de las tradiciones recopiladas procedentes de varias fuentes, y es probable que los otros dos evangelistas sinópticos hubieran usado su obra como fuente básica de las tradiciones de Jesús. Por consiguiente, yo le daría más importancia a la "prioridad" de Marcos que la que sugieren las palabras cautelosas de Robinson, pero sí estaría de acuerdo con él en que esta prioridad no debe interpretarse en función de una simple dependencia lineal que implica que la versión de Marcos de una tradición dada debe tomarse siempre como punto de partida.

Es con esta interpretación menos "cuidadosa" de las relaciones sinópticas que he escrito este comentario. No creo que en la práctica, esto resulte significativamente diferente de los que podría haber escrito bajo una insignia "callejera" más estricta, porque mi propósito es entender a Marcos como Marcos, pero no principalmente con respecto al supuesto lugar que ocupa en el desarrollo de las tradiciones. No voy a hacerme eco, por supuesto, de Mann cuando intenta presentar a Marcos como una reformulación deliberada de Mateo, pero dado que no estoy comentando sobre Mateo, tampoco tengo muchos motivos para hablar de lo que Mateo puede haber hecho de Marcos. Sin embargo, estos breves comentarios sobre el problema sinóptico pueden ayudar a explicar por qué podría parecer, a veces, que mis comentarios tratan las versiones sinópticas de una tradición determinada como paralelas y no como derivadas.

No creo haber resuelto el problema sinóptico, ni tampoco creo que nadie haya ofrecido ninguna explicación que le haga plena justicia a toda la complejísima información. Pero lo que me atrajo del enfoque poco convencional de Robinson es la sugerencia de que una "solución" completa no es posible ni necesaria, que cualquier esquema cuidadosamente definido de la dependencia literaria, ya sea tan simple como el de Goulder o tan complejo como el de Boismard,[97] no le hace justicia a la rica variedad y al intercambio

---

96. J. A. T. Robinson, *Redating*, 94.
97. Para la defensa de Goulder del orden Marcos-Mateo-Lucas sin ningún documento Q,

de ideas de las tradiciones de Jesús que cabría razonablemente esperar que hubieran tenido lugar dentro de la complejidad viva y móvil de la predicación y la enseñanza cristianas primitivas en todo el mundo oriental mediterráneo del siglo I. A la luz de esa situación, no necesito ninguna solución para el problema sinóptico.

---

véase la pág. 41 n. 91. La teoría de M. -E. Boismard aparece en P. Benoit y M. —E. Boismard (ed.), *Synopse des quatres évangiles en français*, Tome II (Paris: Le Cerf, 1972), y se presentó visualmente en un diagrama con una primera hilera que consta de cuatro documentos (hipotéticos), A, B, C, Q, una segunda hilera que contiene ediciones intermedias de cada uno de los cuatro Evangelios y una tercera hilera que contiene los últimos textos de los cuatro Evangelios; hay flechas que atraviesan el diagrama e indican la dependencia, de modo que cada Evangelio depende de dos o más de los Evangelios inmediatos y cada Evangelio intermedio de al menos dos de las fuentes (dos de ellas también dependen de otros Evangelios intermedios). E. P. Sanders y M. Davies, *Studying*, 105-11, dan un informe favorable de la teoría de Boismard, pero llegan a la conclusión de que "al tratar de explicarlo todo, Boismard nos lleva a la esfera de la conjetura, donde todo es posible".

COMENTARIO

EL ENCABEZAMIENTO (1:1)

NOTA TEXTUAL

1. La frase υἱοῦ (τοῦ) θεοῦ no aparece en la versión original de ℵ, sino que fue añadida por el primer corrector (i.e., tal vez antes que el manuscrito (MS) saliera del scriptorium). Sí aparece en todos los demás unciales excepto Θ, pero está ausente en algunas citas patrísticas, particularmente en las cinco citas de Orígenes. Es poco probable que un copista cristiano hubiera omitido deliberadamente ese título tan importante, y no resultaría descabellado pensar que fue añadido para completar un encabezamiento aparentemente demasiado escueto con un título cristológico más explícito. Por esta razón, algunos editores no aceptan que la frase sea original. Pero la omisión en los dos MSS unciales podría atribuirse con toda razón a un error mecánico (sobre todo por cuanto fue inmediatamente corregido en uno de ellos), a la luz de la sucesión de seis palabras terminadas en —ου, y en especial si se copiaron de un MS en el que los títulos aparecían convencionalmente abreviados, de la siguiente manera:

$$\text{APXHTOYEYAΓΓEΛIOY}\overline{\text{IY}}\,\overline{\text{XY}}\,\overline{\text{YY}}\,(\text{TOY})\overline{\text{ΘY}}$$

La omisión por parte de Orígenes de la frase "el Hijo de Dios" podría indicar que el texto más corto era el más difundido en Cesarea en el siglo III, sobre todo porque Marcos en Θ refleja, en general, un texto ("cesareo") similar al que usó Orígenes. Sin embargo, las citas patrísticas podrían ser selectivas, como lo demuestra el hecho de que Ireneo cita el texto completo en dos lugares, pero en un caso el más corto. (C. H. Turner, *JTS* 28 [1927] 150, señala que la omisión de Ireneo de las palabras en este caso, y la de Victorino en un contexto similar, se debieron al interés de ambos por identificar a Marcos, en ese momento, con el león, con el que la frase υἱοῦ θεοῦ no guarda ninguna relación). La relevancia del título "Hijo de Dios" en el Evangelio de Marcos, que volverá a ponerse de relieve en 1:11, y alcanza su punto culminante en 15:39, hace que su presencia en el título resulte intrínsecamente probable. (J. Slomp, *BT* 28 [1977] 143-50 ofrece una visión general clara del tema, y se inclina con cierta reserva a apoyar el texto más corto).

Este título aparentemente superficial está formado, en realidad, por diversos términos muy significativos. Identifica el sujeto como Ἰησοῦς, uno de los nombres judíos más comunes en el siglo I,[1] y de ahí que cuando Jesús aparece

---

1. Ἰησοῦς es la forma griega del nombre veterotestamentario Josué. De los personajes cuyos nombres aparecen mencionados en la narración de *"Life"* de Josefo (admitiendo que en algunos

en la narración se especifique que es *de Nazaret* (1:9), pero aquí, en cambio, para describirlo se emplean términos que indican el papel que desempeña y no el lugar que ocupa en la sociedad. Χριστός no se leerá con frecuencia en este Evangelio (en contraste con el corpus paulino), pero cada vez que aparece (8:29; 9:41; 12:35; 13:21; 14:61; 15:32) conlleva un sentido claramente titular y hace hincapié en el papel que se le atribuye o se le otorga a Jesús como el Mesías. Aquí, se le da más peso por medio de la solemne introducción del testimonio escriturario en los vv. 2-3; el tiempo del cumplimiento mesiánico ha llegado. La adición de υἱὸς θεοῦ (si en realidad es una parte original del texto de Marcos; véase la Nota textual), al parecer, extiende el título de Marcos más allá de la esfera de la función mesiánica de Jesús y centra la atención en su identidad en un plano más fundamental. En la situación narrativa del Evangelio, es posible considerar que Χριστός y υἱὸς θεοῦ son prácticamente sinónimos a la luz de 2 Samuel 7:14 y Salmos 2:7 junto con el testimonio de Qumrán de que, al menos, algunos judíos del siglo I interpretaron estos textos en forma mesiánica,[2] pero en un título editorial la frase tiene que reflejar la interpretación más desarrollada de la filiación divina de Jesús que era común en la iglesia de Marcos. Es con este sentido más completo que el término ocupará el lugar central de la cristología de Marcos, porque la voz del propio Dios lo ratificó en dos ocasiones (1:11; 9:7), fue reconocido por la percepción espiritual de los demonios (3:11; 5:7; cf. 1:24), y fue, al menos, la expresión mesurada que usó Jesús al referirse a su función y su estatus (12:6-8; 13:32; ¿cf. 12:35-37?) antes de convertirse en la base de su declaración culminante en presencia del tribunal supremo de Israel (14:61-62), y por último, se puso de relieve en la deslumbrante paradoja de la "confesión" del centurión (15:39). En su título, por tanto, Marcos ha puesto de manifiesto su mano y ha sentado las bases sobre las que debe interpretarse la historia que sigue, por extraña que pueda resultarnos la manera en que se comporta el Mesías/Hijo de Dios y es recibido en Israel.

Hasta aquí he dado por sentado que la intención prevista para el v. 1 era que se desempeñara como título del libro completo. Sin embargo, se ha tomado solamente como el título del prólogo, ya sea que este se interprete como 1:1-13 (según Cranfield, Lane) o como 1:1-15 (según Guelich), o del relato de Juan el Bautista (según Hooker) o incluso simplemente del material escriturario en los vv. 2-3. En cada uno de estos puntos de vista existe, sin duda, un elemento de verdad. El adverbio καθώς al inicio del v. 2 indica que el v. 1 no debe considerarse sintácticamente independiente porque καθώς no suele introducir una nueva oración, sino relacionar lo que sigue con lo anterior (salvo

casos resulta un tanto dudoso si el autor se refiere a la misma persona o a otra diferente) los nombres más comunes son Jesús (4-6), Simón (3-5), Leví (4), Jonatán (3) y Herodes (3). Cuatro de los doce varones que ejercieron el oficio de sumo sacerdote en el siglo II se llamaron Jesús. Para otros personajes llamados Jesús en el NT, véanse Mt. 27:16-17 (donde se lee, con Θ etc., Ἰησοῦν Βαραββᾶν); Lc. 3:29; Hch. 7:45; 13:6; Col. 4:11.

2. Véase más adelante, pág. 609 y n. 31 allí.

en las ocasiones en las que va seguido de οὕτως), y esto es lo que normalmente ocurre con καθὼς γέγραπται.[3] Desde un punto de vista formal, pues, los vv. 2-3 constituyen un comentario escriturario sobre el v. 1 y no el comienzo de una nueva sección que presenta a Juan el Bautista, cuya historia aparece inmediatamente en los vv. 4-8. Esta historia, a su vez, introduce el relato del bautismo de Jesús, y en ese relato el título υἱὸς θεοῦ que se lee en el primer versículo del libro reaparece en forma relevante. Otro término clave del primer versículo, εὐαγγέλιον, ocupa un lugar destacado en los vv. 14-15. Por todas estas vías, pues, el v. 1 nos introduce en el prólogo. Formalmente hablando, no se trata simplemente de un "título" para el libro.

Sin embargo, en cuanto a su contenido, el v. 1 señala mucho más allá de la primera parte del capítulo 1 porque expone temas que van a analizarse en todo el libro. El εὐαγγέλιον que Marcos va a proclamar no está confinado al prólogo. El prólogo, tal como afirma Marcos, no es más que su principio (ἀρχή). Desde el punto de vista teológico, el Evangelio "comienza" en el contexto del bautismo de Juan (vv. 4-8); el verdadero contenido de las buenas nuevas "comienza" a revelarse en los acontecimientos que tienen lugar en el bautismo de Jesús y después (vv. 9-13) y la proclamación abierta del εὐαγγέλιον "comienza" cuando Jesús emprende su ministerio en Galilea en los vv. 14-15. Todo esto es el ἀρχὴ τοῦ εὐαγγελίου, y el resto del libro rellenará su contenido.[4] Mi intención al separar el v. 1 como "el título", por tanto, no es sugerir que no exista algún tipo de relación con el prólogo que sigue, sino descartar deliberadamente su vínculo sintáctico formal con el v. 2. Su función es más amplia que su estatus sintáctico inmediato. Con estas palabras Marcos alerta al lector sobre la importancia de todo lo que viene a continuación, pero es típico de su urgencia y de su falta de interés formal que en lugar de elaborar un "título" claro e independiente, no pueda esperar a "comenzar" con lo que ha indicado de manera tan eficaz en las primeras palabras apuradas del v. 1.

El uso de ἀρχή (sin artículo y sin verbo) podría parecer una manera bastante extraña para comenzar un libro. Sin embargo, es propio del estilo bíblico.[5] De forma similar, títulos sin artículo, y también sin verbo principal, les dan inicio al Evangelio de Mateo (Βίβλος γενέσεως ...) y al libro del Apocalipsis (Ἀποκάλυψις Ἰησοῦ Χριστοῦ ...), y son frecuentes en el AT (véanse Pr. 1:1; Ec. 1:1; Cnt. 1:1); la mayoría de los libros proféticos también tienen títulos sin verbo (Isaías, Jeremías, Oseas, Joel, Amós, Abdías, Nahum, Habacuc, Sofonías,

---

3. Así, p. ej. J. Marcus, *Way*, 17-18, en consonancia con R. A. Guelich. Cf. R. E. Watts, *Exodus*, 55-56.

4. Suele sugerirse (Pesch, Stock; cf. A. Feuillet, *NTS* 24 [1978] 163-74) que *todo* el libro de Marcos debe considerarse solamente el ἀρχή, puesto que el crecimiento y la predicación de la iglesia después de la resurrección serán la continuación del εὐαγγέλιον. (Cf. también más adelante, pág. 670 n. 2.). Aunque esto es teológicamente cierto (cf. ἤρξατο, Hch 1:1; Feuillet discierne la misma idea en Heb. 2:3-4), sería demasiado pretencioso atribuirle al término ἀρχή aquí un gran peso teológico, en lugar de interpretar que su única función era introducir el libro, "Aquí comienza".

5. Para otras obras (no bíblicas) con Ἀρχή véase BAGD 111b.

Zacarías, Malaquías), y todos los títulos en la LXX excepto los de Jeremías y Habacuc caracterizan la obra que contienen por medio de un sustantivo sin artículo. (Cf. también los títulos de los salmos). El uso de ἀρχή por parte de Marcos, sin embargo, no guarda una semejanza directa con ninguno de estos títulos. El paralelismo bíblico más cercano se encuentra en Oseas 1:2, donde, *después* del título, la frase ἀρχὴ λόγου κυρίου πρὸς Ωσηε introduce el contenido de la profecía.

Se sugiere a veces que, así como las palabras inaugurales de Mateo, Βίβλος γενέσεως, tienen por objeto recordarle al lector el principio del AT, la elección de ἀρχή como palabra inicial de Marcos persigue ese mismo fin, al igual que la expresión Ἐν ἀρχῇ ἦν ὁ λόγος de Juan debe interpretarse como un eco de Génesis 1:1 (según, p. ej., Anderson, Myers que sigue a D. Via). La función de ἀρχή en Marcos, sin embargo, es muy diferente de la que desempeña en Génesis y en Juan porque no se refiere al principio de todas las cosas, sino que está modificada por la frase que sigue: τοῦ εὐαγγελίου. El paralelismo con Oseas 1:2 explica de manera muy satisfactoria que su función es más literaria que teológica.

La NTV refleja eficazmente la función del v. 1, y su relación sintáctica por medio del adverbio καθώς con las citas bíblicas que siguen, cuando lo traduce de la siguiente manera:

> Esta es la Buena Noticia acerca de Jesús el Mesías, el Hijo de Dios.
> Comenzó tal como el profeta Isaías había escrito: ...

En la introducción ya señalamos que εὐαγγέλιον no era un título reconocido para un género literario en la época en que Marcos escribió, y que a Marcos por lo general se le atribuye el inicio de ese uso, no a propósito, sino porque su empleo del término en el título de su obra les ofreció una etiqueta obvia a los que con el paso del tiempo consideraron necesario referirse en términos genéricos a esta categoría literaria aparentemente nueva. Su significado original en el griego clásico (en el que el término era normalmente plural, como nuestras "buenas nuevas") era la recompensa que se le daba al portador de buenas nuevas, pero más tarde, pasó a referirse a las buenas nuevas en sí. En el período helenístico hay ejemplos de su uso en un contexto más específicamente religioso, particularmente en relación con el culto del emperador, cuya fecha de nacimiento, ascensión al poder y otros acontecimientos similares, incluso una próxima "visita real", eran celebrados como εὐαγγέλιον. En la LXX, sin embargo, el sustantivo aparece claramente solo en 2 Samuel 4:10,[6] donde el término es plural y hace referencia a la

---

6. La forma femenina εὐαγγελία se usa en 2Re. 18:20, 22, 25, 27; 4Re. 7:9 para referirse a las buenas noticias en sí, y no a la recompensa que proporciona. En 2Re. 18:22, 25 la sintaxis permite la lectura del sustantivo como sustantivo femenino o neutro plural, pero el uso invariable de la misma forma a lo largo del pasajes parece preferible.

recompensa de un mensajero (sin ningún significado religioso particular). El verbo εὐαγγελίζομαι (a veces εὐαγγελίζω) es un poco más común, y se emplea normalmente para traducir el verbo hebreo *biśśar*, "traer buenas nuevas". Aparece en los salmos (p. ej. 40:9; 96:2) y en los profetas (especialmente en los textos clásicos del Deutero-Isaías, Is. 40:9; 52:7; 61:1) con una connotación religiosa más clara; aquí, las nuevas son las del establecimiento del reino de Dios, las buenas nuevas de salvación.[7] El uso casi técnico del término en singular εὐαγγέλιον para referirse al mensaje cristiano parece, sin embargo, haber sido un nuevo desarrollo (¿atribuible quizás a la influencia de Pablo, basándose en el uso religioso helenístico?), firmemente establecido ya en las cartas de Pablo (donde se encuentra el 80% de las apariciones neotestamentarias de εὐαγγέλιον), y por ende, un uso presumiblemente ya vigente en la época en que Marcos escribió su Evangelio.

El libro de Marcos, pues, tiene por objeto transmitir las buenas nuevas acerca de Jesús. Estas nuevas habían sido hasta entonces el tema de la declaración sobre todo oral (es por eso que Mann traduce con mucho acierto el término εὐαγγέλιον aquí como "proclamación"), pero el libro de Marcos constituye un esfuerzo por comunicarlas en forma escrita (aunque tal vez con miras a que se leyeran oralmente en la congregación). La palabra εὐαγγέλιον denota, pues, el contenido del libro y no su forma.

En teoría, el genitivo Ἰησοῦ Χριστοῦ podría interpretarse como subjetivo ("las buenas nuevas proclamadas por Jesucristo") o como objetivo ("las buenas nuevas acerca de Jesucristo"). Algunos comentaristas adoptan una de esas dos posiciones, pero la mayoría prefiere tomarlo en ambos sentidos. Guelich, sin embargo, no está de acuerdo porque "uno de los dos enfoques tiene que predominar". Desde el punto de vista sintáctico, esto sin duda es cierto, pero si la intención de Marcos era aprovecharse deliberadamente de la ambigüedad de la construcción genitiva, no fue el primero en hacerlo, y cada uno de los dos sentidos resulta totalmente adecuado; además, "el evangelio de Dios" en 1:14 admite la misma sugerente ambigüedad. No hay ningún otro lugar en Marcos en el que vuelva a emplearse el genitivo después de εὐαγγέλιον. Hay tres casos en los que el uso del sustantivo en forma independiente hace referencia a un mensaje que es preciso creer (1:15) o proclamar (13:10; 14:9) y no al acto de la proclamación, aunque en las dos apariciones restantes (8:35; 10:29) ambos sentidos son posibles. Por tanto, sería tal vez más natural interpretar el genitivo después de εὐαγγέλιον aquí como objetivo (el evangelio *acerca* de Jesucristo), y este es el uso más normal que se le da en el resto del NT (aunque indican lo contrario Ro. 2:16; 16:25, etc., y, con referencia a los *destinatarios* del Evangelio, Gá. 2:7). Pero en los vv. 14-15 se pondrá claramente de relieve que el εὐαγγέλιον, de hecho, también es *predicado* por Jesús. Más allá de lo

---

7. J. Marcus, *Way*, 18-21, alega, pues, que con el uso de esta frase Marcos "sugiere de manera más general que toda su historia del 'principio del Evangelio' debe interpretarse en el contexto de los temas de Isaías". La tesis completa de R. E. Watts, *Exodus*, apoya esta opinión.

que imponga la pedantería sintáctica, yo pienso que es probable que Marcos hubiera aprobado, e incluso aprovechara, el *doble sentido* que permite la construcción genitiva.

EL PRÓLOGO (1:2-13)

Si bien es cierto que los escritores más modernos (y algunos de los antiguos; p. ej., Lc. 1:1-4) introducen un libro con un prefacio independiente en el que establecen su naturaleza y propósito, Marcos, al parecer, después del título en 1:1, inicia directamente la historia sin darle al lector otra indicación sobre el tema que el libro va a abordar. Sin embargo, la mayoría de los comentaristas recientes coinciden en que la primera parte de esa historia constituye, en cierto modo, una unidad separada que funciona como un prefacio y no como la primera escena del drama.

Se ha sugerido a veces que el prólogo de Marcos sigue un patrón conceptual similar al de Juan, en el que los primeros dieciocho versículos preparan el terreno para lo que viene a continuación, no solo en cuanto a que presentan a Juan el Bautista y a Jesús como los personajes principales en torno a los cuales girará la narración, sino también porque ofrece un marco teológico que permitirá entenderla mejor. Un elemento crucial en la introducción de Juan es la función creativa de Jesús como el Λόγος, aunque en el resto del cuarto Evangelio no vuelve a mencionarse esa idea (compárese también el término χάρις, de capital importancia en Jn. 1:14, 16 y 17, pero no se usa en el resto del Evangelio). Lo que aparece ahí, pues, es tal vez una reflexión de Juan sobre la importancia de la historia de Jesús —una reflexión que escribió después de haber terminado el resto del Evangelio y en la que usó un lenguaje nuevo que representaba las conclusiones teológicas que Juan quería que sus lectores compartieran con él.

El lenguaje del prólogo de Marcos no es quizás tan obviamente diferente del de todo el libro (aunque véase más adelante el comentario sobre πνεῦμα y ἔρημος), pero en la actualidad se admite que prepara el terreno en forma similar, mediante la presentación de las principales dramatis personæ en un contexto separado del de la narración que sigue. El desacuerdo más relevante tiene que ver con la extensión de este "prólogo", si termina con el v. 13 o con el v. 15,[8] pero ese tema será analizado más adelante; por ahora, voy a considerar que el prólogo termina con el v. 13.

R. H. Lightfoot fue el primero que presentó este punto de vista a los eruditos británicos.[9] En una conferencia en 1949 se pronunció en contra de la

---

8. W. Feneberg, *Markusprolog*, inusualmente define el prólogo como los vv. 1-11.
9. Anticipado por N. B. Stonehouse, *Witness*, 5, donde la función de 1:1-13 como prólogo

decisión de Westcoot y de Hort de interrumpir drásticamente el texto griego después de Marcos 1:8,[10] y propuso que los vv. 1-13 debían interpretarse como el "prólogo o la introducción" de Marcos, y que "al igual que en Juan, la verdadera narración comienza con el relato de la actividad del Señor en los vv. 14 y 15, cuando entra en Galilea con el anuncio de que el tiempo había llegado y las promesas de Dios estaban cumpliéndose".[11] Lightfoot defendió este caso basándose en el contenido del pasaje en lugar de señalar indicadores lingüísticos más específicos. Pero algunos estudios posteriores han llamado la atención sobre el hecho de que, así como en Juan 1:1-18 se usan términos claves que no aparecen en el resto del Evangelio, lo mismo ocurre en Marcos 1:2-13. Los términos que suelen señalarse son πνεῦμα y ἔρημος.

Πνεῦμα. En todo el Evangelio después de 1:13 no hay más que tres referencias al Espíritu (Santo) (3:29; 12:36; 13:11), y solo una de ellas (3:29) se relaciona (indirectamente) con el papel que desempeña el Espíritu en el ministerio de Jesús. Sin embargo, en estos primeros versículos se menciona al Espíritu Santo en tres ocasiones (1:8, 10, 12) y aparece como la figura central en la inauguración del ministerio de Jesús. Esta diferencia tan obvia sugiere que Marcos tiene algo importante sobre lo que desea llamar la atención de sus lectores desde el primer momento.

El derramamiento escatológico del Espíritu de Dios era un elemento relevante en la esperanza veterotestamentaria, como puede verse en Isaías 32:15; 44:3; Ezequiel 36:26-27; 39:29; Joel 3:1-5 (EVV 2:29-32), y la cita del último pasaje en el sermón de Pedro en Pentecostés (Hch 2:17-21) pone de relieve la importancia que revestía esta expectativa para la interpretación cristiana del significado del ministerio de Jesús. Esta expectativa subyace tras la predicción de Juan el Bautista sobre la venida de uno que es ἰσχυρότερος, el cual βαπτίσει ὑμᾶς ἐν πνεύματι ἁγίῳ (v. 8). Pero las referencias al Espíritu en 1:10, 12 no aluden a un derramamiento general, sino a su participación concreta en el ministerio del propio Jesús; y en esto también puede observarse un sugerente trasfondo veterotestamentario con la profecía de la venida de "una vara del tronco de Isaí", sobre quien reposaría el Espíritu de Yahvé (Is. 11:1-2), y el Siervo sobre el que Yahvé ha puesto su Espíritu (Is. 42:1), el heraldo ungido

---

simplemente se presupone, no se analiza.

10. Algunos comentaristas ahora aceptan esta división; las excepciones son Haenchen y Gundry (que llama a 1:1-8 la "primera perícopa"). Véase R. E. Watts, *Exodus*, 94-95, para una respuesta a Gundry sobre este punto. C. Bryan, *Preface*, 85-88, interpreta 1:1-8 como un "prólogo" alegando que las tres perícopas que conforman los vv. 9-15, aunque están relacionadas con los vv. 1-8, juegan un papel de "transición, funcionando como una especie de bisagra, o una serie de bisagras". Myers, al parecer, se refiere a 1:1-15 como "el prólogo" (121-22), aunque en realidad trata 1:1-20 como el primer "acto" (llamado el "prólogo", 112), y lo subdivide en dos escenas, 1:1-8 y 1:9-20.

11. R. H. Lightfoot, *Message*, 19; el argumento a favor de tomar 1:1-13 como prólogo se retoma en las págs. 15-20. Un importante estudio posterior que refuerza la teoría de Lightfoot en varios puntos es U. Mauser, *Christ*, 77-102.

de las buenas nuevas sobre el que ha venido el Espíritu (Is. 61:1).

Al hacer hincapié en 1:2-13 en el papel que desempeña el Espíritu, Marcos alerta al lector desde el principio del Evangelio, con una claridad con la que no volverá a hacerlo en la narración después de 1:14, sobre la importancia mesiánica de Jesús, como aquel a quien el Espíritu capacita y dirige para que cumpla su rol escatológico, y también, de un modo sorprendente, como el que "dispensa" el Espíritu, una función que en los pasajes veterotestamentarios que se mencionaron con anterioridad solo Yahvé podía desempeñar. Las implicaciones cristológicas de este segundo punto se analizarán en el comentario sobre 1:2-8. Por el momento observemos que la función del prólogo es llevar a los lectores de Marcos a un trasfondo para que puedan vislumbrar algo de las dimensiones teológicas de la historia que sigue. En la narración posterior oiremos poco del Espíritu, pero el lector que escuchó bien el prólogo podrá interpretar las escenas en Galilea y en Jerusalén a la luz de esta perspectiva más decisiva del desierto.

Ἔρημος. La "voz" de Isaías 40:3 clama ἐν τῇ ἐρήμῳ (1:3). Es, pues, ἐν τῇ ἐρήμῳ que Juan el Bautista como la encarnación de esa voz, va a predicar (1:4), y de este modo, el ἔρημος constituye el escenario del bautismo de Jesús. Inmediatamente después es εἰς τὴν ἔρημον que el πνεῦμα lleva a Jesús (1:12), y Marcos repite lo mismo en 1:13 al recordarnos que Jesús estaba allí, ἐν τῇ ἐρήμῳ, con Satanás y las fieras. Dado que el sustantivo ἡ ἔρημος no vuelve a aparecer en el resto del Evangelio de Marcos, podría decirse que Marcos se está esforzando en asegurar que el lector de su prólogo se dé cuenta de la ubicación particular del acontecimiento y saque las conclusiones apropiadas.

Pero, ¿cuáles son las conclusiones apropiadas? ¿Tiene algún significado especial el hecho de que ocurra en un desierto?

Como mínimo, constituye una ubicación específica. El resto de la historia de Marcos estará enmarcada en el contexto de la vida normal, estando Jesús rodeado por personas comunes. De vez en cuando, buscará un lugar tranquilo para alejarse de todo (1:35; 6:31-32), pero las multitudes normalmente se las arreglarán para encontrarlo incluso allí (1:45; 6:33-34). En una ocasión inolvidable llevará a tres de sus discípulos a la cima de un monte aislado (9:2-13), y solo en ese pasaje del Evangelio tendrá lugar una revelación análoga a la que se manifestó en el desierto en 1:10-11. Pero eso no será más que un interludio temporal. Sin embargo, aquí en el prólogo, la actividad pública de Jesús todavía no ha comenzado, y el desierto representa una separación de la vida ordinaria. Con el v. 14 la escena cambiará, y Jesús emprenderá una ronda incesante de actividades entre las aldeas de Galilea; pero por el momento, en este lugar remoto, podemos contemplar a Jesús solo, mientras se enfrenta a la tarea que tiene por delante.

Pero el significado que tiene ἡ ἔρημος es mucho más positivo que el simple hecho de aislarse de la vida ordinaria. Aunque la profecía de Isaías de la voz ἐν τῇ ἐρήμῳ es la que le da paso al hincapié que hace Marcos en esta ubicación, él no fue el primero en reparar en estas palabras de Isaías. Ese texto también le ofreció a la comunidad esenia de Qumrán la base para su establecimiento en ese mismo desierto de Judea: "Se apartarán de la morada de los hombres impíos y se irán al desierto para prepararle a él el camino; como está escrito, 'Preparad en el desierto el camino de..., enderezad en el desierto una senda para nuestro Dios'".[12] Por consiguiente, era específicamente ἐν τῇ ἐρήμῳ que los varones de Qumrán esperaban que Dios apareciera y vindicara su posición en contra de la apostasía del sacerdocio oficial en Jerusalén. Esa era la ubicación teológicamente correcta.

El desierto era, pues, un lugar de esperanza, de un nuevo comienzo.[13] Fue en el desierto que Yahvé se encontró con Israel y lo hizo su pueblo cuando salieron de Egipto —el período de su luna de miel, antes que la relación se deteriorara. "De ti recuerdo el cariño de tu juventud, el amor de tu desposorio, de cuando me seguías en el desierto, por tierra no sembrada. Santo era Israel estaba para el SEÑOR, primicias de su cosecha" (Je. 2:2-3, LBLA). En el desierto Israel experimentó privaciones y peligros, pero este período de prueba le enseñó a confiar en la provisión y la protección de su Dios; este es el mensaje de la gran exhortación de Moisés a Israel en los primeros capítulos de Deuteronomio, que aparece resumido en el capítulo 8 (y se usó de modelo en el relato Q sobre la tentación para la experiencia de Jesús en el desierto). Por tanto, la contemplación retrospectiva por parte de los profetas de la relativa pureza de los comienzos de Israel en el desierto, acrecentaba la esperanza de que el pueblo de Dios volviera a encontrar en el desierto su verdadero destino. "He aquí, la seduciré, la llevaré al desierto, y le hablaré al corazón... Y allí, responderá como en los días de su juventud, como en el día en que subió de la tierra de Egipto" (Os. 2:14-15; cf. Ez. 20:35-38). La voz en el desierto (Is. 40:3-5) que le da paso a la visión grandiosa del Deutero-Isaías acerca de la restauración, va seguida por el tema recurrente de un nuevo éxodo, un nuevo comienzo en un desierto transformado por el poder renovador del Dios de Israel (Is. 41:18-

---

12. 1QS 8:13-14; cf. 9:19-21. Cf. Josefo, *Life*, 11-12 para el ermitaño asceta Banus con quien vivió Josefo durante tres años κατὰ τὴν ἐρημίαν en el período poco después de la narración del Evangelio.

13. Un simbolismo alternativo, y contrario, que a veces se sugiere es que el desierto es un lugar hostil, morada de espíritus malignos. Es, por supuesto, en el desierto que Jesús tiene un encuentro con Satanás y los animales salvajes (1:13), pero el texto sugiere que esto ocurrió así porque era allí donde estaba Jesús y no porque ese fuera el lugar adecuado para encontrar a Satanás. Fue la tradición cristiana posterior, basándose sin duda en las narraciones sinópticas de la tentación, la que estableció esta relación cuando algunos ascetas como San Antonio de Egipto se retiraron al desierto para luchar con los demonios. Sin embargo, los testimonios de esta relación en el pensamiento judío no resultan impactantes. Por lo general, se hace referencia a Str-B 4.515-16, pero la realidad es que en ese punto Billerbeck simplemente menciona "el desierto y las ruinas" como un elemento (sin importancia) en una lista de ubicaciones atribuidas a los demonios, y ofrece como prueba solamente tres pasajes en el Tárgum de Jerusalén y un pasaje talmúdico (*b. Ber.* 3a) que no alude al desierto sino a las ruinas de Jerusalén. La breve y enigmática perícopa Q de Mt. 12:43-45 sugiere que al demonio expulsado no le agradaba vivir en ἄνυδροι τόποι.

19; 43:19-21; 44:3-4, etc.).[14] Esta esperanza del desierto motivó no solo a los varones de Qumrán a irse al desierto para esperar la venida de Dios con poder, sino también a varios presuntos líderes menos místicos de Israel en los días turbulentos de la ocupación romana. Teudas, que aparece en Hechos 5:36, llevó a sus seguidores al Jordán (o sea, a esa misma área "desértica" en la que Juan había bautizado), donde fueron atacados y derrotados por el procurador Fado (Josefo, *Ant.* 20.97-98). Más tarde, bajo el gobierno de Félix, un "profeta" reunió en torno a sí una banda de revolucionarios en el desierto y los lideró en una malograda agresión contra Jerusalén (Josefo, *Guerras* 2.261-63; *Ant.* 20.169-72; Hch 21:38). En su presentación de esta historia Josefo hace una referencia más general a los "impostores y engañadores" en este período que "persuadían a las multitudes a seguirlos al desierto" prometiéndoles milagros divinos como señal de la liberación futura (*Guerras* 2.258-60; *Ant.* 20.167-68).[15] No cabe duda de que las consideraciones estratégicas contribuyeron a la elección de un lugar remoto para esos movimientos, pero, al menos la misma importancia tal vez tuvo la convicción de que el ἔρημος era, desde el punto de vista teológico, el lugar correcto para esperar un nuevo comienzo para el pueblo de Dios.

Por consiguiente, el hincapié que hace Marcos en la ubicación del desierto en 1:2-13, no solo tiene por objeto señalar que esta parte del Evangelio se desarrolla en un plano diferente del de la historia de la vida real que seguirá, sino también que el desierto en sí constituye un símbolo de esperanza y de realización. Marxsen indica con toda claridad que la frase "ἐν τῇ ἐρήμῳ identifica al Bautista como el realizador de la predicción profética del AT. Para expresarlo de una manera exagerada, el Bautista seguiría siendo el que aparece 'en el desierto' aun cuando nunca en su vida hubiera estado allí".[16] ¿En qué otro lugar que no fuera ἐν τῇ ἐρήμῳ cabría esperar ver el comienzo del drama de la salvación escatológica de Dios?

El uso destacado de los términos πνεῦμα y ἔρημος en 1:2-13, por tanto, actúa como un indicador (no necesariamente previsto así en forma deliberada por el autor) de la función de estos versículos, porque le ofrecen al lector un indicio del trasfondo del drama antes que este comience. Estos versículos poseen una dimensión singular, con su sonora cita (sin paralelo en el resto del Evangelio de Marcos) de textos proféticos importantes, la presencia y la actividad del Espíritu de Dios, la apertura de los cielos y la voz divina y el retablo del conflicto cósmico que se pone de relieve en los vv. 12-13. Y todo esto se desarrolla en un escenario separado del drama principal, en el desierto, el lugar de la esperanza escatológica. Si el v. 1 ya había reivindicado una audaz

---

14. Para un análisis más completo del significado del desierto en el AT y en el pensamiento judío posterior, véase U. Mauser, *Christ*, 15-61. Véase también J. Marcus, *Way*, 22-29, que hace especial hincapié en el tema de Isaías sobre un nuevo éxodo.

15. Usa un lenguaje similar en *Guerras* 7.438 con respecto a un líder judío, Jonatán el tejedor, en Cirene poco después de la guerra.

16. W. Marxsen, *Mark*, 37-38.

afirmación teológica con los títulos Χριστός y υἱὸς θεοῦ, estos versículos elevan la esperanza a un nivel superior.

Pero a pesar de la dimensión pública que tienen los "acontecimientos" mencionados en los vv. 2-13, (Juan el Bautista y las multitudes están también allí ἐν τῇ ἐρήμῳ), no se hace referencia a ellos como una revelación pública de Jesús. No hay indicios de que alguien fuera de él viera u oyera lo que ocurrió durante su bautismo (1:10-11), o que la multitud tuviera alguna razón para identificarlo con el ἰσχυρότερος de la profecía de Juan. Nadie más fue testigo de su enfrentamiento con Satanás y los animales salvajes, ni de la intervención angélica. Lo único que vio la gente fue un hombre desconocido procedente de un pueblo irrelevante que se sumó a muchos otros que respondieron a la invitación de Juan a recibir el bautismo. Solamente los lectores de Marcos, como resultado de su prólogo, están en condiciones de entender con mayor claridad quién es Jesús y cómo las palabras proféticas de los vv. 2-3 están cumpliéndose ahora.

> Estos primeros versículos constituyen una especie de comentario teológico sobre el resto de la narración. En el v. 14 regresamos de golpe a la realidad, y los personajes en la historia se convierten en los habitantes normales y habituales de Galilea. Es como si en los vv. 1-13, Marcos nos hubiera permitido ver a Jesús desde el ángulo de Dios, y ahora cae el telón y nos encontramos entre hombres y mujeres que andan deambulando y preguntándose qué está sucediendo. Pero a pesar del desconcierto que manifiestan los personajes de la historia, Marcos no quiere que nosotros nos olvidemos de la verdad que ha revelado en estos versículos iniciales.[17]

El prólogo de Marcos, por tanto, funciona de manera semejante a los primeros dos capítulos de Job (según Anderson, 63), porque le da al lector una perspectiva celestial que se les niega a los actores en la historia. (La única perícopa que aparece más adelante en el Evangelio y ofrece una perspectiva similar, también con una declaración explícita de la voz de Dios acerca de la identidad de Jesús, se encuentra en 9:2-13, y también se le asigna una ubicación geográfica claramente "remota", "aparte, solos, a un monte alto" [v. 2]).

Sugerí con anterioridad una interrupción drástica entre los vv. 13 y 14. A partir del v. 14 el Espíritu y el desierto no vuelven a mencionarse, y la escena cambia del desierto de Judea a las ciudades y aldeas habitadas de Galilea. Juan el Bautista, una figura central en el prólogo, ha sido eliminado del escenario. Las visiones celestiales y los actores sobrenaturales de los vv. 10-13 son remplazados por entornos propios de la vida cotidiana de los galileos comunes. Los versículos 14-15 introducen el ministerio de predicación de Jesús que habrá de ocupar el centro del primer acto del drama. La historia ha comenzado.

---

17. M. D. Hooker, *Message*, 16. El primer capítulo completo proporciona una guía popular útil para interpretar Mr. 1:1-13 como el prólogo.

Sin embargo, algunos comentaristas recientes (Anderson, Pesch, Gnilka, Mann, Guelich) afirman que el prólogo no termina con el v. 13, sino con el v. 15, incluyendo en él lo que, según mi descripción, son los versículos inaugurales del primer acto, después del cambio de escena. Este punto de vista alternativo, que comenzó a cuestionar el de Lightfoot a mediados de los años setenta y cuenta ahora probablemente con un apoyo tan amplio como entonces, se deriva de un artículo en el que su autor, L. E. Keck,[18] alega que la palabra clave de la introducción de Marcos es εὐαγγέλιον, y que esa es la "rúbrica bajo la que Marcos quiere incluir su material" (359). La aparición del término εὐαγγέλιον en 1:1 y 1:14-15 conforma, pues, la estructura de la introducción de Marcos. Señala asimismo que la mención de Juan el Bautista en el v. 14 completa la relación entre Juan y Jesús que se puso de relieve en los vv. 7-9. De este modo, Keck llega a la conclusión de que los vv. vv. 1-15 constituyen un párrafo introductorio completo, y que la historia propiamente dicha comienza con el llamamiento de los primeros discípulos en 1:16-20.

Esta conclusión, entonces, guarda relación con el análisis de Keck de la primera parte del Evangelio en tres secciones principales, cada una de las cuales comienza con un "material relativo al discipulado" (1:16-20; 3:13-19; 6:7b-13).

J. R. Michaels[19] va más allá y sugiere la siguiente estructura deliberadamente quiástica en los vv. 1-15:

> "a. el *evangelio* de Jesucristo (v. 1);
> b. Juan el Bautista *en el desierto*, como cumplimiento de la Escritura (vv. 2-4);
> c. Juan *bautizando en el Jordán* (vv. 5-8);
> c. Jesús *es bautizado en el Jordán* (vv. 9-11);
> b. Jesús *en el desierto* (vv. 12-13);
> a. el *evangelio* de Dios (vv. 14-15)."

Este esquema, sin duda, hace hincapié en temas que se repiten en estos versículos iniciales, pero las propuestas que se hacen para esos patrones deliberados del texto son sobradamente subjetivas, y la búsqueda entusiasta de esas "estructuras quiásticas" por parte de algunos comentaristas modernos no ha logrado un gran consenso en cuanto a que Marcos sí pretendía que su obra se interpretara de esta manera. De manera similar, aunque Keck tiene razón al señalar la recurrencia del "material relativo al discipulado", no por ello puede deducirse que las tres secciones que él distingue (¡hay otras secciones que también tratan acerca del discipulado!) tengan por objeto indicar el inicio de las "secciones" deliberadamente compuestas. En nuestro análisis de la estructura de Marcos de hecho hemos sugerido que, al igual que ocurre con

---

18. L. E. Keck, *NTS* 12 (1965/6) 352-70.
19. J. Ramsey Michaels, *Servant*, 44.

la mayoría de los buenos narradores, su principal interés es lograr que el flujo y el desarrollo de su trama sean eficaces y no incentivar un análisis estructural detallado de este tipo.

El hecho de que los vv. 14-15 deban considerarse o no una parte del prólogo de Marcos, por tanto, tal vez no sea, en definitiva, un asunto de capital importancia;[20] pero yo sugeriría que esta tendencia actual a proponer 1:1-15 como el prólogo le reporta muchas más pérdidas que ganancias a nuestro análisis de la introducción de Marcos. Dicha tendencia no solo enmascara el claro cambio de escena del desierto a Galilea, y lo que es más importante aún, el cambio de enfoque de lo que ese cambio de escena simboliza, del relato "de trasfondo" de la significancia de Jesús al contexto de la vida real de su ministerio.

Sin embargo, el argumento de Keck sí llama nuestra atención sobre la manera tan cuidadosa en la que al comienzo de la narración en Galilea en 1:14-15 se hace referencia a temas que ya se presentaron (εὐαγγέλιον, la relación de Juan el Bautista con Jesús, κηρύσσω, μετάνοια), y de este modo, sitúa claramente la historia del ministerio de Jesús dentro del marco teológico ya establecido. Con ello, los vv. 14-15 funcionan como una "segunda introducción",[21] que nos ubica ahora no en el desierto de Juan sino en las aldeas de Galilea en las que las buenas nuevas deben producir su impacto en la vida real, y el Hijo de Dios tendrá que enfrentarse y derrotar al reino de Satanás.

El precursor (1:2-8)

NOTAS TEXTUALES

2. En vez de la expresión ἐν (τῷ) Ἠσαΐα τῷ προφήτῃ, que aparece en todos los unciales más antiguos exceptuando A y W y en casi todos los testimonios de las principales versiones MSS bizantinos coinciden con A W en la lectura ἐν τοῖς προφήταις, una "corrección" obvia en vista de que la cita compuesta que sigue comienza con palabras tomadas de Malaquías.

4. Las variantes en torno a las palabras ὁ βαπτίζων ἐν τῇ ἐρήμῳ (B) se derivan del título Ἰωάννης ὁ βαπτίζων que Marcos usa aquí, y también en 6:14, 24, y no del título más común Ἰωάννης ὁ βαπτιστής (como regularmente se lee en Mateo y Lucas, y también en Mr. 6:25; 8:28). Los copistas familiarizados con la forma más usual Ἰωάννης ὁ βαπτιστής no reconocieron el título, y por tanto, trataron de interpretar la oración con βαπτίζων como un participio paralelo a κηρύσσων para describir la actividad de Juan. Esto provocó la inclusión de καί después de ἐρήμῳ para coordinar los participios supuestamente paralelos (todos los MSS excepto B 33 892 2427 y los MSS sahídicos

---

20. La decisión de Van Iersel de incluir estos versículos tanto en la primera sección principal, "Estableciendo la escena" (31) *como* en la segunda, "Un hombre de autoridad" (43), ilustra muy bien la función de transición que desempeñan.

21. Así J. M. Robinson, *Problem*, 23.

y algunos boáricos), y en la mayoría de los casos también la omisión de ὀ antes de βαπτίζων (otros MSS excepto א L Δ y los restantes MSS boáricos). Véase el comentario con respecto a las razones para preferir el texto B. (Véase además J. K. Elliott, *TZ* 31 [1975] 14-15.)

6. La lectura δέρριν en D, que repite el término que se usa en Zacarías 13:4 con respecto a la vestidura de los profetas, no cuenta con el apoyo suficiente para aceptarla aquí, aun cuando τρίχας podría haber sido el resultado de un esfuerzo por asemejarlo con el texto de Mateo.

8. La inclusión de ἐν antes de ὕδατι (MSS bizantinos, con A W etc.) está menos apoyada que antes de πνεύματι, y tal vez se debe a un deseo del copista de producir una sintaxis análoga para las dos cláusulas. Esto defiende la presencia de ἐν antes de πνεύματι, que cuenta con un apoyo más sólido (ausente solo en B L; el testimonio de las versiones es necesariamente indecisivo en un asunto de sintaxis griega), aun cuando pudiera conjeturarse que se trata de un esfuerzo por lograr una armonización con Mateo 3:11; Lucas 3:16. Sin embargo, la armonización más obvia por medio de la adición de καὶ πυρί cuenta, en cambio, con un apoyo sorprendentemente pequeño.

Como dijimos anteriormente, las citas de los vv. vv. 2-3 están sintácticamente relacionadas con el v. 1 mediante el adverbio καθώς; el cumplimiento de estos pasajes de la Escritura es lo que da origen a las buenas nuevas. Sin embargo, los pasajes citados no son profecías acerca de la venida del mesías, sino de alguien (un "mensajero", una "voz") que ha de preceder la venida de *Dios* para juzgar y salvar,[22] y a ese precursor se le identifica acto seguido en el v. 4 como Juan el Bautista. Por tanto, el cumplimiento inmediato de estos modelos escriturarios no debemos buscarlo, al parecer, en Jesús sino en Juan.[23]La función de Juan es preparar el camino, pero, ¿para quién? En Malaquías 3:1 y en Isaías 40:3 se habla de preparar la venida de ὁ κύριος (que en el contexto del AT solo significa Dios), y Juan predica la llegada de ἰσχυρότερος, y que dispensará el

22. La identificación de los personajes que se mencionan en Mal. 3:1 ("Yo", "mi mensajero", "el Señor a quien vosotros buscáis", "el mensajero del pacto") es objeto de controversia. De acuerdo con mi argumento (*Jesus and the OT*, 91-92 n. 31) *malʾākî*, *hāʾādôn* (un término inusual; "el Señor" en español *no* representa aquí a *YHWH*), y *malʾak-habbrît* son la misma persona. La mayoría supone que *hāʾādôn* debe ser un título divino, y dado que la estructura de la oración sugiere la identificación de *hāʾādôn* con *malʾakhabbrît*, algunos afirman que este segundo término también se refiere a Dios, y por ende, difiere del *malʾāk* de la primera cláusula (así, p. ej., P. A. Verhoef, *Haggai and Malachi*, 287-90). Sin embargo, en ninguna de las dos interpretaciones se menciona una tercera persona.

23. M. A. Tolbert, *Sowing*, 239-48, alega, sin embargo, que el referente a lo largo de los vv. 2-3 es Jesús, el único personaje que se menciona hasta ese momento: Juan no entra en el cuadro de Marcos hasta el v. 4. La aplicación de estos textos a Juan y no a Jesús es, según Tolbert, el resultado de un replanteamiento deliberado por parte de Mateo y de Lucas. Si se separa a Marcos de la tradición exegética posterior de la iglesia, el argumento resulta atractivo en algunos aspectos, pero tiene sus problemas especialmente porque Tolbert se ve obligada a postular una interrupción drástica entre los vv. 3 y 4, a pesar de que la inmediata repetición de la ubicación del desierto sugiere una estrecha relación entre ambos versículos, y porque ella considera que el pronombre σου del v. 2, no se refiere a Jesús sino al lector (al que se dirige en singular como también ocurre en 13:14).

Espíritu tal como los profetas habían dicho que Yahvé haría en los postreros días. Por consiguiente, los vv. 2-8, al parecer, no dejan lugar para ninguna figura humana en el drama escatológico que no sea el propio Juan, el precursor que vino para preparar la venida escatológica de Dios (aunque véase más adelante el comentario sobre la importancia de la segunda persona en la versión de Marcos de Mal. 3:1). Cuando un norteño desconocido (Ἰησοῦς ἀπὸ Ναζαρὲτ τῆς Γαλιλαίας) entra en escena en el v. 9 , no resulta inmediatamente obvia la relación que tiene con los papeles que desempeñan Juan el precursor y el esperado ἰσχυρότερος, pero los vv. 10-13 se encargarán de comenzar a explicar claramente dicha relación. El resto del libro ayudará al lector a hallar una respuesta a esta pregunta.

Juan el Bautista, pues, aparece en estos versículos como una figura de suprema importancia, como el tema de algunas de las profecías más emocionantes del AT, la primera encarnación de la era del cumplimiento escatológico, y a la vez, en el papel claramente subordinado de heraldo y lacayo, enviado con antelación para preparar la llegada del soberano. Marcos, sin embargo, no explica esta tirantez en la valoración de Juan, que a nosotros nos resulta familiar por la presentación explícita que hace de sí mismo en el pasaje Q (Mt. 11:7-15; Lc. 7:24-28), y por el enfoque joánico recurrente sobre el papel que desempeña (Jn. 1:6-8, 15, 19-34; 3:25-30; 5:33-36). Si bien es cierto que a Juan se le mencionará en otras ocasiones (2:18; 6:14-16; 8:28; 11:27-33), el único pasaje en el que volverá a ocupar el lugar central de la narración después de 1:2-8 será la extraña digresión en la que Marcos ofrece un relato dramático de las circunstancias de su muerte (6:17-29). Es únicamente en 1:2-8 que encontramos un relato claro de Marcos sobre la importancia de Juan.

Vamos a ver después que a Juan se le describe aquí como una figura profética, y más adelante en el Evangelio se repite esta misma valoración (6:14-16; 8:28; 11:32). De acuerdo con una de las vertientes de la creencia judía,[24] la profecía había cesado con Malaquías, cuyo libro terminaba con la predicción del regreso de Elías para anunciar el día del Señor. Para los que mantenían esta postura, pues, la presentación de Juan como un profeta constituía una declaración osada y de gran alcance, y resultaba muy llamativa por cuanto la perícopa comienza con una cita de la predicción escatológica de Malaquías, y mucho más aún por cuanto a Juan se le describía con los mismos términos que se usaban en el AT para identificar las características específicas de Elías (véase el comentario sobre el v. 6). Juan, por tanto, es incluso "más que un profeta" (Mt. 11:9). Su venida marca el principio del fin.

Se desprende claramente de Josefo, *Ant.* 18.116-19 que Juan era una figura destacada por méritos propios, un predicador del avivamiento religioso con una cantidad de seguidores suficiente para suscitar temores acerca de sus

---

24. D. E. Aune, *Prophecy*, ch. 5 (obsérvense especialmente las págs. 103-6), mostró de manera concluyente que esta no era, como a menudo se afirma, la opinión de todos los judíos al llegar al período del NT, sino de una escuela rabínica limitada.

intenciones políticas.[25] Marcos reconoce la importancia de su movimiento (v. 5), pero, en su opinión, no es más que el ἀρχὴ τοῦ εὐαγγελίου. El contenido del enérgico testimonio con el que Marcos presenta a Juan (la única cita editorial de ese tipo en todo el Evangelio) centra la atención no en la propia persona de Juan sino en aquel que viene después de él.

2-3 La cita de estos versículos es esencialmente una combinación de Malaquías 3:1 (con algunos elementos tomados de Éx. 23:20) con Isaías 40:3, pero se le atribuye enteramente a Isaías porque, al parecer, el texto de Isaías, que aunque era el más conocido se menciona en segundo lugar, constituía la base de la idea central del anuncio que vincula a ambos pasajes.[26] Cuando los dos textos se unen, es lógico que Malaquías 3:1 ocupe el primer lugar de la cita combinada, no solo porque sería prácticamente imposible colocar el imperativo Ἰδού en medio de la expresión, sino también porque el concepto del heraldo designado por Dios resulta más explícito en Malaquías, mientras que el lenguaje más alusivo de Isaías constituye un comentario muy apropiado acerca de dicho heraldo. No sabemos si estos pasajes ya se habían unido con anterioridad, pero la relación resulta natural, no solo en razón de la frase *pnh-derek* que aparece en ambos,[27] sino también porque comparten de un modo más general (con Mal. 3:23-24 [EVV 4:5-6]) la idea de un heraldo para la venida escatológica de Dios.[28] Mateo y Lucas incorporaron la cita de Malaquías 3:1 a su relato posterior sobre la importancia de Juan (Mt. 11:10; Lc. 7:27) y dejaron aquí solamente Isaías 40:3, pero con ello, debilitaron el efecto de esta masiva salva inicial de la Escritura.

25. Para estudios exhaustivos recientes acerca de Juan como una figura del judaísmo del siglo I (no solo en su función neotestamentaria como alternativa a Jesús), véanse R. L. Webb, *John;* J. E. Taylor, *John.* Taylor, *John,* 15-48, ofrece un argumento detallado en contra de la suposición generalizada de que Juan, por su ubicación en el desierto y la naturaleza de su mensaje, debe haber mantenido un vínculo significativo con la comunidad de Qumrán, y también sugiere que Juan estaba más estrechamente relacionado con los fariseos.

26. M. A. Beavis, *Audience,* 110 señala la importancia de Isaías para la obra de Marcos en general. R. E. Watts, *Exodus* presenta un estudio significativo en torno a este tema y sugiere (88-90) que el pasaje de 1:2-3 está deliberadamente estructurado conforme al patrón bien conocido de la técnica marcana de "sandwich", y la cita de Malaquías y Éxodo fue insertada a propósito entre el texto que se le atribuye a Isaías y la cita de Isaías. De manera similar, Stock dice que la cita de Malaquías aparece enmarcada por el nombre de Isaías y las palabras de Isaías".

27. Esta relación aparece en el texto hebreo/arameo pero no en la LXX. M. Marcus, *Way,* 16, sugiere, pues, que esa relación ya había sido hecha en la comunidad de Marcos y que no fue él quien la hizo específicamente para su Evangelio griego sino que ya había sido hecha en la comunidad a la que él pertenecía.

28. J. Marcus, *Way,* 29, considera necesario defender este sentido de "preparar el camino" contra lo que él sorprendentemente llama "la [interpretación] usual", a saber, que "'el camino del Señor' en Mr. 1:3 casi siempre se interpreta en un sentido 'ético' para referirse a la manera en que el Señor quiere que se conduzca su pueblo". No recuerdo haber escuchado ese punto de vista con respecto a Mr. 1:3, y me resulta difícil creer que sea "usual". El análisis exhaustivo de Marcus sobre "el camino del Señor" en Marcos (*Way,* 29-47) pone de relieve eficazmente su carácter escatológico como el propio camino del Señor (por el cual, con un "énfasis secundario", se les pide también a las personas que anden).

Cuando se combina Éxodo23:20 con Malaquías 3:1 (véase más adelante) también existe una relación de cada pasaje con el "desierto", que en este contexto sería importante para Marcos. De hecho, Myers sugiere que al omitir esa parte de Malaquías, que prevé la aparición del Señor *en el templo*, y relacionar el pasaje con el desierto, Marcos ya está sugiriendo el cese de la vida institucional de Israel, lo cual será un tema recurrente de su Evangelio.

El pasaje de Isaías[29] que se cita está tomado de la LXX, y aparece modificado solamente por la sustitución de τοῦ θεοῦ ἡμῶν por αὐτοῦ al final. Aunque el remplazo del sustantivo por el pronombre, que no produce ninguna diferencia en la interpretación del texto, podría tener por único objeto simplificar el pasaje original, el hecho de evitar el uso directo de θεός, le permite al lector cristiano considerar que el κύριος del renglón anterior se refiere a Jesús. Sin embargo, Malaquías 3:1 sí ha sufrido una drástica alteración, en gran medida, por su fusión con el texto de Éxodo 20:23, un pasaje en el que se usa un lenguaje similar con respecto al envío con antelación por parte de Dios de un *mal ʾāk* (ἄγγελος) para preparar el camino. Las palabras ἀποστέλλω (en Mal. 3:1 LXX aparece ἐξαποστέλλω) y πρὸ προσώπου σου (en Mal. 3:1 LXX aparece πρὸ προσώπου μου en la *segunda cláusula*) se corresponden con el texto de Exodo 23:20 en la LXX, y aunque κατασκευάσει τὴν ὁδόν se acerca más al texto hebreo de Malaquías 3:1, ûpinnâ derek l*pānāy* (en la LXX se lee ἐπιβλέψεται, que depende de la interpretación del verbo como Qal y no Piel), el pronombre de segunda persona σου constituye también un reflejo de Éxodo 23:20.

Éxodo 23:20 no es una profecía de la venida escatológica de Dios sino de su favor para con Israel en el desierto, pero la semejanza de la redacción incentivó la relación de ambos pasajes también en la exégesis judía,[30] y su conexión con el desierto (a la que vuelve a hacerse referencia en la cita que sigue tomada de Is. 40:3) hizo que la combinación le resultara especialmente sugerente a Marcos en este contexto. El cambio fundamental resultante es que una profecía que en Malaquías aludía al *mal ʾāk* de Yahvé que habría de preparar el camino delante de *mí* (es decir, de Yahvé) se aplica ahora a una tercera persona un tanto indefinida, "(de) ti". En Éxodo 23:20, la variante pronominal "ti" se refería a Israel; aquí se nos deja a nosotros suponer, con nuestra perspectiva cristiana, que se trata de Jesús. Bajo esta luz, podría decirse que es muy probable que la sustitución de τοῦ θεοῦ ἡμῶν por αὐτοῦ tenga un propósito cristológico. Por consiguiente, un elemento que no apareció ni en Malaquías 3:1 ni en Isaías 40:3, a saber, la presencia de una tercera persona además de Yahvé y de su precursor, se insinúa aquí por medio de una combinación muy original de

---

29. En cuanto a la importancia de Is. 40:3 en el pensamientos judío contemporáneo, véanse J. E. Taylor, *John*, 25-29 (con especial referencia a su uso en Qumrán); R. E. Watts, *Exodus*, 82-84 (y cf. el análisis de Watts sobre el texto en su propio contexto canónico en *Exodus*, 76-82).

30. J. Mann, *Bible*, 479-80; cf. K. Stendahl, *School*, 50. Véase especialmente *Ex. Rab.* 23:20.

textos bíblicos y de un cambio aparentemente insignificante de un sustantivo por un pronombre.[31]

4 El verbo ἐγένετο aquí, cuya función es semejante a la del verbo hebreo *wayhî*, se usa para presentar una nueva escena y a un nuevo actor. No se ofrece ninguna información preliminar, ni tampoco es necesaria, para presentar a Juan. Su título y la breve reseña de su actividad en los vv. 4-6 nos dicen todo lo que debemos saber con respecto a él para los propósitos de Marcos. La confusión textual (véase la nota textual) puede explicarse mejor en función del uso que hace Marcos (y solo él) de la expresión Ἰωάννης ὁ βαπτίζων y no del título más familiar Ἰωάννης ὁ βαπτιστής que emplean Mateo y Lucas. Este uso de Marcos hizo que los copistas trataran de interpretar el verbo βαπτίζων como un participio paralelo a κηρύσσων. Si Marcos en realidad hubiera escrito ἐγένετο Ἰωάννης βαπτίζων ἐν τῇ ἐρήμῳ καὶ κηρύσσων βάπτισμα μετανοίας, no resultaría fácil entender por qué habrían surgido las lecturas alternativas. Habría sido, no obstante, una forma más torpe de expresarlo por cuanto menciona el bautismo en dos cláusulas paralelas, pero si la frase ὁ βαπτίζων forma parte del título de Juan, la oración se lee con más naturalidad. No existe ninguna razón obvia para que Marcos haya elegido el título que le da a Juan en las otras cuatro veces que aparecen en el Evangelio (6:14, 24, 25; 8:28), especialmente cuando ὁ βαπτίζων y ὁ βαπτιστής se encuentran en versículos adyacentes en 6:24, 25. Pero es posible que él usara aquí la forma participial como la más explicativa, una presentación de Juan muy práctica para un lector que tal vez nunca había oído hablar de él, y a quien el término sustantivado más formal βαπτιστής (que se emplea para referirse a Juan, tanto en el NT como en Josefo, *Ant.* 18.116, y que no aparece en ningún otro lugar) podría resultarle poco conocido.[32]

Para las connotaciones de la frase ἐν τῇ ἐρήμῳ (que refleja la cita de Is. 40:3), véase la introducción general a 1:2-13. Desde el punto de vista geográfico, el término se aplica a un área inhabitada y sin cultivar, y la referencia concreta al Jordán en el v. 5 limita las posibilidades a la zona comprendida entre el lago de Galilea y el mar Muerto.[33] Resulta difícil ser más específicos, porque había pocos poblados en toda esa región aparte de Jericó, pero la mención de grandes multitudes procedentes de Judea y de Jerusalén en el v. 5 sugiere que se trata de la parte meridional del valle, no lejos de la entrada al mar Muerto,

---

31. Véase J. Marcus, *Way*, 37-41, con respecto a la ambigüedad creativa del uso por parte de Marcos del término κύριος, que "combina sutilmente un reconocimiento de la independencia de las dos figuras con un reconocimiento de su inseparabilidad", de modo que "donde Jesús actúa, allí está actuando Dios."

32. J. K. Elliott, *TZ* 31 (1975) 14-15, alega que Marcos usó constantemente la frase ὁ βαπτίζων, y que cada vez que aparece ὁ βαπτιστής en los MSS de Marcos se trata de una corrección posterior.

33. J. E. Taylor, *John*, 42-48, analiza provechosamente la ubicación de Juan, subrayando que el área del valle del Jordán era "desértica" (no estaba cultivada) pero no era un "desierto" como el desierto de Judea al oeste del mar Muerto. (La preocupación principal de Taylor en este contexto es distanciar a Juan de Qumrán.)

y por ende, distante de Galilea. El conflicto de Juan con Antipas (6:14-18) y su muerte que, según Josefo, ocurrió en el palacio de Maqueronte al este del mar Muerto, sugiere que una parte al menos de su ministerio tuvo lugar en la ribera oriental del Jordán, en el territorio de Antipas llamado Perea. Pero no contamos con ninguna información que nos permita conocer la ubicación exacta,[34] y a Marcos le interesaba más la importancia simbólica del ἔρημος que su definición geográfica.

Marcos resume toda la actividad de la misión de Juan en la expresión condensada κηρύσσων βάπτισμα μετανοίας εἰς ἄφεσιν ἁμαρτιῶν. Esta condensación podría sugerir que el tema de su predicación era el propio βάπτισμα, pero a partir de las narraciones que tenemos acerca de Juan en el NT y en Josefo, es posible deducir que su proclamación se centraba más bien en el arrepentimiento ante la amenaza del juicio divino, y su objetivo no era simplemente lograr que la gente se bautizara, sino reunir a todos los miembros arrepentidos y restaurados del pueblo de Dios en vista de la crisis escatológica inminente.[35] El bautismo era un símbolo de arrepentimiento y pertenencia al verdadero remanente del pueblo de Dios. Pero Marcos hace hincapié especial en él como el eje de esta descripción condensada, por cuanto ese era el elemento más distintivo del ministerio de Juan, y el que le habría granjeado su popularidad.

La palabra βάπτισμα es exclusivamente cristiana y aparece por primera vez en el NT.[36] Su presencia en Romanos 6:4 demuestra que ya se usaba en los círculos cristianos antes que Marcos escribiera su Evangelio (y de hecho, no existe ninguna prueba de que jamás se haya empleado algún término alternativo para referirse a este importante aspecto del ritual cristiano), por tanto, no tenía necesidad de explicárselo a sus lectores cristianos. Desde el punto de vista histórico, el rito peculiar de Juan era un fenómeno nuevo. Los lavamientos rituales eran bastante comunes en el AT y también lo fueron cada vez más en el judaísmo posterior (véase el comentario sobre 7:3-4). Constituían un elemento prominente en la vida religiosa de Qumrán, y su importancia en el judaísmo convencional se pone de relieve por el aumento en el número de *miqwā 'ōt* (baños rituales de inmersión) que los descubrimientos arqueológicos están revelando en Jerusalén y en otros lugares de Palestina, y también por medio de un tratado completo de la Mishná titulado *Miqwā 'ōt*.[37]

---

34. R. Riesner en un estudio detallado basado en Jn. 1:28, *TynB* 38 (1987) 29-63, trata de ubicar el ministerio de Juan en la región septentrional de Transjordania (Betania).

35. Para una excelente y breve evaluación histórica de la misión de Juan, véase B. F. Meyer, *Aims*, 115-28.

36. El sustantivo βαπτισμός se lee en algunos textos médicos del siglo II d.C. y después. En el NT solo aparece en plural y se refiere (con la posible excepción de Heb. 6:2) únicamente a los lavatorios rituales fuera del bautismo. El término βάπτισμα aparece solo en singular.

37. Véase J. E. Taylor, *John*, 58-64, para un análisis interesante del concepto de "impureza", en el que la autora subraya que "no hay nada moralmente pecaminoso en cuanto al hecho de estar impuro. Nadie puede evitarlo. Contraer impurezas es algo que ocurre con bastante naturalidad en todo momento".

Todos estos, sin embargo, eran lavamientos regulares y repetidos mientras que lo que Juan proclamaba era un bautismo de iniciación único que indicara el comienzo de un nuevo compromiso.[38] Es por eso que muchos opinan que el precedente judío más probable es la purificación ritual por inmersión que recibía un gentil para convertirse en prosélito.[39] Pero el bautismo de Juan era para los judíos; pedirles que se sometieran el mismo rito de iniciación que se les exigía a los convertidos gentiles era una declaración de gran alcance en la teología de Juan sobre el pueblo de Dios, que hace recordar la teología del "remanente" de los profetas. El hecho de nacer judío no era suficiente; la única vía por la que un individuo podía contarse como un miembro del pueblo de Dios era la μετάνοια εἰς ἄφεσιν ἁμαρτιῶν.[40] El término μετάνοια no es frecuente en Marcos. Aparece únicamente aquí, y el verbo correspondiente solo dos veces, para expresar el contenido de la predicación de Jesús y de sus discípulos (1:15; 6:12). Pero aunque el término técnico tal vez no se emplee en ningún otro lugar, el tema central de una gran parte del Evangelio, especialmente en la enseñanza sobre el discipulado en 8:27–10:45, tiene que ver con la necesidad de una reorientación de los valores paradójicos del reino de Dios. De hecho, a los que ya son discípulos es a los que se les pide con mayor frecuencia esa reorientación: la "mentalidad nueva" a la que llama Jesús no se adquiere instantáneamente en el momento inicial de la conversión, sino que exige una μετάνοια de por vida. Pero es a esa revolución de actitudes y valores que Jesús invitará a la gente cuando anuncie la venida del reino de Dios, y la μετάνοια expresa acertadamente esa idea. Cabe, pues, destacar la continuidad en este respecto entre los ministerios de Juan y Jesús (y sus discípulos).

Josefo está de acuerdo en que el bautismo de Juan estaba relacionado con ἄφεσις ἁμαρτιῶν, pero ofrece un comentario interesante e instructivo sobre la naturaleza de dicha relación.[41] Juan presentó el bautismo, según Josefo, *Ant.* 18.117, como algo importante, pero no por sí mismo, sino solamente si iba precedido por un compromiso con la ἀρετή, expresada en δικαιοσύνη hacia los demás y en εὐσέβεια hacia Dios. El bautismo, pues, *no* debía usarse "para

---

38. Se ha sugerido que la comunidad de Qumrán practicaba un lavamiento iniciático cuando se incorporaban nuevos miembros a la comunidad. En 1QS 3:4 se hace referencia a una "purificación por medio de las aguas purificadoras", y en 1QS 3:9 a la "carne que es purificada por medio del rociamiento con las aguas purificadoras" en relación con alguien que entraba en la "comunidad de la verdad". No obstante, J. E. Taylor, *John*, 76-81, alega que este lavamiento inicial no era realmente iniciático "por cuanto no constituía el paso decisivo para ser incluido en la comunidad, sino solamente el resultado de una práctica de justicia que se consideraba aceptable para Dios".

39. Véase lo que dice H. H. Rowley en *From Moses to Qumran*, 211-35 y J. Jeremias, *Baptism*, 24-29. Sin embargo, continúa analizándose si la práctica ya estaba establecida a principios del siglo I. Para un resumen reciente de los argumentos, véase R. L. Webb, *John*, 122-30; el punto de vista de Webb es que la práctica se introdujo probablemente con posterioridad al año 70. J. E. Taylor, *John*, 64-69, considera posible su uso a principios del siglo I aunque no está demostrado.

40. J. E. Taylor, *John*, 84-88, ubica el origen de la teología de Juan especialmente en el libro de Isaías.

41. J. E. Taylor, *John*, 94-100, analiza la relación entre el relato de Josefo y la versión del NT.

obtener el perdón de los pecados", sino que era simplemente una señal física de pureza, "que indicaba que el alma ya había sido purificada por medio de la justicia". Esto pudiera parecer una afirmación casi protestante destinada a impedir que se le atribuya al bautismo una eficacia salvadora *ex opere operato*. Las palabras de Marcos son mucho menos cautas, y podría pensarse que presentan el ἄφεσις ἁμαρτιῶν como un resultado automático de la recepción del bautismo de Juan. Sin embargo, la palabra intermedia, μετανοίας, hace que esta deducción resulte menos convincente, y la sintaxis no permite llegar a ninguna conclusión definitiva en cuanto a la relación precisa que pudiera existir entre βάπτισμα, μετάνοια y ἄφεσις ἁμαρτιῶν en la interpretación de Marcos sobre el bautismo de Juan,[42] y mucho menos en el contexto del bautismo cristiano. De todas formas, lo que a Marcos le interesaba principalmente no era la teología sacramental de Juan, sino el papel que desempeñaba en el drama escatológico.

Es tal vez por esta razón que Marcos no se muestra doctrinalmente desconcertado en cuanto al hecho de que Jesús, el Hijo de Dios, al que repetidamente se le describe en los escritos del NT y en la ortodoxia cristiana posterior como exento de pecado, se presente para recibir un βάπτισμα μετανοίας εἰς ἄφεσιν ἁμαρτιῶν. Esto sin duda sí constituía un problema para Mateo, que no solo incluye un diálogo específico entre Juan y Jesús en torno al tema (Mt. 3:14-15) sino que también, con la omisión de esta expresión, esquiva una descripción explícita de la importancia del bautismo de Juan.

5 La descripción que hace Marcos del llamamiento general de la predicación de Juan (a pesar incluso del elemento de exageración que pudiera existir en los adjetivos πᾶσα y πάντες) concuerda con el relato de Josefo acerca de los "otros que se unieron a la multitud fuertemente conmovidos por su predicación", lo cual provocó un ataque preventivo de Antipas para impedir una revuelta popular. El hecho de que no se mencione a Galilea (ni de hecho a Perea) podría indicar que Marcos opinaba que Juan estaba bautizando hacia el extremo sur del valle del Jordán. Eso hace que la aparición de Jesús ἀπὸ Ναζαρὲτ τῆς Γαλιλαίας en el v. 9 resulte más llamativa; Jesús no formaba parte de la multitud de Judea, sino un extraño que había venido del extremo norte.

En vista de la actitud claramente negativa hacia Jerusalén en el resto del Evangelio, es importante señalar que aquí y en 3:7-8 Marcos reconoce una respuesta popular a la predicación de Juan y de Jesús entre los que habían venido de Judea. Los adversarios de Jesús en Jerusalén serán principalmente los escribas (3:22; 7:1), y el grupo tan pomposamente mencionado de οἱ πρεσβύτεροι καὶ οἱ ἀρχιερεῖς καὶ οἱ γραμματεῖς (8:31; 10:33; 11:27) que conformaban el sanedrín, mientras que ὁ ὄχλος seguía convencida de que Juan había sido un profeta (11:32), y por tanto, se mantenía potencialmente receptiva a las exigencias de Jesús como su sucesor (12:12, 37).

42. J. E. Taylor, *John*, 98, llega a la conclusión de que "el NT no describe la práctica de Juan como una inmersión para remisión de pecados (con miras al arrepentimiento), sino como una inmersión de arrepentimiento (para la remisión de los pecados)".

Sin embargo, Myers (125-26) sugiere además que con la descripción de las multitudes que venían *de* Jerusalén *al* ἔρημο el planteamiento de Marcos resulta "subversivo". "De acuerdo con la ideología nacionalista de la historia de la salvación predominante entonces, Jerusalén se consideraba el centro del mundo en el que todas las naciones habrían de reunirse un día... Marcos voltea por completo esta "idea tan difundida": lejos de emprender una peregrinación triunfal a Sion, las multitudes huyen a las márgenes del río con el propósito de arrepentirse". (Cf. en 1:2 sobre una similar nota "subversiva" al vincular Mal. 3:1 no con el templo sino con el desierto).

La forma en que se administraba el bautismo ἐν τῇ Ἰορδάνῃ ποταμῷ sigue siendo objeto de estudio. El uso de un río permanente sugiere que se necesitaba más que una cantidad simbólica de agua. La propia palabra βαπτίζω (BAGD la traduce como "bañar, sumergir", y presenta como acepciones no cristianas "zambullir, hundir, empapar, inundar) y las frases ἐν τῷ ποταμῷ aquí y ἀναβαίνων ἐκ τοῦ ὕδατος (v. 10) sugieren probablemente que se trata de una inmersión.[43] A la luz de la aparente simbología de la inmersión del bautismo cristiano (Ro. 6:3-5), parece probable que su precursor también practicara la inmersión, aun cuando el arte cristiano tradicionalmente represente a Juan derramando agua sobre la cabeza de Jesús para bautizarlo.[44] Sin embargo, no tenemos ningún testimonio sólido qué indique cuál era el método que empleaba Juan, pero tampoco es necesariamente cierto que el modo en que lo hacía fuera siempre el mismo.

De igual forma, no podemos reconstruir una práctica litúrgica basándonos únicamente en la expresión ἐξομολογούμενοι τὰς ἁμαρτίας αὐτῶν; no hay nada que indique si la confesión era en silencio o en voz alta, y en el segundo caso, a quién iba dirigida; a partir del uso del participio presente resulta arriesgado concluir siquiera que la confesión formaba parte del acto del bautismo. La expresión solo repite lo que el v. 4 ya nos había informado acerca de la importancia del bautismo de Juan.

El lavamiento ritual judío (incluyendo el bautismo de los prosélitos) era administrado normalmente por el propio individuo,[45] por tanto, el uso aquí de la voz pasiva de βαπτίζω, con un agente (ὑπ᾽ αὐτοῦ), sugiere una ruptura deliberada con lo establecido (que luego se adoptó en el bautismo cristiano;

43. Obsérvese, no obstante, el argumento de I. H. Marshall, *EQ* 45 (1973) 130-40, de que si se tiene en cuenta lo que se lee en el v. 8 acerca del "bautismo en el Espíritu Santo", cabría al menos cuestionar si la inmersión es un aspecto necesario del significado de βαπτίζω.

44. Véanse, sin embargo, las pruebas arqueológicas que presenta H. Schürmann, *Lukase-vangelium I*, 156, 176, a favor de la afusión en lugar de la inmersión como la forma primitiva del bautismo cristiano, y L. Goppelt, *TDNT*, 8.332, con respecto a la afusión como el método normal del bautismo que emplearon tanto Juan como los primeros cristianos.

45. J. E. Taylor, *John*, 50, descubre "el único paralelismo conocido fuera del NT con alguien que sumergiera a otra persona" en el relato de Josefo acerca del asesinato por ahogamiento del sumo sacerdote Aristóbulo III (*Guerras* 1.437; *Ant.* 15.55), pero cabe suponer que Taylor se refiere solamente al uso del verbo griego βαπτίζω, porque en la página siguiente ella menciona una referencia que aparece en *m. Miqw.* 8:5 a una persona que sumergió a otra en el agua.

cf. Jn. 4:1-2, cf. también la formulación categóricamente activa en el v. 8, ἐγὼ ἐβάπτισα ὑμᾶς). Esto refuerza aún más la importancia especial del bautismo de Juan, y el rol profético del propio Juan.[46]

6   La descripción de las vestiduras y de la dieta de Juan reafirma aún más su imagen profética.[47] La oración ζώνην δερματίνην περὶ τὴν ὀσφὺν αὐτοῦ es una cita casi literal de 2 Reyes 1:8, donde se describe el atuendo característico de Elías, mientras que la expresión anterior, ἐνδεδυμένος τρίχας καμήλου, aunque no repite las palabras de LXX en ese versículo, sí constituye una traducción probable de la expresión hebrea ʼîš baʽal śēʼār ("un hombre caracterizado por el pelo") como un individuo que usaba un manto hecho de pelos de animales.[48] A Juan, pues, se le presenta (¿y pretendía presentarse a sí mismo?), al menos, como un profeta (Zac. 13:4), y muy probablemente como el Elías que habría de regresar.[49] A la luz de 1:2, esto es con toda probabilidad a lo que Marcos deseaba referirse con su cita de Malaquías 3:1, porque ese texto solía leerse junto con Malaquías 3:23-24 (EVV 4:5-6), la profecía de la venida escatológica de Elías.[50] Solo en 9:13 Marcos se aventurará a hacer una identificación explícita de Juan con Elías (aunque cf. el nexo entre ambos 8:28), pero ya existía un indicio inconfundible de esta interpretación de su función.

La dieta de Juan, aunque sencilla y monótona, era nutritiva. Las ἀκρίδες eran los únicos insectos que la ley mosaica permitía que se usaran en la alimentación humana (Lv. 11:20-23; cf. CD 12:14-15 para su uso como alimento en Qumrán, asadas o hervidas); todavía se consumen con deleite en los países de donde son oriundas.[51] No hay ninguna base en el idioma griego que justifique la noción tradicional (nacida sin duda de ciertos recelos occidentales) de que el término aquí no se refiere a las langostas sino al algarrobo o a las algarrobas (de ahí su nombre "el pan de San Juan"). Juan sin duda era un asceta, pero no era vegetariano. Su dieta representa un esfuerzo por vivir, al igual que hizo Banus

---

46. Véase R. L. Webb, *John*, 179-83, para un análisis completo sobre la forma del bautismo de Juan.

47. Stock, 49, ofrece comentarios interesantes sobre la importancia simbólica de las vestiduras en la narración de Marcos.

48. Muchos comentaristas han tomado el término śēʼār como una referencia a su atuendo, porque no es probable que un cinturón haya sido su único atuendo o la pieza más llamativa del mismo. El manto de Elías era un elemento importante de su equipaje (1Re. 19:13, 19; 2Re. 2:8-14), y un manto de pelo constituía la vestidura profética estándar (Zac. 13:4). Véase además M. Hengel, *Leader*, 36 n. 71. Sin embargo, la LXX toma ʼîš baʽal śēʼār como una referencia a su aspecto personal, ἀνὴρ δασύς, un hombre velludo.

49. J. E. Taylor, *John*, 34-38, alega que el pelo de camello indicaba que Juan estaba vestido de cilicio como símbolo de arrepentimiento y no una relación con Elías. Pero véase la siguiente nota.

50. J. E. Taylor, *John*, 213-14, sugiere que la ubicación del ministerio de Juan simplemente al otro lado del Jordán en Jericó tenía un significado especial porque ese era el lugar desde donde Elías había ascendido al cielo (2Re. 2:4-12), y por ende, tal vez el lugar donde tal vez se esperaba que volviera a aparecer.

51. P. Bonnard, *Matthieu*, 34, ofrece orientaciones culinarias. Para su valor nutricional, véase G. S. Cansdale, *Animals*, 242-44.

en la misma área algunos años después, de "alimentos que crecen silvestres" (es decir, vivir de la tierra) (Josefo, *Vida* 11).[52]

7 El tema de la predicación habitual de Juan ya se indicó en el v. 4, pero aquí Marcos añade un elemento más específico que nos lleva al centro de lo que, en su opinión, convierte el ministerio de Juan en el ἀρχὴ τοῦ εὐαγγελίου Ἰησοῦ Χριστοῦ y no, como dice Josefo, en un movimiento de interés por sí mismo. La expresión ὁ ἰσχυρότερός μου no resulta muy específica, aunque no cabe duda de que, en cierta forma, denota superioridad. El adjetivo ἰσχυρός es un término tan general como "poderoso" en español, por tanto, le corresponde al contexto determinar la naturaleza de su superioridad. El contexto ofrece dos pistas: la primera es la imagen del esclavo que desata la correa del calzado de su amo, una metáfora social que deja sin explicar de qué superioridad se trata;[53] y la segunda es el contraste entre dos niveles de bautismo (v. 8), que centra la cuestión en la naturaleza y la eficacia espiritual de la misión del recién llegado.

El lector cristiano no tiene dificultad en reconocer en este ἰσχυρότερος una referencia a Jesús, y según hemos visto en las variaciones textuales introducidas en las citas de la escritura en los vv. 2-3, es probable que Marcos quisiera que sus lectores lo interpretaran de esa manera. Pero vale la pena repetir que no cabría esperar que ni los pasajes del AT citados en los vv. 2-3 como modelos de la función de Juan como precursor se refirieran a una figura *humana,* ni el papel específico que él le asigna al ἰσχυρότερος en el v. 8. En Malaquías 3:1 y en Isaías 40:3, es Yahvé quien sigue al precursor, y según el pensamiento veterotestamentario, es el propio Yahvé quien derramará su Espíritu en los postreros días (Is. 32:15; 44:3; Ez. 36:26-27; 39:29; Jl. 3:1-2 [EVV 2:28-29], etc.). Resulta muy revelador para la cristología fundamental del Evangelio de Marcos que él permita que las palabras del Bautista, que en sí mismas aluden directamente a la venida de Dios, se interpreten como una referencia al Jesús humano. Para Marcos, al parecer, la venida de Jesús *es* la venida escatológica de Dios. El título de υἱὸς θεοῦ que él incluye en su encabezamiento demuestra ya que es más que un simple sinónimo de Χριστός; los acontecimientos que siguen a la entrada en escena de Jesús en el v. 9 lo pondrán claramente de manifiesto.

Por el momento, sin embargo, el que ha de venir no se sabe quién es (y seguirá así para los actores en la narración, puesto que las revelaciones en los vv. 10-13 no están al alcance de todos, solo el entendimiento privilegiado del lector puede tener acceso a ellas). En el contexto narrativo, cabe suponer

52. J. E. Taylor, *John,* 34, 40-41, llama la atención sobre las similitudes que existen entre el ascetismo de Juan y el de Banus, y sugiere que es posible que Banus "tuviera conocimiento del ejemplo de Juan y lo imitara".

53. Una de las funciones que realizaba el esclavo era la de desatar la correa del calzado de su amo. Sin embargo, para un esclavo hebreo se consideraba demasiado humillante (*Mek. Ex.* 21:2), y se excluía específicamente de los demás deberes penosos que tenía a su cargo el discípulo de un rabino (*b. Ket.* 96a). Juan se coloca por debajo de ambos (no es digno de hacer lo que para ellos sería demasiado degradante) en relación con el ἰσχυρότερος.

que las palabras enigmáticas de Juan se interpretarían como una profecía de la venida escatológica de Dios; solamente a los lectores de Marcos se les ha dado un indicio de que hay un ἰσχυρότερος humano esperando en el trasfondo. Sin embargo, existe una delicada ambigüedad con respecto a la frase ὀπίσω μου. Por lo general se interpreta en un sentido temporal, "después de mí", y aunque este es un significado posible de ὀπίσω, no es la acepción que suele dársele, especialmente si se usa con el genitivo de una persona y sigue al verbo ἔρχομαι. Esta colocación es frecuente en el NT, y se convierte casi en un término técnico para el discipulado, análogo a ἀκολουθέω (Véanse, p. ej., 1:17, 20; 8:34; Mt. 10:38; Lc. 21:8; Jn. 12:19). Esta intrigante frase se usa para referirse a la relación de Jesús con Juan el Bautista no solo aquí y en el pasaje paralelo de Mateo (3:11), sino también en Juan 1:15, 27, 30. Sobre esta base parece probable que los escritores del NT, conscientes de la relación entre Juan y Jesús antes que Juan fuera encarcelado, estuvieron dispuestos a describir a Jesús como el "discípulo" de Juan[54] —con la intención, por supuesto, de aclarar inmediatamente que, en este caso, el discípulo era mayor que su maestro. Existiría entonces una notable ironía en el v. 7, "¡mi discípulo, a quien no soy digno de desatar la correa de su calzado!". No ha habido nada, desde luego, en la narración de Marcos hasta aquí que indique ese tipo de relación entre Juan y Jesús, y Jesús entrará en escena en el v. 9 aparentemente como un extranjero procedente de una provincia lejana. Sin embargo, a la luz del relato del cuarto Evangelio acerca de los vínculos entre Juan y Jesús (¿y la mención de Lucas acerca del parentesco entre ambos?) que ese tipo de matiz sí podría percibirse en ὀπίσω μου. Un lector de Marcos que ignorase por completo esta tradición más amplia solo podría atribuirle a la frase una connotación temporal.

8 El aoristo ἐβάπτισα se explica a veces como un semitismo, teniendo en cuenta el uso hebreo del tiempo perfecto con un significado presente. Otros sugieren que refleja el reconocimiento por parte de Marcos (¿o de Juan?) de que con la venida de Jesús, el ministerio de Juan ha llegado ahora a su fin. Tal vez resulte más natural entenderlo, en el contexto de la narración, simplemente como el tiempo verbal correcto que Juan tenía que usar para dirigirse a los que acababa de bautizar.

El contraste entre el bautismo en agua que administraba Juan y el bautismo en el Espíritu que será la función del que habrá de venir es un tema recurrente en el NT (véanse Mt. 3:11; Lc. 3:16; Jn 1:33 [cf. 1:26-27, 31]; Hch. 1:5; 11:16; 19:1-6). La implicación en cada caso es que el bautismo en agua es un rito preliminar, de menor importancia; el bautismo en el Espíritu es el auténtico, para el cual el bautismo en agua de Juan solo prepara el camino, y sin el cual el

---

54. Así, p. ej., K. Grobel, *JBL* 60 (1941) 397-401; C. H. Dodd, *Historical Tradition*, 272-74; J. A. T. Robinson, *Priority*, 182-83. J. R. Michaels, *Servant*, 19-22, sugiere de una manera bastante melodramática que los evangelistas sinópticos consideraron que la posición de Jesús como discípulo de Juan era un bochorno (de ahí la omisión de toda referencia a la administración del bautismo por parte de ambos, Jn. 3:22-24; 4:1-2), pero Juan "rompió el pacto de silencio"; la presencia de la frase ὀπίσω μου en Marcos y en Mateo apenas concuerda con este punto de vista.

ministerio de Juan está incompleto. Aunque la distinción entre el bautismo de Juan y el bautismo cristiano en agua es muy clara (por lo que en Hch. 19:1-6 fue preciso complementar el primero con el segundo, y no solo con la recepción del Espíritu), el hincapié que hacen los escritores neotestamentarios en el contraste, expresándolo en términos de agua y Espíritu y no en términos del agente del bautismo, sugiere que su intención era dar a entender que incluso el bautismo cristiano en agua por sí mismo resulta inadecuado.

El "agua" y el "Espíritu Santo" no son, por naturaleza, contrarios. Uno es físico, el otro espiritual, para que al menos esa antítesis nos haga prestar atención al contraste entre el acto externo del lavamiento y un cambio que tiene lugar en un plano más "interno" (cf. el contraste entre la carne y el Espíritu en Jn. 3:1-8, donde la combinación del agua con el Espíritu en el v. 5 también le recuerda con una fuerza irresistible al lector la controversia entre el bautismo en agua y el bautismo en el Espíritu en 1:26-33). El bautismo en agua en forma aislada se mantiene en el plano de la "carne". Pero no es probable que el lector cristiano se conforme con un simple contraste entre lo externo y lo interno; la referencia al πνεῦμα ἅγιον le añade inevitablemente otra dimensión a la predicción de Juan. Su origen, como ya se dijo con anterioridad, se remonta a la esperanza profética de que en los postreros días Yahvé "derramaría" su Espíritu sobre su pueblo. No se trata simplemente de una esperanza de renovación espiritual, sino de la presencia activa del propio Dios en medio de su pueblo. Decir que alguien que es capaz de trasmitir de ese modo la presencia de Dios es ἰσχυρότερος que Juan es una descripción insuficiente.

Βαπτίζω es una palabra que lógicamente debe emplearse en relación con el agua: su origen como una forma intensiva de βάπτω, "mojar", se refleja en el uso que normalmente se le da como "sumergir, inundar, empapar", y según vimos ya, es probable que el bautismo de Juan implicara una inmersión literal, o al menos meterse, en el agua. Pero, al parecer, no resulta tan natural usar el término en una metáfora con πνεῦμα ἅγιον, porque no es fácil imaginar al Espíritu Santo como un estanque o como un río. El lenguaje veterotestamentario con respecto al "derramamiento" que lleva a cabo el Espíritu, sin embargo, indica que las metáforas de "líquidos" no se consideraban inadecuadas para el Espíritu, y un uso similar se encuentra en 1QS 4:20-22. Hay otros pasajes en el NT en los que también se emplea el agua para referirse al Espíritu, ya sea derramada o bebida (Jn. 7:37-39; Hch. 2:33; 10:45; 1Co. 12:13; Tit. 3:5-6). Esto indica que la metáfora es quizás menos sorprendente de lo que al principio podríamos pensar, pero ninguna de estas referencias al Espíritu Santo por medio de "líquidos" admiten fácilmente la idea de mojar o de sumergir.[55] Es posible, pues, que debamos recurrir al uso secular ocasional del verbo βαπτίζω con el sentido más amplio (metafórico) de "inundar", sin dar a entender una

---

55. Véase, no obstante, el comentario de J. E. Taylor, *John*, 140, de que en 1QS 4:20-21 "intuimos que el "rociamiento" implica un empapamiento muy completo en el espíritu. No es una leve salpicadura". Taylor sugiere que Juan está pensando aquí en un "aguacero torrencial del cielo".

inmersión literal.[56] Sin embargo, es quizás más probable, que el uso de este verbo dependa más de la formulación de la antítesis que de cualquier sentido metafórico natural. En ese caso, sería peligroso sacar cualquier conclusión teológica con respecto a la naturaleza de la experiencia cristiana del Espíritu a partir del uso del verbo βαπτίζω.

De manera similar, no debemos forzar el alcance de la preposición para atribuirle la función de presentar una descripción casi gráfica de los seguidores de Jesús "inmersos en" el Espíritu Santo. La variedad de usos de ἐν es demasiado amplia para llegar a esas conclusiones exegéticas tan específicas. Si la nota textual anterior es correcta cuando lee ἐν antes de πνεύματι ἁγίῳ pero no antes de ὕδατι, y si este segundo dativo debe considerarse instrumental, entonces la preposición ἐν probablemente debería tomarse en un sentido similar (aunque lo que eso significa en el caso del Espíritu Santo no sea inmediatamente obvio). La antítesis no hace hincapié en el verbo βαπτίζω ni en sus nexos sintácticos, sino en el contraste entre el agua y el Espíritu Santo, y en los dos niveles diferentes de eficacia que ellos representan en los ministerios de Juan y de su sucesor.

No es conveniente, pues, buscar un momento específico en el que la predicción del v. 8b se haya cumplido. Aunque los acontecimientos de Hechos 2 manifiestan claramente el cumplimiento de la misma, la nueva relación con Dios predicha por Juan como el don de su sucesor se hizo realidad a lo largo de toda la experiencia del movimiento cristiano primitivo y no solo en los sucesos de aquel día.

Marcos 1:8 y los pasajes paralelos no esclarecen mucho el concepto pentecostal moderno de un "bautismo en el Espíritu" que experimentan algunos cristianos después de su conversión como una segunda etapa en el discipulado. Cabe destacar que los únicos pasajes en el NT en los que aparece la frase βαπτίζω ἐν πνεύματι ἁγίῳ[57] (el sustantivo βάπτισμα no se usa nunca a tal efecto) son los que contrastan este bautismo con el bautismo en agua que practicaba Juan (Mt. 3:11; Mr. 1:8; Lc. 3:16; Jn. 1:33; Hch. 1:5; 11:16). Por tanto, la referencia inmediata no es a una segunda etapa de la experiencia cristiana, sino a la auténtica experiencia cristiana en contraposición con la experiencia preliminar (precristiana) representada por el bautismo en agua de Juan. Esto sugiere que, más allá del valor que pueda tener este modelo pentecostal para la experiencia cristiana, no resulta adecuado usar el término "bautismo en el Espíritu" en este respecto, y Marcos 1:8 y los demás pasajes que aluden al hecho de bautizar en el Espíritu Santo no constituyen las razones correctas para tratar de fundamentar ese fenómeno en el NT.

---

56. Así I. H. Marshall, *EQ* 45 (1973) 137-40.

57. La inclusión de ἐν en Marcos 1:8 es probable pero no segura: véase la nota textual anterior. El lenguaje de 1Co. 12:13 es más complejo: si bien la frase ἐν ἑνὶ πνεύματι probablemente se refiere al Espíritu Santo (al igual que la expresión que sigue ἓν πνεῦμα ἐποτίσθημεν), la frase εἰς ἓν σῶμα que aparece entre ἐν ἑνὶ πνεύματι y ἐβαπτίσθημεν le resta claridad a la referencia al "bautismo en el Espíritu Santo".

La declaración del Hijo de Dios (1:9-11)

NOTA TEXTUAL

Como cabe esperar, existen algunos MSS y distintas versiones que tratan de asimilar el texto de Marcos al texto paralelo y más conocido de Mateo (ἠνοιγμένους por σχιζομένους; ἐπ' αὐτόν por εἰς αὐτόν; ἐν ᾧ por ἐν σοί, pero, curiosamente, en ningún MSS significativo se lee οὗτός ἐστιν en lugar de σὺ εἶ ο.

11. La ausencia del verbo ἐγένετο después de φωνή en ℵ* D Θ y en unos cuantos MSS latinos antiguos dejaría al sustantivo φωνή como un sujeto sin verbo (a menos que se añada ἠκούσθη, como en Θ); su omisión también podría deberse a un esfuerzo por asimilar el texto al de Mateo 3:17, donde, sin embargo, la presencia de ἰδού hace que la carencia de un verbo resulte menos difícil.

El subtítulo que normalmente se le asigna a esta perícopa es "el bautismo de Jesús". Sin embargo, el bautismo en sí se describe en forma escueta en el v. 9, mientras que el resto de la perícopa se dedica a hacer una descripción de lo que Jesús vio y oyó inmediatamente después. Dentro del ámbito del prólogo de Marcos, estas revelaciones son las que revisten una importancia capital y constituyen el punto álgido de la presentación del prólogo sobre la verdadera identidad de Jesús el Mesías. El único pasaje en el resto del Evangelio que ofrecerá una visión igualmente excelsa de Jesús es la historia de la transfiguración, en la que volverá a oírse la voz de Dios declarando la identidad de Jesús con palabras casi idénticas a las de 1:11, con la diferencia significativa de que irán dirigidas entonces a tres de los discípulos de Jesús, y no, como aquí, al propio Jesús.

En este respecto, el relato de Marcos sobre el bautismo de Jesús difiere del que se lee en los otros tres Evangelios. Mateo no dice que Jesús *vio* los cielos abiertos y al Espíritu que descendía, sino que ellos *fueron* abiertos; y mientras que la voz celestial en Marcos se dirige a Jesús en segunda persona, en Mateo es una declaración acerca de Jesús en tercera persona, sugiriendo con ello que Juan, por lo menos, la hubiera oído. Lucas, al igual que Marcos, presenta la declaración en segunda persona, pero él también, al igual que Mateo, afirma que los cielos *fueron* abiertos, y además, que el Espíritu descendió sobre Jesús σωματικῷ εἴδει ὡς περιστεράν, sugiriendo de nuevo un acontecimiento visible, al menos potencialmente, para otras personas además de Jesús. En el cuarto Evangelio la naturaleza "pública" de la experiencia es aún más explícita, por cuanto oímos a Juan el Bautista describiendo cómo vio al Espíritu que descendía sobre Jesús, y sacó las conclusiones adecuadas (Jn. 1:30-34). Los otros Evangelios presentan entonces, de diferentes maneras, lo que ocurrió después del bautismo como una revelación que recibió al menos Juan, y virtualmente los demás. En Marcos no hay señales de esto. Se hace referencia a ella puramente como una experiencia *de Jesús*, que Marcos expone para beneficio de sus lectores, pero a la que ninguno de los demás actores en la escena tiene acceso, ni siquiera, al parecer, Juan.

La revelación consta de tres partes. La "ruptura" de los cielos indica vívidamente la dimensión sobrenatural de la verdad acerca de Jesús que va a ser declarada. El descenso del Espíritu lo distingue como el que ha sido ungido para anunciar las buenas nuevas y confirma la presencia y el poder divinos en su misión. Y la voz, que evoca temas mesiánicos veterotestamentarios, le encarga emprender la tarea divina que le ha sido asignada, pero también, y lo que es mucho más importante, lo identifica como el Hijo de Dios por medio del título que Marcos ya había introducido en 1:1. Cuando haya cumplido su tarea en la cruz, se producirá de nuevo una "ruptura" (el mismo verbo, σχίζω) ἀπ᾽ ἄνωθεν, y se declarará de nuevo la identidad de Jesús como "Hijo de Dios", aunque en este caso por medio de una voz muy diferente e inesperada (15:38-39).[58] Pero en el pasaje que nos ocupa ahora, esta dimensión de la misión de Jesús se le da a conocer solamente a él (y a nosotros, cuando leemos el relato de Marcos).

Puesto que esta es la primera vez que Marcos presenta a Jesús en su narración, no tenemos ningún indicio del conocimiento que él pudiera haber tenido de su misión o de su relación exclusiva con Dios antes de su bautismo. El tema, sin embargo, sí reviste interés para nuestros esfuerzos por escribir la biografía del Jesús histórico y para el análisis cristológico. Pero Marcos no ofrece ninguna información de lo que sucedió antes de este momento. Se centra solamente en lo que está por venir. A partir de su bautismo, independientemente de lo que haya ocurrido antes, Jesús es consciente de que él es Χριστός e υἱὸς θεοῦ, y la narración de Marcos permitirá que sus lectores comprendan esas verdades que se desarrollan en la escena terrenal, y evalúen con este conocimiento privilegiado las respuestas del resto de los actores de la historia que todavía no han recibido esta revelación.

9 La expresión καὶ ἐγένετο seguida de un verbo principal (ἦλθεν) es una construcción semítica, desconocida fuera del griego bíblico, y se deriva del término hebreo *wayhî*. (La frase ἐν ἐκείναις ταῖς ἡμέραις tiene un tono igualmente formal y "bíblico"; Marcos continúa la tradición de los grandes cronistas de los hechos de Dios en el AT). Καὶ ἐγένετο le da paso a otra fase de la historia y, en este caso, presenta un nuevo actor del drama. Las palabras de Juan, y las profecías veterotestamentarias que se emplearon para presentarlo, nos han llevado a esperar al ἰσχυρότερος que ha de venir, pero su nombre todavía no se ha mencionado (excepto en el encabezamiento). Pero ahora llega e irrumpe en la escena tan abruptamente como Elías en 1 Reyes

---

58. Teniendo en cuenta que dos de los tres elementos de 1:10-11 parecen repetirse en 15:38-39, resulta tentador ver también el tercero, el descenso del Espíritu, implícito en el verbo ἐξέπνευσεν en 15:37, 39. (H. M. Jackson [30-31] y S. Motyer [155-157] establecieron esta relación en forma independiente en dos artículos en *NTS* 33 [1987]; cf. también J. Marcus, *Way*, 57.) Esa interpretación, sin embargo, le atribuye demasiada importancia a la etimología del verbo y podría engendrar complicaciones doctrinales (¿abandonó acaso el Espíritu a Jesús en la cruz?) que no hay indicios de que Marcos pretendiera plantear.

17:1, sin más indicación de su origen humano y de su estatus que el simple calificativo de "tisbita de Galaad". De manera similar, Jesús viene ἀπὸ Ναζαρὲτ τῆς Γαλιλαίας, pero no tenemos ninguna otra información acerca de su origen ni de su estatus social (6:3 la complementará con escasos detalles). Hasta cierto punto, sin embargo, esta pequeña frase resulta bastante llamativa porque no es sin duda el epíteto adecuado para uno que es ἰσχυρότερος. En contraste con el resto de la multitud procedente de Judea y de Jerusalén (v. 5), Jesús viene del norte. En la Introduccion[59] observamos la desconfianza mutua que existía entre Judea y Galilea, en especial cuando estaba en juego algún asunto religioso. El pasaje de Juan 7:40-52 ilustra el rechazo instintivo por parte de los judíos de la idea de que un profeta viniera de Galilea, y mucho más de la posibilidad de que el Mesías pudiera venir del norte. Y en lo que respecta a Nazaret, era una aldea tan insignificante que pocas personas en el sur habían oído hablar de ella (no se menciona en el AT, ni en el Talmud ni en Josefo), e incluso un galileo como Natanael descartó esa posibilidad con desdén. Ἐκ Ναζαρὲτ δύναταί τι ἀγαθὸν εἶναι (Jn. 1:46). Los estudios académicos recientes reconocen cada vez más la magnitud del desacuerdo, y de hecho, la hostilidad, entre las dos provincias.[60] En 14:67, 70 se hará patente que, desde el punto de vista de Jerusalén, el movimiento de Jesús se consideraba un movimiento distintivamente galileo. Entre la multitud de los sureños que acudían a Juan, Jesús ἀπὸ Ναζαρὲτ τῆς Γαλιλαίας, era, al parecer, un candidato poco probable para el papel del ἰσχυρότερος.

La otra paradoja que resulta llamativa es que Jesús, tras haber entrado en la escena, inmediatamente ἐβαπτίσθη [...] ὑπὸ Ἰωάννου. Juan anunció la llegada de uno que vendría a bautizar (v. 8), y con un tipo de bautismo que Juan no podía igualar. Sin embargo, ahí está él, siendo bautizado por Juan. Mateo 3:14-15 intentará resolver este rompecabezas, pero Marcos se conforma con dejar la paradoja bruscamente planteada por medio de la yuxtaposición de los vv. 8 y 9 sin dar ninguna explicación. (Cf. sobre el v. 4 donde Marcos no se avergüenza al hablar de la aceptación por parte de Jesús de un βάπτισμα μετανοίας εἰς ἄφεσιν ἁμαρτιῶν).

Algunos comentaristas han especulado acerca de la importancia del bautismo de Jesús, y normalmente han explicado el hecho (y tal vez sea correcto) sobre la base teológica de la necesidad de que el Salvador se identificara con los que vino a salvar (añadiendo a veces la perspectiva tomada de Is. 53 de que él debía ocupar nuestro lugar cargando con nuestros pecados) o sobre la base más histórica de que al aceptar el bautismo, Jesús se identificaba con la ideología del movimiento del Bautista que debía ser la plataforma de lanzamiento para su propio movimiento, y emitir así con su bautismo un "voto" a favor de la

---

59. Véanse las págs. 34-35.

60. Un buen ejemplo fue el de G. Vermes, *Jew*, ch. 2. Cf. también E. M. Meyers y J. F. Strange, *Archaeology*, 31-47. S. Freyne, *Galilee from Alexander*, ofrece un relato completo, y en su obra "*Galilee, Jesus and the Gospels*" aplica su investigación más directamente al NT.

visión de Juan de un pueblo de Dios restaurado. Pero esas explicaciones no cuentan con ninguna base obvia en el texto de Marcos. Sin embargo, U. Mauser[61], seguido de cerca por Lane, sí sugirió esa base textual. Mauser señala la observación que hace Lohmeyer de que los vv. 5 y 9 están "genau gleich gebaut" [construidos exactamente de la misma manera] y destaca la analogía de su formulación (un verbo de movimiento [ἐξεπορεύετο/ἦλθεν] — un sujeto geográficamente definido [πᾶσα ἡ Ἰουδαία χώρα καὶ οἱ Ἱεροσολυμῖται πάντες /Ἰησοῦς ἀπὸ Ναζαρὲτ τῆς Γαλιλαίας] — siendo bautizados — por Juan — en el Jordán). Los contrastes son llamativos, pero deliberados (muchos/uno; Judea/Galilea); la analogía de la formulación indica que el uno toma el lugar de los muchos. Por consiguiente, para Marcos, Jesús "no se divorcia de los pecados de su pueblo, sino que está estrechamente relacionado con ellos". Aunque el argumento es ingenioso y teológicamente atractivo, cabría preguntar si esa ingenuidad les resultó lo bastante clara a los lectores de Marcos para darse cuenta del mensaje, o si solo estuvo presente en la mente de Marcos. Cuando el lector llegue al v. 9, el contexto inmediato será la predicción de Juan de aquel que ha de venir, y lo más probable es que ἦλθεν en el v. 9 sea un reflejo del verbo ἔρχεται del v. 7 y no del verbo ἐξεπορεύετο del v. 5. Nuestra atención se centra ahora en la venida del ἰσχυρότερος y no en la multitud de los que vienen de Judea. De este modo, la paradoja del bautizador bautizado (y del ἰσχυρότερος con las credenciales equivocadas) se pone de relieve con toda su crudeza, sin mitigaciones teológicas.[62]

10 Aquí aparece por primera vez el adverbio característico de Marcos, εὐθύς, que repite 11 veces en el capítulo 1 y 37 veces en la narración del Evangelio en general, y suele usarse para presentar un nuevo acontecimiento o una nueva fase dramática dentro de un episodio. (Los demás evangelistas también lo emplean, o más comúnmente la forma adverbial más correcta εὐθέως, con mayor moderación). El adverbio aumenta la fuerza gráfica de la narración y mantiene al lector o al oyente alerta y pendiente del desarrollo dramático de la historia. Aquí, junto con la expresión ἀναβαίνων ἐκ τοῦ ὕδατος, relaciona estrechamente la visión de Jesús con su bautismo: una cosa conduce directamente a la otra. Es como si el paso decisivo de identificarse a sí mismo con el movimiento de restauración de Juan pusiera de manifiesto su propio papel e identidad. Su sumisión al bautismo de Juan se convierte en la ocasión de su nombramiento como aquel para quien Juan ha estado preparándonos.[63]

La ruptura de los cielos es un tema que se utiliza con frecuencia en la

---

61. U. Mauser, *Christ*, 93-95.

62. Hooker sugiere que el uso metafórico de βαπτίζω en 10:38-39 indica que el bautismo de Jesús debe considerarse relacionado con su muerte. Aquí tampoco se hace ninguna objeción a la teología implícita, pero Marcos no da ninguna pista obvia de esa relación en este punto, a menos que supongamos que sus lectores ya estaban tan familiarizados con este simbolismo que cualquier mención del bautismo la evocaba forzosamente.

63. Pesch, 1.90, sugiere que la relación entre ἀναβαίνων y καταβαῖνον tiene por objeto indicar que "la dotación mesiánica de Jesús no procede del bautismo en agua de Juan sino del cielo".

literatura bíblica y en general (judía y pagana) para referirse a una visión que trasciende la dimensión terrenal (Ez. 1:1; Jn. 1:51; Hch. 7:56; 10:11; Ap. 4:1; 19:11).[64] La visión de Ezequiel, también junto a un río (y, según la exclusiva interpretación de la oración inicial del libro, a la edad de treinta años; cf. Lc. 3:23), presenta una sugerente analogía veterotestamentaria, en la que una visión de Dios y una voz divina le encargaron su rol profético. Pero el verbo que normalmente se emplea en esas visiones es ἀνοίγω, que también aparece en los paralelismos sinópticos aquí. El uso por parte de Marcos del verbo σχίζω es vívido e inesperado. Es posible que lo eligiera simplemente por el impacto dramático que produce, que es considerable. Pero también se han sugerido dos razones más. La primera es la posibilidad que se mencionó anteriormente de que Marcos quisiera relacionar este episodio con el único otro pasaje de su Evangelio donde también se usa el verbo σχίζω para referirse a la ruptura del velo del templo, a saber, 15:38, una revelación llamativamente diferente, aunque no menos importante, del Hijo de Dios en el otro extremo de su ministerio terrenal. La segunda razón es que la misma metáfora aparece en la oración de Isaías 63:19 (EVV 64:1), para que Dios "rasgue los cielos y descienda" mediante una intervención sobrenatural para restaurar el bienestar de su pueblo; pero aunque el verbo hebreo *qāra'* se traduciría muy bien como σχίζω, la LXX en realidad usa ἀνοίγω, para que la alusión pudieran entenderla solo los que conocían Isaías en hebreo.[65]

El segundo elemento de la visión de Jesús (καταβαῖνον regido también por εἶδεν) es el descenso del Espíritu, que cumple la esperanza de los profetas de una figura mesiánica dotada del Espíritu de Dios (Is. 11:2; 42:1; 61:1). Este es, por supuesto, un aspecto de la profecía diferente del que se refleja en el v. 8, sobre el derramamiento general del Espíritu de Dios sobre su pueblo. Concuerda mejor con el concepto de que el Espíritu prepara a algunas personas especiales para que lleven a cabo tareas especiales, como ocurre con 1 Samuel 16:13 (cf. Jue. 3:10; 6:34, etc.). La combinación de este don del Espíritu con el concepto de la unción en Isaías 61:1 (como en 1Sa. 16:13) constituye un rasgo particularmente adecuado de la misión de Jesús el Χριστός (v. 1).

64. Para un análisis más amplio del tema en la literatura de esa época, véase F. Lentzen-Deis, *Bib* 50 (1969) 301-27.

65. En *Exodus*, 102-8, R. E. Watts analiza los antecedentes de Is. 63. C. Perrot, *Jésus*, 184, 198 n. 17, sugiere que la perícopa completa acerca del bautismo se basa en una lectura midrásica de Is. 63: subiendo del agua y recibiendo el Espíritu, Is. 63:11; la ruptura de los cielos, Is. 63:19; el descenso del Espíritu, Is. 63:14 (solo en la LXX); la designación de 'hijo', Is. 63:8. (Perrot explica que la paloma de la que se habla en el Pseudo Filón hace referencia a Jesús como "le prophète à la colombe"). Hay algunos eslabones débiles en esta cadena, que en su totalidad es ingeniosa pero no convincente. J. Marcus, *Way*, 49-50, propone un conjunto similar aunque más prudente de textos relacionados con Is. 63, y sigue (*Way*, 56-58) el ejemplo de Lohmeyer cuando alega, a partir de estos antecedentes, que la narración acerca del bautismo en Marcos debe interpretarse como una "teofanía apocalíptica", perceptible hasta ahora solo para Jesús, pero a la que Marcos hace referencia para que sus lectores puedan reconocer "que en el bautismo de Jesús la teofanía escatológica predicha en el Antiguo Testamento se ha cumplido".

En tres de las seis referencias de Marcos al Espíritu Santo aparece la frase completa τὸ πνεῦμα τὸ ἅγιον (3:29; 12:36; 13:11); en 1:8 encontramos πνεῦμα ἅγιον sin ningún artículo, pero aquí en el v. 12 dice simplemente τὸ πνεῦμα, como ocurre a menudo en el NT. Este uso absoluto aquí se interpreta mejor como una anáfora (así BAGD 676b, 5.d.α), el Espíritu es el que fue presentado en la predicción de Juan. El que debe bautizar con el Espíritu Santo es preparado para esa tarea cuando el Espíritu desciende εἰς αὐτόν.

La variedad de significados de la preposición εἰς permite considerarla aquí un tanto diferente de la preposición ἐπί que aparece en los pasajes sinópticos paralelos (cf. Jn. 1:32-33); el significado literal "en [entró en]" carecería de sentido (p. ej., Mt. 27:30; Lc. 15:22; 24:5), y no sería fácil imaginar una interpretación más literal, "adjetival", de ὡς περιστεράν en este caso (véase más adelante). Es sin duda posible que la elección de esta preposición por parte de Marcos tuviera una base más teológica: del mismo modo que otros escritores neotestamentarios hablan del Espíritu "que mora en" los creyentes, así también él viene a Jesús no solo para prepararlo temporalmente para una tarea específica, sino como una presencia permanente en su vida. Sin embargo, no sería prudente sacar conclusiones de gran alcance a partir de un simple uso de una preposición tan común y amplia, especialmente si tenemos en cuenta los siguientes veredictos académicos: "A la luz de la forma en que Marcos la usa en otros lugares, esto casi significa que "[entró] *en* él", prefiriéndose deliberadamente εἰς a ἐπί";[66] "Turner señala que, en Marcos, la preposición *eis* ('en') aparece a menudo en pasajes en los que cabría esperar encontrar alguna otra preposición (p. ej., *pros* ['a', ' hacia']), para que ' no pueda exigirse [...] el significado completo de *eis*' [...] desde el punto de vista gramatical es igualmente legítimo traducir *eis auton* in 1:10 como 'hacia él' o 'sobre él' que traducirlo como 'en él'".[67] El uso general de la preposición, incluso dentro de Marcos, tal vez no sea determinante para este contexto en particular. La aparente irracionalidad de la imaginería en virtud de la cual Jesús ve descender un ave *y entrar en él* constituye un argumento más convincente para tomar la preposición εἰς aquí en un sentido más amplio casi equivalente a ἐπί.

La frase ὡς περιστεράν le ha proporcionado un margen muy amplio al ingenio académico. Como parte de la descripción de lo que Jesús *vio*, debe tener cierto contenido visual, aunque los comentaristas no se ponen de acuerdo en cuanto si debe interpretarse "en forma adjetiva" (a semejanza de una paloma) o "en forma adverbial" (como una paloma que desciende). Anderson (78), en consonancia con Keck, prefiere la segunda opción sobre la encomiable base de que "ofrece la gran ventaja de impedir que nos distraigamos con grandes sutilezas simbólicas que no están ahí en Marcos". Según este punto de vista, el Espíritu desciende "como una paloma", pero no existe ningún punto

---

66. J. D. G. Dunn, *Baptism*, 29 n. 22. E. J. Goodspeed, *Problems*, 52-54, defendió enérgicamente que εἰς aquí debe tener su significado normal: el Espíritu tomó posesión de Jesús.

67. J. D. Kingsbury, *Christology*, 62-63, citando a N. Turner, *Grammar*, 256.

inmediatamente obvio para establecer la comparación; ¿significa eso acaso "en picada", "revoloteando", o lo que es más común, "delicadamente" (por más dudas que pudieran albergar los que conocen el comportamiento de las palomas urbanas)?[68] De cualquier manera, si Jesús *vio* el descenso, tiene que haber visto algo, y el Espíritu como tal no tiene forma visible. En general, por tanto, parece más probable que deba considerarse que la frase ὡς περιστεράν (tal como Lucas hizo sin duda: σωματικῷ εἴδει ὡς περιστεράν) describe la forma visual en la que Jesús vio al Espíritu.

Pero, ¿por qué *una paloma*? Los rabinos usaban a veces la paloma como un símbolo de Israel (b. *Ber.* 53b; b. *Šab.* 49a.; *Ct. Rab.* 1:15, 2; 2:14, 1; 4:1, 2), pero no está claro por qué el Espíritu adoptó la forma de Israel, y el uso más directo de este simbolismo en la literatura bíblica no resulta muy halagüeño: en Oseas 7:11 Efraín es una "paloma incauta" fácil de apresar. Tal vez un lector que conozca la tipología del diluvio bautismal que aparece en 1 Pedro 3:20-21 podría pensar, al igual que algunos escritores patrísticos, en la paloma de Noé (Gn. 8:8-12) que revoloteaba sobre las aguas del diluvio, pero cualquier relación de ese hecho con el Espíritu es igualmente oscura.[69] Lo más probable es que la imagen se derive de Génesis 1:2, donde el participio *mraḥepet*, que describe al Espíritu "moviéndose" sobre las aguas de la creación, usa aparentemente la imaginería de un ave (aunque el verbo ἐπεφέρετο de la LXX no indica eso); pero no es hasta finales del siglo I d.C. que encontramos la primera referencia específica a una paloma que hizo el rabino Ben Zoma en relación con esto (b. *Ḥag. 15a.*; cf. b. *Ber.3a.*, una referencia del siglo II a "una voz divina, que arrullaba como una paloma"; *Tg. Ct.* 2:12 interpreta la voz de la tórtola como "la voz del Espíritu Santo").[70] Por tanto, no tenemos conocimiento de la existencia de ningún simbolismo ya elaborado de una paloma en la época de Marcos, y parece fútil tratar de ofrecer alguno. Lo más probable es que la especie del ave, al igual que en Génesis 1:2, carezca de importancia; la paloma se menciona simplemente porque es una de las aves más comunes y más conocidas. Lo que indicaba la visión era que el Espíritu en forma de un ave vino a reposar (sin duda no "*en*"; véase anteriormente) sobre aquel cuya función era "bautizar con el Espíritu Santo".

11 Ni aquí ni en 9:7 se nos dice de quién es la φωνή que se oye. Pero mientras que en el v. 3 oímos una voz ἐν τῇ ἐρήμῳ, esta viene ἐκ τῶν οὐρανῶν, y las palabras que emite no dejan lugar a dudas de que el que habla es el propio Dios.[71] Estas palabras, por tanto, son de suma importancia; cualquiera que sea

---

68. Cf. el encuentro con la paloma que narra J. E. Taylor, *John*, 274-75: "no es sin duda una experiencia agradable".

69. P. Garnet, *JSNT* 9 (1980) 49-65, ofrece una ingeniosa sucesión de ideas con el objetivo de relacionar a Jesús con Noé por medio de la paloma, y por ende, a través de Enoc, con el Hijo del Hombre.

70. Para un interesante relato de la experiencia bautismal de Jesús basada en esta imaginería, véase C. Rowland, *Heaven*, 360-63.

71. Los comentaristas a veces describen esta manifestación oral como una *bat qōl*, el término

la conclusión a la que los personajes en la historia de Marcos puedan llegar con respecto a la pregunta de 8:29, "Pero vosotros, ¿quién decís que soy yo?", al lector no le queda ninguna opción cuando la identidad de Jesús, como la autoridad más alta posible, ya fue declarada explícitamente en dos ocasiones.

La voz de Dios declara que Jesús es su hijo. En los complejos análisis académicos sobre el origen escriturario y las connotaciones precisas de las palabras que se usan, existe el peligro de que no seamos capaces de oír lo que la voz dice realmente. Hay algunas implicaciones interesantes (aunque a veces aventuradas) en cuanto a los parámetros de la misión de Jesús que se desprenden del análisis de estas diez palabras tan significativas, pero hay algo que sí está muy claro: Jesús aquí aparece identificado explícitamente con el mismo título que Marcos usó en el encabezamiento: υἱὸς θεοῦ. En la narración que sigue habrá secretismo y paradoja, pero aquí en el prólogo la declaración es abierta. Independientemente de las reacciones de los actores en la historia, el lector no debe abrigar ninguna duda.

La opinión tradicional considera que en esas palabras se combinan expresiones tomadas del Salmo 2:7, "Mi Hijo eres tú, yo te engendré hoy" y de Isaías 42:1, "He aquí mi siervo, yo le sostendré; mi escogido, en quien mi alma tiene contentamiento". Las palabras de Marcos posiblemente se acercan más, al menos en la LXX, a las que se leen en Génesis 22:2, donde a Isaac se le describe como τὸν υἱόν σου τὸν ἀγαπητόν, ὃν ἠγάπησας, pero la idea de tomar este versículo como una "fuente" goza de menos popularidad.

Una escuela de pensamiento, representada por J. Jeremias,[72] afirma que la expresión completa se deriva de Isaías 42:1, dando por supuesto que las palabras "ὁ υἱός μου de la voz que se oyó en el bautismo representa el desarrollo cristológico de la frase original ὁ παῖς μου", junto con el hecho de que el sustantivo ἀγαπητός aparece en la cita de Isaías 42:1 en Mateo 12:18, donde en otras versiones griegas conocidas se lee ἐκλεκτός (esta versión que solo se encuentra en Mateo podría, por supuesto, deberse a la influencia de este texto bautismal y no a una versión conocida de Is. 42).[73] Sin embargo, no hay nada en el NT que indique que la "ambigüedad" del sustantivo παῖς hiciera que las expresiones con respecto al υἱός se derivaran de los pasajes relacionados con el Siervo; si bien es cierto que uno de los significados de παῖς es "hijo", el término no es sinónimo de υἱός.[74] Y aun cuando ese fuera un

---

que empleaban algunos rabinos del siglo I d.C. para referirse al "eco" de la voz de Dios que, según se creía, era el medio de comunicación que ocasionalmente utilizaba desde el supuesto cese de la profecía. Este, sin embargo, se consideraba un sustituto menor de la comunicación directa primitiva. (J. Jeremias, *Theology*, 80-82). Marcos no hace ninguna alusión a este concepto, y seguramente no le hubiera entusiasmado usar un término que sugiera una revelación de segundo orden.

72. *TDNT*, 5.701-2; *Theology*, 53-55. Hay una respuesta detallada en I. H. Marshall, *NTS* 15 (1968/9) 326-36.

73. J. Marcus, *Way*, 51-53, alega que Is. 42:1 es la fuente más probable de ἀγαπητός aquí.

74. παῖς se traduce como "hijo" en 9 de sus 24 apariciones en el NT, pero solo en una de ellas (Jn. 4:51) se alude a una relación de parentesco en la que el término pudiera sustituirse por υἱός.

origen posible para las expresiones, no debería en modo alguno afectar nuestra exégesis de Marcos, puesto que en su texto él usa υἱός, no παῖς, y en la época en que escribió su Evangelio, se aceptaba ampliamente que el Salmo 2:7 era un texto mesiánico (Hch. 13:33; Heb. 1:5; 5:5). Por tanto, podemos considerar que el dicho celestial está basado en el Salmo 2:7 y en Isaías 42:1.

El Salmo 2 celebra la instalación del rey, al parecer, recientemente lograda ("yo te he engendrado hoy", en el monte de Sion, y promete su triunfo venidero, por el poder de Yahvé, sobre todas las naciones. La expresión "mi hijo eres tú" en el v. 7 evoca la profecía de Natán cuando describió al hijo y sucesor de David como hijo de Dios (2Sa. 7:14). Estos dos pasajes veterotestamentarios aparecen juntos en 4Q174 (conocido también con el nombre de *Florilegium*) como textos mesiánicos (aunque el texto se interrumpe después de la inclusión del Salmo 2:1, por lo que no podemos asegurar que el v. 7 se cita realmente). 4Q174, junto con dos referencias menos precisas en Qumrán, proporciona la base sobre la que ahora generalmente se acepta que la frase "hijo de Dios" pudiera haberse usado como un título mesiánico en el siglo I,[75] aunque la insuficiencia de pruebas documentales (y la falta de cualquier otra fuera de Qumrán) resulta sorprendente. Sin embargo, no hay duda de que al Salmo 2:7 se le atribuía este sentido en la interpretación judía y también en la iglesia primitiva. La voz del cielo, pues, aclama a Jesús con palabras que reflejan la función del Mesías conquistador.[76] Isaías 42:1 habla del siervo de Yahvé en quien él ha puesto su Espíritu. Más adelante, destacaremos la importancia que tiene la figura del siervo sufriente de Yahvé en Isaías 52:13–53:12 para la presentación de Marcos acerca de la misión de Jesús (véanse especialmente los comentarios sobre 10:45; 14:24). Suele suponerse que la alusión a Isaías 42:1 aquí apunta hacia esa "cristología del siervo" más general que se apoya en una esperanza enraizada en los judíos de la figura de un siervo extraída de una serie de pasajes del deutero Isaías (los "Cánticos del siervo"); la exposición clásica de ese punto de vista la hizo J. Jeremias, *TDNT*, 5.677-717. Últimamente ha habido una fuerte tendencia a cuestionar la importancia que reviste la "cristología del siervo" para Jesús y los escritores neotestamentarios, de un modo más exhaustivo en M. D. Hooker, *Servant*. Aunque Hooker nunca convenció a la mayoría de los eruditos de que Isaías 42 y Isaías 53 no jugaban un papel decisivo en la cristología neotestamentaria, actualmente se procede con más cautela al hablar de una figura unificada del siervo. Un estudio emblemático es el de D. Juel,[77] quien alega que ni la interpretación judía ni la cristiana nos permiten hablar de la "figura de un siervo" per se y que la incorporación de Isaías 42 e

75. Véase más adelante, pág. 609 n. 31.

76. J. Marcus, *Way*, 59-69, traza "trayectorias" en la interpretación judía del Sal. 2 que incluyen una dimensión "mesiánica escatológica" y también los temas de la batalla cósmica y el reinado celestial, y sugiere que Marcos estuvo influenciado por el Sal. 2 no solo en lo que respecta a la voz en el momento del bautismo sino también en la narración que sigue, especialmente en el enfrentamiento con Satanás en 1:12-13 y la predicación del reino de Dios en 1:14-15.

77. D. Juel, *Exegesis*, 119-33.

Isaías 53 al pensamiento mesiánico judío y cristiano se debe a las referencias que ocasionalmente se hacían al Mesías como el siervo de Yahvé (Zac. 3:8; Sal. 89:38-39). Es, pues, más prudente no hablar aquí de una designación de Jesús como "el Siervo", en lugar del "Mesías" del Salmo 2:7, sino más bien de dos aspectos contrastantes en el pensamiento mesiánico judío que se combinan aquí de manera creativa.

El siervo de Yahvé descrito en Isaías 42:1-4 es un personaje pacífico que logra la justicia *(mišpāṭ)* para las naciones por medio de su paciente fidelidad, bajo la dirección del Espíritu de Yahvé (cf. Mt. 12:17-21 donde aparece la cita detallada de este pasaje para justificar el estilo manso del ministerio de Jesús. La combinación de este texto con el del Salmo 2:7 sugiere las bases para la presentación marcana de la paradoja de un Mesías sufriente y no reconocido.

Si aceptamos, entonces, que el Salmo 2:7 e Isaías 42:1 se reflejan en estas palabras, ¿sería necesario recurrir también a Génesis 22:2? Si consideramos el texto de la LXX en Génesis 22:2 por separado, su redacción se acerca más a la de Marcos 1:11 que la de cualquiera de los otros dos pasajes en la LXX, pero mientras que estos sí se interpretaban claramente como profecías mesiánicas, la historia de Isaac, a primera vista, es obviamente menos pertinente. Existen pruebas, sin embargo, de que en el siglo I d.C. la teología judía había desarrollado una doctrina sobre la atadura *(ʾqēdâ)* y la sumisión de Isaac para fundamentar un sacrificio vicario para la redención de Israel,[78] y algunos eruditos opinan que los escritores del NT usaron esta doctrina de la Aqedah para explicar el propósito de la muerte de Jesús.[79] No obstante, las pruebas neotestamentarias a favor de las ideas de la Aqedah no resultan impactantes. El texto cristianizado del *Test. Leví* 18:6-7, al parecer, interpreta el bautismo de Jesús a la luz de Génesis 22, pero sin referencias obvias a la Aqedah. Aquí en Marcos 1:11, aun cuando se hubiera pretendido hacer alguna alusión a Génesis 22:2, la repetición de esa notable frase solo sugiere una analogía entre la relación especial de Jesús con Dios y la de Isaac con Abraham, nutriendo con ello la vida devocional sin necesidad de tomar en consideración la doctrina de la Aqedah para explicarla.

El sustantivo ἀγαπητός, ya sea que se derive de Génesis 22:2 en la LXX (donde equivale al término hebreo *yāḥîd*, "unigénito") o que simplemente se utilice como una expresión natural para referirse a una relación familiar específica, se repetirá no solo en la declaración paralela en el momento de la transfiguración, sino también en la parábola de la viña, en la que el último mensajero difiere del primero de los δοῦλοι porque era un υἱὸς ἀγαπητός

---

78. Así, p. ej., en las versiones de Gn. 22 en *Tg. Ps-J.* (véase J. W. Bowker, *Targums*, 224ss.); Josefo, *Ant.* 1.232; Ps.-Filón 18:5; 32:2-4. G. Vermes, *Scripture*, 193-227, alega que esta teología estaba vigente en el siglo I d.C.; véanse, sin embargo, los comentarios aleccionadores de E. P. Sanders, *Paul*, 28-29, y el análisis más completo de P. R. Davies y B. D. Chilton, *CBQ* 40 (1978) 514-46.

79. D. J. Moo, *The OT*, 325-28 presenta un resumen provechoso del análisis; véanse además R. J. Daly, *CBQ* 39 (1977) 45-75 (y para Mr. 1:11, 68-71); A. Segal en P. Richardson y J. C. Hurd (ed.), *From Jesus to Paul*, 169-84.

(12:6), y por consiguiente, único (obsérvese el adjetivo ἕνα antes del sustantivo). De este modo, comparte algo del peso teológico del μονογενής joánico,[80] y contrasta a Jesús como Hijo único de Dios con otros (incluyendo a los profetas simbolizados por los δοῦλοι en la parábola) que pudieran pensar en Dios como "Padre" en menor grado.[81] La expresión ἐν σοὶ εὐδόκησα equivale a *rāṣtâ napšî* en Isaías 42:1, que se traduce como εὐδοκέω en las versiones de Teodoreto, Aquila y Símaco (y también en Mt. 12:18); LXX usa el término εὐδοκέω para traducir *rāṣâ* en otros lugares, pero aquí emplea προσδέχομαι. Junto con *bḥîrî*, "mi escogido" (en la LXX, ὁ ἐκλεκτός μου), la expresión, al igual que ἀγαπητός, denota el estatus exclusivo de Jesús. Todos los miembros del pueblo de Dios son "escogidos", pero cuando Jesús asume el papel del siervo en Isaías 42:1, disfruta de una relación especial con Dios, y Dios aquí respalda su persona y su misión.[82] La manera en que aparece formulada la declaración divina, y toda la experiencia de la que forma parte, no intenta sugerir que Jesús en ese momento se convirtió en algo que no era antes. A veces se ha dicho que la perícopa presenta la *adopción* de Jesús como Hijo de Dios. A partir de las palabras de Marcos, sin embargo, no es posible llegar a esa conclusión, por tanto, debe estar basada en ciertas consideraciones dogmáticas extraídas de otros lugares. La voz declara lo que Jesús es, no lo que ahora ha llegado a ser,[83] y la perícopa completa funciona más como un cuadro que como una narración. Si estas palabras en verdad reflejan las del Salmo 2:7, podría ser importante señalar que la parte de ese versículo que habla de un nuevo estatus ("yo te he engendrado hoy") no se incluye en la alusión,[84] como sí ocurre en Hechos 13:33, donde se hace referencia a la resurrección, no al bautismo. Para Marcos, obviamente, Jesús no tiene que esperar hasta la resurrección para convertirse en el Hijo de Dios, él ya lo es, y no hay nada que indique que incluso en el bautismo esto constituya un elemento nuevo. Lo que sí es nuevo aquí es el inicio del ejercicio público de la función para la que él, como Hijo de Dios, está preparado.

---

80. C. H. Turner, *JTS* (1925/6) 113-29, alega, a partir del uso clásico y en la LXX, que "ἀγαπητὸς υἱός se traduce correctamente como 'Hijo único'".

81. P. G. Bretscher, *JBL* 87 (1968) 301-11, alega que a la luz de Éx. 4:22-23 el tema del "amado" (= "primogénito" o "único") debe interpretarse principalmente como un esfuerzo por presentar a Jesús como el verdadero representante de Israel.

82. Véase B. D. Chilton, *Rabbi*, 128-31, para un análisis completo del trasfondo en Is. 42:1 especialmente a la luz de los pasajes relacionados en el Tárgum.

83. J. Marcus, *Way*, 72-75, afirma que el tiempo verbal de εὐδόκησα debe considerarse en realidad pasado, "tuve complacencia" y no "tengo complacencia" (refiriéndose a lo que ha acabado de suceder) y que el tiempo verbal (basado, como en realidad ocurre, en el perfecto hebreo y en el aoristo de Is. 42:1s en la LXX) "supone la *elección* preexistente del Mesías por parte de Dios, sin llegar a ninguna conclusión sobre el momento exacto en el que Jesús *se convierte* en el Mesías".

84. Salvo en el texto occidental de Lc. 3:22 (no en Marcos), se rechaza, con toda razón, como una ampliación hecha por un copista que reconoció la alusión al Sal. 2:7.

El contexto de la misión de Jesús (1:12-13)

He evitado el título que normalmente se le da a esta sección, a saber, "La tentación de Jesús", en parte, para señalar que es necesario leer Marcos 1:12-13 en su propia forma distintiva y no como una versión a escala reducida de la narración Q de la tentación, y en parte, porque la tentación en sí misma solo aparece en la breve cláusula participial πειραζόμενος ὑπὸ τοῦ Σατανᾶ, que no constituye el eje central de esta pequeña y enigmática perícopa. Desde el punto de vista histórico, por supuesto, tanto este pasaje como la narración Q de la tentación se relacionan con la misma experiencia, que tuvo lugar inmediatamente después del bautismo de Jesús y antes del inicio de su ministerio público en Galilea. Ambas mencionan el papel directivo que desempeña el Espíritu Santo, la ubicación del desierto, el período de cuarenta días y la tentación por parte de Satanás. Sin embargo, en Marcos no se especifica la naturaleza de la πειρασμός, no se hace referencia al título recientemente declarado de "Hijo de Dios" ni al diálogo entre Jesús y el diablo, no hay citas de la Escritura, y por consiguiente, no se establece ningún vínculo ostensible con las experiencias del desierto descritas en Deuteronomio 6–8. Pero el relato de Marcos se distingue no solo por su brevedad, sino también porque sus 30 palabras contienen elementos que no están presentes en la tradición Q: la mención repetida del ἔρημος, la identificación del διάβολος (Q) como Σατανᾶς (aunque este nombre se usa en Mt. 4:10), la cláusula καὶ ἦν μετὰ τῶν θηρίων y la función de los ángeles (en Mateo pero no en Lucas).

Como dije antes, la tentación no es el eje central de Marcos 1:12-13. El elemento más llamativo en las palabras que se usan es la repetición εἰς τὴν ἔρημον (v. 12), ἐν τῇ ἐρήμῳ (v. 13). Los sujetos de los únicos verbos activos no son ni Jesús ni Satanás, sino el Espíritu (ἐκβάλλει) y los ángeles (διηκόνουν); en lo que respecta a Jesús, su experiencia se describe con términos más "estáticos": "estuvo" (ἦν) en el desierto y era tentado; y "estaba" (ἦν) con las fieras. La perícopa no expresa movimiento (después de la "impulsión" inicial por parte del Espíritu) ni actividad, sino que presenta un cuadro acerca del desierto (cf. el comentario similar sobre 1:11). Así como la revelación junto al Jordán nos permitió ver más allá de la escena cotidiana y obtener cierta idea de la dimensión sobrenatural de la misión de Jesús, la escena en el desierto (fuera del contacto humano ordinario) también presenta el elenco del conflicto que va a tener lugar, pero no como seguidores o adversarios humanos de Jesús, sino en una dimensión sobrehumana. El cuadro los agrupa cuidadosamente en dos bandos: de un lado se encuentran el Espíritu y los ángeles apoyando a Jesús; del otro lado están Satanás y las fieras. El lector que recuerde esta escena al comienzo de la historia podrá entender los conflictos y triunfos de Jesús en su verdadera perspectiva, porque detrás de las escenas terrenales en Galilea y en Jerusalén existe un conflicto sobrenatural. La dimensión sobrenatural del mismo volverá a hacerse patente cuando Jesús se enfrente al poder demoníaco y cuando a los tres discípulos privilegiados se les permita ver su gloria celestial en el monte. Pero esta escena inicial nos recuerda que incluso en las experiencias humanas del ministerio de Jesús, existe otra dimensión, que se resalta marcadamente en 8:33 cuando el malentendido humano de Pedro hace que Jesús se dirija a él llamándole Σατανᾶ.

Marcos no explica nada en este momento acerca del resultado del enfrentamiento con Satanás. Best[85] alega que el rechazo por parte de Jesús de la acusación de complicidad con Satanás en 3:22-30, y en particular, la imagen del hombre fuerte atado en 3:27, nos obliga a concluir que Satanás ya había sido derrotado, y por tanto, ubica esa derrota en 1:12-13. En la segunda edición de *Temptation* (pp. xviii-xxiii), Best admite que pocos exégetas han estado de acuerdo con él en lo que respecta a esta conclusión,[86] pero mantiene su punto de vista en base a que Satanás "de hecho, desaparece del Evangelio después de 1:12s.". Esto, que es parcialmente cierto con referencia a las apariciones reales de la palabra Σατανᾶς (véanse, no obstante, los comentarios sobre 4:15; 8:33), supone una distinción dudosa entre Satanás y los demás agentes de la maldad espiritual. La relevancia de los encuentros de Jesús con los demonios en el resto del Evangelio (comenzando casi inmediatamente en 1:21-28) convence a la mayoría de los intérpretes de la permanencia de un conflicto real.[87] El resultado es siempre victorioso para Jesús, pero las narraciones no sugieren que existiera un verdadero combate. Por consiguiente, en ausencia de toda información aquí acerca del resultado de la πειρασμός de Satanás, resulta más adecuado interpretar estos versículos como una presentación de las dramatis personæ y no como el relato de la victoria definitiva.

La sucesión de los hechos desde la declaración manifiesta de la aceptación de Jesús por parte de Dios en 1:11 hasta su prueba a manos de Satanás nos recuerda el inicio del libro de Jesús, donde la afirmación de Dios sobre la integridad de Job (Job 1:8) conduce directamente al desafío y la prueba de Satanás.

12 La frase καὶ εὐθύς le avisa otra vez al lector el comienzo de una nueva escena, pero el hecho de que la acción la inicie el mismo Espíritu cuya presencia ocupó el lugar central de la escena anterior, y que el contexto siga siendo el del ἔρημος, une ambas escenas estrechamente. La escena que sigue explica más definidamente la misión que Jesús ha acabado de emprender. Mientras que Mateo y Lucas aluden aquí a la "guía" del Espíritu, Marcos usa el verbo más vívido ἐκβάλλει; el presente histórico (que se lee aquí por primera vez de unas 150 que aparece en Marcos) destaca más la urgencia del impacto. Aunque sería una exageración decir que ἐκβάλλω siempre sugiere violencia (no ocurre así en Mt. 9:38; Jn. 10:4; Stg. 2:25), el verbo normalmente implica,

---

85. E. Best, *Temptation*, 10-27.

86. Él los menciona en n. 6, p. xxii.

87. El hecho de que el análisis de S. R. Garret en "The Temptations of Jesus" contenga seis páginas dedicadas específicamente a 1:12-13 (*Temptations*, 55-60) muestra claramente la fuerza de este punto de vista; el resto de las 181 páginas del libro se ocupan de las demás πειρασμοί a las que se enfrentó Jesús (y en menor medida, sus discípulos) a lo largo de la narración de Marcos.

al menos, la posibilidad de resistencia (casi todos los usos en Marcos tienen que ver con la expulsión de demonios). Esto es algo inesperado aquí, porque la aceptación voluntaria de Jesús de su misión divina estaba claramente implícita en las palabras ἐν σοὶ εὐδόκησα, pero tal vez subraye la seriedad del conflicto que está por venir y que comenzará ἐν τῇ ἐρήμῳ. El uso de ἐκβάλλω refuerza además el concepto veterotestamentario del Espíritu de Dios como una fuerza poderosa (cf. Mi. 3:8). Por otra parte, la frase εἰς ἔρημον resulta también algo extraña porque el bautismo de Jesús ya había tenido lugar en la escena del lugar del ministerio de Juan ἐν τῇ ἐρήμῳ, donde había otras personas, pero ahora Jesús es llevado a una escena lejos de todos los seres humanos. La ubicación específica dentro del área general de las regiones inhabitadas alrededor del Jordán es, por supuesto, imposible de determinar.

13 La frase τεσσαράκοντα ἡμέρας no es más que una expresión idiomática que se refiere a un largo aunque limitado período de tiempo, y así se usa en otros lugares de la Biblia (p. ej., Gn. 7:4 etc.; Nm. 13:25; 1Sa. 17:16; Jon. 3:4; Hch 1:3). "Solo en la literatura judía posterior, el número 7 es más común que el 40" (H. Balz, *TDNT,* 8:137). Pero el origen bíblico específico del retiro de cuarenta días de Jesús tal vez podría encontrarse en los "cuarenta días y cuarenta noches" que pasó Moisés en el Sinaí (Éx. 24:18; 34:28; Dt. 9:9, etc.), o, con respecto al desierto concretamente, en el viaje de cuarenta días que realizó Elías fortalecido por un alimento sobrenatural (1Re. 19:8). El otro uso bíblico más destacado del número cuarenta se relaciona también con el desierto, a saber, los cuarenta años que estuvieron peregrinando los israelitas después del éxodo. En la narración Q, con sus claros reflejos de Deuteronomio 6–8, el número 40 sugiere fuertemente el simbolismo del último. En Marcos esto resulta menos obvio, pero la ubicación de la frase cerca de πειραζόμενος y la mención específica de las fieras (véase más adelante), junto con la fuerte insistencia en el ἔρημος a lo largo del prólogo, indican que él también interpretó la frase τεσσαράκοντα ἡμέραι como un reflejo del período de la experiencia de Israel en el desierto. Las evocaciones de Moisés y de Elías, cuyas experiencias fueron específicamente de cuarenta *días*, no son tan relevantes para el contexto de Marcos aquí.

El tiempo que pasó Israel en el desierto fue un período de πειρασμός (la LXX en Dt. 8:2, 16 usa el verbo ἐκπειράζω, y todos los discursos de Moisés en Deuteronomio 1–11 aluden a ese período como un tiempo de prueba, en preparación para el establecimiento de la nación en Canaán), y ahora, es menester que el que viene a librar a Israel experimente una "prueba" semejante. En el griego bíblico es frecuente encontrar el significado más positivo de πειράζω como "examinar" o "probar" y no como "tentar" o "seducir" (el verbo aparece raras veces en el griego secular, donde la forma más común es πειράω, con una gama similar de significados), y es reconocido por el uso cada vez mayor que se le da para referirse a la experiencia de Jesús en el desierto como una "prueba" y no como una "tentación". El agente inmediato del πειρασμός es, por supuesto, Satanás, pero el que inició toda la experiencia fue el Espíritu y por tanto, debe tomarse en un sentido positivo. Aunque la narración Q detalla varias insinuaciones satánicas (tentaciones), la iniciativa del Espíritu denota el mismo sentido positivo general de la experiencia. Aquí en Marcos, donde no se mencionan "tentaciones" específicas, ese sentido parece más claro. Esto, por supuesto, no sugiere que el autor presente a Satanás en modo alguno del lado de Dios; su propósito, sin duda, tal como indica la narración Q, es convencer a Jesús para que desobedezca. Pero Marcos aquí refleja la tensión que recorre toda la presentación bíblica de Satanás como aquel que es implacablemente hostil a Dios, y a la vez opera, en contra de su voluntad, dentro del ámbito general de la soberanía de Dios.[88] Sin embargo, el πειρασμός en sí mismo, como ya se señaló, no ocupa el lugar central en esta escena. El centro de la misma se encuentra, más bien, en la presencia hostil de Satanás y las fieras con Jesús en el desierto, mientras que el Espíritu y los ángeles lo apoyan. La cláusula ἦν μετὰ τῶν θηρίων se ha interpretado en dos sentidos opuestos. Algunos comentaristas recientes[89] se han sentido atraídos por el punto de vista patrístico de que la presencia de Jesús con los animales representa una restauración de la armonía del Edén (Gn. 1:28; 2:19-20) antes que la caída alterara la coexistencia pacífica entre la creación humana y la no humana y convirtiera a los θηρία en enemigos del hombre. Esa reconciliación aparece en la profecía veterotestamentaria (Is. 11:6-9; 65:25; Os. 2:18), y constituiría, por tanto, una señal del cumplimiento escatológico (cf. *2Bar.* 73:6).

Sin embargo, este versículo no especifica la naturaleza de la relación de Jesús con los animales en el desierto. Guelich sugiere que la preposición "μετά con el genitivo indica que Jesús vivía pacíficamente con los animales", pero esto dista mucho de ser obvio; de hecho, el apoyo que recaba de BDF 227 (2), más bien, se vuelve en su contra, porque el primer ejemplo de "expresiones de relación" que se ofrecen allí es πολεμεῖν μετά. Los animales salvajes forman parte de la imaginería de lugares peligrosos como el desierto (Is. 13:21-22; 34:13-14 [donde la LXX traduce el término hebreo *ṣiyyîm* como δαιμόνια]; Ez. 34:5, 25), y de las experiencias de Israel en el desierto (Nm. 21:6; Dt. 8:15), y la protección de ellos es una de las bendiciones prometidas para el pueblo de

---

88. En *Temptations*, 19-49, S. R. Garrett analizó de manera provechosa el tema de la prueba o tentación en el pensamiento judío bíblico y post bíblico, explorando particularmente la delicada relación que existe entre la agencia de Dios y la de Satanás en lo tocante al πειρασμός.

89. Ha habido un interesante movimiento de opinión acerca de este punto. Algunos comentaristas más antiguos como Gould, Rawlinson y Lochmeyer ni siquiera mencionan la idea. Taylor, Cranfield, Anderson y Hooker la observan con cierta vacilación, y Haenchen, Lane (en consonancia con Mauser) y Gundry solo la mencionan para rechazarla. Nineham la contempla desde un ángulo más positivo, y constituye la opción preferida de Schweizer, Pesch, Gnilka, Mann y Guelich. Van Iersel, sin embargo, ve en los animales salvajes solamente "la ausencia de seres humanos". S. R. Garrett, *Temptations*, 57-58, sugiere que en el pensamiento de Marcos los animales indicaban peligro, como en el Sal. 91, pero que "los primeros lectores probablemente intuyeron reminiscencias de otros textos bíblicos también", incluyendo el paralelismo adámico. Myers considera que los animales reflejan el "simbolismo político" de Daniel y Apocalipsis, donde los θηρία representan el rechazo al gobierno de Dios.

Dios (Sal. 91:11-13). El ministerio protector de los ángeles contra los animales salvajes en este último pasaje constituye un trasfondo llamativo para Marcos 1:13, prescindiendo incluso de la cita explícita del mismo (sin mencionar a los animales) en la tradición Q de la tentación. El uso bíblico sugiere, por tanto, que los θηρία se consideren, cuando no se indique lo contrario, hostiles y peligrosos para los humanos, los cuales necesitan protección de ellos.[90] De hecho, eso es precisamente lo que se pone de relieve en las profecías de Isaías 11:6-9 etc., a saber, que esa relación hostil normal un día se revertirá. Pero no hay nada que indique en Marcos 1:13 que ese día haya llegado. Es por medio de la protección de los ángeles (como en Sal. 91:11-13) que Jesús pudo sobrevivir μετὰ τῶν.

La "alianza" entre Satanás y los animales encuentra analogías en el *Test. Is.* 7:7 y en el *Test. Ben.* 5:2, en los que la bendición prometida al pueblo fiel de Dios es que los espíritus malignos huirán de ellos y los animales salvajes les temerán. Más cercano todavía a Marcos 1:13 es el texto de *Test. Neft.* 8:4: "El diablo huirá de vosotros, los animales salvajes os temerán y los ángeles estarán a vuestro lado". Si, como parece probable, este es un texto cristiano basado en 1:13, indica que uno de los primeros lectores consideró que los animales salvajes eran parte de las fuerzas opositoras, y no un símbolo de la armonía edénica. De lo contrario, pone de manifiesto el contexto de pensamiento en el que Marcos escribió este versículo.

La afirmación οἱ ἄγγελοι διηκόνουν αὐτῷ es la contracara de la hostilidad de Satanás y las fieras. Jesús no está solo en su conflicto (cf. Mt. 26:53 con respecto a la disponibilidad de la ayuda angélica). Si la protección de los ángeles se le ofrece a todo el que "hace de Yahvé su refugio" (Sal. 91:11-13), ¡cuánto más al Hijo de Dios! Aunque no se detalla cuál es la naturaleza del "servicio" que brindan los ángeles, el verbo διακονέω se usa a menudo para referirse a las labores domésticas (cf. 1:31), y la analogía con la experiencia de Elías en el desierto (1Re. 19:4-8; cf. los 40 días del v. 8) sugiere que su servicio incluía el suministro de alimentos y bebida (en Mt. 4:11 el énfasis específico en el hambre de Jesús en los vv. 2-4 hace que esto sea lo más probable).

---

90. El uso simbólico de los θηρία en Daniel y Apocalipsis como representación de las fuerzas del mal que se oponen a Dios refuerza esta connotación negativa. Best, *Temptation*, 8, sugiere además la relevancia de una referencia a los θηρία para los cristianos en Roma ante la posibilidad de enfrentarse a las fieras en la arena (de manera semejante Stock).

PRIMER ACTO: GALILEA (1:14–8:21)

Después de la escena inicial ἐν τῇ ἐρήμῳ, la narración propiamente dicha comienza cuando Jesús abandona ese entorno tan remoto y entra en la región donde tendrá lugar la mayor parte de su ministerio público. El término "Galilea" que aparece en nuestro título es, por supuesto, impreciso. A medida que avanza la narración, Jesús visitará algunas áreas vecinas (Decápolis, en el lado este del lago, y el territorio fenicio alrededor de Tiro y Sidón al noroeste) y poblaciones no judías. Pero se mantendrá en el norte, y casi todo el tiempo dentro de la propia Galilea; sus únicos contactos con Judea serán los de sus encuentros con los escribas procedentes de Jerusalén que habían venido a Galilea (3:22; 7:1). La alusión a su intención de ir a Jerusalén (8:31) le dará inicio al segundo acto. El viaje que comienza en el extremo norte de Cesarea de Filipos y termina en Jerusalén será el contexto narrativo de ese acto y preparará el terreno para la única visita a Jerusalén de la que trata el último acto del drama, terminando con su enigmática referencia a Galilea (16:7; cf. 14:28).

Por tanto, este primer acto, que es también el más largo, contiene la mayor parte del relato de Marcos acerca del ministerio público de Jesús. La estructura de este acto, en el que aparecen muchas historias individuales que Marcos desea incluir, es necesariamente menos rígida que la del resto del libro, pero si lo dividimos en secciones corremos el riesgo de imponerle a la historia de Marcos una estructura sistemática que él no previó. La narración avanza con rapidez de una escena a otra, y para mover al lector, deja de lado toda indicación estructural formal, y se vale de su propio impulso. Por consiguiente, las divisiones que se usan en el siguiente comentario deben considerarse encaminadas, más bien, a satisfacer las conveniencias del comentarista (y de los lectores) y no a reflejar el "índice de materias" que tal vez estaba presente en la mente de Marcos.

Sin embargo, es obvio que ciertas agrupaciones del material resultan deliberadamente significativas. Decir que no hay ningún plan general definido que permita establecer una división confiable entre las secciones no equivale a negar que sí existe una *secuencia* cuidadosamente elaborada en la narración, de manera que la sucesión de una perícopa a la otra no es accidental sino que fue planeada así, y es mucho el conocimiento que podemos adquirir cuando examinamos las relaciones que existen entre ellas. Además, el amplio volumen de material didáctico del capítulo 4 ocupa un lugar destacado en medio de este acto, y le ofrece al lector la oportunidad de hacer una pausa y reflexionar en la importancia teológica de lo que está sucediendo (véase la introducción al capítulo 4 más adelante), de la misma forma que el prólogo ofreció una base para la interpretación antes que comenzara la narración y que el discurso del capítulo 13 permitirá otra pausa para pensar en medio del último acto. Veremos también que después de la visión general más programática en 1:14-39 acerca del ministerio en Galilea, el tema central de 1:40–3:35 es el aumento de la oposición contra el ministerio de Jesús y el abanico resultante de respuestas, que llega desde la más rotunda hostilidad hasta el discipulado más entusiasta; esta división de actitudes, hábilmente resumidas en la escena de los que están en el círculo interno y los de afuera en 3:31-35, constituye la base para la enseñanza que sigue en el capítulo 4 sobre el misterio del reino de Dios. En los capítulos 5–8 se observa un claro desplazamiento desde la base de Jesús en Capernaúm a otras partes de Galilea y algunas regiones fuera de Galilea, y de manera especial, llega incluso a adentrarse en el territorio gentil. El pasaje de 7:1-23 gira en torno a la declaración tajante de Jesús con respecto a la naturaleza de la pureza, el asunto que por encima de cualquier otro mantenía separados a los judíos de los gentiles, y a partir de 7:24 se observa, al parecer, una extensión deliberada del ministerio de Jesús a favor de los que están fuera de Israel, caracterizado especialmente por la notable "repetición" de la milagrosa alimentación de una multitud de personas pero ahora en el territorio gentil; el tema del "pan" para los que no pertenecen a la "familia" (7:27-29) conduce a este importante incidente, y de hecho, el "pan" recorre como un tema sugerente toda la última parte del primer acto (6:35-44; 6:52; 7:28-29; 8:1-9; 8:14-21).

Toda la parte del Evangelio que concierne a Galilea, por tanto, dista mucho de ser casual, aunque carezca de indicadores estructurales específicos. La manera en que se entrelazan sus diversos contenidos ofrece la base adecuada para considerar los temas cruciales que inauguran el segundo acto, τίνα με λέγουσιν οἱ ἄνθρωποι εἶναι… ὑμεῖς δὲ τίνα με λέγετε εἶναι.

Pero ese tema todavía está muy lejos. Por el momento, el propósito de Marcos es ayudarnos a comprender que la misión mesiánica del Hijo de Dios, expuesta en el prólogo desde una perspectiva teológica, fue llevada a cabo entre los habitantes de las aldeas y pequeños pueblos de Galilea.

INTRODUCCIÓN:
EL MENSAJE ESENCIAL DE JESÚS (1:14-15)

NOTA TEXTUAL

14. La mayor parte de los testimonios occidentales y bizantinos incluyen τῆς βασιλείας después de εὐαγγέλιον. Sin embargo, el peso considerable de los MSS y las versiones que favorecen esta lectura se ve superado por la naturaleza obvia de la misma como una "mejora" para evitar la frase inusual τὸ εὐαγγέλιον τοῦ θεοῦ, y remplazarla por una frase que no solo repite las palabras ἡ βασιλεία τοῦ θεοῦ del siguiente versículo

sino que también refleja la expresión idiomática familiar de Mateo, τὸ εὐαγγέλιον τῆς βασιλείας (Mt. 4:23; 9:35; 24:14).

Marcos se referirá más adelante a la actividad característica de Jesús como κηρύσσων (1:38, 39), y aludirá a la misión esencial de los discípulos como κηρύσσειν (3:14), una misión que continuará realizándose posteriormente cuando el εὐαγγέλιον sea proclamado también a otras naciones (13:10; 14:9). Sin embargo, en ninguno de estos pasajes Marcos especificará el contenido de esa proclamación. Se espera que el lector lo conozca, porque aquí, al principio, él ya lo explicó. (Hay un breve recordatorio en 6:12, en el que el contenido de la proclamación de los discípulos se resume en las dos palabras ἵνα μετανοῶσιν que repiten uno de los elementos de la exposición más completa que aparece en 1:15). Por tanto, los versículos 14-15 cumplen una función decisiva en la historia de Marcos porque constituyen el punto de referencia para todas las alusiones posteriores a la proclamación que inició Jesús y les encomendó a sus seguidores. Ese es el contenido esencial del εὐαγγέλιον al que se les pide a los habitantes de Galilea que respondan.[1]

14 El uso sin matización de παραδοθῆναι para describir la detención y el encarcelamiento de Juan resulta llamativo en razón de la falta de cualquier información en este punto de la historia de Marcos que le permita al lector entenderlo. El verbo podría haberse empleado de esta manera previendo el uso de ese mismo verbo para describir el destino de Jesús (9:31; 10:33; 14:41); los destinos de Juan y de Jesús aparecen estrechamente relacionados en 9:12-13. Sin embargo, no se da ningún indicio todavía acerca de la acusación contra Juan. El motivo será revelado en 6:17-18. Por lo pronto, se espera que el lector ya lo conozca, o que simplemente lo dé por cierto. No hay margen aquí para explicarlo porque Juan ya no ocupa el centro de la escena, y cualquier exposición detallada de su historia en este punto distraería la atención del lector de su sucesor, que ahora ha asumido, y mantendrá, el lugar protagónico que antes ocupaba Juan. La función del precursor ya terminó; el tiempo se ha cumplido.

El inicio de su misión en su territorio natal de Galilea constituye, por supuesto, un cambio importante de la escena en la que Juan estaba predicando y bautizando en la zona (¿sur?) del valle del Jordán. Allí, las personas habían tenido que hacer un viaje especial para ver a Juan, pero ahora Jesús es el que va a adonde ellas están, en las áreas habitadas de su propia provincia. Los esfuerzos ocasionales que hará (solo con éxitos parciales) por escaparse del contacto regular con las gentes se identificarán claramente como excepciones al estilo normal de su ministerio. Por lo general, su ministerio es público. La nota de secretismo que se observará a medida que avanza el ministerio galileo está notoriamente ausente en sus comienzos.

---

1. Para la función de 1:14-15 dentro de la estructura narrativa de Marcos, véase C. D. Marshall, *Faith*, 36-43.

Galilea formaba parte del territorio de Herodes Antipas. Jesús, pues, no intentaba huir del gobernante que, como descubriremos más adelante, fue responsable del arresto y la muerte de Juan, y su propia actividad, también, con el tiempo, llegará a oídos de Herodes (6:14-16), quien tampoco será amigo de Jesús (8:15). El traslado a Galilea, más que una retirada táctica, fue la vía que Jesús, el galileo, consideró adecuada para comenzar su propio ministerio independiente y público.

Hay un elemento importante de continuidad entre Juan y Jesús. El mismo participio κηρύσσων que se usó para describir el ministerio de Juan (v. 4) describe ahora el de su sucesor, y al menos, uno de los elementos de esa proclamación es el mismo (véase más adelante el comentario sobre μετανοεῖτε; Mateo 3:2; 4:17 integra aún más el mensaje de ambos). ¿Es Jesús también, entonces, un simple heraldo de una acción futura de Dios? El versículo 15, según veremos, no permite esta conclusión, y el trasfondo veterotestamentario del concepto de κήρυγμα incluye no solo el tema del precursor que Marcos ha traído a colación con referencia a Juan, sino también al heraldo mesiánico de Isaías 40:9; 52:7; 61:1, cuya función es anunciar el εὐαγγέλιον (La LXX usa el término εὐαγγελίζομαι en todos estos pasajes), y quién es él mismo, el Mesías dotado del Espíritu.[2] El εὐαγγέλιον que fue anunciado en el v. 1 como el tema central del libro de Marcos, y del que se dieron detalles en los vv. 2-13 como las nuevas de la venida del Mesías, el Hijo de Dios, recibe ahora una atención más específica en el contenido del mensaje de ese Mesías. Jesús era, tal como permitía convenientemente la ambigüedad de la construcción genitiva en el v. 1, el sujeto y el objeto de las buenas nuevas. Aquí, sin embargo, con el sustantivo expreso ὁ Ἰησοῦς como sujeto del verbo κηρύσσων, Marcos usa la frase τὸ εὐαγγέλιον τοῦ θεοῦ, que aparece ocasionalmente en Pablo (Ro. 1:1; 15:16; 2Co. 11:7; 1Ts. 2:2, 8, 9; cf. 1Pe. 4:17), pero solo se lee en este lugar en los Evangelios. Del mismo modo que en el v. 1, el genitivo es ambiguo, y cualquiera de los dos significados ("buenas nuevas acerca de Dios" o "buenas nuevas procedentes de Dios") resultaría igualmente inteligible en este caso; no hay necesidad de otros motivos aquí más que el v. 1 para afirmar que cualquiera de los dos significados es inferido exclusivamente. "Las buenas nuevas de Dios" es una frase con un sentido cristiano claro, y la razón por la que no se lee con más frecuencia podría ser, en gran medida, que τὸ εὐαγγέλιον suele aparecer como una frase inteligible en sí misma sin necesidad de ninguna otra definición (exceptuando la expresión peculiar de Mateo τὸ εὐαγγέλιον τῆς βασιλείας).

15 La conjunción ὅτι aquí, y a menudo en Marcos, introduce una interlocución directa, y sería equivalente a nuestros dos puntos y un guión. La expresión πεπλήρωται ὁ καιρός no aparece en la oración paralela de la proclamación de Jesús en Mateo 4:17 (de manera sorprendente en vista del especial hincapié que hace Marcos en el cumplimiento de las profecías); en

---

2. Véase B. D. Chilton, *God in Strength*, 27–95, para un argumento extenso de que el pasaje completo de Mr. 1:14-15 debe interpretarse a la luz del Tárgum de Isaías.

Lucas no hay ningún paralelismo directo, pero el sermón de Nazaret, que tiene la misma función programática en su Evangelio, expresa la misma idea acerca del cumplimiento (particularmente Lc. 4:21), por no decir las palabras exactas. En sí mismo no es un término técnico; el NT habla del cumplimiento de un καιρός en varios sentidos (Lc. 21:24; Jn. 7:8; cf. Lc. 1:20). Pero a la luz del tono claramente escatológico del prólogo, a lo que aquí se hace referencia obviamente es a la esperanza profética en el tiempo de la liberación mesiánica. La idea que esto connota no es simplemente que un cierto tiempo asignado ya ha transcurrido (lo cual se habría expresado mejor por medio del término χρόνος, como en Hch. 7:23), sino que ahora ha llegado el momento decisivo (καιρός). El uso del tiempo perfecto indica que no se trata de un anuncio futuro, ni siquiera inminente; el cumplimiento ya está presente. Esto será importante para considerar el significado de la cláusula que sigue.

A continuación aparece otro tiempo perfecto, ἤγγικεν. El verbo ἐγγίζω significa "acercarse", y la LXX lo usa en Isaías 46:13; 51:5; 56:1 para indicar la proximidad de la acción salvífica de Dios, pero cabría analizar cómo ha de interpretarse el significado del verbo en este contexto. A diferencia de πληρόω, ἐγγίζω es un verbo de movimiento. Afirmar que ese movimiento se ha completado no determina, como a veces se sugiere, que el βασιλεία τοῦ θεοῦ esté presente ahora o que su manifestación sea solo inminente; decir que algo que estaba lejos "se ha acercado" no equivale a decir que ya ha llegado, sino simplemente que como resultado de su "acercamiento", ahora *está* a punto de manifestarse. Por consiguiente, para usar los términos clásicos de esta prolongada discusión, debemos considerar que esta cláusula habla de una escatología que todavía no se ha cumplido, pero que está a punto de cumplirse.

Hay varios problemas con respecto a esta interpretación. Tenemos, por supuesto, el argumento obvio de que si su intención es evitar el bochorno apologético que ocasiona una proclamación que ha resultado fallida, lo hace entonces a riesgo de despojar a la palabra "cerca" de todo significado real. Si se considera que Jesús afirmó que estaba "cerca" algo que todavía no había llegado, ni siquiera en el momento en que Marcos escribió su Evangelio (sin mencionar los 2.000 años posteriores), difícilmente podría ser menos que un bochorno que él hubiera afirmado que "eso" ya estaba cerca. Pero hay más dificultades exegéticas. En primer lugar, este tipo de argumento depende de que se interprete el βασιλεία τοῦ θεοῦ como una situación o un hecho identificable que "llega" en un momento específico. Voy a argumentar en breve que esa interpretación de la expresión neotestamentaria es incorrecta. En segundo lugar, cualesquiera que sean las posibilidades teóricas (y es obvio que el verbo ἤγγικεν en un contexto escatológico *puede* referirse a un hecho todavía futuro: Stg. 5:8; 1Pe. 4:7), el uso por parte de Marcos del tiempo presente sugiere que la expresión pretendía transmitir algo más que un sentido de inminencia, por cuanto él pudiera haber usado el presente, ἐγγίζει (como en 11:1, en sentido espacial). El único otro uso de ἐγγίζω en Marcos ofrece un paralelismo sugerente; en 14:42 el traidor ἤγγικεν, y (v. 43) *mientras Jesús todavía hablaba,* παραγίνεται ᾿Ιούδας. (Cf. Lc. 21:8, donde la afirmación ὁ καιρὸς ἤγγικεν es paralela a ἐγώ εἰμι, una declaración que hace referencia al presente y no al futuro). En tercer lugar, y de manera crucial, sería una victoria deslucida llegar a la conclusión de que el verbo ἤγγικεν por sí solo *pudiera* significar que "eso" todavía no está presente cuando la cláusula anterior no permite semejante ambigüedad; el καιρός *se ha* cumplido, y por tanto, el razonamiento de las dos cláusulas paralelas fija el punto de referencia en el presente y no en el futuro. Jesús no está prediciendo un hecho futuro, sino anunciando el tiempo del cumplimiento (tal como ocurre con el σήμερον de Lc. 4:21).[3] Esta conclusión se ve reforzada cuando recordamos la manera en que el prólogo destaca la función de Juan como precursor; sería absurdo que el que le suceda también resulte ser un simple heraldo de algo que todavía pertenece al futuro.[4] Por lo tanto, si me pidieran que determine si Marcos 1:15 expresa una escatología "cumplida" o "futurista", votaría por la primera opción.[5] No obstante, considero que esa manera de formular la pregunta denota una interpretación errónea del sentido total de la afirmación de Jesús. Esta es la primera vez que aparece la frase ἡ βασιλεία τοῦ θεοῦ en Marcos, y es bien sabido que dicha frase está abierta a varias interpretaciones, especialmente en el uso popular, pero también entre los exégetas del NT. Tras haber dedicado una breve publicación al uso de la frase en Marcos (*Divine Government: God's Kingship in the Gospel of Mark*; London: SPCK, 1990), espero que se me permita aquí resumir simplemente el argumento del primer capítulo de ese libro afirmando que, a la luz del reconocimiento generalizado de que βασιλεία es fundamentalmente un sustantivo abstracto que se refiere al "gobierno" o "reinado" de Dios, la frase ἡ βασιλεία τοῦ θεοῦ no debe interpretarse como un término con un solo referente específico, ya sea un tiempo, un lugar, un acontecimiento o una situación. No es, pues, adecuado preguntar si "el reino de Dios" es pasado, presente o futuro, como si tuviera una referencia temporal específica a semejanza del "día de Yahvé".[6] El reinado de Dios es eterno y escatológico, es un hecho consumado y aún se espera, está presente y es inminente (tal como, de hecho, reconocen ahora casi universalmente los eruditos del NT, después de prolongados y fútiles esfuerzos por reducir la amplitud del lenguaje neotestamentario a una sola

---

3. W. F. Albright y C. S. Mann, *Matthew*, 24–25, trataron de "reproducir la urgencia" de ἤγγικεν traduciéndolo como "está acercándose rápidamente". En su único comentario posterior sobre Marcos, sin embargo, Mann consideró necesario cambiarlo por "lo tenéis encima" a fin de transmitir el "tono de inmediatez".

4. El tema está bien resumido por C. D. Marshall, *Faith*, 34-35.

5. A. M. Ambrozic, *Kingdom*, 21-23, expone convenientemente algunas razones para descubrir este significado en ἤγγικεν.

6. Aun cuando N. Perrin pueda haber exagerado su argumento (*Language*, 29-34), mi opinión es que se erra en el lado correcto de su argumento cuando dice que "el reino de Dios" funciona en la literatura bíblica no como un "concepto", con un solo referente aceptado, sino como un "símbolo tirante" que, tiene por objeto evocar la convicción bíblica de la soberanía de Dios, más que señalar cualquier manifestación específica de la misma.

referencia temporal). La interpretación puramente escatológica de la frase ha provocado una innecesaria polarización en la exégesis de este versículo. Declarar que el reinado de Dios se ha acercado es lo mismo que decir que Dios está cumpliendo ahora su propósito eterno, y no señalar un momento o un acontecimiento específico que pueda definirse como ya presente o todavía futuro, pero no ambas cosas.

El principio del ministerio de Jesús, por tanto, le dio inicio a una nueva era de cumplimiento de las profecías que exige una respuesta del pueblo de Dios. Esa respuesta se resume en los dos imperativos paralelos μετανοεῖτε καὶ πιστεύετε. Ambos verbos, y sus sustantivos cognados, se usan a menudo a lo largo del NT para referirse a la base del discipulado, y vuelven a aparecer juntos con este propósito en Hechos 20:21. Pero aunque estos términos pasaron a formar parte del vocabulario cristiano estándar relativo a la "conversión" (μετανοέω, con su connotación de "cambio", es quizás el equivalente más cercano en el griego neotestamentario al término español "conversión", ἐπιστρέφω se usa con menos frecuencia; Belo lo traduce aquí como "convertíos"), no es improbable que Jesús los usara. Los dos verbos evocan el llamado que los profetas solían hacerles a los israelitas para que regresaran (šûb) a la obediencia al pacto y fueran fieles a Yahvé. El término μετάνοια ya había aparecido como el estribillo del mensaje de Juan el Bautista (v. 4), y aunque no se usa en la LXX para traducir šûb, expresa claramente la misma exigencia de seguir un rumbo radicalmente nuevo. Πιστεύω (que la LXX utiliza generalmente para traducir el hifil de ʿmn, connota más la idea de "confiar" que de "creer" en el sentido meramente intelectual. Sin embargo, su complemento aquí no es Dios sino el εὐαγγέλιον. La construcción πιστεύω ἐν no se lee en ningún otro lugar del NT exceptuando tal vez Juan 3:15 (donde, sin embargo, la preposición ἐν pudiera desempeñar un papel fundamental con ἔχῃ ζωήν; en Ef. 1:13 existe una ambigüedad similar); la forma más común, especialmente en Juan, es πιστεύω εἰς. Ambas formas reflejan probablemente una expresión idiomática semítica (la LXX usa πιστεύω ἐν en el Sal. 77[78]:22 para referirse a la confianza en Dios y en el Sal. 105[106]:12 a la confianza en sus palabras). Por consiguiente, la expresión πιστεύω ἐν τῷ εὐαγγελίῳ indica tal vez no solo una aceptación intelectual de que las "noticias" son ciertas, sino también una respuesta de aceptación y compromiso.[7] No obstante, no se dan detalles del tipo de compromiso que implica; el propósito del resto del libro de Marcos será explicarlo.

---

7. Así C. D. Marshall, *Faith*, 49-53. Para otro comentario sobre πιστεύω ἐν véase ibid., 44-45, 54-56.

LA FORMACIÓN DEL "CÍRCULO ÍNTIMO DE JESÚS" (1:16-20)

Tras el sonoro anuncio de los vv. 14-15 estamos preparados para oír de acontecimientos emocionantes que revisten una importancia nacional, por no decir cósmica. Sin embargo, lo que encontramos es muy diferente: "... Jesús caminando por la orilla del mar, invitando a algunos obreros comunes que lo acompañen en una misión. El mundo, al parecer, está casi intacto" (Myers, 131). Una paradoja similar ya había aparecido en el v. 9 con la llegada del ἰσχυρότερος en la persona de Ἰησοῦς ἀπὸ Ναζαρὲτ τῆς Γαλιλαίας como candidato al bautismo, y en el v. 12, con la continuación de la declaración de Jesús como Hijo de Dios como que fuera un maleficio en el desierto con Satanás y las fieras. Marcos está preparando a sus lectores para que no esperen que la venida del reino de Dios se ajuste a los criterios convencionales de importancia. Así como los seguidores de Jesús tendrán que aprender una escala de valores diferente de la de "los que son tenidos por gobernantes de las naciones" (10:42-45), así también el Mesías rehúsa hacer valer su autoridad por medio de una impresionante exhibición de suntuosidad y esplendor divinos (y mucho menos mundanos). El reino de Dios no viene con ostentación sino a través de la reunión gradual de un grupo de personas socialmente insignificantes en un rincón inadvertido de la provincia de Galilea. La parábola de la semilla de mostaza (4:30-32) solo pondrá en palabras lo que ha estado ocurriendo en la práctica desde los primeros días del ministerio de Jesús, a saber, el inicio de un movimiento que alcanzará dimensiones descomunales pero que en sus comienzos resulta tan poco impresionante que es apenas perceptible en el escenario mundial.

El llamamiento de los primeros discípulos se encuentra forzosamente al principio de la narración, porque la historia que se ha anunciado como el εὐαγγέλιον Ἰησοῦ Χριστοῦ es en realidad la historia del "círculo íntimo de Jesús". A partir de este momento y hasta llegar a Getsemaní Jesús aparece en la narración constantemente acompañado por sus discípulos, cuya formación y desarrollo será uno de los temas principales de la historia. Podrán fallarle y desilusionarlo, como a menudo ocurrirá, pero el papel que desempeñan es decisivo para que él pueda lograr su misión, porque es por medio de este grupo de hombres imperfectos y vulnerables que el reino de Dios será establecido. Y con la esperanza de que sus lectores encuentren la base para su propio discipulado, ya sea por medio del ejemplo o de la advertencia, Marcos expondrá el desarrollo de estos individuos como discípulos de Jesús, en sus éxitos y, con mayor frecuencia, en sus fracasos.

Los cuatro hombres que Marcos presenta aquí constituirán el núcleo central del grupo de los discípulos (1:29; 3:16-18; 13:3, y sin Andrés, 5:37; 9:2; 14:33). La historia de su llamamiento (expuesta como dos historias paralelas de dos parejas de hermanos), si bien se enmarca dentro del contexto específico de la industria pesquera al que pertenecían, representa los elementos esenciales en el discipulado; la relación con Jesús (ὀπίσω μου / ἠκολούθησαν αὐτῷ), la promoción activa de su misión (ἁλιεῖς ἀνθρώπων) y la dedicación total a su causa (ἀφέντες τὰ δίκτυα /τὸν πατέρα). W. T. Shiner ofrece un análisis pormenorizado de los elementos que componen las tres historias de llamamientos de Marcos (1:16-18, 19-20; 2:14), y demuestra la estrecha similitud formal que existe entre ellas a pesar de las diferencias que presentan en lo que respecta a sus detalles.[8]

16 El escenario en el que se desarrollará gran parte de la historia hasta 8:26 será ἡ θάλασσα τῆς Γαλιλαίας y sus orillas. (Marcos, Mateo y Juan hacen referencia a este tramo interior relativamente pequeño de agua dulce como θάλασσα, reflejando así el uso local basado en el AT: *yām-kinneret*, Números 34:11 etc., para el cual la LXX usa el término θάλασσα. Lucas y Josefo lo llaman más correctamente λίμνη. Jesús estableció su base en la ciudad de Capernaúm a orillas de ese lago. A pesar de su título (10:47; 14:67; 16:6), no parece que haya pasado mucho tiempo en Nazaret (6:1-6 es la única visita de la que Marcos da testimonio). Nazaret, que no era más que un pequeño pueblo en las colinas, ofrecía un alcance muy limitado para la proclamación de las buenas nuevas, mientras que el lago (o más bien, las riberas occidental y septentrional del mismo; la oriental y la meridional se hallaban fuera de la provincia de Galilea), con su próspera industria pesquera y una activa ruta comercial que recorría Capernaúm y llegaba hasta la tetrarquía vecina de Felipe, constituía el centro de la vida de la provincia. Sin embargo, resulta llamativo que no exista ninguna prueba de que Jesús hubiera visitado alguna de las dos ciudades helenísticas que dominaban la provincia políticamente, Séforis (a solo cuatro millas de Nazaret) y Tiberíades (en la orilla occidental del lago no muy lejos de Capernaúm). Fue de entre la población más tradicionalmente judía de la orilla del lago que Jesús buscó, y encontró, una respuesta a su mensaje del reino de Dios.

Marcos se referirá seguido al primer discípulo cuyo nombre se menciona como Σίμων hasta que formalmente introduzca el nombre Πέτρος que le fue dado por Jesús (3:16); a partir de ese momento usará siempre el nombre de Πέτρος (salvo en las palabras de Jesús, 14:37). Según Juan 1:44 Σίμων y Ἀνδρέας eran de Betsaida, al otro lado del extremo norte del lago en la tetrarquía de Felipe; el nombre griego Ἀνδρέας (y el de su compañero Felipe, también de Betsaida, Jn. 1:44; Σίμων es también un nombre griego, pero se usaba como equivalente del nombre hebreo común Šim'ôn) sugiere que se trataba de una familia abierta a las influencias helenísticas, lo cual no sería nada inusual tampoco en Galilea en este período.[9] Sin embargo, cualquiera que haya sido su origen, ahora se habían asentado en Capernaúm (v. 29), y no cabe duda de que estaban pescando en esa área. El verbo ἀμφιβάλλω es un término abreviado que se usa para referirse a la acción de pescar valiéndose de una ἀμφίβληστρον (Mt. 4:18; δίκτυον, vv. 18, 19, es un término más general para

---

8. W. T. Shiner, *Follow*, 172-75, con una tabla de paralelismos en 173.

9. M. Hengel, *Judaism*, 1.61-65, da sobradas pruebas de la frecuencia de nombres griegos en Palestina generalmente en este período.

'red'), la red circular de pesca lanzada desde la embarcación o por un hombre que se adentraba en el lago.[10] La añadidura de ἦσαν γὰρ ἁλιεῖς no es necesaria para cualquiera que conozca el significado de ἀμφιβάλλω (pero tal vez no era el caso de algunos de los lectores de Marcos que provenían de una zona más urbana); su inclusión, sin embargo, prepara el camino para la declaración acerca de su nueva función como ἁλιεῖς ἀνθρώπων.

17 El adverbio δεῦτε significa "aquí", "acá", y se usa a veces como complemento de un verbo imperativo u hortatorio en plural (como en 12:7; cf. el uso análogo del equivalente singular δεῦρο, 10:21); tiene pues, como función ser una invitación o una convocación. Aquí y en 6:31 no hay un verbo expresado, y seguido de una referencia a un lugar, δεῦτε funciona entonces como un imperativo, "venid" al lugar indicado, en este caso ὀπίσω μου. "¡Aquí! ¡En pos de mí!" reflejaría la expresión idiomática, pero el uso de δεῦρο y δεῦτε es más cotidiano y menos dramático que lo que sugiere esa versión. En cuanto a ὀπίσω μου como un término usual para referirse a la posición del discípulo en relación con su maestro, véase el comentario anterior sobre el v. 7; aunque ese sentido técnico pudiera cuestionarse allí, en este caso es indiscutible, especialmente seguido de ἀκολουθέω como la respuesta al llamamiento en el próximo versículo. Simón y Andrés son llamados a seguir a Jesús como su líder, en una relación que dejaba atrás la adquisición meramente formal de conocimientos para llegar a un "aprendizaje" a tiempo completo.

Sin embargo, sería erróneo expresar esta relación en cuanto a un rabino y sus *talmîdîm*. M. Hengel[11] ha argumentado convincentemente que el llamamiento de Jesús a sus discípulos se adapta mejor al modelo del "líder carismático" inaugurado por el llamamiento de Eliseo por parte de Elías (1Re. 19:19-21, una historia que guarda una similitud interesante con esta perícopa). Los rabinos no llamaban a sus seguidores; era el discípulo quien adoptaba al maestro.[12] El llamamiento imperioso de Jesús, con la expectativa que conllevaba de una renuncia radical incluso de los lazos familiares, va mucho más allá de cualquier cosa con la que estaban familiarizados en la sociedad normal. Esto lo identifica como un profeta y no como un rabino.

Si su relación con Jesús no es simplemente la de un aprendiz, su nueva función tampoco es simplemente la de ser maestros. Ellos deben ser ἁλιεῖς

---

10. H. C. Waetjen, *Reordering*, 10 y 79, da por sentado que Simón y Andrés no tenían una embarcación propia por cuanto eran los que "lanzaban las redes", y por tanto, pertenecían a una clase menos acomodada que Jacobo y Juan, cuyo padre poseía una barca y tenía empleados, y "disfrutaban de la prosperidad y las comodidades propias de la clase media". Esta deducción no es segura, y está en discordia con el significado natural de καὶ αὐτούς en el v. 19, a saber, que Jacobo y Juan *al igual que Simón y Andrés* estaban en una barca. (La traducción de Waetjen "y los (vio) en una barca", p. 28, es forzada). No hay ninguna razón para dudar de la afirmación de Lc. 5:3 de que Simón sí poseía una barca.

11. M. Hengel, *Leader*, pássim.

12. Stock, 70, cita un paralelismo interesante, sin embargo, en el "llamamiento" de Jenofonte por parte de Sócrates (Diog. Laert. 2.28).

ἀνθρώπων. La metáfora, dadas las circunstancias, resulta naturalmente adecuada, pero su significado no se explica claramente. Una metáfora similar se usa en Jeremías 16:16, donde Yahvé enviará τοὺς ἁλιεῖς τοὺς πολλούς, que "pescarán" (ἁλιεύσουσιν) a su pueblo. Pero el contexto allí tiene que ver con el juicio —son llevados en cautiverio para ser castigados y no escaparán. De manera semejante, otras metáforas amenazadoras relacionadas con la pesca aparecen en Amós 4:2; Habacuc 1:14-17, y la imaginería es bastante natural: para un pez no es ninguna bendición que lo atrapen. En el contexto de las "buenas nuevas", es muy difícil que este sea el sentido de las palabras de Jesús, ni tampoco se corresponde con la tarea que a los discípulos se les asignará más adelante en el Evangelio; el gesto condenatorio en 6:11 no es el propósito fundamental de su misión.[13] No cabe duda de que existe un elemento de juicio implícito en la observación de que la pesca establece una división entre los peces que son atrapados y los que no lo son, una división que el ministerio de Jesús y el de sus discípulos dejarán bien claro. Pero el objetivo será ganar más discípulos, rescatar a las personas *del* juicio en lugar de atraparlas *para* el juicio, y ese debe ser el tema central de la metáfora de Jesús, aun cuando su intención positiva se corresponda más con la perspectiva del pescador que con la de los peces.[14]

18 Καὶ εὐθύς en este caso no introduce una escena nueva. Podría tener por objeto subrayar la inmediatez de la respuesta de los nuevos discípulos, pero no sería prudente depender demasiado de este elemento puesto que en el v. 20 se emplea esa misma frase para introducir el llamamiento de Jesús y no el seguimiento de los discípulos; su función, más que comentar sobre la naturaleza de la respuesta de ellos, es mantener el desarrollo vigoroso de la historia. La expresión ἀφέντες τὰ δίκτυα, y aún más, el hecho de dejar a su padre en el v. 20, simboliza la renuncia que supone seguir a Jesús. Él tiene prioridad sobre la vida y la familia.[15] En la práctica, no cabe duda de que esta

---

13. W. T. Shiner, *Follow*, 175-76, asegura que el Evangelio "nunca presenta a los discípulos reuniendo personas", y que los lectores de Marcos habrían tenido que inferir la naturaleza de la "pesca de personas" a partir de lo que conocían acerca del ministerio de Simón y de Andrés después de la resurrección. Si bien es cierto que Marcos no hace referencia a ningún éxito de los discípulos reclutando personas, la predicación del arrepentimiento en 6:12, aunque no dio necesariamente como resultado un incremento en el número de μαθηταί en el sentido más limitado, pretendía sin duda evocar una respuesta al mensaje de Jesús.

14. W. H. Wuellner, *Meaning*, hace un análisis exhaustivo del origen y el significado de la metáfora. C. W. F. Smith, *HTR* 52 (1959) 187-203, aboga por el sentido más negativo aquí; cf. Lane. Myers va más allá: "Jesús está invitando a gente común a unirse a él en su esfuerzo por derrocar el orden imperante de poder y privilegio". J. D. M. Derrett, *NovT* 22 (1980) 108-37, revive una antigua interpretación de la iglesia que encuentra el trasfondo veterotestamentario en la imagen que aparece en Ezequiel 47:8-10 (a la cuál añade alusiones, menos claras, a las bendiciones para Zabulón y Neftalí en Gn. 49 y Dt. 33).

15. Véase S. C. Barton, *Discipleship*, 66-67, y su demostración (23-56) de que la renuncia a los lazos familiares en aras de un objetivo religioso o filosófico es un tema familiar en la literatura judía y en la greco-romana.

renuncia tenía ciertos límites, al menos para algunos discípulos: Juan 21:3 sugiere que Simón continuó usando una barca y los aparejos de pesca cuando la ocasión lo requería (y la alusión frecuente a una barca en la historia de Marcos sugiere que alguien en el grupo poseía una), y en el v. 29 veremos que la casa de Simón y Andrés seguía perteneciendo a su familia, y al parecer, se usaba como domicilio de Jesús en Capernaúm; y Simón tampoco rompió todos sus vínculos con su familia (1:30-31; cf. 1Co. 9:5), a pesar de su total declaración en 10:28. Pero el abandono de las redes sí representa un cambio decisivo en su estilo de vida; desde ahora en adelante la pesca que realizarán será de otro tipo.

Marcos no ofrece ninguna justificación para la rapidez de la respuesta de estos cuatro hombres al llamamiento de un desconocido.[16] Según se puede entender, el hecho de que Jesús pudiera hacer una exigencia inaudita sin dar explicaciones y recibir una obediencia instantánea constituía una señal evidente de su ἐξουσία (que será el tema central de la narración que sigue: 1:22, 27; 2:10). Pero la información que aparece en el cuarto Evangelio de que estos hombres ya habían estado con Jesús cuando todavía eran miembros del grupo liderado por Juan el Bautista (Jn. 1:35-42) en el período anterior al encarcelamiento de Juan (Jn. 3:24) arroja más luz sobre el tema.

19-20 El llamamiento de los hijos de Zebedeo sigue el mismo patrón que el de la primera pareja de discípulos, aunque los detalles de la narración difieren. Un aspecto notable es la mención de su padre Ζεβεδαῖος en la presentación de Ἰάκωβος por su patronímico y cuando los dos hermanos lo dejaron en la barca. Lo primero sin duda se debe en parte a la necesidad de diferenciar a este Ἰάκωβος de su tocayo menos conocido en el grupo de los discípulos (3:18), pero el hecho de que los dos hermanos se describan en la lista de los discípulos (3:17) y en su única aparición en el Evangelio (10:35) como οἱ υἱοὶ Ζεβεδαίου sugiere que ese era el título por el que normalmente se les conocía y se les recordaba, y por ende, la inclusión de su padre en la historia de su llamamiento le añadía un toque humano atractivo. La inclusión de los μισθωτοί consolida aún más el contexto de la vida real; este tipo de detalle adicional en la narración, ignorado por los demás evangelistas, es típico de Marcos, y nos previene a la vez contra la suposición generalizada de que Jesús extrajo a sus discípulos de los estratos más bajos de la sociedad ("una clase dominada", Belo); dos de ellos procedían de una familia que podía contratar trabajadores.

La frase καὶ αὐτούς, al parecer, resulta redundante y extraña porque aparentemente identifica las situaciones específicas de los dos grupos de hermanos, aunque en realidad los primeros dos estaban ἀμφιβάλλοντες mientras que los otros estaban καταρτίζοντες τὰ δίκτυα (preparando las redes para la próxima pesca, remendándolas, limpiándolas, doblándolas, etc.). Sin embargo, si se toma solamente con ἐν τῷ πλοίῳ, relaciona los dos

---

16. W. T. Shiner, *Follow*, 183-86, contrasta en este respecto las narraciones de Marcos sobre llamamientos con otras historias de la literatura antigua en las que "no existe ningún ejemplo de una historia similar sobre un llamamiento inmotivado".

llamamientos indicando que cada uno de los grupos de hermanos estaba en una barca (que supuestamente eran diferentes, puesto que Jesús se desplazó de un lugar a otro, προβὰς ὀλίγον, entre los dos encuentros; Lucas 5:7-10 describe a los hijos de Zebedeo como μέτοχοι/κοινωνοί de Simón que estaban en otra barca). Los términos que se usan con respecto al llamamiento y a la respuesta son diferentes esta vez: en lugar del discurso directo de Jesús encontramos el verbo καλέω, que Marcos emplea aquí tal vez para evocar su uso posterior en la iglesia como un término quasi-técnico para referirse al principio de la vida cristiana, de lo cual los hermanos constituyen un modelo; y en lugar de ἀκολουθέω vuelve a aparecer de manera significativa la preposición ὀπίσω que leímos en la invitación de Jesús en el v. 17. El uso de ἀπέρχομαι, en vez de la forma simple ἔρχομαι como en 8:34, refuerza el sentido de una partida radical y de un nuevo comienzo.

PREDICACIÓN Y SANIDAD: IMPRESIÓN GENERAL (1:21-39)

Esta colección breve de escenas en y alrededor de Capernaúm aparentemente se desarrolla en el marco de un período de veinticuatro horas. Los versículos 29, 32 y 35 con sus claros indicadores de secuencia y de tiempo, mantienen unidos los cuatro episodios, para que la narración fluya a partir de las reuniones sabáticas en la sinagoga hasta el final del día de reposo, a la caída del sol, cuando se permitía que trajeran a los enfermos para que recibieran sanidad, y luego, hasta las primeras horas de la mañana siguiente, cuando Jesús y sus discípulos se disponían a emprender un ministerio más amplio en otras regiones de Galilea. En este "día en Capernaúm" se combinan todos los aspectos más importantes del ministerio de Jesús en Galilea, la enseñanza (vv. 21-22, 27), el exorcismo (vv. 23-26, 32, 34, 39), la sanidad (vv. 30-31, 32-34) y la proclamación (vv. 38-39). Por tanto, constituye una visión gráfica del carácter general de ese ministerio, como también lo indican la presencia de declaraciones más generales relacionadas con el panorama más amplio (vv. 28, 39) y los términos inclusivos que se usan (πανταχοῦ, ὅλην, v. 28; πάντας, v. 32; ὅλη, v. 33; πολλούς, πολλά, v. 34; πάντες, v. 37; ὅλην, v. 39).

A lo largo de esta secuencia Jesús no aparece solo, sino como el líder de un grupo de seguidores, tal como 1:16-20 nos había llevado a esperar. Por esta razón, los verbos de enlace en los vv. 21 y 29 están en plural (εἰσπορεύονται, ἐξελθόντες ἦλθον), la escena de los vv. 29-34 se ubica dentro y fuera de la casa de Simón y Andrés, y en la escena final aparece Jesús seguido por sus discípulos y explicándoles como "nosotros" debemos esforzarnos por lograr un ministerio más amplio. Sin embargo, dentro de este contexto comunitario, es Jesús individualmente el que ocupa el centro de la atención, él es el único que enseña, el que exorciza y sana, e incluso en los vv. 38-39, aunque somos "nosotros" los que tenemos que avanzar, lo hacemos para que Jesús (en singular) pueda cumplir *su* misión de proclamación. Más adelante, los discípulos participarán de su ministerio, pero por ahora, Jesús es el único que actúa, y de quien se anuncian las buenas nuevas (v. 28). Lo que en general impresiona es su ἐξουσία exclusiva, que las gentes observan y comentan (vv. 21, 27), y que está ejemplificada no solo en su actividad milagrosa sino también en su indiscutible control sobre la agenda del grupo (vv. 35-39).

Un encuentro de poder en la sinagoga (1:21-28)

NOTAS TEXTUALES

21. Una diversidad de variantes (señaladas en UBS pero no en UBS) giran en torno a dos puntos: la ausencia de εἰσελθών en ‭א‬ C L Δ ƒ y en algunos testimonios siriacos y cópticos, y en Orígenes, con ἐδίδασκεν generalmente antes y no después de εἰς τὴν συναγωγήν; y la inclusión de αὐτούς para proporcionar un complemento para ἐδίδασκεν cuando aparece al final de la cláusula (D Θ y las versiones latinas). Si se tiene en cuenta el uso de Marcos de εἰς para ἐν en otros lugares (véase el comentario más adelante) ἐδίδασκεν εἰς τὴν συναγωγήν podría perfectamente ser original (Orígenes lo cita en dos ocasiones de esta manera). La rareza de la expresión idiomática llevaría naturalmente a efectuar una corrección añadiendo εἰσελθών, dejando que ἐδίδασκεν se desplazara hasta el final de la cláusula, donde algunos consideraron que era necesario un complemento. Esto, al parecer, es una explicación más aceptable de las variantes que la omisión accidental de εἰσελθών antes de εἰς, creando una expresión idiomática extraña que luego permaneció sin corregir en una amplia gama de MSS y de versiones.

27. Después de συζητεῖν, donde en UBS se lee πρὸς ἑαυτούς, Aland coloca αὐτούς (en consonancia con ‭א‬ B); cada una de las expresiones es posible (para πρός después de συζητέω véase 9:14, 16; para el uso absoluto véase 12:28), pero el peso de los testimonios de los MSS sugiere la primera opción, la lectura de ‭א‬ B intenta proporcionar un sujeto para el infinitivo (innecesariamente, puesto que el verbo precedente hace que el sujeto resulte bastante claro). La rica variedad de lecturas para el discurso directo que comienza con τί ἐστιν representa tal vez algunos esfuerzos por darle un flujo más suave a la sintaxis vívida aunque poco convencional de Marcos. Los elementos claves, διδαχὴ καινή y κατ’ ἐξουσίαν, aparecen en todos los testimonios, y por tanto, el significado esencial no se ve afectado.

El marco de esta perícopa es una visita sabática a la sinagoga, donde la enseñanza de Jesús deja asombrada a la congregación por su ἐξουσία, y con ello, su reputación se propaga por todas partes. Pero con este tema aparece entrelazada la historia de un exorcismo dramático, el primero de los cuatro a los que Marcos hace referencia y que ofrece una demostración más visible de su ἐξουσία, y que provoca una sorprendente exclamación por parte de la congregación (v. 27) en la que la enseñanza y el exorcismo son, al parecer, aspectos interdependientes de esa ἐξουσία.

El exorcismo ocupa un lugar destacado en la narración de Marcos acerca de Jesús. Lo distingue de una forma más general del ministerio de sanidad y presenta cuatro relatos individuales de exorcismos (1:23-27; 5:1-20; 7:24-30; 9:14-29) que narra de una manera vívida. Dos de ellos incluyen un diálogo entre Jesús y los demonios en el que se revela el conocimiento privilegiado que poseen acerca de su persona. Pero además, les recuerda a sus lectores de vez en cuando que estos no eran más que unos cuantos ejemplos seleccionados. Otros relatos más generales del ministerio de exorcismo de Jesús aparecen en 1:32-34, 39; 3:11-12 (también con una declaración "cristológica" por parte de los demonios), mientras que en 3:22-30 la controversia entre Jesús y los escribas de Jerusalén se basa en el reconocimiento de su eficacia como exorcista. Los discípulos también practican el exorcismo como parte de su misión (3:15; 6:7, 13; cf. 9:38-40), pero se deja bien claro que ellos pueden hacerlo únicamente cuando Jesús les encarga (3:14-15), cuando han sido facultados específicamente por él para esta tarea (6:7) y "en su nombre" (9:38-39). Todo esto le añade un elemento sustancial a la presentación de Marcos acerca de Jesús, y las implicaciones cristológicas de su poder sobre los demonios se describen en 3:22-30, así como en los títulos que se le atribuyen en 1:24; 3:11; 5:7.

Era, pues, adecuado que la manifestación inaugural de Jesús ante el público galileo se relacionara con un exorcismo, convirtiéndolo en el primer milagro que se registra. El hecho de que ocurriera en una reunión normal semanal de la sinagoga en el contexto de la enseñanza autorizada de Jesús indica cierto grado de integración en la misión mesiánica de Jesús a diferencia de lo que sugeriría un acontecimiento espectacular aunque remoto como el de 5:1-20.

Jesús y sus discípulos no eran los únicos exorcistas en el mundo mediterráneo en aquel tiempo (como ciertamente reconoce Mt. 12:27). Los papiros dan testimonio de un interés generalizado en el exorcismo, y algunos relatos de exorcismos en la literatura antigua se mencionan con frecuencia, en particular los que se relacionan con Eleazar (Josefo, *Ant.* 8.46-48), Apolonio de Tiana (Filóstrato, *A* 4.20) y un exorcista sirio anónimo (Luciano de Samósata, *Philopseudes* 16). Sin embargo, sería un error suponer que el interés de Marcos en el exorcismo sea irrelevante, y que otros relatos similares abundaban en la literatura de la época. Merece la pena citar la conclusión a la que llegó mi estudiante E. F. Kirschner a partir de su investigación sobre el exorcismo en la literatura antigua. Tras señalar las frecuentes referencias al exorcismo y a las técnicas de exorcismo para demostrar que la práctica estaba generalizada, prosigue diciendo:

A pesar de la enorme cantidad de material relacionado con el exorcismo y los demonios en la literatura investigada, hay *muy pocas narraciones disponibles*. Es sobre todo en el NT, especialmente en el Evangelio de Marcos, donde aparecen casi todas las narraciones... Y todavía menos son los exorcistas, a quienes se les atribuyen las historias de los exorcismos, que pueden encontrarse. Uno de ellos es obviamente un *personaje legendario*

(Salomón), otro es, al parecer, *quasi legendario* (Apolonio), y a otro más se le hace referencia *solo una vez* (Eleazar), mientras que otro, a pesar de su fama por lidiar con los demonios, no aparece nunca *exorcizando a un demonio* (Hanina). El único exorcista en la literatura que se conserva a quien se le atribuyen cierto número de historias de exorcismos que se narran detalladamente es el personaje bíblico de Jesús de Nazaret.[17]

Por tanto, no tenemos por qué suponer que al enfrentarse a un exorcismo al inicio del libro, los lectores de Marcos respondieran: — "Por supuesto, eso es lo que cabía esperar de cualquier personaje religioso". Lo que se espera de ellos, y de nosotros también, es que reconozcamos aquí, al igual que ocurrió con la congregación de la sinagoga, una διδαχὴ κατ᾽ ἐξουσίαν nueva y asombrosa.

21 El "círculo íntimo de Jesús" recientemente constituido funciona ya como un grupo definido, y por eso, el verbo plural εἰσπορεύονται no necesita ningún sujeto expreso. La forma Καφαρναούμ, que refleja el término hebreo *kpar naḥûm*, se lee en los MSS más antiguos; Καπερναούμ es, al parecer, una forma posterior del nombre. Se trataba de un asentamiento importante a orillas del lago, tan importante que tenía un destacamento de tropas romanas (Mt. 8:5-13), una aduana (2:14) y un oficial residente calificado como βασιλικός (Jn. 4:46). Su población en ese tiempo pudiera haber ascendido a 10.000 personas; su συναγωγή, una precursora de la imponente edificación del siglo IV que puede verse en la actualidad, habría admitido, por tanto, una nutrida congregación los sábados. La afirmación de Marcos, καὶ εὐθὺς τοῖς σάββασιν ἐδίδασκεν podría sugerir que este desconocido de Nazaret tomó la iniciativa de imponerse en la congregación, pero el derecho a enseñar en la sinagoga estaba bajo el control de sus líderes (Hch. 13:15), y el hecho de que a Jesús se le permitiera o se le invitara a hacerlo sugiere que, a pesar del papel que desempeña esta perícopa en la narración como la primera aparición pública de Jesús, él ya había estado activo en el área el tiempo suficiente para que todos le conocieran y respetaran.

La extraña expresión ἐδίδασκεν εἰς τὴν συναγωγήν (acerca de la cual, véase la nota textual anterior) parece combinar las ideas de entrar y luego, enseñar. Marcos usa la preposición εἰς de la misma manera en que uno hubiera esperado que usara ἐν en 10:10; 13:9, donde el hecho de haber entrado se supone pero no se expresa. (Taylor también cita 1:9, 39 para respaldar esta forma de uso, pero no son paralelismos muy estrechos, por cuanto en 1:39 se expresa el verbo de movimiento, y en 1:9 ἐβαπτίσθη incluye la idea de entrar en el agua).

Marcos usa el verbo διδάσκω (vv. 21, 22) y el sustantivo διδαχή (vv. 22, 27) para describir la actividad normal de Jesús (y διδάσκαλος como un título para él) con más frecuencia que los demás Evangelios a pesar de ser más extensos. Y aunque Mateo y Lucas permiten que solo los extraños (y Judas) le llamen

---

17. E. F. Kirschner, *Place*, 29.

διδάσκαλε (o ῥαββί) a Jesús, Marcos incluye el término sin restricciones, como un título adecuado que los discípulos de Jesús deben usar.[18] Por tanto, no cabe duda de que para Marcos la enseñanza es una parte esencial de la misión mesiánica de Jesús, y algo que solo a él le compete (aunque, al igual que otros aspectos de su misión mesiánica, puede ser compartida por sus discípulos, 6:30). En cuanto a esto, parece diferir de la "proclamación", porque el verbo κηρύσσω se usa para referirse a la misión de Juan el Bautista (1:4, 7) y de los discípulos (3:14; 6:12; 13:10; 14:9), e incluso de los que divulgan los milagros de Jesús que han presenciado (1:45; 5:20; 7:36), aunque el uso destacado que hace Marcos del término cuando presenta por primera vez la misión de Jesús (1:14, 38-39) no se repite en el resto del Evangelio. Aparentemente, después del anuncio inicial de las buenas nuevas, cualquiera puede ser un "heraldo", pero la "enseñanza" es la función concreta del Mesías autorizado.[19]

22 Marcos emplea a menudo el verbo ἐκπλήσσομαι (6:2; 7:37; 10:26; 11:18) y otros verbos similares ([ἐκ]θαμβέομαι, 1:27; 9:15; 10:24, 32; [ἐκ] θαυμάζω, 5:20; 12:17; ἐξίστημι, 2:12; 5:42; 6:51) para describir la reacción de los curiosos, y a veces de los discípulos, ante las palabras y las obras de Jesús (cf. el uso frecuente de φοβέομαι en contextos similares).[20] Esos verbos indican el reconocimiento de algo fuera de lo ordinario, y mantienen al lector consciente de la ἐξουσία sin precedentes de Jesús, y de la sorprendente e incluso chocante naturaleza de algunas de las cosas que dijo. Aquí no se especifica cuál fue el punto en la enseñanza de Jesús que provocó esa reacción; se darán abundantes detalles después. Pero la declaración general de que su ἐξουσία diferenciaba su enseñanza de la de los γραμματεῖς sugiere que Jesús ya estaba expresando algunas de las ideas radicales que se oponían osadamente a la enseñanza halájica aprobada, que más adelante aparecerá con respecto, p. ej., al día de reposo (2:23–3:6), las leyes de pureza (7:1-23) o el divorcio (10:2-12). Los γραμματεῖς se mencionarán a menudo en el Evangelio, casi siempre como adversarios de Jesús (y, a partir de 8:31, relacionados con los πρεσβύτεροι καὶ ἀρχιερεῖς para formar el grupo que ocasionó su muerte); solo en 12:28-34 se presenta a un γραμματεύς en forma positiva. En 9:11 y 12:35 se hace referencia a la función de los γραμματεῖς como autoridades teológicas reconocidas, pero solo para pasar a una nueva perspectiva que deja atrás la de ellos. Los escribas representan al régimen antiguo, que Jesús, ὡς ἐξουσίαν ἔχων, desafía con su enseñanza nueva y fresca, tal como se ilustra gráficamente en 2:21-22.

---

18. Para detalles, véase mi artículo en *GP*, 1.101-36, especialmente 103-12.

19. En cuanto a la relación de κηρύσσω con διδάσκω en Marcos, véase además R. P. Meye, *Jesus*, 52-60.

20. Para un estudio completo de una variedad de expresiones marcanas relacionadas, véase T. Dwyer, *Wonder*. Dwyer analiza provechosamente el tema a la luz de lo "maravilloso" y lo misterioso en la literatura greco-romana y judía. Su investigación pone en tela de juicio la suposición común de que una expresión de admiración constituía un elemento habitual en la narración de un milagro o un exorcismo. Ese uso es más frecuente en el NT, y podría ser, por tanto, un desarrollo distintivamente marcano. Para este pasaje (incluyendo el v. 27) véase ibid., 92-99.

La expresión ἦν διδάσκων es un testimonio clásico de la afición de Marcos por las construcciones perifrásticas, usando εἰμι o γίνομαι (véase Taylor, 45, 62-63). Algunos de los ejemplos posibles ya aparecieron en 1:4, 13, pero en cada uno de esos casos parece preferible tratar el verbo principal y el participio en forma independiente ("Juan el Bautizador apareció en el desierto, proclamando"; "Jesús estaba allí en el desierto, siendo tentado"); aquí tenemos una verdadera construcción perifrástica, cuyo significado no difiere del imperfecto simple en el v. 21, sino que es solo una variación estilística. Es posible que la perífrasis tuviera por objeto animar la presentación: "porque allí estaba él, enseñándoles...". Pero descubrir ese propósito en cada perífrasis marcana exigiría cierta dosis de ingenio, y es mejor considerar simplemente que se trata de un rasgo estilístico, bastante natural en el griego semítico. (Véase el v. 39 para un paralelismo estrecho probable).

23 Καὶ εὐθύς aquí introduce un acontecimiento dramático específico en la escena más general de los vv. 21-22. Con respecto a αὐτῶν véase el comentario sobre el v. 39 más adelante. El suceso tiene que ver con un ἄνθρωπος ἐν πνεύματι ἀκαθάρτῳ; el uso de la preposición ἐν para indicar que el individuo estaba "bajo la especial influencia del espíritu" (BAGD, 260a, I.5.d) ofrece un equivalente macabro al modismo ἐν τῷ πνεύματι τῷ ἁγίῳ (12:36; cf. Lc. 2:27; 1Co. 12:3; Ap. 1:10). Marcos usa πνεῦμα ἀκάθαρτον y δαιμόνιον con la misma frecuencia, y sin duda como sinónimos (véase 6:7 con 13; 7:25 con 26); πνεῦμα ἀκάθαρτον corresponde al término *rûaḥ ṭum 'â*, que suele usarse en los escritos rabínicos en el mismo sentido (cf. Zac. 13:2). Aparte del verbo técnico δαιμονίζομαι (1:32; 5:15-16), describe la relación del espíritu con su "huésped" humano diciendo que este estaba ἐν el espíritu (aquí y en 5:2) o que ἔχων el espíritu (7:25; 9:17; cf. 3:22, 30), aunque el proceso de liberación siempre se expresa en función de la "salida" o la expulsión del espíritu. En todos los pasajes que tienen que ver con exorcismos se habla del demonio como una personalidad activa, que es diferente del "huésped" pero controla su conducta. En las referencias más sintéticas al exorcismo (1:34, 39; 3:11, 15; 6:7, 13; 9:38) el "huésped" ni siquiera se menciona (salvo cuando está implícito en el verbo ἐκβάλλω); Jesús (o sus discípulos) aparecen enfrentados directamente a los demonios. Todo este lenguaje se refiere a la posesión demoníaca y al exorcismo, no a la enfermedad mental, y ese mismo punto se ve reforzado por el uso cuidadoso por parte de Marcos de una terminología peculiar para el ministerio del exorcismo y la sanidad de Jesús (véanse los comentarios más adelante sobre 1:32, 34).

Algo característico en esos encuentros es el intercambio verbal (cf. 3:11-12; 5:7-13; 9:25-26), en los que la parte del demonio se expresa como un grito, (ἀνα) κράζω, aquí y en 3:11; 5:7; 9:26; este era sin duda uno de los rasgos más inolvidables para los observadores, y se menciona también en algunos textos no cristianos (*Test. Sal.* 1:13; 3:4; 4:11).

24 Τί ἡμῖν καὶ σοί es una fórmula veterotestamentaria que se usaba para demarcarse de algo o de alguien (p. ej., 2Sa. 16:10; 19:22). Cuando se dirige a un agresor, ya sea real o potencial, equivale a decirle: — "¡Vete y déjame en paz!" (Jue. 11:12; 1Re. 17:18). El demonio da por sentado, sin haber recibido aún ninguna palabra de Jesús, que su misión es ἀπολέσαι ἡμᾶς y reconoce instantáneamente que están en bandos opuestos. Llama la atención que el demonio aquí hable en plural mientras que en 5:7, donde, según veremos, los demonios son numerosos, la fórmula aparezca en singular. Podría pensarse que aquí se da un caso de posesión múltiple, pero lo más probable es que este demonio específico hablara en este encuentro inicial en nombre de toda la fraternidad amenazada.

El uso del título Ναζαρηνός de Jesús (una forma que Marcos usa siempre y Lucas a veces, mientras que Mateo, Juan y habitualmente Lucas emplean Ναζωραῖος; véase H. H. Schaeder, *TDNT*, 4.874-79 con respecto a las dos formas y su origen) le añade formalidad al tratamiento y respalda la afirmación οἶδά σε τίς εἶ (el pronombre σε es redundante y le da a οἶδα dos complementos, pero el sentido es claro y la expresión fácil de recordar; para construcciones similares véanse 7:2; 11:32; cf. 2:1). Según se creía, el poder de los exorcistas aumentaba cuando sabían el nombre del demonio (véase el comentario sobre 5:7-9), y es posible que el demonio aquí tratara, sin provecho alguno, de invertir el proceso. Pero lo que realmente le preocupaba acerca de Jesús no era su origen terrenal, Ναζαρηνός, sino su "verdadera" naturaleza como ὁ ἅγιος τοῦ θεοῦ. Aquí, al igual que en 3:11; 5:7, el demonio manifiesta un conocimiento sobrenatural que todavía no poseen los actores humanos en la historia. Se espera que el lector tome nota de lo que dice y lo acepte a pesar de la fuente sospechosa de la cual procede. El título que se usa en 3:11 y 5:7 será el que ya se declaró en 1:1, ὁ υἱὸς τοῦ θεοῦ; por tanto, el uso de ἅγιος aquí resulta sorprendente. Su idoneidad es indiscutible por cuanto establece un marcado contraste entre el carácter santo de Jesús y el de su adversario (ἀκάθαρτον), y relaciona a Jesús con el πνεῦμα ἅγιον cuya presencia debe caracterizar su ministerio mesiánico (1:8), y constituye la base de su poder sobre los demonios (3:22-30). La frase ὁ ἅγιος τοῦ θεοῦ, al parecer, no se usaba en la literatura judía como un título reconocido, aunque esa expresión sí se empleaba para referirse a las personas que tenían una relación especialmente íntima con Dios (2Re. 4:9; Sal. 106:16). Sin embargo, en el NT se usan expresiones similares con respecto a Jesús en Hechos 3:14; 4:27, 30 (cf. ὅσιος en 2:27; 13:35), mientras que el título ὁ ἅγιος τοῦ θεοῦ aparece en Juan 6:69. En Lucas 1:35 el υἱὸς τοῦ θεοῦ que ha de nacer se describe como ἅγιον. En el caso que nos ocupa, pues, expresa el conocimiento del demonio de que está frente a un poder espiritual superior. Si esto todavía no es una atribución directa a Jesús del título ὁ υἱὸς τοῦ θεοῦ, prepara convenientemente al lector para el uso del mismo en 3:11; 5:7.[21]

---

21. Algunos han sugerido, p. ej., E. Schweizer, en W. Eltester (ed.), *Judentum, Urchristentum, Kirche*, 90-93, seguido especialmente por Pesch, que ὁ ἅγιος τοῦ θεοῦ se deriva de un juego con la palabra Ναζαρηνός, basado en su semejanza con Ναζιραῖος, el término que la LXX A usa con respecto a Sansón en Jue. 13:7; 16:17, donde la LXX B tiene ἅγιος θεοῦ. Esto, al parecer, resulta excesivamente tortuoso y, por lo demás, innecesario, teniendo en cuenta la idoneidad obvia del término ἅγιος para Jesús en este contexto.

25 En comparación con los relatos acerca de exorcismos fuera de la Biblia, existe una llamativa falta de "técnica" con respecto a esta historia y a las demás historias sobre exorcismos que aparecen en los Evangelios. Solamente en 5:9 Jesús pregunta el nombre del demonio, e incluso allí no se dice que lo usara. No hay ningún encantamiento, ningún ritual, ningún tipo de "utilería", simplemente una orden verbal con autoridad. Y esta, al parecer, resuelve el problema.

El verbo ἐπιτιμάω se usa de la misma manera en la historia de un exorcismo en 9:25, y en 3:12 con respecto a la obligación de guardar silencio que Jesús impone a los demonios. Sin embargo, H. C. Kee[22] demostró que no es un término técnico propio del exorcismo dado que está notablemente ausente de la literatura sobre el exorcismo fuera del NT, sino que tiene su origen en el término hebreo *gā'ar*, que se usa en el AT para referirse a la "palabra avasalladora" de Dios contra sus enemigos, que no es una simple protesta verbal, sino que verdaderamente los somete a su control. En Marcos, el verbo se utiliza con respecto al silenciamiento autorizado por parte de Jesús de ciertas expresiones humanas inoportunas en 8:30, 33, y, de manera sorprendente, con referencia a los elementos naturales (con φιμόω al igual que aquí), en 4:39 (véase el comentario allí). Por tanto, ἐπετίμησεν aquí no representa un elemento aislado en el encuentro sino que describe el mandato eficaz expresado en el discurso directo que sigue (como sin duda indica λέγων).

Φιμόω se usa en 1 Corintios 9:9 y 1 Timoteo 5:18 con su sentido literal, "poner un bozal"; constituye una metáfora obvia para describir el silenciamiento de alguna persona y así se emplea en diversos contextos (Mt. 22:12, 34; 1Pe. 2:15). Aunque el término aparece en algunos textos de magia posteriores, su uso más general sugiere que no existe ninguna razón para interpretarlo aquí como un término esotérico, y mucho menos para utilizar la forma literal de un bozal para alegar que la metáfora implica la idea de "atar" al demonio (véase además el comentario sobre 3:27). "¡Ponte un bozal!" no es más que una manera coloquial y vívida de decir "¡Cállate la boca!".

En 1:34 y 3:11-12 se pondrá claramente de relieve que la razón que asistía a Jesús para silenciar a los demonios era impedirles que revelaran quien era. Esta reticencia podría explicarse simplemente como el deseo de evitar cualquier autenticación de su persona por parte de esos testigos inconvenientes, o tal vez se debiera en parte al secretismo mostrado por Jesús y que puede apreciarse en el mandato que les da de guardar silencio a los que había sanado o habían presenciado sus sanidades (1:44; 5:43; 7:36; 8:26), e incluso exigiéndoles a los discípulos que no revelaran su mesianidad (8:30) ni su gloria revelada en la transfiguración (9:9). Véase el comentario sobre 8:30 para un estudio más completo del "secreto mesiánico", y cf. la introducción, págs. 31-32. Si una parte, al menos, de la razón del secretismo era evitar cualquier adulación popular prematura y mal orientada, las revelaciones

22. H. C. Kee, NTS 14 (1967/8) 232-46.

cristológicas de los demonios podrían ponerlo sin duda en una situación potencialmente embarazosa. En este pasaje, sin embargo, ese tema no ocupa un lugar prominente, y el "silenciamiento" del demonio es, más bien, una parte necesaria del exorcismo para ponerle fin a su grito desafiante.

26 Σπαράσσω (literalmente, "desgarrar", pero a veces se usa médicamente para referirse a las convulsiones) aparecerá también en 9:26 (cf. συνσπαράσσω, 9:20). Muchos elementos del exorcismo de Marcos indican que un demonio residente afectaba no solo los pensamientos y las acciones sino también la conducta física del "huésped". En este caso, no se menciona ningún síntoma físico cuando se presenta a la víctima, pero en el momento de la expulsión del demonio se pone de manifiesto el poder destructivo del demonio. Las convulsiones y el potente grito (cf. con respecto a ἀνακράζω, v. 23) son señales de una resistencia desesperada, aunque ineficaz. La "palabra avasalladora" de Jesús debe ser obedecida, tal como lo demuestra la repetición exacta al final del v. 26 del mandato ἔξελθε ἐξ αὐτοῦ.

27 En cuanto a la reacción de la multitud, véase el comentario sobre el v. 22; θαμβέομαι no es, en realidad, significativamente diferente de ἐκπλήσσομαι. El término indica tal vez que los exorcismos no eran tan habituales como solía sugerirse, pero también que el estilo de exorcismo de Jesús era muy diferente de cualquier otro que ellos conocieran. La mención específica de la ἐξουσία y la secuencia simple ἐπιτάσσει [...] ὑπακούουσιν diferencian el éxito inmediato del mandato autorizado de Jesús del forcejeo más prolongado y el resultado incierto que es posible haya caracterizado otros intentos de exorcismo (obsérvese el fracaso ignominioso de uno de esos intentos en Hch. 19:14-16).

Συζητέω significa discutir (así en 9:10), a menudo con una connotación hostil de "disputa"((8:11; 9:14, 16; 12:28), pero con πρὸς ἑαυτούς (véase la nota textual) denota una discusión intensa en medio de la congregación. En διδαχὴ καινὴ κατ' ἐξουσίαν vuelven a aparecer los términos del v. 22, pero si bien el motivo de su sorpresa allí era sin duda la διδαχή, aquí es el exorcismo, tal como lo deja bien claro la cláusula que sigue. De este modo, la congregación se da cuenta de la cohesión que existe entre los distintos aspectos del ministerio de Jesús, en el que la enseñanza autorizada y la autoridad sobre los demonios dependen de una sola ἐξουσία, que no tiene precedentes.[23] La conjunción adverbial καί ("aún") indica que el aspecto más notable de esta autoridad es el poder sobre los demonios; enseñar a las personas οὐχ ὡς οἱ γραμματεῖς es ya impactante de por sí, pero cuando "aún" los demonios no pueden oponerle resistencia, hay más razones para συζήτησις. Por tanto, el tema sobre "¿quién es Jesús?", que predominará cada vez más en la narración de Marcos, se pone ya claramente de manifiesto en su primera aparición pública.

---

23. T. Dwyer, *Wonder*, 98-99, llega a la conclusión de que la perícopa hace hincapié en la "entrada escatológica del reino, que se manifiesta en la enseñanza autorizada y en el exorcismo posterior. Procede entonces a cuestionar la opinión de Lohmeyer y de otros de que el asombro de la multitud en sí mismo debe interpretarse en forma negativa como una indicación de su falta de verdadera fe.

28 La amplia divulgación de la reputación de Jesús en Galilea será un tema recurrente (véanse 1:33, 37, 45; 2:1-2; 3:7-9). Junto a los temas típicamente marcanos del secretismo y la falta de reconocimiento aparece el del maestro y sanador popular. Esta tensión se resolverá progresivamente con el reconocimiento de que el entusiasmo popular se encuentra en un nivel de comprensión relativamente superficial, por lo cual, en el capítulo 4 la multitud entusiasta será descrita como οἱ ἔξω en contraste con el grupo mucho más pequeño de discípulos a los que sí se les ha dotado de entendimiento. Pero por el momento Jesús es una celebridad local. Los términos de Marcos son amplios (πανταχοῦ εἰς ὅλην τὴν περίχωρον), pero deliberadamente limitados hasta ahora solo a la provincia natal de Jesús (tomando τῆς Γαλιλαίας como un genitivo epexegético, "la región vecina, es decir, Galilea", y no "la región alrededor de Galilea" ni "la parte de Galilea alrededor [de Capernaúm]", las cuales son traducciones posibles). La amplia divulgación de su reputación aparecerá en 3:7-8, y provocará repercusiones desagradables en 3:22.

Una sanación individual (1:29-31)

NOTA TEXTUAL

29. Los verbos en singular ἐξελθὼν ἦλθεν están bien confirmados (B D W Θ *ff* OL), pero lo más probable es que sean correcciones de los verbos originales en plural (a partir de εἰσπορεύονται in v. 21) teniendo en cuenta que Jesús es el único centro de atención en las escenas precedentes y siguientes.

A un exorcismo individual le sigue una sanidad individual antes del resumen más general en los vv. 32-34 de ambos tipos de milagros realizados por Jesús. Los dos aspectos, pues, constituyen ejemplos específicos que ilustran el ejercicio más amplio de la ἐξουσία en relación con la aflicción humana. No obstante, las historias son marcadamente diferentes. Una de ellas trata acerca de la posesión demoníaca y la otra de la enfermedad física. Una es muy pública mientras que la otra tiene lugar en privado. Se emplean términos dramáticos para contar el incidente de la sinagoga, se habla de grandes gritos, de mandatos con autoridad y de una multitud asombrada que se esfuerza por averiguar con qué credenciales cuenta este nuevo maestro; la sanidad de la suegra de Pedro, sin embargo, posee una simplicidad doméstica bastante práctica, y concluye con una comida. Por tanto, independientemente de la impresión que pudieran darnos los resúmenes más generales, Marcos no nos permite imaginar a Jesús como un "sanador" itinerante con una técnica fija, sino como un hombre de ἐξουσία que responde en la forma adecuada a las diferentes necesidades a medida que las encuentra.

29 Marcos concatena directamente la salida de la sinagoga con la visita a la casa de Simón y Andrés, y eso indica que en su esquema narrativo el día de reposo todavía no había terminado. El tema del derecho que asiste a Jesús para sanar en el día de reposo se abordará claramente en 3:1-6 (véase el comentario allí sobre las normas rabínicas), pero aquí ya lo vemos haciendo caso omiso de la forma convencional, aunque en privado. La gente en general esperará debidamente hasta la puesta del sol, es decir, a que el día de reposo haya concluido, para traer a sus enfermos para que sean sanados (v. 32), pero privadamente en la casa, Jesús no espera, y al parecer, nadie objeta.

Los cuatro hombres mencionados constituyen, hasta ahora, el grupo completo de los discípulos; otros más se añadirán en 2:14 y 3:13-19. Parece probable que ἡ οἰκία Σίμωνος καὶ Ἀνδρέου fuera el "hogar" de Jesús en Capernaúm, y por ende, el lugar de reunión del grupo. Marcos hará referencia de vez en cuando a una οἰκία (7:24; 9:33; 10:10) o a un οἶκος (2:1; 3:20; 7:17; 9:28) como el sitio donde solían reunirse lejos de las multitudes, y aunque en dos de estos casos sus notas geográficas indican una ubicación diferente (7:24; 10:10) los demás lugares se hallan específicamente en Capernaúm (2:1; 9:33) o forman parte del ministerio galileo en general, que, al parecer, tenía allí su base. Por consiguiente, aunque Marcos pudiera haber usado "la casa" en sentido literario como un símbolo de privacidad y enseñanza, con ese término, al parecer, se refería a un verdadero hogar familiar donde se sabía que residía Jesús. Lo que ya era una familia extensa típica (la mención de dos hermanos y una suegra sugiere un grupo considerable) se vuelve, pues, por algún tiempo, más numerosa. (La identificación de esta casa como la que se encontró debajo del edificio bizantino octagonal descubierto por los franciscanos cerca de la sinagoga en Capernaúm, aunque no está demostrado, resulta totalmente convincente).[24]

30-31 Esta referencia a la suegra de Simón es la única indicación de que en el momento de su llamamiento, estaba casado; ni tampoco conocemos las circunstancias familiares de ninguno de los otros discípulos. En 1 Corintios 9:5 se hace mención nuevamente de la esposa de Pedro. Los términos πυρέσσουσα y πυρετός no son muy específicos, no más de lo que puede serlo nuestro término "fiebre"; en cuanto al conocimiento y la clasificación de las fiebres en la antigüedad, véase K. Weiss, *TDNT*, 6.956-58. No se trataba forzosamente de una afección muy grave, aunque en Juan 4:52 se usa πυρετός con respecto a una dolencia que se consideraba potencialmente mortal (4:47), y la expresión de Lucas aquí, συνεχομένη πυρετῷ μεγάλῳ, parece más dramática. Λέγουσιν αὐτῷ περὶ αὐτῆς podría referirse simplemente a la comunicación natural de una información a un huésped en el hogar, sin embargo, es más probable que sugiera que los cuatro hombres ya sabían que Jesús tenía un poder especial, sobre todo, después de los hechos que acontecieron en la sinagoga.

El método sanador de Jesús contrasta con el exorcismo de la escena anterior. Marcos no menciona ahora ninguna palabra de Jesús, sino solo su toque físico. En sus relatos sobre sanidades físicas, Marcos dice a menudo que

24. Véase E. M. Meyers y J. F. Strange, *Archaeology*, 59-60, 114-16, 128-30.

Jesús tocó al paciente (1:41; 5:41; 6:5; 7:32-33; 8:23-25) o que estos le tocaron (3:10; 5:27; 6:56); en los exorcismos, en cambio, en los que el problema no es principalmente físico sino espiritual, no se habla de ningún toque (a no ser después que el exorcismo haya concluido, 9:27). Para el levantamiento físico del paciente cf. 5:41; 9:27. La curación era, como de costumbre, instantánea. Con respecto al término ἀφῆκεν con una fiebre como sujeto, cf. Mateo 8:15; Lucas 4:39; Juan 4:52; se trata de una expresión idiomática natural que no implica forzosamente una "personificación" de la fiebre. La cláusula καὶ διηκόνει αὐτοῖς hace hincapié en la compleción de la curación: no fue necesario ningún período de convalecencia. Aunque διακονέω tiene una gran variedad de significados, en este contexto su sentido básico de servicio doméstico es, al parecer, el más probable; ella cumplió la función que se esperaba de la suegra en el hogar familiar, sirviendo un refrigerio.

Ministerio general de sanidad (1:32-34)

NOTA TEXTUAL

34. La adición de Χριστὸν εἶναι o algo similar al final del versículo cuenta con un apoyo amplio, pero esa adición a la expresión bastante llana ᾔδεισαν αὐτόν sería una corrección natural inspirada en el paralelo lucano, aunque si fuera original, es improbable que la frase más explícita Χριστὸν εἶναι no apareciera en una gran variedad de tipos de texto.

A los relatos individuales del exorcismo y la sanidad en los vv. 23-31 les sigue una narración más general, en el contexto de ese mismo día en Capernaúm, pero que da una idea más amplia del ministerio de liberación de Jesús. Otros resúmenes semejantes (cf. v. 39; 3:10-12; 6:53-56) continuarán recordándonos que los incidentes específicos a los que se hace referencia no son más que unos cuantos ejemplos del ministerio total de Jesús en Galilea, y la mención recurrente en esta parte del Evangelio de su extendida reputación y de las multitudes que constantemente le seguían (1:28, 37, 45; 2:2; 3:7-9, 20; 4:1; 5:21, 24; 6:14-15, 31-34; 7:24; 8:1-3; 9:14-15, 30) subrayarán su popularidad como maestro y sanador.

32 La declaración ὀψίας δὲ γενομένης, ὅτε ἔδυ ὁ ἥλιος es tal vez el mejor ejemplo de la tendencia de Marcos a la "dualidad",[25] es decir, a usar dos expresiones donde una sería suficiente. El hecho de que en este caso Mateo use la primera y Lucas la segunda, ha motivado un interesante análisis histórico tradicional, y lo han presentado como una prueba tanto los que están a favor como los que están en contra de la prioridad marcana, aunque, en última

---

25. F. Neirynck, *Duality*, es un análisis amplio de este fenómeno.

instancia, no puede demostrar nada. La referencia específica a la puesta del sol no es superflua, porque la puesta del sol señalaba el final del día de reposo y por tanto, el momento en que era posible llevar los pacientes a donde estaba Jesús y este podía encargarse legítimamente de sanarlos (véase el comentario sobre 3:2 para las normas rabínicas en cuanto a las curaciones en el día de reposo). El tiempo aoristo ἔδυ (Aland prefiere la forma más helenística, ἔδυσεν, que aparece en B D y en algunos minúsculos), a diferencia de la expresión lucana δύνοντος τοῦ ἡλίου, sugiere que ellos esperaban debidamente hasta la puesta del sol para comenzar a traer los pacientes. El verbo ἔφερον hace pensar en un flujo continuo de personas.

Marcos (a diferencia de Lc. 4:40-41) distingue a los que están enfermos (οἱ κακῶς ἔχοντες) de los endemoniados (οἱ δαιμονιζόμενοι). Esta distinción puede observarse también en los términos que se usan para referirse a la acción de Jesús en el v. 34: θεραπεύω para los enfermos y δαιμόνια ἐκβάλλω para los endemoniados. Esta misma distinción se mantiene a lo largo del Evangelio de Marcos, tanto en la descripción del problema como en las palabras que se usan para describir el acto de liberación de Jesús; las dos formas de liberación vuelven a mencionarse juntas en 3:10-11; 6:13, y cada vez que se hace referencia a alguna de las dos, se emplean los términos adecuados, sin confusión.[26] En 1:30-31 señalamos la diferencia en la descripción de las acciones de Jesús, en relación con el toque que se menciona en muchos casos de sanidad pero nunca en un exorcismo, el cual se llevaba a cabo simplemente por medio de una palabra de autoridad dirigida específicamente al demonio (exceptuando 7:24-30, donde la víctima no estaba físicamente presente en ese momento), y no al "huésped". Por tanto, no hay nada en Marcos que sugiera alguna confusión entre las dos condiciones, y mucho menos la idea de que las personas en el mundo antiguo atribuían de manera natural todas las aflicciones físicas a las acciones demoníacas.[27] Tal vez cabe destacar que aquí, y a lo largo del Evangelio, no hay ninguna indicación de que Jesús saliera a buscar pacientes. Las narraciones siempre expresan que a los enfermos se los llevaba a donde él estaba o que ellos, por iniciativa propia, se acercaban a él. Jesús no realizaba "campañas de sanidad"; la sanidad y el exorcismo, por importantes que fueran en su ministerio general, no ocurrían deliberadamente, sino que surgían más bien como una respuesta natural a la necesidad que él encontraba, incentivada por el deseo de la gente de beneficiarse de su ἐξουσία excepcional.

33 Hay sin duda un elemento de exageración en la frase ὅλη ἡ πόλις, al igual que en el adjetivo πάντας del versículo anterior. Dada la cercanía de las casas excavadas en Capernaúm, el número de personas que podían reunirse

---

26. La posesión demoníaca descrita en 9:14-29 suele identificarse como un caso de epilepsia (véanse los comentarios acorde); independientemente de los méritos de este diagnóstico moderno, no es el de Marcos, que siempre emplea un lenguaje relacionado con la posesión y el exorcismo.

27. Para esta distinción en los relatos del Evangelio en general, véase además G. Theissen, *Miracle- Stories*, 85-94.

físicamente πρὸς τὴν θύραν en una ocasión determinada sería relativamente limitado. Marcos habla en términos generales; Jesús está en boca de todos en la ciudad, y su fama de sanador y exorcista (basada, presumiblemente, en más incidentes que los descritos por Marcos, puesto que el único suceso público hasta ahora ha sido el exorcismo en la sinagoga) está atrayendo una multitud de personas con necesidades. De hecho, independientemente de las limitaciones físicas de la muchedumbre en aquel simple atardecer, el carácter inclusivo del lenguaje de Marcos tal vez no se alejaba mucho de la realidad del interés público en un sanador y exorcista local recientemente descubierto en una ciudad provincial del siglo I en el Medio Oriente. Los acontecimientos dramáticos que ocurrieron en la sinagoga proporcionarían el detonante necesario que provocó la excitación popular.

34 El uso de πολλούς y πολλά aquí está aparentemente en desacuerdo con el adjetivo πάντας del v. 32. Es posible que el número de personas fuera tan grande que no permitiera que todas ellas recibieran una atención inmediata (de ahí que buscaran continuamente a Jesús, v. 37; así Pesch). Sin embargo, ¿deseaba Marcos sugerir acaso que hubo algunos que no fueron sanados, y por ende, invitar a sus lectores a reconocer que la sanidad y el exorcismo de Jesús no eran un proceso automático y casi mágico sino un asunto de tratamiento individual, cuyo resultado final dependía, al menos hasta cierto punto, de la fe de la persona interesada? La importancia de la fe tanto para la sanidad como para el exorcismo (en el segundo caso por parte de la familia de la víctima y no de la propia víctima) es sin duda un rasgo distintivo de este y de los demás Evangelios (2:5; 5:34, 36; 7:29; 9:19, 23-24; 10:52; cf. 11:22-23). Pero Marcos no sugiere en ningún lugar que el "éxito" de Jesús en la sanidad y en el exorcismo fuera selectivo o parcial, excepto en el caso especial de Nazaret, donde la falta de fe dio como resultado la sanidad de solo ὀλίγοι (6:5) y no de πολλοί. Por consiguiente, lo más probable es que πολλοί y πολλά aquí (que en definitiva son términos que hacen hincapié en la cantidad y no en otra cosa) indican la eficacia del ministerio de Jesús en lugar de cualquier limitación, de la cual no se ofrece ningún otro indicio, y que, por tanto, Marcos no pretende establecer ningún contraste entre πάντας y πολλοί. Con respecto a πολλοί como un término 'inclusivo' y no exclusivo, véase J. Jeremias, *TDNT*, 6.540-42.

De manera similar, la frase ποικίλαις νόσοις indica un ministerio integral de sanidad. El sentido primario de νόσος es una "enfermedad" y no, p. ej., una deformidad o discapacidad congénita, pero no es probable que Marcos aquí pretendiera hacer cualquier distinción de ese tipo. La variedad de sanidades a las que se hace referencia solo en este Evangelio sugiere una visión más amplia del poder sanador de Jesús: se mencionan específicamente la "fiebre", la "lepra", la "parálisis", "una mano seca", "un flujo de sangre", un hombre sordo y mudo, dos ciegos y una niña recientemente muerta. Concediendo que pudiera existir cierta incertidumbre en el diagnóstico, estas dolencias van mucho más allá del sentido primario de νόσος, y sugieren que ποίκιλος no es ninguna exageración. Jesús no era un especialista.

El verbo ἤφιεν es una forma imperfecta de ἀφίημι, que en cierto momento comenzó a tratarse como si no fuera un verbo compuesto (el verbo simple ἵημι no aparece en el griego del NT), y se le añadieron terminaciones como si procediera de la forma ἀφίω (BDF 69[1], 94[2]). En cuanto al silenciamiento de los demonios, véase el comentario sobre el v. 25. Aquí, más obviamente que allí, la razón se relaciona con lo que los demonios conocen acerca de Jesús (aunque aquí, a diferencia de lo que ocurre en 1:25; 3:11; 5:7, no se nos dice explícitamente qué es lo que conocen; véase la nota textual). La razón también podría relacionarse en parte con el carácter de los testigos: los "espíritus inmundos" no deben comunicar la verdad acerca de Jesús. Pero las palabras ὅτι ᾔδεισαν αὐτόν sugieren que el problema principal es que lo que conocen no debe ser revelado, y por consiguiente, este versículo, de manera más clara que el v. 25, introduce el tema del "secreto mesiánico" (con respecto al cual, véase además el comentario sobre 8:30 y las págs. 31-32).

La misión se extiende más allá de Capernaúm (1:35-39)

NOTA TEXTUAL

39. La sustitución de εἰς τὰς συναγωγάς por ἐν ταῖς συναγωγαῖς (obsérvese en UBS, no en UBS) sería una corrección obvia con el fin de usar una preposición más natural después de κηρύσσων y asemejar además la frase a la del texto paralelo en Mateo 4:23. Si suponemos, pues, que εἰς τὰς συναγωγάς es original, cabría preguntar entonces si la lectura de ἦλθεν antes de κηρύσσων también es una corrección que se hizo para proporcionar un verbo de movimiento antes de la preposición εἰς, dado que ἦν κηρύσσων εἰς, al parecer, era una construcción difícil. La situación entonces sería similar a la del v. 21, donde sugerimos, sobre la base del uso marcano de εἰς, que ἐδίδασκεν εἰς τὴν συναγωγήν era la expresión original. Por analogía, ἦν κηρύσσων εἰς τὰς συναγωγὰς αὐτῶν, que a pesar de su torpeza está sorprendentemente muy bien confirmada, debe tal vez considerarse la lectura original aquí.

Estos versículos nos llevan al final del período de 24 horas que comenzó en el v. 21. El lugar sigue siendo Capernaúm (o más bien, un sitio tranquilo cerca de la ciudad), pero el enfoque es ahora más amplio. A pesar de que los habitantes de Capernaúm querían que Jesús se quedara allí, y los discípulos, al parecer, compartían ese deseo, el sentido de misión de Jesús le obliga a abandonar un ministerio aparentemente fructífero y popular para extender su proclamación del reino de Dios por el resto de Galilea. Se nos presenta así el patrón dominante de la misión de Jesús en Galilea como un ministerio de predicación itinerante; Capernaúm será su base, pero en la mayor parte de la narración de Marcos hasta el capítulo 10, él aparecerá desplazándose constantemente.

Aquí, por primera vez, encontramos un tema recurrente del Evangelio, a saber, el de la diferencia entre el programa de Jesús y la esperanza de sus discípulos (y de otras personas más). No es solo que él esté un paso por delante; su concepción total de la manera en que el reino de Dios debe hacerse efectivo es muy diferente de la de ellos. Los discípulos seguirían naturalmente la política humana normal de aprovecharse de la popularidad y del éxito en su propio territorio, pero el hecho de seguir a Jesús los obligaría cada vez más a tener que aprender una nueva orientación. En este caso, de hecho, todavía no hay nada que indique que el camino que Jesús tiene por delante conduzca a algo que no sea mayor popularidad y reconocimiento, sino simplemente que el alcance de su visión es más amplio que el de ellos. Sin embargo, no pasará mucho tiempo antes que comience a oírse un tono más ominoso.

35 Πρωῒ ἔννυχα λίαν es una frase poco pulida pero gráfica que significa "muy temprano a la mañana siguiente, siendo aún muy oscuro". (El término ἔννυχα es el plural neutro del adjetivo inusual ἔννυχος, '[todavía] de noche", usado como un adverbio). Esa nota enfática de tiempo podría tener por objetivo indicar que, incluso después de un día muy laborioso, Jesús no se tomó un merecido descanso, o bien, explicar que pudo salir de la ciudad sin que lo siguiera una gran multitud. De cualquier forma, la imagen de Jesús buscando un lugar tranquilo para dedicarse a la oración antes de proseguir su misión establece una perspectiva importante para la narración tan cargada que sigue. Lucas menciona con más frecuencia la costumbre de Jesús de orar (aunque llamativamente no en esta ocasión) pero Marcos nos la recuerda solo en 6:46 y, por supuesto, en Getsemaní (14:32-42); tal vez, después de haber hecho esta breve referencia al principio, espera que sus lectores den por sentado el papel de la oración en el ministerio de Jesús. Aquí, sin embargo, a diferencia de 14:32-42, no se nos da ningún indicio sobre el contenido de su oración.

El ἔρημος τόπος al que se hace referencia aquí debe distinguirse claramente de ἡ ἔρημος en 1:1-13. Estaba cerca de Capernaúm, y probablemente, se trataba de algún lugar apartado fuera de la ciudad; el hecho de que los discípulos pudieran encontrar a Jesús sugiere que tal vez ya tenían la costumbre de reunirse allí. Esos apartamientos de la escena pública constituyen una característica recurrente de la narración, y aparecen intercalados entre períodos de apariciones públicas y de presión de las multitudes (cf. 1:45; 3:13; 6:31-32, 46; 7:24; 8:27; 9:2, 30-31).

36-37 La forma compuesta καταδιώκω no es común, y suele tener una connotación hostil. Aquí, posiblemente, expresa la búsqueda ansiosa (y preocupada, ¿e incluso contrariada?) de los discípulos; "salieron a buscarlo". La inclusión de los demás discípulos (presumiblemente hasta ahora solo Andrés, Jacobo y Juan) en la frase οἱ μετ᾽ αὐτοῦ (donde la referencia más natural del pronombre αὐτοῦ es a Simón, no a Jesús) resulta interesante. Podría, por supuesto, interpretarse como el reflejo de un recuerdo del propio Pedro para apoyar la narración ("yo y mis amigos"), pero si se tiene en cuenta la forma invariable en que Marcos describe a Pedro como el líder del grupo de los discípulos, es probable que la intención de la frase fuera indicar su liderazgo. No se nos dice por qué πάντες ζητοῦσίν σε, pero cabría razonablemente suponer que lo que buscaban era la prosecución de la enseñanza, la sanidad y el exorcismo que habían caracterizado el poderoso impacto de Jesús en la vida de Capernaúm. Los discípulos suponen, y la gente exige, que las cosas continúen de la manera tan extraordinaria en que comenzaron. Pero Jesús tiene otras prioridades; su misión principal no es obrar milagros sino proclamar el reino de Dios.

38 El próximo objetivo de la misión de Jesús será la proclamación en αἱ ἐχόμεναι κωμοπόλεις. El verbo ἐχόμενος (voz media) en el sentido de "cercanos", "vecinos", es un uso griego reconocido, que aparece en Lucas 13:33; Hechos 20:15; 21:26 con referencia al día siguiente, y en Hebreos 6:9 con un significado menos literal, pero solo aquí en el NT alude a una ubicación física. El sustantivo κωμόπολις también aparece solo aquí en el NT. El significado técnico del término connota la idea de un asentamiento que es mayor que una aldea pero que no puede decirse que tenga el estatus de una πόλις. Sin embargo, el uso neotestamentario de κώμη y πόλις no es políticamente sofisticado, los términos suelen emplearse indistintamente (véase H. Strathmann, *TDNT*, 6.259-30). Marcos, al parecer, tiene en cuenta cierto tipo de jerarquía, según la cual Jerusalén y Gerasa (¿?) son ciertamente πόλεις (5:14; 11:19) mientras que Betsaida y Betfagé (¿?) son κῶμαι (8:23; 11:2); en sus afirmaciones generales acerca de los asentamientos de Galilea utiliza a veces el término πόλεις (1:45; 6:33), otras veces κῶμαι (6:6), y en una ocasión la frase detallada κῶμαι ἢ πόλεις ἢ ἀγροί (6:56), para indicar una variedad de niveles de importancia social; usa dos veces el sustantivo κῶμαι para destacar que están fuera de los principales centros poblacionales (6:36; 8:27). Acaba de referirse a Capernaúm como una πόλις (1:33), lo cual sugiere que la considera el asentamiento más significativo de su área; el uso de κωμοπόλεις aquí para referirse a sus lugares vecinos indica, por tanto, que aunque no se trataba de simples κῶμαι, su estatus era inferior al de Capernaúm (cf. Mt. 11:20-24, donde las πόλεις de Corazín y Betsaida, que con toda seguridad se hallaban entre los κωμοπόλεις a los que se hace referencia aquí, estaban incluidas en una categoría diferente de Capernaúm). Por tanto, Jesús deja atrás deliberadamente el centro de influencia local para entrar en un ministerio bastante más "comunitario".

La expresión ἵνα κηρύξω prolonga la descripción inicial de la misión de Jesús en 1:14-15; es preciso que las buenas nuevas sean escuchadas, y que a las personas se les pida que respondan a ellas, tan ampliamente como sea posible. Este es el propósito específico de la misión de Jesús; εἰς τοῦτο ἐξῆλθον. De hecho, Jesús no volverá a aparecer κηρύσσων después del v. 39; esa será, más bien, la función de sus partidarios y, en particular, de los doce; a él se le presentará con más frecuencia διδάσκων (véanse los comentarios sobre los vv. 14-15, 22). Pero aquí, al principio de la misión es el propio Jesús quien actúa como heraldo. El verbo ἐξῆλθον es, quizás deliberadamente, ambiguo. En el contexto de la narración su referencia más obvia es a la "partida" (ἐξῆλθεν, v. 35) de Capernaúm que provocó la preocupación de los discípulos. Podría aludir también, aunque con menos probabilidad, a la partida de Jesús de Nazaret y su manifestación pública (1:14-15). Es probable que un lector cristiano instruido pueda darse cuenta de muchas otras cosas, y el uso similar de ἦλθον/ἦλθεν en las palabras de Jesús en 2:17; 10:45 para expresar su misión esencial sugiere que Marcos tal vez estaba pensando ya en el concepto de la "venida al mundo" del Hijo preexistente de Dios (cf. ¿1:24?) que es una característica muy prominente del cuarto Evangelio (para el uso de ἐξῆλθον en este sentido cf. Jn. 8:42; 16:27-28). Ese es el sentido en el que Lucas 4:43, al parecer, lo toma.

39 En cuanto a la perífrasis ἦν κηρύσσων (cf. la nota textual anterior) véase el comentario sobre 1:22. Esa perífrasis indica la actividad habitual que Jesús ha emprendido ahora como la fase siguiente de su misión. Con respecto a κηρύσσων εἰς (cf. de nuevo la nota textual) véase el comentario sobre 1:21, ἐδίδασκεν εἰς; aquí, al igual que allí, la preposición presupone un verbo de movimiento que no ha sido expresado, y la cláusula completa equivale a "estaba yendo a sus sinagogas y predicando en ellas". La adición de αὐτῶν después de συναγωγάς (al igual que en el v. 23) se ha interpretado —particularmente en Mateo, quien usa esta expresión con mayor asiduidad— como un elemento que disocia al autor (y a sus lectores) de las autoridades de la sinagoga, y por tanto, refleja las condiciones de la última parte del siglo I, cuando la iglesia y la sinagoga ya se habían separado. En este contexto, en el que la sinagoga es el centro principal del ministerio de Jesús, y todavía no hay señales de la hostilidad futura, esa conclusión parece muy improbable. En 1:23 el pronombre αὐτῶν se refiere naturalmente a la congregación cuya reacción favorable acaba de señalarse, y aquí, el sustantivo κωμοπόλεις del v. 38 constituye un antecedente igualmente natural. De los lugares que, de hecho, Marcos (y los demás evangelistas) menciona parece improbable que deba forzarse la expresión εἰς ὅλην τὴν Γαλιλαίαν para que implique una visita a todas las regiones del territorio septentrional de Antipas; véase el comentario sobre el v. 16 para las áreas en las que, al parecer, Jesús desarrolló su ministerio.

La adición de καὶ τὰ δαιμόνια ἐκβάλλων a la misión declarada de Jesús de κηρύσσων representa, como ya hemos visto (en los comentarios sobre los vv. 21-28), un elemento importante en la interpretación marcana del ministerio de Jesús. Es inusual que en un resumen se mencione el exorcismo sin sanación, aunque esto también ocurre con respecto a la misión de los discípulos en 3:14-15; 6:7. Esa fue, según vimos en los vv. 21-28, la demostración más espectacular de su ἐξουσία mesiánica, e indudablemente lo que continuaba atrayendo la generalidad de la atención.

ASPECTOS CONTROVERTIDOS DEL MINISTERIO DE JESÚS (1:40–3:6)

La partida de Capernaúm (1:35-39) le pone fin a la "sucesión de acontecimientos en Capernaúm" que comenzó en 1:21, y le da paso a una serie de incidentes en la zona vecina más extensa que conducirá al próximo resumen general del ministerio de Jesús y su impacto en 3:7-12. El lugar de los hechos para la mayor parte de esta sección sigue siendo la ciudad de Capernaúm, que se menciona explícitamente en 2:1, y está implícita probablemente en la referencia al banco de los tributos públicos (2:14), a la casa del cobrador de los mismos (2:15) y otra vez a la sinagoga (3:1). Tal vez debamos considerar que los acontecimientos junto al lago (2:13) o en los sembrados (2:23) tuvieron lugar también en Capernaúm o en sus inmediaciones. Pero estos sucesos son presentados como incidentes típicos del ministerio más amplio introducido en 1:38-39, y el primero de ellos se ubica fuera de la ciudad (véase el comentario sobre el v. 40) y concluye con un período de apartamiento de toda πόλις (v. 45).

Un elemento que relaciona las diversas historias en esta sección es el reconocimiento cada vez mayor de que no todos reciben de buen grado la enseñanza y la actividad de Jesús, y la sección terminará con la sorprendente revelación de una consecuente confabulación contra su vida (3:6). La oposición puede observarse explícitamente en 2:6-7, 16, 18, 24; 3:2, 6, y el contraste entre las opiniones y la práctica de Jesús y los modelos vigentes de piedad conduce a una llamativa declaración en 2:21-22. La inclusión de 1:40-45 bajo este mismo encabezamiento de "aspectos controvertidos del ministerio de Jesús" podría resultar, al parecer, menos adecuada a simple vista, pero el lenguaje que Marcos usa, y especialmente la enigmática expresión εἰς μαρτύριον αὐτοῖς, nos prepara para los enfrentamientos más directos que siguen, aunque la excesiva popularidad que se deriva de este incidente (v. 45) convierte a Jesús inevitablemente en el centro de la atención de los que lo considerarán una amenaza.

En esta sección se hace referencia a los adversarios de Jesús de diversas maneras, a saber, como los γραμματεῖς (2:6), los Φαρισαῖοι (2:24), οἱ γραμματεῖς τῶν Φαρισαίων (2:16), y οἱ Φαρισαῖοι μετὰ τῶν Ἡρῳδιανῶν (3:6), mientras que en 2:18 y 3:2 no se expresa ningún sujeto, aunque en el último caso se trata presumiblemente de los Φαρισαῖοι mencionados en el v. 6. Por tanto, Marcos tiene presente la combinación habitual de "escribas y fariseos", con una distinción esencial aparentemente poco clara entre ellos, aunque la frase οἱ γραμματεῖς τῶν Φαρισαίων refleja sin duda la situación de los fariseos como una asociación o un partido al que algunos (probablemente la mayoría) de los escribas pertenecían, pero cuya membresía incluía a muchos más individuos que los del grupo de escribas formalmente cualificados. Los cuatro Evangelios coinciden en que los fariseos constituyeron el núcleo de los adversarios de Jesús durante su ministerio activo (aun cuando los sacerdotes saduceos y los ancianos que controlaban el orden establecido en Jerusalén fueron inevitablemente los que instigaron su eliminación final), y los Evangelios sinópticos hacen referencia a los escribas como protagonistas de esa oposición. La tendencia de algunos intérpretes modernos, tanto judíos como cristianos, a describir a Jesús como un fariseo ortodoxo cuyas enseñanzas y acciones no podrían haber causado ninguna ofensa en los círculos fariseos depende, pues, forzosamente de un rechazo rotundo de los relatos evangélicos. Es cierto que la tradición cristiana, tomando ejemplo de los Evangelios, ha convertido injustificadamente la palabra "fariseo" en un término peyorativo, a pesar de la alta estima de la que gozaban los fariseos en los círculos judíos en aquella época. Pero para refutar esa calumnia, no es necesario aparentar que Jesús estaba totalmente de acuerdo con los fariseos. Marcos claramente tiene la intención de hacernos comprender que existía una diferencia básica de enfoque en la observancia religiosa y la interpretación de la Escritura que, desde los primeros días del ministerio público de Jesús, fue haciéndose cada vez más obvia, y que llegó a ser lo suficientemente fundamental para que lo consideraran una influencia peligrosa que debía ser eliminada. Existe una clara continuidad entre la perspectiva de este Evangelio y las posteriores referencias enigmáticas de los rabinos (fariseos) a Jesús como un aparente *mesith*, un falso maestro que trataba de "desviar a Israel", para sugerir una probabilidad histórica básica en la descripción que ofrecen los Evangelios del enfrentamiento de Jesús con los fariseos de su tiempo.

A lo largo de esta sección la atención se centra, tal como esperamos, en el propio Jesús, pero la repetida mención de sus μαθηταί (a los que por primera vez se les llama así en 2:15) nos recuerda que, aunque los discípulos todavía no tienen ninguna función propia (con respecto a esto véanse 3:13-19; 6:7-13), el "círculo íntimo de Jesús" continúa operando, al igual que en la sección anterior, como una unidad. La conducta de los discípulos es el tema de las preguntas hostiles que se le formulan a Jesús en 2:18, 24, y por el contrario, es a los discípulos que se les critica el comportamiento de Jesús en 2:16. La respuesta en cada caso, por supuesto, la da el propio Jesús.

La lepra: La ley de la impureza (1:40-45)

NOTAS TEXTUALES

40. Καὶ γονυπετῶν (αὐτόν) puede haber sido omitido en D B W, y en la versión sahídica por accidente (homoioteleuton) o porque se consideró redundante después de παρακαλῶν αὐτόν (una redundancia que sería propia del estilo marcano), o porque en el pasaje paralelo en Mateo 8:2 no se usa el verbo poco común γονυπετέω, sino προσκυνέω. La presencia de la idea de arrodillarse, aunque con diferentes palabras, tanto en Mateo como en Lucas, sugiere que γονυπετῶν se usó en Marcos.

41. La lectura ὀργισθείς no cuenta con un respaldo amplio (solo en D y unas cuantas versiones antiguas) pero es tan sorprendente e "improbable" que una sustitución por el término más conservador σπλαγχνισθείς sería muy natural, aunque resulta difícil entender por qué alguien introduciría ὀργισθεῖς. El argumento de Metzger (*Textual Commentary*, 76) de que los copistas no consideraron necesario eliminar otras referencias a la ira de Jesús 3:5; 10:14 pasa por alto el hecho de que en esos pasajes, a diferencia de aquí, sí existía una causa obvia para la ira. La falta de cualquier participio en Mateo y en Lucas (y en dos MSS de la antigua latina de Marcos)

también sugiere que ellos encontraron ὀργισθείς en lugar del término más agradable σπλαγχνισθείς en la tradición.

Un encuentro con un leproso no solo plantea el problema de la enfermedad sino también el de las leyes levíticas relativas a la pureza. La disposición por parte de Jesús a tocar al hombre sugiere una falta de preocupación por la pureza ritual, o al menos, una preferencia deliberada por atender a una necesidad antes que hacer lo que era ritualmente correcto, lo cual señala anticipadamente a la controversia sobre su relación con los τελῶναι καὶ ἁμαρτωλοί en 2:16-17. Pero a la vez insiste en que el leproso curado debe observar puntualmente los ritos de purificación del AT, εἰς μαρτύριον αὐτοῖς. Existe, pues, un delicado equilibrio en esta perícopa, en la cual se pone de relieve una curiosa tensión con respecto a la actitud de Jesús hacia la ley ritual; las cuestiones esenciales que plantea irán cobrando importancia a medida que se desarrollan las controversias entre Jesús y los escribas.

La historia se centra en un encuentro entre dos hombres, pero en segundo plano están los misteriosos αὐτοί del v. 44, y en el v. 45 la desobediencia del hombre curado a la exigencia de Jesús de guardar silencio tiene repercusiones mucho más amplias. J. Sergeant[28] sugiere que Marcos ubicó la perícopa en este lugar para explicar, por medio de la "doble desobediencia" del hombre, las "dos corrientes de problemas cada vez mayores que se combinan hasta saturar el ministerio galileo: la oposición de las autoridades y la presión sofocante de las multitudes". La "doble desobediencia" depende de la dudosa suposición de que el hombre no acudió a los sacerdotes como se le pidió que hiciera. Pero la sugerencia de Sergeant sí ayuda a explicar la función de la perícopa en este lugar del Evangelio. A partir de este punto, comenzaremos a entender por qué "el ministerio galileo queda paralizado entre la oposición oficial y una popularidad abrumadora".

40 Aunque no se ofrece ninguna insinuación del lugar donde ocurre, un λεπρός forzosamente tendría su morada fuera de los límites normales (Lv. 13:46), y el v. 45 indica que en esta ocasión Jesús no estaba predicando en ninguna ciudad. Por lo general, se acepta que el término λέπρα en la Biblia se usa para referirse a una amplia variedad de enfermedades que incluye a la "verdadera lepra" (la enfermedad de Hansen);[29] este hombre sufría probablemente de una afección cutánea degenerativa que se consideraba contagiosa. (La versión de esta historia en el Papiro Egerton 2 [texto en Aland ad loc.] pone en boca del hombre esta explicación: "Mientras viajaba y comía con los leprosos en el mesón, yo también me volví leproso"). Las reglas detalladas de Levítico 13–14 (aún vigentes en la época de Jesús, v. 44) tenían por objeto establecer la diferencia entre las formas malignas de la enfermedad y

---

28. J. Sergeant, *Lion*, 44-45.

29. Para un resumen útil aunque no técnico de las pruebas, véase S. G. Browne, *ExpTim* 73 (1961/2) 242-45.

las que no eran malignas. Solo los individuos con enfermedades diagnosticadas como malignas eran excluidos de la sociedad (Lv. 13:45-46); cabe suponer que Simón "el leproso" (14:3) sufría de una forma no maligna de la enfermedad o que, al igual que este hombre, había sido curado (¿por Jesús?) y declarado oficialmente "limpio". El mal que aquejaba a este hombre era sin duda maligno, y es muy posible que fuera la enfermedad de Hansen. La lepra era una de las afecciones más temidas, y se consideraba prácticamente incurable (de ahí la relevancia del elemento sobrenatural en las historias veterotestamentarias acerca de su aplicación y su cura: Éxodo 4:6-8; Números 12:9-15; 2 Reyes 5:1-27; 2 Crónicas 26:16-21; su curación se equipara con una resurrección de entre los muertos, 2 Reyes 5:7; *b. Sanh.* 47a).

El leproso se acercó (ἔρχεται πρὸς αὐτόν) hasta quedar al alcance de la mano de Jesús (v. 41), a pesar del tabú. El verbo γονυπετῶν podría incluso indicar que él mismo tomó la iniciativa aún más audaz de tocarlo, por cuanto abrazar las rodillas de la persona a la que se acudía era un gesto de súplica reconocido en la cultura griega; en un contexto judío, sin embargo, el significado más probable de γονυπετέω es caer de rodillas delante de la persona. El amontonamiento de participios (παρακαλῶν... γονυπετῶν... λέγων) es propio de la prolijidad de Marcos y transmite la idea de una petición fuerte y urgente. Las palabras ἐὰν θέλῃς se han interpretado a veces como una expresión de duda con respecto al interés de Jesús por la condición de aquel hombre: teme que un leproso, que no es más que un marginado social, no sea un caso atractivo para este sanador afamado. Eso, sin embargo, sería atribuirle demasiada importancia a una expresión normal de cortesía y de timidez natural: las palabras "si fueras tan amable" al inicio de una petición no suelen expresar ninguna duda en cuanto al resultado final. Lo que sí resulta notable es su incuestionable seguridad en la habilidad de Jesús para remediar su situación. La reputación de Jesús (v. 28) ha llegado incluso a oídos de este hombre separado de la ciudad, y es tal que hasta la lepra, normalmente considerada incurable, está sujeta a su ἐξουσία. Καθαρίζω es el término que suele usarse para referirse a la curación en todos los pasajes del Evangelio que tienen que ver con la lepra (pero nunca con relación a otras dolencias; para la diferencia véase especialmente Mt. 10:8; 11:5), puesto que la impureza ritual que la enfermedad conlleva constituye un problema tan grave como la propia afección. Ser curado significa también ser restaurado a la sociedad "limpia".

41 El verbo ὀργισθείς (véase la nota textual) se explica a veces como la reacción de Jesús ante las palabras del leproso ἐὰν θέλῃς; le irritaba que dudaran de su disposición a ayudar. Si esa no es la razón, que implicaba la expresión ἐὰν θέλῃς, como se argumentó antes, debería buscarse entonces otra causa para el enfado de Jesús, y no resulta obvia[30] (de ahí la corrección

---

30. La sugerencia de que el sujeto de ὀργισθείς no es Jesús sino el leproso (K. Lake, *HTR* 16 [1923] 197-98) produce un cambio muy artificial del sujeto después de ἥψατο; es una especie de conclusión exegética resignada. C. H. Cave, *NTS* 25 (1978/9) 245-50 (siguiendo una sugerencia de

textual con el término σπλαγχνισθείς).³¹ El lenguaje sorprendentemente fuerte del v. 43 (ἐμβριμησάμενος, ἐξέβαλεν) es igualmente inesperado. En algunas ocasiones se ha propuesto que a Jesús le molestó aquella interrupción en su misión de predicación, pero esto parece estar fuera de lugar, pues la predicación y la sanidad siempre van de la mano. La sugerencia de que él se opuso al acercamiento "ilícito" del leproso no puede ser correcta tampoco, teniendo en cuenta su reacción también "ilícita" al tocarlo y la sanidad inmediata resultante; de manera similar, si a Jesús le desagradó que le pidieran que rompiera su "secreto mesiánico" por medio de "une manifestation anticipée de la gloire messianique",³² el hecho de que accediera instantáneamente a hacerlo resultaría difícil de explicar. Marcos sin duda quiere que entendamos que el encuentro había afectado emocionalmente a Jesús, pero no explica por qué. La explicación más probable es tal vez que el sufrimiento causado por la enfermedad, física y socialmente, hizo no solo que Jesús se compadeciera sino que también se enojara por la presencia de ese mal en el mundo; y quizás también por la insensibilidad del tabú social. Su respuesta compasiva inmediata deja bien claro que la ira no iba dirigida contra el propio hombre.

La expresión ἐκτείνας τὴν χεῖρα αὐτοῦ resulta 'redundante' con ἥψατο (y es probablemente una expresión demasiado común para interpretarla como un reflejo de 2Re. 5:11), pero Marcos se vale de ella para llamar dramáticamente la atención sobre la importancia de este toque especial. Jesús a menudo tocaba al paciente mientras lo sanaba, pero la lepra, a diferencia de la mayoría de las demás enfermedades, conllevaba una impureza ritual, y el que tocaba a un leproso se volvía inmundo también (amén del temor del contagio físico). En cuanto al principio de la impureza que se contrae al tocar un leproso, véanse Levítico 11:24-40; 14:46-47; 15:5-12, 19-27; Números 19:11-16, etc. Con respecto a la exclusión social de los leprosos, véase Levítico 13:45-46, y provisiones detalladas del tratado *Negaim* de la Mishná. Jesús muestra una indiferencia similar por el tabú social y ritual en 2:15-17, y en 7:1-23 se examinará todo lo que tiene que ver con el tema de la pureza, concluyendo con la famosa declaración de 7:19 de que todos los alimentos son "limpios". Aquí, la necesidad prima sobre los convencionalismos (aun cuando estén firmemente basados en el AT). Sería un buen punto, por supuesto, determinar si al tocar al leproso Jesús se volvió inmundo cuando el propio toque había sido el medio de su curación. El toque que habría contaminado a Jesús en realidad obró en sentido contrario.

42 La frase καὶ εὐθύς aquí llama la atención de manera especial. Aunque no es posible conocer el alcance del deterioro de aquel hombre, una

---

J. Weiss), considera que el término ὀργισθείς es un vestigio de una versión más antigua de la historia en la que el leproso le pidió a Jesús que usurpara la prerrogativa que tenían los sacerdotes de declarar curados a los leprosos; Jesús, por supuesto, se quedó horrorizado.

31. Haenchen, 94-96, es inusual entre los comentaristas recientes al abogar enérgicamente por la originalidad de σπλαγχνισθείς.

32. G. Minette de Tillesse, *Secret*, 49-50, sugiriendo 8:33 como un paralelismo.

cura inmediatamente visible es algo extraordinario. El antropomorfismo vívido ἀπῆλθεν ἀπ' αὐτοῦ ἡ λέπρα (cf. ἀφῆκεν αὐτὴν ὁ πυρετός en el v. 31) sugiere que fue posible ver que los síntomas de la enfermedad desaparecieron, dejando al hombre visiblemente καθαρός (para un curación también inmediata de lepra, véase 2Re. 5:14, lo contrario en Nm. 12:10; 2Re. 5:27; cf. también Éx. 4:6-7). Las sanidades de Jesús (salvo en 8:22-26) son inmediatas, y el propio deterioro de la lepra no es ninguna excepción.

43 Teniendo en cuenta incluso el uso más débil de ἐκβάλλω (véase el comentario sobre el v. 12), el lenguaje de Marcos resulta sorprendente. El verbo ἐμβριμάομαι (que clásicamente se emplea para denotar la "furia poco controlada de un animal")[33] indica la fuerte emoción de Jesús en Juan 11:33, 38 (donde se usa con τῷ πνεύματι y ἐν ἑαυτῷ), pero en ese contexto no se especifica cuál es el "objeto" de la emoción. En 14:5 el dativo que sigue ofrece un "objeto", y el verbo connota la idea de una hostilidad expresa contra la persona mencionada. Aquí, al igual que en Mateo 9:30, también le sigue un dativo, pero no hay ninguna razón clara para pensar que las personas implicadas (en cada caso las que Jesús acababa de sanar) merezcan la desaprobación de Jesús, y por tanto, el verbo suele traducirse como "[les] encargó rigurosamente" y no como "[los] reprendió" o algo peor. Sin embargo, en la LXX y en las demás versiones del AT, sí se pone claramente de relieve un tono de ira en los escasos usos de este grupo de palabras.[34] Aquí y en Mateo 9:30, donde el verbo precede a una orden de guardar silencio que es rápidamente desobedecida, es posible que refleje el conocimiento de Jesús de esa respuesta todavía futura y su descontento con ella.[35] En combinación con εὐθὺς ἐξέβαλεν no insinúa un tratamiento amable. (A veces se sugiere[36] que estos términos muestran un elemento de exorcismo, tal vez en una versión anterior de la historia. Pero el verbo ἐμβριμάομαι no aparece en los relatos sobre exorcismos,[37] y ἐκβάλλω se usa para referirse tanto a personas como a demonios [cf. 1:12; 5:40; 11:15]; su complemento aquí es el leproso, no un demonio. No hay ninguna prueba de que la lepra se atribuyera a una posesión demoníaca).

44 La prohibición ὅρα μηδενὶ μηδὲν εἴπῃς es igualmente fuerte (con respecto al uso de ὅρα para reforzar una orden cf. 8:15; en cuanto a la doble negación pleonástica cf. 5:3; 11:2, 14; 14:25; 15:4-5). Ya hemos analizado la determinación de Jesús a silenciar a los demonios que lo reconocían (1:34; cf. 1:25). Aquí tenemos la primera referencia a su intento por silenciar a los

---

33. C. Bonner, *HTR* 20 (1927) 174. H. C. Waetjen, *Reordering*, 87, habla (¿en forma algo melodramática?) de la "ardiente ira" de Jesús aquí.

34. C. Bonner, citando un artículo, resume el uso general del verbo diciendo que denota "una ira violenta acompañada de manifestaciones emocionales visibles o audibles".

35. Así, p. ej., J. F. Williams, *Followers*, 97-98.

36. Por ejemplo, J. M. Robinson, *Problem*, 40; H. C. Kee, *JBL* 92 (1973) 418.

37. En la búsqueda de Bonner de los usos taumatúrgicos del término (*HTR* 20 [1927]) no se menciona el exorcismo. El argumento de Kee depende de la equiparación de ἐμβριμάομαι con ἐπιτιμάω.

que por haber experimentado personalmente su poder sanador, se sentirían naturalmente motivados a hablar acerca de él (cf. 5:43; 7:36; 8:26). Cabe destacar que aunque debemos suponer que los demonios fueron verdaderamente silenciados, en el caso de los humanos tanto aquí como en 7:36 la orden fue ignorada. (Podría cuestionarse, no obstante, cuán viable era la orden de Jesús: un leproso curado y restaurado a la sociedad no era un acontecimiento habitual, y la pregunta de cómo había ocurrido difícilmente podría evitarse). La razón pragmática para este secretismo se explica claramente en el v. 45; una publicidad de este tipo provocaría un entusiasmo popular excesivo, y tal vez mal orientado, que obstaculizaría gravemente la misión de Jesús. No es obvio todavía si se trata de un tema de "secretismo mesiánico", por cuanto no se nos ha informado que alguien (aparte de los demonios) se refiriera a Jesús en términos mesiánicos. Volveremos sobre este tema en nuestros comentarios sobre 8:30.

La única excepción al secretismo que demanda Jesús era la que conllevaba el hecho de acudir al sacerdote y completar el procedimiento necesario para la restauración de un leproso curado a la sociedad (Lv. 14:1-32). Este rito de καθαρισμός era un proceso largo de ocho días, sin mencionar el período empleado en viajar desde Galilea hasta Jerusalén y regresar (porque aun cuando hubiera un sacerdote en la localidad, las ofrendas tenían que hacerse en el templo de Jerusalén; véase *m. Neg.* 14 en cuanto a las regulaciones rabínicas). Antes de la compleción del rito, es de suponer que la oportunidad de hablar acerca de Jesús era escasa porque el hombre seguiría excluido de la sociedad (que es la razón por la cual la idea de Sergeant que se mencionó anteriormente de que él desobedeció esta instrucción también es improbable). Debe haber transcurrido, pues, un lapso de tiempo entre los vv. 44 y 45, aun cuando la fluidez de la narración de Marcos sugiere que la explosión de popularidad fue inmediata.

A pesar de la despreocupación de Jesús por la pureza ritual en el v. 41, aquí sí insiste en la observancia correcta de las regulaciones veterotestamentarias (ἃ προσέταξεν Μωϋσῆς). En este caso, empero, no había ningún conflicto de intereses, y de hecho, el cumplimiento de sus obligaciones legales obraba en beneficio del hombre por cuanto le proporcionaba la prueba formal de su curación, y con ello, que se le permitiera integrarse de nuevo a la sociedad.

Es posible que eso sea lo único que represente la frase εἰς μαρτύριον αὐτοῖς —una prueba formal para "ellos" (el pueblo en general) de que estaba curado. Sin embargo, esa misma expresión aparece dos veces más en Marcos: en 6:11 donde tiene un sentido hostil porque el hecho de que los discípulos se sacuden el polvo de los pies es un μαρτύριον para (¿tal vez *contra*?) los que rechazan su misión; y en 13:9 de nuevo en un contexto de oposición, en el que los discípulos, al ser llevados ante gobernadores y reyes *por causa de Jesús*, serán εἰς μαρτύριον αὐτοῖς. (Para el uso general del término en un sentido hostil, véase H. Strathmann, *TDNT*, 4.502-4). Cuando nos encontremos a los sacerdotes más adelante en el Evangelio, será como los ἀρχιερεῖς que lideran la oposición contra Jesús, y por tanto, es probable que aquí también la frase εἰς μαρτύριον αὐτοῖς tenga un matiz de enfrentamiento, los αὐτοί constituyen la clase sacerdotal representada por el único ἱερεύς que se menciona en el v. 44.[38] Pasará algún tiempo antes que Jesús visite Jerusalén, pero la aparición de este leproso curado será un aviso anticipado de las actividades del profeta galileo. También se ha interpretado en un sentido más positivo, "como una prueba de que, a pesar de mi reputación, yo sí espero que las personas observen la ley";[39] pero esa interpretación parecería prematura en este punto de la narración (Jesús todavía no había alcanzado esa reputación) y mal orientada, porque el conflicto con respecto a la ley surgirá con los escribas y los fariseos, no con los sacerdotes.

45 Κηρύσσω es el verbo que se usa para referirse a la propagación de las buenas nuevas (vv. 14-15), y, a pesar de la inconveniencia que le reportaba a Jesús, la proclamación desobediente del hombre era, y fue reconocida como, una buena noticia.[40] No hace falta, sin embargo, considerar que τὸν λόγον aquí sea un término técnico para la predicación del evangelio cristiano; véase el comentario sobre 2:2 acerca del uso que hace Marcos de la frase. Tampoco necesitamos que se nos diga cuáles fueron las πολλά que proclamó ni el λόγος que divulgó; la masiva popularidad de Jesús que produjo constituye una prueba suficiente.[41] Εἰς πόλιν probablemente es una frase genérica, "en cualquier ciudad", y no específicamente "en Capernaúm" (la única πόλις mencionada hasta ahora), aunque esta, por supuesto, también estaba implícita, tal como se pondrá de relieve en 2:1-2. El hecho de que las perícopas que siguen se desarrollen en ciudades sugiere que Marcos estaba exagerando deliberadamente, o que no tenía la intención de que los episodios se tomaran en

---

38. Myers supone una intención hostil más directa: el hombre ya había acudido a los sacerdotes y estos rechazaron su petición de que lo declararan limpio; Jesús vuelve a enviarlo ahora con la ofrenda purificadora como "una protesta contra todo el mecanismo de la purificación que los sacerdotes controlan". La suposición de que el hombre ya se había acercado a los sacerdotes resulta curiosa; ¿qué sentido habría tenido hacerlo antes de haber sido sanado?

39. Así, p. ej., D. W. Chapman, *Orphan*, 75-76.

40. Algunos han sugerido, p. ej., J. K. Elliott, *JTS* 22 (1971) 153-57, que el sujeto de la primera parte del v. 45 es Jesús, no el leproso. Esto no solo es sintácticamente improbable (ὁ δέ, después de las instrucciones de Jesús al hombre, debe marcar un cambio de sujeto para mostrar su respuesta; el pronombre αὐτόν que aparece después sería además redundante si no indicara un cambio posterior de sujeto), pero su lectura resultaría extraña por cuanto hace que Jesús aparezca como el causante de las dificultades que le reporta el exceso de popularidad. Para defender su sugerencia, Elliott, *JTS* 27 (1976) 402-5, se ve obligado a presentar ὁ ἐξελθών como un "título" de Jesús, una sugerencia improbable en sí misma, y particularmente difícil al final de una perícopa en la que Jesús ya ha sido el sujeto, y por tanto, no es necesaria ninguna otra frase descriptiva para introducirlo.

41. Myers, en consonancia con B. J. Malina, sugiere que la exclusión de Jesús de las ciudades no fue por su propia voluntad para evitar el exceso de popularidad, sino porque ahora era una *persona non grata* por cuanto se le consideraba inmundo como resultado de su contacto con el leproso. Marcos no insinúa nada que pueda respaldar esa interpretación, ni aquí ni en ningún otro lugar. Por el contrario, hace hincapié continuamente en la masiva popularidad de Jesús: 2:2; 3:7-8; 4:1; 5:21, 24; 6:31.

orden cronológico (aunque 2:1 sí sugiere que el regreso de Jesús a Capernaúm no había sido φανερῶς). La expresión ἔξω ἐπ' ἐρήμοις τόποις representa, irónicamente, el área donde el leproso, antes de su curación, se había visto obligado a vivir (Lv. 13:46). Pero incluso los ἔρημοι τόποι no ofrecían refugio contra la popularidad, puesto que también allí ἤρχοντο πρὸς αὐτὸν πάντοθεν, al igual que ocurrirá más adelante cuando Jesús vaya en busca de un ἔρημος τόπος por decisión propia y no por necesidad (6:31-34). De este modo, con algunas pinceladas rápidas Marcos ha pintado un cuadro poderoso del "éxito" de Jesús y de los problemas que dicho éxito ya está comenzando a causar. Será importante tener presente esta respuesta popular a medida que se manifiesta la oposición en las escenas que siguen; los adversarios de Jesús no representan la opinión de la mayoría.

Sanidad y Perdón (2:1-12)

NOTAS TEXTUALES

4. Προσενέγκαι y προσεγγίσαι están bien confirmados, y ambos resultan adecuados en el contexto. Προσεγγίσαι podría haber sustituido al transitivo προσενέγκαι puesto que no se expresa ningún complemento; por otra parte, προσενέγκαι podría ser el resultado de una asimilación parcial al paralelo lucano εἰσενέγκωσιν αὐτόν.

5, 9. Contextualmente, es probable que no exista ninguna diferencia de significado entre el perfecto ἀφέωνται y el presente ἀφίενται. El primero aparece en el Evangelio de Lucas, el segundo (probablemente) en el de Mateo. Cada lectura, por tanto, podría ser el resultado de una asimilación. La mayoría de los MSS son coherentes en los dos versículos, aunque ℵ cambia del perfecto en el v. 5 al presente en el v. 9. El "tono más decidido" que Taylor propone como una razón para preferir ἀφίενται podría también haber atraído a un copista familiarizado con el tiempo presente que emplea Mateo.

Si el elemento de controversia se hallaba en gran medida latente en la historia del leproso, con el regreso de Jesús a Capernaúm se pone claramente de manifiesto, en el primer enfrentamiento directo con los escribas y su acusación de blasfemia. La ocasión es un milagro público de sanidad, que ofrece otro ejemplo específico de la curación de los enfermos en Capernaúm que se describió en forma general en 1:32-34. Pero a lo que pudiera haber sido un relato sencillo del poder de Jesús sobre las enfermedades físicas se le da una nueva dimensión con su declaración (que aparentemente nadie le había pedido) del perdón de pecados, la cual provoca la objeción teológica de los escribas a su atribución de la prerrogativa divina. Desde ese momento, la sanidad queda absorbida por el tema más amplio de la ἐξουσία de Jesús, y las implicaciones cristológicas de su audaz afirmación de poder hacer lo que solo Dios tiene el derecho de hacer se añaden al impacto de una sanidad instantánea para producir una reacción multitudinaria rotunda.

Marcos ya había mencionado el contraste entre Jesús y los escribas en 1:22. La διδαχή de Jesús en esa ocasión demostró que su ἐξουσία ocupaba un nivel diferente de la de ellos, y el contraste entre sus estilos de enseñanza e interpretación de las Escrituras se hará aún más patente en las restantes perícopas cuya tensión aumentará hasta llegar a la decisión de destruir a Jesús en 3:6. Pero ya en ese primer episodio en la sinagoga no fue posible separar la autoridad sin precedentes de la enseñanza de Jesús de su autoridad más tangible sobre la posesión demoníaca, los dos aspectos que constituyen una διδαχὴ καινὴ κατ' ἐξουσίαν (1:27), y ahora nuevamente la audacia de su declaración sobre el perdón de pecados es respaldada por la prueba tangible que ofrece una sanación física. Los escribas, pues, se enfrentan a un desafío formidable para su autoridad, y la reacción de la multitud sugiere que dicha autoridad corre el peligro de verse totalmente socavada. Un detalle que pondrá de relieve la gravedad de la situación es el recurso bastante desesperado por el que en su momento optarán los escribas procedentes de Jerusalén para tratar de impugnar el poder exorcista de Jesús atribuyéndolo a la inspiración demoníaca (3:22). Se diría que los escribas locales ya están a punto de colisionar con Jesús, cuya provocativa declaración pública en el v. 5, al parecer, no tiene la intención de mitigar.

1 La tensión que existe entre este anuncio del regreso de Jesús a Capernaúm y el versículo anterior, donde se había aclarado que Jesús no podía entrar abiertamente en ninguna ciudad, se ve aliviada por la frase δι' ἡμερῶν ("después de algunos días"), que supone un lapso suficiente para que se calmara el entusiasmo momentáneo, y también por el hecho de que Jesús aparentemente logró regresar sin que nadie lo advirtiera (no φανερῶς, 1:45); aunque el descubrimiento de su llegada reavivó el entusiasmo anterior.

El participio nominativo εἰσελθών exige estrictamente que consideremos que Jesús (tácito) es el sujeto de ἠκούσθη, en vez de tomar el verbo como impersonal ("se oyó"); la cláusula con ὅτι explica entonces el contenido del informe, dando lugar a un "doble complemento" de forma muy parecida a οἶδά σε τίς εἶ in 1:24 ("fue oído, que él estaba en casa"). Por extraña que resulte la expresión desde el punto de vista sintáctico, se entiende fácilmente (cf. BDF 405[2]). En forma alternativa, εἰσελθών podría leerse como un "participio colgante", es decir, que no guarda ninguna relación gramatical con el verbo principal (así Taylor). El οἶκος, cabe suponer, es el mismo de 1:29.

2 Véase el comentario sobre 1:33 con respecto al espacio limitado πρὸς τὴν θύραν en la Capernaúm del siglo I. Del v. 4 se deduce claramente que Marcos desea que nos imaginemos a Jesús "sitiado" dentro de la casa, con una multitud de personas en la callejuela tratando de escuchar sus enseñanzas lo mejor que podían. Aquí, en lugar del verbo διδάσκω, Mark usa una expresión que se repite en 4:33 y 8:32, λαλέω τὸν λόγον. En esta expresión, y en 4:14-20, ὁ λόγος también podría reflejar un uso cristiano posterior como un término que se refiere al mensaje cristiano. Sin embargo, no sería correcto interpretarlo como un término técnico en cada una de sus apariciones; en 5:36; 9:10; 10:22

ὁ λόγος alude simplemente a la declaración recién indicada, y en 1:45 lo que el leproso divulgó no era el κήρυγμα cristiano sino la noticia de su curación. No existe ninguna razón para pensar en un significado diferente del uso más común de Marcos de διδάσκω/διδαχή. Este milagro, pues, al igual que el exorcismo de 1:23-26, tendrá lugar mientras Jesús desarrolla su actividad de enseñanza; los dos aspectos de su ministerio se mantienen firmemente unidos.

3 La reaparición de Jesús en Capernaúm provoca la misma respuesta del capítulo 1, y se presenta otro "caso de una persona que es llevada en camilla" (cf. 1:32). Κράβαττον (vv. 4, 9-12; Mateo lo llama κλίνη, Lucas dice que es un κλινίδιον) era un término familiar que se usaba para referirse al lecho modesto de una persona pobre (Hch. 9:33), y que usualmente se dice que era portátil (6:55; Jn. 5:8-11; Hch. 5:15). Παραλυτικός describe la condición del individuo, incapacitado para caminar, sin dar más especificaciones acerca de su causa. Podría haber tenido su origen en alguna de varias enfermedades paralizantes o en algún tipo de lesión; el término de Lucas παραλελυμένος no es más específico. Sin embargo, cualquiera que haya sido la causa, el hombre no podía andar, y para la multitud se trataba de un individuo gravemente discapacitado (vv. 9-12).

4 No tendría que ser muy nutrida una multitud para que resultara prácticamente imposible meter a una persona postrada en una camilla en la habitación de una casa normal de Capernaúm.[1] Las que se han excavado tienen habitaciones pequeñas, que rara vez alcanzan cinco metros de extensión (porque la anchura estaba limitada por la longitud de los troncos de árboles disponibles para techarla). Las casas, al igual que casi todas en la antigua Palestina, tenían una sola planta con techos planos a los que se subía por medio de una escalera exterior. El techo se usaba para trabajar y a veces para dormir, y por tanto, su construcción era fuerte; vigas de madera o ramas con paja o juncos se embadurnaba con barro.[2] Lo que Marcos dice en cuanto a que los hombres ἀπεστέγασαν τὴν στέγην ("descubrieron el techo") sugiere, por tanto, un trabajo importante de demolición, y la adición de ἐξορύξαντες, literalmente "haciendo una abertura", aumenta el efecto gráfico.[3] El lector moderno, como es natural, podría preguntarse si Jesús continuó enseñando y la multitud escuchándolo mientras esta actividad ruidosa y peligrosa tenía lugar sobre sus cabezas (y lo que el dueño de la casa [¿Simón?] pensaría al respecto), pero Marcos no satisface nuestra curiosidad. Su interés como narrador es, más bien, permitir que sus lectores disfruten de uno de los incidentes más memorables del ministerio de Jesús en Galilea, y sentar las bases para la respuesta de Jesús en el v. 5, ἰδὼν τὴν πίστιν αὐτῶν. El deseo desesperado de aquellos hombres de

---

1. Para una breve descripción de las casas excavadas en Capernaum, véanse J. Wilkinson, *Jerusalem*, 26-30; E. M. Meyers y J. F. Strange, *Archaeology*, 58-60, 128-30.

2. Para una descripción más completa, véase C. C. McCown, *JBL* 58 (1939) 213-16.

3. Véase Josefo, *Ant.* 14.459, con respecto a la remoción que ordenó Herodes de los techos de las casas para destruir a los soldados que estaban escondidos debajo; usa un verbo similar, ἀνασκάπτω, "cavar".

llevar a su amigo hasta la única persona que podía ayudarlo es más importante que cualquier rareza de la situación narrativa o del deterioro de la propiedad (cf. la despreocupación por la pérdida económica de los propietarios de los cerdos en 5:11-20).[4]

5 Πίστις en Marcos se relaciona estrechamente con el poder milagroso.[5] Es la esperanza de que Dios (11:22-24), o más a menudo Jesús, pueda y quiera ejercer su poder sobrenatural para resolver un problema práctico, por lo general, un problema de enfermedad o de peligro físico. Es en respuesta a la πίστις que Jesús sanará (5:34, 36; 9:23-24; 10:52), y la ausencia de la misma constituirá un motivo de represión para los que no obstante son rescatados milagrosamente (4:40) o una verdadera limitación a su acción milagrosa (6:5-6). Aquí, no tenemos constancia de algún tipo de expresión verbal de fe, pero la acción de los amigos del hombre basta para indicar su confianza en el poder sanador de Jesús (basado ya en sobradas pruebas), y su determinación de recurrir a ella para el beneficio de su amigo.

En el caso de una posesión demoníaca, en la que si se menciona la fe no es la de la víctima (que habla solamente como la voz del demonio) sino la de un pariente (9:22-24; en 7:24-30 no se usa la palabra πίστις, pero el concepto está implícito en el λόγος del v. 29); en la sanidad física, en cambio, la fe a la que normalmente se hace referencia es la del paciente (salvo en el caso de la hija de Jairo, por razones obvias). Sin embargo, la fe aquí, al parecer, se ejerce en beneficio de otro, mientras que el paciente se mantiene inactivo hasta el v. 12, y nunca dice nada. No se da, empero, ninguna razón para ello; está claro que Marcos no tiene un patrón fijo en cuanto a la relación que debe existir entre la fe y la sanidad. Es posible que intentara incluir la fe del paciente y la de sus amigos en el pronombre αὐτῶν[6] (la acción del paciente en el v. 12 es sin duda un acto de fe), aunque es la acción de ellos, y no la actitud del paciente (a no ser que fuera él quien los incitara a acercarse a Jesús por la vía tan poco ortodoxa que utilizaron), lo que Jesús ve (ἰδών) y sobre lo que se basa su respuesta.

Para algunos oídos modernos, la respuesta de Jesús parece inadecuada, tanto es así que muchos comentaristas han sugerido que la historia original continuaba con el v. 11, las palabras de sanación que los amigos sin duda esperaban, y que una historia originalmente simple de sanidad se complicó con la inserción de un debate sobre el perdón (así Bultmann, Taylor, Haenchen,

---

4. Marcos no insinúa nada que apoye la romántica idea de que la entrada a través del techo no fue una cuestión de necesidad sino algo planeado con el fin de impedir que un presunto "demonio de parálisis" descubriera la puerta de entrada y pudiera volver. H. Jahnow, *ZNW* 24 (1925) 155-58, hizo esta sugerencia sobre la base de ciertas creencias indias, y a pesar de su falta de apoyo culturalmente relevante (véase S. Krauss, *ZNW* 25 [1926] 307-10) hay muchos comentaristas que la mencionan y algunos la defienden (en especial Gnilka).

5. Véase el estudio detallado de S. E. Dowd, *Prayer*, 96-117, que también incluye un estudio de la fe y los milagros en la literatura no cristiana del mundo antiguo.

6. Así J. F. Williams, *Followers*, 99-101.

Anderson, Gnilka, Pesch).[7] Raras veces puede demostrarse la certidumbre o la falsedad de ese tipo de teorías, pero su valor exegético para el texto de Marcos tal como lo tenemos ahora es muy limitado.[8] Marcos, por supuesto, creía que Jesús abordó la condición del paralítico ocupándose primeramente de sus pecados, y que, de alguna manera, el perdón de pecados y la sanación física estaban relacionados (vv. 9-11). Esto tampoco habría sorprendido a sus lectores originales tanto como pudiera sorprendernos a nosotros, puesto que la relación entre la enfermedad y el pecado es un tema recurrente en una gran parte de la literatura bíblica, y que también estaba muy difundido en el mundo antiguo. En muchos textos del AT la sanidad y el perdón se encuentran tan estrechamente relacionados que resulta difícil determinar si lo que se lee acerca de la sanidad debe considerarse que se refiere a la sanidad física o metafóricamente a la restauración de la salud espiritual (p. ej., Sal. 41:4; 103:3; Is. 53:4-6), pero en algunas ocasiones la sanidad física se relaciona muy claramente con el perdón del pecado (2Cr. 7:13-14; Is. 38:16-17) del mismo modo que el sufrimiento físico puede atribuirse al pecado del paciente (Nm. 12:9-15; 2Cr. 26:16-21) o, de hecho, al pecado en la comunidad (2Sa. 24:10-15). Normalmente se acepta que el sufrimiento es el resultado del pecado por cuanto los males del mundo en general tuvieron su origen en la caída, pero en el libro de Job se pone de relieve una reacción fuerte contra la opinión de que el sufrimiento de un individuo tenga que ser forzosamente la consecuencia de su pecado. El NT mantiene un equilibrio similar, y algunos sufrimientos y la muerte se atribuyen al pecado específico de las personas afectadas (Jn. 5:14; Hch. 5:1-11; 1Co. 11:30; 1Jn. 5:16), mientras que en otros lugares se niega esa conexión directa (Lc. 13:1-5; Jn. 9:2-3; 2Co. 12:7; Gá. 4:13-14).

La relación entre la sanación y el perdón en este caso es clara, pero la naturaleza de dicha conexión no es tan obvia. La manera en que se relacionan en el v. 10 indica que la sanación física pone de manifiesto la autoridad del Hijo de Dios para perdonar; de lo contrario, la sanación y el perdón se mencionan juntos sin señalar ninguna dependencia explícita entre ambos. La propia comparación en el v. 9 de la relativa "facilidad" de la declaración del perdón con el mandato de sanación aparece en forma de pregunta. Dado que Jesús no solía comenzar una obra de sanación con una declaración de perdón, alguna razón especial debe haberlo asistido para hacerlo en este caso. Hay razones, al parecer, que merecen nuestra consideración: (1) que Jesús supiera que la enfermedad de este hombre, a diferencia de otros, podía atribuirse directamente a su pecado; (2) que el paciente lo entendía así (acertadamente

---

7. Aunque casi todos proponen que la "inserción" comienza en el v. 5b (eliminando con ello cualquier mención del perdón procedente de la historia original), Pesch incluye el v. 5b en la historia del milagro, considerando que los vv. 6-10 constituyen una ampliación secundaria del tema. De manera similar, H.-J. Klauck, *BZ* 25 (1981) 223-48.

8. C. D. Marshall, *Faith*, 78-86 hace un buen análisis de la integridad de la perícopa y su eficacia en el desarrollo de la narración.

o no), y por tanto, buscaba algo más que un alivio físico;[9] (3) que Jesús, decidido a plantear el tema de su autoridad ante los escribas, aprovechó esta oportunidad para hacerlo, aun cuando no era estrictamente necesario para el caso. De estas, la (3) parece improbablemente artificial, sobre todo si tenemos en cuenta la falta de todo indicio hasta aquí de que Jesús tenía la intención de provocar un enfrentamiento; su alejamiento del público en 1:35-38, 45 sugiere más bien lo contrario. Tanto (1) como (2) dependen de un acceso a las mentes de los actores que la narración no nos permite; aunque las dos razones son posibles, también son especulativas.

Τέκνον no es un término que habitualmente se use para dirigirse a un individuo. En los Evangelios, salvo en los casos de una verdadera relación familiar,[10] Jesús lo empleó una sola vez para dirigirse a sus discípulos (10:24). El inesperado grado de familiaridad implica que tenía por objeto sin duda brindar confianza (cf. 5:34, donde θυγάτηρ tiene el mismo efecto). Los escribas interpretaron el verbo ἀφίενται (o ἀφέωνται; véase la nota textual anterior) como una expresión performativa (véase BDF 320): Jesús no se limita a exponer un hecho, sino que realmente está perdonando. En el diálogo que sigue Jesús no va a corregir la opinión de los escribas con respecto a su intención, sino que va a reforzarla relacionando su declaración con una sanación instantánea. La palabra en sí misma no tiene por qué conllevar esa fuerza; su único significado, como un "pasivo divino", es "que Dios perdone tus pecados", y el AT contiene al menos una afirmación clara de esas características de un profeta autorizado (2Sa. 12:13), mientras que la función del sacerdote en el rito sacrificial era lograr la restauración de la relación con Dios por medio de la expiación. Pero Jesús no ocupó esa posición. Una declaración de perdón en este contexto equivalía a asumir la autoridad para perdonar en lugar de Dios, y en el v. 10 Jesús afirmará explícitamente que él sí posee esa autoridad.

6 La presencia de los γραμματεῖς en la casa donde Jesús estaba enseñando indica que las líneas de enfrentamiento aún no estaban bien definidas. Este incidente, sin embargo, pondrá de manifiesto su condición de adversarios. Si bien Marcos suele usar el verbo διαλογίζομαι para referirse a una discusión oral (8:16-17; 9:33; 11:31), lo emplea aquí para presentar las dudas de los escribas acerca de las palabras de Jesús como pensamientos no expresados (ἐν ταῖς καρδίαις αὐτῶν), aunque claramente comunes; es Jesús quien saca a colación el tema.

7 Los escribas expresan sus dudas en forma de preguntas. La primera y la última cláusula del versículo son obviamente interrogativas, mientras que el verbo βλασφημεῖ, solo en medio de ellas, podría interpretarse como otra pregunta, que plantea el tema teológico para el que la pregunta (retórica) de

---

9. Cf. la declaración general que se le atribuye al rabino Hiyya, "un enfermo no se recupera de su enfermedad hasta que todos sus pecados le hayan sido perdonados" (*b. Ned.* 41a).

10. En Lucas 16:25 Abraham se dirige al hombre rico, su descendiente (teóricamente), como τέκνον.

la última cláusula ofrecerá la respuesta aparentemente ineludible. Es, pues, la tercera pregunta la que, al parecer, admite una sola respuesta ("¡nadie!"), la cual convierte toda la secuencia interrogativa en una acusación tácita, y exige una respuesta afirmativa para la pregunta: "¿está blasfemando?". La Mishná define la blasfemia de una manera muy estricta, a saber, como la simple pronunciación del nombre divino (*m. Sanh.* 7:5), y Jesús, por supuesto, no había hecho eso, pero es claro que en el período anterior al año 70 el uso que se le daba al término era más amplio (véase el comentario sobre 14:64). Decir que uno podía hacer lo que solo es posible para Dios, y constituirse en vocero de Dios declarando el perdón de los pecados, vulneraba la prerrogativa divina. Cf. la "definición" de blasfemia en Juan 10:33: ὅτι σὺ ἄνθρωπος ὢν ποιεῖς σεαυτὸν θεόν. La blasfemia era una ofensa capital (Lv. 24:10-16), y es por esa acusación que Jesús finalmente será condenado (14:64), por tanto, se trata de un asunto grave. El uso de εἷς, en lugar de μόνος como en Lucas, podría implicar tal vez que lo que está en juego aquí es la defensa del credo judío de que "Yahvé es uno" (Dt. 6:4). Un hombre que dice que puede hacer lo que solo es posible para Dios amenaza esa unicidad, y eso es una blasfemia.[11] Véase el comentario sobre el v. 5 en cuanto hasta qué punto las palabras de Jesús forzosamente conllevaban esta connotación; pero si ellas podían haberse interpretado en un sentido claramente monoteísta, ni los escribas ni Jesús eligieron esa opción.

8   Las frases ἐν ἑαυτοῖς y ἐν ταῖς καρδίαις ὑμῶν confirman lo que se señaló en el v. 6 en cuanto a que no se había presentado ninguna acusación verbal. El conocimiento de Jesús de las críticas de los escribas no se deriva, pues, de ninguna palabra que hubiera oído, sino que es algo que él conoce ἐν τῷ πνεύματι αὐτοῦ. Los poderes sobrenaturales de discernimiento que tiene Jesús no se explicitan en Marcos tan a menudo como en los demás Evangelios (pero véanse 5:30; 12:15), sin embargo, la referencia a esos poderes aquí refuerza, aunque solo sea de paso, la impresión extraordinaria de ἐξουσία que transmite esta perícopa en general. Al traer a colación el tema, Jesús asegura que las implicaciones cristológicas de su derecho a perdonar pecados sean públicamente reconocidas, y es esto, junto con la propia sanación, lo que contribuye a la reacción de la multitud en el v. 12. Independientemente de las demandas de secretismo en el resto del Evangelio, Marcos no nos permite ver a Jesús aquí como un individuo ansioso por esconder su luz debajo de un almud.

9   Εὔκοπος es un adjetivo poco usual que significa "fácil"; el uso del comparativo para plantear una cuestión de probabilidades es un modismo que aparece solamente en los dichos de Jesús, aquí, en 10:25 (con analogías), y en Lucas 16:17. En los últimos dos casos el argumento es negativo: se afirma la imposibilidad de un concepto (un rico que entre en el reino de Dios; la anulación de un aspecto menos importante de la ley) declarando que es "más

---

11. E. E. Ellis ofrece un análisis útil de la naturaleza de la afirmación de Jesús frente a las opiniones de los escribas en J. B. Green y M. M. B. Turner (ed.), *Jesus of Nazareth: Lord and Christ*, 192-94.

fácil" que algo que se reconoce imposible suceda (que un camello pase por el ojo de una aguja; que el cielo y la tierra desaparezcan). Se trata, pues, de un argumento *a fortiori* (cf. al que la interpretación rabínica llama *qal waḥomer*). Aquí también tenemos un argumento *a fortiori*, pero en esta ocasión tiene un sentido positivo: la posibilidad de lograr lo "más difícil" garantiza la validez de la afirmación de poder hacer lo "más fácil". Por consiguiente, la respuesta a la pregunta retórica de Jesús ha de ser que sí es εὐκοπώτερον decir: "tus pecados te son perdonados", por cuanto eso es precisamente lo que debe demostrarse (v. 10), y lo que se demostrará mediante la pronunciación exitosa del mandato "más difícil" que se le dará al paralítico de levantarse e irse. Considerar que el perdón de los pecados es "más fácil" que sanar una dolencia física podría parecer curiosamente incompatible con la perspectiva bíblica, pero el argumento no se centra en el valor inherente de las propias acciones, sino en la fuerza que tienen esas acciones para probar la veracidad del argumento ante un público escéptico. Una sanación visible constituye una "prueba concluyente", mientras que una afirmación meramente verbal de poder perdonar pecados genera desconfianza. Ordenarle a un paralítico que se levante y camine pone en ridículo al que lo ha dicho si no tiene éxito; pero, ¿cómo podría refutarse la declaración de alguien que diga que puede perdonar pecados?

Con respecto a las palabras ἀφίενταί σου αἱ ἁμαρτίαι véase el comentario sobre el v. 5 y la nota textual. El mandato al paralítico es una advertencia para los que sacan provecho exegético de la diferencia entre el imperativo presente y el imperativo aoristo; ἆρον es ciertamente "puntual" y περιπάτει "lineal", pero no es obvio por qué el imperativo presente ἔγειρε debe usarse para lo que en realidad es una sola acción.

10 Esta es la primera vez que aparece en Marcos la frase ὁ υἱὸς τοῦ ἀνθρώπου. Se repetirá en 2:28, y no volverá a leerse hasta el principio del segundo acto (8:31), cuando asumirá un papel central, y luego, aparecerá 12 veces más en el Evangelio. Estaría fuera de lugar en este comentario tratar de examinar los extensos y cada vez más complejos análisis sobre este término.[12] Voy a adoptar un punto de vista que está muy bien representado entre los últimos académicos (aunque todos sus argumentos son cuestionables): (1) que Jesús usó este término para referirse a sí mismo, y que los evangelistas lo reconocieron y reprodujeron como su forma característica de autodenominarse; (2) que se deriva al menos en parte de Daniel 7:13-14, y que ese texto resulta a menudo importante para la exégesis de los pasajes de los Evangelios en los que aparece el término, aunque su uso abarca mucho más que una simple alusión deliberada a ese pasaje; (3) que el término "el Hijo del Hombre" per se no solía usarse en el judaísmo como un título mesiánico, aun cuando la importancia mesiánica de Daniel 7 fue reconocida y desarrollada en la literatura judía posterior y (4) que el uso distintivo que hace Jesús de "el Hijo del Hombre", por tanto, se deriva

---

12. Hay un resumen útil y bastante reciente en W. D. Davies y D. C. Allison, *Matthew*, 2.43-52.

de su propia elección de un término con claros matices mesiánicos pero sin un contenido nacionalista ya elaborado como el que conllevaban los títulos de "Mesías" o "Hijo de David".[13] Sin embargo, se ha sugerido con frecuencia que en las dos veces que aparece la frase en Marcos 2 se refleja un uso anterior que corresponde a la forma en que normalmente se empleaba la frase "el hijo del hombre" en hebreo y en arameo para referirse a la humanidad en general. En ese caso, lo que Jesús declaró aquí, en contra de la opinión de los escribas en el v. 7, es que un ser humano sí tenía autoridad para perdonar pecados en este mundo (y en 2:28 que un hombre era "Señor del día de reposo", ampliando con ello el pensamiento del v. 27). Pero teniendo en cuenta el uso de ὁ υἱὸς τοῦ ἀνθρώπου en el resto del Evangelio de Marcos (y en la tradición evangélica en general) es ciertamente inconcebible que él o sus lectores pudieran haberlo entendido en ese sentido tan notablemente diferente en ese momento. (Obsérvese que en 3:28, donde pretende dársele un sentido genérico, Marcos no usa el singular sino el plural, οἱ υἱοὶ τῶν ἀνθρώπων). Incluso en la narración oral de la historia antes que Marcos la incorporara a su Evangelio, el sentido genérico resultaba inadecuado porque la autoridad conferida al Hijo del Hombre es demostrada a través de un milagro realizado, no por los hombres en general, sino por este único Hijo del Hombre en particular, y ese milagro lo distingue del resto de los seres humanos, los cuales reconocen la obra de un poder excepcional y le atribuyen la gloria a Dios (v. 12). El tema en torno al cual gira toda la perícopa es la ἐξουσία exclusiva que Jesús declara y ejerce. Hasta ahora, en el Evangelio no se ha dado ninguna pista para entender este nuevo título (aunque los lectores de Marcos ya tenían numerosas pruebas en el uso en la iglesia), pero la dinámica del pasaje no permite que el título se entienda ante todo como una identificación de Jesús con el resto de los seres humanos, sino precisamente como algo que lo diferencia de ellos.[14] Cabría esperar que los que reconocían en el título una alusión a Daniel 7:13-14 lo entendieran así puesto que la figura que allí se describe es la de un individuo a quien se le confiere una autoridad absoluta sobre todos los pueblos de la tierra.[15] La ἐξουσία que Jesús afirma aquí

13. Al describir ὁ υἱὸς τοῦ ἀνθρώπου como un título actualmente en desuso estoy, por supuesto, dando por sentado que las *Similitudes de Enoc*, el único otro escrito judío de la época que revela un uso distintivamente "titular" de la misma frase, todavía no existía en el tiempo del ministerio de Jesús (el debate sobre la fecha de su origen, provocado por la falta de pruebas para esta sección del *Libro de Enoc* entre los textos de Qumrán, aún no ha quedado resuelto), o era poco conocido en los círculos en los que él se movía, y que Jesús y el autor de las *Similitudes* tomaron el título de Daniel 7:13-14 de manera independiente.

14. Este trasfondo específico del término corre el riesgo de perderse cuando la traducción de ὁ υἱὸς τοῦ ἀνθρώπου hace hincapié principalmente en su sentido léxico como un ser humano y no en el contexto específico de Daniel: p. ej., el uso que hace Mann de "El hombre", o incluso el uso que hace H.C. Waetjen (*Reordering*, pássim) de "El nuevo ser humano".

15. La falta de un origen definido para el título en el contexto de la narración ha hecho que algunos (p. ej., G. H. Boobyer, *HTR* 47 [1954] 115-20; Cranfield; C. P. Ceroke, *CBQ* 22 [1960] 369-90; Lane; L. S. Hay, *JBL* 89 [1970] 69-75) sugieran que la cláusula completa ἵνα δὲ εἰδῆτε ὅτι ἐξουσίαν ἔχει ὁ υἱὸς τοῦ ἀνθρώπου ἀφιέναι ἁμαρτίας ἐπὶ τῆς γῆς no forma parte del diálogo, sino

no consiste simplemente en declarar que los pecados son perdonados, sino en perdonarlos (véase el comentario sobre el v. 5 en cuanto a la diferencia). Era así exactamente como los pensamientos no expresados de los escribas plantearon el problema en el v. 7; pensaban en una prerrogativa distintivamente divina, y para responderles, Jesús emplea sus propias palabras y declara que él es capaz de ejercer ese derecho divino ἐπὶ τῆς γῆς. El propósito al añadir esta frase no es limitar la ἐξουσία (en la tierra y no en el cielo), sino más bien subrayar la osadía de la declaración: el perdón, que hasta ese momento se concebía como una función exclusivamente celestial, puede ahora ejercerse ἐπὶ τῆς γῆς en razón de la presencia de ὁ υἱὸς τοῦ ἀνθρώπου (que, según Dn. 7:13-14 recibiría de Dios una autoridad que debía ejercer en toda la tierra).

Las tres palabras finales del v. 10, λέγει τῷ παραλυτικῷ, han generado una preocupación innecesaria. La injerencia de las mismas en un discurso de Jesús, que de no ser por ellas no se habría visto interrumpido, se ha considerado una señal del desplazamiento o del origen compuesto del texto, con la intención de suavizar un cambio de enfoque, que de otro modo resultaría extraño, en los dichos de los vv. 10 y 11, o de utilizar las mismas palabras del v. 5 para reanudar la historia de la sanación después de la presunta inserción de los vv. 5b-10 (véase el comentario anterior sobre el v. 5). Esto, sin embargo, es demasiado ingenioso. La conjunción ἵνα del v. 10 exige que la siga una cláusula principal, pero el v. 9 ya dejó bien claro que esa cláusula debe ser una orden dirigida al paralítico, no a los escribas con quienes Jesús está hablando. Un cambio de destinatario en este momento, pues, ya es parte inherente del argumento del discurso, y la "acotación" insertada por Marcos no es más que una ayuda para que el lector del texto escrito pueda darse cuenta del cambio de enfoque que habría resultado obvio con un movimiento físico o un gesto de parte del orador. Lejos de mostrar cualquier desplazamiento, las palabras de Jesús forman una secuencia coherentemente lógica desde el v. 8b hasta el v. 11, mientras que la inserción marcana de λέγει τῷ αραλυτικῷ es una acotación para ayudar al lector del texto escrito a seguir el movimiento de un diálogo triangular (cf. sus acotaciones, con propósitos diferentes, en 7:19 y 13:14).[16]

11-12 El efecto de las palabras de Jesús es inmediato y público, tal como exigía el diálogo precedente; aquí, ἔμπροσθεν πάντων, es la prueba visible de su ἐξουσία no solo para sanar enfermedades físicas sino también *a fortiori* para perdonar pecados. En este caso no se hace ningún esfuerzo, como sí ocurrió con el leproso, por limitar la publicidad; Jesús tiene algo que comunicar, y por tanto, es preciso que se ponga claramente de manifiesto. El significado del

---

que es una acotación editorial de Marcos para el lector (a quien, por supuesto, el título le resultará familiar). Esto tiene varias desventajas: constituye el único uso editorial de la frase "el Hijo del Hombre" en los Evangelios; yuxtapone dos acotaciones inconexas en medio de un discurso y deja el diálogo sin su punto crucial, la afirmación de Jesús de su propia ἐξουσία especial ante la pregunta de los escribas en el v. 7.

16. En lo que respecta a la conveniencia de la construcción desde un punto de vista narrativo, véase C. D. Marshall, *Faith*, 80-82.

verbo ἐξίστασθαι evoca la reacción análoga de la gente ante su primer milagro en Capernaúm, ἐθαμβήθησαν (1:27). La inclusión de δοξάζειν τὸν θεόν, una expresión más típica de Lucas que de Marcos, podría tener por objeto mostrar que mientras que los escribas tomaron las palabras de Jesús como un desafío a la prerrogativa de Dios, la multitud consideró que Jesús estaba actuando en nombre de Dios y con su aprobación. La impresión general, al igual que en 1:27, es que ellos estaban presenciando algo sin precedentes: οὕτως οὐδέποτε εἴδομεν. En lo que respecta a la sanación física, por supuesto, ellos ya habían presenciado hechos similares (1:32-34), pero en esta ocasión, la declaración del perdón de pecados, y la audaz defensa de Jesús de su derecho a hacerlo, añadió una nueva dimensión.

Una compañía poco respetable (2:13-17)

NOTAS TEXTUALES

14. Aparte de algunas diferencias secundarias en cuanto a la ortografía de Λευίν, la variación más importante es la presencia del nombre Ἰάκωβον en D Θ algunas versiones de la AL etc., apoyada por Taciano (Orígenes dice que en "algunos de los MSS" de Marcos se mencionaba a Leví como un apóstol). Esta lectura, al parecer, es un recurso armonizador que surge del hecho de que en 3:18 se hace referencia a Jacobo "el menor" como τὸν τοῦ Ἀλφαίου (esto es mucho más probable que la introducción posterior del desconocido Leví, cuyo nombre de todas formas está confirmado en el texto lucano). También tiene el efecto de sustituir el nombre de Leví, que no aparece en ninguna lista apostólica, por el nombre de un apóstol conocido, aunque resulta llamativo que no exista ninguna prueba en los MSS que permita solucionar este problema asimilándolo al Μαθθαῖον de Mateo. (Véase además B. Lindars, *NTS* 4 [1957/8] 220-22).

15-16. La lectura de א L Δ (cop), que hace de οἱ γραμματεῖς τῶν Φαρισαίων el sujeto de ἠκολούθουν, depende de la interpretación de ἀκολουθέω en su sentido básico ("lo siguieron y vieron") y no en el sentido marcano más normal (que acaba de usarse dos veces en el v. 14) con referencia al discipulado (Guelich acepta esta lectura). Pero en ambos casos los γραμματεῖς siguen siendo el sujeto de ἔλεγον en el v. 16. Resulta sorprendente que la frase inusual οἱ γραμματεῖς τῶν Φαρισαίων no fuera asimilada en muchos MSS a la expresión más familiar οἱ γραμματεῖς καὶ οἱ Φαρισαῖοι; la novedad de la forma genitiva se pone de manifiesto no solo por su rareza sino también por la expresión lucana οἱ Φαρισαῖοι καὶ οἱ γραμματεῖς αὐτῶν.

16. La conjunción ὅτι, después de αὐτοῦ, aparece solamente en B y en algunos otros testimonios. Desde el punto de vista sintáctico, resulta extraña (véanse los comentarios más adelante), y por ende, se considera la lectura más difícil, aunque que τί ὅτι (A y algunos MSS alejandrinos), τί (Θ), y διὰ τί (א D W etc.) se toman como correcciones, la última es una asimilación a Mateo y a Lucas y también a la construcción que sigue en el v. 18.

16. La adición de ὁ διδάσκαλος ὑμῶν en א C L Δ etc. se debe a una asimilación al texto de Mateo, y las formas verbales en segunda persona del plural en unos cuantos minúsculos a una asimilación al texto de Lucas. La incorporación generalizada de καὶ πίνει también se debe probablemente a una asimilación al texto de Lucas, además de reflejar una prolijidad natural.

En esta perícopa el grupo de discípulos (a los que por primera vez se les llama así en el v. 15) cuenta con un nuevo recluta, guardando así un estrecho paralelismo con 1:16-20 (véase la introducción a esa sección con respecto a los paralelismos formales). De ahora en adelante, no habrá más relatos acerca de llamamientos; nos toca a nosotros suponer que los demás miembros del grupo fueron reclutados de manera semejante. Esta segunda historia de un llamamiento, sin embargo, difiere de la primera no solo en que la ocupación del hombre es diferente, sino también en que su posición social es notablemente distinta de la de los cuatro pescadores. El hecho de pedirle a un τελώνης que se uniera al grupo constituía una acción audaz y provocativa por cuanto incurría en la desaprobación de los miembros de los líderes religiosos y corría el riesgo de ofender los instintos patrióticos de la gente común. El desdén de Jesús por las restricciones que los convencionalismos de los escribas imponían a los contactos con las personas que no gozaban de una buena reputación religiosa se pone claramente de relieve cuando se reúne con otros marginados sociales en la casa de este nuevo recluta.

Al igual que en la última perícopa, el desafío directo de los escribas (verbalmente expresado esta vez) disipa cualquier sugerencia de que Jesús haya actuado por ignorancia o por error. Jesús no les responde con una disculpa sino con una defensa de su acción: no solo sí le está permitido mezclarse con ese tipo de personas, sino que ese es precisamente el propósito de su misión (el verbo ἦλθον que emplea evoca el mesiánico ἐξῆλθον de 1:38). En esta perícopa, pues, al igual que en la última, Marcos nos permite ver que el distanciamiento entre Jesús y la clase dirigente no se debe a ninguna incomprensión o tergiversación por parte de sus adversarios, sino que se deriva directamente de la postura que él mismo eligió en forma deliberada, y que no tiene ninguna intención de modificar a pesar de las objeciones totalmente predecibles de ellos. Los vv. 21-22 expondrán enseguida en términos gráficos la incompatibilidad fundamental que existe entre su agenda y la de ellos.

En esta perícopa, al igual que en la anterior, se hace hincapié en el pecado y el perdón, en la exclusión y la aceptación. La aceptación por parte de Jesús de los inaceptables no solo cumple la función negativa de mostrar la hostilidad y el estrecho exclusivismo de los escribas, sino también la función positiva de indicar la naturaleza revolucionaria de la nueva situación en el reino de Dios. La comida en la que πολλοὶ τελῶναι καὶ ἁμαρτωλοὶ συνανέκειντο τῷ Ἰησοῦ καὶ τοῖς μαθηταῖς αὐτοῦ constituye una ilustración vívida del carácter inclusivo de la nueva comunidad de los perdonados, a la que incluso, y de hecho especialmente, los más inverosímiles son invitados. Es probable que

Marcos viera esta comida un tanto particular (obsérvense las implicaciones de κατακεῖσθαι, συνανέκειντο, con respecto a las cuales véanse los comentarios más adelante) como un símbolo del banquete mesiánico; de ser así, la lista de invitados no era para nada la que la mayoría de los judíos habría esperado.

13 No hay ningún vínculo narrativo directo con el episodio anterior. Este es un incidente aislado, aunque la convergencia de la multitud y la continua enseñanza pública de Jesús son la consecuencia lógica de la consolidación de estas ideas en todas las perícopas de Capernaúm hasta ahora. La ubicación sigue siendo Capernaúm, como lo indica no solo la referencia a las orillas del lago sino también la presencia de los τελώνιον, puesto que Capernaúm era la ciudad fronteriza entre las tetrarquías de Antipas y de Felipe. La afirmación ἐξῆλθεν παρὰ τὴν θάλασσαν (junto con παράγων, v. 14) nos recuerda a 1:16, donde se usó el mismo contexto para el llamado de los primeros cuatro discípulos. Un puesto aduanero a la orilla del lago no parece un lugar obvio para un τελώνης, como lo sería para pescadores, pero sí le daría a sus ocupantes acceso a los que viajaban por barco o por carretera a lo largo de la orilla septentrional del lago.

14 Suele suponerse que Λευί (Marcos y Lucas) es un nombre alternativo para Ματθαῖος (Mateo), y por ende, que este individuo es el mismo que aparece bajo el nombre de Ματθαῖος en todas las listas de los doce (y en ese punto también se identifica como un τελώνης, Mt. 10:3). No sería nada raro que una persona tuviera dos nombres, ambos semíticos (Σίμων [Šimʾôn]/ Πέτρος [Kēpā ʿ])[17] o uno semítico y el otro griego (Θῶμας [Tʾ ômā ʿ]/Δίδυμος). Por tanto, es innecesario suponer que el primer evangelista haya identificado arbitrariamente a un desconocido llamado Leví con Mateo.[18] La sugerencia de Albright y Mann[19] de que más que un nombre propio, Leví era una designación tribal, "el levita", es improbable en virtud del uso común del nombre Leví en ese tiempo.[20] Taylor se siente atraído por la lectura alternativa Ἰάκωβον τὸν τοῦ Ἀλφαίου (véase la nota textual), pero resulta difícil entender de qué manera pudo añadirse el nombre Leví si la referencia original era a Jacobo (y Lucas también tiene aquí el nombre Leví). Es posible que tanto Leví/Mateo como Jacobo tuvieran un padre llamado Alfeo, aunque este no es un nombre común; podrían haber sido hermanos, pero en ese caso es extraño que no se mencionen juntos, como ocurre regularmente con las dos parejas de hermanos que encontramos en 1:16-20.

El τελώνης no era el que cobraba el tributo mencionado en 12:14, es decir, el impuesto romano directo que se recaudaba en Judea desde el año 6 d.C. En Galilea, que aún no estaba bajo el dominio directo de Roma,

---

17. Cf. las pruebas procedentes de las inscripciones nabateas citadas por Lane, 100-101 n. 29.

18. Así R. Pesch, *ZNW* 59 (1968) 40-56.

19. W. F. Albright y C. S. Mann, *Matthew*, CLXXVII-CLXXVIII. Mann traduce Λευίν aquí como 'el levita'.

20. Leví aparece como el nombre, no como una designación tribal, de cuatro (quizás tres) individuos diferentes en la "*Vida*" de Josefo, convirtiéndose así en el tercer nombre más común en esa obra después de Jesús y Simón.

Antipas recaudaba varios impuestos,[21] entre los que se destacaban los cargos arancelarios que se aplicaban a las mercancías en tránsito. Es probable que Leví fuera un agente aduanero local que trabajaba para un intermediario más poderoso que respondía ante Antipas por los ingresos de las aduanas provinciales. La mención de πολλοὶ τελῶναι en su casa (v. 15) sugiere que no trabajaba solo, por tanto, el hecho de que hubiera abandonado el τελώνιον no implica necesariamente que este quedara desatendido.

El relato de su llamamiento es similar al de los cuatro pescadores, pero aquí el verbo ἀκολουθέω se usa para referirse tanto al llamado como a la respuesta y va tornándose cada vez más en un término técnico con respecto al discipulado. La narración connota la misma imagen de una respuesta inmediata y de un audaz abandono de la antigua forma de vida.

15 Γίνεται κατακεῖσθαι αὐτόν es una forma de expresión semítica. El término semítico ἐγένετο *(wayhî)* en 1:4 es seguido de un participio y en 1:9 de un verbo en indicativo; aquí, al igual que en 2:23, es un infinitivo el que proporciona el verdadero contenido verbal de la cláusula, mientras que la única función de καὶ γίνεται es llamar la atención del lector sobre este nuevo desarrollo en la historia. Los verbos κατάκειμαι y κατακλίνομαι (al igual que ἀνάκειμαι y ἀνακλίνομαι) se usan específicamente para referirse al hecho de reclinarse a la mesa para comer (cf. el verbo συνανέκειντο que aparece después). No hay ninguna razón para suponer que cada uno de los usos de estos términos denote literalmente la forma en que comían los griegos y los romanos, reclinándose en divanes en torno a una mesa, y no la posición de sentado más tradicional entre los judíos,[22] pero es probable que esta costumbre estuviera bastante generalizada en Palestina por esta época, particularmente en las comidas más formales o festivas (Lucas llama a esta δοχὴ μεγάλη). Al usar esta terminología más lujosa, Marcos tal vez intentaba aludir a aquel banquete mesiánico mucho más grandioso que los judíos esperaban al final de los tiempos.

Los pronombres αὐτόν y αὐτοῦ son virtualmente ambiguos. Es improbable que ambos se refieran a Leví, porque en ese caso no habría ninguna razón para mencionar más adelante que él "estaba a la mesa con Jesús". Pero todas las demás permutaciones son posibles: Leví en la casa de Jesús, Jesús en la casa de Leví o Jesús en su propia casa acompañado por Leví y sus amigos. Sin embargo, dado que en ningún otro lugar Marcos hace referencia a la casa en Capernaúm (que tal vez era en realidad de Simón) como la casa de Jesús, es más probable que debamos entender que Jesús fue a una comida en casa de Leví (como de hecho Lucas afirma explícitamente);[23] el delito entonces no solo tiene que ver con su compañía sino con el lugar donde se le ve comiendo.

---

21. Con respecto al sistema fiscal en Galilea, véase H. Hoehner, *Herod*, 73-79; para una comprensión más amplia de la fiscalidad en este período, E. Schürer, 1.372-76. Véase también J. R. Donahue, *CBQ* 33 (1971) 39-61.

22. Véase J. Jeremias, *Words*, 48-49.

23. E. S. Malbon, *NTS* 31 (1985) 282-92, alega que Jesús agasajó a los marginados en su propia casa, y que Lucas cambió deliberadamente la historia para atenuar el delito de Jesús.

La combinación de los τελῶναι con los ἁμαρτωλοί también se encuentra en Mateo 11:19; Lucas 15:1 (cf. Lc. 18:10-14), y otras referencias a los τελῶναι en los Evangelios presuponen que pertenecían a una clase social despreciada (Mt. 5:46; 18:17; 21:31-32 [con πόρναι]). La literatura judía respalda este punto de vista acerca de su posición social.[24] El sistema de recaudación que le permitía a un agente local obtener una ganancia sustancial mediante el cobro de cuanto podía en vez de una suma fija hacía que el pueblo desconfiara de ellos y aborreciera su profesión, y el hecho de que ellos trabajaran para un gobierno impopular aumentaba su ostracismo social. J. Jeremias alega que el τελώνης judío, a diferencia del cobrador de impuestos, no estaba obligado a entrar en ninguna casa inmunda, y por tanto, en un sentido ritual, él no estaba técnicamente inmundo, de manera que lo que ponía en tela de juicio la entrada en su casa era la condición moral de Jesús y no su pureza ritual.[25] Cabría preguntarse, no obstante, hasta qué punto la gente (¿incluso la mayoría de los escribas?) consideraba importante esta distinción.[26] De todas formas, se trataba de una compañía con la que ningún maestro religioso respetable se relacionaría. El adjetivo ἁμαρτωλοί podría referirse, en un sentido más técnico, a aquellos cuya inobservancia de las regulaciones legales los excluían de la compañía "pura" con la que mantenían contacto los fariseos (Mann traduce aquí "judíos inobservantes"), pero el término se usaba probablemente en un sentido más general que le concedía al menos la misma importancia a un delito moral que a un delito ritual.

Esta es la primera vez que Marcos emplea un nombre colectivo en alusión a los miembros del círculo íntimo de Jesús. A partir de aquí, μαθητής tendrá a menudo este sentido. El término no se refiere exclusivamente a ellos, sino que se usa también en relación con los adeptos de Juan y de los fariseos (v. 18). Su derivación de μανθάνω (así como el del equivalente latino *discipulus*) podría insinuar un vínculo sobre todo intelectual entre el maestro y el alumno. No obstante, el uso del término (al igual que el del *talmîd* rabínico) es mucho más amplio. Aunque Marcos no suele mencionar los nombres ni la cantidad de aquellos a los que él hace referencia como μαθηταί —por lo que no puede decirse con certeza que él siempre limite el término a los doce (véase más adelante el comentario sobre 3:13-19)— μαθηταί normalmente alude a los que eran compañeros habituales de Jesús (ἵνα ὦσιν μετ᾽ αὐτοῦ, 3:14), y en cuya instrucción y formación él va a concentrarse cada vez más a medida que avanza la narración, hasta excluir por completo a las multitudes que lo seguían.

La oración ἦσαν γὰρ πολλοὶ καὶ ἠκολούθουν αὐτῷ (cuyo sujeto, en mi opinión, es el mismo que el de la cláusula anterior, πολλοὶ τελῶναι καὶ ἁμαρτωλοί, y no los μαθηταί, como afirma Cranfield; véase también la nota

---

24. Véase J. Jeremias, *Jerusalem*, 310-12.
25. J. Jeremias, *Theology*, 110-11. Véase además J. R. Donahue, *CBQ* 33 (1971) 39-61.
26. R. P. Booth, *Purity*, 80-81, 110, discrepa de la conclusión de Jeremias (aunque no en un diálogo directo con él).

textual anterior) es un ejemplo típicamente marcano de verborrea adicional (ausente en Mateo y Lucas) que no transmite ninguna información específica nueva, pero sí aumenta el escándalo con respecto a la comitiva de mala reputación que acompañaba a Jesús. En virtud del uso doble de ἀκολουθέω in v. 14, es probable que Marcos quisiera indicar un grado de entusiasmo por Jesús similar al que hizo que Leví abandonara el τελώνιον (aunque no hay ningún indicio de que alguno de los demás, como Leví/Mateo, se uniera al grupo itinerante de μαθηταί); aquí, aunque no entre los escribas de los fariseos, el mensaje de Jesús está cayendo en buena tierra.

16 Aunque la expresión οἱ γραμματεῖς τῶν Φαρισαίων ("escribas fariseos", Mann) no es usual, indica acertadamente que dentro del gran partido farisaico había escribas profesionales, cuya principal preocupación, incluso más que la de los fariseos en general, era garantizar la observancia correcta de la ley.[27] El fundamento de su objeción no se explica con claridad, pero la doble aparición del verbo comer insinúa que el problema principal era el de la pureza, puesto que la ingestión de alimentos que no estaban permitidos o consumirlos en el lugar equivocado era lo que podía contaminar a la persona. (El tema de la comida volverá a plantear el problema en la discusión clave sobre la pureza que aparece en 7:1-23). Sin embargo, también es cierto que el hecho de sentarse con alguien a la mesa se reconocía como un símbolo de identificación, y por tanto, lo que aquí está en juego no solo es el aspecto ritual de la conducta de Jesús sino también su aspecto social. Al parecer, no hay necesidad de explicar el problema: se presupone que comer con τελῶναι καὶ ἁμαρτωλοί es inaceptable. El hecho de que la objeción se dirija a los discípulos y no a Jesús (en 2:18, 23-24, por el contrario, será a Jesús a quien se le pida una explicación con respecto a la acción de los discípulos) podría indicar cierta renuncia a un enfrentamiento directo; cf. la crítica silenciosa del v. 7. Lo más probable, empero, es que se trate de una deducción de la situación narrativa: no pueden llegarse a Jesús porque está dentro de la casa como un huésped de honor.

La sintaxis de su desafío es extraña. Si se da por cierta la presencia de ὅτι (véase la nota textual), su función podría interpretarse más fácilmente como el uso que habitualmente se le da a esta conjunción para introducir un discurso directo. En ese caso, la cláusula siguiente podría tomarse como una pregunta ("¿Come él [...]?") o como una exclamación ("¡Está comiendo [...]!"); en cualquiera de las dos formas es un comentario indignado acerca de una acción que se suponía inaceptable. Sin embargo, es posible considerar que ὅτι forma parte de la expresión, y que desempeña la misma función interrogativa que en 9:11, 28; este uso inusual de ὅτι también aparece ocasionalmente en la

---

27. Para una justificación interesante de la terminología de Marcos, véase J. W. Bowker, *Pharisees*, 40-41. Con respecto a las distintas opiniones sobre las relaciones entre los escribas y los fariseos, véase M. J. Cook, *Treatment*, 71-72; el propio Cook considera (88-91) que los escribas y los fariseos eran idénticos, aunque Marcos no lo entendía así.

LXX, y tal vez podría tomarse como una contracción de τί ὅτι (véanse BAGD, 587a-b, 4.b; BDF 300[2]). Pero más allá de la sintaxis, el tono de indignación es el mismo.

17 La respuesta de Jesús consta de dos partes, un "proverbio" en tercera persona plural y una declaración sobre el propósito de su misión en primera persona singular. Ambos giran en torno al mismo tema, a saber, la prioridad de los necesitados: el "proverbio" lo aborda metafóricamente valiéndose de un lenguaje relacionado con la enfermedad física, mientras que la segunda cláusula se refiere directamente a la cuestión del "pecado", que ha sido el tema central no solo de esta perícopa (τελῶναι καὶ ἁμαρτωλοί) sino también de la anterior (ἐξουσία ἀφιέναι ἁμαρτίας). La misión de Jesús, al igual que el bautismo de Juan, tiene que ver con el ἄφεσις ἁμαρτιῶν. En el resto del Evangelio este tema no se pondrá de manifiesto de manera explícita, pero quedó tan claramente establecido desde el principio que es posible esperar que el lector lo tenga en cuenta a la hora de interpretar las declaraciones posteriores del propósito de Jesús, en particular el λύτρον ἀντὶ πολλῶν de 10:45 y las palabras acerca del derramamiento vicario de la sangre en 14:24.

Plutarco cita la imagen similar a la del v. 17a que usó el exiliado rey espartano Pausanias cuando se le preguntó por qué se había marchado de Esparta para ir a Tegea a pesar de la buena opinión que tenía de los espartanos: οὐδ᾽ οἱ ἰατροὶ παρὰ τοῖς ὑγιαίνουσιν ὅπου δὲ οἱ νοσοῦντες διατρίβειν εἰώθασιν, "no es costumbre de los médicos emplear su tiempo con los sanos, sino donde las personas están enfermas" (*Apophth. Lacon.* 230F); hay también ejemplos griegos de la comparación de un filósofo con un médico, como por ejemplo, el dicho de Diógenes de que así como el médico tiene que estar entre los enfermos, el sabio también tiene que mezclarse con los tontos (Dion Crisóstomo, *Orat.* 8.5). Es una metáfora natural, y según señalamos ya (véase el comentario sobre el v. 5), la enfermedad física y el pecado se encuentran estrechamente relacionados también en el pensamiento bíblico. El "proverbio" de Jesús, por tanto, defiende la compañía de las personas con las que se rodea en base a la necesidad espiritual que por su misión debe atender. Es ridículo imaginar que un doctor se niegue a reunirse con sus pacientes; de igual manera, debe esperarse que cualquier "sanador" eficaz se ensucie las manos.

La declaración que sigue plantea la misma idea. No está claro quiénes son los δίκαιοι. El término suele interpretarse de manera irónica cuando se usa para referirse a los críticos de Jesús como aquellos que, a sus propios ojos, son δίκαιοι (y por ende, no tienen necesidad de su ministerio). Resultaría sin duda difícil basarse en las tradiciones del Evangelio para sustentar la idea de que en realidad existe un tipo de δίκαιοι para los que el llamamiento de Jesús es irrelevante, y entonces, habría un patrón dual de salvación, según el cual algunos son salvos por su propia δικαιοσύνη mientras que otros tienen necesidad del εὐαγγέλιον proclamado en 1:15. Si nos dedicamos a buscar una identidad para los δίκαιοι es porque no hemos entendido la idea central de la oración con su forma antitética. Si la tomamos literalmente, la expresión parece dejar a los δίκαιοι fuera del alcance de la preocupación de Jesús, pero algunas de declaraciones antitéticas como Oseas 6:6 se interpretan correctamente como expresiones de prioridad y no de exclusión.[28] Al expresar la prioridad de los ἁμαρτωλοί Jesús los contrasta con sus hipotéticos contrarios, pero la antítesis no nos invita a identificar a los verdaderos δίκαιοι, ya sea de aquel tiempo o de ahora, al igual que la otra afirmación donde también aparece el verbo ἦλθον en 10:45 nos invita a considerar quienes no están incluidos en los πολλοί.

El uso de καλέω nos lleva a preguntarnos: —"¿Llamados a qué?". En el contexto de una comida, podría significar "invitar", y por esa razón, Mann interpreta esto como una referencia a la lista de invitados para el banquete mesiánico; pero dado que Jesús no es el anfitrión en esta comida en casa de Leví, la referencia resultaría confuso en el entorno narrativo. El único uso anterior del verbo en el Evangelio (1:20) se refiere a un llamamiento al discipulado de tiempo completo, pero es muy difícil que ese pudiera ser el sentido aquí porque no todos los que estaban en casa de Leví iban a unirse al grupo itinerante. En Pablo, el verbo καλέω es más bien un término técnico que alude a la acción inicial de Dios para salvar a las personas, pero ese no es el uso que se ha previsto en Marcos, ni tampoco el que se le da en el resto del Evangelio. El contexto más obvio es el κήρυγμα de Jesús en 1:14-15, en el que se le hace un "llamado" a las personas en general para que se arrepientan y crean en las buenas nuevas, del mismo modo que Juan las había "llamado" antes a recibir el bautismo de arrepentimiento para el perdón de pecados. En este contexto, y haciendo hincapié en el pecado y el perdón que, según hemos señalado, son fundamentales en esta perícopa y en la anterior, la interpretación más probable de καλέσαι es la que Lucas menciona explícitamente en esta coyuntura, καλέσαι εἰς μετάνοιαν. En ese caso, ni Marcos ni Lucas apoyan el osado argumento de E. P. Sanders, *Jesus*, 174-211, de que el delito de Jesús a los ojos de los líderes religiosos no consistía en que él llamaba a los pecadores a *arrepentirse* (a lo que nadie podía oponerse), sino que él les pedía que se unieran a su movimiento *sin arrepentimiento* (y sin la restitución debida y/o el sacrificio que implicaba el arrepentimiento). Sanders sin duda tiene razón al decir que nadie podía oponerse al arrepentimiento de los pecadores; pero lo que ellos consideraban inaceptable era el incumplimiento del convenio social y religioso al que esa misión conducía a Jesús. Hasta ese punto ellos defendían la preservación del status quo, mientras que la determinación de Jesús de proclamar las buenas nuevas del perdón donde fuera necesario, y crear así una nueva comunidad de perdonados, lo hacía entrar en conflicto con ellos.

---

28. Con respecto a la expresión idiomática, véase H. Kruse, *VT* 4 (1954) 385-400. Otros ejemplos incluyen Gn. 45:8; Éx. 16:8; 1Sa. 8:17; Jer. 7:22-23; Mr. 9:37; Jn. 12:44.

Lo antiguo y lo nuevo en la observancia religiosa (2:18-22)

NOTAS TEXTUALES

22. Todas las lecturas expresan la misma idea, de la pérdida (destrucción) del vino y los odres. La mayor parte de las lecturas son, al parecer, una mejora estilística de la lectura B, con su sujeto dividido, y su uso (al igual que D AL) de ἀπόλλυμι en vez del verbo más natural ἐκχέω para el vino; y a la vez tienen por objeto armonizar el pasaje con los textos de Mateo y Lucas.

22. La ausencia de un verbo en la cláusula final dio lugar, en forma natural, a adiciones correctivas, para armonizar el texto con el de Mateo (βάλλουσιν) o con el de Lucas (βλητέον). La omisión de la cláusula completa en D AL es una corrección aunque más drástica y también tiene por objeto producir un equilibrio más simétrico con la estructura del v. 21. Es poco probable que la lectura inarmónica de ℵ* B se haya añadido después que los otros textos sinópticos se encontraban en circulación.

Esta es una historia nueva sin una relación explícita ni en tiempo ni espacio con el incidente anterior, aunque sí existe, una continuidad significativa en la ubicación que Marcos hace de la misma aquí. La historia anterior tenía que ver con un banquete; esta trata acerca del ayuno. Un movimiento religioso que no estaba dispuesto a permitir que ningún convencionalismo de los escribas obstaculizara la bienvenida de los τελῶναι καὶ ἁμαρτωλοί no es probable que aceptara una disciplina de ayuno que iba más allá de lo que los judíos normales consideraban necesario, y que, por ese motivo, excluiría a aquellos por quienes Jesús había "venido". El tema se aborda mediante otra referencia a un banquete gozoso en la parábola del esposo. El movimiento de Jesús se caracterizaba por su carácter festivo más que por la solemnidad, y era eso lo que a algunos observadores les resultaba difícil de aceptar.

En este caso la objeción no es en referencia a una acción o dicho de Jesús que ellos consideran impropio, pero a la falla de los discípulos de conformarse a la práctica de ciertos grupos judíos (los discípulos de Juan y de los fariseos) con respecto al ayuno. Su práctica del ayuno no era un asunto de obediencia a explícitas directrices en el AT, y según se entiende, por el hecho de que se lo menciona específicamente como la práctica de *ellos*, no se esperaba de todos los judíos. Esto es, entonces, una cuestión de mérito relativo de diferentes (y quizás en competencia) movimientos de renovación dentro del judaísmo, y el reto expresa una afirmación encubierta de la superioridad del fervor religioso de parte de esos otros grupos. El movimiento de Jesús no toma las observancias religiosas con la seriedad debida.

Aunque el fracaso al que se hace referencia corre por cuenta de los μαθηταί de Jesús (considerados ahora como una unidad con una clara identidad grupal), la pregunta va dirigida al propio Jesús. Presuponen, con razón, que por ser el maestro del grupo, él es quien gobierna su conducta, y por ende, es responsable de ellos. En respuesta, Jesús se niega a competir en el plano de la observancia religiosa, y declara, en cambio, que sus discípulos representan una nueva perspectiva vital que sustituye los patrones tradicionales de la religión (incluso en sus formas recientemente reveladas). La venida del reino de Dios es un tiempo gozoso y festivo, y ese es el contexto en el que viven los discípulos, aunque una sombría nota marginal en el v. 20 indica que el tono festivo no es toda la verdad con respecto al movimiento de Jesús.

La índole de la misión de Jesús, por tanto, demuestra ser diferente de la de otros esfuerzos por dotar de una nueva vida al compromiso religioso judío. El propio movimiento iniciado por Juan el Bautista, que hasta aquí se presentó en una luz positiva como el principio de la obra que Jesús habrá de continuar (y que seguirá interpretándose de la misma manera: 6:14-16; 8:28; 11:29-33) no pertenece por sí solo a la misma categoría del movimiento de Jesús que, tal como había predicho Juan, había tomado su lugar y había alcanzado un nuevo nivel de cumplimiento.

No hay nada en las palabras de los vv. 21-22 que los relacione directamente con el tema del ayuno.[29] Su estilo epigramático podría haberse aplicado a muchos aspectos del contraste entre lo antiguo y lo nuevo que provocaba el ministerio de Jesús. Sin embargo, su ubicación en este lugar es muy acertada por cuanto ambos ponen de relieve el sentido de novedad radical que expresó el v. 19, y además, porque con su presencia aquí, en medio de la sucesión de historias de conflicto, sintetizan gráficamente la esencia del contraste entre el κήρυγμα de Jesús y las normas existentes de la vida religiosa judía, incluso en sus formas más progresivas. La tela rasgada y los odres rotos muestran con más eficacia que muchos argumentos proposicionales por qué había que ver a Jesús como una fuerza destructiva y no simplemente como un entusiasta inofensivo.

18 Aunque el movimiento bautizador de Juan había estado ubicado en el valle del Jordán al sur, Jesús, al parecer, no era el único galileo que se había sentido atraído por su predicación. Si bien algunos de los seguidores de Juan se unieron a Jesús (Jn. 1:35-42), otros siguieron fieles a la enseñanza de Juan aún después de su encarcelamiento (cf. 6:29; Mt. 11:2-3) y se mantuvieron como un grupo religioso aparte por muchos años (Hch. 18:25; 19:1-7).[30] Los "discípulos" a los que se hace referencia aquí, parecen habían preferido regresar a la vida normal en Galilea en vez de seguir en una comunidad del desierto en el área donde Juan bautizaba.[31] Al ser un grupo de "renovación" no es raro que, al igual que los fariseos, adoptaran un código de observancia religiosa más exigente que el que seguía la mayoría de los judíos en esa época. El único ayuno regular prescrito en la ley del AT es el del día de expiación,

---

29. Dichos análogos a estos aparecen, en orden inverso, en el *Ev. Tom.* 47, sin ningún contexto narrativo, y relacionados con otros dichos acerca de la incompatibilidad.

30. Véase C. H. H. Scobie, *John*, 187-202, con respecto a la continuidad de la "secta bautista".

31. Véase J. E. Taylor, *John*, 28, 209; cf. 102-6 con respecto a lo que implicaba ser μαθητής de Juan.

pero Zacarías 8:19 indica que hacia el período postexílico se habían agregado cuatro ayunos anuales, y Ester 9:31 añade uno más. Otras referencias al ayuno en el AT presentan esa práctica como una elección individual y no como la obediencia a un patrón establecido (Lc. 2:37 muestra un ejemplo de este ayuno voluntario en el período del NT). La religión farisaica, sin embargo, había ido mucho más allá de las exigencias del AT, y el ayuno dos veces por semana que se menciona en Lucas 18:12 refleja la práctica de al menos algunos fariseos en los días de Jesús (cf. *Did.* 8:1; *b. Taʾan.* 12a).[32] Es probable que lo que se lee aquí tenga que ver con cierta disciplina de ayuno periódico, y que los discípulos de Juan, siguiendo el estilo de vida ascético de su maestro (Mt. 11:18), hubieran adoptado la práctica farisaica.[33] El hecho de que era obvio que un grupo ayunaba y el otro no ofrece un comentario interesante sobre la advertencia de Jesús con respecto al ayuno "visible" en Mateo 6:16-18; ¿cómo lo sabían?

Los objetores no son identificados. Por el hecho de que hacen referencia a los discípulos de Juan y de los fariseos[34] en tercera persona, debemos suponer que los sujetos de ἔρχονται καὶ λέγουσιν son un "ellos" indefinido, no el grupo de los que ayunan. La pregunta no tiene por qué interpretarse forzosamente hostil, sino más bien como la expresión del interés de un extraño por las diversas prácticas de los distintos grupos. Pero en la pregunta "¿por qué no?" tal vez sí debería intuirse un tono de desafío, o quizás de reproche.

19   La respuesta de Jesús no constituye un rechazo del ayuno; de hecho, el v. 20 presupone que sus discípulos *ayunarán* (con respecto a la continuación de la práctica del ayuno en el movimiento cristiano, véase Mt. 6:16-18; Hch. 13:2-3; 14:23). Lo que en realidad Jesús dice es que ese no es el momento adecuado para que lo hagan. Al igual que en el v. 17 se emplea una situación de la vida cotidiana para mostrar la improcedencia de la (supuesta) objeción, y una pregunta que solo permite una respuesta (de ahí el adverbio inicial μή) se ve reforzada por una afirmación directa de lo que todos darían por sentado en el caso de una fiesta de bodas. Las bodas son ocasiones para festejar, no para ayunar.

---

32. En cuanto a la importancia del ayuno en el judaísmo después del período veterotestamentario, véase J. Behm, *TDNT*, 4.929-31.

33. Sin embargo, Belo supone que esta era una ocasión especial: "Los discípulos de Juan [...] se habían reunido con los fariseos para ayunar, probablemente para pedirle a Dios que rescatara a Juan". Esto, pues, le agrega un detalle más a la metáfora del esposo: el "esposo" de ellos les había sido "quitado".

34. La mención de los "discípulos de los fariseos" no es usual (aunque cf. Mt. 22:16) puesto que no hay ninguna prueba de la existencia de ese grupo; un individuo era fariseo o no lo era. Pero la expresión resulta natural con respecto a los miembros del grupo farisaico cuando estos se mencionan paralelamente a los discípulos de Juan. J. E. Taylor, *John*, 208, opina que la frase se refiere a los que trataban de vivir según las normas farisaicas "aunque ellos mismos no se tuvieran necesariamente por verdaderos fariseos". Véase también J. W. Bowker, *Pharisees*, 38-40; K. H. Rengstorf, *TDNT*, 4.443.

El efecto de la respuesta dependía, por supuesto, de que los oyentes estuvieran dispuestos a conceder que la situación en la que se hallaban los discípulos de Jesús era realmente análoga a la de los invitados a la boda (o "amigos especiales del novio"; la expresión semítica admite ambos significados, y el punto de comparación de la analogía no gira en torno a su identificación), y que Jesús era semejante a un esposo. En Mateo 22:1-14; 25:1-13 (cf. Ap. 19:7-9) la entrada en el reino de Dios se compara con la admisión a una fiesta de bodas, y el cuarto Evangelio usa la imaginería del esposo y su amigo para expresar el gozo de Juan con la venida de Jesús (Jn. 3:29).[35] La imaginería de la boda insinúa la idea de un nuevo comienzo, y del establecimiento de una nueva relación con el pueblo de Dios, y sobre todo transmite el gozo y la euforia de esta nueva situación. Pero aquí no se hace hincapié en la boda sino en el novio (al igual que en Jn. 3:29), es decir, en Jesús (la única identificación convincente del esposo "presente") que es la fuente del gozo. Este lugar central en el drama del nuevo comienzo sugiere un papel mesiánico para Jesús, aun cuando el novio no era, hasta donde sabemos, una imagen que se usara para referirse al Mesías. Este versículo, pues, podría interpretarse correctamente como una afirmación mesiánica velada. De hecho, la elección de la metáfora resulta tal vez aún más osada a la luz de la frecuente descripción veterotestamentaria de Yahvé como el esposo de Israel y del uso de la imaginería relativa al matrimonio con respecto a su relación escatológica con su pueblo redimido (Is. 61:10; 62:4-5; Os. 2:14-20).

Cabría poner en duda cuánto de este simbolismo podría esperarse que reconocieran y aceptaran los que interrogaron a Jesús. Pero en el plano más elemental de que una boda es una celebración gozosa, y por ende, no es una ocasión para ayunar, se les pidió que reconocieran algo excepcional y emocionante en el ministerio de Jesús, y los relatos hasta aquí acerca del entusiasmo popular sugieren que esta idea no les habría resultado difícil de comprender. Pero las frases ἐν ᾧ y ὅσον χρόνον advierten que esta ocasión de celebración no durará para siempre.[36]

20 A menudo se supone (siguiendo la opinión más antigua de que la alegoría representa una interpretación posterior de la iglesia y no forma parte del método parabólico de Jesús) que este versículo (y normalmente el v. 19b) es una "metáfora" que se añadió posteriormente a lo que había dicho Jesús sobre el esposo, tal vez con el objeto de legitimar la práctica del ayuno

---

35. B. Lindars, *NTS* 16 (1969/70) 324-29, considera que Jn. 3:29 era originalmente una parábola de Jesús, estrechamente paralela a Mr. 2:18-19.

36. J. E. Taylor, *John* 206-7, discrepa de esta "interpretación habitual" alegando que Mt. 6:16-18 indica que durante el ministerio de Jesús se esperaba que sus discípulos ayunaran. Taylor sugiere que el esposo aquí no constituye una metáfora específicamente mesiánica y que el período de celebración no es todo el ministerio de Jesús, sino que a lo que se hace referencia es a una visita específica a una ciudad determinada en la que su llegada se celebró con una fiesta en un momento en el que debía observarse uno de los ayunos farisaicos. La visita de Jesús a la ciudad justificó la suspensión del ayuno; después de su partida, volverían a ayunar como costumbre.

en la iglesia después de la resurrección de Jesús, pero también para dar un aviso anticipado del tema de la cruz que ocupará el lugar preponderante en la narración a partir de 8:31. Pero las palabras del v. 19, como vimos anteriormente, incluyen ya una nota de advertencia al informar que la celebración durará solo mientras el esposo esté presente. El versículo 20, por tanto, es la continuación natural del mismo dicho, y desde un punto de vista literario debe considerarse auténtico. El tema de la habilidad de Jesús para prever que sería "quitado" (ἀπαρθῇ sugiere fuerza y no causas naturales, y la intención de Jesús sin duda era referirse a su muerte violenta)[37] no está, por supuesto, limitado a este versículo. Si las predicciones de la pasión de 8:31ss. se aceptan como una parte auténtica de la tradición, no hay ningún motivo para dudar este versículo por razones dogmáticas. Su carácter más velado resulta adecuado dentro del esquema del Evangelio de Marcos para el período anterior a Cesarea de Filipo. En este versículo, pues, Jesús afirma que así como Juan el Bautista había sido violentamente "quitado" (de ahí que *sus* discípulos estuvieran dispuestos a ayunar), así mismo ocurrirá con él.[38] No se indica cómo y cuándo exactamente ayunarán los discípulos ἐν ἐκείνῃ τῇ ἡμέρᾳ. Aun si se considerara que el verbo ἀπαρθῇ alude específicamente a la cruz, sería excesivamente literal interpretar que la frase ἐκείνη ἡ ἡμέρα se refiere solo al viernes santo, y por ende, como una justificación para ayunar los viernes.[39] La frase se refiere más generalmente a una época futura en la que el entusiasmo inmediato del ministerio de Jesús dará paso a una forma más estable de discipulado en la que el ayuno ocupará el lugar que le corresponde. Esta nota de continuidad que extiende sus ojos más allá del ministerio de Jesús y contempla la "era de la iglesia" que le seguirá, aunque se atribuye con frecuencia a la racionalización posterior a la resurrección, es coherente con las medidas que Jesús tomará a lo largo del Evangelio con el fin de preparar a sus discípulos para continuar la existencia de la misión y de la comunidad. La idea de que la visión de Jesús con respecto al futuro del movimiento que él comenzó se limitaba a una consumación inmediata en la "venida del Hijo del Hombre" dentro de la generación presente en aquel momento se analizará más adelante (véanse los comentarios sobre 9:1; 13; 14:62).

21 Las dos breves "parábolas" de los vv. 21 y 22 poseen una estructura muy semejante (exceptuando la pequeña ampliación en el v. 22c), y ambas ilustran la necedad que supone tratar de contener lo nuevo dentro de los

---

37. *Ev. Tom.* 104 ofrece una versión de este dicho sin el matiz de una remoción violenta —"cuando el esposo salga de la cámara nupcial, entonces ayunarán y orarán".

38. Taylor, Cranfield y Mann, en consonancia con Lohmeyer, sugieren que el enigmático verbo ἀπαρθῇ alude al doble uso de αἴρω en Is. 53:8, y por tanto, indica la muerte del siervo de Yahvé. Pero la alusión no resulta obvia: el verbo se usa con frecuencia, y en Is. 53:8 no aparece el verbo compuesto sino la forma simple; además, el sujeto de αἴρω no es en realidad el siervo sino su κρίσις y su ζωή.

39. Así, p. ej., Haenchen, Schweizer, Pesch, y sobre todo H.-W. Kuhn, *Sammlungen*, 63-71. Guelich analiza provechosamente el asunto.

límites de lo viejo.[40] En el lugar que ocupan en el Evangelio de Marcos aquí, se aplican a la novedad del mensaje radical de Jesús acerca del reino de Dios, y su incompatibilidad con las formas existentes de la religión y la sociedad, tal como ya se hace patente en la historia de Marcos por medio de los conflictos cada vez más seguidos que Jesús está teniendo con los representantes del status quo a causa de su ministerio. Ambas parábolas hablan no solo de la incompatibilidad, sino de las consecuencias destructivas que tiene cualquier esfuerzo por amoldarse a lo viejo.[41] Un ῥάκος ἄγναφον es una tela que no ha sido procesada por el batanero. La limpió y la cepilló para quitarle el aceite natural y la goma y la blanqueó dejándola lista para ser usada en la fabricación de prendas de vestir, con lo cual, la tela se encogió, pero como todavía no había sido "estirada", podía volver a encogerse cuando se lavara; de ahí el efecto desastroso que produciría cuando se usara como un remiendo en un vestido viejo (que, por supuesto, ya estaba encogido).[42] Εἰ δὲ μή, después de una declaración negativa, cumple la misma función que "pero si lo hace" o "de otro modo". Αἴρω es un verbo transitivo, por tanto, debemos considerar que tiene un complemento ("algo") (BAGD 24b). La frase τὸ καινὸν τοῦ παλαιοῦ, mal ubicada después de αἴρει τὸ πλήρωμα ἀπ' αὐτοῦ, debe tomarse como una adición aclaratoria que también depende del verbo αἴρει y especifica el significado de τὸ πλήρωμα y de αὐτόν (ἱμάτιον παλαιόν) para indicar cuál es la aplicación de la parábola.[43] La cláusula entera, pues, expresa lo siguiente: "El remiendo quita algo del *vestido*, lo nuevo de lo viejo", una forma bastante torpe de decir que el remiendo de paño nuevo tira del vestido viejo, produciendo una rotura peor que la que tenía originalmente. El uso poco habitual de πλήρωμα para "remiendo", en lugar de repetir ἐπίβλημα, podría tener por objeto comunicar la idea de la "plenitud" del Evangelio en relación con la situación anterior (así Belo), pero es más probable que se trate de una variación estilística.

40. J. B. Muddiman en J. Dupont (ed.), *Jésus aux Origines de la Christologie*, 271-81, sugiere que las parábolas no son paralelas, sino contrastantes: la primera representa el ministerio de Juan el Bautista, como el "batanero" que trata de renovar la antigua religión por medio de un régimen penitencial, la segunda representa la renovación gozosa que anunció Jesús y que deja atrás el ayuno. La primera es una parábola de reducción, la segunda de expansión.

41. A. Kee, *NovT* 12 (1970) 13-21, se opone al término "incompatibilidad": tanto el vestido viejo como el odre viejo se consideran objetos que vale la pena preservar; "viejo" no significa "malo" ni "obsoleto". La imaginería en sí es menos importante, según esta teoría, que la advertencia sobre el peligro de pérdida a causa de una acción inadecuada o irreflexiva, y el mensaje es un llamado al arrepentimiento para que no se pierda todo. P. Trudinger, *BTB* 5 (1975) 311-15, concuerda en que lo viejo es valioso, y que el tema no es la "incompatibilidad", pero rechaza el planteamiento de Kee con respecto al arrepentimiento, y en la combinación adecuada de lo nuevo con lo viejo descubre una enseñanza acerca del discipulado y las relaciones de la iglesia.

42. *Ev. Tom.* 47 curiosamente invierte la imaginería: 'No se cose remiendo viejo en ropa nueva'.

43. N. Turner, *Grammar*, 209 n. 1, prefiere la lectura de A W, que pone ἀπ' αὐτοῦ antes de τὸ πλήρωμα; y traduce la oración resultante como "el remiendo nuevo quita algo de él, es decir, algo de lo viejo".

22   Los ἀσκούς se hacían de cuero. Al principio eran suaves y flexibles, pero con el uso continuo se deterioraban y se hacían frágiles y quebradizos. Cuando se utilizaban para guardar οἶνος νέος[44] eran propensos a romperse bajo la presión de la fermentación (la primera etapa de la fermentación tenía lugar en una tina, pero después de colar las lías el vino se colocaba en receptáculos o en odres para completar el proceso).[45] Si la última cláusula ἀλλὰ οἶνον νέον εἰς ἀσκοὺς καινούς se toma como una simple instrucción para los fabricantes de vino, lo que dice es tan obvio que resulta prácticamente insustancial, pero su forma epigramática sugiere que se trata más bien de un lema para guiar a los que han entendido el significado de la parábola a reflexionar sobre las implicaciones del evangelio.

El vino nuevo (y el paño nuevo) sin duda representa la enseñanza de Jesús y la nueva vitalidad que experimentan los que por medio de él encuentran el reino de Dios. Los odres viejos y el vestido viejo son, en el contexto narrativo, las estructuras de la tradición religiosa vigente, representada sobre todo por los fariseos y las enseñanzas de sus escribas, en lo tocante a la teología (el perdón de pecados) o a la práctica (pureza al compartir la mesa; el ayuno). Los esfuerzos por contener a Jesús con estas limitaciones han sido en vano, y sus seguidores deben estar dispuestos a liberarse. Sin embargo, sería un error confinar la relevancia de estas parábolas solamente a los enfrentamientos de Jesús con los escribas y a los temas específicos planteados en estos capítulos. El principio es más amplio puesto que puede aplicarse tanto a la influencia restrictiva de las tradiciones cristianas como al contexto del judaísmo del siglo I.

"Señor del día de reposo" (2:23–3:6)

NOTA TEXTUAL

2:26. La omisión de ἐπὶ Ἀβιαθὰρ (τοῦ) ἀρχιερέως en D W AL si es una corrección obvia para armonizar el texto con el de Mateo y Lucas y para eliminar la vergüenza de un error histórico.

Aunque 2:23-28 y 3:1-6 son obviamente dos perícopas distintas, aparecen unidas en la tradición sinóptica por cuanto ambas abordan el mismo tema, a saber, la actitud de Jesús con respecto a la ley del descanso sabático, y al

---

44. P. Trudinger, *BTB* 5 (1975) 311-15, alega que los odres se usaban muchas veces; el peligro consistía en volver a usarlos sin humedecer previamente el cuero.

45. *Ev. Tom.* 47 añade lo contrario: "y el vino viejo no se echa en un odre nuevo, para que este no lo estropee". Suponiendo que el primer pronombre ["este"] se refiere al vino y el segundo ["lo"] al odre, este comentario parece extraño después de la oración anterior que declara que el vino nuevo es mejor que el viejo.

parecer, es más adecuado considerarlas juntas aquí. El último versículo (3:6), que le pone fin a la historia de la sanación que tuvo lugar en la sinagoga, también subraya el efecto acumulativo de las declaraciones radicales de Jesús en las dos perícopas del día de reposo, y de manera más general, de sus palabras y acciones polémicas a lo largo de esta sección del Evangelio. Lo que comenzó como aprensiones calladas por parte de los escribas se ha convertido en un plan formulado para eliminar a Jesús como una amenaza para los intereses religiosos (fariseos) y políticos (herodianos). Está claro que la clase dirigente ve ahora a Jesús y sus seguidores como un movimiento nuevo y subversivo.

La observancia del día de reposo era una de las principales características distintivas de los judíos como pueblo de Dios (el día de reposo y la circuncisión eran los dos "insignias" más obvias), y por tanto, se promovía y defendía con un celo que iba más allá de un simple fervor piadoso. Era una cuestión de orgullo nacional. Los judíos devotos que se opusieron a las demandas de Antíoco Epífanes originalmente se mostraron dispuestos a morir antes que profanar el día de reposo luchando en defensa propia, aunque algunos consejos posteriores más pragmáticos prevalecieron (1Mac. 2:29-41). El *Libro de los Jubileos*, escrito aproximadamente en el mismo período, promueve con entusiasmo el día de reposo (que incluso Dios mismo y los ángeles observaron en el cielo antes que se conociera en la tierra: *Jub.* 2:18, 30), y a continuación, exige la pena de muerte para los que lo quebranten (*Jub.* 50:8, 13; cf. Éx. 31:14-15).

Aunque todos los judíos consensuaban el principio de la observancia del día de reposo, surgieron problemas en cuanto a cómo se traducía en la práctica. El AT ofrecía los principios positivos de que el día debía ser santo (y prescribía sacrificios especiales), y que debía ser un período de descanso, junto con el corolario negativo de que no debía realizarse ninguna obra en él. Pero la discusión se centraba precisamente en este aspecto negativo. ¿Qué se entendía por "obra"? Aunque el AT contiene varias ilustraciones de las prohibiciones para el día de reposo (Éx. 16:22-30; 34:21; 35:2-3; Nm. 15:32-36; Neh. 10:31; 13:15-22; Jer. 17:21-22), estas no bastan para definir en forma contundente que se considera "obra", y por tanto, muy pronto se hizo necesaria una definición más completa. El *Libro de los Jubileos* concluye con una lista más detallada de prohibiciones para ese día (*Jub.* 50:6-13), y otra lista diferente aparece en el *Documento de Damasco* de Qumrán (CD 10:14–11:18). El proceso de definición continuó dentro de la corriente dominante del judaísmo, y los fariseos desarrollaron el tema hasta convertirlo en una adenda exuberante de la jurisprudencia halájica, que finalmente se codificó en la Mishná; aunque la codificación detallada tuvo lugar a finales del siglo II, no hay ninguna razón para dudar de que su material representa esencialmente la interpretación de la ley del día de reposo que ya había sido aceptada (al menos por los fariseos) a principios del siglo I. La intención era no dejar ningún cabo suelto, y con ese fin, legislar sobre cada circunstancia concreta para impedir que los fieles pudieran quebrantar en algún momento la prohibición de trabajar en el día de reposo. El lugar central lo ocupa la lista de treinta y nueve acciones prohibidas en *m.*

Šab. 7:2[46] (que incluyen "cosechar", de ahí la objeción en 2:24), pero estas, a su vez, están elaboradas en función de situaciones y eventualidades específicas. La última de las treinta y nueve muestra una prohibición particularmente amplia: "no llevar nada de un lugar a otro". El resultado de esto fue el extenso tratado de la Mishná llamado Šabbāt (junto con otro casi tan extenso llamado 'Erubin, que ofrece formas elaboradas para atenuar algunas de las restricciones sabáticas más inconvenientes). El quebrantamiento deliberado del día de reposo sigue siendo una ofensa capital (*m. Sanh.* 7:4).[47]Es en este contexto que debemos entender los conflictos que surgieron entre Jesús y los fariseos sobre el día de reposo. Había sin duda lugar para la discusión y para la explicación de la halajá sobre el día de reposo; de hecho, la discusión todavía continuaba dentro del fariseísmo (por no mencionar las interpretaciones más rigurosas de Qumrán). El problema, al parecer, era que Jesús no discutía, sino que simplemente dejaba de lado el conjunto completo de prohibiciones acerca del día de reposo con generalizaciones que aparentemente hacían innecesaria cualquier discusión. No hay nada que indique que Jesús rechazara la ley del día de reposo como tal o que cuestionara que el día de reposo había sido planeado como un día en el que no se debía trabajar. Pero su opinión en cuanto a lo que era o no era lícito no coincidía con la interpretación vigente, y sin embargo, la reafirmó con tal seguridad soberana que cuestionó drásticamente el tema de la autoridad halájica.

En 2:23-28 se aborda directamente ese tema: la autoridad de David para desestimar una prohibición de la ley se toma como base de la aprobación de Jesús de la acción "poco ortodoxa" de sus discípulos, y la declaración final de que κύριός ἐστιν ὁ υἱὸς τοῦ ἀνθρώπου καὶ τοῦ σαββάτου convierte deliberadamente el asunto en un tema de su autoridad personal. Pero cada perícopa también contiene una declaración general en términos positivos con respecto al propósito del día de reposo que respira una atmósfera distinta a la de la regulación halájica: τὸ σάββατον διὰ τὸν ἄνθρωπον ἐγένετο, καὶ οὐχ ὁ ἄνθρωπος διὰ τὸ σάββατον (2:27); ἔξεστιν τοῖς σάββασιν ἀγαθὸν ποιῆσαι ἢ κακοποιῆσαι; (3:4). Aunque algunos pudieran oponerse en teoría a la noción de que el sábado existe para beneficio de las personas (a fin de cuentas, se dice en repetidas ocasiones que es un día de gozo) y que debe dedicarse a "hacer el bien", si hacemos de esos principios la base para decidir qué es y qué no es lícito pondríamos en peligro todo el proceso halájico.

23 Con respecto a la construcción καὶ ἐγένετο [...] παραπορεύεσθαι, véase el comentario sobre el v. 15. El escenario tal vez deberíamos imaginarlo todavía cerca de Capernaúm, a juzgar por el regreso a la sinagoga (3:1) y a la orilla del lago (3:7). El término σπόριμα podría referirse probablemente a sembrados de trigo o de cebada, la cual estaría madura en abril o mayo mientras que el trigo algunas semanas después. La estación, pues, corresponde

---

46. Hay una lista diferente de quince acciones prohibidas en *m. Beṣah 5:2*.

47. Para un examen conveniente de las reglas para la observancia del día de reposo, véase Schürer, 2.467-75.

al comienzo del verano, pero son tan escasos los indicios de un orden cronológico en el Evangelio de Marcos que no podemos usar este hecho como base para una cronología del ministerio de Jesús (cf. el uso que a veces se hace de la frase χλωρὸς χόρτος en 6:39 para indicar otra estación de primavera). La expresión ὁδὸν ποιεῖν τίλλοντες resulta extraña porque lo que suele tomarse como idea dominante en el pasaje es el hecho de arrancar las espigas y no el recorrido a pie. La interpretación del participio como subordinado sugeriría la ridícula idea de que ellos arrancaban espigas para abrirse camino entre los sembrados, lo cual no solo sería ineficaz, sino que también excedería lo permitido en Deuteronomio 23:25, a saber, "podrás arrancar espigas con tu mano; mas no aplicarás hoz a la mies de tu prójimo" (para la legislación de la *peah* que probablemente está detrás de esta disposición, véase Lv. 19:9-10; 23:22).[48] Presumiblemente Marcos quiere decir que, de acuerdo con lo que permitía la ley, ellos arrancaban espigas a medida que andaban, pero la expresión resulta torpe.[49]

24 Lo que se objeta, al igual que en el v. 18, no es lo que Jesús hace sino la conducta de los discípulos que, supuestamente, cuenta con su aprobación.[50] Los objetores allí no están identificados, pero aquí, donde se trata de una observancia del día de reposo, son sin duda los fariseos que señalan un incumplimiento de las normas acordadas. No objetan el hecho de arrancar las espigas de trigo de otra persona, para lo cual había disposiciones explícitas en la ley, sino que esta acción estaba incluida en el conjunto de las obras que se prohibían en el día de reposo, presumiblemente como cosechar (aunque la adición por parte de Lucas de ψώχοντες ταῖς χερσίν también sugiere otra de los treinta y nueve acciones prohibidas, a saber, trillar); en Éxodo 34:21 se prohibía expresamente cosechar en el día de reposo. Es, por supuesto, posible que la extraña expresión de Marcos ἤρξαντο ὁδὸν ποιεῖν τίλλοντες (véase el comentario sobre el v. 23) tuviera por objeto centrar la atención en la distancia que se proponían caminar y no en el hecho de "cosechar", y que lo que se objetara fuera, por tanto, que los discípulos estaban sobrepasando la distancia

---

48. Véase M. Case, *So urces*, 140-43 para las regulaciones de la *peah* y la manera en que se reflejan en esta narración.

49. Se ha sugiere a veces que ὁδὸν ποιεῖν es un latinismo, procedente de *iter facere*; pero esto no explica el cambio extraño del infinitivo y el participio. J. M. Derrett, *Studies*, 1.87-95, propone que la intención de Marcos es hacernos pensar que los discípulos estaban reafirmando el estatus real de Jesús con la "creación deliberada de un camino" para que él pasara entre los sembrados de otra persona, como más tarde la ley judía permitió que el rey hiciera (*m. Sanh.* 2:4); lo hicieron en el día de reposo para llegar a su destino por un atajo, y evitar así sobrepasar la distancia que se permitía caminar durante el descanso sabático. Si la intención de Marcos era esa, lo expresó de manera muy oscura, porque τίλλοντες τοὺς στάχυας, más que destruir las plantas, sería un modo muy raro de crear un camino. También resulta imaginativa la sugerencia de H. C. Waetjen, *Reordering*, 93, de que mientras que Jesús "sigue escrupulosamente un camino", los discípulos "están pisoteando el trigo aparentemente para lograr una cosecha mayor".

50. D. Daube, *NTS* 19 (1972/3) 1-15, ofrece algunas reflexiones interesantes con respecto a las "Responsabilidades del maestro y los discípulos".

que se permitía caminar en el día de reposo (poco más de un kilómetro), pero en ese caso cabría esperar que hubieran incluido también a Jesús en la acusación; y por otra parte, eso haría que la mención de los sembrados y la cosecha de las espigas de trigo estuviera de más. Los fariseos no especifican de qué manera estaban quebrantando las regulaciones del día de reposo, y Jesús tampoco dice nada al respecto.

25 Para responder, Jesús recurre a la Escritura y propone un precedente para hacer, y autorizar a otros que hagan, ὅ οὐκ ἔξεστιν. Para un uso similar de οὐκ ἀνέγνωτε (es decir, la Escritura) en una controversia con los líderes religiosos cf. 12:10, 26; más allá de las normas de la halajá posterior, la autoridad de la Escritura supuestamente tiene la primacía, y Jesús, en un estilo bien rabínico,[51] presenta un texto bíblico opuesto (1Sa. 21:1-6).

La pertinencia del texto para el tema específico que se ha planteado no resulta inmediatamente obvia (salvo por la relación que guarda con una infracción anterior de la ley, que difícilmente podría constituir una justificación para otra infracción). David actuó así ὅτε χρείαν ἔσχεν καὶ ἐπείνασεν, pero Marcos (a diferencia de Mateo) no hace referencia a ninguna necesidad concreta en el caso de Jesús y sus discípulos. Además, ni en el relato que aparece en 1 Samuel 21 ni en el resumen de Jesús se lee que David hiciera eso en un día de reposo, aunque esto podría deducirse razonablemente por la mención en 1 Samuel 21:6 de la remoción y el remplazo del pan, que era uno de los deberes del día de reposo (Lv. 24:8). La naturaleza de lo "ilícito" en el caso de David, al comer tanto él como sus hombres del alimento sagrado reservado para el uso de los sacerdotes, no podía compararse directamente con lo que estaban haciendo los discípulos de Jesús. El problema no consiste, de todas formas, en determinar si la acción específica podía o no podía declararse ilegítima; sino, tal como se pondrá claramente de relieve en los vv. 27-28, si Jesús tenía autoridad para desestimar los convenios acordados en su calidad de κύριος τοῦ σαββάτου. El propósito principal de la alusión bíblica, por tanto, no era señalar lo que hizo David sino, más bien, que fue David quien lo hizo, y que la Escritura daba testimonio de su acción, a pesar de su ilegalidad, con obvia aprobación. La lógica del argumento de Jesús, por tanto, implica una atribución velada de una autoridad personal al menos tan grande como la de David. Mateo interpreta claramente la perícopa de esa manera, e incluye un argumento análogo con respecto a "la profanación del día de reposo" por parte de los sacerdotes mientras cumplen sus deberes en el templo, alegando que τοῦ ἱεροῦ μεῖζόν ἐστιν ὧδε (Mt. 12:6; cf. la fórmula similar en 12:41, 42). La lógica del argumento acerca de David insinúa la expresión comparativa análoga

---

51. Aunque el estilo normal de los rabinos consistía en citar textos opuestos, D. Cohn-Sherbok, *JSNT* 2, señaló que el argumento de Jesús, según los criterios probatorios rabínicos, no es válido; en particular, porque una hagadá como 1Sa. 21:1-6 no podía utilizarse para establecer una halajá (cf. D. Daube, *The NT*, 67-71). Cohn-Sherbok sugiere que el uso indebido por parte de Jesús de la forma de argumentación rabínica provocó la hostilidad de los fariseos.

τοῦ Δαυὶδ μεῖζόν ἐστιν ὧδε, y el argumento en Marcos, que tiene su punto culminante en el v. 28, se entiende mejor en este sentido. La doble mención de los compañeros de David que participan también de esta acción (aun cuando la historia en 1Sa. 21 deja margen para cuestionar si los compañeros de David no son más que una ficción conveniente creada por él) también resulta pertinente para el presente contexto, porque ofrece un precedente para el principio de que la acción de los discípulos (que ya fue objetada) está respaldada por la autoridad personal de su líder.

26 En 1 Samuel 21:1-9 no dice explícitamente que David entró en la οἶκος τοῦ θεοῦ (un santuario en Nob, donde tal vez se hallaba temporalmente el tabernáculo), ni tampoco dice que él fue a un lugar que un laico no debía visitar. Pero su llegada preocupó al sacerdote, y la historia entera gira en torno a la invalidación un tanto displicente de los escrúpulos del sacerdote. Por tanto, la inclusión por parte de Marcos de la cláusula εἰσῆλθεν εἰς τὸν οἶκον τοῦ θεοῦ indica quizás la irregularidad de la situación que describe el relato veterotestamentario. Sin embargo, el nombre del sacerdote no concuerda; en 1 Samuel 21:1-9 se le llama Ahimelec, que era el padre del Ἀβιαθάρ que ocupa un lugar destacado en la historia subsiguiente de David. Aparentemente, había cierta confusión con respecto a estos nombres, porque Abiatar suele mencionarse como un sacerdote de David junto con Sadoc, pero las listas en 2 Samuel 8:17; 1 Crónicas 24:6 hacen referencia a 'Ahimelec hijo de Abiatar' como un sacerdote junto con Sadoc. Marcos, al parecer, tiene esa misma confusión; Abiatar supuestamente estaba allí en ese momento (cf. 1 Samuel 22:20 para su huida posterior de Nob), pero todavía no era ἀρχιερεύς.[52] Con respecto a las regulaciones para el pan de la proposición véanse Éxodo 25:30; Levítico 24:5-9.

27 La ausencia de este versículo en Mateo y Lucas resulta enigmática. ¿Consideraron acaso que sus implicaciones eran demasiado amplias y radicales para la autoridad halájica, un esbozo precoz de "ética situacional"? La expresión οὐχ ὁ ἄνθρωπος διὰ τὸ σάββατον podría interpretarse sin duda como un rechazo literal de toda obligación a observar las restricciones del día de reposo y tomarla, por tanto, como una declaración extremadamente radical, en conflicto

---

52. A veces se apela a interpretaciones alternativas de ἐπί con el genitivo en interés de la precisión histórica; se ha traducido como "durante la vida de", dando a entender en este caso "durante la vida de Abiatar [que posteriormente adquirió notoriedad como] sumo sacerdote", pero esto no es normal cuando se alude al titular de un cargo (cf. Lc. 3:2; Hch. 11:28, donde se hace referencia al ejercicio del cargo de los hombres que se mencionan y no a la duración de su vida); en otras ocasiones se ha apelado al uso de la preposición en 12:26, ἐπὶ τοῦ βάτου, "en el pasaje acerca de la zarza", pero no es obvio en qué sentido podría considerarse que 1Sa. 21:1-9 forma parte de una sección de la Escritura titulada "El sumo sacerdote Abiatar". Cabe suponer razonablemente que de no haber sido por el problema histórico, nadie habría cuestionado el significado obvio, "cuando Abiatar era sumo sacerdote". M. Casey, *Sources*, 151, sugiere que el griego de Marcos se deriva de un original arameo que él reformula como "en los días de Abiatar —un gran/sumo sacerdote" (139): la versión aramea se refería a su vida, pero el griego de Marcos hizo que se refiriera, por error, a su período en el cargo ("un error normal en un bilingüe").

directo con un principio fundamental de la ley y de la mentalidad judía. Pero aquí, al igual que en la antítesis similar del v. 17, existe el riesgo de interpretar la negación como una exclusión absoluta, cuando la expresión en general, con sus dos componentes equilibradores, es en realidad una declaración de prioridad y no una presentación de opciones mutuamente excluyentes.

¿Estaban Mateo y Lucas, más bien, en contra de su matiz antropocéntrico en razón de la interpretación veterotestamentaria de que el día de reposo procedía del patrón de la propia actividad de Dios (Éx. 20:11) y de la formulación posterior que lo presentaba como una ordenanza celestial anterior (*Jub.* 2:18, 30)? Pero si se considera que ἐγένετο denota propósito y no origen histórico, el v. 27a cuenta con un buen respaldo veterotestamentario, por cuanto el descanso sabático es para el beneficio de los trabajadores (Dt. 5:14-15), y no se presenta como una carga sino como una bendición, un "deleite" (Is. 58:13), que es un enfoque que preservó el judaísmo posterior (*b.* Šab. 119a; *b. Pes.* 68b; cf. E. Lohse, *TDNT*, 7.15-16), y que aún mantiene. Cuando el elemento negativo sobrepasa al positivo, como ha ocurrido repetidamente con respecto a la observancia del domingo cristiano y del día de reposo judío, se pierde algo importante. Este sentido de prioridad es el que busca promover el epigrama de Jesús en general. Si se entiende de esta manera, no está en contra de la ley del día de reposo ni en desacuerdo con ninguna de las corrientes del pensamiento judío, tal como indica el dicho rabínico citado en *Mek. Ex.* 31:14; *b. Yom.* 85b: "El día de reposo es para ti [Israel], y no tú para el día de reposo".

28 Para el significado de ὁ υἱὸς τοῦ ἀνθρώπου véase el comentario sobre v. 10. Aquí, incluso con más fuerza que allí, se ha abogado por un sentido genérico, porque en el versículo anterior no solo se hizo referencia al ἄνθρωπος en términos generales, sino que también se declaró la prioridad de los intereses del ἄνθρωπος en relación con la observancia del día de reposo. Afirmar que el ἄνθρωπος en general es κύριος τοῦ σαββάτου podría parecer una conclusión lógica y coherente con el punto de vista rabínico que se acabó de citar de que "el sábado te fue entregado a ti". Sin embargo, hay una diferencia entre esa formulación del v. 27 y la soberanía implícita en el término κύριος, y cabe preguntarse si los rabinos o el propio Jesús habrían estado dispuestos a declarar al ser humano en general como κύριος de una institución que el AT describe como propiedad exclusiva de Yahvé (véase más adelante). Además, el día de reposo se le dio específicamente a Israel, no a todas las personas en general.

Pero de cualquier forma, el problema que se plantea aquí es el mismo de 2:10, es decir, que Marcos y sus lectores vivían en un contexto cristiano en el que la expresión ὁ υἱὸς τοῦ ἀνθρώπου (singular; compararlo con 3:28) podía interpretarse de una sola manera, a saber, como un título de Jesús; incluso si el dicho original hubiera tenido un significado genérico, es inconcebible que Marcos pretendiera, o esperara, que sus lectores le atribuyeran a la frase otro sentido en este caso. Esto es aún más obvio cuando se analiza el dicho en el contexto de toda la perícopa, que no se centra en los derechos de la humanidad en general, sino en lo que *Jesús* les permite hacer a sus discípulos, y la autoridad que lo asiste para ello. El argumento de la acción de David, según se sugirió anteriormente, no es que lo que David hizo cualquiera podía hacerlo, sino que lo que David pudo hacer por cuanto era David, constituyó un precedente válido para la autoridad de alguien que era mayor que él. Por tanto, es precisamente por su condición de Hijo del Hombre que Jesús (y no cualquier otro) es κύριος καὶ τοῦ σαββάτου.[53] No cabe duda de que es así como Mateo y Lucas interpretaron el dicho, porque ninguno de ellos antepone la expresión τὸ σάββατον διὰ τὸν ἄνθρωπον ἐγένετο, y en Mateo el argumento a favor de la autoridad exclusiva del Hijo del Hombre se deriva directamente de la presencia de alguien que es τοῦ ἱεροῦ μεῖζον. Podemos conjeturar si el dicho tuvo su origen en un contexto que permitía que se entendiera genéricamente; pero su significado en el texto de Marcos es claramente cristológico.

La expresión κύριος τοῦ σαββάτου no se presenta como una frase hecha, y mucho menos como un título reconocido; si ese "título" se hubiera usado, cabe suponer que hubiera sido con referencia a Yahvé, quien decretó la observancia del día de reposo y en cuyo honor se observaba; obsérvense las frases veterotestamentarias "día de reposo de/para Yahvé" (Éx. 16:25; 20:10; Dt. 5:14), 'mis días de reposo' (Éx. 31:13; Lv. 19:3, 30; Ez. 20:12-13, etc.). Aquí, en cambio, el concepto supone una nueva escalada en la ἐξουσία exclusiva ejercida por Jesús, quien se va revelando progresivamente como κύριος en su enseñanza y en su acción, en relación con los poderes espirituales y la enfermedad física, en la declaración del perdón de pecados y ahora incluso (καί) en relación con la más sagrada de las instituciones divinas, el día de reposo. Los desafíos cristológicos difícilmente podrían alcanzar un tono mayor. Una vez más, el "secreto mesiánico" se tensa hasta el límite.

Esta es la primera vez que se usa el sustantivo κύριος en Marcos (salvo para referirse al nombre divino cuando se cita la LXX, 1:3). Las contadas veces que aparece en Marcos suele usarse con referencia a Dios, y los únicos lugares donde tal vez podría interpretarse como un título cristológico son 11:3 (poco probable; véase el comentario ad loc.) y 12:35-37, donde aparece en un análisis "académico" sobre el mesianismo. Aquí no se emplea como un título, sino con el significado léxico normal de alguien que posee una autoridad superior.

3:1 El segundo incidente que tuvo lugar en un día de reposo no está inherentemente relacionado con el primero, pero la secuencia narrativa nos permite suponer que Jesús y sus discípulos regresaron de su polémico recorrido por los sembrados fuera de la ciudad para asistir a los oficios de la sinagoga de ese mismo día de reposo. En ese caso, y dando por cierto que los

---

53. Guelich hace hincapié en la conjunción ὥστε que le da inicio al v. 28, y afirma categóricamente que la fuerza de este versículo procede del v. 27, y no de la primera parte de la perícopa. Cabría preguntarnos si es preciso buscar ese vínculo estrecho lógico, pero tal vez pueda encontrarse en el uso del sustantivo ἄνθρωπος en ambos dichos: si el día de reposo existe para el beneficio de ὁ ἄνθρωπος, su uso podría regularlo de la manera adecuada aquel que, en su condición de ὁ υἱὸς τοῦ ἀνθρώπου, representa a la humanidad y actúa en su lugar, y más particularmente a Israel, la nación a la que se le dio la ley del día de reposo.

mismos fariseos que habían objetado la acción de los discípulos también se encontraban en la sinagoga, la atmósfera ya estaba cargada, y la "observación cautelosa" a la que está sometido Jesús (παρετήρουν, v. 2) carece de un interés neutral, sino que, tal como se pondrá claramente de relieve en el resto de la narración, denota un deseo hostil de buscar más pruebas acerca de la postura poco ortodoxa de Jesús con respecto al sábado. El enojo de Jesús (v. 5), por tanto, no se debe a este incidente en particular, sino que es acumulativo.

Es bien posible que se trata nuevamente de la sinagoga en Capernaúm: el adverbio πάλιν invita a pensar así, y desde 2:1 no hay nada que indique un cambio en el centro de operaciones de Jesús. Esa congregación ya había presenciado una manifestación extraordinaria de la ἐξουσία de Jesús, no solo en cuanto a su enseñanza sino también en la manera en que había controlado un demonio (1:21-28). Ese incidente, junto con las sanaciones que le siguieron tras haber concluido el día de reposo en (1:29-34) y el famoso incidente con el paralítico (2:1-12), prepararon el terreno para esperar una nueva manifestación de poder —y del desinterés de Jesús por las regulaciones del descanso sabático. El incidente anterior en la sinagoga también había tenido lugar, por supuesto, en un día de reposo (1:21), pero el problema de la ley del descanso sabático todavía no había surgido, tal vez porque el hecho de darle una orden a un demonio no se consideraba una "obra" como sí ocurría con una sanación física, pero también porque la cuestión de la ortodoxia de Jesús en este respecto no era todavía objeto de controversia. Ahora sí lo es, y en esta perícopa la sanación física como tal es eclipsada por el tema de la observancia del día de reposo.

Se emplean palabras similares a las de 1:23 para presentar al posible paciente, pero si bien fue el demonio en aquel caso el que tomó la iniciativa con el desafío verbal que le dirigió a Jesús, aquí es Jesús el que aparentemente toma la iniciativa al dirigirse al hombre del v. 3. Dado que una χεὶρ ἐξηραμμένη era supuestamente una afección crónica (¿paralizada como resultado de una poliomielitis o de una apoplejía? cf. 1Re. 13:4),[1] no está claro por qué este hombre fue elegido de manera especial en esta ocasión, ni por qué debía esperarse que Jesús lo sanara en el día de reposo, pero, de algún modo, Jesús y los fariseos reconocieron que se trataba de un caso para poner a prueba la práctica del descanso sabático por parte de Jesús.

2 El verbo παρετήρουν no tiene ningún sujeto expreso (como en 2:18), pero la perícopa anterior, y la especificación de que eran Φαρισαῖοι los que salieron para tomar consejo con los Ἡρῳδιανοί (véase el comentario sobre el v. 6) contra Jesús, indica que el centro de la atención hostil era farisaico, aunque no cabe duda de que toda la congregación era consciente de la tensión

---

1. Véase, no obstante, M. Casey, *Sources*, 176-78, con respecto a la opinión de que no debía pensarse que se trataba de una afección "normalmente incurable", sino de una condición que cabía esperar que curara un sanador tradicional, y por tanto, el incidente no llama la atención sobre ningún poder milagroso de Jesús, sino solamente sobre el hecho de si lo sanaría en el día de reposo.

de la situación. Después del enfrentamiento en los sembrados, los fariseos eran los que buscaban ansiosamente una ocasión ἵνα κατηγορήσωσιν αὐτοῦ.

La idea de que sanar en el día de reposo era una acción culpable cuenta con un claro respaldo en la literatura rabínica. Aunque la sanación no se menciona en las listas de actos prohibidos que aparecen en *m. Šab. 7:2*; *m. Beṣah 5:2* (a fin de cuentas, no forma parte de las acciones normales de la mayoría de las personas), no se afirma pero se supone que es un acto prohibido, salvo cuando existe alguna razón para pensar que la vida de la persona está en peligro y por tanto, el aplazamiento de la sanación hasta el día siguiente constituiría un riesgo de muerte. *M. Yom.* 8:6 sintetiza el principio de la siguiente manera: "Si un hombre tiene un dolor de garganta puede verter la medicina en su boca en el día de reposo porque su vida podría estar en peligro, y cuando exista la duda de que su vida esté en peligro, esto prevalece sobre el día de reposo". La asistencia en el parto también se permitía, porque se suponía que eso no podía esperar (*m. Šab. 18:3*). Véase además E. Lohse, *TDNT*, 7.14-15; Str-B, 1.623-29. Pero una mano paralizada difícilmente podía catalogarse como una amenaza a la vida. En todo caso, tal como ya reconocía el comentario de la Mishná sobre la ley del descanso sabático (y el v. 2 presupone que era así), el hecho de que Jesús sanara a este hombre en el día de reposo constituiría una violación deliberada del código aprobado.

3 En el mandato ἔγειρε εἰς τὸ μέσον observamos de nuevo cuán parcial es el tema del secretismo en el Evangelio de Marcos. No hay ningún intento de privacidad, ningún aplazamiento de la sanación hasta una ocasión menos pública en la que no se hubiera planteado el tema de la observancia del día de reposo. Jesús está decidido a forzar la situación mediante la exhibición pública de su poder sanador y de su estatus como κύριος τοῦ σαββάτου.

4 En el pasaje paralelo de Mateo (12:11-12) y en otras dos ocasiones en Lucas en las que salió a relucir el tema de la sanación en el día de reposo (Lc. 13:15; 14:5), el argumento de Jesús se basa en el principio aceptado por los fariseos (pero no en Qumrán, CD 11:13-14) de que el alivio del sufrimiento animal puede permitirse, dentro de ciertos límites, en el día de reposo, ¿cuánto más entonces el sufrimiento humano? En Marcos no se emplea este argumento analógico, sino simplemente la declaración general del principio, bajo la forma de una pregunta retórica (con la intención tal vez de repetir la opción deuteronómica esencial, "vida y bien", "muerte y mal", Dt. 30:15), de que ἀγαθὸν ποιῆσαι y ψυχὴν σῶσαι son permisibles en el día de reposo. Existe, como ocurre a menudo en los dichos de Jesús, un elemento de exageración para resaltar lo que en realidad es importante: demorar un solo día la sanidad no sería sin duda κακοποιῆσαι, y mucho menos ἀποκτεῖναι. Al igual que en 2:17, 27 el aspecto negativo funciona como un contraste para destacar el aspecto positivo: el día de reposo debe dedicarse a hacer el bien, especialmente a aliviar el sufrimiento. Se da por sentado que este fin positivo invalida las definiciones de "obra" que la ingeniosidad de los escribas había elaborado. Junto con el principio enunciado en 2:27 (τὸ σάββατον διὰ τὸν ἄνθρωπον ἐγένετο), este versículo le otorga un enfoque positivo a la observancia del día de reposo que, en principio, es tan elástico que resultará difícil descartar cualquier acto que en sí mismo no sea inaceptable. No le deja, sin duda, ningún margen a la iniciativa rabínica de construir una cerca alrededor de la ley del reposo sabático.

El silencio de los críticos de Jesús podría atribuirse simplemente a su reticencia a enredarse en una discusión improductiva, pero también, al igual que en 11:33, a la forma astuta de la pregunta de Jesús: una respuesta afirmativa por parte de ellos socavaría todos sus planteamientos con respecto al día de reposo y la base de sus objeciones a Jesús, pero una respuesta negativa no solo sería imposible en sí misma (¿quién podría estar a favor de κακοποιῆσαι ἢ ἀποκτεῖναι, ya fuera en el día de reposo o cualquier otro día?), sino que tampoco es probable que obtuviera la aprobación de la congregación en general. (Resulta irónico que la perícopa termine, de hecho, con la referencia a una trama que urden estos objetores, presumiblemente también en el día de reposo, para quitarle la vida, v. 6).

5 En cuanto a la mención de dos sentimientos de Jesús, cf. 1:41, 43. Aquí también Marcos es el único que incluye esta nota en la historia. Sin embargo, en esta ocasión existe una causa comprensible para el enojo de Jesús, y por tanto, ninguno de los MSS da señales de desconcierto omitiendo o alterando la frase μετ᾽ ὀργῆς, como sí ocurrió con ὀργισθείς en 1:41. De hecho, Marcos pasa a exponer claramente la razón alegando la πώρωσις τῆς καρδίας αὐτῶν. Esta frase es casi una expresión fija que se usa en el NT con respecto a los que no pueden o no quieren percibir la verdad, y más comúnmente con referencia a la incapacidad de Israel para reconocer a Jesús como su Mesías (Ro. 11:7, 25; 2Co. 3:14; Jn. 12:40, citando Is. 6:10), pero Marcos la emplea en otras dos ocasiones para describir la incapacidad de los discípulos para comprender la importancia de los milagros de Jesús (6:52; 8:17). Si el καρδία, que es la sede del discernimiento mental y de la percepción espiritual, se endurece (el verbo πωρόω se deriva de la solidificación de minerales para formar roca o de tejido óseo para formar una callosidad) no puede funcionar correctamente y es incapaz de aceptar nuevos conocimientos. Los críticos de Jesús son "obstinados", y su insensibilidad (o "obcecada estupidez", Mann) lo hiere (συλλυπούμενος) y lo enoja.[2] La propia curación, pues, es narrada brevemente en forma de una petición y una respuesta para que parezca casi superficial. Como curación no era más notable que las demás que ya se han narrado; la situación fue la que hizo que valiera la pena mencionarla. Podría resultar significativo que no se haga referencia a ningún toque ni a ningún otro gesto, sino solo a una palabra; si se trataba de una "obra", no fue para nada física.

---

2. Schweizer, sin embargo, le da a συλλυπέω aquí el sentido de "simpatizar con", y por tanto, traduce "Jesús se enojó cuando miró a su alrededor, pero a la vez se compadeció de ellos por ser tan obstinados y estar tan equivocados". De forma semejante, Stock habla de "un dolor piadoso por los hombres que ya no podían regocijarse por las muestras de la bondad de Dios para con sus criaturas".

6 Los Φαρισαῖοι han aparecido en cada una las tres historias anteriores acerca de conflictos (2:16, 18, 24), y la suposición de que eran ellos los que también estaban vigilando las acciones de Jesús en la sinagoga ἵνα κατηγορήσωσιν αὐτοῦ (v. 2) se ve confirmada aquí por su salida (de la sinagoga, según cabe suponer) para hacer planes contra él. Pero su relación con los Ἡρῳδιανοί sí es inesperada. Los dos grupos aparecerán de nuevo relacionados en 12:13 y también con intenciones hostiles hacia Jesús. El término griego Ἡρῳδιανός obedece a una forma latina estándar que se usa para referirse a los partidarios o seguidores de una figura destacada (otros ejemplos de la forma en griego son Καισαριανός, Χριστιανός); Josefo emplea términos similares, οἱ Ἡρῴδειοι (*Guerras* 1.319), οἱ τὰ Ἡρῴδου φρονοῦντες (*Ant.* 14.451) para referirse a los que apoyaban a Herodes el Grande, pero en la Galilea de esa época deben haber sido seguidores de Herodes Antipas. La sorpresa que a veces ocasionaba la combinación de lo que, al parecer, eran intereses religiosos (Φαρισαῖοι) con intereses políticos (Ἡρῳδιανοί) depende de una ideología muy moderna que separa la religión de la política. La familia herodiana controló la designación de los sumos sacerdotes antes del año 6 d.C. y con posterioridad al año 37 d.C.; dado que la mayoría de los elegidos para ese cargo procedían de la casa de Boethus (a diferencia de los saduceos que ejercieron el cargo bajo el patrocinio directo de Roma durante los años 6-37 d.C.), se ha sugerido de manera convincente que los Ἡρῳδιανοί eran en realidad los boetusianos.[3] De ser así, sus intereses religiosos no eran ciertamente los mismos que de los fariseos, pero la cooperación de los unos con los otros para silenciar a un reformador religioso radical no resulta más sorprendente que la de las distintas facciones del sanedrín en la detención y el juicio de Jesús (véase el comentario sobre 8:31). Es preciso recordar también que será su líder Antipas el que ejecute a Juan, el predecesor de Jesús (6:17-28), un acto en el que Jesús ve un presagio de su propio destino (9:12-13).[4]No es necesario tomar demasiado estrictamente la expresión συμβούλιον ἐδίδουν (un modismo único que la mayoría de los MSS sustituyen por el término más familiar ποιέω) e interpretarla como "urdir un plan", es decir, elaborar una estrategia, para llevar a Jesús a juicio y condenarlo a muerte; la narración posterior no sugiere nada tan definido por el momento, sino más bien, como medidas de última hora que adoptaron las autoridades de Jerusalén durante la última pascua (14:1-2, 10-11) a raíz de una nueva resolución para "destruir" a Jesús en 11:18. Lo que tenemos aquí es un acuerdo, en principio, de que hay

---

3. Para un análisis completo que apoya este punto de vista, véase H. Hoehner, *Herod*, 331-42. B. D. Chilton, *JSNT* 14 (1982) 104, identifica a los herodianos con el Bene Batira, un grupo de maestros rabínicos cuyo "lugar destacado en la administración del templo los convirtió en una fuerza poderosa en Jerusalén y más allá de sus límites como principales partidarios del asentamiento herodiano". Véase también N. Hillyer, *DNTT*, 3.441-43.

4. Ante la falta de otras referencias a los Ἡρῳδιανοί, W. J. Bennett, *NovT* 17 (1975) 9-14, sugiere que no existía ningún grupo con ese nombre, sino que Marcos los inventó para relacionar el destino de Jesús con el Juan el Bautista.

que oponerse a Jesús y, cuando llegue el momento, silenciarlo. Si el acuerdo es que él está profanando deliberadamente el sábado, el castigo que corresponde es la pena de muerte (Éx. 31:14-15; *m. Sanh.* 7:4). De esta forma el lector tiene la posibilidad de darle más solidez a la declaración enigmática de Jesús con respecto a la "remoción" del esposo (2:20) y prever más concretamente las dos reacciones contrastantes con relación a Jesús que constituirán la trama de la narración y el discurso de los capítulos 3–4, el regocijo de los invitados a las bodas y la conspiración de los que están decididos a "destruir" al esposo.

AMPLIO RECONOCIMIENTO DE LA AUTORIDAD DE JESÚS PARA SANAR (3:7-12)

NOTA TEXTUAL

7-8. Esta oración larga y compleja les causó problemas a los copistas, y las lecturas mencionadas representan diversas maneras de interpretarla o de simplificarla. Las dificultades se derivan de la repetición de la frase πολὺ πλῆθος en todos los códices salvo W, unas cuantas versiones de AL y si; y de los dos verbos que describen la respuesta, ἠκολούθησεν (-ησαν; -οὖν) (omitido por D ƒ OL) y ἦλθον πρὸς αὐτόν, dejando varias opciones para agrupar las seis ubicaciones geográficas a las que se hace referencia como el lugar de origen de las multitudes. Las distintas permutaciones apenas influyen en el sentido de la oración. Sin embargo, una variación que sí resulta significativa es la omisión de καὶ ἀπὸ τῆς Ἰδουμαίας en ℵ* W Θ ƒ etc., como resultado tal vez del desconocimiento de esa región o de la desaprobación por parte de los adeptos de esta fuente (véase el comentario ad loc.), pero es más probable que se haya debido a un descuido mientras se mencionaban otras ubicaciones que comienzan con la letra I (por ello, Θ y ƒ omiten Ἰουδαίας en el v. 7 y la mencionan en lugar de Ἰδουμαίας) o a una asimilación al texto de Mateo en el que no se hace referencia a Idumea.

Esta es la más larga de las sinopsis sobre el impacto que causaba el ministerio de Jesús. No se deriva directamente de su contexto inmediato (a diferencia de 1:32-34, 39) pero sí es una visión general relativamente independiente que podría haberse intercalado casi en cualquier lugar de la narración galilea. En la posición que ocupa (1) constituye un contraste con la sensación creciente de oposición y conflicto por cuanto nos recuerda que Jesús sigue siendo una figura abrumadoramente popular; (2) complementa el rango de diversas reacciones ante el ministerio de Jesús que Marcos está acumulando como preparación para el análisis del tema en el capítulo 4; (3) proporciona el contexto para la elección de doce seguidores como compañeros especiales de Jesús en contraste con la multitud más grande de devotos.[5] Aquí, al igual que en el otro largo resumen

---

5. Véase L. E. Keck, *JBL* 84 (1965) 342-45, para un argumento de que esta perícopa no es, como se ha sugerido a menudo, la introducción a una nueva sección del Evangelio, sino más bien la

que aparecerá en 6:53-56, la narración hace hincapié exclusivamente en las obras milagrosas de Jesús (ὅσα ἐποίει, v. 8) como la base de su popularidad, y no en su enseñanza, que, desde el punto de vista de Marcos, según vimos ya, es un componente esencial, por no decir el más importante, del ministerio total de Jesús en Galilea. El ministerio de Jesús no ha cambiado: en 4:1-2 volveremos a verlo enseñando a una multitud grande y entusiasta. Pero Marcos es lo bastante realista para reconocer que lo que motivaba a las multitudes a venir desde tan lejos era principalmente la esperanza de recibir liberación física y espiritual. No los movía el interés puro y desinteresado de escuchar el mensaje del reino de Dios, sino de presenciar y beneficiarse de su poder de sanar (v. 10) y exorcizar (vv. 11-12).

7-8 La orilla del lago fue el escenario del llamamiento de los primeros discípulos (1:16; 2:13) y un lugar propicio para la enseñanza pública (2:13) y seguirá siéndolo en 4:1-2. A diferencia de la sinagoga (3:1-6) ofrece un área neutral en la que Jesús puede obrar con libertad, sin las restricciones que imponían las limitaciones del espacio y la desaprobación oficial. El verbo ἀναχωρέω de Marcos podría transmitir este sentido de "retirada estratégica", como ocurre con su uso más frecuente en Mateo (4:12; 12:15; 14:13; 15:21, en cada caso para huir de la oposición y el peligro); por eso, Belo traduce "se refugiaron junto al mar". Pero al ser esta la única vez que Marcos utiliza este verbo, es difícil de asegurar; podría también connotar la idea de alejarse de las multitudes, aunque en ese caso, el esfuerzo resultó sorprendentemente fallido.

Marcos emplea πλῆθος solamente en estos dos versículos; modificado por el adjetivo πολύ es un término más radical que el sustantivo más común ὄχλος. Los verbos que siguen a esos nombres colectivos están normalmente en singular en Marcos, pero el sentido a veces prevalece sobre la gramática estricta, de ahí el plural ἀκούοντες [...] ἦλθον en el v. 8. Muchos MSS han convertido el verbo ἠκολούθησεν en un plural para eliminar esta anomalía, pero ese mismo fenómeno aparecerá en 4:1, donde ὄχλος regirá los verbos tanto en singular como en plural.[6] El uso de dos verbos, ἠκολούθησεν y ἦλθον πρὸς αὐτόν tiene como objeto separar la multitud de los galileos (que ya estaban presentes para "seguirlo") de los que venían de regiones más distantes (que tienen primeramente que "llegarse a él"). La diferencia de los verbos refleja la ubicación geográfica de ambos grupos y no el nivel de compromiso de cada uno.

El área geográfica que se indica sorprende por su amplitud puesto que Marcos hasta ahora no había hecho mención de ningún impacto fuera de Galilea (1:28). Judea y Jerusalén serían una extensión natural, especialmente en

---

conclusión de la primera sección principal que, en opinión de Keck, comenzó en 1:16. Al parecer, es más satisfactorio considerar que se trata de un pasaje puente.

6. ὄχλος adopta un verbo en plural también en 9:15, y los verbos y los pronombres en las cláusulas dependientes que hacen referencia a ὄχλος aparecen siempre en plural en Marcos; véanse más adelante las págs. 165-66 y n. 34.

razón del interés que ya había despertado en esas áreas la predicación de Juan el Bautista (1:5), pero las demás regiones resultan más llamativas. Ἰδουμαία no se menciona en ningún otro lugar del NT. Aunque la LXX usa ese nombre para referirse a Edom, hacia el siglo I se aplicó al área al sur de Judea (el Neguev), que había sido colonizada por los edomitas procedentes del Arabá, a quienes los macabeos forzaron a aceptar el judaísmo. Políticamente eran en esta época parte de Judea, pero los judíos consideraban su población, en el mejor de los casos, como parcialmente judía (de ahí la cierta impopularidad de la familia de Herodes, descendiente de Antípatro el idumeo). Πέραν τοῦ Ἰορδάνου probablemente se refiere a Perea (Josefo utiliza el mismo término para Perea, *Ant.* 12.222), que junto con Galilea constituía el territorio de Antipas; Perea era judía (a diferencia de la Decápolis helenística que ocupaba la mayor parte de la Transjordania septentrional). Περὶ Τύρον καὶ Σιδῶνα denota el área fenicia al norte de Galilea, que Jesús visitará en 7:24; desde el punto de vista judío, esta región era pagana, un territorio gentil, aunque mantenía una estrecha relación con Galilea y probablemente tenía una población judía significativa. La lista geográfica de Marcos es, pues, una mezcla extraña. Excluye de manera manifiesta, como cabría esperar, las áreas de Samaria y Decápolis, que los judíos patriotas la veían como una zona vedada, pero incluye junto con las áreas reconocidas de la población judía no solo a Idumea (que tal vez era más aceptable que Samaria) sino también el territorio oficialmente no judío de Fenicia. La lista muestra hasta dónde se había difundido la reputación de Jesús, pero probablemente no ofrece ninguna base firme para un análisis demográfico de las primeras fases del movimiento de Jesús.

9 Marcos suele emplear la conjunción ἵνα para introducir una orden indirecta (cf. v. 12; 5:18, 43; 6:8, 12, 25, 56, etc.). La presión de la multitud ya ha sido un tema recurrente (1:45; 2:2-4). En 4:1-2 se explicará por qué se usaba una barca como púlpito móvil (allí y en todos los demás lugares Marcos utilizará el sustantivo πλοῖον, pero el diminutivo πλοιάριον aquí aparentemente se refiere a la misma barca pequeña de pesca; los diminutivos son frecuentes en Marcos y, por lo general, no indican nada especial; véase Taylor, 44-45). En este caso, donde no se menciona la enseñanza, el propósito de la πλοιάριον resulta inexplicable; al parecer, no es más que una vía temporal para escapar físicamente de la multitud, ἵνα μὴ θλίβωσιν αὐτόν, puesto que la sanidad en el v. 10 presupone un contacto físico. La barca, pues, "está disponible para" Jesús, lista para cuando la necesite. Aunque no se indica que la barca en cuestión fuera la de los discípulos, esto es una suposición natural, y en ese caso se nos ofrece una idea interesante con respecto al llamamiento de Simón y de los otros pescadores: el hecho de que "abandonaran" su medio de vida (1:18, 20) aparentemente no los dejó sin acceso a una barca, y las frecuentes referencias a los viajes en barca del grupo de los discípulos de ahora en adelante reforzarán esta idea.[7] Los μαθηταί, considerados hasta ahora como simples acompañantes

---

7. Loa capítulos 4–8 mencionan seis viajes en barca a través del lago e indican específica-

de Jesús, cumplen aquí un propósito práctico al ocuparse de las necesidades físicas del maestro.

10 A las muchas necesidades físicas (cf. 1:34) se le añade ahora la esperanza popular de que por el simple hecho de tocar a Jesús serán curados. Marcos no nos dice aquí si esas curaciones se efectuaron realmente, pero en 6:56 sí lo hace, y en 5:25-34 encontraremos la historia de una curación por medio de un toque sin que hubiera sido necesario atraer previamente la atención de Jesús. Para una perspectiva "mágica" similar de la sanación, véanse Hechos 5:15-16; 19:11-12, y para un precedente veterotestamentario, 2 Reyes 13:21. El resultado se expresa vívidamente en el relato de Marcos acerca de las personas que "caían sobre" Jesús con tal de tocarlo, lo cual le confiere mayor fuerza al temor mencionado en el v. 9, μὴ θλίβωσιν αὐτόν. Es posible que el sustantivo μάστιξ ('azote') se utilizara originalmente para referirse a las afecciones físicas cuando estas se consideraban aflicciones o castigos impuestos por Dios, pero ahora se ha convertido en un término genérico para cualquier tipo de dolencia (cf. 5:29, 34; Lc. 7:21).

11 La posesión demoníaca aquí se separa nuevamente de la enfermedad, y el enfrentamiento es entre Jesús y los εύματα ἀκάθαρτα, los "posesos" permanecen pasivos salvo cuando los demonios usan sus voces (¿es por eso que se usa λέγοντες en vez de λέγοντα?) y sus cuerpos expresan sumisión (προσέπιπτον). Marcos no dice expresamente que Jesús expulsó a los demonios, pero sin duda se sobrentiende. La idea central, sin embargo, gira en torno al reconocimiento de Jesús por parte de ellos en el homenaje instintivo que le tributan como a una autoridad superior (προσπίπτω; ¿se trata acaso de un contraste deliberado con la conducta menos reverente de los que estaban enfermos físicamente, ἐπιπίπτω, v. 10?), y sobre todo, en su declaración explícita de Jesús como ὁ υἱὸς τοῦ θεοῦ. Este título tiene más peso cristológico que ὁ ἅγιος τοῦ θεοῦ (1:24), y se detallará aún más con la adición de τοῦ ὑψίστου en el resto de la confesión demoníaca en 5:7. Esta verdad suprema sobre Jesús, la más alta confesión cristológica del Evangelio de Marcos, ya había sido formulada por Dios mismo en 1:11, y se les repetirá a los tres discípulos escogidos en 9:7, pero para las demás personas permanecerá oculta hasta que salga a la luz en el juicio de Jesús (14:61-62), y sea percibida por el centurión al pie de la cruz (15:39). Pero aunque la comprensión humana todavía no esté preparada para esta revelación, los demonios conocen muy bien el estatus y la identidad de aquel a quien instintivamente reconocen como su superior.

12 Con respecto al verbo ἐπιτιμάω, véase el comentario sobre 1:25; para la orden que se les da a los demonios de guardar silencio, véanse los comentarios sobre 1:25, 34, y para el lugar que ocupa esa orden en todo lo que tiene que ver con el "secreto mesiánico", véase el comentario sobre 8:30 más

---

mente el momento de la partida y de la llegada, así como el uso de la barca como un púlpito en 4:1-2. Para algunos comentarios sobre las opiniones de los estudiosos con respecto a este tema marcano, véase R. M. Fowler, *Loaves*, 57-68.

adelante. Aquí, al igual que en 1:34, la razón para silenciar a los demonios no es solamente su condición de testigos indeseables, sino también que la verdad que declaran no debe ser divulgada (obsérvese que la expresión αὐτὸν φανερὸν ποιήσωσιν presupone que lo que ellos dijeron acerca de él es cierto, y por tanto, si lo divulgaban pondrían al descubierto su identidad). Por el momento, para el público en general, Jesús tiene que permanecer en incógnito.

RESPUESTAS DIFERENTES A JESÚS: SEGUIDORES Y ADVERSARIOS (3:13-35)

Jesús ya ha tenido mucho éxito, no solo por su enseñanza sino también por sus acciones milagrosas. Marcos nos ha informado acerca de la amplia y entusiasta respuesta popular y de las grandes multitudes que lo siguen, pero también se ha ocupado de describir el comienzo de las sospechas y de la oposición manifiesta que culminan con la decisión de deshacerse de él. El resto de la narración que conduce al primer gran discurso del Evangelio (4:1-34) entreteje estos hilos en una serie de escenas que en su conjunto representan el amplio espectro de reacciones hacia Jesús. El discurso en el capítulo 4 explicará entonces las razones de esta gran divergencia.

El Evangelio de Marcos contiene muchos ejemplos de la conocida técnica narrativa a la que se hace referencia indistintamente como "interpolación", "inserción", "encuadre" o "paréntesis", en virtud de la cual se le da inicio a una historia, y luego se suspende para insertar otra historia (relacionada), después de la cual se reanuda y se completa la historia original.[8] 3:20-35 es un ejemplo clásico de este estilo, en el que se presenta a los parientes de Jesús en 3:20-21 dispuestos a llevárselo a la fuerza, y en los vv. 31-35 llegan al lugar donde se encuentra pero no logran su objetivo. Entre ambos pasajes, en los vv. 22-30 leemos acerca de la delegación hostil de los escribas procedentes de Jerusalén (una nueva y amenazadora revelación), y del diálogo de Jesús con ellos (rellenando el intervalo mientras los parientes están de camino). El recurso le permite al lector comparar y contrastar dos niveles diferentes de oposición hacia Jesús, con sus acusaciones paralelas de locura (v. v. 21) y de posesión demoníaca (vv. 22, 30).[9] Pero en esta sección ocurren muchas más cosas. En la última escena (vv. 31-35) se establece un contraste entre dos grupos, la familia

---

8. Véase la introducción, págs. 18-20.

9. S. C. Barton, *Discipleship*, 74-79, analiza hasta qué punto Marcos intenta relacionar estos dos grupos de adversarios, y en particular, si debe considerarse que las palabras solemnes de Jesús con respecto a los escribas 28-29 se aplican también a sus familiares. Concluye (77) con una "afirmación con reservas" en cuanto a lo segundo, pero la justificación que expone a continuación (78) se lleva la peor parte de esta conclusión, al alegar que la incredulidad de los familiares era relativa y no absoluta como la de los escribas.

natural (que se queda "afuera") y la "verdadera familia" de Jesús compuesta por "los que hacen la voluntad de Dios" y que están en la casa sentados alrededor de él formando un círculo íntimo (literalmente, v. 34). Por tanto, en contraste con los dos grupos que forman el paréntesis narrativo en los vv. 20-35 y representan, cada uno a su manera, la oposición y el rechazo, encontramos a los que han respondido positivamente al mensaje de Jesús y constituyen ahora el verdadero pueblo de Dios. Marcos ya nos presentó a los principales miembros de este grupo en los vv. 13-19, a saber, los escogidos cuya función era "estar con Jesús" (v. 14) y participar de su misión (aun cuando también dentro de este grupo la traición ya había proyectado su sombra, v. 19). Aquí, pues, aparece un tercer grupo, encuadrando a los otros dos y ofreciendo junto con ellos una visión más completa de las diversas reacciones que ha provocado el ministerio de Jesús, los diferentes tipos de terrenos en los que se ha sembrado la buena semilla (4:3-8).

A lo largo de esta sección la narración hace hincapié en la posición de las personas y habla de las que están "adentro" (las que forman parte del "círculo" alrededor de Jesús en la casa) o las que están "afuera". Este lenguaje volverá a aparecer con un sentido simbólico más claro en 4:10-11, donde οἱ περὶ αὐτὸν σὺν τοῖς δώδεκα se contrasta con οἱ ἔξω; aunque la estructura narrativa de 3:13-35 ya había establecido el contraste. Jesús, pues, llama a los doce ἵνα ὦσιν μετ' αὐτοῦ (v. 14); va (presumiblemente con ellos) εἰς οἶκον (v. 20); sus parientes ἐξῆλθον (v. 21) y en el v. 31 aparecen ἔξω στήκοντες mientras que el grupo de los privilegiados ἐκάθητο περὶ αὐτόν (v. 32); en el v. 32 los parientes aparecen de nuevo ἔξω mientras que los que constituyen el verdadero pueblo de Dios se describen como οἱ περὶ αὐτὸν κύκλῳ καθήμενοι (v. 34). Hablaremos más acerca de este simbolismo de adentro/afuera con referencia a 4:10-11, pero no hay duda de que se trata de un elemento significativo en la narración marcana de la historia, porque presenta en forma visual el contraste que se analizará teológicamente más adelante.[10]

Las perícopas en esta sección se agrupan, pues, de la siguiente manera:

vv. 13-19	Seguidores ("los que están adentro"): los doce
vv. 20-21	Adversarios ("los que están afuera") 1: la familia de Jesús
vv. 22-30	Adversarios ("los que están afuera") 2: los escribas *de Jerusalén*
v. 31-35	Escena final: los que están adentro y los que están afuera.

---

10. W. E. Moore, *ExpTim* 98 (1986/7) 39-43, hace un esfuerzo interesante por seguir el tema de los de afuera y los de adentro como un elemento dominante a través de todo el Evangelio de Marcos. Para una valoración mucho más cautelosa de la función que cumple este elemento véase M. A. Beavis, *Audience*, 96-98.

Seguidores: los doce (3:13-19)

NOTAS TEXTUALES

14. La inclusión de μαθητάς después de δώδεκα (W) constituye un esfuerzo natural por armonizar el texto con el de Mateo y con el uso habitual, mientras que Marcos siempre usa οἱ δώδεκα o οἱ μαθηταί, aunque no ambos juntos, como títulos para los compañeros íntimos de Jesús. Más significativa resulta la expresión οὓς καὶ ἀποστόλους ὠνόμασεν que incluyen aquí algunos testigos importantes (אּ B Θ ƒ si y la versión cóptica). Se sospecha que se trata de un esfuerzo por armonizar el texto con el de Lucas, que emplea el término ἀπόστολος como un título para los doce, y por ello, incluye esta cláusula aquí, mientras que Marcos usa ἀπόστολος solamente en 6:30, donde su significado está determinado por el contexto "misionero" y no como un título reconocido de los doce. (La única vez que Mateo emplea el término ἀπόστολος es en esta perícopa, pero no en forma análoga al uso del término en la cláusula en cuestión aquí). Por tanto, es probable que la cláusula no sea original en Marcos.

16. La mayoría de los testigos (אּ B C* Δ) omiten comprensiblemente la cláusula καὶ ἐποίησεν τοὺς δώδεκα como una repetición inconveniente del v. 14, καὶ ἐποίησεν δώδεκα. Pero podría perfectamente ser original por cuanto reanuda el sentido después de la larga cláusula con el doble uso de la conjunción ἵνα que expone la función de los doce, y proporciona ahora un encabezamiento (obsérvese la frase τοὺς δώδεκα aquí, y no en el v. 14) para la lista que sigue. La inserción de πρῶτον Σίμωνα (ƒ) es una corrección obvia para proporcionar un acusativo que haga juego con el resto de la lista (y para asimilar el texto al de Mateo).

17. En la mayoría de los testigos aparece el plural ὀνόματα. Dado que se menciona un solo nombre, esta es la lectura más difícil, y debe preferirse al singular ὄνομα (B D, etc.), una corrección obvia.

18. El problema de la identidad del oscuro duodécimo miembro del grupo (véase el comentario más adelante) dio lugar a la lectura occidental, Λεββαῖον (más ampliamente representada en Mateo, donde algunos MSS ofrecen Θαδδαῖος como un segundo nombre de Λεββαῖος, o viceversa), mostrando tal vez una vía alternativa para incluir al Λευί de 2:14 en la lista de los apóstoles, en caso de que no se identificara con Μαθθαῖος (véase B. Lindars, *NTS* 4 [1957/8] 220-22).

Hasta ahora se han mencionado los nombres de cinco seguidores de Jesús (1:16-20; 2:14), y se ha hecho referencia frecuentemente en la historia a un grupo indefinido de μαθηταί como compañeros regulares de Jesús (2:15-16, 18, 23; 3:7, 9). Pero ellos no son los únicos que han respondido con entusiasmo al ministerio de Jesús, y a lo largo del Evangelio se mantendrá la distinción entre μαθηταί y ὄχλος. Esta perícopa ofrece una base obvia para esta distinción por cuanto presenta la constitución de un grupo íntimo de doce; la implicación del v. 13 es que los doce fueron elegidos deliberadamente de entre el círculo más amplio de seguidores de Jesús. En diversos lugares del Evangelio se les llamará específicamente οἱ δώδεκα (4:10; 6:7; 9:35; 10:32; 11:11; 14:10, 17, 20, 43), y en 4:10 se diferenciarán claramente del grupo más general de οἱ περὶ αὐτόν. En todos las demás lugares en los que Marcos usa el término a partir de aquí, el contexto sugiere un grupo pequeño y muy unido de individuos que viajan juntos, y el término probablemente se refiere (al igual que la frase οἱ ἀπόστολοι de Lucas, que Marcos no usa en este sentido; véase la nota textual) concretamente a los doce, que siguen siendo compañeros habituales de Jesús y son el objeto de su enseñanza privada, sobre todo en 8:22–10:52. No hay ningún pasaje en Marcos en el que la frase οἱ μαθηταί tenga en cuenta un grupo más amplio,[11] y en los lugares en los que Marcos desea incluir a otras personas además de los doce suele dejar bien claro este punto (4:10; 8:34). Por consiguiente, de ahora en adelante daremos por sentado que en Marcos (a diferencia de Lucas) οἱ μαθηταί y οἱ δώδεκα cumplen funciones equivalentes, a pesar del curioso hecho de que (*pace* W; véase la nota textual) el término μαθητής, de hecho, no se usa en esta perícopa en la que se presenta a los doce.[12] El hecho de que los doce fueran todos varones podría atribuirse, más que a motivos teológicos, al clima social de la época (y quizás también a la naturaleza del grupo como un equipo de trabajo itinerante que compartía los recursos básicos y el alojamiento); con respecto a algunas mujeres simpatizantes y seguidoras de Jesús íntimamente comprometidas fuera de los doce, véanse los comentarios sobre 15:40-41 más adelante y cf. Lucas. 8:2-3; 10:38-42.

El número doce es presumiblemente simbólico (y a la vez hace que sea un grupo itinerante fácil de controlar que cabía perfectamente en una pequeña barca de pesca). La coincidencia con el número de las tribus israelitas insinúa una ideología de la restauración de Israel, aun cuando esta implicación no resulta tan obvia en Marcos como en Mateo 19:28 y Lucas 22:30.[13] El número de por sí era lo suficientemente significativo para despejar cualquier duda en cuanto a quienes componían el grupo y la necesidad de remplazar algún miembro que se hubiera perdido (Hch. 1:15-26). Las listas neotestamentarias de los doce (Mr. 3:16-19; Mt. 10:2-4; Lc. 6:14-16; Hch. 1:13) varían no solo en su forma de presentación sino también en uno de los nombres que se incluyen; en las dos listas de Lucas aparece Ἰούδας Ἰακώβου en lugar del Θαδδαῖος de Marcos y Mateo (algunas variantes textuales complican más el asunto cuando introducen Λεββαῖος; véase la nota textual). Puesto que no se conoce nada más acerca de Tadeo ni de

---

11. Véase, sin embargo, el comentario sobre 4:34 más adelante.

12. E. Best, *Disciples*, 157-58, sugiere algunos pasajes en los que μαθηταί puede interpretarse como un grupo más numeroso que los doce; en ningún caso las pruebas son decisivas, y Best reconoce que en general "Marcos apenas hace distinción en la forma en que se refiere a los doce y a los discípulos". R. P. Meye, *SE* 2 (1964) 211-18, defiende categóricamente el uso que hace Marcos de οἱ μαθηταί para referirse únicamente a los doce. Véase también C. C. Black, *Disciples* 273-74 n. 5, al resumir del análisis.

13. Hooker curiosamente señala que la elección de doce además del propio Jesús, y no de once para dejar que Jesús completara el número, "representa una declaración implícita con respecto a su propio estatus".

"Judas de Jacobo" (aparte de la mención de Ἰούδας, οὐχ ὁ Ἰσκαριώτης en Jn. 14:22), es poco lo que puede obtenerse especulando que se trata de la misma persona. De hecho, algunos de los doce son bastante desconocidos en el NT salvo por sus nombres en la lista. Su número y su identidad colectiva eran más importantes para la tradición que cualquier perfil individual.

La función que deben cumplir se explica detalladamente en los vv. 14-15.[14] Las dos cláusulas "activas", relacionadas con la predicación y el exorcismo (resulta llamativo que no se mencione la sanación), indican que su función no es más que una extensión de la propia misión de Jesús; de hecho, deben hacer estas cosas solamente porque es con ese fin que Jesús los ha "enviado". Pero en realidad no comenzarán a llevar a cabo estas tareas hasta 6:7. Mientras tanto, tienen que prepararse para ellas, y para indicar que es así, Marcos antepone a las dos funciones asignadas una cláusula que no aparece en ningún otro relato acerca del discipulado en el NT, a saber, ἵνα ὦσιν μετ᾽ αὐτοῦ, que podría ser simplemente un reconocimiento de su función como compañeros constantes de viaje durante el ministerio itinerante de Jesús (en contraste con las "multitudes" de seguidores que iban y venían),[15] pero tal vez debería interpretarse como una reflexión más teológica sobre el papel del discípulo, en cuanto a que su compromiso personal con el maestro y la formación que recibe de él constituyen los prerrequisitos esenciales para el ministerio activo que sigue (un argumento similar se expone en forma narrativa en la historia de Lucas acerca de María y Marta, Lc. 10:38-42). Cf. Hechos 1:21 con respecto al hecho de haber acompañado a Jesús a lo largo de su ministerio como un requisito fundamental para ser miembro de los doce.

13 Aunque Marcos no menciona tan frecuentemente como Mateo las veces que Jesús subió εἰς τὸ ὄρος, veremos que también se "retiró" a un monte para orar en 6:46 (cf. el ἔρημος τόπος en 1:35) y que llevó a los discípulos a un monte alto κατ᾽ ἰδίαν μόνους en 9:2 (cf. la retirada εἰς ἔρημον τόπον κατ᾽ ἰδίαν en 6:32; también 7:24; 8:27). No se hace referencia a un monte específico, lo único que se dice es que subió "al monte",[16] aparentemente para escapar de las multitudes y dedicarle toda su atención al grupo escogido de los doce. Tanto προσκαλεῖται como ἀπῆλθον πρὸς αὐτόν subrayan este sentido de separación de la masa general de sus seguidores,[17] y οὓς ἤθελεν αὐτός refuerza esta idea

14. La manera en que Myers caracteriza a los doce como "una especie de 'comité revolucionario' de vanguardia, un 'gobierno en el exilio'", en representación de "la comunidad de resistencia", no encuentra apoyo en el relato de Marcos sobre su llamamiento; Myers basa su argumento en la suposición injustificada de que el ὄρος de 3:13 simboliza el Sinaí.

15. Cf. la petición del hombre liberado de la legión demoníaca ἵνα μετ᾽ αὐτοῦ ᾖ (5:18), que le es denegada diciéndole que regrese más bien a su casa y cuente allí sus experiencias.

16. Para el significado de εἰς τὸ ὄρος véase mi obra *Matthew; Evangelist*, 313 y n. 82. En la ladera de los Cuernos de Hattin, sobre Tiberias, la Iglesia de Dios de la Profecía de Cleveland, Tennessee erigió una placa en la que está grabado Marcos 3:13; la ubicación es conjetural, pero el único macizo montañoso solitario, incluso ahora, da una vívida impresión de lo que significa εἰς τὸ ὄρος.

17. P. S. Minear, en H. Baltensweiler y B. Reicke (ed.), *NT und Geschichte*, 79-89, ofrece un estudio provechoso de la distinción que hace Marcos entre los μαθηταί (= los doce) y la ὄχλος, el

que ya se había puesto de manifiesto en 1:16-20; 2:14, de que el discipulado, al menos en lo que se refiere al hecho de pertenecer a la compañía más cercana a Jesús, no es una opción del discípulo sino solo de Jesús (cf. Jn. 15:16).

14-15 Ποιέω aquí tiene el sentido de "designar", "constituir", un modismo semítico que aparece en la LXX (1Re. 12:6; 3Re. 12:31; 13:33); cf. 1:17, aunque el propósito allí se expresa por medio de un infinitivo, y aquí, de ἵνα. En cuanto a la expresión ἵνα ὦσιν μετ᾽ αὐτοῦ, véanse los comentarios introductorios sobre esta perícopa. El uso del verbo ἀποστέλλω sirve de precedente para la única vez que Marcos emplea ἀπόστολος como un título para los doce (véase la nota textual). Tanto κηρύσσειν como ἐκβάλλειν τὰ δαιμόνια hasta aquí han sido funciones distintivas de Jesús (obsérvese 1:38, "vamos... para que *yo* predique"), pero el nombramiento de los doce nos prepara para el momento en que ellos también compartirán dichas funciones (6:7-13). Para cumplirlas necesitarán ἐξουσία, un término que hasta ahora también se había usado exclusivamente con respecto a Jesús (1:22, 27; 2:10), pero que se repetirá con una referencia más amplia cuando los doce comiencen su misión (6:7). El resumen en 6:13 indica que el ministerio de exorcismo de los doce tuvo mucho éxito, pero 9:14-29 hace un llamado a la prudencia: no hay nada automático en lo que respecta a su ἐξουσία, y su "índice de éxitos" no puede igualarse al de Jesús, de quien ellos necesariamente derivan su ἐξουσία. La omisión de sanación (la actividad más destacada de Jesús hasta ahora en el Evangelio) en la lista de tareas que deben cumplir resulta sorprendente (para remediarlo, pues, muchos MSS y versiones posteriores añadieron θεραπεύειν τὰς νόσους καί después ἐξουσίαν influenciados por Mt. 10:1). El hecho de que en 6:12-13 la sanación ocupe su lugar junto con la predicación y el exorcismo como parte de la misión normal de los doce sugiere que su omisión aquí no es una exclusión deliberada sino que se debe más bien a las restricciones que impone la presentación de un resumen.

16 Καὶ ἐποίησεν τοὺς δώδεκα (véase la nota textual) prosigue la presentación de los doce del v. 14a, pero también, con la inclusión del artículo, proporciona un encabezamiento ("Los doce") para la lista que sigue, la cual comienza de forma extraña porque para presentar al primer miembro no usa su nombre en caso acusativo, como sí ocurre con los demás, sino una cláusula que presupone que su nombre ya se conoce (véase la nota textual). Marcos coincide con Mateo 16:18 y con Juan 1:42 en que fue el propio Jesús quien le dio a Simón el nombre Πέτρος (Roca), aunque, a diferencia de ellos, no explica su significado[18] (como sí hará con Βοανηργές); cabe suponer que los lectores

---

grupo más grande de los que seguían a Jesús y que, a su vez, contrastaban con los οἱ ἔξω.

18. M. A. Tolbert, *Sowing*, 145-46, sugiere que Marcos interpretó el significado del nombre de manera diferente a Mateo y a la iglesia posterior: debe explicarse a partir de los πετρῶδες de 4:5, 16, y considerar que Simón (y los demás discípulos) son el "terreno pedregoso"; el nombre, pues, constituye una predicción de la dureza de corazón de los discípulos que se convertirá en un rasgo muy prominente de la historia de Marcos. Pero 4:5, 16 no aparece lo suficientemente cerca en el texto para permitirle fácilmente al lector hacer esta identificación retrospectiva; y la interpretación

de Marcos ya lo conocían. No era un nombre de uso común, ni en su forma aramea *kēpā'* ni en griego,[19] sino que fue deliberadamente acuñado por Jesús como un sobrenombre[20] (ἐπιτίθημι es la raíz de nuestra palabra 'epíteto'). Tras haber introducido el nombre más conocido de Simón, Marcos desde ahora siempre se referirá a él como Πέτρος; el único uso ulterior de Σίμων será en la ocasión en la que aparece Jesús dirigiéndose a él por nombre, 14:37.

17 Jacobo y Juan ya nos resultan conocidos; sin embargo, se nos dan de nuevo los detalles acerca de su parentesco y el nombre de su padre casi con las mismas palabras que se leen en 1:19, no solo para recordarnos su introducción inicial en la historia, sino también para diferenciar a este Ἰάκωβος de su tocayo en el v. 18. Estos dos hermanos también poseen un sobrenombre que les dio Jesús (y que solo Marcos menciona); los tres discípulos más destacados, que aparecerán en el futuro en unas cuantas ocasiones como un "círculo íntimo" especial (5:37; 9:2; 14:33; también junto con Andrés, 13:3), son, pues, objeto de particular atención al comienzo de la lista.[21] Cada vez que se les dan nombres adicionales a otros miembros del grupo para distinguirlos de sus tocayos, no se indica que esos nombres sean "epítetos" dados por Jesús. Si ὀνόματα es la lectura original (véase la nota textual), constituye una forma torpe de señalar que el mismo nombre Βοανηργές se les da a dos personas a la misma vez. Βοανηργές (o Βοανεργές; estas son las más comunes entre varias formas de escribirlos que aparecen en los MSS) suele explicarse como un esfuerzo por poner en griego la frase hebrea *bnê regeš* o *bnê rōgez*, que fue más o menos traducida por la versión de Marcos, υἱοὶ βροντῆς (*regeš* significa 'multitud' o 'conmoción', y una palabra árabe relacionada significa "trueno"; *rōgez* significa "agitación" o "ira", y en Job 37:2 *rōgez-qōlô* hace referencia "al sonido del trueno"), pero se ha propuesto una gran variedad de otras derivaciones y significados, en mayor o menor grado, especulativos. Βοανη-, de otra manera, no se reconoce como una transliteración del término hebreo *bnê*, pero la traducción de Marcos por medio de la frase semítica υἱοί... virtualmente exige que se acepte que ese es su origen, reflejando tal vez la pronunciación en algún dialecto.[22] A fin de cuentas,

---

de Tolbert tampoco explica por qué Pedro era el único que debía llevar el estigma de un nombre que se adaptaba perfectamente a todo el grupo.

19. El único uso precristiano conocido en arameo es en Egipto en el siglo V a.C.; véase J. A. Fitzmyer, en E. Best y R. McL. Wilson (ed.), *Text and Interpretation*, 127-30. No existen ejemplos precristianos conocidos del término griego Πέτρος como un nombre (ibid., 131-32). En cuanto a la idea, pero no un nombre como tal, cf. Is. 51:1-2, Abraham la "Roca".

20. Lo que comenzó probablemente como un sobrenombre muy pronto se convirtió en el nombre "cristiano" normal de Simón (a diferencia de Boanerges, que nunca vuelve a mencionarse). Al cambiar radicalmente su nombre de esta manera, Jesús hizo lo mismo que Dios había hecho con algunos personajes del AT (Gn. 17:5, 15; 32:28). Myers señala también la idea apocalíptica de un "nuevo nombre" (Ap. 3:12; 22:4).

21. La amplia cirugía textual en virtud de la cual W convirtió a Βοανηργές en un título para todo el grupo de los doce y no solo para Jacobo y Juan no puede aceptarse ante la falta de cualquier otro apoyo.

22. R. Buth, *JSNT* 10 (1981) 29-33, sugiere que Marcos escribió Βονεργεμ (que derivó del

no hay nada que nos guíe al significado del sobrenombre fuera de la traducción de Marcos, υἱοὶ βροντῆς, que no tiene por qué ser una explicación etimológica más exacta que muchas de las "etimologías" propuestas para los nombres en el AT. La información que nos ofrece el NT sobre Jacobo y Juan no es suficiente para permitirnos juzgar hasta qué punto el término podría ajustarse a su carácter (si en realidad ese era su propósito),[23] pero las reacciones precipitadas y violentas de los dos hermanos en 9:38 (Lc 9:54) le dan cierto fundamento.

18-19   El resto de la lista se presenta con rapidez. Incluso Ἀνδρέας, que ya había aparecido en la historia 1:16, 29) como hermano de Simón, no recibe ninguna mención especial. En 13:3 aparentemente se unirá a su hermano en el círculo íntimo, pero por lo demás, no comparte el protagonismo de sus tres compañeros pescadores. Ninguno de los restantes miembros del grupo vuelve a mencionarse en la historia de Marcos después de aquí, salvo, por supuesto, Judas Iscariote, y el resto del NT no aporta mucha más información a lo que ya conocemos con respecto a ellos. En cuanto a Ματθαῖος véase el comentario sobre 2:14; si se trata de la misma persona que Λευί Marcos no lo deja entrever. Para Θαδδαῖος véase la nota textual anterior.[24]A tres de los nombres restantes se les añade una breve leyenda, posiblemente porque era necesario diferenciarlos de sus tocayos dentro del grupo: los nombres Ἰάκωβος y Σίμων ya se mencionaron en los vv. 16-17, y la existencia de otro Ἰούδας se deduce claramente de Lucas 6:16; Hechos 1:13 y Juan 14:22, aunque no aparece en la lista de los doce que presenta Marcos (véanse los comentarios introductorios sobre esta perícopa). En cuanto a ὁ τοῦ Ἀλφαίου, véase el comentario sobre 2:14, donde a Leví se le da el mismo patronímico. La frase ὁ Καναναῖος se corresponde con la expresión lucana ὁ καλούμενος ζηλωτής, y la mejor explicación es que se deriva del término arameo *qan ʿānāʾ*, "entusiasta", "patriota", cuyo equivalente habitual en griego es el ζηλωτής de Lucas.[25] En la época de Jesús este sustantivo aún no era un término partidario, como sí llegó a serlo durante el período de la guerra judía; ζηλωτής se usa en un sentido religioso y no político en Hechos 21:20; 22:3; Gálatas 1:14, etc., y a Simón quizás se le dio ese sobrenombre por su celo religioso.[26] Sin embargo, es probable que cuando Marcos escribió su Evangelio el término ya tuviera claras

---

término hebreo *bnê-ra ʿam*, literalmente, "hijos del trueno") y que un copista griego lo sustituyó por Βοανηργές bajo la influencia de βοάω y ἔργον: "Por tanto: 'obreros gritones', 'ruidosos'". M. Casey, *Sources*, 198, opta por un origen similar (aunque en arameo) pero le atribuye la forma griega a un traductor que malinterpretó las letras arameas.

23. Cf. la sugerencia de J. R. Harris (*Expositor*, 7ta serie, 3 [1907] 146-52) de que el nombre se refiere a los Dióscuros y se aplicó a los hijos de Zebedeo porque eran gemelos.

24. La lista rabínica de los *cinco* discípulos de Jesús que se conserva en una baraita en *b. Sanh.* 43a es 'Matthai, Neqai, Netzer, Buni y Thodah'; cualquiera que sea el origen de estos términos (que podrían derivarse de juegos de palabras y no de la tradición), es interesante en cuanto a que los paralelismo más estrechos en las litas neotestamentarias son Ματθαῖος y el oscuro Θαδδαῖος.

25. Véase, p. ej., M. Hengel, *Zealots*, 69-70.

26. Hengel, *Zealots*, 392-94, se muestra escéptico en cuanto a que el término pudiera haber sido usado en un sentido tan inocuo.

connotaciones políticas, y por ello, dando por sentado que él entendía el origen del nombre, esperaba que sus lectores vieran a Simón como un nacionalista ferviente (y por ende, un recluta poco probable para un movimiento que confraternizaba con los τελῶναι). La traducción "cananista"[27] (que haría de Simón un miembro no judío de los doce, si el sobrenombre ha de tomarse literalmente) resulta muy improbable porque Mateo, que usa Καναναῖος aquí, utiliza la forma regular de la LXX Χαναναῖος cuando se refiere a una cananea (Mt. 15:22).

Ἰσκαριώθ casi siempre se ha interpretado como la traducción de la frase hebrea 'îš qriyyôt, "hombre de Keriot" (este origen se remonta al menos al siglo IV, tal como se refleja en la lectura ἀπὸ Καρυώτου en א* Θ de Jn. 6:71, y de Jn. 12:4 en D etc.); otros sugieren que procede del término σικάριος ("bandido", "combatiente por la libertad") o de la raíz šqr, "mentira" (en cuyo caso, podría tomarse como un título retrospectivo para el "falso discípulo"), y se han propuesto algunas conjeturas más.[28] Si lo que en realidad significa es "hombre de Keriot", y si eso indica su origen personal, Judas podría ser el único miembro del grupo que no era oriundo de Galilea, porque las ciudades más conocidas con ese nombre se hallaban en Judá (Keriot-Hezrón, Jos. 15:25) y en Moab (Jer. 48:24); pero si se tiene en cuenta que la palabra hebrea qiryâ significa 'ciudad', y que ese es el término que antecede al nombre de varias ciudades, dicha identificación resulta apresurada. A diferencia de lo que hace con Βοανηργές, Marcos no da señales de que conocía su origen o su significado; se trata simplemente de un título que distingue a este Judas de los demás. Desde el punto de vista cristiano, sin embargo, su principal rasgo distintivo es que él es ὅς καὶ παρέδωκεν αὐτόν. Los lectores de Marcos, sin duda, estaban familiarizados con este aspecto de la historia, al que aquí se alude sin haber ninguna explicación o referencia en el texto hasta este punto. A pesar de la gran variedad de significados que tiene el verbo παραδίδωμι, cuando se usa con respecto a una persona suele tener una connotación hostil; ya se había empleado, y también sin ninguna explicación, con referencia al destino de Juan el Bautista (1:14), para que incluso el lector que no estuviera familiarizado con la historia reconociera el tono ominoso de este epíteto (y pudiera incluso relacionarlo con la "remoción" del esposo predicha en 2:20).[29]

---

27. En muchos MSS posteriores, que supuestamente desconocían la raíz aramea de Καναναῖος, se lee Κανανίτην.

28. Mann aboga por el significado "pelirrojo", que subyace tras la iconografía tradicional al representar a Judas con el cabello rojo. Para un análisis completo de las derivaciones y los significados que se han sugerido, véase R. E. Brown, *Death*, 1410-16.

29. Παραδίδωμι es el verbo que suele usarse para referirse a la acción de Judas en el NT, y por tanto, algunos han alegado, y especialmente W. Klassen, *Judas*, que originalmente no se le describía como un traidor, sino como un individuo que "entregó a Jesús" con una intención amistosa para promover un diálogo provechoso con las autoridades sacerdotales. Lucas, sin embargo, usa προδότης y en otros pasajes παραδίδωμι (Lc. 6:16) sin percatarse conscientemente de algún tipo de diferencia de significado, pero cabría preguntar cuál es la diferencia significativa entre "entregar" una persona a sus enemigos y "traicionarla".

Adversarios 1: la familia de Jesús (3:20-21)[30]

NOTAS TEXTUALES

20. La lectura del verbo ἔρχονται en plural que aparece en la mayoría de los MSS y las versiones posteriores es una corrección natural del verbo original ἔρχεται después de una perícopa en la que se presentó a los doce, y antes del pronombre enigmático αὐτούς que, si se refiere al círculo íntimo de Jesús, carece de un antecedente plural explícito.

21. No es sorprendente que esta declaración enigmática e incómoda (véanse los comentarios más adelante) haya ocasionado intentos por mejorarla en D W AL eliminando la oscura frase παρ' αὐτοῦ e introduciendo οἱ γραμματεῖς καὶ οἱ λοιποί como una fuente más aceptable de la calumnia de que ἐξέστη.

Estas veintiocho palabras están plagadas de dificultades. No es de extrañarse que ni Mateo ni Lucas contengan esta observación breve y potencialmente embarazosa. De acuerdo con la interpretación tradicional (una tradición que acabaré apoyando en este comentario a pesar de sus grandes problemas), estos versículos presentan a los parientes de Jesús, cuyo acercamiento a él concluirá en la otra mitad del "paréntesis narrativo" en los vv. 31-35 (véase el comentario sobre 3:13-35 supra). En ese caso, en la acusación de que ἐξέστη encontramos un rechazo del ministerio de Jesús por parte de sus parientes más explícito que en ningún otro lugar de los Evangelios; no se trata simplemente de una negación a seguir a Jesús, sino de un repudio positivo y ofensivo. Pero la declaración es tan breve e imprecisa que puede interpretarse de otras formas. Hay margen para discrepar sobre el antecedente de αὐτούς, la identificación de οἱ παρ' αὐτοῦ, el antecedente de αὐτόν, el sujeto de ἔλεγον y el significado y el sujeto de ἐξέστη; las permutaciones resultantes de las posibilidades exegéticas son de tal naturaleza que cualquier interpretación de estos versículos debe propugnarse con cierta timidez.

Hasta el momento no se ha hecho ninguna mención de los parientes de Jesús en este Evangelio, más allá de la simple afirmación de que él vino de Nazaret (1:9, 24). Aparte del final de esta historia en los vv. 31-35, sus parientes volverán a aparecer únicamente en 6:3 en una referencia casual que harán los habitantes de Nazaret (Marcos no dice nada que indique que algunos de los que estaban al pie de la cruz estuviera emparentado con Jesús; véase el comentario sobre 15:40-41). Para Marcos, pues, ellos permanecían totalmente al margen del movimiento de Jesús, en el mejor de los casos como testigos escépticos, y en esa "marginalidad" se hará especial hincapié en los vv. 31-35. Si no fuera por 6:3 el lector de Marcos ni siquiera conocería los nombres de algunos de la familia de Jesús, y no hay ninguna sugerencia de que cualquiera de ellos cumpliría alguna función en el desarrollo posterior del movimiento. Si

---

30. De acuerdo con la división de los versículos de la UBS, en virtud de la cual el v. 20 comienza con καὶ ἔρχεται; algunas versiones empiezan el v. 20 con la expresión que sigue, καὶ συνέρχεται.

tenemos en cuenta el papel protagónico de Jacobo en la iglesia de Jerusalén a mediados del siglo I, la restricción histórica de Marcos es insólita.

20 La única οἶκος específicamente identificada hasta ahora (aparte de la visita a la casa de Leví en 2:15) ha sido la de Simón y Andrés en Capernaúm (1:29), y por lo general se supone que Marcos desea que entendamos que esa era la casa en la que Jesús posaba cuando iba a Capernaúm 2:1.[31] La deducción lógica de esto sería que esa es la casa a la que se hace referencia aquí, y la experiencia de una multitud inconvenientemente grande alrededor de ella no sería nada nuevo (2:1-4), tal como, de hecho, sugiere el adverbio πάλιν. En esta ocasión, la multitud no solo obstruye el acceso, sino que con su persistente importunidad interrumpe la comida del grupo (cf. 6:31). Esta interpretación exige que demos por sentado que el antecedente de αὐτούς es Jesús y los doce, que, de acuerdo con 3:14, se todavía estaban con él. Puesto que en otros lugares Marcos usa un pronombre plural para referirse a una ὄχλος (véase el comentario sobre los vv. 7-8, y más adelante sobre el v. 21), es posible que αὐτούς aluda a la multitud, presentando así el mismo tema de la multitud hambrienta de 6:35-36; 8:2; pero aquí, a diferencia de lo que ocurre en esos casos, no se produce ningún milagro de alimentación, y la repetición del mismo tema con referencia a Jesús y a sus discípulos en 6:31 sugiere que es a ellos y no a la multitud a quienes se les impide la oportunidad de comer.

21 La interpretación tradicional de este versículo es que los parientes de Jesús vinieron de Nazaret para hacerse cargo de él porque, en razón de lo que habían oído con respecto a los sucesos en la distante Capernaúm, habían llegado a la conclusión de que Jesús estaba fuera de sí. Esta interpretación está tan desprovista de respeto por Jesús y por su familia que no es de extrañar que se hayan propuesto alternativas. Véase la nota textual sobre uno de los intentos por mejorar la expresión.

---

31. La frase sin artículo εἰς οἶκον (y ἐν οἴκῳ, 2:1) podría, sin embargo, leerse como "en casa", implicando que Jesús regresó a su *propia* casa. Dado que no se ha señalado ningún cambio de ubicación desde el hincapié que se hizo en Capernaúm en el cap. 1, esto podría indicar que vivía en su propia casa cn Capernaúm separado de su familia (así G. D. Kilpatrick, *JSNT* 15[1982] 3-8) o que cuando Jesús comenzó su ministerio retomó su ministerio junto al lago, la familia de Jesús se mudó a Capernaúm con él (por ser el varón mayor después de la presunta muerte de José; véase el comentario sobre 6:3). Esta sugerencia fue atractivamente desarrollada en un trabajo inédito de mi alumno P. R. Kirk, basándose en la hipótesis de Kilpatrick pero avanzando aún más. (Señala, en contra de Kilpatrick, que en 6:3 no dice que la madre y los hermanos de Jesús ya fueran residentes en Nazaret, solo sus hermanas, que presumiblemente se habían casado con hombres de la región y no se habían mudado a Capernaúm junto con el resto de la familia). Kirk pasa entonces a reconstruir la siguiente escena de esta manera: los parientes y los amigos de Jesús (οἱ παρ' αὐτοῦ) estaban en casa con él, pero salieron de la casa (ἐξῆλθον) esperando que él los siguiera a un lugar menos concurrido en el que pudieran controlarlo; Jesús, empero, se quedó en la casa discutiendo con los escribas recién llegados de Jerusalén, y por eso, su familia, (aún) afuera de pie; se vio obligada a enviarle otro recado (v. 31). Como una reconstrucción histórica esto resulta convincente, pero cabría cuestionar si Marcos realmente esperaba que sus lectores sacaran tantas conclusiones a partir de sus indefinidas referencias a una οἶκος.

Otra interpretación es la de H. Wansbrough, quien ofrece esta traducción: "Cuando lo oyeron, sus seguidores salieron para calmarla [a la multitud], porque, según decían, estaba descontrolada por el entusiasmo"[32]. Esta propuesta no ha sido aceptada por la mayoría.[33] Algunas objeciones son las siguientes: Marcos emplea en otros lugares un pronombre plural después de ὄχλος;[34] "calmar" no es una acepción natural κρατῆσαι; el "asombro" de la multitud, al que Pablo se refiere con los términos ἐξίστημι o ἐξίσταμαι en otros pasajes, no es algo que deba erradicarse sino que constituye una información favorable;[35] y esta interpretación destruye tanto el paralelismo de las acusaciones contra Jesús en los vv. 21 y 22 (ambas introducidas por la expresión ἔλεγον ὅτι) como la primera parte del "paréntesis narrativo", que explica entonces la llegada de los parientes en el v. 31.

El principal problema exegético para la interpretación tradicional se encuentra en la expresión poco usual οἱ παρ' αὐτοῦ. El significado normal sería "sus enviados" o "sus asociados". Le corresponde al contexto decidir a quiénes exactamente se refiere esta expresión, y, tal como señala Wenham con toda razón, el contexto aquí sugiere naturalmente que se trata de los discípulos; no ha habido nada hasta ahora que ayude al lector a relacionarla con los parientes de Jesús, que aún no se han mencionado en el Evangelio. Solamente una interpretación retrospectiva a la luz del v. 31, ἡ μήτηρ αὐτοῦ καὶ οἱ ἀδελφοὶ αὐτοῦ, puede hacer que el lector —reconociendo que toda la sección es un "paréntesis narrativo"— comprenda quienes fueron los que "salieron" en el v. 21; pero esto sería esperar demasiado de un primer lector. Cabe la posibilidad de que la expresión tuviera un significado más específico en el uso coloquial; existen pruebas sobre todo en los papiros de que se usaba para referirse a un "pariente" o a la "familia" de una persona (MM, 479a; BAGD, 610a, I.4.b.β; cf. LXX Pr. 31:21; Sus. 33; Josefo, *Ant.* 1.193), aunque es prácticamente imposible decir que ese fuera su significado habitual. Pero tampoco es un término que Marcos emplee normalmente para referirse a los discípulos u otros asociados de Jesús (obsérvese también la expresión diferente περὶ αὐτόν, 4:10).

Aunque el contexto anterior podría sugerir que οἱ παρ' αὐτοῦ son los discípulos, la propia oración impide esta interpretación (suponiendo que

32. H. Wansbrough, *NTS* 18 (1971/2) 233-35; de manera similar, H.-H. Schroeder, *Eltern*, 111. Esta interpretación se deriva de G. Hartmann, *BZ* 11 (1913) 249-79; cf. también J. E. Steinmueller, *CBQ* 4 (1942) 355-59; P. J. Gannon, *CBQ* 15 (1953) 460-61. D. Wenham, *NTS* 21 (1974/5) 295-300, aunque señala varios defectos en la exégesis de Wansbrough, también presenta argumentos a su favor y llega a la conclusión de que no debe ignorarse.

33. E. Best, *NTS* 22 (1975/6) 309-19, ofrece un ejemplo típico de su rechazo, con un argumento detallado.

34. Mr. 2:13; 4:1-2; 6:34, 45-46; 7:14; 8:2-3, 6-9; 9:15-16; 14:43-44; 15:8-9, 11-12, 15 (posiblemente también 3:32-33; véanse los comentarios ad loc). Aunque el verbo inmediatamente regido por ὄχλος suele ser singular (como aquí; véase, sin embargo, 4:1d; 9:15; y 3:8 con πλῆθος), los verbos y pronombres que siguen y explican la referencia son siempre plurales en Marcos.

35. Un verbo singular en una cláusula subordinada que se refiere a ὄχλος sería también excepcional en Marcos; véase la nota anterior.

las objeciones a la interpretación de Wansbrough que se mencionaron con anterioridad son suficientes para descartar la identificación de αὐτόν con la multitud). Si los discípulos estaban con Jesús en la casa, no pudieron "salir" a prenderlo, y la idea de que los discípulos se llevaron a Jesús a la fuerza tampoco se adaptaría fácilmente al relato de Marcos hasta aquí. Menos posible aún sería imaginar que ellos pensaran que Jesús estaba loco (véase más adelante el significado de ἐξέστη), e incluso aunque se cambiara el sentido de esta objeción interpretando ἔλεγον como un verbo impersonal ("la gente estaba diciendo"), las demás objeciones permanecerían inalteradas. Por tanto, si οἱ παρ' αὐτοῦ no pueden ser los discípulos, pensar, a la luz proléptica del v. 31, que se trata de los parientes que "vinieron" de Nazaret a Capernaúm para hacerse cargo de Jesús parece la solución menos satisfactoria para un enigma exegético.

La razón para obrar de esa manera se expresa en la cláusula ἔλεγον γὰρ ὅτι ἐξέστη. Las propuestas para interpretar el verbo ἔλεγον como impersonal, y por ende, que tiene un sujeto diferente del de la cláusula anterior, son más bien el resultado del desconcierto que provoca esta opinión de los parientes de Jesús y no del uso de algún tipo de modismo marcano natural. Un paralelismo estrecho en 14:1-2 se opone enérgicamente a atribuirle al verbo un sentido impersonal, y por lo demás, la narración de Marcos no nos ha dado ninguna razón para pensar que las personas en general creyeran que Jesús estaba loco; la acusación paralela de posesión demoníaca en el v. 22 no proviene de la generalidad de las personas sino de los escribas "de Jerusalén", con cuya opinión se diferenciaban por tanto de los galileos.[36] ¿Se podría acaso aminorar la ofensa sugiriendo un sentido más débil para ἐξίστημι? Es cierto que en las otras tres ocasiones en las que aparece este verbo en Marcos (5:42 es la única otra vez en que se usa en voz activa; en 2:12 y 6:51 se usa la voz media) hace referencia al asombro (laudable) de los que presenciaron los milagros de Jesús (Mateo [una vez], Lucas y Hechos también lo emplean en el mismo sentido), pero tres usos del término no pueden validar una sugerencia a favor de este significado cuando (a) el verbo suele utilizarse en los demás casos para indicar que alguien "está loco" (A. Oepke, *TDNT*, 2.459-60; véase especialmente 2Co. 5:13, donde se contrasta con σωφρονέω) y (b) la cláusula aquí es paralela a la acusación de posesión demoníaca en el v. 22. Ni tampoco resulta fácil entender por qué una opinión de que Jesús estaba "asombrado" (¿acerca de qué?) haría que sus parientes quisieran prenderlo.[37] A fin de cuentas, a pesar de todas las dificultades, la interpretación tradicional parece ser la que mejor expresa el sentido del lenguaje ciertamente vago de Marcos en el contexto de toda la estructura de 3:13-35. Los parientes de Jesús en su tierra habían oído hablar de los sucesos escandalosos en Capernaúm y decidieron que era hora

---

36. Véase además E. Best, *Disciples*, 55, basándose en el argumento más completo de H. Räisänen, *Mutter*, 30ss.

37. T. Dwyer, *Wonder*, 105-6, apoya enérgicamente la interpretación tradicional de ἐξίστημι aquí como "estar fuera de sí".

de hacerse cargo de Jesús por su bien y por la reputación de la familia dando por sentado que se había vuelto loco, para usar una expresión moderna.[38] Pero antes que pudieran intentar (sin éxito) apoderarse de él, un sector diferente lanza en contra de Jesús una acusación aún más perjudicial que ilustraba precisamente el tipo de anuncio oficial desfavorable que sus parientes tal vez habían planeado evitar.

Adversarios 2: los escribas de Jerusalén (3:22-30)

NOTA TEXTUAL

29. Los diversos sustantivos que se han utilizado para sustituir ἁμαρτήματος indican el desconocimiento que existe acerca de este término en contraste con el sustantivo normal ἁμαρτία, así como la inconveniencia de la expresión ἔνοχος αἰωνίου ἁμαρτήματος, en la que cabría esperar una palabra con respecto al juicio o al castigo (véase el comentario).

Si la preocupación de los parientes de Jesús con respecto a su supuesta "locura" había sido muy poco halagadora, la acusación paralela en el v. 22 es absolutamente peligrosa. Potencialmente era muy perjudicial para la reputación popular de Jesús porque constituía un intento de tildarlo de mensajero no de Dios sino de Satanás, y por ende, que no hacía uso del poder divino sino de fuerzas ocultas. Pero igualmente nefasta es la fuente de donde procede, a saber, οἱ γραμματεῖς οἱ ἀπὸ Ἱεροσολύμων καταβάντες. Hasta ahora Jesús se ha enfrentado a adversarios locales en Galilea, entre los cuales se contaban los γραμματεῖς (2:6, 16), y esos adversarios terminaron urdiendo un plan contra su vida (3:6). Pero en Galilea Jesús seguía siendo hasta entonces una figura popular, y por tanto, cualesquiera que fueran los esquemas de los fariseos y los herodianos, no iba a resultarles fácil deshacerse de él. Pero Jerusalén es otra cosa. Algunas personas de Jerusalén se habían sentido atraídas por el ministerio de Jesús (3:8), como también había ocurrido con el ministerio de Juan (1:5), y tal vez las cosas que contaron a su regreso hicieron que esta delegación procedente de la capital viniera a investigar y, como de hecho sucedió, a oponerse violentamente a este nuevo movimiento en la provincia septentrional. Una delegación similar de γραμματεῖς ἐλθόντες ἀπὸ Ἱεροσολύμων aparecerá en 7:1 y provocará un enfrentamiento tan reñido como aquel. En Jerusalén, según parece, Jesús tenía pocos amigos, y las figuras que ocupaban posiciones de autoridad muy pronto comenzarán a formarse una impresión desfavorable de su persona. A partir de

---

38. A. Y. Collins en C. M. Tuckett (ed.), *Scriptures*, 235-36, sugiere que la actitud de los parientes debe interpretarse como el cumplimiento del Salmo 69:8, "extraño he sido para mis hermanos y desconocido para los hijos de mi madre".

8:31 Jesús llegará a la conclusión obvia de que Jerusalén será para él un lugar de repudio y muerte, lo cual se hará claramente patente desde el capítulo 11 en adelante. Por el momento, Jerusalén constituye una amenaza distante, pero sus emisarios dan señales inequívocas del conflicto que está por venir.

El exorcismo hasta aquí ha sido, y seguirá siendo a lo largo del período en Galilea, uno de los aspectos más prominentes de la actividad pública de Jesús. Gran parte de la reputación de Jesús como un hombre de ἐξουσία se ha derivado de esta fuente (obsérvese de manera especial 1:27). Aun cuando los esfuerzos de Jesús hubieran logrado impedir que los demonios declararan su identidad como Hijo de Dios (1:24-25, 34; 3:11-12), el simple hecho de que las órdenes que les dio fueran inmediatamente obedecidas es suficiente para demostrar que era un hombre que desplegaba un poder sobrenatural innegable. La acusación del v. 22 intenta, pues, darle un sentido contrario a esta opinión acerca de Jesús atribuyendo la fuente de ese poder al mal y no al bien. Esta perversión deliberada de la verdad es la que provoca la severidad sin precedentes del contraataque de Jesús y su terrible declaración con respecto al pecado imperdonable.

En este punto, más que en ningún otro lugar del Evangelio, el exorcismo se convierte en el tema central de la consideración teológica. Aquí no se hace referencia a ningún caso nuevo de exorcismo (contrástese con Mateo y Lucas), pero la importancia que tiene toda esta aventura exorcista (de la que los discípulos de Jesús y él mismo participan ahora, v. 15; cf. 6:7, 13) suscita una discusión. El exorcismo no solo manifiesta el poder de Jesús (y de los que derivan de él su ἐξουσία, 3:14-15). También revela algo de lo que ocurre en el plano de la lucha por el poder sobrenatural que subyace tras el ministerio terrenal de Jesús, de la que 1:12-13 ya ha dado testimonio. El control de Jesús sobre el poder demoníaco habla del colapso del βασιλεία τοῦ Σατανᾶ (vv. 24-26) ante la venida del βασιλεία τοῦ θεοῦ. El poder de Satanás, hasta el presente una fuerza real (aunque no ilimitada) en el mundo, ha entrado en la fase terminal (cf. τέλος ἔχει, v. 26). El hombre fuerte ha sido atado, y sus posesiones han quedado a merced del hombre fuerte que ahora se enfrenta a él (v. 27). El ministerio de Jesús, por tanto, constituye el momento decisivo en la contienda entre el bien y el mal por el control del mundo y sus habitantes. Todo esto le resulta tan claro a cualquier observador desprejuiciado que cualquier esfuerzo por explicarlo interpretando que el ministerio de Jesús tenía por objeto apoyar el poder de Satanás y no subvertirlo equivaldría a cometer el pecado imperdonable de llamar a lo bueno malo y a lo malo bueno, de confundir el Espíritu de Dios con el espíritu de las tinieblas (vv. 28-30). Jesús es, pues, el único en quién y por medio de quien el Espíritu de Dios obra ahora en forma espectacular (tal como 1:8, 10, 12-13 nos habían hecho esperar). En Jesús y su ministerio los límites están claramente definidos, y el tema no tiene que ver simplemente con ciertas rivalidades en la interpretación de los milagros, sino con quien es Jesús realmente. La importancia fundamental que revisten los exorcismos es cristológica.

22 La inclusión de καταβάντες indica que no se trataba simplemente de un grupo de escribas oriundos de Jerusalén que ahora vivían en Galilea, sino que eran una delegación recién llegada de la capital. La acusación hostil que lanzan inmediatamente no sugiere una visita neutral para investigar qué estaba sucediendo; buscaban disputa. El imperfecto ἔλεγον aquí y en el v. 30 insinúa que no era un comentario de pasada sino una campaña continua de desprestigio. La expresión ἔλεγον ὅτι Βεελζεβοὺλ ἔχει es formalmente paralela al veredicto de los parientes de Jesús en el v. 21, ἔλεγον ὅτι ἐξέστη. Además, ambas declaraciones están claramente relacionadas en cuanto a su contenido porque la locura y la posesión demoníaca, aunque no eran conceptos idénticos,[39] estaban sin duda emparentados (cf Jn. 10:20; para otras acusaciones de posesión dirigidas contra Jesús, sin ninguna alusión específica a la locura, véanse Jn. 7:20; 8:48, 52; con respecto a Juan el Bautista cf. Mt. 11:19). En el NT, sin embargo, pueden encontrarse afirmaciones de locura, con distintos niveles de gravedad, sin hacer mención de una posesión demoníaca (Hch. 12:15; 26:24; 1Co. 14:23), y a los profetas veterotestamentarios poseídos por el Espíritu de Dios se les tildaba a veces de locos (2Re. 9:11; Jer. 29:26; Os. 9:7). Por consiguiente, aunque las dos acusaciones no son totalmente diferentes, hay al menos un aumento en la gravedad, y en las implicaciones teológicas, de ambas. Cualquiera que haya sido la opinión de los parientes de Jesús sobre la causa de su "locura", en ninguna parte dice que la atribuyeran directamente a una influencia demoníaca. Para los escribas de Jerusalén, empero, esta es la esencia del problema de Jesús, y Marcos subraya el peso teológico de esa forma de acusación repitiéndola en el v. 30. La acusación de estar poseído por el demonio, y no solamente de hacer uso de un poder demoníaco como se lee en Mateo y en Lucas, es lo que, según Marcos, hace que la denuncia de los escribas resulte imperdonable.

Con respecto al uso del verbo ἔχω para referirse a la posesión demoníaca cf. 5:15; 7:25; 9:17, y véase también el comentario sobre 1:23. La fórmula en el v. 30 es una expresión habitual en Marcos, pero aquí el πνεῦμα ἀκάθαρτον es nada menos que el mismo Βεελζεβούλ,[40] que además se identifica como el ἄρχων τῶν δαιμονίων.[41] A partir de esta identificación, y de lo que continúa

---

39. Suele afirmarse que la locura y la posesión demoníaca eran prácticamente sinónimas en el pensamiento judío. Sorprendentemente, sin embargo, son muy pocas las pruebas que constatan esa afirmación. Es posible que *Lives of the Prophets* 4:6, 10 (¿siglo I d.C.?) atribuya la locura de Nabucodonosor a los demonios (Beliar, Behemot), aunque el texto no es claro. W. Foerster, *TDNT* 2.15, no hace referencia a ningún otro caso, y el estudio detallado de E. Yamauchi, *GP*, 6.89-183, no ofrece ninguna otra prueba de esta relación entre los judíos (véanse las págs. 119, 127 y cf. p. 102 para una interpretación no demonológica de los desórdenes sicológicos en Mesopotamia).

40. La ortografía en los MSS varía entre Βεελζεβούλ y Βεεζεβούλ. La forma *Beelzebub* que se lee en las versiones latina y siriaca es una asimilación a la forma que aparece en 2Re. 1:2-6.

41. Sería posible considerar que las dos cláusulas del v. 22 que comienzan con ὅτι son independientes, en cuyo caso Βεελζεβούλ no podría identificarse formalmente con el príncipe de los demonios. Pero véase más adelante con respecto a la probabilidad de que Marcos no las considerara independientes. Mateo y Lucas sí hacen esa identificación, y también el autor cristiano del *Testamento de Salomón*.

en los vv. 23-26, podría deducirse que Marcos considera que Βεελζεβούλ es una forma alternativa de denominar a Satanás. El nombre no aparece con este sentido en los relatos judíos precristianos acerca de demonios, y, de hecho, en ninguna literatura anterior,[42] el único nombre similar al que se hace referencia es el del dios filisteo, *Ba'al zbûb*, 'Baal de las moscas' (Βααλ μυῖαν en la LXX, 'Baal la mosca; cf. Josefo, *Ant.* 9.19) en 2 Reyes 1:2, 3, 6, y 16. Se conjetura que se trataba de una alteración hebrea injuriosa del nombre original *Ba'al zbûl* ("Baal de la altura" o "de la casa"), pero dado que, hasta donde sabemos, esa forma no se conservó en las versiones del AT, es muy difícil que Marcos haya extraído de esa fuente el nombre Βεελζεβούλ. A fin de cuentas, no sabemos ni de dónde lo sacó Marcos ni cuál es exactamente el significado léxico, si lo había, que él consideró que pudiera atribuírsele.[43] De acuerdo con el uso que le da, no es más que un nombre alternativo para Satanás.

La acusación ὅτι Βεελζεβοὺλ ἔχει se lee solo en Marcos. En Mateo y en Lucas, sin embargo, el nombre Βεελζεβούλ aparece en lo que en Marcos es una segunda acusación, a saber, que para realizar sus exorcismos, Jesús utiliza el poder del ἄρχων τῶν δαιμονίων, es decir, que él es un hechicero que invoca un poder oculto. (En cuanto al uso instrumental de la preposición ἐν para denotar un agente personal, véase BDF 219[1] y cf. Mt. 12:28; Jn. 3:21). Las dos acusaciones son formalmente independientes en Marcos (καὶ ὅτι) y ninguna de ellas tiene necesidad de la otra, pero al colocarlas juntas, seguidas de la respuesta de Jesús a la segunda sin responder manifiestamente a la primera, Marcos aparentemente las considera dos aspectos de la misma acusación, a saber, que Jesús está poseído por un "espíritu familiar" cuyo poder es la fuente de su éxito como exorcista. Es por eso que al final de la perícopa, que ha girado en torno a la segunda acusación, Marcos puede resumir el tema con una repetición de la primera (v. 30).

La acusación de hechicería, que admite el carácter sobrenatural del poder de Jesús pero le atribuye un origen demoníaco y no divino, fue la segunda que lanzaron contra Jesús en la polémica rabínica.[44] Su relevancia en la práctica del exorcismo depende del estatus de Βεελζεβούλ no como un demonio cualquiera, sino como el ἄρχων τῶν δαιμονίων, y por consiguiente, tiene autoridad sobre los demonios inferiores que Jesús exorciza. Teniendo en

---

42. Βεελζεβούλ se describe como el príncipe de los demonios en el *Test. Sal.* 3:1-6; 4:2; 6:1-11; 16:3-5, pero generalmente se admite que esta es una obra cristiana, y por tanto, el nombre se deriva del NT.

43. L. Gaston, *TZ* 18 (1962) 247-55, demuestra que en el AT y posteriormente también se emplea el término hebreo *zbûl* para referirse al cielo y al templo, interpretando cada uno de ellos como el lugar de la morada de Dios, y sugiere que Βεελζεβούλ constituye una versión hebrea de *b'el-šmā-yin*, el nombre arameo del principal dios griego (y desde el punto de vista judío, por ende, el demonio principal), Ζεὺς Ὀλύμπιος. Gaston también señala la conjetura reiterada de que el nombre tal vez pretendiera reflejar el término hebreo posterior *zebel* (pila de estiércol), pero descarta la posibilidad de que se haya derivado de él, independientemente del uso popular que pueda habérsele dado.

44. *B. Sanh.* 43a, 107b; *b.* Šab. 104b (considerando que Ben Stada es un seudónimo para Jesús). Los primeros autores cristianos se refirieron a esto como una polémica judía normal: p. ej., Justino, *Dial.* 69; Orígenes, *Contra Cels.* 1.6 y *passim.*

cuenta esa perspectiva jerárquica de los demonios, no se trata de una acusación inherentemente ridícula, aunque el propósito de una campaña de esta índole desde el punto de vista del príncipe de los demonios no es fácil de imaginar, tal como se pondrá de relieve en la respuesta de Jesús.

23a Marcos suele usar προσκαλεσάμενος como un recurso narrativo para introducir una declaración importante o una acción de Jesús (7:14; 8:1, 34; 10:42; 12:43; cf. 6:7). La idea que dicho verbo transmite en este caso es que aunque los escribas no estaban hablando con Jesús sino acerca de él, Jesús es el que los confronta directamente. Con respecto al significado de ἐν παραβολαῖς véase el comentario sobre 4:2; el término denota un discurso enigmático o figurado, no explícito. Vale la pena señalar que fuera del capítulo 4 Marcos usa el sustantivo παραβολή casi siempre en contextos de disputa con los escribas (y en 12:1-12 con un grupo más amplio de líderes religiosos); las παραβολαί aquí echan por tierra el argumento contra Jesús, la de 7:15 socava todas sus opiniones acerca de pureza, y en cuanto a la de 12:1-12 reconocen inmediatamente que la dijo πρὸς αὐτούς y atiza su determinación de silenciarlo. Los dichos parabólicos de 2:17, 19-22 (aunque no se describan allí como παραβολαί) fueron expresados también en medio de conflictos con los adversarios. En todos los casos el mensaje es llano y provocativo, pero el lenguaje es indirecto. En el plano más básico, este patrón obedece a una razón de prudencia al usar un lenguaje enigmático cuando el lenguaje directo podría resultar peligroso. Desde un punto de vista más teológico, confirma de manera gráfica la enseñanza del capítulo 4 sobre la situación diferente de los que están adentro y los que están afuera, y la idoneidad de las parábolas para los segundos. En el capítulo 4 las parábolas van dirigidas, por supuesto, a un auditorio más amplio y obviamente menos hostil, pero incluso allí existe un límite bien definido entre los que "están afuera", a quienes solo se les habla por parábolas, y aquellos a quienes se les revelan los secretos. Aquí, los escribas de Jerusalén son un ejemplo extremo de los que "están afuera".

23b-26 Todos estos dichos parabólicos desarrollan el mismo tema básico, a saber, que puesto que la fuerza depende de la unidad, un ataque contra cualquier parte del dominio de Satanás no es una señal de connivencia con él sino de amenaza a su poder. Jesús ridiculiza así la extraña noción expresada en el v. 22b de que el príncipe de los demonios podía permitir que usaran su poder contra sus propias fuerzas. Si esa sugerencia dependía de un concepto jerárquico del poder demoníaco, Jesús nada tiene que ver con ello. Él habla del propio Satanás (que aparentemente se identifica con Βεελζεβούλ), no de ningún δαιμόνιον inferior; incluso el acto del exorcismo se describe como Σατανᾶν ἐκβάλλειν, en base a que el príncipe de los demonios también participa de la presencia y el destino de cualquier demonio inferior. Aunque la narración presenta cada uno de los exorcismos como un enfrentamiento con un demonio (o demonios) independiente, desde el punto de vista teológico todos ellos son enfrentamientos directos entre Jesús y Satanás; es por eso que el v. 27 describe de forma resumida la importancia teológica de los exorcismos de Jesús como la atadura no de este o de aquel demonio, sino del propio ἰσχυρός. Esta visión detallada del poder demoníaco bajo la figura personal de Satanás marca una diferencia significativa entre la demonología del NT y la de gran parte del judaísmo contemporáneo (y la cristiandad posterior, tal como se representa en el *Testamento de Salomón*). La elaborada asignación de nombres a los demonios y las historias de sus relaciones que encontramos, por ejemplo, en la literatura de Enoc contrastan notablemente con el NT, donde la atención se centra únicamente en la figura de Satanás (cualquiera que sea el nombre que se le dé), y los demás demonios no son más que figuras imprecisas claramente sometidas a él.

El argumento de los vv. 23b-26, a primera vista, es estrictamente negativo, refuta la acusación de los escribas, pero no contribuye positivamente a la comprensión de los exorcismos. Se plantea en forma hipotética: *si* Satanás actuara de esta manera, sería un suicida; por tanto, podría concluirse que no está haciéndolo, y que su reino, por ende, no será destruido por una guerra civil. En lo que respecta a la lógica estricta del argumento, por tanto, la expresión acerca de la caída del reino y la casa de Satanás, y acerca de su τέλος, sigue siendo hipotética, no es una predicción. Pero si esta no es la explicación correcta de los exorcismos, debemos encontrar otra, para que la simple refutación de la acusación de los escribas tenga una implicación más positiva. Los exorcismos demuestran que el reino de Satanás está, de hecho, siendo atacado: si el ataque no proviene de adentro, entonces, Satanás tiene un enemigo externo, y los éxitos de ese enemigo señalan su caída, no por medio de un conflicto civil sino de una conquista por parte de un poder más fuerte. La afirmación τέλος ἔχει es formalmente hipotética, pero el contexto más amplio revela que expresa claramente la realidad de la nueva situación introducida por el ministerio exorcista de Jesús, que en el v. 27 se describirá en forma vívida, aunque todavía parabólica.

Tanto βασιλεία como οἰκία aparecen como elementos en las παραβολαί y presentan imágenes ilustrativas de un reino dividido y de una casa dividida. Pero la selección de la imaginería, al menos en el caso del βασιλεία, es importante. El objetivo de la misión de Jesús es establecer el βασιλεία τοῦ θεοῦ (1:14-15), y el destino y progreso de ese βασιλεία será el tema explícito de dos de las parábolas del capítulo siguiente (4:26, 30), mientras que la parábola inicial de los terrenos se interpretará en función del conocimiento del secreto del βασιλεία τοῦ θεοῦ (4:11). En la explicación de esa parábola reaparecerá ὁ Σατανᾶς tratando de impedir que se conozca ese secreto (4:15). La mención de un βασιλεία τοῦ Σατανᾶ aquí nos prepara, pues, para ese tema. No se trata de un reino dividido, sino de dos reinos rivales que están en pugna. En su función de proclamador del reino de Dios, Jesús está necesariamente participando en la destrucción del reino de Satanás. Es eso, y no un conflicto interno, lo que provocará el τέλος de Satanás.

27 Una nueva παραβολή (con una forma ligeramente diferente y sin ningún contexto en el *Ev. Tom.* 35) nos ayuda a entender la importancia de los exorcismos de Jesús con un ejemplo más positivo (la conjunción introductoria ἀλλά indica que esta παραβολή ofrece una nueva perspectiva que contrasta con lo anterior). Aunque no se da ninguna explicación, a partir del contexto puede deducirse con toda certeza que el hombre fuerte representa a Satanás (que, al igual que en los vv. 23b-26, simboliza la suma total de las fuerzas opresivas del mal empleadas por cada demonio individual para ejercer su actividad), mientras que su adversario y expoliador es Jesús.[45] Lo que enseña la parábola, entonces, es que el hecho de que Jesús esté despojando a Satanás (mediante sus exorcismos) demuestra que lo ha sometido, y eso implica que el poder de Satanás τέλος ἔχει, y por tanto, que el ministerio de Jesús está estableciendo el reino de Dios (tal como lo expresa claramente en este punto el dicho Q, Mt. 12:28).

La imaginería nos recuerda el pasaje de Isaías 49:24-26,[46] y puesto que el "botín" que se le arrebata allí al hombre fuerte representa al pueblo de Dios rescatado de sus opresores, deberíamos tal vez considerar que los σκεύη del hombre fuerte aquí representan a las personas que (mediante el exorcismo) son rescatadas de la opresión de Satanás. Ya no vivimos bajo la sombra de Jülicher que decretó que cualquier interpretación así de los detalles de las parábolas fuera automáticamente rechazada como una "alegorización" ilegítima; queda, pues, a nuestro juicio determinar hasta qué punto el contexto sugiere que los detalles de la imaginería deben de esta manera. En un contexto en el que el tema es la importancia de los exorcismos de Jesús, parece totalmente razonable esta interpretación de los σκεύη, que no distorsiona en modo alguno la enseñanza de la parábola, sino que la perfecciona.

Sin embargo, cabría preguntar, más bien, si eso mismo puede decirse del uso del verbo δέω, dado que en el contexto no aparece ningún equivalente directo para la acción de atar, y la parábola funciona bastante bien si se interpreta simplemente como una manera de decir que el hombre fuerte ha quedado sometido. A la luz de la proliferación reciente de las expresiones acerca de "atar a Satanás" en los círculos carismáticos, a veces hasta el punto de convertirlas en un ritual cuasi litúrgico más propio de los papiros mágicos paganos que del NT, deberíamos mostrarnos particularmente reacios a sacar conclusiones exageradas acerca del uso de δέω aquí. En la literatura judía existen sin duda varias referencias al hecho de "atar" los poderes demoníacos; un solo pasaje se refiere a la "atadura" de un demonio individual (aunque esta ocurre después y no antes de su expulsión, Tob. 8:3), pero en la mayoría de los casos se alude al

45. El hecho de que en 1:7 se haya hablado del ἰσχυρότερος hace que muchos comentaristas perciban un reflejo en el uso de ἰσχυρός aquí (y por ende, la implicación de que Jesús es el ἰσχυρότερος). Pero el punto de comparación es muy diferente (Juan el Bautista y Satanás) y el adjetivo demasiado común para hacer que la pretendida alusión resulte improbable.

46. Una conexión con Is. 53:12, τῶν ἰσχυρῶν μεριεῖ σκῦλα, es mucho menos probable, porque la idea allí no es despojar al fuerte sino repartir el botín con él. La imaginería del "hombre fuerte" se emplea de manera diferente en *Sal. Sal.* 5:3, donde se describe a Dios como un hombre fuerte a quien nadie puede arrebatarle nada, y por tanto, deben depender de que él se lo dé.

encarcelamiento antediluviano de los ángeles caídos para esperar su juicio final (*1Enoc* 10:4-5, 11-12; 21:1-6; *Jub.* 10:7-9) o a una incapacitación escatológica de las fuerzas del mal (*Test. Leví* 18:12; *1Enoc* 54:3-5; 69:28) que probablemente se deriva de la idea del encarcelamiento escatológico del "ejército de los cielos" en Isaías 24:21-22.[47] Esos son los conceptos que subyacen tras la "atadura" de Satanás por espacio de mil años en Apocalipsis 20:1-3. Las esperanzas escatológicas judías también incluían los temas de la liberación de los cautivos de Satanás (*Test. Dan* 5:11; *Test. Zab.* 9:8; 11Q13 [*Melquisedec*] 11-13, 24-25) y la capacidad del pueblo de Dios para hollar a los espíritus malignos (*Test. Leví* 18:12; *Test. Sim.* 6:6). Todo esto sugiere que la imaginería de la "atadura del hombre fuerte" no se relaciona con los métodos exorcistas de Jesús, sino más bien con la salvación escatológica que él ofrece ahora, por cuanto el reino de Dios despojará finalmente a Satanás de su poder para oponerse a la voluntad de Dios o dañar a su pueblo.[48] Examinamos con anterioridad (en nuestro comentario sobre 1:12-13) el argumento de E. Best de que 3:27 presupone que Satanás ya está sometido, y que por esa razón, debemos considerar que en 1:12-13 se describe su derrota decisiva. La lógica de 3:27 no tiene por qué ser tan estricta. No hay nada que pueda arrebatársele al hombre antes de haberlo atado, pero eso no exige que sea atado de una vez y para siempre ni que después de eso no haya nuevas contiendas. Cada enfrentamiento individual con Satanás (en la persona de uno de los demonios residentes que están bajo su control) implicará un "encuentro de poder" en el que Jesús tendrá que reivindicar la superioridad de su autoridad. No hay nada que sugiera que el resultado pueda ser incierto (salvo en el caso en que los discípulos de Jesús trataron de hacer uso de su autoridad sin la debida preparación espiritual, 9:14-29) puesto que la proclamación del reino de Dios ha dado lugar a una nueva situación de victoria escatológica sobre Satanás; pero, como generalmente ocurre en la escatología neotestamentaria, esa victoria, en principio, debe implementarse en la realidad por medio de un verdadero conflicto. Es así cómo deben entenderse los exorcismos de Jesús.

Valdría la pena señalar que fue el Espíritu quien le dio inicio al enfrentamiento con Satanás en 1:12, y que el v. 29 incluirá una de las rarísimas referencias al Espíritu fuera del prólogo —de hecho, la única que relaciona el Espíritu con el ministerio de Jesús. Según implicará el v. 29, el Espíritu es quien capacita a Jesús para vencer el poder demoníaco. No es simplemente un hombre el que logra "atar" al ἰσχυρός, sino un hombre en quien está obrando el Espíritu de Dios. Los exorcismos, pues, revelan la dimensión esencialmente

---

47. En *Jub.* 48:15-16 también se lee que el príncipe de los demonios Matema fue temporalmente "atado" en el momento del éxodo para impedir su intervención contra Israel.

48. Este es un trasfondo que obviamente se adecua mejor al ministerio de Jesús en la Galilea del siglo I que los encantamientos exorcistas paganos encontrados en los papiros mágicos griegos posteriores que a veces usan términos relacionados con una atadura (καταδέω; también φιμόω; véase el comentario sobre 1:25) junto con o en lugar del término más usual (ἐξ)ὀρκίζω; véase G. H. Twelftree, en *GP*, 6.375, 378; MM, 325b, 672b.

espiritual del ministerio de Jesús. De ahí la gravedad que supone pervertir su significado y considerar que se trata de una conspiración satánica.[49]

28-30 Las παραβολαί (v. 23) terminaron con el v. 27, y ahora le dan paso a una advertencia directa. El dicho de los vv. 28-29, con su solemne introducción ἀμὴν λέγω ὑμῖν, no contiene ninguna referencia directa a la controversia en medio de la cual se halla ubicado, y podría muy bien haberse tomado como un dicho aislado en la tradición de Jesús; el paralelismo parcial en Lucas 12:10 es parte integrante de una cadena de declaraciones favorables y desfavorables, y una forma variante aparece de manera independiente en el *Ev. Tom.* 44. Sin embargo, es en este contexto que Marcos y Mateo nos han dejado constancia del mismo, y Marcos, para mostrar con claridad que su intención era que se interpretase a la luz de la controversia sobre Beelcebú, lo enmarcó en la perícopa con el v. 30, en el que vuelve a mencionarse la acusación del v. 22.

Esta es la primera vez que aparece en Marcos la fórmula ἀμὴν λέγω ὑμῖν, que normalmente se lee en los cuatro Evangelios (aunque con menos frecuencia en Lucas, y con un doble ἀμήν en Juan) y por lo general se toma como un sello característico del estilo peculiar de Jesús para comunicar su enseñanza. Esta osada atribución de autoridad (Jesús habla en su propio nombre, y sus palabras, al igual que las palabras de Yahvé en el AT, son "verdad") no tiene precedentes en la literatura judía. La palabra hebrea ʾāmēn como tal aparece en veintitrés ocasiones (en seis de las cuales se duplica) en el AT como una respuesta afirmativa o como la conclusión de una doxología. La LXX suele traducirla como γένοιτο, pero tres veces (y cinco en los libros no canónicos) como ἀμήν. Sin embargo, no existe ningún paralelismo con el uso introductorio de ἀμήν por parte de Jesús en la literatura judía precristiana,[50] y mucho menos algún ejemplo de un maestro judío que usara la expresión ἀμὴν λέγω ὑμῖν.[51] La única vez que no aparece ʾāmēn en el AT como una respuesta le aporta una dimensión nueva y extraordinaria al uso que hace Jesús del término: en Isaías 65:16 se emplea la frase ʾlōhê-ʾāmēn, "Dios del amén", como un título divino. Una expresión, pues, introducida de esa manera no debe tomarse a la ligera.

---

49. Cf. J. Camery-Hoggatt, *Irony*, 125-26, con referencia a la opinión judía acerca de los espíritus opuestos de santidad y de Belial.

50. El conocido argumento de J. Jeremias en este respecto, *Prayers*, 108-15, sigue siendo convincente a pesar de los esfuerzos de V. Hasler, *Amen*, y K. Berger, *Amen-Worte* y *ZNW* 63 (1972) 45-75, por rebatirlo. Véase la respuesta de Jeremias en *ZNW* 64 (1973) 122-23. B. D. Chilton, *Rabbi*, 202, sugiere un posible precedente arameo en el uso de "en verdad" en el Tárgum de Is. 37:18; 45:14, 15, pero, dejando de lado la cuestión de la fecha de dicho tárgum, aunque no se le da el mismo uso responsorial que en el AT, siempre aparece en medio de una oración o un discurso, y no como una formula introductoria; sin embargo, estos usos no pueden compararse en modo alguno con la fórmula ἀμὴν λέγω ὑμῖν.

51. Existe una expresión introductoria ἀμὴν λέγω σοι en *Test. Abr.* 8:7 (probablemente de fines del siglo I a.C. y tal vez influenciada por el uso neotestamentario), pero las palabras introducidas allí de esa manera son las del propio Dios. En *Test. Abr.* 20:2 es la muerte quien usa la fórmula ἀμὴν ἀμὴν λέγω σοι hablando con Abraham.

El dicho no gira en torno al "pecado" en general sino a las βλασφημίαι: la cláusula relativa anterior define el αἰώνιον ἁμάρτημα del v. 29c como la blasfemia contra el Espíritu Santo, y aun cuando el v. 28 comienza con una referencia más general a los ἁμαρτήματα, la cláusula final ὅσα ἐὰν βλασφημήσωσιν (no ὅσα ἐὰν ἁμαρτήσωσιν) indica de qué pecado se trata. Por consiguiente, la declaración básica es simplemente que todas (las demás, se sobrentiende) blasfemias pueden ser perdonadas, pero no la que es contra el Espíritu Santo. La sola postulación de esa distinción entre blasfemias sugiere que el término βλασφημία no se usa aquí con el sentido rabínico técnico (véase el comentario sobre 2:7); toda blasfemia constituía una ofensa capital, pero si la blasfemia se define como la pronunciación del nombre divino, no resulta fácil entender en qué consistía la "blasfemia contra el Espíritu Santo". En el uso más popular βλασφημία (-έω) tenía una variedad más amplia de significados, incluyendo las expresiones difamatorias contra otras personas (Ro. 3:8; 1Co. 10:30; en Mr. 7:22 βλασφημία forma parte de una lista de pecados que normalmente tienen que ver con las relaciones humanas).

El dicho le confiere más peso a la segunda parte, la cual podría parafrasearse de la siguiente manera: "a diferencia de lo que ocurre con otras expresiones difamatorias, hay una que es imperdonable, la que es contra el Espíritu Santo". No es, empero, pertinente preguntar cuáles son exactamente las blasfemias que *pueden* ser perdonadas;[52] lo importante es que hay un tipo que *no* puede perdonarse. Πάντα ἀφεθήσεται τοῖς υἱοῖς τῶν ἀνθρώπων no es una expresión independiente que tenga validez por sí misma, sino el contrapunto de la declaración negativa que sigue.

Οἱ υἱοὶ τῶν ἀνθρώπων refleja una expresión semítica común con respecto a la humanidad en general, y aparece así mismo en la LXX en los Salmos 10:4; 11:2, 9; 13:3; 30:20. Se usa con ese mismo sentido en Efesios 3:5, pero en ningún otro pasaje del NT. No es de extrañar, sin embargo, que no aparezca más en los Evangelios, en primer lugar, porque no es una expresión griega y además, porque el singular ὁ υἱὸς τοῦ ἀνθρώπου se había convertido en un título para Jesús, y al lector cristiano le habría resultado difícil volver a atribuirle el sentido semítico original. Su única aparición aquí, pues, ha dado lugar a muchas discusiones acerca de la forma original del dicho de Jesús, especialmente teniendo en cuenta que tanto Mateo como Lucas incluyen una cláusula que no se encuentra en Marcos y que contrasta la blasfemia contra el Espíritu Santo con la blasfemia contra ὁ υἱὸς τοῦ ἀνθρώπου, en singular. La sugerencia de que Mateo malinterpretó el plural de Marcos y por esa razón, creó un dicho del Hijo del Hombre donde no se había previsto, encuentra las siguiente objeciones: (1) que el pasaje paralelo

---

52. El peligro de este tipo de pregunta se hace claramente patente en la versión del dicho en el *Ev. Tom.* 44, que no conserva el contexto narrativo, y por tanto, expone el dictamen negativo de que la blasfemia contra el Padre o el Hijo sí es perdonable, pero la blasfemia contra el Espíritu Santo no lo es (sin embargo, cf. Mt. 12:32).

a Marcos 3:28 (Mt. 12:31a) cambia correctamente τοῖς υἱοῖς τῶν ἀνθρώπων por τοῖς ἀνθρώποις, (b) que οἱ υἱοὶ τῶν ἀνθρώπων en Marcos son el sujeto, no el complemento, de la acción de blasfemar y (c) que la cláusula de Mateo acerca de la blasfemia contra ὁ υἱὸς τοῦ ἀνθρώπου no guarda tanta semejanza con Marcos 3:28 como con Lucas 12:10, que probablemente refleja una tradición independiente (Q). Pero en la interpretación de Marcos este problema no debe preocuparnos porque en su texto no hay rastro de ninguna referencia a ὁ υἱὸς τοῦ ἀνθρώπου, a menos que se suponga que él no podría haber usado el plural en su sentido semítico normal. Sin embargo, Efesios 3:5 demuestra que en la iglesia cristiana sí se usaba de esa manera, y la cantidad de expresiones semíticas que hay en Marcos permiten sugerir que no tenía por qué considerar inconveniente esta frase.

El uso de εἰς τὸν αἰῶνα (una frase que la LXX suele usar para traducir *l'* ôlām, 'por toda la eternidad') y de αἰώνιος (que denota ante todo un tiempo indefinido, aunque también podría connotar la idea de "algo que pertenece al futuro") indica que Jesús está refiriéndose al destino final de las personas afectadas. Tal vez debería interpretarse que las dos cláusulas hacen hincapié en el mismo tema, una en forma negativa y la otra en forma positiva: nunca será perdonado, pero siempre llevará su culpa. Pero la expresión en la segunda cláusula resulta incómoda (véase la nota textual). El adjetivo ἔνοχος con un genitivo podría significar "culpable" (de un pecado o un crimen) o "susceptible" (de castigo). Al estar seguido de ἁμαρτήματος cabría esperar que indicara lo primero, pero sería más natural que el adjetivo αἰώνιος se refiriera al castigo y no al pecado. Por tanto, es probable que el significado de toda la expresión sea "culpable de un pecado con consecuencias eternas", que en realidad es lo mismo que "susceptible de un castigo eterno". El tiempo presente de los verbos quizás centra más directamente la atención en una culpa actual que en un castigo futuro, pero la inclusión de εἰς τὸν αἰῶνα y de αἰωνίου asegura que también se tiene en cuenta la consecuencia futura de esa culpa. Las palabras de Marcos, sin embargo, no nos ayudan a entender si ese castigo futuro es una aniquilación o un sufrimiento consciente: ambas cosas podrían ser αἰώνιος. Y el texto tampoco aclara si esta culpa eterna es irrevocable o si existe una cláusula implícita que indique "a menos que se arrepienta"; pudiera tal vez ofrecernos un poco de consuelo el hecho de que este dicho, a diferencia de Hebreos 6:4-6; 10:26-27, no descarta explícitamente la posibilidad del arrepentimiento; sin embargo, el objetivo del dicho es advertir, no tranquilizar.

En el contexto de Marcos, la βλασφημία εἰς τὸ πνεῦμα τὸ ἅγιον consiste en afirmar que el poder que Jesús usa en su ministerio de exorcismo no procede del Espíritu de Dios (como los lectores de Marcos saben muy bien a partir de 1:8, 10, 12-13) sino de Βεελζεβούλ, el príncipe de los espíritus malignos, y la yuxtaposición de τὸ πνεῦμα τὸ ἅγιον y πνεῦμα ἀκάθαρτον (v. 30) sugiere que esta afirmación constituye una perversión total de la verdad y un rechazo del gobierno de Dios. Las palabras de Jesús en sí mismas no acusan directamente a los escribas de Jerusalén de esta suprema defección espiritual, pero el v. 30 de

Marcos sí lo hace, y a cualquiera que comparta su actitud hacia el ministerio de Jesús, en ἔνοχοι αἰωνίου ἁμαρτήματος.

Para entender la importancia de los vv. 28-29 fuera de este contexto específico es preciso determinar hasta qué punto una situación dada es comparable, en principio, con la supuesta perversión de la verdad por parte de los escribas.[53] Limitar el uso de estos versículos a cuestiones relacionadas con el exorcismo sería pedante, pero por otra parte, podríamos asegurar confiadamente que la inmensa mayoría de los casos que abordan los pastores de personas que temen haber cometido o podrían cometer "el pecado imperdonable" tienen poco o nada que ver con lo que declara este dicho, el cual es simplemente una advertencia para los que adoptan una postura de rechazo y antagonismos deliberados, y no un intento de amedrentar a los que poseen una consciencia débil.

Cuadro final: Los de adentro y los de afuera (3:31-35)

NOTA TEXTUAL

32. Καὶ αἱ ἀδελφαί σου (A D algunas AL y sir) podría haber sido omitida en la mayoría de los MSS y versiones por error (después de la cláusula anterior casi idéntica) o para armonizar el texto con los de Mateo y Lucas, y paralelar este versículo con los vv. 31, 33, 34, en los que solo se menciona ἡ μήτηρ καὶ οἱ ἀδελφοί. Sin embargo, pudiera igualmente haberse añadido para proporcionar una base para la inclusión de ἀδελφή en el v. 35, tal vez influenciada también por la mención de las hermanas de Jesús en 6:3. El amplísimo apoyo con el que cuenta su omisión sugiere lo segundo, aunque es llamativo que la inserción no se hubiera hecho ya en el v. 31 (y en los vv. 33, 34).

La última perícopa en la descripción marcana de las diversas actitudes hacia Jesús une varios temas. En el plano narrativo, completa el relato que comenzó en los vv. 20-21 acerca del esfuerzo de los parientes de Jesús por controlar su embarazosa actividad. En el v. 21 dice que ellos ἐξῆλθον, y ahora llegan. Estos versículos, pues, concluyen la estructura parentética dentro de la que aparece la controversia con los escribas de Jerusalén, y comparan dos casos prácticos diferentes de rechazo hacia Jesús, a nivel familiar y a nivel oficial, el primero bastante ofensivo (ἐξέστη) pero el segundo (Βεελζεβοὺλ) aún más perjudicial por cuanto pone en duda no solo la cordura de Jesús sino también su adhesión espiritual. Sin embargo, estos versículos también hacen de nuevo hincapié en

---

53. Una interesante interpretación temprana aparece en *Did.* 11:7, donde se prohíbe probar o juzgar a un profeta mientras está hablando en el Espíritu, sobre la base de que πᾶσα γὰρ ἁμαρτία ἀφεθήσεται, αὕτη δὲ ἡ ἁμαρτία οὐκ ἀφεθήσεται. Las palabras, al parecer, se basan claramente en este dicho, y la idea de que cualquier acción que el Espíritu dirija es inviolable resulta similar, pero la prueba de la profecía en la iglesia no cae en la misma categoría que la acusación de los escribas de connivencia con Satanás; de hecho, el resto de *Did.* 11 espera que la profecía sea probada, dejando así a 11:7 como una intrusión inconveniente.

el "círculo íntimo de Jesús" (literalmente κύκλῳ, v. 34), cuyos representantes escogidos ya fueron presentados en los vv. 13-19, y que ahora rodean a Jesús en la casa mientras que sus parientes están parados afuera. En esta perícopa no hay ningún evento; ni siquiera se nos dice qué entendieron los parientes de las palabras extrañas de Jesús, y solo nos dejan entrever (a partir del hecho de que no aparecen más en la narración) que tuvieron que abandonar sus esfuerzos por prender a Jesús y regresar a Nazaret. Más que una narrativa es un cuadro que nos permite ver gráficamente el contraste entre los que están adentro y los que están afuera. El tema central gira en torno a las palabras de Jesús en los vv. 33-35, en los que la desestimación de su familia natural se equilibra con la afirmación positiva de una nueva "familia" del verdadero pueblo de Dios.

La actitud de Jesús hacia su madre y sus hermanos ha generado dificultades comprensibles. Si se toma como un modelo de relaciones familiares, sugiere un rechazo del afecto natural y los vínculos familiares que a los cristianos con toda razón les resulta molesto, y sobre todo a la luz del quinto mandamiento. La breve escena de Marcos presenta una brusquedad en Jesús rayana en la grosería, no solo en lo que dice sino en el recibimiento nada acogedor que dispensa a su madre y a sus hermanos después de su viaje. Aun cuando conviniéramos en que el propósito de su visita no era amistoso y que el motivo que los impulsaba era κρατῆσαι αὐτόν, podríamos haber esperado un poquito más de cortesía. El Evangelio de Marcos tampoco intenta restablecer el equilibrio con la información que ofrecen otros pasajes acerca del papel prominente que jugaron María y Jacobo en el movimiento cristiano, y de que Jesús no abandonó su deber filial (Jn. 19:25-27).

Pero el interés de Marcos está en otra parte. Aunque no incluye las palabras de Jesús cuando nos pide explícitamente que elijamos entre la lealtad a él y a la familia (Mt. 10:35-37 par.), 13:12 prevé una persecución de los discípulos por parte de sus familiares, y en 10:28-30 se da por sentado que el discipulado puede implicar el abandono de nuestra familia natural para integrarnos a un círculo "familiar" nuevo y más grande. Este último pasaje guarda una estrecha relación con la perícopa que estamos analizando y sugiere que la idea principal implícita aquí no es que las relaciones familiares en sí mismas no sean importantes, sino más bien que es necesario darle la preferencia a una prioridad más elevada (el llamado al discipulado a la luz de la proclamación del reino de Dios). La nueva familia del pueblo de Dios en la que se le da cabida al discípulo es mucho más importante (ἑκατονταπλασίονα, 10:30) incluso que la familia natural, y si el "hacer la voluntad de Dios" (v. 35) supone la incomprensión y hasta la hostilidad de nuestros propios familiares, como ocurrió con Jesús, es un precio que vale la pena pagar. El deseo resuelto de Marcos de hacer hincapié en la prioridad de la "familia espiritual" no le deja margen en esta perícopa para ofrecer un relato general más balanceado de la relación de Jesús con su madre y sus hermanos.[54]

54. En cuanto a la sugerencia de que Marcos aquí está enfrascado en una polémica contra la

La imaginería situacional de esta escena describe vívidamente el contraste entre los que están adentro y los que están afuera. Los miembros de la familia de Jesús están ἔξω στήκοντες (v. 31), y en el v. 32 se lee de nuevo que están ἔξω, mientras que la multitud de los partidarios ἐκάθητο περὶ αὐτόν (v. 32) y el v. 34 vuelve a presentarlos περὶ αὐτὸν κύκλῳ καθημένους. En la perícopa que sigue se usarán también todas estas expresiones y se hará especial hincapié en el contraste entre los que están dentro y los que están afuera, οἱ περὶ αὐτόν para denotar a los destinatarios privilegiados de la revelación y οἱ ἔξω a aquellos a quienes no les es dado recibirla (4:10-11).

31 A la luz del v. 20 cabe suponer que debemos imaginar la casa tan llena de seguidores de Jesús que, al igual que en 2:2-4, era físicamente imposible acercarse a él. En 6:3 Marcos nos dará los nombres de la μήτηρ καὶ ἀδελφοί de Jesús (véase la nota textual con respecto a la lectura que incluye a las hermanas también), pero aparte de eso, no nos dice nada acerca de ellos. Dado que Marcos no ha hecho ninguna insinuación acerca de la tradición de la concepción virginal de Jesús, la existencia de ἀδελφοί no causa sorpresa, y no hay nada en su texto que pueda servir de base para la discusión posterior que se suscitó en la iglesia en cuanto a si eran medio hermanos (hijos de José y María, y por ende, emparentados con Jesús por el lado materno) o si eran primos (un punto de vista que no tiene nada que agradecerle a la exégesis, pero todo a la apologética que defiende la virginidad perpetua de María). Con respecto a la ausencia de un padre (que cabría sin duda esperar que hubiera encabezado esta delegación) véase el comentario sobre 6:3.[55]

32 La ὄχλος presumiblemente es la misma del v. 20, y debe distinguirse de los doce,[56] a quienes Jesús llamó de entre la multitud más grande de seguidores entusiastas en 3:14-19 antes de regresar con ellos a la casa donde la ὄχλος finalmente pudo hallarlo. Los doce, por supuesto, estaban todavía con él en la casa, pero el κύκλος (v. 34) incluye a muchas más personas. Por consiguiente, la declaración del v. 35 acerca de los que hacen la voluntad de Dios no solo se aplica al grupo escogido de compañeros de viaje de Jesús, sino que es mucho más abarcadora (ὃς ἄν). El sujeto de λέγουσιν (y por ende también del antecedente de αὐτοῖς in v. 33) es probablemente la ὄχλος, porque en Marcos, aunque el verbo principal regido por el sustantivo ὄχλος suele ser singular (en este caso ἐκάθητο) los verbos y pronombres siguientes que se refieren a dicho sustantivo son siempre plurales (véase el comentario sobre el v. 21); otra posibilidad sería que "ellos" ("alguien dijo") fuera un pronombre indefinido, pero en el contexto narrativo la diferencia es mínima porque solo los miembros de la ὄχλος podían escucharlo.

---

familia de Jesús, y en particular contra Jacobo, el líder de la iglesia de Jerusalén, véase J. D. Crossan, *NovT* 15 (1973) 81-113; É. Trocmé, *Formation*, 130-136. Véase la opinión contraria de S. C. Barton, *Discipleship*, 82-85.

55. Cabría preguntarse, tal como opina E. Best (*Disciples*, 62), si la ausencia del "padre" le recordaría de inmediato al cristiano que el "padre" de la nueva familia era Dios.

56. Véase el artículo de Minear con referencia a lo anterior, pág. 160 n. 17.

33-35 No hay ninguna razón para pensar que Marcos quisiera que κύκλος se interpretara en un sentido que no fuera puramente literal; el dativo se usa como un adverbio y significa "alrededor de él". Pero con su descripción de la multitud rodeando a Jesús, Marcos nos da una impresión visual de la reunión del "círculo" (en nuestro sentido metafórico) de seguidores de Jesús. Al declarar que este grupo constituye su propia familia, Jesús sugiere un nivel de coherencia mayor que el de una simple reunión ad hoc. Esa coherencia dentro de la comunión íntima de los doce resultaría menos llamativa, pero se trata de la familia más amplia, y en principio indefinidamente extensible, de ὃς ἂν ποιήσῃ τὸ θέλημα τοῦ θεοῦ.

Esta expresión es muy amplia y difícil de limitar a un grupo concreto de creyentes. Expresaría bien el objetivo de las personas más religiosas, incluyendo sobre todo a los fariseos. En este contexto, no cabe duda de que los escribas de Jerusalén de 3:22 pensaban que estaban haciendo la voluntad de Dios, y ciertamente también los parientes de Jesús. El uso de la expresión para diferenciar un tipo de compromiso religioso de otro, como obviamente ocurre en este caso, debe presuponer un conocimiento específico de lo que significa τὸ θέλημα τοῦ θεοῦ. Marcos no vuelve a emplearla, pero en el contexto de su historia hasta aquí tiene que relacionarse, por supuesto, con la proclamación de Jesús de la venida del reino de Dios, con su consiguiente llamado al arrepentimiento y a creer en el εὐαγγέλιον (1:14-15), que es la única exigencia general de Jesús de la que Marcos hasta el momento ha dejado constancia. Ese es el llamado que tanto los escribas como la familia han rechazado, y con ello, se han colocado al margen de la τὸ θέλημα τοῦ θεοῦ.

La descripción del "círculo íntimo de Jesús" como una familia en la que los miembros están emparentados con él como "hermanos" es un concepto verdaderamente notable a la luz de las pruebas que ya hemos visto de que Marcos desea que sus lectores perciban a Jesús como una persona de un estatus y una autoridad excepcionales, el Hijo de Dios, en cuyo ministerio las promesas veterotestamentarias de la venida escatológica del propio Dios están siendo cumplidas. E. Best tal vez tenga razón cuando nos desaconseja examinar la imaginería de este pasaje de una forma demasiado literal: "Marcos no precisa cuál es la posición de Jesús en este grupo ni tampoco sugiere que Jesús y los cristianos formen una gran familia feliz en la que Jesús está al mismo nivel de los demás, o en un nivel ligeramente más alto".[57] Pero tal vez no sería ilegítimo recordar la imaginería del "hermano mayor" que aparece en otros pasajes del NT: Romanos 8:29; Hebreos 2:11-13.

La inclusión de καὶ ἀδελφή en v. 35 es un ejemplo de una expresión deliberadamente abarcadora. En la narración y en el diálogo se han mencionado únicamente la madre y los hermanos (véase la nota textual), para que la coherencia lógica solo exigiera ἀδελφός μου καὶ μήτηρ aquí, pero entre los seguidores de Jesús (y la iglesia de Marcos) había mujeres y hombres, y

---

57. E. Best, *Disciples*, 62.

la presencia de ambos grupos es debidamente reconocida. (Contrástese la versión con una orientación más masculina de esta perícopa en el *Ev. Tom.* 99, que además de poner siempre los "hermanos" antes que la "madre", omite por completo a las "hermanas").

DISCURSO EXPLICATIVO:
LA PARADOJA DEL REINO DE DIOS (4:1-34)

NOTAS TEXTUALES

8. El verbo αὐξάνω aparece tanto en voz activa como en voz pasiva y tiene el significado intransitivo de "crecer". La forma activa es la más reciente y la más común en el NT. Dado que en los manuscritos más antiguos se lee aquí la forma pasiva, la voz activa constituye probablemente una corrección posterior, influenciada tal vez por la desinencia similar de la forma verbal ἀναβαίνοντα inmediatamente anterior.

En la gran mayoría de los testimonios aparece aquí un participio masculino singular en caso acusativo, que depende de la interpretación de ἀναβαίνοντα como un participio masculino singular que concuerda con καρπόν. Esta es la lectura más fácil puesto que es casi inadmisible que ἄλλα sea el sustantivo que rige los participios; sin embargo, esto no tiene mucho sentido porque son las plantas, y no su καρπός, las que crecen hacia arriba. Debe preferirse, pues, la lectura de א B etc., que considera que los participios son neutros y plurales al igual que ἄλλα, y tomar las lecturas del masculino como el resultado de una mala interpretación mecánica del texto. La presencia de ἄλλο (para que concuerde con los vv. 5, 7) en lugar de ἄλλα (א* B C L W Θ) en muchos MSS (apoyados por las versiones latina y siriaca) permitiría relacionar αὐξανόμενον con ἄλλο y no con καρπόν, pero en ese caso habría que leer ἀναβαίνοντα como un participio masculino singular, y por tanto, la sintaxis resultaría aún más confusa. La estructura de la historia exige de todas formas el adjetivo neutro plural ἄλλα (véase el comentario sobre el v. 4).

8. (y el v. 20, donde la información que se ofrece es prácticamente la misma). La confusión entre εἰς y ἐν en varias combinaciones para las tres expresiones numéricas, con la opción adicional de ἕν en las tres (D W *f*, versiones latina y cóptica), y la falta de un espíritu sobre εν en la mayoría de los unciales, plantea un problema difícil. Tal vez sería mejor suponer que la idea de Marcos era usar ἕν en las tres expresiones (ἕν ... ἕν ... ἕν ... después del adjetivo plural ἄλλα es un modismo inteligible a pesar de su torpeza), pero que debido a la ausencia de un espíritu fue mal interpretado y reproducido como ἐν (lo cual sería casi inevitable si el adjetivo era ἄλλο y no ἄλλα; véase la nota anterior), y que eso provocó modificaciones ulteriores para tratar de darle sentido. Cuando los MSS griegos se encuentran en desventaja por la falta de espíritus, el testimonio de las versiones con respecto a las interpretaciones más antiguas del texto adquiere un peso mucho mayor.

15. Existe la sospecha de que las lecturas ἐν ταῖς καρδίαις αὐτῶν (D Θ y los MSS y versiones más recientes) ἀπὸ τῆς καρδίας αὐτῶν (A) sean asimilaciones al texto de Mateo y al de Lucas respectivamente. La lectura B εἰς αὐτούς y la de א, ἐν αὐτοῖς, no difieren en cuanto a su significado; la primera constituye quizás un modismo más "correcto" para referirse a la siembra de una semilla "en" un recipiente, pero la segunda se entiende de manera más natural cuando se trata de personas, y por tanto es muy probable que sea una corrección.

24. La omisión de καὶ προστεθήσεται ὑμῖν en D W y en algunas AL se debe tal vez a una asimilación al texto de Mateo 7:2, pero podría ser simplemente un error mecánico después de copiar una expresión anterior similar. Τοῖς ἀκούουσιν (A Θ y los MSS y las versiones siriaca y cóptica más recientes) tal vez sea una adición antigua de carácter moral: la bonificación será solo para los que escuchen.

28. En el griego posterior, el adjetivo πλήρης se usaba a veces sin declinaciones ("a partir del siglo I d.C. comenzó a aparecer frecuentemente en el griego helenístico coloquial"; BAGD, 670a). La frase πλήρης σῖτον (Σ 28 etc.) podría, pues, haber sido original, pero fue naturalmente corregida y remplazada por la forma masculina clásica πλήρη σῖτον que se lee en la mayoría de los MSS. Además, la forma neutra plural que tiene σῖτος (masc.) tal vez hizo que algún copista "inventara" una forma neutra singular equivalente, πλῆρες σῖτον (así C*). Afortunadamente, la exégesis no se ve afectada cualquiera que sea la forma gramatical original.

Hasta ahora, a pesar del hincapié que hace Marcos en la actividad docente de Jesús, es poco lo que se ha dicho de la enseñanza en sí, exceptuando lo que leemos en algunos breves epigramas. Es hora, pues, de hacer lugar para una sección importante de enseñanzas. Tal como ha mostrado nuestro análisis estructural del Evangelio, este discurso aparece en el centro del primer acto del drama, el ministerio en Galilea, así como la otra sección principal de enseñanzas (13:3-37) aparece en el centro del último acto, los acontecimientos culminantes en Jerusalén. Cada uno de los discursos ofrece un marco explicativo para ayudar al lector a alcanzar una perspectiva correcta de la narración que aparece antes y después del discurso.

La narración hasta aquí ha descrito la proclamación inicial del reino de Dios y la respuesta que ha suscitado dicha proclamación. Esa respuesta ha sido sorprendentemente diversa, oscilando entre el entusiasmo y el compromiso de los primeros seguidores que se convirtieron en el núcleo de los doce, la trama de los fariseos y los herodianos para destruir a Jesús y la blasfemia suprema de los escribas de Jerusalén que le atribuyeron al diablo esta nueva obra de Dios. En medio de estos hay otros niveles de respuesta, el escepticismo de los familiares de Jesús, el desconcierto de los que consideraban que la práctica de Jesús estaba en desacuerdo con las normas religiosas vigentes (2:18), el entusiasmo superficial de los que se aglomeraban en torno a él con la esperanza de ser sanados, el reconocimiento asombrado de la nueva especie de ἐξουσία de Jesús por parte de los que presenciaron sus exorcismos y curaciones, y la cada vez más numerosa multitud de los que seguían a Jesús for cualquier motivo, pero cuya permanencia como "seguidores" aún debía ser probada. No obstante, todas estas son respuestas al mismo mensaje y a las mismas obras de Jesús. Pero, ¿cómo es posible que las personas respondan de manera tan diversa? Si la proclamación del reino de Dios es εὐαγγέλιον, ¿por qué no es universalmente aceptada? Si los demonios tienen razón al reconocer a Jesús como el Hijo de Dios (y lo han hecho, tal como 1:11 ya les ha asegurado a los lectores de Marcos), ¿cómo es posible que los que ocupan posiciones de autoridad dentro de pueblo de Dios no lo reconozcan como tal, y lo que es peor, lo rechacen como satánico (un tema que, por supuesto, se volverá más acuciante a medida que avanza la historia)? Esas son las preguntas que el discurso que sigue tratará de responder.

El βασιλεία τοῦ θεοῦ, que fue anunciado a bombo y platillo en 1:14-15, pero que no se ha mencionado claramente desde entonces, vuelve ahora a ocupar el centro de atención. Las palabras cruciales de explicación en los vv. 11-12 giran en torno al μυστήριον τῆς βασιλείας τοῦ θεοῦ, y la ubicación de estos versículos entre la parábola del sembrador y su explicación, como respuesta a la pregunta de los discípulos con respecto a las parábolas, indica que esa parábola (que, en cuanto a su longitud, es el componente principal del discurso) versa también, por ende, sobre el reino de Dios. Los dos "relatos parabólicos" que aparecen más adelante en el discurso son introducidos explícitamente como ejemplos para entender el reino de Dios. Este es, por tanto, un discurso acerca del reino de Dios, y tiene por objetivo explicar el hecho paradójico de que una proclamación de esa máxima importancia puede ser ignorada e incluso contradicha por algunos de los que la oigan. Pone así de manifiesto un conflicto fundamental entre los valores divinos y humanos, y la necesidad de una perspectiva más que humana para poder entender y aceptar el propósito de Dios.

La explicación se lleva a cabo por medio de παραβολαί. Esta palabra, que ya había aparecido en 3:23, predomina en el capítulo 4 (vv. 2, 10, 11, 13 [bis], 30, 33 y 34). El discurso incluye algunos ejemplos de παραβολαί (vv. 3-8, 21-22, 24-25, 26-29 y 30-32) y analiza la naturaleza y el propósito de esta forma de enseñanza (específicamente en los vv. 10-13, 33-34 y en forma parabólica especialmente en los vv. 21-25).

El amplio análisis moderno de las parábolas de Jesús ha puesto de relieve la insuficiencia de la definición que se ha dado en las clases bíblicas, "una historia terrenal con un significado celestial". Las propias παραβολαί que adoptan la forma de una "historia" (y muchas que no, como en los vv. 21-22, 24-25) no son a menudo simples ilustraciones de la verdad celestial. Suelen desconcertar y a la vez iluminar, y su propósito principal, más que ofrecer explicaciones tranquilizadoras o ilustraciones de trivialidades morales, es conmocionar y desafiar. La LXX traduce como παραβολή el término hebreo *māšāl*, que incluye no solo (ni en primer lugar) historias ilustrativas, sino epigramas, proverbios, dichos descriptivos e incluso enigmas (*māšāl* es un término análogo a *ḥîdâ*, "enigma", en, p. ej., Sal. 49:5; 78:2; Pr. 1:6; Ez. 17:2). La palabra ya se había usado en 3:23 para introducir un grupo de dichos metafóricos (3:23-27); y algunos dichos similares en 2:17, 19-22, aunque no se describen como παραβολαί, ofrecen otros ejemplos de este tipo de enseñanza. La παραβολή tal vez podría definirse mejor en sentido negativo como lo contrario de un discurso proposicional y prosaico. Es un discurso cuyo significado no se entiende a primera vista sino que exige investigación y perspicacia, y por tanto, el grado de comunicación que logre dependerá de la medida en que el oyente comparta el trasfondo del pensamiento y los valores del orador. Las parábolas son "narraciones cuyo significado va más allá y es diferente de lo que parecen decir, y dicho significado varía según la persona que la escucha".[1] Y una vez que se descubre ese significado, no es probable que se quede en el nivel puramente cognitivo, sino que implicará (y de hecho, puede ser incluso simplemente) un llamado a una respuesta en el nivel de la actitud, la voluntad y la acción. La comprensión de una παραβολή no solo nos ilumina sino que nos hace cambiar (o al menos nos motiva a hacerlo).

Todo esto, que resultará crucial para entender la idea general de este discurso, es habitual en las investigaciones modernas, pero este no es el lugar adecuado para analizar esas investigaciones.[2] Gran parte de su contribución se halla condensada, con mucho acierto, en una imagen visual que propuso hace algunos años C. F. D. Mouse, que aún merece que se repita:

> Una parábola es semejante a una caricatura política actual. Una buena caricatura presenta una analogía interpretativa cuyo significado debe descubrir el lector, en primer lugar, entendiéndola, luego, reaccionando ante ella en forma crítica y, por último, actuando en consecuencia. Si el lector es tonto o estúpido o tan superficial que es virtualmente incapaz de recibir instrucción, no hay duda de que lo único que verá será la caricatura, y solo podrá decir que le gusta o que no le gusta. Pero cualquiera que tenga una pizca de inteligencia reaccionará de un modo o de otro. Dirá: "Sí, por supuesto, eso es exactamente lo que está ocurriendo. Nunca antes lo había entendido con tanta claridad, pero ahora sé que no debo volver a votar a favor del partido conservador [o cualquiera que sea]". O tal vez dirá: "Sí, entiendo lo que el caricaturista quiere comunicar, pero no creo que su interpretación sea justa. Está mostrándose cruel con X, que en realidad no está haciendo lo que hace el cerdo del dibujo". En el momento en que el lector responde de un modo o de otro, él y el caricaturista han establecido una colaboración para crear algo; lo que está ocurriendo es un proceso educativo.[3]

---

1. F. Kermode, *Genesis*, 23.
2. La literatura es abundante. Algunos estudios útiles de los análisis modernos pueden encontrarse en N. Perrin, *Language*, 89-193; R. H. Stein, *Parables*, especialmente 42-81; y más recientemente en los artículos de K. R. Snodgrass y R. H. Stein en R. N. Longenecker (ed.), *Parables*, 3-50.
3. C. F. D. Moule, en E. E. Ellis y M. Wilcox (ed.), *Neotestamentica et Semitica*, 96-97.

Tal vez habría sido útil que él añadiera que el grado de comunicación que logre depende del conocimiento por parte del lector de los acontecimientos o los asuntos sobre los que el caricaturista comenta y de la perspectiva desde la cual hace el comentario. El beneficio que podamos obtener de él depende de lo que nosotros le aportemos. Y eso mismo ocurre con las parábolas (véase 4:24-25).

Las parábolas de Jesús contienen elementos de paradoja y de desafío. Por tanto, son medios especialmente adecuados para transmitir el mensaje del reino de Dios, el cual también, tal como se hará cada vez más patente en el Evangelio de Marcos, rechaza algunas de las actitudes y valores humanos más esenciales, y desafía a sus oyentes a adoptar un programa radicalmente nuevo de vida y de acción. Algunos considerarán que el mensaje es demasiado incómodo y por tanto, se opondrán, mientras que otros simplemente no lograrán comprenderlo. Pero incluso los que respondan a él descubrirán que altera constantemente sus supuestos fundamentales y exige un programa reeducativo que remplazará τὰ τῶν ἀνθρώπων por τὰ τοῦ θεοῦ (8:33), tal como se ilustrará en la experiencia de los discípulos a lo largo de la sección central del Evangelio (8:22–10:52). Ese tipo de mensaje se comunica mejor a través de las παραβολαί, y el discurso que nos ocupa ahora es el punto de partida de este proceso. Marcos 4, por tanto, no es solo un discurso acerca de las parábolas ni tampoco acerca del reino de Dios, sino inevitablemente acerca de ambas cosas, por cuanto estas son inseparables.

Otra palabra clave del capítulo 4 que hace hincapié en el mismo punto es el verbo ἀκούω. La parábola inicial comienza con un llamado, Ἀκούετε, que no es una fórmula introductoria habitual en Marcos.[4] Aparece otra vez en el v. 9 con la fórmula común a las parábolas ὃς ἔχει ὦτα ἀκούειν ἀκουέτω. Se nos presenta así lo que, de hecho, será un tema principal del discurso, a saber, la importancia de "oír". El problema de los que están afuera es que la manera en que "oyen" es ineficaz (v. 12), y la interpretación de la parábola del sembrador explicará el destino de cada uno de los cuatro tipos de semilla en función de lo que sucede cuando se "oye" el λόγος (vv. 15, 16, 18, 20); en el v. 23 entonces volverá a repetirse la fórmula εἴ τις ἔχει ὦτα ἀκούειν ἀκουέτω, y en el v. 24 se añadirá la advertencia βλέπετε τί ἀκούετε; por último, Marcos agregará el comentario de que la enseñanza que Jesús transmitía en forma de parábolas era καθὼς ἠδύναντο ἀκούειν. Esa insistencia en el verbo ἀκούω a lo largo del discurso no solo atrae la atención del lector sino que nos indica que este discurso gira en torno a un solo tema, a saber, "la manera en que se oye", y que la división entre los que están adentro y los que están afuera se relaciona con la forma en que cada uno de esos dos grupos "oye la palabra".

---

4. El paralelismo más cercano es 7:14, ἀκούσατέ μου πάντες καὶ σύνετε, seguido también por un dicho que en muchos MSS concluye con la fórmula εἴ τις ἔχει ὦτα ἀκούειν ἀκουέτω (7:16); allí, al igual que aquí, el dicho introducido de esa manera se describe como una παραβολή (v. 17), de manera que aun en el caso de que 7:16 no sea parte del texto original, el contexto sigue siendo un discurso parabólico.

El término "discurso" se usa de un modo bastante vago puesto que esta sección del Evangelio incluye no solo un discurso sino también una descripción narrativa del evangelista (vv. 1-2, 10, 33-34, además de la fórmula narrativa repetida καὶ ἔλεγεν [αὐτοῖς], vv. 9, 11, 13, 21, 24, 26, 30). Pero la narración está subordinada al discurso y es un comentario del mismo. El complejo entero es una colección de material parabólico (y es así como lo presenta el v. 2). Debe su coherencia al tema principal y no a ningún patrón estructural claro (contrástese con Mt. 13, con su estructura cuidadosamente organizada de elementos equilibradores).[5] La parábola del sembrador domina la primera parte, y con la intercalación del dicho sobre el propósito de las parábolas (vv. 10-12) entre sus dos partes, Marcos deja claro que, en su opinión, esta es la parábola clave, por medio de la cual debe interpretarse todo el método parabólico (este aspecto se indica explícitamente en el v. 13). A continuación aparecen algunos dichos proverbiales independientes (παραβολαί) en los vv. 21-25, que también se relacionan con el tema del método de enseñanza de Jesús; esos dichos se agrupan en dos breves párrafos, a saber, los vv. 21-23 que tratan acerca del encubrimiento y la revelación, y los vv. 24-25 en los que se habla de los efectos de esa enseñanza en los oyentes. Dos símiles adicionales que tienen que ver con la agricultura y describen el carácter sorprendente del reino de Dios (vv. 26-32) completan la colección, después de la cual Marcos añade su propio comentario editorial (vv. 33-34), en el cual, retoma el tema de los vv. 10-12 y lo convierte en una descripción programática del método general de enseñanza de Jesús. Lo complejo está claramente concebido como un todo, y por esa razón se aborda en este comentario como una sección individual, tal como Marcos ciertamente habría deseado.

Un mínimo de elementos narrativos dentro de 4:1-34 complementan la enseñanza, con su tema acerca de las respuestas divididas, de la revelación que se les otorga a algunos y a otros no. El capítulo comienza con una descripción de Jesús rodeado por una ὄχλος πλεῖστος, a la que claramente dirige su enseñanza, aun cuando el propio Jesús se hallaba físicamente distanciado de esas personas en un bote (en el que, a la luz de 3:9, cabe suponer que estaba acompañado por sus discípulos). A esta multitud Jesús le ofrece un gran volumen de enseñanza parabólica (ἐν παραβολαῖς πολλά) que, presumiblemente, abarcaba mucho más que la única parábola a la que se hace referencia en esta coyuntura. Pero en el v. 10, lejos ya de la multitud (κατὰ μόνας), le explica su método de enseñanza a un grupo más limitado, οἱ περὶ αὐτὸν σὺν τοῖς δώδεκα, y es solamente a ellos, y no a la ὄχλος πλεῖστος, a los que les da una explicación detallada de la parábola del sembrador. En ese momento, ἔκεινοι οἱ ἔξω, a los que les es dado saber todas las cosas

---

5. M. A. Beavis, *Audience*, 133-36, descarta cualquier esfuerzo por encontrar una estructura "concéntrica" en el discurso, y alega, en cambio, que su estructura refleja el modo rabínico de enseñanza pública seguida de una explicación privada y un "esquema profético/apocalíptico de parábola/interpretación reveladora", de la cual ella da varios ejemplos.

(solamente) por parábolas, son, al parecer, los mismos que estaban a la orilla del lago con quienes comienza la escena. A partir del v. 21 no se especifica quiénes componen el auditorio. Podríamos suponer naturalmente que la expresión repetida καὶ ἔλεγεν αὐτοῖς indica que se trata de los mismos que se mencionan en los vv. 10ss. (οἱ περὶ αὐτὸν σὺν τοῖς δώδεκα), pero puesto que el contenido en este caso es exclusivamente una parábola sin explicación, esta suposición no se ajusta el patrón establecido anteriormente. Además, la continuación en los vv. 33-34 comienza con las palabras: καὶ τοιαύταις παραβολαῖς πολλαῖς ἐλάλει αὐτοῖς τὸν λόγον, a partir de las cuales es difícil inferir que el pronombre αὐτοί se refiera a otros que no sean los destinatarios de las parábolas inmediatamente precedentes. No obstante, a estos αὐτοί solo se les habla en parábolas, y se contrastan con οἱ ἴδιοι μαθηταί, a quienes se les explican todas las cosas. Al parecer, pues, el auditorio cambió (sin que Marcos lo dijera), tal vez en el v. 26 o más probablemente en el v. 21 (puesto que los vv. 21-25 son también pura παραβολή, y contienen la fórmula parabólica εἴ τις ἔχει ὦτα ἀκούειν ἀκουέτω que se usó ya con la multitud original en el v. 9). Los comentarios personales de Marcos en los vv. 33-34 refuerzan sin duda el mensaje de la estructura narrativa inicial, a saber, que las parábolas son para los que están afuera, y las explicaciones solo para los discípulos.

Hasta aquí hemos podido entender que Marcos usa el término ὄχλος para referirse al grupo más amplio de los que siguen a Jesús, de entre los cuales fueron seleccionados los doce, y en 3:31-35 vimos el contraste entre la ὄχλος que estaba con Jesús en la casa (la verdadera familia de Jesús) y sus parientes naturales que estaban ἔξω. ¿Es, pues, la ὄχλος πλεῖστος del 4:1 (a la que aparentemente se hace referencia en 4:11 como οἱ ἔξω) diferente de la ὄχλος de 3:31? ¿Debe identificarse esta última con οἱ περὶ αὐτόν que forman un círculo más amplio de seguidores además de los doce en 4:10? Esto sin duda ofrecería una teoría coherente sobre los que están adentro y los que están afuera en estos dos capítulos, pero dando por sentado que Marcos no usa siempre el término ὄχλος para referirse al mismo grupo específico. Esto no constituye un gran problema porque ὄχλος, en la naturaleza del caso, es un término inespecífico, y no existe ninguna razón para atribuirle a Marcos una interpretación más técnica del mismo que la que permite el uso que le da.[6] El deseo de organizar los distintos grupos que aparecen en la historia de Marcos en una estructura atinada y coherente se debe más a un interés por el orden que a cualquier indicio de que esta era su intención. No cabe duda, como de hecho supone la historia de Marcos, de que había personas que representaban muchos matices diferentes de respuesta a Jesús, oscilando entre la hostilidad o indiferencia y el entusiasmo, y no debe sorprendernos que la multitud a la

---

6. Véase el análisis de las referencias de Marcos a la ὄχλος en Best, *Disciples*, 116-19, con la conclusión (119) de que "Los muchos y contrastantes roles… demuestran que la multitud no posee un único rol en el Evangelio".

orilla del lago incluyera a algunos que eran más receptivos que otros, con los doce en el punto más alto de la escala del entusiasmo y del compromiso.[7]

El lenguaje de los vv. 11-12 (respaldado por los vv. 33-34) ha causado mucho malestar y un extenso debate académico.[8] En esos versículos, al parecer, se insinúa una intención deliberada por parte de Jesús de ocultar los μυστήριον τῆς βασιλείας τοῦ θεοῦ de la multitud de los que querían oír su enseñanza y mantenerlos ἔξω, separados del grupo privilegiado de discípulos, que eran los únicos a quienes sí estaba dispuesto a darles explicaciones. En nuestro comentario acerca de esos versículos más adelante, analizaremos estas cuestiones, pero es importante entender que no son cuestiones independientes, sino que forman parte de todo el discurso y, por tanto, deben interpretarse a la luz de sus parábolas, especialmente la del sembrador. No obstante, el tema teológico más abarcador que tiene que ver con la razón por la que algunos responden a la predicación del εὐαγγέλιον y otros no, está más allá del alcance de un comentario sobre Marcos 4. Este capítulo deja bien claro que esa división sí existe, y explica en parte *cómo* puede surgir, pero no nos dice *por qué* algunos están adentro y otros afuera. El tema teológico fundamental del lugar que ocupan la selección y la división dentro de la obra de la gracia divina ha de responderse, si eso es posible, a partir de una perspectiva bíblica más amplia. El comentarista del discurso que nos ocupa podría sugerir ciertas vías por las que deberían modificarse algunas de las conclusiones más extremas extraídas de estos versículos, pero en última instancia, tiene que darse por satisfecho de poder aclarar el significado de las palabras de Marcos, por más sorprendente e incómodo que pueda resultar.

Aunque, como ya se señaló anteriormente, la intención de Marcos es que este discurso se leyera como una unidad, para poder comentarlo detalladamente, será conveniente hacer las siguientes divisiones:

1-2	El escenario
3-9	Parábola del sembrador
10-12	El propósito de las parábolas
13-20	Interpretación de la parábola del sembrador
21-25	Parábolas breves sobre revelación y respuesta
26-32	Dos parábolas más acerca de semillas
33-34	Comentario editorial –parábolas y explicaciones.

7. Para el análisis de las referencias de Marcos a la multitud, véase además P. S. Minear en H. Baltensweiler y B. Reicke (ed.), *NT und Geschichte*, 79-89.

8. Véase el estudio de los eruditos relacionado con estos versículos en M. A. Beavis, *Audience*, 69-86.

El escenario (4:1-2)

Al igual que en 2:13 y 3:1, el adverbio πάλιν dirige la atención del lector hacia un patrón que está desarrollándose en el ministerio de Jesús en ese período. La orilla del lago se ha convertido en una ubicación frecuente (1:16; 2:13; 3:7), que le da acceso a un auditorio más numeroso que la sinagoga, y ya se hizo referencia a la gran multitud y el uso de la barca en 3:7-9.[9] En aquella ocasión, sin embargo, no se explicó cuál era el propósito de la barca (salvo como un simple lugar de refugio), porque en esa perícopa la idea central giraba en torno al ministerio de sanidad de Jesús y no a su enseñanza. Ahora, empero, vemos que la barca hace las veces de púlpito.[10] Καθῆσθαι indica la posición normal para la enseñanza (cf. 13:3; Mt. 5:1; Lc. 4:20). La frase ἐν τῇ θαλάσσῃ parece extraña si se relaciona solamente con καθῆσθαι, pero completa la impresión visual de la escena al indicar que la barca desde la que Jesús enseñaba estaba en el agua y no en la playa, manteniéndolo así separado de πᾶς ὁ ὄχλος que sí permanecía a la orilla del lago. En cuanto a la identidad de la ὄχλος léase lo que dijimos antes. Si suponemos que los únicos ocupantes de la barca eran Jesús y los doce[11] (cf. 3:9, donde los μαθηταί eran los que la tripulaban), cabría pensar que dentro de la multitud que estaba en la orilla se encontraba la ὄχλος de 3:32 (que probablemente reaparece como οἱ περὶ αὐτόν en el v. 10) y también muchos otros asistentes informales. Al hincapié característico que hace Marcos en la enseñanza como una parte central de la misión de Jesús (esos versículos incluyen el verbo διδάσκω dos veces y el sustantivo διδαχή una vez, y ninguno de esos términos aparece en el pasaje paralelo de Mateo) se agrega el comentario que marca la pauta de todo el discurso, a saber, que esta enseñanza fue dada ἐν παραβολαῖς. Para el significado del término παραβολή véanse los comentarios anteriores. En virtud del matiz misterioso que encierra su significado, podría traducirse ἐν παραβολαῖς como "por medio de enigmas", "enigmáticamente", haciendo hincapié no tanto en el método didáctico sino en la idea de oscuridad. En el v. 11 este significado de la frase resulta sumamente adecuado, pero en esta coyuntura el tema de la revelación y el encubrimiento todavía no se ha hecho patente, por tanto, lo que Marcos quiere decir probablemente es "en parábolas". Este había sido el sentido obvio en 3:23,

9. Belo, 120, sugiere que 3:7-12 y 4:1ss. "forman una sola secuencia" con el material intermedio (3:13-35) así "incorporado" (ese es el término que usa para lo que otros llaman "intercalado"). Este análisis le añade una complejidad adicional a la estructura de "doble intercalación" que ya observamos en 3:13-35.

10. Para un comentario visual sobre esto, véase la obra maestra inconclusa de Stanley Spencer, *Christ Preaching at Cookham Regatta*. La diferencia es que en la historia de Marcos, a diferencia de Cookham, hay aparentemente una sola barca, y la multitud está en la orilla. La descripción de Marcos sugiere una visión más optimista del impacto de la predicación de Jesús que la de Spencer.

11. Una barca galilea del siglo I desenterrada en 1986 y conservada en el Centro Yigal Allon en Ginosar tiene 8.20 metros de largo por 2.35 metros de ancho. Si estas eran las dimensiones normales de las barcas que se usaban en el largo de Galilea en esa época, un grupo de trece personas cabría en ella con comodidad.

donde los dichos que siguieron, aunque en sentido figurado, no tenían un significado totalmente oscuro. No obstante, el conocimiento de que la palabra hispana "parábola" dista mucho de expresar la flexibilidad del significado de παραβολή le permitirá al lector en este momento tener al menos un atisbo de la ambigüedad de la frase ἐν παραβολαῖς, que Marcos va a aprovechar de manera tan eficaz en la continuación del discurso.[12]

La parábola del sembrador (3-9)

Este título, procedente de Mateo 13:18, está demasiado bien arraigado en el uso hispano para remplazarlo, aun cuando la figura del sembrador es de poca importancia en la historia (y no está identificado en la interpretación de la misma en los vv. 13-20). El tema central de la parábola es el destino de la semilla y los diferentes terrenos en los que cae. El título que suele usarse en alemán, *Gleichnis vom viererlei Acker*, "Parábola de los cuatro tipos de terreno", es más adecuado. Pero como la narración de la historia gira en torno a seis semillas independientes, tres de las cuales caen en el mismo terreno (bueno) pero producen diferentes niveles de fruto, sería preferible darle el título de "la parábola de las semillas".

Mientras la erudición neotestamentaria estuvo dominada por la opinión de Jülicher de que las parábolas transmiten una sola enseñanza, se descartó la posibilidad de que esa enseñanza tuviera que ver aquí con la descripción cuidadosa de los cuatro tipos de terreno y los destinos individuales de las semillas, considerando que esto no era más que la "escenografía", y la tendencia fue tomar como tema principal de la parábola la cosecha final. (El título de Gnilka, "La parábola del sembrador confiado" predispone al lector a aceptar este enfoque). Desde ese punto de vista, por supuesto, la interpretación de la parábola que dan los evangelistas sinópticos se apartaría del verdadero sentido de la misma puesto que no desarrolla el tema de la cosecha (de hecho, no ofrece ninguna interpretación acerca de la cosecha), sino que utiliza los diferentes efectos de cada tipo de terreno de un modo que ha demostrado ser irresistible para los predicadores que desean invitar a sus oyentes a examinar la forma en que responden a la Palabra de Dios.

La interpretación sinóptica, de hecho, no aplica la parábola de esa manera, sino que se conforma con identificar el simbolismo de cada uno de los cuatro escenarios y deja la aplicación a la discreción del lector, con lo cual, preserva algo del carácter abierto que la exégesis moderna suele atribuirle al método parabólico. Si un lector/oyente desea aplicar la parábola a su propia condición y progreso espirituales, la interpretación sinóptica deja abierta esa posibilidad. Pero esto también se adecua a lo que probablemente fue la preocupación de los seguidores de Jesús cuando escucharon la parábola por primera vez y se preguntaron: "¿Por qué hay tantas maneras diferentes de recibir el mensaje

---

12. Véase J. Jeremias, *Parables*, 16 y n. 22.

del reino de Dios?". La respuesta a esa pregunta (dirigida al contexto histórico del ministerio de Jesús o, por extensión natural, transferida a la experiencia de ellos en su predicación del evangelio) es la que debe haberles resultado cada vez más apremiante a los lectores de Marcos que ya habían observado las diversas reacciones en los capítulos anteriores, y esa es la pregunta que responde de manera conveniente toda la estructura cuatripartita de la parábola, y no solo el contraste entre la semilla perdida y la cosecha.

En el contexto de la narración evangélica, por tanto, la interpretación sinóptica ofrece una guía para entender el simbolismo de la parábola que le encaja "como anillo al dedo".[13] La duda de si la parábola pudo haber tenido originalmente un propósito diferente (como por ejemplo, la descripción de una cosecha abundante contra todo pronóstico para alentar a los predicadores desanimados) antes que los evangelistas la hubieran usado con ese propósito es forzosamente especulativa. No hay ningún rastro de una versión de la parábola que no preserve el patrón cuatripartito.[14] Incluso el evangelio de Tomás, que a veces presenta versiones más concentradas de las parábolas y otros dichos, preserva la misma forma estructural de esta, a pesar de algunas diferencias en los detalles (*Gos. Thom.* 9); y aunque no incluye la interpretación sinóptica, la propia forma de la parábola invita a que se preste atención a los detalles.[15] La parábola del sembrador es, tal como alega Moule, una "parábola múltiple", y por tanto, cuando nos centramos en los tipos individuales de terreno y su efecto no hacemos una interpretación alegórica ilegítima, sino que "indicamos explícitamente lo que la parábola múltiple ya sugirió".[16] En razón de la guía que el propio Marcos nos ha proporcionado en los vv. 13-20 para entender el simbolismo de la parábola, limitaremos nuestra atención en este momento a la forma de la "historia" como tal.

---

13. B. Gerhardsson, *NTS* 14 (1967/8) 192, en la conclusión de un estimulante argumento en este sentido con respecto a la versión de Mateo de la parábola y su interpretación, 165-93; Gerhardsson sugiere que los tres tipos de semilla sin éxito en la parábola se inspiran en la cláusula del Shemá que dice: "con todo tu corazón y con toda tu alma y con todas tus fuerzas".

14. *1 Clemente* 24:5, para ilustrar la naturaleza de la resurrección, habla de un sembrador que siembra semillas en la tierra "seca y desnuda", y entonces Dios, por su poder, hace brotar de ellas una gran cosecha, cuando ἐκ τοῦ ἑνὸς πλείονα αὔξει καὶ ἐκφέρει καρπόν. Pero en 1 Clemente no se presenta esta ilustración como una parábola de Jesús, y si la intención deliberada es reflejar algún pasaje de la enseñanza de Jesús lo más probable es que se trate de Juan 12:24, donde se alude explícitamente al tema de la muerte y la resurrección, y no de la parábola del sembrador. B. W. Henaut, en *Tradition*, 228-32, analiza la relación de *1* Clemente con la parábola de Marcos.

15. B. W. Henaut, *Tradition*, 222-28, analiza detalladamente la relación entre las versiones de la parábola de Marcos y de Tomás, y llega a la conclusión (en contraposición con, p. ej., Crossan) de que Tomás no ofrece pruebas independientes acerca de la forma original de la parábola de Jesús

16. C. F. D. Moule, en E. E. Ellis y M. Wilcox (ed.), *Neotestamentica et Semitica*, 109. B. W. Henaut, *Tradition*, 195, considera que las opiniones de Gerhardsson y Moule "disienten" de la tesis "generalmente aceptada" de que la interpretación que dan los Evangelios sinópticos no representa la intención de Jesús, y dedica una extensa sección (203-11) a hacer una crítica metodológica de los enfoques de ambos. Para otro comentario sobre la autenticidad de la interpretación, véase más adelante (la introducción a los vv. 13-20).

3 Con respecto al imperativo ἀκούετε, véanse los comentarios anteriores (pp. 184-85) sobre la importancia de este verbo en el discurso en general.[17] Dicho imperativo, repetido en el v. 9 por medio de la fórmula Ὅς ἔχει ὦτα ἀκούειν ἀκουέτω, junto con el ἰδού que le sigue, obligan al lector a prestar atención. La imagen de Dios como sembrador aparece en Jeremías 31:27-28 (cf. Os. 2:23), pero el sembrador allí ("con la simiente de hombre y la simiente de animal") representa la repoblación de Israel y de Judá, y por consiguiente, no existe una relación clara entre ese pasaje y la imaginería de Jesús aquí.[18] En virtud del uso frecuente por parte de Jesús de la imaginería de la semilla en conexión con la predicación del reino de Dios (vv. 26-29, 30-32; Mt. 13:24-30; cf. Jn. 4:35-38) no es necesario buscar ninguna otra fuente para esta historia aparte de su propia familiaridad con los métodos agrícolas.[19]

4 En cuanto a la expresión καὶ ἐγένετο seguida de un verbo principal, véase el comentario sobre 1:9. Las tres primeras escenas aluden a la semilla en singular, ὃ μὲν... ἄλλο... ἄλλο... (de manera que cada escena describe el destino de una sola semilla [genérica]), mientras que en la cuarta, en la que en la misma oración se mencionan tres semillas individuales (de ahí el uso repetido de la preposición ἕν) que producen rendimientos diferentes, se emplea el plural ἄλλα (véase la nota textual). Se hace referencia, pues, a seis semillas individuales, tres que no produjeron fruto y tres que sí. En la antigua Palestina solía labrarse el terreno después que se esparcía la semilla para enterrarla,[20] por tanto, la semilla que cayó al borde del campo παρὰ τὴν ὁδόν (*Gos. Thom.* 9 fue a parar "*junto* al camino"), donde no se enterraría y quedaría a merced de las aves (cf. *Jub.* 11:11 con respecto a la semilla que se sembraba y era comida por

17. Esta invitación inicial les recuerda a algunos lectores la fórmula del *Shemá*: "Oye, Israel" (Dt. 6:4), y esta evocación podría apoyar la sugerencia de B. Gerhardsson, *NTS* (1967/8) 192, de que toda la parábola está inspirada en el *Shemá*. Sin embargo, si se toma en consideración la relevancia del verbo ἀκούω a lo largo del discurso, no es necesario hacer ninguna una alusión específica a Deuteronomio 6:4 para explicar su uso al inicio del discurso.

18. *Pace* M. Sabin, *JSNT* 45 (1992) 14.

19. Hay un interesante paralelismo en *4Esd.* 8:41, una breve parábola, parecida a la de Jesús, acerca de los distintos comportamientos de las semillas que se siembran. Otro uso de la imaginería de la semilla en *4Esd.* 4:28-32 difiere de esta parábola en cuanto a que la distinción que se hace es entre dos tipos de semillas (buenas y malas), y no entre diversos tipos de terreno. Una imaginería similar aparece en *4Esd.* 8:6; 9:30-37, y en el segundo pasaje se aplica a la incapacidad de Israel para recibir la ley de Dios que había sido "sembrada" en ellos. Esta sin duda no es la fuente en la que se inspiró la imaginería de Jesús (*4 Ezra* se ubica cronológicamente ca. 100 d.C.). Podría tratarse de un desarrollo independiente, aunque no es imposible que el autor, que en otros lugares muestra algunas semejanzas con el lenguaje y las ideas del NT (J. H. Charlesworth, *Pseudepigrapha*, 1.522), tuviera conocimiento del símil de Jesús. En cuanto al uso frecuente de la siembra y la cosecha como metáfora, véase B. W. Henaut, *Tradition*, 232-35.

20. J. Jeremias, *Parables*, 11-12, afirma simplemente que "la siembra precede a la labranza"; lo más probable es que la tierra hubiera sido arada antes de sembrar, pero que la semilla se enterró después; véase K. D. White, *JTS* 15 (1964) 303-5, criticando la interpretación de los datos por parte de Jeremias; Jeremias responde en *NTS* 13 (1966/7) 48-53, y acepta que la labranza pudiera preceder a la siembra; véase además J. Drury, *JTS* 24 (1973) 368-70; P. B. Payne, *NTS* 25 (1978/9) 123-29.

las aves antes que pudiera enterrarse).

5-6 El τὸ πετρῶδες ("terreno pedregoso") es, tal como se pone claramente de relieve en los vv. 5b-6, un terreno en el que el estrato rocoso está muy cerca de la superficie, y por tanto, no tiene la profundidad necesaria que permita un cultivo exitoso. El versículo 5b, al parecer, sugiere que la falta de tierra, de hecho, hace que la semilla que se siembra en ese lugar brote con mayor rapidez, pero esto no tiene mucho sentido desde el punto de vista agrícola. El hincapié, más bien, se hace en el contraste entre el crecimiento impresionante del renuevo y las raíces inadecuadas, dando como resultado un éxito inicial seguido del fracaso; la interpretación en los vv. 16-17 volverá a usar este contraste como símbolo del convertido entusiasta pero inestable. (En el *Ev. Tom.* 9 el simbolismo se remplaza por el de un fracaso total desde el comienzo: "no echaron raíces en la tierra ni hicieron germinar espigas hacia el cielo"; que refleja las palabras de Is. 37:31). La expresión ὅτε ἀνέτειλεν ὁ ἥλιος resulta chocante: a no ser que el renuevo haya durado un día solamente, el sol debe haber salido muchas veces; la referencia presumiblemente es a la época en la que el calor se hizo más intenso.

7 En contraste con la planta en el terreno pedregoso, que no pudo sobrevivir, la que creció entre espinas (de qué especies precisas se trata no es importante ni puede determinarse) no se dice que muriera (el verbo συμπνίγω significa ahogar, pero no necesariamente estrangular; cf. Lc. 8:14), sino que no pudo, a causa de sus esfuerzos por buscar luz y alimento, producir fruto; cf. la advertencia en Jeremías 4:3 contra el hecho de sembrar entre espinos. (El *Ev. Tom.* 9 añade un gusano a los riesgos en este caso, pero como los gusanos pueden operar en cualquier tipo de terreno, este detalle no encaja en la parábola; tal vez es una evocación al "gusano" en 9:48).

Es posible que el autor del simbolismo tuviera la intención de que el lector/oyente se diera cuenta de la progresión que se pone de relieve en las tres semillas que no produjeron fruto: la primera nunca brotó, la segunda brotó pero murió, la tercera sobrevivió pero no pudo producir fruto. Al final, ninguna de ellas le resultó útil al labrador que deseaba que fructificaran y no simplemente que sobrevivieran.

8 No hay nada que indique qué proporción de la semilla cayó en cada tipo de terreno, por tanto, no sería legítimo concluir que solo un cuarto de la cantidad total dio fruto.[21] De hecho, con la descripción cuidadosa del destino de *seis* semillas, Marcos ha descartado eficazmente la idea de que los que fracasan son la mayoría. Aquí, más bien, en contraste con los tres tipos de semillas infructíferas, hay otras tres semillas que representan lo que debería ser la norma. El contraste se hace patente incluso en la manera en que está construida la oración: el destino de cada una de las semillas anteriores se describió usando

---

21. Así Myers, 176-77, extrae implicaciones sociológicas (basadas, lamentablemente, en una aceptación poco crítica de las declaraciones de Jeremias) a partir de la hipótesis que "se centra en la mayor parte de la semilla, la cual no dio fruto".

el aoristo, y en función de lo que fue hecho con ellas (devorada por las aves, quemada por el sol, ahogada por las espinas) o de lo que no pudieron lograr (καρπὸν οὐκ ἔδωκεν); pero las semillas que cayeron en buena tierra son el sujeto de una oración en voz activa, con verbos en tiempo imperfecto (ἐδίδου, ἔφερεν) complementados por dos participios de presente que denotan crecimiento continuo (ἀναβαίνοντα καὶ αὐξανόμενα; véase la nota textual).

En algunas de las parábolas de Jesús aparecen grupos de tres elementos[22] (al igual que en muchas leyendas populares y cuentos para niños), por tanto, los niveles diferentes de fructificación de las tres semillas en el v. 8 (con respecto a ἓν... ἓν... ἓν... véase la nota textual), que contrastan con las tres semillas infructíferas anteriores, podrían ser simplemente un recurso natural del narrador para presentar una secuencia fácil de recordar.[23] Pero el rendimiento tripartito también puede haber sido concebido para enriquecer el simbolismo (todos los discípulos buenos son fructíferos, pero sus logros no tienen forzosamente que ser uniformes). De las cifras mencionadas, ἑκατόν es obviamente la que predomina (en Lucas es la única), y τριάκοντα y ἑξήκοντα fueron seleccionadas como las cifras que representan de manera natural un incremento periódico en tres etapas.[24] Se ha discutido mucho acerca de lo que significa un rendimiento del ciento por uno. Los que ven en la parábola la intención de hacer hincapié en una cosecha extraordinaria, consideran que se trata de un rendimiento anormal, incluso milagroso, que "simboliza el desbordamiento escatológico de la bondad divina que sobrepasa toda medida humana",[25] mientras que otros consideran que es un rendimiento bueno pero para nada imposible. La discrepancia surge en parte de una diferencia en la forma de entender lo que denotan las cifras. Si ἑκατόν se refiere al número de fanegas cosechadas por cada fanega de semilla que se sembró, entonces sin duda el rendimiento sería extraordinario. Pero la fraseología de Marcos, ἓν τριάκοντα etc., y el modo en que ha sido estructurada toda la historia en función del destino de las semillas individuales, sugiere que el evangelista está refiriéndose más bien, tal como solía hacerse en el mundo antiguo, al número de granos por planta, y cien granos o más por cada planta no es ninguna cifra anormal, aunque ciertamente un buen rendimiento.[26] Génesis 26:12 alude a

22. Tres viandantes (Lc. 10:31-34); tres excusas (Lc. 14:18-20); tres siervos (Mt. 25:15ss.; Lc. 19:16-21); tres solicitudes de pago (Mt. 21:34-37).

23. Lucas, de manera bastante prosaica, lo ha reducido a la única cifra de 100. El *Ev. Tom.* 9 también perdió el patrón tripartito: "produciendo 60 y 120 veces por medida" (la segunda cifra probablemente es simbólica: se describe en otro documento gnóstico como "el número perfecto que es sumamente exaltado"; *Concept of Our Great Power* [Nag Hammadi Codices VI.4] 43:19-22).

24. J. G. Williams, *Gospel*, 110-12, explica las cifras en función de "la repetición de números ascendentes" que aparece en la poesía hebrea, como en Salmo 91:7; Amós 1:3, etc.

25. J. Jeremias, *Parables*, 150, basando su punto de vista en una lectura parcial de las estadísticas de Calman sobre el rendimiento de los cultivos en Palestina; aunque la interpretación de Jeremias se ha analizado desde entonces y se ha considerado deficiente (véase la nota que sigue), los comentaristas siguen repitiéndola.

26. Esta conclusión, y el método de calcular el rendimiento por planta, son convincentemente

la cosecha del ciento por uno de los campos de Isaac como una señal de la bendición de Dios, pero no sugiere que fuera algo milagroso. Las cifras de Marcos son extremadamente modestas en comparación con lo que los escritores judíos declararon al anunciar la cosecha milagrosa de le era escatológica.[27] El rendimiento de las semillas que cayeron en buena tierra representa lo que un labrador razonablemente podría haber esperado en un año muy bueno.

9 Esta fórmula no es parte de la parábola, sino una especie de estribillo (en alusión a Jer. 5:21; Ez. 12:2) que se adecua muy bien a la conclusión de cualquier dicho parabólico (cf v. 23; [7:16;] Mt. 11:15; 13:43; Lc. 14:35; Ap. 2:7, etc.; cf. Mr. 8:18), y deja a los oyentes la responsabilidad de discernir y aplicar su significado. La fórmula implica, tal como afirman explícitamente los vv. 10-12, que no todos *tienen* oídos para oír, y por tanto, no todos los que han escuchado la parábola sacarán provecho de ella.

El propósito de las parábolas (10-12)

La inserción de estos versículos (que tratan acerca de las parábolas en general) entre la parábola del sembrador y su interpretación muestra sin duda la opinión de Marcos de que cada una de estas secciones aclara la otra. El desplazamiento de la atención de una parábola específica hacia el método parabólico en general se ha considerado una indicación de que se trata de una edición artificial e incluso burda de Marcos, pero en contra de este punto de vista debemos señalar (a) que el v. 13 específicamente relaciona la comprensión de la parábola del sembrador con la comprensión de "todas las parábolas", sugiriendo así que la primera es, al menos desde el punto de vista de Marcos, no solo una parábola cualquiera, sino la parábola acerca de las parábolas, y (b) que el v. 2 ya ha dejado bien claro que la parábola del sembrador específicamente constituye un ejemplo del método didáctico más amplio de Jesús por medio de parábolas (ἐν παραβολαῖς πολλά). Aun cuando los vv. 10-12 no formaran parte originalmente del discurso en este contexto, su ubicación aquí no resulta arbitraria ni poco inteligente.

El contenido de estos versículos, al parecer, es bastante simple: un grupo limitado, separado de la multitud, le pregunta a Jesús acerca de las parábolas, y él explica que si bien ellos tienen el privilegio de comprender el secreto del reino de Dios, hay otros que solo pueden conocer todas las cosas

---

defendidos por K. D. White, *JTS* 15 (1964) 301-3. El argumento de White (que critica severamente las suposiciones agrícolas de Jeremias) es el más plausible por cuanto no se deriva de ninguna pre-suposición teológica, sino de las observaciones de un antiguo historiador económico. P. B. Payne en *GP*, 1.181-86 reúne más pruebas acerca de los rendimientos de las cosechas en la antigüedad y también comenta negativamente sobre los argumentos de Jeremias.

27. Véase *b. Ket.* 111b-12a, donde varias cosechas asombrosas incluyen la de 50,000 *kōr* de un solo *s'â* (es decir, 1,500,000 veces más); cf. Papías (en Ireneo, *Haer.* 5.33.3-4): "un grano de trigo producirá 10,000 espigas, y cada espiga tendrá 10,000 granos, y cada grano producirá cinco libras dobles de harina blanca y limpia".

por parábolas, para que no puedan alcanzar esa comprensión salvadora. Pero son pocos los que se han conformado con creer que eso es todo lo que Jesús quiso decir, y hay bastantes ambigüedades y críptico en las palabras que le dan un amplio margen al ingenio académico para intentar descubrir una intención más aceptable.[28] En particular, la cita condensada de Isaías 6:9-10 en el v. 12 permite un análisis muy detallado, no solo en lo que respecta al sentido original de la profecía de Isaías sino también en cuanto a su aplicación a las parábolas de Jesús. El mejor método para llevar a cabo este análisis consiste en examinar los términos que se emplean, tal como aparecen en el texto, tratando de tener en cuenta en todo momento el sentido general de la perícopa y su contexto más amplio en el discurso del capítulo 4.

10 El tiempo de los verbos ἠρώτων y ἔλεγεν podría tener por objeto indicar que los vv. 10-12 se relacionan con un patrón que incluye mucho más que la única ocasión en la que Jesús predicó desde la barca. La expresión καὶ ἔλεγεν αὐτοῖς es, por supuesto, una fórmula demasiado frecuente en Marcos para que su tiempo verbal lleve implícito cualquier peso exegético en un caso particular, pero cuando se combina con el imperfecto ἠρώτων cabría razonablemente pensar que estos versículos no se refieren simplemente a una sola pregunta, sino a un patrón regular de respuesta a las parábolas de Jesús por parte de οἱ περὶ αὐτὸν σὺν τοῖς δώδεκα. A lo largo del resumen general en los vv. 33-34 los verbos también aparecerán en tiempo imperfecto.

Otro hecho que demuestra esta perspectiva más general es que la barca (v. 1) aparentemente ha sido olvidada (aunque reaparecerá en el v. 36).[29] Mientras en el v. 10 Jesús está κατὰ μόνας[30] (es decir, lejos de los ὄχλος πλεῖστος del v. 1), ahora aparece rodeado de un grupo más grande que el de los doce, presumiblemente demasiado grande para estar en la barca junto con él. Esta observación no es trivial, porque la expresión excepcional περὶ αὐτὸν σὺν τοῖς δώδεκα hace referencia a un auditorio nuevo y más numeroso que los doce que fueron elegidos en 3:13-19 y que suponemos que estuvieron con él en la barca.[31] La distinción clara entre los que están en la barca y los que están a la orilla queda así deliberadamente borrosa, y el círculo de la revelación privilegiada (v. 11) se amplía e incluye a muchos más que el grupo ahora cerrado de los doce.[32]

---

28. Para un estudio del debate académico sobre estos versículos, véase M. A. Beavis, *Audience*, 69-86.

29. La redacción de 4:36 probablemente indica que Jesús todavía estaba en la barca (en cuyo caso la ubicación de los vv. 10ss. sigue siendo inconveniente), pero podría pensarse que Jesús había vuelto a subir a la barca en ese momento; véase ad loc.

30. La frase aparece solo aquí en Marcos, pero cf. el uso de κατ᾽ ἰδίαν en 4:34; 6:31-32; 9:2, 28; 13:3, para indicar en cada caso períodos de enseñanza privada con los discípulos lejos de la escena pública.

31. Véase más adelante el comentario sobre los vv. 33-34 para la sugerencia de R. P. Meyer, *SE* 2 (1964) 211-18, en cuanto a que Marcos aquí se refiere solamente a los doce: él considera que la expresión significa "los que estaban con él que pertenecían a los doce".

32. Para una construcción similarmente chocante, encaminada a ampliar el auditorio más

¿Quiénes son entonces οἱ περὶ αὐτόν? La pregunta es importante porque es a este grupo, junto con los doce, a quienes se dirigen las palabras sorprendentes de 4:11. La frase en sí misma no es un término técnico con una referencia definida propia; denota simplemente a los que en un momento determinado acompañan a la figura central de la historia (cf. Hch. 13:13). Aquí, su antecedente obvio es la ὄχλος que estaba sentada alrededor de Jesús en 3:32, 34, y que fue identificada allí por medio de la expresión más incluyente ὃς ἂν ποιήσῃ τὸ θέλημα τοῦ θεοῦ.[33] Un contraste similar al que se estableció entre este grupo y los que estaban ἔξω (3:31, 32), se establecerá aquí con este grupo (v. 11). Pero si se trata de un grupo de adeptos más amplio que los doce pero menos numeroso que la ὄχλος πλεῖστος del v. 1, ¿quiénes son los que componen su membresía? En 3:35 son caracterizados por "los que hacen la voluntad de Dios", y aquí son los que preguntan acerca de las parábolas.

C. F. D. Moule[34] alega que esta última descripción es la que determina su identificación (y por ende, la clave para entender los vv. 11-12). Entre la gran multitud hubo algunos, y solo algunos, que se mostraron tan interesados en lo que habían oído que se unieron a los doce para pedir una mayor aclaración, mientras que otros se marcharon tras haber oído solo las παραβολαί. En virtud del principio que va a enunciarse en el v. 25, a los que tenían este grado de curiosidad, se les daría más, pero los que carecían de él perderían cualquier beneficio que podrían haber obtenido al oír las παραβολαί. El don de la revelación especial (v. 11), por tanto, no está restringido a un círculo predeterminado de seguidores favorecidos al que a nadie más puede acceder, son que se ofrece a los que lo piden. La pertenencia al grupo de esos περὶ αὐτόν depende de la elección de cada cual y no del hecho de que hayan sido predestinados.

El argumento de Moule, al explicar la analogía de la caricatura que se mencionó anteriormente, resulta atractivo y concuerda muy bien con el desarrollo de los temas del discurso, particularmente con las exhortaciones que aparecen en los vv. 9, 23, 24-25 sobre la importancia que tiene el hecho de oír como es debido. También promueve en cierta manera la neutralización del lenguaje aparentemente fatalista de los vv. 11-12. Sin embargo, no ofrece (ni pretende hacerlo) una solución completa para el problema teológico de la división y la elección porque la importancia que le resta al tema es muy poca, y deja sin respuesta el porqué algunos pueden responder con interés mientras que otros permanecen indiferentes (o, en función de la parábola del sembrador, por qué existen diferentes tipos de terreno). Pero ese es un tema,

---

allá de los doce, cf. 8:34: τὸν ὄχλον σὺν τοῖς μαθηταῖς αὐτοῦ. Si, como se sugirió anteriormente, Marcos usa οἱ μαθηταί para referirse concretamente a los doce (véase el comentario sobre 3:13-19), existe un conflicto entre el auditorio más numeroso especificado en el v. 10 y la restricción de las explicaciones a οἱ ἴδιοι μαθηταί en el pasaje correlativo de los vv. 33-34; véanse los comentarios allí.

33. P. S. Minear, en H. Baltensweiler y B. Reicke (ed.), *NT und Geschichte*, 79-89, aboga por esta identificación

34. C. F. D. Moule en E. E. Ellis y M. Wilcox (ed.), *Neotestamentica et Semitica*, especialmente 97-103.

tal como hemos señalado ya, que el discurso de Marcos 4 no aborda, y que el exégeta de este capítulo, por tanto, haría bien en considerar que está más allá de sus términos de referencia.

Pero con esto estaríamos adelantándonos al análisis de los vv. 11-12. La pregunta que dará lugar a ese dicho es sobre αἱ παραβολαί (el plural nos recuerda el v. 2 y nos prepara para el v. 33). Aunque la parábola del sembrador es el causante específico de esta pregunta (y a partir del v. 13 será el objeto de la explicación de Jesús), el alcance de la misma en Marcos y en Mateo (no así en Lucas) es mayor. El uso de las parábolas como su principal método de enseñanza pública (y de hecho, según el v. 34, su único método), convierte a Jesús en un maestro muy peculiar, y la variedad de respuestas que él provoca no solo hace que se cuestione si ese es el método didáctico más eficaz, sino también si hay algo acerca de su mensaje que se adapte particularmente a esa forma de presentación, si el medio que utiliza no constituye de algún modo una parte integral del mensaje. Aunque la pregunta formulada por οἱ περὶ αὐτὸν σὺν τοῖς δώδεκα (cuyo contenido específico no aparece expresado en Marcos) no seguía esas directrices tan sofisticadas, esas eran las preguntas que le preocupaban a Marcos y para las que este discurso en general ofrece una respuesta. Sin embargo, esa respuesta aparece adecuadamente formulada, no en proposiciones prosaicas, sino ἐν παραβολαῖς —y como consecuencia de ello, hace que los comentaristas dispongan de un amplio margen para manifestar sus discrepancias. ¡Ésa es la naturaleza de las parábolas!

11 La mención inmediata de un μυστήριον marca el tono de la respuesta de Jesús, pero puede confundir fácilmente a los lectores hispanos que piensan que un "misterio" es algo inherentemente difícil de entender y que solo una inteligencia excepcional puede desentrañar —a menos que sea totalmente incomprensible. Pero el verdadero sentido de μυστήριον se expresa mejor por medio del término español "secreto", que connota la idea de encubrimiento, no de incomprensibilidad. Un secreto es algo que no está divulgado —pero que cuando se manifiesta no tiene por qué ser difícil de entender. Más que un enigma, es información privilegiada.

El secretismo era la característica más obvia de las "religiones mistéricas" griegas y a lo que debían su nombre.[35] Debía evitarse, bajo pena de muerte, que el conocimiento y los ritos esotéricos llegaran a oídos de los no iniciados. El término μυστήριον, que en los Evangelios solo se usa aquí, aparece a menudo en las cartas paulinas con un sentido correlativo de conocimiento previo, pero se diferencia de las religiones mistéricas en que los cristianos estaban muy dispuestos a compartir el secreto en el que habían sido iniciados por medio de la predicación del εὐαγγέλιον. Lo que Pablo deseaba comunicar con el uso de

---

35. A. E. Harvey, *JTS* 31 (1980) 320-36 (respondiéndole particularmente a R. E. Brown, *CBQ* 20 [1958] 417-43; *Bib* 39 [1958] 426-48; 40 [1959] 70-87; todo compilado en *Background*), se manifiesta en contra de la tendencia de atribuir los usos neotestamentarios de μυστήριον únicamente a la influencia del semitismo, y aboga enérgicamente por el trasfondo de la religión mistérica griega como un componente importante en la metáfora.

esta palabra era que ninguna inteligencia humana había sido capaz de imaginar ni de descubrir el εὐαγγέλιον porque era el resultado de la revelación divina.

Sin embargo, un antecedente más inmediato para el uso cristiano de μυστήριον es probablemente la palabra aramea *rāz*, que se lee en Daniel 2:18-19, 27-30, 47 (cf. 4:6) y que la LXX y Teodoreto siempre traducen como μυστήριον.[36] La interpretación del sueño de Nabucodonosor era un "secreto" que estaba oculto para los sabios de Babilonia, pero Dios se lo había revelado a Daniel, "no porque en mí haya más sabiduría... sino para que se dé a conocer al rey".[37] Este sentido de μυστήριον como algo "que se da" —y no como algo que se descifra— con el fin de compartir esa revelación con otras personas, es la esencia de todos sus usos en el NT, incluso aquí con relación a las parábolas.

Lo que se "da" aquí no es cualquier μυστήριον sino el μυστήριον τῆς βασιλείας τοῦ θεοῦ. A medida que avanzamos en el Evangelio, se hará cada vez más claro que el βασιλεία τοῦ θεοῦ es algo tan paradójico, tan totalmente contrario al conocimiento humano natural, que solo la revelación divina puede hacer que las personas lo comprendan. Es, al fin y al cabo, el reino *de Dios*, y por tanto, el pensamiento humano está en desventaja cuando intenta penetrar su secreto. Incluso aquellos a quienes les ha sido dado conocer este μυστήριον tendrán que seguir esforzándose por entender sus implicaciones sorprendentes y a veces desagradables, y de manera especial, en el segundo acto del Evangelio veremos cómo los discípulos no podían cumplir con sus exigencias; de hecho, en 8:17-18 Jesús reprenderá a los propios discípulos con palabras similares a las que se usan aquí para describir la falta de respuesta de οἱ ἔξω. La parábola de la semilla de mostaza que se lee más adelante en el discurso señalará que la percepción humana sin ayuda no puede comprender la manera en que está siendo establecido el reino de Dios; de ahí la necesidad de la divina revelación del μυστήριον.

Así, pues, es a ustedes —y no a los demás— a quienes les ha sido dado conocer el μυστήριον τῆς βασιλείας τοῦ θεοῦ. El sentido de información privilegiada se pone claramente de relieve ahí, pero, ¿qué hay con la idea de un μυστήριον como algo que hay que compartir con los demás una vez que ha sido revelado (una idea que se verá reforzada en los vv. 21-22)? Los versículos 11b-12 parecen sugerir más bien que se oculte el μυστήριον, y no que se comunique. El sujeto de esta segunda parte del dicho, con su extensión en la "cita" de Isaías 6:9-10, es un grupo contrastante (ἐκείνοις δέ), que el autor caracteriza además como οἱ ἔξω. El reflejo de 3:31-35, establecido ya por la frase περὶ αὐτόν en v. 10, es inconfundible; la condición de estar ἔξω ya fue descrita en la situación de la madre y los hermanos de Jesús que se quedaron ἔξω (vv. 31, 32) mientras

---

36. Cf. Amós 3:7 para la idea de un "secreto" divino, revelado a los profetas. El término hebreo *sôd*, sin embargo, nunca se traduce como μυστήριον en la LXX.

37. El término *rāz* también es importante en el pensamiento de Qumrán acerca de los "secretos" divinos para los que los maestros de la comunidad pueden ofrecer la "interpretación" correcta *(pesher)*. Para otros ejemplos del tema del secretismo y la revelación restringida en la literatura apocalíptica, véase B. W. Henaut, *Tradition*, 178-81.

la ὄχλος dentro de la casa disfrutaba del acceso directo a Jesús. Pero si bien la familia natural de Jesús nos ofrece un ejemplo que nos permite entender la expresión, el lenguaje aquí es más general. ¿Quiénes son, pues, οἱ ἔξω, y cómo podemos diferenciarlos de los οἱ περὶ αὐτόν?

R. E. Watts[38] alega que el discurso del capítulo 4, y esta perícopa en particular, debe considerarse una respuesta directa al dictamen de los "escribas de Jerusalén" en 3:22, y que en este contexto "la referencia a Isaías 6:9-10 sugiere que la ceguera judicial provocada por las parábolas de Jesús... tiene que ver con los que han rechazado categóricamente la acción libertadora de Yahvé manifiesta en Jesús". Watts, por tanto, limita la referencia de οἱ ἔξω a este grupo específico, no a la ὄχλος πλεῖστος del v. 1 (que, en su opinión, son personas que aún están dispuestas a recibir el mensaje de Jesús, y por eso, se les exhorta a oír con atención).

Esta es una buena reacción contra la hipótesis frecuente de que οἱ ἔξω es un término general que se refiere a todos los que quedan fuera del grupo muy restringido que muchos consideran que se describe en el v. 10, pero se ve impugnada por el hecho de que los usos del término ἔξω en 3:31-32 no se relacionan con los escribas de Jerusalén sino con los parientes de Jesús, cuyo escepticismo acerca de Jesús no está al mismo nivel del repudio total de los escribas. Los escribas de Jerusalén, por supuesto, están incluidos en el grupo de οἱ ἔξω, y representan, sin duda, la forma más clara de esa condición, pero la restricción de Watts de ese término a ellos solos es más precisa de lo que permite el texto. Así como οἱ περὶ αὐτόν permitió una referencia más abarcadora de lo que a veces se propone, lo mismo ocurre con οἱ ἔξω. La distinción entre los que están adentro y los que están afuera resulta clara en principio, pero el tono general de estos versículos no nos anima a intentar hacer identificaciones específicas.

A los que están adentro se les da a conocer el secreto del reino de Dios, pero a los que están afuera ἐν παραβολαῖς τὰ πάντα γίνεται. El verbo γίνεται, que aparece donde cabría esperar un verbo declarativo tal vez sugiere que τὰ πάντα debe tomarse en un sentido más amplio y no solamente como la *enseñanza* de Jesús; todo su ministerio, tanto las obras como las palabras, constituye una revelación en forma de parábola para los que están fuera. Esto también podría explicar la razón por la que en la cita que sigue el orden de las dos primeras cláusulas aparece invertido, de manera que "ver" precede a "oír": lo que ellos no logran entender no es simplemente una sucesión de dichos enigmáticos, sino la revelación completa, visible y también audible, que se pone de manifiesto en la venida de Jesús. Pero en el contexto más amplio de todo el discurso la idea principal gira claramente en torno a la enseñanza de Jesús.

Siempre que la παραβολή se tome como una ilustración (útil), no hay por qué considerar que la cláusula ἐν παραβολαῖς τὰ πάντα γίνεται sola tenga

---

38. R. E. Watts, *Exodus*, 194-210 (cita de las págs. 197-98).

un tono amenazador —se les habla en parábolas para ayudarlos a entender y, de ese modo, llegar a formar parte de los que están adentro. Pero el contexto no permite esta noción tan atractiva porque en él se *contrasta* el destino de ellos con el de los que reciben la revelación, y esa declaración va seguida de las ominosas palabras del v. 12 que sugieren precisamente la intención opuesta. ¿Deberíamos entonces pasar al otro extremo y, en razón del sentido enigmático que suele atribuírsele al término παραβολή, traducir la frase ἐν παραβολαῖς como "enigmáticamente", "oscuramente"? Eso sería posible si los vv. 11-12 estuvieran solos, pero forman parte de un capítulo en el que se proponen παραβολαί, no con el fin de oscurecer la verdad, sino más bien para facilitar la comprensión del reino de Dios, al menos para aquellos que puedan comprenderlo. La frase ἐν παραβολαῖς, pues, no debe separarse de la intención general de la enseñanza parabólica de Jesús, aquí y en toda la tradición sinóptica, que es comunicar la verdad (incluso cuando se trate a veces de una verdad desagradable, 12:12) y no ocultarla. Pero la frase per se significa simplemente "en parábolas".

Podría tal vez inducir a error plantear la cuestión exegética de este versículo en función de la intención de las parábolas de revelar o de ocultar, para atraer o rechazar posibles adeptos. La parábola del sembrador, que rodea esta breve perícopa, sugiere una interpretación diferente. La intención del sembrador es recoger una cosecha, pero la posibilidad de lograrlo o no depende de la condición del terreno en el que cae la semilla, y no de un cambio en su intención. La misma semilla produce diferentes resultados, y así también ocurre con las parábolas. La misma parábola que ilumina a algunos, no produce ninguna respuesta en otros; el resultado depende de la condición del oyente (y es por eso que "la manera de oír" es un tema tan importante del capítulo). El tema central en toda la parábola no gira principalmente en torno al propósito del maestro sino a la receptividad de los oyentes. Y la idoneidad del método parabólico en esta situación consiste en que la parábola, al igual que la caricatura, resulta muy conveniente, por su propia naturaleza, para exponer las respuestas adecuadas y contrastantes que provoca en los diferentes tipos de oyentes. La invitación que nos hace a meditar bien en la importancia de la imaginería y a responder adecuadamente a su demanda, pondrá inevitablemente de relieve la división que ya existe entre los que están abiertos a una nueva visión y los que se resisten a cambiar. Por consiguiente, la misma parábola que hace que algunos comprendan el secreto del reino de Dios, dejará a otros insensibles. Esos son los que se quedan ἔξω, y para ellos no hay más que parábolas.

12 Este segundo grupo es el que describe las palabras terribles de Isaías 6:9-10 que se citan brevemente (y con las dos primeras cláusulas invertidas; véase anteriormente) en el v. 12.[39] Pero la cita es introducida por la conjunción

---

39. Para un lenguaje similar acerca de la incapacidad para entender el mensaje profético, véanse Jer. 5:21; Ez. 12:2-3; Dn. 12:10; el contraste entre "los sabios" y "los impíos" que aparece en

ἵνα que más que ninguna otra cosa sugiere un *propósito* en el encubrimiento de la declaración de Jesús.

Para evadir esta conclusión se han hecho varias sugerencias,[40] entre las cuales se han popularizado las siguientes: (i) que ἵνα aquí (¿al igual que en Mt. 18:16?) actúa como una fórmula para introducir una cita, tal como ocurre con ἵνα πληρώθῃ (atribuyéndole así el propósito a la Escritura y no a Jesús);[41] (ii) que ἵνα es una traducción errada del adverbio relativo arameo *d-*, que puede tener un sentido final aunque en el Tárgum de Isaías 6:9 tiene el significado normal de "que o quien";[42] (iii) que el autor tal vez usó ἵνα en vez de ὥστε para expresar un resultado y no un propósito (un uso con respecto al cual pueden citarse ejemplos, pero no entre las sesenta veces que aparece ἵνα en Marcos);[43] (iv) que aunque el significado léxico indica propósito, este debe interpretarse en el contexto del pensamiento semítico con su tendencia a suprimir las segundas causas, para que las decisiones humanas se atribuyan a la providencia predominante de Dios.

Esta última observación no elimina la fuerza normal de la conjunción pero sí nos ayuda a ubicarla en el contexto teológico adecuado. El resultado final se halla dentro de la esfera del propósito general de Dios, y, tal como nos recuerda Isaías 6:9-10, ese propósito puede incluir tanto el rechazo como la aceptación del mensaje del profeta.

Tal vez no sea legítimo afirmar que ἵνα en Marcos pueda *significar* "como resultado de lo cual" (según propone el punto (iii) anterior), pero el contenido de la cita no se aparta mucho de ese sentido. El destino de los que oyen las parábolas y no son iluminados por ellas se asemeja al de los oyentes de Isaías, y del mismo modo que en aquella época ese destino era parte del escenario previsto divinamente y predicho para el ministerio de Isaías, así también lo es ahora para el de Jesús. Esto no constituye un "cumplimiento", en el sentido de una predicción que se hace realidad, sino más bien una correspondencia tipológica entre dos fases de la historia ininterrumpida de los llamados de Dios a su pueblo. Esos llamados siempre han recibido una respuesta dividida, y la situación no es diferente ahora (salvo que en el caso de Isaías la predicción anunciaba un rechazo *total*, sin ninguna promesa de alivio para los que sí escuchaban de la manera correcta). Cuando Jesús enseña en parábolas se repite

---

la última de estas citas, es paralelo al contraste entre "los que están adentro y los que están afuera" aquí (cf. Myers, 172).

40. Las seis hipótesis más importantes se mencionan y analizan de manera muy útil en C. A. Evans, *To See*, 92-96.

41. Así J. Jeremias, *Parables*, 17, y muchos otros. No hay ningún otro uso en Marcos porque la conjunción ἵνα en 9:12 no introduce ninguna cita sino que sigue a una fórmula que lo hace.

42. Así T. W. Manson, *Teaching*, 76-80; véanse, no obstante, los comentarios ejemplares de B. D. Chilton, *Rabbi*, 93.

43. Véase C. F. D. Moule, *Idiom-Book*, 142-46. Marcos suele usar ἵνα con un sentido imperativo, generalmente en el discurso indirecto (por ej., 3:9; 5:18, 43; 6:8), y algunas veces también en el discurso directo (5:23; 10:51; 14:49), pero este uso de la conjunción no disminuye en modo alguno su sentido de propósito.

este patrón escriturario, tal como debe ser. Es posible que el paralelismo que se aproxima más al uso que hace Marcos de ἵνα para expresar esta convicción sea el doble uso de la conjunción en 4:22 para expresar no tanto el *propósito* del encubrimiento, sino más bien lo que *inevitablemente ha de seguir*.

Sin embargo, ¿era eso en realidad lo que quería decir Isaías 6:9-10? ¿Se le había ordenado realmente a Isaías que provocara la incredulidad de sus oyentes, tal como afirma de manera categórica la primera parte de Isaías 6:10 (que Marcos, llamativamente, omite en su cita)? La interpretación judía posterior, como era de esperar, consideró que esta idea era demasiado severa; la LXX transforma los verbos causativos del hebreo del v. 10a en simples descripciones de la condición del pueblo, y el Tárgum convierte toda la primera parte de la declaración en una descripción de la situación anterior del pueblo (y no del resultado de la predicación de Isaías), mientras que la cláusula final (el v. 12c de Marcos) comienza con *dîlmā'*, que, a diferencia del término hebreo *pen*, puede significar no solo "para que no" sino también "a menos que". Este último significado entonces permitiría que la última cláusula se leyera como una oferta de perdón futuro si ellos se "convierten", y es con este sentido que los rabinos citaban el pasaje, como una promesa y no como una amenaza.[44] (En razón del uso del término ἀφεθῇ en Marcos 4:12c, en consonancia con el verbo *šbaq* que aparece en el Tárgum y que se opone al verbo "sanar" del hebreo y la LXX, se ha sugerido que Marcos tuvo presente esta tradición más optimista de la interpretación, pero debe decirse que el lenguaje que emplea la favorece muy poco, y que la conjunción problemática ἵνα seguida tan de cerca por μήποτε, a diferencia de *dîlmā'*, deja muy poco margen para una esperanza de restauración).[45]

Estas modificaciones posteriores del lenguaje de Isaías dan por sentado que el profeta no puede haber querido decir lo que dijo. Ese mismo fin interpretativo puede lograrse si se considera que se trata de una expresión irónica, puesto que la ironía consiste en usar palabras para comunicar lo contrario de lo que normalmente significan. La ironía, que depende tanto del tono de la voz o de los gestos, resulta muy difícil de expresar en un texto escrito, y por tanto, representa un problema concreto para el traductor. En un examen cuidadoso de este pasaje para traductores de la Biblia, B. Hollenbach[46] llega a la conclusión de que Isaías 6:9-10 y, por ende, Marcos 4:12 deben considerarse irónicos, y propone la siguiente traducción para el segundo pasaje:

... para que ciertamente puedan ver pero no perciban,
  y ciertamente puedan oír pero no entiendan;

---

44. J. Jeremias, *Parables*, 17.

45. El significado normal de μήποτε es "para que no", "a fin de que no", y no hay ninguna razón para traducirlo como "a menos que". En 2Ti. 2:25 cumple una función más positiva y significa "con la esperanza de que", pero esto se deriva de la orientación positiva de la cláusula principal anterior, con respecto a la cual no existe ningún elemento correspondiente en este contexto.

46. B. Hollenbach, *BT* 34 (1983) 312-21.

porque ¡lo menos que desean es convertirse y que sus pecados sean perdonados!

El elemento crucial en esta versión son los signos de admiración; sin ellos, la ironía permanece invisible en la página impresa. La ironía, por tanto, debe constituir una herramienta resbalosa que muy fácilmente puede ser usada por el exégeta como una cita de desesperanza.[47] Pero Moule al menos tiene razón cuando desaconseja la "literalidad deplorable" que interpreta Isaías 6:9-10 como "una orden que Dios le da al profeta para que se asegurara de que su mensaje fuera ininteligible".[48] Por tanto, si es correcto considerar que la idea central de Isaías 6:9-10 es que el mensaje de Dios será recibido con indiferencia o incluso con hostilidad y no que la *intención* divina es impedir que sus oyentes "se conviertan y sean sanados", la cita resulta muy adecuada en el contexto de los vv. 10-11 y de la parábola del sembrador. La única diferencia importante es que si bien el pasaje de Isaías no ofrece ninguna indicación clara de que habrá *alguna* respuesta, la parábola del sembrador contrarresta el terreno malo con el bueno, y el v. 11 prevé respuestas por parte de los "que están adentro" y también de "los que están afuera". La diferencia depende de la manera en que oyen (o, en función de la parábola, qué tipo de terreno son), y las parábolas constituyen un medio excepcionalmente eficaz para exponer esa diferencia.

Según dijimos anteriormente, cuando se da a conocer un μυστήριον debe compartirse con los demás. La experiencia de Isaías le indica al discípulo que no todos lo recibirán con la misma disposición, y a medida que avanza el evangelio observaremos una insistencia cada vez mayor en la necesidad de la discreción al compartir el evangelio al menos por ahora (especialmente 8:30; 9:9); véase el análisis del "secreto mesiánico" en el comentario sobre 8:30. El discurso que nos ocupa ahora también tiene su elemento de secretismo, en el crecimiento invisible de la semilla en el v. 27 y el tamaño ridículamente pequeño de la semilla de mostaza en el v. 31; sin embargo, todavía no ha llegado la hora para que reino de Dios se manifieste con poder (9:1) y todos lo vean. Pero los vv. 21-22 disipan cualquier idea de un encubrimiento del mensaje a largo plazo; lo que ahora está oculto debe inevitablemente revelarse. Por tanto, el terrible veredicto de los vv. 11b-12, en un sentido, podría considerarse solo temporal, dándoles con ello a los que están catalogados como ἔξω la esperanza de que no serán permanentemente rechazados, que la división entre los de adentro y los de afuera no es un abismo que no pueda cruzarse. A fin de cuentas, οἱ περὶ αὐτὸν σὺν τοῖς δώδεκα no siempre estuvieron adentro, y el llamado de Jesús a los discípulos para que sean ἁλιεῖς ἀνθρώπων sugiere que el Evangelio de Marcos no intenta alentar una resignación fatalista en la creencia de que

---

47. J. Camery-Hoggatt, *Irony*, 127-30, discrepa de Hollenbach y otros que afirman que estas palabras pretendían ser irónicas. Esto es, él sugiere, un simple "esfuerzo por aliviar el problema bastante molesto de la obstinación mencionada en el v. 12.... En opinión de Marcos, el dicho es sencillo".

48. C. F. D. Moule en E. E. Ellis y M. Wilcox (ed.), *Neotestamentica et Semitica*, 99-100.

los que ahora están afuera nunca podrán entrar (en este aspecto tal vez la imaginería de la parábola resulta deficiente, por cuanto el terreno podría ser menos fácil de cambiar que las personas). Pero estos versículos, con su alusión a la triste experiencia de Isaías, les imparten una nota de realismo sobrio a los encargados de proclamar el εὐαγγέλιον, al reconocer que dentro del propósito de Dios siempre habrá terrenos malos y también buenos.

Interpretación de la parábola del sembrador (4:13-20)

La revelación del secreto del reino de Dios se presenta ahora bajo la forma de una explicación de la parábola provocada por la pregunta de los discípulos. La perícopa, pues, nos da el ejemplo más detallado en Marcos de lo que en los vv. 33-34 se describirá como la práctica regular de Jesús, a saber, ofrecerles a sus discípulos explicaciones de todo lo que les decía a las multitudes solo en parábolas. Otras explicaciones privadas semejantes acerca de algunas declaraciones impactantes aparecerán en 7:17-23; 8:16-21; 10:10-12; y 13:3-37, y algunas acciones de Jesús también se les explicarán únicamente a los discípulos en 9:28-29; 11:21-25.

El hecho de que ninguno de estos pasajes se relacione con una parábola de naturaleza narrativa tal vez ha favorecido la opinión generalizada de que la explicación de 4:13-20 es atípica, poniendo así en entredicho su autenticidad como enseñanza de Jesús. Sin embargo, cuando παραβολή se toma en su sentido bíblico más amplio, esa hipótesis resulta insustentable; de hecho, el pasaje de 7:17-23 se introduce explícitamente como la explicación de una παραβολή. E. E. Lemcio también ha demostrado que la secuencia de "parábola-pregunta (a veces implícita)-explicación" cuenta con un buen historial en el AT (p. ej., Ez. 17:1-24; Zac. 4:2-10, 11-14).[49] Y tampoco es cierto que las parábolas sinópticas en general carezcan de comentarios explicativos, aun cuando normalmente no sean tan extensos como aquí: véanse 13:29; Mateo 13:36-43, 49-50; 18:14, 35; 20:16; 21:31-32, 43; 25:13; Lucas 7:43-47; 10:36-37; 12:21; 15:7, 10; 16:8-13; 18:6-8, 14.

P. B. Payne examina detalladamente otros argumentos tradicionales en contra de la autenticidad de esta perícopa.[50] El más importante de ellos ha sido la creencia de que la interpretación pasa por alto la intención original de la parábola, una creencia que ya fue cuestionada cuando examinamos la parábola. La reacción generalizada entre los académicos más recientes contra el dogma de que las parábolas se centran en un solo punto moral ha causado una mayor predisposición a reconocer la pertinencia de esta interpretación a la forma "múltiple" real de la parábola, y por consiguiente, una mayor inclinación a considerarla al menos concordante con la intención original de Jesús, aun

---

49. E. E. Lemcio, *JTS* 29 (1978) 323-38. D. Daube, *The NT*, 141-50 ha demostrado la familiaridad de un patrón similar en los escritos rabínicos.

50. En *GP*, 1.163-207.

cuando no sea él a quien realmente se le atribuya su formulación. El examen peculiarmente cauteloso de Davies y Allison[51] expresa bien esta evaluación más positiva de la interpretación sinóptica: Davies y Allison muestran su preferencia por la opinión de que "aunque la interpretación sinóptica no se derive del propio Jesús, capta correctamente su intención" (375-76), y de que "parece muy poco razonable descartar dogmáticamente que Marcos 4:13-20 se base en una interpretación que Jesús dio de la parábola del sembrador", aun cuando el argumento a favor de su origen divino "no cuente con las pruebas suficientes" (399).

Una razón para dudar de que la interpretación procede de Jesús ha sido la suposición de que esta constituye una aplicación de la parábola a una situación específica en la iglesia naciente que no habría sido pertinente en la época del ministerio de Jesús. Cabría señalar en este respecto, sin embargo, que se trata de una "interpretación" solamente porque identifica el significado del simbolismo de la historia de Jesús (o más bien, de una *parte* del mismo; no se identifica al sembrador, ni, curiosamente, el καρπός producido), no porque aplique ese simbolismo a una situación pastoral particular. Describe los tipos de personas que aparecen en la historia, pero no las identifica con ningún grupo concreto ni con individuos en la iglesia o fuera de ella.[52] Pueden encontrarse personas que se ajustan a estas descripciones en cualquier período de la historia de la iglesia, y en este comentario se ha argumentado que esas personas también podrían discernirse a partir de las diversas respuestas a la predicación del reino de Dios durante el ministerio terrenal de Jesús, como por ejemplo, las que fueron descritas en los capítulos 1–3. Estos versículos tampoco preceptúan el tipo de uso que debe dárseles a estas descripciones, por ejemplo, en lo que respecta a la estrategia evangelista de la iglesia o del autoexamen espiritual de sus miembros; la parábola, incluso tal como se "interpreta", permanece abierta en cuanto a su aplicación pastoral.

La identificación de los que se describen en los cuadros consecutivos de la historia presenta algunos problemas de expresión. Aunque en la parábola Marcos se ha referido a cada semilla en singular, usa el plural para caracterizar a las personas representadas en ella, lo cual resulta adecuado aunque un tanto extraño. (Las caracterizaciones de Mateo en singular, de hecho, se habrían ajustado mejor a las semillas en singular de Marcos que las semillas en plural de Mateo). Y lo que es aún más extraño, aunque la diferencia en realidad tiene que ver con el terreno y no con la semilla, las personas que son diferenciadas de esa manera en la primera escena se identifican correctamente con el terreno, pero a partir de ese momento, se hace referencia a ellas como si fueran distintos

---

51. W. D. Davies y D. C. Allison, *Matthew*, 2.375-77, 396-99.
52. Los esfuerzos poco convencionales de M. A. Tolbert, *Sowing*, 153-59 (cf. 171), por identificar los grupos a los que se hace referencia dentro de la estructura de la narración de Marcos ofrecen ejemplos sugerentes de la manera en que pueden realizarse estas categorizaciones, pero no está claro que Marcos pretendiera ese enfoque específico.

tipos de semillas (οἱ σπειρόμενοι/σπαρέντες).[53] Pero esto es lo que ocurre naturalmente al tratar de explicar una historia simbólica, en la que dos cosas semejantes no son iguales. Para cada escena de la historia, con su descripción del destino de la semilla sembrada en ese terreno específico, el intérprete puntilloso tendría que decir algo así como que "el destino de la semilla sembrada en terreno pedregoso representa lo que ocurre cuando la palabra es predicada entre personas que..."; y aún en ese caso habría que referirse al carácter y las circunstancias particulares de las personas y no a la "palabra" en sí misma. La forma más simple de Marcos, οὗτοί εἰσιν οἱ ἐπὶ τὰ πετρώδη σπειρόμενοι, οἵ..., aunque menos rigurosa lógicamente, lo explica con bastante claridad para los que no quieran hacer objeciones. Es interesante observar que ni Mateo ni Lucas, con sus diferentes maneras de expresar las identificaciones, tampoco han logrado una estructura perfectamente lógica.

13 La primera mitad de la respuesta no concuerda exactamente con la pregunta del v. 10, y presupone que una pregunta acerca del significado de la parábola del sembrador era la base de la pregunta más general que ellos habían formulado con respecto a las parábolas, a la que se dio respuesta en los vv. 11-12. Sin embargo, la segunda mitad relaciona los dos temas, y deja entrever implícitamente que si se entiende la parábola del sembrador, pueden entenderse πάσας τὰς παραβολάς. Es por eso que ἡ παραβολὴ αὕτη debía aparecer al principio del discurso: es la clave de todas las demás, la parábola acerca de las parábolas.[54]La reprensión implícita en la pregunta de Jesús resulta extraña después del v. 11. Si a ellos se les había dado el secreto del reino de Dios, ¿cómo es posible que no puedan entender ahora esta parábola clave? Pero más adelante seguirán otras reprensiones peores (p. ej., 7:18; 8:17-18, 21). Está claro, por tanto, que la simple "concesión" del secreto no produce una iluminación total inmediata. El carácter del reino de Dios es tal que todo el período del ministerio terrenal de Jesús no les bastará para asimilar sus valores paradójicos. Un programa integral de reeducación de esos mismos discípulos a los "que se les ha dado" el secreto ocupará el acto central del drama de Marcos. De todas formas, el objetivo de este discurso es indicar que las pacientes explicaciones privadas de Jesús acerca de su enseñanza parabólica (vv. 33-34) son las que "dan" la iluminación; ellos recibirán la explicación que sigue porque se les ha dado la capacidad al menos de comenzar a aprender. Los versículos 13-20 constituyen una parte de lo que se les "da".

---

53. P. B. Payne, *NTS* 26 (1980) 564-68, es uno de los que alegan que Marcos usa el verbo σπείρομαι con un sentido aramaico para referirse al terreno que "se siembra" y no a la semilla; pero esta teoría resulta difícil de conciliar con el uso de ἐπί con el acusativo (vv. 16, 20) y εἰς (v. 18) para indicar el terreno *en el que* tiene lugar la siembra, sobre todo en el v. 20 donde difícilmente puede decirse que el propio terreno es ἐπὶ τὴν γῆν τὴν καλήν.

54. W. T. Shiner, *Follow*, 206-7 n. 14, discrepa de esta opinión común, alegando que lo que da lugar al comentario de Jesús no es ningún contenido especial en esta parábola, sino simplemente el hecho de que esta parábola aparezca en primer lugar (y sea la más larga del capítulo), y por tanto, se considera típica.

14 El propio sembrador no está identificado, y la semilla de manera muy breve; a partir de ahora la atención se centrará en los efectos de los diferentes tipos de terreno. En su contexto histórico, el término ὁ λόγος hace referencia a la enseñanza que Jesús ha estado ofreciendo en Galilea (en la proclamación de la que sus discípulos participaron ya, 3:14), comenzando con el εὐαγγέλιον del 1:15 y culminando con las ἐν παραβολαῖς πολλά del v. 2. El tema central de los capítulos 2–3 ha girado en torno a las diversas respuestas a esta proclamación, con respecto a las cuales este discurso ofrece una explicación. En cuanto al uso de ὁ λόγος, al parecer, como un término técnico para referirse al evangelio a lo largo de esta perícopa, y en el cristianismo posterior, véanse los comentarios sobre 2:2 y 4:33. En la época en que Marcos escribió su Evangelio era así como solía emplearse, pero el hecho de que él use un término tan obvio de su propio tiempo no nos impide creer que la tradición anterior a él, y de hecho, el mismo Jesús, pudieran haber aludido a la predicación de Jesús, valiéndose de cualquier término que pudiera describirla, bajo la figura de la siembra de una semilla.[55]

15 Al identificar el primer cuadro de la historia, Marcos formula su declaración de un modo más preciso que en la forma abreviada que aparece en los vv. 16, 18 y 20 (véanse los comentarios en la introducción a esta sección): no se habla del primer grupo de personas como si fueran semillas,[56] se dice, más bien, que son οἱ παρὰ τὴν ὁδόν, o sea, se identifican con el terreno que está junto al camino, y por tanto, puede afirmarse que ὁ λόγος se siembra εἰς αὐτούς (véase la nota textual). En cuanto a estos, el peor tipo de terreno, también se dice que oyen, al igual que ocurrirá con cada uno de los demás tipos (el verbo ἀκούω se lee en los vv. 15, 16, 18 y 20). El hecho de que oigan no establece la diferencia, sino *la manera en que* oyen (vv. 9, 23, 24-25, y 33). En este caso el fracaso es inmediato (εὐθύς); la semilla no penetra en el terreno y se pierde, al igual que ocurrió con el lector "tonto o estúpido" en la analogía de Moule que lo único que vio fue el dibujo, o como en Ezequiel 33:32 los que recibieron las severas advertencias de Ezequiel y lo único que oyeron fue a "uno que canta canciones de amor con una voz hermosa y toca bien un instrumento". Esa forma ineficaz de oír se atribuye a la acción de ὁ Σατανᾶς, que, como figura principal de la oposición al propósito de Dios y al ministerio de Jesús (véase el comentario sobre 3:22-27), está naturalmente decidido a

---

55. Isaías 55:10-11 ofrece una base significativa para describir el efecto de la "palabra" (de Yahvé) en la imaginería de la semilla y la esterilidad. La correspondencia, sin embargo, no es exacta porque la "palabra" allí, al parecer, se compara con la lluvia y la nieve y no con la semilla.

56. Muchos comentaristas (uno de cuyos representantes es J. Marcus, *Mystery*, 25-26 y n. 29) afirman que en este versículo Marcos identifica a las personas con el terreno (τὸν ἐσπάρμενον εἰς αὐτούς) *y* con la semilla (οἱ παρὰ τὴν ὁδόν). Pero la cláusula inicial no tiene el participio (σπειρόμενοι, σπαρέντες) que en las demás identificaciones (vv. 16, 18 y 20) indica que la intención es referirse a la semilla (Marcus, al parecer, no se dio cuenta de este hecho) y, en cambio, va inmediatamente seguida de ὅπου σπείρεται ὁ λόγος, indicando con ello que es el *terreno* παρὰ τὴν ὁδόν lo que se tiene en cuenta. La única dificultad está, tal como se señaló antes, en la necesidad de usar una expresión en plural para identificar el terreno (en singular) con las personas (en plural).

impedir que la gente alcance el conocimiento del reino de Dios. De la misma forma, en 8:33 lo vemos fomentando una preocupación por τὰ τῶν ἀνθρώπων en oposición a τὰ τοῦ θεοῦ.

16-17 El segundo tipo de respuesta, de entrada, es mucho más prometedor, y de hecho, entusiasta (μετὰ χαρᾶς), pero resulta ser πρόσκαιρος. Ese compromiso pasajero fue, por supuesto, una característica recurrente de la experiencia de la iglesia primitiva en la época de la persecución oficial, pero incluso en los días del ministerio de Jesús la mayor parte de la ὄχλοι que celebró su debut en Galilea no permaneció firme, y no cabe duda de que esto se debió, en gran parte, al aumento de la oposición, tanto oficial como no oficial, a este nuevo movimiento, tal como los capítulos 2–3 ya han comenzado de ilustrar. Por tanto, la amenaza al discipulado permanente, representada aquí por el calor del sol, se interpreta en función de la presión que ejerce sobre el posible discípulo el ambiente social o religioso, θλῖψις ἢ διωγμὸς διὰ τὸν λόγον, y no, como sí ocurre en el cuadro que sigue, las circunstancias y prioridades del propio discípulo. No hay por qué considerar que διωγμὸς διὰ τὸν λόγον aquí se refiera solamente a una persecución oficial posterior. Cualquier presión social que surja como consecuencia de la naturaleza distintiva del movimiento de Jesús, con su cuestionamiento implícito o explícito de las normas de la sociedad, puede atribuirse a los efectos del λόγος que ha provocado el cambio. Cf. 8:35; 10:29 con respecto a la persecución y la pérdida ἕνεκεν τοῦ εὐαγγελίου (y 10:30 con respecto a la διωγμοί como parte integrante de la experiencia de los discípulos).

Σκανδαλίζω, que ocupará un lugar prominente en 9:42-47, suele traducirse como "incitar a pecar", pero en realidad se usa más generalmente para referirse a cualquier cosa que "atrape a una persona" o le "haga tropezar" para hacer que su discipulado resulte ineficaz. La idea central aquí no gira en torno al pecado sino a la apostasía bajo presión. El uso de σκανδαλίζομαι en 14:27, 29 con referencia a la deserción de los discípulos de Jesús bajo presión ilustra bien este concepto, aunque en el caso de ellos dicha deserción fue pasajera; Marcos no sugiere que esté pensando aquí en un fracaso solo pasajero.[57]

18-19 El tercer tipo de terreno representa un discipulado que sobrevive pero es improductivo. Ni aquí ni en el v. 20 se hace ningún esfuerzo por explicar cuál es el καρπός que se espera cosechar, ni cómo debe reconocerse. Sin embargo, a partir del contraste entre el discipulado fructífero y las preocupaciones materiales que se mencionan al principio del v. 19, cabe suponer razonablemente que la fecundidad depende de la conformidad con los principios del reino de Dios, y su oposición a los valores "mundanos".

---

57. M. A. Tolbert, *Sowing*, 154-56 y pássim a partir de ahí, cree que la intención aquí es referirse específicamente; véase la pág. 161 n. 18, en cuanto a su opinión de que ese era el significado del nombre de Πέτρος. Pero en lo que respecta al desarrollo de la narración, no ha habido nada hasta ahora que pueda motivar al lector a hacer esta identificación, y el privilegio de los discípulos expresado en el v. 11 no sugiere que debamos contemplarlos ahora desde un ángulo negativo.

El término ὁ αἰών en sí no sería una expresión muy clara, porque en el pensamiento del NT, al igual que en el pensamiento judío en general, se establece una distinción entre dos αἰῶνες, el actual y el que está por venir; pero en combinación con μέριμναι y seguido por las referencias a ἀπάτη, πλοῦτος y ἐπιθυμίαι, no cabe duda de que se trata en este caso de ὁ αἰὼν οὗτος, que, desde un punto de vista negativo, representa todo lo que para la lealtad del discípulo, rivaliza con Dios. Mateo 6:24-34 constituye un comentario muy adecuado sobre la expresión αἱ μέριμναι τοῦ αἰῶνος y sobre el peligro que representa para un discipulado eficaz la prevalencia de esos afanes sobre el reino de Dios. Marcos no hace tanto hincapié como Lucas o Pablo en el peligro de las riquezas, aunque sí se hace claramente patente en 10:17-27, donde la historia del joven rico ilustra muy bien lo que estamos señalando aquí.[58] La idea principal en este caso no es la posesión de la propia riqueza, sino la actitud mental que ella engendra, de ahí que se empleen términos relacionados con la "psiquis", μέριμνα, ἀπάτη y ἐπιθυμία. Ἀπάτη es un término particularmente poderoso y aquí, al igual que en otros pasajes del NT, connota la idea de "engaño", e incluso de "incitación", que amenaza con seducir a los discípulos para apartarlos de su verdadera lealtad. (¿Pretende acaso el uso del verbo εἰσπορευόμεναι describir estos afanes "ajenos" como intrusos indeseados en la vida del discípulo?).

Αἱ περὶ τὰ λοιπὰ ἐπιθυμίαι, al parecer, es un final bastante pobre para la lista, una especie de "etcétera" para avisarle al lector que la πλοῦτος no es lo único que le preocupa al mundo. Se ha sugerido, pues, que la frase τὰ λοιπά aquí refleja el término hebreo/arameo *yeter*, que además de "resto" también significa "superfluidad", "exceso" (como en Sal. 17:14, Job 22:20), y de ese modo, la traducción de la expresión completa como "el deseo continuo de tener más" reflejaría acertadamente la esencia del materialismo.[59] Por consiguiente, en contraste con lo anterior, la amenaza para el discipulado eficaz no proviene de ninguna presión externa sino de la lealtad dividida del propio discípulo.

20   La interpretación que se le da al último cuadro (en el que tres semillas fructíferas de la parábola se tratan como un solo grupo) es la más sucinta de todas, a saber, que estas personas "oyen la palabra y la reciben"; el resto del versículo se limita a repetir la imaginería de la parábola y le deja al lector la posibilidad de decidir de qué tipo de fruto se trata y qué importancia, en caso de que la tenga, debe dársele a la variedad en las proporciones de la cosecha. Esto dista muchísimo de la "alegorización" de la que se ha acusado con mucha frecuencia a la interpretación sinóptica del sembrador; ningún alegorizador respetable pudiera haber pasado por alto esa invitación. Tal como se mencionó en el comentario sobre el v. 8, es posible que los tres niveles de fructificación sean simplemente un recurso narrativo para equilibrar los tres tipos de fracaso, y por tanto, que las versiones en Marcos y Mateo no aporten más información

---

58. Véase T. E. Schmidt, *Hostility*, 103-18.

59. Así T. E. Schmidt, *Hostility*, 106, siguiendo el ejemplo de F. Zimmermann, *Origin*, 87-88.

que la de Lucas, en la que solo se menciona una cosecha del ciento por uno. Sin embargo, resultaría tentador identificar aquí también un reconocimiento de que el producto de un discipulado eficaz no tiene por qué ser uniforme, un reflejo marcano del principio de Mateo 25:14-30, donde a los siervos fieles por igual se les asignan distintos grados de responsabilidad, ἑκάστῳ κατὰ τὴν ἰδίαν δύναμιν, y producen resultados proporcionalmente diferentes.

Breves parábolas sobre revelación y respuesta (4:21-25)

Los cuatro dichos epigramáticos breves (o "aforismos") que componen los vv. 21-22, 24b-25 tienen una historia sinóptica compleja. Aunque casi todos ellos se agrupan en forma semejante después de la parábola del sembrador en Lucas 8:16-18, existen también pasajes paralelos en otros lugares de la tradición sinóptica, a menudo en contextos muy diferentes del discurso que nos ocupa, y por ende, con significados diferentes; algunas versiones del mismo dicho pueden aparecer en varios lugares de los otros Evangelios sinópticos.[60] En el *Evangelio de Tomás* también pueden hallarse analogías de los versículos 21, 22 y 25.[61] Con excepción del v. 25 (cf. Mt. 13:12) estos dichos no aparecen en el discurso más extenso de Mateo sobre la parábola. Pero en los temas de revelación (vv. 21-22) y respuesta (vv. 24-25) vuelven a usarse ciertos elementos importantes del discurso hasta aquí, y la repetición en el v. 23 de la fórmula parabólica del v. 9 los vincula aún más al discurso como un todo. Si estos dichos, como parece probable, existieron en forma independiente en una etapa anterior de la tradición, la inclusión por parte de Marcos de la colección de los mismos en este punto es muy razonable.[62]

Los dichos compilados así se organizan entonces con gran esmero, tal como explica J. Lambrecht:

> No es posible negar la organización estructural tan hábil e ingeniosa de los vv. 21-25. Las dos "parábolas" cortas sobre la luz (v. 21) y la medida (v. 24b) se explican de manera concisa y casi proverbial y ambas están *(sic)* introducidas por γάρ (v. 22 y v. 25). Estas dos pequeñas unidades así formadas están relacionadas entonces por medio de una exhortación final (v. 23) e introductoria (v. 24a) a escuchar: esta invitación doble constituye el eje de todo el complejo breve, aunque excepcional (vv. 21-25).[63]

60. Para el v. 21 cf. Mt. 5:15; Lc. 8:16; 11:33; para el v. 22, Mt. 10:26; Lc. 8:17; 12:2; para el v. 24b, Mt. 7:2; Lc. 6:38; y para el v. 25, Mt. 13:12; 25:29; Lc. 8:18; 19:26.

61. Respectivamente *Ev. Tom.* 33, 5 con 6b, 41; para el v. 22 cf. también *Ev. Tom.* 108b.

62. Los comentaristas continúan preguntándose si al menos algunos de estos dichos ya aparecían combinados en la tradición que Marcos recibió. La diversidad de opiniones que se han expresado y la falta de controles externos hacen improbable que el asunto pueda llegar a resolverse algún día. Dado que la forma final de la perícopa nos llega a nosotros de Marcos, y representa la combinación de dichos que él deseó incluir, aunque no hubiera sido él quien los combinara de esa manera, podríamos esquivar la cuestión hablando simplemente de la colección de Marcos.

63. J. Lambrecht en M. Sabbe (ed.), *Marc*, 303.

La distinción de Lambrecht entre las "parábolas" (las comillas son suyas) de los vv. 21, 24b y las "explicaciones casi proverbiales" de los vv. 22, 25 sugiere una definición más restringida de "parábola" que la que hemos adoptado hasta ahora. Las explicaciones, aunque menos "descriptivas", son el tipo de epigramas enigmáticos que concuerdan bien con el uso más amplio de παραβολή, y por tanto, todo el complejo se adapta perfectamente a un discurso parabólico, no solo en cuanto a su tema central sino también en lo que respecta a su forma literaria.

21 La doble pregunta (que ilustra hábilmente el uso idiomático de μή(τι) y οὐ para formular preguntas esperando las respuestas de "no" y "sí" respectivamente) comunica una idea muy sencilla: la finalidad de las lámparas es dar tanta luz como sea posible. (El λύχνος es una lámpara de barro llena de aceite, que normalmente se coloca en un λυχνία, un candelero, o se cuelga de él; el μόδιος es una medida de áridos con una capacidad aproximada de casi 8 litros). Esta imagen, al igual que otras que usa Jesús, admite una variedad de aplicaciones: en Mateo 5:15 el contexto exige que la imagen se interprete como la luz que derrama en el mundo la conducta de los discípulos; la aplicación que se pretende en Lucas 11:33 resulta menos clara, porque el dicho está precedido por un pasaje en el que se presenta a Jesús como la postrera revelación (= "¿luz?"), pero remite a otros dichos acerca de la "luz" dentro de los discípulos.[64] Aquí en Marcos el contexto sugiere que la luz representa la revelación parabólica que es el tema de este capítulo, y en particular el secreto del reino de Dios, el conocimiento del cual marca la diferencia entre los que están adentro y los que están afuera.[65] De ser así, y si Marcos no ha cometido una torpe inconsistencia en la elaboración del discurso, esta imagen se opone enérgicamente a cualquier interpretación de los vv. 11-12 que insinúe que ese conocimiento debe mantenerse oculto en vez de darse a conocer tanto como sea posible.

22 El concepto ahora se hace más explícito, aunque sigue siendo enigmático, y la conjunción γάρ garantiza la unión entre los dos versículos. Sin embargo, la idea adquiere ahora una nueva dimensión, porque si bien el v. 21 dijo que la luz no debía esconderse, este versículo va más lejos y exige que las cosas que ya están ocultas sean descubiertas. En Mateo 10:26 se usa un lenguaje similar para estimular a los discípulos a testificar con valentía incluso en medio de la persecución; en Lucas 12:2 sigue a una advertencia contra la hipocresía, con la implicación de que si hay cosas que mantenemos ocultas,

---

64. En el *Ev. Tom.* 33 está relacionado con la extraña orden de: "lo que escuchas con un oído proclámalo en el otro oído desde tu azotea", una reminiscencia del dicho que sigue al paralelo Q de Mr 4:22; esto podría indicar un reconocimiento ininterrumpido, independiente de Marcos, de que los dichos compilados en Mr. 4:21-22 se relacionan en cuanto al tema.

65. El uso inesperado (por parte de Marcos solamente) del verbo "personal" ἔρχεται cuando el sujeto es una lámpara impersonal les sugiere a algunos (p. ej., Cranfield, Gnilka, Hooker, Lane) que Marcos quiere que veamos en la lámpara una figura del propio Jesús, cuya luz debe brillar a pesar de su ocultamiento temporal. Aunque la idea no resulta adecuada, el uso de ἔρχομαι para "traer" no parece tan antinatural como para exigirlo (véase J. Schneider, *TDNT*, 2.666-67).

estas serán descubiertas; en el *Ev. Tom.* 5 se les promete a los discípulos que las cosas que todavía no conocen les serán reveladas, pero en el *Ev. Tom.* 6 parece ser (al igual que en Lc. 12:2) una advertencia contra la hipocresía.[66] El tema, sin duda, admite una gran variedad de aplicaciones diferentes. El lenguaje del v. 22 en Marcos no indica explícitamente si el descubrimiento de los secretos es una función de Dios o de los discípulos (¿o de ambos?), ni a quién o a quiénes deben revelarse, pero el hecho de que el tema de la revelación y el ocultamiento ya se haya puesto de relieve en los vv. 11-12 nos ofrece una base sobre la cual podemos interpretarlo, y lo que estaba oculto allí era el secreto del reino de Dios.

Las dos mitades del pareado constituyen un "paralelismo sinónimo"; es decir, expresan lo mismo con palabras (ligeramente) diferentes.[67] Ἀπόκρυφος es sinónimo de κρυπτός, pero tiene connotaciones adicionales, por cuanto la palabra normalmente se usaba para referirse a una sabiduría o un conocimiento secreto (cf Col. 2:3) en la literatura pagana (especialmente en relación con la magia) y cada vez más en los escritos judíos y cristianos a medida que iba difundiéndose la idea de un conocimiento esotérico. De ahí el uso posterior del término para referirse a libros de conocimiento secreto, como el *Apócrifo de Santiago* o el *Apócrifo de Juan* de los manuscritos de Nag Hammadi.[68] No hay por qué suponer ese sentido técnico aquí, pero el dicho en general probablemente constituye una advertencia contra la tendencia humana natural a tratar la revelación de Dios como una posesión que debe protegerse de los demás. Para los que pudieran haber interpretado los vv. 11-12 como una exhortación a los discípulos para que ocultaran la revelación que habían recibido, este dicho indica que el propósito de Dios es todo lo contrario, que lo oculto debe ser manifestado. El uso doble de ἵνα podría tener por objeto comunicar que la manifestación de lo que está oculto no solo es algo que está destinado a suceder (véase el comentario sobre 4:12 con respecto a la sugerencia de que la conjunción ἵνα allí podría conllevar un significado similar), sino que debe entenderse como el propósito de Dios, el revelador. Al igual que el organizador de una "caza del tesoro", que oculta cosas para que otros puedan hallarlas.

Los versículos 21-22, pues, están en conflicto con la implicación que usualmente se sobrentiende en los vv. 11-12 de que Dios no quiere que "los que están afuera" entiendan y sean perdonados. Lo oculto debe ser manifestado, pero no se nos dice cuándo ocurrirá ni quien habrá de hacerlo. (Podríamos quizás encontrar una pista en 9:9, donde se presenta la idea de guardar un secreto *hasta*; en lo que respecta al mensaje que los discípulos debían anunciar, la resurrección marcaría el momento decisivo entre lo oculto y la declaración

---

66. B. W. Henaut, *Tradition*, 279-281 analiza los diversos usos de esta imagen en Tomás. Henaut también menciona algunos dichos similares de fuentes judías y greco-romanas (282).

67. *Pace* J. Marcus, *Mystery*, 150-51.

68. En cuanto al desarrollo de la idea y del término véase el interesante excurso de A. Oepke in *TDNT*, 3.987-1000.

abierta).[69] Ambrozic habla de un "grado sorprendente de unanimidad entre los exégetas" en el sentido de que "el secreto que, por un tiempo, les fue confiado a unos cuantos... está destinado a ser manifestado a todos muy pronto. Hay, pues, una referencia a la actividad misionera de la comunidad que tiene lugar después de la muerte y resurrección de Jesús". Los vv. 21-22 son "un complemento y una corrección, por así decir, de los vv. 11-12."[70] El secretismo es, desde todo punto de vista, un tema del Evangelio de Marcos, y se presupone en las palabras del v. 22. Pero cualquier interpretación detallada del secretismo en Marcos debe darle cabida a la declaración de estos versículos de que los secretos han de ser revelados. Este tema será desarrollado aún más en las dos parábolas sobre semillas en los vv. 26-32.

23 Esta idea ya nos resulta familiar en razón de nuestro análisis sobre el v. 9; véanse los comentarios allí. Su inclusión en este punto no solo conecta esta sección del discurso con el contexto más amplio de la parábola sino que también le indica al oyente/lector que estos también son dichos parabólicos que deben examinarse e interpretarse con cuidado. Podría haber en ellos más de lo que aparentemente vemos (u oímos).

24 Como dijimos anteriormente, la advertencia βλέπετε τί ἀκούετε es independiente del resto del versículo; no está relacionada con el dicho sobre la "medida" en los demás sinópticos, pero sí aparece, sin ese dicho, en la observación análoga que se hace en Lucas 8:18a. Estas palabras retoman el tema recurrente del discurso de que lo importante no es solo oír, sino *la manera en que* se oye; y por tanto, repiten la invitación del v. 23 a escuchar atentamente, pero aunque el v. 23 concluyó la enseñanza anterior, la fórmula καὶ ἔλεγεν αὐτοῖς que introduce esta cláusula asegura que se relaciona más bien con la enseñanza que sigue. Y esa enseñanza que trata también acerca de la manera eficaz de oír, refuerza el mensaje que transmite la parábola del sembrador sobre los diferentes niveles de respuesta a lo que se oye, en dependencia de lo que el oyente sea capaz de aportar.[71] De acuerdo con el contexto, cabría esperar βλέπετε πῶς (no τί) ἀκούετε, y eso es precisamente lo que encontramos en Lucas 8:18. Todo el discurso ha versado sobre la diferencia entre la manera eficaz e ineficaz de oír. Los que están adentro y los que están afuera oyen las mismas παραβολαί; la diferencia está en *la manera* en que las oyen, y no en

---

69. J. Marcus, *Mystery*, 143-50, desarrolla provechosamente este punto de vista.

70. A. M. Ambrozic, *Kingdom*, 103.

71. Myers, 170, 177-79, sugiere que la intención de βλέπετε τί ἀκούετε no es pedirles a los oyentes que acepten lo que plantean los vv. 24b-25, sino más bien advertirles *contra* el "realismo cínico" de la "sabiduría convencional" que Jesús cita en los vv. 24b-25 con el único propósito de rechazarla por medio de las parábolas de los vv. 26-32. βλέπετε τί ἀκούετε significaría en ese caso "*Tengan cuidado con lo que oyen*". El problema con esta exégesis, aparte del hecho de haber dejado perplejos a otros lectores de Marcos por espacio de dos milenios (e incluso a Mateo, según reconoce Myers), es que los componentes de los vv. 24b-25 aparecen con bastante frecuencia en otros lugares de la tradición sinóptica, sin ninguna indicación en ningún momento de que se pretenda hacerlos objeto de censura.

lo que oyen. El sentido de Marcos es bastante claro —una invitación a prestar cuidadosa atención a lo que se oye— pero su sintaxis es un tanto extraño.[72] La expresión ἐν ᾧ μέτρῳ μετρεῖτε μετρηθήσεται ὑμῖν es otro dicho proverbial (en el que se usa el lenguaje típico de los contratos comerciales de cereales)[73] que puede aplicarse a una variedad de situaciones. El tema del dicho es el principio de la reciprocidad. En Mateo 7:2 aparece junto a la expresión ἐν ᾧ κρίματι κρίνετε κριθήσεσθε, el juicio al que se hace referencia probablemente (aunque no por obligación) es el de Dios, mientras que en Lucas 6:38 se emplea una forma ligeramente diferente del proverbio, al parecer, como un incentivo para ser generosos cuando damos (y Dios ahí también se sobrentiende como la fuente de la medida recíproca). En la literatura judía aparece a menudo como un proverbio sobre idoneidad del juicio divino, en el que el castigo es adecuado al crimen o la recompensa a la buena obra (p. ej. *m. Soṭah 1:7*; *b. Sanh.* 100a).[74] El uso marcano del proverbio es bastante más especializado que este concepto general de "medida por medida" en el juicio. En este caso estimula a oír con cuidado, porque el empeño que se pone en entender y responder a las parábolas de Jesús será proporcionalmente recompensado. El beneficio que obtengas de ellas dependerá del empeño que pongas.

El principio pudiera aplicarse en sentido positivo o negativo (ambos aspectos se abordarán en el v. 25) pero la adición de καὶ προστεθήσεται ὑμῖν (que no aparece en los pasajes sinópticos paralelos y tampoco en las ocasiones en que se usa el proverbio en la literatura judía; véase la nota textual anterior) indica que en este caso se aplica en un sentido positivo. Las parábolas, que se oyen con el deseo de entenderlas y responder a ellas correctamente, nos traerán una rica recompensa; la gracia divina trasciende los límites de una simple reciprocidad.

25 La conjunción γάρ, al igual que en el v. 22, indica que lo que sigue es una ampliación del mismo principio que se establece en el proverbio del v. 24b. De hecho, se abordaran ambos aspectos de ese versículo: el principio de reciprocidad en la estructura general de este dicho, y el de la generosidad de Dios, que va más allá de la igualdad estricta, en la idea de darle más al que ya tiene[75] (aunque en esta ocasión también se explicita el amenazador concepto inverso). Algunos dichos similares no solo aparecen en los paralelismos

---

72. El pronombre interrogativo τί, que debería introducir adecuadamente una pregunta indirecta, "Tengan cuidado con lo que oyen", tal vez pretende desempeñarse aquí como un pronombre relativo, "presten cuidadosa atención a lo que oyen"; véase BDF 298(4).

73. Así B. Couroyer, *RB* 77 (1970) 366-70.

74. Se mencionan referencias en W. D. Davies y D. C. Allison, *Matthew*, 1.670, y H. P. Rüger las explica con más detalle en *ZNW* 60 (1969) 174-82. Véanse además Str-B, 1.444-46; B. D. Chilton, *Rabbi*, 123-25. En cuanto a la enseñanza judía acerca de las "dos medidas" de Dios, el juicio y la misericordia, cf. J. Jeremias, *Parables*, 213-14. Para dichos similares en la literatura cristiana primitiva, véase *1 Clem.* 13.2; *Pol.* 2.3.

75. Esta idea, implícita en Marcos, se hace más patente en ambas instancias que Mateo hace del dicho por la adición de la cláusula καὶ περισσευθήσεται, que equivale a la expresión de Marcos καὶ προστεθήσεται ὑμῖν en el v. 24.

sinópticos de este pasaje sino también en la conclusión de la parábola de los talentos/minas (Mt. 25:29; Lc. 19:26), y, fuera de contexto, en el *Ev. Tom.* 41. Este planteamiento esencial que procede del mundo de la economía capitalista, a saber, que la desigualdad tiende a agravarse en vez de rectificarse, aparece aquí (con el debido respeto a Myers) no como una base para la acción social o política sino como una ilustración del efecto de la enseñanza en parábolas (la repetición del verbo ἔχει pretende tal vez imitar la fórmula de los vv. 9, 23, εἴ τις ἔχει ὦτα ἀκούειν ἀκουέτω).[76] En este sentido, concuerda con la perspectiva ya expuesta en la parábola del sembrador, de que la respuesta fructífera depende de una capacidad preexistente a recibir la palabra, y en los vv. 11-12 con su contraste entre "ustedes" (que coinciden con los ὃς ἔχει aquí) y los que están afuera (que se identifican con ὃς οὐκ ἔχει). Estos, incapaces de extraer cualquier enseñanza espiritual al oír las parábolas, perderán todos los beneficios que deberían haber recibido a través de su contacto con la revelación divina. (La reformulación de Lucas de καὶ ὃ ἔχει como καὶ ὃ δοκεῖ ἔχειν, reconoce la forma paradójica, e incluso lógicamente absurda, del dicho de Jesús, pero al hacerlo, embota su filo con una meticulosidad bastante exagerada).

Existe un claro conflicto entre las dos partes de este complejo de dichos. El "optimismo" de los vv. 21-22, a saber, que todo lo que ahora está oculto se revelará a su debido tiempo, está equilibrado por el "realismo" de los vv. 24b-25, es decir, que siempre habrá personas que no obtendrán ningún beneficio de la revelación divina. Estas dos ideas juntas constituyen el marco en el que debe ubicarse cualquier exégesis coherente de este discurso en general, y por tanto, una interpretación de la "teoría de las parábolas" de Marcos.

Dos parábolas más sobre semillas (4:26-32)

De conformidad con el principio que se enunciará en el v. 34, se proponen estos dos símiles breves sin otra explicación concreta que la cláusula inicial de cada una, en la que se nos dice que su contenido ilustra, de algún modo, la naturaleza del βασιλεία τοῦ θεοῦ. Sin embargo, el lector bien versado en el lenguaje bíblico podría disponer de otro elemento interpretativo, a saber, que cada parábola concluye con un reflejo del lenguaje veterotestamentario, y por tanto, sugiere un contexto de pensamiento en el que el oyente debería buscar el significado de la parábola (aunque en la primera, según veremos, este contexto, al parecer, no es del todo adecuado). Pero si, tal como implica el v. 34, Jesús les dio a sus discípulos interpretaciones explícitas de estos símiles, Marcos no permite que sus lectores compartan este conocimiento.

---

76. Hooker hace referencia a algunos pasajes rabínicos posteriores (*b. Ber.* 40a; *b. Suk.* 46a-b) que declaran que Dios vierte más en el vaso lleno, y no en el vacío, en alusión a la manera en que las personas responden a sus palabras. Para un argumento detallado de que los vv. 24b-25 "versan sobre temas epistemológicos", véase J. Marcus, *Mystery*, 153-56. En cuanto a paralelismos judíos del dicho, véase B. W. Henaut, *Tradition*, 290-91.

No obstante, el contexto en el que se nos presentan estas parábolas indica de qué manera Marcos esperaba que ellos las entendieran. La parábola del sembrador ya nos había informado sobre el simbolismo de la semilla como la "palabra" que se siembra a través del ministerio de Jesús, y esa parábola fue interpretada en función de la revelación del μυστήριον del reino de Dios. En la introducción a cada una de estas parábolas se hace referencia nuevamente a ese tema. Todo el capítulo hasta aquí ha girado en torno a los distintos niveles de percepción y de respuesta que encuentra esa "semilla". Los vv. 21-22, en particular, prepararon el terreno para estas dos parábolas con la afirmación de que existe una progresión, inevitable y divinamente prevista, de lo oculto a la revelación. Por tanto, la lectura del crecimiento inadvertido de la semilla que a su debido tiempo produce una cosecha abundante, y de la pequeñísima semilla de mostaza de la que crece un árbol de dimensiones impresionantes, nos predispone a pensar en la paradoja del estatus oculto y no reconocido del reino de Dios, en comparación con su consumación futura, cuando lo que está oculto será manifestado, y las personas podrán "ver que el reino de Dios ha venido con poder" (9:1). Dentro de ese marco general de pensamiento, sin embargo, cada parábola contribuye con su propio mensaje peculiar.

26-29 La forma de introducir la primera "historia" resulta bastante inconveniente porque el βασιλεία τοῦ θεοῦ, que en los vv. 30-31 se comparará con una semilla, se compara aquí, al parecer, con el hombre que la siembra.[77] De hecho, la comparación, por supuesto, no es con ningún componente específico de la historia, sino con la escena en general, tal como lo indican también los cambios frecuentes de sujeto (el hombre, la semilla, la tierra, el fruto, el hombre).[78] Pero el hincapié que se hace inicialmente en el hombre se ajusta al hecho de que en la narración de la historia se presta especial atención a sus experiencias con los resultados de su siembra.[79] El acontecimiento que se narra no tiene nada de extraordinario; es una historia acerca de la experiencia normal de la siembra y la cosecha.[80] Pero una norma sólida en la interpretación

---

77. La construcción οὕτως... ὡς... βάλῃ resulta brusca ("gravemente irregular", BAGD, 897b, II.4.c); cabría esperar la conjunción ὅταν o la partícula ἐάν después del adverbio ὡς, que sí aparecen en la mayoría de los MSS posteriores. Cf. BDF 380(4).

78. El término ὁ καρπός como el nuevo sujeto en el v. 29a da lugar a la cláusula extraña ὅταν παραδοῖ ὁ καρπός, que, al parecer, significaría "cuando el fruto está maduro"; este uso aparentemente intransitivo del verbo παραδίδωμι (para la forma del subjuntivo, véase BDF 95[2]), en un sentido que no admite otra opción, se ha explicado como "una traducción griega" basada en una malinterpretación de un término arameo que significa "estar maduro" (M. Black, *Approach*, 163-64), aunque otros sugieren traducirlo como "cuando el fruto lo permite" (un uso raro de παραδίδωμι, BAGD, 615b, 4).

79. Para un estudio interesante sobre diversas interpretaciones de la parábola, véase A. M. Ambrozic, *Kingdom*, 108-20.

80. Con respecto a la secuencia χόρτος, στάχυς, πλήρης σῖτος cf. el relato más elaborado del desarrollo de las uvas en *1 Clem.* 23:4: βλαστός, φύλλον, ἄνθος, ὄμφαξ, σταφυλὴ παρεστηκυῖα, que también tiene por objeto transmitir la certeza del cumplimiento del propósito de Dios, ταχὺ καὶ ἐξαίφνης.

de las parábolas consiste en tomar como indicadores del significado deseado de la parábola cualquier rasgo de la historia que sea de suyo improbable o en el que se insista innecesariamente en la narración de la historia. En este caso, es probable que el lector observe de manera especial que el hombre que es el beneficiario del crecimiento de la semilla no contribuye en nada a ese crecimiento salvo con la siembra inicial de la misma y su papel en la cosecha final; en el ínterin, lo único que deberá hacer es esperar.[81] Hay tres expresiones "innecesarias" que ponen de relieve este aspecto de la historia: después de sembrar, el hombre καθεύδῃ καὶ ἐγείρηται νύκτα καὶ ἡμέραν; la semilla crece ὡς οὐκ οἶδεν αὐτός y la tierra produce su fruto αὐτομάτη (una palabra llamativa e inusual, más aplicable a las plantas silvestres que a la variedades cultivadas: Lv. 25:5, 11 LXX; 4Re. 19:29; Josefo, *Ant.* 12.317; *Life* 11).[82] Cualquier agricultor sabe, por supuesto, que esta actitud relajada por parte del labrador no representa fielmente lo que en realidad ocurre en la vida real: un cultivo que se abandone a su suerte después de la siembra es probable que no produzca nada que valga la pena cosechar. ¿Deberíamos interpretar, entonces, la inacción y la incomprensión del labrador como una señal de la manera en que esta historia ilustra el βασιλεία τοῦ θεοῦ?

Uno de los temas que, según hemos supuesto, está latente en la parábola del sembrador es el problema de la respuesta limitada a la predicación inicial del reino de Dios, y esta parábola podría interpretarse también a la luz de ese hecho. Al principio tal vez haya poco que decir con respecto a la siembra de la semilla, y cualquier observador escéptico podría pensar que nada estaba sucediendo. Pero hay un dinamismo interno en ese mensaje que a su debido tiempo producirá su efecto, aun cuando el ingenio humano no sea capaz de entender cómo se desarrolla el proceso (ὡς οὐκ οἶδεν αὐτός). Entretanto, el discípulo avisado esperará con confianza que Dios lleve a cabo su obra de la manera en que lo estime conveniente.[83] El reino *de Dios*, pues, ni se alcanza por medio del esfuerzo humano ni el ingenio humano podrá jamás explicarlo. Este aspecto de la parábola que se centra en la inacción del labrador, podría sugerir una teología quietista que les permitiría a los discípulos declinar cualquier responsabilidad en el establecimiento del reino de Dios.[84] Fue quizás este peligro lo que hizo que Mateo excluyera esta historia de su colección

---

81. Al aoristo inicial βάλῃ le siguen verbos en presente en el resto de la parábola. Esto podría ser un modo de indicar las labores rutinarias de la vida agrícola posteriores a la siembra, pero si se tiene en cuenta la tendencia de Marcos a usar el presente histórico podría tratarse simplemente de su estilo natural de contar una historia.

82. Con respecto al uso de αὐτόματος para referirse a algo que sucede por medio del poder de Dios sin la intervención humana, véase LXX Jos. 6:5 LXX; cf. Sab. 17:6.

83. M. Sabin, *JSNT* 45 (1992) 16-17, sugiere que esta "historia del sembrador inconsciente y confiado" es una "midrash" sobre Ec. 11:4-6.

84. Esta actitud podría descubrirse fácilmente en la interpretación de Schweizer de la parábola como una invitación que se nos hace a "esperar con la actitud despreocupada que conviene a los hijos de Dios, sin maniobras ni esfuerzos espirituales desacertados".

de parábolas acerca del crecimiento. Pero si lo que desea ponerse de relieve es la dinámica del reino de Dios, la inacción del labrador sirve simplemente de contrapunto para este tema principal. Aquí, a diferencia de la parábola del sembrador, la estructura de la historia no sugiere un propósito múltiple que exigiría que a este aspecto secundario de la imaginería se le atribuya un mensaje propio.

Sin embargo, Belo considera que el sembrador es Jesús, y por tanto, interpreta la parábola como una afirmación por parte de Jesús de que "incluso él no sabe *de antemano* los efectos que tendrá su labor pero interviene personalmente en la narración en el momento en que el resultado resulta todavía incierto" (123); de manera similar, Marcus[85] argumenta detalladamente que el ἄνθρωπος representa a Jesús, e intenta (180-85) "darle sentido a un Jesús inconsciente y durmiendo". Pero esta exégesis depende de la suposición de que al ἄνθρωπος, que no parece ser el centro de la historia, deba atribuírsele una identificación específica. Si la parábola trata principalmente acerca de la manera en que crece la semilla, y las experiencias del labrador al respecto, insistir en una "identidad" de este para aplicarla constantemente a lo largo de la parábola, equivaldría a exigir un grado de precisión alegórica que incluso en estos días de tanta rivalidad hacia Jülicher difícilmente parecería verosímil. La parábola de la semilla de mostaza que se lee a continuación, en la que Marcos y Lucas introducen un ἄνθρωπος mientras que Marcos y el *Evangelio de Tomás* mantienen a la semilla como sujeto, ilustra la tendencia natural a introducir un sujeto humano aun donde el símil no lo exige.

No obstante, hay un aspecto en la redacción de la historia que podría sugerir otra dimensión en el significado de la misma. Las últimas cláusulas, ἀποστέλλει τὸ δρέπανον, ὅτι παρέστηκεν ὁ θερισμός, son un reflejo bastante claro de Joel 4:13 LXX (3:13 en las versiones en español), ἐξαποστείλατε δρέπανα, ὅτι παρέστηκεν τρύγητος.[86] La imaginería en Joel se refiere al juicio escatológico, cuando los enemigos de Yahvé se unirán para luchar contra Jerusalén, y serán cortados como la mies en el tiempo de la siega mientras que el pueblo de Dios disfrutará de seguridad y prosperidad en Sion. No resulta difícil acomodar el tono escatológico implícito en esta profecía a la parábola de Marcos en lo que respecta a su anuncio de la cosecha final del reino de Dios; pero la imaginería negativa de la siega de Joel no concuerda con tanta naturalidad, por cuanto la semilla en la historia de Marcos representa el crecimiento del reino de Dios, y no lo que se opone a él. Esto podría ser un buen ejemplo del uso de una expresión bíblica sin intención de evocar el contexto del cual fue tomada: se hace referencia a una siega escatológica, y las palabras de Joel

---

85. J. Marcus, *Mystery*, 171-80.

86. La alusión es más clara en hebreo, por cuanto la última palabra es *qāṣîr*, "(fruto) siega"; el término τρύγητος de la LXX se vio influenciado por la referencia a la cosecha en las cláusulas siguientes, aun cuando la hoz resulta menos adecuada para cosechar uvas (véase, no obstante, Ap. 14:17-19).

ofrecen la posibilidad de expresar la idea de una manera conocida, a pesar del matiz más ominoso que ellas conllevan en su profecía.[87] Es posible, aunque menos probable, que la repetición de las palabras del profeta pretendiera deliberadamente sugerir, en la mente de los que conocían bien la profecía de Joel, la consideración adicional de que el cumplimiento escatológico que es una buena noticia para algunos, es una mala noticia para otros, pero esta idea no tendría ningún otro *point d'appui* en la historia de Jesús.

La primera parábola, pues, es un mensaje acerca de la manera en que debemos interpretar y responder al período de la aparente inacción del reino de Dios. A pesar de las apariencias contrarias, está creciendo, y vendrá la siega. Pero vendrá en el momento y del modo en que Dios decida, no por ningún esfuerzo humano ni de acuerdo con la lógica humana.

30-32 Una cláusula introductoria más elaborada,[88] con dos preguntas de carácter deliberativo y verbos en subjuntivo, le avisa al lector que debe esperar otra parábola en forma de un símil; la expresión ἐν παραβολῇ τίθημι usa el sustantivo παραβολή con su sentido más etimológico de "comparación", evocando así el verbo ὁμοιόω de la primera pregunta, y presenta el símil que aparece a continuación en el caso dativo (κόκκῳ σινάπεως) que naturalmente sigue a ὁμοιόω (cf. la forma más completa en Lc. 13:18-19, 20-21, donde τίνι ὁμοιώσω va seguido de ὁμοία ἐστίν + el dativo; cf. Mt. 11:16; Lc. 7:31). La descripción de la semilla de mostaza y su crecimiento aparece entonces en forma de una cláusula relativa, ampliada por cláusulas subordinadas y coordinadas.[89] Más que una "historia", es una observación del curso normal de la naturaleza —una observación fácil de recordar que, al igual que la parábola del sembrador, se ha conservado en los tres Evangelios sinópticos así como en el *Ev. Tom.* 20.[90]Es probable que la especie a la que se hace referencia aquí sea la mostaza negra, *Brassica nigra*, que se cultivaba por su aceite y también como condimento. En buenas condiciones puede alcanzar una altura de 3 metros y

---

87. En el *Ev. Tom.* 21 aparece la oración, "después que el fruto maduró, vino rápidamente con su hoz en la mano y lo segó", al final de un conjunto de dichos que se centran en la presteza escatológica, sin ninguna connotación negativa. Pero esto, al parecer, es una reminiscencia de Mr. 4:29a (aun cuando el resto de la parábola está ausente), y no una repetición directa de Joel 3:13.

88. La forma es similar a Is. 40:18, pero esa doble pregunta (dirigida al oyente, no delibera-tiva) introduce un intento *fútil* de comparación, no un símil esclarecedor.

89. La sintaxis se interrumpe en el v. 32a con la cláusula de reanudación καὶ ὅταν σπαρῇ, que aunque resulta incómoda desde el punto de vista estilístico (y se omite en D), conserva intacta la secuencia después de la inserción de la cláusula participial. Dicha cláusula participial tampoco se ajusta adecuadamente porque el sujeto neutro de la misma (μικρότερον ὄν) sigue a un antecedente masculino (κόκκῳ... ὅς), presumiblemente influenciado por el sustantivo neutro σπερμάτων que aparece después (muchos MSS posteriores lo sustituyen por μικρότερος). El género neutro se mantiene entonces en μεῖζον.

90. B. W. Henaut, *Tradition*, 252-61, analiza las relaciones literarias entre las versiones de la parábola en "Q", Marcos y Tomás, y llega a la conclusión de que Tomás no representa una tradición independiente: "si Tomás no dependió de Marcos, es probable que haya usado la fuente literaria de Marcos".

aún más, pero su semilla es extremadamente pequeña (poco más de 700 en un gramo, C.-H. Hunzinger, *TDNT*, 7.289) y era tan proverbial por su pequeñez (Mt. 17:20; *m. Nid.* 5:2; *m. Ṭoh.* 8:8; *m. Naz.* 1:5, etc.), que un crecimiento anual hasta esa altura resultaba llamativo. El símil se basa precisamente en este contraste entre un comienzo tan insignificante y un tamaño final tan imponente. Aunque Mateo y Lucas exageran al llamarle δένδρον a la planta de la mostaza (y la expresión marcana κλάδοι μεγάλοι sugiere que se trata de un árbol y no de un arbusto), sobresalía sin duda por su tamaño entre los demás λάχανα (vegetales del huerto, que en su mayoría, al igual que la mostaza, eran plantas anuales), y permitía que las aves moraran bajo su sombra.

El tema es conocido: "Las grandes encinas nacen de pequeñas bellotas". Los que presenciaron la proclamación inicial del reino de Dios no deben despreciar los pequeños comienzos, ni deben ser impacientes en cuanto a la revelación de la plena majestad del reino de Dios (cf. tal vez la pregunta de Juan el Bautista en Mt. 11:3). El mensaje está claramente relacionado con el de la parábola anterior, pero se presenta aquí de una forma más simple, centrándose en el contraste entre el comienzo y el fin y no en el proceso de crecimiento.[91] Pero aquí también, al igual que en la parábola anterior, el símil concluye con un eco del AT. Las aves que anidan[92] no constituyen una figura estrictamente necesaria en la descripción de la planta de mostaza, pero evocan la imaginería de las parábolas de los cedros de Ezequiel (Ez. 17:23; 31:6) y la del sueño de Nabucodonosor, Daniel 4:9, 18 (4:12, 21 en las versiones en español), y las palabras son tan semejantes a las que se leen en la LXX y en Teodoreto en estos pasajes que a los que están familiarizados con ellos se las recuerdan inconfundiblemente. La mención marcana bastante inadecuada del κλάδοι μεγάλοι de la mostaza refuerza la alusión, porque las grandes ramas sí forman parte de la imaginería en estas figuras veterotestamentarias. Los dos cedros de Ezequiel y el árbol de Nabucodonosor representan el crecimiento de algunos imperios imponentes, y en cuanto a las aves que anidan en ellos, Ezequiel 31:6 interpreta explícitamente que son "todas las grandes naciones" que disfrutaron del imperio egipcio. Por consiguiente, la alusión aquí podría tener por objeto

---

91. Algunos comentaristas sugieren que existe una ironía deliberada en la planta elegida: no es un árbol noble como el cedro, sino una simple hortaliza. "Para el lector versado en todos los grandes árboles de la Escritura, esto le producirá un sobresalto, y hasta la parecerá un chiste. Las aves del cielo están morando aquí bajo la sombra de un árbol de unos ocho pies. El gran árbol del reino de Dios, al parecer, se ha domesticado" (M. Sabin, *JSNT* 45 [1992] 21; así anteriormente R. W. Funk, *Int* 27 [1973] 3-9). Esta idea concuerda bien con el énfasis de Marcos en la naturaleza paradójica del reino de Dios y su afrenta a los criterios de evaluación humanos, pero, al parecer, no se hace hincapié en ella en la forma en que se presenta esta parábola, la cual menciona específicamente no solo la pequeñez proverbial de la semilla (una razón suficiente para haber elegido concretamente la de la mostaza) sino también la grandeza, no la mediocridad, de la planta que produce.

92. Κατασκηνόω, que recuerda a Dn. 4:12, 21 en Teodoreto, probablemente significa no solo abrigo sino también "nido" (cf. κατασκήνωσις en este sentido en Mt. 8:20). La imaginería en los pasajes de Ezequiel y de Daniel hace referencia a aves que anidan. El *Ev. Tom.* 20, sin embargo, hace de la rama (singular) un σκέπη (abrigo) para las aves.

indicar el amplio alcance futuro del reino de Dios, dentro del cual muchas naciones (no solo Israel) encontrarán su lugar. Aunque las aves que anidan no sean más que una parte de la imaginería del crecimiento, y por ende, no haya que identificarlas específicamente, su trasfondo veterotestamentario refuerza las pretensiones "imperiales" del reino de Dios, que ocupará el lugar de los imperios humanos de los tiempos del AT (cf. el uso de la imaginería en otros pasajes de la tradición sinóptica de Dn. 2 y 7, dos visiones memorables de un reino nuevo que remplazará los imperios paganos).[93] Las dos parábolas de los vv. 26-32, por tanto, nos previenen del peligro que supone subestimar la importancia de la proclamación del reino de Dios, por más insignificante que pueda parecer su impacto inicial. Lo que comenzó en el ministerio de Jesús en Galilea demostrará un día, por el poder de Dios, su importancia colosal. Aunque por el momento su poder permanezca oculto, no es por ello menos cierto, y su crecimiento será espectacular.

Comentario editorial —parábolas y explicaciones (4:33-34)

Marcos no concluye ahora el discurso con palabras de Jesús sino con su propio resumen sobre el método didáctico de Jesús; el uso del tiempo imperfecto en este pasaje indica que lo que se describe aquí es la práctica normal de Jesús, y no simplemente una fase temporal de su ministerio.

33 Τοιαύταις παραβολαῖς πολλαῖς nos recuerda lo que ya había indicado el v. 2, a saber, que las parábolas que aparecen en este discurso no son más que una selección. La afirmación ἐλάλει αὐτοῖς τὸν λόγον pudiera interpretarse como un pleonasmo típicamente marcano que solo significa que "él les hablaba" (podría interpretarse así también en 2:2; 8:32, aunque en el segundo caso el λόγος es sin duda la sorprendente declaración de 8:31). Pero la expresión λαλέω τὸν λόγον (con o sin τοῦ κυρίου etc.), que aparece con frecuencia en el libro de los Hechos, hace referencia a la predicación del mensaje cristiano, y el uso de ὁ λόγος para identificar la semilla en los vv. 14-20 nos ofrece un antecedente similar que nos permite entender la expresión aquí (mientras que en 2:2 no hay un antecedente claro). Aunque el contenido de ese λόγος no se especifica aquí, es natural entenderlo a la luz del tema principal de todo el discurso sobre el reino de Dios, y sobre todo porque desde el principio (1:15) se declaró que ese era el tema de la predicación pública de Jesús en Galilea.

---

93. Myers, 180, al señalar que la función "protectora" de los imperios en Ez. 31 y en Dn. 4 se menciona solo para prepararnos para el derrocamiento de esos imperios, sugiere que la parábola de Jesús tiene una intención política similar: la pequeñísima semilla de mostaza se convertirá en un poder que derrocará la potencia imperial de Roma. Sin embargo, dado que la parábola de Jesús no hace ninguna insinuación acerca de un imperio anterior y la imaginería de las aves que anidan se aplica específicamente a la planta de mostaza, no a su supuesto rival, esta deducción parece bastante remota.

El hincapié que se hace a lo largo del discurso en la importancia que tiene el hecho de oír correctamente el λόγος se retoma en la cláusula καθὼς ἠδύναντο ἀκούειν. Si este versículo estuviera solo, la cláusula podría interpretarse simplemente como una afirmación de que Jesús usaba parábolas porque estas, a diferencia de otras formas de enseñanza, estaban al alcance de la gente común. Pero se encuentra al final de un discurso en el que se ha indicado que no es seguro que "los que están fuera" puedan entender incluso las parábolas, y ha sugerido que para que los propios seguidores comprometidos de Jesús, a los que se les ha revelado el μυστήριον, se beneficien de ellas, podrían necesitar explicaciones privadas. Además, en el versículo siguiente aparece de nuevo esa escena de predicación pública y explicación privada, con la clara implicación de que las parábolas solas no bastan. Algunos comentaristas, por tanto, han concluido que el v. 33 es incompatible con el discurso en general y con el v. 34 en particular. Para no acusar a Marcos de esa manifiesta incoherencia,[94] ¿cómo deberíamos entender καθὼς ἠδύναντο ἀκούειν en relación con el uso público de las parábolas?

La parábola del sembrador ha dejado claro que la capacidad de las personas para "oír" es bastante diversa, y que está determinada por factores que tienen que ver con el carácter y la situación de esas personas y no por la forma de enseñanza. Pero hemos visto que la propia naturaleza de las parábolas es la que da lugar a esa diversidad. El hecho de que sea necesario interpretarlas y aplicarlas, y dar una respuesta que no sea puramente intelectual, hace que las mismas parábolas dejen a algunas personas frías y que otras reaccionen ante ellas con entusiasmo —y busquen un mayor esclarecimiento. Es probable que lo que Marcos intenta recordarnos aquí sea esta variedad en las respuestas. Entre las multitudes que oyen las parábolas hay algunos que δύνανται ἀκούειν, y por tanto, se unirán al grupo de los περὶ αὐτόν que buscan y reciben explicaciones adicionales, pero otros irán más allá. La expresión καθὼς ἠδύναντο ἀκούειν le indica, pues, al lector que no todos tienen esa capacidad (el adverbio καθὼς se usa aquí con el sentido de "en la medida de" o "hasta el punto que"; véase BAGD, 391b, 2); y la polarización resultante es lo que Marcos vuelve a poner de relieve en el v. 34.

34 La declaración χωρὶς παραβολῆς οὐκ ἐλάλει αὐτοῖς parece una generalización insólitamente amplia. No es fácil comprobar su exactitud en el Evangelio de Marcos porque, de hecho, es muy exigua la enseñanza *pública* a la que se hace referencia en este libro. En las raras ocasiones en que Marcos sí expone el contenido de alguna enseñanza pública antes de la llegada de Jesús a Jerusalén, esa enseñanza se centra sin duda en dichos epigramáticos (παραβολαί [¿?]) que exigen una explicación posterior para las discípulos (7:14-15, 17-18; 10:5-9, 10-12). Todas las demás enseñanzas que aparecen

---

94. O, tal como alega Lambrecht, en M. Sabbe (ed.), *Marc*, 276: tras haber expresado una "opinión positiva espontánea" en el v. 33, Marcos considera necesario en el v. 34 "corregir lo que ha dicho" a fin de mantener "su propia teoría un tanto forzada de la parábola".

registradas están dirigidas a sus discípulos, y contienen solo el tipo de material explicativo que sugiere este versículo. La única excepción es la serie de diálogos públicos del capítulo 12, y cabría preguntar hasta qué punto en esos diálogos se transmite una "enseñanza" o "se habla la palabra". Marcos, por tanto, ha sido muy coherente al constatar en este versículo los parámetros de la enseñanza que realmente aparece registrada en el resto del Evangelio. Sin embargo, hay una gran parte de esa enseñanza de la que no se dice nada. ¿Desea en realidad Marcos que nosotros entendamos que cuando él alude a Jesús διδάσκων en Nazaret (6:2) y en otras aldeas (6:6) o a los 5,000 (6:34) no les ofrecía más que una sarta de παραβολαί sin interpretación (incluso en el sentido más amplio del término)? Para hacer esa pregunta tendríamos que interpretar la declaración general de Marcos de una forma demasiado puntillosa; pero no tenemos por qué dudar de que fuera del círculo íntimo de sus seguidores, Jesús era considerado un maestro que impartía su enseñanza ἐν παραβολαῖς.

La modalidad en cuanto a la explicación[95] a sus discípulos, κατ' ἰδίαν, indica de nuevo y generaliza lo que ya vimos en los vv. 10-20, un método que se repetirá en 7:17-23; 10:10-12; 13:3-37 (cf. 9:28, 33) y en el que se hace hincapié mediante el uso de los adjetivos ἰδίαν... ἰδίοις. Sin embargo, existe un conflicto entre este versículo y el v. 10, por cuanto el auditorio privilegiado allí incluía no solo a los doce sino también a οἱ περὶ αὐτόν, un grupo más numeroso que, según nos pareció razonable interpretar, estaba compuesto por algunos que dentro de la multitud querían conocer más. Si, tal como sugerimos anteriormente (véase la pág. 158), Marcos suele usar el término οἱ μαθηταί para referirse específicamente a los doce —que eran los compañeros de Jesús en sus viajes— y no a un círculo más amplio de seguidores, este versículo parece tener un alcance más restringido que el v. 10; la frase οἱ ἴδιοι μαθηταί, de hecho, le da un sentido aún más limitado. Subraya sin duda que la situación privilegiada de los que reciben explicaciones está basada en su relación personal con Jesús: le "pertenecen" de una manera especial. Pero a menos que Marcos haya sido deliberada o inadvertidamente incoherente, no puede tratarse aquí solamente de los doce.[96] De ser así, o nos equivocamos al concluir en 3:13-19 que existe una equivalencia funcional entre οἱ μαθηταί y οἱ δώδεκα en Marcos (y las pruebas que alegamos tomándolo como una generalización parecen fuertes) o tenemos que suponer que Marcos usa aquí el término οἱ μαθηταί de un modo menos formal que en los demás pasajes. No tenemos derecho a exigir

95. Véase Räisänen, *Secret*, 105-6, en cuanto a ἐπιλύω como un término para la interpretación de lo que de otro modo resultaría ininteligible, se usa en ese sentido solo aquí en el NT; cf. aunque, ἐπίλυσις, 2Pe. 1:20.

96. Evitaríamos esta conclusión si pudiéramos aceptar el argumento de R. P. Meye, *SE* 2 (1964) 211-18, de que σὺν τοῖς δώδεκα en 4:10 significa que "se contaban entre los doce", y así también define también a las mismas personas denotadas por οἱ περὶ αὐτόν en lugar de referirse a dos grupos totalmente diferentes. Pero otros no se han sentido convencidos de que este pudiera ser un significado natural de σύν en ese contexto, ni de que Marcos pudiera haber construido esa frase tan engorrosa de haber querido referirse a "los doce" o incluso a "algunos de los doce".

consistencia en el lenguaje, y la frase τοῖς ἰδίοις μαθηταῖς expresa la distinción esencial de Marcos entre los que están adentro y los que está afuera, incluso en las ocasiones en que el círculo no está tan bien definido como el número específico de los doce.

MÁS REVELACIONES DE LA AUTORIDAD EXCLUSIVA DE JESÚS (4:35-5:43)

La ἐξουσία de Jesús ya se manifestó vívidamente en muchos sucesos que se relatan en la primera parte del primer acto y comentamos acerca de ella. Ahora que el discurso expositivo ha terminado, Marcos procede a dar más ejemplos del poder milagroso de Jesús. Entre ellos encontraremos, al igual que antes, casos de sanidad física y de exorcismos, pero ahora se eleva el nivel con la inclusión del primer "milagro de la naturaleza" del que da constancia este Evangelio, el apaciguamiento de una tempestad en el lago por medio de una simple orden de Jesús —un hecho que lleva a los discípulos a formular una pregunta cristológica llena de un asombro justificado: "¿Quién es este, que aún el viento y el mar le obedecen?". No obstante, ese milagro no es el punto culminante, porque en la historia que concluye esta secuencia alrededor del lago, la sanación que Jesús efectúa no es simplemente de una dolencia física, sino de una niña muerta. Por consiguiente, en esta sección del Evangelio hay un sentimiento de emoción que va creciendo a medida que la ἐξουσία de Jesús se ve probada por situaciones cada vez más desafiantes y demuestra su victoria sobre ellas.

Entre 4:35 y 8:26 se hace referencia a diez milagros distintos (cuatro de ellos en esta sección), que a menudo se clasifican en dos grupos bien equilibrados, cada uno de los cuales comienza con un milagro en el lago (4:35-41; 6:45-51) y contiene un milagro de alimentación (6:34-44; 8:1-10). P. J. Achtemeier[97] sugirió que Marcos ya había encontrado estas dos "catena" agrupadas en la tradición; otros creen que los grupos paralelos son una creación del propio Marcos. Las cinco historias en la segunda "catena" de Achtemeier (6:45-51; 7:24-30; 7:32-37; 8:1-10; 8:22-26) tienen lugar fuera de Galilea, y se ha sugerido que Marcos demuestra así deliberadamente que la misión de Jesús a la comunidad judía de Galilea (aunque 5:1-20 se ubica ya en territorio gentil al otro lado del lago) se repite para el beneficio de la población gentil circundante. Volveremos sobre esta sugerencia cuando analicemos 7:24-8:10.

Los cuatro incidentes que componen esta parte del Evangelio se relacionan entre sí en una secuencia geográfica que tiene por núcleo el lago. En 4:35 vemos que Jesús deja el lugar donde solía enseñar a orillas del lago (en la ribera occidental) para cruzar al otro lado, y el primer suceso tiene lugar durante esa travesía. Al otro lado se encuentran con un individuo

---

97. P. J. Achtemeier, *JBL* 89 (1970) 265-91; *JBL* 91 (1972) 198-221.

poseído por una legión demoníaca, y después de su restauración, al parecer, regresan inmediatamente a la región de Capernaúm (5:18, 21). De vuelta en la ribera occidental Jesús es abordado παρὰ τὴν θάλασσαν (5:21) por un líder de la sinagoga (presumiblemente la de Capernaúm) para que vaya a su casa, y mientras se dirige hacia allá tiene lugar otra sanación. Después de la resurrección de la hija de Jairo, Jesús finalmente abandona el área junto al lago para hacer su primera visita a Nazaret desde el comienzo de su ministerio público (6:1). Marcos logra así una coherencia narrativa satisfactoria y fácil de recordar en el entorno de todo este complejo de milagros alrededor del lago, que hará que la visita que sigue a Nazaret, en la montaña, se destaque de manera aún más cruda como una experiencia contrastante y desalentadora.

Autoridad sobre el viento y el agua (4:35-41)

NOTA TEXTUAL

40. Las variantes giran en torno a la inclusión de οὕτως en diferentes puntos, lo cual no ocurre en absoluto en una variedad impresionante de testimonios, entre los que se incluyen ℵ B D Θ, la mayoría de los MSS latinos y la versión cóptica. Resulta más sencillo suponer que οὕτως se derivó de una lectura incorrecta del adverbio menos común οὔπω, pero su inserción hizo que surgieran varios recursos para acomodarlo a la estructura de la pregunta.

Junto con 6:45-52 (el otro milagro del lago), esta perícopa ubica a Jesús en una perspectiva más claramente "sobrenatural" que los propios milagros de sanación. El control de los elementos es un milagro aún más extraordinario e inexplicable que la restauración de la salud de los seres humanos, y en el AT es una capacidad que se le atribuye con frecuencia a Dios y lo diferencia de los seres humanos que se encuentran indefensos ante las fuerzas de la naturaleza[98] (Job 38:8-11; Sal. 65:5-8; 89:8-9; 107:23-32, etc.; Marcos sin duda debe haber tenido presente el último de estos pasajes mientras narraba esta historia[99]). El poder divino se pone de relieve aquí de manera ostensible; por tanto, resulta adecuado que estas dos perícopas concluyan no solo con el asombro y el temor de los discípulos, sino también con una nota sobre su incapacidad humana para hacerle frente a la nueva dimensión de comprensión y fe que exigen estos sucesos (4:40-41; 6:52). La pregunta cristológica: "¿Quién es este?", que ya

---

98. P. J. Achtemeier, *Int* 16 (1962) 169-76, sugiere además que esta historia debe cotejarse con el tema veterotestamentario recurrente de la batalla de Dios contra el mar, como una fuerza primitiva hostil.

99. R. P. Meye, en R. A. Guelich (ed.), *Unity and Diversity in NT Theology*, 1-13, alega que el Sal. 107 constituye el "horizonte" no solo para esta perícopa sino para los milagros en 4:35–8:26 en general.

había sido formulada en los milagros anteriores (1:27; 2:7-12; 3:11-12) se hace más insistente y más definida en el v. 41.

A partir del famoso estudio[100] de G. Bornkamm en 1948 sobre la perícopa paralela en Mateo, algunos han considerado necesario establecer una distinción entre los tratamientos de esta tradición por parte de los dos evangelistas, una tradición que Marcos presenta simplemente como una historia milagrosa (con el toque típicamente marcano del interés narrativo), y Mateo como un paradigma del discipulado. La razón principal de esta interpretación del pasaje paralelo de Mateo es el contexto en el que se encuentra ubicado, después del relato de los dos discípulos potenciales en 8:18-22, con la repetición del verbo ἀκολουθέω en 8:23 (innecesaria desde el punto de vista narrativo). Por lo demás, Mateo narra la historia de una manera similar a Marcos, aunque, como es usual, con menos detalles; el uso de κύριε en lugar de διδάσκαλε como el título que emplean los discípulos para dirigirse a Jesús es típico del Evangelio de Marcos en general, y no algo especial en esta perícopa. El argumento de Bornkamm está bien elaborado, pero no debe forzarse hasta el punto de sugerir que para Mateo la historia *no es más que* una alegoría del discipulado, y por ende, cumple un propósito muy distinto de su uso en Marcos; para Mateo sigue siendo en primer lugar una historia milagrosa, una de la colección que aparece en los capítulos 8-9 y pone de relieve la ἐξουσία del ministerio mesiánico de Jesús. Concuerda en esto con Marcos, cuyo estilo narrativo más vívido hace mayor hincapié en el peligro y el pánico de los discípulos. La redacción de Marcos no nos permite determinar si él también se dio cuenta del potencial simbólico que tenía la historia para los discípulos al enfrentarse a las pruebas de la vida, pero no cabe duda de que él hubiera aceptado favorablemente esa aplicación de su historia, aun cuando no la promoviera deliberadamente, como muchos comentaristas creen que hizo.[101] La variación en los tiempos verbales a lo largo de esta perícopa constituye un estudio interesante en lo que respecta al estilo narrativo de Marcos. Los presentes históricos conforman la estructura principal de la primera parte de la historia (λέγει... παραλαμβάνουσιν... γίνεται... ἐγείρουσιν... λέγουσιν), pero se entremezclan con imperfectos para indicar la continuidad de las características de la situación (ἦν... ἐπέβαλλεν... ἦν). Sin embargo, cuando se llega al punto culminante, la narración utiliza invariablemente el aoristo para poner de relieve la contundencia de la acción de Jesús (ἐπετίμησεν... εἶπεν... ἐκόπασεν... ἐγένετο... εἶπεν), después de la cual la reacción inmediata de temor por parte de los discípulos se describe en el aoristo (ἐφοβήθησαν), seguido de un imperfecto para denotar su continua perplejidad acerca de lo que todo aquello significaba (ἔλεγον). La selección de los tiempos verbales, lejos de ser arbitraria, demuestra la habilidad natural

---

100. *Wort und Dienst* (1948), 49-54.

101. Véase, p. ej., E. Best, "The Church as Ship", *Following*, 230-34. Best señala que los milagros se diferencian de las sanaciones y los exorcismos en cuanto a que los beneficiarios son miembros de la comunidad de los discípulos, no personas de la multitud.

del narrador para centrar adecuadamente la atención de su auditorio en los distintos aspectos de la historia a medida que esta se desarrolla.

35 La frase ἐν ἐκείνῃ τῇ ἡμέρᾳ sugiere que la intención de Marcos es que el lector entienda que todo lo que informó en 4:1-34 representa la enseñanza de un solo día en la playa, de la que Jesús se marcha ahora para cruzar el lago esa misma noche. El discurso anterior dejó entrever con bastante claridad que este esquema es un tanto artificial, especialmente en lo que respecta al extraño cambio de auditorio (¿y de lugar?) en el v. 10 y en el resumen generalizador de los vv. 33-34 que indica que lo que se expuso antes no es simplemente un solo "sermón" sino una antología de la enseñanza parabólica más extensa de Jesús. Desde el punto de vista narrativo, sin embargo, la continuidad funciona bien, con la barca del v. 1 que ahora presta sus servicios con un propósito diferente, y la ὄχλος πλεῖστος del v. 1 que se queda en la orilla mientras Jesús se marcha solo con οἱ ἴδιοι μαθηταί (v. 34), que constituyen el antecedente obvio de los αὐτοῖς del v. 35. La frase εἰς τὸ πέραν, pronunciada en el vecindario de Capernaúm, significaría la costa oriental del lago, que estaba fuera de Galilea y tenía una población predominantemente gentil. El pasaje no ofrece ninguna razón por la que Jesús deseaba ir allá, aunque a la luz de 1:45; 2:2; 3:9; 4:1 es muy posible que el viaje tuviera por objeto hacerles descansar de la presión de tanta popularidad en la zona de Galilea a la orilla del lago. El principio del v. 36 respalda esta sugerencia.

36 El uso de los discípulos como el nuevo sujeto de la oración garantiza que el lector tenga presente a todo el grupo desde el inicio de la historia, aunque la frase μετ᾽ αὐτοῦ en lugar de μετ᾽ αὐτῶν al final del versículo mantiene la atención firmemente centrada en Jesús como figura principal (a no ser que αὐτοῦ se refiera a τῷ πλοίῳ, que es el sustantivo elegible más cercano; aunque el pronombre αὐτόν anterior es el antecedente más prominente).

La interpretación que generalmente se da a la expresión παραλαμβάνουσιν αὐτὸν ὡς ἦν ἐν τῷ πλοίῳ es que, a pesar del cambio evidente de entorno en el v. 10, Marcos presenta aquí a Jesús todavía en la barca, la cual había abordado en el v. 1; ὡς ἦν ἐν τῷ πλοίῳ suele tomarse entonces, sin mucho acierto, como dos expresiones descriptivas separadas, "tal como estaba, en la barca". Sobre esta base, ὡς ἦν es una cláusula descriptiva aislada sin ningún significado ni propósito obvio: ¿qué ocurría con la condición de Jesús en ese momento que mereciera este comentario? (Swete parafraseó la expresión de esta manera: "sin bajar a tierra para hacer preparativos"; la idea podría resultar adecuada, pero ὡς ἦν es una forma bastante torpe de expresarla). Por tanto, tal vez sería mejor tomar ὡς ἦν ἐν τῷ πλοίῳ como una sola idea y entenderla, por ejemplo, como "puesto que él ya estaba en la barca" (de ahí una versión en inglés (REB) dice, "en la barca en la que había estado sentado"), aunque este estilo también dista mucho de ser elegante. Una posibilidad alternativa, teniendo en cuenta la tendencia de Marcos a no ser demasiado cuidadoso al distinguir entre εἰς y ἐν (como ya vimos en 1:21 donde se lee εἰς cuando cabía esperar ἐν; cf. 10:10; 13:9) podría ser traducirla como "lo llevaron *a* la barca tal como estaba". Esta versión le daría un sentido más adecuado a la forma verbal παραλαμβάνουσιν (ellos ya estaban en la barca y lo tomaron consigo) y liberaría a Marcos de la acusación de incoherencia narrativa (por cuanto se sobrentiende que Jesús había salido de la barca, tal como sugiere el v. 10), pero a costa de acusarlo de ser un tanto burdo en la gramática. Dado que esta hipótesis deja suelta y sin explicar la extraña frase ὡς ἦν, esta es quizás la opción menos atractiva.

Las ἄλλα πλοῖα no juegan ningún otro papel en la narración, y dejan al lector preguntándose cómo *les* fue a ellas en la tormenta —una pregunta para la que Marcos no ofrece ninguna respuesta. No hay nada que sugiera que sus tripulantes reaccionaron del mismo modo que los discípulos en el v. 41. Por tanto, resulta difícil suponer alguna otra razón para su inclusión fuera de la reminiscencia circunstancial por parte de los que contaron la historia (¿Pedro?) de que su barca no estaba sola en el lago esa noche.

37 El lago de Galilea suele verse azotado por tempestades repentinas que pueden ser bastante violentas. Una barca de pesca descubierta con flancos bajos como los de la que se descubrió en 1986 en Ginosar[102] sería vulnerable ante la presencia de olas muy altas; ἤδη γεμίζεσθαι indica que "se anegaba" y por tanto, estaba en peligro inminente de naufragar.

38 Las tres versiones sinópticas de la historia mencionan que Jesús estaba dormido, un hecho tan notable en aquellas circunstancias que llegó a constituir una parte esencial de la memoria colectiva del suceso, pero al que tal vez se hace referencia con el objetivo principal de contrastarlo con el pánico de los discípulos. Marcos no dice si la causa del sueño era el cansancio físico o la serenidad imperturbable de la omnipotencia divina. Este sueño, del mismo modo que el del igualmente notable Jonás, en medio de la tempestad (Jon. 1:5-6) destaca el papel crucial de la figura principal de una historia en la que los demás actores se ven indefensos, aunque el papel de Jonás (más como víctima que como vencedor) pone de relieve la autoridad de Jesús por contraste y no por similitud ("algo mayor que Jonás está aquí", Mt. 12:41). El προσκεφάλαιον ἐν τῇ πρύμνῃ (la barca de Ginosar tiene una sección elevada en un extremo) al que Marcos hace referencia suele mencionarse como una de las características del relato de un testigo ocular detrás de la historia de Marcos, aunque también podría tratarse de una inserción de parte de un narrador que sabía cómo eran las barcas de pesca galileas, y deseaba añadirle un impacto visual a su historia.

A Jesús, al igual que a Jonás, lo despiertan los tripulantes aterrorizados. A Jonás le rogaron que oraran para pedir la intervención divina, pero en el caso de Jesús, los tripulantes esperaban, al parecer, que él sabía lo que tenía que hacer. Las palabras que emplean los discípulos para rogarle son más realistas que las que aparecen en los pasajes sinópticos paralelos: el título διδάσκαλε, que parece un tanto trivial en comparación con el κύριε, σῶσον de Mateo y el ἐπιστάτα ἐπιστάτα de Lucas, refleja la relación normal de los discípulos con

---

102. Véase la pág. 188 n. 12. La profundidad de la barca de Ginosar es de solo 1.25 metros.

Jesús (cf. 9:38; 10:35; 13:1),[103] aun cuando en esta situación no es la habilidad docente de Jesús lo que se necesita. Y la directa expresión οὐ μέλει σοι es fruto del pánico y no un trato cortés. Pero ellos, sin duda, ya han estado con Jesús el tiempo suficiente para dar por sentado que él tendrá la solución para un problema que está fuera de su control.

39 El mayor realismo de Marcos en la forma brusca en que los discípulos despiertan a Jesús, en contraste con la "oración" más reverente que aparece en Mateo, continúa en el relato de la respuesta de Jesús. En Mateo, Jesús tiene tiempo para reprender su falta de fe antes de levantarse para abordar el problema, pero en Marcos, actúa primero y habla después. Confirma su autoridad con mandatos sorprendentemente antropomórficos, por cuanto "reprende" el viento como si tratara de un ser animado, y se dirige al lago como si fuera un espectador indisciplinado y le dice: -"¡Calla, enmudece!". Con respecto al verbo ἐπιτιμάω y al mandato πεφίμωσο (allí φιμώθητι), véase el comentario sobre 1:25, donde ambos se usan en un relato de exorcismo, en el que Jesús reprendió y le exigió al demonio que guardara silencio. Según hemos visto ya, los dos términos aparecen en otros pasajes relacionados con el exorcismo o la magia, y la unión de ambos verbos en 1:25 y aquí ha llevado a algunos comentaristas a sugerir que Marcos considera el apaciguamiento de la tempestad como una especie de "exorcismo", en el cual las fuerzas demoníacas que controlan el viento y el agua son "atadas" y sometidas. Pero eso es sacar muchas conclusiones a partir de dos verbos, a cada uno de los cuales se le da un uso mucho más amplio que en los contextos específicos de exorcismos (tal como señalamos en 1:25), en ausencia de cualquier otra indicación en esta perícopa (o en los demás lugares) de que Marcos considera que los elementos naturales están bajo el control demoníaco. Se trata, sin embargo, de un antropomorfismo natural (cf. la "reprensión" del mar en Sal. 18:15; 104:7; 106:9; Is. 50:2; Na. 1:4), a pesar de la coincidencia de que los mismos verbos aparecen en 1:25, donde el objeto de la censura de Jesús es un ser animado. De hecho, cabría perfectamente preguntarse qué palabras aparte de esos antropomorfismos, Marcos, como narrador gráfico, pudiera haber usado para expresar las órdenes que Jesús les dirige a las fuerzas inanimadas.

Los tiempos aoristos indican un resultado inmediato, y la frase γαλήνη μεγάλη (en remplazo de la λαῖλαψ μεγάλη del v. 37) ponen de relieve la transformación completa que tuvo lugar por la intervención de Jesús. Aunque no es posible negar, tal como han señalado algunos comentaristas, que las tempestades en el lago de Galilea pueden calmarse con la misma rapidez con la que se desencadenan, Marcos no está refiriéndose aquí a ningún cambio natural en las condiciones atmosféricas. Los compañeros de Jesús en la barca eran pescadores galileos experimentados, y para ellos la bonanza no se produjo por causas naturales sino por un asunto de autoridad y obediencia (v. 41).

---

103. Con respecto al uso de Marcos de διδάσκω/διδάσκαλος en contraste con el de Lucas y especialmente el de Mateo, véase mi artículo en *GP*, 1.103-12.

40 Sin embargo, esos hombres, a quienes se les había confiado el secreto del reino de Dios, al parecer, carecían de fe. Ya en 4:13 se nos había advertido que la comprensión de los que "estaban adentro" aún debía desarrollarse mucho más, y el tema de la falibilidad e incluso de la torpeza de los discípulos se hará más real a medida que avanza el Evangelio. Más que comprensión, lo que a ellos les faltaba era πίστις, que aquí, al igual que en otros pasajes de Marcos (2:2; 5:34; 10:52; 11:22) es una confianza práctica en un poder sobrenatural, el elemento relacionado con los milagros.[104] Por tanto, la falta de fe hace que los discípulos se sientan δειλοί, incapaces de reaccionar ante una crisis poniendo su confianza en Dios (o, más pertinentemente, en Jesús) que es la característica distintiva del verdadero discípulo. El adverbio οὔπω (véase la nota textual) expresa la frustración que Jesús experimenta por su lentitud para asimilar la perspectiva divina.

41 La reacción de los discípulos[105] (ante el milagro más que ante la reprensión del v. 40) es φόβος μέγας ("un temor que es mayor que cualquier temor de una tempestad", Schweizer); ese temor, a diferencia de la "cobardía" del v. 40a,[106] es la reacción correcta de los seres humanos cuando contemplan una manifestación del poder o la gloria de Dios (5:15; 6:50; 9:6; 16:8); cf. la reacción de la tripulación en la barca en la que viajaba Jonás ante la calma súbita de la tempestad (Jon. 1:16). Cabe suponer que cuando los discípulos despertaron a Jesús, ellos esperaban algún tipo de acción salvadora, pero la magnitud de la misma los abrumó. La pregunta τίς οὗτός ἐστιν permanecerá sin resolver por algún tiempo en el contexto de la narración (aunque los lectores de Marcos ya conocen la respuesta, 1:1-13); a pesar de la respuesta formal que se le da en 8:29, lo que sigue demostrará la precariedad del conocimiento cristológico real que la respalda. Los discípulos, sin embargo, al formular la pregunta en función de la obediencia del viento y el agua (véase la introducción a esta sección con respecto a este hecho como una prerrogativa divina en el AT), preparan el terreno para una respuesta que va más allá de una perspectiva práctica de Jesús como el Mesías. Los lectores de Marcos, con el prólogo en sus mentes, cuentan con los elementos necesarios para dar esa respuesta con precisión.

---

104. C. D. Marshall, *Faith*, 217-18, considera la opinión de que su falta de fe se debía a su propia incapacidad para "ejercer un poder taumatúrgico sobre los elementos", pero concluye, con mucho acierto, que esto sería incongruente con el hecho de que el uso de ese poder por parte de Jesús se considera en el v. 41 la base del reconocimiento de su "identidad exclusiva".

105. Con respecto al estrecho paralelismo formal con la reacción de la multitud después del primer milagro de Jesús en 1:27, véase W. T. Shiner, *Follow*, 216-17.

106. Véase T. Dwyer, *Wonder*, 111, para el contraste entre la cobardía del v. 40 y la "reacción inevitable [y por ende, no culpable] ante un poder extraño" en el v. 41.

Autoridad sobre el poder demoníaco (5:1-20)

NOTA TEXTUAL

1. Las complicadas variantes textuales entre las tres versiones sinópticas podrían explicarse mejor si tomamos en cuenta el Γαδαρηνῶν original en Mateo y el Γερασηνῶν original en Marcos y Lucas, y un Γεργεσηνῶν y otras variantes relacionadas como esfuerzos subsiguientes (partiendo quizás de Orígenes, *Com. Jn.* 6.24 [41])[1] para proporcionar una ubicación junto al lago más conveniente (véase el comentario). Las numerosas pruebas tempranas que confirman la presencia del término geográficamente problemático Γερασηνῶν en Marcos obran en su favor, mientras que la tendencia del texto de Mateo a predominar en los primeros siglos justifica la inserción temprana del gentilicio Γαδαρηνῶν en la tradición textual de Marcos y de Lucas.

Después de la asombrosa manifestación del poder de Jesús para controlar las fuerzas salvajes del viento y el agua, Marcos nos habla de su poder igualmente sorprendente para controlar la fuerza indomable de un hombre poseído no por un solo demonio sino por toda una legión de ellos. A la pregunta con la que concluyó la perícopa anterior se le da una respuesta más explícita en lo que se lee a continuación, cuando unas fuerzas incluso más hostiles, las de los demonios, se ven obligadas a reconocer en Jesús el υἱὸς τοῦ θεοῦ τοῦ ὑψίστου.

El exorcismo ya desempeñó un papel importante en el relato de Marcos acerca del ministerio de Jesús en Galilea, con una narración específica sobre un exorcismo (1:21-28), dos resúmenes generales del ministerio de exorcismo de Jesús (1:32-34; 3:11-12) y el de los discípulos (3:15), y una polémica muy significativa que surgió a partir del éxito de Jesús en este ministerio (3:22-30). Más adelante se hará referencia a otros exorcismos (6:7, 13; 7:24-30; 9:14-29). Pero en esta perícopa encontramos el relato más espectacular de Marcos acerca de un exorcismo. Entre sus características distintivas pueden citarse la ubicación en un territorio gentil, la descripción vívida de la condición del endemoniado (vv. 2-5), el concepto de posesión múltiple, el nombre de los demonios y la demostración visible del éxito en la destrucción de los cerdos.

Si se compara la longitud de la historia de Marcos (330 palabras) con la de Mateo (135 palabras), puede observarse que el entusiasmo narrativo de Marcos se desarrolla plenamente. Es una historia que vale la pena contar por su propio interés inherente, pero la exposición de Marcos subraya con más fuerza en este contexto la incomparable ἐξουσία de Jesús, una autoridad que hace que los espectadores gentiles se sientan temerosos e incómodos con su presencia, y que se resume en la declaración de los propios demonios del título cristológico más deslumbrante que se le asigna a Jesús en la narración marcana: υἱὸς τοῦ θεοῦ τοῦ ὑψίστου (v. 7). La conclusión a la historia también

---

1. Véase T. Baarda en E. E. Ellis y M. Wilcox (ed.), *Neotestamentica et Semitica*, 183-88.

amplía el relato de Marcos sobre el impacto del ministerio de Jesús, por cuanto las nuevas acerca de su persona se oyen y se reciben ahora con asombro no solo en la imponente área geográfica que ya se indicó en 3:7-8, sino también en la región predominantemente gentil de la Decápolis. Este reconocimiento de que el Mesías judío tiene un ministerio que finalmente habrá de extenderse más allá de los círculos judíos cobrará mayor importancia en la trama de Marcos hacia el final del primer acto (a partir de 7:24).

1 La frase εἰς τὸ πέραν (cf. 4:35), el nombre Γερασηνοί y (más adelante en la historia) la presencia de una manada de cerdos (animales inmundos para los judíos: Lv. 11:7; Dt. 14:8; cf. *m. B. Qam.* 7:7), demuestran que el hecho que va a relatarse se ubica en la región oriental (gentil) del lago. La tradición, sin embargo, no indica claramente cuál es el lugar exacto (véase la nota textual). El gentilicio Γαδαρηνῶν de Mateo la situaría hacia el ángulo sudeste del lago, donde la ciudad de Gadara (a unos diez kilómetros del lago) tal vez tenía bajo su control un territorio que llegaba hasta el lago. Pero Gerasa está situada en los montes de la Transjordania, a unos cincuenta y seis kilómetros del lago, y parece imposible que su χώρα pudiera extenderse hasta la orilla del mismo. De cualquier manera, la ribera sudeste (el área más próxima a Gadara y a Gerasa) no constituye una ubicación convincente para el κρημνός del v. 13, mientras que cerca de El Kursi, más al norte en la costa oriental, sí hay un despeñadero. De ahí la atracción que ofrece la lectura posterior Γεργεσηνῶν, porque "Gergesa" ha estado tradicionalmente relacionada con El Kursi, y la existencia allí de una imponente iglesia cristiana del siglo V sugiere que solía asociarse con la historia de Jesús. Fue allí que Orígenes y Eusebio ubicaron el acontecimiento, y desde el punto de vista histórico es posible que tengan razón, al menos por el simple hecho de que no existe ningún otro lugar que resulte adecuado. Por tanto, el gentilicio Γερασηνῶν de Marcos podría representar una de estas dos cosas: un uso libre del término en general para referirse a toda la región de la Decápolis (con respecto a la cual, véase el comentario sobre 7:31), en la que Gerasa era una ciudad principal, o sencillamente una confusión de nombres similares, la ignorada Gergesa en sustitución de la ciudad más conocida.

2 Con respecto a ἐν πνεύματι ἀκαθάρτῳ, véase el comentario sobre 1:23. En este momento no hay indicios de una posesión múltiple, porque es un solo hombre (contrario a Mateo) el que está bajo el control demoníaco. La presencia de una persona así en τὰ μνημεῖα, un lugar inmundo, tiene una pertinencia simbólica obvia, aunque también cabría señalar que aparte de las tumbas excavadas en las rocas y las cuevas funerarias, eran pocos los lugares de refugio adecuados de los que podía disponer un individuo aislado de la sociedad.[2]

---

2. La mención de los sepulcros también podría haber hecho que el lector con un buen conocimiento de la LXX pensara inmediatamente en el Sal. 68:6, que en esa versión indica que Dios asienta en un hogar a los que están solos, encadenados, a los que son rebeldes y habitan en sepulcros (τάφοι). Otro reflejo posible es el de Is. 65:1-7 (así sobre todo Pesch y Gnilka, en consonancia con H. Sahlin, *ST* 18 [1964] 160-62).

3-5 La naturaleza intratable de la condición de este hombre se describe en un paréntesis vívido que prepara el terreno para la revelación de que el individuo estaba poseído no solo por un demonio (como sí ocurre en todos los demás relatos de exorcismos en el NT salvo en Lc. 8:2)[3] sino por muchos. Con respecto a la fortaleza física preternatural del poseso, cf. Hechos 19:16; aparece a veces como una característica en los relatos actuales de posesión demoníaca actualmente.[4] En cuanto a la conducta autodestructiva, cf. 9:22, 26.

6 El encuentro que se introdujo brevemente en el v. 2 se explica más detalladamente después de la descripción parentética de los vv. 3-5.[5] El acercamiento voluntario a Jesús por parte de aquel hombre resulta muy llamativo teniendo en cuenta la tentativa de disociación en el versículo siguiente. ¿Hay acaso algo irresistible en la presencia de Jesús? ¿Existe tal vez un elemento de conflicto dentro de aquel hombre entre su propio deseo de encontrarse con Jesús y la reticencia de los "demonios" que lo poseen? El verbo προσκυνέω no resuelve por completo la incertidumbre. En Mateo suele usarse para denotar el homenaje positivo de los que se acercan a Jesús, con la implicación, al menos ocasional, de su condición más que humana (sobre todo en Mt. 2:11; 14:33; 28:8, 17), pero en el único otro pasaje de Marcos en que el aparece tiene que ver con el homenaje burlesco de los guardias romanos en 15:19. Aquí va seguido de un título que reconoce la autoridad sobrenatural de Jesús, pero que se expresa con reticencia y no con entusiasmo; la escena completa nos recuerda el uso de προσπίπτω en 3:11, donde también se da a entender que los demonios aceptan un poder superior en Jesús, y no que lo "adoren". Dos poderes espirituales están en contraste aquí, y la naturaleza del acercamiento del hombre deja claro cuál es el superior.

7 El planteamiento del endemoniado es similar al de 1:23-24 (véase el comentario allí con respecto al significado de τί ἐμοὶ καὶ σοί; y el hecho tan extraño de que allí se use el plural y aquí el singular), pero ahora se sube la apuesta porque a Jesús no solo se le reconoce como ὁ ἅγιος τοῦ θεοῦ, sino, de manera más grandilocuente, como υἱὸς τοῦ θεοῦ τοῦ ὑψίστου, aunque en lugar de la simple pregunta ἦλθες ἀπολέσαι ἡμᾶς, en esta ocasión encontramos un esfuerzo por obligar a Jesús bajo juramento a dejar en paz a los demonios. El uso del verbo ὁρκίζω por parte del *demonio* resulta muy llamativo porque el término suele relacionarse más bien con el *exorcista*, quien obliga al demonio bajo juramento a salir del cuerpo del poseso, como en el caso de Hechos

---

3. El concepto de una posesión múltiple aparece también en la historia (¿irónica?) de Jesús sobre el demonio que encuentra refugio en Mt. 12:45; Lc. 11:26.

4. Algunos ejemplos modernos están recopilados en J. Richards, *Ovil;* véanse, p. ej., los casos citados en las págs. 140-42. Cf. G. Dow, *Cherchan* 94 (1980) 200.

5. Los comentaristas suelen percibir una discrepancia con el v. 2, por cuanto en el v. 2 el endemoniado se encuentra con Jesús εὐθύς después que este salió de la barca, mientras que aquí viene corriendo ἀπὸ μακρόθεν. Esa observación se deriva sin duda de un erudito puntilloso que nunca contó ni oyó contar bien una historia. Véase además el comentario sobre el v. 8 más adelante.

19:13.[6] ¿Es esto acaso un intento deliberado de los demonios de invertir el orden normal del encuentro y anticiparse al uso esperado de esa fórmula de conjuro por parte de Jesús? No cabe duda de que se trata de un esfuerzo por controlar a Jesús, y en este sentido, podría ser significativo que vaya precedido por una mención del nombre y el título de Jesús (como en 1:24). Hay muchas pruebas en los papiros mágicos de que, según se creía, el simple hecho de conocer y declarar el nombre de una persona o de un espíritu otorgaba poder sobre ellos, y son bastante frecuentes algunas fórmulas similares de menciones de nombres.[7] En el v. 9 Jesús, a su vez, recabará el nombre del demonio (o de los demonios) antes de realizar el exorcismo. Pero el uso del título que se le asigna a Jesús aquí difícilmente alimentaría en los demonios la esperanza de controlarlo. En cuanto al uso de ὁ υἱὸς τοῦ θεοῦ en un contexto similar, véase 3:11. La adición de la frase τοῦ ὑψίστου refuerza este argumento y confirma que espiritualmente, Jesús es superior.[8] La presunción por parte de los demonios de que el propósito de Jesús era atormentarlos da por sentado que su relación con ellos no era solo de superioridad sino también de hostilidad.[9]

8 La acotación[10] de Marcos explica que esto no era una simple suposición: el tiempo imperfecto indica que Jesús ya había tomado la iniciativa, y que el v. 7 representa solamente un lado de un diálogo más extenso en el que los demonios trataban de resistirse a la autoridad del exorcista. De ser así, este paréntesis, junto con el relato de la curación del ciego en 8:22-26, implica la sugerente posibilidad de que el "éxito" de Jesús tanto en las sanaciones como en los exorcismos, del que no cabe dudar, no siempre era tan instantáneo como insinúan la mayoría de las narraciones.

9 El diálogo prosigue con la exigencia que recíprocamente le hace Jesús al demonio para que diga su nombre (véase el comentario sobre el v. 7),

---

6. Véase J. Schneider, *TDNT*, 5.462-65. Cf. G. H. Twelftree, *Christ*, 42-43.

7. Véase J. M. Hull, *Magic*, 67, 69.

8. Véase J. M. Hull, *Magic*, 67-68 con respecto al uso frecuente del título ὕψιστος en textos mágicos y relacionados. Cf. G. H. Twelftree, *Christ*, 63. Es equivalente al término hebreo ʿelyôn, un título que los que no eran israelitas solían usar en el AT para referirse al Dios de Israel. Véase también G. Bertram, *TDNT*, 8.614-20 acerca del uso más amplio de ὕψιστος.

9. La adición de πρὸ καιροῦ por parte de Mateo sugiere que él interpretó el "tormento" que esperaban los demonios como una referencia anticipada a la destrucción escatológica de las fuerzas del mal. Marcos no deja entrever esa idea, y el "tormento" inminente de ser expulsados de su huésped y χώρα (v. 10) bastaría para explicar el ruego.

10. Los comentaristas, al parecer, tienen la tendencia irresistible a tomar cualquier "acotación" de ese tipo como una señal de que originalmente se trataba de una historia compuesta, cuyas partes fueron burdamente unidas (cf. el comentario sobre 2:10). Para justificar esa conclusión en esta perícopa a menudo se mencionan el "paréntesis" de los vv. 3-5 y la repetición innecesaria en el v. 16, junto con esta "acotación". Pero no es nada impropio que un narrador inserte una información útil para ofrecer un trasfondo esencial (o interesante), o para permitir que el oyente siga con más facilidad el desarrollo de la historia, y la repetición es un recurso eficaz que normalmente se usa en la narración. La perícopa completa puede interpretarse perfectamente como una unidad, siempre que se entienda como una historia bien contada y no como un producto meticuloso de la pluma de un académico.

una exigencia que aparentemente no puede resistir. Suele darse por sentado que esta era una parte necesaria de la "técnica" de Jesús para exorcizar, pero Marcos no da ningún indicio de que ese fuera su propósito; ni aquí ni en ningún otro pasaje de los Evangelios Jesús usa el nombre como parte integrante de una fórmula de exorcismo. Podría decirse, más bien, que la función del nombre en esta narración es ofrecer una indicación gráfica de la posesión múltiple relacionada con este caso, la cual, a su vez, explicará el incidente que sigue con los cerdos. La importancia del "nombre" Λεγιών no se centra necesariamente en el número real de tropas en una legión romana (en teoría, 6.000; contrástese con el número de cerdos que en el v. 13 se dice explícitamente que eran 2.000), sino más bien en la naturaleza de una legión como un cuerpo grande de tropas que actúan en forma concertada;[11] Jesús no se enfrenta a un solo demonio, sino a un ejército de ellos.[12]

10 El diálogo hasta este momento ha sido aparentemente con el hombre y no con los demonios, y se ha llevado a cabo exclusivamente en singular. Pero con la cláusula ὅτι πολλοί ἐσμεν el hombre pasa a un segundo plano, y los demonios (plural) hablan con Jesús. Hay cierta variedad en el género con el que son designados (πολλοί, v. 9; λέγοντες, v. 12; pero αὐτά, v. 10; ἐξελθόντα τὰ πνεύματα τὰ ἀκάθαρτα, v. 13), por tanto, no está claro si el sujeto de παρεκάλει aquí son los demonios (verbo en singular después de un sujeto neutro en plural, sobrentendido) o el hombre. Teniendo en cuenta el hecho de que Marcos usa verbos en plural para los demonios en el v. 12 (παρεκάλεσαν) y en el v. 13 (εἰσῆλθον), es muy probable que el hombre siga siendo el sujeto de παρεκάλει, como la voz que los demonios necesitaban usar, pero no es él quien está hablando sino ellos (αὐτά) por medio de él. Por consiguiente, la narración completa constituye un ejemplo deslumbrante de la manera en que el NT presenta la posesión demoníaca no como un problema psicológico de la persona afligida, sino como un asunto de ocupación por parte de una entidad ajena. Es con los demonios, no con el hombre, con los que Jesús debe lidiar; es únicamente después de haber concluido el exorcismo que Jesús le hablará directamente al hombre (vv. 18-20).

Los demonios ahora, al parecer, han aceptado que tienen que abandonar a su "huésped", pero no está claro por qué estaban interesados en permanecer

---

11. H. C. Waetjen, *Reordering*, 115-17, sugiere que el nombre no representa el número de soldados sino su función como agentes "colonizadores", y "crea una atmósfera de muertos vivientes que fomenta una ruptura sistémica de la personalidad humana".

12. Myers, 190-94 (siguiendo a J. Bowman, G. Theissen) observa un significado más directo en el nombre Λεγιών porque interpreta toda la perícopa como un relato simbólico de la misión de Jesús para liberar a Palestina de la ocupación militar romana. Esta teoría, construida ingeniosamente en torno a ciertos términos gráficos en la historia, sufre de la obvia incapacidad de que prácticamente todos los que han leído la historia hasta ahora no han podido entender el argumento que Marcos supuestamente pretendía demostrar. La ubicación en la Decápolis gentil también es inconveniente, a pesar del esfuerzo imaginativo de Marcos por explicar la mención de Gerasa basándose en la toma violenta de la misma por parte de Lucius Annius en el año 68 d.C. Para una lectura alegórica similar de la perícopa, que aparentemente ignoraba la de Myers, véase D. C. Chapman, *Orphan*, 117-22.

en aquella χώρα.[13] A menudo se afirma que existía la creencia de que los demonios tenían áreas geográficas específicas para realizar sus operaciones, y por esa razón, un cambio de ubicación los hacía impotentes. Aunque hay pocas pruebas claras que confirmen esa creencia, no es totalmente ajena a Tobías 8:3. Un exorcista podría desterrar a un demonio a una zona remota, lejos del contacto humano, para impedir que causara otros problemas (cf. Mt. 12:43-45). Sin embargo, Lucas ve en la alternativa una dimensión mucho más drástica que un simple cambio de ubicación terrestre: εἰς τὴν ἄβυσσον ἀπελθεῖν (cf. Ap. 20:1-3).

11-12 Al parecer, la posibilidad de un refugio alternativo en animales y no en un hombre no era nueva: un conjuro babilónico de exorcismo ofrece un cerdo como un huésped alternativo para el demonio expulsado.[14] La impureza ritual de los cerdos, desde un punto de vista judío, le añadiría un aspecto complementario a la transferencia —los espíritus inmundos salen de un hombre que vive entre sepulcros inmundos y entran en animales inmundos. El ruego πέμψον ἡμᾶς destaca aún más la sumisión de los demonios a la autoridad de Jesús. No cabe duda de que él va a enviarlos lejos; el tema es adónde.

13 La aceptación de ese ruego por parte de Jesús da como resultado la destrucción de una numerosa manada de cerdos. Ni Marcos ni los demás evangelistas sinópticos demuestran tener conocimiento de las preguntas de índole moral que surgen con mucha naturalidad en la mente moderna occidental con respecto a la pérdida gratuita y a gran escala de vida animal y de la pérdida económica sustancial infligida a un inocente tercero.[15] Tal vez el comentario de Jesús al que hace referencia Mateo en otro contexto, πόσῳ διαφέρει ἄνθρωπος προβάτου; (Mt. 12:12) sugiere la perspectiva desde la que se habría considerado el incidente.[16] Lo que cuenta para Marcos es la imponente demostración de la eficacia del mandato de Jesús. Ni en los curiosos ni en el propio poseso podían quedar dudas con respecto a la realidad o a la magnitud de la liberación efectuada. Para subrayar este hecho, Marcos menciona específicamente las dimensiones de la manada, ὡς δισχίλιοι, sorprendente incluso en un territorio gentil. La prueba visible de la reubicación del demonio constituye una característica de algunas narraciones acerca de exorcismos,

---

13. G. Schwarz, *NTS* 22 (1975/6) 215-16, lo considera tan improbable que sugiere que el uso de este término se debe a una mala interpretación de un original arameo que Lucas traduce más correctamente con el sustantivo ἄβυσσος.

14. R. C. Thompson, *The Devils and Evil Spirits of Babylonia* (Londres: Luzac, 1903/4), 2.10-15. Véase además J. M. Hull, *Magic*, 40-41.

15. H. C. Waetjen, *Reordering*, 118, supone que una manada tan numerosa estaba destinada a proporcionar alimento para el ejército romano, y por tanto, Jesús (¿patrióticamente?) "destruyó el avituallamiento de las legiones romanas estacionadas en el territorio".

16. Guelich va más allá todavía y sugiere que desde la perspectiva (judía) de Marcos la destrucción de animales impuros era en sí una Buena cosa, un acto de "liberación de la tierra", que simbolizaba la remoción de lo impuro del territorio gentil. Esta interpretación, que es más imaginativa que enraizada en alguna indicación en la manera en que Marcos cuenta la historia, dejaría de todos modos sin respuesta las cuestiones morales.

entre las cuales, las más conocidas son las que aparecen en Josefo *Ant.* 8.48 (volcando un tazón de agua) y en Filóstrato, *VA* 4.20 (derribando una estatua). En ambos casos, el acto físico era una demostración previamente concertada entre el exorcista y el demonio como prueba de su partida, mientras que aquí, no hay nada que sugiera que Jesús pretendía, ni mucho menos esperaba, que los demonios precipitaran a los cerdos en el agua; la verdadera prueba del éxito del exorcismo es, más bien, el cambio que se operó en el hombre (v. 15). Pero sería natural interpretar la estampida como una confirmación complementaria de que las fuerzas que antes lo dominaban habían sido eliminadas.

El sujeto de ἐπνίγοντο no son los demonios sino los cerdos,[17] a los que se hizo referencia en plural (χοίρους) anteriormente en la oración, aunque el verbo más próximo aparece en singular (ὥρμησεν ἡ ἀγέλη); el adjetivo numeral δισχίλιοι que precede inmediatamente al verbo (y que alude a los cerdos, no a los demonios) explica el cambio por un verbo en plural. La oración más abreviada de Mateo es quizás ambigua, pero Lucas lo expresa con bastante claridad (ἡ ἀγέλη... ἀπεπνίγη), y la referencia en el versículo siguiente de Marcos a βόσκοντες αὐτούς no deja lugar a dudas en cuanto a cuál es el sujeto. Si tomamos en consideración la creencia que algunos sustentaban de que los demonios habitaban en el agua, sería prácticamente imposible pensar que el naufragio de sus "huéspedes" podría destruirlos; presumiblemente solo los dejaría "sin hogar", tal como se lee en Mateo 12:43-44.

14-17 El relato inusualmente largo de la "reacción de la multitud" constituye una prueba más de la naturaleza especial de este milagro ante el gran número de habitantes de toda aquella región (de la πόλις y de los ἀγροί) que se reunieron para presenciar τὸ γεγονός. El tiempo verbal de τὸν δαιμονιζόμενον es ahora, por supuesto, técnicamente incorrecto (tal como deja bien claro el tiempo perfecto que sigue, ἐσχηκότα), pero era como ὁ δαιμονιζόμενος que sus compatriotas lo habían conocido hasta entonces, y la yuxtaposición de ese título familiar con su condición actual como ἱματισμένος καὶ σωφρονῶν describe vívidamente la causa del asombro de la multitud. La reacción que manifiestan, sin embargo, es de temor, y el resultado, a diferencia de lo que ocurrió en la ribera judía del lago, no es una bienvenida al taumaturgo sino un ruego para que se marche de aquella área. Incluso en los versículos siguientes tampoco leemos que a causa del asombro de los habitantes de la Decápolis (ἐθαύμαζον, v. 20) algunos de los de aquella región hasta ese momento se hubieran decidido a seguir a Jesús; se sentían mejor sin esa presencia perturbadora. La adición marcana de καὶ περὶ τῶν χοίρων al final del v. 16 nos sugiere cuál era la razón de su incomodidad: nadie podía oponerse a que el

---

17. Resulta llamativo que los cerdos, al parecer, fueran totalmente incapaces de nadar: a pesar de algunas creencias populares —derivadas quizás de esta historia— en las que los cerdos normalmente pueden nadar muy bien, aunque no fuera por su propia voluntad. Pero, al igual que en el caso de la demolición del techo en 2:4, la verosimilitud cede terreno para que la historia sea fácil de recordar.

δαιμονιζόμενος fuera restaurado a la normalidad, pero la pérdida de los cerdos era algo muy diferente.

18 Se presupone sin ningún comentario la dócil aceptación por parte de Jesús del deseo de los locales de deshacerse de él. El viaje al otro lado del lago, cuyo propósito original no sabemos (4:35 no nos lo indicó), se vio superado por los acontecimientos, y Jesús regresa de inmediato a la ribera judía, donde nuevamente es rodeado por una multitud entusiasmada que le da la bienvenida (v. 21). Sin embargo, tiene al menos la oportunidad de añadirle al grupo de discípulos un recluta nuevo (y presumiblemente no judío), y el ruego del δαιμονισθείς (obsérvese el tiempo verbal "correcto" ahora que la atención se centra en el propio hombre, y no en el punto de vista de sus compatriotas) ἵνα μετ' αὐτοῦ ᾖ refleja la expresión que se usó para denotar la función especial de los doce en 3:14.

19 El pasaje no indica que la causa del rechazo de aquel "voluntario" ansioso haya sido algún tipo de duda que Jesús albergara con respecto a su sinceridad o su lealtad (como sí ocurre en Mt. 8:18-22/Lc. 9:57-62). Los doce ya habían sido elegidos, y la adición de un miembro gentil al "círculo íntimo" de Jesús habría constituido un cambio radical sin precedentes durante el ministerio de Jesús; pero tampoco se menciona ninguna de estas consideraciones. La razón para rechazarlo es, más bien, positiva porque hace que este hombre tenga la oportunidad, que solo él puede tener, de esparcir las buenas nuevas de lo que Dios está haciendo por medio de Jesús de Nazaret entre los que lo conocían de antes y sabían cómo era, y por tanto, no pueden ignorar el cambio drástico que se operó en él como resultado de su encuentro con Jesús. Al hacer hincapié en esta motivación Marcos sin duda espera que sus lectores entiendan que ese mismo principio se aplica a otras personas cuyas vidas Jesús ha cambiado, incluso en circunstancias menos dramáticas.

En este contexto narrativo el título ὁ κύριος, que Jesús usa para designar a aquel que es la fuente de la ἔλεος, se refiere indudablemente a Dios y no al propio Jesús (en Lucas se lee explícitamente ὁ θεός), por más lógico que a los cristianos posteriores les pareciera que se refería a ὁ κύριος Ἰησοῦς. (El único otro pasaje en Marcos en el que ὁ κύριος pudiera interpretarse como un título de Jesús es 11:3, donde ese sentido es igualmente improbable; véase el comentario allí).

El contraste con el mandato de Jesús de guardar silencio en 1:44 (y más adelante en 5:43; 7:36; 8:26) resulta muy llamativo, y hace que nos preguntemos por qué a Jesús le interesa tanto evitar cualquier tipo de publicidad entre los judíos pero no se opone a que los gentiles escuchen acerca de sus milagros.[18]

---

18. No hay mucho que elogiar en la sugerencia que hace J. F. Williams, *Followers*, 111-12 de que el mandato de Jesús aquí difiere "muy poco" del que aparece en 1:44 y debe interpretarse como "una orden indirecta de guardar el secreto", por cuanto en el v. 19 solo se mencionan sus familiares cercanos. De ese modo, la proclamación en el v. 20 constituye, al igual que en el caso del leproso, un acto de desobediencia (véase la nota siguiente). Esto, sin embargo, sería imponer una uniformidad de patrón de la que el texto de Marcos no da ninguna indicación.

Esto, por supuesto, forma parte de todo el misterio con respecto al tema del secretismo en Marcos. Pero si bien es cierto que la publicidad entre los judíos conllevaba el riesgo de provocar no solo un entusiasmo popular inconveniente (cf. 1:45–2:2) sino también una valoración equivocada de su papel mesiánico (véase el comentario sobre 8:30), en un territorio gentil este riesgo no existía por cuanto estaba muy lejos del entorno donde Jesús solía llevar a cabo su ministerio, y no había ninguna expectativa mesiánica preestablecida con la que tuvieran que lidiar. Y puesto que no se trataba de un área en la que iba a predicar el propio Jesús, era adecuado que un miembro de la localidad que había experimentado su poder anunciara el mensaje de la nueva iniciativa de Dios en Jesús.

20 Este hombre, pues, con el aval de Jesús, hace lo mismo que hizo el leproso (1:45) contraviniendo sus instrucciones.[19] El uso de κηρύσσειν sugiere que se trata de un verdadero equivalente gentil a la proclamación que hacen tanto Jesús (1:14, 38-39) como sus discípulos (1:45; 3:14) entre los judíos de Galilea. Pero aunque Jesús le ordenó que declarara lo que ὁ κύριος (= Dios) había hecho por él, el hombre le atribuye la obra al propio Jesús (Lucas presenta la misma discrepancia, e incluso más marcada porque usa ὁ θεός en lugar de ὁ κύριος en la orden que le da Jesús). En el contexto narrativo esto solo revelaría la noción teológica rudimentaria del hombre, pero sí cabría esperar que los lectores de Marcos se dieran cuenta y apreciaran la identificación implícita de la obra de Dios con la obra de Jesús. La proclamación de aquel hombre produce asombro, pero no se nos dice si tuvo algún efecto más duradero. La próxima vez que Jesús aparezca en Decápolis, sin embargo, los habitantes de aquel lugar le pedirán que sane a un enfermo, y como resultado de eso, la proclamación y el asombro serán mayores (7:31-37). Ya se han sentado las bases para la extensión a los gentiles del ministerio y la misión del Mesías judío (13:10; 14:9).

Autoridad para sanar —¡y hasta para resucitar a los muertos! (5:21-43)

NOTAS TEXTUALES

21. La ausencia de ἐν [τῷ] πλοίῳ en varios textos primitivos (y su ubicación antes de τοῦ Ἰησοῦ en W), y la diversidad en el orden y la ausencia ocasional de πάλιν y εἰς τὸ πέραν generan cierto número de permutaciones, pero ninguna de ellas afecta el sentido del regreso de Jesús del otro lado del lago a la ribera occidental. Al parecer, no existen razones obvias para las diferencias aparte de la preferencia estilística a la luz de

19. Varios intérpretes, siguiendo el ejemplo de Wrede, también han interpretado esto como un caso de desobediencia: Jesús le ordena al hombre que le hable solo a su familia, pero él proclama el hecho por toda Decápolis. Marcos, sin embargo, no insinúa ese contraste: en el v. 19, sin duda, no se da ninguna orden de guardar silencio, y el v. 20 es introducido por καί, en contraste con la combinación ὁ δέ del 1:45. Véase además, H. Räisänen, *Secret*, 154.

una colocación bastante densa de indicadores geográficos. La mención explícita de la πλοῖον es típica del interés narrativo de Marcos; cf. vv. 2, 18, el primero de los cuales es propio de Marcos, el segundo aparece también solo en Lucas.

22. La omisión de ὀνόματι Ἰάϊρος en D y en unos cuantos MSS LA es más probable que sea accidental (o quizás influenciada por la ausencia del nombre en Mateo) y no un reflejo de un texto original en el que no aparecía el nombre; si se trata de una inserción procedente de Lucas, es raro que se emplee la forma ὀνόματι Ἰ. en lugar de la expresión más propia de Marcos ᾧ ὄνομα Ἰ., que en forma inusual aparece en este punto en Lucas (véase además Metzger, *Textual Commentary*, 85-86).

36. Es probable que el verbo παρακούω haya sido remplazado por ἀκούω en la mayoría de los MSS por ser el verbo más familiar, y aunque no incluye el sentido de "oír por casualidad", es igualmente adecuado para el contexto. El hecho de que παρακούω también pueda interpretarse como "ignorar" o incluso "desobedecer" tal vez haya influido en la sustitución.

41. Han aparecido algunas variantes debido a la falta de familiarización con las palabras arameas y al parecido casual de ταλιθα con el nombre Ταβιθά en la fórmula que se emplea para resucitarla en Hechos 9:40. Κουμ (ℵ B C etc.) representa la forma masculina del imperativo, que podría usarse con sujetos masculinos o femeninos; la forma estrictamente femenina κουμι en la mayoría de los manuscritos y versiones posteriores es probable que sea una corrección deliberada.

La secuencia de acontecimientos en torno al lago (véanse los comentarios sobre 4:35–5:43) llega a su punto culminante con una unidad narrativa en la que tienen lugar dos milagros. En el segundo de ellos, la revelación de la ἐξουσία de Jesús alcanza un nivel más alto con la resurrección de un muerto. Después de la manifestación de su control sobre el viento y el agua y del poder demoníaco más intimidante, esta perícopa deja al lector con la impresión de que no hay nada imposible para Jesús, y la pregunta Τίς ἄρα οὗτός ἐστιν; (4:41) se torna más insistente que nunca.

Es cierto que la narración, tal como Marcos la presenta, deja abierta al menos la posibilidad de que la hija de Jairo no estuviera realmente muerta, porque en el v. 36 Jesús ignora deliberadamente el informe del v. 35 acerca de su muerte, y lo niega de manera explícita en el v. 39, después de lo cual se habla de la curación como el "levantamiento" de la niña y no como su regreso a la vida. Pero aunque Marcos no se refiere explícitamente a su muerte (salvo en el informe del v. 35 que Jesús ignora), la burla de la multitud en el v. 40 sugiere que Marcos, al igual que Mateo y Lucas, consideró que Jesús estaba usando un lenguaje figurado que la multitud interpretó como una negación literal de su muerte, un hecho que era obvio para todos. No cabe duda de que Mateo creía que la niña estaba muerta, porque pone en boca de su padre palabras que confirman ese hecho incluso en su primer encuentro con Jesús; en el pasaje paralelo de Lucas dice en este punto que la niña "se estaba muriendo", mientras que en Marcos leemos que estaba en peligro inminente de muerte. Por tanto, hay cierta confusión en cuanto al momento en que murió, pero si contrastamos los textos de los sinópticos sobre el tema crucial de si se trata simplemente de la curación de una niña gravemente enferma o de una verdadera resurrección de los muertos estaríamos sin duda llevando demasiado lejos el análisis de las diferencias narrativas.

Esta perícopa suele citarse como el ejemplo clásico de Marcos de la técnica de "intercalación" o "interpolación", en virtud de la cual un episodio se inserta dentro de otro. Cabe esa posibilidad, pero no es de ningún modo el mejor ejemplo porque aunque no puede negarse que en otros casos la estructura de "intercalación" es exclusiva de Marcos, aquí los tres sinópticos cuentan la historia de la misma manera. Teniendo en cuenta la opinión generalizada acerca de la prioridad marcana, es posible que Marcos la haya presentado así, y que Mateo y Lucas simplemente siguieran su ejemplo. Pero también es posible que el viaje ininterrumpido refleje una secuencia narrativa bien conocida procedente de la tradición y no del ingenio de Marcos. Por lo general se sugiere que las interpolaciones de Marcos tienen por objeto establecer alguna conexión temática entre los elementos vinculados (muy claramente en la relación entre la acusación de los escribas de actuar con un poder demoníaco y la acusación de locura por parte de sus parientes en 3:20-35, o la asociación del templo con la higuera en 11:11-27, las cuales son "intercalaciones" exclusivamente marcanas). Aquí, aunque la secuencia cumple sin duda una función literaria valiosa con la creación del suspenso en el hilo narrativo, no resulta nada obvio cuál es la conexión temática que se logra con esta "intercalación" específica, como no sea el hecho bastante evidente de que ambas víctimas son mujeres.[20] Sin embargo, es posible distinguir una relación temática en las dos partes de la "intercalación" y en la perícopa anterior, a saber, la que tiene que ver con la inmundicia.[21] En Decápolis, Jesús lidió con "espíritus inmundos" que se hallaban entre las tumbas, e hizo de manera muy adecuada que entraran en una manada de cerdos, por cuanto son animales inmundos. Y ahora, tras haber regresado a la ribera occidental, se enfrenta a la inmundicia de un desorden menstrual y de un cadáver (dando por sentado que la niña estaba realmente muerta), y a pesar de ello, en ambos casos Marcos hace constar que hubo contacto físico (vv. 27, 41). Aunque el tema de la inmundicia, y el de la actitud aparentemente desdeñosa de Jesús hacia las leyes de pureza, ocuparán el lugar central de la historia en el capítulo 7, cabe pensar que Marcos haya querido preparar deliberadamente el terreno valiéndose de esta secuencia de narraciones. Pero debemos confesar que el tema está implícito y no explícito en el relato de la hemorroísa, y que si alguien reparó en el problema de una posible contaminación en el caso de la hija de Jairo, Marcos no trasluce nada al respecto.

---

20. Algunos comentaristas ven otra conexión en el hecho de que la mujer haya padecido durante doce años (v. 25) y que la hija de Jairo tuviera doce años de edad (v. 42); esto sin duda es un último recurso.

21. F. Kermode, *Genesis*, 131-35, analiza este tema en forma creativa a lo largo del capítulo 5.

21 El escenario fundamental para la narración siguiente ha quedado establecido: el regreso a la ribera occidental, la ubicación junto al lago y la ya conocida multitud (en contraste con el único hombre atormentado que salió a su encuentro en la ribera opuesta del lago, es decir, en la zona gentil, v. 2). La escena, presumiblemente, se desarrolla en Capernaúm, la base regular de Jesús junto al lago, de donde partirá en 6:1 para visitar la ciudad de Nazaret, en las colinas.

22 El primer suplicante es un hombre principal. En el NT se usa a veces el término ἀρχισυνάγωγος en singular para referirse al individuo que tenía una posición de responsabilidad y de autoridad en la sinagoga local. Pero en Hechos 13:15 se habla de un cuerpo de ἀρχισυνάγωγοι que compartían la responsabilidad del servicio en una sinagoga; estos presumiblemente eran los ancianos (cf. Lc. 7:3-5, y los ἄρχοντες de Jn. 12:42) que constituían el cuerpo gobernante de la sinagoga, y de entre los cuales se nombraba el funcionario principal (*rō ̓š hakkneset*). La descripción de Jairo[22] aquí como εἷς τῶν ἀρχισυναγώγων sugiere que era un anciano, pero no el funcionario principal; en ese caso, el singular ὁ ἀρχισυνάγωγος en los vv. 35, 36 y 38 le recuerda simplemente al lector esta identificación inicial, pero no implica que fuera el funcionario principal. No obstante, se trataba de un varón importante en la sociedad de Capernaúm. Por tanto, su respetuoso acercamiento a Jesús, un recién llegado a la ciudad, no podía pasarse por alto, aunque la humildad con la que se postra a sus pies también pudiera indicar la desesperación que lo embargaba y su reconocimiento de Jesús, por ahora, como un respetado maestro en la ciudad, con una fama cada vez mayor por su poder milagroso.

23 Lucas nos dice en este punto, que la niña tenía doce años y que era su única hija. Marcos reservará la mención de su edad hasta el v. 42, pero el uso del diminutivo θυγάτριον (cf. παιδίον en los vv. 39, 41 y κοράσιον en los vv. 41, 42) transmite el mismo sentido. La expresión coloquial ἐσχάτως ἔχει no indica que la niña estuviera muerta (*en contra de lo que opina* Mateo), sino, más bien, que estaba *in extremis*. Por tanto, la súplica ἵνα ἐλθὼν ἐπιθῇς τὰς χεῖρας αὐτῇ[23] no constituye el estupendo acto de fe que encontramos en Mateo, donde Jairo le ruega explícitamente que la resucite de entre los muertos; aquí, en cambio, le pide una curación milagrosa antes que muera para que sea curada (σωθῇ) y pueda continuar viviendo (ζήσῃ). (Aun cuando, en consonancia con el texto bizantino, ζήσεται se interpretara de la misma manera que en Mateo, lo que connota la idea de una resurrección en Mateo es la mención anterior de la muerte, y no la forma del verbo). En cuanto a la imposición de las manos como un gesto natural de curación, cf. 6:5; 7:32; 8:23, 25; y cf. la mención de un toque ya en 1:31, 41.

---

22. Véase la nota textual. En el AT aparecen varios individuos llamados Jairo: Nm. 32:41; Jue. 10:3-5; Est. 2:5; 1Cr. 20:5.

23. Con respecto a ἵνα (cuando no depende gramáticamente de un verbo anterior en imperativo) como una forma indirecta de petición, cf. 10:51, donde la pregunta que antecede, Τί θέλεις; proporciona el antecedente necesario. Aquí, la sintaxis presupone que se sobrentienda el verbo θέλω (como en 6:25; 10:35, θέλω ἵνα). Cf. BDF 387(3); Turner, *Grammar*, 94-95.

24 Una nueva mención de la multitud (cf. v. 21) nos prepara para la escena que sigue. Συνέθλιβον nos recuerda el temor a la presión física de la multitud al que ya se hizo referencia en 3:9. Sin embargo, el hecho de que la gente lo apretara no era una experiencia inusual en un mercado oriental; y en este caso, le ofrecerá a la mujer la posibilidad de establecer contacto físico sin que nadie lo notara.

25-27 La segunda persona que hace una súplica, cuya condición social ofrece un marcado contraste con la de Jairo, aparece en una oración que superpone siete cláusulas participiales antes de llegar al verbo principal (ἥψατο) en el v. 27. Este abandono interesante del estilo paratáctico más usual de Marcos permite que el lector (u oyente) se compadezca mentalmente de la situación de la mujer antes que comience su historia,[24] y nos predispone a la solidaridad con ella a pesar de la naturaleza poco atractiva de su dolencia, sobre todo a la luz de las leyes judías con respecto a la pureza.[25] El hecho de que aquella mujer hubiera estado ἐν ῥύσει αἵματος por espacio de doce años indicaba sin duda que tenía algún trastorno menstrual, aun cuando no se hubiera identificado cuál era exactamente su dolencia. La impureza menstrual ocupa un lugar prominente en el AT (especialmente en Lv. 15:19-33) y más adelante, se convirtió en el tema central de un tratado completo de la mishná (*Niddah;* cf. también *Zabim*); para no contaminarse, era preciso evitar escrupulosamente todo contacto con cualquier mujer que estuviera menstruando, incluso en forma normal. La búsqueda prolongada e infructífera de una cura por parte de esta mujer estaba, pues, motivada no solo por su sufrimiento físico sino también por el aislamiento social y religioso a que estaba sometida. El relato poco halagüeño de Marcos con respecto a la profesión médica ofrece un marcado (y tal vez, deliberadamente humorístico) contraste con la curación total e inmediata que recibe cuando toca a Jesús. No cabe duda de que en estos momentos Jesús estaba en boca de todos en aquella ciudad, y los incidentes que ya habían ocurrido en Capernaúm eran más que suficientes para justificar su fama. Pero el acercamiento subrepticio de la mujer contrasta enérgicamente con la multitud importuna agolpada a la puerta en 1:32-34, la osadía manifiesta de los amigos del paralítico para recabar la atención (2:2-4) y el propio ruego público de Jairo.

27-28 En nuestro comentario sobre el v. 23 señalamos que en las sanaciones realizadas por Jesús suele mencionarse que las personas lo tocaron, pero en otros casos individuales en la narración de Marcos, es Jesús quien toca a la persona. Sin embargo, en el resumen general que aparece en 6:56 (y de

---

24. C. D. Marshall, *Faith*, 104: "La sorprendente proliferación de participios en la oración inicial... les da a entender a los oyentes el empeoramiento implacable de la dolencia de la mujer en un período de doce años".

25. Myers, 201-2, señala que con la atención que le dispensa a esta mujer "sin estatus social", que se halla en "el último peldaño de la escala de honor", Jesús rompe su compromiso anterior de ayudar a la hija de alguien que estaba "en el nivel más alto de la escala de honor"; esta "profunda inversión de la dignidad" tiene por objeto producir una gran conmoción, y de este modo, liberar.

manera menos explícita en 3:10), Marcos mencionará también que existía una expectativa en el pueblo de que al tocar las vestiduras de Jesús podían obtener la sanidad, y dice que esta expectativa se vio cumplida (cf. Mt. 14:36; Lc. 6:19). La idea de la mujer de que el simple hecho de tocar las vestiduras de Jesús sin su conocimiento produciría el mismo efecto que si él la hubiera tocado, sugiere una interpretación más "rudimentaria", e incluso "mágica", de una curación milagrosa (una curación que alcanzará niveles más complejos en los efectos esperados de la sombra de Pedro, Hch. 5:15, y de las ropas de Pablo, Hch. 19:12). A los lectores modernos suele resultarles llamativo que él no repudiara esa acción (y la de otros muchos que, según 6:56, trataron de tocar sus vestiduras), y que, de hecho, parezca aceptarla, no solo como una práctica eficaz sino también como un ejemplo de verdadera πίστις (v. 34). ¿Es esto acaso un presagio de su generoso reconocimiento de un exorcista independiente, en razón de que ὃς οὐκ ἔστιν καθ' ἡμῶν, ὑπὲρ ἡμῶν ἐστιν (9:38-41)? El Jesús de Marcos está menos aferrado al procedimiento correcto, e incluso a la teología correcta, que algunos de sus seguidores.

29-30 La narración prosigue en el mismo tono "rudimentario", porque tanto la paciente como el sanador se percatan inmediatamente del efecto de la curación.[26] La expresión ἔγνω τῷ σώματι presumiblemente se refiere a la sensación física de bienestar que experimentó la mujer, mientras que ἐπιγνοὺς ἐν ἑαυτῷ τὴν ἐξ αὐτοῦ δύναμιν ἐξελθοῦσαν sugiere que esta sanación "extrajo perceptiblemente algo de Jesús", de una manera que no tiene paralelo en ninguno de los demás relatos de curación en los Evangelios. La secuencia podría sugerir un sentido casi automático de "transferencia" física de δύναμις de un cuerpo al otro (cf. Lc. 6:19, donde en respuesta a un toque δύναμις παρ' αὐτοῦ ἐξήρχετο καὶ ἰᾶτο πάντας), aunque Marcos procura contrarrestar esta impresión subrayando que el contacto físico no era lo que importaba (puesto que había muchas personas que en ese momento también estaban empujando a Jesús) y que la base de esta sanación, al igual que en otros milagros sinópticos, es en realidad la πίστις (v. 34). Detrás del contacto físico, y en un nivel más profundo, ocurre una "transacción". Y es esta la que toma a la mujer por sorpresa cuando descubre que lo que había planeado como un contacto unilateral secreto demuestra ser un contacto recíproco, y es así que se pone de manifiesto.

30-33 La pregunta repentina de Jesús sorprende a todos los presentes y el argumento sensato que plantean los discípulos (que Jesús ni siquiera se digna a responder) realza la peculiaridad de su pregunta, ¿cómo es posible distinguir un "toque" específico en medio de una multitud que empuja? El efecto que de nuevo se pretende lograr aquí es destacar a Jesús como un individuo que posee una perspicacia sobrenatural, que puede percibir la situación especial de una persona entre muchas otras. Esa perspicacia sobrenatural, sin embargo, no incluye aparentemente el reconocimiento instantáneo de la

---

26. La vívida expresión ἡ πηγὴ τοῦ αἵματος se deriva de Lv. 12:7 en la LXX.

persona responsable, y la mujer, que ya había comenzado a darse retirarse, se ve obligada a regresar (ἦλθεν) y confesar su temeridad. Su temor tal vez se derivaba del respeto que le infundía la presencia del milagroso sanador y el bochorno general de la situación, pero también del conocimiento de que al tocar a Jesús sin permiso lo había hecho contraer una impureza ritual; de ser así, sin embargo, ni Jesús ni Marcos lo mencionan.

34 No hay ninguna otra persona en el Evangelio a quien Jesús se dirija llamándola θυγάτηρ; el paralelismo más cercano es el uso del término τέκνον cuando le habla al paralítico en 2:5. Aquí, al igual que allí, el efecto es transmitir tranquilidad (obsérvese la adición en Mateo del imperativo θάρσει en ambos pasajes), la cual resulta particularmente necesaria a la luz de la pregunta brusca de Jesús en el v. 30, y el "temor y temblor" (v. 33) que se apoderan de la mujer cuando se da cuenta de que ha sido descubierta. En cuanto a la πίστις como la base de la curación, cf. 10:52 (donde se usa la misma fórmula) y 2:5; 5:36; 9:23-24; con respecto a la misma condición para los milagros en general, véanse también 4:40; 11:22-24.[27] Esa πίστις, más que una comprensión teológicamente desarrollada acerca de la persona de Jesús, es una convicción práctica de su ἐξουσία; incluso la creencia "supersticiosa" de esta mujer en la sanidad por contacto físico tiene suficiente validez. La fórmula veterotestamentaria que se usa para impartir paz y bendición, ὕπαγε εἰς εἰρήνην (cf. Jue. 18:6; 1Sa. 1:17; 2Sa. 15:9), confirma que ahora puede gozar por fin de la šālôm que por tanto tiempo necesitó, y la expresión adicional ἴσθι ὑγιὴς ἀπὸ τῆς μάστιγός σου deja bien claro que su curación no es una simple remisión temporal. El término ὑγιής, a pesar de sus derivados en español, se relaciona con la salud física, no con la "limpieza"; no obstante, como resultado de su curación su impureza será eliminada y a ella se le dará de nuevo un lugar normal en la sociedad.

35 La narración que se había interrumpido se reanuda ahora con la nueva de que la demora ha resultado fatal. No hay ningún indicio de que la noticia sea falsa, y nadie, salvo Jesús (en el v. 39) pone en duda la realidad de la muerte de la niña. Aunque en la narración de Marcos lo que originalmente Jairo había pedido era que fuera sanada para que no muriera (véase el comentario sobre el v. 23), la situación ahora ha cambiado. Cabe suponer, pues, que el ruego inicial ha perdido su vigencia y que Jesús ya no tiene nada más que hacer. Marcos no dice si Jairo pensaba del mismo modo y Jesús no le da tiempo a expresar su opinión.

36 Παρακούω (véase la nota textual) sugiere que la noticia no se le dio personalmente a Jairo, sino que Jesús la oyó por casualidad. El verbo también significa "ignorar", una acepción igualmente adecuada en este contexto, en el que se presenta a Jesús como la única persona que no permitió que el informe lo desviara, y propone seguir adelante a pesar de todo. Jesús hace cargo de la situación, y espera fe, aun frente a la muerte. Acaban de ver un ejemplo del

---

27. Véase S. E. Dowd, *Prayer*, 96-117, para un estudio completo sobre la fe y los milagros en Marcos.

efecto de la fe (v. 34), pero esto está en un nivel muy diferente. No se nos dice si alguien excepto Jesús podía reunir esa fe; el v. 40a sugiere que no. En cuanto a πίστις/πιστεύω, véanse también los comentarios sobre 2:5; 5:34; 11:22-23.

37 Es posible que el número de discípulos que entraron con él se limitara a tres (¿al igual que en 1:29-30?) a causa del tamaño de la habitación en la que descansaba el cadáver de la niña, pero de todas formas es coherente con la tendencia de Jesús a permitir que solo los tres discípulos apodados (véase el comentario sobre 3:17) estuvieran con él en los momentos que revestían una importancia reveladora especial; cf. 9:2 (la transfiguración); 13:3 (el último discurso; con Andrés); 14:33 (Getsemaní). El milagro supremo de resucitar a una persona muerta es también solo para sus ojos.

38-39 La presencia de las ruidosas plañideras en aquel lugar indica claramente que nadie dudaba de la muerte de la niña, y la respuesta de Jesús presupone que era por esa razón que estaban allí. Véase el análisis (en los comentarios introductorios a esta sección) sobre si la intención de Marcos era que tomáramos las palabras de Jesús literalmente, como un rechazo del diagnóstico; es ciertamente posible que un estado de coma se hubiera interpretado erróneamente como su defunción, y que Jesús (de manera sobrenatural o no) lo supiera. Las palabras οὐκ ἀπέθανεν ἀλλὰ κἀεύδει permiten —y de hecho, parecen exigir— ese significado. Pero esas mismas palabras aparecen también en Mateo, quien había declarado explícitamente que la niña había muerto, y la burla con la que se reciben las palabras de Jesús (presumiblemente interpretadas en forma literal) en los tres Evangelios sugiere que Marcos también creía que ella sin duda estaba muerta. Pero si el dicho no debe considerarse un diagnóstico real, ¿qué quiso decir Jesús entonces? En la Biblia suele usarse el sueño como metáfora de la muerte, sin embargo, el verbo que siempre se emplea en esos casos en la LXX y en el NT es κοιμάομαι y no καθεύδω (véase 1Ts. 5:10 para una posible excepción que se complica por un sentido metafórico diferente en los versículos anteriores). De todas formas, el contraste "no está muerta, sino muerta" no tendría sentido; καθεύδω, pues, debe tener aquí otro sentido. Se usa metafóricamente en Efesios 5:14; 1 Tesalonicenses 5:6-7 para referirse al letargo espiritual (lo opuesto a vivir como "hijos de luz"), pero este uso, al parecer, tampoco viene al caso en la presente historia. El contexto indica que la muerte de la niña es real, pero temporal. No es extraño que no exista ningún otro ejemplo de ese uso de καθεύδω, pero el propio hecho de que no sea un término metafórico que normalmente se utilice para referirse a la muerte refuerza la idea de que hay algo excepcional con respecto a la situación de la niña. La irreversibilidad que caracteriza al concepto de la muerte (y también, por ende, al verbo κοιμάομαι como metáfora de la misma) no se aplica a la niña, porque Jesús está a punto de revocar el veredicto de muerte y levantarla, por así decir, del sueño.[28] El uso

---

28. J. Camery-Hoggatt, *Irony*, 139-40, describe el comentario de Jesús como "una ironía peirástica sutil... Jesús no rechaza esa noción [que la niña está muerta], sino que superpone a ella

de καθεύδω en lugar de κοιμάομαι nos permite, aunque todavía con dificultad, darnos cuenta de esta nueva perspectiva.

40-42 Es natural que una historia tan insólita provoque burlas.[29] Marcos no indica específicamente cuál es el sujeto de κατεγέλων, y nos da la posibilidad de conjeturar que los padres de la niña, o incluso Pedro, Jacobo y Juan se sumaran a las risas. Sin embargo, estas cinco personas son las únicas a las que se les permitió presenciar el milagro. Se lleva a cabo con el menor alboroto posible (compárese con los milagros similares de Elías y Eliseo, 1Re. 17:17-24; 2Re. 4:29-37), solo tomando su mano (cf. 1:31) y dando una orden. La preservación (y traducción) por parte de Marcos de las palabras arameas (véase la nota textual) refleja muy bien su interés por recrear vívidamente la escena (cf. 7:34), pero las palabras que se usan son tan comunes[30] que cualquier idea de que se trata de una "fórmula mágica" resulta bastante infundada. (La semejanza fonética entre estas palabras y las que, según Hechos 9:40, Pedro pronunció cuando resucitó a una mujer muerta, Ταβιθά ἀνάστηθι, donde Ταβιθά es un nombre que procede de la narración anterior, es sin duda una coincidencia). La propia resurrección se expone de un modo bastante realista (similar a la narración de la curación de la suegra de Pedro, 1:31), que se hace aún más evidente en el comentario trivial de la edad de la niña, cuya única función obvia es aumentar el interés del público en la historia (a menos que la intención sea explicar el verbo περιεπάτει: tiene doce años, no es un bebé). Incluso la reacción de los cinco testigos, aunque se expresa en forma conmovedora, no es más extravagante que la que siguió a los milagros "menores" anteriores; cf. 1:27; 2:12; 4:41; 5:15-17. La resurrección de los muertos encaja de manera adecuada en el contexto de los demás actos de poder de Jesús, y no se señala (como sí resulta más claro en Jn. 11) como un milagro *sui generis*. Es posible que la presencia de los verbos ἔγειρε y ἀνέστη, que suelen usarse en el NT para referirse a la resurrección de Jesús y de los creyentes, les sugiriera a los lectores de Marcos la idea de que en la resurrección de una niña muerta había un anuncio anticipado del poder sobre la muerte que constituiría la base de la fe cristiana. Pero los verbos son comunes, y en esta historia habría sido muy difícil prescindir de ellos; Marcos no muestra a las claras que desee sugerir una tipología de la resurrección. Esto fue, al fin y al cabo, un regreso a la vida terrenal (y la muerte subsiguiente), no una resurrección.

---

un marco de referencia secundario —o, en opinión de Marcos, primario. La muerte no es final, no es definitiva".

29. En la literatura rabínica posterior, al parecer, se presupone que un rabino puede dar vida a los muertos. En *b. Meg.* 7b aparece un incidente de ese tipo en el que participó Rabbah; mientras que otro, registrado en *b. ʿAbod. Zar.* 10b y del que participó R. Hanina, evoca el comentario del emperador Antonino de que él "sabe muy bien que los más humildes de entre vosotros pueden hacer que los muertos vuelvan a la vida". Obviamente, este tema literario posterior no representa la creencia popular en la Palestina del siglo I.

30. La primera acepción de *tlîṭā* es "cordero", pero el término se usaba respecto a los niños. Por tanto, las palabras podrían haberse traducido adecuadamente al español como "¡Levántate, pequeñita!".

43 La orden de guardar silencio es ya un estribillo conocido en Marcos, aunque 5:19-20 constituyó una fascinante excepción a esa regla. En esta ocasión la orden tiene aún menos posibilidades de éxito en un contexto en el que la niña muerta pronto habrá de presentarse viva ante el enlutado vecindario. La historia concluye con una nota que pasa llamativamente de lo sublime a lo común —καὶ εἶπεν δοθῆναι αὐτῇ φαγεῖν. Aunque la cláusula, sin duda, pone de relieve la realidad del regreso de la niña a la vida, y revela, tal vez, el interés práctico de Jesús por las necesidades tanto físicas como espirituales, en el contexto narrativo parece un descenso deliberado del altísimo drama de la conquista de la muerte por parte de Jesús a la banalidad de la vida ordinaria (cf. de nuevo 1:31), en tanto que la trama de la historia pasa ahora a una fase menos dinámica en la visita a Nazaret.

NO TODOS SE SIENTEN IMPRESIONADOS POR JESÚS (6:1-6)

NOTAS TEXTUALES

2. El abanico de variantes estilísticas que presentan la 4 revisión de las SBU para este versículo no afecta el sentido; en todas ellas aparecen la sabiduría y los hechos de poder como la base para la respuesta.

3. Esta es la única ocasión en la que Jesús se describe a sí mismo como τέκτων. Si la negación apologética de Orígenes de Alejandría (*Contra Celsum* 6.34, 36) de que Jesús se describe de esa manera en los Evangelios "aceptados" no es un *lapsus memoriæ*, refleja aquí presumiblemente la variante donde aparece como τοῦ τέκτονος υἱός. Las diferentes formas de esta variante, sin embargo, podrían deberse no solo a una asimilación con Mateo 13:55 sino también a cierto desconcierto por parte del copista. (Pero véase también la pág. 242 n. 2 sobre las implicaciones apologéticas del título "hijo de María").

3. El nombre para el segundo hermano en Mateo (donde los nombres aparecen en caso nominativo) es probablemente Ἰωσήφ, pero existe un apoyo significativo de los MSS también para Ἰωσῆς y Ἰωάννης. Resulta llamativo que la mayoría de los MSS marcanos hayan resistido cualquier asimilación y conservado el nombre Ἰωσῆς, representando el genitivo como Ἰωσῆτος o Ἰωσῆ. Las veces que aparece el mismo nombre en 15:40, 47 (véase el comentario allí acerca de si se trata de la misma persona), existe una situación textual similar (que no se señala en SBU), en la que los MSS marcanos apoyan en gran medida el término Ἰωσῆς, y los mateanos (en los pasajes paralelos) el término Ἰωσῆφ. Tanto Ἰωσῆς como Ἰωσῆφ eran probablemente formas griegas derivadas del nombre hebreo José (véase *ABD*, 3.968); al parecer, Marcos prefirió la forma hebrea menos obvia.

A partir del regreso de Jesús a Galilea en 1:14, su enseñanza y su actividad se han concentrado alrededor del lago, y ha utilizado a Capernaúm como su base habitual. Sin embargo, su residencia original se hallaba en las colinas, en Nazaret (1:9), y se le conocía como "Jesús nazareno" (1:24). Por tanto, una visita a Nazaret, a unos cuarenta kilómetros de Capernaúm, no podía demorarse más, y es de eso que habla esta perícopa, aun cuando Marcos evita mencionar el nombre del pueblo que rechaza a su famoso hijo.

El progreso triunfal de Jesús a través de la parte anterior de la narración (desde el discurso expositivo del capítulo 4) corre el riesgo de haber infundido en el lector una falsa seguridad. Tanto las fuerzas del viento y del agua, como las de la posesión demoníaca, e incluso las de la propia muerte se han rendido a su autoridad. Si el lector se olvida de las respuestas divididas en los capítulos 2–3, puede comenzar a percibir que hay algo casi automático con respecto al "éxito" de Jesús. Esta perícopa, pues, restablece el equilibrio, y nos recuerda que el efecto de su ἐξουσία no es algo que pueda darse por sentado. Si la πίστις fue la clave de al menos algunos de los milagros de liberación anteriores (4:40; 5:34, 36), ¿qué cabe esperar cuando no está presente?

1 Jesús, acompañado de sus discípulos, emprende ahora, pero a la inversa, el viaje que hicieron sus parientes en 3:21, 31. Su esfuerzo en aquel momento por "llevárselo a la fuerza" resultó totalmente inútil, y habían regresado a Nazaret mientras él continuaba su misión junto al lago. Sin embargo, las noticias acerca de esa misión no habían dejado de llegar a Nazaret, y por tanto, el regreso del prodigio local (con sus seguidores de las ciudades a orillas del lago) es ahora, naturalmente, el centro de atención.

2 La invitación a enseñar en la sinagoga revela, en primer lugar, que Jesús es reconocido ahora como una persona importante.[1] Marcos, a diferencia de Lucas, no nos dice nada de lo que Jesús enseñó; se centra solamente en la respuesta del pueblo. El uso del aoristo ἤρξατο antes del infinitivo διδάσκειν podría sugerir lo que Lucas 4:22, 28-30 expone claramente, a saber, que la enseñanza quedó inconclusa porque la reacción de la multitud de los vv. 2-3 la interrumpió. Pero Marcos suele usar ἄρχομαι junto con el verbo principal cuando introduce el desarrollo de una narrativa (cf. 1:45; 2:23; 4:1, etc.) sin esa implicación. Al igual que en la sinagoga de Capernaúm (1:22, 27), los congregados se quedan asombrados por las palabras y las obras de Jesús. La σοφία que los impresiona es presumiblemente la de la enseñanza que les acababa de impartir, pero los δυνάμεις deben ser los que habían oído de labios de otras personas (cf. Lc. 4:23), a no ser que hubiera curado a los ὀλίγοι ἄρρωστοι que se mencionan en el v. 5 antes de su enseñanza en la sinagoga. La causa principal del asombro no es, sin embargo, la sabiduría y los milagros en sí, sino la que se refleja en la pregunta Πόθεν τούτῳ ταῦτα; —que los vv. 3-4 proseguirán ampliando.

3 Para el pueblo de Nazaret, Jesús es un paisano, y no conocen ninguna razón por la que deban considerarlo diferente del resto de su familia.

---

1. Obsérvese, sin embargo, que esta es la última vez que Jesús es bienvenido en una sinagoga. Todas las demás ocasiones en las que se hace referencia a una sinagoga en Marcos es como un lugar de ostentación (12:39) o de persecución de los discípulos de Jesús (13:9).

(Obsérvese la repetición del pronombre οὗτος, que probablemente aquí, al igual que en 2:7 y a diferencia de 4:41, sugiere una actitud despectiva —él es "este hombre", no alguien especial). No hay nada que sugiera que los rumores locales dejaran entrever algo inusual acerca de su origen, y de hecho, si Marcos tenía conocimiento de la tradición sobre la concepción virginal de Jesús, lo ha mantenido en silencio. El título ὁ υἱὸς τῆς Μαρίας no aparece en ningún otro pasaje del NT (mientras que a Jesús sí se le describe como υἱὸς (τοῦ) Ἰωσήφ en Lc. 4:22; Jn. 1:45; 6:42), y el uso poco común del nombre de la madre se ha interpretado como la forma críptica que emplea Marcos para indicar que él (¿y/o los lugareños?) sabía que Jesús no era realmente el hijo del carpintero.[2] Pero Marcos nunca menciona a José, y la ausencia de un padre en 3:31-35 (véanse los comentarios allí) sugiere que una explicación más sencilla es el punto de vista tradicional de que cuando Jesús comenzó su ministerio José ya había muerto, y por esa razón, no figura en ningún lugar en la historia salvo en las narraciones de Mateo y Lucas sobre la infancia de Jesús; de ser así, José simplemente no formaba parte de la tradición que Marcos conocía. La ausencia del nombre de José incluso en este versículo, en el que se mencionan de manera explícita los miembros de la familia, respalda esta opinión. En ese caso, Jesús, en calidad de primogénito, se habría hecho cargo obviamente del negocio familiar como ὁ τέκτων.

El sustantivo τέκτων se usa principalmente para referirse a los que trabajan con la madera, pero puede aplicarse a los artesanos de cualquier rubro, como por ejemplo, albañiles, escultores o herreros.[3] En un pueblo pequeño el τέκτων tenía que ser versátil, capaz de manejar implementos agrícolas y de otros tipos y de trabajar en la construcción y reparación de edificios. Desempeñaba, por tanto, un papel importante en la economía del pueblo, y probablemente también realizaba tareas especializadas en los alrededores. En este contexto, pues, el término no tiene ninguna connotación despectiva.[4] El problema

2. A Jesús se le da el título de "hijo de María" en el Qur'an en reconocimiento explícito de su origen divino. Pero E. Stauffer, en E. E. Ellis y M. Wilcox (ed.), *Neotestamenta et Semitica*, 119-28, propugna un origen polémico para este título en la acusación judía, que posteriormente adquirió una amplia aceptación, de que el nacimiento de Jesús fue ilegítimo, un argumento muy marcado al referirse a él como "hijo de María" y no como "hijo de José". En su opinión, como resultado de esta calumnia, se evitó cuidadosamente usar el título en las demás referencias neotestamentarias, y con el tiempo, una corrección textual hizo que fuera eliminado de este versículo. H. K. McArthur, *NovT* 15 (1973) 38-58, ofrece un estudio exhaustivo de algunas razones posibles por las que un judío debía identificarse por el nombre de su madre, y llega a la conclusión de que esta no es una identificación formal sino una descripción informal —¡Sí!, ese es el hijo de María que vive al final de la calle. Él, pues, rechaza cualquier motivo encubierto como el que sugiere Stauffer.

3. Véase el estudio clásico de C. C. McCown, en S. J. Case (ed.), *Studies in Early Christianity*, 173-89. También P. H. Furfey, *CBQ* 17 (1955) 204-15: "no un carpintero sino un trabajador de la madera en general"; "un oficio altamente calificado".

4. Por otra parte, G. W. Buchanan, *NovT* 7 (1964) 195-209, no le presta la suficiente atención a la insignificancia social de Nazaret cuando propone que Jesús era de un estrato de clase alta, y que "en un tiempo había sido un hombre de negocios, pero más tarde se afilió a una secta y llegó a ser un erudito". Para una valoración más realista del estatus social del τέκτων del pueblo, véase D. E.

radica, más bien, en su informalidad; el τέκτων es (o mejor, era, hasta su visita trascendental a Juan en el Jordán) un símbolo inspirador de normalidad, no el tipo de persona de quien cabe esperar σοφία y δυνάμεις.

La lista de los miembros de la familia de Jesús (véase el comentario sobre 3:31 con respecto a la interpretación literal de ἀδελφός) nos hace pensar en el papel tan exiguo que llegaron a desempeñar la mayoría de ellos en el cristianismo posterior. Los nombres de los cuatro hermanos (al igual que el de Jesús) eran de uso corriente entre los judíos palestinos de aquella época (como también el de Jesús), por esa razón, resulta difícil determinar de quién se trata cuando se hace referencia a ellos. Por lo general se acepta que Ἰάκωβος es el mismo varón que más tarde (como "Jacobo el Justo") llegó a ser un líder de la iglesia en Jerusalén y fue asesinado por orden del sumo sacerdote en el año 62 d.C. (Josefo, *Ant.* 20.200). Algunos creen que este Jacobo también fue el autor de la epístola de Santiago, y que el "hermano del Señor" que escribió la carta de Judas era el mismo Ἰούδας que se menciona aquí, pero los nombres son tan comunes que no puede asegurarse que sea así. Por lo demás, en el NT no se habla claramente de ninguno de ellos en particular, pero las referencias a los hermanos de Jesús en compañía de los discípulos en Hechos 1:14, y a los ἀδελφοὶ τοῦ κυρίου junto con Pablo, Pedro y los demás apóstoles en 1 Corintios 9:5 sugieren que la familia entera finalmente se afilió a la iglesia. Los nietos de Ἰούδας, según parece, todavía eran reconocidos como miembros de la iglesia a finales del siglo I (Eusebio, *H.E.* 3.19-20). Los nombres de las ἀδελφαί nunca se mencionan.[5]

4 Jesús explica la negativa de los lugareños a tomar en serio su misión (ἐσκανδαλίζοντο, v. 3)[6] por medio de una máxima proverbial, que solía aplicarse particularmente a los filósofos en el mundo griego.[7] Además de los paralelismos sinópticos aquí (Mt. 13:57; Lc. 4:24) cf. también Juan 4:44 (donde el dicho aparece, de manera extraña, antes de un relato acerca de la *bienvenida* que se le dio a Jesús en Galilea),[8] y el *Evangelio de Tom*ás. 31, donde se amplía con el comentario (nada obvio) de que ningún médico cura a los que lo conocen. En Marcos, sin embargo, el dicho aparece en forma más completa y más enfática, señalando que el rechazo no fue solo en la πατρίς (como se lee en la mayoría de las versiones) y en su propia οἰκία (como dice en Mateo),

---

Oakman, *Jesus*, 176-82.

5. Véase el comentario sobre 3:20 con respecto a la sugerencia que hace P. R. Kirk de que la mención de que las hermanas están ὧδε πρὸς ἡμᾶς tiene por objeto diferenciarlas del resto de los familiares, que se habían mudado a Capernaúm para vivir con Jesús, mientras que las hermanas, desposadas con hombres de la localidad, se quedaron en Nazaret.

6. G. Stählin, *TDNT*, 7.350, alega que el verbo expresa una "grave ofensa religiosa", y en este contexto indica no solo desconocimiento de Jesús, sino también negación y rechazo.

7. Se han mencionado a menudo algunos paralelismos tomados de la literatura pagana; para una colección adecuada, véase W. D. Davies y D. C. Allison, *Matthew*, 2.459-60.

8. Este hecho hizo que R. L. Sturch, *JTS* 28 (1977) 94-96, llegara a la conclusión de que el dicho se había originado en una comparación con la cálida acogida que se le había dispensado a Jesús en Samaria (a la cual, por supuesto, Marcos no hace ninguna referencia).

sino también entre sus συγγενεῖς, una adición que evoca la triste experiencia de 3:20-21, 31-35.[9] El uso específico del sustantivo προφήτης en el dicho (en todas las versiones cristianas) no indica necesariamente que sea algo más que un proverbio; el rechazo de los profetas por parte de su propio pueblo es un tema frecuente en el AT. Pero pronto descubriremos que la gente ya hablaba de Jesús (y de Juan el Bautista antes que él) como de un profeta (6:14-15; 8:28; 11:32), y, al parecer, Jesús no se oponía a esa designación, aunque finalmente demostrará que no era más que una parte de toda la verdad (8:27-30).

5   Existe una encantadora ironía en la yuxtaposición de las dos cláusulas de este versículo: para la mayoría de las personas la curación de unos cuantos inválidos por medio de la imposición de manos difícilmente constituiría οὐδεμία δύναμις. La afirmación matena de que οὐκ ἐποίησεν ἐκεῖ δυνάμεις πολλάς elude la paradoja, pero también pierde la intensidad del lenguaje de Marcos. Ambos evangelistas atribuyen la "escasa" actividad milagrosa de Jesús a la ἀπιστία del pueblo de Nazaret, pero la expresión marcana οὐκ ἐδύνατο es más osada, porque sugiere que incluso la ἐξουσία es limitada. Marcos hace hincapié con frecuencia en la importancia de la πίστις en la sanación y otros contextos milagrosos (2:5; 4:40; 5:34, 36; 9:23-24; 10:52; 11:22-24), por tanto, no es sorprendente que el efecto contrario se le atribuya a la ἀπιστία, pero la afirmación de que Jesús *no pudo* hacer milagros resulta cristológicamente chocante, y no se ve muy atenuada con la mención de los ὀλίγοι ἄρρωστοι que fueron la excepción a la regla[10] En cuanto a la expresión ἐπιθεὶς τὰς χεῖρας, véase el comentario sobre 5:23.

6   La mención del asombro de Jesús (solo aquí en Marcos; el verbo se relaciona más normalmente con las multitudes) subraya aún más el aspecto "humano" del retrato de Jesús que presenta Marcos. Y también pone de relieve el contraste entre la acogida que Jesús recibió en Nazaret y la popularidad general de la que gozaba en las ciudades junto al lago. La mención inmediata de su enseñanza en otras aldeas vecinas (el adverbio κύκλῳ indica que en vez de regresar al lago, Jesús se había quedado en aquella región montañosa alrededor de Nazaret) sugiere que no permaneció mucho tiempo en Nazaret, sino que siguió el principio que está próximo a enunciar en el v. 11. La afirmación concreta de que Jesús estaba διδάσκων es típica de los resúmenes de Marcos (1:21-22; 2:13; 4:1-2, etc.); no debe considerarse exclusiva (la enseñanza *y no* el hacimiento de milagros), porque no hay ningún indicio de que las demás aldeas manifestaran la misma actitud hostil de Nazaret, y la afirmación similar en 1:21-22 conduce directamente a un hecho milagroso (a la que insólitamente se hace referencia como una διδαχή).

---

9. Véase S. C. Barton, *Discipleship*, 90-91.

10. En cuanto al efecto combinado de las dos cláusulas del v. 5, véase C. D. Marshall, *Faith*, 193-94.

EXTENSIÓN DE LA MISIÓN DE JESÚS POR PARTE DE LOS DISCÍPULOS (6:7-30)

Cuando Jesús llamó a unos cuantos pescadores y los hizo sus primeros discípulos (1:16-20), les prometió que muy pronto comenzarían a pescar personas. Eligió después a los doce "para que estuviesen con él, y para enviarlos a predicar..." (3:14-15). La primera parte de esta descripción de trabajo ("estar con él") ha tenido un cumplimiento muy amplio en la historia desde entonces; dondequiera que ha ido Jesús, los discípulos (o al menos algunos de ellos, 5:37) lo han acompañado, el autor señala su presencia aun cuando no desempeñen ningún papel en los acontecimientos que se narran (como ocurre en 6:1). Incluso antes de 3:14-15 se hizo mención regularmente de la presencia de los discípulos con Jesús (1:21, 29, 36; 2:15, 18, 23; 3:7, 9). Pero en todo este tiempo solo han sido acompañantes y espectadores —y a veces oyentes privados privilegiados— pero nunca colaboradores en su misión. Han ofrecido ayuda práctica (3:9; 4:35-36), y sus comentarios y preguntas han proporcionado en repetidas ocasiones el tema en torno al cual han girado algunas de las enseñanzas y acciones de Jesús (1:36-37; 3:32; 4:10, 38; 5:31). Sin embargo, todavía no han sido "enviados" como pescadores de hombres; hasta ahora solo han sido figurantes, pero no actores, en la proclamación del reino de Dios.

Este segundo aspecto de la descripción del trabajo de los discípulos es el tema principal de la próxima sección de la historia. En 6:7-13 son enviados, y en 6:30 le informan a Jesús sobre lo que han hecho. Sin embargo, la mayor parte de esta sección no tiene nada que ver con los discípulos. La actividad que ellos llevan a cabo realza el perfil público de Jesús, y Marcos aprovecha la oportunidad para describir la reacción del pueblo ante su misión, y en particular, la de Herodes Antipas; esta, a su vez, lo lleva a hacer una digresión acerca de Antipas y Juan el Bautista, que aparentemente nos aleja de la misión de los discípulos, hasta que el tema reaparezca súbitamente en 6:30, y con ello ubica la descripción vívida de la muerte de Juan dentro del marco de la misión. Esto no es más que una "intercalación" o "interpolación" típica de Marcos.[11] Lo que resulta difícil de entender es qué se pretende lograr con esto en la estructura de la narración. ¿Se trata simplemente de una breve narración fácil de recordar que se insertó para añadirle interés a la historia y para "rellenar" convenientemente el espacio entre el envío de los discípulos y su regreso?[12]

---

11. Véanse los comentarios en las págs. 18-20. Para un análisis literario interesante del papel de esta intercalación en particular (o, en sus propias palabras, "analepsis heterodiegética"), véase F. Kermode, *Genesis*, 128-31.

12. E. Best, *Following*, 192, sugiere que Marcos usó la perícopa sobre Antipas para rellenar este espacio específico mientras los discípulos estaban lejos de Jesús, y mantener así la "política" de no presentar nunca a Jesús realizando su obra separado de sus discípulos (después de 3:15), puesto que en esta perícopa (a diferencia de cualquier otra en el Evangelio después de 1:9) no aparecen ni Jesús ni sus discípulos.

¿Existe alguna posibilidad de que este espantoso episodio arroje luz sobre la situación en desarrollo del ministerio de Jesús, y específicamente, sobre la misión de sus discípulos?

El ministerio de Jesús comenzó en consonancia con el de Juan (1:2-11), y en el contexto del cese forzoso del ministerio de este debido a su encarcelamiento (1:14). Ese encarcelamiento, al que apenas se alude en 1:14, y las trágicas consecuencias que tuvo, se explican ahora. Y al responsable del mismo, es de suponer, Jesús no le resultaba más simpático que Juan; de hecho, en 3:6 ya vimos que sus partidarios se confabularon con los fariseos para planear la muerte de Jesús, y en 12:12-13 volveremos a encontrarlos desempeñando un papel similar. Las enigmáticas palabras de Jesús acerca de la "levadura de los fariseos y de Herodes" en 8:15 presupone la misma coalición contra él. Aunque Herodes Antipas no participará de la muerte de Jesús, que tendrá lugar en Jerusalén, lejos de su jurisdicción oficial, no carece ciertamente de importancia que los lectores de Marcos sepan que el gobernante del área de la misión pública de Jesús engrosa las filas de la oposición. Su injustificada ejecución del predecesor y socio de Jesús (véanse los comentario sobre 11:27-33 en cuanto a la relación) es una señal de lo que la misión del reino de Dios puede esperar de los reinos de este mundo, y en 9:12-13 Jesús explicará con más claridad que lo que "ellos" (aunque impersonal, no cabe duda de que se refiere a Antipas) hicieron con "Elías" (véase el comentario sobre 1:6) inevitablemente lo harán también con el "Hijo del Hombre".

Ese es el clima en el que los discípulos deben llevar a cabo su misión, y esa idea se ve reforzada por la semejanza entre su proclamación en 6:12 y la de Juan en 1:4. La posibilidad de una recepción hostil ya quedó demostrada en Nazaret (6:1-6), y se prevé además en el v. 11. Existe un conflicto básico de intereses, e incluso de ideologías, entre el reino de Dios y las normas de la sociedad humana. El embajador del reino de Dios está llamado no solo a cumplir una misión de restauración y liberación, sino también a enfrentarse a un conflicto del que el destino de Juan constituye un ejemplo extremo.

La misión de los doce (6:7-13, 30)

Tras haber comprendido la estructura de Marcos para la sección en general, podemos analizar convenientemente las dos partes de la intercalación como una unidad. A la luz del enorme interés que ha mostrado hasta ahora el Evangelio de Marcos por los discípulos y su función, el relato acerca de su misión es sorprendentemente breve, sobre todo si se coteja con Mateo 10, donde a un relato semejante se le agregan muchos otros detalles relacionados con la misión y la persecución para formar la segunda sección principal de los discursos de Mateo, y con los dos relatos de Lucas acerca de la actividad misionera, de los cuales, el de 9:1-6 guarda cierto paralelismo con la presente perícopa en lo que respecta al contenido y al contexto narrativo, y el de 10:1-

12 describe otra misión, aunque similar, de setenta (y dos) discípulos. En realidad, este es el único lugar en la historia de Marcos donde vemos a los doce realizando una labor lejos de Jesús (salvo durante su ausencia temporal en 6:45-52 y, para algunos de ellos, en 9:14-29). Pero es posible que en vista de la importancia que se le asigna en 3:14 al "hecho de enviar", debamos considerar que esta perícopa es típica de una misión que se repite y no que se refiere a una ocasión excepcional. (El uso de ἤρξατο en el v. 7, y los verbos en imperfecto que le siguen [ἐδίδου, παρήγγειλεν], podrían apoyar esa teoría, aunque véase el comentario sobre el v. 2 en cuanto al frecuente uso de Marcos del verbo ἄρχομαι como un elemento de transición en la narración.

La descripción del encargo misionero de Jesús en los vv. 7-11 resulta muy llamativa por cuanto la única función específica que se les atribuye a los doce es ἐξουσίαν τῶν πνευμάτων τῶν ἀκαθάρτων. El encargo se centra en la manera de llevar a cabo la misión y no en el contenido de la misma. En la narración que sigue en los vv. 12-13 es que podemos descubrir que la misión que debían realizar incluía también la predicación (tal como 3:14 nos hizo suponer); e incluso allí la predicación no es más que una actividad que acompaña a otras dos, a saber, el exorcismo y la sanidad (esta última tampoco se menciona en el encargo). El versículo 30 confirmará que no se trata simplemente de una misión de enseñanza, tal como se pone de relieve en el informe que le presentan a Jesús sobre ὅσα ἐποίησαν καὶ ὅσα ἐδίδαξαν. Del mismo modo que Jesús se ha dado a conocer no solo como sanador y exorcista sino también como predicador, así también han de hacerlo sus discípulos.

Las instrucciones que aparecen en los vv. 8-11 giran en torno a la provisión material para el viaje, es decir, en lo que deben llevar consigo y lo que no deben llevar (vv. 8-9) y en la hospitalidad que deben esperar a cambio (vv. 10-11). Lo que se busca con esto es que su equipaje sea ligero y tengan facilidad para desplazarse. En contraste con la base relativamente estable que Jesús, al parecer, había establecido para su propio ministerio en Capernaúm (que en la práctica resultó ser una base desde la cual partían para visitar las zonas vecinas), ellos deben mantenerse en constante movimiento, y cumplir así, en calidad de representantes, la determinación de Jesús de predicar en todas las poblaciones de Galilea (1:38-39). Mientras tanto, Jesús aparentemente se queda en el "cuartel general", presumiblemente ahora de nuevo en Capernaúm después de la visita a la región montañosa en los vv. 1-6, puesto que cuando los doce regresan para darle su informe, tal como se lee en el v. 30, él se los lleva inmediatamente en una barca al otro lado del lago.

7   Los enviados, al igual que en Mateo 10:1; Lucas 9:1, son οἱ δώδεκα, un término que, según vimos ya, es funcionalmente equivalente en Marcos a οἱ μαθηταί (véanse los comentarios sobre 3:13-19). Marcos no nos habla de un grupo más amplio de μαθηταί del que pudieran provenir los setenta (y dos) misioneros de Lucas 10:1 (donde se hace referencia a ellos como ἕτεροι y, por ende, cabe suponer que no formaban parte de los doce). Para Marcos, al parecer, el grupo de misioneros disponibles es solo el de los doce. A su regreso, en el v.

30, se les describe, únicamente en Marcos, como οἱ ἀπόστολοι; el sustantivo refleja el verbo ἀποστέλλω aquí y en 3:14, y se usa en su sentido más etimológico de "los que son enviados". No hay nada en Marcos (presuponiendo que el título no sea parte del texto original en 3:14) que sugiera que el término ἀπόστολος designe un oficio, ni siquiera a un miembro de un grupo establecido, aunque en la práctica, los ἀπόστολοι son, de hecho, οἱ δώδεκα. Su uso en el v. 30 denota su función como misioneros, una función que ellos cumplen solo aquí en la narración de Marcos, aunque en 3:14 aparece como su función más habitual. La costumbre de enviarlos de dos en dos[13] (que Lucas destaca con referencia a los setenta (y dos) y no a los doce) se repetirá en las "misiones" especiales de los discípulos para encargarse de disposiciones prácticas en 11:1; 14:13 (cf. también Lc. 7:19; Hch. 9:38; 10:7). Esta política sensata que proporciona apoyo y compañerismo mutuo, también la siguió la iglesia apostólica (Hch. 8:14; 11:30; 13:1-2; 15:39-40, etc.) y ha sido ampliamente adoptada desde entonces. J. Jeremias[14] ha reunido varios ejemplos de la literatura rabínica sobre tareas similares que se les asignaron a pares de discípulos, aunque no existe ningún precedente concreto en el AT (en Ec. 4:9-12 se expone su base pragmática); no obstante, sugiere que el requisito veterotestamentario de al menos dos testigos para confirmar cualquier testimonio jurídico (Dt. 17:6 etc.) insinuaba que eran necesarios dos mensajeros para que uno apoyara el mensaje del otro.

La ἐξουσία τῶν πνευμάτων τῶν ἀκαθάρτων, que fue prevista en 3:15 como parte del propósito de su misión, pero que hasta este momento no han tenido la oportunidad de usar, se les confiere ahora de manera real (y pondrá de manifiesto su eficacia, v. 13), aunque en 9:18, 28-29 se nos recordará que el "éxito" no está garantizado. Jesús ha de compartir ahora con los que han estado μετ' αὐτοῦ (3:14-15) lo que hasta aquí ha constituido un signo distintivo de su ἐξουσία (1:27; 3:11).

8 Las cosas que no deben llevar consigo en el viaje, ἄρτος, πήρα (¿para guardar alimentos?)[15] e incluso χαλκός, son, al parecer, muy fundamentales. La idea que se desea transmitir aquí, presumiblemente, no es que no tendrán necesidad de comer, sino que la comida y cualquier otra cosa para la que el dinero les habría resultado indispensable, les será proporcionada en virtud de la

---

13. En cuanto al uso de la expresión idiomática δύο δύο en sentido distributivo (cuando el griego emplea normalmente κατὰ δύο o ἀνὰ δύο), cf. vv. 39, 40. La misma expresión aparece en Gn. 7:9 en la versión hebrea y en la LXX Cf. BDF 248(1).

14. J. Jeremias en A. J. B. Higgins (ed.), *NT Essays*, 136-43. Jeremias también ubica en la iglesia apostólica el uso frecuente del principio de "paarweise".

15. La πήρα, la alforja de un mendigo, era una característica distintiva de los predicadores cínicos itinerantes (véase BAGD, 656b). A pesar de los esfuerzos que se han hecho en los últimos años por caracterizar a Jesús y a sus discípulos como cínicos (especialmente por parte de F. G. Downing, *Cynics*), no hay ninguna certeza de que los cínicos fueran figuras conocidas en la Galilea del primer siglo. (Para una visión general de los últimos análisis, véase R. F. Hock, *ABD*, 1.1221-26.) Cualquier relación entre esta perícopa y las características conocidas de los cínicos es más probable que sea el resultado de un concepto similar de misión que una imitación deliberada o la adopción de una imagen pública reconocida; la πήρα, de todos modos, aquí está prohibida.

hospitalidad que, según el v. 10,[16] se espera que ellos reciban. No obstante, de entre las cosas que se les prohíbe que lleven, se exceptúa un ῥάβδος porque, según cabe suponer, hacer un viaje sin un báculo era algo impensable (cf. Ex. 12:11).

Sin embargo, no fue impensable ni para Mateo ni para Lucas, los cuales incluyen el ῥάβδος entre los artículos *prohibidos*. Esta discrepancia es tan clara y simple que se ha convertido en caso experimental en los análisis acerca de la armonización detallada de los Evangelios;[17] de hecho, el término es más importante por sí mismo que por su significado exegético, porque la presencia o la ausencia de este único artículo no cambia prácticamente el sentido de estos versículos en cuanto al deber de evitar la carga desmesurada de cosas materiales. Un método aparentemente prometedor para lograr la armonización consiste en observar los distintos verbos que se usan: Marcos permite *llevar* (αἴρω) un báculo, mientras que Mateo prohíbe *adquirir* (κτάομαι) uno —es decir, tal vez conseguir uno nuevo en lugar de llevar el que se supone que el discípulo ya tiene. Desafortunadamente, empero, Lucas prohíbe *llevar* (αἴρω) un báculo; y de todas formas el uso de κτάομαι en vez de αἴρω en Mateo incluye la lista completa de artículos prohibidos incluyendo el dinero y la πήρα, no solo el báculo. Podrían conjeturarse varias razones para la diferencia, ya sea en función del contexto de la redacción (contextos sociológicos diferentes para los Evangelios o distintas extensiones de la misión prevista) o derivadas del proceso de tradición (incluyendo la posibilidad de una fuente común aparte de Marcos para Mateo y Lucas —una "superposición con Marcos-Q"), aunque la discrepancia acerca del báculo sigue sin resolverse.

9 A medida que avanza la lista de instrucciones la sintaxis se torna cada vez más irregular. La orden indirecta en tercera persona del v. 8 (con el uso de la conjunción ἵνα) con su amplia serie de objetos, va seguida de dos cláusulas coordinadas (introducidas respectivamente por ἀλλά y καί). En la primera de dichas cláusulas, un participio hace las veces de verbo principal mientras que el verbo en subjuntivo de la otra (presumiblemente regido aún por ἵνα, aunque también podría tratarse de un cambio al discurso directo) aparece en segunda persona. El estilo es poco literario pero bastante inteligible como un discurso indirecto coloquial.

Las σανδάλια plantean un problema similar (aunque no idéntico) al del ῥάβδος; Marcos las permite, pero no así Mateo ni Lucas (en 10:4, no en 9:3). Sin embargo, el sustantivo que emplean Mateo y Lucas es ὑποδήματα, por tanto, podría argumentarse que se trata de dos tipos diferentes de calzado; los ὑποδήματα están permitidos, pero las σανδάλια no. Esta conveniente sugerencia, sin embargo, se ve debilitada por el hecho de que Marcos no solo

---

16. Hay un paralelismo esclarecedor en Josefo, *Gue*rras 2.124-27, en el que Josefo describe la hospitalidad de los esenios hacia los viajeros que pertenecían a su propia secta; podían estar tan seguros de la hospitalidad que les ofrecían a personas totalmente desconocidas, que no necesitaban llevar nada consigo salvo algunas armas para protegerse de los bandidos.

17. Véase B. Ahern, *CBQ* 5 (1943) 332-37, para algunas armonizaciones propuestas.

emplea el sustantivo σανδάλια sino también el participio ὑποδεδέμενοι, y además, porque el uso de ambos sustantivos no parece justificar que exista una diferencia clara entre ellos: no se conoce ningún tipo de calzado, aparte de las sandalias, que los hombres galileos usaran habitualmente, por tanto, los dos sustantivos son en realidad sinónimos. Las sandalias, al igual que el báculo, son artículos esenciales cuando se viaja a pie (cf. de nuevo Ex. 12:11);[18] es posible que lo que se prohíba en Mateo y en Lucas sea llevar un par de repuesto (mientras que lo que se permite en Marcos sea específicamente *llevar puestas* las sandalias), pero esa sin duda no es la interpretación natural del texto, sobre todo en Lucas 10:4. En cuanto a la χιτών, sin embargo, los tres evangelistas coinciden en que lo que se prohíbe es que lleven *dos* χιτῶνες — deben llevar una puesta, pero no necesitan ninguna otra protección contra el frío (el verbo ἐνδύσησθε sugiere esta idea y no la de llevar una muda de ropa para cambiarse).[19]

El maestro religioso que viaja con un báculo, sandalias y una sola χιτών pero sin mochila ni provisiones para el camino halla cabida en una cadena inconfundible que se extiende desde Elías y Juan el Bautista hasta los frailes mendicantes de la Edad Media y varias órdenes religiosas actuales. Fuera de la tradición judeo-cristiana, el predicador cínico cumplía una función parecida (véase la nota sobre la πήρα, v. 8). La intención de Jesús al enviarlos de esta manera, más que fomentar el ascetismo como tal (ellos, a fin de cuentas, debían esperar y aceptar la hospitalidad que se les brindara),[20] era subrayar que la lealtad al reino de Dios no deja margen para un apego anterior a la seguridad que ofrecen los bienes materiales.

10-11 En la sociedad del Oriente Medio no es nada extraño esperar que se les brinde hospitalidad a los maestros visitantes; es más, debían darlo por hecho. Se prevé, al parecer, una estadía razonablemente prolongada.[21] Lo que sí resulta sorprendente es la clara expectativa de que habrá algunos τόποι (¿no solo familias individuales sino comunidades enteras?) en los que ni ellos ni su mensaje serán bienvenidos. En Nazaret incluso, Jesús y sus discípulos fueron inicialmente bien acogidos, hasta el punto de recibir una invitación a enseñar

---

18. *M. Ber*. 9:5 prohíbe que el que visita el monte del templo lleve consigo "su báculo, sus sandalias y su cartera". Estos artículos constituyen obviamente el equipo normal de un viajero. La sugerencia de T. W. Manson, *Sayings* 181, de que la prohibición de estos artículos en la misión de los discípulos tiene por objeto caracterizar su misión como un "proyecto sagrado" resulta totalmente innecesaria incluso para Mateo y para Lucas; y de todas formas, no podría aplicarse a Marcos, donde sí se permiten el báculo y las sandalias.

19. Véase Josefo, *Ant*. 17.136, con respecto a la posibilidad de llevar puestas dos túnicas a la vez, y véase además el comentario más adelante sobre 14:63.

20. Schweizer, 130, dice que el lector de Marcos "no debe considerar fanáticamente el ascetismo como algo valioso por sí mismo... No debemos ser tan fanáticos y pensar que solo está permitido usar nuestra fe en lo milagroso para defendernos de las fieras y las serpientes, y no usar un palo o un zapato".

21. El peligro que se prevé en *Did*. 11-12 de que los profetas y los maestros itinerantes abusen de la hospitalidad, al parecer, todavía no se ha planteado.

en la sinagoga. Pero la incredulidad posterior que se puso de manifiesto allí es probable que se repita en otros lugares, y en ese caso los discípulos deben estar preparados para hacer lo que hizo Jesús en Nazaret, a saber, seguir adelante y concentrar su ministerio en los lugares donde serían bien recibidos. (Cf. Lc. 9:51-55 para otro ejemplo de la actuación del propio Jesús en consonancia con este principio).

En cuanto a ἐκτινάσσω τὸν χοῦν como un gesto de desvinculación, cf. Hechos 13:51 (compárese con Hch. 18:6). El gesto se describe más detalladamente en Lucas 10:10-11. Los rabinos sacudían el polvo de sus pies cuando abandonaban un territorio gentil para no cargar con su contaminación.[22] Ese gesto era εἰς μαρτύριον αὐτοῖς, una frase que pudiera sugerir que la acción tenía por objeto producir en ellos un cambio de mente, pero que suele conllevar el matiz negativo de un "testigo *en contra*" (véase el comentario sobre 1:44), un testigo de cargo (esta implicación se pone de relieve explícitamente en Hch. 18:6). Una comunidad "catalogada" de esta manera como impenitente (v. 12) será sometida a juicio (obsérvese que a este gesto en Lc. 10:10-11 le sigue inmediatamente la sentencia de condenación sobre las ciudades que no se habían arrepentido, vv. 12-16).

12 Aunque no se incluye explícitamente en el encargo de Jesús en el v. 7, la proclamación (κηρύσσω) es un elemento esencial en la misión que deben llevar a cabo los discípulos (3:14), al igual que lo es en el ministerio del propio Jesús (1:14, 38-39). El brevísimo relato de Marcos acerca del contenido de esa proclamación, ἵνα μετανοῶσιν, es un reflejo de 1:15, pero hace hincapié en la respuesta que se espera y no en el reino de Dios que sí ocupaba el lugar central del mensaje de Jesús. Sintetizado de esta manera tan breve, el mensaje de ellos parece una simple continuación de la proclamación de Juan (1:4), y es probable que los que lo oyeron lo hayan entendido así. Esta repetición refuerza más las reacciones señaladas en 6:14-16, y la inclusión de un relato del destino final de Juan en medio de la narración sobre la misión de los discípulos.

13 Al igual que en 1:32-34 se hace una clara distinción entre el exorcismo y la sanación. Lo único que se menciona específicamente en el encargo en el v. 7 es el exorcismo, pero el ministerio triple de predicación, exorcismo y sanación que Jesús ya ha estado llevando a cabo se extiende ahora adecuadamente a los discípulos. Este es el único pasaje de los Evangelios en el que se menciona la unción con aceite (de oliva) junto con la sanación (y en otros lugares del NT, solo en Stg. 5:14); no se dice nunca que Jesús haya ungido a alguna persona. El aceite se usaba con fines medicinales en los tiempos del AT (Is. 1:6; Jer. 8:22; 51:8) así como en otras sociedades antiguas, y la acción del samaritano al derramar aceite y vino sobre las heridas del viajero en la parábola de Jesús (Lc. 10:34) era probablemente una práctica habitual. Cabe suponer, por tanto, que el uso del aceite por parte de los discípulos no fuera más que una medida pragmática y médica (que Jesús tal vez no tenía necesidad

---

22. Con respecto a la impureza de la tierra gentil cf. *m. 'Ohol. 2:3*; *m. Ṭoh. 4:5*.

de emplear en virtud de su poder más directo). Pero el aceite también se utilizaba con un sentido más alegórico, a veces para expresar alegría u honor (p. ej., Sal. 45:7; Is. 61:3) o para simbolizar la bendición de Dios, como en el caso en que un leproso curado era reinsertado en la sociedad (Lv. 14:15-18); la unción de los sacerdotes y reyes simbolizaba su llamamiento divino. Por tanto, la unción de los enfermos, tanto aquí como en Santiago 5:14, es probable que represente el cuidado de Dios y la restauración del paciente pero que también indique que el propio aceite había contribuido físicamente a la sanación. Marcos no deja entrever que la unción estuviera relacionada con algunos tipos específicos de enfermedades. Sus palabras sugieren una aplicación más general en casos de sanidad física, pero separa claramente el uso del aceite de la práctica del exorcismo.

En cuanto al término οἱ ἀπόστολοι, véase el comentario sobre el v. 7. De conformidad con lo que constituye la idea central en el encargo de Jesús, los discípulos le informan a Jesús en primer lugar sobre ὅσα ἐποίησαν y solo en segundo lugar sobre on ὅσα ἐδίδαξαν. El cambio del verbo κηρύσσω en el v. 12 por διδάσκω aquí nos advierte que no debemos establecer una distinción demasiado clara entre los dos verbos; ambos se refieren a la comunicación verbal del mensaje de Dios.

La reacción de Antipas (6:14-16)

NOTA TEXTUAL

14. El desarrollo de la perícopa resulta incómodo tanto si leemos ἔλεγεν (con referencia a Antipas, cuya convicción en este respecto volvería entonces a mencionarse en el v. 16) o ἔλεγον (haciendo de esta la primera de tres declaraciones de lo que la gente piensa, seguida de ἄλλοι δέ... ἄλλοι δὲ..., pero sin ningún sujeto expreso para el primer ἔλεγον). Esta posibilidad ofrece una secuencia bastante más coherente, presuponiendo que la oración se interrumpe después de Ἡρῴδης por medio de una encuesta de opinión pública (análoga a la de 8:28) que concluye en el v. 16 con el apoyo de Antipas a la primera opción; el cambio por ἔλεγεν (que cuenta con un respaldo muy amplio) sería una "corrección" natural por parte de un copista que no reconoció la interrupción en la oración y por ende, asimiló el verbo al ἤκουσεν anterior.

La misión de Jesús, ampliada en estos momentos a través de sus discípulos, sigue provocando comentarios y conjeturas, y ahora incluso Herodes Antipas incluso ha oído hablar él y saca sus propias conclusiones. Esta (con su continuación en los vv. 17-29) es la primera y única vez que aparece Antipas en persona en la historia de Marcos, aunque su "partido", los Ἡρῳδιανοί, ya fue mencionado en 3:6 (cf. 12:13). Más adelante, en 8:15, Jesús volverá a hacer una breve referencia a Herodes. En su condición de gobernador de Galilea y Perea a lo largo del período de los ministerios de Juan y de Jesús (en Perea y Galilea respectivamente), tenía motivos para preocuparse por cualquier movimiento religioso nuevo que pudiera fomentar un levantamiento popular. El enorme entusiasmo de la gente por la predicación de Juan y de Jesús, y las noticias acerca del lenguaje políticamente sensible de este último con respecto a la llegada de un "reino de Dios", no podían dejar de despertar sus sospechas. El relato de Josefo sobre la ejecución de Juan (*Ant.* 18.116-19) se basa explícitamente en el potencial de este como líder de una sedición (μὴ ἐπὶ στάσει τινὶ φέροι) en virtud del carácter persuasivo de su predicación. A un hombre tan preocupado no le resultaba extraño que un exitoso predicador de "avivamiento" se pareciera tanto a otro, sobre todo si estaba al tanto del vínculo original de Jesús con Juan antes del encarcelamiento de este.

Esta breve perícopa no solo nos da a conocer las preocupaciones de Antipas, sino que también nos ofrece una información muy interesante acerca de lo que, en opinión de Marcos, era la respuesta popular a Jesús fuera del círculo de los discípulos. Todas las opciones que se mencionan caen dentro de la categoría de "profeta", lo cual respalda el uso que hace Jesús de ese término en el v. 4. Aparentemente, esa era la categoría natural que había que analizar cuando se evaluaba a un maestro religioso con una ἐξουσία manifiesta y una propensión a hacer milagros semejantes a los de Elías y Eliseo. El mismo abanico de opiniones aparecerá en 8:28, donde es el propio Jesús el que suscita la cuestión acerca de su imagen pública. Pero el hecho de identificarlo con Juan el Bautista, por adecuado que sea, plantea un problema puesto que Juan está muerto, y por ende, pone bajo la lupa el concepto de que haya "resucitado de los muertos" en la persona de Jesús.[23] Es una idea tan plausible que el propio Antipas se ve obligado a tomarla en serio.[24]

14 Véase la nota textual con respecto a la estructura de la oración: las cinco palabras iniciales introducen el tema de la perícopa, mientras que desde φανερὸν γάρ hasta el final del v. 15, Marcos nos informa entre paréntesis cuál es la opinión popular acerca de Jesús (el sujeto tácito del primer ἔλεγον es el pueblo en general).[25] La descripción de Antipas como βασιλεύς (compárese con el término ὁ τετραάρχης de Mateo y de Lucas) no es técnicamente correcta por cuanto Augusto se negó explícitamente a conferirle este título del que sí había gozado su padre, por tanto, siguió siendo un tetrarca hasta que fue depuesto en el año 39 d.C. (y es así como siempre lo describe Lucas). Sin embargo, a esas sutilezas constitucionales tal vez no se le concedían mucha importancia en Galilea, donde Antipas ejercía sus funciones y era reconocido,

---

23. Véase el comentario sobre 5:40-42 con respecto a la creencia rabínica posterior en la resurrección de los muertos.

24. Tan en serio la tomó también Enoch Powell que basó en esta perícopa su teoría de que en realidad fue Juan el Bautista, y no Jesús, el que resucitó de los muertos, y que las narraciones evangélicas acerca del ministerio de Jesús proceden de relatos del ministerio del Juan resucitado que posteriormente la iglesia primitiva aplicó a Jesús.

25. En cuanto a los innumerables "verbos impersonales" en Marcos, véanse Taylor, 47-48; E. J. Pryke, *Style*, 107-15.

a todos los efectos, como "rey"; fue precisamente la activa campaña que desplegó para lograr ese título la que lo condujo finalmente a su destitución y exilio. El propio Mateo, que menciona correctamente el título de Antipas en 14:1, lo llama βασιλεύς en 14:9. Marcos siempre lo llama βασιλεύς. Aunque Marcos no nos dice explícitamente qué fue lo que Antipas "oyó" (Mateo añade τὴν ἀκοὴν Ἰησοῦ), la perícopa entera gira en torno a la reputación de *Jesús* y no a la de sus discípulos, por tanto, su ubicación dentro del relato de la misión de los *discípulos* parece bastante artificial.[26] Aun cuando haya sido esa misión la que desencadenó la problemática, el centro de los comentarios populares, y por tanto, de la preocupación de Herodes, era el ὄνομα personal de Jesús y su δυνάμεις.

En cuanto al título Ἰωάννης ὁ βαπτίζων, véase el comentario sobre 1:4. El concepto del retorno de un hombre prominente después de la muerte se reflejó más adelante en la leyenda de *Nero redidivus* (véase *ABD*, 4.1080), aunque no resulta fácil entender cómo podía pensarse que Juan hubiera "resucitado" en la persona de alguien que ya era conocido y estaba activo antes que Juan muriera. Marcos, por supuesto, no dice cuándo fue ejecutado Juan, y puesto que tampoco menciona que estuviera vivo durante el ministerio público de Jesús (contrástese con Mt. 11:2-6/Lc. 7:18-23), cabe pensar que él consideraba que toda la actividad pública de Jesús había tenido lugar después de la muerte de Juan (y que posiblemente pretendiera incluir en el verbo παραδοθῆναι de 1:14 la muerte y el encarcelamiento).[27] Pero Mateo y Lucas también presentan la misma identificación de Jesús como el Juan resucitado, y en sus Evangelios Jesús ciertamente estaba activo cuando Juan aún vivía. Por tanto, el hecho de afirmar que Jesús era el "Juan resucitado" no debe interpretarse como la exposición de una "doctrina" bien meditada de la resurrección (y mucho menos si implicaba cualquier idea acerca de la reencarnación), sino más bien como una manera bastante torpe aunque vívida de expresar un sentido de continuidad como el que se transmite mejor en la imaginería de la transferencia del "espíritu de Elías" a su compañero Eliseo (2Re. 2:15). La expresión ἐνεργοῦσιν αἱ δυνάμεις ἐν αὐτῷ (y no, p. ej., αἱ δυνάμεις διὰ τῶν χειρῶν αὐτοῦ γίνονται; cf. v. 2) depende de una interpretación de δυνάμεις no como "actos de poder", sino como "poderes milagrosos" a los que inusualmente se alude, de un modo casi personificado, como fuerzas activas. Sin embargo, el contexto no sugiere que el término δυνάμεις deba entenderse en el sentido paulino de seres casi angélicos (Ro. 8:38; Ef. 1:21; cf. 1Pe. 3:22), sino más bien como poder de Dios, y aparece en plural tal vez para reconocer la diversidad y el rango de los actos de poder de Jesús. Esa es la actividad que cabía esperar de alguien que milagrosamente

---

26. Hoehner, *Herod*, 192-97, alega que esta perícopa pertenece a un período anterior en el ministerio de Jesús.

27. Algunos comentaristas conjeturan que aunque el propio Marcos es consciente de la superposición entre Juan y Jesús, presenta a la multitud como si desconociera el ministerio anterior de Jesús o cualquier relación entre ambos; véase sobre todo O. Cullmann, *Christology*, 31-34.

se había levantado de los muertos, aun cuando a Juan nunca se le hubiera reconocido como hacedor de milagros durante su vida.

15 Juan ya había sido descrito con un lenguaje que evocaba a Elías (1:6), y la relación entre ambos se verá reforzada en 9:11-13, aunque Marcos no incluye, como sí ocurre en Mateo 11:14, la declaración explícita de que Juan *es* Elías. Si para algunos, Jesús era otro Juan, entonces, no es extraño que también se le considere otro Elías. La expectativa de un regreso escatológico de Elías, en razón de las palabras que aparecen en Malaquías 3:23-24 (VE 4:5-6), cuenta con un apoyo muy fuerte y está detrás del relato de la aparición de Elías con Moisés en 9:4 (véanse los comentarios allí y sobre 9:11). La expresión προφήτης ὡς εἷς τῶν προφητῶν tal como aparece alude simplemente a alguien que se ajusta a la categoría profética, pero el hecho de que las dos identificaciones anteriores impliquen una resurrección o un regreso a la vida podría sugerir tal vez que la tercera opción también prevé el "regreso" de otro de los profetas veterotestamentarios (cf. Mt. 16:14, donde a Jesús se le identifica además con Jeremías).[28] La opinión general obviamente es que Jesús es un profeta, pero para determinar la manera exacta en que encaja en esa antigua categoría solo podríamos basarnos en conjeturas bastante descabelladas.

16 La declaración que comenzó en el v. 14a se reanuda ahora, y la digresión sobre las opiniones del pueblo acerca de Jesús nos permite ubicar la propia afirmación de Antipas en el marco de la especulación popular. Antipas apoya sin duda la primera opinión, pero con el matiz especial (subrayado por el orden de las palabras y por la obvia inclusión del pronombre ἐγώ) de que él mismo había sido el responsable de la ejecución de Juan, y por ese motivo, su "reaparición" constituía una amenaza para él personalmente, por cuanto había regresado para torturar su conciencia culpable. Esta observación le proporciona a Marcos la oportunidad de contar la historia de la muerte de Juan, y de este modo, la cuestión de la opinión de Antipas sobre Jesús se desvanece, salvo por la misteriosa advertencia que este les hace a los discípulos en 8:15 de que se guarden de ἡ ζύμη Ἡρῴδου. Esto sugiere que Jesús había llegado a considerar a Antipas su enemigo, pero Marcos no deja entrever que Antipas hubiera hecho nada en contra de él (compárese con Lc. 13:31-32; 23:7-12). Si su identificación de Jesús como un segundo Juan iba en serio,[29] Marcos no nos dice que él hiciera algo al respecto (a diferencia de lo que sí le había hecho al primer Juan). Sin embargo, podría ser importante señalar que a partir de este momento, Marcos casi no habla de la actividad pública de Jesús en los territorios de Antipas, y que la narración continúa con un "retiro" al otro lado del lago.

---

28. O. Cullmann, *Christology*, 34-35, prefiere la versión del texto occidental, que, con la omisión de προφήτης ὡς, identifica más claramente a Jesús como uno de los antiguos profetas y no solo como uno que es semejante a ellos.

29. Hoehner, *Herod*, 190-91, sugiere que las palabras deben tomarse como una "ironía o una burla", y señala que es poco probable que Antipas compartiera los puntos de vista fariseos con respecto a una vida después de la muerte (aunque sí podría haber estado influenciado por una creencia helenística supersticiosa que aseguraba que los muertos regresaban para atormentar a sus asesinos).

Digresión: La muerte de Juan (6:17-29)

NOTAS TEXTUALES

20. Es probablemente correcto leer ἠπόρει junto con ℵ B Θ etc. En cualquier otro lugar del NT el verbo ἀπορέω aparece en voz media (de ahí ἠπορεῖτο en W), y el desconocimiento de la forma puede haber sido la causa de que se remplazara por ἐποίει en la mayoría de los MSS (aunque véase διηπόρει, Lc. 9:7, también con referencia a Antipas). Pero la expresión πολλὰ ἐποίει resulta tan incómoda en el contexto que podría haber provocado la introducción de ἠπόρει como un verbo más adecuado para describir la reacción de Antipas ante la enseñanza de Juan, tal vez bajo la influencia de Lucas 9:7. Véase además D. A. Black, *NTS* 34 (1988) 141-45.

22. La frase τῆς θυγατρὸς αὐτοῦ Ἡρῳδιάδος presenta un obvio conflicto con el v. 17, donde Herodías es la (nueva) mujer de Antipas, no su hija. Véase el comentario más adelante con respecto a algunas razones para creer que esa no pudo haber sido la intención de Marcos. En ese caso, por muy bien confirmado que esté el pronombre αὐτοῦ (ℵ B D etc.), y por muy fácil que pudiera explicarse un cambio por αὐτῆς como una solución a la discrepancia y una asimilación a Mateo 14:6 (a menos que, junto con D, se fuerce el texto de Mateo para que también se refiera a una hija de Antipas llamada Herodías), debemos suponer que αὐτοῦ representa un error primitivo. El autor de este error pudiera haber sido un copista descuidado que se sintió perplejo ante el pronombre importuno αὐτοῦ y produjo un texto más suave sin darse cuenta de la manera en que esto violentaba el contexto de la narración. Debe, pues, preferirse lectura mayoritaria, αὐτῆς (τῆς) Ἡρῳδιάδος.

23. El adverbio πολλά que se añade aquí no resulta muy elegante, pero es normal en Marcos (cf. v. 20 y 3:12; 5:10, 23, 38, 43, etc.); su ausencia en la mayoría de los MSS es una obvia mejora estilística. La elección entre ὅ τι (como el inicio de un discurso directo) y la conjunción explicativa ὅτι (*"joti recitativum"*) seguida de ὅ se debe también a una cuestión estilística; en este caso no es tan fácil decir que se trata de la expresión más marcana, pero el carácter inclusivo intenso de ὅ τι ἐάν se ajusta perfectamente al estilo hiperbólico de la historia, y no es difícil que algún copista familiarizado con el uso marcano del ὅτι *recitativum* lo hubiera malinterpretado como ὅτι ὅ ἐάν. En ambos casos, el texto minoritario más vívido, aunque menos elegante impreso por las SBU, parece muy probable que sea lo que escribió Marcos; sin embargo, en ninguno de los dos casos el sentido se ve afectado significativamente.

Le he dado el título de "digresión" a la historia de la muerte de Juan porque esta perícopa (en contraste con los vv. 14-16 que la introducen) se destaca en el Evangelio de Marcos por el hecho de no tener ninguna relación obvia ni con Jesús ni con sus discípulos.[30] Según señalamos ya, la "intercalación" de

---

30. Véase H. C. Kee, *Community* 55 (y 191, n. 20) que, en consonancia con Lohmeyer, 117-18, opina que esta perícopa, escrita con un estilo más sofisticado que el que Marcos suele usar,

esta historia dentro del relato de la misión de los discípulos, y después del debate sobre la identidad de Jesús, tiene por objeto unir el destino de Juan con la historia de Jesús como un anticipo de lo que debe esperar el "otro Juan" (obsérvese que las cuatro referencias en Marcos a Ἡρῴδης y a los Ἡρῳδιανοί, 3:6; 6:14-29; 8:15 y 12:13 implican hostilidad y representan una amenaza para la obra de Dios).[31] A partir de 1:7-11, 14-15, la misión de Jesús se ha considerado la continuación de la de Juan; y la relación se hace más clara en 9:11-13 y sobre todo en 11:27-33. Por tanto, aunque el propósito de la historia es servir de conclusión al relato anterior acerca de Juan (que quedó provocadoramente inconcluso en 1:14), también prepara el escenario en el que Jesús se acercará a su propio enfrentamiento con la autoridad.

La historia ilustra muy bien la habilidad como narrador. Mateo se las ingenia para contarla en solo 136 palabras, pero Marcos utiliza 249; y aunque no le agrega elementos adicionales, se explaya ampliamente sobre la indecisión de Antipas, la fiesta y la danza, con el fin de crear una atmósfera que sea más fácil de recordar acerca de la injusticia sórdida de la corte oriental. El control de Herodías sobre Antipas le recuerda al lector a Acab y Jezabel (1Re. 21), y el papel que desempeña Juan como profeta censurador refleja el de Elías en aquella historia. El carácter degenerado del espléndido banquete de Antipas contrasta intensamente con la sana sencillez del festín tan distinto que seguirá inmediatamente en la narración de Marcos (6:39-43).

En cuanto a los complejos problemas históricos que rodean esta narración, particularmente aquellos a los que se hace referencia en las diversas declaraciones de Josefo acerca de la familia herodiana, véase el estudio exhaustivo de H. W. Hoehner, *Herod*, 110-71. El telón de fondo de la historia es el matrimonio de Antipas con Herodías que Juan ha desaprobado abiertamente. Josefo (*Ant.* 18.109-13) describe este matrimonio como el *casus belli* entre Antipas y Aretas, rey de Petra, cuya hija se había desposado con Antipas pero fue desplazada a causa de Herodías. Josefo también nos informa que el pueblo consideraba que la derrota de Antipas en esta batalla era un castigo divino por haber asesinado a Juan (*Ant.* 18.116, 119), aunque no establece ninguna relación directa entre Juan y el matrimonio con Herodías. Herodías era la mujer del medio hermano de Antipas, a quien Josefo llama simplemente "Herodes" (hijo de Herodes el Grande y de Mariana), aunque Marcos (y Mateo salvo en el texto occidental) llama Felipe. Pero Josefo (*Ant.* 18.136-37) dice que Felipe el tetrarca (hijo de Herodes el Grande y Cleopatra) estaba casado con Salomé, la hija de Herodías. Es muy poco lo que se sabe acerca de los parentescos y los nombres de la familia de Herodes (particularmente porque el sustantivo "Herodes", al parecer, se usaba como

---

podría tener un origen independiente como "un informe basado en un documento que ya existía". Cf. E. Trocmé, *Formation*, 54-55. Para lo contrario, véase Gundry, 312-13; Hoehner, *Herod*, 114.

31. Véase B. Van Iersel, *Reading*, 106-9, para un análisis provechoso sobre la manera en que este tema explica el lugar de la historia de la muerte de Juan en la narración de Marcos.

un nombre personal para referirse a ciertos miembros de la familia y como una designación general para todos), y es posible que el Herodes que fue el primer esposo de Herodías también llevara el nombre de Felipe, al igual que el yerno de esta.[32]

17-18 El pronombre personal αὐτός al inicio de la oración pone de relieve la responsabilidad personal de Antipas (y de ahí su sentimiento de culpa; véase el comentario sobre el v. 16). La mención del encarcelamiento de Juan hace referencia y dota de contenido al enigmático verbo παραδοθῆναι de 1:14. No se dice dónde estaba encarcelado, pero Josefo (*Ant.* 18.119) sí nos informa que se hallaba en el palacio fortificado de Antipas en Maqueronte (en Perea, lejos del área en la que Jesús desarrolló su ministerio en Galilea). La historia imagina que fue ahí donde se celebró la fiesta de cumpleaños de Antipas. Con respecto a la identidad de Φίλιππος véanse los comentarios anteriores; el término ἀδελφός debe interpretarse como medio-hermano (una relación normal en la compleja familia de Herodes), puesto que el único otro hijo que se conoce de Herodes el Grande y Maltace (la madre de Antipas) fue Arquelao, que había sido desterrado en el año 6 d.C. No se dice que el motivo del escándalo del matrimonio de Antipas con Herodías fuera su repudio a su primera esposa, lo cual tenía derecho a hacer según la ley judía (aunque eso fue lo que provocó la guerra con Petra; véase supra); de hecho, la poligamia de su padre podría haber justificado su decisión de tomar una segunda esposa. Pero esta segunda esposa era ἡ γυνὴ τοῦ ἀδελφοῦ σου, y por esa razón, las normas levíticas para el matrimonio prohibían esa unión (Lv. 18:16; 20:21).[33] Y habría sido inaceptable incluso después de la muerte de un hermano (salvo en el caso específico de un matrimonio de levirato), pero en el caso que nos ocupa, el delito se agravaba más porque su primer esposo todavía estaba vivo (tal como Josefo recalca; ella rompió la tradición ancestral τοῦ ἀνδρός ... διαστᾶσα ζῶντος, *Ant.* 18.136); la ley judía no permitía que la mujer se divorciara de su esposo, pero Herodías, al parecer, se aprovechó de su ciudadanía romana para divorciarse de su primer esposo bajo la ley de Roma (un punto que se pondrá de relieve cuando lleguemos a la declaración de Jesús en 10:12). El matrimonio era, pues, doblemente escandaloso, y Juan podía esperar que la opinión pública judía respaldara su denuncia. La expresión marcana ἔλεγεν... τῷ Ἡρῴδῃ sugiere que Juan lo denunció en repetidas ocasiones, de frente ante él, aunque no está claro cuán fácil le había resultado a Juan tener acceso personal a Antipas antes de su detención. Podría tratarse de una licencia del narrador, o quizás de una alusión anticipada a los encuentros de Antipas con Juan de los que se da testimonio en el v. 20. Pero independientemente de que haya sido frente a Antipas o no, la denuncia de

---

32. Así H. W. Hoehner, *Herod*, 131-36.

33. Herodías también era, en realidad, la sobrina de Antipas, pero eso era aceptable al menos en algunos círculos judíos (de hecho, su primer esposo también era su tío); véase Hoehner, *Herod*, 137-39 n. 4.

Juan era perjudicial para su gobierno, y por tanto, el relato de Marcos tal vez no está muy lejos de la declaración de Josefo de que lo que motivó la muerte de Juan fue el temor de Antipas a una sedición.[34]

19-20   Estos versículos establecen el contraste, que nos recuerda mucho la historia de Acab y Jezabel (cuyo objetivo, por supuesto, era identificar a Juan con el profeta Elías) que el resto de la historia va a desarrollar entre una Herodías resueltamente hostil y un vacilante Antipas, que terminará cayendo en una trampa y dictando una sentencia contraria a sus propias convicciones. El paralelismo con la resistencia ineficaz de Pilato ante la decidida hostilidad de los sacerdotes en 15:1-15 es sorprendente, pero también indica que el deseo de Marcos es relacionar los destinos de Juan y de Jesús (obsérvese cómo Pilato en 15:14 refleja, de manera implícita, con respecto a Jesús el concepto que Antipas tenía de Juan como un varón δίκαιος καὶ ἅγιος). Herodías "lo traía entre ojos" (esta expresión idiomática en español transmite exactamente el sentido de ἐνεῖχεν αὐτῷ), mientras que la combinación de temor y respeto que Antipas sentía por Juan lo llevaba no solo estorbar las intenciones homicidas de Herodías (el verbo συνετήρει indica que lo protegía de Herodías y no que lo mantenía detenido, aunque esto, claro está, también era cierto) sino también escucharlo con mucha atención, e incluso de buena gana (ἡδέως). De esto puede inferirse que, al igual que Félix con otro preso más adelante (Hch. 24:24-26), Antipas al menos estaba dispuesto a reconsiderar lo que se le decía; pero permanecía perplejo e indeciso (πολλὰ ἠπόρει; véase la nota textual), tal como Lucas también describe su estado de ánimo con respecto a Jesús (Lc. 9:7, διηπόρει).

21   La fiesta de cumpleaños de Antipas era un ἡμέρα εὔκαιρος desde el punto de vista de Herodías, porque le ofrecía la oportunidad de vencer la resistencia que Antipas había mantenido hasta ese momento impidiéndole llevar a cabo su plan contra Juan. La mención de que los líderes importantes τῆς Γαλιλαίας estaban entre los invitados a la fiesta plantea un problema, porque Maqueronte, donde Josefo nos dice que Juan estaba encarcelado y fue ejecutado, se hallaba un lugar muy lejano de Perea, la otra sección de la tetrarquía de Antipas. Cabe la posibilidad de que los líderes galileos hubieran sido invitados para que viajaran a Perea con motivo de la fiesta (o que ya estuvieran allí como parte de la comitiva regular de Antipas), pero lo más probable tal vez es que Marcos no tuviera conocimiento (o que Josefo no estuviera bien informado) del lugar específico donde Juan estaba encarcelado. En cuanto a la reputación de Antipas como anfitrión de fiestas extravagantes, véase Josefo, *Ant.* 18.102.

22-23   La identidad de la bailarina es un asunto enigmático.[35] Si lo que

---

34. Myers, 215-16 (en consonancia con Horsley y Hanson), desarrolla este punto con respecto a la delicada situación política que se derivó del repudio de Antipas de su primer matrimonio (de carácter diplomático). Cf. Hoehner, *Herod*, 142-46.

35. Véase Hoehner, *Herod*, 151-57, para un análisis completo.

se lee en Mateo y en la mayoría de los MSS de Marcos es cierto, ella era la hija que Herodías había engendrado en su primer matrimonio, y aunque los Evangelios no mencionan ningún nombre, la tradición la ha identificado como Salomé (la hija de Herodías que se casó con Felipe el tetrarca, medio hermano de Antipas); véase supra en cuanto a la complejidad de los parentescos herodianos. Si Salomé alcanzó la edad suficiente para casarse con Felipe antes que este muriera en el año 34 d.C., es muy probable que fuera una adolescente en el momento en que ocurrió la muerte de Juan: el término κοράσιον (que se usa para referirse a la hija de Jairo cuando tenía doce años, 5:41-42) resulta adecuado para una niña hasta la edad del matrimonio.[36] No obstante, de acuerdo con la lectura más difícil, es decir, en la que aparece el pronombre αὐτοῦ (véase la nota textual), la niña sería hija del propio Antipas, y también se llamaba Herodías (la NTV adoptó esta lectura nada frecuente entre las versiones en español). En virtud de la confusión que se pone de relieve en otros pasajes con respecto a los nombres en la familia, no es, por supuesto, imposible que Antipas tuviera una hija que se llamara igual que su segunda esposa. "Herodías" podría incluso haber sido una especie de nombre dinástico, el equivalente femenino de Herodes, al que respondían diversos miembros de la familia; pero no hay más pruebas de la existencia de otra Herodías, y la coincidencia de los nombres genera sospechas, que se ven reforzadas por las palabras tan claras de Mateo al afirmar que la bailarina era *hija* de Herodías. Además, la historia de Marcos indicará más adelante que la bailarina actuaba bajo la dirección de su madre (vv. 24, 28), y aunque el nombre de esta no se menciona allí, su deseo de que Juan fuera ejecutado (v. 19) muestra claramente las intenciones homicidas de Herodías. Al parecer, pues, Marcos, al igual que Mateo, dio por sentado que la bailarina era hija de Herodías. Es por esa razón que en la nota textual anterior alegamos que αὐτοῦ, que normalmente debería preferirse como la lectura más difícil, tiene que ser un error temprano. La frase τῆς θυγατρὸς αὐτῆς (τῆς) Ἡρῳδιάδος es inesperadamente categórica (de ahí sin duda la alteración del copista); el pronombre αὐτῆς probablemente tiene por objeto recordarle al lector la trama de Herodías (v. 19): "fue la hija de esa misma Herodías la que entró...".[37] Algunos comentaristas sugieren que el hecho de que una princesa se mostrara bailando ante un público masculino era culturalmente impensable (cf. la negación de Vasti en Est. 1:10-12); pero la cultura herodiana estaba más influenciada por la romana que por el judaísmo tradicional, y los relatos de Tácito sobre excesos mucho peores en la Roma del primer siglo dejan muy poco margen para dudar de esta historia. La naturaleza del baile se deja enteramente a nuestra imaginación, más allá de

---

36. Véase Hoehner, *Herod*, 154-56.

37. J. E. Taylor, *John*, 242-43 n. 57, sugiere que αὐτοῦ y Ἡρῳδιάδος se refieren al parentesco jurídico y natural de la niña respectivamente, convirtiendo a la hija de Herodías en "hija de Herodes", pero esta, al parecer, es una lectura insosteniblemente burda del griego sin la intercalación de la conjunción καί.

que resultó del "agrado" de Antipas y de su grupo aparentemente masculino. Los regalos extravagantes para los artistas constituían el medio favorito para mostrar la riqueza en muchas culturas, aunque el límite de Antipas de τὸ ἥμισυ τῆς βασιλείας μου no era un ofrecimiento serio, sino más bien una hipérbole tradicional (cf. Est. 5:3, 6; 7:2; cf. 1Re. 13:8).[38] Su reiterado juramento (πολλά; véase la nota textual), al igual que el remordimiento del v. 26, insinúan una pérdida de control a causa de la embriaguez.

24-28 El resto de la historia no exige muchos más comentarios. El nombre de la madre de la muchacha no se menciona, pero la continuidad narrativa nos obliga a pensar que se trata de Herodías (aun cuando no se acepte la lectura τῆς θυγατρὸς αὐτῆς τῆς Ἡρῳδιάδος en el v. 22). El control de Herodías sobre su hija sugiere que esta era muy joven aún (a no ser, por supuesto, que todo el episodio fuera un plan deliberado para tomar desprevenido a Herodes, ideado por la madre en combinación con la hija). En cuanto a la alternancia en el título que se le atribuye a Juan (βαπτίζοντος, v. 24; βαπτιστοῦ, v. 25), véase el comentario sobre 1:4. El versículo 26 describe a un hombre que ha caído en una trampa, que se ve obligado por la presión social y por la promesa irreflexiva que ha salido de sus labios, a hacer lo que sabe que no es correcto. Σπεκουλάτωρ es uno de los latinismos más destacados en Marcos; el término latino *especulador* originalmente se empleaba para designar a un explorador militar, pero posteriormente comenzó a usarse para referirse a los soldados que cumplían una misión especial, por ejemplo, como guardaespaldas o cuando formaban parte de la cuadrilla que debía llevar a cabo una ejecución (para ejemplos, véase Schürer, 1.371).

29 Con respecto a los discípulos de Juan, véase el comentario sobre 2:18, donde son claramente reconocidos como un grupo religioso separado que siguió funcionando después del encarcelamiento de su rector. El entierro del cuerpo de Juan (sin ninguna insinuación acerca de la resurrección, a pesar de lo que se lee en los vv. 14-16) denota de manera adecuada el final de su ministerio, pero también constituye un equivalente sugerente de la sepultura de su "sucesor" (15:42-46, de nuevo a manos de un "discípulo" [véase el comentario sobre 15:43] que vino y se llevó el πτῶμα, una palabra que no aparece en ningún otro lugar en Marcos), la cual demostró finalmente que no era definitiva.

---

38. Antipas no era, por supuesto, βασιλεύς (véase supra), ni le correspondía disponer de la autoridad que ejercía solo como cliente de Roma.

UNA SERIE DE MILAGROS A ORILLAS DEL LAGO: ¿QUIÉN ES JESÚS? (6:31-56)

Después del relato de la misión de los discípulos y el interludio con respecto a la muerte de Juan, volvemos al tema principal acerca de quién es Jesús (que, de hecho, fue el tema que dio lugar a la digresión en los vv. 14-16). Jesús sigue siendo el objeto del interés cada vez mayor de la gente (vv. 33-44, 53-56), pero con esa manifestación pública se entremezcla la experiencia más íntima y más reveladora, desde el punto de vista cristológico, de los discípulos, que ahora han regresado de su misión (vv. 31-32, 45-52). Sin embargo, todavía no son capaces de comprender la importancia de lo que están presenciando (v. 52).

Al igual que en 4:35–5:43, los milagros constituyen la vía por la que se produce la revelación gradual de Jesús, teniendo siempre como telón de fondo la sanidad (vv. 54-56, donde curiosamente no se menciona el exorcismo en esta ocasión), aunque la atención se centra más específicamente en los "milagros de la naturaleza", y las dos historias específicas que se narran son las de la alimentación de la multitud y la marcha sobre el agua. Después del aquietamiento de la tempestad, con su concluyente pregunta cristológica (4:41), estas historias ofrecen aún más pruebas de la ἐξουσία exclusiva de Jesús; más allá de la ἐξουσία que puedan haber recibido los discípulos para sanar y exorcizar, el poder que se manifiesta aquí está en un nivel totalmente diferente.

Y al igual que en 4:35–5:43 también, estos milagros tienen lugar en y alrededor del lago (vv. 32, 45, 47-51, 53-54). Después del frustrante viaje a la zona montañosa distante del lago en 6:1-6, Jesús ha regresado a la región donde había tenido tanto éxito y popularidad, y esa popularidad aún no da señales de haber disminuido, a diferencia de lo que pudiera haber ocurrido en Nazaret.

Alimentación de cinco mil hombres (6:31-44)

NOTAS TEXTUALES

33. El cambio del verbo probablemente se deriva del uso bastante inusual de προέρχομαι con el sentido de "llegar antes" o "anticiparse" (y no de "avanzar" o "ir delante de"), provocando la sustitución del mismo por los verbos más conocidos προσέρχομαι o συνέρχομαι y una variedad de alteraciones sintácticas. Es posible también que algunos copistas consideraran difícil el uso de προέρχομαι porque, en su opinión, era improbable que los que viajaron a pie llegaran antes de los que iban en la barca.

41. La presencia o la ausencia del pronombre αὐτοῦ no afecta el sentido. Su ausencia en Mateo y Lucas sugiere que podría ser original aquí (es una locución típicamente de Marcos), pero que se omitió en algunos MSS por asimilación.

44. Sería típico de Marcos dar más detalles que Mateo y, por consiguiente, podría pensarse que las palabras adicionales fueron omitidas por asimilación. Aunque es

probable que τοὺς ἄρτους fuera parte del texto original, podemos albergar ciertas dudas al respecto por cuanto Marcos en los demás lugares suele hacer especial hincapié en los peces también.

En contraste con el banquete nada edificante en el palacio de Antipas, la historia prosigue con una comida muy diferente; el alimento es muy sencillo, pero las circunstancias y las reminiscencias de algunos acontecimientos veterotestamentarios en la narración permiten considerar que esta comida tan frugal es mucho más importante que la espléndida fiesta de cumpleaños del tetrarca.[39] Para los que tienen ojos para ver, este será un anticipo del banquete mesiánico, un preludio de la vida comunitaria del reino de Dios.

El tema inicial de la perícopa se centra en el intento fallido por parte de Jesús de organizar un "retiro" para sus discípulos al regreso de su misión (vv. 31-32), pero todo el peso de la historia recae en la alimentación de la multitud (no deseada) que frustró ese plan. Aparte de los períodos de tiempo que pasaron en la barca (vv. 32, 45-52, el segundo de los cuales al menos difícilmente podría considerarse un tiempo de ἀνάπαυσις), la expectativa de un retiro, al parecer, no se verá satisfecha hasta el próximo viaje de Jesús lejos de la zona de Capernaúm en 7:24.

La presencia de grandes e insistentes multitudes ha sido un rasgo recurrente del relato de Marcos sobre las experiencias de Jesús a lo largo de la ribera noroeste del lago (1:37, 45; 2:2, 13; 3:7-12, 20; 4:2; 5:21, 24, 31). Por tanto, la expedición deliberada de cinco mil hombres a una región remota para encontrarse con Jesús podría ser simplemente una continuación de este mismo entusiasmo popular. Pero hay elementos suficientes en la historia, sobre todo cuando se comparan las distintas versiones del Evangelio, que han llevado a algunos intérpretes a concluir que el incentivo en esta ocasión era diferente, que se trataba de una reunión decidida de hombres que se habían propuesto persuadir (por la fuerza si era necesario) a Jesús, reconocido ahora como un hombre de un carisma y una capacidad de liderazgo indudables, para que asumiera la función de líder militar en un movimiento popular de insurrección.[40] En el propio relato de Marcos, y de hecho, en las cuatro narraciones de los Evangelios sobre este acontecimiento, podemos observar la llamativa especificación de que los cinco mil que comieron eran ἄνδρες (un detalle que Mateo refuerza por medio de la frase adicional χωρὶς γυναικῶν καὶ παιδίων), la imaginería veterotestamentaria ὡς πρόβατα μὴ ἔχοντα ποιμένα (v. 34) que en 1 Reyes 22:17 denota un ejército carente de líder, la organización de tipo militar de la multitud en grupos de cincuenta y de cien personas (aunque los términos συμπόσιον y πρασιά no parecen muy militares) y el enérgico lenguaje del v. 45 acerca de la acción rápida y firme de Jesús (εὐθὺς

---

39. R. M. Fowler, *Loaves*, 85-86, deduce por contraste la relación deliberada de Marcos de las dos historias.

40. H. W. Montefiore, *NTS* 8 (1961/2) 135-41, presenta el caso en forma atractiva.

ἠνάγκασεν) para sacar a los discípulos de la escena. Pero es en el relato de Juan que encontramos la afirmación explícita de que esta multitud de hombres, tras haber identificado a Jesús como el profeta que había de venir, trataron de "apoderarse de él por la fuerza y hacerlo rey", una ambición que se vio frustrada únicamente por la súbita retirada de Jesús al monte (Jn. 6:14-15).

Hay dos temas que debemos separar, a saber, el de la naturaleza histórica del acontecimiento y el de la manera en que Marcos desea que lo entendamos. A la luz de la volátil situación política de Galilea bajo el imperio romano, y de la corriente subyacente de apoyo a los zelotes que puede discernirse de vez en cuando detrás de las narraciones del Evangelio, que culmina con la trampa que se le tiende a Jesús para probar su actitud con respecto a la filosofía de los zelotes en 12:13-17, y a la luz también de la acusación que se lanzó contra Jesús y por la que finalmente fue ejecutado (15:2, 26) en el contexto de una στάσις que involucraba a Barrabás (15:7), sería posible afirmar sin lugar a dudas que la reunión tenía un carácter político y ciertamente militar, no solo en cuanto al resultado final del mismo según el testimonio de Juan, sino también a la intención original de esta gran multitud de hombres al buscar a Jesús en el desierto (el lugar donde tradicionalmente se iniciaban los movimientos de liberación, véanse los comentarios supra, págs. 56-58). Si en realidad fue así, el súbito escape de Jesús (Jn. 6:15) y la manera en que despidió a los discípulos para que no se dejaran infectar por el entusiasmo popular (Mr. 6:45) estarían en consonancia con la postura contraria a los zelotes con la que siempre se le describe en los Evangelios.

Pero cualquiera que haya sido la realidad histórica de la situación, resulta difícil creer que las implicaciones militares del suceso fueran un factor relevante en la narración de Marcos de la historia. Ninguna de las características de la narración que se mencionaron anteriormente *exige* una interpretación militar del acontecimiento; la reacción de Jesús ante las πρόβατα μὴ ἔχοντα ποιμένα es compadecerse de ellas y enseñarles, no las ve como una organización militar, y la descripción de la multitud sentada como συμπόσια y πρασιαί resultaría curiosamente incongruente si interpretáramos que se trataba de una formación marcial. La historia completa se parece más a un pícnic del momento que a una maniobra militar. El interés de Marcos se centra en la importancia del milagro de la alimentación, no en cualquier propósito que los hombres pudieran haber tenido al buscar a Jesús.

La opinión generalizada es que una parte, al menos, de esa importancia se pone de relieve por medio de los verbos del v. 41 (λαβών, εὐλόγησεν, κατέκλασεν, ἐδίδου), que son los que tradicionalmente se emplean para describir las acciones eucarísticas en la santa cena, y que volverán a aparecer, en el mismo orden, en 14:22. Si, tal como indicará 14:25, esa comida eucarística es un anticipo del banquete mesiánico en el reino de Dios, entonces lo que se les ofrece a estos hombres en el desierto apunta a un cumplimiento mesiánico (y para los lectores cristianos constituye inevitablemente una alusión anticipada a la santa cena). Juan hará más obvio este punto presentando inmediatamente después del relato del milagro un discurso sobre el hecho de comer la carne y beber la sangre del Hijo del Hombre; Marcos deja que sean sus lectores los que descubran la relación.[41]

Otro aspecto del simbolismo del suceso que un lector avezado difícilmente pasaría por alto (y que Juan también saca a colación en el mismo discurso con su cita de Ex. 16:4 en Jn. 6:31) es el reflejo de Moisés y el maná en el tema del pan milagrosamente suministrado en el desierto.[42] El tema de Jesús como el nuevo Moisés no ocupa un lugar destacado en Marcos (véase el comentario sobre 9:4), y la forma en que se narra esta historia no hace hincapié en él, pero los lectores judíos no tardarían en darse cuenta de la comparación que se hace aquí.[43] A los que conocen las historias veterotestamentarias les resultaría más obvia la similitud con el milagro de Eliseo en 2Re. 4:42-44, y podrían haber observado con agrado el aumento en el número de comensales de cien a cinco mil mientras que la cantidad de panes decreció de veinte a cinco.[44] En este caso no cabe duda de que Marcos estaba pensando en esta historia, porque no se trata solamente de una situación similar acerca de una multitud hambrienta y la carencia de alimento, sino que la narración gira en torno a los mismos temas, a saber, la orden que se les da a los siervos/discípulos de alimentar a la multitud, la pregunta sorprendida que hacen en respuesta, la satisfacción de los hambrientos, y las sobras de comida que quedan al final. Elías también multiplicó la comida para la viuda de Sarepta (1Re. 17:8-16), aunque no se hace ninguna referencia a las palabras de esa historia en la narración de Marcos.[45] Esta narración, pues, les recuerda a los oyentes/lectores que están preparados para reconocerlos, algunos milagros que ocurrieron en el pasado y el festín eucarístico futuro. Eso era claramente lo que Marcos deseaba. Pero

41. En respuesta a esta interpretación casi universal de la historia en función de sus reflejos eucarísticos, R. M. Fowler, *Loaves*, 134-47, señala con mucha razón que esta interpretación no resulta forzosamente obvia para el que comienza a leer Marcos y no se ha encontrado todavía con la historia de la última cena, aunque Fowler acepta que los lectores que ya están familiarizados con la eucaristía habrían leído la historia a esa luz, y que Marcos tal vez tuvo esa intención.

42. El regreso del maná como parte de la esperanza escatológica de *2Bar.* 29:8; cf. Rev. 2:17. Para referencias rabínicas a la suministración del maná en la era mesiánica, véase Cranfield, 222.

43. Véase D. W. Chapman, *Orphan*, 55-67, para un análisis más amplio de la importancia "mesiánica" de los milagros de alimentación a la luz de la historia del maná; Chapman presenta estas historias (junto con el diálogo explicativo en 8:14-21) como la base principal de la declaración de Pedro de que Jesús era el Mesías: Pedro "dedujo quién era Jesús" cuando comparó sus actos con los de Moisés (65).

44. Un análisis rabínico posterior (*b. Ket.* 106a) alegó que Eliseo no debe haber alimentado a 100 hombres sino a 2,200, porque lo que le habría tocado a cada uno después de dividir 20 panes entre 100 habría sido una ración demasiado generosa en medio de una hambruna; por tanto, el texto debe haber querido decir 1 pan para 100 hombres, aunque incluso esta cifra exagerada está muy por debajo de la proporción de Jesús de 1:1,000.

45. Cf. también la historia de la aparición milagrosa de pan en el horno vacío de Hanina ben Dosa (*b. Ta'an.* 24a-25a). La búsqueda de semejanzas con esta narración fuera de la tradición judía ha resultado infructuosa: J. M. Van Cangh en M. Sabbe (ed.), *Marc*, 314. En cuanto a semejanzas en general, véase *Marc*, 309-21.

el simbolismo obvio no debe hacer que perdamos de vista lo que sin duda es el propósito principal de Marcos con la inclusión de esta historia, la auténtica maravilla de un acto "imposible" y el testimonio que esto ofrece en respuesta a la pregunta cada vez más cristológica de esta parte del Evangelio, a saber, "¿quién es Jesús?". Jesús no es simplemente el que sana a individuos afligidos ni el que salva a los discípulos cuando están en peligro; es alguien que no se ve limitado por las leyes de la experiencia normal de lo que es posible e imposible. Siguiéndolo, este grupo representativo de israelitas, nada disímil al de los que siguieron a Moisés en el desierto, encontrará todas sus necesidades sobrenaturalmente satisfechas, porque Dios de nuevo está obrando en medio de su pueblo. (En 8:1-10, sin embargo, cualquier satisfacción puramente nacionalista que esta conclusión pudiera suscitar se verá impugnada).

Tanto aquí como en la historia también improbable que sigue en 6:45-52, a veces se espera que los comentaristas expliquen lo que realmente sucedió. Esa tarea, sin embargo, resulta infructuosa y las respuestas que se han sugerido dependen de conjeturas más que de pruebas. Marcos (y los demás evangelistas coinciden en esto) no se interesa por explicar cómo se paralizaron las "leyes de la naturaleza". Para él, y por ende, para los lectores de su Evangelio que quieren compartir su interpretación de la historia, se trató simplemente de un milagro.[46]

31-32   Esta forma de presentar la escena, propia de Marcos, no solo relaciona la historia con el relato anterior acerca de la misión de los discípulos sino que también explica por qué el episodio que sigue se ubicará en un ἔρημος τόπος (una zona inhabitada y no en un verdadero desierto; obsérvese la hierba verde, v. 39, y los ἀγροὶ καὶ κῶμαι de alrededor, v. 36). Al mismo tiempo, refuerza el hincapié repetido que hace Marcos en la popularidad incómoda de Jesús (por cuanto οὐδὲ φαγεῖν εὐκαίρουν cf. 3:20) y en su costumbre de alejar a sus discípulos de la multitud (para κατ' ἰδίαν cf. 4:34; 9:2, 28; 13:3, y κατὰ μόνας, 4:10) para tener períodos de descanso y de enseñanza. Con respecto a δεῦτε, véase el comentario sobre 1:17. La combinación ὑμεῖς αὐτοί es inusualmente enfática y centra la atención en la necesidad de los propios discípulos: han estado sirviendo a otras personas; ahora, pues, necesitan que se les atienda. Aunque esos "retiros" ocurrían a veces en los montes (3:13-19; 9:2; cf. 6:46), cualquier lugar alejado de las demás personas (que es el objetivo del ἔρημος en este contexto; cf. 1:45) resultará útil. En este caso, se llega a ese lugar cruzando el lago, y por tanto, cabe suponer que no estaba lejos de la orilla; el v. 33 obviamente indica que cuando desembarcaron, la multitud ya estaba esperándolos, por tanto, el sitio donde ocurrió el milagro, al parecer, estaba cerca del lugar donde desembarcaron.

---

46. Es extraordinario observar lo que Myers, 206, prosigue diciendo: "No se informa que haya ocurrido nada "sobrenatural" en esta alimentación de unos cinco mil hombres.... El único "milagro" aquí es el triunfo de la economía del intercambio sobre la economía del consumo autónomo en el mercado anónimo". ¿Apoya él acaso lo que Taylor, 321, describió como la opinión "simplista" de que "el suceso fue una expresión idílica de buen compañerismo?" ¿Piensa él realmente que eso era lo que Marcos intentaba describir?

Marcos no nos dice dónde se hallaba este ἔρημος τόπος en particular, pero Lucas ubica el acontecimiento en Betsaida (o más bien, presumiblemente en sus alrededores, porque él también lo llama un ἔρημος τόπος). La ciudad de Betsaida Julias estaba situada en la costa nordeste del lago, al otro lado de la entrada del Jordán desde Capernaúm y el territorio de Antipas. Esta ubicación se adaptaba muy bien a la narración de Marcos en este punto, y el viaje en barca a Genesaret (v. 53) para regresar a la costa occidental, sería una consecuencia natural. El problema es que en el v. 45, inmediatamente después del milagro de alimentación, Marcos (y solo él) dice que Jesús hizo que sus discípulos entraran en la barca y navegaran *hacia* Betsaida, una travesía que describe con más detalle diciendo que era εἰς τὸ πέραν (véase la nota textual sobre el v. 45), pero que aparentemente termina en Genesaret, unas dos o tres millas al suroeste de Capernaúm. La geografía de Marcos no puede armonizarse fácilmente con la de Lucas, a no ser que se elimine la frase πρὸς Βηθσαϊδάν del v. 45, pero sorprendentemente no existe ninguna prueba en los MSS que respalde esta enmienda tan conveniente.

Una solución que se ha propuesto para este problema es presuponer la existencia de otra población llamada Betsaida en la costa occidental de la entrada del Jordán, que, según se ha sugerido, se adapta mejor a la descripción de la Betsaida de Juan 1:44; 12:21 como τῆς Γαλιλαίας y a la relación de Betsaida con Corazín y Capernaúm en Mateo 11:20-24, mientras que la ciudad más conocida Betsaida Julias, en la ribera oriental del río, se hallaba en la tetrarquía de Felipe (y por el hecho de ser una ciudad esencialmente pagana, es menos probable que fuera la tierra natal de tres de los discípulos judíos de Jesús). La existencia de dos poblaciones con el mismo nombre, una a cada lado del río, diferenciadas por títulos distintos, Julias y algún otro, sería posible (sobre todo porque Betsaida solo significa "pueblo de pescadores"), pero no hay ninguna prueba que acredite que hubiera otra Betsaida salvo la deducción que pueda hacerse a partir de los textos evangélicos mencionados anteriormente. Resultaría también extraño que Marcos y Lucas se refirieran a dos Betsaida diferentes sin indicar que había otra ciudad que se llamaba igual, especialmente cuando, según esa hipótesis, la travesía de los discípulos propuesta en Marcos 6:45 sería de una Betsaida a la otra.

Una solución alternativa y probablemente mejor sería descartar el sitio donde Lucas ubica el incidente y presuponer que Marcos estaba pensando en un lugar en la ribera noroeste (tal como la zona tradicional de Tabgha) no muy lejos de Capernaúm y del mismo lado de la entrada del Jordán (que haría más fácil de imaginar la caminata de la multitud para buscar a Jesús en el v. 33). Por eso, los discípulos en el v. 45, que Jesús envió en dirección oriental hacia Betsaida al otro lado de la entrada del Jordán, pero fueron golpeados por un viento del nordeste, terminaron en la dirección opuesta en Genesaret.[47]

---

47. Para un breve examen de estas y otras soluciones que se han ofrecido para el problema de la geografía, véase J.-M. Van Cangh in M. Sabbe (ed.), *Marc*, 327-30.

33   La descripción de la reunión de la multitud parece bastante artificial: la primera parte del versículo sugiere que algunos curiosos casuales decidieron seguir el impulso del momento, pero el enorme grupo de los que se reunieron hasta alcanzar la cifra de cinco mil hombres ἀπὸ πασῶν τῶν πόλεων (véase más adelante, pág. 268 y el n. 62 allí), su conocimiento del destino previsto de la barca o su capacidad para seguir la ruta de la misma mientras caminaban (con el río Jordán que encontraron a su paso y tuvieron que atravesar, si se acepta el lugar donde Lucas ubica el incidente), y el hecho de haber logrado, al parecer, ser los primeros en llegar (προῆλθον; véase la nota textual) y esperar así a Jesús y a sus discípulos en la orilla —todos estos factores sugieren que Marcos simplificó en gran manera el proceso por el cual una multitud tan numerosa apareció en el ἔρημος τόπος buscando a Jesús. La interpretación "militar" que se mencionó antes podría ofrecer una base más plausible para la reunión.

34   La descripción de la multitud como ὡς πρόβατα μὴ ἔχοντα ποιμένα constituye una metáfora obvia de la falta de cuidado y de liderazgo, y se usa en el AT para referirse a la condición de Israel en el desierto después de Moisés (Nm. 27:17, donde el problema se resuelve con el nombramiento de Josué), al ejército de Acab después de su muerte en batalla (1Re. 22:17), al pueblo de Dios cuando sus líderes se volvieron infieles (Ez. 34:5-6), y a la impotencia de este pueblo cuando su líder (mesiánico) les fuera arrebatado (Zac. 13:7). Aunque la metáfora en sí resultaría adecuada en un contexto militar (véase supra), es obvio que tiene una aplicación más amplia (cf. su uso en un contexto diferente en Mt. 9:36, donde constituye la base de la misión de los discípulos de enseñar y sanar). Aquí denota la condición "desatendida" del común de la gente en Galilea (reflejando tal vez la insuficiencia de los líderes que tenían en ese momento: 7:1-23; 12:38-40), que despierta la compasión de Jesús y a la que responde, al igual que hizo en 4:1-2, con un extenso período de enseñanza.[48] El único sujeto para el que se usa el verbo σπλαγχνίζομαι en el NT es Jesús (aparte de los personajes de las parábolas que representan a Jesús o a Dios). No es un verbo común en Marcos (especialmente si tenemos razón en obviarlo en 1:41), pero aparece en los relatos de ambos milagros de alimentación (8:2); combinado con el símil de la ovejas sin pastor presenta a Jesús, sobre todo, como "el único que se preocupa".[49]

35-36   La frase ὥρα πολλή se usa ocasionalmente en la literatura griega (no en otros lugares en el NT) para referirse a una "hora muy avanzada"; aquí debe denotar una hora hacia el final de la tarde, cuando los judíos solían ingerir la comida principal del día.[50] La petición que los discípulos le hacen a Jesús para

48. E. Best, *Temptation*, 76-78, sugiere que la referencia a la enseñanza aquí marca la tónica de toda la interpretación del evangelista sobre el milagro que sigue: "Marcos presenta a Jesús como el pastor que alimenta a su pueblo con la enseñanza verdadera; lo que él ofrece es más que suficiente para satisfacer todas sus necesidades".

49. Este es el título del capítulo 10 de E. Best, *Story*.

50. Es cierto que está más allá de los límites de la exégesis alegar, como hace S. Masuda, *NTS* 28 (1982) 193, que por el hecho de que en otros lugares en Marcos se use el término ὥρα solamente

que despidiera a la gente pone de relieve un equilibrio interesante en su relación con él: Jesús sin duda es quien está a cargo, y sin embargo, esta no es la única ocasión en la que ellos sienten la necesidad de recordarle sus responsabilidades (cf. 1:36-37; 4:38; 10:13). La inclusión del pronombre ἑαυτοῖς deja claro que los discípulos no tenían intención de ocuparse personalmente de atender a la multitud —los alimentos de los que disponían apenas eran suficiente para satisfacer sus propias necesidades.

37-38 La respuesta es inesperada e inoportuna. La responsabilidad que se les impone de alimentar a la multitud solo pondrá de manifiesto su incapacidad para hacerle frente a la situación. De todas formas, los discípulos no pueden entender por qué deben aceptar semejante responsabilidad, y la pregunta que formulan es sin duda irónica. Aunque tuvieran el dinero y la posibilidad de adquirir la cantidad suficiente de pan en el vecindario,[51] ¿por qué deberían invertir la enorme suma de doscientos denarios (más de la mitad del salario anual de un obrero)[52] en comida para una multitud de extranjeros? (Cf. 2Re. 4:42-43 para un diálogo similar). Pero Jesús se niega a aceptar aquellos razonamientos e insiste en hacer un inventario de los alimentos disponibles (¿en la barca?). La exigua cantidad de raciones galileas básicas que encuentran (los ἄρτοι eran probablemente redondos y aplanados, con un tamaño que bastaría para satisfacer como mucho la necesidad diaria de una sola persona) resulta sorprendente, porque Jesús y sus discípulos se habían dispuesto a pasar cierto tiempo en un ἔρημος τόπος y cabría esperar que hubieran llevado alimentos para todo el período que durara su estadía en aquel lugar, pero Marcos pasa por alto el problema. De todas maneras, desde el punto de vista de los discípulos, el frustrante resultado de su investigación le pone fin a cualquier idea de proporcionarle alimentos a la multitud.

Las cifras constituyen una parte esencial de la historia. Los cinco panes, los dos peces, los cinco mil hombres y las doce cestas aparecen en los cuatro relatos de los Evangelios (y siete panes, cuatro mil hombres y siete cestas en ambas versiones de la historia paralela, Mr. 8:1-10; Mt. 15:32-39). Además, es interesante observar el número de doscientos denarios que aparece en los relatos de Marcos y de Juan acerca de esta historia. La esmerada conservación de todas estas cifras hace que algunos supongan que se ha dejado constancia de ellas por el valor simbólico que tienen (el cinco para los libros de la ley, el doce por las tribus de Israel, etc.), pero Marcos no da ninguna pista de que esa fuera su intención. Los números se usan, más bien, para subrayar la magnitud

---

en relación con la pasión y la parusía de Jesús (incluso en 11:11; ¿14:37?), su presencia aquí debe asociar esta perícopa con la Última Cena.

51. Según Gundry, 330, con doscientos denarios podrían comprarse 2,400 panes, más o menos la mitad de una ración diaria para cada uno de los cinco mil hombres presentes. Sin embargo, no es obvio en qué lugar podrían hallarse en venta 2,400 panes.

52. En cuanto al δηνάριον como el jornal previsto para un día de trabajo, véase Mt 20:1-15. En Tácito, *Ann.* 1.17 (enmarcado en el reinado de Tiberio, pero escrito casi un siglo después) se les ofrecía a los soldados descontentos como un buen salario diario para apaciguarlos.

del milagro (sobre todo si se comparan con los del milagro de alimentación de Eliseo, 2Re. 4:42-44) y permanecieron inalterados en la repetición oral de la historia. La mención de doce cestas probablemente obedece más al número de discípulos que estaban ministrando que a cualquier simbolismo de Israel.[53]

39-40 Aunque no les ha dejado entrever a los discípulos lo que intenta hacer con respecto a la crisis, Jesús les ordena (suponiendo que el pronombre αὐτοῖς se refiere a los discípulos; ἀνακλίνω es un verbo transitivo y πάντας su sujeto) organizar a la multitud en grupos y disponerse a disfrutar de la comida que habrá de servirse. Su reacción solo podemos imaginarla. La vivacidad de la descripción sugiere que el relato procede de un testigo ocular que estuvo presente en aquel extraordinario pícnic. La frase χλωρὸς χόρτος tal vez indica que el suceso ocurrió en primavera, antes que la hierba se secara y se volviera de color marrón, aunque es posible que con la mención de este detalle después de la metáfora del pastor en el v. 34, Marcos solo quisiera aludir al papel del pastor cuando conduce a su rebaño a "pastos verdes" en el Salmo 23:2.[54] Un συμπόσιον es un grupo de personas que comen o (más comúnmente) beben juntas, y connota la idea de una atmósfera relajada e incluso agradable; la frase συμπόσια συμπόσια cumple una función distributiva, "por grupos". Literalmente, πρασιά es una parcela ajardinada o un parterre y no se usa en ningún otro lugar para referirse a personas, por tanto, la frase πρασιαὶ πρασιαί (igualmente distributiva, "por grupos") ofrece una extraordinaria impresión visual de la escena, con los hombres en grupos alineados como huertecillos sobre la hierba verde. La organización κατὰ ἑκατὸν καὶ κατὰ πεντήκοντα, que en el contexto adecuado podría tener cierto sabor militar (cf. también Ex. 18:21),[55] aquí simplemente facilita la distribución (y también la cuenta que aparece en el v. 44). Los verbos ἀνακλῖναι y ἀνέπεσαν introducen toda esta disposición tan cuidadosa de la multitud. Estos términos se relacionan de manera especial con la costumbre greco-romana de reclinarse a la mesa. En un entorno judío, donde las personas solían comer sentadas, estos términos normalmente indicarían que se trata de un "banquete" más formal, conforme al estilo greco-romano, y no de una comida ordinaria.[56] Aunque en un pícnic al aire libre el hecho de sentarse a la mesa estaba, de todas formas, descartado, es posible que la intención de Marcos al emplear esos términos fuera dejar entrever que, a pesar de que no se trataba de una ocasión formal y que la comida

---

53. Guelich, 343-44, menciona algunas de las posibilidades simbólicas, pero está dispuesto a aceptar, con cierta reserva, un simbolismo de Israel aquí en contraste con 8:1-10. Para un análisis más general del simbolismo numérico en los milagros de alimentación, véase S. Masuda, *NTS* 28 (1982) 203-6.

54. Gundry, 328, analiza la posibilidad de que la perícopa en general guarde alguna relación con el Sal. 23.

55. Sobre esta base veterotestamentaria, la comunidad de Qumrán se organizó en grupos de 1,000, 100, 50 y de 10 para la vida comunitaria habitual (1QS 2:21-22; CD 13:1-2) y para la batalla final (1QM 4:1-5).

56. Véase J. Jeremias, *Words*, 48-49.

era sencilla, había cierto aire festivo en torno a ella que la hacía, al menos a posteriori, una prefiguración del banquete mesiánico.

41 Ninguno de los cuatro verbos "eucarísticos" (véase supra, pág. 262) denota en sí mismo algo que pueda resultar extraño. Las acciones que expresan son las que realiza cualquier cabeza de familia judía en una comida, a saber, tomar en sus manos el pan, pronunciar la bendición, partir el pan y distribuirlo.[57] El verbo adicional ἀναβλέπω denota el gesto natural que acompaña a la pronunciación de la fórmula de bendición,[58] que para el pan adoptó la forma tradicional de "Bendito eres tú, Señor Dios nuestro, rey del universo, que sacas el pan de la tierra" (*m. Ber.* 6:1). El pasaje nos dice específicamente que los alimentos que se bendijeron fueron los cinco panes y los dos peces; pero cuándo y cómo se multiplicaron se deja a nuestra imaginación. La mención repetida de los δύο ἰχθύες seguida de πᾶσιν al final del v. 41 pone de relieve con mayor claridad aún la absurda insuficiencia de los alimentos suministrados.

42-43 No queda margen para dudar de la magnitud del milagro: *todos* comieron, *todos* se saciaron (el verbo χορτάζομαι indica que lo que ocurrió fue mucho más que una comida simbólica), e incluso las sobras sobrepasaron enormemente al abastecimiento original.[59] La κόφινος, que BAGD, 447b, describe como "una canasta grande y pesada para llevar cosas", fue objeto de las burlas del humorista romano Juvenal, quien aludió a ella como el equipaje típico de los judíos pobres. La posibilidad de disponer de doce de esas cestas en pleno campo resulta llamativa. No obstante, las palabras δώδεκα κοφίνων πληρώματα podrían referirse simplemente a la cantidad de sobras que se recogieron (suficiente para llenar doce κόφινοι) y no a los receptáculos reales que se usaron con ese fin, aunque 8:19 sugiere que sí había doce cestas en ese lugar; tal vez estaban guardadas en la barca (¿para almacenar la pesca?).

44 Los cuatro evangelistas coinciden en que los cinco mil eran ἄνδρες. Mateo, aquí y en la alimentación de los cuatro mil, añade la expresión χωρὶς γυναικῶν καὶ παιδίων, de la que normalmente se deduce (como en el uso de la misma frase en Ex. 12:37 [no en la LXX]) que había mujeres y niños además de los cinco mil, y por tanto, el número de personas que comieron fue aún mayor. Sin embargo, si tenemos en cuenta el uso constante de ἄνδρες en todos los relatos de los Evangelios, es posible que la expresión de Mateo signifique que "no había mujeres ni niños", y por ende, que los cuatro relatos presenten deliberadamente este acontecimiento como una reunión de hombres, que

---

57. Véase J. Jeremias, *Words*, 108-9, 174-77. G. H. Boobyer, *JTS* 3 (1952) 161-71, alega que el modelo judío normal de bendición es suficiente para explicar la fraseología de Marcos, sin ninguna alusión específicamente eucarística; de manera similar, en una forma modificada, Guelich, 342-43, y más enérgicamente Gundry, 331-32.

58. El tema se repite en 7:34, donde también es natural interpretarlo como un gesto de oración, al igual que en, p. ej., Job 22:26-27; Lc. 18:13; Jn. 11:41; 17:1.

59. No se menciona con qué propósito se recogieron los residuos (que no cabría esperar que se mantuvieran frescos por mucho tiempo); Gundry, 326, 348, 357-58, cree que este era el pan que los discípulos aparecen comiendo en 7:2.

habían dejado en casa a sus mujeres y niños. Si consideramos la posibilidad que expusimos anteriormente de que se trataba de una reunión de patriotas con un cariz insurreccional, es muy probable que se hubiera excluido a las mujeres y a los niños. De cualquier manera y por la razón que fuere, Marcos nos dice que los cinco mil eran *hombres*.[60] Marcos suele terminar sus relatos sobre milagros haciendo referencia al asombro de la multitud. En este caso, en el que los que componían la multitud fueron los beneficiarios del milagro, esto podría parecer incluso más adecuado, y por tanto, resulta muy llamativo el silencio de Marcos al respecto tanto aquí como al final del segundo milagro de alimentación en 8:9. Su intención, tal vez, era que nosotros supusiéramos que los comensales no eran conscientes del origen milagroso de la comida y se limitaron a disfrutar de ella. Lo que a Marcos le interesa, más bien, es la respuesta de los discípulos, o aún mejor, su incapacidad para responder de la manera correcta (v. 52; 8:17-21).

Andando sobre el mar (6:45-52)

NOTAS TEXTUALES

45. Véanse las págs. 453-454 con respecto a los problemas geográficos en torno a este versículo. Es sorprendente que ningún MS omita la frase más conflictiva, πρὸς Βηθσαϊδάν, aun cuando no aparece en Mateo. La omisión de εἰς τὸ πέραν en P (probablemente) W f si se debe tal vez a un esfuerzo por atenuar el problema; la hipótesis alternativa de que esa frase no formaba parte del texto de Marcos y fue añadida para asimilarlo al de Mateo parece menos probable en vista de la gran cantidad de testimonios textuales que confirman su presencia.

47. La inclusión de πάλαι en un grupo significativo de MSS (P D etc.) podría sin duda ser original. Πάλαι normalmente significa "hace mucho tiempo", una expresión que obviamente resulta inadecuada aquí. Sin embargo, en otro lugar, Marcos (15:44) usa ese término junto con ἤδη ("ya"), que Mateo emplea en este punto. Ante ese uso menos corriente, los copistas prefirieron omitir una palabra que aparentemente era redundante e inadecuada, y máxime cuando no se hallaba en el pasaje paralelo de Mateo.

51. Existe cierta variación en cuanto a la manera de expresar el asombro de los discípulos. La frase doble λίαν ἐκ περισσοῦ sería propia de Marcos, y podríamos explicar mejor las lecturas que ofrecen ya sea λίαν o (ἐκ) περισσοῦ(-ῶς) por separado como "mejoras" del estilo prolijo de Marcos. La intrusión de περιέσωσεν en Θ y en Φ se debe, al parecer, a una malinterpretación del adjetivo redundante περισσῶς. La adición

---

60. Para considerar correctamente la magnitud de este grupo, la población total de Capernaúm en ese momento, incluyendo las mujeres y los niños, ascendía probablemente a unas diez mil personas. Esto esclarece la declaración del v. 33 de que los cinco mil vinieron ἀπὸ πασῶν τῶν πόλεων, por cuanto la población total de adultos varones de Capernaúm era sin duda muy por debajo de cinco mil.

muy bien confirmada de καὶ ἐθαύμαζον después de ἐξίσταντο hace más hincapié sin afectar el sentido; en otras expresiones de asombro semejantes, Marcos usa solamente un verbo de este tipo, por tanto, esto podría ser una ampliación tardía (siguiendo el modelo de Hch. 2:7).

La expedición a través del lago que comenzó en 6:32 continúa ahora, y la revelación del poder sobrenatural de Jesús se hace más patente cuando un "milagro de la naturaleza" va seguido tan de cerca por otro. Las dos perícopas están claramente relacionadas por medio de los movimientos geográficos mencionados y que, al parecer, se conservaron en la tradición como una narración ininterrumpida, puesto que tanto en Marcos como en Juan los mismos dos incidentes se hallan también firmemente vinculados (aunque Mateo amplía esta perícopa con el relato del intento fallido de Pedro de caminar sobre el agua, Mt 14:28-32).[61] Lucas, sin embargo, no deja constancia de este suceso en el lago, y su narración continúa inmediatamente después del milagro de alimentación con la confesión de Pedro, a partir de la cual la historia se adentra rápidamente en el viaje a Jerusalén. De este modo, Marcos 6:45 señala el comienzo de la "gran omisión" de Lucas (él no menciona ninguno de los detalles de Mr. 6:45–8:26). Cualquiera que haya sido la razón por la que se omitió en Lucas esta gran porción de material de Marcos en su totalidad, en lo que respecta a la perícopa es posible que, si Lucas tenía conocimiento del mismo, lo consideró innecesario después de haber dado testimonio de un milagro en el lago en 8:22-25 (= Mr. 4:35-41). (Una consideración similar se aplicaría a la alimentación de los cuatro mil, otra parte de la "gran omisión" de Lucas).

Esta perícopa tiene en común con 4:35-41 una travesía por el lago al final del día (ὀψίας γενομένης, 4:35; 6:47), una tempestad o viento fuerte (4:37; 6:48), el temor de los discípulos (4:38, 40; 6:49-50), el cese de la tempestad por parte de Jesús (con la misma expresión ἐκόπασεν ὁ ἄνεμος, 4:39; 6:51), y la reacción de temor o asombro de los discípulos (4:41; 6:51). Cuando se toman en consideración las características regulares de una historia milagrosa, sin embargo, las diferencias son más sugerentes que las semejanzas, por cuanto en este momento los discípulos estaban solos en la barca y Jesús se acerca a ellos andando sobre el agua (este detalle, más que el cese del viento, es el rasgo inolvidable de esta historia). Viene a su encuentro como una figura misteriosa y terrorífica, no como el compañero íntimo al que debe despertarse en medio de una crisis. Aunque el incidente anterior había sido lo bastante asombroso como para suscitar una pregunta cristológica (4:41), su ambiente más realista contrasta con la apariencia numinosa y la conducta "imposible" de Jesús en esta perícopa, después de la cual los discípulos más que impresionados (como en 4:41) se quedan desconcertados y (metafóricamente) fuera de sus cabales.

---

61. Esta relación aparentemente tradicional debe contrastarse con la propuesta de Achtemeier's (véase la pág. 220 supra) de que la alimentación de los cinco mil le pone fin a una cadena de milagros pre-marcanos, mientras que la marcha sobre el agua le da inicio a otra.

Esta reacción de los discípulos hace que la perícopa concluya de una forma sorprendentemente negativa con la declaración de 6:52.

Hay, pues, dos temas que recorren esta perícopa. El primero obviamente es el poder sobrenatural de Jesús, que va revelándose a medida que Marcos continúa perfilando su imagen de un Jesús que, aunque puede andar, comer y dormir con sus discípulos como un maestro con sus alumnos, es, no obstante, superior a cualquier ser humano común (compárense las descripciones veterotestamentarias de Dios andando sobre o a través del mar: Job. 9:8; Sal. 77:19; Is. 43:16). Pero en contraste con el carácter cada vez más sobrenatural del retrato de Jesús está la incapacidad cada vez mayor de sus discípulos para lidiar con eso. Es harto conocido que en el Evangelio de Marcos se hace más hincapié en el tema de la incomprensión de los discípulos que en los demás relatos, pero no está uniformemente distribuido a través de la narración. Hasta este momento, se ha descrito a los discípulos sobre todo como los destinatarios privilegiados de una revelación especial, en contraposición con las multitudes que nada entienden (4:11-12, 34; cf. 3:31-35), pero 6:52 presenta un detalle nuevo y ominoso (tal vez insinuada ya en 4:13) que se desarrollará más adelante en 8:14-21, y que ocupará un lugar central en la segunda sección principal de la narración después de su ministerio en Cesarea de Filipo.

Con respecto a la pregunta, "¿qué sucedió realmente?", véanse las observaciones que se hicieron al introducir la perícopa anterior. La sugerencia de que Jesús pudo haber caminado sobre un banco de arena sumergido y que resultó estar convenientemente ubicado allí (o que fue "vadeando a través del oleaje junto a la ribera oculta", V. Taylor) no tiene en cuenta la naturaleza real del lago de Galilea ni la improbabilidad de que los pescadores que conocían el lago se hubieran sentido impresionados.[62] Marcos nos dice que Jesús camino sobre el lago, y no podemos en modo alguno apoyar su relato sugiriendo cualquier otra explicación para lo que él claramente interpretó como una hazaña sobrenatural.

45-46 En la introducción a la perícopa anterior mencionamos la posibilidad de que los cinco mil hombres se hubieran reunido con el propósito de organizar una insurrección, junto con la declaración explícita de Juan de que ellos trataron de obligar a Jesús a presidirlos en esa empresa (Jn. 6:14-15). El verbo sorprendentemente fuerte ἠνάγκασεν encajaría muy bien en este contexto: Jesús despacha a los discípulos a toda prisa para apartarlos de la atmósfera contagiosa, mientras que él se retira (la lectura alternativa φεύγει en Jn. 6:15 describiría la idea de manera mucho más gráfica) al monte solo (en cuanto a εἰς τὸ ὄρος, véase el comentario sobre 3:13). Pero la narración de

---

62. J. D. M. Derrett, *NovT* 23 (1981) 330-48, ofrece una presentación detallada de la teoría del "banco de arena", incluyendo (333-35) detalles interesantes de la presencia y el movimiento de los bancos de arena en torno a la entrada del Jordán. Esa ubicación no toma en consideración las palabras de Marcos ἐν μέσῳ τῆς θαλάσσης, ni el hecho de que cabría haber esperado que los pescadores conocieran las características del área del delta al menos tanto como los eruditos modernos.

Marcos no nos ha dado ninguna prueba concreta que nos permita discernir esa acción evasiva en estos versículos, y tal vez lo único que deberíamos ver en ἠνάγκασεν es su forma peculiarmente vívida de expresarse. En Marcos, Jesús tiene autoridad para despedir a la multitud (ἀπολύω transmite un sentido de autoridad; contrástese con la huida apresurada de Jn. 6:15), y su ascensión al monte, según se afirma, era para orar (al igual que en 1:35) y no simplemente para escaparse. Él, pues, mantiene el control de la situación por más temperamental que pueda haber sido el estado de ánimo de la multitud.

La mayoría de los comentaristas suponen que la expresión ἀποταξάμενος αὐτοῖς es una segunda declaración de la despedida de la multitud por parte de Jesús, pero ἀποτάσσομαι, un verbo bastante neutral que significa "apartarse", sería una especie de anticlímax después de ἀπολύω, y el pronombre plural αὐτοῖς se referiría lógicamente a los discípulos —que fueron el complemento de la oración anterior— aun cuando la ὄχλος (en singular) se mencionó en una cláusula subordinada intercalada. (En el v. 48, se usa de nuevo el pronombre αὐτούς para referirse a los discípulos, que ocupan el lugar central de la narración, sin identificar a los referentes. (A los discípulos, que ocupan el lugar central de la narración, se alude de nuevo como αὐτούς en el v. 48, sin necesidad de identificar quienes son los referentes). Marcos menciona la despedida de Jesús a los discípulos con el fin de prepararnos para el asombro que van a mostrar cuando lo encuentran, no obstante, junto a ellos en el lago un poco más tarde.

En cuanto al problema creado por el destino de los discípulos, εἰς τὸ πέραν πρὸς Βηθσαϊδάν, y algunas de las soluciones que se han sugerido, véase el comentario sobre el v. 32.

47-48 La alimentación de los cinco mil comenzó al atardecer (ὥρας πολλῆς γενομένης, v. 35). Desde entonces, se empleó mucho tiempo en organizar a la multitud, alimentarla, recoger las sobras y despedirla; por tanto, la frase ὀψίας γενομένης debe interpretarse como una hora bien avanzada de la noche, y no "al venir la noche", tal como lo expresa la traducción convencional. Esto se ve confirmado por la mención de la cuarta vigilia (la última parte de la noche, antes del amanecer, aproximadamente entre las 3-6 de la mañana) en el v. 48; de hecho, la doble mención del participio aoristo de "ver" (ἰδών, v. 48; ἰδόντες, v. 49) sugiere que la luz antes del alba ya permitía cierta visibilidad. Por fuerte que sea el viento, no es probable que una barca de remos haya tardado diez horas o más en cruzar la zona norte del lago de Galilea, como sí ocurriría si se considerara que ὀψίας γενομένης se refiere únicamente a la noche. La situación de los discípulos, en contraste con 4:37-38, no se describe como peligrosa, sino más bien como un contexto en el que se ven incapaces de avanzar a pesar del enorme esfuerzo físico y la incomodidad (la idea que connota el verbo βασανιζομένους, "torturados", les parecerá muy verosímil a los que han tenido la experiencia de remar un bote pesado contra un viento fuerte).

Si tenemos en cuenta que Marcos menciona específicamente que Jesús fue al encuentro de los discípulos tras haber visto sus dificultades, y que fue πρὸς αὐτούς que se acercó andando sobre el mar, la cláusula καὶ ἤθελεν παρελθεῖν αὐτούς resulta extraña.[63] Aunque ἤθελεν en sí mismo denota sin duda intención,[64] en el contexto narrativo, es preferible considerar que la cláusula no es una declaración de lo que Jesús pensaba hacer, sino de la manera en que los discípulos interpretaron el hecho:[65] esta figura misteriosa sobre el agua parecía al principio que iba a seguir de largo y dejar atrás la barca (y avanzar mucho más que lo que ellos podían lograr con toda la potencia de sus músculos).[66] El significado normal de ἐπὶ τῆς θαλάσσης, y especialmente con un verbo de locomoción (y después de la frase ἐπὶ τῆς γῆς en el versículo anterior), es "sobre el lago", e indica la acción sobrenatural de caminar sobre el agua.[67] Podría sugerirse una alternativa, desde un punto de vista puramente léxico, en otro uso menos frecuente de la combinación de ἐπί y el genitivo con el significado de "en" o "cerca";[68] la aparición de Jesús después de la resurrección en Juan 21:1 tuvo lugar ἐπὶ τῆς θαλάσσης τῆς Τιβεριάδος, y la narración que sigue muestra que aunque los discípulos estaban en una barca en el lago, Jesús estaba en la orilla. Sin embargo, es imposible que esta haya sido la intención de Marcos aquí por cuanto él indicó claramente que la barca estaba ἐν μέσῳ τῆς θαλάσσης y que Jesús se acercó a ellos allí, y posteriormente se les unió en la barca. Además, la impresión aterrorizada de los discípulos al

---

63. Algunos comentaristas siguen a Lohmeyer cuando sugiere que παρελθεῖν aquí refleja el "paso" revelador de Dios en Éx. 33:19-23; 34:6; 1Re. 19:11. Pero aunque en esos pasajes veterotestamentarios el contexto deja claro el propósito revelador, aquí, en ausencia de cualquier indicación contextual de ese tipo, sería demasiado exagerado atribuirle este sentido al verbo común παρέρχομαι, cuando obviamente es posible aplicar su significado literal, por extraño que parezca; además, el hecho de que los discípulos no reconocieran a Jesús choca con el tema de esos pasajes. Más alejada aún de cualquier interpretación natural del verbo en su contexto marcano está la propuesta de H. Fleddermann, *CBQ* 45 (1983) 389-95, de que, sobre la base de Am. 7:8; 8:2, παρελθεῖν aquí debe interpretarse como "salvar".

64. Liddell y Scott ofrecen varios ejemplos clásicos del uso de ἐθέλω en el sentido de μέλλω, que sugerirían aquí un significado de "estaba a punto de" en lugar de "tenía la intención de". Esa forma de uso, sin embargo, es rara y no encuentra ningún paralelismo claro en el griego del período del NT.

65. El examen exhaustivo de esta cláusula que hace T. Snoy en M. Sabbe (ed.), *Marc*, 347-63, reconoce que esta es una interpretación ampliamente aceptada, aunque él personalmente cree que "le texte ne permet pas cette explication" (352). Snoy prefiere un doble cambio de opinión por parte de Jesús: tras haber tenido inicialmente la intención de que los discípulos lo vieran caminando sobre el agua, luego decidió (como parte del "secreto mesiánico") pasar largo inadvertido, pero entonces, desistió de ello en vista del terror de los discípulos y se dio a conocer.

66. La cláusula puede entenderse mejor si se relaciona con Lc. 24:28, donde la aparente intención de Jesús de pasar largo se considera desde el punto de vista de los discípulos con respecto a él. Obsérvese también la combinación en Job 9:8-11 de las ideas de la marcha de Dios sobre el mar y el hecho de "seguir de largo" sin ser reconocido; Marcos podría haber tenido en cuenta este texto al formular estos versículos.

67. Para numerosos ejemplos, véase BAGD, 286a, I.1.a.α.

68. BAGD, 286a, I.1.a.γ.

pensar que se trataba de un fantasma sugiere algo más numinoso que el hecho de ver a un hombre andando por la orilla del lago. Mateo, por supuesto, con el relato que añade acerca del esfuerzo de Pedro por imitarlo, hace aún más explícito el carácter sobrenatural de la marcha de Jesús sobre el agua, pero la intención en Marcos es muy clara.

49-50 Lucas nos dice que la primera reacción de los discípulos ante la aparición del Jesús resucitado fue suponer que estaban viendo un πνεῦμα, y por ende, Jesús tuvo que asegurarles que él era efectivamente un ser de carne y huesos, capaz de ingerir alimentos sólidos (Lc. 24:37-43). Ese espíritu desencarnado debió haberles parecido una explicación obvia también para la acción físicamente imposible que ahora estaban presenciando en el lago, y el sustantivo φάντασμα (que no aparece en ningún otro lugar del NT, salvo en el pasaje paralelo de Mateo) se usa tanto en la literatura judía como en la pagana para referirse a ese tipo de espectros. En este caso, sin embargo, no estaban pensando en el *espíritu* de Jesús (no había ninguna razón para suponer que estaba muerto); pues hasta ese momento no lo habían reconocido. Cuando finalmente les demuestra su identidad (ἐγώ εἰμι),[69] la hipótesis del fantasma se desvanece, y el temor que les había inspirado se ve remplazado por el asombro ante el poder sobrenatural de Jesús. Marcos hace hincapié en la naturaleza reconfortante de las palabras de Jesús por medio de la doble introducción (εὐθὺς ἐλάλησεν μετ᾽ αὐτῶν, καὶ λέγει αὐτοῖς) y de las dos exhortaciones que respaldan la información esencial ἐγώ εἰμι. La inquietud de los discípulos en esa situación "espeluznante" y sin precedentes era natural, y Jesús la toma en serio y les da una respuesta tranquilizadora.

51-52 Marcos relata en pocas palabras la solución de las circunstancias adversas y del temor de los discípulos. Su interés se centra ahora principalmente en la reacción de ellos y en lo que esta revela acerca del alcance de su percepción espiritual en ese momento. El asombro o el temor por parte de las personas en general ha sido un tema recurrente de la narración de Marcos (1:22, 27; 2:12; 5:15, 20, 42), y cumple la función positiva de destacar la autoridad única de Jesús. En 4:41, los discípulos también se sintieron anonadados por lo que habían visto, y la pregunta, "¿quién es este?", intensifica la impresión que les causa la singularidad de Jesús. Aquí también se asombraron en gran manera de lo que han visto (véase la nota textual), pero en esta ocasión, Marcos, al parecer, interpreta su temor y sobrecogimiento totalmente naturales[70] como una muestra de su falta de comprensión y,

---

69. La tentación de ver en esta frase un uso deliberado del nombre divino de Éx. 3:14 o un reflejo de la fórmula de Isaías ᾽nî hû᾽ tal vez debería rechazarse a pesar del carácter numinoso de la ocasión. Una declaración de la divinidad no parece adecuada en este punto de la narración donde la idea central gira en torno a la incapacidad inicial para reconocer a Jesús y su propia identificación posterior, con respecto a la cual, ἐγώ εἰμι es una expresión normal en el griego informal (cf. Mt. 26:22, 25; Jn. 4:26; 9:9; 18:5); véase también más adelante, pág. 610 n. 34. El v. 52, sin duda, deja bien claro que los discípulos no entendieron que Jesús se hubiera revelado a sí mismo como Dios.

70. Es posible, sin embargo, considerar que la conjunción no se relaciona con la cláusula

lo que es todavía peor, de su καρδία πεπωρωμένη (las dos expresiones no difieren sustancialmente en cuanto a su significado, porque en el pensamiento judío, el "corazón" es la sede del pensamiento y del entendimiento, pero la expresión καρδία πεπωρωμένη, con su reflejo de Is. 6:10, tiene un matiz más bien inquietante). A estas alturas, aparentemente, los discípulos, por no decir la multitud, deberían haber dejado atrás la etapa del asombro instintivo y haber llegado a entender quién era Jesús. En particular, parece que los panes (es decir, la historia del milagro anterior) son lo que deberían haber hecho que vieran las cosas con una perspectiva nueva. En 8:14-21 el propio Jesús reprende directamente a los discípulos por su incapacidad para entender el significado de la alimentación de los cinco mil y de los cuatro mil (cf. Jn. 6:26-34 para una incapacidad semejante, esta vez por parte de la multitud, para sacar las conclusiones cristológicas adecuadas a partir de la alimentación de los cinco mil). No resulta obvio de inmediato por qué entre tantos otros hechos poderosos notables, debe atribuírseles específicamente a los milagros de alimentación una fuerza probatoria tan especial.[71] Tal como ya se señaló anteriormente, este es el principio de la "polémica" de Marcos contra la incapacidad de los discípulos para entender la importancia de la persona y la misión de Jesús, y para asimilar adecuadamente las nuevas perspectivas del reino de Dios que, de acuerdo con 4:11-12, les fueron especialmente reveladas (aunque en 4:13 se sugirió que la comprensión de ellos seguía siendo limitada). Los dos términos que se emplean en 6:52 reaparecerán a medida que se desarrolla el tema en el resto del Evangelio. La acusación de no "entender" (συνίημι), que en 4:12 (en la cita de Is. 6:9-10) había sido la característica distintiva de "los que están fuera" en clara contraposición con los discípulos, se repetirá dos veces en contra de estos en 8:17, 21, y en el primero de esos versículos volverá a relacionarse con la acusación de un καρδία πεπωρωμένη (con respecto al reflejo de Is. 6:10 también en esta frase, véase la versión citada en Jn. 12:40). Esta frase también se usó anteriormente para referirse a la condición de los que se oponían al ministerio de Jesús (3:5); ahora los discípulos están mostrando esa misma condición. Este es un lenguaje notablemente fuerte para referirse a lo que, al parecer, es la lentitud natural de la gente común para adaptarse a la presencia de lo extraordinario en medio de ellos, en especial en un Evangelio que ya usó estos mismos términos y este mismo modelo del AT para describir a los de afuera y a los que se oponen a

---

inmediatamente anterior, sino con la falta de fe que se pone de relieve en la perícopa en general. Así opina T. Dwyer, *Wonder*, 132-33, en consonancia con los estudios de C. H. Bird y K. Tagawa. Aunque esta concepción de γάρ parece menos natural, es coherente con la interpretación general de Dwyer de que el tema del asombro no es en sí mismo negativo.

71. Hooker, 169, sugiere que los dos milagros están vinculados por su relación con los dos milagros principales del período del Éxodo, el paso a través del mar y la provisión del maná; después de haber visto a Jesús reproducir el primero, no deberían haberse sorprendido al verlo ahora imitar el primero.

Jesús.[72] Es así como Marcos nos prepara para una imagen cambiante y menos halagadora de los discípulos en el resto del Evangelio.[73]

Muchas curaciones (6:53-56)

La serie de milagros junto al lago que comenzó en 6:31 termina ahora con un regreso a la zona conocida de la ribera occidental, donde Jesús sigue siendo el centro de atención y del entusiasmo popular, al menos por su poder sanador milagroso. En este breve resumen, sin embargo, no se hace alusión a la enseñanza (contrástese con 1:14-15, 39; 2:2, 13; 4:1-2, 33; 6:2, 6). En 6:34 solo se mencionó de pasada porque la narración de Marcos se centró específicamente en el milagro que siguió. A lo largo de esta sección de la historia se describe a Jesús como hacedor de milagros, y era en virtud de esta facultad que las multitudes lo buscaban. Más sorprendente aún resulta la omisión de toda referencia al exorcismo en este resumen (contrástese con 1:32-34, 39; 3:7-12, 14-15; 6:7, 13), pero Marcos ya había hecho especial hincapié en ese aspecto del ministerio de Jesús, y tal vez no cabe esperar que lo repita en cada ocasión.

En cuanto a la llegada a Genesaret en el contexto de la geografía bastante oscura de esta parte de la narración, véase el comentario sobre el v. 32. Genesaret se hallaba en la misma área de la ribera noroeste del lago, que fue el escenario de los demás resúmenes de la actividad sanadora de Jesús (1:32-34; 3:7-12); aquí, en contraste con la ciudad de Nazaret en lo alto de las colinas (6:1-6), Jesús ya tenía fama de sanador, por tanto, la gente se mostraba naturalmente interesada en aprovecharse de su presencia (v. 55). El resultado de su visita (v. 56), pues, parece un progreso bastante espectacular en los asentamientos de esta área bien poblada a orillas del lago, y el éxito médico total en esta región contrasta de manera vívida con lo que ocurrió en Nazaret (v. 5), aunque tal vez no sea prudente forzar el lenguaje naturalmente rotundo de un resumen y entender que se trató de un resultado literal del cien por ciento. En esta región, a diferencia de Nazaret, la "fe" en Jesús, al parecer, era una realidad.

Jesús es el centro de atención en todo el resumen pero no es el sujeto de los verbos: Jesús no sale a buscar pacientes; es la gente la que toma la iniciativa. Con respecto a la idea de que el simple hecho de tocar las vestiduras

---

72. Véase M. A. Beavis, *Audience*, 89-91, con respecto al significado de la "teoría del endurecimiento" en Marcos, y su fundamento en Is. 6:9-10. Q. Quesnell, *Mind*, tomó 6:52 como base de su análisis amplio de la teología de Marcos en este respecto.

73. J. O'Callaghan, *Bib* 53 (1972) 91-100, propuso que un pequeño fragmento de un papiro de Qumrán (7Q5) se había originado en un texto griego del Evangelio de Marcos (y por ende, era mucho más Antiguo que cualquier otro manuscrito conocido del NT), pero esa teoría depende de la identificación de unas doce cartas claramente reconocibles que aparecen en el fragmento con porciones de Mr. 6:52-53. En *Manuscript*, C. P. Thiede presentó con lujo de detalles un argumento a favor de la identificación de O'Callaghan, aunque convenció a muy pocos eruditos; véanse las advertencias de Gundry, 343-44, y Mann 307-8.

de Jesús obraría la sanidad, véase el comentario sobre 5:28 (y cf. 3:10). La mención específica del κράσπεδον (el borde o fleco que la ley mosaica exigía que usaran los varones judíos; Nm. 15:38-39; Dt. 22:12) podría sugerirles a los que están familiarizados con la historia de la mujer hemorroísa en las versiones de Mateo y de Lucas (Mt. 9:20; Lc. 8:44) que Marcos empleó aquí el término para recordar ese incidente, y por ende, que tal vez él interpretó la sanidad de aquella mujer como un precedente que ahora había animado a otras personas a esperar el mismo resultado. Pero Marcos no hizo referencia al κράσπεδον en aquella ocasión. Cabe pensar que la esperanza de recibir la sanidad tocándolo se haya visto estimulada por la experiencia de esa mujer, pero lo más probable es que Marcos mencionara el κράσπεδον simplemente porque era la parte más accesible de la vestidura de Jesús.

UN ANTICIPO DE CONFRONTACIÓN EN JERUSALÉN: EL TEMA DE LA PUREZA (7:1-23)

NOTAS TEXTUALES

3. La dificultad para captar el sentido de πυγμῇ, junto con el amplio testimonio que confirma su presencia, no deja margen para dudar de que esa sea la lectura original. Su omisión (Δ si cop) o la sustitución por πυκνά (א W etc.) son recursos obvios para lidiar con una palabra problemática.

4. La adición de ὅταν ἔλθωσιν después de ἀπ᾽ ἀγορᾶς en los testimonios occidentales es, al parecer, un esfuerzo por proporcionar un verbo adecuado para que encaje el incómodo sintagma preposicional; es difícil imaginar que se omitiera deliberadamente si era original.

4. Es probable que ῥαντίσωνται sea una corrección hecha por algún copista cristiano que ante el uso del verbo βαπτίζομαι como un término relacionado con el ritual judío del lavamiento tal vez prefirió sustituirlo por una palabra menos "cristiana". También es posible que la extraña sintaxis de la oración hiciera que algunos consideraran que ἀπ᾽ ἀγορᾶς era el complemento del verbo ("[cosas] de la plaza"), para lo cual no resultaría adecuada la voz media de βαπτίζομαι (la voz activa de ῥαντίζω parecería también más natural, pero con respecto al significado de "purificarse a sí mismo" en voz media, véase BAGD, 734a, 2.b).

4. Existen pruebas sólidas tanto a favor como en contra de la inclusión de καὶ κλινῶν. Tal vez sea un poco más probable que los copistas omitieran la frase (relacionada con la legislación sobre los lechos impuros en Lv. 15) porque parecía tan inadecuada en una lista de piezas de la vajilla que se añadió posteriormente con el fin de proporcionar una lista más completa de los rituales de purificación judíos (el lavamiento de los lechos no se menciona explícitamente en Lv. 15).

7-8. La inclusión inmediatamente antes (D Θ la mayoría de las versiones de la AL) o inmediatamente después (A K f etc.) del v. 8 de una lista de rituales tradicionales en la que se repiten algunos de los mencionados en el v. 4, junto con las últimas palabras del

v. 13, se debe probablemente al deseo de especificar la manera en que los escribas eran merecedores de la acusación del v. 8. La inclusión de una cláusula en diferentes lugares de la tradición manuscrita suele indicar que se trata de una adición secundaria, y el texto sin adornos de los MSS griegos más antiguos es, al parecer, el más probable.

9. La elección entre los verbos στήσητε y τηρήσητε en función de las pruebas externas no es obvia, y el significado de cualquiera de ellos resulta adecuado en el contexto. El uso de στήσητε puede tener un poco de ventaja para "establecer" que la tradición desempeña un papel más enérgico en el rechazo de la palabra de Dios, mientras que en un contexto relacionado con la conducta jurídica correcta, cabría haber esperado τηρέω como un término más natural.

15. La inclusión del v. 16, εἴ τις ἔχει ὦτα ἀκούειν, ἀκουέτω en la mayoría de los manuscritos posteriores encaja bien en este contexto parabólico, en el que tanto la fórmula introductoria del v. 14b como el uso de παραβολή en el v. 17 reflejan el lenguaje del capítulo 4, donde esta misma fórmula aparece en los vv. 9 y 23. Pero en vista de su omisión en la tradición alejandrina más antigua (א B L Δ* etc.) su propia pertinencia tal vez permite pensar que se trata de una adición secundaria sugerida por el contexto parabólico.

19. Καθαρίζον y las versiones del indicativo καὶ καθαρίζει (-εται) deben interpretarse, más bien, como intentos de "corregir" la sintaxis por parte de algunos copistas que no reconocieron la naturaleza parentética de la cláusula. El hecho de que el sentido que transmiten no sea adecuado no obra a su favor (como la "lectio difficilior") cuando existe una explicación tan obvia para su creatividad.

Aun cuando esta extensa porción se divide claramente en dos secciones (los vv. 1-13 y los vv. 14-23) y la primera de ellas pudiera dividirse, aunque menos satisfactoriamente en los vv. 1-8 y 9-13, la continuidad del tema principal es tan notable que, al igual que en el caso de las perícopas relacionadas con la controversia sobre el día de reposo en 2:23-3:6, sería preferible tratarlas como una sola unidad para destacar la continuación del tema de la pureza a lo largo de la sección, aunque la idea central se amplía significativamente en los vv. 14-23. La narración que sigue en 7:24-30 está también estrechamente relacionada con este tema, pero su carácter formalmente diferente requiere un análisis por separado.

El principio del capítulo 7, sin embargo, presenta un inquietante cambio con respecto a lo anterior. En la serie de historias milagrosas a orillas del lago en 6:31-56 Jesús se mostró como una figura capaz de realizar actos poderosos y no como un maestro, y fue objeto de la aclamación popular. El principio del capítulo 7 nos lleva de nuevo a un ambiente en el que se entrelazan la controversia y la enseñanza. La oposición y el rechazo, por supuesto, han sido hasta ahora temas recurrentes en el ministerio en Galilea, pero con esta nueva perícopa el conflicto entre Jesús y los líderes judíos alcanza un nivel mayor de repudio mutuo, y Jesús aviva deliberadamente el fuego con una declaración todavía más radical que sus polémicos comentarios sobre el día de reposo (vv. 15, 19).

La importancia siniestra que reviste este incidente con respecto al desarrollo futuro de la historia obedece al hecho de que los opositores de

Jesús no son ahora los principales escribas locales sino, al igual que en 3:22, una delegación ἀπὸ Ἱεροσολύμων. Fue de ese grupo que provino la acusación contra Jesús de colaborar con el diablo. En esta ocasión (permitir que sus discípulos coman sin haberse lavado las manos) parece un asunto menos serio, pero provoca, y tal vez esa era la intención, una clara polarización de las opiniones que tiene que enfrentar irrevocablemente la nueva enseñanza de Jesús contra la ortodoxia religiosa vigente, y que, en la plenitud del tiempo, hará que la comunidad de sus seguidores abandone definitivamente los confines del judaísmo tradicional. No es una coincidencia que en la narración que sigue el propio Jesús salga del territorio judío y comience a ejercer su ministerio entre los gentiles. La controversia sobre la pureza ritual, con sus radicales implicaciones para el estatus de las leyes dietéticas que dividen a los judíos de los gentiles, constituye, por tanto, la transición narrativa entre las etapas judía y gentil del ministerio de Jesús en el norte, y señala, a la vez, hacia lo que le espera en la etapa posterior del drama cuando se encamine a Jerusalén, el lugar de donde había venido esta delegación hostil.

Aunque toda la sección gira en torno al tema de la pureza, existe una diferencia notable entre sus dos componentes principales en cuanto a la forma de plantear el asunto. En pocas palabras, en los vv. 1-13 Jesús acusa a los escribas de socavar la autoridad de la ley veterotestamentaria pero en los vv. 14-23, él mismo, al parecer, socava uno de sus mandamientos esenciales. En los vv. 1-13 Jesús dirige su ataque únicamente contra la tradición de los escribas pero en los vv. 14-23 los escribas no vuelven a mencionarse y la crítica de Jesús va dirigida, en cambio, contra un principio fundamental de la propia ley del AT. Cuando estudiemos el texto de cada parte de la sección debemos tener presente este sorpresivo cambio de dirección y los criterios aparentemente contradictorios que implica.[1] Las leyes dietéticas de Levítico 11 y 17, y todo el concepto de pureza ritual que subyace tras ellas, revestían una importancia capital para la cultura y la identidad judías. Junto con el rito de la circuncisión y la observancia del día de reposo, la adhesión a estas leyes dietéticas distinguía a los judíos como pueblo especial de Dios, y los separaba socialmente de las demás personas.[2] Una de las maneras más elementales de demostrar nuestra integración social consiste en compartir los alimentos, y estas leyes hacían realmente imposible que los judíos participaran de las comidas preparadas por los gentiles. Aunque el tema suscitado por los escribas en el v. 2 ocupaba

---

1. En un estudio estimulante y sugerente de la perícopa realizado por J. Marcus en C. M. Tuckett (ed.), *The Scriptures in the Gospels*, 177-95, el autor señala la aparente incongruencia de los argumentos que se usan, y sobre todo, que algunas de las observaciones formuladas por Jesús podrían, con una razón más obvia, haber sido formuladas por los fariseos. Marcus intenta reconstruir la situación polémica del siglo primero que le dio origen a la perícopa, y presenta en las págs. 190-91 su propia "reconstrucción" del ataque fariseo sobre la actitud cristiana hacia la Escritura y la tradición.

2. Sobre las "líneas divisorias" que separaban a los judíos de los gentiles", véase, p. ej., J. D. G. Dunn, *Partings*, 28-31.

el nivel relativamente inofensivo del lavamiento ritual antes de tomar los alimentos (un tema con respecto al cual los propios judíos tenían diferentes opiniones), por su declaración en el v. 15, Jesús amplía deliberadamente el debate e incluye esta separación ritual que constituía una de las "insignias" de la identidad nacional judía.

Cuando el movimiento cristiano comenzó a aceptar en sus filas cantidades significativas de gentiles, las leyes dietéticas se transformaron inevitablemente en un asunto de importancia existencial, por cuanto la vigencia literal de las mismas haría imposible que los judíos y los cristianos gentiles compartieran la misma mesa. Tanto en el libro de los Hechos como en las cartas paulinas se pone claramente de relieve la sensibilidad del tema, el cual constituyó una de las áreas más candentes de la polémica en el cristianismo del primer siglo, tal como podemos observar de manera especial en la visión de Pedro en Jope y el resultado de la misma (Hch. 10:9-16, y el resto de Hch. 10–11), en el concilio de Jerusalén y su famoso decreto de "compromiso" (Hch. 15:1-29), y en el "incidente de Antioquía" de Gálatas 2:11-14. El análisis de Pablo en Romanos 14 sobre las disputas dietéticas que existían en la iglesia de Roma se centra en parte en esos mismos temas, y sus declaraciones en Romanos 14:14, 20, con la fórmula de autoridad πέπεισμαι ἐν κυρίῳ ᾽Ιησοῦ, reflejan las palabras de Marcos 7:15, 19;[3] por tanto, en los años cincuenta, Pablo ya tenía conocimiento de la tradición de la enseñanza de Jesús sobre esta cuestión (y tal vez de la esencia del comentario de Marcos al respecto en el v. 19c).[4]

Pero si Jesús ya se había expresado con tanta claridad acerca de este tema, tal como indica Marcos (v. 19c), ¿cómo es posible que todavía generara tantas discusiones entre sus seguidores? Esta perícopa sin duda debería haber bastado para resolver el problema de una vez por todas y con toda certeza (tal como Pablo, de hecho, parece usarla en Ro. 14). Por tanto, algunos comentaristas proponen interpretar Marcos 7:19c en un sentido menos definitivo, o bien, tomarlo como una contribución personal de Marcos que está más allá de cualquier implicación que podría correctamente inferirse del mencionado epigrama de Jesús, y de hecho, como una contribución deliberada de Marcos a lo que todavía era un tema controvertido dentro de la iglesia para la cual estaba escribiendo. No cabe duda de que el v. 19c se aplica más explícitamente a la cuestión de las leyes dietéticas que cualquier otra expresión que pueda encontrarse en la tradición verdadera de las palabras de Jesús tal como aparecen en Marcos y en Mateo, pero es difícil imaginar que un cristiano que leyera alguna de las dos formas diferentes en las que aparece la declaración clave (Mr. 7:15; Mt. 15:11), dejara de reconocer la importancia del principio del tema de las leyes dietéticas y su efecto sobre las relaciones sociales entre

---

3. Véase Van Iersel, 53-54, con respecto a la pertinencia de Mr. 7:19 para la situación presupuesta en Ro. 14.

4. Cf. S. Westerholm, *Jesus*, 81-82; D. Wenham, *Paul*, 92-97. Wenham sugiere reflejos de esta perícopa también en 1Co. 6:12-13; Col. 2:21-22.

judíos y gentiles cuando este tema ya se había convertido en objeto de debate dentro de la iglesia. Si la intención de Marcos era hacer más explícita esa aplicación, lo mismo podría haber hecho cualquier otro lector inteligente del epigrama de Jesús.[5]

La notable lentitud de la iglesia para entender las implicaciones de lo que Jesús había dicho no se explica cuestionando la validez de la interpretación de Marcos, sino, más bien, teniendo en cuenta el conservadurismo instintivo de casi todas las comunidades religiosas que suele resistirse a cualquier modificación de los valores tradicionales fundamentales hasta que no queda otra opción. Cuando reconocemos las implicaciones radicales que tiene el abandono de las leyes dietéticas para la identidad comunitaria judía (y de hecho, para la autoridad de la Torá), no resulta sorprendente que el significado pleno del incómodo epigrama de Jesús necesitara algún tiempo para hacerse comprensible, y que hubiera algunos grupos dentro del cristianismo del primer siglo para los que ese proceso se prolongara más que para otros. Marcos representa claramente el ala más "progresiva" (paulina) en ese debate.

Se ha sugerido a menudo que en este punto existe una diferencia significativa y deliberada entre las perspectivas de Marcos y de Mateo.[6] (No hay ningún paralelo en Lucas; el debate sobre la pureza forma parte de su "gran omisión"; véase la pág. 269). El hecho de que Mateo no haga ningún comentario comparable con la declaración de Marcos καθαρίζων πάντα τὰ βρώματα sugiere a muchos que él no quiso plantear claramente el tema de las leyes dietéticas, y su inclusión en 15:20 del comentario de que τὸ ἀνίπτοις χερσὶν φαγεῖν οὐ κοινοῖ τὸν ἄνθρωπον hace que al final del versículo la discusión regrese al tema menos controvertido del lavamiento de manos, un asunto que compete a la tradición de los escribas y no a la ley, liberando con ello a Jesús de la acusación de estar haciendo precisamente lo que había asegurado en Mateo 5:17 que no iba a hacer, a saber, "abolir la ley". Este comentario trivial en Mateo revela una diferencia de presentación respecto a Marcos, pero es sin duda increíble que un evangelista (de la aguda sensibilidad de Mateo para los asuntos que conciernen a la ley judía) que conservó el epigrama crucial de 15:11, pudiera ignorar, o esperara que sus lectores judíos ignoraran, las implicaciones que esto tenía para las leyes judías. Es admisible encontrar en Mateo un historial más apologéticamente minucioso de las opiniones de Jesús sobre la pureza, pero considerar que su versión es totalmente inocua desde el punto de vista de la validez ininterrumpida de las leyes dietéticas resulta ingenuo.

---

5. Sobre este debate, y sobre la importancia capital de Mr. 7:15 para entender el abandono de las leyes dietéticas por parte de la iglesia cristiana, véase J. D. G. Dunn, *Jesus, Paul and the Law*, 37-60. Dunn interpreta Mr. 7:15 como un reflejo "mejorado" pero fiel de un dicho original de Jesús tal como Mt. 15:11.

6. Una distinción notable entre los dos relatos es el ordenamiento diferente del material en la primera mitad de la perícopa, pero esta diferencia, si bien puede afectar la fuerza retórica del ataque, no revela, al parecer, ninguna diferencia de perspectiva en cuanto al tema de la contaminación. En los comentarios sobre el v. 6 analizaremos este asunto.

1-5 La estructura de los vv. 1-5 es compleja y se han propuesto diferentes métodos de puntuación. Por lo general se acepta que los vv. 3-4 funcionan como un comentario parentético, después del cual, en el v. 5 se retoma la idea del v. 2, pero los editores difieren en cuanto a si deben interpretar el v. 5 como la continuación de una oración interrumpida, o desde el punto de vista sintáctico, como un nuevo comienzo que reanuda el tema de la oración anterior en los vv. 1-2. Con respecto a esta segunda hipótesis, los vv. 1-2 constituyen una oración completa, en la que el v. 2 funciona como una cláusula de participio con ἐλθόντες ἀπὸ Ἱεροσολύμων y está regida por συνάγονται como su verbo principal —ellos "se juntaron... habiendo venido de Jerusalén y habiendo visto...". En general, esto ofrece el hilo de pensamiento más satisfactorio, porque si se colocara un punto al final del v. 1 (como en UBS, NA), el v. 2 tiene que tratarse como una oración inconclusa que se reanuda de manera torpe al principio del v. 5 con una conjunción καί que está fuera de lugar después de una introducción participial. Si los vv. 1-2 se consideran una oración completa, entonces no hay necesidad de guiones para comenzar los vv. 3-4, aunque ponerlos entre paréntesis ayuda al lector a reconocer su carácter explicativo.

1 La frase de Mateo, ἀπὸ Ἱεροσολύμων Φαρισαῖοι καὶ γραμματεῖς sugiere que era un solo grupo procedente de Jerusalén el que había venido a Galilea. Sin embargo, las palabras de Marcos dividen al grupo en dos subgrupos, a saber, los Φαρισαῖοι (supuestamente locales) y τινες τῶν γραμματέων ἐλθόντες ἀπὸ Ἱεροσολύμων. En lo que respecta al ámbito de su competencia, estos escribas de Jerusalén también eran fariseos, y por ende, no es posible hacer ninguna distinción entre los dos grupos que aparecen en la perícopa. La narración de Marcos ya había presentado a los fariseos locales como líderes de la oposición contra Jesús en Galilea (2:16, 24; 3:6). Los escribas locales también se mencionaron en 2:6, 16, pero la reaparición aquí de estos escribas de *Jerusalén* (a los que ya se había hecho referencia en 3:22), indica que la oposición local había sido reforzada con una delegación procedente de la capital. Su descripción en ambos casos como individuos que habían venido (καταβάντες, 3:22; ἐλθόντες aquí) de Jerusalén probablemente sugiere que ellos habían venido especialmente para investigar y/o altercar con Jesús.

2 Al igual que en 2:18, 23-24, lo que provoca la disputa no es las acciones de Jesús sino la conducta de sus discípulos (véase el comentario sobre 2:24). El problema en esta ocasión (del mismo modo que en 2:18) no se relaciona con la obediencia de las leyes veterotestamentarias, sino con las normas que se habían desarrollado posteriormente en los círculos farisaicos.[7] Aunque lo que cabría esperar normalmente es que se lavaran las manos antes de comer por razones higiénicas (puesto que los alimentos solían tomarse de un plato

---

7. Aunque las regulaciones con respecto al lavamiento de las manos ya estaban firmemente establecidas, los rabinos las defendían solo porque eran "palabras de los escribas", pero no porque consideraran que tenían la misma autoridad de la Torá (*b.* ʿErub. 21b; *b.* Ḥul. 106a).

común),[8] el único lavamiento de manos que exige el AT con el fin de obtener la pureza ritual[9] es el de los sacerdotes antes de ofrecer los sacrificios (Éx. 30:18-21; 40:30-32). La ampliación de este principio al consumo de los alimentos corrientes[10] y a los judíos que no eran sacerdotes se debía a los escribas, y no se sabe a ciencia cierta hasta qué punto había avanzado en la época de Jesús.[11] Es improbable que el lavamiento ritual de las manos ya fuera una costumbre entre la gente común, y es posible que lo que los fariseos aquí esperaban de Jesús y sus discípulos era que practicaran lo que ellos solían hacer. De un autoproclamado maestro religioso podía sin duda esperarse que les exigiera a sus seguidores una práctica ritual al menos tan rigurosa como la que los fariseos esperaban de los suyos, y no permitirles que se comportaran como los 'am hā-'āreṣ. En cuanto al uso de κοινός y κοινόω para denotar impureza ritual (un uso específicamente judío que aparece en los Evangelios solo en esta perícopa en Marcos y en Mateo) cf. Hechos 10:14-15, 28; 11:8-9; 21:28; Romanos 14:14; Hebreos 9:13; 10:29. Marcos añade la cláusula explicativa τοῦτ' ἔστιν ἀνίπτοις en consideración a sus lectores gentiles.[12] El plural τοὺς ἄρτους es inesperado; normalmente se usaría el singular para referirse al pan o a los alimentos en general. Es por eso que algunos comentaristas ven aquí una referencia a los cinco panes de 6:38-44, a los que también se alude en plural en 6:52; 8:19. El pan sin duda en un tema recurrente de esta parte de la narración, y pronto se verá reforzado por un segundo milagro de alimentación y la mención específica de siete ἄρτοι in 8:5-6, 20, y por el concepto del "pan de los hijos" en 7:27. La parte de la narración que trata acerca de todo el ministerio de Jesús en Galilea terminará con una discusión sobre el significado de "los panes" (8:11-21). Pero no se establece ninguna relación explícita entre los ἄρτοι de este versículo y las demás referencias al pan en los capítulos 6–8, y no resulta fácil inferir a priori que exista alguna conexión. Además, desde el punto de vista de la narración, es sumamente improbable que los escribas recién llegados de Jerusalén hubieran

8. R. P. Booth, *Purity*, 118-19, analiza y descarta la posibilidad de que la objeción de los fariseos aquí se basara únicamente en razones higiénicas.

9. Las manos se consideraban una fuente de impureza ritual porque están "siempre ocupadas" ((*m. Ṭoh. 7:8*), y por tanto, pueden ponerse en contacto con cosas inmundas. El principio se desarrolla detalladamente en el tratado de la mishná *Yadayim* ("Manos").

10. Un pasaje de la mishná afirma que aunque en ciertos casos se exige el lavamiento antes de consumir los alimentos sagrados, no así para los "alimentos comunes". (*m. Para* 11:5).

11. R. P. Booth, en *Purity,* 120-21, analiza exhaustivamente el desarrollo histórico de las leyes de pureza con especial referencia al lavamiento de las manos, e incluye un resumen útil de conclusiones en las págs. 186-87. Podría elaborarse un buen argumento a partir de las referencias rabínicas (por cierto ambiguas) de que desde los tiempos de Hillel y Shammai (es decir, en la época de Jesús) la impureza ritual de las manos era objeto de debate (*Purity*, 169-73). Pero Booth alega que el tipo de impureza transmitido por las manos en las probables circunstancias de los discípulos de Jesús no se eliminaba por el simple hecho de lavárselas sino que exigía una inmersión completa; sugiere, por tanto, que los fariseos preocupados eran *haberim* que practicaban un lavamiento de manos supererogatorio que no demandaba la ley farisaica, y que estaban tratando de influir en Jesús y sus discípulos para que lo adoptaran, y de ese modo, se convirtieran también en *haberim* (189-203).

12. En cuanto al desarrollo de este significado de κοινός, véase R. P. Booth, *Purity*, 120-21.

presenciado el milagro de alimentación y así poder comentar sobre cualquier supuesta irregularidad ritual en la que pudieran haber caído los discípulos.[13] Por tanto, es probable que no exista ninguna diferencia significativa entre el plural de este versículo y el singular del v. 5.

3-4 El relato aclaratorio de Marcos sobre los rituales judíos de purificación va dirigido aparentemente a los lectores gentiles del Evangelio. Más que una presentación matizada de las leyes de pureza del AT y de la tradición de los escribas, es un relato amplio y sencillo que transmite un sentido general de preocupación meticulosa para evitar cualquier contaminación. La inclusión de πάντες οἱ Ἰουδαῖοι en esta descripción junto con los fariseos no es históricamente exacta, sino más bien, impresionista, porque no hay ninguna prueba de que el tipo de precauciones que se describen fueran observadas en aquel entonces por los judíos en general, si en realidad lo fueron en algún momento.[14] Era precisamente la observancia de esas normas las que diferenciaban a los miembros del partido farisaico del pueblo en general.[15] La práctica, incluso entre los fariseos, tal vez no era tan rigurosa o tan uniforme como Marcos indica.[16] El sustantivo dativo singular πυγμῇ (véase la nota textual) significa literalmente "con el puño". No tenemos ninguna otra prueba de lo que pudiera connotar la expresión en relación con el lavamiento de las manos, y los distintos significados casi literales que han propuesto algunos traductores y comentaristas[17] ("hasta la muñeca"; "hasta el codo"; "sus manos y sus muñecas"; "con las manos ahuecadas"; "con un puñado de agua"),[18] no son más que conjeturas; otros, tal vez con más sensatez, optan por una paráfrasis

---

13. Gundry, 348-49, sugiere que Marcos imagina que los discípulos, tras haber encontrado finalmente una oportunidad de comer, ahora estaban comiendo las sobras (6:43) de "los panes" del milagro; los escribas no son testigos del milagro, sino de esta comida posterior.

14. Según la *Carta de Aristeas*, una obra (probablemente) del siglo II a.C. que describe la traducción de la Septuaginta en el siglo III a.C., los traductores se lavaban las manos durante sus oraciones ὡς ἔθος ἐστὶ πᾶσι τοῖς Ἰουδαίοις (*Aristeas*, 305). Esta parece una generalización tan exagerada como la de Marcos, pero también le avisa al lector gentil de que se trata de una preocupación específicamente judía. Sin embargo, para un relato inusualmente positivo del origen temprano y la amplia diseminación de los rituales del lavamiento de manos, véase Gundry, 358-60.

15. Para un estudio provechoso de las leyes farisaicas relativas a la pureza en el siglo I, véase E. P. Sanders, *Judaism*, 431-40. Los fariseos, concluye diciendo, "aspiraban a un nivel de pureza superior al normal, pero inferior al de los sacerdotes y sus familias, y muy inferior también al de la secta de Qumrán". La situación se complica aún más por la incertidumbre en cuanto a la relación entre los términos "fariseo" y *haber*. Dichos términos no son idénticos, y los *haberim*, al parecer, constituían un grupo más pequeño que obedecía un código más riguroso de pureza como el que presupone este pasaje, y a ese grupo pertenecían algunos (tal vez, la mayoría) de los fariseos. Sanders analiza este asunto en su obra *"Paul*, 61-62, 154-56; *Jesus*, 187-88". Sin embargo, a los efectos de este comentario debe ser suficiente el término "fariseo".

16. E. P. Sanders, *Judaism*, 437-38. Cf. R. P. Booth, *Purity*, 189-203.

17. Entre muchos artículos, el de M. Hengel, *ZNW* 60 (1969) 182-98, ofrece una visión útil de las sugerencias antes de presentar su propio argumento de que se trata de un latinismo que significa "un puñado" *(pugillus)*.

18. La última sugerencia tal vez cuenta con cierto apoyo en las normas de *m. Yad.* 1:1 en cuanto a la cantidad de agua necesaria para lavarse las manos.

menos literal (que no presupone forzosamente la lectura variante πυκνά), como por ejemplo, "minuciosamente" o "ceremonialmente".[19] Independientemente de la forma exacta que adoptó, lo que Marcos describe es una purificación ritual y no un lavamiento higiénico.

En cuanto a τὴν παράδοσιν τῶν πρεσβυτέρων, véase el comentario sobre el v. 5. La frase ἀπ᾽ ἀγορᾶς se encuentra incómodamente apartada de la sintaxis, y exige que se le añada algo más con lo que pueda relacionarse. Podría ser un verbo ("cuando vuelven del mercado", como en la tradición textual Occidental") o un sustantivo ("las cosas compradas en el mercado"). La elección entre estas opciones, a su vez, depende de que el verbo se lea como βαπτίσωνται o ῥαντίσωνται (véase la nota textual), el primero concuerda mejor con el verbo, el segundo con el sustantivo. Dado que el resto del comentario trata acerca del lavamiento de las manos y de los vasos, y no de la purificación de los propios alimentos, es probable que la lectura occidental sea la que mejor representa la intención de Marcos (aunque no su texto). La referencia, pues, es a la necesidad que tienen los que han estado en la plaza, y por ende, expuestos a diversas fuentes posibles de impureza ritual, de purificarse antes de comer. El lavamiento en este caso no es solo de las manos, sino que aparentemente implica la inmersión de toda la persona[20] (cf. Tob. 7:8 en cuanto a bañarse además de lavarse las manos antes de comer, aunque este único ejemplo no demuestra que la inmersión fuera una práctica habitual antes de todas las comidas).[21]

La fórmula "muy abarcadora" καὶ ἄλλα πολλά ἐστιν ἃ παρέλαβον κρατεῖν extiende el alcance del comentario de Marcos a las regulaciones para la pureza ritual en general, y entonces, para ilustrarlo, el resto del v. 4 pasa del lavamiento de la persona al lavamiento de las piezas de la vajilla, que en Mateo 23:25; Lucas 11:39 se reconoce como una preocupación farisaica. La inclusión de los lechos (si en realidad es original; véase la nota textual) resulta incongruente, pero presumiblemente representa un deseo de ofrecer un relato aún más detallado de los ritos de purificación judíos incluyendo también el tema de Levítico 15.

5 Se formula ahora la acusación para la que nos prepararon los vv. 1-4, la cual presupone que la omisión del ritual del lavamiento de manos contraviene τὴν παράδοσιν τῶν πρεσβυτέρων. Jesús volverá a usar el término παράδοσις en su respuesta, pero la describirá intencionadamente no como τῶν πρεσβυτέρων sino como τῶν ἀνθρώπων (contraria a la palabra *de Dios*, v. 8) y

---

19. Una nota de J. M. Ross, *ExpTim* 87 (1975/6) 374-75, sugiere curiosamente la expresión idiomática "limpiar con el puño", cuyo significado puede ser simplemente como nuestra expresión "una buena fregada".

20. Para esta connotación de βαπτίζομαι en relación con el AT y el ritual judío, véase *DNTT*, 1.144-45. La inmersión completa (en una *miqwâ*) como un requisito preliminar para adorar está bien confirmada en algunas fuentes literarias y por medio del descubrimiento de *miqwā᾽ōt*, pero resulta menos probable antes de una comida ordinaria (véase la, p. 280 n. 11).

21. Para los rituales judíos de ablución en general, véase R. L. Webb, *John*, 95-162, y para la práctica dentro del judaísmo convencional en el siglo I, especialmente 108-12.

como ὑμῶν (vv. 9, 13), poniendo así en tela de juicio la suposición automática de los fariseos y los escribas de la existencia de una autoridad inherente en la tradición. Según vimos ya, habría sido ciertamente válido cuestionar cuán antigua y cuán aceptada era en realidad esta tradición en particular: ¿quiénes eran los πρεσβύτεροι de los cuales se había recibido? El término no es específico, y se refiere simplemente a la "sabiduría recibida", pero esa sabiduría no podía ser muy antigua, ni podía haber llegado a todos los grupos dentro del judaísmo en aquel tiempo.[22] Pero los escribas, así como los grupos religiosos en general, presuponían que lo que el uso había establecido en algún momento debía considerarse un precepto; para ellos, pues, esta práctica era ahora manifiestamente correcta.[23] Por ese motivo, la respuesta de Jesús se centrará en este tema más fundamental de la autoridad relativa de la tradición como una guía para conocer la voluntad de Dios, y no en la procedencia de la tradición particular en cuestión.

6-7 Marcos y Mateo presentan la respuesta de Jesús a la acusación en diferente orden. En Mateo, Jesús replica inmediatamente con la contradenuncia de haber dejado el mandamiento de Dios con su tradición, seguida de la ilustración tomada de la legislación sobre el *qorbān*, y concluye el ataque con la cita de Isaías 29:13. En Marcos, la cita de Isaías aparece primero. El orden de Mateo es más suave porque la progresión de la secuencia "acusación-ilustración-cita" de apoyo resulta más fácil de entender; las palabras de Mateo 15:3, καὶ ὑμεῖς παραβαίνετε... διὰ τὴν παράδοσιν ὑμῶν, constituyen una réplica inmediata y enérgica a la acusación διὰ τί οἱ μαθηταί σου παραβαίνουσιν τὴν παράδοσιν τῶν πρεσβυτέρων. Pero es posible que el orden más duro de Marcos, que introduce la cita condenatoria de Isaías valiéndose del término sarcástico καλῶς, sin haber explicado siquiera de qué modo se aplicaba a estos "hipócritas" específicos, aumente el efecto retórico por cuanto el ataque escriturario aparentemente espontáneo produce un impacto más poderoso en los lectores y los deja ansiosos por conocer el fundamento de la acusación, y con ello, allana el camino para los vv. 8-13. Este orden también permite que la acusación del v. 8 pueda expresarse de una manera que reanude el tema de la cita de Isaías con la frase τὴν παράδοσιν τῶν ἀνθρώπων.

La fórmula introductoria (en la que aparece por única vez en Marcos el término "mateano" ὑποκριτής)[24] da por sentado que las palabras de Isaías, que originalmente no predecían ninguna situación futura, sino que describían la devoción religiosa superficial de sus contemporáneos en el siglo VIII, pueden aplicarse directamente a ὑμεῖς, y que, de hecho, fueron escritas con respecto

---

22. Véase supra, p. 280 n. 11 y p. 282 n. 15.

23. En la época de la mishná, las tradiciones sobre el lavamiento de manos habían adquirido la autoridad suficiente para que cualquier rabino que las cuestionara (Eleazar b. Enoch) fuera "sometido a interdicción" (*m. ʿEduy. 5:6*).

24. Mann, 310, traduce maravillosamente el término como "ustedes, escribas puntillosos"— la traducción se explica en W. F. Albright y C. S. Mann, *Matthew*, CXV-CXXIII, aunque en el versículo paralelo a este de Mateo, prefirieron, de hecho, el término "picapleitos".

a ellos. Este uso "acomodaticio" de los textos veterotestamentarios es muy frecuente en gran parte de la exégesis del NT, y presupone una interpretación tipológica de continuidad en la relación entre Dios y su pueblo, en virtud de la cual, los acontecimientos y las situaciones antiguas constituyen modelos adecuados para una era posterior de cumplimiento, aun cuando en sí mismos no conllevaran ninguna fuerza predictiva.[25]

La cita está tomada de Isaías 29:13 en la LXX y la redacción fue ligeramente adaptada en la primera y última líneas de un modo que no afectara el sentido. Pero la segunda mitad del versículo en la LXX difiere de la versión hebrea por la inclusión de μάτην, un adverbio para el que no existe ningún equivalente en hebreo (a menos que se encuentre leyendo *wtōhû* en lugar de *wathî*; esa lectura de las consonantes hebreas podría haber producido el texto de la LXX), y por la inclusión del verbo διδάσκοντες (implícito pero no declarado en el término hebreo *mlummādâ*) para indicar que los condenados enseñan, y no solo siguen, mandamientos humanos. La teoría de que la pertinencia de la cita en este contexto depende de la redacción de la LXX, y por ende, no puede proceder de Jesús, se basa en tres suposiciones cuestionables: que Jesús no pudo haber conocido ni usado la LXX;[26] que el texto masorético tiene que representar el texto hebreo conocido en Palestina en el siglo I y que la inclusión de μάτην y de διδάσκοντες afecta materialmente el sentido. La afirmación concreta de que la adoración que se describe es "vana" intensifica sin duda la aplicación, y la inclusión de διδάσκοντες concuerda bien con la aplicación específica de la acusación a los escribas y no al pueblo en general, pero el texto, incluso en su forma hebrea, alude a una adoración basada en apariencias y de origen puramente humano, que es exactamente la observación que Jesús va a hacer con respecto a las tradiciones de los escribas, mientras que la observación específica de la LXX de que su adoración es "en vano" no se encuentra en ninguno de los comentarios de Jesús. La admisión de que la versión LXX esclarece la observación no pretende demostrar en modo alguno que Jesús no pudo haber utilizado Isaías 29:13 incluso en su forma hebrea como la base para su ataque contra la religión de los escribas.[27] El contrate en Isaías entre los labios (las palabras) y el corazón no se considera una forma regular de expresión en los Evangelios, pero refleja un tema profético importante (cf. Is. 1:12-17; Os. 6:6; Am. 5:21-24; Mi. 6:6-8, etc.) y concuerda con la acusación en otros lugares de los Evangelios de que la religión de los escribas se preocupa más por la conducta externa que por las actitudes esenciales y la relación con Dios (Mt. 23:23-28; Lc. 11:37-44). El planteamiento alternativo que Jesús propone en los vv. 14-23 volverá a girar en torno a la prioridad de lo interno sobre lo externo, y la palabra καρδία ocupará un lugar predominante en los vv. 19 y 21. Pero antes

---

25. Para comentarios sobre este enfoque "tipológico" de manera más general, véase mi obra *"Jesus and the OT*, 38-43, 75-80, y para este pasaje, 68-69.

26. Véase Gundry, 351.

27. Véase mi obra *Jesus and the OT*, 248-50.

de llegar a ese punto, la preocupación inmediata de Jesús será el tema de la segunda mitad de la cita de Isaías —a saber, que las normas y las regulaciones que se basan solamente en la autoridad humana no proporcionan el tipo de la respuesta que Dios exige de su pueblo.[28]

8 La acusación básica se expresa en forma resumida por medio de tres pares contrastantes de palabras: ἀφέντες... κρατεῖτε; ἐντολὴν... παράδοσιν; θεοῦ... ἀνθρώπων. El contraste más importante es el último —que la verdadera religión se centra en Dios, no en ninguna actividad puramente humana. Lo que procede de Dios tiene el carácter autorizado de un ἐντολή, que exige obediencia; lo que procede de la autoridad humana no es más que una παράδοσις, que de hecho puede ser valiosa o no, pero no tiene el mismo carácter obligatorio. Sin embargo, ellos se aferraban a la tradición y se olvidaban del mandamiento. El verbo ἀφίημι tal vez no llega a denotar un rechazo deliberado, sino un sentido equivocado de las prioridades que da como resultado *de facto* un descuido de la ley de Dios, pero en los vv. 9 y 13 se les acusará de una evasión más deliberada de las exigencias divinas. Los escribas, sin embargo, negaron indignados esa acusación alegando que sus progresivas tradiciones tenían por objeto, según una frase rabínica posterior, ser "una cerca alrededor de la Torá" (*m. 'Abot 1:1*; 3:14), que seguía siendo la principal autoridad. Pero Jesús demostrará entonces que, independientemente de la teoría, en la práctica, la ley del AT estaba ocupando el segundo lugar.

9 En este versículo se repite gran parte de la forma y de la redacción del v. 8, y la cláusula introductoria καὶ ἔλεγεν αὐτοῖς, que normalmente señala el inicio de una tradición separada, podría indicar que Marcos aquí combinó dos dichos independientes con idéntico fin (aunque uno solo de ellos aparece en Mt. 15:3). Eso puede ser cierto, pero ambos se relacionan claramente con el mismo contexto de la polémica sobre la tradición de los escribas. Con la combinación de los dos, Marcos, de hecho, no solo repitió el planteamiento sino que también hizo que el conflicto cobrara mayor intensidad, en tres aspectos: ἀφίημι es remplazado por el verbo ἀθετέω que expresa una acción más deliberada; la παράδοσις τῶν ἀνθρώπων se identifica más inequívocamente con τὴν παράδοσιν ὑμῶν; y la cláusula con ἵνα realza el sentido de perversidad en la intención, por cuanto implica que la ley de Dios constituía un impedimento que tenían que eliminar para poder establecer su tradición. El adverbio καλῶς, la misma palabra que introdujo la cita de Isaías, aquí también añade una nota conveniente de sarcasmo. Esta segunda acusación, pues, agrava el ataque y prepara el terreno para un ejemplo de esa supresión deliberada del propósito divino a favor de una tradición más conveniente de los escribas.

---

28. La cita de Is. 29:13, en forma casi idéntica, junto con la misma fórmula introductoria, vuelven a usarse en el fragmento de un evangelio cristiano primitivo desconocido llamado *Papyros Egerton* 2 (el texto en Aland ad loc.). No obstante, el contexto allí resulta sin duda menos adecuado: en respuesta a la pregunta acerca del pago de los impuestos romanos, Jesús replica con enojo: "¿Por qué me llamáis Maestro con vuestra boca y sin embargo, no [hacéis] lo que yo digo?", después de lo cual aparece la cita.

10-12 El ἐντολὴ τοῦ θεοῦ está representado por dos citas tomadas directamente de la Torá (y se menciona específicamente a Moisés como el autor para diferenciarlas de cualquier reformulación posterior de la ley). El texto fundamental es el quinto mandamiento de Éxodo 20:12; Deuteronomio 5:16; la adición de Éxodo 21:17 (21:16 LXX) ilustra la seriedad del mandamiento básico especificando un caso extremo de *des*honra al padre o a la madre y la consiguiente pena de muerte. No se trata, pues, de un asunto de poca monta. Sin embargo, la tradición de los escribas había provisto una cláusula sobre el *qorbān* para liberar al hijo de la responsabilidad de "honrar" a su padre o a su madre, no en lo tocante al lenguaje irrespetuoso sino en el nivel más práctico del apoyo financiero (que presumiblemente estaba implícito en la "honra" que exigía el mandamiento). No cabe duda de que en cuanto se introdujo esta disposición, fue justificada por el principio escriturario de no quebrantar ningún juramento o voto (Nm. 30:2; Dt. 23:21-23), sin averiguar siquiera si el voto había sido adecuado.

No está del todo claro cómo funcionaba este artilugio tan conveniente. Al parecer, era posible que si un hijo decía que los recursos que poseía, y de los cuales sus padres podían razonablemente esperar que los ayudara, eran Κορβᾶν, esos recursos técnicamente pasaban a ser "propiedad divina", y por tanto, sus padres ya no podían tener acceso a ellos. Pero no está claro sobre qué base el propio hijo podía retener el beneficio de los fondos asegurados de esa manera mientras se los negaba a sus padres (lo cual era presumiblemente la intención, y no simplemente un intento despiadado de despojar a sus padres cuando con ello él mismo perdía la posibilidad de usar tales fondos). Los análisis rabínicos, según veremos más adelante, sí presuponen que esto era posible.

Josefo, al igual que Marcos, emplea la palabra δῶρον para traducir el término hebreo *qorbān* en *Ant.* 4.73, donde hace referencia a los nazareos que se consideraban a sí mismos un "don" ofrecido a Dios, y en *Ap.* 1.167, donde constituye una fórmula indeterminada de juramento. El término se usa con frecuencia en Levítico y en Números para referirse a una "ofrenda" (sacrificial), y en todos los casos la LXX lo traduce como δῶρον. Por tanto, Κορβᾶν denota algo que se ha ofrecido, que se ha dedicado a Dios (cf. el uso de κορβανᾶς por parte de Mateo en relación con el tesoro del templo, donde se guardaban esas ofrendas, 27:6).[29] En la literatura rabínica el término aparece a menudo como una fórmula que se empleaba cuando se hacía una ofrenda (de comida, de dinero o de propiedades), como resultado de lo cual, lo que se dedicaba dejaba de estar disponible para el uso normal; en la práctica, la fórmula, al parecer, se empleaba principalmente con el propósito negativo de excluir a alguna persona en particular del uso de la propiedad (cf. la fórmula aquí Κορβᾶν... ὃ ἐὰν ἐξ ἐμοῦ ὠφεληθῇς; la misma forma de las palabras aparece

---

29. Cf. Josefo, *Gue*rras 2.175 para el empleo del término κορβωνᾶς con referencia al tesoro del templo y a la indignación popular cuando Pilato se apropió de sus fondos para darles un uso secular.

en *m. Ned.* 8:7),[30] y no con el propósito positivo de transferirla al uso divino. La sola mención de la palabra *qorbān* (o su equivalente *qōnām*) le confería obligatoriedad al voto. Estas dos palabras aparecen a menudo en el texto del tratado de la mishná *Nedarim*, e ilustran hasta dónde había llegado ya el debate rabínico sobre esos votos dedicatorios hacia el siglo II, con especial referencia a la atenuación de las dificultades causadas por los votos hechos a la ligera o por motivos equivocados. Entre los temas tratados estaba el posible conflicto entre la obligación de un voto y la obligación que se le debía al padre o a la madre en virtud del quinto mandamiento. En ese caso, los rabinos cuyos puntos de vista se reflejan en la mishná optaron por darle prioridad al mandamiento, y por ende, permitir que un hombre fuera liberado de su voto (*m. Ned.* 9:1); Jesús, al parecer, tenía conocimiento de la opinión más rigurosa de algunos escribas que rechazaban esa remisión.[31] La expresión οὐκέτι ἀφίετε αὐτὸν οὐδὲν ποιῆσαι sugiere que esos casos se llevaban ante un "tribunal" de escribas para decidir si la remisión podía permitirse, y que los escribas podían negarse a liberar a un hombre de su voto aun cuando él deseara verse libre del mismo.

En la mishná (*m. Ned.* 5:6) se lee el caso interesante de un hombre que, después de haber hecho este voto para impedir que su padre disfrutara de su propiedad, quiso evadir la fuerza de su juramento con el fin de permitir que su padre asistiera a la fiesta de bodas de su nieto; le donó, pues, a un amigo su patio y la fiesta para que su padre pudiera tener acceso (a lo que ahora era la propiedad de su amigo), pero el amigo, por su parte, hizo un voto similar con respecto a la propiedad que había acabado de recibir, frustrando así la intención del donante. Este caso ilustra dos puntos pertinentes a nuestro pasaje: (i) el voto original del *qorbān* se consideraba inalterable, aun cuando el propio hijo ahora deseara revocarlo; (ii) la propiedad "dedicada" de esa manera todavía estaba a disposición del hijo, aunque no al alcance de su padre. Esa es una situación que aparentemente se deja entrever en los comentarios de Jesús aquí.[32]

El tema central de los vv. 10-12 no está, por supuesto, directamente relacionado con el tema de la pureza en la perícopa en general. Por tanto, una aplicación mecánica de la crítica de la tradición describe naturalmente estos versículos como una intrusión ajena en el contexto de un análisis sobre la pureza, pero no es necesario llegar a esa conclusión si se tiene en cuenta que el *qorbān* no se introduce aquí porque se relacione con el tema principal sino para ilustrar la diferencia esencial entre el planteamiento de Jesús y el de los fariseos. La única función que cumple este ejemplo extraído de un área

---

30. La misma intención parece subyacer tras la inscripción de un osario de la primera parte del siglo I d.C. próximo a Jerusalén, en la cual se lee: "Todo aquello de lo que un hombre pudiera beneficiarse en este osario es *qorbān* a Dios del que está dentro de él"; véase J. A. Fitzmyer, *JBL* 78 (1959) 60-65.

31. Véase S. Westerholm, *Jesus*, 76-78, para un análisis del desarrollo en las actitudes rabínicas para liberar de los votos, con especial referencia a *m. Ned.* 9:1.

32. Para una presentación provechosa de la información rabínica sobre κορβᾶν, véase K. H. Rengstorf, *TDNT*, 3.861-66.

muy específica de la ley y la ética es ilustrar y traer a la luz la preocupación desproporcionada por la autoridad de la tradición de los escribas de la cual surgió la acusación en el v. 5.

13 La acusación de Jesús contra los escribas se resume ahora en una fórmula similar a la intensificación de las declaraciones en los vv. 8 y 9, pero como el caso específico al que se hace referencia ha tenido que ver con la legislación de los escribas, el verbo ya de por sí fuerte ἀθετέω (v. 9) se remplaza aquí por el término jurídico más formal ἀκυρόω, "anular" o "abrogar" (cf. Gá. 3:17). Lo que en realidad se han atrevido a hacer es dictaminar que τὸν λόγον τοῦ θεοῦ es ilegal. La frase ὁ λόγος τοῦ θεοῦ no es, tal como podría sugerir el uso moderno, un sinónimo aceptado para "la Biblia". Aquí y en el pasaje paralelo de Mateo 15:6 son las únicas ocasiones en que aparece la frase en esos dos Evangelios. En el resto del NT su principal función, sobre todo en Lucas y Hechos, es denotar el mensaje cristiano y su proclamación, aunque hay unos cuantos casos en los que alude a algún dicho divino en el pasado (que conocemos a partir del AT, por supuesto) y no a la Escritura como tal (Jn. 10:35; Ro. 9:6; 2Pe. 3:5). El único pasaje neotestamentario que pudiera anticipar la costumbre cristiana posterior de referirse a la Escritura como "la palabra de Dios" es Hebreos 4:12, aunque cabría cuestionar si se refiere allí a la Escritura en general o solamente a la sentencia de juicio del Salmo 95 que se analiza en ese contexto. Aquí, por tanto, no es probable que la culpa de los escribas deba interpretarse específicamente como una contravención de la *Escritura*, sino más bien como una socavación de una declaración divina concreta (el quinto mandamiento) en beneficio de su propia tradición humana. Por tanto, ὁ λόγος τοῦ θεοῦ es funcionalmente equivalente a ἡ ἐντολὴ τοῦ θεοῦ en los vv. 8 y 9.

La cláusula generalizadora καὶ παρόμοια τοιαῦτα πολλὰ ποιεῖτε cumple la misma función que καὶ ἄλλα πολλά ἐστιν ἃ παρέλαβον κρατεῖν en el v. 4 (y una cláusula similar que se añade en muchos MSS antes o después del v. 8; véase la nota textual) por cuanto extrapola el caso mencionado a una tendencia general de la religión de los escribas a hacer hincapié en lo que no hay que hacer. Si la legislación que aparece en la mishná puede realmente tomarse como una prueba de lo que ya era al menos una tendencia incipiente en la época de Jesús, entonces, la generalización, en cierto modo, está justificada.

14 Lo que hasta aquí ha sido una discusión privada entre Jesús y la delegación de escribas le da cabida ahora a ὁ ὄχλος (la multitud de los destinatarios de la enseñanza pública de Jesús en 2:13; 4:1; 6:34, etc.). De hecho, los fariseos y los escribas no vuelven a mencionarse; Jesús refutó su acusación y ahora toma la iniciativa de plantear públicamente un asunto relacionado con la pureza mucho más fundamental y que va más allá de la cuestión limitada de la validez de las normas de los escribas para el lavamiento de las manos. No se hace alusión ahora a ninguna regulación específica, sino más bien al principio básico de la contaminación a través de contactos externos que subyace en todas las leyes de pureza del AT y de la tradición de los escribas.

Pero este principio no va a analizarse a la luz de ninguna de las normas de los escribas, sino conforme a la filosofía de la enseñanza declarada en 4:33-34, por medio de una παραβολή (v. 17), un dicho epigramático cuya aplicación potencialmente amplia se ve compensada por su forma enigmática, para que sean los propios oyentes los que descubran su significado (véase el análisis sobre la naturaleza y el propósito de las parábolas en los comentarios introductorios sobre el capítulo 4).[33] Al igual que las parábolas del capítulo 4, es probable que ese dicho deje a algunos de entre la ὄχλος desconcertados, mientras que otros, tal vez en forma gradual, terminen por darse cuenta de las implicaciones radicales que Marcos expondrá claramente para sus lectores en su comentario editorial en el v. 19. La introducción "parabólica" al epigrama, ἀκούσατε... καὶ σύνετε, refleja con mucho acierto el lenguaje del capítulo 4: exigirá no solo "oír" (4:3, 9, 15, 16, 18, 20, 23 y 24), sino también "entender", y si damos crédito a la profecía de Isaías citada en 4:12, habrá muchos que oigan sin entender. Los propios discípulos corren el riesgo de no entender, según el v. 18 (cf. su incapacidad para "entender" el significado más amplio del ministerio de Jesús: 6:52; 8:17, 21), y por ende, del mismo modo que en el capítulo 4, se les dará una explicación privada (vv. 17-23).

15 La forma de esta declaración, ampliamente aceptada como un dicho auténtico de Jesús (independientemente de su redacción general, véase más adelante),[34] es un paralelismo antitético típico de las declaraciones epigramáticas de Jesús; con respecto a la estructura οὐ... ἀλλά, cf. 2:17 (bis), 22; 10:43; 12:25, y para un gran variedad de dichos antitéticos similares en todos los estratos de la tradición evangélica, véase J. Jeremias, *Theology*, 14-20. Esas construcciones del tipo οὐ... ἀλλά... en un contexto semítico pueden interpretarse a veces en un sentido más relativo que absoluto ("no tanto... como..." más que "no totalmente... pero solo", cf. p. ej., Os. 6:6; Jer. 7:22-23), y ese sentido a veces se reivindica aquí para evitar la implicación de que Jesús estaba sin duda abrogando el principio de los alimentos inmundos.[35] Pero la inclusión del v. 19c por parte de Marcos indica que él no interpretó de esa manera las palabras de Jesús, y los demás ejemplos de la estructura mencionada anteriormente no favorecen un sentido relativo.

No todas las leyes judías relacionadas con la pureza se interesaban por las cosas que "entran" en una persona. La contaminación también se contraía cuando se tocaba alguna cosa inmunda (sobre todo los cadáveres), por el estado de salud de la propia persona (en particular las enfermedades cutáneas) y por las diversas emisiones corporales que se detallan en Levítico 15; todas estas cosas volvían "inmunda" a una persona, y por ende, la excluía de la adoración

---

33. Para los paralelismos entre los capítulos 4 y 7, véase M. A. Beavis, *Audience*, 91-93. Véase también E. E. Lemcio, *JTS* 29 (1978) 323-38, para el historial más amplio de la forma dialogal representada en estos dos capítulos de Marcos.

34. Cf. R. P. Booth, *Purity*, 205-15, para la autenticidad de este dicho en una forma modificada.

35. Véase, p. ej., R. P. Booth, *Purity*, 69-71.

pública o del intercambio social hasta tanto se hubiera completado el ritual de purificación que exigía la ley (Lv. 7:19-21 etc.). Por consiguiente, la redacción de la declaración de Jesús no puede aplicarse directamente a todos los aspectos de la ley de la pureza, sino solamente al que tenía que ver con los alimentos. Si se toma de manera literal, la referencia a lo que "sale de" una persona como una fuente genuina de contaminación podría incluso interpretarse como una sugerencia de que aunque los alimentos inmundos no podían contaminar, las emisiones corporales sí podían, y por tanto, como una defensa de las leyes de Levítico 15 contra las de Levítico 11.[36] Pero ese es precisamente el tipo de interpretación literal que rechaza esta perícopa. La declaración de Jesús tiene que ver con principios básicos, no con ninguna casuística, y en ese plano cualquier distinción a priori entre los distintos tipos de contaminación ritual resultaría difícil de sostener.

No resulta fácil confinar la fuerza de esta declaración al tema del lavamiento de manos con el que comenzó la perícopa. Aunque el lavamiento ritual (en los casos admisibles) sí tenía en cuenta la impureza de los alimentos que se ingerían sin la preparación debida, este no era más que un aspecto secundario del concepto de la contaminación por medio de "lo que entra". Mucho más importantes eran las regulaciones muy detalladas de Levítico 11 que especificaban los animales que el pueblo de Dios podía comer y los que no podía comer, clasificándolos como alimentos "limpios" e "inmundos", y la prohibición de comer sangre que aparece por primera vez en Génesis 9:4 y se desarrolla en Levítico 17. Eran esas leyes, firmemente arraigadas en la Torá, las que vendrían en forma más natural a la mente de los judíos al oír las palabras de Jesús.

La redacción de este dicho en Mateo y en el *Ev. Tom.* 14, aunque se expresa de manera diferente, se centra con igual claridad en la cuestión de "lo que entra" y "lo que sale" (y al especificar que "sale *de la boca*" descarta más claramente que la forma marcana la posibilidad remota de interpretar las palabras de Jesús en relación con las emisiones corporales). No obstante, algunos comentaristas la han considerado "menos" tajante que la de Marcos, y por tanto, alejada de la implicación radical que Marcos hará explícita en el v. 19. Por ese motivo, J. D. G. Dunn afirma que la inclusión de los tres elementos distintivos del dicho marcano (οὐδὲν... ἔξωθεν... δύναται...) "hace del *rechazo* de las leyes dietéticas judías un corolario inevitable para la persona que tiene esta opinión", aunque el dicho de Jesús en su forma original era "menos radical y más ambiguo del que aparece en Marcos, un dicho que podría traducirse de manera más sencilla como, de hecho, lo tradujo Mateo".[37] Si bien puede aceptarse que οὐδέν,

---

36. R. P. Booth, *Purity*, 205-13, se opone convincentemente a este sentido "cultual" y aboga por un sentido "ético".

37. J. D. G. Dunn, *Jesus, Paul and the Law*, 37-60; citas de las págs. 41, 51. Resulta enigmático que S. Westerholm, *Jesus*, 147 (n. 109), llegue precisamente a la conclusión contraria: "Mateo ha reformulado el dicho de una manera menos ambigua".

ἔξωθεν y δύναται aumentan la fuerza retórica de la declaración, no está claro que la forma mateana sea más "ambigua": el principio de que la contaminación procede del interior y no del exterior resulta igualmente claro, y de hecho, podría decirse que la mención específica por parte de Mateo de lo que entra y sale de *la boca* hace aún más "inevitable" la aplicación a las leyes dietéticas. No cabe duda de que en el v. 19 hace un comentario más explícito sobre las implicaciones de la παραβολή de Jesús, pero en el dicho básico per se ningún evangelista deja espacio para la ambigüedad.

17 En consonancia con el patrón establecido en 4:10-12, 33-34, después de la proclamación pública de la παραβολή viene la explicación privada a sus discípulos, y la expresión compuesta εἰς οἶκον, ἀπὸ τοῦ ὄχλου indica un cambio de auditorio, del mismo modo que ocurrió con κατὰ μόνας en 4:10 y con κατ᾽ ἰδίαν en 4:34. Al igual también que 4:10, la iniciativa de la explicación fue motivada por una pregunta de los discípulos —de hecho, la respuesta de Jesús en el v. 18 sugiere que él consideraba que el planteamiento era tan obvio que no necesitaba ninguna explicación. En cuanto al significado de παραβολή, y su pertinencia especialmente en este contexto polémico, véanse los comentarios sobre 3:23; 4:1-34 (en la introducción); 4:1-2.

18a La expresión καὶ ὑμεῖς indica que los discípulos al menos deberían haber entendido la παραβολή. Pero su incapacidad para comprender el significado del ministerio de Jesús es ahora, en contraste con 3:31-35; 4:11-12, un tema destacado de la narración, que se pone de relieve en 6:52 y se desarrolla aún más en 8:17-21, y que amenaza con ponerlos al mismo nivel de la multitud confusa de la que se les diferenció de manera muy notable en 4:11-12. Lo que los diferenciaba no era una habilidad inherente para percibir la verdad espiritual, sino el privilegio que tenían de recibir una enseñanza especial de labios de Jesús.

18b-19 La primera parte de la "explicación" virtualmente repite las palabras de la primera mitad de la declaración original en el v. 15. El versículo 19 ofrece ahora un relato terrenal de lo que les ocurre a las cosas exteriores (los alimentos) cuando entran en el cuerpo: su permanencia temporal es solo en el (la) κοιλία (el estómago, que representa al sistema digestivo en general), de donde sale y se desecha en la (el) ἀφεδρών ("letrina", una palabra poco común). La implicación es que ellos no entran en contacto con la parte que realmente importa de la persona, y esta se describe como el (la) καρδία, en contraste con el κοιλία. En muchos idiomas se usan los nombres de los órganos físicos para denotar aspectos de la personalidad, pero existe cierta flexibilidad en cuanto a la fuerza metafórica que comporta cada órgano, no solo entre idiomas diferentes sino también dentro del mismo idioma. En griego incluso el término κοιλία, al igual que καρδία, puede usarse ocasionalmente para referirse al "ser interior" de una persona (véase sobre todo Jn. 7:38; cf. Sal. 39[40] LXX:9; Pr. 20:27; Hab. 3:16), pero más normalmente, el κοιλία representa el aspecto espiritual de una persona (Ro. 16:18; 1Co. 6:13; Fil. 3:19). "Corazón" es el término que se emplea más comúnmente en la literatura bíblica para referirse a la personalidad esencial. En español, "corazón" suele connotar emoción, pero en hebreo al igual que en griego apunta, y tal vez en forma más contundente, a los procesos espirituales e intelectuales, incluyendo la voluntad. Se refiere a lo que hace que las personas sean lo que realmente son, su individualidad. Por tanto, es sobre todo con el corazón que una persona se relaciona con Dios, y una supuesta relación con Dios que prescinde del corazón es una burla. Es, pues, en este sentido que Jesús declara que el corazón no se ve afectado por lo que procede del exterior. La importancia de los alimentos es puramente nutricional, pero no tienen nada que ver con la relación de una persona con Dios.[38]

19c　La sintaxis claramente permite pensar en καθαρίζων πάντα τὰ βρώματα como un comentario editorial parentético, porque no hay ningún sujeto masculino singular dentro del discurso indirecto con el que pueda relacionarse (de ahí las enmiendas que aparecen en algunos MSS y representan los esfuerzos de los que reconocieron la naturaleza de la cláusula por "corregir" la sintaxis, véase la nota textual). Por lo tanto, el sujeto es Jesús (el sujeto de λέγει, v. 18a), a quien Marcos le atribuye la acción de "limpiar todos los alimentos" al declarar que ya no deben considerarse ritualmente "inmundos". Tal como señalamos anteriormente, esta es una deducción natural, y de hecho, inevitable, a la que puede llegarse a partir del principio establecido por Jesús en el v. 15 y de su desarrollo posterior en los vv. 18b-19b, donde la vía que siguen los alimentos en el proceso digestivo demuestra que no producen ningún efecto en el καρδία. En la introducción a esta perícopa en general, ya analizamos el significado revolucionario de esta declaración y la importancia que revestía para las relaciones entre judíos y gentiles en los primeros años del movimiento cristiano.

20-23　Una nueva fórmula introductoria, ἔλεγεν δὲ ὅτι, confirma aún más la naturaleza parentética del v. 19c, después del cual resulta necesario volver a introducir el discurso. Pero a pesar de la interrupción literaria que ha habido, el pensamiento sigue su curso puesto que los vv. 18-19 concluyeron solamente la "exposición" de la primera mitad de la παραβολή de Jesús, a saber, el rechazo del concepto de contaminación por medio de "lo que entra"; los vv. 20-23 desarrollan ahora el mensaje más positivo de la segunda mitad acerca de la importancia de "lo que sale". A diferencia de las cosas que no contaminan porque no entran en contacto con el καρδία, las que sí contaminan son las que tienen su origen *en* el καρδία. Para describirlas, se usa primeramente una expresión muy amplia, οἱ διαλογισμοὶ οἱ κακοί, que está regida directamente por el verbo ἐκπορεύονται, y a la que sigue en aposición una larga lista de sustantivos que exponen las formas que podrían adoptar los διαλογισμοὶ

---

38. Para un contraste comparable, y expresado en forma más dramática, entre la pureza exterior y al interior, véase el relato enigmático (y posiblemente auténtico) en *P.Oxy.* 840 sobre un encuentro en el templo de Jesús y sus discípulos con "un cierto fariseo, un sumo sacerdote llamado Leví". Texto en Henn.-Schn., 1.93-94; cf. my *Evidence*, 69-70.

κακοί. Por tanto, la frase "malos pensamientos" (διαλογισμός puede tener un sentido más intencional que el simple hecho de "pensar"; cf. cf. BAGD, 186a, "maquinaciones perversas") funciona como un concepto genérico para todos los vicios más específicos que aparecen a continuación, algunos de los cuales se expresan como acciones y no como pensamientos o palabras, pero todos ellos tienen su origen en el καρδία, la sede del pensamiento y de la voluntad. Todos estos vicios provienen, pues, ἔσωθεν, y con ello, representan el verdadero carácter de la persona de la cual proceden. Esas cualidades morales y su manifestación práctica son las que destruyen la relación de una persona con Dios, y no el efecto "externo" de lo que se ingiere. La "contaminación", entonces, se contempla exclusivamente desde una perspectiva moral.[39]La lista de vicios se expone con entusiasmo. La de Mateo tiene seis elementos, pero la de Marcos doce. La lista más restringida de Mateo guarda una relación bastante estrecha con la segunda tabla del decálogo, pero la de Marcos, si bien incluye la mayoría de los mismos elementos (aunque no el reflejo del noveno mandamiento en el término ψευδομαρτυρίαι de Mateo), es mucho más amplia. El efecto que produce la impresión acumulada de tantos "malos pensamientos" es mucho mayor que el que lograría el examen individual de cada uno de ellos, y por esa razón, resulta innecesario hacer un comentario detallado sobre los distintos elementos de la serie. No obstante, más adelante sí se harán unos algunos.

Un rasgo curioso de la lista es que aunque todos los sustantivos de Mateo están en plural, en Marcos, los primeros seis están en plural y los otros seis en singular. Para explicarlo, podría ser útil observar que algunos de los sustantivos en la primera mitad de la lista (y probablemente, todos los que incluye la lista más corta de Mateo) representan acciones específicas, y por tanto, repetibles — κλοπαί, φόνοι, μοιχεῖαι—, mientras que los se encuentran en la segunda mitad (ninguno de los cuales salvo βλασφημία aparece en Mateo) denotan vicios en forma abstracta, δόλος, ἀσέλγεια, etc. Pero la distribución, de hecho, no es tan simple, porque la primera mitad también incluye πορνεῖαι, πλεονεξίαι y πονηρίαι, que normalmente aparecerían en singular por cuanto se refieren a vicios del carácter, al igual que los sustantivos que siguen. Es cierto que πορνεῖαι se lee también en la lista análoga de Mateo (donde todos los sustantivos están en plural), en la que es posible considerar de manera inusual que el plural alude (como tal vez ocurre también en 1Co. 7:2) a actos individuales de inmoralidad sexual y no al concepto en forma abstracta; πονηρίαι aparece asimismo en Hechos 3:26, donde el plural se refiere probablemente a las diversas formas en las puede manifestarse la "maldad".[40] Pero estos dos usos del plural son

---

39. Belo, 143-44, desaconseja con mucha razón la tendencia "aburguesada" de expresar el contraste de una manera demasiado simple refiriéndose a "una religión del corazón, del interior", puesto que lo que está "dentro" se manifiesta cuando "sale al exterior" en forma de opciones y acciones morales. El mensaje, más bien, según él, es que "no debemos *separar* lo de dentro de lo de fuera".

40. Véase BDF 142: "El plural de las expresiones abstractas se usa frecuentemente en la poesía y en la prosa (elevada), de un modo ajeno a nosotros, para designar fenómenos concretos".

excepcionales, y en cuanto a πλεονεξία, el plural parece aún más forzado. La división marcana de la lista en mitades iguales de sustantivos en plural y en singular se asemeja más a una cuestión de retórica, impuesta artificialmente, que a una reacción ante el significado natural de los sustantivos individuales. El singular y el plural se combinan de manera semejante en las listas de vicios que aparecen en Gálatas 5:19-21 y 2 Corintios 12:20.

La primera parte de la lista refleja (aunque menos claramente que la de Mateo) algunos de los mandamientos del decálogo: κλοπαί, φόνοι y μοιχεῖαι representan el octavo, el sexto y el séptimo mandamientos respectivamente, πορνεῖαι podría considerarse otra extensión del séptimo y πλεονεξίαι guarda cierta relación con el décimo. Por lo demás, la lista no parece reflejar ninguna fuente específica —se trata simplemente de un grupo de conductas humanas en las que se ponen de manifiesto los διαλογισμοὶ κακοί. Muchas otras listas de vicios (y de virtudes) semejantes a esta aparecen en la literatura judía y en la literatura ética pagana, así como en diferentes lugares del NT (en especial, Gá. 5:19-21; cf. también, entre otros, Ro. 1:29-31; 1Co. 6:9-10; Col. 3:5, 8; 1Ti. 1:9-10; 2Ti. 3:2-5; Tit. 3:3; 1Pe. 4:3);[41] la técnica es conocida, pero no existe ninguna razón para considerar que alguna de estas listas ofrezca un modelo específico para Marcos.

La mayoría de los términos aparecen en otras listas de vicios neotestamentarias, y no resultan extraños en esta. Un elemento inusual es ὀφθαλμὸς πονηρός, una expresión idiomática que se usa para referirse a la envidia o a la falta de generosidad (Mt. 20:15; cf. Dt. 15:9; Pr. 22:9 [Heb.], etc.; el juego de palabras en Mateo 6:22-23 depende de este sentido de la expresión, junto con la connotación de generosidad en ἁπλοῦς). El último término, ἀφροσύνη, es bastante inesperado, puesto que la "necedad" tal vez no nos parezca una deficiencia *moral* que pueda incluirse en la misma categoría del resto. En la literatura sapiencial veterotestamentaria, sin embargo, el "necio" suele asociarse con el "impío", y su necedad consiste en la actitud equivocada que muestra hacia Dios, la cual le impide conocer cuál es la manera correcta en que debe comportarse; hay una connotación igualmente moral y espiritual en el uso de ἄφρων en, p. ej., Lucas 12:20; Efesios 5:17-18.

Tal como se leen, estos versículos, al parecer, dan por sentado que todo lo que sale de una persona es malo, y con ello, establecen una visión muy radical acerca de la "total depravación" de la humanidad. Pero eso sería interpretarlos fuera de su contexto. El debate gira en torno a lo que contamina y lo que no contamina, y por tanto, son solo esas cosas las que se mencionan. Podríamos parafrasearlos de la siguiente manera: "lo que contamina a una persona no es lo que entra en ella, sino las cosas que salen de ella, como por ejemplo...". En estos versículos no se afirma ni se niega que del corazón puedan salir también cosas buenas; ese es otro tema.

---

41. Véase además *DNTT*, 3.928-29.

LA MISIÓN SE EXTIENDE A LAS REGIONES VECINAS
(7:24-8:10)

El debate acerca de la pureza nos hace preguntarnos qué repercusión puede haber tenido la misión de Jesús, si tuvo alguna, más allá de la comunidad de Israel cuya observancia de las leyes dietéticas de Moisés constituía una barrera real y práctica para el contacto social con los que no las respetaban. La conclusión específica de Marcos de que la enseñanza de Jesús había "hecho limpios todos los alimentos" revela un concepto radicalmente nuevo que, en el momento oportuno, posibilitará la integración de judíos y gentiles en una única comunidad de discípulos. Esta nueva perspectiva se refleja ahora en la narración, en la que observamos que Jesús abandona deliberadamente el territorio judío. Su intención inicial, al parecer, no era dedicarse a una "misión gentil", sino simplemente permanecer en el anonimato (7:24), pero cuando los acontecimientos muy pronto exigen lo contrario, él no vacila en responder a las necesidades de los gentiles, aunque con cierta reticencia al principio. En la primera perícopa en particular se pone de relieve la cuestión racial, cuando Jesús "discute" con la mujer sirofenicia la razón por la que los perros también pueden disfrutar justificadamente "del pan de los hijos", y poco después un segundo milagro de alimentación que, en lo esencial, reproduce el patrón del primero, y de manera bastante literal, hace accesible ese pan para una comunidad gentil más amplia. De ese modo, del banquete mesiánico judío también pueden disfrutar, aunque en una escala ligeramente menor, los vecinos gentiles.

La opinión ampliamente aceptada de que la atención se centra deliberadamente en los gentiles en esta sección, tal como la presentan Marcos y Mateo (y es parte de la "gran omisión" de Lucas), depende del efecto acumulativo de cierto número de elementos de la narración. El primer lugar lo ocupan los movimientos geográficos que se informan. Jesús "levantándose de allí [...] se fue" (ἐκεῖθεν ἀναστὰς ἀπῆλθεν; cf. 1:35, donde una expresión similar también señala una ampliación de la esfera de la misión), es decir, de la casa que se menciona en 7:17, de cuya ubicación galilea dio testimonio la llegada a Genesaret en 6:53, y se dirigió al norte, hacia Fenicia (τὰ ὅρια Τύρου, 7:24). Regresa al sur desde allí y pasa διὰ Σιδῶνος y ἀνὰ μέσον τῶν ὁρίων Δεκαπόλεως, una región fundamentalmente gentil al este del lago (7:31), y el resto de las actividades aparentemente tienen lugar allí hasta que finalmente regresa en 8:10 a la región de Δαλμανουθά, que lamentablemente no se puede identificar, (véase el comentario sobre 8:10). Regresan nuevamente a territorio judío, a juzgar por la presencia de los fariseos (8:11), pero pronto los veremos otra vez en el lago navegando hacia Betsaida primeramente (al otro lado del río desde Galilea) y luego, hacia el área totalmente pagana de Cesarea de Filipo. Por consiguiente, el primer acto (galileo) del drama termina, de hecho, con una extensión deliberada de la esfera de actividad de Jesús fuera del ámbito judío.[42]

---

42. Véase P. J. Achtemeier, *JBL* 89 (1970) 265-91 y *JBL* 91 (1972) 198-221, con respecto a

A estas indicaciones geográficas podemos agregar la identificación concreta de la mujer en 7:24-30 como Ἑλληνίς, Συροφοινίκισσα τῷ γένει (cf. la de Mateo como Χαναναία, con una carga racial incluso mayor), seguida de la discusión sobre los derechos de los "perros" gentiles. Otra indicación adicional podría encontrarse en la referencia a la σπυρίδες en 8:8, un término más general que se usa para referirse a las canastas y que contrasta con el término más específicamente judío κόφινοι de 6:43. La alusión de Mateo a las multitudes que glorificaban al "Dios de Israel" hace que el contexto de un sanador judío en un medio gentil resulte todavía más claro.

Marcos, por supuesto, ya había presentado a Jesús en un territorio gentil en su visita a la tierra de los gerasenos (5:1-20), y nos dijo que la multitud que lo seguía en Galilea incluía a personas de Idumea y de los alrededores de Tiro y Sidón (3:8). Pero esas referencias no fueron más que detalles gentiles en una historia esencialmente judía. El aspecto gentil ahora es más pronunciado y más deliberado, y el tema de los límites del pueblo de Dios se pondrá de relieve de un modo más explícito. Dicho tema en la época de Marcos se había convertido en una de las cuestiones más candentes en el desarrollo del primer movimiento cristiano. Concediendo que Jesús era el Mesías de Israel, ¿qué importancia revestía eso para el resto del mundo?

Una mujer gentil (7:24-30)

NOTAS TEXTUALES

24. La inclusión de καὶ Σιδῶνος después de Τύρου, aunque está muy bien confirmada, sería mejor considerarla una asimilación a la designación conjunta habitual en Mateo 15:21, influenciada también posiblemente por la mención de Sidón junto con Tiro en 7:31 (donde la lectura de la mayoría presenta simplemente Τύρου καὶ Σιδῶνος en contraste con la lectura de Τύρου solo [que cuenta con un mejor apoyo allí que aquí] seguido de διὰ Σιδῶνος).

28. La inclusión de la partícula ναί en la mayoría de los MSS suele explicarse como otra asimilación a Mateo. Pero su sólida confirmación sugiere la posibilidad alternativa de que no se incluyó en la tradición representada por P D W etc., porque se consideró equivocadamente que convertía la respuesta de la mujer en una aceptación humilde de las palabras de Jesús (lo cual no es cierto) y no, como sí debe interpretarse, un firme rechazo de su expresión οὐκ ἔστιν καλόν. La sustitución por ἀλλά después de κύριε en D sugiere esa malinterpretación. En mi opinión, pues, es muy probable que ναί sí apareciera en el texto original en Marcos, al igual que en Mateo.

la sugerencia de que 6:45–8:26 contiene un grupo pre-marcano de cinco milagros que tuvieron lugar fuera del territorio judío y que tienen por objeto contrapesar los cinco milagros judíos que aparecen en 4:35–6:44, cada grupo comienza con un milagro realizado mientras cruzaban el mar e incluye un milagro de alimentación. Véase 220 supra. La teoría deja algunos cabos sueltos, pero se basa en una observación correcta del cambio de enfoque en esta parte de la narración de Marcos.

Esta historia extraordinaria de otro intento frustrado de "retirarse" de la escena de la acción y del conflicto (cf. 6:31-34) hace que muchos lectores no se sientan cómodos, porque sugiere que Jesús sí se mostraba renuente a ayudar a la mujer, y se decidió a hacerlo únicamente por la persistencia y la habilidad argumentativa de esta, pero como una concesión a regañadientes y no como una cuestión de principio. En la versión de Mateo, con su tono más marcado de reticencia e incluso de rechazo, y su lenguaje aparentemente más "racista", el problema se agudiza más. Pero es difícil creer que Marcos incluyera la historia en este punto de su Evangelio si no hubiera considerado que se trataba de una afirmación enérgica de la actitud favorable de Jesús hacia los gentiles; a fin de cuentas, él ya había dado testimonio de la reacción positiva de Jesús ante un caso incluso más grave de posesión demoníaca en un gentil en 5:1-20. Esta perícopa obedece al principio liberador de 7:15, 19, y conduce a otros actos de sanación y de alivio que, al parecer, tuvieron lugar entre los gentiles. Dentro de esa secuencia, esta perícopa señala una nueva apertura y no un esfuerzo por volver a cerrar la puerta.

Las interpretaciones incorrectas de la perícopa se deben en gran parte al hecho de que esta no se lee como una unidad. Es un diálogo en el que los dichos individuales funcionan solo como partes del todo, y no pretenden llevar el peso de una exégesis independiente por sí mismos. El encuentro completo conduce a la conclusión totalmente positiva de los vv. 29-30, mientras que el diálogo anterior hace hincapié en la naturaleza radical de esta nueva etapa en el ministerio de Jesús en la que él ha permitido que el realismo y el ingenio de la mujer lo "persuadan" a entrar. Jesús aparece como el maestro sapiente que permite, y de hecho, hace, que su discípulo formule un argumento victorioso que neutraliza su propia renuencia. Jesús actúa como lo que en un contexto diferente podría llamarse un "abogado del diablo", y no se decepciona cuando ve "derrotado" su argumento. Como resultado de eso, el lector adquiere una conciencia más vívida de la realidad del problema de las relaciones entre judíos y gentiles y de la importancia del paso que Jesús da aquí para vencerlo. La "victoria" de la mujer en el debate marca un cambio decisivo para el curso futuro del movimiento cristiano, porque ya no se basará en el exclusivismo judío sino en la participación del "pan de los hijos".

La nueva mención del "pan" (cf. 6:35-44, 52), que en breve volverá a aparecer en otra historia de alimentación, esta vez en beneficio de los gentiles (8:1-10), y luego, en 8:14-21, será el objeto de la reprensión de Jesús a sus discípulos por su falta de entendimiento, sugiere que esta perícopa forma parte de un tema recurrente acerca del "pan". El pan aquí es una imagen de las bendiciones del ministerio del Mesías para su propio pueblo y, a raíz de este incidente, entre los gentiles. En relación con eso, el lector podría sentirse motivado a reflexionar sobre el contraste entre la incapacidad de los discípulos para entender el asunto del "pan" (6:52, a lo cual volverá a hacerse referencia en 8:14-21) y esta habilidad de la mujer gentil para comprender y sacar provecho de la metáfora de Jesús con respecto al pan. De ser así, esta perícopa apuntala el tema que Marcos está desarrollando acerca de la falta de entendimiento de los discípulos que señalamos en 6:52, y que acaba de repetirse en 7:18.

Hablando formalmente, el incidente es un exorcismo, aunque el diálogo y sus implicaciones son esencialmente más importantes que el problema específico al que se da solución. Las historias anteriores sobre exorcismos se han centrado en la autoridad exclusiva de Jesús al enfrentarse directamente con el demonio o los demonios residentes, en este caso la cura es efectuada a distancia y sin ningún contacto entre Jesús y el demonio o la persona poseída. Esta característica inusual podría estar relacionada con el contexto gentil, porque los demás ejemplos de sanidad a distancia en los Evangelios (Mt. 8:5-13/Lc. 7:1-10; Jn. 4:46-54) probablemente también suponen un sujeto o sujetos de la gentilidad. La inadmisibilidad de que el Mesías judío entrara en una casa gentil (que se hace más obvia en Mt. 8:7-8 si se puntúa el v. 7 como una pregunta, que en mi opinión es lo correcto) contribuye a reforzar el elemento racial. La cura distante, por supuesto, hace también hincapié, de un modo nuevo, en la autoridad de Jesús, cuya palabra sola, sin su presencia física, tiene poder para echar fuera al demonio.

24 Aparte de la ubicación gentil, esta perícopa comienza de un modo que ya conocemos en la narración de Marcos: Jesús desea alejarse de la atención pública (1:35; 3:13; 4:10; 6:31-32), usa una "casa" con ese propósito (cf. 1:29; 2:1; 3:20; 7:17), pero no puede escaparse de los necesitados (cf. 1:32-33, 36-37, 45; 2:2; 3:7-12, 20; 6:33-34). Y después de lo que leemos en 3:8 no resulta sorprendente que su fama haya llegado incluso hasta τὰ ὅρια Τύρου. Marcos no nos dice que Jesús visitó la propia ciudad de Tiro, sino su ὅρια, es decir, el distrito administrativo que estaba bajo su jurisdicción. El Jesús de Marcos no suele frecuentar las ciudades, y mucho menos las paganas, sino que se queda en las afueras (cf. 8:27). Tiro, cuyo territorio lindaba con la zona norteña de Galilea, había sido durante mucho tiempo una ciudad comercial importante. Tuvo vínculos estrechos con Palestina, sobre todo bajo el reinado de Herodes el Grande, y sus monedas habían circulado profusamente allí; de hecho, la ciudad ejercía un enorme dominio económico sobre la zona vecina de Galilea (Stock, 210-13). Pero era obviamente un territorio extranjero, y Josefo, *Ap.* 1.70, describe a los tirios como "nuestros enemigos más manifiestamente encarnizados".

25-26 Desde una perspectiva judía, pocos de los que se acercaban a Jesús tenían tantas cosas contra ellos. En primer lugar, ella era una mujer, y por tanto, alguien con quien un respetable maestro judío no podía relacionarse. Además, era gentil, como lo indican los dos gentilicios Ἑλληνίς, Συροφοινίκισσα, y cabía esperar que la condición de su hija inspirara temor y/o repugnancia, mientras que la "inmundicia" del demonio sugiere impureza ritual. El hecho de que Jesús finalmente accediera responder la petición de una suplicante así, e incluso que estuviera dispuesto a entablar un diálogo serio con ella, pone de relieve su despreocupación por los convencionalismos cuando estos se interponían en su misión.

Después del debate sobre la pureza en los vv. 1-23, el término regular que Marcos usa con respecto a un demonio, πνεῦμα ἀκάθαρτον, adquiere aquí una fuerza especial —no era solo su origen racial lo que la hacía "inmunda". Aunque Ἕλλην, al igual que Ἑλληνιστής, en un contexto diferente podría referirse al idioma y a la cultura y no estrictamente al origen racial, no cabe duda de que aquí tiene su connotación bíblica normal de gentil (en oposición a judío), y el término Συροφοινίκισσα (el prefijo Συρο- distingue a los fenicios del Levante de los del norte de África cerca de Cartago) refuerza la idea. El hecho de que esa mujer decidiera acercarse a un sanador judío, e incluso se postrara a sus pies, podría indicar su desesperación o un discernimiento excepcional del significado general del ministerio de Jesús (y del patrón bíblico de la historia de la salvación). El diálogo que sigue sugiere al menos un elemento de esto último.

27 La respuesta de Jesús, aunque ni remotamente tan cruel como en Mateo, no es para nada diplomática. Adopta la forma de una παραβολή, el tipo de enseñanza que hemos aprendido a relacionar con οἱ ἔξω (4:11). El tono negativo de toda la oración llega al punto de constituir una ofensa, y sugiere que Jesús no tiene intención de ayudar a la mujer. El uso del término κυνάρια, al parecer, agrava gratuitamente la ofensa, porque los judíos, y tal vez también sus vecinos semitas, consideraban que los perros eran animales inmundos. Las referencias bíblicas a los perros (salvo en la historia de Tobías) son siempre hostiles. Llamarle "perro" a un ser humano era deliberadamente ofensivo o desdeñoso (cf. 2Sa. 16:9; Sal. 22:16; Fil. 3:2); pero ese era el término que los judíos solían emplear para referirse a los gentiles. El diminutivo (que en la literatura bíblica solo aparece en esta perícopa), podría indicar la condición de los perros en la imaginería de Jesús como perros domésticos y no callejeros, pero no elimina la dureza de describir la gran masa de los gentiles como "perros" para diferenciarlos de los "hijos".[43] Ese es el tipo de lenguaje que un gentil podía esperar de un judío, pero encontrarlo en un dicho de Jesús resulta chocante.

La inclusión del adverbio πρῶτον amortigua un poco el golpe, por cuanto sugiere que podría haber un lugar legítimo para los perros después que los hijos se hayan saciado (χορτάζομαι [véase 6:42] indica comer hasta hartarse, no solo probar), aunque los gentiles siguen estando al final de la cola. Por consiguiente, πρῶτον evoca la misma historia de la salvación que Pablo declara en Romanos 1:16, Ἰουδαίῳ τε πρῶτον καὶ Ἕλληνι. Este fue, por supuesto, el orden real de la misión cristiana en el período apostólico, y de hecho, como un programa de la historia de la salvación, recapitula el concepto bíblico de la misión basándose en la elección especial de Israel como el centro a partir del cual las bendiciones de Dios se extenderán a otras naciones, tal

---

43. Obsérvese la presencia de varios diminutivos en esta perícopa: θυγάτριον (v. 25), δαιμόνιον (vv. 26, 29, 30), κυνάριον (vv. 27, 28), ψιχίον (v. 28), παιδίον (v. 28). Esta característica probablemente refleja el estilo de la narración popular, y sugiere que no sería adecuado señalar alguna diferencia importante de significado en cualquiera de los diminutivos que se usan (contra Gundry, 374-75).

como se expresa desde Génesis 12:2-3 en adelante (cf. Is. 2:2-4; 49:6, etc.). La expresión, no obstante, resulta muy áspera cuando se trata de la respuesta a la petición de la mujer, y no la anima a esperar ninguna ayuda en ese momento. En el mejor de los casos, constituye "un desafío a la mujer para que justifique su solicitud" (Hooker). Afortunadamente, ella está a la altura del desafío, y persiste cuando otros habrían capitulado.[44]

28 La imaginería de Jesús (y su inclusión de πρῶτον) le dio a la mujer el pie que necesitaba, y le permitió rechazar, basándose en la expresión que él había usado, su οὐκ ἔστιν καλόν y remplazarla por un desafiante Ναί, κύριε (véase la nota textual)—"Sí, sí es correcto". Con el uso del vocativo κύριε (que solo aparece en Marcos, en llamativo contraste con Mateo) la mujer reconoce la autoridad de Jesús y que ella depende de su ayuda, pero no transmite necesariamente ninguna idea teológica más específica; es una forma adecuada de dirigirse a un desconocido distinguido. Las palabras que siguen, aunque no están introducidas por medio de una conjunción γάρ como en Mateo, expresan el fundamento de su confianza. Si bien los hijos tienen la prioridad, los perros, también (καί), pueden participar legítimamente de la comida disponible. De esta manera, la imaginería de Jesús alcanza su significado más pleno y proporciona la base para que su petición sea concedida y no rechazada. Este insólito giro en el debate pone de relieve la humildad y la astucia de la mujer, la cual no cuestiona el lugar inferior que el dicho de Jesús supone para los gentiles, e incluso acepta sin protestar el epíteto ofensivo de "perro", pero insiste en que a los perros también debe dárseles una oportunidad. Para decirlo de un modo más teológico, la misión del Mesías de Israel, que tenía, por supuesto, que comenzar con Israel, no puede confinarse a ese pueblo. Aunque los gentiles tengan que esperar, no están excluidos de los beneficios que trae el Mesías. Sobre esta base, ella cuenta con la osadía necesaria para continuar con su petición; las migajas serán suficientes.

29-30 Διὰ τοῦτον τὸν λόγον deja bien claro que la respuesta de la mujer, y la actitud que revela, cambió la aparente intención de Jesús. No es posible asegurar ahora, por supuesto, basándonos únicamente en el texto impreso, si las palabras de Jesús estaban encaminadas a provocar esa respuesta, o si él realmente tenía la intención de negarle lo que pedía y el planteamiento que ella hizo lo convenció. El tono de la voz y los gestos pueden haber jugado un papel importante.[45] Pero la ubicación de este incidente por

---

44. Gundry, 373-74, sugiere que la imaginería de Jesús en este contexto, no debe tomarse en un sentido racial, sino como una objeción a dejar su plan de dedicar algún tiempo a enseñar a sus discípulos (lo que, en opinión de Gundry, está implícito en el deseo de permanecer inadvertido, v. 24) para atender a una niña poseída por un demonio. Esta reconstrucción imaginativa, al parecer, no le hace justicia al contexto gentil general que se señaló anteriormente ni a los términos específicamente geográficos y raciales que se emplean en los vv. 24 y 26, e innecesariamente enfrenta a Mateo con Marcos en cuanto a su interpretación de la historia.

45. J. Camery-Hoggatt, *Irony*, 150-51, saca a relucir el tema en su comentario sobre el v. 27: "Interpretar solo lo que se lee "en el texto" sería malinterpretarlo. Debe leerse, más bien, con cierto

parte de Marcos en el contexto de la apertura del ministerio de Jesús a los gentiles (véanse las págs. 294-95), sugiere que la reticencia que mostró al inicio debe tomarse con pinzas (véanse los comentarios introductorios sobre esta perícopa). Sin embargo, son las palabras notables de la mujer —que Jesús puede haber evocado deliberadamente o no— las que le garantizó la respuesta a su petición. El diálogo, y no el exorcismo, es lo que constituye el centro de atención en la perícopa. No se dan detalles acerca del exorcismo, no aparecen palabras imperativas; se habla de la expulsión del demonio como un hecho ya pasado (ἐξελήλυθεν).

Una curación en Decápolis (7:31-37)

NOTAS TEXTUALES

31. Véase la nota textual sobre 7:24 supra. La lectura Τύρου καὶ Σιδῶνος aquí está menos confirmada, y sería preferible tomarla como un nuevo regreso al orden en el que suelen aparecen ambos nombres bíblicos. La difícil geografía de un viaje desde la región de Tiro hasta Decápolis pasando por Sidón (que está casi en la dirección opuesta) constituiría otra razón para una "corrección" por parte de un copista que tiene cierto conocimiento de la geografía de la región.

35. La presencia o la ausencia de εὐθέως no marcan diferencias significativas en el sentido, puesto que con la sorprendente excepción de la curación en Betsaida en 8:22-26, Marcos nos permite suponer que todas las curaciones de Jesús eran inmediatas. Εὐθύς (-έως) es un elemento tan habitual en el estilo de Marcos que muy bien pudiera haber aparecido originalmente antes del verbo ἠνοίγησαν. Pero como no existe ninguna justificación razonable para su omisión deliberada, tal vez sea preferible tomarlo como una adición al texto con el fin de magnificar el milagro. Εὐθύς (-έως), sin embargo, se lee antes de ἐλύθη en ℵ y en unos cuantos MSS más, y Aland lo ubicó allí y no antes de ἠνοίγησαν; esta variación en la posición hace más probable que se trate de una adición al texto original.

El viaje de Jesús fuera de Galilea ahora lo lleva aparentemente (véase el comentario sobre el v. 31 con respecto a la geografía un tanto confusa) de regreso a la Decápolis, la región en su mayoría no judía al este del lago de Galilea, que fue también el escenario del exorcismo espectacular en 5:1-20. En esta ocasión, sin embargo, lo que curó Jesús fue una anormalidad física. El incidente, del que solo Marcos da testimonio, es excepcional no solo por su ubicación geográfica en un territorio no judío, sino también por el uso de la saliva para la curación (cf. también 8:23), por la aparición de la palabra que

---

sentido del humor... Es una ironía peirástica... una forma de desafío verbal encaminado a poner a prueba la respuesta del interlocutor. Podría, de hecho, declarar lo contrario de las verdaderas intenciones del que habla".

Jesús emplea para efectuar la sanidad (cf. la fórmula que se recordó en 5:41) y por la adición de una nueva dolencia (sordo y mudo) a la lista de los que ya fueron sanados. A la luz de la visión de Isaías 35:5-6: "Entonces los oídos de los sordos se destaparán... y la lengua del mudo gritará de júbilo", esa sanidad está repleta de sentido escatológico. El método real de curación se describe con más detalles que de costumbre, y la reacción de la multitud en el v. 37 sugiere que esta fue una curación particularmente impactante. En 9:17, 25 otro caso de sordera y mudez (junto con otros síntomas más impresionantes) se atribuye a una posesión demoníaca, pero aquí no hay nada que insinúe que se trata de un exorcismo; la curación es efectuada tocando al enfermo (de lo cual no se hace mención en ninguno de los exorcismos de Jesús, salvo después que el exorcismo había concluido, 9:27) y por medio de una orden dirigida no a un demonio sino al propio paciente.[46] Otro aspecto destacado de esta historia es el tema ya conocido de los esfuerzos de Jesús por evitar la atención de la gente y la imposibilidad de lograrlo. No solo exige silencio (v. 36), sino que también aparta al paciente de la multitud antes de curarlo (v. 33) pero lo único que obtiene a cambio aquí también es una mayor divulgación del hecho y más admiración pública (vv. 36-37). Estos temas ya se han repetido varias veces en la historia de Marcos (acerca del "secretismo", véanse 1:34, 44; 3:12; 5:37, 43 y en cuanto a la "imposibilidad de lograrlo", 1:45; 2:1-2; 3:7ss.; 6:33). Pero en este respecto, existe un conflicto curioso entre este incidente y la visita anterior a Decápolis, cuando Jesús, de manera excepcional, le ordenó al endemoniado que había curado que les contara a sus compatriotas (gentiles) lo que había ocurrido (5:19-20). Esta diferencia podría explicarse tal vez en función del desarrollo más amplio que ha tenido la misión de Jesús desde el suceso en Gerasa, por lo cual, ahora incluso en un territorio gentil resulta peligrosa cualquier publicidad excesiva; o quizás debamos considerar que la parte de Decápolis en la que se enmarca este incidente contara con una población judía más significativa.

Marcos no explica el conflicto, y al parecer, ni siquiera se percata de él, y por tanto, solo podemos hacer especulaciones sobre cuáles hayan sido las razones que lo motivaron.

Esta historia, en cierto aspectos, guarda un paralelismo muy estrecho con la de 8:22-26.[47] Las dos se enmarcan fuera de Galilea; en ambas la multitud le pide ayuda a Jesús pero este lleva al paciente a un lugar aparte para curarlo en privado; en ambas se dice que Jesús, de manera excepcional, tocó específicamente los órganos afectados y en ambas también se menciona el uso

---

46. J. M. Hull, *Magic*, 78-82, alega que este caso no implica ninguna posesión demoníaca, pero su argumento depende de una "lectura entre líneas" del relato de Marcos muy imaginativa.

47. R. M. Fowler analiza las similitudes en *Loaves*, 105-8. Véase también M. A. Beavis, *Audience*, 122-24, para una comparación estructural de los dos incidentes, y 114-26, 161-63 para una propuesta sobre un patrón estructural más amplio que incluye también las escenas de juicio y el episodio de Cesarea de Filipo que, según sugiere Beavis, indica una función simbólica en las narracioncs dc curación. Con rcspccto al simbolismo propuesto, véase además, p. ej., Cranfield, 254-55.

de la saliva. El hecho de que estas dos historias, con sus relatos más detallados del método sanador de Jesús, se cuenten entre las poquísimas perícopas de Marcos que no aparecen ni en Mateo ni en Lucas, podría indicar dos cosas: el interés especial de Marcos en la técnica sanadora de Jesús o la incomodidad de los otros evangelistas sinópticos con la naturaleza más "terrenal" (algunos dirían "mágica") de los relatos (¿y su ubicación en un territorio no judío?).

Por lo general se admite que la intención de Marcos era que la historia de la curación del ciego en Betsaida funcionara como una introducción simbólica al relato que sigue sobre la iluminación gradual de los discípulos, mediante la cual se eliminaría su "ceguera" (8:17-18). Por tanto, es posible que esta historia tan semejante e igualmente detallada de la curación de la sordera y la mudez cumpla una función similar y simbolice la habilitación de los discípulos de Jesús para oír y hablar la palabra de Dios de la manera adecuada (véase más adelante el comentario sobre el v. 33). Muchos comentaristas adoptan esta interpretación, pero es preciso señalar que goza de mucho menos apoyo con respecto a este milagro que con relación al milagro de Betsaida, ya sea por el contexto que la rodea o por el lugar que ocupa en la narración de Marcos.[48] Debe tratarse, más bien, de una deducción que se hace a partir de la perícopa "paralela".

31 Si aceptamos la lectura διὰ Σιδῶνος, el texto describe un viaje de ida y vuelta que lleva a Jesús primeramente hacia el norte desde el distrito de Tiro hasta el de Sidón, y luego, de regreso al lago de Galilea al sur, "pasando por la región de Decápolis". Solamente la zona sudeste de Decápolis tenía acceso al lago, por tanto, un recorrido desde Sidón hasta el lago en la región de Decápolis implicaría un enorme desvío hacia el este y el sur. Todo este recorrido tendría lugar en un territorio no judío, pero no existe ninguna razón obvia por la que Jesús tuviera que hacer ese viaje tan largo a través de esta región mayormente desértica para regresar al lago.[49] Puede ser que Marcos no usara sus términos geográficos con precisión, pero es posible también que aunque Hippos (a mitad de camino a lo largo de la ribera oriental del lago) era la ciudad más norteña de la Decápolis contigua al lago, el lenguaje popular usara el término para referirse a toda el área principalmente gentil al este de la afluencia del Jordán, alrededor y al sur de Betsaida, que de hecho se hallaba en la tetrarquía de Filipos. De todas formas, la Decápolis, más que una zona geográfica definida, era una liga de ciudades, pero las listas que se conservan de las ciudades que la componían no coinciden. Los términos de Marcos podrían dejarnos geográficamente confusos, pero indican con bastante claridad que Jesús, al regresar al lago de su viaje a Fenicia, se queda fuera del territorio propiamente judío en vez de tomar

---

48. J. F. Williams, *Followers*, 129, considera que las dos narraciones de curación juntas ilustran la represión de los discípulos por su ceguera y su sordera en 8:17-18, pero aunque la secuencia narrativa hace que esto sea sumamente probable para 8:22-26, la ubicación de esta perícopa antes de la represión hace que al lector le resulte más difícil establecer una relación entre ambas.

49. J. Sergeant, *Lion*, 61-62, sugiere que "si a Jesús se le describe como un exiliado, y se evita la Galilea de Herodes tanto como sea posible, la geografía en 7:31 es totalmente correcta".

la ruta más directa hacia el área de Capernaúm. Independiente de cómo y por qué llegó allí, Jesús está de regreso en la región de Decápolis.[50]

32 Esta curación, al igual que el exorcismo anterior, es el resultado de un acercamiento a Jesús aparentemente espontáneo por parte de la población local, lo cual sugiere que su reputación como sanador en la Decápolis también era sólida ahora (tal como podríamos esperar de 5:20). Κωφός se usa en el griego secular y bíblico para referirse a alguien que es "sordo" o "mudo", o ambas cosas cuando proceda (no es infrecuente encontrar las dos condiciones relacionadas debido a la dificultad para aprender a hablar que tienen los que han nacido sordos). Marcos presumiblemente usa el adjetivo κωφός aquí para referirse especialmente a la "sordera", porque agrega como una dolencia adicional el término μογιλάλος, que se emplea para denotar una incapacidad absoluta para hablar o un trastorno grave del habla (μόγις significa "apenas", "con dificultad").[51] La historia deja bien claro que el hombre era sordo y mudo, puesto que para describir tanto el tratamiento (v. 33) como la curación (v. 35) usa términos explícitamente relacionados con la audición y el habla, y la reacción de la multitud hace hincapié en ambos elementos de la cura (v. 37). Μογιλάλος no se usa en ningún otro pasaje del NT, y en la LXX aparece solo en Isaías 35:6; en vista de la posible influencia de ese pasaje de Isaías en el v. 37, es probable que el uso marcano del término aquí sea también una alusión deliberada. La petición de curación se expresa simplemente como ἵνα ἐπιθῇ αὐτῷ τὴν χεῖρα, por cuanto este había sido el método de Jesús para sanar (aunque no el de sus exorcismos); véanse 1:31, 41; 5:23; 6:5; 8:25. De todos modos, el método sanador de Jesús en este caso resultará ser más complejo.

33 En la historia análoga de la curación del ciego en Betsaida (8:22-26), la petición procede también de la multitud, después de lo cual Jesús lleva aparte al paciente y efectúa la curación en privado. (En algunos pasajes anteriores, 4:10; 6:31; 7:17, vimos que él había llevado aparte a los discípulos para enseñarles; ¿podría insinuar la acción similar en estas dos sanaciones una dimensión simbólica, a saber, que la restauración de la audición y la vista físicas representan la apertura de los oídos y los ojos espirituales de los discípulos?). En cada caso también sigue una orden de no divulgar lo que ha sucedido. Este deseo de secretismo resulta muy llamativo por cuanto estos dos sucesos tuvieron lugar fuera de Galilea (véanse los comentarios introductorios sobre

50. H. Räisänen, *Secret*, 153-54, en consonancia con D. A. Koch, *NTS* 29 (1983) 145-66, alega que el hecho de interpretar que la mención específica de la Decápolis indica una ubicación gentil "constituiría una interpretación exagerada de la geografía de Marcos". Pero el uso marcano de ese término tan específico, después de la ubicación gentil igualmente específica de los vv. 24-30, sugiere lo contrario. Cf. su uso en un contexto también claramente gentil en 5:20.

51. La variante μογγιλάλος aparece en un buen número de MSS (casi todos posteriores), y representa un término incluso más inusual que se refiere al tono de la voz como "áspero" o "hueco" y no a una dicción poco clara y es bastante improbable que se trate del verdadero texto en vista de la repetición de Is. 35:6 (a no ser, por supuesto, que allí se hubiera adoptado la misma lectura), y de la narración que sigue en la que se habla de la curación de la mudez.

esta perícopa). Betsaida (el lugar de tres discípulos del círculo íntimo de Jesús, Jn 1:44) obviamente tenía una población judía significativa, y eso mismo puede haber ocurrido en esta parte de la Decápolis; en cuyo caso el secretismo aquí, como ya había sucedido antes en el Evangelio, podría obedecer al peligro de que surgiera un entusiasmo mesiánico erróneo. Pero, de cualquier modo, Jesús, al parecer, no tenía la intención de que se le reconociera ante todo como un sanador, y el deseo de pasar inadvertido (7:24) presumiblemente todavía estaba vigente.[52] En la etapa siguiente de la historia de Marcos veremos que Jesús centra su atención cada vez más en la enseñanza de sus discípulos, y por esa razón, reduce sus apariciones públicas y sus milagros de sanidad.

En algunas curaciones anteriores se hizo referencia al toque de Jesús de manera muy general, pero aquí (y también en 8:23, 25), él toca específicamente los órganos afectados y usa la saliva (al igual que en Jn. 9:6). Para el mundo mediterráneo de la antigüedad esto no habría sido tan sorprendente como lo es para nosotros; existen varios relatos antiguos del uso de la saliva especialmente para curar la ceguera.[53] Cualquier intento de clasificar esta práctica como mágica o puramente médica exigiría tal vez hacer una distinción demasiado tajante por cuanto la medicina popular y la magia estaban muy unidas. Hay historias claramente mágicas en las que se emplea la saliva como un agente curativo,[54] pero también existen referencias a su uso en una práctica médica más normal (p. ej., Galen, *On Natural Faculties* 3.7). La famosa historia que cuenta Tácito (*Hist.* 4.81) de un ciego en Alejandría que fue curado por medio de la saliva del emperador Vespasiano (para sorpresa del propio Vespasiano) implica que no era la saliva per se, sino específicamente la saliva del emperador, la que producía ese efecto. De manera similar aquí, la que cura es la saliva de *Jesús*; es eficaz no por sí misma como un agente médico, sino, al igual que el toque de la mano, porque se identifica con la persona poderosa del sanador. Πτύσας ἥψατο probablemente significa (como en Jn. 9:6) que Jesús aplicó la saliva con su mano, y no que escupió directamente en la lengua del enfermo. En qué medida estos contactos específicos con los oídos y la lengua eran "medios" físicos de curación, y en qué medida una garantía psicológica para el paciente de la habilidad de Jesús para curar, es una pregunta tal vez inadecuada y sin respuesta. Pero el contacto físico es claramente más pertinente en el caso de un hombre que no podía oír las palabras que se hablaban.

34 La historia da a entender que fue la orden de Jesús la que efectuó la cura. En cuanto a levantar los ojos al cielo en un contexto de curación, cf. Juan 11:41. Del mismo modo que la elevación de la mirada en la alimentación de los cinco mil, que se menciona específicamente en los cuatro relatos (6:41 y pasajes

52. El tema general del secretismo ofrece una explicación mejor de la acción de Jesús aquí y en 8:23 que el hecho de atribuirlo al deseo del sanador de impedir que la gente descubriera sus técnicas curativas (especialmente el uso de la saliva, solo en estas dos perícopas); así, p. ej. Gnika, 1.314.

53. Gundry, 389, ofrece una lista completa de las principales fuentes y un análisis moderno sobre el tema.

54. Véase J. M. Hull, *Magic*, 76-78.

paralelos), el gesto pone de relieve la dimensión divina en el poder milagroso de Jesús. Στενάζω, un verbo que solo se usa aquí en los Evangelios, resulta muy llamativo; a veces se toma como parte de una rutina mágica de curación, pero es probable que para Marcos sugiera la profunda carga emocional de Jesús, al igual que el uso de ὀργισθείς y ἐμβριμησά μενος en la curación del leproso (1:41, 43). Pero el elemento central en la curación es la orden, de la que aparecen su forma aramea y su traducción (como en 5:41). Εφφαθα probablemente representa la forma aramea del imperativo de ethpeel[55], 'etptaḥ, que tiene un sentido reflexivo: "¡Ábrete!". Si, tal como indica la traducción de Marcos, la forma es singular, la orden se dirige formalmente al hombre (que no debería ser capaz de oírla) y no a sus oídos, aunque en realidad, es a los oídos a los que se les ordena que vuelvan a funcionar. El uso del arameo en un contexto probablemente no judío no resulta particularmente significativo, porque el idioma estaba muy extendido fuera de los círculos judíos, pero la cita marcana de la forma aramea sugiere una evocación de una orden imponente por parte de alguien que estuvo allí, tal vez el propio paciente, para quien esta puede haber sido la primera palabra que jamás había escuchado.

35 El efecto es inmediato (aun cuando no se incluya εὐθέως —véase la nota textual), y tanto la sordera como la mudez son curadas súbitamente.[56] Marcos emplea un lenguaje vívido con su uso de ἀκοαί donde cabría esperar ὦτα (presumiblemente para subrayar la función de los oídos y no de los órganos físicos como tales) y por medio de la imagen de la desatadura de la lengua. La adición de ἐλάλει ὀρθῶς sugiere que el problema del hombre era que lo que decía resultaba ininteligible (tal como probablemente indica μογιλάλος, v. 32).

36-37 En cuanto a la clara desobediencia al pedido de silencio por parte de Jesús, cf. 1:44-45. En esta ocasión la orden no va dirigida solo al paciente sino a la multitud que lo llevó a Jesús para que lo sanara (v. 32), y que, a pesar de la privacidad del suceso (v. 33), tenía pleno conocimiento de lo que había ocurrido. De cualquier modo, esperar que ese acontecimiento obviamente milagroso no fuera divulgado era en vano. Los verbos en imperfecto διεστέλλετο y ἐκήρυσσον insinúan que el pedido de silencio se mantenía, y de igual forma, la desobediencia al mismo.[57] El asombro de la multitud (un rasgo habitual de las historias milagrosas; cf. 1:27-28; 2:12; 4:41; 5:15, 20, 42; 6:51) se expresa aquí con mayor dramatismo (incluyendo el hápax legómenon

---

55. La palabra, por lo general, se ha considerado aramea, aunque algunos han alegado que es hebrea (en particular I. Rabinowitz, *ZNW* 53 [1962] 229-38; *JSS* 16 [1971] 151-56). Al parecer, no es posible darle al problema una solución definitiva; véase S. Morag, *JSS* 17 (1972) 198-202.

56. Cranfield, 253, basándose en la elevación de los ojos al cielo, el suspiro y el uso de la manipulación física y de la saliva, afirma que esta historia, al igual que 8:22-26, describe una curación "realizada con dificultad y no instantáneamente". Esto, por lo menos, no resulta obvio a partir del texto de Marcos.

57. J. F. Williams, *Followers*, 122-23, considera que el tiempo imperfecto de los verbos trasciende los límites de este incidente específico: "Marcos da a entender que Jesús repetidamente exigía silencio con respecto a sus milagros de curación y que la orden era repetidamente desobedecida".

ὑπερπερισσῶς), y sugiere que la curación del hombre sordo y mudo fue objeto de un asombro especial, porque estos son dos de los elementos de la visión de Isaías con respecto a las bendiciones que tendrán lugar en virtud de la venida escatológica de Dios (Is. 35:5-6). El veredicto más general καλῶς πάντα πεποίηκεν, pronunciado por una multitud gentil presumiblemente grande, indica que el Mesías judío cuenta ahora con una aprobación más amplia, y prepara el terreno para que una multitud de cuatro mil hombres, algunos procedentes de lugares muy distantes, le siga hasta una región desértica en la próxima perícopa.

Alimentación de cuatro mil (8:1-10)

NOTAS TEXTUALES

7. La diversidad de las lecturas (αὐτά o ταῦτα; orden del participio y el pronombre; omisión del pronombre) no afecta el sentido. Εὐλογήσας αὐτά es tal vez la que cuenta con un testimonio más sólido. La omisión del pronombre puede haber sido causada por la incomodidad con respecto a la inclusión de un complemento directo (los peces) en vez de dejar que se asuma que al que se "bendice" es Dios, aunque esa misma expresión idiomática aparece claramente en Lucas 9:16; 1 Corintios 10:16. Εὐχαριστήσας en D se debe probablemente a una asimilación al v. 6, con la ayuda de una supuesta interpretación eucarística.

10. Las diversas formas del nombre Δαλμανουθά, los distintos modos de referirse a él como un destino (τὰ μέρη, τὸ ὄρος, τὰ ὅρια) y su sustitución por diferentes formas de un nombre más conocido (Μαγεδάν, Μαγδαλά, que aparecen en la tradición textual del pasaje paralelo en Mt. 15:39) tienen su origen en la presencia en el texto de un nombre desconocido. Τὰ μέρη Δαλμανουθά es la lectura que explica mejor el resto.

La geografía ya se analizó con anterioridad, pág. 294. El último lugar al que se hizo referencia en la narración es la Decápolis (v. 31), y Marcos nos permite suponer que el escenario sigue siendo el mismo hasta la próxima mención geográfica en el v. 10. Es razonable, pues, aceptar que la narración tiene lugar en la ribera oriental del lago, después de lo cual, vuelven en la barca, según 8:10, al territorio judío de la costa occidental (donde los fariseos se ponen otra vez de relieve), y luego, en 8:13 regresan en la dirección contraria y llegan, tal como estaba previsto, a Betsaida (en el extremo norte de la costa oriental) en 8:22. Aparte del anonimato de Δαλμανουθά (véase el comentario sobre el v. 10), esta secuencia de viajes resulta coherente. La mayoría de los comentaristas, basándose en esto, ha considerado que la presente perícopa da testimonio de un incidente que ocurrió en el territorio mayormente no judío de la costa oriental, y por ende, continúa tratando acerca del tema del ministerio de Jesús entre los gentiles. La propia redacción de la perícopa no exige un entorno gentil (el uso en el v. 8 de un término diferente del que se empleó en 6:43

para referirse a las canastas constituye, en el mejor de los casos, una pista en esta dirección); lo que nos lleva a esa conclusión es el lugar que ocupa en el desarrollo de la trama del Evangelio y además, la pregunta de qué otra razón pudo tener Marcos para incluir un segundo milagro de alimentación (en una escala reducida) que reproduce tan de cerca el patrón de la alimentación de los cinco mil (6:31-44).

Sin embargo, si aceptamos que se trata de una ubicación gentil, el segundo milagro de alimentación se ajusta muy bien al patrón de Marcos como el tercer elemento de un conjunto de milagros (un exorcismo, una sanidad y un milagro de la naturaleza) que hacen que la misión del Mesías de Israel se extienda para beneficiar también a los pueblos vecinos. De esta manera, la narración da cumplimiento a la conversación con la mujer sirofenicia acerca de la posibilidad de que los perros participen del pan de los hijos, y en este incidente participan del "pan" en forma muy literal. En esa conversación se aceptó que los gentiles pudieran participar solo de las "sobras", y es quizás por esta razón que Marcos presenta minuciosamente un conjunto diferente de estadísticas con respecto a esta alimentación: menos personas (cuatro mil en vez de cinco mil) que son alimentadas con más panes (siete y no cinco) y "unos cuantos pececillos", aunque quedan menos sobras (siete canastas en lugar de doce). Los números exigen atención (véanse los vv. 19-21).[1]

En 6:44 Marcos indicó específicamente que los cinco mil eran ἄνδρες. Aquí (a diferencia de Mateo, 15:38) él no lo especifica, y nos permite suponer que se trataba de una multitud mixta. Si la alimentación de los cinco dejó entrever al menos un posible matiz militarista (véanse los comentarios introductorios sobre 6:31-44), no hay nada que nos induzca a intuir esa dimensión aquí, donde una multitud gentil no podría haber tenido esa misma motivación nacionalista.

En otros aspectos, sin embargo, las historias son muy similares, con los temas de la multitud hambrienta, la compasión de Jesús, la incredulidad de los discípulos con solo pensar en alimentar esa multitud de personas en el desierto, la pregunta πόσους ἔχετε ἄρτους, la orden dirigida a la multitud para que se recostase sobre la tierra, la secuencia "eucarística" de los verbos (λαβών, εὐχαριστήσας/εὐλογήσεν, [κατ-]ἔκλασεν, ἐδίδου... ἵνα παρατιθῶσιν),

---

1. Se ha sugerido que los números tienen un significado muy claro, porque el cinco (los libros de la ley) y el doce (las tribus de Israel) son obviamente números "judíos", mientras que el cuatro (los confines de la tierra) y el siete (la plenitud) señalan una dimensión universal de la misión del Mesías. Esas sugerencias son difíciles de demostrar o de refutar, y la pregunta (si hubiera una) sobre cuántos lectores de Marcos habrían estado en condiciones de entender el simbolismo tampoco puede responderse. É. Trocmé, en *Formation*, 181, en consonancia con algunos comentaristas anteriores, propuso otro motivo oculto detrás de los números, preguntándose si los números de las canastas en los dos milagros de alimentación representan a los doce apóstoles y los siete diáconos de Hechos 6, y por tanto, si Marcos está "abogando así por los derechos de los siete". Trocmé afirma: "Al parecer, no hay nada que se oponga a esa conclusión". Es posible, pero, ¿hay algo que la favorezca? Con respecto a otras interpretaciones imaginativas del número siete aquí, véanse Guelich 405; Gundry, 396-97.

el hecho de que todos comieran y se saciaran (ἐχορτάσθησαν), las canastas con las sobras y la referencia al número de personas en la multitud. Los dos relatos son claramente gemelos en lo que respecta a su contenido y a su narración.

Por ese motivo, muchos comentaristas han asumido que las dos perícopas son relatos alternativos de un solo suceso original. La mayoría sugiere que las dos versiones de la historia (que difieren completamente en cuanto al número de personas, de panes y de canastas) ya habían sido elaboradas antes que Marcos escribiera su Evangelio. Pero esto constituiría un modus operandi inusual en la tradición oral, que normalmente tiende a preservar detalles específicos como los números sin alteraciones aunque varíe el "escenario"; los dos relatos de alimentación en Marcos muestran precisamente el fenómeno contrario, una línea argumental muy similar pero con todos los números cambiados. Si tomamos en consideración el especial hincapié que hace cada narración en los números, resulta difícil creer que la tradición los hubiera tratado con esa negligencia. Además, no es fácil imaginar una situación dentro de la iglesia de mediados del siglo I que permitiera que Marcos todavía ignorara que solo uno de esos incidentes había ocurrido realmente.

Una opinión alternativa es que Marcos recibió un solo relato, y, posiblemente con el propósito de dejar bien claro que todas las bendiciones de Israel también estaban a disposición de los gentiles, creó una segunda historia, conservando la estructura esencial pero cambiando todos los números. Sin embargo, eso no parece estar en consonancia con el método marcano. Aunque Mateo sí presenta a veces lo que podrían tomarse como "duplicados" de la misma historia (Mt. 9:27-31 con 20:29-34; 9:32-34 con 12:22-24; 12:38-39 con 16:1-4), esto no es típico de Marcos en otros lugares. Además, en 8:19-21 los dos milagros de alimentación se mencionan como dos sucesos separados, con detalles que los diferencian claramente, y eso no parece ser la obra de un hombre que tenía conocimiento de un solo suceso de ese tipo.

Aparentemente, pues, es más sencillo aceptar que hubo dos incidentes de esa naturaleza que la tradición recordó y trasmitió de manera separada, pero, lógicamente, con el paso del tiempo fue empleando términos cada vez más similares para relatarlos, salvo en lo que respecta a los diferentes números, que sí se conservaron fielmente. Esto estaría de acuerdo con lo que señala la crítica formal en cuanto a la tendencia de las historias del mismo tipo (en particular las historias de sanaciones y exorcismos) a adoptar una forma narrativa estándar y conservar, a la vez, los detalles de sus características distintivas. Las dos historias de alimentación guardan tal vez más semejanza entre ellas que cualquier otro par de milagros en alguno de los Evangelios, pero la combinación de la similitud de la forma con la diferencia pormenorizada del carácter distintivo de cada una refleja fielmente el proceso de tradición oral tal como lo vemos en otros lugares de los Evangelios.[2] Los comentarios detallados

---

2. En su análisis exhaustivo sobre si hubo uno solo o dos milagros de alimentación, J. Knackstadt, *NTS* 10 (1963/4) 309-35, llegó a la conclusión de que hubo dos. Para un argumento más re-

que siguen girarán en torno a las diferencias con la alimentación de los cinco mil; para otros detalles y temas más generales, véanse los comentarios sobre 6:31-44 anteriormente.

1-3 El adverbio πάλιν pone de relieve la creencia de Marcos de que esta era la continuación de un suceso anterior y similar, e insta al lector a cotejar y contrastar las dos historias. No se dice explícitamente quiénes eran los que componían la multitud, ni (a diferencia de 6:33-34) cómo habían podido permanecer con Jesús en una zona deshabitada durante un período de tres días.[3] Pero las perícopas anteriores han dejado entrever la fama cada vez mayor que había adquirido Jesús como sanador en algunas zonas que no eran judías (7:24, 32), y la amplia propagación de la historia de la curación del sordomudo (7:36-37) debe haber tenido repercusiones en ese sentido. Marcos no dice si Jesús había dedicado el período de tres días a enseñar o a realizar curaciones, o a ambas cosas, pero el hecho de permanecer tanto tiempo lejos de sus hogares y de las provisiones alimenticias sugiere un entusiasmo y una persistencia excepcionales por parte de esta multitud que, según cabe suponer, era mayormente gentil. La naturaleza personal de su adhesión a Cristo se pone de relieve en la expresión προσμένουσίν μοι, mientras que ἀπολύσω αὐτούς presupone el control de Jesús sobre sus movimientos. La frase ἀπὸ μακρόθεν no indica necesariamente que entre la multitud hubiera personas de otras provincias;[4] un solo día de camino incluso dentro de la región de Decápolis estaría demasiado lejos después de pasar tres días sin comer.[5]

4 La incredulidad de los discípulos ante la sugerencia (que, a diferencia de 6:37, aquí no es una orden directa) de que había que buscar alimentos para la multitud fue bastante natural en 6:37, pero cabría esperar que ellos hubieran aprendido de aquella experiencia.[6] Es posible que Marcos volviera a usar el

---

ciente e independiente en el mismo sentido, véase Gundry, 398-401. J.-M. Van Cangh en M. Sabbe (ed.), *Marc*, 337-41, aboga, al igual que muchos otros, por un doble literario anterior a Marcos.

3. El nominativo ἡμέραι τρεῖς para denotar duración (aquí y en Mt. 15:32) es raro. BDF 144, lo cataloga como "un nominativo parentético", y ofrece varias analogías con expresiones de tiempo en la LXX y en los papiros; pero sigue siendo un elemento incómodo y poco elegante del griego.

4. F. W. Danker, *JBL* 82 (1963) 215-16, alega que la frase refleja la tendencia judía a hablar de los gentiles como los "de lejos" (cita como ejemplos Jos. 9:6, 9 e Is. 60:4), y por tanto, se refiere a *algunos* de la multitud como gentiles. (Véase contra Gundry, 396.) Este es un matiz posible, pero el significado literal de la frase resulta totalmente satisfactorio y adecuado en el contexto.

5. La frase ἐν τῇ ὁδῷ le sugiere a E. Best, *Disciples*, 192-93, que la alimentación debe interpretarse como una metáfora de la enseñanza, el alimento esencial que se necesita para seguir adelante en el "camino" del discipulado. Pero si bien los usos posteriores de la frase en 8:27; 9:33; 10:32, 52 se refieren claramente al "camino" en compañía de Jesús hacia Jerusalén, el ὁδός aquí lo aleja de Jesús. La frase constituye una base demasiado débil para ese tipo de metáfora, y la narración tampoco la exige. De manera similar, si interpretamos los "tres días" del v. 2 como una alusión de la resurrección (así, p. ej., W. H. Kelber, *Kingdom*, 61), estaríamos confiriéndole un peso demasiado grande a una sencilla frase cotidiana.

6. Gundry, 393-94, propone que la situación es diferente, por cuanto 6:36-37 sugirió al menos cierta posibilidad de comprar comida en el vecindario, mientras que en esta ocasión ellos se encuentran en un verdadero ἐρημία, lejos de cualquier poblado, y la necesidad es más aguda después

mismo tema literario impactante sin reflexionar en lo inadecuado que resultaba en esta segunda ocasión.[7] Pero la incapacidad de los discípulos para aprender de los acontecimientos que presencian y de reconocer las nuevas dimensiones que implica el ministerio de Jesús se hará cada vez más patente en el próximo acto de la historia de Marcos, y en 8:17-21 Jesús los reprenderá precisamente por no haber sido capaces de aprender a partir de las experiencias repetidas.[8] La descripción sarcástica de su reacción, mediante la brusca yuxtaposición de χορτάσαι ἄρτων a ἐπ᾽ ἐρημίας, se recordará significativamente en el v. 8 cuando vuelva a usarse el mismo verbo χορτάζω para explicar lo que realmente se logró allí en el desierto.

5-6 La repetición exacta de la pregunta πόσους ἔχετε ἄρτους; de 6:38 sugiere un tono casi cómico de resignación: "¡Y dale con lo mismo!". La respuesta, aunque más cuantiosa que la vez anterior, sigue siendo ridículamente desproporcionada con respecto al tamaño de la multitud. A partir de este momento la historia se desarrolla de acuerdo con el mismo patrón de la anterior, aunque sin la descripción vívida del pícnic de los comensales divididos en grupos ordenados sobre la hierba verde. El uso de εὐχαριστήσας en lugar de εὐλογήσας (que sí se usará, no obstante, para referirse a los peces en el versículo siguiente) podría indicar un deseo de exponer el significado eucarístico de la alimentación, pero puesto que los dos verbos pueden virtualmente intercambiarse en el uso greco-judío, es posible que solo se trate de una variación estilística.

7 En la historia anterior, los peces se mencionaron repetidamente a cada paso. Aquí se alude a ellos una sola vez, casi como una idea tardía después de haber dado testimonio de la comida del pan. El pan y los peces, pues, recibieron "bendiciones" separadas, y la historia presenta los peces como si fueran el segundo plato del banquete. Sorprendentemente, no se dice cuántos peces había en esta ocasión; solo se hace referencia a ellos en forma indiferente como ἰχθύδια ὀλίγα, "unos pocos pececillos", o quizás "unos cuantos trozos de pescado". Después de la serie de diminutivos que aparecen en 7:24-30, resulta tentador tomar el término ἰχθύδια como un contraste deliberado con los peces enteros de 6:31-44 que tiene por objeto indicar que los gentiles solo reciben

---

de tres días sin comer.

7. W. T. Shiner, *Follow*, 222-26, sugiere que lo que para nosotros es improbable en razón de nuestro estilo "lineal" al leer una narración, no le habría parecido fuera de lugar a Marcos, cuyo método narrativo era "acumulativo". Por consiguiente, la repetición del tema de la incredulidad crea "coherencia al nivel del discurso o de la retórica del Evangelio a expensas de la coherencia al nivel narrativo".

8. R. M. Fowler, *Loaves*, 93-99, explica el comentario de los discípulos como una ironía deliberada por parte de Marcos con la intención de afectar negativamente la imagen de ellos. Puesto que Fowler cree que 8:1-10 era la historia tradicional, a partir de la cual Marcos creó la alimentación de los cinco mil, la respuesta de los discípulos habría sido totalmente natural en la historia tradicional tomada en forma aislada, pero al ubicarla en su Evangelio después de haber contado su versión mejorada, Marcos los ha hecho quedar como tontos. "Lo que en cierto momento fue una pregunta retórica inocente se ha transformado en virtud del contexto en el que se lee ahora" (*Loaves*, 154).

el alimento menos valioso (cf. las ψιχία de 7:28 en contraste con el pan de los hijos), pero es posible que esta sea una interpretación exagerada. Lo más probable es que Marcos usara el término simplemente para indicar la cantidad inadecuada de las provisiones para la multitud.

8-9 El alcance del milagro podría estar ligeramente reducido esta vez, pero la multitud no quedó menos satisfecha (ἐχορτάσθησαν), y hubo muchas sobras. Σπυρίς es el término que normalmente se traduce como canasta (contrástese con el término más específicamente judío κόφινος en 6:43). Se usa para referirse a una canasta de alimentos o una cesta, pero podía ser lo suficientemente grande para transportar una persona (Hch. 9:25). El uso de ἀπολύω, al igual que en el v. 3 y en 6:45, indica el control de Jesús sobre la multitud.

10 En esta ocasión Jesús no deja a sus discípulos solos en el lago; él mismo sube a la barca con ellos. No se da ninguna explicación con respecto a la disponibilidad de τὸ πλοῖον después de que lo que parece haber sido una larga trayectoria por tierra, pero el asunto es irrelevante para Marcos, cuyo único propósito es llevarlos de regreso a la costa occidental en preparación para una nueva travesía hacia la región noreste en 8:13-22. Cabe suponer, pues, que su destino ahora sea algún lugar en la ribera noroeste del lago, alrededor de Capernaúm o Genesaret (Mateo en este punto menciona a Magadán o Magdala), pero Marcos usa un nombre, Δαλμανουθά (véase la nota textual) que no aparece en ninguna otra parte, y que no puede identificarse con certeza con ningún asentamiento conocido. No debe sorprendernos que hubiera pequeños pueblos pesqueros a lo largo del lago a los que no se hace referencia y que no han dejado ningún rastro en los nombres posteriores de los lugares, pero sí resulta llamativo que Marcos usara un término que sin duda era tan desconocido para la mayoría de sus lectores como lo es para nosotros. Pero no sabemos dónde estaba, y no tiene ninguna utilidad hacer meras conjeturas al respecto.

RESUMEN HASTA AQUÍ: ADVERSARIOS Y SEGUIDORES TIENEN TODAVÍA MUCHO QUE APRENDER (8:11-21)

Este pasaje puente aleja por completo a Jesús y a sus discípulos de Galilea, y con eso, le pone fin al primer acto del drama de Marcos. No hay ninguna separación clara entre el primer acto y el segundo, sino más bien, una progresión gradual, en la que 8:22-26 así como la sección que nos ocupa ahora desempeñarán un papel importante. A medida que el grupo cruza el lago y se encamina hacia su escenario más norteño en la zona de Cesarea de Filipo, la historia va preparando gradualmente al lector para el giro nuevo y decisivo que dará a partir de ese momento. Las distintas actividades y reacciones del período galileo deben darle paso ahora a la nueva dirección introducida por la pregunta y respuesta cristológicas de 8:27-29, y por la atención puesta en la cruz que se derivará de ellas y dominará el segundo acto. Pero antes de llevarnos a ese giro decisivo, Marcos termina su primer acto con dos escenas enigmáticas que apuntan a los capítulos anteriores pero también a la reeducación futura de los discípulos mientras se dirigen a Jerusalén. Estas dos breves escenas nos invitan a considerar cuánto (o más bien, cuán poco) han logrado entender del verdadero significado de su ministerio los enemigos de Jesús y también sus seguidores. A ambos grupos les queda aún mucho por aprender, y en el segundo acto a los discípulos, al menos, se les dará la oportunidad de aprenderlo.

Esta sección consta de dos perícopas independientes aunque se hallan relacionadas en la secuencia geográfica de los movimientos alrededor del lago. La primera pone de manifiesto la incomprensión y la creciente hostilidad contra Jesús que muestran los que ahora son sus adversarios tradicionales, los fariseos, y señala la manera en que Jesús le puso fin al diálogo significativo que ellos entablaron con él (aunque los fariseos pronto aparecerán de nuevo en 10:2 y 12:13). La segunda perícopa pone de relieve la incomprensión aparentemente igual de los discípulos, aunque en ellos no general hostilidad sino desconcierto. Pero su "ceguera" (vv. 17-18), a diferencia de la de los fariseos, sí admite curación, tal como demostrarán simbólicamente los vv. 22-26; esa será la tarea de Jesús en el segundo acto.

Jesús abandona a los fariseos (8:11-13)

Después del primer milagro de alimentación, Jesús cruzó el lago y se vio inmediatamente envuelto en un conflicto con los fariseos en Galilea (7:1-23); ahora, después del segundo milagro de alimentación, cruza otra vez el lago para regresar del territorio gentil, y a su llegada a Galilea, tiene un nuevo enfrentamiento con sus adversarios fariseos. Aunque los fariseos no han aparecido en la historia de Marcos con la misma frecuencia que en Mateo o en Lucas, el lector sabe ahora muy bien que son una fuente previsible de crítica y de oposición al ministerio de Jesús. Ya sea en forma aislada (2:24) o con los escribas (2:16; 7:1) o los herodianos (3:6) su nombre indicó repetidamente el malestar oficial en contraste con el entusiasmo popular que caracterizó el ministerio de Jesús en Galilea. En esta breve aparición se pone de relieve su papel negativo. No solo exigen una σημεῖον para autenticar el ministerio de Jesús, sino que Marcos añade que no lo hacían con el deseo de buscar una razón para convencerse, sino para πειράζοντες αὐτόν, con la esperanza, según es de suponer, de desacreditarlo también a los ojos del pueblo en general. La negativa rotunda por parte de Jesús a mostrarles una σημεῖον representa, pues, una decisión consciente de finalizar su diálogo con los líderes religiosos y su ministerio público en Galilea. A los que todavía no se han convencido de su mensaje no se les ofrecerá ningún otro incentivo para creer. La expresión significativa ἀφεὶς αὐτούς indica un abandono definitivo de los fariseos, y no la posibilidad de cualquier esfuerzo posterior para ganarlos, del mismo modo que más adelante Jesús "saldrá" del templo, pronunciando la dramática predicción de su destrucción, para marcar el final de su llamamiento a la jerarquía en Jerusalén (13:1-2).

En el pasaje paralelo en Mateo y en Lucas (y en el segundo incidente de ese tipo que narra Mateo, Mt. 16:1-4) la negativa de Jesús a darles una σημεῖον aparece modificada por una referencia a la "señal de Jonás". Este enigmático comentario, que Mateo y Lucas desarrollan de manera diferente, presumiblemente no estaba en la tradición tal como Marcos lo conocía, sino que pertenece a una versión "Q" de la demanda de una señal. En Marcos, la negación es rotunda, aunque aparezca formulada de manera extraña, e indica que ἡ γενεὰ αὕτη (la frase se repite en forma enfática) ya ha recibido todo lo que iba a recibir. Si no pueden aceptar lo que han visto y oído, no tiene sentido darles ninguna otra demostración de la venida del reino de Dios. Perdieron la oportunidad que tenían. El lector podría recordar aquí el capítulo 4, con su diferencia escalofriante entre aquellos a quienes les ha sido revelado el secreto del reino de Dios y "los que están afuera", a quienes solo se les habla en parábolas. La frase ἡ γενεὰ αὕτη, al parecer, funciona aquí como un término general para referirse a "los que están afuera", en contraste con los discípulos que continuarán con Jesús en la barca y recibirán otras enseñanzas aún más privilegiadas en los capítulos que siguen. Por consiguiente, la división que presentó el capítulo 4 se dramatiza aquí cuando Jesús le vuelve a la espalda a los fariseos, los portavoces de "esta generación" y se va en el barco con sus discípulos.

11 En 3:22 y 7:1 los adversarios fueron los escribas de Jerusalén, pero aquí, Marcos deja entrever que la demanda parte de los fariseos locales (galileos), quienes, cuando Jesús llegó a Dalmanuta, ἐξῆλθον (de sus hogares, presumiblemente) para enfrentarlo. Conscientes de su función (que ellos mismos se habían adjudicado) como guardianes de la ortodoxia y práctica religiosas en la zona, y sintiéndose tal vez amenazados por la popularidad y la influencia tan grande de este maestro poco ortodoxo, tratan de ponerlo en su lugar exigiéndole que presente sus credenciales. Aunque el verbo συζητέω puede tener un sentido neutro, "discutir" (como en 1:27; 9:10), se usa más frecuentemente con una connotación negativa, "disputar (con)". Marcos no menciona ningún otro tema de discusión, por tanto, el efecto que logra la expresión συζητεῖν αὐτῷ, al igual que πειράζοντες αὐτόν más adelante, es poner de relieve su hostilidad. Ellos no vienen a dialogar, ni esperan que se les dé ninguna σημεῖον; su única intención es desacreditar a Jesús.

Σημεῖον no se usa en los Evangelios sinópticos (como sí ocurre en Juan) como un término general para referirse a un "milagro". El término aquí, por tanto, no indica que ellos simplemente querían ver un milagro, sino que tiene que ver, más bien, con la cuestión de la autenticación (aunque sí esperaban que las pruebas que pedían tuvieran un carácter sobrenatural, ἀπὸ τοῦ οὐρανοῦ).[9]

---

9. Gundry, 402, alega que ellos no pedían un milagro sino "un tipo diferente de demostración

Teniendo en cuenta el número de acontecimientos notables que se han relatado ya en el Evangelio de Marcos, algunos de los cuales al menos estos fariseos debían conocer, no es fácil entender qué más podían exigir, pero es posible que ellos todavía no hubieran presenciado personalmente ninguno de los milagros, y no estaban dispuestos a confiar en rumores. Debemos recordar también que los escribas en 3:22 no dudaban de la realidad de los exorcismos de Jesús, pero los atribuían a un poder demoníaco y no a Dios. Para ellos, aún los milagros reconocidos necesitaban alguna señal que los autenticara para demostrar que eran "del cielo".

La exigencia de una señal (normalmente milagrosa) para autenticar a un profeta o a cualquier persona que se considere autorizada por Dios es un concepto enteramente bíblico y judío (cf. el comentario de Pablo sobre la petición de σημεῖα por parte de los judíos en 1Co. 1:22).[10] Esas señales constituyen una característica prominente en la historia de Moisés (Éx. 4:1-9, 29-31; 7:8-22, etc.), y buscaban claramente que fueran aceptadas como pruebas de su misión divina, aunque cabe destacar que no todas las "señales" milagrosas merecen confianza (Éx. 7:11-12, 22; 8:7; Dt. 13:1-3). El descenso de fuego del cielo como resultado de la petición de Elías (1Re. 18:38) era otro ejemplo espectacular del tipo de autenticación en el que pueden haber pensado los fariseos; cf. también Isaías 7:10-17; 38:7-8. Lucas (en Hechos) y Juan en el NT usan con frecuencia el término σημεῖον en un sentido totalmente positivo para referirse a los milagros de Jesús y de sus seguidores, tomándolos como pruebas visibles del poder de Dios que obra a través de sus siervos escogidos (aunque, al igual que ocurre en el AT, las "señales" también pueden realizarlas los adversarios: Mr. 13:22; 2Ts. 2:9; Ap. 13:11-15).

Por tanto, el deseo de ver una señal no es en sí mismo claramente incorrecto. Pero al añadir la expresión πειράζοντες αὐτόν, Marcos indica que la petición no era sincera, y de ese modo, prepara el camino para el rechazo de Jesús de lo que podía parecer, a primera vista, una solicitud razonable. Viniendo de los fariseos, la petición no sugiere que estuvieran buscando algo que los convenciera, sino una excusa para negarse a responder positivamente a las pruebas claras que ya existían en la enseñanza y el ministerio de Jesús.

---

que no pudiera atribuírsele al poder satánico, a la magia ni a cualquier otra fuente aparte del propio Dios... Qué tipo exactamente, no lo especifican. No está claro que podría ser más convincente que una actividad definidamente milagrosa, aunque Gundry se basa en el argumento de J. Gibson, *JSNT* 38 (1990) 37-66, de que la señal que pedían tenía que ver con los "fenómenos apocalípticos". De hecho, Gibson es mucho más específico, y alega que ellos estaban pensando en "un fenómeno cuyo contenido tuviera un matiz apocalíptico, un carácter triunfalista y que reprodujera una de las "poderosas obras de liberación" que Dios había obrado a favor de Israel para rescatarlo de la esclavitud", y que Jesús denegó esa señal porque repudiaba las "actividades triunfalistas e imperiosas".

10. O. Linton, *ST* 19 (1965) 112-29, analiza provechosamente la importancia de las señales en el judaísmo, y afirma que tienen por objeto la autenticación de las enseñanzas impactantes; véanse, p. ej., b. Sanh. 98a; b. BMes; 59b.

12 En 7:34 Marcos mencionó el suspiro o gemido de Jesús (στενάζω) mientras sanaba al sordomudo, y en la historia del leproso en 1:41, 43 usó también otros términos para describir las emociones fuertes de Jesús. Aquí, una forma intensificada del mismo verbo (ἀναστενάζω, suspirar o gemir profundamente)[11] indica el sufrimiento que le producía no una dolencia física sino la indiferencia de "esta generación" que se pone de manifiesto en la demanda de una σημεῖον cuando tantos milagros ya habían dado testimonio de la excepcionalidad de su autoridad.[12] El doble uso de la frase ἡ γενεὰ αὕτη sugiere que la incredulidad que demanda una señal autentificadora no está limitada solamente a los fariseos. De hecho, no hay nada que indique que la frase γενεὰ μοιχαλὶς καὶ ἁμαρτωλός de 8:38 se refiera únicamente a los fariseos o a cualquier otro grupo específico, mientras que la exclamación de Jesús Ὦ γενεὰ ἄπιστος en 9:19, incluye, al parecer, a los discípulos junto con la multitud que los rodeaba. Esas acusaciones dirigidas contra la presente γενεά en pleno (más típicas de Mateo que de Marcos) sugieren ahora que el ministerio público de Jesús en Galilea ya ha terminado, la respuesta entusiasta de los capítulos anteriores no se ha mantenido de manera general, y todo el pueblo comparte el escepticismo de los fariseos.[13] Es en estas circunstancias que Jesús va a centrar su atención de un modo más directo en el grupo limitado de sus discípulos comprometidos.

Con respecto a ἀμὴν λέγω ὑμῖν, véase el comentario sobre 3:28. Esta es solamente la segunda vez que aparece en Marcos, pero en el resto del Evangelio ocupará un lugar más destacado. Aquí, al igual que en 3:28, la expresión le da paso a una declaración solemne de juicio en un contexto de oposición contra Jesús. El juicio en esta ocasión es la denegación de la señal que ellos quieren, dejando insatisfecho su escepticismo. El estilo de la advertencia es semítico, con una cláusula condicional (sin cláusula principal) que hace las veces de una declaración negativa enérgica. En cuanto a la expresión idiomática (que implica una maldición reprimida contra uno mismo: "Así me haga Dios, si...", como en 2Re. 6:31) cf. Sal. 94[95]:11 en la LXX, εἰ εἰσελεύσονται εἰς τὴν κατάπαυσίν μου, citado en Hebreos 3:11; 4:3, 5. Véase BDF 372 (4).[14]

13 El uso de ἀφίημι con un complemento personal podría ser simplemente un recurso narrativo para trasladar la historia de un lugar y un grupo de personas a otro, al igual que en 4:36. En otros contextos, sin embargo, implica una separación más definida, como en 12:12 y de manera especial en 14:50. Después del tono fuertemente despectivo del v. 12, y en razón del

---

11. En el uso clásico, el prefijo ἀνα- indicaría más probablemente un gemido *audible*, pero τῷ πνεύματι aquí sugiere, más bien, una tensión emocional interna.

12. Véase J. Gibson, *JSNT* 38 (1990) 38-42, para la sugerencia de que Marcos ya nos dio en 2:1-12 un ejemplo de la realización de un milagro por parte de Jesús como una señal autentificadora.

13. Gundry, 406, sin embargo, alega que el término γενεά se usa aquí con un sentido más restringido, y hace referencia solamente a los fariseos.

14. Para otro comentario sobre el porqué era preciso negar la petición de una señal dentro del hilo general de la narración de Marcos, véase C. D. Marshall, *Faith*, 66-70.

cambio de enfoque en el ministerio de Jesús que sigue ahora, es preferible, al parecer, considerar que la expresión ἀφεὶς αὐτούς aquí tiene más fuerza. Es así como Jesús se retira deliberadamente de la discusión con los fariseos y la γενεά que representan. Entra en la barca para marcharse de Galilea y sus multitudes, a fin de concentrarse en la enseñanza de los discípulos que ahora van con él εἰς τὸ πέραν.

La ceguera de los discípulos (8:14-21)

NOTA TEXTUAL

15. La inesperada yuxtaposición de Ἡρῴδου en singular al término Φαρισαίων en plural, y el hecho de que los Ἡρῳδιανοί estén relacionados con los Φαρισαῖοι en 3:6 y 12:13, explica la sustitución de Ἡρῴδου por τῶν Ἡρῳδιανῶν en P y otros MSS.

Esta enigmática perícopa combina los temas del pan (literal) y la levadura (metafórica) con el tema de la ceguera o incomprensión de los discípulos, y entonces, desarrolla este último con referencia a su incapacidad para entender el significado de los dos milagros del "pan". Estos temas están estrechamente relacionados, pero de un modo que desafía cualquier análisis fácil de la línea de pensamiento.[15] No está claro si Jesús usa la metáfora de la levadura aprovechándose deliberadamente de la preocupación de los discípulos por la falta de pan, o si Marcos quiere que nosotros veamos la falta de pan como una coincidencia desafortunada que hace que los discípulos pasen por alto el sentido de su advertencia con respecto a la levadura tomándola de una forma demasiado literal. Pero es precisamente por esa malinterpretación que ellos revelan su incapacidad para entender la importancia del ministerio y la enseñanza de Jesús, el cual procede a aclarar el sentido de su advertencia aprovechándose de la preocupación que manifiestan por el pan literal y señalándoles que los últimos acontecimientos habían demostrado que dicha preocupación estaba fuera de lugar. No hay excusa para que los que participaron de esos dos milagros dejen de comprender la importancia del que los realizó. No se dio ninguna σημεῖον en respuesta a la demanda de los fariseos, pero los discípulos sí han visto ya dos σημεῖα, y sin embargo, no han aprendido nada.[16] Ellos, pues, están totalmente equivocados, y con eso, queda preparado el camino para el tema principal de su reeducación que dominará el segundo acto.

---

15. F. Kermode, *Genesis*, 47, comenta: 'Aunque este pasaje ha sido objeto de un intenso escrutinio por parte de los comentaristas, ninguno de ellos, que yo sepa, ha logrado explicar el comportamiento de los discípulos. El enigma sigue siendo oscuro.'

16. Véase, no obstante, D. W. Chapman, *Orphan*, 58-61, con respecto a la opinión de que este diálogo fue el detonante del reconocimiento que hace Pedro en 8:29 de que Jesús era el Mesías; en cuanto a la historia siguiente de la curación del ciego, fue este diálogo el que proporcionó el "segundo toque" que permitió que Pedro viera claramente.

Este diálogo elusivo refleja en forma llamativa (y bastante impactante) el lenguaje del capítulo 4.[17] En 8:11-13 los fariseos quedaron en la posición de los ignorantes "de afuera" de 4:11. Pero el lenguaje de Isaías 6:9-10, que en 4:12 se usó para referirse a "los de fuera", se aplica ahora en los vv. 17-18, y de un modo no menos sorprendente, a los propios discípulos, a pesar de que en 4:11 se les había descrito como los poseedores privilegiados del "secreto" que estaba oculto para los de fuera. El primer acto, pues, llega a su final con un tono sombrío. La luz divina, aún en los que la recibieron, todavía no ha producido una comprensión verdadera (obsérvese el uso repetido de συνίημι en vv. 17, 21, así como otras formas de expresar la misma idea en los vv. 17, 18). Este matiz paradójico, que ya se había hecho claramente patente en 6:52 cuando se empleó un lenguaje similar respecto a la falta de entendimiento de los discípulos, se mantendrá a lo largo del Evangelio: a pesar de la reeducación paciente de los discípulos en los capítulos 8–10, se quedarán nuevamente desconcertados por el giro de los acontecimientos en Jerusalén, y huirán de Getsemaní dejando que sean las mujeres las que contemplen el final en el Gólgota, mientras que incluso las mujeres, que tienen el privilegio de recibir el anuncio especial de la resurrección de Jesús, hacen que el Evangelio tenga un triste final al no decirle nada a nadie "porque tenían miedo". Esta perícopa, por tanto, lejos de ser una nota incongruente en el desarrollo de un progreso ascendente y continuo, marca la pauta de un desenlace para el cual el entusiasmo y la ilustración de los capítulos anteriores no han logrado, en gran medida, preparar hasta ahora al lector.

14 El tema que conecta la perícopa, el pan, se introduce por medio de una exposición del problema en dos partes: habían olvidado[18] de traer pan (o más literalmente, "panes"), y lo único que había en la barca era un solo pan. Dos ocasiones anteriores ya los habían sorprendido desprovistos de los recursos adecuados, aunque los cinco ἄρτοι de 6:38 y los siete ἄρτοι de 8:5 podrían haber proporcionado al menos una merienda modesta solo para el grupo de los discípulos —la incorporación de una gran multitud de "huéspedes" fue lo que en ambos casos precipitó una crisis. Esta vez, con un solo ἄρτος, ni siquiera el grupo que está en la barca podrá comer lo suficiente (véase el comentario sobre 6:38 con respecto al tamaño de un ἄρτος). La construcción bastante cargada εἰ μὴ ἕνα... οὐκ εἶχον εἶχον pone de relieve el apuro en que se encuentran.[19]

---

17. W. T. Shiner, *Follow*, 226-33, explica que este pasaje "une explícitamente los dos temas, el de las parábolas y el de los milagros" que recorren los capítulos 4–8, con un patrón recurrente de "parábola, incomprensión, reprensión y explicación". Describe adecuadamente el dicho enigmático de Jesús en el v. 15 como una παραβολή.

18. J. B. Gibson, *JSNT* 27 (1986) 31-47, sugiere, de manera inverosímil, que ἐπελάθοντο no debería traducirse como "habían olvidado" sino como "habían dejado deliberadamente". Con el deseo de impedir que su Maestro realizara otro milagro de alimentación a favor de los gentiles, estos discípulos judíos se aseguraron de que no hubiera ningún pan en la barca que él pudiera utilizar. Jesús, pues, no los reprende por su falta de fe sino por manifestar de ese modo su falta esencial de solidaridad con su agenda de carácter universal.

19. Algunos comentaristas han considerado que la mención específica de *un solo* ἄρτος sugiere un significado simbólico: Jesús es el "único pan" que basta para satisfacer todas las necesidades

15 El tiempo imperfecto de διεστέλλετο sugiere que la advertencia de Jesús contra los fariseos y Herodes no es, como podría parecer a primera vista, una exclamación aislada ni espontánea sino un resumen de un discurso más extenso (Marcos suele usar el aoristo de διαστέλλομαι en las ocasiones en que Jesús ordena guardar silencio, salvo en 7:36b, donde se hace referencia a instrucciones repetidas después de la orden inicial). Con respecto al imperativo de ὁράω para introducir una orden o una prohibición, véanse 1:44; Mt. 9:30; 18:10, etc.; en cuanto a βλέπετε como una advertencia ("¡presten atención!"), cf. 4:24; 13:5, 9, 23, 33, y con ἀπό ("guárdense de") 12:38.

Contextualmente, la advertencia contra los fariseos se deriva de los vv. 11-12, como una reflexión sobre la brecha tan clara que se ha abierto ahora entre ellos y Jesús. La inclusión de Herodes (Antipas) resulta muy llamativa, porque Marcos hasta ahora no ha presentado a Antipas como un enemigo directo de Jesús, aunque el interés de Antipas por Jesús y la manera en que lo vincula con Juan el Bautista (a quien ya había ejecutado) ha hecho que el lector lo vea como una posible amenaza (6:14-29), y en 9:12-13 Jesús implicará que el destino final de Juan en las manos de Antipas constituye un presagio de lo que será su propio destino. Más directamente relevante es la mención también inesperada de los Ἡρῳδιανοί (véase la nota textual) confabulándose con los fariseos ya en 3:6 para tramar la destrucción de Jesús, y su reaparición en la misma alianza en 12:13. Véase el comentario sobre 3:6 acerca de la trascendencia de esta alianza. La vinculación de Antipas con los fariseos, pues, no hace hincapié solo en los adversarios ideológicos sino en aquellos que, por razones diferentes, constituyen una amenaza real para la vida de Jesús. Sus discípulos deben estar al tanto del peligro en el que se halla ahora Jesús (y por ende, ellos) como resultado de la oposición que él ha suscitado en Galilea.

La naturaleza breve y enigmática del dicho y la consecuente incomprensión de los discípulos permiten catalogar el v. 15 como una παραβολή en el mismo sentido en que se usó el término en 7:17. Y al igual que en el capítulo 4, se emplean palabras tomadas de Isaías 6:9-10 para expresar su incapacidad para entender la παραβολή. Pero aquí, a diferencia de lo que ocurrió en los capítulos 4 y 7, Jesús no les da a los discípulos ninguna explicación clara, sino que les hace una serie de preguntas en los vv. 18-21 que resultan, de la manera en que Marcos las presenta, tan enigmáticas como la propia παραβολή original.

La levadura se usa en forma metafórica de varias maneras. Puede simbolizar abiertamente el mal (1Co. 5:8), pero también puede emplearse

---

de ellos; véanse, por ejemplo, J. Manek, *NovT* 7 (1964) 10-14; Q. Quesnell, *Mind*, 242-43, etc. Myers, 225-26 (junto con N. A. Beck, *CBQ* 43 [1981] 49-56), considera que la idea central del diálogo subsiguiente es la distinción entre ἄρτοι en plural con sus números simbólicos (tomados como representantes del desarrollo separado de los "círculos" judíos y gentiles) y el único ἄρτος, que representa la única eucaristía que es suficiente para todos los seguidores de Jesús. Véase también Stock, 224-26, para una exégesis incluso más segura en este mismo sentido. Si Marcos estaba pensando en algún simbolismo esotérico de ese tipo, no hizo ninguna insinuación lo suficientemente clara al respecto para que la mayoría de los lectores comunes se dieran cuenta de ello.

en sentido positivo para ilustrar el crecimiento del reino de Dios (Mt. 13:33). Su principal fuerza metafórica en el NT reside, al parecer, en el poder del crecimiento y la influencia de la levadura (1Co. 5:6; Gá. 5:9), y en su asociación con la observancia de la pascua judía, la cual demandaba la supresión total de la levadura (1Co. 5:7-8). El judaísmo también cuenta con un abanico igualmente amplio de usos metafóricos. Por consiguiente, el significado de la metáfora aquí no resulta inmediatamente obvio. En Mateo. 16:12 se interpreta como la διδαχή de los fariseos y de los saduceos,[20] y en Lucas 12:1 como la ὑπόκρισις de los fariseos, pero la metáfora en sí misma no exige ningún significado. En Marcos sigue siendo vago, y la advertencia de Jesús se centra más en los fariseos y en Herodes como enemigos de Jesús que en cualquier connotación específica de su ζύμη. El propósito principal que persigue la introducción del término aquí no es añadir algún contenido concreto a la advertencia, sino más bien, relacionar la advertencia de Jesús con el problema de la falta de pan.

Después de este versículo, ni la metáfora específica de la levadura ni la advertencia contra los fariseos y Herodes vuelven a desempeñar ninguna otra función en la perícopa. El tema será, más bien, la preocupación de los discípulos por el pan; un tema que fue provocado, de manera accidental o intencional, por la mención de la levadura. No está claro si Marcos quiere que nosotros pensemos que Jesús trató de abandonar el tema, desviado por el malentendido de los discípulos, o si él considera que el v. 15 les había aclarado de manera suficiente la idea a los discípulos. Para nosotros, la idea sigue siendo bastante oscura, o al menos poco desarrollada.[21]

16-17a La respuesta de los discípulos se relaciona solamente con la mención de la ζύμη, y pasa por alto a los fariseos y a Herodes. La redacción del versículo 16 resulta torpe, pero podría entenderse mejor como "discutían entre sí [el hecho] de que no tenían pan", considerando que la conjunción ὅτι introduce un discurso indirecto (en contraste con el pasaje paralelo en Mt. 16:7, donde aparece un ὅτι *recitativum* seguido de una forma verbal de primera persona). El imperfecto διελογίζοντο indica probablemente que ellos "seguían discutiendo" acerca del problema que ya había surgido en el v. 14, antes de la advertencia de Jesús con respecto a los fariseos y Herodes que ahora se deja de lado en razón de la preocupación más inmediata de los discípulos. Para

20. Según A. Negoita y C. Daniel, *NovT* 9 (1967) 306-14, Mateo da la interpretación correcta, porque lo que Jesús realmente dijo en arameo fue ʼmîrāh ("enseñanza"), pero los discípulos pensaron que había dicho ḥmîrāʼ ("levadura"), que se pronuncia igual. En su opinión, Marcos esperaba que el conocimiento del arameo por parte de sus lectores les permitiera darse cuenta del doble significado. Aun cuando eso fuera posible, lo que Marcos indica que Jesús dijo es ζύμη, no διδαχή.

21. M. A. Beavis, *Audience*, 105-14, propone una explicación más coherente basada en el argumento de que "la advertencia contra la 'levadura' de los líderes judíos tiene que ver con la petición de una señal que hicieron los fariseos en los vv. 11-13, que, a su vez, debe leerse a la luz del milagro de alimentación en 8:1-10". Beavis basa su interpretación en observaciones importantes acerca de algunas estructuras análogas en otras partes del Evangelio de Marcos, pero tal vez es demasiado sutil para que la mayoría de los lectores (u oyentes) puedan entenderla, particularmente si se tiene en cuenta la clara disparidad (en cuanto a la ubicación) entre 8:1-10 y 8:11-13.

interpretar su preocupación como una respuesta directa a lo que Jesús dice acerca de la levadura habría que traducir el imperfecto de un modo menos natural como "comenzaron a discutir", a pesar de que la falta de pan ya se había mencionado en el v. 14. Por tanto, lo que provoca la represión de Jesús en el v. 17 no es solamente la impropiedad de su preocupación material en sí misma (como seguirán explicando los vv. 19-21), sino también su ignorancia del tema más importante que él planteó en el v. 15.

17b-18 La represión de Jesús continúa con una serie de preguntas retóricas que expresan de diferentes maneras la incapacidad de los discípulos para entender lo que está ocurriendo.[22] Cf. el uso de los mismos términos en 7:18: ἀσύνετοί ἐστε; οὐ νοεῖτε; Las últimas palabras del v. 18 (καὶ οὐ μνημονεύετε) pueden interpretarse (tal como hacen UBS, GNB, etc.) como la cláusula principal que introduce la cláusula con ὅτε que sigue, pero tal vez es preferible interpretarlas (como sucede en la mayoría de las versiones en español) como una pregunta separada. Su función de introducir el recuerdo de acontecimientos pasados en los vv. 19-20 no se ve, por supuesto, afectada por la decisión de colocar al final del v. 18 un signo de interrogación o una coma. El hecho de "recordar", así como el de percibir, entender, ver y oír, constituye una parte esencial del proceso de iluminación en el que ellos, obviamente, han tenido tan poco éxito.

La pregunta ὀφθαλμοὺς ἔχοντες οὐ βλέπετε καὶ ὦτα ἔχοντες οὐκ ἀκούετε; repite el pensamiento de Isaías 6:9, aunque la redacción difiere de otras alusiones a ese texto, y de hecho, guarda una analogía más estrecha con Jeremías 5:21; Ezequiel 12:2; Salmo 115:5-6. La referencia a órganos sensoriales que no funcionan es una manera natural de describir la falta de percepción espiritual de las personas (o en el Sal. 115 la impotencia de los ídolos), y la represión de Jesús se basa en ese tema recurrente del AT. Pero lo más probable, al parecer, es que Is. 6:9-10 sea el pasaje que se tiene en cuenta en primer lugar,[23] porque también hubo otros reflejos de su lenguaje en las preguntas anteriores οὐδὲ συνίετε; (cf. Is. 6:9 LXX: οὐ μὴ συνῆτε) y πεπωρωμένην ἔχετε τὴν καρδίαν ὑμῶν; (cf. Is. 6:10 LXX: ἐπαχύνθη ἡ καρδία τοῦ λαοῦ τούτου; en la versión que se cita en Jn. 12:40 el verbo que se emplea es πωρόω). Συνίημι y καρδία πεπωρωμένη ya aparecieron en el comentario editorial de Marcos sobre los discípulos en 6:52, que, a su vez, evocaba la referencia a Isaías 6:9-10 en 4:12. Jesús, pues, acusa a sus discípulos de no estar en mejor posición que los "de afuera" a quienes ese texto ya se había aplicado. Su conocimiento privilegiado del secreto del reino de Dios, por el momento, parece haberlos abandonado. Sin embargo, en los vv. 17 y 21, aparece la adición esperanzadora del adverbio

---

22. Myers, 225, señala una secuencia similar de represiones relacionadas con el corazón, los ojos y los oídos en el comentario de Moisés en Dt. 29:2-4 sobre la incapacidad de Israel para aprender las lecciones de las "señales y las grandes maravillas" del Éxodo.

23. M. A. Beavis, *Audience*, 90-91, 109-10, afirma que la referencia principal es a Is. 6:9-10 y no a los textos de Jeremías o Ezequiel.

οὔπω, que implica que su incomprensión, a diferencia de la de los de afuera en el capítulo 4, es solo temporal.

El uso específico de la metáfora de la ceguera prepara el camino para la próxima perícopa, en la que se empleará la curación de un ciego para simbolizar la iluminación que los discípulos tan obviamente necesitan. Los esfuerzos de Jesús por proporcionar esa iluminación, en contraste con la torpeza de los discípulos, será un tema importante del segundo acto del Evangelio de Marcos, que ahora está a punto de comenzar. A la vez, la metáfora de la sordera hace recordar la narración reciente acerca de la curación del sordo, un milagro que, en muchos aspectos, guarda una analogía muy estrecha con el de la curación del ciego en Betsaida. La presente perícopa, que gira en torno a la torpeza espiritual, se halla, por tanto, enmarcada entre dos milagros de percepción.[24]

19-20 Al igual que en 6:52, la importancia de οἱ ἄρτοι es especialmente lo que ellos deberían haber sido capaces de entender. Hasta ese momento solo había ocurrido un milagro de ese tipo; ahora han participado de otro, pero todavía no han caído en la cuenta. El resto de estos versículos con el relato detallado de los hechos y las figuras de los dos milagros de alimentación pone, pues, de relieve su torpeza en general, y la impropiedad de su preocupación por la falta de pan para esta travesía en el lago en particular. En este contexto podría parecer que la reprensión de Jesús se relaciona solamente con el tema específico de la comida: tras haber participado de dos milagros de ese tipo los discípulos no pueden, sin duda, preocuparse por la falta de alimentos mientras están con Jesús, cuyo poder para producir alimentos a partir de recursos muy exiguos había sido ampliamente demostrado. Pero en 6:52 no existía, al parecer, una cuestión tan práctica: lo que ellos deberían haber entendido de οἱ ἄρτοι no era simplemente que tuvieron enseguida a su disposición alimentos abundantes, sino algo más fundamental acerca del propio Jesús. En razón de la pregunta que él les hará en el v. 29, ὑμεῖς τίνα με λέγετε εἶναι;, podría decirse que él esperaba de ellos una comprensión más adecuada de su autoridad y de su misión como Mesías, y que la desacertada preocupación que manifestaron por la comida para el viaje puso de relieve esta ineptitud más profunda de su entendimiento.[25] Las preguntas y las respuestas giran en torno a las canastas con las sobras, presumiblemente porque la recolección de estas, que había

24. Véase T. J. Geddert, *Watchwords*, 70-81, para un argumento elaborado para demostrar que toda esta sección de Marcos gira en torno al tema de la "epistemología".

25. Algunos intérpretes han descubierto un significado eucarístico en las referencias al pan en este pasaje. Si bien es muy probable, como ya hemos visto, que Marcos quisiera que sus lectores interpretaran las historias de alimentación a la luz de su conocimiento de la eucaristía, otra cosa muy distinta es sugerir que él imaginara que Jesús reprendió a sus discípulos por su incapacidad para relacionar estos milagros con el uso simbólico todavía futuro del pan en la cena del Señor. La redacción de esta perícopa (en contraste con el lenguaje eucarístico tan claro de los relatos de alimentación) no insinúa esa idea (a no ser en el uso de ἔκλασα en el v. 19, aunque "partir el pan" es una expresión bastante común), y el hincapié específico que se hace en los vv. 19-20 en las sobras y no en la propia comida, se opone terminantemente a ella.

estado a cargo de los propios discípulos, y su asombro ante la cantidad de las mismas, es probable que fuera el recuerdo que hubiera quedado más grabado en su mente de estos dos sucesos extraordinarios. No hay por qué buscar ningún simbolismo específico en las propias sobras, y menos aún en los números doce y siete.[26] El recuerdo de los hechos acaecidos solo confirma el reconocimiento por parte de los discípulos de la magnitud de ambos milagros.[27]

21 ¿Qué es entonces lo que los discípulos a estas alturas ya deberían haber entendido? Marcos no lo dice claramente, y tal vez no necesita hacerlo, puesto que esta perícopa nos conduce al segundo acto, en el que la falta de comprensión de los discípulos se pondrá de manifiesto en repetidas ocasiones. A medida que se desarrolla el segundo acto, se verá claramente que aunque ellos están viviendo en los albores del reino de Dios en la persona de Jesús el Mesías, no han podido más que vislumbrar lo que eso significa. Presenciaron la multiplicación de los alimentos y se beneficiaron de ella, pero hasta ahora han valorado incluso esos portentosos milagros solo en un plano superficial. Para ellos, a diferencia de los fariseos de 8:11-13, se han dado abundantes σημεῖα, pero todavía no han sacado provecho de ellas.

26. Para un breve resumen de algunas de las interpretaciones simbólicas sugeridas, véase M. A. Beavis, *Audience*, 111-13. Una de las más comunes es que el número doce representa a Israel y el siete representa a los gentiles, con respecto a la cual, véase supra pág. 306, n. 1. Señalamos allí que, aunque Marcos, al parecer, pone de relieve un contexto judío y otro gentil para cada una de las alimentaciones respectivamente, el simbolismo numérico sugerido es menos probable. Y mucho menos aún lo sugiere ese diálogo.

27. J. Sergeant, *Lion*, 56-57, sugiere que es importante establecer una comparación entre los números, la escala [magnitud] del segundo milagro es mucho más reducida que la del primero (hay más alimentos disponibles, menos comensales, menos sobras). La reducción indica que "el tiempo está llegando a su fin, la luz del día está desvaneciéndose, y de ahí la urgencia de la súplica de Jesús para que vean antes que termine el día". M. A. Tolbert, *Sowing*, 183, habla de una "disminución en la habilidad de Jesús", que "no tiene nada que ver con Jesús sino con la falta de fe cada vez mayor que encuentra". L. W. Countryman, *CBQ* 43 (1981) 643-55, relaciona, de manera similar, esta escala decreciente de los milagros de alimentación con una disminución general en la facilidad y la eficacia de los milagros cuando se comparan los del "primer ciclo" (4:35–6:44) con los del segundo (6:45–8:9). Esta es la manera en que Marcos demuestra que los milagros no son señales, y que no constituyen una base adecuada para la fe. Reprende a los discípulos porque ellos (al igual que la mayoría de los intérpretes, podríamos añadir) todavía no han comprendido esta teología de los milagros.

SEGUNDO ACTO: DE CAMINO A JERUSALÉN (8:22-10:52)

La sección intermedia de la narración de Marcos se centra geográficamente en el tránsito de Jesús desde el norte al sur, terminando con su llegada a Jerusalén, por única vez en la historia de Marcos en 11:1. Por tanto, se encuentra entre dos etapas muy distintas de la historia de Jesús el Galileo, la primera en y alrededor de su territorio natal, la segunda en el territorio "extranjero" de Judea. Pero este segundo acto del drama no es solamente un pasaje de transición. El efecto acumulativo de las observaciones que siguen indica que además de tener una ubicación geográfica diferente, tiene también una integridad y un enfoque distintivo propios.

1. El pasaje aparece 'enmarcado' entre dos relatos sobre la curación de un ciego (8:22-26; 10:45-52). Según veremos, con frecuencia se considera que estos relatos desempeñan para Marcos un papel simbólico, en relación con la "ceguera" de los discípulos (6:52; 8:17-18, 21).

2. La incomprensión de los discípulos, un tema notable ya en el Evangelio pasa a ocupar ahora el lugar central. Cada una de las tres predicciones de la pasión, que funcionan como una especie de esqueleto para esta sección del Evangelio (8:31; 9:31; 10:33-34), va seguida inmediatamente de un ejemplo de la incapacidad de los discípulos para entender los valores del reino de Dios, que lleva a Jesús a explicarles detalladamente en qué consiste el error de su enfoque. La reeducación de los discípulos en cuanto a la óptica revolucionaria del reino de Dios, en el que los primeros serán los últimos y los últimos primeros, ocupa una gran parte del Evangelio, sobre todo en el capítulo 10.

3. El estilo del ministerio de Jesús experimenta un cambio significativo a partir de 8:21. Además de las curaciones de los dos ciegos (véase supra), el único milagro del que se da testimonio en estos capítulos es el exorcismo en 9:14-29, e incluso ese no solo constituye un milagro en sí mismo, sino también una base para enseñar a los discípulos; fuera de estos, no hay más milagros en el camino hacia Jerusalén. Por otra parte, Jesús tampoco vuelve a dedicar más tiempo a enseñar a las multitudes: ὁ ὄχλος está excepcionalmente presente durante lo que parece ser un retiro privado en 8:34, y en algunos incidentes aparece una multitud en calidad de espectadores (9:14; 10:1, 13, 46), pero la idea principal gira ahora en torno a la enseñanza privada de los discípulos, lo cual se pondrá claramente de manifiesto en 9:30-31.

4. Los usos recurrentes de la frase ἐν τῇ ὁδῷ y otras expresiones relacionadas (8:27; 9:33-34; 10:17, 32, 52) ponen de relieve no solo en el desplazamiento geográfico de la historia sino también la percepción del

discipulado como una trayectoria. La tendencia de los primeros cristianos a referirse a su movimiento como ἡ ὁδός (Hch. 9:2; 16:17; 18:25-26; 19:9, 23; 22:4; 24:14, 22) sugiere que el término no solo tiene un significado literal para Marcos, y que el "viaje" de esta sección del Evangelio constituye también un estudio sobre el discipulado.

5. Hasta ahora Jesús solo ha hecho insinuaciones aisladas acerca de su muerte (2:20), pero a partir de 8:31, una vez que su identidad como Mesías ha sido explícitamente reconocida, comienza a hablar, y lo hace en repetidas ocasiones, de lo que implicará su misión mesiánica cuando lleguen a Jerusalén (8:31; 9:12, 31; 10:33-34, 38, 45), no solo para él sino también para los que lo siguen (8:34–9:1; 10:30, 39). Claramente presenta la cruz a los discípulos, y la sombra de la misma se proyecta sobre todo el recorrido hasta la capital, donde Jesús será rechazado y ejecutado. Todo deja entrever que el tiempo está agotándose.

Por estas razones, esta parte del Evangelio debe tomarse como una subsección coherente en la historia, el segundo acto del drama en tres actos de Marcos.[28] Su contenido justifica la tendencia frecuente a describir esta parte del Evangelio como la "sección del discipulado", pero el lugar que ocupa dentro de toda la estructura dramática de Marcos nos obliga a señalar no solo su función geográfica como el vínculo entre las etapas del ministerio de Jesús en el norte y en el sur, sino también lo que es más importante, el papel que desempeña en la preparación de los discípulos y de los lectores para el rechazo y la muerte de Jesús que conducirá la historia a su punto culminante en Jerusalén, y que ahora comienza a dominar el horizonte.

PRIMERA CURACIÓN DE UN CIEGO (8:22-26)

NOTA TEXTUAL

26. La extensa gama de lecturas ampliadas parecen ser esfuerzos por explicar el mandato de Jesús de no regresar a la aldea haciendo explícito el tema del "secretismo". Es más probable que esa explicación se añadiera y no que un mandato originalmente más explícito se tornara más enigmático.

28. Por consiguiente, el estudio de E. Best sobre el discipulado en Marcos *(Following Jesus)* es en realidad una exposición de Mr. 8:27–10:45, a la que se añaden algunos datos complementarios tomados del resto del Evangelio. Véanse especialmente las págs. 15-16 y 146 con respecto a la integridad de esta sección. Véase además Best, *Disciples*, 1-16. Sin embargo, los que ven esta parte como una sección separada del Evangelio difieren en cuanto a dónde debe considerarse que comienza. Las dos historias de curaciones con las cuales comienza y termina suelen reconocerse como "pasajes de transición" que podrían unirse con igual validez a lo que precede o a lo que sigue. Por lo demás, el final de la sección es claro con la llegada a Jerusalén, pero en cuanto a su comienzo podría defenderse, por diferentes razones, que comienza en 8:14 con la partida de Galilea, o en 8:22 con la primera historia de un ciego, o en 8:27 con la declaración clave de la mesianidad de Jesús, o en 8:31 con la primera predicción de la pasión. La obra de Marcos no se divide en secciones claras, y la falta de consenso en cuanto a qué nuevo tema señala el cambio decisivo confirma su coherencia narrativa.

Los análisis estructurales de Marcos difieren en cuanto a si esta perícopa forma parte de la sección anterior o de lo que sigue. Es un pasaje de transición en el que Jesús y sus seguidores continúan avanzando hacia Cesarea de Filipo, evoca el tema de la ceguera de 8:18 y conduce al intento mayor de curar la ceguera de los discípulos que concluirá con otra curación de un ciego en 10:45-52. Dado que estas dos curaciones conforman un esqueleto alrededor del segundo acto de Marcos, las trataré aquí como la introducción y la conclusión del mismo.

Cuando analizamos 7:31-37 señalamos la semejanza tan marcada que existe entre esa narración y esta historia de curación, en cuanto a su ubicación fuera de Galilea, la atención que presta a los detalles del método sanador de Jesús, la mención del hecho de que Jesús tocó las partes afectadas del cuerpo y su uso de la saliva y el esfuerzo por evitar la publicidad alejando al paciente de la multitud que había pedido su curación.[29] Cuando examinamos 7:31-37 nos dimos cuenta de la trascendencia de la curación del sordomudo a la luz de Isaías 35:5-6. Esa profecía comienza hablando de la apertura de los ojos de los ciegos, una obra que también se le atribuye a Dios en el Salmo 146:8 y en Isaías 29:18. A la luz de esos pasajes veterotestamentarios, estas dos perícopas juntas añaden una afirmación muy impactante con respecto a la persona de Jesús.

No hay ninguna historia análoga en Mateo ni en Lucas. Es posible que no se sintieran incentivados por la naturaleza detallada y aparentemente casi "mágica" de las curaciones (ni Mateo ni Lucas mencionan jamás el uso de la saliva en la curación), y en este caso puede haber sido otro factor el que demorara la restauración completa de la visión. Aunque en el esquema de Marcos, es probable que esa dilación tuviera un significado simbólico (véase más adelante), si tomamos el pasaje en forma aislada, podríamos pensar que la historia intentaba restarle importancia a la naturaleza instantánea de las demás curaciones de Jesús. En razón de las otras narraciones acerca de la sanidad del ciego que había presentado cada uno de ellos, la historia de Betsaida tal vez les pareció que aportaba muy poco. Es únicamente en el lugar que ocupa en la trama de Marcos lo que le da su propio valor especial.

La tendencia tan generalizada entre los comentaristas de adjudicarle un valor simbólico a esta narración en Marcos podría atribuirse en parte a la ubicación de la misma como el pasaje de transición al segundo acto, equilibrado por la curación de Bartimeo como el final de este acto antes de la llegada de Jesús a Jerusalén. El uso metafórico del concepto de la ceguera, tomado de Isaías 6:9-10, ya se había hecho patente en 4:12 donde se aplicó a las multitudes para contrastarlas deliberadamente con los "iluminados" discípulos, y en 6:52 y 8:17-18 donde descubrimos que son los propios discípulos los que carecen de percepción espiritual. El incidente de Betsaida sigue inmediatamente a la acusación de ceguera durante la travesía por el lago, y es en torno al esfuerzo

---

29. Véase la pág. 301 supra, especialmente n. 47, con respecto a la obra de R. M. Fowler y M. A. Beavis sobre las estructuras paralelas en los dos pasajes.

progresivo por curar esa ceguera espiritual que girará la narración acerca del viaje a Jerusalén. El proceso comenzará enseguida con el diálogo en Cesarea de Filipo.

El argumento a favor de una intención simbólica se ve reforzado por el carácter peculiar de esta curación como un milagro realizado en dos etapas. La "ceguera" de los discípulos se disipa de manera similar, solo gradualmente. En 4:11 ya se había dicho que ellos recibieron una revelación especial con respecto al μυστήριον τῆς βασιλείας τοῦ θεοῦ, pero a pesar de esa revelación todavía les queda mucho por aprender (6:52; 7:18; 8:17-18, 21). La nueva etapa de la narración que va a comenzar ahora se centrará en su iluminación ulterior, pero no bastará una sola "cura" para completarla. A cada uno de los ejemplos sucesivos de su incapacidad para entender le seguirá una reeducación más intensa, pero incluso cuando el viaje termine y la narración llegue a su punto culminante en Jerusalén, los discípulos se distinguirán más por su torpeza e incapacidad que por sus nuevas perspectivas dinámicas del reino de Dios. El propio Pedro, el portavoz, cuya rimbombante declaración sobre la condición mesiánica de Jesús constituye el fundamento de la nueva perspectiva de los discípulos, será reprendido, unos cuantos versículos más adelante, por contemplar la misión de Jesús desde la perspectiva humana y no desde la perspectiva divina (8:29-33). Él "vio", pero no claramente todavía. La curación en dos etapas del ciego en Betsaida ofrece una ilustración acertada de todo esto.[30] El tema ya familiar del deseo de Jesús de evitar la publicidad por sus poderes sanadores se repite en esta narración cuando saca al hombre fuera de la aldea para sanarlo y cuando le ordena más tarde que no regrese a la aldea (cf. 7:33, 36). Lo que pudiera haberse interpretado al principio como un deseo simplemente pragmático de escapar de las multitudes entusiastas adquirirá en las perícopas que siguen la dimensión adicional de un "secretismo" específicamente teológico cuando Jesús les prohíbe a sus discípulos hablar públicamente de los nuevos conocimientos que tiene ahora acerca de su misión mesiánica (8:30; 9:9). De esta manera, la historia del ciego de Betsaida también

---

30. Varios comentaristas han intentado una identificación más precisa de las "dos etapas" en la curación de la ceguera de los discípulos. R. H. Lightfoot, *History*, 90-91 (seguido de algunos otros intérpretes), encontró el paralelismo específicamente en 8:27-30, donde la comprensión parcial de los discípulos en el v. 28 corresponde a la primera imposición de las manos sobre el ciego, y la clara confesión mesiánica de Pedro en el v. 29 corresponde a la segunda; el mandato de guardar silencio en el v. 30 equivale entonces a la despedida de Jesús de aquel hombre para que regresara a su hogar en el v. 26. (Cf. A. Richardson, *Miracle-Stories*, 86: 'El ciego de Betsaida no es más que San Pedro, cuyos ojos fueron abiertos cerca de Cesarea de Filipo"). El problema con esa identificación tan específica es que muy pronto descubriremos que la visión de Pedro después de 8:29 no es ni completa ni clara, y la incomprensión seguirá caracterizando a los discípulos hasta el final del Evangelio. Por tanto, E. S. Johnson, *NTS* 25 (1978/9) 380-83, propone, de manera más convincente, descubrir el equivalente a la segunda imposición de manos en la resurrección de Jesús y la venida del Espíritu Santo. Cabría preguntarse, no obstante, si Marcos pensó en esa posibilidad tan específica. Véanse además E. Best, *Following*, 134-39; J. F. Williams, *Followers*, 130-32, con el argumento del segundo totalmente opuesto a cualquier simbolismo de la ilustración de los discípulos.

puede interpretarse como un símbolo de un nivel más profundo de "curación".

Hay, pues, buenas razones para creer que Marcos incluyó esta historia en este lugar de su narración porque, en su opinión, ilustraba un tema fundamental del viaje a Jerusalén, a saber, la curación de la ceguera de los discípulos. Pero el simbolismo no excluye la literalidad. En esta historia, al igual que en la curación del sordomudo en Decápolis, Marcos ofrece también un relato muy bien constatado de otro milagro de curación que, aunque es inusual en sus detalles, constituye asimismo un testimonio de la autoridad exclusiva de Jesús tanto en el plano físico como en el espiritual.

22 En 6:45 leemos que Jesús envió a sus discípulos πρὸς Βηθσαϊδάν en la otra ribera del lago, pero esa travesía, en realidad, terminó en Γεννησαρέτ (6:53) en la costa occidental (véase el comentario sobre 6:31-32 con respecto a los problemas geográficos). Otros viajes en Fenicia y en la Decápolis los trajo de regreso a Δαλμανουθά (8:10), presumiblemente también en la costa noroccidental, y de allí ahora han cruzado al extremo noroeste del lago, la zona en la que Lucas ubica la alimentación de los cinco mil.[31] La curación en Betsaida, al igual que la que ocurrió en Decápolis (7:32), tuvo lugar porque un grupo no identificado de personas le trajo un hombre para que lo sanara. Aunque Marcos no ha mencionado específicamente ninguna visita anterior de Jesús a Betania, sí ha hablado en repetidas ocasiones de la manera tan amplia en que se había difundido la fama de Jesús como sanador, y Betsaida no estaba muy lejos de Capernaúm. No se ha dado testimonio de ningún caso de curación de ceguera todavía, pero los resúmenes generales de Marcos acerca del ministerio sanador de Jesús en 1:34 (ποικίλαι νόσοι) y 3:10 (ὅσοι εἶχον μάστιγας; cf. 6:56) han preparado al lector para esa petición. Esperan que Jesús lo sane con un toque, tal como ha hecho regularmente (1:31, 41; 5:23; 6:5; 7:33); cf. el deseo de tocar a Jesús por parte de los que buscaban ser sanados (3:10; 5:27-28; 6:56).

23 Resulta llamativa la mención de una κώμη aquí y en el v. 26, porque hacía poco que Herodes Filipo (Josefo, *Ant.* 18.28)[32] había elevado la antigua aldea de Betsaida a la categoría de ciudad fortificada (y le había dado el nombre de Julia). Deberíamos imaginar tal vez que Jesús aquí (como también más tarde cerca de Cesarea de Filipo, v. 27) quiso evitar la ciudad y, por ende, visitó un asentamiento periférico.[33] Véase el comentario sobre 7:33 con respecto

31. Myers, 110, 240, interpreta esta llegada a Betsaida como "la consumación de la intención mencionada en 6:45 —el viaje inconcluso a Betsaida". Aparte de los problemas geográficos en torno a 6:45, ha habido demasiados movimientos geográficos en los capítulos intermedios para considerar probable que Marcos pretendiera que sus lectores en este punto recordaran 6:45.

32. Pero véase Lane, 283 n. 42, con respecto a la posibilidad de que a pesar de su nuevo estatus, Betsaida seguía desenvolviéndose, desde el punto de vista organizativo, como una κώμη grande, y por tanto, que la terminología de Marcos es muy correcta. Para más detalles, A. N. Sherwin-White, *Society*, 127-31.

33. Myers, 240, habla de la "antipatía ideológica de Marcos hacia el helenismo urbano", que provoca una "evasión narrativa" de la ciudad (cf. pp. 150-51), pero ubica ese rasgo en esta perícopa solamente en la acción de Jesús al sacar al hombre fuera de Betsaida (que, según él, Marcos cataloga como una ciudad porque "se niega a reconocer su nueva identidad helenística"). Una "evasión

al alejamiento del paciente del escenario público y los medios físicos de la curación, sobre todo el uso de la saliva. Las dos historias y sus contextos son tan similares que pueden aplicarse las mismas consideraciones. En este caso, sin embargo, leemos que Jesús escupe directamente en los ojos del ciego y luego, lo toca con su mano. El contacto físico revestiría una importancia especial para un ciego. El uso del término poético menos común ὄμματα aquí podría indicar simplemente un deseo de cambiar la expresión por cuanto en el v. 25 aparecerá el término más usual ὀφθαλμοί, pero es posible que el lenguaje más arcaico, junto con el uso de la saliva, tenga por objeto insinuar un ritual de curación más formal.

Aunque la conjunción εἰ suele usarse para introducir una pregunta indirecta (cf. 3:2; 10:2; 15:36, 44), puede introducir también una pregunta directa en el griego bíblico (no en el clásico) tanto en la LXX como en el NT; se cree que esa costumbre se deriva del uso en hebreo de *h-* y de ʾim de la misma manera. Esta es la única vez que se emplea así en Marcos, pero cf. Mateo 12:10; 19:3; Lucas 13:23; Hechos 1:6; 7:1. La pregunta exploratoria introduce de forma adecuada la naturaleza excepcionalmente "tentativa" de esta historia de curación; por lo general, Jesús no tiene necesidad de hacer ninguna pregunta, por cuanto las curaciones son inmediatas y obvias.

24 El evangelista aprovecha eficazmente el doble significado de ἀναβλέπω, "alzar los ojos" y "volver a ver" (después de la ceguera):[34] el hombre "alzó los ojos" e informó sobre el resultado de su intento, a saber, que ya podía "ver otra vez", aunque no de manera perfecta. La información resulta enigmática. Obsérvese que περιπατοῦντας se relaciona con ἀνθρώπους, no con δένδρα: no dijo "veo personas que parecen árboles que caminan", sino "veo personas, y las veo caminando como árboles". El contraste con el hecho de ver τηλαυγῶς en el v. 25 pone de manifiesto que la expresión tiene por objeto describir una visión imprecisa; el hombre ve figuras en movimiento y supone que son personas porque están andando, pero no puede identificarlas porque todavía no las ve con suficiente claridad —también podrían ser árboles. El sentido habría sido más claro (aunque menos extraño) si περιπατοῦντας se hubiera relacionado más directamente con τοὺς ἀνθρώπους ("veo personas andando, pero parecen árboles"). La dificultad de la oración se debe a la presencia innecesaria, después de la conjunción ὅτι, de un segundo verbo relacionado con la visión (βλέπω, ὁρῶ), tal vez para subrayar que el hombre que había sido ciego ahora puede ver.

25 El 'segundo intento' de Jesús es exclusivo de esta historia. Da como resultado la sanidad completa del hombre, en la que se hace hincapié mediante el uso de tres expresiones paralelas para referirse a la restauración total de

---

narrativa" de la ciudad se habría logrado mejor si Jesús hubiera visitado una κώμη dependiente *y no* la propia Betsaida.

34. Véase E. S. Johnson, *NTS* 25 (1978-9) 376-77, quien concluye que el significado normal en relación con la ceguera es "volver a ver".

la visión: διαβλέπω, y no simplemente βλέπω, denota claridad de visión sin impedimentos (cf. Mt. 7:5); ἀποκαθίστημι denota restauración de la salud completa y la función adecuada de los ojos (cf 3:5); ἐνέβλεπεν τηλαυγῶς ἅπαντα no deja margen para dudar de la consumación de la sanidad.[35] El tiempo imperfecto posiblemente se usa en la última cláusula para indicar el principio de una nueva situación: a partir de este momento volverá a ver todas las cosas claramente.

26 Jesús deliberadamente sacó al hombre fuera de la aldea antes de curarlo, y ahora le prohíbe que regrese a ella. Las diversas ampliaciones del texto (véase la nota textual) demuestran que este mandato se ha considerado análogo a las demandas de guardar silencio después de los milagros de sanidad. En este caso, en el que los aldeanos trajeron al hombre a Jesús con el propósito específico de que lo curara, el mandato parece particularmente irrealizable; nadie podrá albergar ninguna duda en cuanto a la manera en que fue restaurada su visión. ¿Cómo debemos interpretarlo nosotros? ¿Deberíamos pensar acaso que Jesús simplemente quería "ganar tiempo" para marcharse junto con sus discípulos de aquella zona antes que se difundiera la noticia, o que Marcos solo repitió la fórmula estándar del secretismo sin considerar si era pertinente en este caso?[36] De cualquier forma, no se hace ningún hincapié especial en el tema del secretismo, ni tampoco se habla en esta ocasión acerca de la reacción de la multitud como sí se hizo en 7:36-37 (donde el mandato de guardar silencio iba dirigido a toda la multitud, no solo al paciente).[37]

APRENDIENDO A RECONOCER A JESÚS (8:27-9:13)

La travesía comienza en el punto extremo de la región septentrional de Palestina, a más de ciento sesenta kilómetros al norte de Jerusalén. Habrá, pues, varias semanas para responder las preguntas que ahora bullen en las mentes de los discípulos. El proceso empieza con una serie de acontecimientos y debates que giran ineludiblemente en torno al tema tan importante de quién es Jesús en realidad, el tema del que dependerá todo el resto de la enseñanza y el aprendizaje de estos capítulos. La narración de Marcos está deliberadamente estructurada como una secuencia continua, que tiene por objeto agrupar los distintos (y sin duda, contrastantes) datos que estas perícopas iniciales

---

35. Véase E. S. Johnson, *NTS* 25 (1978-9) 377-79, para el significado de los verbos.

36. Gundry, 419-20, sugiere que el regreso del hombre a su casa en vez de regresar a la aldea para continuar pidiendo limosna (la inevitable ocupación de un ciego) constituye una demostración pública de la realidad de la curación. De acuerdo con esta hipótesis, el v. 26 no tiene nada que ver con el secretismo, sino, por el contrario, con el testimonio público.

37. J. F. Williams, *Followers*, 132-36, deduce del silencio de Marcos que en esta ocasión el mandato de guardar silencio sí fue obedecido, y alega que aunque las desobediencias anteriores a dicho mandato coartaron el ministerio de enseñanza de Jesús, Marcos aquí, con su implicación de que el mandato fue obedecido "crea un cambio de escenario en el cual Jesús interactúa con sus discípulos" lejos de la presión pública.

proporcionan para incrementar cada vez más el conocimiento de los discípulos sobre quién es aquél a quien se les ha llamado a seguir, y qué debe implicar para ellos el hecho de seguirlo. En particular, existe un marcado contraste entre la elevación de la confesión de Pedro y el descenso que sigue inmediatamente en 8:31-33, y también entre el lenguaje sombrío con respecto a cargar la cruz y perder la vida y la gloria en la cima del monte. Esos altibajos impiden cualquier interpretación sencilla de la misión del Mesías y fuerzan a los discípulos a hacer un replanteamiento radical de sus valores convencionales. Están aprendiendo a reconocer a Jesús, pero de manera lenta y penosa.

Jesús es el Mesías (8:27-30)

Desde el momento en que los discípulos abandonaron sus redes para seguir a Jesús, el tema de su identidad comenzó a asediarlos, y tal vez con bastante menos urgencia a todos aquellos con los que Jesús había establecido algún tipo de relación. El reconocimiento instintivo de su autoridad cuando los invitó a seguirlo y a convertirse en ἁλιεῖς ἀνθρώπων exige una explicación, y cada demostración posterior de su autoridad y poder milagroso ha hecho que el asunto resulte más apremiante. Los lectores de Marcos tenemos el privilegio de saber quién es Jesús por las revelaciones del prólogo (1:1-13), pero los discípulos no contaban con esa información privilegiada, y tuvieron que descubrir por sí mismos qué dejaban entrever los acontecimientos que habían presenciado y la enseñanza que habían oído acerca de la persona que ellos reconocían como su διδάσκαλος. Su conocimiento especial del secreto del reino de Dios (4:11) todavía no les ha permitido formular, ni menos explicar una respuesta clara a la pregunta acerca de la identidad de Jesús. Y las multitudes que han permanecido "afuera" han estado incluso más lejos de entender plenamente el significado de lo que está sucediendo.

Marcos ha hablado con frecuencia del asombro de la gente ante la autoridad de Jesús de palabra y de obra (1:22, 27; 2:12; 5:20, 42; 6:14-16; 7:37) y de su fama como sanador y maestro (1:45; 2:2, 13; 3:7-8; 4:1; 6:54-56). Dio asimismo testimonio de la turbación de los discípulos cuando se preguntaron "¿quién es este?" (4:41; cf. 6:51). Pero esa pregunta, al parecer, no ha recibido todavía una respuesta satisfactoria, y lo que se ha puesto de relieve últimamente es su incapacidad para establecer las relaciones necesarias (6:52; 8:17-21). El único "título" que han empleado para dirigirse a Jesús es διδάσκαλε (4:38); y hasta el momento, solo una mujer gentil lo ha llamado κύριε (7:28). En dos ocasiones Jesús dejó caer el enigmático título ὁ υἱὸς τοῦ ἀνθρώπου al comentar sobre su propia autoridad (2:10; 2:28), pero no ha vuelto a mencionarse ni ha desempeñado ningún otro papel en la narración. La evaluación más convencional de Jesús ha sido la de Antipas, a saber, que es Juan el Bautista que ha resucitado de los muertos (6:14-16). Es hora obviamente de que la pregunta cristológica sea revelada.

Suele decirse que 8:27-30 (o mejor, todo el complejo pasaje de 8:27-33) es el punto de inflexión de la narración de Marcos. Hasta este momento, la tensión fue avanzando hacia su clímax en el reconocimiento final de quién es Jesús, pero a partir de ahora, después de haber planteado y respondido la pregunta cristológica, la trama comienza a avanzar de nuevo, pero en sentido descendente, hacia el cumplimiento de la misión mesiánica de Jesús en la cruz y en su resurrección, y 8:31 con sus reflejos posteriores en 9:31 y 10:33-34 proporciona la agenda para esta segunda parte de la historia. Ese punto de inflexión está simbolizado por el movimiento geográfico de la narración, que comienza en el punto más septentrional de los viajes de Jesús entre las montañas en 8:27, y desde allí se desplaza incesantemente en dirección sur hacia el desenlace en Jerusalén. El segundo acto del drama, anunciado por 8:22-26, comienza realmente aquí.

Este análisis del "punto de inflexión" se ve condicionado por el reconocimiento de que el título ὁ Χριστός que se introduce tan poderosamente en 8:29 desaparece de inmediato de la historia —aparte del uso enigmático y disimulado que se le da en 9:41— hasta que vuelve a ponerse de relieve, como si se tratara de una nueva revelación, en 14:61-62. Pero, por supuesto, lo escucha un público diferente que no estaba enterado de la declaración en Cesarea de Filipo. Y la "desaparición" del título en las conversaciones de Jesús con sus discípulos después de 8:29 no es accidental, como lo demuestra el "mandato de guardar silencio" de 8:30 y la sustitución deliberada por ὁ υἱὸς τοῦ ἀνθρώπου a partir de 8:31. Aunque no se use el título ὁ Χριστός, el concepto que le subyace seguirá siendo en adelante el centro de la enseñanza de Jesús acerca de su misión, de una manera que era imposible antes de haber aclarado la cuestión cristológica.

27 La antigua ciudad de Paneas o Panion, en una zona bien irrigada en las faldas del monte Hermón dentro de la tetrarquía de Traconite, había sido ampliada recientemente por el gobernador local Herodes Filipo y había cambiado su nombre por el de Cesarea en honor de Augusto, quien, a su vez, la había pasado, en calidad de regalo, al control de su padre, Herodes el Grande. Su nombre original derivado de la adoración local de Pan (que habían remplazado el culto anterior al Baal cananeo), y lo poco que sabemos de su historia sugiere que, a pesar de la identidad "judía" de su gobernante, era una ciudad básicamente helenística y pagana.

Al igual que antes con respecto a Tiro (7:24), otra ciudad pagana, Marcos no sugiere que Jesús y sus discípulos visitaran la propia ciudad, sino su κῶμαι. Véase el comentario sobre 8:23 en cuanto al significado de este término. Aquí, el plural junto con el nombre de la ciudad hace referencia a pequeños asentamientos relacionados con la ciudad y no a la propia ciudad; en calidad de capital regional, Cesarea de Filipo controlaba una región amplia que incluía muchos asentamientos pequeños. Por tanto, no se trata de una "misión" a Cesarea de Filipo, sino de un retiro con sus discípulos al campo, y en una zona en la que tal vez la población no era mayoritariamente judía. De acuerdo con la descripción de Marcos en 9:30-31, Jesús eludió deliberadamente la exposición pública para concentrarse en la enseñanza de los discípulos, y es posible que esa sea la misma idea que él intente transmitir aquí.

Para abordar el tema cristológico se hace primero la pregunta "objetiva" más fácil. Los discípulos, por haber estado mezclados con la multitud, se hallan en mejores condiciones que el propio Jesús para conocer cuáles son las reacciones del pueblo con respecto a su ministerio y él les pide un informe sobre lo que la gente dice acerca de su persona. La pregunta supone que la gente se vio obligada a colocar a Jesús en una categoría fuera de lo común para explicar las cosas que habían presenciado. Tuvieron que buscar algún casillero donde ponerlo, pero ¿cuál escogieron?

28 La respuesta de los discípulos es inconvenientemente breve: en la primera propuesta no hay ningún sujeto que se corresponda con el adjetivo ἄλλοι que introduce la segunda y la tercera; y las primeras dos opiniones se expresan en caso acusativo (reflejando el caso με en el v. 27), mientras que la tercera se encuentra en el caso nominativo precedida por ὅτι, ofreciendo de ese modo una cláusula incompleta ("que [tú eres] uno de los profetas"). La adición de un ὅτι antes de 'Ιωάννην en varios MSS (א* B C*) se debe presumiblemente a un esfuerzo por aliviar la brusquedad del acusativo con el que comienza la respuesta, aunque un ὅτι *recitativum* solo repite la función de λέγοντες.

Las tres opciones que se proponen pertenecen a la categoría de "profeta", y obviamente era así como muchas personas catalogaban a Jesús. Pero Juan el Bautista y Elías eran figuras del pasado, y la frase εἷς τῶν προφητῶν indudablemente tiene la misma implicación. Jesús no es solamente "un profeta", sino uno de los profetas, y por tanto, la reaparición de una figura profética bien conocida del pasado (cf. la versión de Lucas προφήτης τις τῶν ἀρχαίων ἀνέστη, mientras que Mateo sugiere específicamente que se trata de Jeremías). La alocada conjetura de Antipas de que Jesús era Juan el Bautista *redivivus* (6:14-16) no resulta, pues, tan excéntrica al fin y al cabo: había otras personas que sugerían cosas similares. Por supuesto, podría cuestionarse hasta qué punto ellos esperaban que esas expresiones se tomaran en forma literal; su propósito tal vez era dar a entender cierta continuidad del ministerio e incluso un extraño parecido con aquellas figuras sin presuponer una reencarnación literal. Lo que conocemos acerca del pensamiento popular judío en esa época no basta para estar seguros, y de todas formas, en el mejor de los casos se trata de una información de segunda mano, a pesar incluso del testimonio literal que Marcos ha ofrecido de lo que dijeron los discípulos.

Si es cierto que los judíos del siglo primero creían que la profecía había concluido con Malaquías, la reencarnación de unos de los profetas antiguos habría sido tal vez la manera más natural de explicar la presencia otra vez de una figura profética en Israel. Pero hay una buena razón para cuestionar si el cese de la profecía durante el período del segundo templo era un dogma tan generalizado como se ha supuesto tradicionalmente;[38] al parecer, era posible

---

38. D. E. Aune, *Prophecy*, 103-6, con su estudio de la profecía en el judaísmo primitivo, 106-52.

pensar en Juan el Bautista como un profeta sin invocar la reencarnación (11:32; Mt. 11:9).

No obstante, desde el punto de vista de la narración de Marcos, la forma precisa de creencia popular no es importante. Lo que sí importa es que Jesús era popularmente reconocido como un profeta. Esta era sin duda una valoración positiva, y de hecho sumamente elogiosa. Pero lo que sigue mostrará que dicha valoración distaba mucho de ser toda la verdad acerca de Jesús. Así como hay muchos actualmente que expresan su reconocimiento por Jesús como un gran maestro (a menudo junto con otros líderes religiosos), la gente de su época, tal como informaron los discípulos, todavía no habían comprendido el significado pleno de su ministerio.

29 La frase de Jesús "ὑμεῖς δέ" indica que él todavía espera una respuesta mejor, y que son los discípulos los que deben darla. En virtud de τὸ μυστήριον τῆς βασιλείας τοῦ θεοῦ (4:11) que se les ha confiado, no cabe duda de que se encuentran en mejor condición de evaluar la importancia de la persona mediante la cual ese reino se ha hecho realidad. El portavoz de ellos es Πέτρος, a quien Marcos invariablemente llama de esta manera después de haber introducido el sobrenombre en 3:16 (hasta ese momento siempre le había llamado Σίμων). Marcos no dice explícitamente hasta qué punto la declaración de Pedro representa su propia conclusión personal y hasta qué punto representa la opinión conjunta de los discípulos. Sin embargo, no sugiere que Pedro se encuentre en una posición especial (en contraste con Mt. 16:17-19), y la respuesta de Jesús en los vv. 30-31 va dirigida a los discípulos en forma colectiva. Cuando Pedro le habla de nuevo en el v. 32, Marcos hace notar que Jesús lo reprende ἰδὼν τοὺς μαθητὰς αὐτοῦ, indicando así que ellos también compartían la opinión errada que Pedro había manifestado. Al parecer, pues, deberíamos considerar que Pedro era el portavoz del grupo y no solo el autor de una opinión puramente personal que habría tomado a los demás discípulos por sorpresa. Volverá a desempeñarse como representante del grupo en 9:5; 10:28; 11:21; 14:37.

La frase ὁ Χριστός apareció en la "primera página" de Marcos en 1:1, pero no hemos vuelto a encontrarla desde entonces. Su presencia en muchos MSS de 1:34 demuestra que los primeros lectores del Evangelio estaban convencidos de que el tema cristológico constituía un trasfondo importante en la narración, y que el conocimiento sobrenatural de los demonios, que Jesús reprime deliberadamente, pondría de relieve su función mesiánica. Pero Marcos reservó el uso abierto del título para este momento. Ahora, por fin, la verdad acerca de Jesús es reconocida y admitida.

30 En virtud de la importancia colosal de la declaración en el v. 29, lo que se lee a continuación es aún más extraordinario. Esta verdad fundamental, que por sí sola le da sentido a la historia hasta aquí, debe, no obstante, mantenerse en secreto. Véase el comentario sobre 1:25 con respecto al uso marcano de ἐπιτιμάω; aquí, al igual que en 3:12, va seguido de ἵνα, y tanto aquí como allí, el tema es la declaración abierta de quién es Jesús. El verbo (que se usó anteriormente para silenciar a los demonios) posee una fuerza increíble. No se sugiere, por supuesto, que la declaración de Pedro sea incorrecta: la expresión λέγωσιν περὶ αὐτοῦ presupone que hay algo que pudiera decirse, y por ende, que hay algo que debe mantenerse en secreto. El hecho de que Jesús sea ὁ Χριστός es una verdad, pero no una verdad que haya que proclamar abiertamente. La incongruencia de este mandato se pone de relieve por el contraste con el uso de παρρησίᾳ in v. 32: Jesús no se siente inhibido para hablar de los sufrimientos y la muerte que le esperan al υἱὸς τοῦ ἀνθρώπου, pero su identidad como ὁ Χριστός no puede ser revelada.

Es tanto lo que se ha escrito sobre el "secreto mesiánico" en Marcos que a veces nos olvidamos de que este es el único lugar del Evangelio donde se menciona un secreto específicamente *mesiánico*. El tema del secretismo ha ocupado un lugar destacado hasta ahora, y ha incluido el silenciamiento de los demonios ὅτι ᾔδεισαν αὐτόν, lo cual indica que el tema posee una dimensión cristológica. Pero solo en 8:30 se ordena guardar silencio específicamente sobre la identidad de Jesús como ὁ Χριστός. En el monte de la transfiguración, en 9:9, se dará un mandato similar con respecto a la revelación cristológica, pero allí también, sin un enfoque mesiánico explícito (y cambiando de nuevo el título por el de ὁ υἱὸς τοῦ ἀνθρώπου, como en el v. 31).

Lo que se prohíbe aquí no es que se hagan conjeturas de carácter cristológico ni que se manifiesten esas ideas en la intimidad del grupo de los discípulos, sino que se declaren públicamente —ἵνα μηδενὶ λέγωσιν. El momento para esa declaración pública llegará en 14:61-62, pero por ahora no es conveniente. Cuando llegue ese momento, el propio Jesús, y no los discípulos, será quien rompa el silencio.

Décadas de debate sobre la base de este secretismo no han podido desplazar todavía la explicación bastante obvia en relación con el clima de pensamiento entre los que habían presenciado y a los que había impresionado el ministerio de Jesús en Galilea. El entusiasmo popular por Jesús, y la esperanza de poder convencerlo para que asumiera un rol más político como líder de una sublevación judía (véanse los comentarios sobre 6:31-44 y 6:45-46), implicaría que el lenguaje mesiánico podría ser mal interpretado por parte de amigos y enemigos. En razón de lo que Jesús está a punto de revelar con respecto a su verdadera misión en el v. 31 difícilmente pudiera haber un malentendido más desafortunado, o más calculado, para desbaratar su proyecto a medida que este se acerca a su etapa decisiva en el viaje hacia Jerusalén.[39] Es por eso que se prohíbe hablar de Jesús como ὁ Χριστός.

El problema reside en la amplia gama de contenido que pudiera hallarse en ese título, en dependencia del contexto en que lo hayamos colocado. Resultará inmediatamente obvio que lo que Pedro (y presumiblemente los demás discípulos) infirió del título era bastante diferente de la interpretación

---

39. Gundry, 427, añade que esa publicidad podría despertar el interés del tipo de multitudes que violarían la privacidad que Jesús está buscando ahora para enseñar a sus discípulos.

que le dio Jesús. Con un público más numeroso, que no había disfrutado del beneficio de contar con el conocimiento especial que se les había otorgado a los discípulos según 4:11 ni de la enseñanza privada de Jesús, la posibilidad de un malentendido era claramente aún mucho mayor. La novedad (y casi podría decirse, la nocividad) del concepto del mesianismo de Jesús es precisamente lo que hacía peligroso usar en forma pública un título que tenía, para la mayoría de los judíos de aquella época, sus propias connotaciones preconcebidas, que diferían mucho del sentido de misión de Jesús.

Desde este punto de vista, ὁ Χριστός era un título particularmente riesgoso. En el AT, *hammāšîaḥ* no es un término técnico que se use para referirse a un libertador que vendrá (aunque *māšîaḥ* en Dn. 9:26 podría acercarse a este significado), y en la LXX no hay ningún pasaje en el que se emplee claramente ὁ Χριστός como tal con referencia a un libertador que ha de venir. Pero en los siglos posteriores precristianos "el ungido" y otros términos relacionados, aunque todavía no aparecían con mucha frecuencia con un sentido técnico, se estaban convirtiendo, al parecer, en un depósito conveniente para un abanico de esperanzas y conceptos escatológicos que se derivaban o desarrollaban del AT. Los tárgumes dan testimonio de la amplia aceptación del término "el Mesías" para resumir las esperanzas generadas por el AT.[40] En ese caso, el significado que expresaba ὁ Χριστός dependía del trasfondo del pensamiento y la comunidad de la persona que lo usaba. Pero si tenemos en cuenta la fuerte esperanza que albergaba el pueblo de una liberación nacional mezclada con un reconocimiento de la necesidad de una restauración espiritual del pueblo de Dios (tal como se expresa, por ejemplo, en *Sal. Sal.* 17), no cabe duda de que en algunos círculos poco sofisticados fuera un término con un sabor marcadamente político, y por esa razón, más que servir de ayuda, representaba probablemente un obstáculo a la hora de exponer la interpretación peculiar de Jesús acerca de su misión.[41] Ese enfoque "historicista" del secreto mesiánico se ha subestimado mucho en los análisis académicos,[42] pero sigue siendo, al menos, un elemento significativo para explicar el uso (y la omisión) del título en la historia de Marcos. Si tenemos en cuenta que en la época en que Marcos escribió el Evangelio, el título "Cristo" ya era un término corriente en la iglesia y había desarrollado una gama de connotaciones específicamente

40. Entre muchos otros análisis de la terminología mesiánica en el judaísmo posterior, véase especialmente M. de Jonge y A. S. van der Woude en *TDNT*, 9.509-27. En N. T. Wright, *Victory*, 481-86, aparece un resumen breve y atractivo de las pruebas.

41. G. Vermes, *Jew*, 129-56, sigue siendo un análisis útil sobre este tema. Véase especialmente la p. 134, "Si en el período entre ambos testamentos un hombre afirmaba, o proclamaban, que era "el Mesías", los que le oían, como es natural, habrían supuesto que estaba refiriéndose al Redentor davídico y habrían esperado estar en presencia de una persona dotada de los talentos combinados de destreza militar, justicia y santidad".

42. La longevidad de la especulación de Wrede, que marcó (y tal vez sesgó) la agenda para los análisis posteriores, de que el tema del secretismo es una invención apologética marcana, es uno de los fenómenos más notables de la erudición bíblica. N. T. Wright, *Victory*, 529 n. 181, comenta con mucho acierto que "ha sobrevivido durante mucho tiempo a su fecha de caducidad".

cristiana, resulta muy llamativo que Marcos reconozca y haga tanto hincapié en la ambivalencia que el término había disfrutado en una etapa anterior a su evolución lingüística.

El Mesías (y sus seguidores) tiene que sufrir (8:31–9:1)

NOTAS TEXTUALES

35. La frase ἐμοῦ καί no aparece en P D ni en varios MSS de la AL. No resulta fácil entender por qué una mención original de la lealtad a Jesús haya sido deliberadamente eliminada, aunque pudiera haberse perdido en forma accidental. Pero, por otra parte, la presencia de ἐμοῦ tanto en los textos comparables en 10:29 (con τοῦ εὐαγγελίου) y 13:9 (sin τοῦ εὐαγγελίου) como en los pasajes paralelos de Mateo y Lucas en este punto sugiere que pudiera tratarse en este caso de una adición armonizadora, lo cual indicaría que la lectura original de Marcos aquí era simplemente ἕνεκεν τοῦ εὐαγγελίου.

38. La omisión de λόγους en un pequeño número de MSS permite un sentido inteligible, aunque diferente (de *los que son de* Jesús en lugar de sus palabras), pero el peso abrumador de las pruebas a favor de la lectura más extensa, y el hecho de que en el pasaje paralelo en Lucas 9:26 en un grupo bastante diferente aunque también pequeño de MSS no aparezca λόγους, sugiere que puede haber sido una omisión accidental a causa de un homeotéleuton. La presencia de καί en lugar de μετά en la última frase en P W se debe probablemente a una asimilación a Lucas 9:26.

Cualquier división dentro de esta sección narrativa continua es artificial. El versículo 31 guarda una relación muy estrecha con el v. 30 por cuanto contrapone la verdadera e inesperada misión del Mesías contra el punto de vista más convencional de Pedro. Muchos comentaristas, en cambio, hacen una pausa después del v. 33, entre el diálogo de Jesús con sus discípulos y la imprevista inclusión de una ὄχλος en el auditorio para el monólogo que sigue. Otra pausa podría intuirse en la fórmula conectora καὶ ἔλεγεν αὐτοῖς en 9:1, aunque casi todos están de acuerdo en que la división tradicional del capítulo en este punto fue desafortunada. Pero yo he preferido tratar 8:31–9:1 como una sola unidad, y tomarlo como el contrapeso a 8:27-30, porque todos estos versículos están unidos por los temas del sufrimiento y la muerte claramente introducidos en 8:31, y se analizan sus implicaciones para Jesús y sus discípulos hasta 9:1 inclusive.

A pesar del lugar preponderante que ocupan el rechazo y la muerte en este pasaje, no tiene un tono lúgubre ni fatalista. La muerte a la que aluden estos versículos, lejos de ser un destino absurdo o trágico, se acepta libre y deliberadamente. El sufrimiento y la muerte del Hijo del Hombre son necesarios (δεῖ) porque es por medio de ellos que podrá cumplir su misión mesiánica. Constituyen el preludio a la resurrección, y puede hablarse de ellos con claridad (παρρησίᾳ, v. 32). El intento por parte de Pedro de desviarlo de ese camino merece el reproche más severo. La muerte de los que siguen a Jesús es el resultado de su elección deliberada de seguirlo en el camino de la cruz, el cual, paradójicamente, es el camino hacia la vida. Se acepta por amor al evangelio, pero si alguien lo evade pierde la vida. Los que soportan el rechazo de los demás serán recibidos por el Hijo de Dios en la gloria celestial. Algunos verán la presencia poderosa del reino de Dios incluso antes de enfrentarse a la muerte; para los demás, según cabe suponer, esa visión será la recompensa que seguirá a su martirio.

El tema nuevo y poderoso que representa todo esto en la narración de Marcos resultará vital para sus lectores a medida que se acercan a los acontecimientos con los que la historia llegará a su punto culminante en Jerusalén. De hecho, ya ha habido muchos indicios del aumento de la hostilidad hacia Jesús y sus seguidores, y algunas insinuaciones ocasionales de que esta hostilidad terminará en muerte (2:20; 3:6). Pero lo que sí es nuevo aquí es la convicción de que su muerte no ocurrirá como un triunfo de la oposición sino como cumplimiento del propósito divino, y por ende, ha de recibirse con aprobación y no lamentándose. El Hijo del Hombre que será rechazado y asesinado es el mismo que entrará luego en la gloria de su Padre con los santos ángeles. La muerte es la vía que conduce a la gloria, y dará como resultado la poderosa venida del reino de Dios. Marcos no presenta todavía ninguna teología elaborada de la expiación ni del plan divino de salvación; basta con que sus discípulos comiencen a percatarse de esta nueva perspectiva general sobre la muerte y la vida.

El destino de Jesús no es el único que deben empezar a considerar bajo una nueva luz, sino también el de ellos. Los discípulos, a los que él está dirigiéndose, también deberán, a su vez, seguirlo en el camino hacia la muerte, a través de la cual, serán llevados a participar de su gloria y de su triunfo. Se trata, pues, de un escenario totalmente nuevo que los discípulos deben asimilar. Su repugnancia humana natural ante lo que, al parecer, no es más que una derrota y un desastre, debe darle paso a la lógica divina que trastorna por completo las valoraciones humanas. El camino a Jerusalén será el aula en la que comenzarán a aprender esta ideología nueva y radical del reino de Dios. No debe causar extrañeza que sean aprendices lentos, y que incluso hacia el final del camino todavía no estén preparados para lo que va a acontecer. El tema, empero, fue anunciado a viva voz desde el principio, y el discipulado nunca volverá a ser el mismo.

31 Marcos usa con bastante frecuencia el verbo ἄρχομαι para centrar la atención del lector en el desarrollo de la historia (al igual que cuando emplea εὐθύς) y no para indicar un cambio notable de tema. Lo usó de esta manera con διδώσκειν en 4:1; 6:2; 6:34, y es posible que la expresión καὶ ἤρξατο διδάσκειν αὐτοὺς ὅτι aquí tenga esa misma intención. Pero el contenido novedoso de la declaración que sigue, y el hecho de que el tema de la misma se repetirá de forma bien visible a partir de ahora, sugieren que deberíamos interpretar que dicha expresión señala un tema nuevo e importante en la enseñanza de

Jesús a sus discípulos.[43] Con respecto a la frase ὁ υἱὸς τοῦ ἀνθρώπου véase el comentario sobre 2:10. Su presencia aquí, muy poco después de la primera aparición de ὁ Χριστός en el v. 29 y el mandato de guardar silencio, indica una sustitución deliberada del título más familiar Χριστός por uno menos conocido y más enigmático (como también ocurrirá en 14:61-62). Lo que Jesús va a declarar con respecto a su destino contrasta marcadamente con la idea que ὁ Χριστός transmitiría de forma natural, y por tanto, este título menos preciso es más conveniente a su propósito. Decir que el rechazo, los padecimientos y la muerte eran el destino necesario del υἱὸς τοῦ ἀνθρώπου resultaba sin duda bastante chocante, porque en la visión que aparece en Daniel 7:13-14, de la que está tomada la frase, el Hijo del Hombre es una figura victoriosa y majestuosa con autoridad celestial. En el versículo 38 se usará el mismo título en un contexto que refleja esa connotación más natural. Pero puesto que la frase ὁ υἱὸς τοῦ ἀνθρώπου todavía no se interpretaba como una referencia a una figura mesiánica reconocida, no existía ningún "plan de acción" de la misión que debía desempeñar esa figura, y por tanto, sería moralmente imposible entender que el sufrimiento y la muerte formaban parte de la función que iba a cumplir, por inesperada que pudiera ser esa idea.

La base para esta "necesidad" (δεῖ)[44] no se explica con detalle aquí, pero en 9:12; 14:21, 49 se refiere explícitamente a lo que "está escrito", y ese mismo pensamiento subyace sin duda tras esta y otras predicciones de Jesús acerca de su pasión. Es en el propósito divino revelado en la Escritura, y no en las inevitabilidades de la política palestina, que Jesús encuentra el patrón de lo que va a sucederle. Sin embargo, es muy difícil descubrir cualquier base para esta convicción en Daniel 7, la fuente del título que Jesús usa en las predicciones de su pasión. Es cierto, por supuesto, que el propio capítulo revela que la figura humana del v. 13 representa al pueblo santo de Dios (vv. 18, 22, etc.), y que ese pueblo santo estuvo sometido a la violencia de la cuarta bestia hasta que el juicio divino se dio a su favor y la bestia fue destruida (vv. 21, 25). Pero en el sueño de Daniel, no era en el sufrimiento y derrota del pueblo sino en su victoria que estaban representados por la figura humana, y en la exégesis judía de Daniel 7 el que es "como un hijo de hombre" no suele representarse como un ser que sufre, sino victorioso.[45]

Sin embargo, no hay por qué buscar el origen del verbo δεῖ que usa Jesús específicamente en Daniel 7, aun cuando esta sea la fuente del título ὁ υἱὸς

---

43. La cláusula, sin embargo, no parece tener el mismo significado estructural aquí que el que tiene en Mt. 16:21: Mateo usa el verbo ἄρχομαι con mucha menos libertad, pero aquí da lugar a la fórmula introductoria más enfática ἀπὸ τότε ἤρξατο Ἰησοῦς Χριστός δεικνύειν…, que, en opinión de J. D. Kingsbury (y otros en consonancia con él), indica el inicio de la tercera y última sección principal del Evangelio de Mateo (al igual que ocurrió con una fórmula similar en 4:17).

44. Cf. la "necesidad" del propósito divino en algunos escritos apocalípticos: Dn. 2:28, 29, 45—ἃ δεῖ γενέσθαι; cf. Ap. 1:1; 4:1.

45. Véase mi obra *Jesus and the OT*, 179-83, 185-88, para un estudio de la interpretación judía de Dn. 7.

τοῦ ἀνθρώπου. Es cierto que en algunas de las declaraciones de los Evangelios en las que se emplea este título aparecen elementos que recuerdan Daniel 7, pero hay muchas otras en las que no ocurre lo mismo. En cuanto el título, una vez acuñado, Jesús no lo empleó solamente para basarse en este pasaje veterotestamentario en particular, sino que le dio un uso mucho más amplio. El título deriva su contenido de la visión general de Jesús con respecto a su misión, para la que Daniel 7 proporciona solo una parte. El elemento del sufrimiento y la muerte se deriva, mucho más plausiblemente, del tema veterotestamentario de "la persecución de los profetas y embajadores de Dios por parte de un pueblo impenitente" (Anderson), y más específicamente de los pasajes del AT que sí señalan, aunque en forma críptica, el concepto del sufrimiento mesiánico. Los Salmos 22 y 69 serán citados en la narración marcana de la pasión presuponiendo que la descripción que ofrecen de la persecución del justo puede perfectamente aplicarse al destino del Mesías;[46] Zacarías 9-14 contiene el tema recurrente de una figura aparentemente mesiánica que es rechazada por su pueblo, traspasada y herida (Zac. 11:4-14; 12:10-14; 13:7-9; cf. Mr. 14:27); y de manera más obvia, Isaías 53 habla de un siervo de Dios que sufre y muere y cuyo destino está en cierto modo relacionado con la restauración del pueblo. Hace muchos años, en razón de algunos intentos de minimizar la influencia de Isaías 53 y otros pasajes correlativos sobre la interpretación neotestamentaria de la muerte de Jesús, yo alegué que ese capítulo, al fin y al cabo, distaba mucho de ser el origen probable de la convicción que poseía Jesús de que él tenía que sufrir y morir,[47] y los debates posteriores no me han hecho cambiar de opinión. Algunos reflejos verbales del sufrimiento vicario del siervo de Dios en Isaías 53 aparecerán en este Evangelio en 10:45 y 14:24, donde ambos dichos se atribuyen a Jesús e interpretan el significado salvífico de su muerte. A la luz de esas alusiones, parece muy probable que aunque en 8:31; 9:31; 10:33-34 no haya ningún reflejo verbal de Isaías 53, Marcos espera que sus lectores se den cuenta de que Jesús derivó su interpretación acerca de su misión como Hijo del Hombre de estos pasajes veterotestamentarios que apuntan al sufrimiento mesiánico, y es probable que Isaías 53 fuera el más influyente.

Cada una de las tres predicciones de la pasión, en 8:31, 9:31 y 10:33-34 respectivamente, está redactada de una forma distinta, aunque todas ellas coinciden en las últimas afirmaciones, ἀποκτανθῆναι καὶ μετὰ τρεῖς ἡμέρας ἀναστῆναι. Sin embargo, la expresión πολλὰ παθεῖν solo aparece aquí, y es un resumen relativamente descolorido que se completará con detalles más específicos en 10:33-34. La cláusula que sigue es más concreta. El verbo ἀποδοκιμασθῆναι refleja un término conocido de la LXX en el

46. Otro salmo que influyó en este aspecto fue, al parecer, el Sal. 118, con su imagen de la "piedra rechazada" en el v. 22. Véase F. J. Matera, *Kingship*, 116-19, para un argumento de que esta fue la principal fuente bíblica de las predicciones de la pasión. Véase además el comentario sobre 9:12 más adelante.

47. "The Servant of the Lord in the Teaching of Jesus", *TynB* 19 (1968) 26-52, reimpreso en forma ligeramente abreviada en mi obra *Jesus and the OT*, 110-32.

Salmo 117[118]:22, donde los cristianos reconocían en la piedra rechazada una imagen del destino de Jesús a manos de los líderes de su pueblo y de su posterior vindicación por parte de Dios (12:10; Mt. 21:42; Lc. 20:17; 1Pe. 2:4, 7).[48] Que el Mesías fuera deshonrado y despreciado era ya bastante malo, pero mucho peor era la identificación específica de los que lo tratarían de esa manera: ὑπὸ τῶν πρεσβυτέρων καὶ τῶν ἀρχιερέων καὶ τῶν γραμματέων. Esta formidable lista incluye los tres principales grupos de poder que componían el sanedrín (en el que los "ancianos" eran los máximos representantes de la nobleza laica),[49] y por ende, simbolizaba la autoridad política y religiosa más influyente en Israel que estaba sujeta a las autoridades provinciales romanas.[50] El hecho de que se mencionen juntos aquí deja bien claro que se trata de un rechazo rotundo de Jesús por parte de todos los principales representantes de Israel, el pueblo de Dios, y por consiguiente, plantea de la manera más acusada posible la paradoja del Mesías no reconocido. Con la repetición más tarde de esta lista impresionante en su Evangelio, Marcos se asegurará de que en los momentos cruciales del conflicto y condenación posteriores en Jerusalén, el lector recuerde que las autoridades de Israel se unieron para rechazar a su Mesías (11:27; 14:43, 53; 15:1; en 15:1 la adición de ὅλον τὸ συνέδριον pone de relieve este hecho).[51] Por medio de Josefo y otros escritos sabemos que había desacuerdos y rivalidades entre los diversos partidos que estaban representados en el sanedrín (véase también Hch. 23:6-10), pero su disconformidad con Jesús y su enseñanza sería suficiente para unirlos en este respecto (véase el comentario sobre 3:6).

Cada una de las predicciones de la pasión en 8:31, 9:31 y 10:33-34 termina con la resurrección, y en 9:9 se presupondrá que los discípulos ya estaban familiarizados con la idea (aunque equivocadamente, tal como lo muestra 9:10). Se presupondrá de nuevo en 14:28 (cf., en forma críptica, 14:58). Pero incluso el breve relato de Marcos acerca de los acontecimientos

---

48. Véase el comentario sobre 12:10-11 más adelante, y para la importancia del tema del rechazo y la vindicación aquí y en la teología marcana de la pasión en general, véase D. Juel, *Messiah*, 52-55.

49. Véase, por ejemplo, J. Jeremias, *Jerusalem*, 222-32. Josefo, *War*, 2.411, hace referencia a lo que, al parecer, son los mismos tres elementos constitutivos del liderazgo oficial en Jerusalén, usando el término οἱ δυνατοί con respecto a los "ancianos".

50. Aunque ἀρχιερεύς se usa acertadamente en singular para referirse al sumo sacerdote, el plural, tanto en el NT como en Josefo, también incluye a los antiguos titulares del cargo que todavía ocupaban un lugar en el sanedrín, y probablemente a los miembros de las familias sacerdotales de alto rango de entre las cuales se elegía al sumo sacerdote. Véase Schürer, 2.232-36.

51. Este es el único pasaje en el que los ancianos encabezan una lista de este tipo. En los demás casos, los ἀρχιερεῖς aparecen primero, ya sea que se mencionen junto con los γραμματεῖς solos (10:33; 11:18; 14:1; 15:31) o con los otros dos grupos (en cuyo caso el orden de los dos últimos grupos varía: los escribas antes de los ancianos en 11:27; 14:43 y los ancianos antes de los escribas 14:53; 15:1). Gundry, 429, aprovecha la primera posición de los ancianos aquí, contra la tendencia editorial de Marcos, para indicar que Marcos está citando aquí la tradición de las palabras de Jesús. Para algunos comentarios sobre las razones para el orden y los títulos que se incluyen en cada pasaje, véase Gundry, 431-32.

en Jerusalén indica que los discípulos en realidad no esperaban que Jesús resucitara, y los demás Evangelios subrayan más enérgicamente este hecho. Marcos no explica por qué no podían entender esa idea tan asombrosa y en la que se hace hincapié repetidamente. Deberíamos suponer quizás (y así lo sugiere 9:10) que la idea era tan totalmente ajena a su pensamiento que no podían absorber su significado, y tal vez imaginaron que Jesús estaba usando algún tipo de imaginería metafórica con respecto a la vindicación final (aunque la expresión tan específica μετὰ τρεῖς ἡμέρας no armonizaría cómodamente con esa interpretación). De cualquier forma, parece claro que el tema más inteligible del sufrimiento y la muerte fue el que se quedó grabado en la mente de los discípulos.

La redacción de la predicción de la resurrección en Marcos difiere de las de Mateo y Lucas de dos maneras. En las tres predicciones Marcos usa el verbo en voz activa ἀνίστημι en lugar de la forma pasiva de ἐγείρω que es la que suele emplearse para referirse a la resurrección de Jesús en el NT, sobre todo en Pablo, y aparece en las tres predicciones en Mateo (probablemente; no cabe duda de que existen variantes textuales); Lucas usa ἐγερθῆναι en 9:22 pero ἀναστήσεται en 18:33. Los esfuerzos que se han hecho por establecer una distinción apriorística clara entre las maneras activa y pasiva de hablar de la resurrección de Jesús no han despertado mucho interés;[52] a lo sumo, podría sugerirse que la forma activa de Marcos, en contraste con el carácter ineludiblemente pasivo de los verbos que la preceden, indica que a pesar de lo que la gente pueda hacerle al Hijo del Hombre, él será quien tenga la última palabra. Pero sería exagerado considerar que una preferencia estilística sugiera que la elección del verbo por parte de Marcos denote algún tipo de desacuerdo con la percepción neotestamentaria general de la resurrección como un acto del poder *de Dios* para vindicar a su obediente Hijo.

La otra característica distintiva de la redacción de Marcos es la frase μετὰ τρεῖς ἡμέρας que él emplea en las tres predicciones de la pasión, mientras que Mateo y Lucas usan invariablemente la expresión τῇ τρίτῃ ἡμέρᾳ. (En Mt. 27:63-64, sin embargo, las autoridades judías piden que se vigile el sepulcro ὡς τῆς τρίτης ἡμέρας alegando que Jesús había predicho su resurrección μετὰ τρεῖς ἡμέρας, un llamativo vestigio de la fórmula marcana). La frase de Marcos refleja el uso judío, en virtud del cual "después de tres días" significaría "pasado mañana",[53] pero en un contexto cultural más amplio, este modismo tal vez no se entendería y causaría la vergüenza de una discrepancia entre la predicción y el hecho, por cuanto todos los Evangelios están de acuerdo en que hubo un período de solo unas treinta y seis horas entre la sepultura de Jesús y su resurrección.[54] La frase que usan Mateo y Lucas es, pues, más segura desde

---

52. El tema se resume de manera provechosa en *DNTT*, 3.276.

53. Cf. Josefo, *Ant.* 7.280 con 281; 8.214 con 218: en cada caso, un acontecimiento prometido μετὰ τρεῖς ἡμέρας se espera que ocurra τῇ τρίτῃ τῶν ἡμερῶν.

54. R. McKinnis, *NovT* 18 (1976) 97-98, sugiere que Marcos emplea μετὰ τρεῖς ἡμέρας en

el punto de vista apologético, aun cuando en un contexto judío su significado no sea notablemente diferente.[55] La resurrección después de tres días es parte de la secuencia regida por el verbo δεῖ, y por consiguiente, cabría esperar que también se derive del AT. En Isaías 52:13; 53:10-12 la muerte del siervo tiene por objeto producir justificación, "resurrección" y longitud de días, pero este pasaje clave no ofrece ninguna base explícita para los tres días. Una fuente posible es los "tres días y las tres noches" de Jonás 2:1 (1:17), después de los cuales Jonás fue "restaurado a la vida", y a lo que se alude explícitamente en Mateo 12:40 en relación con la resurrección de Jesús. Otra alusión posible es a Oseas 6:2, donde la esperanza de ser "resucitados después de tres días" no se refiere a una resurrección física sino a la restauración nacional; un reflejo de ese pasaje en este contexto se apegaría muy poco a su significado original,[56] o se basaría en una interpretación tipológica de la experiencia de la muerte y la resurrección de Jesús como un cierto "cumplimiento" de las esperanzas más limitadas del Israel del siglo VIII.[57] Pero no es necesario forzar la base escrituraria del verbo δεῖ hasta el punto de exigir una fuente veterotestamentaria directa para cada cláusula de la predicción.

32-33 Con respecto a τὸν λόγον ἐλάλει véase el comentario sobre 4:33. El sustantivo λόγος aquí no se refiere solamente a la enseñanza en general, sino a la declaración novedosa del v. 31. El sustantivo griego παρρησία indica la importancia que se le concede a esta nueva perspectiva (contrástese con el secretismo del v. 30), y muestra que la "deshonra" que implica el rechazo y la ejecución no es un asunto del que haya que avergonzarse o que se deba ocultar. Esta παρρησία hace que la fuerza de las palabras inoportunas de Jesús en el v. 31 les resulte aún más incómoda a los discípulos, e induce a Pedro a proponer una medida paliativa.[58] Así como Priscila y Aquila en Hechos 18:26 consideraron necesario corregir la παρρησία equivocada de Apolos, Pedro προσλαμβάνεται a Jesús para corregir su extraña comprensión de la función mesiánica. Προσλαμβάνομαι sugiere un matiz de confidencialidad, al tomar

---

lugar de τῇ τρίτῃ ἡμέρᾳ porque para él, la frase denota el período que se extiende desde el rechazo de Jesús hasta su "entrega", el comienzo de los sucesos predichos, y no desde el último de ellos, su muerte.

55. Mateo, sin embargo, no evita en 12:40 la frase que, al parecer, resulta todavía más desconcertante τρεῖς ἡμέρας καὶ τρεῖς νύκτας, que proviene de Jon. 2:1 en la LXX (1:17), y que Mateo no considera necesario explicar. En cuanto a las pruebas que demuestran que incluso esta frase no tiene por qué significar más que "pasado mañana/anteayer", véase 1Sa. 30:12 con 13; cf. Est. 4:16 con 5:1).

56. Véase, no obstante, H. K. McArthur, *NTS* 18 (1971-2) 81-86, con respecto al uso rabínico de Os. 6:2 en relación con la resurrección de los muertos, aunque a esto no puede asignársele una fecha anterior al siglo III. McArthur cree que esta es la base principal de la tradición neotestamentaria del "tercer día".

57. Véase mi obra *Jesus and the OT*, 53-55, para más ideas sobre estas posibilidades.

58. Para algunos paralelismos interesantes de reacciones negativas de discípulos y amigos ante el riesgo que corría la vida de sus maestros (Sócrates, Apolonio de Tiana, Pablo), véase W. T. Shiner, *Follow*, 255-60. Shiner pasa entonces a mostrar (261-64, con otro análisis en 265-76) que la represión, desde un punto de vista literario, tiene por objeto subrayar la naturaleza chocante de la afirmación de Jesús, y dar paso a la siguiente enseñanza.

aparte al equivocado fanático para evitar exabruptos más vergonzosos. Marcos no dice en qué consistió la reconvención de Pedro, pero el verbo ἐπιτιμάω da a entender que fue firme y no demasiado suave (cf. el mismo verbo en 1:25; 3:12; 10:13, 48, y los comentarios sobre 1:25). La repetición de este mismo verbo en 8:30 (Jesús a los discípulos), 32 (Pedro a Jesús), 33 (Jesús a Pedro) señala que se trataba de un grave conflicto de ideologías incompatibles. La expresión ἐπιστραφεὶς καὶ ἰδὼν τοὺς μαθητὰς αὐτοῦ deja bien claro que el enfrentamiento no fue solo entre Jesús y Pedro, sino que incluyó a todo el grupo de los discípulos para el que Pedro se desempeñaba como portavoz. Dicha expresión repite con nitidez el elemento narrativo de la acción de Pedro al tomar aparte a Jesús —a él, sin embargo, Jesús no lo "toma aparte", e incluye deliberadamente a todo el grupo, por implicación, en su respuesta aun cuando esta iba dirigida, como tenía que ser, específicamente a Pedro.

La frase ὀπίσω μου en sí no indica distanciamiento; en los Evangelios connota normalmente la idea de "seguir" en un buen sentido (véanse los comentarios sobre 1:7 y 1:17), y se usará de esa misma forma en el próximo versículo. Pero junto con ὕπαγε y no con δεῦτε no es una invitación sino un rechazo, y la adición del epíteto Σατανᾶ completa el tono ferozmente negativo de la contrarréplica de Jesús.[59] El nombre Σατανᾶς ya apareció antes en 1:13; 3:23, 26; 4:15 como el término judío conocido para referirse al diablo (llamado también Βεελζεβούλ en 3:22), pero su uso con relación a un ser humano, por muy hostil que este sea, no tiene parangón. Aquí funciona no solo como un término despectivo extravagante (un uso para el que no existe de todas formas ninguna otra prueba),[60] e implica que la reconvención de Pedro, aun cuando se describe adecuadamente como pensamientos "humanos" (φρονεῖς τὰ τῶν ἀνθρώπων), difiere tanto de los pensamientos de Dios que es necesario atribuirla a una fuente más sobrenatural. Al oponerse a la voluntad de Dios (δεῖ) para su Mesías, Pedro y los que están de acuerdo con él están actuando como portavoces del enemigo supremo de Dios (cf. la función de Satanás

---

59. Belo, 158, traduce ὕπαγε ὀπίσω μου como "quítate de detrás de mí", una revocación deliberada de δεῦτε ὀπίσω μου en 1:17: "Jesús está diciéndole a Pedro aquí: "no seas más mi discípulo". Según Belo, "el texto griego autoriza ambas traducciones", pero no explica cómo. En lo que respecta al discipulado, ὀπίσω μου no es un término tan técnico como para exigir esta lectura forzada del griego". Gundry, 433, también lo interpreta en este sentido "técnico", pero percibe exactamente el significado contrario en las palabras de Jesús: "Jesús le dice a Pedro que regrese a su lugar entre los discípulos, en el que debe estar, siguiendo a Jesús, y que no se le adelante para tomarlo aparte ni se ponga siquiera al lado de él". Es probable que con esto también estuviera dándosele demasiada importancia a una simple preposición.

60. Se ha sugerido a veces que, en razón de la raíz etimológica del término semítico, "el adversario" podría usarse aquí en ese sentido más débil, "mi adversario", y no con referencia manifiesta al propio diablo. No solo no existe ningún uso paralelo a ese, pero al conservar la forma aramea en lugar de emplear un término griego equivalente como ἀντίδικος indica sin duda que se reconocía y se recordaba como un nombre propio, aplicado a un portavoz humano de Satanás, aunque parezca incongruente.

al "robar la palabra" [de Dios] in 4:15).[61] La caracterización de las ideas de Pedro como τὰ τῶν ἀνθρώπων en contraste con τὰ τοῦ θεοῦ resume el problema que vimos cuando consideramos el pedido de secretismo en el v. 30. El propósito divino revelado en el v. 31 carece de sentido desde el punto de vista humano. Si los propios discípulos privilegiados no son capaces de ir más allá de sus limitaciones "humanas" en su comprensión de la función del Mesías, ¿qué esperanza pueden albergar las personas en general de entenderla como es debido? El problema no pertenece al ámbito de las lealtades rivales (como sugiere la traducción inglesa RSV "del lado de"), sino al ámbito de las ideologías incompatibles, de una perspectiva humana que no puede captar el propósito divino.

34 Marcos usa el verbo προσκαλέομαι para alertar al lector de algo nuevo o importante que va a revelarse, o de alguna enseñanza nueva que los discípulos van a recibir (cf. 3:13, 23; 6:7; 7:14; 10:42; 12:43). Lo que resulta llamativo aquí es que el complemento del verbo no es solo los discípulos, que no cabría esperar que faltaran, sino también τὸν ὄχλον σὺν τοῖς μαθηταῖς αὐτοῦ. Los vv. 27-33 nos han dejado entrever que se trata de un retiro privado en el campo en el extremo norte de Palestina, en el que Jesús, al parecer, no era muy conocido y la mayor parte de los habitantes probablemente no eran judíos. Una multitud de personas en esta zona que eran, al menos en potencia, seguidores de Jesús parece incongruente, y no desempeñará ninguna otra función en la narración. Desde el punto de vista del narrador, sin embargo, el propósito de la introducción de la ὄχλος aquí, de manera muy semejante a οἱ περὶ αὐτὸν σὺν τοῖς δώδεκα en 4:10, es aumentar el número de los que van a oír una declaración importante; su inclusión en el auditorio asegura que las duras exigencias de los versículos que siguen no solo se aplican a los doce sino a todos los que quisieran unirse al movimiento. Las expresiones introductorias εἴ τις θέλει y ὃς γὰρ ἐάν (vv. 35, 38) amplían más el alcance del párrafo; no es una fórmula especial para la élite, sino un elemento esencial en el discipulado.

La frase ὀπίσω μου no se emplea aquí del mismo modo que en el v. 33 sino con su sentido neotestamentario más normal (véanse 1:17, 20 etc.), y el uso doble junto con el verbo ἀκολουθέω (cf. 1:18; 2:14) confirma que se trata de una condición indispensable para el discipulado:[62] unirse a Jesús en el camino hacia la muerte. Esta es la primera vez que Marcos emplea el sustantivo σταυρός; ni el sustantivo ni el verbo volverán a aparecer antes del capítulo 15. Las predicciones de Jesús acerca de su muerte en 8:31; 9:31; 10:33-34 no explican de qué manera va a ocurrir, y esta forma específicamente romana de ejecución no sería la primera que vendría a la mente de un judío

---

61. S. R. Garrett, *Temptations*, 76-82, alega que Marcos aquí presenta deliberadamente a Pedro actuando como apoderado de Satanás, en forma similar a la esposa de Job, Siti[do]s, en *Test. Job* 26–27, y de ese modo, Satanás continúa tentando a Jesús valiéndose de Pedro.

62. En cuanto a los antecedentes del llamado a seguirlo, véase E. Best, *Following*, 33-34, y con respecto a su significado en relación con Jesús, 36-39.

al oír hablar de una muerte ordenada por las autoridades judías. En la época en que Marcos escribió su Evangelio, por supuesto, la crucifixión de Jesús era bien conocida, y sus lectores no necesitaban que se les explicara el significado del término σταυρός aquí. Pero al inicio del viaje a Jerusalén, el uso de esta palabra solo intenta conmocionar, y evoca una imagen vívida y horrenda de la marcha fúnebre con toda su vergonzosa publicidad. La conservación de esa imagen tan específica en más de un punto de la tradición del Evangelio (véase también el dicho Q de Mt. 10:38; Lc. 14:27) podría sugerir que tuvo su origen en el conocimiento que tenía Jesús de la manera en que iba a morir y no en la interpretación de Marcos con posterioridad al acontecimiento.

La metáfora de llevar cada uno su cruz no debe interpretarse solamente como una exhortación a soportar las penalidades con paciencia. En este contexto, después de 8:31, dicha metáfora es una extensión de la disposición de Jesús a morir para los que le siguen, y los versículos que siguen completarán el concepto hablando de la pérdida de la vida, no solo de la aceptación del dolor. Aunque no cabe duda de que puede aplicarse legítimamente a otros y menos importantes aspectos del sufrimiento que implica seguir a Jesús,[63] la principal referencia en este contexto ha de ser la posibilidad real de la muerte.

La expresión ἀπαρνησάσθω ἑαυτόν, que aparece antes del llamado a tomar la cruz, no tiene paralelo en la tradición del Evangelio. El verbo ἀπαρνέομαι está particularmente relacionado con la negación futura de Pedro, no de sí mismo sino de su maestro; en ese contexto significa disociarse por completo de alguien, cortar la relación. Por tanto, el caso reflexivo implica tal vez que no debemos permitir que nos guíen nuestros intereses personales, que debemos renunciar al control de nuestro propio destino. En 2 Tim. 2:13, ἀρνήσασθαι ἑαυτόν (con Dios como sujeto) significa actuar en contra de su propia naturaleza, dejar de ser Dios. Por tanto, lo que Jesús nos pide aquí es un abandono radical de nuestra propia identidad y nuestra libre determinación, y como corolario, que nos unamos a la marcha hacia el lugar de la ejecución. Esa "negación propia" difiere por completo del simple hecho de negarnos a comer bombones durante la cuaresma. "No se trata de negarnos algo, sino de negarnos a nosotros mismos".

35-37 Lo que dicen estos versículos acerca de perder y ganar el ψυχή depende del significado del término ψυχή, y plantea problemas para el traductor. Ese mismo sustantivo denota ambos, la "vida" (en contraste con la muerte; cf. 3:4; 10:45) que trataríamos de preservar al escapar de la persecución y el martirio, y la "verdadera vida" que sería el resultado de ese martirio, y por ende, se encuentra más allá de la vida terrenal. Es con este segundo sentido que se usa tradicionalmente la palabra "alma" aquí, pero el juego de palabras se conserva mejor si se mantiene el término "vida", aunque especificando cuando

---

63. E. Best, *Following*, 38-39, presenta un buen argumento en este respecto, aunque tal vez hasta el punto de debilitar demasiado el sentido literal.

sea necesario si se trata de la vida "verdadera y eterna" o de la vida "terrenal".[64] El tema central de estos versículos, que amplían el tema de la imaginería de tomar la cruz en el v. 34, es sin duda la pérdida literal de la vida (terrenal) que el discípulo está llamado a aceptar como una consecuencia posible del hecho de seguir a Jesús. Ese es el único sentido que le hace plena justicia al juego de palabras. En principio, esta interpretación podría legítimamente extenderse a la pérdida de privilegios, de ventajas, de la reputación, de las comodidades y otras cosas, pero solo si no se deja de lado este sentido esencial y más radical. El que se aferra a las cosas de esta vida, las cosas que los seres humanos naturalmente valoran más, pierde la *verdadera* vida; pero aferrarse a la vida en sí misma es el ejemplo supremo de esta ansiedad, y se contrasta aquí con la aceptación de la muerte (por la razón correcta) como la vía que conduce a la vida real. El propio Jesús, en su muerte y resurrección, constituirá el ejemplo supremo de esta nueva perspectiva.

La promesa de la verdadera vida no depende de la muerte en sí misma, sino a la pérdida de la vida ἕνεκεν [ἐμοῦ καὶ] τοῦ εὐαγγελίου (véase la nota textual). Aquí se prevé claramente la posibilidad de un martirio literal como consecuencia del discipulado cristiano; cf. 13:9 (ἕνεκεν ἐμοῦ). La previsión por parte de Jesús de su propia muerte debe haber planteado esta posibilidad, y las experiencias de la iglesia primitiva a partir de Hechos 7 le dieron más peso. La mención específica del εὐαγγέλιον como la causa de la pérdida de la vida indica que los discípulos debían desempeñar un papel activo en la misión y no limitarse a obedecer en forma privada la enseñanza de Jesús, y que era en esta obra misionera que ellos probablemente tendrían que arrostrar la persecución y la muerte. Best destaca con mucho acierto que la incorporación de esta frase demuestra la insuficiencia de una interpretación del discipulado como una simple *imitación* de Jesús.[65]

En los Evangelios sinópticos, el término κόσμος no tiene la connotación negativa que sí se le atribuye en otras partes del NT, y sobre todo en Juan; denota el mundo creado en un sentido neutral. Por tanto, κερδῆσαι τὸν κόσμον ὅλον se refiere simplemente al apogeo de la ambición y los logros humanos, medidos en función de la vida terrenal. Aunque en algunas ocasiones el verbo ζημιόω comporta un sentido jurídico de pena o castigo, el contexto aquí no exige ese matiz. Suele connotar la idea de pérdida o desventaja. La forma verbal ζημιωθῆναι en el v. 36 denota, por tanto, lo contrario de κερδῆσαι; este

---

64. Véase, sin embargo, E. Best, *Following*, 41-42, el cual propone que ψυχή debe interpretarse como "la persona real o esencial" en todos estos versículos. En ese caso la paradoja no se encontrará en un juego de los diferentes significados del sustantivo, sino en la yuxtaposición de verbos opuestos relacionados con él. Es posible que el efecto general no se vea afectado de manera significativa por esta interpretación, pero puesto que reduce la importancia de la posibilidad de un martirio literal, yo considero que es menos adecuada en el contexto. El mismo problema surge con respecto al uso que hace Mann del término "ser" para traducir el sustantivo ψυχή en casi todas las ocasiones (no en todas) en que aparece en estos versículos.

65. E. Best, *Following*, 40-41.

es un relato de pérdida y ganancia, e indica claramente que la pérdida de la ψυχή (aquí 'vida *verdadera*') supera con creces cualquier ganancia en cuanto a ventajas terrenales.

La misma idea se expresa de manera diferente en la pregunta retórica[66] del v. 37, donde también se supone que la ψυχή es lo único que importa a fin de cuentas, y que no hay nada que pueda compensar su pérdida.[67] El ἀντάλλαγμα (cf. LXX Job 28:15 en la LXX) es la "tasa de cambio" que se usa para valorar la ψυχή; no tiene precio. En el Salmo 49:7-9 también se habla de intercambio (aunque la LXX usa allí λυτρόω/λύτρωσις, y no ἀνταλλάσσομαι/ἀντάλλαγμα), pero mientras el salmo habla de un pago para evitar la muerte física, el centro de atención aquí se ha trasladado a la "*verdadera* vida", que está incluso mucho más allá del alcance de cualquier valoración humana. No existe ninguna razón en este contexto para inferir de la pregunta algún tipo de teología desarrollada de la redención; no es más que la declaración de un valor comparativo.

38 El contraste entre los valores de esta vida terrenal y la verdadera vida se analiza ahora en función de la vergüenza y la honra que reportan. Debemos contraponer la honra en la sociedad humana que podríamos conservar ocultando nuestra lealtad a Jesús y a sus enseñanzas con la vergüenza (repudio) que eso nos ocasionaría en la esfera eterna. La vergüenza aquí y ahora es el pequeño precio que tenemos que pagar para recibir reconocimiento y honra entonces.

Los dos escenarios se describen de manera vívida. El contexto actual es γενεὰ μοιχαλὶς καὶ ἁμαρτωλός, un concepto que solo aparece aquí en Marcos, pero que reaparece en la γενεὰ πονηρὰ καὶ μοιχαλίς de Mateo (Mt. 12:39; 16:4) y en sus frecuentes denuncias contra "esta generación" que se opone a Dios y está lista para ser condenada (Mt. 11:16; 12:41, 42, 45; 17:17; 23:29-36). Μοιχαλίς expresa la acusación que hacían a menudo los profetas del AT de que Israel estaba cometiendo adulterio contra Dios, su verdadero esposo; "esta generación", pues, se caracteriza por estar por completo en rebelión contra Dios y por tanto, contra su Mesías. La polarización que se presupone en estos versículos pone de relieve una evaluación más pesimista que la que encontramos en la etapa galilea de la historia, y apunta, más bien, al conflicto que tendrá en Jerusalén.

El segundo escenario se describe como la venida del Hijo del Hombre en gloria. La interpretación cristiana tradicionalmente considera que estas palabras hacen referencia a un acontecimiento futuro específico, la parusía, pero el equilibrio del dicho se mantiene mejor si entendemos que se trata de una *situación* nueva, en contraste con "esta generación". Debido a la repetición

---

66. El aoristo de subjuntivo δοῖ indica que se trata de una "cuestión dudosa o de carácter deliberativo (BDF 366[1])", "dudosa" aquí por cuanto se supone que no puede ofrecerse ni se ofrecerá ninguna respuesta.

67. Cf. *2Bar.* 51:15, donde el destino final del impío se describe como un "cambio de sus almas (presumiblemente ψυχή en el original griego)" por una vida de aflicción, lamentación y maldad.

de algunas expresiones similares en las declaraciones culminantes de 13:26 y 14:62, es importante aclarar qué implica la frase "la venida del Hijo del Hombre", puesto que en la tradición cristiana dicha frase ha llegado a tomarse casi automáticamente como una referencia a la parusía o "segunda venida". En 13:26 y 14:62 explicaré con más detalle que esta interpretación, que a nosotros nos parece tan "natural", no les habría resultado nada natural a los lectores y oyentes judíos de este Evangelio en el siglo primero que estaban muy familiarizados con la imaginería de Daniel 7:13-14. Ese pasaje describe la visión que tuvo Daniel de un υἱὸς ἀνθρώπου que "vino" (ἤρχετο en la LXX, ἐρχόμενος en Teodoreto) y fue presentado ante el trono de Dios donde recibió el dominio universal y eterno sobre todas las naciones; los temas que aparecen aquí de la gloria y de la presencia de los ángeles también se derivan del contexto de esa visión en Daniel 7:9-10 (aunque otro reflejo veterotestamentario también podría encontrarse en la venida de Dios καὶ πάντες οἱ ἅγιοι μετ' αὐτοῦ en Zac. 14:5). La escena, pues, tiene lugar en el cielo, donde Dios está sentado en su trono rodeado por la corte angélica, y se centra en la entronización del υἱὸς ἀνθρώπου para ser el soberano de la tierra. El acontecimiento presenta un contraste muy adecuado con "esta generación" en su rebelión contra la soberanía de Dios; es ante la autoridad celestial del Hijo del Hombre que los discípulos tendrán que dar cuenta de su lealtad o de su cobardía.

Por tanto, no hay ninguna razón en este contexto para considerar que el verbo ἔλθῃ hace referencia a un "descenso" a la tierra en la parusía.[68] Es una alusión a las palabras de Daniel 7:13, donde la "venida" es la entrada del υἱὸς ἀνθρώπου en su reino, cuya esfera de acción es de hecho la tierra, pero su ubicación está en el salón del trono en el cielo. Estas palabras no se refieren a un acontecimiento específico, sino al estatus de autoridad soberana que Jesús espera con ansia por cuanto ese es el destino que le corresponde al Hijo de Dios. Su rechazo en la tierra dará lugar a la reivindicación y la gloria en el cielo, y sus seguidores deben estar preparados para una experiencia análoga. El propio Hijo de Dios que pronto será víctima de la "justicia" humana, se manifestará entonces como la verdadera y máxima autoridad; los discípulos deben entender que lo que realmente importará al final es recibir la aprobación de ese tribunal, sean cuales sean las reacciones de "esta generación".

Una característica de este dicho que no se deriva de Daniel 7 es la designación de Dios como el πατήρ del Hijo del Hombre. Este elemento es nuevo en el Evangelio, aunque a la luz de la declaración de Dios en 1:11 de que Jesús es su hijo amado, el título no puede causarles sorpresa a los lectores de Marcos. A los discípulos de aquella época tampoco tendría por qué parecerles extraño si compartían la tendencia judía a pensar en el Mesías —el título por el cual han llegado ahora a reconocer a Jesús— como Hijo de Dios a la luz de 2 Samuel 7:14 y

---

68. Véanse además 13:26 y 14:62 para alusiones a Dn. 7:13 en otras declaraciones de Jesús en Marcos, y para la pregunta sobre la relevancia que pudieran tener en la parusía. Myers, 248, alega de manera convincente que una referencia a la parusía sería irrelevante en este punto.

el Salmo 2:7. Jesús volverá a referirse a Dios como su πατήρ solamente en 13:32 (relacionado con ὁ υἱός) y en 14:36 (al dirigirse a Dios en oración).

9:1   La forma de esta enigmática declaración varía entre los Evangelios sinópticos, pero en todos ellos se relaciona claramente con las palabras de Jesús acerca de la venida del Hijo del Hombre en la gloria de su Padre con los ángeles. La fórmula conectora varía: en Mateo continúa directamente con un ἀμὴν λέγω ὑμῖν ὅτι y en Lucas con λέγω δὲ ὑμῖν ἀληθῶς, pero en Marcos la inserción de καὶ ἔλεγεν αὐτοῖς sugiere que puede haber sido un dicho independiente que Marcos adjuntó aquí. En ese caso, estableció la relación porque consideró que era lo que correspondía añadir después de 8:38, y esperaba que el dicho fuera interpretado a la luz del otro. Existen dos relaciones obvias entre ambos. En primer lugar, este dicho retoma de los vv. 34-38 el tema de la muerte como un destino posible para los discípulos, y en segundo lugar, prevé una situación futura y gloriosa que, si bien difiere mucho de 8:38 en su expresión, tiene un aire similar de gloria y autoridad divinas.

El dicho se caracteriza por el uso de la fórmula ἀμὴν λέγω ὑμῖν ὅτι como una declaración autoritativa (véase el comentario sobre 3:28). La redacción que sigue es formal e incluso inconveniente, no solo por la extraña ubicación de ὧδε antes de τῶν y por la recargada expresión οὐ μὴ γεύσωνται θανάτου donde οὐκ ἀποθανοῦνται habría sido suficiente, sino también porque toda la cláusula εἰσίν τινες ὧδε τῶν ἑστηκότων οἵτινες οὐ μὴ γεύσωνται θανάτου ἕως ἂν ἴδωσιν es, al parecer, una manera notablemente engorrosa de decir "algunos de ustedes verán". La introducción de la idea de "no morir hasta" nos recuerda, sin embargo, que Jesús estuvo hablando de morir por causa del evangelio (y la perífrasis γεύομαι θανάτου es tal vez adecuada cuando se trata de una muerte violenta y no natural); ese es el destino que los discípulos aceptaron al seguir a Jesús, pero para algunos de ellos habrá algo más que deben ver antes que mueran. Esos privilegiados son muy pocos, solamente τινες ὧδε τῶν ἑστηκότων; los demás no tienen que esperar esa revelación antes de morir. Pero no se explica quiénes son, ni cómo ni por qué fueron seleccionados de entre los miembros del grupo.[1] Volveremos sobre esta pregunta cuando hayamos analizado qué es lo que deben ver.

El tiempo perfecto de ἐληλυθυῖαν indica que ellos no van a ver la "venida" del βασιλεία τοῦ θεοῦ, sino, más bien, que van a ser testigos que *ha* venido. La predicción, pues, no gira en torno a su llegada, sino al momento en que su presencia, ya una realidad, (a) es visible y (b) se ha manifestado ἐν δυνάμει.

---

1. B. D. Chilton, *God in Strength*, 267-74, sugiere, basándose en su propia reconstrucción de la forma "original" del dicho, que esos "que están aquí" son Elías y Moisés, los "inmortales", que, según el v. 4, estarán con a Jesús en el monte. Aparte de la incertidumbre que genera el texto reconstruido de Chilton, los problemas obvios que plantea este punto de vista son (a) que ni Elías ni Moisés han aparecido todavía en el texto, y no permanecerán "aquí" seis días más (aunque Chilton elimina ὧδε de su texto "original") y (b) al ser "inmortales" resulta extraño que se diga que "no gustarán la muerte hasta...". Además, no está claro qué consuelo cabría esperar que los discípulos recibieran de la experiencia predicha de Elías y Moisés.

La conexión aquí con el lenguaje de 8:38 acerca de la venida del υἱὸς τοῦ ἀνθρώπου resulta muy significativa porque el hecho de "ver" y el "poder" son dos elementos que también estarán presentes en los otros dos dichos basados en Daniel 7:13-14 (13:26: ὄψονται ... μετὰ δυνάμεως πολλῆς; 14:62: ὄψεσθε ... τῆς δυνάμεως). Por tanto, existe cierta continuidad en el tema de estos tres dichos claves (tomando 8:38 y 9:1 juntos como uno solo) que difícilmente sea accidental, y sugiere que el asunto que abordan está relacionado. Esto resultará importante cuando nos ocupemos de la exégesis de esos otros dos dichos.

La idea de que el reino de Dios está presente ahora se hizo patente ya en 1:15, y está implícita en el conflicto actual entre el βασιλεία de Satanás y el de Dios en 3:23-27. No obstante, sigue siendo un μυστήριον (4:11) visible para algunos e invisible para otros; viene sin dar señales de su llegada, a su debido tiempo (4:26-29); actualmente pasa tan inadvertido como una semilla de mostaza; pero un día su crecimiento será obvio para todos (4:30-32). De este modo, el contraste que está implícito aquí es entre su presencia secreta en la época del ministerio de Jesús y su futura manifestación ostensible y poderosa. Es esta última la que verán algunos de los que están allí.

Aparte de la promesa de que esto ocurrirá durante el transcurso de la vida de algunos de los presentes, no se dan más detalles en cuanto a la manera o el momento en que se hará visible. Este límite de tiempo es otro tema que vincula los tres dichos basados en Daniel 7:13-14: a la predicción de 13:26 le sigue el anuncio de que esta generación no llegará a su fin antes que hayan sucedido estas cosas (13:30), y la declaración en 14:62 es de lo que "ustedes", los jueces de Jesús en el sanedrín, verán. Estos dichos no son predicciones de algún acontecimiento en un futuro indefinido y tal vez distante; todos se relacionan con la generación contemporánea. No hay nada aquí que sugiera que se trata de la parusía.

Muchas son las sugerencias que se han hecho en cuanto a cómo cabría esperar que algunos de los discípulos percibieran la presencia poderosa del reino de Dios en el transcurso de sus vidas.[2] Dichas sugerencias incluyen la muerte de Jesús en la cruz y la rasgadura simbólica del velo del templo; su victoria sobre la muerte en la resurrección; su ascensión y la entronización celestial que esta implica; la poderosa venida del Espíritu Santo en Pentecostés; el crecimiento dinámico de la iglesia a pesar de la oposición; la caída de Jerusalén en el año 70 d.C., interpretada como el momento en que la autoridad del Hijo de Dios remplazó la de la ciudad terrenal. La lista, sin duda, podría ampliarse,

---

2. Véase K. E. Brower, *JSNT* 6 (1980) 17-41, para una lista útil de sugerencias, incluyendo la documentación para todas las que se mencionaron anteriormente; no obstante, él prefiere la cruz. En las páginas 21-23, Brower me cita a mí ubicando el cumplimiento de Mr. 9:1 específicamente en la caída de Jerusalén en el año 70 d.C., una interpretación que yo, de hecho, describí como "tentadora" (*Jesus and the OT*, 140) sin comprometerme firme y exclusivamente con ella. En estos momentos, no desearía ser tan definido en este respecto como Brower consideró que lo era. Para un estudio mucho más completo de la interpretación a lo largo de la era cristiana, véase M. Künzi, *Naherwartungslogion*.

pero todos estos acontecimientos podrían tomarse, en cierto sentido, como una manifestación del establecimiento poderoso del reino de Dios, y todos ellos ocurrirían durante el transcurso de la vida de al menos algunos de los que estaban allí.

En el caso de los acontecimientos anteriores (la cruz, la resurrección, la ascensión y Pentecostés) la referencia a τινες es menos adecuada, porque no tenemos ninguna razón para creer que *alguien* del público moriría antes que esas cosas hubieran tenido lugar. La caída de Jerusalén en sí no demostró obviamente la presencia poderosa del reino de Dios, a no ser que se le dé una interpretación bastante esotérica a la historia de la salvación. Pero, de todos modos, no es necesario ser tan específico. En cualquiera de estas cosas, o en todas, y sin duda también en otras, los que tenían ojos para ver pudieron haber percibido antes de morir que Dios había tomado poderosamente el control de los acontecimientos y estaba llevando a cabo su propósito en la historia. E incluso si algunos de ellos murieron antes que esto se hiciera claramente visible, el proceso había comenzado, y la semilla de mostaza estaba creciendo. Esa es la única conclusión a la que debemos llegar a partir de lo que se lee en 9:1. Clasificarlo, tal como a veces se ha hecho, como una predicción incumplida de una parusía inmediata y del fin del mundo es sin duda algo perverso; si era a eso a lo que Marcos deseaba referirse, escogió un método muy oscuro para expresarlo.

Otra manera de interpretarlo consiste en observar que este dicho aparece inmediatamente antes del relato de la transfiguración (9:2-13), y está relacionado con él por medio de un intervalo de tiempo inusualmente preciso ("después de seis días"). La transfiguración se describe como algo que los tres discípulos *vieron*, y la gloria celestial, sin duda alguna, implica poder. En respuesta a la objeción habitual de que "algunos de los que están aquí no gustarán la muerte hasta" es una manera ridículamente pomposa de referirse a un acontecimiento que ocurrirá solo una semana después, debemos señalar que esta objeción pasa por alto el significado de τινες; fueron solamente *algunos* de los discípulos (tres) los que estuvieron con Jesús en el monte, y el resto de ellos sí "gustaron la muerte" sin haber visto nada similar. Una objeción más grave que se ha planteado es que una visión temporal en el monte, al parecer, dista mucho de ser ἡ βασιλεία τοῦ θεοῦ ἐληλυθυῖα ἐν δυνάμει; a lo sumo, fue un anticipo celestial de lo que todavía habría de manifestarse en la realidad terrenal. Pero el enlace entre 9:1 y 9:2-13 es tan explícito que no puede ignorarse, y podríamos concluir con mucha razón que Marcos consideraba que lo que ocurrió en el monte había sido al menos un cumplimiento parcial y proléptico de las palabras de Jesús, aun cuando la realidad histórica seguía siendo visible tal vez en las formas sugeridas anteriormente.[3]

3. La exégesis de 9:1 ofrecida antes se desarrolla con más detalle en mi obra *Divine Government*, 66-73.

Sea cual sea el cumplimiento preciso que se haya previsto, 9:1 en este contexto es el consuelo que los discípulos necesitaban después del pronóstico pesimista con respecto al probable destino futuro que tendrían en 8:34-38.[4] El poder supremo pertenece a Dios, no a los que amenazarán sus vidas, y pronto llegará el momento en que ellos verán que al seguir a Jesús no están perdiendo el tiempo, sino participando de la victoria garantizada de Dios.

Nueva revelación de Jesús como Hijo de Dios (9:2-13)

Aunque se ponga en duda que la intención de Marcos era que este incidente se interpretara como *el* cumplimiento de las palabras en 9:1 con respecto a ver el reino de Dios venido con poder, por lo general se admite que la secuencia no es accidental. Estos versículos dan testimonio de una experiencia que compartieron solamente *algunos* de los que, según 9:1, "estaban allí", y se dice que ocurrió específicamente seis días después de la declaración de Jesús, una conexión temporal muy precisa que es única en Marcos. Además, Jesús habló de lo que *verían* "algunos de los que están aquí", y los vv. 2-8 describen lo que discípulos *vieron* (Mateo lo llama una ὅραμα). Por tanto, el incidente en el monte se narra desde el punto de vista de la experiencia de los discípulos y no desde el punto de vista de Jesús: ἔμπροσθεν αὐτῶν, v. 2; ὤφθη αὐτοῖς, v. 4; la reacción de Pedro, v. 5; el temor de los discípulos, v. 6; ἐπισκιάζουσα αὐτοῖς, v. 7; una voz que se dirige a ellos, que se refiere a Jesús en tercera persona y les ordena que lo escuchen, v. 7; περιβλεψάμενοι ... εἶδον, v. 8; μεθ' ἑαυτῶν, v. 8.

El carácter "sobrenatural" de la escena en el monte apunta al βασιλεία τοῦ θεοῦ. El diálogo que sigue en los vv. 9-13 demuestra que la comprensión por parte de los discípulos de lo que habían presenciado también tenía una connotación escatológica (la enseñanza de los escribas acerca del regreso de Elías), tal como cabría esperar que evocara la declaración de Jesús acerca de la venida del reino de Dios con poder.

En cierto sentido, pues, Marcos, al parecer, deseaba que sus lectores consideraran que 9:1 se refería a la narración de la transfiguración. No es necesario que vayamos más lejos y determinemos si este incidente en realidad debe tomarse exclusivamente como *el* cumplimiento de esa predicción. Como ya vimos en 9:1, las palabras no son lo bastante específicas para exigir esa precisión. No cabe duda de que Pedro, Jacobo y Juan se vieron atrapados en un incidente que les permitió ver confirmada la soberanía de Dios y la realización de su propósito a través de la venida de su Mesías. No se da testimonio de ningún otro que haya tenido esa misma experiencia visual. Pero en otro sentido, con

---

4. E. Trocmé, *Formation*, 123 n. 1, basándose en su artículo en *SE* 2 (1964) 259-65, sugiere que el propósito de Marcos no es que el dicho sea un consuelo sino una advertencia: "Entre los aquí presentes hay cobardes que nunca estarían dispuestos a morir antes del fin del mundo, y evitan correr riesgos a fin de mantenerse vivos y ver la venida del gran día".

el paso de las semanas y los años, el crecimiento de la semilla de mostaza, de la insignificancia al poder, les resultaría cada vez más obvio a los que tenían ojos para verlo, y de ese modo, 9:1 se cumpliría progresivamente en la vida de aquellos que oyeron las palabras de Jesús. La peculiaridad de la experiencia de los tres discípulos en el monte consiste en que su visión del poder y la gloria divinos *precedió* a la aparente derrota de la cruz, a la que el v. 12 alude deliberadamente. La paradoja de la misión del Mesías rechazado ocupa el lugar central de la venida poderosa del reino de Dios. La perícopa entera, pues, se suma a una combinación reveladora de temas que dejarán perplejos incluso a los tres discípulos privilegiados, y socava sin duda cualquier triunfalismo simplista que 9:1 pudiera haber desencadenado.[5] Aunque la experiencia visual en el monte es única en los relatos evangélicos, la voz desde el cielo hace recordar la voz que se oyó después del bautismo de Jesús en 1:11, y las dos declaraciones juntas ofrecen el testimonio más directo de la identidad de Jesús como Hijo de Dios, manifestado por la autoridad de Dios mismo. Desde el punto de vista narrativo existe cierta progresión, por cuanto la primera declaración, al parecer, fue solo para Jesús (de ahí el uso de la segunda persona), mientras que aquí se trata de una afirmación en tercera persona dirigida a los tres discípulos; el secreto, pues, está siendo compartido, aunque no sea más que con un puñado de discípulos escogidos. Pero desde el punto de vista del lector, las dos declaraciones poseen la misma fuerza teológica. Lo que se declaró en forma categórica al principio se ve reforzado aquí en un momento crucial de la historia, inmediatamente después del reconocimiento de la mesianidad de Jesús y a la luz de su primera clara predicción de su próximo rechazo, muerte y resurrección. Por lo tanto, esencialmente nada ha cambiado. Es como Hijo de Dios que el υἰὸς τοῦ ἀνθρώπου se irá como está escrito de él. Esta es, por tanto, la perspectiva desde la que los lectores, al igual que Pedro, Jacobo y Juan, tenemos que interpretar los acontecimientos futuros en Jerusalén. Por improbable que pueda parecer, el que sufrirá y morirá es el Hijo de Dios. La declaración pública de Jesús con respecto a su identidad en 14:61-62 no nos tomará por sorpresa, y podremos reconocer quien es el que está en la cruz aún antes que el centurión lo confiese (15:39).

La gloria celestial de los vv. 2-8 establece un marcado contraste con la humillación recién predicha en 8:31. Esta perícopa, pues, contrarresta la "lobreguez" de los versículos anteriores. Pero si tomamos en consideración también los vv. 9-13, el contraste no es absoluto. El v. 12 vuelve a llamar nuestra atención sobre el sufrimiento del Hijo del Hombre, y el secretismo que se había exigido en 8:30 con referencia al papel mesiánico de Jesús se ve reforzado en el v. 9 con respecto también a la visión que los discípulos acaban de experimentar.

---

5. H. C. Kee, en J. Reumann (ed.), *Understanding the Sacred Text*, 137-52, alega que el tema principal de la perícopa no es "una teofanía que se le mostró *a* Jesús, ni una epifanía *de* Jesús, sino una visión proléptica de la exaltación de Jesús como el regio Hijo del hombre que se les concedió a los discípulos como testigos escatológicos"; para el tema del reino, véase sobre todo ibid., 147-49.

Los elementos claros y oscuros no se contraponen, sino que se mezclan para conformar una agenda mesiánica completa en la que el amor de Marcos por la paradoja encuentra su máxima expresión.

La importancia de este incidente como una revelación cristológica se centra en tres aspectos de la experiencia de los discípulos: (1) el cambio visible de Jesús ante sus ojos demuestra que él es más que un simple maestro humano; (2) su relación con Elías y Moisés pone de relieve su función mesiánica; (3) la voz procedente del cielo declara su identidad como el Hijo de Dios. Estos factores, dentro del contexto de la nueva comprensión de Jesús y su misión, que ellos adquirieron en Cesarea de Filipo y a través de la enseñanza posterior de Jesús, constituyen un paso gigantesco en el avance de la creciente valoración que los discípulos perciben del alcance del plan divino en el que están envueltos.[6] Detrás de la narración marcana de la historia hay reflejos claros del AT. Esto se hace explícito en la mención de Elías y Moisés como compañeros de Jesús en la visión. La "transformación" de Jesús y el resplandor de sus vestiduras pueden hacer recordar el resplandor del rostro de Moisés en Éxodo 34:29-35, aunque Marcos no ofrece testimonios verbales ni hace referencia a relatos que guardan un paralelismo directo con este. Más claros resultan los numerosos recordatorios de las experiencias de Moisés en Sinaí en Éxodo 24. Moisés tomó consigo a tres varones cuyos nombres se mencionan (aunque también a otros setenta) y los llevó a la cima del monte para encontrarse con Dios (Ex. 24:1, 9), y allí, tuvieron una visión de la gloria divina (24:10); posteriormente, Moisés fue más arriba acompañado solo de Josué (24:13-14); una nube cubrió el monte (24:15), y después de "seis días", Moisés entró en medio de la nube (24:16); allí Dios le habló a Moisés (Ex. 25ss.); cuando Moisés le transmitió al pueblo las palabras de Dios, ellos prometieron obedecerlas (24:3, 7). La narración de Marcos no reproduce exactamente la historia del éxodo, pero hay suficientes reflejos verbales y conceptuales que hacen pensar en una nueva experiencia del Sinaí, y tal vez en Jesús como un nuevo Moisés (véase el comentario sobre el v. 4).[7] El hecho de que Elías también tuviera un encuentro con Dios en el mismo monte (1Re. 19:8-18) refuerza el vínculo.

Más allá de las narraciones del Evangelio, no tenemos acceso a "lo que sucedió realmente" en términos físicos (es decir, lo que una cámara cinematográfica habría captado). Marcos, según hemos visto, narra toda la escena en función de lo que los discípulos vieron y experimentaron, pero el lenguaje gira en torno a los cambios reales que tuvieron lugar (μετεμορφώθη, ἐγένετο, ἐγένετο, ἐγένετο), y la propuesta de Pedro de edificar τρεῖς σκηνάς

---

6. E. Best, *Following*, 57-58; *Disciples*, 220-22, alega que Marcos le añadió deliberadamente un tema sobre el discipulado a una historia que en la tradición trataba acerca de una revelación cristológica.

7. J. A. Ziesler, *ExpTim* 81 (1969-70) 263-68, defiende de manera atractiva la importancia del historial del éxodo en esta perícopa. F. R. McCurley, *JBL* 93 (1974) 67-81, está de acuerdo con dicho historial, y alega que μετὰ ἡμέρας ἓξ refleja un patrón literario semítico estándar de un período de seis días seguido de un acontecimiento culminante en el séptimo.

sugiere que él no veía a Moisés y Elías, ni tampoco a Jesús, como simples figuras en una "visión". Mateo 17:9 describe la experiencia completa como una ὅραμα, pero este término, aunque puede usarse (al igual que "visión" en español) para referirse a una experiencia que solo tiene lugar en la mente, no sugiere por fuerza algo menos sustancial que la frase análoga de Marcos ἃ εἶδον; el término significa simplemente "lo que se ve". La historia es única, y cualquier especulación en cuanto a la materialidad de la experiencia debe permanecer insatisfecha. Las propias apariciones de Jesús después de su resurrección que se encuentran en los otros tres Evangelios no ofrecen un paralelismo útil, porque aunque describen un cuerpo que no estaba sujeto a las leyes normales de tiempo y espacio, su entorno es sorprendentemente realista (a Jesús se le confunde con un jardinero, con un viajante desconocido o con un extraño en la playa) en contraste con la gloria visible y sobrenatural de la transfiguración y la reaparición de hombres de Dios muertos desde hacía mucho tiempo para hablar con Jesús.[8]

2   Aparte de la secuencia coherente de los acontecimientos que se narran en los capítulos 14–16, Marcos no suele ofrecer ninguna referencia cronológica cuando introduce una nueva perícopa. Si lo hace, se vale normalmente de una frase incolora como δι᾽ ἡμερῶν (2:1) o ἐν ἐκείναις ταῖς ἡμέραις (8:1). En el capítulo 11 se muestra más específico al relacionar los sucesos en el templo con la historia de la higuera (ὀψίας οὔσης τῆς ὥρας, τῇ ἐπαύριον, ὅταν ὀψὲ ἐγένετο, πρωΐ), y en este caso, vamos a argumentar que se trata de un intento deliberado de vincular ambas escenas en la mente del lector. Pero la frase μετὰ ἡμέρας ἕξ es incluso más concreta, y diferente de cualquier otra conexión de ese tipo en el Evangelio. Su efecto es vincular estrechamente la historia subsiguiente con la declaración de 9:1, e invitar al lector a interpretar la una a la luz de la otra. Podría haber también un reflejo deliberado de los seis días que concluyeron con el discurso divino en el monte en Ex. 24:16 (véase supra), pero si este hubiera sido el propósito principal de Marcos con la inclusión de la frase, pudiera haber establecido una correspondencia más estricta (los seis días *en* el monte y no los seis días de viaje para llegar a él). La expresión lucana ὡσεὶ ἡμέραι ὀκτώ elimina cualquier reflejo del éxodo, pero mantiene el vínculo estrecho con la declaración anterior.

---

8. La aseveración frecuentemente repetida de Bultmann de que "desde hace mucho tiempo se ha reconocido que esta leyenda originalmente era una historia de la resurrección" (*History*, 259) ya ha sido descartada por completo. En cuanto a la forma, difiere en casi todos los aspectos de las apariciones de la resurrección de los demás Evangelios; véanse G. H. Boobyer, *Transfiguration*, 11-16; R. H. Stein, *JBL* 95 (1976) 79-96; Gundry, 471-73, etc. Las "relaciones claras" que Mann, 356, encuentra entre esta perícopa y la narración marcana de la resurrección (16:1-8) resultan ser tenues tras un examen detallado, entre las cuales, las más llamativas —a saber, el temor que hace que Pedro no sepa qué decir (y que de hecho diga lo que no es correcto) y que las mujeres no digan nada a nadie en 16:8, no constituyen una base convincente para sugerir un reflejo deliberado. Sin embargo, puede decirse mucho más a favor del punto de vista de que, lejos de ser una narración mal ubicada sobre la resurrección, se trata de una "prefiguración de la resurrección" (M. E. Thrall, *NTS* 16 [1969/70] 310-12).

En cuanto a la posición especial de Pedro, Jacobo y Juan, véase el comentario sobre 5:37. Pero aunque allí la restricción a tres discípulos podía tal vez justificarse debido al espacio tan exiguo disponible en la habitación, aquí (y en 14:33) no existe ninguna razón tan pragmática. Estos tres fueron escogidos para recibir una revelación especial, y al parecer, Jesús los llevó a la cima del monte con el propósito específico de que contemplaran su gloria. De todos los que oyeron las palabras que se leen en 9:1 solo "algunos" habrían de recibir la visión. En virtud de ese privilegio especial, no es de extrañar que estos tres ocuparan posiciones de liderazgo en el grupo de los discípulos, y de manera menos encomiable, que pensaran que lo merecían (10:35-37).

Uno de los objetivos de la ascensión al monte era, al parecer, buscar soledad (κατ' ἰδίαν μόνους), al igual que cuando Jesús llevó a todos los discípulos a una zona desértica para descansar en 6:31, y a la región lejana cerca de Cesarea de Filipo en 8:27. No podemos asegurar que él supiera lo que iba a ocurrir y que por eso eligió un monte como un lugar adecuado para esa visión,[9] especialmente por la relación de Moisés y de Elías con montes, o si solo se trataba de un lugar conveniente para retirarse con los discípulos, como en 3:13, o un lugar solitario, como en 6:46. Pero en esta ocasión, no eligió τὸ ὄρος, la región montañosa en general, sino un ὄρος ὑψηλόν específico, aunque anónimo. En lo que respecta a su identidad, solo podemos hacer conjeturas, y la falta de exactitud de las secuencias geográficas de Marcos no nos permite ubicarlo basándonos en el contexto de la narración. No se nos dice que pasaran viajando los seis días desde que salieron de Cesarea de Filipo, y si todavía estaban en esa zona alguna parte del macizo de Hermón sería una conjetura obvia, por cuanto su altura (de 2.826 m) es mayor que la de cualquier otro monte en o cerca de la región donde Jesús realizó los viajes que conocemos. Pero la presencia al pie del monte de una multitud de judíos (incluyendo escribas) que eran bien conscientes de la reputación de Jesús y de sus discípulos como exorcistas (9:14-18) nos hace dudar de una ubicación tan al norte. Andando a un ritmo constante, habría sido posible llegar al lugar tradicional de la transfiguración, el monte Tabor[10] en seis días desde Cesarea de Filipo, aunque si consideramos que las indicaciones geográficas de Marcos reflejan un itinerario real, parece extraño que se hubieran desplazado decididamente hacia el extremo sur para regresar luego al norte andando casi la mitad de esa distancia para llegar a Capernaúm en 9:33. Una sugerencia alternativa es el monte Merón,[11] el punto más alto de

---

9. Gundry, 457, interpreta el "monte alto" como un "suburbio del cielo". Cf. M. E. Thrall, *NTS* 16 (1969/70) 312: "La transfiguración es una escena que tiene lugar en las afueras del cielo".

10. Hay pruebas de la existencia de asentamientos en el monte Tabor desde la edad de Hierro. Antioco III y Alejandro Ireneo lo consideraron un sitio de importancia estratégica, pero es improbable que toda la extensa región de la cumbre estuviera ocupada hasta que Josefo la fortificó al inicio de la guerra de los judíos (*Guerras* 2.573), con un muro que rodeaba toda la cumbre (*Guerras* 4.54-56). Tal vez, pues, no debería pensarse, como hacen muchos, que el Tabor no era un lugar adecuado para la transfiguración por el hecho de que su cima estaba habitada en ese momento (p. ej., Cranfield).

11. Véase W. L. Liefeld en R. N. Longenecker y M. C. Tenney (ed.), *New Dimensions in NT Study*, 167 n. 27.

Palestina al oeste del valle del Jordán, mucho más próximo a Cesarea de Filipo y más cerca en el camino hacia Capernaúm. Con una altura de 1.208 m, Merón es mucho más alto que el Tabor (588 m), aunque las colinas que lo rodean le roban la eminencia característica que tiene el monte Tabor, el cual sobresale en la llanura como un simple montículo empinado. La impresión desde la cima del Tabor es que se trata de una altura muy respetable, sobre todo si se sube a pie. Pero, aparte de las demandas de la industria turística, no parece importante ni posible determinar dónde se hallaba ubicado "el monte alto".

El término tradicional "transfiguración" le ha conferido un aura especial al término marcano relativamente amplio μεταμορφόομαι, el cual, por derivación, denota un cambio de "forma", pero puede usarse en un sentido menos literal, como ocurre en Romanos 12:2, μεταμορφοῦσθε τῇ ἀνακαινώσει τοῦ νοός (cf. 2Co. 3:18). Las cláusulas siguientes describen un cambio en la apariencia de las *vestiduras* de Jesús, y podríamos alegar que estas cláusulas tienen por función ampliar o aclarar el significado del verbo principal μετεμορφώθη, y por tanto, no indican ningún cambio en la apariencia física de Jesús. Pero eso no es, a primera vista, lo que Marcos dice. Según él, el "cambio" se operó en Jesús, no en sus vestiduras. Tanto Mateo como Lucas hacen referencia a un cambio en la apariencia física de Jesús (ἔλαμψεν τὸ πρόσωπον αὐτοῦ ὡς ὁ ἥλιος; ἐγένετο τὸ εἶδος τοῦ προσώπου αὐτοῦ ἕτερον), y esta también es la interpretación más natural de la declaración de Marcos. La descripción del cambio de sus vestiduras se deriva de una "transformación" personal.[12] Sin embargo, no hay ninguna evocación verbal de la narración de Éxodo 34:29-35 con respecto al resplandor del rostro de Moisés cuando descendió del monte (aunque, véase el comentario sobre 9:15 más adelante); ese resplandor, no obstante, era solo un reflejo transitorio de la gloria divina, pero la gloria de Jesús, aunque visible solo brevemente, era parte esencial de su propia persona.

3 Las vestiduras blancas resplandecientes son un elemento característico de las narraciones relacionadas con la aparición de seres celestiales, no solo en los relatos sobre la resurrección (16:5; Mt. 28:3; Lc. 24:4; Jn. 20:12; cf. Hch. 1:10) sino también en Daniel 7:9 y en otros textos apocalípticos (*1En.* 14:20; *2En.* 22:8-9; *3En.* 12:1; *Test. Jb.* 46:7-9); cf. Salmo. 104:1-2, donde Dios se cubre de luz como de vestidura. El término στίλβω se usa especialmente para referirse al brillo del metal muy pulido o al brillo de las estrellas. Los esfuerzos de Marcos por poner de relieve la exclusividad de la gloria de las vestiduras de Jesús corre ahora el riesgo de caer en una trivialidad: "más blancos de lo que cualquier lavador terrenal jamás podría lograr". La idea que se desea transmitir,

---

12. Véase además J. A. Ziesler, *ExpTim* 81 (1969-70) 265-66. Los comentaristas suponen con frecuencia que Mateo y Lucas "coinciden, en contra de Marcos, en que el rostro de Jesús, al igual que sus vestiduras, brillaban" (Marcus, *Way,* 83). La interpretación más natural de la función de la partícula καί de Marcos al principio del v. 3, sin embargo, no es explicar la naturaleza del cambio de apariencia que se mencionó anteriormente, sino añadir una nueva información. Por tanto, es necesario proponer, junto con Belo, 162, que "los vestidos, por metonimia, representan el cuerpo, de manera que el cuerpo de Jesús es el verdadero objeto de la visión, un cuerpo 'tocado' por el cielo".

presumiblemente, es que no existe ninguna explicación natural para lo que los discípulos observaron.

4 El orden ahistórico en el que aparecen Elías y Moisés la primera vez (invertido en el v. 5) resulta llamativo y solo se encuentra en Marcos. Sería tal vez preferible atribuir este detalle al hecho de que el diálogo con los discípulos que sigue en los vv. 11-13 hace especial hincapié en Elías y no en Moisés. La frase Ἠλίας σὺν Μωϋσεῖ también resulta sorprendente, y pudiera tomarse como una sugerencia de que Moisés es el visitante principal —es decir, aquel cuya presencia cabía esperar— pero que Elías también lo acompaña;[13] sin embargo, casi todos los comentaristas lo interpretan de la manera contraria, a saber, que "Moisés desempeña un papel secundario" (Hooker). En razón de la alteración de ese orden en el versículo siguiente, es improbable que Marcos eligiera la frase para indicar cualquier tipo de precedencia; significa "Elías y Moisés".

De las muchas sugerencias respecto al significado de estos dos personajes en la narración de Marcos, la menos válida probablemente es la idea tradicional de que ellos representan la ley y los profetas. El hecho de que el nombre de Elías aparezca antes del de Moisés sería muy ajeno a este punto de vista; además, Elías no era un profeta escribiente, y no es en esa capacidad que se habla de él en los vv. 11-13. Lo que evoca su presencia en las mentes de los discípulos es la promesa de su regreso escatológico (acerca del cual, véase el comentario sobre los vv. 11-13 más adelante), y era eso lo que tal vez ocupaba el lugar más destacado en las mentes de los judíos de aquella época (de ahí la tendencia popular a identificar a Jesús como un nuevo Elías, 6:15; 8:28). Moisés, por su parte, también es objeto de las esperanzas escatológicas, al menos, bajo la forma del "profeta como Moisés" prometido en Deuteronomio 18:15-19 que constituía la figura central en la esperanza mesiánica de los samaritanos. La reaparición de estas dos grandes figuras del pasado, por tanto, simboliza la venida de la era mesiánica tan esperada.[14] Los papeles escatológicos de Moisés y Elías se vieron incentivados por el hecho de que, para una parte del pensamiento judío, esos dos personajes, junto con Enoc, eran los "inmortales"[15] del AT, Elías por su traslación al cielo (2Re. 2:11) y Moisés por su misteriosa desaparición en el monte Nebo y la falta de un sepulcro conocido (Dt. 34:5-6).[16] Marcos tal vez esperaba que sus lectores interpretaran este hecho como

13. Cf. el uso de σύν en 4:10 y 8:34, para relacionar en ambos casos un grupo menos predecible, que se había mencionado primero, con los doce, cuya presencia se presupone.

14. Véase H. C. Kee, art. cit. (p. 347 n. 5) 144-46, con respecto a la importancia escatológica de Elías en el judaísmo del siglo primero. Kee explica el orden Ἠλίας σὺν Μωϋσεῖ basándose en el papel más destacado que desempeña Elías como figura escatológica.

15. Véase supra la pg. 344 n. 1 con respecto a la sugerencia de Chilton de que la expresión τινες ὧδε τῶν ἑστηκότων οἵτινες οὐ μὴ γεύσωνται θανάτου se refiere a estos "inmortales".

16. Existen varias referencias patrísticas a una obra apócrifa perdida llamada "La asunción de Moisés", que aparentemente hablaba del traslado de Moisés al cielo (cf. Jud. 9). Esta obra puede haber sido la última parte (o una edición revisada) del *Testamento de Moisés*, del que se conserva un texto que se interrumpe antes del final del discurso de despedida de Moisés. Con respecto a la creencia judía de que Moisés no murió, véase J. Jeremias, *TDNT*, 2.939 n. 92.

una señal de la victoria futura de Jesús sobre la muerte.[17] Elías y Moisés también prefiguraron en su experiencia el rechazo y el sufrimiento del futuro Mesías. Elías (tal como indicará el v. 13) fue un modelo del sufrimiento del vocero de Dios a manos de los impíos, y su desesperación en el desierto (1Re. 19:14) se reflejaría posteriormente en la emoción de Jesús (περίλυπος ἕως θανάτου, 14:34) en Getsemaní. Moisés, por todas sus cualidades de liderazgo, también se vio rechazado por su pueblo en repetidas ocasiones.

Ambos fueron hombres del Sinaí. Cuando uno visita el monte Sinaí actualmente y comienza el descenso de la cueva tradicional de Moisés en la cima, el primer edificio que descubre es la capilla de Elías en una meseta más baja. Ese fue el monte en el que cada uno de ellos tuvo un encuentro con Dios y oyó su voz, y ahora, en otro monte alto, Jesús se encuentra con ellos poco antes que Dios vuelva a hablar desde la nube. El tema de la transfiguración, con Moisés y Elías, para el mosaico del siglo VI que se halla en el ábside de la iglesia en el monasterio de Sta. Catalina del monte Sinaí fue, pues, muy bien escogido.

No es posible determinar cuántos de estos, o incluso de otros, temas pasarían por las mentes de Pedro, de Jacobo y de Juan, o de Marcos y sus lectores. Pero por más exacta que pudiera ser la narración de los hechos, la reaparición de dos de esos grandes hombres de Dios del pasado, y su conversación con Jesús, permitiría comprender el lugar culminante que ocupaba Jesús en el propósito eterno de Dios y la venida de la era tan esperada del cumplimiento de ese propósito en su persona. Schweizer, 183, resume: "Esta historia ha unido dos expectativas que se mantenían vigentes en el judaísmo: la venida del profeta de los últimos días que es semejante a Moisés y la aparición de Elías en los albores del tiempo del fin. Le ha anunciado a cada judío que el cumplimiento de la historia de Israel y de cada esperanza del glorioso final de los tiempos ya comenzó con la venida de Jesús".[18]

La importancia que reviste la figura de Elías para poder comprender a Jesús volverá a ponerse de relieve en los vv. 11-13, pero tal vez sería oportuno decir aquí algo más acerca de Moisés. Los copiosos reflejos en la historia de Marcos del relato de Sinaí de Éxodo 24 (véanse los comentarios introductorios de esta perícopa) sugieren una relación deliberada entre Jesús y Moisés que va más allá de la aparición real de Moisés en la narración,[19] y el lector también podría recordar Éxodo 34:29-35, si bien Marcos no hace alusión directa a ese pasaje. La voz procedente del cielo también dejará claro que Jesús cumple la función escatológica del "profeta semejante a Moisés" del que se habla en Deuteronomio 18. Según dijimos en otro lugar, la idea de Jesús como un nuevo Moisés se hace patente en su relato de la alimentación de la multitud de judíos

---

17. Para M. E. Thrall, *NTS* 16 (1969/70) 314-15, este es el propósito principal de la inclusión de Elías y Moisés, pero se hace más hincapié en el contraste que en la similitud, por cuanto "ni Elías ni Moisés murieron, sino que fueron trasladados, pero Jesús murió y resucitó de entre los muertos".

18. Cf. M. D. Hooker en L. D. Hurst y N. T. Wright (ed.), *The Glory of Christ in the NT*, 59-70, con respecto a la función de Elías y Moisés como testigos de Jesús, los "patrocinadores" de Jesús (68).

19. Véanse, sin embargo, también los puntos de contraste que menciona Gundry, 475-76.

(véase el comentario sobre 6:31-44 supra). Para los que consideraban que Jesús era el cumplimiento del propósito de las edades de Dios, y por ende, se prestaban a descubrir relaciones de continuidad y puntos culminantes entre las palabras, los sucesos y los personajes del AT y las historias de Jesús (al igual que muchos de los escritores del NT), la "tipología de un nuevo Moisés" era uno de los nexos más obvios, y aparece de diversas formas en otras partes del NT. Pero, aunque Marcos evidentemente conocía esta tipología, no es un tema predominante en su Evangelio. Incluso en esta perícopa, donde Moisés aparece en persona y la estructura narrativa evoca su experiencia en el Sinaí, el tema no se desarrolla como cabría esperar, y es en torno a la presencia de Elías y no a la de Moisés que giran los comentarios de los discípulos. La tipología de un nuevo Moisés, más que un tema que a Marcos le interese que sus lectores acepten, constituye una parte del patrón de pensamiento que él heredó, aunque aprovecha con mucho agrado las oportunidades que le ofrece este incidente para establecer la relación.[20]

5-6 Si se considera que el verbo ἀποκρίνομαι se usa solamente para referirse a una respuesta a un dicho anterior, la aparición doble del término en estos dos versículos resulta inadecuada. Ese verbo, sin embargo, equivale a menudo a la expresión idiomática hebrea *waya'an* que se utiliza para continuar, e incluso comenzar, un discurso (BAGD, 93b, 2: "hablar"). Las palabras de Pedro no constituyen una respuesta a algo que se hubiera dicho antes, sino, más bien, una reacción ante la situación desconcertante en la que se hallaban los discípulos. El vocativo Ῥαββί, que aparece aquí por primera vez, significa lo mismo que διδάσκαλε (véase el comentario sobre 4:38), pero en este contexto, en el que se ha revelado que Jesús es mucho más que un simple "maestro" humano, resulta, al parecer, aún menos idóneo. No obstante, expresa adecuadamente la absoluta incapacidad de Pedro para comprender la importancia que reviste la ocasión, y concuerda muy bien con su extraña propuesta de hacer enramadas en el monte para cada uno de aquellos distinguidos "maestros". El uso marcano del término hebreo aquí y no de su equivalente normal en griego (que se emplea diez veces, en comparación con los tres usos de Ῥαββί y uno de Ῥαββουνί) armoniza muy bien con el sentido fuertemente veterotestamentario de la ocasión, sobre todo con la presencia de Moisés, el maestro prototipo de la ley.

El sentido de privilegio de Pedro (καλόν ἐστιν ἡμᾶς ὧδε εἶναι) no va acompañado de la discreción. La conjunción καί que introduce su propuesta

---

20. E. Best, *Disciples*, 218-19 (cf. *Following*, 57), alega (en contra de J. A. Ziesler, *ExpTim* 81 [1969/70] 263-68) que la tipología de Moisés resulta más obvia en los relatos de Mateo y de Lucas que en el de Marcos, y que como "en ningún otro lugar en Marcos aparece una tipología clara de Moisés", esta no formaba parte de la intención de Marcos al redactar este pasaje. En vista de los diversos reflejos del éxodo y de Dt. 18:15-19 que se señalaron anteriormente, esto va demasiado lejos. J. Marcus, *Way*, 80-92, se opone por completo a esto y ofrece un análisis extenso de elementos mosaicos en esta perícopa y su importancia para la cristología de Marcos, basándose especialmente en algunos desarrollos de la historia de Moisés posteriores a la Biblia.

sugiere que la atención se centra en ἡμᾶς: podría parecer que nosotros tres (recuérdese que Pedro hablaba a menudo en nombre de los discípulos) somos simples espectadores, irrelevantes para el acontecimiento sensacional que está ocurriendo, pero es bueno que estemos aquí porque podemos hacer las tres enramadas que tú y tus respetados huéspedes merecen. El subjuntivo hortatorio ποιήσωμεν indica que se trata de una propuesta definida, "hagamos", que virtualmente es una declaración de propósito. Las σκηναί, según cabe suponer, eran cabañas hechas de ramas y hojas semejantes a las que se construían en la fiesta de tabernáculos (la LXX traduce *sukkâ* como σκηνή, σκήνωμα, σκηνοπηγία); protegerían del sol a estos importantes personajes y les ofrecerían un lugar digno para que no tuvieran que permanecer de pie a la intemperie. No hay nada en la narración que sugiera que este acontecimiento tuvo lugar durante la fiesta de tabernáculos,[21] sin embargo, de haber sido así, cabe suponer que las seis personas presentes habrían necesitado σκηναί, y no solo las tres que se mencionan. La propuesta no es más que la vía torpe que encontró un hombre práctico para expresar su sentido de la ocasión, presuponiendo que el acontecimiento iba a tener una duración más prolongada que la que en realidad tuvo. No hay por qué entrever en las palabras de Pedro una intención deliberada de "asegurar" o "institucionalizar" la presencia vaga de Elías y Moisés; en este momento él no tenía ninguna razón para esperar que se marcharan.[22] Por otra parte, las σκηναί que él sugiere tampoco se asemejaban al "tabernáculo de reunión" (Éx. 33:7-11 etc.; Heb. ʿōhel, pero también σκηνή en la LXX) en el que Moisés se encontraba con *Dios* fuera del campamento. Pedro solo está haciendo lo mejor que puede para ponerse a la altura de las circunstancias en esa situación única e incomprensible en la que se ha visto envuelto. Pero Marcos, en retrospectiva, nos recuerda cuán desacertada fue esa idea realmente: οὐκ ᾔδει τί ἀπικριθῇ. Y para que no culpemos a Pedro por una falta excepcional de percepción, Marcos le atribuye a los otros dos discípulos el mismo desconcierto: ἔκφοβοι γὰρ ἐγένοντο.[23] No debería sorprendernos.

7   Debería considerarse tal vez que la nube cubría toda la cima del monte y envolvía a las seis personas. Oepke (*TDNT*, 4.908), sin embargo, sugiere que αὐτοῖς se refiere solo a Jesús, a Moisés y a Elías, dejando a los discípulos fuera de la nube, pero el antecedente natural es el grupo completo, porque en las oraciones anteriores Pedro y los demás discípulos han sido el centro de la atención. El hecho de que la voz viniera a ellos ἐκ τῆς νεφέλης no exige que estuvieran fuera de ella.

Aunque una nube es un elemento habitual en las teofanías vetero-testamentarias (Éx. 13:21-22; 33:9-10; 40:34-38; 1Re. 8:10-11, etc.), los reflejos

---

21. Así sobre todo H. Riesenfeld, *Jésus*.

22. Belo, 162, hace esta notable sugerencia: 'las tiendas *tal vez* iban a ser para los tres, aunque ellos, fortalecidos por el apoyo del cielo, irían y reunirían un ejército de zelotes". No está claro a quiénes se refiere el pronombre "ellos".

23. En cuanto al término "intensivo" ἔκφοβος véase T. Dwyer, *Wonder*, 141, quien cita de Aristóteles un uso del término para referirse a un "temor lo bastante grande para poner los pelos de punta".

aquí se relacionan más específicamente con las narraciones del Sinaí acerca del descenso de una espesa nube que vino sobre el monte (Éx. 19:16; 24:15-16) y la voz de Dios hablando de en medio de ella (Éx. 19:9; 24:16; 24:18–25:1; 34:5). Éxodo 19:9 ofrece un paralelismo particularmente interesante, porque lo que Dios le dijo a Moisés desde la nube tenía por objeto asegurar que los israelitas a partir de ese momento prestarían atención a sus palabras; aquí, también, lo que dice la voz no va dirigido principalmente a Jesús, sino a los discípulos, y les pide que, en respuesta, "lo oigan a él". El medio claramente divino de comunicación autentifica al mensajero.

En la tradición judía, el término *bat qōl* (véase en la pág. 79, n. 71) se usaba como un sustituto inferior de la comunicación directa de la voz de Dios. Aquí, no tenemos ningún *bat qōl*, sino que es el propio Dios el que habla. Esto, junto con el regreso de la gloria de la nube de la Shejiná, constituye un nivel nuevo de revelación divina. "Dios está comunicándose por dos vías, las cuales desde hacía mucho tiempo se habían dado por perdidas en el judaísmo".[24]

El mandato ἀκούετε αὐτοῦ es también un reflejo de Deuteronomio 18:15, donde al prometido "profeta semejante a Moisés" debe otorgársele la misma autoridad del propio Moisés en el Sinaí. Por tanto, aunque la declaración divina presenta los mismos matices veterotestamentarios que las palabras análogas en el bautismo de Jesús (véase el comentario sobre 1:11), se le añade un nuevo elemento mesiánico al tema del profeta mosaico. Pero ninguna esperanza mesiánica del AT prepara al lector completamente para la cristología explícita de estas palabras, dirigidas en esta ocasión no solo a Jesús, sino también, y de manera deliberada, a sus tres discípulos escogidos: Jesús es el Hijo amado de Dios. Los usos relacionados con la realeza del lenguaje de filiación divina en 2 Samuel 7:14 y el Salmo 2:7 apuntan en esta dirección, pero resultan muy deficientes en comparación con esta identificación directa de la voz del propio Dios en un contexto en el que el esplendor sobrenatural de Jesús se ha revelado en forma espectacular. A la luz de estas palabras, la propuesta de Pedro de poner a Elías y a Moisés al mismo nivel de Jesús podría considerarse aún más fuera de lugar.[25]

8 La descripción gira de nuevo en torno a las impresiones de los discípulos. La expresión ἐξάπινα περιβλεψάμενοι sugiere que ellos habían ocultado sus rostros mientras la voz hablaba. Ahora que todo está en calma otra vez, alzan sus ojos y se dan cuenta de que la escena ha cambiado. (El uso por parte de Marcos de la palabra poco común ἐξάπινα en lugar del término que suele usar, εὐθύς, pone de relieve el cambio dramático). No se nos dice explícitamente cuándo y cómo la apariencia de Jesús volvió a ser normal, pero, al parecer, la "visión" ya ha terminado: Elías, Moisés y la nube han desaparecido y la voz no se escucha más. Las palabras Ἰησοῦν μόνον μεθ᾽ ἑαυτῶν sugieren

---

24. W. L. Liefeld, artículo citado (véase supra, p. 350 n. 11) 170.

25. M. E. Thrall, *NTS* 16 (1969/70) 308-9 hace hincapié en este punto: el error de Pedro consistió en que no puso a Jesús en un nivel diferente al de Elías y Moisés.

el regreso a la normalidad, y en el diálogo que sigue y el posterior encuentro con la multitud no hay nada que insinúe la permanencia de la atmósfera "numinosa" de la cima del monte. A diferencia de Moisés, cuyo rostro siguió resplandeciendo cuando descendió del monte y provocó consternación entre los que lo vieron (Éx. 34:29-35), Jesús es el mismo de antes. El efecto permanente está en las mentes de los discípulos, no en la apariencia física.

9 Ahora, pues, que la escena de la transfiguración ha quedado atrás, es hora de reflexionar en lo que significa. Pero primero, Jesús les ordena a sus discípulos que guarden silencio, tal como había hecho después de la declaración de Pedro en 8:29. (Lucas menciona su silencio como un hecho, pero no lo atribuye a una orden directa de Jesús). El verbo en esta ocasión no es ἐπιτιμάω (que en aquel contexto, nos preparó para el uso doble del mismo verbo en los vv. 32, 33) sino διαστέλλομαι, que Marcos emplea varias veces en contextos similares de "pedidos de secretismo" (5:43; 7:36; cf. 8:15) para referirse a un mandato severo. En esta ocasión, sin embargo, en contraste con todas las demás órdenes de guardar silencio en Marcos, se establece un límite de tiempo para su silencio. En Daniel 12:4, 9, aparece un límite de tiempo similar, aunque allí el silencio debe mantenerse hasta "el tiempo del fin". Aquí, el límite es mucho más reducido: para el tiempo en que los lectores de Marcos lleguen a esta historia, el límite ya habría expirado, y el secreto podría divulgarse libremente.

El objeto del silencio de los discípulos no es en esta ocasión una fórmula verbal sino —al igual que cuando esas órdenes siguieron a los milagros en los capítulos anteriores— la escena que presenciaron (incluyendo, por supuesto, las palabras de Dios desde la nube). De hecho, ellos no cuentan con ninguna fórmula (como por ejemplo, ὁ Χριστός en 8:29) que pueda resumir los diversos matices cristológicos de la revelación en el monte, y mucho menos, hacerles justicia a la majestad y a la naturaleza imponente de la experiencia. Pero dicha experiencia fue únicamente para ellos, ni siquiera para los otros nueve discípulos íntimos. Solo podemos imaginar lo que los otros nueve (e incluso el círculo más amplio de seguidores y el público en general) habrían pensado del relato (probablemente incoherente) que Pedro, Jacobo y Juan les hubieran presentado. Pero es probable que las connotaciones mesiánicas y escatológicas de la visión despertaran el mismo tipo de triunfalismo y de esperanzas mal orientadas que hicieron que el término ὁ Χριστός de por sí resultara tan peligroso. El triunfo vendrá, pero antes del triunfo debe haber rechazo y muerte en Jerusalén. Solo después de eso, y después que ὁ υἱὸς τοῦ ἀνθρώπου ἐκ νεκρῶν ἀναστῇ, podría divulgarse la visión sin que provocara un entusiasmo mesiánico equivocado. Para entonces, el secreto revelado de la resurrección de Jesús ya habría hecho público algo de lo que está visión privada les había dicho acerca de Jesús.

El uso que hace Jesús del título ὁ υἱὸς τοῦ ἀνθρώπου con referencia a su futura resurrección es coherente con 8:31, donde la resurrección es lo último que se menciona en la serie de acontecimientos predichos para ὁ υἱὸς τοῦ ἀνθρώπου. Se ajusta también al trasfondo del título en Daniel 7 donde la imaginería tiene que ver con la reivindicación y la entronización, un trasfondo que ya se había reflejado en el uso del mismo título en 8:38.

10 El orden de las palabras permite la opción de interpretar que πρὸς ἑαυτούς tiene que ver con τὸν λόγον ἐκράτησαν o con συζητοῦντες. Lo primero ofrecería una expresión idiomática que no es estrechamente análoga a ninguna otra en Marcos, y significa "guardaron la palabra para sí mismos"; lo segundo es mucho más típico del uso marcano, porque él usa varias veces la frase πρὸς ἑαυτούς cuando se trata de diálogos dentro de un grupo definido (1:27; 10:26; 11:31; 12:7; 14:4; 16:3), en cada caso con una connotación fuertemente deliberativa. 1:27 ofrece un paralelismo estrecho por cuanto el verbo rector es también συζητέω. Por consiguiente, si πρὸς ἑαυτούς tiene que ver con συζητοῦντες, el verbo κρατέω en la cláusula anterior se usa en forma metafórica y significaría "guardar" o "retener";[26] compárese con el uso de Lucas de συντηρέω en 2:19 y διατηρέω en 2:51 para referirse a la meditación de María sobre las ῥήματα relacionadas con el nacimiento y la niñez de Jesús. En 7:3, 4, 8, aparece un uso metafórico similar, κρατεῖν τὴν παράδοσιν.[27] En este caso, pues, tomaron en serio el mandato de Jesús de guardar silencio: recordaron cuidadosamente su λόγος y, al parecer, hicieron lo que ordenó.

No cabe duda de que el desconcierto de los discípulos se debió en parte a la mención de la resurrección ἐκ νεκρῶν, la cual les resultó extraña y fuera de lugar después de la relación de Jesús con los dos "inmortales" en el monte. Pero las palabras de Marcos sugieren que lo que no podían entender era el concepto de la resurrección, no solo su aplicación para Jesús. Para un estudio valioso del pensamiento judío acerca de la resurrección, véase C. Brown en *DNTT*, 3.261-75. Cualquier generalización que pueda hacerse a partir de esos diversos escritos resulta peligrosa, sin embargo, de vez en cuando la esperanza de una comunión continua con Dios más allá de la muerte se vio reflejada de distintas maneras. A menudo era una esperanza colectiva para el pueblo de Dios y no para ningún individuo en particular, y al parecer, en lugar de considerarse un acontecimiento dentro de la historia, solía relacionarse con una era escatológica. Si los discípulos entendieron que Jesús estaba refiriéndose a su propia restauración a la vida después de la muerte a lo largo del curso normal de la historia, tenían una buena razón para sentirse desconcertados, porque no existía ningún precedente claro de esa idea en la literatura existente en aquella época. Es más fácil que hubieran interpretado el término "resurrección" de una manera menos literal, tal vez como parte de una esperanza escatológica más general y no como el destino individual de Jesús.

---

26. Hooker sugiere 'ellos se apegaron a este dicho'; Mann, 'ellos se aferraron a este dicho.

27. Esto parece preferible a la versión de Cranfield "ellos obedecieron el mandato de guardar silencio", porque la cláusula de participio que sigue se centra en sus ideas acerca de la resurrección, no en su obediencia.

El concepto no debía ser nuevo para ellos porque Jesús ya lo había incluido en su predicción en 8:31. Pero esa declaración estaba dominada por la novedad radical de todo el concepto del sufrimiento mesiánico, y fue en torno a ese concepto, y no a la predicción de la resurrección, que giró el diálogo siguiente; la cláusula de la resurrección allí, al parecer, pasó inadvertida, tal vez porque, al igual que aquí, ellos no supieron cómo interpretarla, mientras que la predicción y la muerte sí la entendieron con toda claridad.

11 En cuanto al uso interrogativo de ὅτι (que en BDF 300[2] se considera "especialmente marcano"), véase el comentario sobre 2:16. Ese versículo permite otras interpretaciones, pero aquí y en 9:28, después del verbo ἐπηρώτων en ambos lugares, el uso interrogativo (quizás una abreviatura de τί ὅτι) parece claro; en tal caso, no difiere de τί en cuanto a su significado. La pregunta de los discípulos se deriva, en forma natural, de la aparición de Elías en el monte, y confirma las implicaciones esencialmente escatológicas del incidente; una reaparición de Elías solo podría augurar una cosa, a saber, la venida del "grande y terrible día del Señor" (Mal. 4:5). Pero la venida de Elías debe ocurrir "antes" que llegue ese día; Elías ha de venir πρῶτον. (Obsérvese que ni Malaquías ni la pregunta de los discípulos aquí sugieren que Elías precederá al *Mesías*; él es el heraldo del "día del Señor"). ¿Qué relación guarda entonces su presencia en el monte con la dimensión escatológica del ministerio de Jesús y la venida del reino de Dios?

La pregunta de los discípulos no se relaciona con el antiguo texto de Malaquías, sino con la enseñanza vigente de los escribas (λέγουσιν). Con respecto al desarrollo de la esperanza del regreso de Elías, véase especialmente Ben Sirá 48:10. Está implícita en varios textos apocalípticos, y aparece en numerosos textos rabínicos que, aunque varían en cuanto a la fecha, dan testimonio de una expectativa constante del regreso escatológico de Elías. Para detalles, véase J. Jeremias, *TDNT*, 2.931-34.[28] El conocimiento que tenían los discípulos de esa doctrina de los escribas, por tanto, no debe sorprendernos, y la experiencia en el monte naturalmente se lo habría recordado.

12-13 La respuesta de Jesús es enigmática. La primera cláusula es bastante clara; acepta simplemente que la enseñanza de los escribas es correcta y la complementa con un resumen del propósito de la venida de Elías (Mal. 4:6; Ben Sirá 48:10b) en las palabras ἀποκαθιστά νει πάντα. Pero la partícula μέν en la primera cláusula nos avisa que Jesús no va a limitarse a repetir lo que dicen los escribas, sino que va a añadirle su propio punto de vista a la enseñanza sobre Elías. Sin embargo, la declaración que sigue, en lugar de ser otra declaración introducida por δέ, adopta la forma de una pregunta retórica que invita a los discípulos a expandir su horizonte mental más allá de lo que los escribas han enseñado.[29] De manera llamativa, esta pregunta, a primera vista,

---

28. Cf. J. E. Taylor, *John*, 283-87, incluyendo un material de Qumrán al que no tuvo acceso Jeremias en el artículo de *TDNT*.

29. Véase J. Marcus, *Way*, 98 (y n. 24), con respecto a esta construcción que sigue a μέν.

no se relaciona en lo más mínimo con Elías, sino con el Hijo del Hombre,[30] y tampoco se relaciona con una obra escatológica de restauración sino con el sufrimiento y la muerte. No obstante, esta pregunta, al igual que la enseñanza acerca de Elías, también se relaciona con lo que está "escrito". ¿Cuál es, entonces, la conexión lógica entre las dos cláusulas del v. 12?

Para resolver este enigma, el versículo 13 establece dos conexiones importantes: en primer lugar, que la profecía del regreso de Elías ya tuvo cumplimiento, por tanto, las experiencias de Jesús como Hijo del Hombre forman parte de la misma serie de acontecimientos en la que también se incluye el regreso de Elías; en segundo lugar, que (en contraste con lo que se lee en Mal. 4:5-6) la experiencia de "Elías" fue de rechazo y maltrato (ἐποίησαν αὐτῷ ὅσα ἤθελον), y eso, por tanto, presagia lo que va a sucederle al Hijo del Hombre. Marcos, al igual que Mateo, no facilita la comprensión del lector al identificar a Juan el Bautista como el Elías que había de venir, pero sí podía esperar con mucha razón que sus lectores establecieran esa conexión, recordando que a Jesús se le había relacionado comúnmente con Elías y con Juan el Bautista (6:14-15; 8:28), que fue en el contexto del encarcelamiento de Juan que comenzó el ministerio público de Jesús (1:14) y que el martirio de Juan (6:16-29) fue un elemento prominente del relato de Marcos que contribuyó al reconocimiento de la identidad mesiánica de Jesús y a la revelación de su futura pasión.[31] Por tanto, tras haber sentado las bases, el lector ahora puede establecer ambas conexiones, primero, entre Elías y Juan el Bautista, y luego, entre Elías/Juan y el propio sufrimiento de Jesús como Hijo del Hombre. Pero la secuencia de las cláusulas es tosca, y el efecto mucho más enigmático que en el paralelo "ordenado" de Mateo. Si el v. 12b hubiera *seguido* al v. 13, el hilo del razonamiento habría sido mucho más fácil de entender.[32] Para volver sobre algunos detalles de la redacción, ἀποκαθιστάνει πάντα sintetiza el relato que aparece en Malaquías 4:6 sobre la misión Elías para restaurar (ἀποκαταστήσει en la LXX) las relaciones familiares, una misión que se amplía más en Ben Sirá 48:10 con la cláusula καταστῆσαι φυλὰς Ιακωβ. Elías debía preparar al pueblo para la venida escatológica de Dios eliminando las divisiones pecaminosas que existían entre ellos. Los relatos neotestamentarios sobre Juan el Bautista no hacen hincapié en este tema, pero en este momento, Jesús no está refiriéndose a las experiencias del nuevo Elías sino explicando el contenido de la expectativa de los escribas.

---

30. La sugerencia de W. Wink, *John*, 14, de que en el dicho originalmente se leía "que el hijo del hombre" (refiriéndose a Elías) y fue mal traducido no nos ayuda a entender el texto en Marcos, donde sabemos, sin duda alguna, a quien se refiere ὁ υἱὸς τοῦ ἀνθρώπου.

31. W. Wink, *John*, 15-16, cree que fue en el monte, mientras hablaba con Elías, que Jesús descubrió la identidad de Juan como Elías. "El secreto del mesianismo de Jesús (8:28–9:10), pues, conduce directamente al secreto del elianismo de Juan". Marcos no indica explícitamente la identidad porque quiere mantener un "secreto eliánico" junto con su secreto mesiánico.

32. Véase M. D. Hooker, *Son of Man*, 129-31, para un intento de defender el orden de Marcos.

El uso doble de γέγραπται explicita lo que estaba implícito en la predicción de la pasión de 8:31, a saber, que estas cosas son "necesarias" (δεῖ) porque forman parte del patrón que estaba establecido en el AT. Este imperativo escriturario se aplica no solo a los futuros sufrimientos de Jesús sino también a los de su precursor. A estas alturas, el lector conoce sin duda cuál fue el destino de Juan, pero hasta ahora no se nos ha dicho que este aspecto de su historia ya estaba "escrito"; la autenticación escrituraria que Marcos proporcionó para la misión de Juan en 1:2-3 se centra en el lado positivo de su función de preparación, no en sus sufrimientos ni en su muerte. La profecía de Malaquías 4:5-6 no insinúa nada acerca del martirio y tampoco forma parte del desarrollo de la expectativa judía con respecto a Elías. La base escrituraria que se alega en el v. 13 no aparece en ninguna predicción explícita, sino que se deduce a partir de una interpretación tipológica de las historias de Elías de 1 Reyes 17-19, 21 como un modelo de lo que iba a suceder a su regreso. Allí vemos a Elías como la figura típica del mártir, arrastrado por su fidelidad al llamado que había recibido de Dios a un conflicto potencialmente fatal con la casa real (1Re. 19:2-3, 10, 14). Sus osados enfrentamientos con Acab y Jezabel prefiguran el desafío abierto de Juan a Antipas y Herodías; la diferencia es que Herodías tendrá éxito en lo que Jezabel fracasó.[33] En el resumen sobre el destino del Hijo del Hombre en el v. 12 aparecen de nuevo las palabras πολλὰ παθεῖν de 8:31; véanse los comentarios allí sobre su probable trasfondo veterotestamentario.[34] En este caso, sin embargo, Marcos no repite el verbo ἀποδοκιμασθῆναι que sigue a esas palabras, sino que usa ἐξουδενέομαι. El significado es muy similar, pero si el propósito que se perseguía con ἀποδοκιμάζομαι era reproducir las palabras del Salmo 117[118]:22 en la LXX, no se logró. En Hechos 4:11, no obstante, se cita el Salmo 118:22 con el verbo ἐξουθενέομαι y no con el verbo ἀποδοκιμάζομαι de la LXX, por tanto, es posible que Marcos 8:31 y 9:12 reflejen versiones griegas diferentes pero igualmente reconocidas del texto del salmo (cf. también ἐξουδένημα en el Sal. 21:7 en la LXX [EVV 22:6]).[35] Por otra parte, también se ha sugerido que ἐξουδενηθῇ tiene por objeto recordar el uso doble de *bāzāh* en Isaías 53:3, traducido como ἐξουδενωμένος en Aquila, Símaco y Teodoreto, aunque no en la LXX.[36] Aun en el caso de que no sea un

---

33. J Marcus, *Way*, 97-107, expone un argumento complicado y bastante especulativo en el sentido de que Marcos no está afirmando que esto no es una predicción de los sufrimientos del Elías que iba a venir, sino la conclusión de un argumento de tipo rabínico que tiene como objeto conciliar una contradicción escrituraria por medio del silogismo "puesto que Jesús es un Mesías que sufre, su precursor tiene que ser un Elías que sufre". Su argumento depende de una interpretación dudosa de Ἠλίας μὲν ἐλθὼν πρῶτον ἀποκαθιστάνει πάντα como una pregunta; véase Gundry, 484-85.

34. Véase también J. Marcus, *Way*, 94-97, para un análisis provechoso, en relación con Mr. 9:12, de la tendencia judía a usar una fórmula como γέγραπται para introducir "una conclusión exegética y no una cita".

35. A. Y. Collins, en C. M. Tuckett (ed.), *Scriptures*, 232-35, considera que el Sal. 22 es la principal fuente veterotestamentaria de este versículo: "La manera en que se reinterpreta el Salmo 22 lo convierte en una profecía del rechazo de la persona y el mensaje de Jesús como Mesías".

36. Véase mi obra "*Jesus and the OT*", 123-24. Para más detalles, y con referencia al análisis

reflejo verbal directo, la idea de rechazo está claramente presente tanto en el Salmo 118:22 como en Isaías 53:3, y pueden sugerirse algunas otras fuentes probables para la convicción de que la Escritura predice el rechazo del Hijo del Hombre.

La pregunta de los discípulos se refería a la enseñanza de los escribas acerca del regreso de Elías πρῶτον. Además de apoyar esa enseñanza, Jesús añadió que esa esperanza ya se había cumplido, y relacionó los sufrimientos y el rechazo de Elías con el futuro regreso con los suyos. Tal como indicó πρῶτον, la venida de "Elías" prepara el camino para el destino inminente del Hijo del Hombre. ¿Qué sentido tenía entonces la reaparición de Elías en el monte si la profecía de Malaquías ya se había cumplido en Juan el Bautista? No se establece ninguna relación directa, pero el tiempo perfecto de Ἠλίας ἐλήλυθεν aleja de las mentes de los discípulos la suposición natural de que lo que acababan de presenciar era el cumplimiento de la profecía. Eso ya había sucedido, y la visión en el monte es un asunto aparte. Su importancia no está en la venida de Elías en sí misma, sino en la persona de Jesús como el objeto del cumplimento de las esperanzas veterotestamentarias. El propósito de la breve aparición de Moisés y de Elías no es asignarle a ninguno de ellos una función propia en los acontecimientos mesiánicos que ahora están manifestándose, sino confirmar el papel escatológico de Jesús.

ÉXITO Y FRACASO EN EL EXORCISMO (9:14-29)

NOTAS TEXTUALES

14. Parece probable que Marcos escribió el plural ἐλθόντες... εἶδον, prosiguiendo el relato de los cuatro hombres que subieron al monte, y que los verbos en plural se remplazaron por sus formas en singular en la mayoría de los MSS y las versiones, para centrar la atención en Jesús, y ofrecer así un antecedente para αὐτόν (v. 15) y los verbos en singular que siguen.

23. La expresión idiomática Τὸ εἰ δύνῃ (véanse las notas ad loc.), abrupta y tal vez poco conocida, fue "mejorada" en las lecturas alternativas (y por los correctores de א). Dichas lecturas ofrecen una cláusula más suave, aunque redundante, al considerar que el verbo δύναμαι se refiere a la capacidad del padre para creer en lugar de tomarlo como un eco de su aparente cuestionamiento de la capacidad de Jesús para ayudar en la oración anterior.

24. Las pruebas de los MSS apoyan fuertemente la omisión de μετὰ δακρύων, que, al parecer, no es más que una antigua floritura narrativa occidental.

29. Las palabras καὶ νηστείᾳ se encuentran en la gran mayoría de los testimonios, tanto de los manuscritos como de las versiones (y por consiguiente, se incluyen también en este versículo en el mismo lugar en que aparecen en los MSS de Mt. 17:21).

---

más amplio del significado de ἐξουδενέω, véase D. J. Moo, *The OT*, 89–91.

Su omisión en ℵ* B ha hecho que la mayor parte de los críticos las omitan, influenciados por el hecho de que en 1 Corintios 7:5 esa misma adición después de προσευχῇ, aunque en una serie de testimonios mucho menos numerosa, suele interpretarse como secundaria, y como un reflejo de una práctica devocional de la iglesia primitiva (cf. Hch. 10:30 para una variante similar). En este contexto, sin embargo, en el que el tema no es la devoción general sino la práctica exorcista, hay menos razones para detectar la influencia de una terminología convencional posterior. Esas palabras, que podrían haber sido añadidas para promover una espiritualidad ascética existente, podrían igualmente haberse omitido para desalentar cualquier énfasis exagerado vigente en el ayuno, o tal vez porque algún escriba consideró que eran incompatibles con el rechazo del ayuno en 2:19. A la luz de la gran cantidad de pruebas externas a favor de la inclusión de καὶ νηστείᾳ, deberían quizás conservarse, a pesar de la segura valoración en UBS (a menos que se crea que ℵ y B juntos nunca pueden equivocarse). Huck-Greeven las conserva.

La narración de Marcos, que en el primer acto estuvo llena de milagros, ha cambiado en cuanto al punto que quiere destacar. Aparte de las curaciones de los dos ciegos que "enmarcan" el viaje a Jerusalén, este es el único milagro "normal" que registrado en el Evangelio después del primer acto. También tenemos, por supuesto, la maldición de la higuera en el capítulo 11, pero eso es, según vamos a ver, un acto simbólico muy diferente de los milagros del primer acto, en el que Jesús hace uso de su ἐξουσία especial para satisfacer las necesidades humanas. El terreno en el que nos encontramos ahora nos resulta más conocido, y en términos generales, la perícopa es similar a los demás relatos que tienen que ver específicamente con exorcismos: un caso grave de posesión demoníaca que se describe de manera gráfica, y un diálogo preliminar (con el demonio, 1:23-25, 5:7-10; con la madre de la joven, 7:25-29 y aquí) que da lugar a una palabra de autoridad que causa la inmediata expulsión del demonio y la restauración a la normalidad de la persona poseída. Lo que diferencia esta narración de las demás es el fracaso previo de los discípulos (vv. 14-18) y su pregunta posterior para saber por qué habían fracasado (vv. 28-29). Esta característica es la que hace que esta historia resulte especialmente idónea para el segundo acto. Aunque el poder de Jesús se manifiesta de nuevo con toda claridad, al igual que en el primer acto, no se hace hincapié ahora en la impresión que causa en la multitud sino en la lección que la experiencia les enseñó a los discípulos. Se ajusta, pues, perfectamente a la enseñanza verbal que predomina en el segundo acto, como una lección objetiva sobre el discipulado y la fe. Constituye un elemento en la reorientación gradual que los discípulos están experimentando a medida que descubren las implicaciones que tiene seguir a Jesús, y esta lección, al igual que muchas otras en esta parte del Evangelio, se deriva de la manifestación de su propia ineptitud.[37]

37. Esta orientación diferente es la que explica algunas de las peculiaridades de esta perícopa en relación con las demás historias de milagros. D. W. Chapman, *Orphan*, 110-17, señala de manera correcta estas diferencias, pero las explica, en cambio, valiéndose de la teoría de que Marcos escribió

Por tanto, esta perícopa ocupa un lugar en la serie de acontecimientos y enseñanzas que tuvieron su inicio en Cesarea de Filipo. El punto culminante que alcanzó la declaración de la mesianidad de Jesús condujo inmediatamente a las palabras desconcertantes y desalentadoras acerca del sufrimiento y la muerte, no solo para Jesús sino también para los que le siguen. Esta gran decepción entonces se vio contrarrestada por la promesa de 9:1 y por el privilegio de Pedro, Jacobo y Juan en el monte. Esa experiencia, sin embargo, hizo que se hablara más del sufrimiento y de la muerte; y ahora dejamos atrás el monte y reentramos en el mundo real abajo donde los discípulos han demostrado que son incapaces de responder a la demanda que se les hace. Todavía les queda mucho por aprender, y el resto de los capítulos 9 y 10 será dedicado a su instrucción y preparación para las responsabilidades a las que tendrán que enfrentarse.

La lección aquí, pues, se deriva de un fracaso espectacular en el cumplimiento del mandato que se les había dado a los doce de echar fuera demonios en 3:15 y 6:7, y que ellos ya habían comenzado a llevar a cabo con éxito (6:13). A la luz de esos primeros logros, este fracaso ha sido para ellos, y para la multitud de espectadores, una sorpresa indeseada. ¿Era aquel mandato inicial a exorcizar solo temporal? ¿Qué habían hecho mal? ¿Era acaso porque habían tratado de hacerlo por su cuenta sin Jesús (aunque los exorcismos de 6:13, de hecho, también habían sido realizados en ausencia de él)? Esas reflexiones sin duda subyacían detrás de la pregunta que le plantearon a Jesús en el v. 28, "¿Por qué nosotros no pudimos echarle fuera?" Y con la respuesta de Jesús a esa pregunta termina la perícopa, exponiendo la razón Marcos que tuvo para incluir esta historia en este punto de su Evangelio.

Pero por todo eso, sigue siendo un relato dramático de un exorcismo realizado por Jesús, y Marcos lo cuenta con entusiasmo. Este es uno de los ejemplos más impactantes de la tendencia de Marcos a contar con mayor amplitud y con un conjunto más completo de detalles circunstanciales una historia que Mateo y Lucas presentan de una forma mucho más concisa.[38] El pasaje de Marcos 9:14-29 consta de 272 palabras, mientas que Lucas 9:37-43a cuenta la misma historia en 144 palabras y Mateo 17:14-20a solo en 110 (a las que él adjunta en el v. 20b uno o dos dichos paralelos acerca de la fe que se corresponden con Marcos 11:22-23 y que no pertenecen a esta historia en la forma en que Marcos la presenta).

Los síntomas que se describen son en muchos aspectos similares a los de un ataque epiléptico, y muchas versiones y comentaristas han etiquetado la historia como la del "joven epiléptico". Sin embargo, los tres evangelistas sinópticos la narran inequívocamente como un caso de exorcismo, y Marcos

---

esta historia como una alegoría de la salvación que Jesús le trae a Israel al echar fuera el "espíritu rebelde" que ha sido la raíz de los problemas de la nación desde el principio.

38. J. F. Williams, *Followers*, 138-39 n. 1, muestra cómo la naturaleza aparentemente reiterativa de la narración "enriquece la caracterización que hace Marcos de los personajes de la historia".

y Lucas no usan ningún término que nos permita asimilar este fenómeno a la "epilepsia" que nosotros conocemos. Mateo incluye el verbo σεληνιάζεται que a menudo se considera equivalente a la "epilepsia", y en algunas ocasiones incluso se traduce simplemente de esa manera. El término, no obstante, no es específico; denota una condición que tiene que ver con la luna (de ahí que todas las revisiones de la RV lo traduzcan como "lunático"), pero puede relacionarse con la epilepsia solo si se presupone que Mateo 17:14-20 describe a un epiléptico. En el mundo antiguo los conocimientos acerca de la función cerebral eran muy limitados, y sabemos que los síntomas de la epilepsia podían atribuirse a una fuerza sobrenatural (los paganos, de hecho, la conocían como la "enfermedad sagrada"). Existen textos antiguos que la vinculan con la luna,[39] pero el verbo σεληνιάζομαι de por sí no sugiere que se trate de la epilepsia.[40]

Los relatos antiguos sobre las condiciones médicas rara vez son precisos y usan una terminología diferente a la nuestra. Al parecer, no es improbable que el desorden de la personalidad relacionado con la posesión demoníaca provocara síntomas violentos similares a los que produce en el cerebro la perturbación eléctrica que nosotros llamamos epilepsia,[41] pero eso no hace, en modo alguno, que ambas cosas sean equivalentes. Dadas las circunstancias, parece más sensato evitar la palabra "epilepsia" aquí, e interpretar la historia, según nos la cuentan los tres evangelistas, como un caso de exorcismo.[42] Esto podría ayudarnos a eludir dos extremos opuestos y poco provechosos, por un lado, la suposición reduccionista de que todos los relatos bíblicos de posesiones demoníacas no son más que descripciones primitivas del mal funcionamiento del cerebro, y por otro lado, la atribución simplista de la epilepsia que nosotros conocemos a causas demoníacas.

14-15 Aparte de la breve reacción de los que estaban presentes, a la que se hace referencia en el v. 26b, ni la multitud ni los escribas desempeñan ningún otro papel en la historia. Pero el hecho de que se les mencione, en una sección del Evangelio que se centra principalmente en las conversaciones

---

39. Galen 9.903 es el más explícito: (ἡ σελήνη) τὰς τῶν ἐπιλήπτων τηρεῖ περιόδους. Luciano, *Tóxaris* 24, habla de una mujer deforme que, según se decía, solía "caerse" (καταπίπτειν) cuando la luna era creciente, aunque la dolencia no se identifica como epilepsia. En *Philopseudes* 16 Luciano hace referencia a los poseídos por el demonio que "se caen a la luz de la luna, y ponen los ojos en blanco y echan espuma por la boca", aunque tampoco se menciona específicamente la epilepsia (estas dos son las únicas referencias que se ofrecen en LSJ para el verbo καταπίπτω interpretado como "tener la disposición a la caída").

40. Un relato interesante que aparece en H. C. Kee, *Medicine*, 48-50, sobre el tratamiento de la lepra por parte de Rufus de Éfeso en el siglo II d.C., pone de manifiesto la interpretación puramente física que se le daba tanto a la causa como al tratamiento.

41. Cf. el análisis cuidadoso desde una perspectiva médica de J. Wilkison, *ExpTim* 79 (1967/ 8) 39-42. Wilkinson llega a la conclusión de que los síntomas corresponden a la "forma más aguda de la epilepsia" pero a continuación alega que esos síntomas podrían estar causados por una posesión demoníaca.

42. P. J. Achtemeier, *CBQ* 37 (1975) 481 n. 35, da razones para no identificar esto como un caso de epilepsia.

privadas de Jesús y sus discípulos, intensifica el dramatismo de la ocasión y la naturaleza bochornosamente pública del fracaso de los discípulos. El verbo συζητέω (en especial cuando va seguido de πρός) conlleva a veces un sentido hostil, "disputar con", y aquí, donde específicamente los γραμματεῖς son el sujeto gramatical de συζητοῦντας, nos hace recordar otras ocasiones en las que la crítica hostil no provino de la multitud sino de un grupo de escribas (2:6, 16; 3:22; 7:1). El fracaso de los discípulos les había dado otra razón para mostrarse escépticos. La multitud, por otra parte, parece estar bien dispuesta, al menos en la acogida que le dispensan a Jesús, esperando quizás que trate con más éxito la condición del muchacho. El hecho de que abandonen a los discípulos y corran a saludar a Jesús pone de relieve la diferencia entre el Maestro y sus discípulos.

Pero el verbo ἐξεθαμβήθησαν aquí es inesperado. Por lo general, los verbos que denotan asombro (véase el comentario sobre 1:22) se usan para referirse a la reacción de la multitud ante un milagro o alguna enseñanza extraordinaria, pero ellos todavía no habían visto ni oído nada, y la narración tampoco nos da ninguna razón para creer que tuvieran alguna idea de lo que había ocurrido en el monte. Resulta tentador percibir aquí un reflejo del asombro de los israelitas al ver el resplandor del rostro de Moisés cuando descendió del monte (Éx. 34:29-35),[43] pero, como ya hemos dicho, Marcos evitó hacer cualquier alusión clara a esa narración. El versículo 8 sugiere un regreso inmediato a la normalidad, y el secretismo que se exige en el v. 9 sería incomprensible si la "transfiguración" de Jesús seguía siendo una realidad que todos podían ver. Lo más probable, pues, es que Marcos use el verbo de una manera bastante exagerada para indicar la impresión poderosa que la presencia personal de Jesús ya había creado; "esta autoridad emana de él incluso antes de hablar o actuar" (Schweizer).[44]

16-18 Si tenemos en cuenta el sujeto del participio en el v. 14, y la repetición del mismo verbo aquí, los αὐτούς a quienes Jesús dirige su pregunta tienen que ser los escribas, aun cuando la multitud es el antecedente más próximo. La pregunta τί συζητεῖτε πρὸς αὐτούς nos hacer recordar la expresión συζητοῦντας πρὸς αὐτούς del v. 14, y se refiere a la disputa de los escribas con los discípulos, no a las discusiones entre ellos ni entre la multitud (cf. 1:27; 9:10 para este significado de συζητέω).[45] La respuesta, sin embargo, no viene

---

43. J. Marcus, *Way*, 82-83; Hooker, 222-23. Gundry, 487-88, no sugiere una referencia a Éx. 34, sino que explica el asombro de la multitud presuponiendo que las vestiduras de Jesús todavía resplandecían.

44. T. Dwyer, *Wonder*, 147, enumera una amplia gama de explicaciones diferentes con respecto al uso de ἐκθαμβέομαι aquí, y señala que el verbo (que en Marcos aparece también en 14:33; 16:5, 6) es inusual e intensivo. Explica la función del verbo aquí en relación con el deseo de Marcos de preparar al lector para la pasión que se va acercando, pero no ofrece ninguna explicación para el mismo en este contexto narrativo como no sea que "es el propio Jesús el que resulta asombroso" (149).

45. Metzger, *Textual Commentary*, 100 (con 616), aparentemente presupone un sentido reflexivo aquí.

de los escribas sino del hombre cuya petición ha provocado el problema. El título διδάσκαλε en Marcos no solo lo usan los discípulos (véase el comentario sobre 4:38) sino también los que no pertenecen al grupo pero buscan la ayuda o la opinión de Jesús (cf. 5:35; 10:17; 12:14, 19, 32); 5:35 y 14:14 sugieren que comúnmente se le conocía como ὁ διδάσκαλος. La intención del hombre había sido conseguir la ayuda de Jesús directamente (πρὸς σέ), pero en ausencia de Jesús, había tenido que conformarse con el "segundo equipo". A pesar de ello, él esperaba que los discípulos pudieran efectuar la completa liberación de su hijo (ἵνα αὐτὸ ἐκβάλωσιν), y se había sentido muy decepcionado por su fracaso. El uso de οὐκ ἴσχυσαν y no simplemente οὐκ ἐδύναντο subraya aún más el fracaso de los discípulos: demostraron ser demasiado débiles, y fueron derrotados en una lucha de poderes (cf. el uso de ἰσχύω in 5:4 en otra historia de exorcismo: nadie tenía fuerza suficiente para dominarlo).

La condición del muchacho se describe constantemente como una posesión demoníaca y no como una dolencia médica (ἔχοντα πνεῦμα, καταλάβῃ, ῥήσσει αὐτόν, αὐτὸ ἐκβάλωσιν), y en el resto de la perícopa se mantendrá esta perspectiva. Pero los síntomas que se describen (y se amplían más en los vv. 20, 22 y 26) son similares a los de un ataque epiléptico. Véase la introducción a la perícopa con respecto al diagnóstico. El verbo ῥήσσω suele considerarse una forma menos común de ῥήγνυμι, que normalmente significa "rasgar" o "romper", una palabra convenientemente violenta en este contexto, pero que no es fácil de visualizar en términos físicos; sin embargo, existen pruebas de que ῥήσσω también se usa como un término poético con el sentido de "derribar", "arrojar al suelo" (véase BAGD, 735b), y a la luz del v. 20, este es, al parecer, su significado más probable aquí. Los síntomas que se describen mediante los verbos ἀφρίζω (espuma [en la boca]) y τρίζω τοὺς ὀδόντας (crujir [rechinar] los dientes) resultan bastante claros, y ξηραίνομαι (secarse, ponerse rígido) probablemente denota una convulsión de todo el cuerpo que tiene un efecto paralizador (cf. el uso del mismo verbo para referirse a un brazo paralizado en 3:1). Estos términos, y la conducta descrita en los vv. 20, 26, no sugieren una condición permanente, sino un ataque físico temporal causado esporádicamente por el demonio "residente" (obsérvese el v. 18, ὅπου ἐὰν αὐτὸν καταλάβῃ).

Por tanto, resulta sorprendente que se aluda al demonio como un πνεῦμα ἄλαλον. Jesús menciona esa misma característica en el v. 25 cuando se dirige al demonio, τὸ ἄλαλον καὶ κωφὸν πνεῦμα. Aunque no hay nada improbable en esta combinación de problemas, es interesante que ni Mateo ni Lucas hagan referencia a un defecto en la comunicación oral, y la narración de Marcos gira en torno a los síntomas "epilépticos" y no a la recuperación del habla. La sordera del muchacho es, al parecer, uno de esos detalles narrativos "irrelevantes" que Marcos suele conservar, aunque no persiga ningún interés especial al mencionarlos.

19 El antecedente de αὐτοῖς (y por ende, la identidad de la γενεὰ ἄπιστος) no está claro. ¿Es acaso la última persona que habló (el padre, con su hijo)? ¿Son tal vez los discípulos (cuyo fracaso es el último elemento en el diálogo anterior), la multitud en general o los escribas cuya disputa con los discípulos había sido el tema de la pregunta anterior de Jesús? ¿Podría ser, más bien, la exclamación de Jesús una expresión más general de exasperación, dirigida no a un grupo específico de αὐτοῖς sino a todo su entorno humano? No es posible, y es probablemente innecesario, responder a estas preguntas con certeza. Los que hasta ahora han demostrado no tener fe en esta perícopa son, presumiblemente, los discípulos con su fracaso en el exorcismo, y no cabe duda de que Mateo lo entendió así (διὰ τὴν ὀλιγοπιστίαν ὑμῶν, Mt. 17:20). Por tanto, si el reproche no va dirigido solo a los discípulos, sí están incluidos (véase el comentario sobre 8:12).[46] Pero los nueve discípulos que quedaron atrás no constituyen toda una γενεά. Su falta de fe es sintomática de la condición humana en general, tal como Jesús pudo comprobarlo con mucha frecuencia en su ministerio, y se pone de relieve en una falta de voluntad para confiar en la palabra de Dios y en un horizonte que se limita a las posibilidades únicamente humanas. Al igual que en 8:12 (y más frecuentemente en Mateo), la frustración de Jesús con la "estrechez de miras" de los seres humanos estalla en una diatriba inusual (que refleja Dt. 32:5) contra la γενεά contemporánea a la que iba dirigido todo su ministerio (véase el comentario sobre 8:12).[47] Las preguntas retóricas, ἕως πότε πρὸς ὑμᾶς ἔσομαι; ἕως πότε ἀνέξομαι ὑμῶν; no son más que modismos que denotan frustración. A la luz de una teología encarnacional desarrollada, podría considerarse que expresaban el concepto de un período temporal en la tierra que terminaría con un esperado regreso al verdadero hogar de Jesús en el cielo, pero incluso en la época en que Marcos escribió, esa interpretación habría exigido extraer de los términos que se emplean más contenido específico del que permite el modismo. Πρὸς ὑμᾶς denota simplemente relación o participación con (cf. 6:3; 14:49), mientras que ἀνέχομαι (soportar) indica que dicha relación no era agradable para el que hablaba. Jesús ya está cansado de tanta incredulidad.

Pero el remedio en este momento no consiste en proporcionarles nuevas enseñanzas a la multitud ni tampoco a los discípulos, sino una demostración visible de su ἐξουσία y del poder liberador de Dios. El mandato φέρετε αὐτὸν πρός με (que es precisamente lo que el padre originalmente había tratado de hacer, v. 17) le avisa al lector que esté alerta para que vea la revocación del fracaso de los discípulos.

20 Tal como suele hacer cuando describe las posesiones demoníacas y los exorcismos, Marcos habla de la actividad del demonio y no de la víctima (aunque la última parte de la oración hace referencia al comportamiento

---

46. Gundry, 489 (cf. 497), alega que los discípulos no están incluidos, y que "Jesús condena a la multitud, incluyendo en ella al padre y a los escribas, por hacer del fracaso de los discípulos un motivo para cuestionar el poder del propio Jesús"; pero esto, al parecer, resulta bastante abstruso.

47. Esta exclamación, con su reflejo de la caracterización de Israel por parte de Moisés como una generación rebelde, es tal vez el elemento más fuerte en el argumento de D. W. Chapman (véase supra, pág. 361 n. 37) de que la perícopa entera pretende ser una alegoría del "espíritu rebelde" de Israel.

consecuente del muchacho: πεσών... ἐκυλίετο). El demonio es el que "ve" a Jesús y reacciona inmediatamente ante él haciendo que su "huésped" se revolcara en la tierra.[48] En esta ocasión, sin embargo, al igual que en 7:24-30, no se da testimonio de ningún diálogo con el demonio, sino solamente de una palabra de autoridad. El demonio no le expresa su respuesta a Jesús en forma verbal (lo cual, según cabe suponer, era imposible para un πνεῦμα ἄλαλον) sino físicamente a través del comportamiento del "huésped". Συσπαράσσω (cf. σπαράσσω en v. 26 y en 1:26) se corresponde más o menos con el verbo ῥήσσει que aparece en la descripción del padre en el v. 18 (en Lc. 9:42 se combinan ambos verbos). La forma simple del verbo, aunque originalmente se usaba para referirse a una acción tan violenta como la de un perro al destrozar un cadáver (y por tanto, con un significado más próximo al de ῥήγνυμι; véase el comentario sobre el v. 18), llegó a emplearse en la medicina para referirse a las arcadas o las convulsiones, y este, al parecer, es el sentido más probable aquí. La descripción del muchacho revolcándose en la tierra y echando espumarajos por la boca es más dramática que lo que sugiere el verbo ξηραίνεται en el v. 18, pero no resulta difícil entender que tanto las convulsiones como el efecto paralizador forman parte de la misma condición "epiléptica".

21-22 Con respecto al interés de Jesús (o de los evangelistas) por la duración de una condición, cf. 5:25; Lc. 13:11, 16; Jn. 5:5; 9:1.[49] El hecho de mencionarlo intensifica la grandiosidad de una liberación inmediata, pero en este caso, la pregunta también podría formar parte de la "diagnosis" de Jesús acerca del problema al que debía enfrentarse. No era una condición reciente ni temporal. La respuesta del padre añade un nuevo motivo de preocupación porque los ataques producidos por la presencia demoníaca dejaban al muchacho impotente y, por ende, vulnerable a las lesiones o a la muerte que podían ocasionarle el fuego o el agua. El verbo personal ἔβαλεν (con el πνεῦμα como sujeto expreso) seguido de ἵνα sugiere que esas lesiones o la muerte no son simplemente riesgos colaterales, sino la intención malévola del demonio (aunque en 5:13 el ahogamiento de los nuevos "huéspedes" de los demonios expulsados no parece haber obrado a su favor).

En 1:40 el leproso aparentemente se mostró inseguro en cuanto a la disposición de Jesús a ayudarlo (ἐὰν θέλῃς); ese hombre, al parecer, duda de su poder (εἴ τι δύνῃ). Si, tal como sugerimos en 1:40, la expresión ἐὰν θέλῃς del leproso no fue más que una señal de timidez respetuosa, no puede decirse eso mismo aquí. A la luz del último fracaso de los discípulos el padre se mostraba comprensiblemente cauteloso al pedir la liberación incluso de Jesús. Estaba claro que se trataba de un caso difícil, y que tal vez ni siquiera Jesús tenía poder

---

48. Presumiblemente, el participio masculino ἰδών con el sujeto neutro (τὸ πνεῦμα) es una *constructio ad sensum*, por cuanto fue a través de los ojos del mucho que el demonio "vio". Véase además el comentario sobre 5:10, donde el huésped y los demonios alternan sus funciones como sujetos y complementos de los verbos, y cf. 1:24, donde las palabras del demonio se atribuyen al huésped.

49. El uso de ὡς resulta extraño: es posible que sea una variante de ἕως. Véase BDF 455(2, 3).

para resolverlo, pero cualquier ayuda, por pequeña que fuera, era mejor que ninguna: εἴ τι δύνῃ. Si esa es la implicación, no es extraño que las palabras de aquel hombre provocaran la drástica reacción de Jesús que aparece en el v. 23. Con respecto a σπλαγχνίζομαι véase el comentario sobre 6:34.

23-24 En estos versículos se pone de relieve la importancia de la fe para recibir el poder divino.[50] El fracaso de los discípulos ya había sido atribuido implícitamente a la incredulidad (γενεὰ ἄπιστος, v. 19), y aunque la respuesta explícita a la pregunta de los discípulos en el v. 29 tiene que ver con la oración, ambos conceptos están estrechamente relacionados: la eficacia de la oración depende de la fe del que ora (11:22-24). Aquí, sin embargo, la fe que se cuestiona es la del padre y no la del exorcista; la fe no es una ayuda mecánica para el exorcista, sino más bien la actitud, o mejor, la relación con Dios, lo que se exige de todos los interesados para derrotar las fuerzas del mal.[51] El artículo neutro se usa a veces para introducir una palabra o frase que se cita (p. ej., Mt. 19:18; Ro. 13:9; 1Co. 4:6?; Gá. 5:14), en algunas ocasiones, como ocurre aquí, empleando una palabra o frase de la oración anterior (Gá. 4:25; Ef. 4:9; Heb. 12:27). No obstante, en todos los demás pasajes del NT en los que se usa de esa manera, la expresión con esas características aparece en una oración completa (salvo en Mt. 19:18, donde constituye la respuesta a la pregunta Ποίας;). Aquí, solo podríamos tener una oración completa si aceptáramos, de manera bastante engorrosa, presuponer un sentido elíptico, "En lo que se refiere a εἰ δύνῃ [te digo] (BDF 267[1]).[52] Sería preferible considerar que la expresión aquí es sintácticamente independiente, e interpretarla como una exclamación idiomática, Τὸ εἰ δύνῃ!, repitiendo la petición tentativa del hombre con un matiz irónico de reproche: "'¡Si realmente puedes!'". ¿Cómo se atreve a manifestar dudas con respecto a este asunto? Aunque gramaticalmente resulta tosco, es efectivo, pero los esfuerzos de los escribas por suavizarlo para incluirlo en una oración adecuada (véase la nota textual) sugieren que no se admitía que el modismo tuviera una sintaxis sceptable.[53] El adjetivo πάντα le da inicio a una nueva oración que afirma lo contrario al supuesto escepticismo del hombre (con respecto a la capacidad de Dios para hacer lo imposible, véase además el comentario sobre 11:22-23). Existen dudas en cuanto a si τῷ πιστεύοντι aquí se refiere al padre o a Jesús el sanador, pero es probable que en el contexto se tengan en cuenta ambas opciones: Jesús, en razón de su fe, tiene la posibilidad de sanar, pero también cabe esperar que la sanidad sea otorgada como resultado

---

50. Véanse supra los comentarios sobre 2:5; 5:34, y más a fondo, S. E. Dowd, *Prayer*, 96-117.

51. C. D. Marshall, *Faith*, 116-18, alega que el padre del paciente está específicamente incluido en la incredulidad general de la que se queja Jesús en el v. 19, por tanto, en los vv. 21-24 observamos "un acercamiento inicial a la fe por parte del suplicante".

52. Cf. Cranfield, "En cuanto a tu 'si puedes'..."

53. Véase Schweizer, 186, para una traducción que refleja esa "mayor suavidad" en el diálogo, aparentemente ignorando el τό: "'¡Ten piedad de nosotros y ayúdanos, si es posible!' 'Sí', dijo Jesús, '¡si *tú* puedes! Todo es posible para la persona que tiene fe'".

de la fe del que hace la petición (como en 2:5; 5:34, 36).[54] Esta segunda opción es la que se pone de relieve en la respuesta del padre. La aparente *carte blanche* que ofrece la afirmación πάντα δυνατὰ τῷ πιστεύοντι, al igual que muchas otras afirmaciones acerca de la oración en el NT, debería tal vez ser atemperada por el consejo pastoral,[55] pero hace hincapié en lo que debe hacerlo, a saber, en el poder ilimitado del Dios en quien se pone la fe; y descarta la sugerencia de que ninguna fuerza, y mucho menos la del adversario demoníaco presente aquí, puede ser demasiado grande para Dios. Pero esas garantías fomentan naturalmente una preocupación introspectiva en cuanto a la autenticidad de la fe del suplicante, y la célebre respuesta paradójica del padre refleja la duda atormentadora que subyace tras muchas oraciones sinceras. En la mayoría de los seres humanos, la fe y la incredulidad están mezcladas, y tal vez Marcos deseaba animarnos a observar que esta condición común en este caso no constituyó ningún obstáculo para que su petición fuera concedida. Al menos, puso la ἀπιστία del padre en la perspectiva correcta por cuanto no se obsesionó con ella, sino que le pidió a Jesús que lo ayudara a superarla.[56] Su fe, aunque insegura, era lo único que se necesitaba, y a partir de este momento el padre no desempeña ningún otro papel en la narración, para que toda la atención se centre únicamente en el poder de Jesús.[57]

25 No es necesario presuponer que la ὄχλος a la que se hace referencia aquí sea diferente. Es posible que la multitud del v. 14 continuara creciendo a medida que llegaban los espectadores. O bien, que la conversación de Jesús con el padre y su hijo hubiera tenido lugar a cierta distancia de la multitud, y que las personas ahora estuvieran agrupándose de nuevo en torno a ellos. Había llegado, pues, el momento de actuar. Con respecto al verbo ἐπιτιμάω en un contexto de exorcismo, véase el comentario sobre 1:25 (cf. 3:12). El demonio, al que se había aludido anteriormente como un πνεῦμα ἄλαλον o simplemente τὸ πνεῦμα, se describe ahora por medio de la expresión habitual de Marcos como τὸ πνεῦμα τὸ ἀκάθαρτον (que se emplea en todos los relatos de exorcismos en este Evangelio). Dicha expresión define claramente la condición del muchacho, con todas sus características distintivas de mudez y de "epilepsia", como una posesión demoníaca.

La palabra de autoridad dirigida al demonio en este caso es más completa que en los demás exorcismos e incluye una descripción de la naturaleza del espíritu, una declaración de la identidad del exorcista y una orden específica

---

54. C. D. Marshall, *Faith*, 118-20.

55. S. E. Dowd, *Prayer* 133-62, analiza el problema de la teodicea en el contexto de la oración no respondida, con especial referencia a la oración "no respondida" de Jesús en Getsemaní.

56. J. F. Williams, *Followers*, 139-41, analiza de manera provechosa la descripción marcana del padre incluido en la incredulidad a la que Jesús hace referencia en el v. 19, pero avanzando a partir de ahí a través de la duda (v. 22) hasta llegar "a creer y no creer a la vez". Williams subraya que el padre, aunque débil en su fe, era al menos, a diferencia de los discípulos, consciente de su problema.

57. Para un examen más completo sobre la "ambigüedad" de la fe/incredulidad del padre, véase S. E. Dowd, *Prayer*, 110-14.

de salir del muchacho y de no regresar. El uso de κωφόν con ἄλαλον (v. 17) probablemente aporta muy poco porque las dos palabras son prácticamente sinónimas, aunque κωφός es un término más amplio, y podría indicar que el muchacho era sordo y también mudo (véase el comentario sobre 7:32); la duplicación de adjetivos es habitual en el estilo prolijo de Marcos al narrar las historias. La inclusión del pronombre ἐγώ sugiere que ἐγὼ ἐπιτάσσω σοι (sin precedentes en los Evangelios en ese contexto) no es simplemente un "relleno" redundante, sino que ayuda a centrar la atención en la persona que emite la orden: "Soy yo / quien lo ordeno". El demonio puede haber desobedecido la autoridad inferior de los discípulos, pero ahora se ha encontrado con alguien que sí puede enfrentarlo (cf. el reconocimiento de Jesús y de su autoridad por parte de los demonios en 1:24; 3:11; 5:7, 10). La orden de salir es normal, pero la adición de καὶ μηκέτι εἰσέλθῃς εἰς αὐτόν es única en los Evangelios. Josefo (*Ant.* 8.47), sin embargo, cuenta que Eleazar, después de expulsar un demonio, le hizo jurar que μηκέτ' εἰς αὐτὸν ἐπανήξειν" y Filóstrato (*VA* 4.20) da testimonio de la orden de Apolonio de Tiana de "dejar al muchacho y no poseer nunca a nadie más". Mateo 12:43-45 prevé la posibilidad del regreso de un demonio que había sido expulsado, y la petición de un hogar alternativo por parte de los demonios de la legión (5:12) sugiere el problema que representa la carencia de un hogar para un demonio que ha sido desalojado, un problema que el exorcista tenía que tomar en consideración, de ahí esta orden específica de no regresar. Para el padre esa era la garantía que necesitaba de que la condición que se había mantenido ἐκ παιδιόθεν ahora había llegado a su fin.

26-27 En cuanto al grito del demonio que fue expulsado, cf. 1:26 y las notas sobre 1:23; el verbo σπαράσσω (cf. el comentario sobre el v. 20 supra) también aparece en 1:26. La partida del demonio, que provocó los movimientos violentos del muchacho, lo deja inerte. La acción de Jesús al tomar su mano y levantarlo nos hace recordar las palabras que se usaron en el relato sobre la resurrección de la hija de Jairo (5:41-42), pero aquí no nos queda ninguna duda de que la conclusión de que el muchacho había muerto no fue más que una impresión temporal y equivocada. No se trata de otra resurrección, sino de su restauración a la normalidad después de una experiencia traumática del exorcismo.

28-29 Con respecto al οἶκος como un lugar para hacer y responder preguntas y ofrecer enseñanzas después de un acontecimiento público o una declaración, véanse también 7:17; 10:10 (cf. 4:10). Para la misma connotación en κατ' ἰδίαν, cf. 4:34 y la frase κατὰ μόνας en 4:10. Dolidos todavía, sin duda, a causa de la humillación que habían sufrido delante de la multitud, los discípulos se preguntan genuinamente desconcertados cuál pudo haber sido la razón de su fracaso después de los primeros éxitos que habían tenido en los exorcismos (6:13). En cuanto a ὅτι con el significado de ¿por qué?, véanse los comentarios sobre 2:16; 9:11.

La respuesta de Jesús resulta sorprendente, no solo porque parece clasificar a los demonios en diferentes categorías de "dificultad", sino también (especialmente si καὶ νηστείᾳ no forma parte del texto; véase la nota textual) porque implica que los discípulos no oraban.

Para comenzar por el segundo punto, ¿confiaban tanto los discípulos en su propia autoridad que habían intentado realizar un exorcismo sin buscar la ayuda de Dios? Presumiblemente, la situación no les permitió darse el lujo de dedicar mucho tiempo a la oración antes de intentarlo, pero la simple frase ἐν προσευχῇ no especifica la duración ni la calidad de la oración, y podría esperarse que la reacción natural de aquellos hombres que habían estado con Jesús fuera pedir, de manera inmediata e instintiva, el poder divino.[58] Sin embargo, si la frase καὶ νηστείᾳ forma parte del texto (véase la nota textual), la situación es muy diferente, porque el ayuno no es una acción momentánea: la frase "oración y ayuno" sugiere un régimen y no una reacción inmediata ante una crisis. Aunque Jesús había descartado el ayuno obligatorio para los discípulos mientras él aún estaba con ellos (2:19), esta lectura insinuaría (como también ocurre con Mt. 6:16-18) que a ellos todavía se les permitía ayunar y orar, e incluso se les animaría a hacerlo, ocasionalmente, y que esa era la preparación adecuada para el conflicto espiritual implícito en el exorcismo.

Con respecto al otro elemento sorprendente en la respuesta de Jesús, la frase τοῦτο τὸ γένος aparentemente cataloga al πνεῦμα ἄλαλον como un tipo de demonio que exige del exorcista una conducta excepcional (y tal vez, por esa razón, resulta más difícil de expulsar que los que habían tratado anteriormente, 6:13). En ningún otro lugar del NT se diferencia a los demonios de esta manera, aunque Marcos hizo un gran esfuerzo en 5:3-5 para describir a los demonios que poseían a Legión como particularmente intratables. En los encuentros de Jesús con los demonios, por amenazadores que fueran, una simple palabra de poder había sido suficiente para expulsarlos en todos los casos, y la narración que nos ocupa ahora no ha sugerido en ningún momento que Jesús se haya sometido a un régimen especial de oración (y ayuno). Pero la autoridad de los discípulos siempre era dependiente, y la oración es la vía adecuada para admitir ese hecho en cualquier encuentro con el mal espiritual. Es posible, entonces, que τοῦτο τὸ γένος, a fin de cuentas, no tenga por objeto ubicar a este demonio específico en una clase especial, sino más bien referirse a los demonios en general como un γένος que nunca puede derrotarse contando solamente con la fuerza humana. En virtud de esta interpretación, el problema de los discípulos fue que perdieron el sentido de su dependencia de la ἐξουσία exclusiva de Jesús que había respaldado sus primeros éxitos en los exorcismos. Le restaron importancia y pensaron que ya eran expertos en ese tipo de casos, y tienen que aprender que en el conflicto espiritual no existe ningún poder automático. Su humillación pública fue una parte necesaria en su reeducación conforme a los principios del reino de Dios.

---

58. Con respecto a la relación entre la fe y la oración en este contexto, véase C. D. Marshall, *Faith*, 222-23; S. E. Dowd, *Prayer*, 116-21.

MÁS LECCIONES ACERCA DEL CAMINO DE LA CRUZ
(9:30-50)

El proceso de reeducación de los discípulos que comenzó en 8:31 con el primer anuncio del rechazo y la muerte de Jesús continúa ahora con un segundo anuncio de lo mismo (9:30-32). Al igual que en 8:32-33, la reacción de los discípulos revela nuevamente que no habían entendido en lo más mínimo los valores del reino de Dios, y Jesús les ofrece otra lección en sentido opuesto a las expectativas naturales (9:33-37). Después de esta lección básica, Marcos expone otras enseñanzas sobre la dinámica imprevista del discipulado, primero, a través de la corrección de un "error" que había cometido el bienintencionado discípulo Juan (9:38-41), y luego, por medio de una serie de dichos cortos y aparentemente independientes conectados por una expresión que se repite (9:42-50).

Esta sección del Evangelio carece de la coherencia obvia de la primera parte de la historia acerca de la travesía de Jesús (8:27-9:13), y se asemeja más a una colección de enseñanzas de Jesús que Marcos quiso incluir y ubicó por conveniencia aquí, después de la segunda predicción de la pasión.[59] Todas estas enseñanzas se relacionan, de diversas maneras, con el discipulado, y todas ellas se oponen a las suposiciones humanas naturales de los discípulos, es decir, de esta comunidad estrechamente unida de hombres que comparten una misma misión. Y por tanto, aunque las relaciones entre los dichos individuales que se incluyen no resulten a veces convincentes, encuentra un lugar adecuado en esta parte del Evangelio.

Las indicaciones geográficas en los vv. 30 y 33 mantienen viva la idea de la travesía, aunque todavía no hemos pasado más allá de los límites del ministerio en Galilea en el primer acto. Después de esta breve colección, una indicación geográfica adicional (y bastante oscura) en 10:1 nos conducirá a una etapa posterior de la travesía, más cerca de Jerusalén, y aumentará el sentido de urgencia. Pero por ahora, el proceso de reorientación continúa pacientemente.

Segunda predicción de la pasión (9:30-32)

30 La perícopa anterior se ubicó aparentemente al pie del monte de la Transfiguración, pero al no poder identificar con certeza dicho monte (véase el comentario sobre el v. 2) no es posible especificar a qué se refiere la conjunción ἐκεῖθεν. La travesía, que comenzó al nordeste de Galilea (8:27), continúa ahora a través del territorio familiar del primer acto. En esta área Jesús es bien

---

59. E. Best, *Following*, 75, alega que los vv. 33-50 llegaron a Marcos como una unidad de tradición que ya existía, y comenta: "Este es un ejemplo de la tendencia de Marcos a usar una serie de dichos que comenzaban relacionándose con el tema que estaba desarrollando aunque al final no ocurriera así".

conocido, y cabría esperar que volviera a hablarse de la reunión de multitudes entusiastas. Pero ese no es ahora el propósito de Jesús, y para escapar del reconocimiento, evita presumiblemente las zonas pobladas, al igual que, según 1:45, ya había tenido que hacer en otra ocasión. Si παραπορεύομαι aquí significa "pasar por" (cf. 11:20; 15:29) y no "atravesar", la construcción con διά subrayaría la idea de pasar de incógnito (aunque la misma combinación en 2:23 no tiene este sentido).

Según leemos en 6:31, Jesús trató de escapar de la atención pública con el fin de garantizar su propio descanso y el de sus discípulos. En 7:24 no se nos dice por qué procuró la privacidad. Pero aquí se revela el nuevo enfoque del Evangelio por medio de una declaración de propósito más positiva en la γάρ que sigue. La misión de Jesús es ahora enseñar a sus discípulos, y eso tiene prioridad sobre cualquier actividad pública.

31 El tiempo imperfecto de los verbos, así como el hecho de que esta es la segunda de una serie de predicciones de esta índole, indican que lo que se expone en este versículo es el tema continuo de su enseñanza en esta etapa. Se trata, pues, de un recordatorio que no añade nada nuevo a lo que ya sabemos de 8:31. De hecho, este es un resumen relativamente breve del tema del próximo rechazo, la muerte y la resurrección del Hijo del Hombre, con un contenido claro y contundente, pero que no da tantos detalles como las otras dos predicciones.

La única cláusula que sí aparece aquí por primera vez es παραδίδοται εἰς χεῖρας ἀνθρώπων. El tiempo presente, seguido de futuros (ἀποκτενοῦσιν, ἀναστήσεται), indica que el curso posterior de los acontecimientos ya está decidido, y el proceso ha comenzado mientras se dirigen hacia Jerusalén. El verbo παραδίδωμι se usó en 1:14 con relación al destino de Juan el Bautista y en 3:19 (véanse las notas allí) para resumir el papel que iba a desempeñar Judas Iscariote. Y se empleará a menudo con especial referencia a Judas (14:10-11, 18, 21, etc.) pero también, y de manera más general, con respecto a lo que va a sucederle a Jesús (10:33). Judas no es el único que protagonizará esa acción: la "entrega" por parte del sanedrín (10:33; 15:1, 10) y por parte de Pilato (15:15) señalan las etapas posteriores de la pasión de Jesús. Usado de esa manera, παραδίδωμι indica que el individuo sobre quien recae la acción está en poder del que la realiza, e implica el resultado final no es el que aquel habría elegido. Por tanto, aunque el verbo en sí mismo no significa "traicionar" (véase la nota sobre 3:19), implica la idea de hostilidad. Aquí ocupa el lugar de πολλὰ παθεῖν καὶ ἀποδοκιμασθῆναι in 8:31: que es a lo que conducirá la "entrega".[60] Es probable que Marcos y sus lectores también estuvieran familiarizados con el

---

60. La sugerencia de que los usos de παραδίδωμι en relación con la pasión de Jesús tienen por objeto reflejar la forma en que la LXX lo emplea en Is. 53:6, 12 tal vez le atribuiría demasiada importancia a un verbo común con una variedad muy amplia de significados. Marcus, *Way*, 188-89, examina tentativamente esta posibilidad, pero confiesa: 'Nos sentiríamos más cómodos con respecto a esta conclusión si la palabra estuviera acompañada por otras expresiones tomadas de Isaías 53, lo cual no ocurre así en ninguno de los textos marcanos" (n. 136).

uso paulino de παραδίδωμι con Dios como sujeto (Ro. 8:32; cf. 4:25), y tal vez esta pudiera haber sido una connotación secundaria del uso del verbo en este contexto.[61] La frase εἰς χεῖρας ἀνθρώπων resulta notablemente inespecífica, y el sustantivo ἄνθρωπος en sí no sugiere ni enemistad ni perversidad. ¿Refleja acaso el uso de ἄνθρωποι la convicción de Marcos de que Jesús es más que un simple ἄνθρωπος, la figura divina paradójicamente sometida al poder humano? ¿Depende, más bien, de que consideremos que el sujeto del verbo es Dios, quien entrega voluntariamente a su Mesías al control humano? Es probable que la selección del término fuera determinada principalmente por el juego de palabras —ὁ υἱὸς τοῦ ἀνθρώπου en las manos de los ἄνθρωποι— un giro de la expresión profundamente irónico a la luz del dominio sobre toda la humanidad que había sido predicho para el υἱὸς ἀνθρώπου in Daniel 7:14.

32 Después de la declaración de 8:31, la incomprensión de los discípulos estuvo implícita en la respuesta desconcertada de Pedro (8:32) en la que se vieron involucrados los demás discípulos en 8:33. Esa incomprensión ahora se reconoce abiertamente. El verbo ἀγνοέω por lo general significa "ignorar", pero cuando se relaciona con un dicho, trasluce fácilmente la idea de incomprensión ("no conocer el significado de"). Lucas lo explica claramente diciendo: ἠγνόουν... καὶ ἦν παρακεκαλυμμένον ἀπ' αὐτῶν ἵνα μὴ αἴσθωνται αὐτό (Lc. 9:45). Marcos rara vez usa el término ῥῆμα, y cuando lo hace se refiere probablemente a un dicho que reviste especial importancia, una declaración más formal (cf. 14:72). Los discípulos no solían ser reticentes a pedirle a Jesús que les explicara los dichos oscuros (4:10; 7:17; 9:11, 28; 10:10; 13:3); ¿se debe acaso su reticencia en esta ocasión a que tal vez pensaron que la respuesta que iban a recibir no era la que ellos querían escuchar, y de manera especial después de la respuesta alarmante que había recibido Pedro tras haber cuestionado la declaración similar anterior (8:33-38)? El verbo ἐφοβοῦντο sugiere que es así. "Lo que entienden es suficiente para que tengan miedo de pedir entender más".[62]

Una lección radical sobre el estatus (9:33-37)

El segundo anuncio de Jesús acerca de su pasión fue recibido con incomprensión y temor, pero ahora, los discípulos van aún más lejos y revelan claramente que sus pensamientos siguen un curso muy distinto. Mientras que los ojos de Jesús están fijos en el martirio, ellos se preocupan por la posición que habrán de ocupar. Mientras que Jesús habla de rechazo y muerte, ellos aparentemente están pensando en un futuro en el que el liderazgo constituirá un desafío. Sin

---

61. En contra de esto, véase Gundry, 506-7.

62. E. Best, *Following*, 73. Esta explicación sicológica del temor de los discípulos, a mi entender, se ajusta más al contexto que la opinión de T. Dwyer, *Wonder*, 150 (en consonancia con Gnilka), de que se trata de un "terror santo", una "sensación de asombro ante algo que resulta indescriptible".

embargo, la manifestación del reino de Dios tendrá lugar a través de la derrota, y no de la victoria, y en él, los valores del mundo son trastocados; los primeros serán postreros, y los postreros primeros (10:31). Por tanto, el proceso de reorientación prosigue por medio del ejemplo humilde de un niño.

33-34 La llegada a Capernaúm resulta sorprendente después de lo que se lee en el v. 30 porque de todos los lugares, ese era sin duda el único en el que Jesús no podía pasar inadvertido. Marcos, al parecer, no se percató del problema, pero en Capernaúm no hay ningún ministerio público, sino solo un diálogo privado ἐν τῇ οἰκίᾳ (como símbolo de privacidad, pero en lo que respecta a la narración, debemos pensar que se trata nuevamente de la casa de Pedro y de Andrés). Los discípulos se mostraron reacios a hacerle preguntas a Jesús (v. 32), por tanto, él se las hace a ellos con el fin de mostrarles lo poco que hasta ahora han entendido. Con la pregunta τί ἐν τῇ ὁδῷ διελογίζεσθε; Jesús no intenta obtener una información nueva, porque él era plenamente consciente (tal vez por medio de su conocimiento sobrenatural o tal vez porque había oído su discusión) de lo que había ocurrido. La pregunta es, más bien, una invitación para que pongan de manifiesto la discusión de la que ahora aparentemente se avergonzaban, porque intuían que no contaría con la aprobación de Jesús. De ahí su silencio. Hay una incongruencia casi cómica en la imagen de estos hombres adultos que actúan como colegiales que se sienten culpables delante del maestro, una impresión que se acentúa aún más cuando Jesús usa la figura de un niño como ejemplo de la conducta que debían seguir.

La pregunta τίς μείζων podría haber sido provocada por la elección que hace Jesús de Pedro, Jacobo y Juan para que lo acompañaran en su viaje al monte, mientras que los demás discípulos se quedaban muy ofendidos —y mucho más después de la humillación que habían experimentado por su fracaso en el exorcismo. Es posible también que ya hubieran entendido bastante de lo que Jesús había dicho para darse cuenta de que su muerte era una posibilidad real, lo cual planteaba entonces la pregunta apremiante de quién habría de asumir el liderazgo después de su partida.[63] El tema se pondrá de relieve con mayor fuerza en la candidatura al liderazgo por parte de Jacobo y Juan y en la respuesta que les da Jesús en 10:35-45.

35 Καθίσας es un verbo que no suele usarse en la narración de Marcos para introducir una enseñanza (aunque cf. Mt. 5:1, y el hecho de sentarse en la barca para enseñar en Mr. 4:1-2), pero si se tiene en cuenta que esto ocurre dentro de la casa y que a continuación el Señor ἐφώνησεν τοὺς δώδεκα, el verbo deja entrever que se trata de una enseñanza deliberada e incluso formal. Es un asunto que es preciso abordar, y el maestro se sienta y les pide a sus discípulos que se acerquen y escuchen. La enseñanza que les comunica se repite muchas veces en la tradición sinóptica, no solo en 10:43-44 y en los pasajes paralelos, sino también en Mateo 23:11-12 y en otros pasajes

---

63. Cf. *Ev. Tom.* 12: "Los discípulos le dijeron a Jesús, 'Sabemos que tú te irás de nuestro lado. ¿Quién será entonces el mayor entre nosotros?'"

que hablan del enaltecimiento y de la humillación (Lc. 14:11; 18:14) y de la inversión de papeles (10:31 par.; Mt. 20:16; Lc. 13:30); en Juan se simboliza de manera memorable en el lavamiento de pies (Jn. 13:12-17). El desafío que esto representa para la evaluación humana natural es tan radical que es necesario repetirlo constantemente. El estatus preeminente del reino de Dios se caracteriza por la combinación de dos elementos, la humildad (ἔσχατος) y el servicio (διάκονος, un término que no debe interpretarse a la luz de las ideas posteriores sobre el "oficio" en la iglesia, sino simplemente con referencia a un individuo cuya función es ocuparse de las necesidades de los demás, un criado; en 10:43-44 se usará como equivalente de δοῦλος). Por tanto, la pregunta τίς μείζων; no podría ser más inadecuada.

36-37 El uso de un niño como un medio de enseñanza aquí y con una introducción ligeramente diferente en Mateo 18:1-5, tiene que ver explícitamente (en función de su contexto) con el estatus, no con ningún rasgo de carácter supuestamente característico de los niños. El niño representa el orden más bajo en la escala social, es decir, el de aquél que está sujeto a la autoridad y el cuidado de otras personas y que todavía no ha alcanzado el derecho de autodeterminación.[64] "El que quiera hacerse como un niño" (Mt. 18:3) debe renunciar a su estado y aceptar el lugar más bajo, es decir, ser un "pequeñito" (Mt. 18:6, 10, 14; 10:42). Marcos no usa los mismos términos que Mateo, pero la versión más completa de este expone con mucho acierto las implicaciones de la analogía del niño de Marcos. En esta perícopa no aparece ningún llamado (como ocurre en Mateo) a hacerse como un niño (lo cual se hará patente en 10:15), pero sí se ordena "recibir" al niño, para invertir la escala convencional de valores al otorgarle importancia a lo que no es importante.[65]

Si la οἰκία aquí es de nuevo la de Pedro y Andrés, el niño presumiblemente era uno de los miembros más jóvenes de la familia, el cual había permanecido convenientemente en un segundo plano pero que ahora Jesús pone ἐν μέσῳ αὐτῶν. Marcos es el único que añade aquí y en 10:16 la imagen familiar de Jesús ἐναγκαλισάμενος al niño, que le confiere al mensaje un carácter tanto visual como verbal; ἀγκάλη es el brazo doblado, y el verbo significa tomar en los brazos, abrazar (cf. 10:16). La frase ἕν τῶν τοιούτων παιδίων y no simplemente ἕν παιδίον extiende probablemente el alcance de esta declaración a los que se asemejan a los niños en su poquedad e insignificancia. Δέχομαι es un término general que significa "recibir", como se hace, por ejemplo, con un huésped (6:11), pero en este contexto sugiere el sentido de ofrecer una buena acogida, de tratar a alguien como importante y no ignorarlo o reprimirlo. Dicha acogida tiene lugar ἐπὶ τῷ ὀνόματί μου, una frase que hasta aquí no se ha usado en este Evangelio, pero que ahora pasará a ocupar el lugar central de la enseñanza que

---

64. E. Best, *Story*, 88, pone de relieve con mucho acierto esta postura antigua, en contraste con las opiniones occidentales modernas sobre los niños.

65. Véase, por ejemplo, Hooker 228 con respecto a la sugerencia de que 9:37 y 10:15 fueron intercambiados en la transmisión, porque cada uno de ellos se adapta mejor al contexto del otro.

sigue en los vv. 38-41. La idea que transmite en esos versículos es la de actuar según el mandato de Jesús, y ese sentido también podría resultar adecuado aquí, por cuanto es él quién está ordenándoles a los discípulos que actúen de esta manera, aunque podría connotar más ampliamente la idea de "hacer lo que yo haría". En 13:6 los que vienen ἐπὶ τῷ ὀνόματί μου dicen representar a (¿o ser?) Jesús, y la frase aquí también pudiera tener por objeto describir al niño como un *representante* de Jesús, de manera que el que recibe al niño en realidad lo recibe a él (un concepto que se desarrolla de forma especial en Mt. 25:40, 45). Ese mismo sentido de representación rige, sin duda, la cláusula que sigue: Jesús representa al que lo envió, y por ende, el que lo recibe a él, recibe a Dios.[66] El hecho de referirse a Jesús como un "enviado" es más frecuente en Juan que en Marcos, y en este Evangelio solo aparece aquí (salvo, en forma parabólica, en 12:6). Jesús ἀποστέλλει a sus discípulos a cumplir la misión que les ha asignado (3:14; 6:7; cf. 11:1; 14:13), pero aquí el enviado es él. Si bien la terminología es nueva, la idea de una misión que él "tiene que" cumplir ya se puso de relieve en 8:31; 9:12 y se hará más fuerte en 10:33-34, 38 y particularmente en la expresión "venir a" en 10:45. Este sentido de misión y de representación no implica en sí mismo la divinidad de Jesús, al igual que el papel representativo del παιδίον tampoco identifica al niño con Jesús. El mensajero puede representar al que lo envía sin ninguna identidad personal. Pero es probable que en la iglesia de Marcos el concepto de recibir a Dios al recibir a Jesús ya hubiera llevado parte del peso cristológico que alcanza en Juan 14:6-11, 20-24.

Una advertencia contra el exclusivismo (9:38-41)

NOTAS TEXTUALES

38. Las complejas variantes no afectan significativamente el sentido. Tienen que ver con (1) los tiempos de los verbos (el imperfecto o el aoristo para κωλύω; el imperfecto o el presente para ἀκολουθέω); (2) la posibilidad de que οὐκ (ἡ)ἀκολουθει ἡμῖν aparezca o no dos veces (como una descripción del hombre y como una razón para la prohibición); (3) el orden de las dos cláusulas restantes en caso de que aparezca una sola vez. La lectura ℵ B adoptada por UBS ((καὶ ἐκωλύομεν αὐτόν, ὅτι οὐκ ἠκολούθει ἡμῖν) cuenta con un buen respaldo, pero podría sospecharse que se trata de una asimilación al texto en Lucas 9:49 (con excepción del tiempo verbal de ἀκολουθέω y ἡμῖν para μεθ' ἡμῶν). La repetición de la cláusula οὐκ (ἡ)ἀκολουθεῖ ἡμῖν, aunque no está tan bien respaldada, sería típica del estilo de Marcos, de manera especial aquí para

---

66. El cambio del aoristo δέξηται para recibir al niño por el presente δέχηται para recibir a Jesús probablemente no es más que una variación lingüística natural. Deducir a partir de eso que recibir al niño es una acción simple mientras que recibir a Jesús es una relación de toda la vida constituiría una exégesis exagerada.

subrayar la dudosa lealtad del hombre, y sería la candidata ideal para que un escriba tratara de acomodarla asimilándola al texto de Lucas.

41. No es extraño que los escribas, tras haber encontrado la frase ἐπὶ (ἐν) τῷ ὀνόματί μου (σου) tres veces ya en los vv. 37-39, la insertaran de nuevo aquí, en especial si la frase idiomática ἐν ὀνόματι ὅτι les resultó menos familiar.

Esta breve historia didáctica es un corolario muy adecuado de la lección de los vv. 33-37, a saber, el llamado de Jesús a los discípulos para que reciban de buena gana a los que naturalmente rechazarían, y la relación entre ambas se refuerza por la triple repetición en estos versículos de la frase ἐπὶ/ἐν τῷ ὀνόματί μου/ σου (o su equivalente, v. 41) que fue la razón que se ofreció en el v. 37 para recibir al niño. Cuando se trata del nombre de Jesús (es decir, una relación con él), cualquier consideración natural acerca de quién está incluido y quién no lo está estará fuera de lugar.

La perícopa tiene por objeto fomentar una actitud hospitalaria en los discípulos de Jesús que contrasta claramente con el exclusivismo protector que suele asociarse con los grupos religiosos, sobre todo dentro de la tradición cristiana. La historia aparece en Marcos y en Lucas pero no en Mateo; es posible que su tono inclusivo no atrajera tanto a Mateo ni a su iglesia (véase el comentario sobre el v. 40 con respecto a las fórmulas contrastante de Marcos y Mateo). El nombre en cuestión no es un miembro reconocido del grupo de los discípulos, pero sí manifiesta que obra en el nombre de Jesús, y su actividad produce resultados benéficos. Este es el criterio que acepta la perícopa, pero no la identidad de un grupo más estrecho.

Esta historia guarda una estrecha semejanza con la de Eldad y Medad en Números 11:26-29 porque el papel preventivo de Josué en esa historia es similar al que desempeña Juan aquí, y Jesús refleja la actitud abierta de Moisés y su rechazo del "celo" de su leal seguidor.

El exorcismo ha sido una característica prominente del ministerio de Jesús y de sus discípulos, y a partir de 3:14-15; 6:7, 13 podría deducirse que es una característica especial de la autoridad que les fue conferida a los doce. El hecho de que un desconocido llevara a cabo la misma práctica en el nombre de Jesús constituía, pues, un duro golpe para el sentido de identidad de los discípulos y socavaba la exclusividad de su estatus. Por tanto, el tema del estatus, que subyace tras la enseñanza de los vv. 33-37, sigue ocupando el lugar central. Y por si fuera poco, esta perícopa aparece casi inmediatamente después de la historia del fracaso de los discípulos en el exorcismo en 9:14-29. Les resultaba doblemente angustioso ver que un "extraño", al parecer, tenía éxito en lo que ellos, los agentes escogidos de Dios habían fracasado.

38 Esta es la única perícopa en el Evangelio en la que Juan desempeña un papel solista, aunque nada encomiable. Él y su hermano Jacobo aparecerán juntos en un episodio aún más desafortunado en 10:35-45. Como miembros del "círculo íntimo" (1:16-20, 29; 5:37; 9:2; 13:3; 14:33) no solo comparten la incapacidad de los demás discípulos para comprender los valores del reino de Dios, sino que son los primeros en demostrar su falta de respuesta y en ganarse una reprensión de Jesús. La hostilidad impulsiva hacia un extraño que se pone de relieve en este incidente (cf. Lc. 9:54) tal vez justificaría en cierta medida el desconcertante epíteto de Βοανηργές (véase el comentario sobre 3:17). Si el tiempo imperfecto de ἐκωλύομεν es correcto (véase la nota textual), denota probablemente un intento fallido y no la prohibición repetida de un "infractor" persistente.

Hay algunos otros testimonios en los Evangelios que demuestran la existencia de exorcistas que no pertenecían al círculo inmediato de Jesús y sus discípulos (Mt. 12:27, 43-45), y existen varias referencias a exorcismos, tanto judíos como paganos, en algunas fuentes más o menos contemporáneas (aunque obviamente no con la magnitud de los exorcismos de Jesús).[67] La mención de περιερχόμενοι Ἰουδαῖοι ἐξορκισταί en Hechos 19:13 indica que era una práctica que llevaban a cabo personas reconocidas (¿profesionales?). Algunos de ellos invocaban el nombre de Jesús (después de su muerte y resurrección), pero no siempre con resultados satisfactorios (Hch. 19:13-16). Esta es la única referencia a una práctica similar en vida de Jesús.

Esta perícopa, a diferencia de Hechos 19:13-16, presupone que los exorcismos resultaban exitosos. El motivo de la objeción de Juan no era la falta de éxito, sino el uso del nombre de Jesús fuera del grupo de los discípulos. El delito que le imputa al hombre es que οὐκ ἀκολουθεῖ ἡμῖν. Marcos usa el verbo ἀκολουθέω con mucha frecuencia con respecto al discipulado, pero en otros lugares el complemento del mismo siempre es Jesús. La expectativa de que alguien *nos* siga (presumiblemente al grupo relacionado con Jesús) es nueva y sugerente. "¡Nunca antes un 'plural mayestático' había resultado menos adecuado!" (Myers, 261). Lo que Juan busca en primer lugar no es la lealtad personal y la obediencia a Jesús, sino la membresía en el círculo "autorizado" de sus seguidores. Deberíamos tal vez interpretar que el pronombre ἡμεῖς aquí se refiere específicamente a los doce, considerados como poseedores de una relación exclusiva con Jesús y de un mandato otorgado por él, de manera que la relación de las demás personas con él solo debía lograrse a través de su mediación. Aunque esa doctrina posesiva no es explícita, concuerda con la acción restrictiva de Juan y explica los términos de la respuesta de Jesús.

39 A la orden de Jesús de dejar en paz al exorcista le siguen tres cláusulas que comienzan con la conjunción γάρ, las cuales exponen tres razones para adoptar una actitud más tolerante. En primer lugar, el hecho de que el hombre sea capaz de realizar un milagro en el nombre de Jesús demuestra que no puede ser un enemigo. Marcos usó el sustantivo δύναμις como un término genérico para referirse a las obras milagrosas de Jesús en 6:2, 5, y los exorcismos de este hombre son del mismo tipo, y se llevan a cabo con la autoridad de Jesús. No hay ninguna sugerencia de que Jesús conociera al hombre personalmente,

---

67. Véase E. F. Kirschner, *Place*, ch. 2, especialmente el resumen en las págs. 28-29. Cf. supra, págs. 100-101.

sino más bien, que este se había asociado con él por medio del uso de su nombre; y el hecho de haber elegido esa autoridad junto con el éxito que había tenido, indican que estaba bien encaminado. En consecuencia, una persona así no puede expresarse como un enemigo suyo, y por tanto, no hay ninguna justificación para que los discípulos de Jesús se opongan a él.

40 Esta amplia máxima nos invita a cotejarla con la fórmula de Mateo ὁ μὴ ὢν μετ᾽ ἐμοῦ κατ᾽ ἐμοῦ ἐστιν (Mt. 12:30). Las dos expresiones excluyen los términos medios, pero la fórmula mateana resulta excluyente y despectiva, mientras que la marcana parece inclusiva y acogedora.[68] La presencia de las dos fórmulas en Lucas (9:50; 11:23) permite suponer que él no las consideraba contradictorias. Aunque ambas aparecen en un debate sobre el exorcismo, la diferencia en cuanto al contexto es significativa, la fórmula mateana iba dirigida a los que le atribuían a Beelzebul la actividad exorcista de Jesús, pero la marcana reconoce la *bona fides* de un exorcista que usa el nombre de Jesús. Cuando no existen los términos medios, los enemigos declarados no deben incluirse en la misma categoría de los simpatizantes que no están afiliados. (La diferencia entre los pronombres "mí" y "conmigo" de Mateo y el "nosotros" de Marcos tal vez no sea significativa: en el contexto de Mateo el tema es la opinión que tiene la gente de Jesús, mientras que aquí, se trata más bien de la pertenencia al grupo). Pero si bien no hay ninguna incompatibilidad esencial entre las dos fórmulas, el hecho de que haya sido Marcos quien nos hiciera llegar la redacción más inclusiva tal vez nos dice algo acerca de su actitud hacia los "de afuera". Sus implicaciones optimistas se basan en un dicho apócrifo de Jesús (*P.Oxy.* 1224): ὁ γὰρ μὴ ὢν καθ᾽ ὑμῶν ὑπὲρ ὑμῶν ἐστιν. ὁ σήμερον ὢν μακρὰν αὔριον ἐγγὺς ὑμῶν γενήσεται. El exclusivismo que afecta con demasiada facilidad a un grupo definido de personas con un mismo sentido de misión se encuentra entre los valores "mundanos" que es preciso cuestionar en nombre del reino de Dios.

41 La tercera cláusula que comienza con γάρ prevé una buena acción que realiza alguien que no pertenece al grupo en favor de un discípulo ἐν ὀνόματι ὅτι Χριστοῦ ἐστε, y la partícula ἄν la generaliza con el fin de incluir potencialmente una categoría muy amplia de simpatizantes. En cuanto al hecho de dar de beber agua, un gesto básico de cortesía en la sociedad oriental, cf. Mateo 10:42, un pasaje que guarda un estrecho paralelismo con este dicho, aunque aparece ubicado en el contexto más específico de la misión y la persecución. Con respecto a ἐν ὀνόματι ὅτι véase BDF 397 (3), "alegando que, por el hecho de que". Sin embargo, la elección de esta expresión fue obviamente deliberada por cuanto refleja el uso triple de ἐπὶ (ἐν) τῷ ὀνόματι en los vv. 37-39 y prepara el terreno para introducir el *nombre* real Χριστός en la cláusula subordinada. Esta frase, pues, conduce la serie de fórmulas del

---

68. Un paralelismo entre ambas se pone de relieve en las palabras de Cicerón a César (*Pro Ligario* 11 [32]): "A menudo te hemos oído decir que aunque consideramos enemigos a todos salvo a los que están con nosotros, tú consideras que están de tu parte los que no están contra ti".

"nombre" al punto culminante en el que el aparece claramente el verdadero nombre: ὅτι Χριστοῦ ἐστε. *Ese* es el nombre que le da a esta buena acción su significado específico y justifica la recompensa. No se trata de un simple acto de benevolencia, sino la forma en que una persona demuestra que es ὑπὲρ ἡμῶν a través de una ayuda práctica que le brinda específicamente a los que pertenecen a Jesús.

Este es el único pasaje del Evangelio en el que se le atribuye a Jesús el título Χριστός, exceptuando 12:35 y 13:21 donde se usa "como complemento" y no abiertamente como un título para Jesús. Resulta más llamativo porque el uso que le dio Pedro a este título en 8:29 dio lugar a un mandato estricto de mantenerlo en secreto, mientras que allí y en 14:62 Jesús lo remplaza por ὁ υἱὸς τοῦ ἀνθρώπου al responderles a otras personas que lo emplean. ¿Por qué, entonces, no leemos aquí ὁ υἱὸς τοῦ ἀνθρώπου (o más simplemente μου)? Tal vez porque este pasaje, mediante el uso repetido de ὄνομα, se centra de manera explícita en el "nombre" propiamente dicho. Si bien es cierto que Marcos quiere que sus lectores entiendan que durante su ministerio terrenal Jesús no usó libremente el título Χριστός ni siquiera en privado entre sus discípulos, también sabe que este será el título, y no el enigmático ὁ υἱὸς τοῦ ἀνθρώπου, que usarán las personas después de la muerte de Jesús, para referirse a sus discípulos. Para los lectores de Marcos, el uso del título Χριστός es lo que demuestra la lealtad de una persona.

El lenguaje relativo a la recompensa, que es tan notable en Mateo, aparece explícitamente solo aquí en Marcos (aunque véase 10:28-30 en cuanto al concepto). El término resulta paradójico si se usa en relación con el hecho de darle agua a una persona, porque esa acción es una característica tan esencial de la hospitalidad oriental que no exige recompensa. Pero incluso ese acto tan pequeño denota la respuesta de un individuo a Jesús en la persona de sus discípulos (cf. Mt. 25:31-46), y como tal, no pasará inadvertida.

De este modo, los tres dichos que aparecen en los vv. 39-41 ilustran de diferentes maneras las fronteras abiertas del reino de Dios, donde hay lugar no solo para el discípulo comprometido sino también para el simpatizante compasivo. El exorcista desconocido representa este círculo externo, y es preciso darle la bienvenida reconociéndolo como tal. Habrá sin duda adversarios y "extraños", como veremos repetidamente en el resto del Evangelio, pero se les pide a los discípulos que sean cautelosos a la hora de trazar líneas divisorias. Deben comportarse como una iglesia, no como una secta.

Más enseñanzas sobre el discipulado (9:42-50)

NOTAS TEXTUALES

42. El uso absoluto de οἱ πιστεύοντες para referirse a los discípulos (como en Hch. 2:44; 4:32, etc.) sería excepcional en Marcos, aunque 9:23 nos prepara parcialmente

para ello. La adición de εἰς ἐμέ sería, por tanto, un esfuerzo natural por "mejorar" el texto y por asimilarlo a Mateo 18:6, pero el número de autoridades que lo omite es tan grande (א D Δ y algunos MSS de la AL) que debe aceptarse la lectura más corta.

43, 45. La frase εἰς τὴν γέενναν, al parecer, es una parte firmemente establecida del texto en ambos versículos (su omisión en W ƒƒ etc. en el v. 43 [obsérvese en UBS, no en UBS] refleja probablemente un deseo de eliminar el término semítico poco conocido para remplazarlo por otro más reconocido universalmente; la asimilación a Mt. 18:8 es otro factor). La presencia de εἰς τὸ πῦρ τὸ ἄσβεστον (que se asemeja pero no es idéntica a la frase mateana εἰς τὸ πῦρ τὸ αἰώνιον) en algún momento de la tradición parece necesaria para justificar la presencia de esta u otra variante en muchos testimonios de ambos versículos, y la decisión de UBS de conservarla en el v. 43 y no en el v. 45 (donde cuenta con bastante menos apoyo y habría sido una repetición natural del v. 43) parece adecuada.

44, 46. Estos versículos repiten lo que establece firmemente el texto en el v. 48. Lo más probable es que la omisión de los vv. 44 y 46 en un gran número de testimonios represente el texto original y no que se haya eliminado una repetición triple original.

49. Aparentemente, este enigmático versículo fue tan impenetrable para los copistas antiguos como lo es para los comentaristas modernos. La inserción de una referencia a la costumbre de salar los sacrificios constituye un esfuerzo por darle sentido al texto, pero en D y en algunos MSS de la AL se eliminó del dicho original, dando como resultado un dicho aún más difícil de explicar que el que incluía la referencia. La lectura que justifica la existencia de las demás es simplemente πᾶς γὰρ πυρὶ ἁλισθήσεται, un ejemplo clásico de una *lectio difficilior*.

Los versículos 42-47 son análogos a Mateo 18:6-9, y hay también analogías entre los vv. 43-47 y Mateo 5:29-30 y entre el v. 42 y Lucas 17:2. El contexto de cada uno de ellos difiere del contexto inmediato aquí (aunque Mt. 18:6-9 muestra un paralelismo parcial con Mr. 9:33-37). El versículo 50 también tiene paralelismos parciales en contextos diferentes en Mateo 5:13; Lucas 14:34-35. Al parecer, pues, lo que vemos aquí es un pequeño conjunto de dichos que carecían de un contexto narrativo establecido, y que aparecen juntos en esta forma solo en Marcos. Se relacionan entre sí por medio de ciertas palabras claves que se repiten (σκανδαλίζω, vv. 42 y 43-47; πῦρ, vv. 43-48 y 49; ἅλας, vv. 49 y 50). La opinión generalizada es que los dichos ya habían sido agrupados en razón de este estribillo, para facilitar su memorización, antes que llegara a Marcos.

La conexión entre este conjunto y las perícopas anteriores resulta menos clara. Por una parte, τῶν μικρῶν τούτων en v. 42 refleja las palabras de Mateo 10:42, que guarda una estrecha semejanza con Marcos 9:41, pero como la versión marcana omite esa frase la conexión no es obvia en el texto marcano. Por otra parte, τῶν μικρῶν τούτων también hace recordar la expresión τῶν τοιούτων παιδίων que aparece en el v. 37, pero ese dicho está separado de nuestro versículo por la perícopa acerca del exorcista anónimo. Sería más natural que el versículo 42 siguiera inmediatamente al v. 37, y los vv. 38-41, al parecer, habían formado parte de una secuencia existente anterior, aunque si

Marcos hubiera tenido conocimiento del dicho del v. 41 en su forma mateana, lo habría vinculado más directamente al v. 42. El proceso de tradición que condujo a esta conexión es oscuro, pero Marcos (o cualquiera que reuniera estos dichos) consideró obviamente que existía cierta congruencia en los temas. El versículo 42 (el peligro de obstaculizar la fe de un "pequeñito") sigue como el equivalente negativo al v. 41 (la recompensa por atender a un discípulo).

Todo este breve conjunto de dichos, al igual que las perícopas anteriores, gira en torno a las exigencias del discipulado, tanto en sentido negativo como positivo. Los dichos, por tanto, se ajustan perfectamente a la idea general de esta parte del Evangelio, por más artificial que sea la manera en que se relacionan entre sí.

42 El verbo σκανδαλίζω (Marcos no emplea el sustantivo σκάνδαλον), que es la clave de los vv. 42-47, se usó en voz pasiva en 4:17 para referirse a los que dejan de ser discípulos eficaces cuando se ven sometidos a presiones, y en 14:27, 29 tendrá un uso pasivo similar para referirse a la apostasía de los discípulos cuando Jesús sea detenido. En el contexto que nos ocupa ahora es mejor interpretar que su uso en voz activa alude al que hace que otras personas incurran en esa falta, es decir, al que "obstaculiza" o "imposibilita" el discipulado de otra persona. No se explica claramente cómo ocurre; el verbo describe el resultado y no el medio. La traducción de la NVI "hacer pecar" es, por consiguiente, demasiado estrecha; hay muchas otras vías por las que la fe y el discipulado de otra persona pueden ser destruidos. Las expresiones en la NTV y la DHH, "hace que ... caiga en"/"haga caer" (de manera similar en los vv. 43, 45 y 47), reflejan mejor la metáfora, mientras que la traducción de la NBV, "hace que ... pierda la fe" explica de manera bastante prosaica a qué se refiere probablemente.

Provocar el naufragio espiritual de otra persona es un delito tan grave que para el que lo comete sería preferible ahogarse en el mar antes que tener que enfrentar el destino que merece; la μύλος ὀνικός, la piedra de un molino *de las que mueve un asno*, más pesada que la de un molino manual, garantiza una muerte inmediata. Resulta bastante grotesca la descripción de la piedra "atada" (περίκειται) alrededor del cuello a manera de collar, y no colgada de él (Mt. 18:6, κρεμασθῇ). La frase καλόν ἐστιν μᾶλλον sugiere una comparación: el ahogamiento en sí mismo no es el castigo adecuado para esa persona (los tiempos perfectos que siguen a la conjunción εἰ le dan paso a una suposición "irreal" o hipotética), pero sirve de contrapunto para realzar la mayor severidad del verdadero castigo que merece; cf. las palabras de Jesús acerca de Judas en 14:21. Las expresiones relacionadas con la γέεννα y el πῦρ ἄσβεστον que predominan en los versículos indicarán en qué consiste ese castigo.

Este es el único pasaje en el que Marcos usa el término μικροί para referirse a los discípulos; Mateo, en cambio, desarrolló este concepto más a fondo (Mt. 10:42; 18:6, 10, 14; cf. 25:40, 45). La descripción de ellos como πιστεύοντες (véase la nota textual) deja claro que Marcos emplea el término con un sentido similar, aun cuando la ausencia de un contexto narrativo claro hace que resulte difícil identificar al referente inmediato de τούτων. ¿Deberíamos considerar que el exorcista anónimo de los vv. 38-41 es un ejemplo de uno de esos "pequeñitos que creen"? ¿Podría tratarse, más bien, del niño del v. 36 y los que él representa (véase supra con respecto a la posibilidad de que el v. 42 originalmente estuviera unido a los vv. 33-37)? La forma en que aparece ahora el texto de Marcos no nos permite responder esa pregunta con certeza,[69] pero el contexto en general hace improbable que el término μικροί se refiera solamente, ni siquiera principalmente, a los niños. Los discípulos de cualquier edad son, en potencia, vulnerables a ese "tropiezo". Después de la fallida discusión que sostuvieron los discípulos sobre τίς μείζων (v. 34) resulta muy adecuado que el término μικροί se use para denotar a los discípulos en general. Y esos μικροί son tan importantes para Jesús que hacer tropezar a uno solo de ellos es peor que un delito capital.

43, 45, 47-48 Véanse las notas textuales con respecto a la omisión de los vv. 44 y 46. En cuanto a la ubicación poética de pecados en diferentes partes del cuerpo cf. Proverbios 6:16-19; Job 31:1, 5 y 7. La redacción de los vv. 43, 45 y 47 es casi análoga, habida cuenta del cambio en la parte del cuerpo que se menciona (ἡ χείρ, ὁ πούς, ὁ ὀφθαλμός) y la modificación correspondiente en la descripción de la discapacidad resultante (κυλλόν, χωλόν, μονόφθαλμον); pero existen algunas diferencias. El cambio de ἀπόκοψον (vv. 43, 45) por ἔκβαλε (v. 47), por supuesto, era necesario por cuanto se trata de órganos distintos. Aparte de las variaciones insignificantes en el orden de las palabras, debemos señalar también la escala ascendente desde el término relativamente inexpresivo ἀπελθεῖν hasta el más vívido βληθῆναι (que en el v. 47 refleja de manera llamativa el ἔκβαλε de la prótasis: una manera de "ser echado" es preferible a la otra; cf. también βέβληται εἰς τὴν θάλασσαν en el v. 42, de nuevo preferible a ser echado en la γέεννα), el cambio de ἡ ζωή en los vv. 43, 45 por ἡ βασιλεία τοῦ θεοῦ en el v. 47, y las ampliaciones de τὴν γέενναν en los vv. 43 y 48 (véase la nota textual).

Los usos marcanos de la frase ἡ βασιλεία τοῦ θεοῦ hasta aquí se han relacionado principalmente con la naturaleza y el resultado del ministerio de Jesús, y por consiguiente, han tenido que ver con acontecimientos terrenales más que con el estado eterno, en razón de lo cual, el paralelismo aquí con ἡ ζωή (en contraste con ἡ γέεννα) introduce un uso nuevo y más sobrenatural de la frase. Pero en 10:15, 23-25 volverá a hablarse de "entrar" en el βασιλεία τοῦ θεοῦ, y la frase allí guardará relación con la expresión más completa ζωὴ αἰώνιος (10:17, 30), mientras que el uso de σωθῆναι en 10:26 como un sinónimo

---

69. C. D. Marshall, *Faith*, 155-58, alega que "la expresión 'estos pequeñitos que creen' constituye una designación resumida que abarca a todos los personajes descritos en el intercambio anterior entre Jesús y los doce", incluyendo a los "niños" de los vv. 36-37 (que no son solo niños de verdad sino también discípulos insignificantes), el evangelista anónimo y los que él representa, y los que les ofrecen un vaso de agua a los discípulos.

aparente de εἰς τὴν βασιλείαν τοῦ θεοῦ εἰσελθεῖν sugiere un significado similar de este pasaje. En 14:25 Jesús afirma que beberá un vino nuevo en el βασιλεία τοῦ θεοῦ, y por tanto, la frase se usa con un sentido claramente futurista. No existe, pues, ninguna diferencia apreciable de significado entre ἡ ζωή y ἡ βασιλεία τοῦ θεοῦ; ambas expresiones hacen referencia a la ζωὴ αἰώνιος que es el estado final del discípulo fiel.

Esta es la única vez que Marcos menciona ἡ γέεννα, un término que se utiliza en la literatura apocalíptica para referirse al castigo de los impíos (véase J. Jeremias, *TDNT*, 1.657-58). El uso mateano más frecuente del término (5:22; 10:28; 23:15, 33 además de los dos pasajes paralelos a este) indica que tenía un significado claro y bien conocido permitiendo que su único uso en el v. 45 (véase la nota textual) sea adecuadamente comprensible. Pero el concepto se completa en los vv. 43 y 48.

La frase τὸ πῦρ τὸ ἄσβεστον (v. 43) refleja la imaginería habitual del fuego como agente del juicio y de la destrucción, aprovechando tal vez el origen de la palabra γέεννα en el valle de Hinom (Heb. *gē-hinnōm*) donde los fuegos de los vertederos de basura de Jerusalén ardían continuamente. Desde el punto de vista doctrinal, sigue analizándose si el fuego que no se apaga (una repetición de Is. 66:24; véase más adelante) se refiere al tormento consciente eterno de los que fueron destinados a él o a un fuego que destruye pero nunca se apaga porque no deja de añadírsele combustible. La redacción de esta perícopa en sí misma no falla a favor de ninguna de esas dos interpretaciones,[70] aparte del peligro que representa el uso de la imaginería vívida tradicional para establecer principios doctrinales formales.

En el v. 48 (que no aparece en ninguna de los pasajes paralelos de Mateo) se usa el mismo tema (τὸ πῦρ οὐ σβέννυται), pero la referencia al gusano que no muere amplía la metáfora de una manera gráfica aunque desconcertante. ¿Provienen acaso los gusanos de la imaginería del vertedero de basura como un método de destrucción adicional al fuego? En ese caso, ¿por qué es preciso que el gusano no muera? Pero, por supuesto, Marcos no creó esta imagen compuesta; se deriva de Isaías 66:24, que constituye por sí mismo la base de los conceptos judíos posteriores de la gehenna,[71] y su redacción en la LXX se asemeja mucho a la de Marcos 9:48, aun en la espantosa inclusión del pronombre posesivo αὐτῶν con ὁ σκώληξ (en Is. 66:24 en la LXX también aparece αὐτῶν con τὸ πῦρ, un modismo que Marcos no reproduce). La cláusula en Isaías describe el estado futuro de los cadáveres de los enemigos de Dios, que, según cabe imaginar, se descompondrán y serán incinerados en el campo de batalla. La combinación del fuego y los gusanos como el destino

---

70. Jdt. 16:17, que al igual que este versículo se deriva de Is. 66:24, interpreta claramente que las víctimas del gusano y del fuego siguen conscientes, por cuanto κλαύσονται ἐν αἰσθήσει ἕως αἰῶνος.

71. Véase B. D. Chilton, *Rabbi*, 101-7. Chilton también alega a partir del trasfondo targúmico que la repetición triple de la formula en los vv. 44, 46 y 48 (véase la nota textual) puede haber sido original.

de los impíos se refleja también en Judit 16:17; Ben Sirá 7:17. El lenguaje es evocador, pero es preferible valorarlo por su horrible efecto disuasorio y no tratar de analizarlo para determinar de qué manera exactamente se relacionan entre sí los dos métodos de destrucción, o cuál es la función del gusano.

La advertencia extensa de los vv. 43-48 retoma del v. 42 la idea de "ser causa de tropiezo", pero la víctima en este caso no es otra persona (un "pequeñito") sino uno mismo, a quien su propia mano, pie u ojo le hacen tropezar. No es solo de afuera que le llega el peligro al discípulo sino también de adentro. La metáfora no se explica;[72] le corresponde a cada lector (los dichos aparecen siempre en singular, exceptuando el pronombre αὐτῶν que procede de la LXX en el v. 48) determinar qué aspecto de su propia conducta, gustos o intereses constituye una posible causa de caída espiritual, y actuar en consecuencia. La metáfora de la amputación no podría resultar más espeluznante pero se trata de un asunto de extrema gravedad porque lo que está en juego es nada menos que la vida eterna. Los cristianos que desdeñan la "predicación acerca del fuego del infierno" tienen que enfrentarse al incómodo hecho de que el Jesús de Marcos (y aún más, el de Mateo y el de Lucas) previó una separación final entre la vida y la γέεννα que exigía la renuncia más drástica para evitar el fuego que no se apaga, y que, en su consideración, ni siquiera sus discípulos estaban exentos de la necesidad de examinarse a sí mismos y hacer lo que fuera necesario.[73]

49 Estas cuatro palabras (véase la nota textual) ofrecen una metáfora gráficamente variada que se deja sin explicación. Si su inclusión aquí se debe a algún factor más sustancial que la mención del fuego en los vv. 48 y 49, podría atribuirse a un intento de lograr la coherencia con el tema de los versículos anteriores.[74] La extrema gravedad de las exigencias del discipulado y el llamado a la renuncia en los vv. 42-48 preparan al lector para que considere

---

72. J. D. M. Derrett, *Audience*, 201-4, reconviene a "los teólogos" por suponer que el lenguaje es metafórico cuando en realidad hay pruebas de verdaderas amputaciones como castigo en el judaísmo antiguo (aunque no existe ninguna provisión para ello en la ley judía aparte del caso muy especial de Dt. 25:12), pero no explica de qué manera una amputación punitiva literal podría aplicarse a este pasaje (en el que esta sería autoinfligida). De todas formas, sus dos ejemplos de amputación de manos tomados de Josefo (*Life* 171-77) no constituyen un estilo de conducta. (La prueba adicional que presenta en *Theology* 76 [1973] 365-66 sitúa el tema en un contexto más amplio, pero no ofrece ningún testimonio judío contemporáneo). Sin embargo, el hecho de que eso *pudiera* suceder literalmente ayuda sin duda a hacer que la metáfora resulte impactante. Gundry, 514, en consonancia con Derrett, interpreta las exhortaciones como invitaciones literales, no metafóricas, a la automutilación, a pesar de las prohibiciones judías en ese respecto (Dt. 14:1), y considera "tímida" la interpretación metafórica de Pesch. Afortunadamente, la mayor parte de los demás comentaristas son también tímidos.

73. Myers, 263, interpreta los dichos de manera colectiva: "el cuerpo completo" es la comunidad de creyentes, y los miembros que han de ser eliminados son los espías o apóstatas dentro de ese "cuerpo". No aborda el problema que los pronombres en singular de los vv. 43, 45 y 47 le plantean a esta propuesta.

74. J. D. M. Derrett, *Theology* 76 (1973) 364-68, también sugiere, de manera creativa, otra relación en la imaginería, porque en el proceso de cauterización de los miembros amputados debería usarse la sal y el fuego.

el costo que supone seguir a Jesús, y el alcance universal de este dicho (un futuro simple después de πᾶς) nos hace recordar la convicción con la que Jesús predijo su propio sufrimiento (δεῖ, 8:31; γέγραπται, 9:12; el presente simple de παραδίδοται y los futuros que lo siguen en 9:31). A partir del contexto de estas enigmáticas palabras,[75] podemos presuponer con mucha razón que se relacionan con el costo que conlleva tomar la cruz para seguir a Jesús.

Aparte de las consideraciones generales sobre el uso metafórico del fuego y la sal en la literatura bíblica (si bien cada uno de esos elementos ofrece una gran variedad de interpretaciones posibles, lo que resulta inusual y fascinante es la combinación de ambos), el enfoque más prometedor es el que proporciona Levítico 2:13, a saber, la exigencia de que las ofrendas de primicias (que debían quemarse) fueran sazonadas con sal, junto con la generalización más radical: "con todas tus ofrendas ofrecerás sal". La sal no vuelve a mencionarse en ninguna otra de las regulaciones levíticas para los sacrificios, pero en Esdras 6:9 y 7:22 se incluye la sal entre las provisiones que se pidieron para restaurar el ritual del templo, y en Ezequiel 43:24 leemos que en el templo restaurado se deberá echar sal sobre los animales que se ofrezcan en holocausto. Por tanto, la expresión "serán salados con fuego", al parecer, evoca la imaginería de los sacrificios del templo, pero las víctimas que son "saladas" aquí son los propios adoradores. Su dedicación al servicio de su Mesías sufriente es semejante a un holocausto, es decir, total e irrevocable. El fuego se usa frecuentemente como símbolo del sufrimiento escatológico, pero la inclusión de la imaginería de la sal sorprende al lector moderno porque el fuego habría sido suficiente para poner de relieve esta idea. Sin embargo, cualquiera que esté familiarizado con el ritual de los sacrificios no consideraría que la referencia a la sal está fuera de lugar porque su inserción aporta nuevos matices. La sal de Levítico 2:13 se describe como "la sal del pacto de tu Dios" (cf. "el pacto de sal", Nm. 18:19; 2Cr. 13:5), mientras que en Éxodo 30:35, la sal, como uno de los ingredientes del incienso sagrado, se relaciona con la "pureza y la santidad". Estas son algunas de las cosas que la imaginería sorprendente del hecho de "ser salado con fuego" le recuerda al que está familiarizado con lo que dice el AT sobre los sacrificios, y por ende, con el ritual que sin duda siguió vigente en Jerusalén hasta el año 70 d.C.[76] En este contexto se habla del que sigue a Jesús totalmente dedicado al servicio de Dios, y advierte que esa dedicación inevitablemente será muy costosa por los sufrimientos que le reportará.[77]

---

75. No resulta extraño que se hayan sugerido enmiendas textuales y presuntos errores de traducción. Una de las más interesantes es la propuesta de T. J. Baarda, *NTS* 5 (1958/9) 318-21, de que ἁλισθήσεται se deriva de una confusión de dos verbos arameos, *tbl* ("sazonar") y *ṭbl* ("bautizar"), de manera que el dicho original era "todos serán bautizados con fuego".

76. En cuanto a la sal en relación con los sacrificios del templo, véase Josefo, *Ant.* 12.140; *m. Mid.* 5:3.

77. Mann, 384, ofrece una interpretación sugerente en este sentido: "Hay una referencia a los efectos depuradores y purificadores de la situación escatológica en la que se hallaban los discípulos, y de la cual saldrían como protagonistas "sazonados".

50 La sal sigue siendo el tema en común estos dos dichos aparentemente independientes. El primero nos resulta bien conocido a partir de otros pasajes en la tradición sinóptica (Lc. 14:34; Mt. 5:13), pero usa la metáfora de la sal de un modo que no se relaciona claramente con la imaginería del sacrificio que, al parecer, está latente en el v. 49, porque podría decirse que la sal ahora no representa una experiencia por la que ha pasado el discípulo, sino una cualidad buena que debe preservarse (un uso que continúa en el dicho separado del v. 50b). Sin embargo, es posible que la secuencia no sea del todo arbitraria, porque podríamos considerar que el carácter del discípulo se deriva de la dedicación sacrificial a la que se alude simbólicamente en el v. 49: el proceso de "salar con fuego" produce un discípulo "sazonado".

En el mundo antiguo la sal se usaba de diversas maneras, pero sobre todo como conservante, como agente limpiador o como condimento.[78] En todos los casos, la sal simboliza la influencia benéfica (καλόν) que ejerce el discípulo en la sociedad, lo cual resulta muy obvio en Mateo 5:13 con la declaración ὑμεῖς ἐστε τὸ ἅλας τῆς γῆς.[79] La sal era una necesidad vital: "El mundo no podría sobrevivir sin la sal' (*Sop.* 15:8; cf. Ben Sirá 39:26). Pero su función se desvanece si ἄναλον γένηται. En un sentido estricto, el cloruro de sodio es un compuesto estable que no puede perder sus propiedades. Pero la "sal" que se usaba en Palestina, extraída de los depósitos alrededor del mar Muerto o de las salinas en las que se evaporaba el agua, no era un compuesto puro de cloruro de sodio, y la sal podía lixiviarse dejando en su lugar otros minerales como el yeso.[80] Cuando eso ocurre, es ridículo pensar en sazonar (ἀρτύω) algo que por naturaleza debía ser un sazonador. Por tanto, los discípulos que han perdido la "salinidad" (v. 49) que los hace καλόν ya no son útiles. La amenaza de ser "echados fuera" que sigue a este dicho en Mateo y en Lucas no aparece en Marcos, pero es posible inferir la idea a partir de la amenaza de la γέεννα y del fuego que no se apaga en los vv. 43-48. Sin embargo, en vez de un resultado negativo, Marcos prefiere poner a continuación de la imagen de la sal insípida una exhortación positiva, en un segundo dicho sobre la "sal" que no tiene paralelo en los demás Evangelios.

---

78. Para una descripción completa de los antecedentes, junto con una exégesis algo imaginativa, véase N. Hillyer, *DNTT*, 3.443-49.

79. Unos cuantos autores latinos (Hillyer menciona a Catón, Virgilio y Plinio, aunque no ofrece referencias) confirman la creencia de que la sal, aplicada levemente a la tierra, actuaba como fertilizante, y esto ha hecho que algunos comentaristas (p. ej., Gundry) lleguen a la conclusión de que ἡ γή en Mt. 5:13 es 'la tierra'. La sugerencia lucana de que la sal podría ser εὔθετον εἰς γῆν (14:35) tal vez apoya esta idea, pero no aparece en ningún otro lugar en la literatura bíblica: la sal no fertiliza la tierra sino que la esteriliza (Dt. 29:23; Jue. 9:45; Jer. 17:6). Davies y Allison, *Matthew*, 1.472-73, enumeran no menos de once usos o significados posibles de la sal sin mencionar su función como fertilizante. El hecho de que se utilice el verbo ἀρτύω (un término que no suele emplearse en contextos culinarios) en Mr. 9:50 y Lc. 14:34 para referirse a la restauración del valor de la sal, indica que ellos interpretaron la sal aquí como un condimento (cf. Col. 4:6).

80. N. Hillyer, *DNTT*, 3.446, ofrece ejemplos interesantes sobre la manera en que la sal podía deteriorarse en Palestina.

La sal hasta ahora había indicado el carácter sacrificial del discipulado (v. 49) y una cualidad generalmente benéfica de la vida (v. 50a), pero el versículo 50b ofrece una aplicación mucho más específica de la metáfora. La sal buena que debe caracterizar a los discípulos depende de (si καί se usa en forma epexegética) las relaciones pacíficas que mantengan entre ellos o las produce (si καί es una conjunción de resultado). Aunque la sal en sí no suele usarse como metáfora de la paz, en el AT representa un pacto (Lv. 2:13; Nm. 18:19; 2Cr. 13:5), pero en algunos escritos rabínicos es símbolo de la sabiduría o de un discurso agradable (cf. Col. 4:6), lo cual constituye una base sólida para las buenas relaciones.[81] No existe un significado metafórico único y fijo de la sal, y tal vez no sería sensato ser demasiado específicos a la hora de descifrar lo que significa en esta breve secuencia de dichos. En términos generales, el mensaje que comunican todos ellos es que el discipulado es un asunto muy serio, que conlleva el riesgo de un posible "fracaso" y que es importante esforzarse para que el grupo de los discípulos mantenga su integridad y su carácter distintivo como una comunidad de paz.

LOS VALORES REVOLUCIONARIOS DEL REINO DE DIOS (10:1-31)

En cierto modo, al final del capítulo 9 no se hace ninguna pausa: la enseñanza a los discípulos de Jesús en el camino hacia Jerusalén y a la sombra de la cruz sigue adelante. Pero la desconcertante indicación geográfica de Marcos en 10:1 pone de manifiesto al menos un cambio de escenario y una reanudación de la enseñanza pública; y la introducción en 10:2-9 de una conversación con algunas personas de fuera y no de un diálogo en privado con los discípulos también modifica el escenario por algún tiempo, aunque a partir de 10:10 los discípulos vuelven a ser el centro de la atención.

El tema predominante de esta nueva etapa de enseñanzas, que conduce a la tercera predicción de la pasión en 10:33-34, es la diferencia radical que existe entre los valores convencionales propugnados hasta ahora por los discípulos (y por la sociedad a la que pertenecen) y la nueva perspectiva del reino de Dios. La frase ἡ βασιλεία τοῦ θεοῦ ocupa un lugar destacado en los vv. 14, 15, 23, 24 y 25, un contexto en el que dicha frase aparece más veces que en cualquier otra parte del Evangelio, y la idea permanece latente mientras los valores y las actitudes humanos son cuestionados, y de hecho, totalmente invertidos desde el punto de vista de un reino en el que los primeros son postreros y los postreros primeros (10:31).

---

81. Cf. el uso de μωραίνω in Mt. 5:13 y Lc. 14:34, donde Marcos pone ἄναλον γίνομαι. Este modismo, que suele explicarse en función de la ambigüedad del término arameo *tāpēl* (ser necio o insípido), sugiere que la relación entre la sal y la sabiduría era totalmente aceptada.

Esta perspectiva revolucionaria ya se ha puesto de relieve varias veces a partir de 8:31 cuando Jesús llamó a sus discípulos a aceptar el concepto paradójico de una misión mesiánica que se llevaría a cabo por medio del rechazo y el sufrimiento, a perder sus vidas para poder hallarlas, a elegir entre la aprobación de las demás personas y las exigencias del Hijo del Hombre, a hacerse pequeños y siervos de todos para ser los primeros, a acoger benignamente a los que naturalmente rechazarían y a prever la posibilidad de una renuncia drástica en este mundo para poder alcanzar la "vida". En las siguientes perícopas estas ya desconcertantes demandas se ven reforzadas de un modo que hace que los discípulos se sientan cada vez más incómodos, revelando así cuánto le falta todavía a su proceso de reeducación para que el reino de Dios sea establecido entre ellos. Y las demandas girarán ahora en torno a algunos de los ingredientes más esenciales de la vida, el matrimonio y el divorcio, los hijos, las posesiones y la riqueza. Todo este complejo didáctico llegará a su punto culminante en la tercera predicción de la pasión y en la más profunda "bouleversement"[1] de todos los discípulos como resultado del grosero intento de Jacobo y de Juan en los vv. 35-45 de reformular un criterio más convencional acerca del estatus y la autoridad.

Matrimonio y divorcio (10:1-12)

NOTAS TEXTUALES

1. Las variantes se deben a las desconcertantes indicaciones geográficas del v. 1 (véase el comentario). La simple preposición πέραν que se lee en una gran variedad de MSS occidentales y de Cesarea y en algunas versiones debe considerarse original por ser la lectura más difícil (porque ninguna región de Judea estaba πέραν τοῦ Ἰορδάνου desde la perspectiva de Palestina), podría deberse también a un esfuerzo por asimilar el texto al de Mt. 19:1. Διὰ τοῦ πέραν ofrece la ruta más fácilmente inteligible, y por tanto, se sospecha que sea una corrección deliberada. Καὶ πέραν implica aparentemente una ruta inesperada hasta Perea a través de Judea, y por ello, podría haber sido objeto de una corrección por parte de algún copista que conociera el contexto geográfico, aunque si se tiene en cuenta que la omisión de la conjunción καὶ solo parece empeorar las cosas, esta no sería una corrección que se haría normalmente. Si tenemos, pues, que elegir entre dos lecturas improbables (πέραν o καὶ πέραν) tal vez sea mejor optar por la segunda por cuanto difiere de Mateo.

2. La mayoría de las variantes no cambian casi nada el sentido, pero la lectura de D etc., omite por completo la frase "los fariseos". Dado que para un copista sería muy natural identificar a los interlocutores desconocidos como fariseos, los adversarios

---

1. Un término sugerente que usó a este respecto Helmut Gollwitzer (o más bien su traductor) en un artículo titulado "Liberation in History", *Int* 28 (1974) 411: Jesús exigía "un bouleversement de la escala de valores". Nota del trad.: del francés, "agitación", "conmoción".

"esperados" de Jesús (sobre todo en un asunto concerniente a la halajá), la lectura más corta parece la más probable, y mucho más por cuanto "los fariseos" sería obviamente la frase que habría que insertar para asimilar el texto al de Mateo 19:3.

6. La lectura más corta podría atribuirse a una asimilación a Mateo 19:4. Pero Marcos, a diferencia de Mateo, carece de un sujeto expreso para la oración citada de Génesis 1:27, y el último sujeto expreso es Moisés, no Dios, por tanto, la adición ὁ θεός puede interpretarse mejor como una aclaración obvia que hizo algún copista.

7. La cláusula καὶ προσκολληθήσεται πρὸς τὴν γυναῖκα αὐτοῦ que se omite en ℵ B etc. es, al parecer, tan fundamental para el argumento que no podemos imaginar que se cite Génesis 2:24 sin mencionarla. Pero de igual manera resulta difícil explicar su omisión deliberada si alguna vez apareció en el texto. Por tanto, podría ser más seguro suponer que la cláusula fue eliminada accidentalmente (por ser la primera de dos líneas de la cita que comienzan con καί). Dentro de la línea, la construcción πρὸς τὴν γυναῖκα, que se corresponde con el texto de la LXX que cuenta con mayor apoyo, resulta más adecuada, puesto que τῇ γυναικί no solo es más elegante estilísticamente sino que también se asimila al texto de Mateo 19:5.

Esta enseñanza, la única acerca del divorcio en el Evangelio de Marcos, se imparte en un entorno deliberadamente público (v. 1) y se compone principalmente de una discusión halájica comparable con la de 7:1-15, la cual conduce a una declaración directa y sin mayor explicación de Jesús que socava la ortodoxia vigente de los escribas. A continuación, al igual que en el capítulo 7, los discípulos piden una explicación y la reciben en privado. A la multitud y a los interlocutores escribas se les deja solamente con la declaración radical, de conformidad con el patrón establecido en 4:34: para los de fuera solo παραβολαί, pero para los discípulos una explicación.

La comparación con el capítulo 7 no termina ahí. En todos los casos, la discusión se deriva de un desafío que los interrogadores le lanzan a Jesús, y en todos los casos, Jesús incluye en su respuesta un material escriturario que ellos nunca habrían pensado que guardaba una relación directa con el tema. Este estudio comparativo de la Escritura le permite a Jesús tildar de superficial las opiniones de los escribas y exigir una obediencia más radical al propósito esencial de Dios que a las regulaciones previstas por ellos. Es sobre esa base que Jesús contradice sus puntos de vista "ortodoxos". La dirección del desafío difiere: en el capítulo 7 el llamado a preferir la pureza interior a la exterior parece justificar un enfoque menos riguroso del tema halájico propuesto, mientras que el efecto aquí es descartar la postura más "liberal" de los escribas. Pero en ambas controversias, el propósito de Jesús es poner de manifiesto lo que es fundamental para vivir como Dios exige, a saber, dejar atrás las simples regulaciones y buscar los principios éticos.

En el mundo rabínico se analizaban las bases sobre las que podía permitirse el divorcio, sin embargo, no se ponía en duda la admisibilidad del mismo (de una mujer por parte de su esposo, y no viceversa: Josefo, *Ant.* 15.259): se consideraba que Deuteronomio 24:1-4 (la única legislación relacionada específicamente con el divorcio en la Torá) había resuelto la cuestión. La interpretación más restrictiva de la escuela de Shammai (solo por razones de "inmoralidad sexual", *m. Giṭ. 9:10*) era casi con seguridad una opinión minoritaria). Más representativo, probablemente, es Ben Sirá 25:26: 'Si ella no se somete a ti, divórciate y aléjala de ti", o el comentario lacónico de Josefo (*Life* 426): "Por ese tiempo, descontento de la conducta de mi mujer, me divorcié de ella". Josefo parafrasea Deuteronomio. 24:1 de la siguiente manera: "El que quiera divorciarse de la mujer que convive con él en su casa por cualquier motivo —y entre el pueblo muchos de esos pueden surgir—..." (*Ant.* 4.253), y la escuela de Hillel permitía que el hombre se divorciara de su esposa si "ella le preparaba mal la comida", o incluso, según R. Akiba, "si había encontrado otra mujer más hermosa" (*m. Giṭ. 9:10*).

En esa cultura, la prohibición absoluta de Jesús con respecto al divorcio debe haber sido contundente para sus discípulos y también para sus interlocutores. De ahí que pidieran una explicación, pero la explicación que sigue no atenúa en lo más mínimo la simple fuerza de su declaración, sino que expone en detalle sus implicaciones, que son incluso más inflexibles. Esa explicación ya había sido expuesta en el diálogo anterior, en el que Jesús cuestionó la idoneidad del uso de Deuteronomio 24:1-4 como una base ética y ofreció una consideración alternativa y más fundamental tomada no de la ley del Sinaí sino del orden original de la creación antes de la caída. Si el matrimonio fue instituido como una unión permanente en "una sola carne" del hombre y la mujer, la ruptura de esa unión siempre es contraria a la voluntad de Dios. La provisión jurídica de Moisés en Deuteronomio 24 no pretendía ser una declaración del propósito de Dios para el matrimonio, sino una vía lamentable, aunque necesaria, para limitar el daño cuando ese propósito ya se había abandonado. La provisión permite lidiar con la σκληροκαρδία de los seres humanos, pero no indica cómo deben ser las cosas. La ética matrimonial del reino de Dios no se basa en una concesión al fracaso humano, sino en el patrón establecido en la creación original por parte de Dios del hombre y la mujer. Lo que *Dios* ha unido, no debe separarlo la iniciativa humana.

El argumento consiste en enfrentar un componente de la Torá contra otro, y declarar que la interpretación del matrimonio expuesta en la historia de la creación constituye una base más firme para conocer la voluntad de Dios que el "reajuste" posterior de una provisión jurídica. Pero ¿podría funcionar esa ética simple en las complejidades del mundo real y la debilidad humana? De ahí la larga historia de modificaciones, comenzando con la insignificante atenuación implícita en la "cláusula de excepción" reiterada por Mateo (Mt. 5:32; 19:9) y continuando con los esfuerzos de los comentaristas a través de los siglos por atribuirles a las palabras de Jesús un significado un poco menos inconveniente que el que podrían tener si se tomaran en sentido literal. No puede negarse, por supuesto, que en el mundo real los matrimonios se rompen y los divorcios ocurren y que incluso el defensor más idealista de la permanencia del matrimonio, al igual que Moisés, se ve precisado a buscar vías para lidiar con los trágicos productos de una sociedad tan descarriada. Pero no podemos hacerle justicia a la visión que Marcos tiene de Jesús, debilitando su osada declaración del propósito de Dios para el matrimonio, sino reconociendo que cualquier provisión resultante a favor del divorcio no es buena, sino, al igual que la legislación mosaica en Deuteronomio 24:1-4, una concesión lamentable a la σκληροκαρδία. La sociedad moderna nos demuestra lo que puede suceder cuando una provisión para limitar un daño se toma como un derecho o incluso como una norma. En ese contexto, el retorno lúcido de Jesús a "la manera en que se previó que fuera" posee una simplicidad refrescante y convincente, y no debe relegarse a la categoría de un "ideal" que todos admiramos pero no esperamos seriamente que sea implementado. El modelo establecido por Dios para un matrimonio indisoluble y para toda la vida no es un "ideal" en ese sentido, sino la norma real a la que debemos esperar conformarnos y de la que depende la salud de la sociedad humana. El Jesús de Marcos no nos permite apuntar más bajo.

Si consideramos que esta exigencia es inflexible, eso mismo pensaron los discípulos de Jesús en aquel momento a la luz de las expectativas de la sociedad en que vivían. La pregunta del v. 10 refleja una incredulidad conmocionada (cf. Mt. 19:10, "en ese caso sería mejor no casarse"). Jesús cuestiona lo que la sociedad presupone. Por consiguiente, esta perícopa, que constituye un ejemplo de discusión halájica y podría considerarse fuera de lugar en medio de una secuencia de enseñanzas privadas sobre el discipulado, pone de relieve, al igual que las que siguen, las demandas radicales y subversivas del reino de Dios, y por ende, aumenta el malestar de los discípulos y coadyuva a su reorientación.

1 El adverbio ἐκεῖθεν presumiblemente se refiere a la última ubicación específica que se mencionó en 9:33, a saber, Capernaúm; la próxima será Jericó en 10:46. La ruta entre estos dos puntos solo puede conjeturarse, y no constituye un interés obvio de Marcos. Un peregrino galileo que se dirige a Jerusalén habitualmente descendería por la ribera oriental del Jordán, eludiendo a Samaria, y cruzaría hasta Jericó para ascender a Jerusalén. Pero este versículo, en cualquiera de las dos lecturas probables (véase la nota textual), no se ajusta claramente a ese patrón. Si se omite la conjunción καί el adverbio alude a "las regiones de Judea más allá del Jordán", una frase desconcertante por cuanto Judea se hallaba en el lado oeste del Jordán, del mismo lado del que Jesús había partido para venir a Galilea. La frase πέραν τοῦ Ἰορδάνου que aparece con frecuencia en la literatura bíblica (y una vez en Josefo, quien normalmente usa el término más técnico Περαία) se refiere a la ribera oriental,[2] y en los Evangelios, por lo general, parece identificarse con Perea, es decir, el territorio

---

2. Mt. 19:1, donde se plantea el mismo problema que se plantea en este versículo, fue interpretado por H. D. H. D. Slingerland, *JSNT* 3 (1979) 18-28, como la base para la teoría de que Mateo se escribió en la zona de Transjordania, y por ende, consideró que Judea estaba πέραν τοῦ Ἰορδάνου. No podría, sin embargo, decirse otro tanto con respecto a Marcos porque en 3:8 se usa la misma frase para referirse a una región aparte de Galilea y Judea (véase el comentario sobre 3:8).

que en ese tiempo gobernaba Antipas al este del Jordán y el mar Muerto y al sur de la Decápolis. Políticamente, esta no era Judea, pero es posible que desde la perspectiva galilea estas dos partes del "sur" fueran agrupadas bajo el término Judea a pesar de la diferencia entre sus gobiernos.[3] Ahora bien, si la conjunción καί no se omite, Judea y Perea se mantienen debidamente separadas, pero el orden sugeriría entonces una travesía desde Judea hasta Perea, la ruta contraria a la que probablemente siguió Jesús (aunque compárese el orden en 11:1, donde el destino final, Jerusalén, se menciona antes de los lugares a lo largo del camino). Al igual que en 7:31, la descripción marcana del itinerario no resulta clara, pero en su contexto narrativo los dos términos Ἰουδαία y πέραν τοῦ Ἰορδάνου denotan un avance en la travesía hacia Jerusalén, e introducen a Jesús en un territorio desconocido y potencialmente hostil (teniendo en cuenta las implicaciones ominosas de las dos veces que se menciona a Jerusalén en 3:22 y 7:1, y la meta del viaje de Jesús).

Tal como ocurrió en 8:34, una multitud (o más bien, "unas multitudes"; esta es la única vez que Marcos usa el plural ὄχλοι) aparece en forma inesperada, aunque, según lo que nos había informado 3:7-8, las noticias acerca de Jesús habían trascendido más allá de Galilea. La llegada, pues, del profeta de cuya reputación ya tenían conocimiento atrajo naturalmente una multitud. Si bien la multitud y la enseñanza "habitual" de Jesús representan un traslado de la atención dentro del Segundo Acto con su centralización en la enseñanza privada de los discípulos, Marcos hizo alusión con frecuencia a ambas cosas en sus introducciones o resúmenes editoriales en el Primer Acto. Desde su punto de vista narrativo, la multitud aquí garantiza la presencia de un número convenientemente grande de oyentes para la discusión halájica y para la declaración clave que va a hacerse en el v. 9, y a la vez, una fuente de la que podrán aprovecharse los interrogadores del v. 2.

2 Si el término Φαρισαῖοι no forma parte del texto original (véase la nota textual), esta es una de varias ocasiones en las que Marcos presenta actores u oradores sin identificarlos; cf. 2:3, 18; 3:2; 5:35; 10:13. Pero aun así, si tenemos en cuenta la naturaleza de la pregunta y la discusión que sigue es probable que debamos considerar que estos "individuos" que no se especifican son escribas o fariseos (como Mateo los describe explícitamente), sobre todo por cuanto Marcos interpreta la pregunta como una prueba (πειρά ζοντες αὐτόν), un papel en el que nos hemos acostumbrado a ver a los escribas y a los fariseos. La intención de la pregunta en sí misma no es forzosamente hostil porque era adecuado que trataran de conocer la opinión de un "rabí" que estaba de visita sobre temas que se debatían en aquel momento, pero el uso marcano de πειράζω en contextos similares en 8:11 y 12:15 sugiere que no era tan inocente (véase el comentario sobre 8:11). Además, la redacción

---

3. D. W. Chapman, *Orphan*, 167-68, lanza una importante advertencia contra la suposición de que Marcos y sus lectores pertenecían a una "cultura cartográfica" y sugiere respecto a este versículo (171) que la gente de aquel tiempo era poco consciente de cuándo traspasaban las líneas divisorias".

de la pregunta en Marcos (contrástese con Mateo) no se centra en las razones que permitían el divorcio —un tema legítimo de discusión en aquel tiempo— sino en si el divorcio en sí era permisible, con lo cual, hasta donde nosotros sabemos, los principales maestros judíos de aquella época estaban de acuerdo.[4] Es, pues, probable que ellos ya tuvieran algún indicio de que la opinión de Jesús sobre el asunto era radical, la cual con toda seguridad no le granjearía el afecto de la gente (o al menos de los hombres) en general y lo dejaría expuesto a ser acusado de oponerse a la ley mosaica. A la luz de lo que le había acontecido a Juan el Bautista (6:17-29), cualquier respuesta imprudente con relación al divorcio también podría causarle problemas a Jesús (el "segundo Bautista") con Antipas y su mujer, en especial ahora que Jesús se había instalado en la zona donde Juan había desarrollado su actividad y en la que murió en la fortaleza de Maqueronte en Perea. La pregunta, por supuesto, prevé solamente el derecho del hombre de divorciarse de su mujer; la ley ni y la práctica judías tomaban en consideración el hecho de que una mujer se divorciara de su marido, aunque Jesús planteará (y descartará) esa posibilidad también en el v. 12.

3-4 Los verbos que se usan en este intercambio inicial resultan muy interesantes. Jesús pregunta acerca de los mandamientos (ἐντέλλομαι), pero ellos responden en relación con lo que está permitido (ἐπιτρέπω). Esto refleja la naturaleza ambigua de la base jurídica del divorcio en Deuteronomio 24:1-4. Ese pasaje no "ordena" específicamente, ni siquiera "permite" el divorcio, sino que regula (en el v. 4) la situación que surge después que ha tenido lugar un divorcio y ha sido debidamente certificado: los vv. 1-3 se componen únicamente de cláusulas condicionales que crean el escenario para el que el v. 4 proporciona un dictamen jurídico (que el hombre que se divorcia de su mujer no puede volver a casarse con ella). El divorcio que provocó esa situación se presupone pero no es en sí mismo objeto de la legislación. Por tanto, βιβλίον ἀποστασίου γράψαι καὶ ἀπολῦσαι no es una cita de Deuteronomio 24, sino un resumen de lo que se supone que sea el "permiso" para llevarlo a cabo. La interpretación de esto incluso como un permiso para divorciarse es solo una conjetura que puede hacerse a partir del hecho de que la previsión de divorcio no requiere una desaprobación expresa. Dista mucho, sin duda, de ser un mandamiento (como audazmente lo consideran los fariseos de Mateo, Mt. 19:7). Los interlocutores de Jesús aquí, por tanto, muestran cierta sensibilidad con respecto a la sanción bastante ambivalente que Deuteronomio 24:1-4 provee para el divorcio. Pero dado que no existe ninguna otra legislación relevante en el Pentateuco, esta tenía que servir.

La pregunta de Jesús era acerca de lo que "Moisés" había ordenado, y ellos trataron de responderle, como es lógico, usando el material jurídico de los libros de Moisés. Pero los códigos jurídicos no son el único contenido del Pentateuco, y Jesús va a demostrarles ahora que "Moisés" (en ese sentido más amplio) ofrece

---

4. Sin embargo, a partir de los testimonios de CD 4:21; 11Q19 *(Temple)* 57:17-19, es probable que la secta de Qumrán rechazara el divorcio.

una perspectiva muy diferente que encaja en la categoría de "mandamientos" mucho mejor que el texto tradicional de la ley que ellos citaron.

5 El ἐντολή de Moisés se refiere indudablemente a toda la extensa declaración de Deuteronomio 24:1-4, que sí concluye con un mandamiento (a saber, que la mujer divorciada y casada de nuevo no podrá volver posteriormente con su marido original), y no a las palabras βιβλίον ἀποστασίου γράψαι καὶ ἀπολῦσαι, que no constituyen, de hecho, lo que Moisés escribió, y tampoco representan lo que la ley en verdad "ordena". Toda esa compleja declaración, con su reconocimiento de la realidad del divorcio y la contracción de nuevas nupcias, es lo que Jesús dice ahora que Moisés escribió a causa de[5] τὴν σκληροκαρδίαν ὑμῶν, donde el pronombre ὑμεῖς representa presumiblemente al pueblo de Israel en general y no al grupo específico al que él se dirige.

El término σκληροκαρδία, aunque no aparece a menudo en esa forma en la LXX (Dt. 10:16; Jer. 4:4; Ben Sirá 16:10; cf. Pr. 17:20; Ez. 3:7), refleja la acusación veterotestamentaria frecuente (en la que también suele mencionarse una "cerviz dura") de que el pueblo de Dios se ha endurecido contra él y es insensible a sus demandas en el AT. (Una acusación similar se expresa con diferentes palabras en 4:12, basándose en Isaías 6:9-10; cf. la καρδία πεπωρωμένη de 8:17). Ese lenguaje (y el término σκληροκαρδία en particular) se usan principalmente para referirse a la actitud del pueblo hacia Dios y no a la manera en que se tratan los unos a los otros. Aquí, pues, no denota la crueldad de los hombres hacia sus esposas, sino su rebelión contra la voluntad de Dios para ellos. Fue esa σκληροκαρδία principalmente la que los hizo concebir la idea del divorcio, y la que obligó a Moisés a promulgar una ley sobre una situación que el propósito divino nunca previó.

6-8 En contra de esta última provisión jurídica, Jesús expone la intención original de Dios tal como aparece en dos citas tomadas de Génesis 1:27 y 2:24. Ambas proceden del ἀρχὴ κτίσεως, el período anterior a la caída. El argumento de Jesús se basa en la primacía temporal de esta provisión para el matrimonio y no específicamente en el efecto posterior del pecado, aunque cabe la posibilidad de que ἡ σκληροκαρδία ὑμῶν tenga por objeto recordarnos lo que se ha hecho mal desde que Dios trazó por primera vez el plan para la sexualidad humana. Sin embargo, lo importante aquí es que esa es la manera en que Dios quiso que fuera desde el comienzo, y los principios iniciales deben tener primacía sobre las provisiones correctivas subsiguientes.

Génesis 1:27 no se relaciona directamente con el tema del matrimonio y el divorcio (aunque resulta interesante que se cite también en este mismo sentido en CD 4:21, donde, al igual que aquí, lo que se critica es la aceptación del divorcio, al parecer por parte de un escriba), pero se incluye como la base necesaria para

---

5. Gundry, 538, de manera extraña, interpreta la preposición πρός aquí en un sentido télico: es decir, Moisés escribió esto para "instigar la dureza de corazón". Pero Gundry no explica claramente de qué manera o por qué esa habría sido la intención de Dt. 24:1-4. Si se tiene en cuenta la gran variedad de usos de πρός, esta interpretación paradójica no es ni necesaria ni adecuada para el contexto.

la segunda cita. Dios creó al ser humano como ἄρσεν καὶ θῆλυ con vistas a la unión sexual que se describe en Génesis 2:24. El triple patrón de Génesis 2:24 (véase la nota textual), dejar a los padres, unirse a su mujer y hacerse con ella μία σάρξ, constituye la base esencial del matrimonio, y su relevancia en cuanto al divorcio es que la imaginería de una sola "carne" no podría haber sido ideada con más claridad para describir lo que es permanente e indivisible. Esto hace que el matrimonio deje de ser un mero contrato de conveniencia mutua y le confiere un estatus "ontológico". No se trata simplemente de que "una sola carne" *no debe* separarse; es que *no puede* separarse. El comentario de Jesús de que οὐκέτι εἰσὶν δύο pone de relieve este concepto: ya no son dos seres independientes que pueden optar por seguir su propio camino, sino una unidad indivisible.

Podría analizarse cuándo y cómo tiene lugar esta unión, si se trata simplemente de un encuentro sexual (como en 1Co. 6:16, donde también se cita Gn. 2:24), o de una ceremonia que se realiza en forma privada o pública. Sin embargo, esas consideraciones no afectan la lógica sencilla de la cita de Jesús, ni modifican en modo alguno el principio de la unión de por vida entre el hombre y la mujer tal como Dios lo previó.

9 La antítesis entre ὁ θεός y ἄνθρωπος pone de relieve la base del rechazo al divorcio por parte de Jesús: es una decisión humana (la del marido, que tenía el derecho de tomar esa decisión por sí mismo, y no la del funcionario legal) que intenta deshacer la unión que Dios estableció. El aoristo simple συνέζευξεν expresa la acción de Dios como un fait accompli:[6] una vez que se han cumplido las condiciones expuestas en la secuencia de Génesis 2:24, el hecho de que sean "una sola carne" es irrevocable, no es un asunto de carácter provisional ni opcional. Habida cuenta del reconocimiento de Génesis 2:24 como la base autorizada para el matrimonio, el argumento es sencillo y completo, y Jesús no considera necesario modificar la conclusión inquebrantable: el matrimonio es para toda la vida.

10 En cuanto a la οἰκία como el lugar adecuado para hacer preguntas e impartir enseñanzas en forma privada, véanse los comentarios sobre 7:17 y cf. 9:28, 33. La posición del adverbio πάλιν lo relaciona de manera más natural con el regreso a la casa (siempre que se sobrentienda un verbo que indique la entrada εἰς τὴν οἰκίαν) y no con el verbo expreso de la oración, ἐπηρώτων, del cual lo separa no solo el sujeto sino también la frase περὶ τούτου; los discípulos no le habían preguntado anteriormente περὶ τούτου por la razón muy obvia de que ellos acababan de oír el veredicto de Jesús con respecto al divorcio por primera vez.[7] Al igual que su declaración en 7:15, se trataba de un asunto tan inesperado y con un alcance tan amplio que exigía una explicación.

---

6. En cuanto a συζεύγνυμι como una metáfora del matrimonio, cf. Josefo, *Ant.* 6.309.

7. P. Ellingworth, *JSNT* 5 (1979) 63-66, explica la presencia de πάλιν... ἐπηρώτων presuponiendo que los interrogadores anónimos del v. 2 (si tomamos la lectura más corta) eran los discípulos. El contexto no lo respalda, por cuanto los discípulos no se mencionan en el v. 1, sino una multitud a la que Jesús estaba enseñando, y desde la cual podemos suponer que haya surgido la pregunta.

11-12 La respuesta de Jesús consta de dos declaraciones que se complementan. La primera, con respecto a un hombre que se divorcia de su esposa, también aparece, con ciertas variaciones, en Mateo (5:32a; 19:9) y en Lucas (16:18a). La segunda, relacionada con una mujer que se divorcia de su marido, es propia de Marcos, mientras que Mateo (5:32b) y Lucas (16:18b) presentan una cláusula complementaria diferente acerca de un hombre que se casa con una mujer divorciada. Todas esas declaraciones exponen claramente la misma idea esencial, a saber, que la persona que se divorcia y se casa de nuevo comete adulterio; las diferentes versiones, en especial las de la segunda declaración, presumiblemente reflejan la necesidad de aplicar este principio a las distintas circunstancias a las que se enfrentaban las iglesias en las que fueron compilados los Evangelios. La segunda declaración de Marcos es tal vez la más sorprendente, por cuanto presupone la posibilidad de que sea la mujer quien inicie el divorcio, lo cual no estaba previsto en la ley judía, aunque sí en la romana.

La perícopa hasta aquí ha girado en torno al divorcio, sin mencionar un nuevo matrimonio, a pesar de que este era el tema principal que se abordaba en Deuteronomio 24:1-4 y que había dado lugar a la discusión. En el judaísmo, un hombre se divorciaba con el propósito específico de contraer nuevas nupcias: el certificado que se le extendía a la divorciada decía así: "Eres libre para casarte con cualquier hombre" (*m. Giṭ. 9:3*): las declaraciones de Jesús aquí, por tanto, presuponen que al divorcio le seguirá un nuevo matrimonio, y es esa combinación del divorcio con un nuevo matrimonio lo que él cataloga adulterio. La pregunta que a veces se plantea hoy en cuanto a si Jesús habría aceptado el divorcio sin un nuevo matrimonio, o si al menos consideraba que el divorcio era un pecado menos grave que la contracción de nuevas nupcias, nunca habría sido formulada en el mundo judío; una separación sin al menos el derecho de volver a casarse no sería un "divorcio". De todas formas, la prohibición del divorcio en el v. 9 no va acompañada de ninguna referencia a un matrimonio posterior. Lo que aparece en estos versículos es una explicación adicional de las implicaciones de esa declaración, no un cambio de tema.[8] La base para declarar que el divorcio seguido de un nuevo matrimonio constituye un adulterio es que la unión original en una sola carne era inseparable, y que el pretendido divorcio no podía cambiar esa realidad. Es un adulterio igual al que hubiera cometido el marido en caso de haber tenido relaciones sexuales con otra mujer durante el matrimonio. Podría interpretarse tal vez que las palabras ἐπ᾽ αὐτήν se refieren a la nueva esposa ("con ella", literalmente, "sobre ella"),[9] pero resulta más natural relacionarlas con la esposa original ("contra

---

8. Resulta difícil entender cómo H. C. Kee, *Community*, 155, llega a esta conclusión totalmente infundada de que los vv. 11-12 "permiten el divorcio, pero no la contracción de nuevas nupcias". Tampoco está claro cómo Hooker descubre "una contradicción esencial entre el v. 9, en el que el divorcio es algo inconcebible, y los vv. 10-12, donde lo que se prohíbe es volver a casarse *después* de haberse divorciado"; si el divorcio es "inconcebible", no es sorprendente que cuando sucede lo inconcebible, se condene la combinación resultante del divorcio y un nuevo matrimonio.

9. N. Turner, *BT* 7 (1956) 151-52, basándose en un paralelismo no muy exacto con Jer. 5:9,

ella"; cf. los usos de ἐπί con el acusativo en 3:24-26; 13:8, 12). En ese caso, Jesús reconoce aquí que la esposa también tiene derechos sobre la conducta de su esposo. El divorcio y un nuevo matrimonio son una ofensa no solo contra el propósito de Dios con respecto al matrimonio sino también contra la esposa que resulta perjudicada con ello. En el mundo judío podía decirse que un hombre había cometido adulterio contra el marido de la mujer con la que había estado, o que una mujer lo había cometido contra su propio marido, pero la idea del adulterio *contra la esposa* es un paso de avance notable hacia la igualdad de los sexos.

La declaración complementaria acerca de la mujer que se divorcia de su marido podría reflejar un origen romano para el Evangelio de Marcos, o al menos para esta tradición, porque en Roma la ley reconocía el derecho de la mujer a divorciarse. En el mundo judío esto no se permitía,[10] y el notorio caso de Herodías (véase el comentario sobre 6:17) es la excepción que confirma la regla;[11] lo que hizo que Juan el Bautista condenara su segundo matrimonio no era solo el estrecho parentesco que la unía con Antipas, sino también el hecho de que se hubiera "divorciado" de su primer marido (tal vez de manera informal, pero más probablemente en nombre de la ley romana). Josefo refleja el sentido judío del escándalo en estas palabras: τοῦ ἀνδρὸς διαστᾶσα ζῶντος (*Ant.* 18.136). Su condición de mujer era lo que desautorizaba su "divorcio", pero el Jesús de Marcos no establece aquí ninguna diferencia entre hombres y mujeres: si cualquiera de ellos inicia un divorcio y luego vuelve a casarse, el resultado es el mismo, a saber, comete adulterio.

La aplicación práctica de esta enseñanza no puede ser sencilla en una sociedad en la que el adulterio y el divorcio son comunes y están permitidos por la ley. Pero el Jesús de Marcos no ofrece ninguna orientación directa sobre el problema, sino solamente un principio claro, inequívoco y absolutamente inflexible que establece que el matrimonio es permanente y que el divorcio (junto con la contracción de nuevas nupcias) es malo. Cualesquiera que sean las demás consideraciones que la experiencia pastoral pudiera aportar, algunas de ellas basadas sin duda en valores extraídos de la enseñanza de Jesús sobre otros temas, ningún enfoque puede decir que cuenta con su apoyo si no toma

---

sugiere que la expresión significa "ir por" ella (la segunda esposa). El esfuerzo de B. Schaller, *Exp-Tim* 83 (1971/2) 107-8, por confirmar que significa "con ella" basándose en el modismo arameo y siriaco, también se aleja un tanto del uso griego.

10. En una variante del texto Occidental en el v. 12 se lee ἐξέλθῃ ἀπὸ τοῦ ἀνδρός καὶ ἄλλον γαμήσῃ, que reflejaría más exactamente la accesibilidad de esta opción para la mujer judía. Esto, más que un divorcio formal ratificado por la ley romana, fue en realidad lo que hizo Herodías. Pero esta interpretación reduce el impacto del último dicho de Jesús, porque no sería nada nuevo describir como adulterio el hecho de que una mujer dejara a su marido por otro hombre si no se trataba de un divorcio.

11. En el caso comparable de Salomé, que le envió a su esposo Costábaro un documento para disolver su matrimonio, Josefo comenta simplemente que esto fue οὐ κατὰ τοὺς Ἰουδαίων νόμους (*Ant.* 15.259). Para testimonios de otros casos excepcionales de ese tipo, al margen del judaísmo, cf. E. Bammel, *ZNW* 61 (1970) 95-101.

como su principio guía la interpretación del matrimonio que se expone en los vv. 9 y 11-12.

Los niños (10:13-16)

NOTA TEXTUAL

13. En un gran número de MSS y versiones se lee τοῖς (προς)φέρουσιν en lugar de αὐτοῖς, y en la mayoría de los mismos testimonios aparece el imperfecto ἐπετίμων en vez del aoristo ἐπετίμησαν. Ambas lecturas difieren de Mateo y la primera también de Lucas, y por esa razón, normalmente se preferirían, pero es muy probable que la primera (¿y tal vez la segunda?) pueda explicarse como una aclaración que hizo algún copista para evitar la impresión de que era a los niños a quienes iba dirigida la represión —aunque resulta llamativo que una corrección similar no aparezca en las tradiciones textuales de Mateo y de Lucas.

No cabe duda de que en esta breve perícopa se habla de la actitud de Jesús hacia los niños, sobre todo en el último versículo, pero su función principal en este contexto es volver a ilustrar la incapacidad de los discípulos para ver las cosas del mismo modo que Jesús. La narración de la historia gira en torno a la actitud que ellos demuestran y el rechazo de la misma por parte de Jesús. La declaración clave del v. 15 no se centra en los niños, sino que usa a los niños como una ilustración del discipulado. La doble mención del βασιλεία τοῦ θεοῦ pone de manifiesto la perspectiva.

En 9:36-37 Jesús hizo uso de un niño para ilustrar el concepto del estatus en el reino de Dios, y el tema concreto que se planteó fue el de "recibir" a un niño así en nombre de Jesús. Aquí, Jesús no es el que toma la iniciativa sino otras personas (¿los padres de los niños?). Los discípulos, por tanto, tienen la oportunidad de "recibir" a los pequeños y lo rechazan, pero Jesús hace honor a su exhortación anterior recibiéndolos y bendiciéndolos. En esta ocasión, sin embargo, para exponer la lección que se deriva del desconcierto de los discípulos, Jesús no habla de recibir a los niños sino que usa el lenguaje enigmático de recibir el reino de Dios ὡς παιδίον.

Detrás de la actitud de los discípulos y la enseñanza subsiguiente se encuentra el mismo concepto del niño como el miembro menos importante de la sociedad que señalamos en 9:36-37. Jesús rechaza esta evaluación con su palabra y con su ejemplo. La perícopa, pues, desempeña una función importante por cuanto orienta la actitud de la iglesia hacia los niños y la prioridad que debe dársele a su bienestar espiritual, τῶν γὰρ τοιούτων ἐστὶν ἡ βασιλεία τοῦ θεοῦ, aunque el hecho de usarlo como una prueba a favor del bautismo de infantes va más allá de su objetivo original.[12]

12. Para algunos argumentos en contra de un significado bautismal en esta perícopa, véase E. Best, *Disciples*, 80-97, especialmente 83-86, 92-94.

13 El sujeto indeterminado de προσέφερον podría razonablemente sobrentenderse como los padres de los niños. Su propio anonimato hace resaltar aún más el tema del estatus: ellos, y sus hijos, no son seres especiales. El tiempo imperfecto sugiere que estuvieron intentando traerlos sin éxito a causa de la obstrucción de los discípulos. El sustantivo παιδίον (como en 9:36-37) hace pensar que se trataba probablemente de niños pequeños, pero como Marcos nunca usa παῖς, no debe hacerse mucho hincapié en la fuerza del diminutivo. En 5:39-42 se usa παιδίον para referirse a una niña de 12 años, y en 9:24 a un muchacho cuya condición se había mantenido igual ἐκ παιδιόθεν. Una indicación mejor de la edad de estos niños es tal vez el hecho de que Jesús podía tomarlos en sus brazos (v. 16).[13] No es necesario suponer ninguna ceremonia formal en el toque que se pedía ni en la bendición al poner sus manos sobre ellos a la que se hace referencia en el v. 16. Pedirle esa bendición a un visitante distinguido y a un "hombre santo", especialmente a alguien que ya tenía fama de sanador en aquella región (3:7-8), era solo una parte natural de la "religión popular"; de hecho, el que lo pedía no tenía por qué ser particularmente religioso. El testimonio posterior de la costumbre de llevar los niños a los rabinos para que los bendijeran y oraran por ellos (*Sop.* 18:5) constituye un ejemplo de esta tendencia natural, pero no hay ninguna razón para suponer con J. Jeremias,[14] que no podía suceder en otras ocasiones y que, por tanto, este incidente tuvo que ocurrir en el día de la expiación. En cuanto a la importancia del toque en el ministerio de sanidad de Jesús, véanse 1:41; 8:22, y con respecto a las personas que tocaban a Jesús, véanse 3:10; 5:27-31; 6:56.

No es posible saber si alguna circunstancia particular motivó la actitud hostil de los discípulos, o si consideraron que, por una cuestión de principios, no debía permitirse que los niños molestaran al maestro. Habían olvidado ya la lección de 9:37. Poco importa si el pronombre αὐτοῖς (véase la nota textual) se refiere a los niños (el antecedente más próximo) o (más probablemente) al sujeto de la cláusula anterior, a saber, los padres (en ese caso el masculino significa que no eran solo las madres); el efecto es el mismo.

14 Entre la variedad de términos marcanos que expresan las emociones de Jesús, esta es la única vez que se usa el verbo ἀγανακτέω, aunque ὀργή se mencionó en 3:5 y (probablemente) 1:41, y no hay apenas diferencia en el significado. Ese término incluye la irritación que siente por la incapacidad de los discípulos para aprender y la repugnancia ante su actitud. En algunos versículos anteriores los vimos poniéndole obstáculos a un individuo a quien Jesús aprobó (9:38-39), y la repetición de κωλύω aquí los cataloga como saboteadores que se oponen a las intenciones generosas de Jesús.

---

13. Lc. 18:15 los presenta como βρέφη (infantes), y el *Ev. Tom.* 22 en un aparente paralelismo como niños lactantes.

14. J. Jeremias, *Baptism*, 49.

La frase en genitivo posesivo[15] τῶν τοιούτων puede compararse con la que se lee en Mateo 5:3, 10, αὐτῶν ἐστιν ἡ βασιλεία τῶν οὐρανῶν, que más que la posesión exclusiva del reino, sugiere el hecho de tener una participación legítima en él. Estas son las personas en cuyas vidas Dios ha establecido su reino, y por tanto, participan de sus bendiciones. Pero, ¿quiénes son? ¿Se refiere esto acaso a los menores de edad, e implica con ello la participación automática de todos los niños en el reino de Dios (una participación que podrían perder posteriormente en su vida)? Y en lo que respecta a la doctrina de la iglesia, ¿justifica esta declaración entonces el criterio de que todos los niños presumiblemente son salvos hasta que alcanzan la facultad de discernir y pueden decidir por sí mismos? ¿Constituye esto, pues, una base sólida para bautizar a los infantes? El simple hecho de formular estas preguntas indica que se trata de una intención que no compete, al menos a primera vista, esta perícopa y las deducciones que puedan extraerse de ella para responder a dicha intención deben abordarse con cautela. También es importante observar que el genitivo no es τούτων sino, al igual que en 9:37, τῶν τοιούτων. Si en 9:37, tal como argumentamos entonces, la atención no se centró en los niños sino en lo que el niño representaba en esa perícopa, es decir, los "pequeñitos" del reino de Dios, es probable que el significado aquí sea el mismo. En ese caso, la declaración τῶν τοιούτων ἐστιν ἡ βασιλεία τοῦ θεοῦ no se refiere solo, ni siquiera principalmente, a los que físicamente son niños, sino a todos los que poseen el estatus de un niño. Es a esas personas, a los insignificantes que son importantes para Jesús, que pertenece el reino de Dios (entre las cuales, por supuesto, se hallarán los niños, pero no solo ellos). Es con respecto a los que físicamente son niños que Jesús les dice a los discípulos que les permitan que se acerquen a él, pero la razón es que ellos representan y pertenecen a una categoría más amplia de οἱ τοιοῦτοι, que son los que a Dios realmente le importan.

15 Por lo general se considera que los catorce dichos que comienzan con ἀμήν en Marcos constituyen declaraciones particularmente importantes, y algunos de ellos comunican promesas y advertencias acerca de las recompensas y castigos espirituales (véanse 3:28; 9:1; 9:41; 10:29). Aquí también hay una advertencia sobre el fracaso de entrar en el reino de Dios; cf. 9:43, 45, 47 con respecto a la entrada en ζωή o en ἡ βασιλεία τοῦ θεοῦ, y véase allí para este uso de ἡ βασιλεία τοῦ θεοῦ como un equivalente virtual de ζωὴ αἰώνιος. Ese βασιλεία, según dice aquí, se "recibe" y en él se "entra", lo cual ilustra muy bien la imposibilidad de restringirlo a un solo concepto unívoco. Aunque el hecho de "entrar" en él se refiere aparentemente al destino eterno, la acción de "recibirlo" se relaciona más con la actitud de la persona y su respuesta a las demandas de Dios en esta vida. Para "recibir el reino de Dios" debemos someternos voluntariamente a Dios, aceptando con agrado los valores

---

15. F. A. Schilling, *ExpTim* 77 (1965/6) 56-58, lo interpreta como un "genitivo cualitativo", e interpreta que "el reino de Dios es de la naturaleza de un". Véase más adelante, pág. 397 n. 18.

radicales que Jesús vino a inculcar.[16] Esa "recepción" ahora es la clave para "entrar" después.

La naturaleza de esa recepción depende de cómo traduzcamos ὡς παιδίον. Si consideramos que παιδίον está en caso nominativo, significa "lo recibe como un niño"; si consideramos que está en caso acusativo, significa "como se recibe a un niño". Al parecer, no existe ningún fundamento para preferir cualquiera de esas hipótesis por razones sintácticas o estilísticas. El hecho de que en 9:37 se haya hablado específicamente de "recibir a un niño" tal vez favorece la hipótesis de que se trata del caso acusativo, pero no resulta fácil entender qué relación puede existir entre "recibir" a una persona concreta y "recibir" una idea abstracta como el reino de Dios.[17] Por otro lado, la hipótesis de que se trata del caso acusativo ofrecería un equivalente en Marcos a la expresión de Mateo acerca de "hacerse como niños" (Mt. 18:3), un detalle sorprendentemente tácito en Marcos 9:36-37 y en esta perícopa, aunque podría estar implícito en el hecho de que la elección del niño por parte de Jesús como un modelo en 9:36 aparece en el contexto de una disputa sobre la superioridad. El contexto es el que debe determinar cuál de las dos opciones es la correcta, y la secuencia que comienza en el v. 14b apoya la hipótesis de que se trata del caso nominativo: existe un paralelismo entre la idea de que el reino de Dios es para las personas que son como niños y la idea de que la entrada a él está reservada para los que lo reciban como los niños.[18] Si consideramos la perícopa en conjunto, la razón por la que los discípulos no pudieron entender la importancia de los niños en relación con el reino de Dios es que ellos todavía no habían aprendido a "recibirlo" como niños. Su comprensión "adulta" de los valores les impedía estar en sintonía con la escala de valores de Dios.

16 En cuanto a ἐναγκαλισάμενος véase el comentario sobre 9:36. Κατευλογέω (que aparece solo aquí en el NT) no difiere, al parecer, de εὐλογέω en cuanto al significado. Estaríamos exagerando demasiado nuestra exégesis si viéramos en el verbo compuesto un contraste con la desatención de los discípulos: Jesús, por el contrario, les dio a los niños una bendición *perfecta*. El participio τιθείς explica la manera en que se impartió la bendición, y la imposición de las manos satisface la petición original de tocarlos que le habían

16. Véase A. M. Ambrozic, *Kingdom*, 143-48, con respecto al uso de δέχομαι en la literatura sapiencial como "un término técnico que describe una aceptación voluntaria y comprensiva de la sabiduría en sus diversas manifestaciones".

17. F. A. Schilling, *ExpTim* 77 (1965/6) 56-58 defiende la interpretación con respecto al caso acusativo. Él cree que el reino de Dios aquí se compara con un niño (como ocurre también en otros lugares con un sembrador, una semilla, una red, etc.), "un ser nuevo, al principio de la vida, necesitado de afecto", y que "es preciso aceptar como un niño al que se le envuelve en un amoroso abrazo". En contra de la interpretación con respecto al acusativo, véase J. I. H. McDonald, *SE* 6 (1973) 329.

18. Véase además E. Best, *Disciples*, 94-96. Best comenta: "El niño confía en los adultos, tiene confianza en ellos, recibe lo que le ofrecen. Del mismo modo, el discípulo debe confiar en Dios y recibir el reino". Schweizer, 207, habla de la "mano vacía de un mendigo". J. I. H. McDonald, *SE* 6 (1973) 330-32, compara la expresión rabínica acerca de "tomar el reino sobre" uno mismo cuando se recita el Šma ', y de manera tentativa, relaciona este dicho con la experiencia del niño en el Bar Mitzva.

hecho en el v. 13. La imposición de las manos no tiene ningún significado "litúrgico" especial: es un gesto natural que expresa asociación, que se emplea con frecuencia en la curación de los enfermos (1:41; 5:23; 6:5; 7:32; 8:23, 25), pero también como un símbolo tradicional de bendición (Gn. 48:14-18).

Las riquezas (10:17-27)

NOTAS TEXTUALES

19. Dado que μὴ ἀποστερήσῃς es una intrusión inesperada en las cláusulas conocidas del decálogo, su omisión en algunos testimonios importantes se explica mejor como una acción deliberada, ya sea porque no era reconocido como uno de los mandamientos (y podía tomarse como una simple repetición del concepto de μὴ κλέψῃς), o para asimilar el texto a los de Mateo y Lucas, que también lo omiten.

21. La adición de ἄρας τὸν σταυρόν (σου) en A W y muchos MSS posteriores, aunque no aparece ni en Mateo ni en Lucas, se asemeja mucho a una ampliación "moralizadora".

24. La lectura más corta tiene el efecto de universalizar la dificultad de entrar en el reino de Dios, aunque la especificación de οἱ τὰ χρήματα ἔχοντες en el v. 23 y πλούσιος en el v. 25 la limita contextualmente. Es posible que τοὺς πεποιθότας ἐπὶ χρήμασιν sea una adición posterior que se hizo a partir del contexto para evitar este sentido universal, pero el hecho de que la redacción sea diferente de la de los vv. 23 y 25 obra a su favor, y la lectura más corta podría atribuirse entonces al deseo de algún escriba de evitar la redundancia. Pero la sustitución del término riqueza por la expresión "*confiar* en las riquezas" parece ser una atenuación sospechosamente conveniente del duro veredicto de Jesús sobre las riquezas, de ahí la preferencia por la lectura más corta.

25. La sustitución de κάμηλον por κάμιλον en algunos minúsculos es un esfuerzo obvio por "mejorar" la extraña comparación de Jesús; véase el comentario más adelante.

26. Πρὸς ἑαυτούς cuenta con un apoyo muy amplio y refleja una reacción natural, aunque podría fácilmente "sustituirse" por πρὸς αὐτόν para mantener el intercambio entre los discípulos y Jesús.

El tema del estatus continúa abordándose en esta próxima perícopa, que se refiere a un hombre que cabía esperar que ocupara un nivel social muy alto por las riquezas que poseía, y con toda seguridad habría sido considerado un candidato muy deseable para el reino de Dios. Los vv. 17-22 se centran en el propio hombre, pero en los vv. 23-27 nos unimos al asombro de los discípulos ante la manera poco diplomática en la que Jesús ha respondido a su acercamiento aparentemente sincero, y Jesús aprovecha la oportunidad para aumentar el desconcierto que manifiestan restringiendo todavía más las condiciones necesarias no solo para ocupar un lugar importante en el reino de Dios, sino incluso para poder pertenecer a él. La descripción repetida de la incomprensión de los asombrados discípulos da lugar a una declaración clave sobre la diferencia que existe entre la perspectiva de los seres humanos y la de

Dios (v. 27). La repetición triple de la expresión εἰς τὴν βασιλείαν τοῦ θεοῦ εἰσελθεῖν, muy próxima a las palabras de los vv. 14-15 sobre la participación, la recepción y la entrada en ese mismo βασιλεία, ofrece una guía infalible para poder llegar a donde Marcos desea que el lector descubra la relevancia de la historia del hombre rico; la cual vuelve a girar en torno al tema de los valores "invertidos" del reino de Dios. Los versículos 28-31, que aquí se tratan como una perícopa separada, no obstante, siguen de cerca y exploran aún más las prioridades implícitas en el compromiso del discipulado, y concluyen con la fórmula que resume todo lo que se ha dicho en esta sección del Evangelio, a saber, que en el reino de Dios los πρῶτοι serán ἔσχατοι y los ἔσχατοι πρῶτοι.

Si la contemplamos desde esa perspectiva más amplia, la historia del hombre rico es más que una simple expresión de la actitud de Jesús hacia las riquezas; en realidad, forma parte de una crítica más extensa de los valores humanos convencionales. Eso, sin embargo, no significa que no deba interpretarse como una declaración acerca de la opulencia. Al igual que cada una de las perícopas anteriores, contribuye a la reeducación general de los discípulos y contiene su propio mensaje específico e incómodo. En la sociedad judía normalmente se daba por sentado que la riqueza debía aceptarse con beneplácito como una señal distintiva de la bendición de Dios; algunos rabinos como Hillel y Akiba que pasaron de la oscuridad y la pobreza a la riqueza y la influencia son encomiados sin ningún reparo.[19] Pero Jesús invierte esta evaluación tan natural.[20]

Esta perícopa es, de hecho, la contribución más importante del Evangelio de Marcos a la enseñanza distintivamente cristiana sobre las posesiones, la cual se desarrolla con más detalle en los otros Evangelios sinópticos, especialmente, en Lucas. La perícopa nos habla de un hombre cuyo camino hacia la "vida" se vio entorpecido por su negativa a renunciar a sus posesiones y seguir a Jesús, un ejemplo clásico de la advertencia de 4:19: "los afanes de este siglo, y el engaño de las riquezas y las codicias de otras cosas, entran y ahogan la palabra, y se hace infructuosa". Todos los lectores del Evangelio deben preguntarse, aunque les resulte incómodo, si esta invitación a la renuncia fue solo para este hombre o si puede universalizarse. Una minuciosa lectura entre líneas de las narraciones del Evangelio revela que los que habían "dejado todo" para seguir a Jesús (v. 28; cf. 1:18, 20; 2:14), continuaron, al parecer, usando algunas de sus posesiones (la casa de Pedro en Capernaúm, 1:29 etc.; su barca y aparejos de pesca, Jn. 21:3; el festín de Leví, 2:15) y que el grupo itinerante de Jesús y sus discípulos dependía de la hospitalidad y la provisión material de algunos partidarios como María, Marta y Lázaro en Betania (Lc. 10:38-42; Jn. 11; 12:2)

---

19. M. Hengel, *Property*, 19-22.

20. Existe también, sin embargo, una vertiente de hostilidad hacia los ricos en una parte del pensamiento judío, ejemplificada por algunos de los profetas y desarrollada especialmente en *1 Enoc*. Véase A. M. Ambrozic, *Kingdom* 165-69, para ejemplos de algunos ricos que son considerados "instrumentos típicos de alienación de Dios y de opresión de los pobres".

o las mujeres de Lucas 8:2-3. Por ese motivo, muchos han llegado con gratitud a dos conclusiones, a saber, que Jesús, en realidad, no se refería a "todo", o que había (¿y hay?) dos niveles de discipulado, de los cuales, solo el más riguroso (al que, según veremos más adelante, Jesús llamó a este hombre) exige una renuncia total. El comentario de Gundry resulta tal vez oportuno: "Que Jesús no les pidió a todos sus seguidores que vendieran todas sus posesiones consuela solo a las personas a las que él *les daría* esa orden".[21]Pero la historia no termina en el v. 22. El siguiente diálogo con los discípulos deja muy poco margen para concluir que este hombre rico en particular constituía una excepción; las palabras de Jesús tienen un alcance inequívocamente universal, es por eso que los discípulos se sintieron consternados. Las riquezas en general, no solo las de este hombre, constituyen un impedimento insuperable para entrar en el reino de Dios (y el principal objetivo de la imagen vívida del v. 25 es precisamente subrayar la *imposibilidad*, no solo la dificultad, de la salvación de los ricos). La conclusión a la que llegan los discípulos en el v. 26 es bastante correcta desde la perspectiva humana. Es únicamente en el v. 27 que un rayo de luz viene a aliviar la desolación del cuadro, pero sigue siendo enigmático, y en lugar de ofrecer una solución humanamente comprensible, deja la resolución del problema a la impenetrabilidad del propósito divino. Y los vv. 28-31 no facilitan las cosas porque si bien hablan de la recompensa que recibirán los que lo *han* dejado todo, no dicen nada que pueda consolar a los que no lo han hecho.

Aquí, pues, al igual que en los vv. 2-12, Marcos nos deja con una ética totalmente inflexible que parece imposible de aplicar en el mundo real, en el que cierto grado de "riqueza" es, al parecer, esencial para sobrevivir y, de hecho, para llevar a cabo un discipulado eficaz y para poder hacer bien. La "riqueza" es relativa: incluso los que se considerarían pobres en la sociedad occidental moderna viven en un nivel que habría sido inimaginable para la mayoría de los oyentes de Jesús, y aún lo es para muchas personas en otras partes del mundo actual. Para poder llevar, en todo caso, la vida despreocupada de la dependencia absoluta de Dios ejemplificada por las aves y las flores que se encomia en Mateo 6:25-33 sería preciso aislarse radicalmente de la sociedad moderna, lo cual no concuerda con el llamado evangélico a ser la sal de la tierra y la luz del mundo. ¿Significa eso acaso que esta perícopa carece de todo valor práctico para nosotros y no es más que un atisbo histórico interesante de un ascetismo extremo que la iglesia cristiana pronto y necesariamente dejó atrás? Al igual que con la enseñanza sobre el divorcio, esa es una conclusión peligrosamente cómoda. La naturaleza y el grado de renuncia de las riquezas que exige el Evangelio tal vez es algo que haya que resolver de manera diferente en momentos y circunstancias diferentes, pero si perdemos de vista el principio de que la opulencia constituye un obstáculo para el reino de Dios, nos distanciamos de Jesús en un punto que parece haber sido fundamental para su enseñanza, tal como lo consideraron los tres escritores sinópticos.

21. R. H. Gundry, *Matthew*, 388.

17 Después del regreso a la casa en 10:10 y el incidente no localizado con los niños, volvemos a encontrar ahora a Jesús en el camino: la repetición de ὁδός no nos permite olvidar lo que se avecina, y ubica el llamado a seguirlo (v. 21) en un contexto sombrío. La figura clave en esta historia se presenta simplemente como εἷς; toda la información que necesitamos acerca de él la revelará la propia historia, pero no será hasta el final de la misma que se pondrá de manifiesto el aspecto fundamental: ἦν ἔχων κτήματα πολλά. Marcos no menciona su juventud (Mt. 19:22) ni su estatus político (Lc. 18:18). La combinación de προσδραμών con γονυπετήσας (véase el comentario sobre 1:40) sugiere cierto grado de gravedad, incluso de urgencia, que está bien corroborado por sus primeras palabras. No resulta sorprendente que se dirija a Jesús como διδάσκαλε: el término ya lo habían usado algunos de fuera (5:35; 9:17) y también los discípulos (4:38; 9:38). Pero lo que sí resulta llamativo es la adición de ἀγαθέ: Marcos no usa en ningún otro lugar el término ἀγαθός con referencia a una persona, y su combinación con διδάσκαλε (que da lugar a una forma de tratamiento para la que no se conoce ningún paralelismo judío contemporáneo) sugiere que se trata de un halago, o alguien de fuera que posee un concepto inusualmente positivo de Jesús (alguien que a la luz de 9:40 debía sin duda considerarse que estaba ὑπὲρ ἡμῶν). El carácter inusual de esta forma de dirigirse es lo que da pie a la respuesta perspicaz de Jesús en el v. 18.

La pregunta parece sincera y sugiere una búsqueda espiritual seria —la búsqueda de ζωὴ αἰώνιος. Con respecto a ζωή véanse los comentarios sobre 9:43, 45, y en cuanto a αἰώνιος el comentario sobre 3:29. A la luz de esos usos debemos suponer que los dos términos juntos, aquí y en 10:30 (la única vez que aparece en Marcos), se refieren, como suelen hacerlo en el NT, a la salvación final, presumiblemente más allá de esta vida actual. Por tanto, el hombre cree en la vida después de la muerte, pero también cree que no puede garantizar que vaya a heredarla. Debe hacer algo para tener derecho a ella. El verbo κληρονομέω se usa ampliamente en la LXX para referirse al derecho de tener y tomar posesión de algo (especialmente la tierra prometida), sin hacer hincapié en el concepto específico de la herencia, y por tanto, no es necesario presuponer en la elección de esta palabra una teología paulina de la herencia.[22] El hombre solo quiere saber cómo puede tener derecho a ζωὴ αἰώνιος. Se sugiere a veces que la pregunta τί ποιήσω; tiene por objeto revelar un concepto "pelagiano" de la salvación por medio de obras, pero la narración no lo respalda por cuanto la respuesta de Jesús también alude a cosas que hay que "hacer" (v. 19), y la "única cosa que falta", según el v. 21, también se relaciona con cosas que deben "hacerse" (vender y seguir). Marcos no se preocupa por ninguna controversia sobre la fe y las obras.

---

22. Los conceptos de la vida eterna y la herencia aparecen relacionados de manera diferente en *Sal. Sal.* 14:1-5, donde la vida eterna es el destino de los que componen el pueblo fiel de Dios, que son, a su vez, la κληρονομία de Dios.

18 Este cautivador versículo aparentemente plantea una objeción a la manera en que el hombre se dirige a Jesús, pero el tema no se desarrolla, y somos nosotros los que debemos determinar cuál era la objeción. Tal vez Jesús entrevió cierto halago en aquella expresión tan exagerada, y al extender el significado de ἀγαθός hasta el punto de la perfección cuestiona si es adecuado aplicarlo a cualquier hombre. Si lo tomamos como una definición formal, esto resultaría pedante, porque en la conversación normal no había por qué objetar el hecho de referirse a una persona como ἀγαθός, pero la brusquedad podría tener por objeto sondear la sinceridad del hombre. Si Jesús, en cambio, sí acepta su sinceridad, la respuesta le pide que reexamine su concepto de "bondad" (y por ende, tal vez el tipo de "obra" que pudiera hacerlo elegible para la vida eterna) a la luz de la bondad absoluta de Dios, al lado de la cual la de cualquier ser humano es solo relativa.[23] El hecho de que Jesús lo haga aprovechándose de la forma en que el hombre se dirige a él como ἀγαθέ, y que con ello, se incluya a sí mismo en la bondad relativa de la humanidad, solo constituye un problema en el contexto de una afirmación dogmática formal de la impecabilidad y la divinidad de Jesús. En la época del ministerio de Jesús esto difícilmente representaría un problema, y el hecho de que Marcos y Lucas den testimonio del intercambio de esta forma sugiere que ellos tampoco lo interpretaron como un problema. La reformulación de Mateo de la pregunta y la respuesta aparentemente tiene por objeto eludir la posible inferencia de que Jesús afirmó que él no era bueno (en sentido absoluto) y por tanto, que no era Dios, pero podría cuestionarse si algún lector original de Marcos habría percibido de manera natural esa implicación aquí —y menos aún que al llamar la atención sobre el uso de ἀγαθός con referencia a él mismo, Jesús en realidad estaba invitando al interrogador a confesarlo como divino. Esa sería una incongruencia monumental.

19 Jesús presupone que este desconocido está familiarizado con el decálogo —un índice importante de su lugar en la sociedad judía de aquella época. Los ἐντολαί que Jesús cita representan la segunda parte del decálogo, es decir, los mandatos que rigen la conducta hacia las demás personas, y que, por ende, permiten una evaluación relativamente objetiva. El único que falta es "no codiciarás", que tiene que ver con el pensamiento más que con la conducta, y por tanto, no forma parte tan fácilmente de un cuestionario de evaluación ética. Su lugar lo ocupa μὴ ἀποστερήσῃς (véase la nota textual), por lo demás desconocido en este contexto (y que no aparece aquí ni en Mateo ni en Lucas). Sin embargo, resulta difícil discernir alguna diferencia práctica entre κλέπτω y ἀποστερέω. A partir del informe de Plinio a Trajano (*Ep.* 10.96.7) acerca de la moral cristiana se ha sugerido que la expresión se refiere específicamente a la retención de los bienes que se habían dejado en

---

23. J. F. Williams, *Followers*, 143-45, considera que la respuesta de Jesús "cuestiona el concepto del hombre con respecto a la bondad, porque… el hombre se considera bueno en virtud de su adhesión a la ley… Sin embargo, aunque es obediente, no es bueno".

depósito (lo cual era el significado común de ἀποστερέω en griego clásico), pero la palabra en sí no es tan específica. Es preferible tomarla simplemente como un esfuerzo por expresar con términos relacionados con la conducta las implicaciones del décimo mandamiento: la apropiación de las posesiones de otro es probablemente un resultado práctico de la codicia. Los mandamientos aparecen en el orden hebreo (que difiere del de la LXX; el adverbio de negación μή + el subjuntivo del verbo también difiere de la estructura que usa la LXX de οὐ + el indicativo), exceptuando la postergación hasta el final del quinto, el único que se formula en sentido positivo.

20 La voz media de ἐφυλαξάμην en Marcos (Mateo y Lucas usan la voz activa) significaría estrictamente "he evitado, me he guardado de"; salvo que se trate de una gramática descuidada, el verbo indicaría que ταῦτα πάντα aquí no se refiere a los propios mandamientos, sino a las acciones que ellos prohíben (así opina Gundry). En cualquier caso, el significado es claro: el hombre afirma que su conciencia está tranquila con respecto a estos mandamientos. No hay nada que indique que la afirmación no fuera sincera. Cabe suponer que desconociera la interpretación mucho más trascendental que Jesús les había dado a algunos de estos mandamientos (Mt. 5:21-28). Si se toman como normas de conducta, podrían guardarse en forma literal (exceptuando tal vez el requisito positivo de honrar a los padres, que resulta más difícil de cuantificar), y el hombre mantenía, y así lo reconocía, una conducta intachable en todos estos aspectos. De manera general, está demostrando que es un candidato muy atractivo para el reino de Dios.

21 El comentario (que solo hace Marcos) de que Jesús ἠγάπησεν αὐτόν elimina cualquier sugerencia de que la declaración del hombre fuera insincera y que el propósito de Jesús era desenmascarar la hipocresía. El verbo ἐμβλέπω denota una mirada escrutadora (véase 14:67): hasta aquí él había pasado el escrutinio cuidadoso de Jesús, y Jesús estaba muy impresionado. La última demanda no pretende desalentarlo: Jesús lo quiere en su equipo.

El verbo ὑστερέω adopta el genitivo de algo que es insuficiente, pero es inusual el acusativo para denotar al que es afectado por la carencia (de ahí la lectura σοί en muchos MSS; véase Legg), pero véase Sal. 22[23]:1 en la LXX, οὐδέν με ὑστερήσει (véase BDF 180[5]). "Fallarte", "defraudarte" en español son las que más se acercan al significado del modismo. La "única cosa" se expresa con términos inequívocos: dos imperativos de aoristo (πώλησον, δός) prescriben una desinversión y una donación únicas y completas, mientras que el imperativo de presente que sigue δεῦρο ἀκολούθει μοι (cf. 1:17, δεῦτε ὀπίσω μου; 2:14, ἀκολούθει μοι) establece una pauta nueva para el futuro. Jesús no le pide solamente la renuncia de sus posesiones sino también un cambio total en su modo de vivir: debe unirse al grupo itinerante de los discípulos más cercanos de Jesús, con sus recursos en común y su dependencia del apoyo material que les brindan otras personas.[24]

---

24. Contrástese la provisión rabínica (*m. ʾArak. 8:4*; *b. Ket.* 50a) de que solo una porción

En compensación, él recibirá un θησαυρὸν ἐν οὐρανῷ. Marcos carece del pasaje Q que contrasta los tesoros pasajeros de la tierra con el incorruptible θησαυρὸς ἐν οὐρανῷ (Mt. 6:19-21), pero el dicho transmite el mismo mensaje, que se verá posteriormente reforzado en los vv. 29-30. La renuncia no se presenta como algo bueno en sí mismo, sino como el medio para alcanzar un fin mucho mejor. Es solo una cuestión de perspectiva.

22 El verbo inusual στυγνάζω (στυγνός en Dn. 2:12 en la LXX denota ira; στυγνάζω en Ez. 27:35; 28:19; 32:10 alude al "espanto" de la gente ante el destino de Tiro y de Egipto) sugiere tal vez la apariencia física que revela una emoción; en Mateo 16:3 hace referencia al cielo "nublado" (cf. Sab. 17:5 en la LXX, las tinieblas "airadas" de Egipto). *Su rostro se nubló.* El *Evangelio según los hebreos*, tal como lo cita Orígenes, le añade el toque familiar: "Comenzó a rascarse la cabeza y aquello le desagradó". Su dolorosa decisión ilustra el dicho Q, οὐ δύνασθε θεῷ δουλεύειν καὶ μαμωνᾷ. Pedro estará presto a señalar el contraste con la decisión que él y sus colegas habían tomado en su primer encuentro con Jesús (v. 28).

23 Podríamos haber esperado una protesta inmediata de parte de los discípulos por la actitud intransigente y utópica de Jesús que ha provocado la pérdida de este candidato tan deseable, pero es el propio Jesús quién toma la iniciativa y expone la conmoción interior que aquello les ha producido. Marcos ya había usado con anterioridad el verbo περιβλεψάμενος para indicar que Jesús daba respuesta a pensamientos que no se habían verbalizado (3:5 y quizás 3:34; cf. ἰδὼν τοὺς μαθητάς in 8:33). El problema no se relaciona solamente con la cuestión práctica de seguir a Jesús en su ministerio itinerante, sino más fundamentalmente con la entrada en el reino de Dios (véase el comentario supra sobre 10:15 y sobre 9:43, 45, 47); se supone que al rechazar lo uno, el hombre rico ha perdido lo otro. Este primer comentario, al parecer, permite la *posibilidad* de que los ricos entren en el reino de Dios; aunque eso incluso se pondrá en duda en los vv. 25-27. Su entrada, sin embargo, será δυσκόλως, con dificultad o dolor (una palabra que clásicamente se refería a alguien que era difícil de complacer, y aparece solo en esta perícopa en el NT). Aparentemente, no existe ninguna diferencia significativa entre las distintas expresiones que se usan para describir a los ricos: ἔχων κτήματα πολλά (v. 22), τὰ χρήματα ἔχοντες (v. 23), πλούσιος (v. 25). Las posesiones, lejos de representar la ventaja que el mundo supone, constituyen un obstáculo para entrar en el reino de Dios.

24-25 Los discípulos, que ya se sentían consternados por la experiencia del hombre rico, se quedan aún más desconcertados por la manera en que Jesús la generaliza. Su comentario posterior solo empeora las cosas, en primer lugar, por la repetición de la misma declaración, y luego, por el epigrama que le añade que hace que la entrada del rico en el reino de Dios no solo sea difícil sino

---

de los bienes de una persona (no más de la quinta parte) puede dedicarse a Dios. Véase además M. Hengel, *Property*, 20-21, en cuanto a las limitaciones a la caridad, para impedir que las personas se empobrezcan.

imposible. El término τέκνα que emplea para dirigirse a los discípulos aparece únicamente en Marcos, pero es el mismo que usa para dirigirse al paralítico en 2:5 y el que utiliza Abraham cuando le habla al rico en Lucas 16:25. Es poco probable que ese término evoque específicamente la enseñanza acerca de los niños en 9:36-37; 10:13-16, puesto que παιδίον se usó constantemente en esos pasajes, y por tanto, sería mejor tomarlo como un epíteto coloquial y afectivo para sus compañeros íntimos, a saber, "chicos". La omisión de una referencia especial al rico en el v. 24 (véase la nota textual) le confiere a la repetición del dicho un carácter más universal (de ahí, sin duda, la variante textual), pero el lector trae en forma natural a esta repetición abreviada el dicho completo del v. 23, y el uso de πλούσιος en el v. 25 no deja margen para ningún malentendido en el contexto.

En cuanto a la estructura εὐκοπώτερόν ἐστιν... ἤ... en un dicho de carácter proverbial cf. Lucas 16:17; también la pregunta formulada antes de la curación del paralítico en 2:9 y los pasajes paralelos. En Ben Sirá 22:15 se utiliza εὔκοπον... ἤ... de manera similar, pero la forma comparativa es, al parecer, un modismo característico de Jesús. Cuando, como ocurre aquí, el suceso "más fácil" es claramente imposible, el más difícil lo es todavía más. La idea grotesca de un camello pasando a través del ojo de una aguja es un recurso proverbial para afirmar que algo es imposible: en un dicho rabínico (*b. Ber.* 55b; cf. también *b. B. Meṣ.* 38b; *b.* ῾Erub. 53a) se usa la figura de un elefante que pasa a través del ojo de una aguja (junto con una palmera hecha de oro) como símbolo de lo imposible, y LSJ (s. v. κάμιλος) hace referencia a un proverbio árabe en este mismo sentido. El camello, por ser el animal más grande en Palestina, fue la elección local natural para la misma imagen.[25] La obvia imposibilidad de esta hazaña que tanto escandalizó a los discípulos ha sido desde entonces un motivo de preocupación para los intérpretes bíblicos. Un esfuerzo por "mejorar" el dicho (véase la nota textual) es la sustitución de κάμηλον por κάμιλον (cable) que encontramos en unos cuantos minúsculos y aparece traducido en la versión georgiana, aunque el tipo de cable de barco al que hace referencia esta palabra tan inusual y tardía tiene las mismas probabilidades de pasar por el ojo de una aguja que un camello. Otra modificación, cuya frecuente repetición por parte de los predicadores la ha transformado en una verdad comúnmente aceptada, es la sugerencia que se hizo popular en el siglo XIX[26] de que "el ojo de la aguja" era un término que se usaba para designar una pequeña entrada que había dentro de la enorme puerta doble en el muro de la ciudad, a través de la cual podían entrar los peatones sin abrir las grandes portadas como sí sería necesario hacer para darle acceso a una caravana de camellos. La imagen resultante de un camello despojado de su carga y doblando las rodillas y el

---

25. S. E. Dowd, *Prayer*, 75-77, analiza este dicho (junto con 2:9) como un ejemplo del recurso literario ampliamente usado de lo ἀδύνατον (con respecto al cual, véanse las págs. 70-72).

26. Lagrange ya alude a este punto de vista en el siglo XV (Poloner), mientras que Gundry lo atribuye a Teofilacto en el siglo XI y Schweizer a un comentarista anónimo en el siglo IX.

cuello para pasar por la puerta de los peatones ofrece una gran variedad de posibilidades homiléticas, pero lamentablemente sigue siendo una suposición sin apoyo. "No existe ni la más mínima prueba que confirme esta identificación. A esta puerta nunca se le ha llamado "el ojo de una aguja" en ningún idioma, y tampoco se le llama así en la actualidad".[27] Pero peor que la falta de pruebas para esta conjetura es el efecto que produce al socavar la idea central del proverbio. Lo que Jesús presentó como un asunto ridículamente imposible se ha convertido en una posibilidad remota: si la persona rica se despoja de todo lo que tiene de más y se llena de la humildad suficiente, podría tener también la posibilidad de colarse. Pero eso no era lo que el proverbio de Jesús intentaba decir, y no fue lo que los discípulos entendieron (v. 26).

26-27 La escalada desde δυσκόλως hasta la imposibilidad es proporcional al aumento del asombro de los discípulos, desde ἐθαμβοῦντο (v. 24) hasta περισσῶς ἐξεπλήσσοντο. En una cultura que interpretaba la riqueza como una señal de la bendición de Dios, si los ricos no pueden ser salvos, ¿entonces quiénes?[28] La discusión entre ellos (véase la nota textual) se centra en la salvación (σωθῆναι), que se consideraba equivalente a εἰς τὴν βασιλείαν τοῦ θεοῦ εἰσελθεῖν (véase los comentarios sobre 9:43, 45, 47). Este uso "teológico" de σῴζω en Marcos solo se encuentra aquí y probablemente en 13:13: por lo general σῴζω hace referencia a la restauración de la salud física, y en algunas ocasiones a la conservación de la vida terrenal. El juego de palabras en 8:35 conlleva el sentido más espiritual de salvar el ψυχή, pero este versículo y 13:13 son los únicos lugares en los que se usa el verbo con un sentido que podría considerarse paulino. Pero su relación estrecha aquí con ζωὴ αἰώνιος (v. 17), θησαυρὸς ἐν οὐρανῷ (v. 21), y εἰς τὴν βασιλείαν τοῦ θεοῦ εἰσελθεῖν (vv. 23, 24, 25) despeja cualquier duda en cuanto a su significado.

El aoristo ἐμβλέψας (cf. v. 21), al igual que περιβλεψάμενος en el v. 23, sugiere que Jesús conocía los pensamientos de ellos, de lo que hablaban entre sí, pero probablemente no le comunicaban a él. En la respuesta que les da acepta la conclusión a la que han llegado: *es* imposible. Pero esa imposibilidad es ubicada inmediatamente en la columna de la izquierda del saldo humano/divino. Lo que los seres humanos no pueden hacer, Dios sí puede hacerlo.[29] Consideraron los criterios para entrar en el reino de Dios desde una perspectiva

27. G. N. Scherer, escribiendo en el siglo XIX y es citado por K. E. Bailey, *Peasant Eyes*, 166; la amplia experiencia de Bailey en el Oriente Medio y el estudio de los comentarios orientales confirman la observación de Scherer.

28. T. Dwyer, *Wonder*, 153-57, explica el asombro de los discípulos no por algo "escandaloso" en las declaraciones de Jesús, sino por la autoridad con la que fueron expresadas. Esto parcialmente se basa en el hecho de que los discípulos que han dejado sus bienes terrenales (v. 28) no deberían sorprenderse por esta enseñanza. Pero con ello, se sacaría la narración de la secuencia. La afirmación de Pedro en el v. 28 *es consecuencia* de su reacción incómoda ante la enseñanza de Jesús, como un intento de rescatar algo de la consternación general.

29. Cf. Zac. 8:6, donde la LXX usa ἀδυνατέω para traducir el término hebreo *yippālē'* (ser difícil o extraordinario).

humana, pero desde esa perspectiva, según Jesús les ha expuesto ahora, no es posible cumplir esos criterios. Sin embargo, cuando se trata del reino de Dios, no tenemos por qué limitarnos al cálculo humano. La salvación de los ricos es siempre un milagro, pero los milagros son la especialidad de Dios.

Esta importantísima declaración ayuda sin duda a eliminar la tirantez que ha ido aumentando a lo largo de la perícopa, y le da cabida a la esperanza en lo que había parecido una situación desesperada. Pero el traslado de la solución a la esfera divina deja aún insatisfecha la comprensión humana: *de qué manera* podrán salvarse los ricos,[30] y ¿pone en realidad el v. 27 a los ricos y a los pobres en el mismo plano? ¿Acaso, el hecho de que Dios pueda desestimar el problema de la riqueza nos faculta para ignorar las advertencias de los vv. 23-25? La declaración soberana de Jesús, como tantas otras veces, proporciona un alimento sólido para el pensamiento humano, pero no una respuesta clara y definida. Nos recuerda que el reino divino solo puede entenderse desde la perspectiva divina, pero no nos presenta una teología ordenada. Aunque los versículos que siguen no satisfarán nuestro intelecto en lo que respecta a la salvación, sí nos ofrecerán algunas otras lecciones sugerentes acerca de la perspectiva y las prioridades.

Pérdidas y ganancias (10:28-31)

NOTA TEXTUAL

31. La presencia o la ausencia del artículo antes de la segunda lectura del adjetivo ἔσχατοι es una cuestión de preferencia estilística que no afecta la fuerza del epigrama. Su omisión en ℵ A D etc. puede explicarse tal vez como un esfuerzo por asimilar el texto al de Mateo.

Según dijimos anteriormente, esta perícopa es la continuación de la anterior. Se repiten los mismos temas: la exigencia radical que implica seguir a Jesús, el contraste entre los verdaderos discípulos y el que reprobó el examen, la renuncia de las posesiones, el tesoro en el cielo, la vida eterna. Pero también hay un cambio de enfoque. Pedro nuevamente ocupa el centro del escenario (no habíamos oído de él desde la transfiguración), y como tantas otras veces, su intervención provoca una respuesta variada. La alabanza por su discipulado incondicional y la promesa de una recompensa centuplicada se equilibran con la amenaza de las persecuciones venideras y con un dicho de doble filo sobre las prioridades en el reino de Dios que podían interpretarse como un aviso acerca de su papel como discípulo líder, y probablemente lo eran. Por tanto, hemos

---

30. T. E. Schmidt, *Hostility*, 114, comenta: "Para la pregunta implícita '¿cómo?', el v. 28 proporciona la respuesta, y los vv. 29-31 la confirmación: obediencia". Pero puesto que los vv. 28-31 no se refieren a los ricos sino a los discípulos, esta es, a lo sumo, una respuesta parcial.

de tratar este pasaje como una perícopa separada, aunque conscientes de la importancia de relacionarla con la historia del hombre rico y lo que ocurrió después, con la cual está vinculada en los tres relatos sinópticos.

28 Pedro vuelve a tomar la iniciativa (ἤρξατο λέγειν), aunque en esta ocasión habla en nombre del grupo completo de discípulos itinerantes. Podría haber tal vez cierta petulancia en su observación de que en aquello en lo que el rico se mostró insuficiente ellos sí han estado a la altura de las expectativas más estrictas de Jesús. Se trata simplemente de una observación y no de una pregunta como en Mateo (τί ἄρα ἔσται ἡμῖν;), pero implica que las advertencias en contra de las riquezas que hizo Jesús como consecuencia del ejemplo del hombre rico, no pueden aplicarse a ellos —y por ende, es posible que su lugar en el reino de Dios esté asegurado.

29-30 Los elementos en la lista de las pérdidas del v. 29 están unidos por ἤ, pero en la lista de las ganancias del v. 30 por καί. Esto probablemente no es más que una variación estilística, por tanto estaríamos exagerando nuestra exégesis si concluyéramos que el abandono de *cualquiera* de los elementos en la lista será recompensado con la ganancia de *todos* ellos (aunque, por supuesto, de más está decir que no todas las personas van a poseer todos los elementos de la lista). No cabe duda de que "lo que se gane superará con creces lo que se pierda" (Cranfield), pero esto puede inferirse más claramente a partir del adjetivo ἑκατονταπλασίονα que del cambio de conjunción. Es llamativo la mención de ἀγρούς al final de la lista, después de los miembros de la familia (y no después de οἰκίαν al principio), pero podría justificarse tal vez por el hecho de que aunque casi todos tenían una casa y una familia para dejar, eran pocos los que poseían tierras, por tanto, esta adición es especialmente para los ricos. La lista del v. 30 concuerda con la del v. 29 salvo por la omisión de los padres; esto podría reflejar el escrúpulo teológico de que el discípulo tiene solamente un Padre celestial (Mt. 23:9; cf. la omisión del "padre" en la lista de familiares en 3:35). A la luz de la enseñanza de Jesús en los vv. 2-12 resulta significativo que no se sugiera dejar a la esposa (y cf. 1Co. 9:5 con respecto a la práctica posterior de Pedro); contrástese con Lucas 18:29.

Este es otro de los dichos que comienzan con ἀμήν, y también hace referencia a las recompensas finales (véase el comentario sobre el 15). No encomia la pobreza en sí misma, pero sí la renuncia de los lazos familiares y de la seguridad que brindan las posesiones ἕνεκεν ἐμοῦ καὶ ἕνεκεν τοῦ εὐαγγελίου (véase el comentario sobre 8:35), es decir, la privación a causa del discipulado. El grado de renuncia no debe exagerarse: después que Pedro y sus colegas abandonaron sus redes para seguir a Jesús (1:16-20) Pedro y Andrés continuaron disponiendo de su hogar (1:29), y normalmente se presupone que esa haya sido la casa que usó Jesús como su sede principal en Capernaúm. En estos momentos no era tan privada como solía ser, pero seguía siendo de ellos. Y en esa casa vivía la suegra de Pedro, y presumiblemente otros miembros de la familia. Es muy posible que la barca de 3:9; 4:1, 36, etc. perteneciera a Pedro o algún otro de los discípulos pescadores. Por tanto, no debemos entender que el verbo ἀφίημι aquí indique que debamos abandonar nuestras propiedades (tal como Jesús le había pedido al hombre rico), ni renunciar por completo a los lazos familiares, sino que dejemos a nuestra familia y nuestras posesiones durante el tiempo que estemos llevando a cabo nuestro ministerio itinerante. No es una pobreza monástica sino una separación pragmática de las posesiones y la familia ἕνεκεν τοῦ εὐαγγέλιου.

Esa renuncia recibe una recompensa centuplicada incluso νῦν ἐν τῷ καιρῷ τούτῳ. Si lo cotejamos con la expresión lucana ἐν τῷ αἰῶνι τῷ ἐρχομένῳ, la recompensa a la que aquí se alude solo puede ser terrenal, pero no queda claro en qué consiste esa recompensa. Aparte de la dudosa conveniencia de tener cien madres o hijos, hay muy poco en el testimonio de la iglesia primitiva o en la historia posterior que indique que Marcos pudiera haber tomado esta promesa literalmente; los discípulos y los misioneros normalmente no se han destacado por sus ganancias materiales. Deberíamos pensar en las recompensas menos tangibles del discipulado, y en la familia ampliada de los seguidores de Jesús (véase el comentario sobre 3:34-35).[31] Esto pesa mucho más que la seguridad y el disfrute de las posesiones y la familia a los que el hombre rico regresó. Pero hay una adición a la lista que llama la atención por la diferencia de su estructura (μετὰ διωγμῶν en vez de καὶ διωγμούς); esta es la final sorpresa. La experiencia de los discípulos νῦν ἐν τῷ καιρῷ τούτῳ se caracteriza no solo por las ganancias sino también por las persecuciones (un nuevo indicio de que no se trata de la prosperidad material). Lo que ellos ya han presenciado en la respuesta de la gente hacia Jesús le da peso a esta advertencia, y no pueden haber olvidado las sombrías palabras de 8:34-38. En lo que sigue encontraremos más advertencias de ese tipo (10:39; 13:9-13).

Pero ese discipulado que aquí y ahora sigue siendo una fuente de bendiciones mezcladas, desde la perspectiva del reino de Dios no debe compararse con el αἰών venidero. El vocabulario relativo a los dos αἰῶνες no es típico de Marcos, aunque véase 4:19 en cuanto al contraste implícito entre el αἰών actual y el reino de Dios. Pero el contraste entre la tierra y el cielo, entre el presente y el futuro, está latente a través de su Evangelio expresado de diferentes maneras, y aquí se nos recuerda especialmente el tesoro celestial que se le promete al hombre rico si renuncia a sus posesiones terrenales. (v. 21). A este tesoro se alude ahora de nuevo como ζωὴ αἰώνιος, la misma meta que el hombre rico procuró alcanzar pero no pudo (v. 17).

31 Este epigrama constituye una especie de eslogan para los valores revolucionarios del reino de Dios tal como Jesús ha venido exponiéndolos.

---

31. S. C. Barton, *Discipleship*, 103-7, descubre en esta perícopa la idea de que la cristiandad primitiva era "un mundo social en ciernes", y sugiere que eso lleva a un punto culminante la perspectiva implícita a lo largo de 10:1-27, a saber, que Jesús "imparte enseñanzas acerca de tres áreas cruciales que tienen que ver con la construcción y el mantenimiento de un mundo social alternativo: las normas matrimoniales, el lugar de los hijos y el control de la propiedad". Sin embargo, agrega la importante calificación de que "lo que se propone no es un patrón social alternativo para remplazar el hogar…, sino hogares alternativos para compensar (y más aún) los que se dejaron atrás" (107).

Aparte de los versículos paralelos a este, en otros contextos aparecen palabras similares, por ejemplo, en Mateo 20:16 y Lucas 13:30, y en 9:35 Marcos ya había expresado un revés similar. En este momento del Evangelio, después de una serie de cuestionamientos cada vez más desconcertantes de los valores y prioridades que los discípulos hasta ahora habían tomado por sentado, el epigrama resume adecuadamente las enseñanzas que Jesús ha impartido desde la segunda predicción de la pasión en 9:31. Le seguirá otra predicción de la cruz, que a su vez, conducirá a una subversión aún más exigente de las actitudes convencionales en los vv. 35-45.

Desde el punto de vista de los discípulos, estas palabras que aparecen inmediatamente después de los vv. 28-30, podrían considerarse totalmente positivas, y tomarse como una confirmación de la promesa de los vv. 29-30, a saber, que los que por seguir a Jesús se han hecho "postreros" según los criterios del mundo, al final demostrarán que son "primeros", y que los que, al igual que el hombre rico, por su situación desahogada en la vida pudiera parecer que son los primeros serán en realidad los postreros. Pero en ese caso resulta tal vez sorprendente que la conjunción sea δέ. Aunque es poco lo que puede inferirse de una conjunción tan común y flexible por sí sola, su presencia sugiere que no debemos olvidar que la perícopa comenzó con unas palabras de Pedro que como mínimo reafirman la "superioridad" del grupo de los discípulos con respecto al hombre rico y los que él representa. El hecho de que sea *Pedro* el que vuelva a hacer esta observación, y con ello, tome la iniciativa entre sus colegas sugiere una aplicación más personal de estas palabras. No hace mucho que los discípulos habían estado disputando entre ellos τίς μείζων (9:34), y la iniciativa de Pedro en el v. 28 podría indicar que él tenía su propia respuesta para esa pregunta. Pero incluso él, por ejemplar que haya sido su dedicación, no puede afirmar que tiene derecho a ser "primero"; el reino de Dios no es tan predecible. Esa suave reprimenda a Pedro implícita en estas palabras posiblemente dio pie al intento de Jacobo y de Juan de formular su propio reclamo a la primacía en el v. 37.

SIGUIENDO A JESÚS EN EL CAMINO DE LA CRUZ (10:32-45)

La travesía hacia Jerusalén y la cruz llega a su clímax con la tercera y más detallada predicción de la pasión, seguido del más contundente de todos los reveces que hace Jesús de los valores aceptados en el llamamiento a servir en lugar de ser servido. Este exigente desafío culmina en el v. 45 con la primera y más clara declaración del propósito de su propia muerte inminente. Hasta aquí, Jesús había hablado de la necesidad de la misma, pero ahora ofrece una nueva perspectiva sobre el concepto del sufrimiento mesiánico que establece lo que de otro modo podría haber sido una tragedia sin sentido en el contexto del propósito redentor de Dios. No es un revés en la misión de Jesús y una victoria para sus adversarios; es lo que él vino a hacer.

Pero como ya ha quedado claro desde 8:31, lo que va a sucederle a Jesús también tendrá sus implicaciones para los que le siguen en el camino hacia Jerusalén. El inolvidable cameo del v. 32 gira en torno a este tema, y la esperanza equivocada de la gloria mesiánica que motiva a Jacobo y a Juan a hacer la petición a la que alude el v. 37 nos permite darnos cuenta del abismo que separa el sentido de misión de Jesús de las aspiraciones naturales de sus seguidores demasiado humanos. Para ellos, así como para él, el cumplimiento del plan redentor de Dios implicará el abandono de la escala mundana de éxitos y la aceptación de que los primeros serán postreros y los postreros primeros. Con esta nueva reafirmación de esa lección, tanto él como ellos estarán suficientemente preparados para la llegada fatídica a Jerusalén.

Tercera predicción de la pasión (10:32-34)

NOTA TEXTUAL

34. Un 'cambio corrector' de μετὰ τρεῖς ἡμέρας por τῇ τρίτῃ ἡμέρᾳ era casi inevitable por dos razones: para asimilar la expresión a la que Mateo y Lucas usan constantemente y para evitar el desconcierto que produce una frase que parece predecir un período más largo en la tumba del que en realidad transcurrió. En 8:31 son relativamente pocos los MSS que hacen el cambio, pero en 9:31 y aquí lo hacen casi todos. No obstante, resulta difícil imaginar que algún copista remplazara μετὰ τρεῖς ἡμέρας por τῇ τρίτῃ ἡμέρᾳ cuando los editores no tiene reparos en aceptar μετὰ τρεῖς ἡμέρας en los tres pasajes.

Esta breve sección no contiene ningún incidente de ese tipo, pero prepara el escenario para lo que está por venir. Con ese fin, ofrece, en primer lugar, una descripción gráfica del estado de ánimo de los personajes mientras se encaminan a la meta final de su viaje, y luego, expone las declaraciones más detalladas de Jesús con respecto a lo que está a punto de suceder. Los temas ya son conocidos, pero a medida que se acercan a Jerusalén, adquieren una fuerza mayor.

La principal sección adicional que cita Clemente de Alejandría del "Evangelio secreto de Marcos" aparecía al final del v. 34. La única prueba que respalda esta versión más extensa de Marcos, cuyo acceso estaba restringido a los miembros de un grupo esotérico ("un evangelio más espiritual para el uso de los que estaban siendo perfeccionados"), es la cita de dos pasajes de la misma en una copia del siglo XVIII de una carta de Clemente descubierta por Morton Smith en 1958.[32] Aunque aceptemos, al igual que muchos eruditos patrísticos, que la carta de Clemente es auténtica, todavía nos quedaría por

---

32. Para una información completa, véase M. Smith, *Clement*. Más popularmente, M. Smith, *Secret Gospel*. Este descubrimiento constituyó la base para la reconstrucción hecha por Smith de un "Jesús" alternativo, *Mago*.

determinar cuál fue el origen del material adicional que Clemente creyó que procedía del propio Marcos. Clemente tenía una afición especial por el misterio, la enseñanza esotérica y las experiencias místicas, y estaba más dispuesto que la mayoría de los escritores patrísticos a aceptar la autenticidad de los escritos presuntamente apostólicos que actualmente sabemos que datan del siglo II. No existe una buena razón para considerar que esta versión ampliada de Marcos sea menos "apócrifa" que los otros Evangelios a los que él les otorgó un reconocimiento similar.[33] El texto del "Evangelio secreto" tal como lo cita Clemente aparece a continuación de 10:34 de la manera siguiente (según mi traducción literal):

> Y entraron en Betania, y había allí una mujer cuyo hermano había muerto. Esta vino y se arrodilló delante de Jesús y le dijo: "Hijo de David, ten misericordia de mí". Pero los discípulos la reprendieron. Y Jesús se enojó, y fue con ella al huerto donde se hallaba la tumba. Y en ese mismo instante se oyó una voz fuerte desde la tumba. Y Jesús se acercó y retiró la piedra de la puerta de la tumba; y entró inmediatamente al lugar donde estaba el joven, y extendió su mano y lo levantó, tomándolo de la mano. Pero el joven, mirándolo, lo amó y comenzó a rogarle que le permitiera estar con él. Y salieron de la tumba, y fueron a la casa del joven, porque era rico. Y después de seis días Jesús le dio instrucciones, y por la noche el joven viene a él, con una tela de lino sobre su cuerpo desnudo. Y permaneció con él aquella noche, porque Jesús estaba enseñándole el misterio del reino de Dios. Y se levantó de allí, y regresó al otro lado del Jordán.

Se dice que hay otro extracto muy corto que aparece después de las καὶ ἔρχονται εἰς Ἰεριχώ en 10:46, en el cual se lee lo siguiente:

> Y la hermana del joven a quien Jesús amaba y su madre y Salomé estaban allí, y Jesús no los recibió.

El extracto más extenso parece una versión de la historia de Lázaro (Jn. 11), entrelazada con la del joven en el huerto (Mr. 14:51-52), con posibles reflejos también del "discípulo amado" de Juan y el hombre rico a quien Jesús amó (Mr. 10:21). Hay una serie de características estilísticas que lo asemejan a un escrito de Marcos, pero la influencia del cuarto Evangelio es mucho más fuerte. Este es el tipo de pastiche de la información evangélica con rasgos adicionales del siglo II (la voz fuerte desde la tumba; la alusión a ritos de iniciación con una

---

33. Para un análisis muy breve, véase mi obra *Evidence*, 80-83. Con más detalles, p. ej., F. F. Bruce, *'Secret' Gospel*. Un análisis más reciente de Gundry, 603-23, se centra especialmente en los esfuerzos de H. Koester y J. D. Crossan por demostrar que el "Evangelio secreto" era el Evangelio original Marcos, y por ende, el Marcos que aparece en nuestro canon era una revisión del siglo II; Gundry no se muestra convencido.

dimensión sexual)[34] que también encontramos en otros evangelios apócrifos. Resulta interesante e importante como testimonio de los avances del siglo II, pero es improbable que pueda aportar algo a nuestra interpretación de Marcos.

32 Una nueva mención del ὁδός (cf. 9:33, 34; 10:17) nos lleva de regreso al tema del viaje —un tema que permanece latente a lo largo del segundo acto y en el que ahora se hace mucho hincapié. Ante todo, el destino se detalla de manera explícita por primera vez: ἀναβαίνοντες εἰς Ἱεροσόλυμα. La referencia al sanedrín en 8:31 ya nos había indicado claramente de donde procedería el rechazo y la muerte de Jesús, pero ahora la ciudad, a la que se había aludido anteriormente como la fuente de la oposición por parte de los escribas (3:22; 7:1), se identifica por su nombre en el v. 32, y otra vez en el v. 33. El verbo ἀναβαίνω tiene una connotación en parte literal (desde el este el camino a Jerusalén es una subida empinada), pero también refleja el lenguaje veterotestamentario relacionado con la peregrinación: "allá subieron las tribus" (Sal. 122:4; cf. Sal. 24:3; Is. 2:2-3, etc.). Llegarán a Jerusalén a tiempo para la celebración de la Pascua, pero Jesús y su grupo no eran los únicos peregrinos que se encaminaban hacia allá para asistir al festival. Ahora, a medida que se va acercando el punto culminante, Marcos nos ofrece un cameo vívido de las actitudes de este grupo inusual de peregrinos que se dirigen a Jerusalén.

Jesús va delante, guiando el camino, avanzando a grandes pasos con determinación, como si estuviera ansioso por llegar y poner manos a la obra (cf. Lc. 9:51: τὸ πρόσωπον ἐστήριξεν τοῦ πορεύεσθαι εἰς Ἱερουσαλήμ). Luego, en pos de su maestro, como cabía esperar de los seguidores de un rabino, aparecen los discípulos, asombrados (ἐθαμβοῦντο, el mismo verbo que se lee en el v. 24); el sujeto del verbo no se especifica, pero el hilo narrativo exige que los discípulos, con los que acabamos de ver en los vv. 23-31 que Jesús había estado dialogando, sean el sujeto de ἦσαν, y por ende, también del próximo verbo en plural conectado con este simplemente por medio de καί.[35] Por lo general, la causa del asombro se menciona específicamente (ἐπὶ τοῖς λόγοις αὐτοῦ, v. 24), o puede inferirse a partir del contexto anterior (como en 1:27). Aquí, no es posible que sean las palabras que Jesús pronunció a raíz del último incidente, porque ya se hizo referencia en dos ocasiones al asombro que estas les causaron a los discípulos (vv. 24, 26). La encontramos, más bien, en la cláusula anterior, ἦν προάγων αὐτοὺς ὁ Ἰησοῦς: su determinación de llegar a Jerusalén a pesar de todo lo que había predicho que ocurriría allí es lo que los deja desconcertados, y por eso, siguen a Jesús con asombro. Pero

---

34. Este aspecto obviamente preocupó a Clemente, quien señala que el texto no contiene las palabras ni otro material dudoso acerca del cual le había consultado su corresponsal.

35. Esta secuencia hace improbable la interpretación alternativa (p. ej. M. D. Hooker, *Son of Man*, 138-39) de que el verbo ἐθαμβοῦντο sea indefinido, mientras que la expresión definida οἱ δὲ ἀκολουθοῦντες se refiere solo a los discípulos que lo dejaron todo para seguirlo, y por tanto, temen por sus propias vidas. Gundry, de una manera un tanto forzada, interpreta ἦσαν como las personas, y con ello le confiere a esta peregrinación un carácter general, con Jesús (y los doce y otros que lo siguen de cerca) a la cabeza de la multitud más numerosa.

entonces, se menciona un tercer grupo, que por medio de la preposición δέ, se distingue del grupo inmediato de discípulos.[36] Este grupo más numeroso de compañeros de viaje (tomando ἀκολουθέω aquí en sentido literal, y no como un término técnico para el discipulado) también se ve afectado por aquella atmósfera tan negativa, y simplemente tienen miedo. En unas pocas cláusulas sencillas Marcos ha logrado transmitir un sentido vívido de urgencia y, para todos ellos exceptuando a Jesús, la incomprensibilidad de la marcha de la muerte hacia Jerusalén.

Aunque el grupo de viajeros es ahora más numeroso, es específicamente a οἱ δώδεκα a los que Jesús vuelve a explicarles lo que va a ocurrir; el verbo παραλαμβάνω (al igual que en 5:40; 9:2; 14:33) sugiere una audiencia privada con un pequeño grupo separado del resto. En 8:31 se presentó la pasión de Jesús como una necesidad (δεῖ), y asimismo aquí, no se trata simplemente de una posibilidad sino de una certeza futura, τὰ μέλλοντα συμβαίνειν.

33-34 Los elementos de las dos predicciones anteriores de la pasión (8:31; 9:31) se combinan en esta declaración culminante acerca del destino que le aguarda al υἱὸς τοῦ ἀνθρώπου, y se añaden más detalles.[37] En primer lugar, hay una mención concreta a Ἱεροσόλυμα (véase el comentario sobre el versículo anterior). Luego, la "entrega" (véase el comentario sobre 9:31) está específicamente relacionada con los ἀρχιερεῖς καὶ γραμματεῖς de 8:31 (la omisión de los πρεσβύτεροι en esta ocasión resulta llamativa pero tal vez no es importante). A partir de aquí, los acontecimientos de la pasión se presentan en dos etapas, la primera incluye las acciones que realizan los ἀρχιερεῖς καὶ γραμματεῖς (en v. 33), y la segunda las que realizan los ἔθνη (en el v. 34). Cada una de estas etapas se deriva de una "entrega" de Jesús al grupo respectivo. Esta secuencia concuerda perfectamente con lo que se lee al final del Evangelio, donde Judas entrega a Jesús (14:10 etc.) primero a las autoridades judías, y estas, entonces, lo entregan a los romanos.[38] Resulta especialmente interesante observar que mientras que en 8:31 se hace referencia a la muerte del Hijo del Hombre en voz pasiva, sin expresar ningún sujeto, y en 9:31 se les atribuyó en forma general a οἱ ἄνθρωποι, aquí son específicamente los ἔθνη quienes lo matarán, aunque son los ἀρχιερεῖς καὶ γραμματεῖς los que lo condenarán a muerte.

36. Véase la nota anterior. La expresión que sigue, παραλαβὼν πάλιν τοὺς δώδεκα, vuelve nuestra atención de manera más natural a los doce después de haber mencionado un grupo más numeroso. Otros (p. ej., Best, *Following*, 120-21; Lane, 373; T. Dwyer, *Wonder*, 159-60) sugieren que la preposición δέ antes de ἀκολουθοῦντες no tiene por objeto introducir un grupo separado, sino que simplemente añade otro comentario sobre los discípulos; pero Marcos suele usar δέ para indicar contraste y no continuidad (Gundry, 570, 573), y sería forzoso interpretar la frase completa οἱ δὲ ἀκολουθοῦντες como algo que no sea un cambio de tema.

37. R. McKinnis, *NovT* 18 (1976) 89-95, 98-100, sugiere que los seis verbos de los vv. 33b-34 (comenzando con κατακρίνουσιν) se dividen en tres pares que se relacionan por la pronunciación y por el sentido, y remonta su origen al uso de un "himno anterior a Marcos".

38. F. J. Matera, *Kingship*, 94-97, expone detalladamente las coincidencias y las divergencias entre la redacción de esta predicción y las narraciones de la pasión.

Por tanto, para presentar la etapa judía de la pasión se usan dos verbos: primero, κατακρινοῦσιν, y luego, παραδώσουσιν. Esto concuerda con lo que conocemos acerca de la competencia de las autoridades judías de aquella época: la condenación de un individuo no podía conducir directamente a su muerte, para que fuera ejecutado había que entregarlo a los romanos que eran los que tenían esa facultad. La descripción de las autoridades gobernantes romanas como τὰ ἔθνη expone la idea con claridad: esta última etapa de la pasión no estará a cargo de los judíos. No es un reparto de culpas (a fin de cuentas, la condenación se le atribuye claramente a los líderes judíos), sino una realidad histórica. Pero conlleva la ironía humillante de que aunque el Mesías judío fue condenado por su propio pueblo, morirá a manos de los gentiles.

Cuatro verbos (ἐμπαίξουσιν, ἐμπτύσουσιν, μαστιγώσουσιν, ἀποκτενοῦσιν) entonces describen las acciones romanas contra Jesús, cada uno de los cuales será incluido específicamente en los acontecimientos que se narrarán en 15:15-25, aunque allí la flagelación (usando un verbo diferente, φραγελλόω) ocurrirá antes de las burlas y los esputos. No cabe duda de que la redacción de Marcos tiene por objeto reflejar la historia a medida que va contándola, sin embargo, vale la pena señalar que, aun cuando los términos no concuerdan directamente con la LXX, cada uno de estos cuatro elementos ocupa un lugar en el "patrón" de los sufrimientos del siervo de Isaías (las burlas y los esputos, Is. 50:6; 53:3; cf. también Sal. 22:7; la flagelación, Is. 50:6; 53:5; la muerte, 53:8-9, 12).[39] Si, tal como veremos en el v. 45, la interpretación de Jesús sobre lo que iba a sucederle se basaba en parte en los sufrimientos del siervo, es posible que no debamos atribuir la totalidad de la redacción de esta predicción a una visión retrospectiva de Marcos.[40] Aunque el resto de la tercera predicción está significativamente ampliado, las últimas cuatro palabras acerca de la resurrección son las mismas que aparecen en 8:31 y 9:31. El resultado final de la misión de Jesús sigue siendo un elemento esencial, no obstante, la idea central de esta etapa gira en torno a la perspectiva más inmediata del sufrimiento y la muerte.

La grandeza en el servicio (10:35-45)

NOTAS TEXTUALES

36. Existe cierta confusión en los MSS entre una construcción con el subjuntivo ποιήσω o con el infinitivo ποιήσαι. La lectura sintácticamente imposible de א B, τί θέλετέ με ποιήσω, se deriva sin duda de una fusión de ambas construcciones. La lectura que explica mejor las variantes es τί θέλετε ποιήσω (en la que se sobrentiende la

---

39. Véase J. Marcus, *Way*, 188-90.
40. Gundry, 575, alega también que habría sido más adecuado que esa perspectiva incluyera una referencia específica a la crucifixión en vez del verbo más general ἀποκτείνω.

conjunción ἵνα), la brusquedad de la cual dio como resultado el cambio del subjuntivo por un infinitivo, con la consiguiente adición de με.

40. El término ἄλλοις no es más que una lectura equivocada de ἀλλ᾽ οἷς en ausencia de las divisiones entre las palabras, y de hecho, en la mayoría de los MSS más antiguos es imposible determinar cuál era la lectura que se deseaba. El adverbio anterior οὐκ exige la presencia posterior de ἀλλά (si, tras haber usado ἄλλοις, consideró necesario añadir un "pero"). La adición de ὑπὸ τοῦ πατρός μου in ℵ* etc. constituye una asimilación a Mateo, que resulta más atractivo por la falta de un equilibrio explícito en el texto para οὐκ ἐμόν.

43. La presencia de ἔσται podría explicarse como un esfuerzo por asimilar la cláusula a las que se leen a continuación, y posiblemente también al texto de Mateo, en el que, no obstante, aparecen las mismas variantes. En Marcos, las pruebas externas a favor de ἐστιν son considerablemente más sólidas que en Mateo.

A cada una de las predicciones anteriores de la pasión le siguió un ejemplo de la incapacidad de los discípulos para entender la nueva escala de valores de Jesús y la consiguiente enseñanza correctora. El patrón se repite aquí de un modo todavía más fuerte, por cuanto Jacobo y Juan muestran una notable falta de comprensión de lo que Jesús había acabado de declarar con respecto a la misión del Hijo del Hombre, y además, una ambición personal que está en franca contradicción con lo que se ha dicho a partir de 9:33; los demás discípulos, por otra parte, parecen estar de acuerdo con la perspectiva de ellos, y Jesús les responde con la declaración más completa hasta ahora de los valores revolucionarios del reino de Dios. El pasaje se divide de manera natural en dos secciones. La primera (vv. 35-40) se centra específicamente en la petición de Jacobo y Juan y la respuesta de Jesús. Como resultado de la represión implícita a Pedro en el v. 31, los otros dos miembros del "círculo íntimo" de los discípulos de Jesús piensan que es el momento oportuno para intentar establecer su propia posición, y de un modo que excluya a Pedro. Por tanto, con los ejemplos negativos de Jacobo y de Juan se llama de nuevo nuestra atención sobre el tema del estatus. El contexto de su petición, con la suposición de que Jesús está de camino a la "gloria", resulta sorprendente por su ubicación inmediatamente después de la predicción más pesimista y detallada de la pasión de Jesús. ¿Desea Marcos que supongamos que ellos simplemente no habían oído lo que Jesús había dicho, o que hicieron uso de las connotaciones regias de ὁ υἱὸς τοῦ ἀνθρώπου cuando se interpretan a la luz de Daniel 7:13-14, y eliminaron todos los aspectos menos agradables de su declaración? La respuesta de Jesús acepta su deseo de compartir su destino, pero ofrece una visión más realista de lo que eso implicará. Sin embargo, al final del v. 40 socava toda la premisa sobre la que basaron su petición cuando les dice que el estatus en el reino de Dios se otorga como un favor, o incluso se obtiene por medio de la lealtad y la abnegación.

La segunda sección (vv. 41-45) alude de nuevo al tema de 9:35 y vuelve a subvertir todo el concepto de liderazgo e importancia que la sociedad humana presupone. Si el v. 31 fue un resumen de la enseñanza de Jesús acerca del estatus hasta ese momento, el v. 43a ofrece ahora un nuevo "eslogan" que limita el efecto revolucionario de su enseñanza con respecto al reino de Dios: οὐχ οὕτως ἐστιν ἐν ὑμῖν. Las suposiciones y valoraciones "naturales" por las que la gente suele regirse ya no son aplicables en el reino de Dios. Es una sociedad auténticamente alternativa. La pérdida de su propia vida por el bien de otros no solo ejemplifica esta nueva escala de valores sino que también les ofrece a los discípulos un modelo a seguir. Y puesto que su muerte no será una pérdida inútil sino el medio para lograr un fin divino (λύτρον ἀντὶ πολλῶν), esta última declaración del segundo acto constituye al menos el principio de la respuesta a la duda que debe haber ido creciendo en la mente de cualquier lector que haya sentido toda la fuerza de las tres predicciones de la pasión: ¿Por qué tenía que morir? La alusión al rescate, pues, lleva la sección central del Evangelio a una conclusión adecuada, la cual prepara al lector para la llegada a Jerusalén y el comienzo del cumplimiento de las advertencias de Jesús.

35-36 El verbo προσπορεύονται sugiere tal vez que los hermanos intentaron "arrinconar" a Jesús, aunque el v. 41 deja bien claro que hicieron su petición a oídos de los demás discípulos. Esta es la única vez que ambos hermanos aparecen en el Evangelio sin la compañía de Pedro como el tercer miembro del círculo íntimo (1:16-20, 29; 5:37; 9:2; 13:3; 14:33), aunque cf. 9:38 donde aparece Juan solo. Pedro, por otro lado, había tomado la iniciativa en 8:29-33 y había actuado como portavoz de los tres en 9:5; pero su reciente frustración en 10:31 quizás les sugirió que su posición de líder no era inexpugnable. No obstante, la forma indirecta en que se acercan (ὃ ἐὰν αἰτήσωμέν σε) deja entrever cierta delicadeza al exponer esa petición egoísta, y la descarada demanda recibe una respuesta muy prudente de parte de Jesús. La sintaxis está comprimida (véase la nota textual): ἵνα antes de ποιήσω habría reflejado lo que intentaron decir y probablemente debería sobrentenderse aquí (cf. v. 51 para la misma construcción).

37 La petición, precipitada tal vez por la emoción de acercarse a Jerusalén, la ciudad "real", presupone que Jesús, en su calidad de "rey", puede otorgar posiciones de honor e influencia: las palabras de Jesús en el v. 40, οὐκ ἔστιν ἐμὸν δοῦναι, en respuesta al ruego δὸς ἡμῖν, les indicará que lo que habían presupuesto era falso. En cuanto a δίδωμι con ἵνα ("conceder que") cf. Apocalipsis 9:5; 19:8. Hablar de sentarse (y no de reclinarse, como en un banquete) a la derecha (o a la izquierda) de alguien hace pensar en un trono real con los lugares más honoríficos a ambos lados del mismo;[41] en este caso, por supuesto, solo hay dos lugares así, y ninguno para Pedro.

---

41. El puesto a la derecha es el más prestigioso. La izquierda (*sinister* en latín), en cambio, solía considerarse el lado de los malos augurios (de ahí el eufemismo menos común εὐώνυμος, "de buen nombre, propicio", que remplaza a ἀριστερός en el v. 40; el significado es el mismo). Pero cuando el rey está flanqueado por sus cortesanos a ambos lados, no hay ninguna deshonra para los que están a la izquierda (véase, p. ej., 1Re. 22:19; Neh. 8:4). Véase *DNTT*, 2.148.

La mención de la δόξα de Jesús confirma que ellos lo veían como un rey. Jesús usó este término una sola vez, en 8:38, y en esa ocasión con referencia a la δόξα de su Padre y no a la suya, aunque el papel de juez que se prevé allí para el Hijo del Hombre sugiere que él comparte la autoridad real, y por tanto, la δόξα de Dios. La visión de Daniel 7:14 tiene que ver con el dominio, el reino y la gloria que se le otorgan al υἱὸς ἀνθρώπου, y aunque ni la LXX ni Teodoreto emplean δόξα para describir ese estatus, dicho término resume la visión bastante bien; Mann traduce "en tu triunfo". En razón del uso que le había dado Jesús al título ὁ υἱὸς τοῦ ἀνθρώπου para referirse a sí mismo, sus discípulos habían comprendido sus connotaciones reales y podían prever la llegada del momento en que se cumpliría para Jesús (como ya lo habían visto de manera muy breve en la transfiguración), y por ende, para sus seguidores fieles también. Jesús tampoco los desengaña con respecto a esta idea en su respuesta en el v. 40. El tema de los capítulos anteriores, sin embargo, ha girado en torno a la cruz y no al reino, y tal vez sería demasiado esperar que Jacobo y Juan ya hubieran elaborado una teología de la victoria a través de la cruz. Lo más probable es que hubieran extraído la parte de las palabras de Jesús que les resultaba agradable e ignorado el resto. Tal vez todavía esperaban, como Pedro en 8:32, que todas las declaraciones acerca del rechazo y la muerte en Jerusalén estuvieran equivocadas, y que a medida que Jesús fuera acercándose a "su" capital, pudieran convencerlo para que volviera a tomar el camino más sensato.

38 Para Jesús, el camino hacia la gloria es claro; se llega a través de la ποτήριον y del βάπτισμα que le aguardan (considerando que el tiempo presente de los verbos πίνω y βαπτίζομαι se refieren a un destino futuro ya decidido, al igual que παραδίδοται en 9:31), y cualquiera que desee llegar a la gloria también debe participar primero de esas experiencias. La copa como imagen del sufrimiento predestinado para Jesús volverá a aparecer en 14:36 (cf Jn. 18:11). En el AT, la copa es a veces una imagen de bendición (Sal. 16:5; 23:5; 116:13) pero más a menudo de juicio (Sal. 75:8; Jer. 25:15-29; 49:12; Ez. 23:31-34; Hab. 2:16; cf. Ap. 14:10; 16:19). Normalmente denota el castigo de los impíos, pero en Isaías 51:17-23 y en Lamentaciones 4:21 se usa para referirse al sufrimiento del pueblo de Dios, que ahora será pasado a sus opresores. Por lo tanto, estaríamos forzando demasiado la imagen en este contexto si sugiriéramos que Jesús la utiliza específicamente para dejar entrever la idea de un sufrimiento vicario, al beber la "copa" que merecían los impíos, aunque las implicaciones vicarias de lo que se dice acerca de la copa en 14:24 les resultaban familiares a los lectores de Marcos. La "copa" que se les ofrece aquí a Jacobo y a Juan, sin embargo, no es vicaria, sino simplemente una imagen del sufrimiento que tendrán que enfrentar. El uso metafórico similar de βάπτισμα (cf. Lc. 12:50) no tiene ningún precedente tan claro. El griego secular ofrece ejemplos en los que se emplea el verbo βαπτίζομαι en forma metafórica para ilustrar el hecho de estar "abrumado" o "anegado" por la desgracia, el dolor, etc. (véase BAGD, 132, 3.c), y en Isaías 21:4 en la LXX se lee ἡ ἀνομία με βαπτίζει. Sin embargo, esta forma de uso, a diferencia de la copa, probablemente no era tan conocida en un contexto judío, y en Marcos hay un antecedente mucho más obvio en el bautismo de Juan. Por sí mismo esto no sugería sufrimiento, aunque la teología cristiana pronto enunció el bautismo en Cristo como un símbolo de la muerte que conduce a una nueva vida, cuando el creyente bautizado participa de la muerte y de la resurrección de Cristo (Ro. 6:3-4). Es poco probable que Jesús utilizara el término en el sentido paulino, a pesar del gallardo intento de A. Oepke, *TDNT*, 1.538: "No es imposible que en una imagen audaz y profunda, apenas comprensible para los hombres de su época, él anticipara los resultados de las elaboraciones religiosas de décadas". No obstante, puede haber sido un factor en la conservación por parte de Marcos de esta imagen impactante. En el contexto narrativo, sin embargo, debemos suponer que Jesús acuñó una metáfora nueva y notable, basándose en el conocimiento que tenían los discípulos del acto físico y dramático del bautismo de Juan, pero usándola (con cierta semejanza a la forma secular que se mencionó antes) para describir el sufrimiento y la muerte en los que pronto se vería "sumido".[42] En cuanto a la construcción τὸ βάπτισμα βαπτίζομαι), véase BDF 153 (2), y cf. Lucas 12:50; Hechos 19:4.

39-40 Con una mirada retrospectiva cristiana podemos presuponer que la pregunta de Jesús en el v. 38 tenía una intención retórica: por supuesto, no había nadie que pudiera compartir su papel exclusivo en el sufrimiento redentor. Pero en ese momento la copa y el bautismo no aparecían bajo esa luz. Para Jacobo y Juan representaban un obstáculo lamentable aunque necesario en el camino hacia la δόξα, y por esa razón, debían enfrentar el sufrimiento: δυνάμεθα. Carecían de entendimiento, pero no de lealtad ni valor.

La respuesta de Jesús resulta sorprendente y, al parecer, debilita el planteamiento de su pregunta anterior: aun cuando cumplan las "condiciones" que él ha establecido, no puede concedérseles lo que piden. La copa y el bautismo no son, pues, condiciones que puedan garantizar plenamente su elegibilidad; más bien, para indicar que su concepto de δόξα y el modo en que esta puede alcanzarse son erróneos. No puede obtenerse sino por medio del sufrimiento terrible que él habrá de experimentar y del que ellos, a su vez, tendrán sin duda que participar. Él les había advertido ya a sus discípulos en 8:34-38 sobre el costo que implicaba seguirlo, hasta el extremo incluso del martirio, y Jacobo y Juan deben lidiar con eso. Véase Hechos 12:2 con respecto al cumplimiento de esta predicción en Jacobo; en el caso de Juan resulta más oscuro, aunque la tradición cristiana lo identifica con el preso político en Patmos cuyas visiones de testimonio fiel y martirio llenan el último libro del NT.[43] Pero esa no es la base sobre la que deben asignarse los lugares honoríficos.

---

42. Para una amplia bibliografía sobre la metáfora, véase BAGD, 132a-b. Para algunos estudios sobre los antecedentes de la copa y el bautismo, véanse G. Delling, *NovT* 2 (1957) 92-115; A. Feuillet, *RB* 74 (1967) 356-91; S. Légasse, *NTS* 20 (1974) 163-70.

43. Una tradición, cuyo origen no es posible ubicar antes del siglo V, de que Juan murió junto con su hermano, se deriva probablemente de la necesidad de encontrar un cumplimiento para las palabras de Jesús aquí. La tradición más común y más antigua es que él murió a una avanzada edad en Éfeso. Véase L. Morris, *Studies*, 280-83.

El versículo 40 sorprendentemente no niega que existirán esos lugares honoríficos, pero rehúsa reservarlos incluso para los discípulos más ambiciosos y más leales. En la expresión comprimida ἀλλ' οἷς ἡτοίμασται (véase la nota textual), el pronombre relativo sustituye a la cláusula principal; debemos sobrentender un verbo principal, como por ejemplo, "será dado", que contraste con la declaración anterior de que no es de Jesús darlo.[44] Les será dado a aquellos οἷς ἡτοίμασται, donde la voz pasiva sin un agente expreso en este contexto indica, como suele ocurrir en los escritos judíos, que es Dios quien lo ha preparado (véase la nota textual). Con respecto a la "preparación de un lugar" por parte de Dios para su pueblo cf. Éxodo 23:20; Mateo 25:34; 1 Corintios 2:9; Hebreos 11:16 en la LXX. Pero no se nos hace saber, deliberadamente sin duda, quiénes son esas personas favorecidas. A la luz de las perícopas anteriores, podemos afirmar con bastante seguridad que no serán los que cabría haber esperado, o ellos mismo esperaban, que serían los primeros, sino los que son semejantes a un niño, los pequeñitos. El objetivo final de todo el intercambio es, aún después que Jacobo y Juan aceptaron la necesidad de la copa y el bautismo, rechazar de plano su petición y la preocupación por el estatus que subyace tras ella. El lector bien informado podría reflexionar en que los que muy pronto habrían de estar a la derecha y a la izquierda de Jesús no serían discípulos honrados sino λῃσταί, y no en el contexto de un trono sino de un patíbulo. (15:27).

41 Para expresar la reacción de los demás discípulos se usa el verbo ἀγανακτέω, el mismo que se había utilizado con respecto a la respuesta de Jesús al ver el trato rudo que ellos le habían dispensado a los niños (10:14). ¿Es también acaso una indignación justa la que muestran los discípulos al repudiar la actitud egoísta de sus dos colegas? ¿Es suficiente lo que han aprendido acerca del reino de Dios para permitirles adoptar la misma actitud de Jesús y protestar contra la búsqueda de posiciones de la que ellos mismos ya habían sido culpables (9:34)? La presentación de Marcos siempre crítica de los discípulos en esta parte del Evangelio no se aviene con esta interpretación, como tampoco el hecho de que la reprensión que sigue en los vv. 42-44 no va dirigida, al parecer, a Jacobo y a Juan sino a todos ellos. Esto sugiere que el enojo que manifiestan no es por la ambición de los dos hermanos, sino porque fueron ellos los que tomaron la delantera y trataron de sacarles una ventaja injusta a sus colegas en la competencia por los lugares más altos. En lo tocante a este asunto, todos son igualmente culpables.

42 Si en el v. 35 tuvimos razón al interpretar que Jacobo y Juan intentaron "arrinconar" a Jesús, el verbo προσκαλεσάμενος aquí indica la reintegración del grupo de los doce cuando Jesús les pide a los quejosos diez (αὐτούς) que se

---

44. Véase Gundry, 578, para la sugerencia de una traducción alternativa, en la que ἀλλά significa "salvo": "no es mío darlo "salvo" [que sí es mío dárselo] a aquellos para los que ha sido preparado". Esto representaría una pequeña diferencia en el sentido último del contexto, pero alivia la limitación implícita a la autoridad de Jesús".

unan de nuevo a ellos. En cuanto a προσκαλεσά μενος como una introducción marcana para una declaración importante y usualmente sorprendente cf. 3:23; 7:14; 8:34; 12:43. El verbo οἴδατε introduce un asunto de conocimiento general, un truismo; es su propia obviedad la que hará que la frase οὐχ οὕτως del v. 43a resulte más relevante. Jesús toma de la súplica de los hermanos la idea de los privilegios reales y la universaliza con respecto a los ἔθνη. Aunque el sustantivo ἔθνη *pudiera* estar usado aquí en su sentido más amplio (es decir, la manera en que se ejerce la autoridad en cualquier nación o unidad política), el plural en el NT denota con mucha más frecuencia a los gentiles. Sin embargo, no es que Jesús deseara absolver a los líderes judíos del tipo de autoridad que manifiestan los gentiles (la dinastía de Herodes habría ofrecido ejemplos bastante claros), sino más bien que si uno quería constatar el poder absoluto en el mundo del siglo I debía mirar, más allá de la nación políticamente sometida de Israel, a los que ostentaban el verdadero poder. La expresión οἱ δοκοῦντες ἄρχειν, y no simplemente οἱ ἄρχοντες, no cuestiona la realidad de su gobierno, sino que pone de relieve el hecho de que ellos constituían *la cara visible* del gobierno, y que su estatus era públicamente reconocido. Cf. οἱ δοκοῦντες con respecto a personas influyentes en Gálatas 2:2, 6, y con un infinitivo en 2:9; véase además G. Kittel, *TDNT* 2.233. Ni ἄρχειν ni οἱ μεγάλοι denotan una función específica: son términos generales que se aplican a los que tienen facultad para imponer su autoridad sobre otras personas. Los dos términos compuestos prefijados por κατα- (κατεξουσιάζω es una acuñación, "que rara vez aparece en el griego secular"; BAGD, 421b) son obviamente peyorativos; cf. Hechos 19:16 para una vívida ilustración de esta connotación en κατακυριεύω, y el uso claramente peyorativo (que refleja este pasaje) en 1 Pedro 5:3. Ambos términos indican un abuso opresivo e incontrolado del poder, es decir, utilizar la autoridad para hacer alarde de ella en vez de ejercerla con benevolencia.

43-44 Οὐχ οὕτως ἐστιν ἐν ὑμῖν (véase la nota textual) sintetiza la ética revolucionaria del reino de Dios. Se invierten las expectativas naturales de la sociedad, y lo que distingue al liderazgo es el servicio, la sujeción a la autoridad de otras personas, como ocurre con un διάκονος[45] o δοῦλος. Tampoco se trata simplemente de admitir la existencia de un rango superior dentro de una jerarquía reconocida: la prioridad debe dárseles a *todos* (πάντων). Los términos que se emplean reflejan algunos diálogos anteriores: μέγας nos hace recordar la discusión sobre τίς μείζων en 9:34 y πρῶτος las fórmulas de 9:35 y 10:31; la frase πάντων διάκονος ya había aparecido en 9:35 junto con πάντων ἔσχατος.

---

45. Myers, 280-81, alega que puesto que en los dos usos literales de διακονέω en Marcos (1:31; 15:41) los sujetos del verbo son mujeres, el término se eligió en este caso para referirse al grupo de discípulos varones que "solo las mujeres estaban en condiciones de atender en calidad de líderes servidoras". Aquí, entonces, constituye una inversión aún más radical de los convencionalismos sociales; se condena al patriarcado y las mujeres deben liderar. Esta, sin embargo, es una deducción muy audaz a partir de los dos usos del verbo en contextos bastante separados. Además, Myers podría haber observado que en Marcos existe otro uso literal (o al menos casi literal) del verbo que tiene por sujeto a los ángeles (1:13); ¿qué implica eso con respecto al liderazgo en la iglesia?

El único término nuevo aquí es δοῦλος, otra extensión de la idea de sujeción, porque un δοῦλος tenía muchísima menos autonomía incluso que un διάκονος. Pero la repetición progresiva, a través de las declaraciones equivalentes del v. 43b y el v. 44 que reflejan lo que se lee en 9:35, junto con la afirmación contrastante acerca de los valores de los ἔθνη en el v. 42, hacen que esta sea la declaración más poderosa hasta ahora de la escala alternativa de valores del reino de Dios. Y en razón de lo que sigue en el v. 45 resulta inolvidable.

45 La conjunción καὶ γάρ y la repetición del tema del servicio relacionan estrechamente esta declaración con lo anterior. El υἱὸς τοῦ ἀνθρώπου ofrece el ejemplo supremo de la inversión del estatus porque aunque su destino era διακονηθῆναι (Dn. 7:14 LXX: πάντα τὰ ἔθνη τῆς γῆς κατὰ γένη καὶ πᾶσα δόξα αὐτῷ λατρεύουσα; Teodoreto: πάντες οἱ λαοί, φυλαί, γλῶσσαι αὐτῷ δουλεύσουσιν) tuvo, más bien, que hacerse πάντων διάκονος. En lo que respecta a Jesús, el término διακονέω no se emplea como sujeto en ningún otro lugar de la tradición evangélica, salvo en el pasaje más o menos paralelo de Lucas 22:27 (y en forma parabólica en Lc. 12:37), aunque la idea se presenta gráficamente en el lavado de pies y la enseñanza que sigue en Juan 13:1-17. El término no denota una función concreta, sino el estatus paradójicamente subordinado del que debería haber disfrutado del servicio de los demás. La expresión que sigue καὶ δοῦναι no especifica la forma del servicio, pero sí añade otro ejemplo y más impactante de la actitud abnegada que él, a su vez, les exige a sus seguidores.

La LXX no usa nunca la raíz διακον- con referencia al 'ebed-YHWH en Isaías 42-53, usa más bien παῖς o δοῦλος. Por tanto, διακονέω aquí no es un reflejo verbal de esos pasajes en la LXX, especialmente porque el "servicio" allí se le rinde a Yahvé y no, como aquí, a otras personas. Sin embargo, en vista de la repetición de las palabras de Isaías 53 en la cláusula siguiente, los lectores de Marcos pueden haber descubierto, y haber intentado descubrir, un retrato de Jesús "el Siervo" en la noción paradójica del Hijo del Hombre como un διάκονος.

Este pasaje (junto con su paralelo en Mateo) es el único lugar en el NT donde se usa el sustantivo λύτρον, aunque la expresión λύτρον ἀντὶ πολλῶν se refleja en las palabras ἀντίλυτρον ὑπὲρ πάντων que se leen en 1 Timoteo 2:6. Pueden observarse algunos cognados, particularmente el término paulino ἀπολύτρωσις que alude a la "redención" del pecado por medio de la muerte de Cristo. En el griego secular, λύτρον se usaba principalmente para referirse al pago que se efectuaba para garantizar la liberación, ya fuera de la esclavitud o de la cárcel. El verbo λυτρόω en la LXX aparece a menudo en contextos que tienen que ver con la "redención" que Dios le concede a su pueblo, no solo de la esclavitud de Egipto sino también de la opresión espiritual, y λύτρον (normalmente en plural) se emplea con respecto a los pagos que se hacen para preservar una vida que, según la ley, es preciso rescatar (incluyendo el primogénito) o es objeto del castigo divino. Para un estudio completo de los usos de este grupo de palabras, véase C. Brown, *DNTT*, 3.189-200. El término alude básicamente a la liberación mediante el pago de un "equivalente".

Se han hecho análisis muy serios para determinar el trasfondo escriturario de la cláusula δοῦναι τὴν ψυχὴν αὐτοῦ λύτρον ἀντὶ πολλῶν, y en particular, si estas palabras tienen por objeto evocar el lenguaje de Isaías 53, y por ende, definir a Jesús en función de la figura del ʾebed-YHWH.[46] Yo he contribuido a esos análisis[47] y no deseo repetir aquí todo lo que ya he publicado. Un breve resumen será suficiente. Δοῦναι τὴν ψυχὴν αὐτοῦ se asemeja mucho a la expresión *heʾrâ lammāwet napšô* de Isaías 53:12 ("derramó su alma hasta la muerte"; en la LXX, παρεδόθη εἰς θάνατον ἡ ψυχὴ αὐτοῦ), y puede observarse un uso más de la frase *śîm napšô* en Isaías 53:10, aunque el sujeto allí es Dios y no el propio siervo. Aparte de las repeticiones verbales, el concepto de la entrega voluntaria de la vida ocupa, por supuesto, un lugar central en Isaías 53. El hecho de dar la vida *(śîm napšô)* en 53:10 es como un ʾāšām ("una ofrenda por el pecado"; LXX, περὶ ἁμαρτίας), es decir, un sacrificio que se ofrece en lugar de una persona culpable para eliminar su culpa (Lv. 5:17-19 etc.), y la idea del rescate (λύτρον ἀντί) se aproxima mucho a esto, aun cuando la LXX no usa λύτρον para traducir ʾāšām. El adjetivo πολλῶν nos hace recordar las varias veces que se repite "muchos" en Isaías 53:11, 12 (*rabbîm* dos veces; en la LXX, πολλοί tres veces), donde son los "muchos" los que se beneficiarán de la ofrenda personal del siervo, por cuanto él lleva sus pecados y con ello, los justifica. Este cúmulo de repeticiones verbales de Isaías 53:10-12 ya es de por sí convincente, y mucho más cuando se reconoce que el principal objetivo de Isaías 53 es presentar al siervo como alguien que sufre y muere por la redención de su pueblo, ofreciendo su vida como sustituto de la culpa de ellos. Sería difícil elaborar un resumen breve más adecuado de este concepto que la cláusula δοῦναι τὴν ψυχὴν αὐτοῦ λύτρον ἀντὶ πολλῶν, aparte de las repeticiones verbales obvias. "Es como si Jesús dijera: 'El Hijo del Hombre vino a llevar a cabo la tarea del ʾebed Yahweh".[48] Pero Jesús no solo está citando el AT; también está haciendo una declaración sobre su propia misión. Fue con ese propósito que él vino (ἦλθεν). Esas expresiones que comienzan con el aoristo ἦλθον aparecen en diversos momentos de la tradición evangélica (p. ej., Mt. 5:17; 10:34-35; Lc. 12:49; 19:10; Jn. 9:39; 10:10, etc.). En Marcos vimos una declaración de propósito de ese tipo en 2:17 (y cf. 1:39). La idea central allí era el llamamiento de los pecadores, en el contexto del ἄφεσις ἁμαρτιῶν que Juan había predicado y que Jesús ejemplificó en 2:1-12 (véase el comentario sobre 2:17). La misión del siervo de Isaías también estaba relacionada con los pecados del pueblo (Is. 53:5, 6, 8, 10-12), y este dicho con respecto al rescate hace explícito la naturaleza vicaria de esa misión. En 14:24 volverá a hacerse

46. Además de los comentarios, véanse entre los estudios más recientes, W. J. Moulder, *NTS* 24 (1977) 120-27; D. J. Moo, *The OT*, 122-27; G. R. Beasley-Murray, *Kingdom*, 278-83; R. E. Watts, *Exodus*, 258-87; para una bibliografía anterior, véase mi artículo en la próxima nota.

47. *TynB* 19 (1968) 26-52, sobre todo en 32-37; repetidos en gran medida en *Jesus and the OT*, 110-32, especialmente en 116-21. El objetivo principal de este estudio fue responder a los argumentos bien conocidos de C. K. Barrett y M. D. Hooker en contra de un trasfondo en Isaías 53.

48. O. Cullmann, *Christology*, 65.

referencia a la misma mediante una nueva alusión a Isaías 53. Aun cuando el pecado no se menciona específicamente aquí, este versículo, en razón de su trasfondo isaiánico, expone lo que estaba implícito en el llamamiento de los pecadores en 2:17. Este, pues, es el propósito manifiesto de la misión de Jesús. Sus muchas obras de misericordia, de sanidad, de enseñanza, en desafío de las normas de la sociedad, y todos los demás elementos de la historia de Marcos deben contemplarse a la luz de este único propósito, δοῦναι τὴν ψυχὴν αὐτοῦ λύτρον ἀντὶ πολλῶν. Marcos no ofrece mucho análisis soteriológico, pero lo que presenta es simple, claro y trascendental. Esta es su respuesta al enigma de por qué Jesús tenía que morir.

Pero no debemos olvidar que este versículo crucial, más allá de la grandeza de sus implicaciones soteriológicas, aparece en este contexto como un modelo a seguir para los discípulos de Jesús. Lo que se espera que ellos reproduzcan no es el λύτρον ἀντὶ πολλῶν: esa era una misión exclusiva de Jesús. Pero el espíritu de servicio y el sacrificio personal, priorizando las necesidades de los πολλοί, sí son para todos los discípulos. Ellos también deben servir y no ser servidos, y es posible que a algunos de ellos se les pida, como sucedió con Jacobo y Juan, que den sus vidas. No hay margen para las disputas acerca de τίς μείζων.

SEGUNDA CURACIÓN DE UN CIEGO (10:46-52)

Véase el comentario sobre 8:22-26 con respecto a la función "enmarcadora" de las dos curaciones de ciegos al principio y al final del segundo acto, y el papel simbólico de la historia en relación con la ceguera espiritual de los discípulos. En el contexto narrativo, esta historia, al igual que la del ciego en Betsaida, funciona también como un puente, que nos hace dejar atrás ahora el viaje (segundo acto) y adentrarnos en la etapa de la historia que se desarrolla en Jerusalén (tercer acto). La preparación de los discípulos para alcanzar Jerusalén ya llegó a su punto culminante en el v. 45, pero este incidente final en el camino traslada la trama del lugar vagamente descrito en 10:1 a una ubicación específica, Jericó, la última ciudad que encuentra el viajero antes de llegar a las proximidades de Jerusalén, a la distancia de un día de camino. Vemos, pues, que Jesús y sus discípulos, junto con una multitud cada vez más numerosa de compañeros de peregrinación, dejan atrás esta última ciudad para comenzar la agotadora ascensión desde el valle del Jordán hasta la ciudad que está a más de 1,000 metros de altura. Pero cuando se disponían a partir, un candidato nuevo e inesperado aumenta el número de la compañía.

El último candidato potencial que encontramos era un hombre admirable, respetable y rico (10:17-22), pero para consternación de los discípulos, no fue bien recibido en la comitiva de Jesús. Ahora nos encontramos con un hombre que ocupa un lugar bastante distante del otro en la escala de la aceptación social, un mendigo ciego. Pero es él, y no el rico, quien finalmente seguirá a Jesús ἐν τῇ ὁδῷ tras haber recobrado la vista, mientras que el rico se había marchado "ciego". Este hombre no tiene nada que perder, nada para vender, y por tanto, su entrega puede ser inmediata y total. Aunque no se nos dice nada acerca de su discipulado posterior, el hecho de que Marcos mencione su nombre y el de su padre sugiere que llegó a ser un personaje conocido en el grupo de los discípulos.

Por tanto, así como a la enseñanza de Jesús sobre la pureza en 7:1-23 le siguió una historia que ilustraba la buena voluntad de Jesús hacia los "inmundos" (7:24-30), así también ahora su enseñanza ampliada sobre la inversión de los valores en el reino de Dios se resume en el reclutamiento del discípulo menos adecuado, el "pequeñito" que es bien recibido, el último que pasa a ser primero. Cuando Bartimeo se une a Jesús ἐν τῇ ὁδῷ se convierte en un ejemplo de lo que debe ser el discipulado, y es con él que "Marcos anima al lector a identificarse".[49] Esta es la última historia de Marcos acerca de una curación; en cuanto Jesús llegue a Jerusalén habrá que priorizar otros asuntos. Y es también la única historia en la que se menciona el nombre de la persona sanada; en otras ocasiones se dan los nombres de algunos familiares, como por ejemplo, en 1:30 (Simón) y en 5:22 (Jairo), pero los pacientes permanecen anónimos (la "identificación" de los demonios como Legión se encuentra en una categoría diferente). Hasta donde sabemos, ningún otro se unió al grupo de los discípulos, y por tanto, no fueron más que "casos", mientras que Bartimeo, al parecer, pasó a ser un personaje muy conocido, al menos en la iglesia de Marcos (ni Mateo ni Lucas mencionan el nombre).

46 Marcos es bastante específico en cuanto al lugar donde Bartimeo fue curado, porque no solo menciona la llegada a Jericó sino que la curación ocurrió al salir de la ciudad. Lucas, por otra parte, la ubica cerca de Jericó, tal vez porque sabía, a partir de la tradición, que había sucedido en las afueras, y presupuso que sería al entrar en la ciudad. La discrepancia no es significativa y apenas justifica la sugerencia[50] de que Bartimeo se hallaba convenientemente situado en algún punto entre los dos sitios conocidos como "Jericó".[51] La ὄχλος ἱκανός (ἱκανός se usa en forma un tanto coloquial para referirse a una "multitud buena"; cf. Lc. 7:12; Hch. 11:24, 26; 19:26) no está compuesta por simples transeúntes sino por peregrinos; no se trata ya de un pequeño grupo privado. Cf. 10:1, 32 para referencias a un grupo de peregrinos más numeroso que los doce a medida que la travesía se aproxima a su final, y para más detalles, véanse los comentarios sobre 15:40-41, donde aparece un grupo de mujeres acompañantes. Los miembros de esta compañía más extensa en esta perícopa serán, primeramente, los que desanimen, y luego, los que alienten a Bartimeo, y

---

49. J. F. Williams, *Followers*, 151. Williams dedica una sección extensa a la presentación que hace Marcos de Bartimeo como "un personaje ejemplar" (151-71).

50. P. Ketter, *Bib* 15 (1934) 411-18.

51. La Jericó herodiana en realidad estaba situada en el Wadi Qelt, a una milla aproximadamente del emplazamiento de la ciudad veterotestamentaria, que probablemente seguía ocupada (*ABD*,3. 737), pero tal vez es poco probable que en esa época se usara "Jericó" a solas, para denotar ambas ciudades, la antigua y la moderna.

más tarde, serán los que proporcionarán el número de simpatizantes necesarios para la escena de la multitud que se describe en 11:8-9. La frase ὁ υἱὸς Τιμαίου (que no es más que una traducción del nombre arameo Βαρτιμαῖος) llama nuestra atención: aun cuando algunos de los lectores de Marcos no supieran arameo, el significado del nombre no les resultaría importante. A no ser que el propio Timeo despertara en ellos algún tipo de interés (¿acaso él, al igual que su hijo, se había hecho popular entre los discípulos?), este detalle podría atribuirse simplemente a la prolijidad de Marcos. Τίμαιος es un nombre griego conocido, y cabe la posibilidad de que en la cultura mixta de la Palestina del siglo I el padre de este mendigo judío llevara este nombre (cf. Ἀνδρέας y Φίλιππος entre los discípulos judíos de Jesús), aunque también pudiera representar un nombre semítico como Ṭimʿay.

47-48 "Jesús" era uno de los nombres más comunes en la Palestina del siglo I, por tanto, la identificación ὁ Ναζαρηνός (cf. 1:24) era algo natural en este territorio foráneo. Jericó está muy lejos de Nazaret, pero ya sabemos que la fama de Jesús como sanador había trascendido los límites de Galilea (3:7-8). Si, tal como sugiere la narración de Marcos, esta es su primera visita a la zona, sería natural que un ciego tratara de aprovechar la ocasión. Por su incapacidad de ver dónde está Jesús, da voces lleno de esperanza en dirección a la multitud.

Esta es la única vez en Marcos que a Jesús se le llama υἱὲ Δαυίδ, y no hay nada en este Evangelio (a diferencia de Mt. 1:1-17, 20) que nos haya preparado para ese título tan específico.[52] Para el pueblo judío, ese título sería prácticamente equivalente a Χριστός, pero la pronunciación del nombre de David aumenta la carga de ideología real y nacionalista que el título conlleva. El reconocimiento de Pedro de Jesús como ὁ Χριστός en 8:29 les habría dado a los discípulos una razón suficiente para usar esa expresión, si Jesús no lo hubiera prohibido (8:30). Ellos, sin embargo, habían obedecido dicha prohibición, y por eso resulta tan llamativo que quien lo emplee por primera vez sea una persona extraña. Ningún otro espectador le había atribuido a Jesús esa prerrogativa mesiánica (y no solamente profética) en este Evangelio. Si Bartimeo poseía un discernimiento espiritual inusual o si simplemente se propuso llamar la atención dirigiéndose a Jesús con el título más halagador que se le ocurrió, lo cierto es que sus palabras le dieron inicio a una nueva etapa en la revelación gradual de Jesús en Marcos. Ha llegado el momento, ahora que Jesús está tan cerca de Jerusalén,[53] para que el aspecto mesiánico de su

52. La sugerencia de B. D. Chilton, *JSNT* 14 (1982) 92-97, basándose en la obra de D. C. Duling, *HTR* 68 (1975) 235-52, de que existía un concepto del Hijo de David como sanador se apoya demasiado en la suposición de que la frase "Hijo de David" apuntaría a Salomón, y en la tradición judía de que Salomón era un exorcista. Pero el exorcismo y la sanidad no son la misma cosa, y no existe ningún testimonio contemporáneo claro a favor de esta connotación, aparte de la mesianidad real, en el título Hijo de David; véase mi obra *Matthew, Evangelist*, 285 n. 13. En cuanto al significado mesiánico de υἱὸς Δαυίδ cf. *Sal. Sal.* 17:21.

53. Véase J. Marcus, *Way*, 137-39, con respecto a la relación entre el título "Hijo de David" y Jerusalén y el templo.

ministerio se haga más público, y en la perícopa que sigue ese será el tema que estará en boca de todos (11:10), ἡ ἐρχομένη βασιλεία τοῦ πατρὸς ἡμῶν Δαυίδ). La propia actitud de Jesús en ese respecto no quedará clara, pero más adelante (12:35-37) lo pondrá en tela de juicio por medio de una pregunta. Aquí, sin embargo, no formula ningún comentario, y menos aún una represión, en respuesta a esta doble salutación con ese lenguaje abiertamente mesiánico. El secretismo que se había exigido en Cesarea de Filipo ha empezado a debilitarse, y va preparándose el terreno para la declaración pública definitiva que hará Jesús acerca de su mesianidad en 14:62.

El mendigo ciego junto al camino era sin duda un personaje que conocían bien los habitantes de Jericó y sus alrededores. Al igual que los discípulos en 10:13, ellos (πολλοί, no solo los discípulos en esta ocasión) reprenden a ese desclasado que quiere acercarse a Jesús —y al igual que los discípulos, su acción se ve rechazada. En cuanto a ἐπιτιμάω ἵνα cf. 3:12; 8:30; pero aunque en esos casos fue Jesús el que prohibió que se revelara su identidad, aquí es la multitud la que trata de hacer callar al "confesor mesiánico", y Jesús el que se opone a eso. Lo que logran con su intento de hacer callar a Bartimeo es, por supuesto, que la repetición del título υἱὲ Δαυίδ en la narración le confiera mayor relevancia. Marcos hace referencia al "efecto bumerán del intento de hacer callar a Bartimeo".[54]

49-50 Si se tiene en cuenta la urgencia de Jesús en 10:32, el hecho de que detuviera su marcha (y presumiblemente, toda la multitud también) por causa de un mendigo resulta notable. El cambio de parecer repentino y absoluto pone de relieve la autoridad de Jesús: si antes se mostraron despectivos, ahora se sienten entusiasmados, y se convierten en los voceros del llamado de Jesús a Bartimeo.[55] En cuanto a θάρσει como una consigna para los que están angustiados cf. 6:50 y aún más Mateo 9:2, 22. El único propósito de la referencia al hecho de arrojar la ἱμάτιον es hacer más vívida[56] la historia, y ἀναπηδήσας (levantarse) es otro toque gráfico, que tiene por objeto contrastar la actividad deliberada del hombre ahora, con su condición patética anterior "sentado junto al camino".

51-52 En lo que respecta a la sintaxis comprimida de τί σοι θέλεις ποιήσω; cf. v. 36. En cuanto a Ῥαββουνί cf. Ῥαββί en 9:5; 11:21; 14:45; pero

---

54. J. Marcus, *Way*, 138 n. 31.

55. La triple repetición del verbo φωνέω en el v. 49 les sugiere a algunos (C. D. Marshall, *Faith*, 125, 141; J. F. Williams, *Followers*, 156) que Marcos presenta este incidente como una "historia acerca de un llamado" semejante a las de 1:16-20 y 2:14, pero la ausencia de φωνέω en esas historias no nos anima a descubrir un eco aquí.

56. *Pace* C. D. Marshall (véase más adelante, pág. 425 n. 59). J. F. Williams, *Followers*, 156-57, menciona algunas implicaciones que se han sugerido y llega a la conclusión de que "Bartimeo abandonó lo que poseía para estar con Jesús, y por ende, que el mendigo hace lo que el rico se había negado a hacer". Con esto, promueve su opinión de que se trata de la "historia acerca de un llamado". Gnilka, 2.110, establece una comparación con 2Re. 7:15 en cuanto al abandono de las prendas de vestir a causa de la premura. En una variante en 565 y sir se lee ἐπιβαλών, una acción mucho más decorosa cuando se trata de ir al encuentro de una persona importante, aunque resulta menos vívida.

en cada uno de esos casos el que habla es un discípulo. El estatus "privilegiado" que Marcos le ha otorgado a Bartimeo no solo le permite recurrir a Jesús como υἱὲ Δαυίδ sino también dirigirse a él ahora como cabría esperar que lo hiciera un discípulo. Expresa su petición de manera simple y audaz; el aoristo de subjuntivo ἀναβλέψω espera una recuperación total e instantánea de la vista (como de hecho ocurre, según el v. 52), y no el proceso más prolongado que vimos en 8:23-25. En su respuesta, Jesús emplea términos que ya conocemos de otras historias de curaciones; para ὕπαγε cf. 1:44; 2:11; 5:19, 34; 7:29, y para la fórmula ἡ πίστις σου σέσωκέν σε cf. 5:34; Lucas 7:50; 17:19. En 5:19 el verbo ὕπαγε marcó una negación a permitir que el individuo curado se hiciera un discípulo, pero en otros casos indica simplemente el reconocimiento de que la persona ya está curada y puede marcharse, por tanto, no hay ninguna razón para pensar aquí en un conflicto entre ὕπαγε y la decisión de Bartimeo de seguir a Jesús. En cuanto al carácter esencial de la fe en la curación, véase el comentario sobre 5:34.

La expresión ἠκολούθει αὐτῷ ἐν τῇ ὁδῷ ocupa un lugar tan destacado al final de la perícopa y de toda la sección del Evangelio que conduce a la llegada a Jerusalén que parece claro que la intención de Marcos no era simplemente ofrecer una información circunstancial.[57] Los dos términos ἀκολουθέω y ἡ ὁδός aluden al discipulado,[58] y la relevancia de la última expresión en el segundo acto garantiza que su presencia al final de ese acto nos recuerde este tema central. Bartimeo, libre ahora de su ceguera, representa a los que han hallado la luz y siguen al Maestro. Por tanto, cuando el grupo de peregrinos emprende de nuevo la marcha hacia Jerusalén, con un miembro más, el lector ya está preparado para presenciar entrada del Hijo de David en "su" ciudad, y se siente incentivado a unirse a él en el camino.

---

57. Véase J. F. Williams, *Followers*, 160-63, aunque Williams también destaca que aunque a Bartimeo se le presenta como "un seguidor ejemplar", permanece separado de los discípulos, y por tanto, representa a la categoría más amplia de seguidores que Jesús llamó de entre la multitud y que, según 8:34, los invitó a seguirlo.

58. La misma implicación se ha encontrado en el uso triple de φωνέω en el v. 49 (véase la nota ad loc.) y en el desprendimiento por parte de Bartimeo de su capa en el v. 50 (así C. D. Marshall, *Faith*, 141-42), pero, según señalamos antes, ἀποβαλὼν τὸ ἱμάτιον no requiere ninguna explicación simbólica en el pasaje.

TERCER ACTO: JERUSALÉN (11:1–16:8)

En la estructura geográfica de la historia de Marcos, Jesús entra ahora por primera vez en Jerusalén, en un territorio que cualquier galileo consideraría prácticamente extranjero, y donde lo mejor que podían esperar los galileos era que se les tolerara como correligionarios judíos pero en el que nunca se les recibiría como compatriotas. Las referencias explícitas a Jerusalén en la etapa galilea de la historia de Marcos se limitan a dos relatos acerca de algunos escribas procedentes de Jerusalén que llegaron a Galilea con intenciones hostiles (3:22; 7:1), e incluso en el segundo acto, aunque la mención de los miembros del sanedrín en 8:31 ya había indicado claramente que se trataba de esa ciudad, su nombre apareció solo en 10:32, 33, cuando la travesía se aproximaba a su fin. Se describió como un lugar que inspiraba miedo, el lugar en el que el Mesías de Israel sería desechado por los líderes de Israel y lo matarían, y la vívida alusión en 10:32 al asombro y el temor de los seguidores de Jesús al acercarse a la ciudad despejó cualquier duda en el lector sobre lo que podía esperarse. Ahora, al inicio del tercer acto, el grupo de peregrinos emprende su camino en la última etapa del viaje, de Jericó a Jerusalén.

El desplazamiento geográfico va acompañado de un correspondiente cambio en la naturaleza de la actividad de Jesús. La enseñanza privada da lugar a algunos enfrentamientos públicos, y los milagros que habían sido tan fundamentales para el apoyo popular de Jesús en el norte prácticamente desaparecen. Incluso en el camino hacia el sur, aparte de las dos curaciones simbólicas de los ciegos que enmarcan el segundo acto, solo se da testimonio de un milagro de liberación (9:14-29). Esa etapa ahora ha quedado atrás, y en todo el tercer acto el único hecho milagroso que aparece es la "señal" fuertemente negativa de la higuera marchita (11:12-14, 20-21). "Durante los días en Jerusalén no ocurren milagros de curación, porque la fe de la que dependen esos milagros no está presente en las personas que ahora rodean a Jesús".[1] Pero, aunque la descripción marcana de la ciudad en el primer y en el segundo actos es siempre negativa, Jerusalén se contempla desde otra perspectiva. Sigue siendo la ciudad de David, la capital escogida de la nación que Dios eligió para que fuera una luz para las naciones, y a la que pertenecen incluso los judíos galileos. Además, es la sede del templo, el centro visible de la adoración del Dios de Israel. Es por eso que, si la declaración de Pedro en

---

1. M. A. Tolbert, *Sowing*, 231.

8:29 era cierta, Jesús no podía quedarse en Galilea. El Mesías tenía que ir a "su" capital y presentarse a su pueblo. Y entra en ella con un fuerte impulso a su credibilidad, por cuanto había sido aclamado como "Hijo de David" en Jericó no por uno de sus propios seguidores galileos, sino por un individuo de Judea (aunque carente de toda posición social) a oídos de una gran multitud. Cualesquiera que fueran las expectativas de los principales sacerdotes, los escribas y los ancianos, había razón para esperar que entre los habitantes comunes de Jerusalén Jesús podría encontrar una respuesta a su misión.

La primera parte del tercer acto (caps. 11–12) pondrá al descubierto el entrelazamiento de estas dos tramas secundarias, la hostilidad oficial de las autoridades y la respuesta del pueblo. En estos capítulos, tanto Jesús como las autoridades religiosas plantean desafíos y van tomando posiciones, mientras que la multitud no es más que un grupo de curiosos interesados que se sienten impresionados por Jesús aunque todavía no se han decidido a comprometerse como discípulos. Pero al final, cuando las autoridades religiosas hagan su movida en el capítulo 14, la multitud quedará en gran medida relegada. A partir de ese momento, a pesar del papel breve aunque significativo que la multitud volverá a desempeñar ante el palacio del gobernador en 15:6-15, quienes toman la iniciativa son los principales sacerdotes, y el cumplimiento de las predicciones de la pasión se desarrolla con un sentido de inevitabilidad, culminando en la cruz. Sin embargo, las predicciones de la pasión no terminaron con la cruz, porque añadieron una resurrección después de tres días, y con una cautivante brevedad, Marcos terminará su historia con el cumplimiento también de esa cláusula, y un aviso significativo sobre un regreso a Galilea donde todo comenzó.

Por tanto, hay dos etapas claras en la historia del tercer acto, la primera es el período de enfrentamientos públicos en Jerusalén (caps. 11–12), la segunda, la narración de la pasión y el relato de la resurrección (caps. 14–16). Entre estas dos etapas aparece un extenso discurso que, al igual que el discurso en parábolas en medio del primer acto, le da al lector la oportunidad de hacer una pausa y pensar en la importancia de lo está narrándose. Centrado en la predicción de Jesús sobre la destrucción del templo, ese discurso nos invitará a pensar en el fin del antiguo orden y reconocer la autoridad suprema del Hijo del Hombre. Por consiguiente, cuando vemos a Jesús en los capítulos 14–15 como la víctima aparentemente indefensa, el perdedor en una lucha local por el poder, el capítulo 13 nos recuerda considerar estos acontecimientos a la luz del espectro más amplio del propósito de Dios para Israel. En esa perspectiva más general, Jesús no es la víctima sino el vencedor, y la sonora declaración de 14:62 lo dejará bien claro. Por tanto, cuando finalmente contemplamos al Jesús muerto otra vez vivo e invitando a sus discípulos a reunirse con él en Galilea, el evangelio completo, a pesar del misterio de su "insatisfactorio" desenlace, vuelve al punto de partida, y el anuncio inicial de la venida del reino de Dios sigue su curso.

DESAFÍO ABIERTO (11:1-25)

La llegada de Jesús a Jerusalén, por primera y única vez en la narración de Marcos, y al final de un extenso relato sobre el viaje desde el norte, marca un momento culminante en la historia. En el período anterior a la fiesta de la pascua, si Jesús y sus discípulos hubieran querido entrar en Jerusalén de una manera bastante discreta, la gran cantidad de peregrinos que se abrían paso para llegar a la ciudad les habría dado esa posibilidad. Sin embargo, Jesús se vale de dos acciones dramáticas (la procesión real fuera de los muros de la ciudad y la demostración en el templo) para asegurarse de que su llegada no pase inadvertida. Ambas acciones ponen de relieve la exclusividad del estatus y de la autoridad de Jesús, pero ninguna de ellas tiene por objeto ganarse la buena voluntad de las autoridades religiosas, las cuales no tardarán mucho en poner a prueba los méritos de Jesús (11:27-33). Al introducir su tercer acto de esta manera, Marcos no deja margen para que sus lectores duden de que esto es el comienzo de un enfrentamiento decisivo, en el que ninguno de los dos bandos estará de humor para hacer concesiones.

La procesión hacia Jerusalén y el ataque de los mercaderes del templo son acciones ostensiblemente públicas que indudablemente desafían a las autoridades de Jerusalén y las obligan a reaccionar. Marcos también entrelaza con el segundo acontecimiento un incidente curioso, a saber, el marchitamiento de la higuera, que aunque ocurre lejos de la multitud y de las autoridades, transmite de manera gráfica un repudio igualmente vehemente del estatus quo. Su simbolismo, para los que puedan apreciarlo, apunta a la enseñanza radical del capítulo 13 sobre la decadencia irreversible y el remplazo del régimen de Jerusalén, enfocado en el fracaso y la futura disolución de la adoración en el templo. Este gesto más privado, pues, les confirma a los lectores de Marcos las implicaciones drásticas de las acciones públicas de Jesús, y el conjunto de esas tres acciones simbólicas prepara el terreno para el conflicto amargo y funesto que vendrá después.

La procesión real (11:1-10)

NOTA TEXTUAL

3. La diferencia entre las lecturas se debe en parte a las dudas que existen en cuanto a si el sujeto de ἀποστέλ(λ)ει es (1) ὁ Κύριος (interpretado como Jesús) o (2) el pronombre τις de la cláusula anterior. La presencia de πάλιν, en caso de que sea original, exigiría la opción (1), mientras que el pasaje paralelo de Mateo apoya la (2). El futuro ἀποστελεῖ en cada una de esas construcciones es la lectura más fácil porque el sentido es claramente futuro, y es muy posible también que sea una corrección para armonizarla con la lectura más probable de Mateo. En una iglesia en la que a Jesús se le conocía habitualmente como ὁ Κύριος lo más seguro es que se añadiera al texto el adverbio

πάλιν para respaldar la lectura (1) y no que se hubiera eliminado. Por consiguiente, la lectura original más probable es la de A C etc., αὐτὸν ἀποστέλλει (sin πάλιν). Las variaciones en el orden de las palabras podrían deberse a la sintaxis más incómoda creada por la introducción de πάλιν.

En ningún otro lugar de los Evangelios leemos que Jesús haya montado un animal. La atención especial que se le presta en esta perícopa a la provisión de una cabalgadura y a la manera en que Jesús, en cuanto se hubo montado, se convierte en el centro de las miradas de muchas personas aparte de sus discípulos inmediatos indica que se trata de un cambio deliberado en su práctica normal de viajar a pie. Esta decisión en plena temporada pascual[2] puede haber resultado particularmente llamativa, porque existen pruebas de que se esperaba que los peregrinos que tuvieran la capacidad física para hacerlo, entraran en la ciudad caminando.[3] Por tanto, si Jesús optó por entrar montado en la ciudad en esta única ocasión a lo largo de su vida pública, su propósito obvio era que se fijaran en él. La grandiosa explosión de alabanza y de sentimientos nacionalistas que Marcos menciona en los vv. 8-10 no lo tomó por sorpresa, y de hecho, podría decirse que él mismo lo había ideado, con la cooperación de sus propios discípulos actuando muy probablemente como animadores.[4] El contenido regio y nacionalista del v. 10 sugiere también que Marcos presupone lo que Mateo y Juan mencionan explícitamente, a saber, que la elección de un asno como el medio de transporte de Jesús estaba prevista, y la multitud la interpretó como una alusión deliberada a la profecía de Zacarías acerca del rey que entraría en Jerusalén montado sobre un asno (Zac. 9:9-10). Este pasaje de Zacarías es claramente mesiánico, y los gritos de la gente con respecto al reino futuro de David así lo confirman. Incluso sin una cita explícita del texto de Zacarías, no cabe duda de que Marcos entendió que esa era la intención de Jesús. Otros referencias mesiánicas que probablemente pudiera evocar el uso de un asno son el oráculo de Judá en Génesis 49:10-11, y tal vez

---

2. La secuencia narrativa de Marcos exige que él haya considerado que este incidente ocurriera pocos días antes de la Pascua (14:1, 12). La sugerencia (la más célebre de T. W. Manson, *BJRL* 33 [1951] 271-82; más bibliografía en B. A. Mastin, *NTS* 16 [1969/70] 76-82) de que la "entrada triunfal" de Jesús originalmente se ubicaba en la fiesta de los tabernáculos se ve confirmada por la mención que hace Juan de las ramas de palmera (evocando los *lûlab* de las celebraciones de los tabernáculos) y los gritos de Hosanna, que según *m. Suk.* 4:5, se proferían en esa fiesta mientras se agitaban los *lûlab* (*m. Suk.* 3:9). Sin embargo, las "ramas" en Marcos no son los *lûlab*, sino ramas de árboles que se tendían por el camino (véase el comentario sobre el v. 8); y el término Hosanna no se usaba *solamente* en la fiesta de los tabernáculos. El Salmo 118 en el que tuvo su origen y que proporciona el saludo del v. 9 no era específicamente un salmo de los Tabernáculos, sino el último de los salmos Hallel que se cantaban en todas las principales fiestas, y de manera especial, en la pascua, por cuanto era la más grande de las peregrinaciones anuales.

3. *M. Ḥag. 1:1* exime de la exigencia veterotestamentaria de la peregrinación festiva "al que no pueda subir [a Jerusalén] a pie". A. E. Harvey, *Jesus*, 121, hace hincapié en este tema.

4. Myers, 294, compara el acontecimiento con un "teatro callejero cuidadosamente coreografiado" con propósitos políticos.

la mula a la que se alude en 1 Reyes 1:38-40 en la que montó Salomón para dirigirse al lugar donde sería entronizado.[5] Aunque no se menciona ninguna palabra de Jesús acerca del tema, esta declaración, que aparece tan cerca del uso espontáneo de Bartimeo del título υἱὲ Δαυίδ, puede interpretarse como una evidente declaración mesiánica por parte de Jesús y el final de cualquier secretismo con respecto al asunto, salvo en el sentido puramente formal de que la declaración es expresada por medio de acciones (y las exclamaciones no censuradas de la multitud) y no por medio de palabras explícitas de Jesús. Esas palabras aparecerán en 14:62, pero en ese momento no deberían causarle ninguna sorpresa a los que leyeron las implicaciones de todo lo que Jesús ha hecho y dicho desde su llegada a Jerusalén, empezando por esta manifiesta autopromoción mesiánica.[6] En el contexto narrativo es importante tener en cuenta la identidad de la multitud que grita Hosanna. En la perícopa anterior señalamos la mención deliberada de una ὄχλος ἱκανός que acompañaba a Jesús y a sus discípulos cuando se marcharon de Jericó para dirigirse a Jerusalén (véanse también los comentarios sobre 15:40-41), y debemos presuponer que todos ellos juntos ahora están llegando al final de su viaje. La ubicación es la misma del v. 1, fuera de Jerusalén, y de hecho, no antes del v. 11 se hará referencia a la entrada de Jesús en la ciudad. La descripción tradicional de esta escena como la "*entrada* triunfal" resulta, por tanto, inadecuada, porque dicha escena presenta el acercamiento de Jesús a la ciudad, no su entrada. La multitud exultante era, pues, el grupo de peregrinos de los que ya hemos hablado, y para que no queden dudas con respecto a su identidad, Marcos usa la expresión οἱ προάγοντες καὶ οἱ ἀκολουθοῦντες (v. 9). Por tanto, esta no es todavía la multitud de Jerusalén, sino el grupo de los peregrinos, en su mayoría tal vez galileos al igual que Jesús, que se dirigen junto con él y sus discípulos a la ciudad para la fiesta. (Véanse los comentarios sobre 15:40-41 para algunos detalles acerca de la composición de esta multitud). Después de lo que presenciaron en Jericó, ya están predispuestos a reconocer a Jesús y a repetir la evaluación que hizo Bartimeo de él como υἱὸς Δαυίδ. Los que reaccionan con entusiasmo ante la llegada del Mesías galileo son, por tanto, los partidarios galileos de Jesús y no la multitud potencialmente más escéptica de Jerusalén con la que todavía no ha tenido contacto. Mateo añade una nota para explicitar este contraste en 21:10-11, aunque incluso en Marcos resulta claro. No hay nada aquí que respalde el comentario favorito de los predicadores sobre la inconstancia de la multitud que un día gritó "Hosanna", y pocos días después, "¡crucifícalo!". No es la misma multitud. Los peregrinos galileos fueron los que

---

5. La proclamación de Jehú como rey en 2Re. 9:13 se cita a veces como un pasaje paralelo, pero allí no había ningún asno y no tuvo lugar en Jerusalén. El uso de las capas como una "alfombra roja" es el único nexo significativo, pero esto, al parecer, más que un reflejo directo, es una cuestión de similitud cultural.

6. Para un historial más amplio de una procesión real, y especialmente la procesión de la coronación de Salomón, "hijo de David", en 1Re. 1:32-40, véanse D. R. Catchpole en E. Bammel y C. F. D. Moule (ed.), *Politics*, 319-21.

gritaron "Hosanna" cuando se aproximaban a la ciudad; pero los que gritaron "¡crucifícalo!" fueron los de la multitud de Jerusalén.

1 El sujeto de ἐγγίζουσιν debe proporcionarlo el contexto. Después del papel que desempeñó la multitud en la perícopa anterior, y con la función aún más importante que tendrá en esta perícopa, debemos presuponer que no se trata solamente de Jesús y de sus discípulos, sino también de la ὄχλος ἱκανός que, según 10:46, los acompañaba. La última etapa del viaje, que comenzó en 10:46, se acerca ahora a su fin. El doble uso de la preposición εἰς resulta un tanto inconveniente: el primer destino que se menciona es Ἱεροσόλυμα, y luego, el lugar en las afueras de la ciudad al que llegaron al inicio de este incidente. Para indicar cuál es ese lugar se usan dos nombres tratados como una unidad, Βηθφαγὴ καὶ Βηθανία. La ciudad de Betania que se menciona varias veces en los Evangelios era un poblado que se hallaba a unas dos millas de Jerusalén en el camino a Jericó, y es en ese pueblo que Jesús y sus discípulos pasarán las noches durante la próxima semana (vv. 11-12; 14:3). Betfagé, según cabe suponer, es una aldea más pequeña relacionada con Betania. Suele ubicarse tradicionalmente antes de la cima de la colina en el camino que va de Betania a Jerusalén; se menciona en el Talmud como un suburbio fuera de los muros de Jerusalén. Ambos lugares se hallaban, pues, en las faldas del Ὄρος τῶν Ἐλαιῶν, y por ese motivo, si la preposición πρός tiene su sentido normal de dirección, podría indicar que con su acercamiento a Betfagé y Betania estaban llegando a (la cima) del monte de los Olivos; pero πρός pudiera sugerir proximidad y no dirección (cf. 2:2; 4:1b; 6:3; 9:19a; 11:4). Esta mención aparentemente innecesaria del monte de los Olivos podría derivarse del conocimiento de Marcos de las connotaciones mesiánicas de dicho monte (Zac. 14:4; cf. Ez. 11:23; 43:1-5).

2 No sabemos si la κώμη κατέναντι ὑμῶν era Betfagé, Betania o algún otro asentamiento vecino. Los pormenores tan precisos y seguros que se les dan a los discípulos con respecto a lo que van a encontrar al realizar la tarea que se les asigna sugieren que Marcos debe haber tenido la intención de hacernos pensar en el conocimiento sobrenatural de Jesús o en un plan cuidadosamente preparado de antemano. Si tenemos en cuenta que, desde la perspectiva de la narración de Marcos, este es un territorio nuevo para Jesús, la presencia de algunos simpatizantes fuera de Jerusalén con los que él pudiera haber hecho esos arreglos resulta sorprendente (aunque desde el punto de vista histórico esto no constituye ningún problema, porque el cuarto Evangelio da claro testimonio de ciertas relaciones amistosas que Jesús ya tenía en la zona de Betania, y aunque el incidente que se narra en Lucas 10:38-42 no se ubica explícitamente en Betania, no existe, al parecer, ninguna razón para dudar de que se trata de la misma familia). ¿Interpretó tal vez Marcos como un conocimiento sobrenatural lo que en realidad era el resultado de un plan bien elaborado que había llevado a cabo valiéndose de contactos de los que Marcos no conocía? La reacción inmediata de los espectadores, según el v. 6, tras haber escuchado la "contraseña", podría sugerir en buena medida esa posibilidad.

La propuesta de J. M. Derrett[7] arroja una luz interesante sobre el trasfondo de esta historia. Aunque no todos los detalles de su argumento resultan igualmente convincentes, según él, Jesús estaba ejerciendo aquí el derecho que tenía un rey (o incluso a veces un rabino) de requisar un animal. Marcos y Lucas describen el animal requisado como un πῶλος. Para Mateo y Juan se trataba específicamente de un ὄνος ... πῶλος υἱὸς ὑποζυγίου (Mateo). Pero en ese pasaje en la LXX se omite ὄνος. W. Bauer alegó que en la literatura griega, cuando no se mencionan especies en el contexto, πῶλος se refiere a un *caballo* joven,[8] pero su conclusión no es válida ni para la literatura egipcia ni para la palestina;[9] en cinco de la seis veces que aparece πῶλος en la LXX es la traducción del término hebreo 'ayir ("asno"), normalmente sin ningún uso cercano de ὄνος para definirlo. En el texto hebreo de Zacarías 9:9 se hace referencia explícitamente a un asno, pero la LXX solo usa los términos ὑποζύγιον y πῶλον νέον. El πῶλος de Marcos, junto con la explicación de que nadie todavía había cabalgado en él refleja, pues, con más claridad el πῶλον νέον de Zacarías 9:9 en la LXX que si hubiera especificado que era un asno. Sus lectores, conscientes de la tradición evangélica, no habrían tenido dificultad para reconocer el asno tradicional en el πῶλος de Marcos. La nota de que nadie había montado todavía en el πῶλος no solo refleja el νέον de la LXX sino que también nos recuerda el valor especial que el AT le atribuía con fines religiosos a un animal que nunca se había utilizado (Nm. 19:2; Dt. 21:3; 1Sa. 6:7), y tal vez también la costumbre de que nadie podía montar en la cabalgadura del rey (*m. Sanh.* 2:5). La mención concreta de que el asno estaba atado (que se repite en el v. 4) podría hacerle recordar al lector bien informado el texto mesiánico de Génesis 49:10-11, donde se lee que el gobernante que habría de venir ataría a la vid el hijo de su asna.[10]

3 No constituye ninguna diferencia el hecho de que τί; se interprete como un adverbio interrogativo ("¿Por qué hacéis eso?") o como un pronombre ("¿Qué es lo que hacéis?"); la reanudación de esta cláusula en el v. 5 apoya la segunda hipótesis. La vista de unos extranjeros desatando un asno en la calle de la aldea provocaría sin duda una protesta, y la enigmática respuesta que Jesús puso en boca de ellos no bastaría para persuadir ni al más crédulo. Por consiguiente, es mucho más probable que se tratara de una "contraseña" previamente acordada y no que ὁ κύριος αὐτοῦ χρείαν ἔχει tuviera por objeto ser una explicación convincente para cualquiera que no estuviera "al tanto". El sustantivo κύριος se ha interpretado de diversas maneras: como Dios ("lo exige el culto divino"), como Jesús (solo aquí en Marcos se hace referencia a él como ὁ κύριος) o como el dueño del asno (que presumiblemente estaba

---

7. J. D. M. Derrett, *NovT* 13 (1971) 241-58.

8. Véase BAGD, 731b, resumiendo el artículo de Bauer en *JBL* 72 (1953) 220-29.

9. Véanse H.-W. Kuhn, *ZNW* 50 (1959) 82-91; O. Michel, *NTS* 6 (1959) 81-82.

10. Así especialmente J. Blenkinsopp, *JBL* 80 (1961) 55-64; F. J. Matera, *Kingship*, 71-72; también Lane, 395-96; Pesch, 2.179.

con Jesús en el viaje).[11] El pronombre αὐτοῦ debe relacionarse con χρείαν ἔχει (de otro modo la oración significaría simple e irrelevantemente "su dueño lo necesita"), dejando la frase ὁ κύριος como un título aislado, y es poco probable en un contexto judío que pudiera interpretarse, sin otra especificación, como "su dueño" o incluso "el jefe", es decir, el propietario del asno. En nuestro comentario sobre 5:19 señalamos que es improbable que Marcos usara ὁ κύριος en un diálogo para referirse a Jesús (en lugar del vocativo κύριε). Incluso Lucas, quien a diferencia de Marcos emplea el título editorialmente con respecto a Jesús, no lo usa en un diálogo hasta después de la resurrección (24:34) salvo que se entienda de este modo en su pasaje paralelo a este. No es imposible que esta forma de uso, que se volvió tan natural para los cristianos después de la resurrección, fuera acuñada por Jesús a los efectos de esta contraseña, pero es mucho más probable que la fórmula refleje el uso judío normal de la frase como un título divino. En ese caso la contraseña afirma que el asno se necesitaba para el servicio de Dios, una audaz afirmación de Jesús por el significado que tenía su llegada a Jerusalén, pero que no sorprende a los que han aprendido de Marcos que Jesús está estableciendo el reino de Dios.

La incertidumbre con respecto a quién es el sujeto de ἀποστέλλει (véase la nota textual) se disipa si aceptamos que ὁ κύριος es Dios. En ese caso la contraseña termina en ἔχει, y la cláusula siguiente (sin πάλιν; véase la nota textual) es, al igual que en Mateo, la predicción de Jesús de la reacción del interrogador al escucharla: "enseguida lo enviará aquí" (donde ὧδε se refiere al lugar desde el que Jesús envía a los discípulos con el recado). La misma secuencia de contraseña y respuesta aparecerá en el v. 6, lo cual confirma que esa era la intención de Marcos aquí también. La lectura de estas palabras como una extensión de la contraseña (si se toma ὁ κύριος como el sujeto de ἀποστέλλει), prometiendo que Jesús devolvería el asno inmediatamente después de usarlo, sería una malinterpretación natural para los cristianos acostumbrados a ver ὁ κύριος como un título de Jesús; y seguiría la adición de πάλιν. El tiempo presente de ἀποστέλλει (véase la nota textual) resulta llamativo (para cualquier interpretación), pero Marcos ya usó el presente de los verbos en las predicciones de acontecimientos futuros en 9:12, 31.

4-7 No existen diferencias significativas entre el escenario previsto en las instrucciones de Jesús en los vv. 2-3 y la forma en que se expone ahora, pero sí pueden observarse algunos detalles adicionales típicamente marcanos: la ubicación del asno πρὸς θύραν ἔξω ἐπὶ τοῦ ἀμφόδου,[12] la especificación

---

11. La teoría de Gundry (en consonancia con Derrett) de que ὁ κύριος es Jesús, presentándolo deliberadamente como el "dueño" del asno, "que ejerce una prerrogativa señorial al requisar el pollino" es, al parecer, innecesariamente abstrusa. R. G. Bratcher, *ExpTim* 64 (1952/3) 93, piensa que Jesús realmente era el dueño, y que había adquirido el asno en preparación para su llegada.

12. La referencia a la calle parece extrañamente redundante, y Justino (*Apol.* 1.32.6) y Clemente de Alejandría (*Paed.* 1.5.15), al parecer, cambiaron ἀμφόδου por ἀμπέλου, dando como resultado un texto análogo al de Gn. 49:11 (véase el comentario sobre el v. 2 supra). Sin embargo, no hay ninguna prueba en los MSS que respalde esta lectura.

de la fuente de donde parte la pregunta como τινες τῶν ἐκεῖ ἑστηκότων y la cumplimentación de la propia pregunta con λύοντες τὸν πῶλον en lugar de τοῦτο. El asno, que nadie había montado hasta ahora y no estaba preparado para ser utilizado, carecía de montura, y por ese motivo, los dos discípulos (nada indica un cambio de tema) lo ensillaron con sus propios mantos.

8 Aunque el uso de los mantos de los discípulos como montura satisfacía un requisito normal para cabalgar, las acciones del grupo más amplio (πολλοί y ἄλλοι juntos conforman toda la multitud) resultan innecesarias y extravagantes. En cuanto al hecho de tender las vestiduras sobre el camino como una "alfombra roja" para un dignatario cf. 2 Reyes 9:13. Las στιβάδες son simplemente partes de plantas inespecíficas, el término se usaba clásicamente para referirse a la paja, los juncos, las hojas y otros materiales que se usan como colchón para dormir (Juan es el que dice que eran βαΐα τῶν φοινίκων, ramas de palmera), y le añaden al suelo una nota más alegre de color.[13] En razón de la ausencia de un verbo principal en la segunda cláusula debemos suponer que después de cortar las ramas, las tendieron (tal como explicita Mateo) en el camino del mismo modo que los mantos, y no que las tenían en las manos como los *lûlab* (varillas hechas de palmera, mirto y sauce) que formaban parte del ceremonial en la fiesta de los tabernáculos (2Mac. 10:7; *m. Suk.* 3-4).[14]

9-10 Las exclamaciones que demuestran las acciones celebrativas se atribuyen a οἱ προάγοντες καὶ οἱ ἀκολουθοῦντες, los miembros de la multitud que han acompañado a Jesús desde Jericó (véase los comentarios introductorios en esta perícopa). La estructura balanceada de los gritos se basa en el Salmo 118:25-26:

A Ὡσαννά
  B Εὐλογημένος ὁ ἐρχόμενος ...
  B Εὐλογημένη ἡ ἐρχομένη ...
A Ὡσαννά ...

tal vez procede del cántico antifonal de ese salmo de Hallel. Ὡσαννά equivale al "sálvanos ahora" (*hôšî'â-nā'* en hebreo)[15] del Salmo 118:25, el último de los salmos de Hallel que se recitaba en todas las principales festividades en Jerusalén. Esa exclamación Hosanna en un salmo de peregrinación, al

---

13. Esta hipótesis parece más probable que la propuesta de Mann (435-36, siguiendo a A. E. Harvey, *Jesus*, 125) de que "este era, al parecer, un gesto puramente utilitario, porque el delgado colchón (*sic*) ayudaría al asno a subir la escarpada cuesta".

14. Lv. 23:40 no especifica si las ramas se usaban de esta manera o para construir los tabernáculos. Cf. 1 Mac. 13:51; Ap. 7:9 con respecto al uso de ramas de palmeras como muestra de regocijo al margen de los tabernáculos.

15. Gundry, 630, sugiere que Ὡσαννά refleja deliberadamente la forma hebrea del nombre de Jesús, *Yhôšûa'*. El texto griego de Marcos no les permite a sus lectores detectar ese reflejo, y en vista del uso conocido de Hosanna y su idoneidad para las ocasiones festivas (véase la próxima nota) esta sutileza parece innecesaria.

parecer, adoptó un uso más general como un grito cultual de alabanza, al igual que Aleluya, eliminando casi por completo el elemento de súplica;[16] véase especialmente Mateo 21:9, 15 donde la frase en dativo que sigue τῷ υἱῷ Δαυίδ demuestra que se trata de una adscripción de alabanza. La adición de ἐν τοῖς ὑψίστοις en el v. 10 indica que ese es el mismo uso que se le da aquí, donde la frase ἐν τοῖς ὑψίστοις funciona como una perífrasis reverente para el nombre de Dios (cf. Lc. 2:14).[17] La cláusula que sigue al primer ὡσαννά está tomada del versículo que aparece inmediatamente después de la lectura de ese término en el Salmo 118. En el salmo εὐλογημένος ὁ ἐρχόμενος ἐν ὀνόματι κυρίου es un saludo que va dirigido a un individuo que llega al templo, y a ese saludo le sigue una bendición general para la multitud: "Desde la casa del Señor os [plural] bendecimos". El contexto festivo hacía sin duda que este salmo resultara muy adecuado para expresar el entusiasmo religioso de la multitud, pero la forma singular de este saludo en particular le hacía especialmente idóneo para aplicarlo a Jesús, el jinete que se distinguía en medio de la manifestación. La expresión ὁ ἐρχόμενος ἐν ὀνόματι κυρίου en su contexto original no era específicamente mesiánica,[18] y ὁ ἐρχόμενος (con o sin ἐν ὀνόματι κυρίου), al parecer, tampoco se usó posteriormente como un título mesiánico. Pero la persona a la que iba dirigido en singular en el v. 26 del salmo podría haber sido el rey que celebraba una victoria nacional, y por tanto, la fórmula resultaba muy adecuada para expresar la percepción de la multitud (sobre la base de Zac. 9:9-10) de la llegada regia y victoriosa de Jesús a Jerusalén

El saludo se amplía en el v. 10 con algunas palabras que no proceden ya del Salmo 118. Las primeras tres palabras están repetidas (con el cambio necesario en el género), pero ahora no se usan para saludar la llegada de una persona sino de un reino. El concepto de un reino "que vendrá" nos resulta familiar a partir de 1:15 y 9:1, pero en esos versículos se trataba del reino de Dios anunciado por Jesús. El reino de David tiene un tono mucho más político y nacionalista. Estas palabras hacen recordar el título υἱὸς Δαυίδ que la multitud había oído en Jericó, pero no resulta nada sorprendente por cuanto de ese rey que ahora entra cabalgando en la ciudad de David se espera que restablezca la soberanía nacional de Israel, el βασιλεία τοῦ πατρὸς ἡμῶν

---

16. *M. Suk.* 4:5 dice que *hôšî'â-nā'* se repetía en forma ritual durante la procesión en torno al altar en la fiesta de los tabernáculos, cuando también se llevaban en la mano los *lûlab*. En ese contexto, el término (en su forma hebrea) probablemente conservó su uso como oración. "Hosanna" como una exclamación de alabanza ya formaba parte del uso litúrgico en la época de la *Didajé* (10:6, ὡσαννὰ τῷ θεῷ Δαυίδ). Mann, 436, ofrece como paralelismos modernos 'Sieg Heil!' y las consignas beisboleras.

17. Con la traducción de la frase de nuevo al hebreo y alterando una consonante del hebreo putativo, Belo produce una "traducción" alternativa: "Sálvanos de los romanos".

18. El Tárgum, que en gran parte reformula el salmo con un sentido mesiánico y específicamente davídico, atribuye estas palabras a "los edificadores" (cf. v. 22), quienes presumiblemente se refieren a David, porque la expresión que sigue: 'Os bendecirán desde el santuario del Señor', se le atribuye a David, aparentemente como su respuesta a los edificadores.

Δαυίδ.[19] Con su representación deliberada de Zacarías 9:9-10, Jesús no podía haber esperado nada menos. Aunque David no se menciona en este pasaje de Zacarías (véase, sin embargo, 12:7–13:1), el individuo que entra cabalgando triunfante en Jerusalén y al que se alude como "tu rey" sigue claramente el modelo de David.[20] Es posible, tal como veremos en 12:35-37, que Jesús deseara cuestionar una interpretación *puramente* davídica de su realeza, pero no podía alegar que la interpretación de su entrada en la ciudad cabalgando era injustificada, por muy limitada que fuera la comprensión de la multitud acerca de lo que eso significaba.[21] Este primer gesto público dramático, por tanto, ha puesto definitivamente al predicador galileo en una disputa por el título "Rey de los judíos" —el título en torno al cual girará todo el proceso judicial al que se verá sometido por parte de los romanos (15:2, 9, 12, 18, 26, 32). Para los líderes judíos no tenía las mismas connotaciones que tenía para el gobernador romano, y además, "Hijo de David" ocupaba un lugar honorífico en su ideología mesiánica. Pero eso no implica que se sintieran encantados de oír a una multitud excitada de galileos que lo proclamaba a gritos fuera de los muros de Jerusalén mientras escoltaba a un impostor galileo, y en particular, a un individuo cuyas enseñanzas y actividades en Galilea ya les habían dado motivos de preocupación a los escribas.[22]

El templo estéril y la higuera seca (11:11-25)

NOTAS TEXTUALES

19. La variación entre el singular (Jesús) y el plural (Jesús y sus discípulos) en los verbos de movimiento que conectan las perícopas es un rasgo típico del estilo marcano y de la tradición de los MSS. En este caso, ambas lecturas cuentan con un sólido respaldo, pero el plural parece más natural por cuanto en el v. 20 aparece un plural; el singular se debería, pues, al hecho de que en los vv. 15-19 la atención se centró solamente en Jesús.

22. La adición de εἰ parece ser una corrección para suavizar un imperativo bastante abrupto repitiendo la construcción más familiar de Mateo 21:21; Lucas 17:6, pero no tiene en cuenta que la cláusula inicial de la larga oración que se crea de esta manera resulta innecesaria antes de la condición posterior de la fe (véase S. E. Dowd, *Prayer*, 59).

---

19. Los judíos solían llamar "padre" a los patriarcas y no a David, no obstante, cf. Hch. 4:25.

20. En cuanto a las reminiscencias en Zac. 9:9-10 del regreso de David después de la rebelión de Absalón, véase D. R. Jones, *VT* 12 (1962) 256-58.

21. Con respecto a la esperanza davídica vigente, además de *Sal. Sal.* 17, la versión palestina de la decimocuarta de las dieciocho bendiciones que se usaban en la sinagoga (el texto en Schürer, 2.460-61), la cual espera anhelante el "reino de la casa de David, tu Mesías justo" y se dirige a Dios como "Señor, Dios de David, que edificas a Jerusalén".

22. En cuanto a la pregunta histórica de que si los hechos tuvieron lugar tal como Marcos los describe, ¿por qué las autoridades judías y romanas no adoptaron medidas inmediatas para contrarrestar esta manifestación popular?, véanse los acertados comentarios de Gundry, 632.

24. El aoristo ἐλάβετε es una expresión sumamente osada y sorprendente, y λαμβάνετε parece ser una corrección suavizadora, asimilando el tiempo al del verbo anterior γίνεται. Λήμψεσθε es incluso menos exigente, y podría haber tenido también cabida aquí a partir de la construcción diferente que aparece en Mateo 21:22.

25. El versículo 25 cambia el enfoque introduciendo una nueva condición de la oración eficaz, una condición que transmite con distintas palabras la misma idea de Mateo 6:14. Los MSS que han añadido el v. 26 complementan el v. 25 con un reflejo más exacto de la afirmación inversa que aparece en Mateo 6:15 (con considerables variaciones que obedecen a su uso catequético). A la luz de la evidente utilidad de este versículo adicional en las iglesias, su ausencia en una amplia gama de testigos resulta convincente.

El título que se le ha dado a esta sección, "El templo estéril y la higuera seca", es prestado de un estudio importante de W.R. Telford.[23] Dicho título admite la importancia de la forma peculiar en la que Marcos entrelaza las dos historias, que en Mateo 21:12-22 aparecen simplemente como dos relatos consecutivos. Este es uno de los ejemplos más elaborados de la tendencia de Marcos a relacionar sucesos separados haciendo oscilar la atención del lector entre las dos escenas para que pueda interpretar cada suceso a la luz del otro. El realce que eso le da a ambos episodios es impresionante, y en el caso particular de la maldición de la higuera, le proporciona una clara *raison d'être* a un relato que de otro modo carecería de sentido y resultaría desconcertante.

La secuencia narrativa podría resumirse de la siguiente manera:

A   Primera visita al *templo* (11:11)
   B   Maldición de la *higuera* (11:12-14)
A   Jesús actúa en el *templo* (11:15-19)
   B   Descubren que la *higuera* se ha secado (11:20-25)
A   Jesús regresa al *templo* (11:27),

donde se pondrá en duda su autoridad y comenzará la controversia con los principales sacerdotes, los escribas y los ancianos; el templo continuará siendo el escenario de dicha controversia hasta 12:44. Y entonces, en 13:1-2, Jesús abandonará definitivamente el templo y profetizará su destrucción.

El reconocimiento de esta estructura disipa la perplejidad de algunos comentaristas sobre la función del v. 11 que solo aparece en Marcos, y que a menudo se describe como una gran decepción después de la procesión real, puesto que cuando Jesús finalmente llega al templo, al corazón de su "ciudad", no ocurre nada: se limita a "mirar el templo como podría hacerlo un turista y luego se marcha" (Schweizer, 227). Pero su "inspección minuciosa" no carece de propósito, y se marcha, según la narración de la historia, para regresar y tomar medidas decisivas al día siguiente. Mientras tanto tendrá lugar un

---

23. W. R. Telford, *Temple*.

incidente que le permitirá al lector (y tal vez a los discípulos) reflexionar sobre el verdadero fin que persigue esa acción.

Por tanto, aunque es adecuado tratar los vv. 11-25 como una sola unidad, será conveniente hacer algún comentario sobre cada uno de los dos incidentes por separado antes de pasar a una información más detallada.

1. El incidente del templo

El templo no solo era el centro de la vida religiosa de Israel sino también el símbolo de su identidad nacional. La reinauguración y la purificación del templo en el año 164 a.C. (después que Antíoco Epífanes lo profanara con la adoración y el altar de Zeus) y la restauración de la adoración en el templo fueron los hechos más destacados de la victoria macabea, y a partir de entonces se conmemoraban cada año en la fiesta de la dedicación en diciembre. El simbolismo tanto patriótico como religioso del templo era, pues, enorme, y la magnificencia de la reconstrucción de Herodes estaba a la altura de su significado simbólico.

Es probable que entre los muchos factores que provocaron la muerte de Jesús, el que mejor reunía todos los argumentos del pueblo judío en su contra era el hecho de considerarlo (al igual que otro Jesús en una generación posterior; Josefo, *Gue*rras 6.300-305) un enemigo del templo.[24] Este tema, que se desarrollará en el resto de la historia de Marcos,[25] llegará a su clímax con la burla de los transeúntes contra Jesús mientras estaba en la cruz, según 15:29-30, seguida de la rasgadura del velo de templo en 15:38. Este primer incidente en el templo podría parecer, a primera vista, que está a favor del templo y no en su contra, por cuanto lo protege de cualquier abuso y restaura su función original como "casa de oración para todas las naciones". Pero si se contempla en forma retrospectiva, podría tomarse (tal como Marcos indica en el v. 18 que las autoridades del templo ya habían reconocido) como el principio de una campaña cada vez más manifiesta en contra de lo que el templo representaba ahora, la primera demostración de un juicio que finalmente habría de conducir a la disolución completa del propio edificio.[26] Al relacionar la acción de Jesús con la maldición de la higuera, Marcos se asegura que sus lectores la contemplen en esta perspectiva más amplia y más siniestra.

---

24. E. P. Sanders, *Jesus*, especialmente las págs. 61-90, 301-5, desarrolla este punto de manera prominente.

25. Véase D. Juel, *Messiah*, 127-39, para un estudio provechoso sobre el tema de "el templo en Marcos".

26. Incluso solo dentro de esta perícopa, H. C. Waetjen, *Reordering*, 182, encuentra pruebas suficientes para afirmar que "Jesús no está 'limpiando' el templo, como "aquel que viene en el nombre del Señor", está cerrándolo". Waetjen dice que la acción de Jesús simboliza "la anulación de esta estructura sistémica central del judaísmo", que "marca la rescisión de su poder y privilegio, pero especialmente de su opresión y desposeimiento de las masas judías". (183).

Marcos presenta el suceso como una acción individual de Jesús, en contraste con la participación de la multitud en la procesión real. Su ataque a los mercaderes y los cambistas, que estaban en el atrio de los gentiles con el permiso de las autoridades del templo y prestaban un servicio oportuno y probablemente esencial a los adoradores que venían al templo de fuera de Jerusalén, no era simplemente (si cabe usar ese término) una protesta contra la explotación de los mercaderes inescrupulosos. Se extendía también a sus clientes (τοὺς ἀγοράζοντας) e incluso a cualquiera que estuviera transportando objetos a través del templo. La acción constituía un rechazo a la manera en que estaban conduciéndose los asuntos relacionados con el templo (y por ende, a las personas bajo cuya autoridad ocurrían estas cosas), y no solo un ataque para corregir los abusos del sistema.[27] Lo que había hecho Antíoco en un acto de idolatría manifiesta, los propios líderes judíos permitían que sucediera presionados por intereses comerciales. La adoración del templo había perdido su verdadero objetivo, y era necesario purificarlo de nuevo.[28] Como suele ocurrir con cualquier manifestación unipersonal, es poco probable que esta acción tuviera un efecto práctico duradero, y por tanto, podemos presuponer, sin temor a equivocarnos, que las mesas fueron colocadas de nuevo en su lugar al día siguiente.[29] La acción, no obstante, permitió pensar en Jesús como algo más que un maestro idealista. Jesús era un reformador radical, y había desafiado a las autoridades del templo de una manera que estas no podían ignorar. En los vv. 27-28 las veremos reaccionar cuestionando su autoridad.

La entrada en la ciudad, montado en un asno, ya había suscitado esta cuestión. Con su presentación como el "rey" mesiánico de Jerusalén, Jesús, de hecho, ya había manifestado que era la máxima autoridad en la ciudad, colocándose con ello por encima del sanedrín. Una de las acciones que cabía esperar del Mesías era la purificación de la adoración del templo (Ez. 37:26-28; *Sal. Sal.* 17:30-32)[30] e incluso la sustitución del propio templo (conforme a la visión de Ezequiel del nuevo templo escatológico, Ez. 40–48, y apoyándose

---

27. Véase C. A. Evans, *CBQ* 51 (1989) 257-63, para pruebas que confirman la existencia de numerosas críticas contra el sistema del templo y la corrupción entre la familias de los sumos sacerdotes.

28. N. Q. Hamilton, *JBL* 83 (1964) 365-72, proporciona una información interesante sobre la función que desempeñaba el templo como "banco" nacional y centro de la actividad económica.

29. Véase, p. ej., A. E. Harvey, *Jesus* 129-31, para un buen ejemplo de la opinión generalizada de que lo que hizo Jesús fue simplemente un gesto simbólico, conforme al modelo de los "actos proféticos" del AT, y no un verdadero intento de cambiar las cosas. D. R. Catchpole, en E. Bammel y C. F. D. Moule (ed.), *Politics*, 332-33, completa provechosamente el contexto histórico y alude a la probabilidad de una intervención oficial en caso de que se hubiera producido alguna perturbación de gran magnitud.

30. Esta expectativa reflejaba la importancia histórica de la restauración/purificación del templo en combinación con algunos esfuerzos para lograr la independencia nacional, bajo los reinados de Ezequías, Josías y Judas Macabeo. C. A. Evans, *CBQ* 51 (1989) 250-56, ofrece un estudio útil sobre las expectativas judías escriturarias y posteriores de la purificación del templo.

en Zac. 6:12-13; cf. Tob. 14:5; *Jub.* 1:27-29; *1En.* 1:28-29).[31] Además, había otros textos veterotestamentarios que indicaban que "el Señor" visitaría su templo y purificaría su adoración (Mal. 3:1-4), y predecían que en la santidad escatológica de Jerusalén "no habrá más mercader en la casa del Señor" (Zac. 14:21). La narración de Marcos no alude claramente a ninguno de estos textos, pero tal vez pudieran acudir a la mente de cualquier observador que tenga un conocimiento aceptable del AT y de la expectativa mesiánica del momento. De hecho, no sería inadecuado describir la acción de Jesús como una reconstrucción intencional de Zacarías 14:21.[32] Esta acción, que sigue a la procesión real hacia la ciudad, podría tomarse como una nueva afirmación deliberada de su autoridad mesiánica.[33] Desde ese punto de vista, no se trataba de un intento de reforma a corto plazo del sistema, sino de una declaración simbólica del juicio escatológico.[34]

2. La higuera

La última acción milagrosa realizada por Jesús en el Evangelio de Marcos siempre ha sido un problema para los comentaristas y los predicadores.[35] A diferencia de otros "milagros relacionados con la naturaleza" (las alimentaciones milagrosas, el cese de la tormenta y el hecho de caminar sobre el lago), este es un acto puramente destructivo, sin ningún propósito útil. Y lo que es peor, la maldición de Jesús contra la planta parece ser una reacción espontánea y malévola como resultado de su decepción al no hallar ningún higo en ella, y si a eso le sumamos que Marcos se esfuerza por informar que, de todas formas, esa no era la temporada de higos, la historia completa parece bastante vergonzosa. Nos hace recordar la conducta vengativa del santo niño al que se hace referencia en el "Evangelio de la infancia" escrito por Tomás en el siglo II.[36] Resulta difícil imaginar por qué Jesús haría un uso indebido de su

31. Véase el análisis completo en E. P. Sanders, *Jesus*, 77-90. En cuanto a la teología de Qumrán del "nuevo templo", véase B. Gärtner, *Temple*, 16-46.

32. "Si 'en ese día' ya no habría 'más mercader en la casa del Señor de los ejércitos' (Zac. 14:21), 'ese día' había llegado porque el Mesías estaba allí" (B. F. Meyer, *Aims*, 200). C. Roth, *NovT* 4 (1960) 174-81 analiza con más profundidad la importancia de Zac. 14:21

33. B. F. Meyer, *Aims*, 197-202 destaca enérgicamente este aspecto del incidente; cf. B. Gärtner, *Temple*, 105-11.

34. Si esta interpretación de la importancia del suceso es correcta, respalda la opinión generalizada de que el incidente tuvo lugar en la última visita de Jesús a Jerusalén, y no donde Juan lo ubicó, es decir, al comienzo de su ministerio. Ese contundente desafío lanzado contra el templo y sus autoridades no podía ser ignorado y permitir que Jesús continuara sus actividades como si nada hubiera sucedido. La sugerencia de que esto ocurrió dos veces, que sigue tomándose ocasionalmente como un esfuerzo por "armonizar" el texto de Marcos con el de Juan, es tan probable como que los desembarcos en Normandía tuvieron lugar al principio y al final de la segunda guerra mundial.

35. Para un estudio atractivo aunque bastante desconcertante de algunas interpretaciones, véase Telford, *Temple*, capítulo 1. Mucho más breve, C.-H. Hunzinger, *TDNT*, 7.756-57.

36. *Evangelio de la infancia de Tomás* 3, 4, 5, 14 (Henn.-Schn., 1.393-97).

poder milagroso de esta forma tan mezquina, y más difícil aún entender por qué alguien decidió contarlo. Podría haberse encontrado una base narrativa más íntegra para las lecciones sobre el poder de la fe que las que Mateo y Marcos consideraron adecuado extraer de la historia.

En razón de esta vergüenza que envuelve a la historia, no es extraño que los comentaristas se hayan aferrado ávidamente a la posibilidad de que la misma no solo se presta a una interpretación simbólica sino también que esa fue la intención de Jesús al presentar una parábola por medio de gestos (semejante a la parábola hablada de Lc. 13:6-9) acerca del juicio de Dios sobre la nación "estéril" de Israel y en particular sobre su templo. La manera en que Marcos estructura esta sección sugiere una interpretación de ese tipo, según vimos ya, y está respaldada por el uso profético de las higueras y sus frutos (especialmente los higos "tempranos" o "brevas") para simbolizar el pueblo de Dios y su obediencia.[37] Véanse ejemplos más obvios en Jeremías 8:13; 24:1-10; Oseas 9:10, 16-17; Miqueas 7:1, y en el NT, en Lucas 13:6-9. El pasaje de Miqueas 7:1-6 ofrece un paralelismo particularmente esclarecedor. Un uso simbólico similar se encuentra a menudo en el judaísmo posterior a la Biblia.[38] Este testimonio sugiere que Marcos y sus lectores no tuvieron ninguna dificultad para reconocer el simbolismo de la búsqueda fallida de higos. Además, el uso parabólico que volverá a dársele a la higuera más adelante en el Evangelio, en 13:28, se relacionará nuevamente con el destino del templo; aunque el simbolismo no es el mismo que aquí, se centra también en la relación estrecha que existe entre las hojas de la higuera y la promesa de un fruto.

En la narración de la historia se hace especial hincapié en las hojas: estas, visibles a cierta distancia, fueron las que hicieron pensar que había fruto, pero el descubrimiento de que no era así y que no había *sino solo hojas* fue lo que desencadenó la violenta reacción de Jesús. Sin embargo, las hojas de la higuera brotan antes de la temporada normal de fructificación (que es el tema de 13:28). En la época de la pascua en Palestina el follaje ya está apareciendo, aunque todavía no es denso, pero la cosecha de los primeros frutos (los higos "tempranos" o "brevas") normalmente no se esperaría hasta mayo o junio. La época pascual, tal como Marcos comenta con toda razón, aún no era tiempo de higos. ¿Por qué entonces Jesús esperaba encontrar frutos en una higuera que tenía hojas en ese momento?

Una explicación posible (entre otras que se han propuesto a través de los años) es la siguiente. A medida que van apareciendo las hojas en el árbol cerca de la época pascual, comienzan a formarse pequeños higos verdes, conocidos en esa etapa como *paggîm*. No son muy apetitosos y sin duda no están listos para ser cosechados, pero pueden comerse a falta de algo mejor (¡yo los he probado!), y hay quienes han afirmado (no puedo asegurar qué pruebas han

---

37. Para un estudio completo del uso simbólico de la higuera en el AT, véase Telford, *Temple*, 132-63.

38. Telford, *Temple*, 179-96.

tenido para ello) que "los nativos" ciertamente los prefieren a los frutos de verano.[39] Es posible, pues, que esos fueran los que Jesús esperaba encontrar (Gundry, 636, señala que el v. 13 dice solamente τι, y no específicamente 'higos'), sobre todo si el árbol exhibía, tal como sugiere la nota de Marcos, una buena cantidad de hojas bien desarrolladas, que podrían haber alentado la esperanza de encontrar algún fruto que se hubiera adelantado más de lo normal en esa época del año. Pero el árbol carecía aún de esos higos no desarrollados, οὐδὲν εἰ μὴ φύλλα. Era un espectáculo vacío.

En lo que respecta a ese tipo de teorías, debemos acudir a los peritos hortícolas, pero podría cuestionarse en qué medida la mayoría de los comentaristas, tomando en consideración todo el lenguaje técnico que emplean, entienden realmente lo que tiene que ver con los higos. Yo no afirmo que ese sea mi caso y los "testimonios de expertos" que ofrecen los comentaristas varían de un modo tan considerable, incluso hasta el punto de contradecirse, que, por más que me atraiga la teoría anterior, no me siento capaz de ofrecer una explicación segura.

Sin embargo, el único punto en el que todos parecen coincidir es que Marcos focalizó de manera significativa el problema con el comentario, ὁ γὰρ καιρὸς οὐκ ἦν σύκων.[40] Sorprendentemente, existe un apoyo textual unánime para este paréntesis: a pesar de algunas diferencias en la redacción, el adverbio οὐκ permanece constante.[41] Sin esta cláusula, si Jesús razonablemente hubiera esperado encontrar higos maduros y se sintió decepcionado, su acción, aunque seguía siendo inusual, podría parecer más justificada. De ahí lo atractiva que resulta la opinión de que el problema con esto es el contexto de la pascua, y que el incidente en realidad tuvo lugar en verano o en otoño. Señalamos anteriormente que la teoría de que la llegada de Jesús a Jerusalén podría originalmente haber estado relacionada con la fiesta de los tabernáculos,[42] y si las dos historias estaban originalmente conectadas esto ofrecería un período en

---

39. Así A. H. McNeile, *Matthew*, 302. *M. Šebi. 4:7* habla de comer higos verdes en el campo antes que se maduren lo suficiente para llevarlos a la casa.

40. J. N. Birdsall, *ExpTim* 73 (1961/2) 191, indica que la acción de Jesús está relacionada con Mi. 7:1 y sugiere que "expliquemos la cláusula que comienza con γάρ en el v. 13 como una señal del llamado de atención por parte del evangelista sobre la porción de la Escritura que aclara el suceso en la historia del evangelio". Mi. 7:1 describe sin duda la situación después de la cosecha de los higos, pero resulta cuestionable que un lector pudiera percibir en esta cláusula el equivalente a "véase Miqueas 7:1".

41. K. Romaniuk, *ZNW* 66 (1975) 275-78, trata de eliminar la fuerza de la negación transformando toda la cláusula en una pregunta: "porque, ¿no era acaso la temporada de higos?". De ser así, la pregunta con γάρ se encuentra en el lugar equivocado: debería preceder, y no seguir, a la cláusula que alude al hecho de que no se encontraron higos sino hojas. La propuesta también presupone para la historia un entorno original diferente de la pascua; pero puesto que Marcos claramente indica que sí tenía presente el entorno pascual, resulta increíble que dejara inalterada esa pregunta tan engañosa si admitía que se trataba de una pregunta —y en caso contrario, la propuesta no nos ofrece ninguna ayuda para entender el texto de *Marcos*: la pascua *no* es tiempo de higos.

42. Véase supra, p. 428 n. 2. Véase además C. W. F. Smith, *JBL* 79 (1960) 315-27.

el otoño cuando algunos higos tardíos aún no se habían cosechado. No obstante, por atractiva que resulte esta sugerencia desde el punto de vista histórico, no ayuda en lo más mínimo a entender a Marcos, cuya expresión ὁ γὰρ καιρὸς οὐκ ἦν σύκων no nos permite creer que él interpretara la historia de esa manera, y además confirma que, en su opinión, toda la serie de acontecimientos que aparecen en los capítulos 11-16 tuvieron lugar durante la semana de la pascua. Para Marcos, la frustración de Jesús *era* irracional desde el punto de vista de la horticultura.[43] Cuenta la historia no porque esta ofrezca un modelo de conducta aceptable, sino por su valor simbólico. Un árbol cubierto de hojas en la temporada de la pascua prometía algo que no podía cumplir; lo cual también era válido para Israel. Y así como Miqueas, hablando en lugar de Dios, describió su búsqueda frustrada (de un modo igualmente poco razonable al otro extremo de la temporada de crecimiento) del "higo temprano que mi alma desea" (Mi. 7:1), así también Jesús en su primera visita al templo encontró muchas hojas, pero ningún fruto. Su sentencia abreviada para la "jactanciosa higuera" (Plummer) es un veredicto sobre el fracaso del pueblo de Dios y va de la mano con su creciente polémica contra el templo "estéril". [44] A la conclusión de la historia de la higuera en el v. 21 le sigue una serie de dichos en los vv. 22-25 que es probable que originalmente fueran independientes. La serie comienza presentando la destrucción del árbol como un modelo para que los discípulos sepan que ellos también pueden esperar alcanzar lo imposible por medio de la fe en Dios (vv. 22-23), a continuación, habla de la necesidad de la fe en la oración en general (v. 24) y añade, por último, que es necesario que los que oran perdonen a los demás (v. 25). Esta es la única colección de Marcos de la enseñanza de Jesús sobre la oración.[45] Como consecuencia lógica de la acusación de que el templo ya no podía seguir funcionando como una οἶκος προσευχῆς, este cuadro de los discípulos como una comunidad orante podría

---

43. Gundry sugiere que la cláusula que comienza con γάρ no se relaciona con el hecho de que Jesús no encontrara más que hojas, sino que "da dos pasos atrás para explicar por qué Jesús fue a buscar "algo" en vez de "higos" o "frutos". Aparte de la inconveniencia de los "dos pasos atrás", que ha eludido a otros lectores, le concede importancia al pronombre τι que es tan poco relevante.

44. R. H. Hiers (*JBL* 87 [1968] 394-400) y J. D. M. Derrett (*HeyJ* 14 [1973] 249-65) proponen que ὁ γὰρ καιρὸς οὐκ ἦν σύκων atrae deliberadamente la atención sobre la naturaleza extemporánea de la esperanza de Jesús porque los frutos *fuera de estación* eran una señal de la nueva era que él esperaba ver. Pero la historia de Marcos no solo omite cualquier indicación de esa dimensión escatológica, sino que la que propone también le otorga una importancia artificial a la partícula γάρ que de manera más natural ofrece la explicación de la que se ha planteado anteriormente. La interpretación de Hiers/Derret exige algo más, como por ejemplo, "y no veréis la importancia que esto tiene a menos que os deis cuenta de que no era la temporada de higos", lo cual es un peso muy grande que γάρ no puede llevar sin la ayuda del contexto.

45. S. E. Dowd, *Prayer*, 2-5, se queja justificadamente del "descuido de 11:22-25 por parte de los estudiosos de Marcos', un descuido que ella en su libro se propuso remediar. El hecho de que estos versículos encajen perfectamente en la narración de Marcos como la conclusión de la sección relacionada con el templo y la higuera indica, según Dowd, que los comentaristas los analizaron con demasiada rapidez y no les dieron un tratamiento adecuado individual.

hacer que los lectores de Marcos se cuestionaran, de manera provechosa, dónde se encontraba ahora el verdadero eje del pueblo de Dios.[46]

11 Este versículo suele tomarse junto con los vv. 1-10 y no con lo que sigue. Pero por su alusión a la entrada de Jesús en la ciudad (en contraste con la escena extramuros de los vv. 1-10), y específicamente en el ἱερόν, hace referencia a lo que está por venir y no a lo que ya ocurrió, y constituye el primer elemento en el análisis alternado de las dos escenas narrativas mencionadas anteriormente. La primera visita de Jesús al templo le da la oportunidad de ver por sí mismo lo que está ocurriendo allí, y planificar lo que va a hacer al día siguiente. Lo que suceda por la mañana no será un acto espontáneo de indignación, sino una manifestación planeada. "Planeada para la hora de mayor concurrencia y para lograr la máxima publicidad, fue una "manifestación" calculada para interrumpir los quehaceres diarios y atraer la atención de todos, en forma abrupta y contundente, sobre la inminencia del reino de Dios".[47]

Pero cuando este versículo se toma como la conclusión de los vv. 1-10, entonces sí podría parecer un anticlímax (véase el comentario de Schweizer que se citó con anterioridad).[48] El papel que desempeñaba la multitud terminó en el v. 10, cuando aún se hallaba fuera de la ciudad, y Marcos no sugiere que la procesión real haya atravesado realmente sus puertas. La entrada de Jesús en la ciudad y en el templo en esta ocasión es de incógnito; es al día siguiente que el reclamará atención. Mientras tanto, "mira alrededor", no (*pace* Schweizer) como un turista, sino a modo de reconocimiento en preparación para el día siguiente. El enorme atrio exterior, el atrio de los gentiles, en el que los mercaderes colocaban sus mesas, es el escenario para todas las actividades y enseñanzas públicas de los capítulos 11–12 hasta 12:41, donde la mención específica del γαζοφυλάκιον traslada la escena al atrio de las mujeres.

Jerusalén no tenía la capacidad suficiente para albergar a los muchos miles de peregrinos que visitaban la ciudad con motivo de la pascua, y por esa razón, las personas tenían que acampar en las laderas del monte y quedarse en las aldeas vecinas. Jesús y los doce se quedaron en Betania —estrictamente hablando, fuera de los límites ampliados de la ciudad que se permitían durante la temporada pascual (Betfagé era el límite máximo; véase el comentario sobre el 1), aunque bastante convenientes; solo en la propia noche pascual

---

46. S. E. Dowd, *Prayer*, 43-55, estudia a fondo la conexión teológica que existe entre la destrucción del templo y la oración de la comunidad cristiana, y sobre esta base defiende que, lejos de ser una adición inconveniente de un material que versa sobre otro tema, los vv. 22-25 ocupan un lugar idóneo en la perícopa.

47. B. F. Meyer, *Aims*, 197.

48. Myers, 297, ofrece una perspectiva curiosamente diferente: "Este versículo ha intrigado a muchos que se han quejado de que no aporta nada a la narración; pero es en eso precisamente que consiste su poder —en que *no ocurre nada*. Marcos ha atraído la atención del lector sobre los símbolos mesiánicos tradicionales, pero con el único fin de anularlos repentinamente. Esto nos prepara para la sorpresa que recibiremos cuando Jesús *sí* "intervenga" en el templo —no para restaurar, sino para entorpecer, sus operaciones.

los peregrinos estaban obligados a dormir dentro de los límites establecidos, de ahí, el desplazamiento posterior hacia Getsemaní (14:32), más cerca de los muros de la ciudad.[49] Los pasajes de Juan 11:1–12:11 y Lucas 10:38-42 indican que ellos encontraron algunos seguidores hospitalarios en Betania, y que un tal Simón el leproso (véase el comentario sobre 14:3), al parecer, fue otro. Jesús y los doce continuaron viviendo en comunidad como un grupo limitado, a pesar del círculo considerablemente más amplio de seguidores que vimos en los vv. 1-10.

12-13 Véase el comentario sobre 9:2 con respecto a la escasa frecuencia de referencias cronológicas específicas entre los episodios en Marcos antes de la narración de la pasión. Esto hace que la secuencia temporal que aparece en los vv. 11-20 resulte más llamativa:

v. 11	ὀψίας ἤδη οὔσης τῆς ὥρας
v. 12	καὶ τῇ ἐπαύριον
v. 19	καὶ ὅταν ὀψὲ ἐγένετο
v. 20	πρωΐ.

Lo que se busca con esto es unir estrechamente las dos escenas narrativas, es decir, la del templo y la de la higuera, por medio de viajes nocturnos y matutinos que las conecten entre sí. De esta manera, el lector podrá ver la secuencia como una unidad coherente y se reforzará el efecto que ya se había logrado al entrelazar las dos historias.

Véase la introducción a esta sección con respecto a los problemas asociados con la higuera y su esterilidad, la estación del año y las relaciones simbólicas de las higueras en el AT y en el judaísmo posterior. Otro problema que han planteado algunos comentaristas es que Jesús no podía tener hambre después del suculento desayuno con Lázaro, Marta y María.[50] Esto presupone que nosotros conocemos más acerca de los hábitos alimentarios de los judíos en general y de este hogar en particular que lo que en realidad sabemos; ni tampoco el deseo de comer aquella fruta significaba que estuviera al borde de la inanición.[51]

14 Este es un caso clásico del uso del verbo ἀποκριθείς, como ocurre a menudo en Marcos, para referirse a una reacción ante una situación, y no a una respuesta a algo que se dijo. Jesús está "respondiendo" a la incapacidad de la higuera para ofrecerle lo que él deseaba. Tuvo que dirigirse a un objeto

---

49. Con respecto a los límites de Jerusalén y los preparativos para la pascua, véase J. Jeremias, *Jerusalem*, 60-62.

50. Así, p, ej., K. Romaniuk, *ZNW* 66 (1975) 276, que usa esto para demostrar que la historia no se encuentra en su contexto adecuado.

51. A. de Q. Robin, *NTS* 8 (1961/2) 276-81, sugiere que la supuesta hambre de Jesús se deriva de un error: Jesús, refiriéndose al estado de la nación, citó Mi. 7:1, "Mi alma desea un higo tierno", y sus discípulos pensaron que él realmente quería y esperaba encontrar un fruto. Por tanto, ὁ γὰρ καιρὸς οὐκ ἦν σύκων es el comentario perplejo de un discípulo en ese momento.

inanimado para que los discípulos pudieran entender claramente cuál había sido la causa de la muerte del árbol, y para confirmarlo, Marcos añade una expresión que en otro caso sería redundante, a saber, καὶ ἤκουον οἱ μαθηταὶ αὐτοῦ. Las palabras de Jesús suelen describirse como una "maldición", y Pedro las interpretará así en el v. 21. En un sentido más estricto, constituyen un deseo negativo, pero aun cuando ese deseo se extienda a τὸν αἰῶνα[52] el efecto no es muy diferente, en especial a la luz del resultado dramáticamente rápido y destructivo que sus palabras producirán (v. 20).

15 La venta de animales que habían cumplido los criterios estipulados para poder ofrecerlos en sacrificio era necesaria para los adoradores que venían de visita, como también el cambio de dinero a la moneda especial tiria que exigía el tesoro del templo para pagar el conocido "impuesto del templo" de medio siclo (Éx. 30:11-16). Los cambistas (para el término griego antiguo κολλυβιστής véase MM) instalaban sus mesas durante el período en que debían pagarse los "impuestos", dos semanas antes de la pascua (*m. Šeq. 1:1*, 3).[53] Todo esto parece bastante irreprochable. Sin embargo, lo que sí resultaba cuestionable era la necesidad de ofrecer estos servicios dentro del recinto del templo y no en algún lugar de los alrededores. Existen pruebas que confirman la venta de animales para los sacrificios en el monte de los Olivos,[54] y que solo en los últimos años se les había permitido a los mercaderes atravesar el valle e instalarse en el atrio de los gentiles.[55] Cabe, pues, la posibilidad de que la protesta de Jesús haya encontrado una respuesta positiva en los que no estaban de acuerdo con el cambio. Como quiera que haya sido, la manera en que Marcos cuenta la historia sugiere que la protesta de Jesús no fue contra el negocio en sí mismo, ni contra cualquier supuesta explotación por parte de los mercaderes (puesto que, de ser así, ¿por qué cuando expulsó a los que vendían también expulsó a los que compraban?), sino más bien contra la presencia de estos en el lugar equivocado. No era para eso que estaba destinado el atrio del templo.

En los cuatro Evangelios se usa el verbo ἐκβάλλειν para describir la acción de Jesús.[56] Si tenemos en cuenta la enorme extensión del atrio de

---

52. La sugerencia (p.ej., Mann, 440-41) de que εἰς τὸν αἰῶνα aquí significa "hasta el fin de la era actual", implicando que volvería a producir fruto cuando comenzara la era nueva, introduce un concepto de fructificación escatológica (*pace* Hiers; véase supra, pág. 441 n. 44) al que Marcos no hace alusión en su narración de la historia, y que de todas formas resulta difícil de reconciliar con la muerte total del árbol a raíz de las palabras de Jesús (v. 20).

53. Si las mesas de los cambistas se retiraron inmediatamente después de la fecha de vencimiento del pago (Nisán 1), habría que ubicar cronológicamente este incidente dos semanas antes de la pascua; pero *m. Šeq. 6:5* sugiere que la morosidad en el pago era habitual, y por tanto, que las mesas pueden haber permanecido en su lugar hasta una fecha mucho más próxima a la pascua.

54. J. Jeremias, *Jerusalem*, 48-49.

55. Véase V. Eppstein, *ZNW* 55 (1964) 42-58, con respecto a la introducción de Caifás de mercaderes en el atrio de los gentiles en el año 30 d.C., a pesar de los deseos del sanedrín. Su tesis es analizada por C.A. Evans, *CBQ* 51 (1989) 265-67.

56. La sugerencia de Belo, 180, de que el verbo pretende equiparar los expulsados con espíritus inmundos, que también son "echados fuera", le concede demasiada importancia a un verbo tan

los gentiles, esto resulta muy llamativo, sobre todo si es un solo hombre el que ejecuta la acción. El cuadro vívido que presenta Juan de Jesús echando fuera a los mercaderes con un látigo sugiere el impacto dramático que produjo aquel hecho, y podemos imaginar algo semejante a una estampida para apartarse del camino de este impredecible zelote, pero tal vez el verbo ἤρξατο que emplea Marcos nos exime de representarnos mentalmente toda aquella enorme área del atrio que quedó vacía de compradores y de vendedores. Marcos y Mateo mencionan la compra solo de περιστεραί (las ofrendas sacrificiales especialmente de los pobres, Lv. 5:7, 11; 12:8), y quizás sea más fácil imaginar la presencia de estas en el templo que las ovejas y los bueyes del relato de Juan.

16 Marcos es el único que añade esta prohibición más amplia de Jesús, la cual confirma su teoría de que la objeción de Jesús no tenía que ver con el negocio en sí mismo, sino con el lugar donde se llevaba a cabo, por cuanto en este versículo no se menciona ninguna actividad comercial, sino simplemente el uso del atrio del templo como una vía de paso para los que transportaban cargas. Se trata nuevamente de un uso indebido del recinto del templo. Cf. *m. Ber.* 9:5: las conductas que se consideran inapropiadas en el recinto del templo incluyen su uso como un "atajo".[57] Σκεῦος, cuando no va acompañado de otras palabras o de un contexto que le confiera un sentido más específico, es un término general que denota cualquier "*cosa u objeto* que se utiliza para cualquier fin" (BAGD, 754a, 1.a).[58] Aparentemente, no hay ninguna razón en el contexto que permita restringir su significado aquí a la parafernalia que exigía la adoración sacrificial (como sí ocurre en Heb. 9:21, donde τῆς λειτουργίας especifica el significado), por cuanto las víctimas obligatoriamente debían transportarse a través del atrio para poder usarlas en el ναός, si no se había hecho ya in situ.[59] Al igual que con los mercaderes, es difícil imaginar que Jesús sin ayuda de nadie pudiera imponerles de manera efectiva esa prohibición al transporte de objetos en cualquier parte del atrio de los gentiles, y por tanto,

---

común. Un reflejo más probable sería el de Os. 9:15 en la LXX, ἐκ τοῦ οἴκου μου ἐκβαλῶ αὐτούς, en el mismo contexto en el que Oseas usó la imaginería de la higuera (v. 10), y menciona después una raíz seca (v. 16; véase el comentario más adelante sobre el v. 20).

57. A. E. Harvey, *Jesus*, 129, compara las normas en *m. Meg.* 3:3 incluso para el lugar (menos santo) de una sinagoga en ruinas: no se permitía ningún trabajo regular allí, ni su uso como un "atajo".

58. El intento de J. M. Ford, *Bib* 57 (1976) 249-53, de restringir su significado a "bolsas de dinero" no resulta convincente desde el punto de vista léxico, aunque sí se ajusta al tema de la suspensión de la actividad económica en los atrios del templo.

59. A veces se citan estas palabras de Josefo, *Ap.* 2.106, "No podía introducirse en el templo ningún tipo de utensilio", pero esto no se refiere al atrio de los gentiles sino al propio ναός. C. Roth, *NovT* 4 (1960) 177-78, relaciona este versículo con la profecía de Zac. 14:20-21 (cuya última cláusula, a nuestro parecer, resulta significativa para la acción de Jesús) de que en el día postrero toda olla en el templo sería santificada; por tanto, cualquier utensilio que casualmente se introdujera en el templo, sería santificado, y no podía volver a sacarse de allí (de ahí la prohibición de llevar los σκεύη *a través* del templo). Pero la profecía de Zacarías se aplica a toda Jerusalén y Judá, no solo al templo, y la LXX usa aquí λέβης y no σκεῦος.

deberíamos tal vez interpretarlo como una protesta simbólica.

17 Dos citas veterotestamentarias explicitan el uso incorrecto del recinto del templo que la acción de Jesús ha puesto de relieve. En los tres escritores sinópticos aparece la cita de Isaías 56:7, pero solo Marcos completa la oración con la frase πᾶσιν τοῖς ἔθνεσιν. Esta frase en Isaías es el punto más importante de la oración, la cual forma parte de una serie de promesas que indican que en la era venidera los extranjeros y otros extraños gozarán de plenos derechos en la adoración de Dios en Jerusalén, y la inclusión marcana de esta frase como parte de una cita que defiende la reforma que hace Jesús del uso del atrio de los *gentiles* debe ser probablemente deliberada. El atrio de los gentiles se hallaba a una distancia que no permitía que los que no eran judíos entraran en el recinto del templo, y a cualquiera que deseara orar allí no le resultaría fácil encontrar una zona tranquila lejos del mercadeo y del "trasiego de objetos". Aunque la mayoría de los que estaban en el atrio de los gentiles eran judíos,[60] y sería excesivo sugerir que el principal objetivo de la protesta de Jesús eran los intereses de los adoradores gentiles, no es inadecuado que Marcos, pensando en los lectores judíos, haya incluido esta parte de la cita de Isaías. Pero aquí, a diferencia de lo que ocurre en Isaías, esta no parece ser la idea central de la oración, por cuanto Marcos no especifica en ningún lugar que se trataba del atrio de los gentiles, y no cabía esperar que sus lectores no judíos que vivían en zonas alejadas de Palestina conocieran esas cosas cuando leían simplemente τὸ ἱερόν. Pero para todos, ya fueran judíos o gentiles, este era un atrio del *templo*, un lugar sagrado. Aunque pudieran realizarse otras actividades allí (a fin de cuentas, el propio Jesús pronto estaría enseñando y disputando en este mismo atrio), debía estar disponible para la oración. Fue por las actividades comerciales que habían excluido la adoración como el propósito principal del templo[61] que Jesús protestó, y procuró instaurar la visión escatológica de Isaías sobre el papel escatológico del templo.

La otra cita, sin embargo, presenta un tono más negativo. Lo que está sucediendo en el templo no solo es una distracción de la verdadera adoración, sino que hace que el templo deje de ser una οἶκος προσευχῆς para convertirse en una σπήλαιον λῃστῶν. Esta frase extraída de Jeremías 7:11 es la que ha inspirado a la opinión popular para interpretar la acción de Jesús como una protesta contra el comercio *injusto*. Es totalmente posible, por supuesto, que tanto los mercaderes como los cambistas obtuvieran ganancias desmedidas

---

60. Resulta llamativo observar cuán a menudo se considera que el título "atrio de los gentiles" designaba específicamente un lugar para el uso de los gentiles. Véase, p. ej., R. H. Lightfoot, *Message*, 64, que considera sorprendente que el templo judío incluyera "un atrio *para* los gentiles" (la cursiva es mía). Cf. Lane, 406: "un área consagrada al uso de los gentiles que todavía no eran prosélitos plenos del judaísmo". En realidad, no era más que el atrio exterior del complejo del templo, y debe su nombre al hecho de que a los gentiles no se les permitía adentrarse más allá.

61. Lane, 405-6, dirige la atención hacia *m.* Šeq. *4:7-8*; 5:3-5 y hacia Josefo, *Gue*rras 6.423-24, con respecto a algunas indicaciones sobre la magnitud de los negocios, que habían convertido el atrio de los gentiles en lo que él llama "un bazar oriental y un emporio de ganado".

de los servicios que prestaban, pero no hay nada en el relato de Marcos que insinúe que ese era el motivo de la preocupación de Jesús. El término ληστής no significa timador, sino ladrón o bandido, y en la época de Marcos en particular, solía usarse para referirse a un sedicioso (véase el comentario sobre 15:27). No se emplea aquí porque el término fuera específicamente adecuado,[62] sino porque la célebre frase de la LXX, sobre todo si se lee en su contexto, recuerda vívidamente la denuncia del profeta en su gran sermón a la puerta del templo contra la confianza equivocada de aquellos cuya conducta desmentía el respeto que decían profesarle al templo.[63] Después de "robar, asesinar, cometer adulterio, jurar en falso y hacer ofrendas a Baal", regresaban al templo ("a mi casa, sobre la cual es invocado mi nombre") para buscar refugio en él; lo habían hecho semejante a la "cueva de 'ladrones'" a la que recurren los maleantes después de sus correrías delictivas. El uso que hace Jesús de la frase no acusa forzosamente a los judíos de su época de los mismos crímenes de los contemporáneos de Jeremías (incluyendo el hurto), pero sí pone de relieve su falta de respeto por la casa de Dios al compararlo con aquel flagrante abuso anterior del santuario. Es muy posible que los que oyeron hayan recordado que en su sermón, Jeremías predijo inmediatamente después la destrucción del templo (7:12-15), y que esa predicción se cumplió muy pronto; Jesús no tardará en hacer la misma predicción (13:2).

18 En 8:31 Jesús predijo que sería desechado por los πρεσβύτεροι καὶ ἀρχιερεῖς καὶ γραμματεῖς. Ahora, por primera vez desde su llegada a Jerusalén, dos de estos grupos aparecen en la narración, y aunque hasta el momento solo como espectadores, se declara ya de manera explícita su determinación de destruirlo, que nos hace recordar la resolución similar de los Φαρισαῖοι καὶ Ἡρῳδιανοί en 3:6. La omisión de los πρεσβύτεροι al igual que en 10:33 (aunque reaparecerán en 11:27 y en listas posteriores en 14:43, 53; 15:1) es probablemente un recurso estilístico para eludir una repetición excesiva; de los tres grupos, ese es el menos "pintoresco". Para los ἀρχιερεῖς, la acción despótica de Jesús en el templo "de ellos", con su implicación de que no era gobernado en la forma en que Dios exigía, fue un claro desafío a su autoridad. Los escribas aparecen aquí como parte del mismo grupo de poder, pero el relato de las actividades y la enseñanza de Jesús en Galilea les había dado específicamente a ellos sobrados motivos de preocupación (en especial 3:22; 7:1 con respecto a los escribas de Jerusalén). Aunque no supieran lo que había ocurrido fuera de los muros de Jerusalén el día anterior, ya podían darse cuenta de que se trataba de un individuo peligroso. Es importante establecer una clara diferencia entre las autoridades y la multitud (véase supra, págs. 426-27).

---

62. C. K. Barrett, en E. E. Ellis y E. Grässer (ed.), *Jesus und Paulus*, 15-16, alegan que las connotaciones "zelóticas" (y por ende, nacionalistas) de ληστής se oponen aquí deliberadamente a la agenda internacionalista de πᾶσιν τοῖς ἔθνεσιν.

63. D. Juel, *Messiah*, 132-34, destaca la importancia en el contexto de esta alusión al sermón de Jeremías.

Aunque no cabe duda de que algunos de los seguidores de Jesús del día anterior tal vez estuvieran presentes, la multitud a la que se hace referencia aquí estaba compuesta esencialmente por habitantes de Jerusalén, y en este momento, ellos también están a favor de Jesús. La expresión ἐξεπλήσσετο ἐπὶ τῇ διδαχῇ αὐτοῦ podría parecer prematura porque Jesús todavía no había comenzado su enseñanza pública en el templo, pero aún la cantidad mínima de διδαχή que transmitió en su protesta en el templo (especialmente el v. 17; véase, también, 1:27 con respecto al uso de διδαχή para incluir acciones) sería suficiente para distinguirlo como un hombre con un mensaje peculiar. Por ahora, lejos de repelerlos, su radicalismo los atraía.

19 La partida de la ciudad (expresada en tiempo imperfecto para indicar que se trataba una acción regular), presumiblemente de nuevo a Betania puesto que a la mañana siguiente volverán por la misma ruta, no solo traza una línea después de este incidente para hacer una pausa antes del desafío oficial en los vv. 27-33, sino que también le da a Marcos la posibilidad de hacernos regresar a la historia de la higuera (véase el comentario sobre el v. 12), para que podamos aprender la lección que ella ofrece con respecto a lo que Jesús acaba de realizar en el templo.

20-21 La muerte de la higuera en Mateo ocurre instantáneamente (παραχρῆμα dos veces). En Marcos, su destrucción es total (ἐκ ῥιζῶν),[64] pero pueden verificarlo únicamente en su visita al día siguiente. Ambos hechos son igualmente milagrosos —los árboles maduros y saludables (salvo la planta de Jonás) no se secan en solo veinticuatro horas. En cuanto al uso del verbo ξηραίνω con respecto a la vegetación cf. 4:6, y al cuerpo humano 3:1; 9:18. No resulta fácil, y tal vez no es importante, determinar si Mateo describió en forma condensada un suceso originalmente más amplio, y aprovechó este escorzo para introducir el adverbio παραχρῆμα, o si Marcos amplió un incidente anterior para enmarcar la protesta en el templo.

En cuanto a Ῥαββί véase el comentario sobre 9:5. El término aquí tal vez resulta menos inadecuado que en el monte, pero aun así su uso es un tanto paradójico: en las declaraciones de la mayoría de los rabinos no cabía esperar un poder tan crudo. Con respecto al uso de καταράομαι para describir el deseo negativo de Jesús, véase el comentario sobre el v. 14; Marcos no insinúa en ningún momento que el término, por desagradable que les resulte a algunos lectores modernos, sea inadecuado para descubrir lo que Jesús ha hecho.[65] Fue la palabra de Jesús, y no una coincidencia, la que secó el árbol, y los versículos que siguen volverán a referirse al tema de la actuación espectacular del poder de Dios por medio de la palabra humana.

---

64. ¿Hay aquí un reflejo deliberado del texto de Os. 9:16 en la LXX, τὰς ῥίζας αὐτοῦ ἐξηράνθη, después de la imaginería de la higuera anteriormente fructífera en el v. 10?

65. *Pace* S. E. Dowd, *Prayer*, 58, considera significativo que la palabra se le atribuya a Pedro y no la use directamente el narrador, y concluye que "el evangelista interpreta las palabras de Jesús en 11:14 como una oración".

22-23 Aunque la estructura de la narración de Marcos indica que el episodio de la higuera debe interpretarse como un símbolo del juicio de Dios contra Jerusalén y su templo, la lección explícita que se deriva del suceso a causa de la adición de estas declaraciones tiene que ver, al igual que en Mateo, con lo que, al parecer, es un asunto totalmente diferente. Lo que Jesús acaba de hacer es un modelo de lo que también pueden lograr los verdaderos creyentes contando con el poder de Dios. Para los que tienen fe lo imposible es factible, y la lección se ilustra por medio de un ejemplo que, a todas luces, es tan físico como el marchitamiento de la higuera, a saber, el lanzamiento de una montaña al mar. Si, como parece muy probable, esta declaración (así como las demás que siguen en los vv. 24-25[26]) era originalmente independiente de la historia de la higuera, se relacionaría fácilmente con ella en razón de esta ilustración igualmente espectacular. Pero aun cuando originalmente hubiera sido independiente, los vv. 22-25 no constituyen una intrusión ajena en este contexto, porque la destrucción inminente de la "casa de oración" en Jerusalén (v. 17) plantea la necesidad urgente de decidir dónde habría de continuar entonces la tradición de la oración. Podría decirse, pues, que la implicación de estos versículos es que "el templo de Jerusalén está condenado y es remplazado por la comunidad orante".[66] El aspecto comunitario de la oración se desprende claramente del hecho de que en los vv. 22 y 24-25 se emplea el plural (y la forma singular del v. 23 se deriva de la combinación ὅς ἄν que generaliza la declaración); la oración aquí se presenta como algo que la comunidad de discípulos realiza unida, no una transacción privada entre el creyente individual y Dios.

Ἔχετε πίστιν θεοῦ (véase la nota textual) es una manera más cautivadora de decir πιστεύετε θεῷ, pero no difiere en cuanto al significado. (La sugerencia de que πίστις θεοῦ se refiere a la fidelidad de Dios, de la que a los discípulos se les exhorta que "se apoderen" o se les asegura que "ya" poseen, es sin duda forzada. En cuanto a la presencia de un genitivo después de πίστις para indicar el objeto de la fe cf. Hch. 3:16; Ro. 3:22, 26; Gá. 2:16).[67] Desde el punto de vista sintáctico, puede usarse en forma aislada como una simple exhortación, pero la declaración que comienza con ἀμήν y que sigue en el v. 23 complementa sus implicaciones: Jesús no está refiriéndose a la fe en un sentido general, sino a la fe que invoca con éxito el poder milagroso de Dios, y la inclusión de πιστεύῃ ὅτι ὅ λαλεῖ γίνεται entre las condiciones para lograr ese éxito confirma la relación. Para πίστις/πιστεύω en conexión con los milagros, véanse los comentarios sobre 2:5; 5:34; 9:23-24, y el análisis exhaustivo de S. E. Dowd, *Prayer*, 96-117.

El lanzamiento de una montaña al mar es un acto tan inútil y destructivo como el hecho de provocar la muerte de una higuera, y es preferible interpretarlo

---

66. S. E. Dowd, *Prayer*, 45, presenta un análisis valioso y amplio sobre "la relación entre la oración y el templo", 45-55. De manera similar (e independiente) C. D. Marshall, *Faith*, 163-72.

67. En cuanto a esta y otras traducciones alternativas, véase S. E. Dowd, *Prayer*, 60-63. Dowd opta finalmente por: "¡Tened fe en Dios!".

simplemente como un dicho de carácter proverbial (como el camello que pasa por el ojo de una aguja; véase el comentario sobre 10:25) que alude a algo que es imposible.[68] Existe un dicho Q similar en Mateo 17:20, en cuyo paralelo lucano curiosamente se menciona un árbol συκάμινος y no una montaña (Lc. 17:6). El uso que hace Pablo de la imagen πίστις ὥστε ὄρη μεθιστάναι en 1 Corintios 13:2 podría indicar que él conocía estos dichos de Jesús,[69] porque no hay noticias de ningún paralelismo literario contemporáneo en otros lugares, aunque no es más que una manera relativamente obvia de referirse a algo que es imposible, y por tanto, pudiera ser independiente. En algunos escritos rabínicos posteriores aparecen varias referencias a los que realizan "hazañas de una naturaleza tan excepcional, extraordinaria o imposible"[70] como las de los que mueven montañas.

La propia obviedad de la imagen hace que resulte sospechoso el argumento de Telford[71] de que τὸ ὄρος τοῦτο no es cualquier montaña antigua, sino específicamente el monte del templo, visible a través del valle mientras Jesús hablaba, y por ende, que este dicho aún tiene que ver con el juicio contra el templo, cuya "destrucción" Jesús va a predecir en breve (13:2). El término ὄρος no se usa en ningún otro lugar de la tradición del Evangelio para referirse al templo, ni siquiera con un modificador para hacer la referencia explícita; de manera aislada es poco probable que se haya interpretado de esta manera (aunque los recuerdos de Is. 2:2-3 podrían hacer que ese uso resultara inteligible). Si fuera necesario hacer una identificación de τοῦτο, la ubicación geográfica de la narración no sugeriría el monte del templo sino el monte de los Olivos (y el mar Muerto, visible desde la cima, sería el "mar" al que se lanzaría), especialmente si se tiene en cuenta la profecía de Zacarías acerca de la división y el traslado del monte de los Olivos (Zac. 14:4). Pero Zacarías no prevé su lanzamiento al mar, y por tanto, aun cuando la imaginería, utilizada en las laderas del monte de los Olivos, pudiera haber despertado recuerdos de la visión de Zacarías, las palabras de Jesús difícilmente constituirían una orden que sus discípulos deben cumplir. Lo único que se requiere para hacer que el pasaje cobre sentido es una declaración proverbial de lo imposible, y cualquier alusión más específica ha de considerarse que no está probada.

La condición para lograr lo imposible se expresa en forma negativa (μὴ διακριθῇ ἐν τῇ καρδίᾳ αὐτοῦ) y también en forma positiva (πιστεύῃ ὅτι ὃ λαλεῖ

---

68. Para una colección de dichos sobre algo que es ἀδύνατον en la literatura antigua, véase S. E. Dowd, *Prayer*, 69-72. Dowd analiza extensamente (78-94) los diversos puntos de vista en la filosofía greco-romana y en el judaísmo helenístico sobre la omnipotencia divina y la intervención milagrosa.

69. Así D. Wenham, *Paul*, 81-83. Obsérvese la presencia de dichos similares aunque menos desarrollados que reflejan la tradición sinóptica en el *Ev. Tom.* 48, 106.

70. Telford, *Temple*, 115. Él expone y analiza los textos relevantes en las págs. 110-17. Ninguno de ellos habla de lanzar montañas al mar; la formulación más común es la de "desarraigar montañas y molerlas unas contra otras".

71. Telford, *Temple*, 56-59, 95-127. Véase contra S. E. Dowd, *Prayer*, 72-75.

γίνεται). Ambos aspectos se verán reflejados en Santiago 1:6 con el uso de διακρίνομαι en el sentido característicamente cristiano de "dudar" o "vacilar" (así BAGD, 185a, 2.b).[72] El tiempo presente de γίνεται, en contraste con ἔσται que aparece a continuación, refuerza todavía más el carácter exigente de la fe descrita: el que emite la orden debe creer que lo que dice ya está ocurriendo.

24 Otro dicho más general acerca de la fe y la oración (aunque en los vv. 22-23 no se ha mencionado específicamente la oración como tal) refleja la misma idea de la fe inquebrantable, pero sin hacer referencia a la imposibilidad de lo que se desea alcanzar; de hecho, este versículo se aplica no solo a los "mandatos" espectaculares sino a todas las cosas que se piden en oración (πάντα ὅσα προσεύχεσθε καὶ αἰτεῖσθε). De este modo, el episodio de la higuera va desvaneciéndose progresivamente a través de los vv. 22-23, 24 y 25, y la enseñanza se generaliza. Es muy probable que todos estos versículos originalmente fueran dichos independientes, y se agruparon al final de la perícopa de la higuera para que sirvieran de modelo para la oración eficaz (y están conectados, al igual que los dichos de 9:37-50, por las palabras claves: πιστεύω ... ἔσται αὐτῷ/ὑμῖν en los vv. 23 y 24; προσεύχομαι en vv. 24 y 25). De ser auténtico el versículo 26 (véase la nota textual sobre el v. 25), constituiría una acreción adicional. El aoristo de ἐλάβετε (véase la nota textual) lleva aún más lejos la exigencia que se le impone a la fe con el verbo γίνεται del v. 23: tienes que creer no solo que está sucediendo, sino que ya lo *has* recibido (cf. Is. 65:24; Mt. 6:8).

Este dicho, junto con el concepto de un Dios que hace lo imposible en respuesta a la oración en el v. 23, expone claramente el problema de la oración sin respuesta al que ya nos referimos en 9:24. La lectura simplista de este pasaje que atribuye la oración "sin respuesta" a la fe inadecuada del que ora puede resultar desastrosa desde el punto de vista pastoral, y debe cotejarse con el hecho de que la voluntad de Dios no tiene forzosamente que coincidir con la de la persona que ora. Un estudio valioso del tema de la teodicea en relación con la oración sin respuesta puede encontrarse en S. E. Dowd, *Prayer*, 133-62, con especial referencia a la oración "sin respuesta" de Jesús en Getsemaní.

25 Este dicho adicional sobre la oración amplía las condiciones de la oración eficaz:[73] además de la fe, también se exige el perdón.[74] Mateo 5:23-24; 18:21-35 muestran la importancia que tiene evitar rupturas en las relaciones dentro de la comunidad de discípulos, y la propia oración del

---

72. Véase S. E. Dowd, *Prayer*, 103-5.

73. S. E. Dowd, *Prayer*, 124, descarta con razón la idea de que el versículo fue añadido para contrarrestar el ejemplo de la maldición de la higuera por parte de Jesús: Marcos, al parecer, no lo toma como un mal ejemplo.

74. C. D. Marshall, *Faith*, 172-74, analiza los argumentos contra la autenticidad del v. 25 como una glosa matean (aunque no hay ninguna autoridad textual que apoye su omisión), pero concluye que es auténticamente marcano. S. E. Dowd, *Prayer*, 40-43, refuta de manera más específica los argumentos de W. R. Telford, *Temple*, 50-54, contra la autenticidad del v. 25, y rechaza su tentativa sugerencia, *Temple*, 54-56, de que el v. 24 también podría ser la glosa de un copista.

Señor garantizaba que todos los miembros de la comunidad cristiana fueran conscientes de que el perdón (el perdón de otras personas para que nuestros pecados fueran perdonados) era un requisito indispensable para la oración eficaz.[75] La redacción aquí es similar a la de Mateo 6:14-15, incluso hasta el punto de usar la misma expresión mateana ὁ πατὴρ ὑμῶν ὁ ἐν τοῖς οὐρανοῖς. En realidad, esta no es la única vez que aparece en Marcos la idea de un "Padre celestial", pero sí es el único lugar en este Evangelio en el que se alude a Dios como el padre de los discípulos en general. El uso del sustantivo παράπτωμα para referirse al pecado también es único en Marcos, y refleja Mateo 6:14-15. El dicho que Mateo adjuntó al final de la oración del Señor como un comentario muy apropiado sobre su quinta petición llegó a Marcos, al parecer, en forma independiente, como una pauta catequética importante, y al no tener, a diferencia de Mateo, ninguna otra sección de enseñanza sobre la oración, este fue el lugar más adecuado para incluirla.

CONFRONTACIÓN CON LA CLASE DIRIGENTE EN JERUSALÉN (11:27-13:2)

Los dos actos dramáticos y públicos de Jesús al acercarse a la ciudad y en el atrio de los gentiles (reforzado este último para los lectores de Marcos por medio del simbolismo de la destrucción de la higuera, que solo sus discípulos presenciaron) lo han convertido en un blanco, tal como Marcos señaló en 11:18. Lanzó un desafío, al que responderán en primer lugar todo el "panel" de las autoridades del sanedrín, los ἀρχιερεῖς καὶ γραμματεῖς καὶ πρεσβύτεροι (11:27), y luego, dos grupos más específicos, los Φαρισαῖοι καὶ Ἡρῳδιανοί (12:13) y los Σαδδουκαῖοι (12:18) y un solo γραμματεύς (12:28), antes que Jesús, tras haber silenciado a sus adversarios (12:34), tome la iniciativa haciendo una pregunta (12:35) a la que añade una condenación general de los γραμματεῖς (12:38-40), que se torna más aguda por el contraste con una pobre viuda cuya devoción sencilla tiene un peso mayor que la de todos las personas ricas e influyentes que visitan el templo (12:41-44). Dentro de esta secuencia aparece una parábola que Jesús narra con el propósito específico (según Marcos) de desacreditar a las autoridades que lo han impugnado (12:12).

El efecto acumulativo de esta serie de controversias tiene por objeto dejar al lector con la impresión de que Jesús se enzarzó en un combate con una amplia coalición de los personajes más influyentes en Jerusalén, y mantuvo firme su postura y siempre tuvo la última palabra. Y en ese proceso, las alegaciones mesiánicas demostradas en forma práctica en 11:1-25 se hacen aún más patentes cuando Jesús relaciona su autoridad con la de Juan el Bautista,

---

75. S. E. Dowd, *Prayer*, 126-29, ilustra la opinión generalizada de que el pecado del que un individuo no se ha arrepentido y por tanto, no ha sido perdonado, haría su oración inaceptable ante Dios.

se ubica a sí mismo en la sucesión de mensajeros proféticos de Dios como el último y el más importante, y de hecho, como el "hijo", y hace una consulta acerca de la idoneidad del título mesiánico "Hijo de David" que deja abierta la pregunta preñada sobre qué título *es* entonces el adecuado.

Frente a las autoridades de Jerusalén se encuentra la multitud de los de la ciudad que, aunque permanecen como espectadores silenciosos del duelo, contribuyen a la dinámica del conflicto porque su apoyo tácito a Jesús impide que sus enemigos avancen abiertamente en contra suya (11:32; 12:12, 17, 37). Es posible que no participaran de las exuberantes aclamaciones de los peregrinos fuera de la ciudad, pero hasta el momento había que contarlos entre los que están ὑπὲρ ἡμῶν (9:40), y es a ellos a los que Jesús puede expresarles sus censuras contra los escribas.

Todo esto ocurre en el ἱερόν, el espacio sagrado en el que la segunda y más audaz demostración acaba de tener lugar, y el que Jesús recién trató de "purificar". En ese escenario simbólico entabla ahora un diálogo sobre diversos temas de interés religioso y político, pero particularmente en relación con su propio rol y su autoridad. El sentido de alienación entre Jesús y los que ahora están a cargo del templo y la vida religiosa de Israel se hace cada vez más fuerte a través de esta sección, hasta que Jesús denuncia claramente la insinceridad de los valores pervertidos de los escribas. Se llega al clímax en 13:1, cuando Jesús abandona definitivamente el templo para no regresar nunca más, y en respuesta a la admiración de los discípulos por la magnificencia exterior del edificio, declara abiertamente lo que ya había insinuado en su alusión al sermón de Jeremías a la puerta del templo, a saber, que su tiempo ha terminado, y que "no quedará piedra sobre piedra". La próxima destrucción física del templo es un acontecimiento de tanta importancia histórica que los discípulos naturalmente quieren saber qué es lo que quiere decirles, y por eso, la narración de Marcos en el capítulo 13 se suspende por un momento mientras Jesús expone detalladamente las implicaciones del fin del orden antiguo y la autoridad final del Hijo del Hombre.

En contraste con 11:11-20, esta sección no ofrece ninguna otra indicación de tiempo. La próxima vez que se haga referencia al tiempo será en 14:1. Todos los contenidos de 11:27-12:44 podrían fácilmente enmarcarse en el intervalo de una sola mañana cargada, y es posible que fuera así como Marcos esperaba que lo imaginaran sus lectores, con la salida de Jesús del templo y su visita más tarde aquel mismo día al monte de los Olivos para impartirles sus enseñanzas privadas a los discípulos (13:3-35). Pero no lo dice, y es igualmente posible que él fuera consciente de que el período de confrontación hubiera sido más prolongado, e hizo referencia deliberadamente a unos cuantos sucesos seleccionados como muestra de lo que había ocurrido. Nuestra interpretación de la importancia de esta poderosa secuencia de controversias no depende en modo alguno de nuestra habilidad para hallar una respuesta a esa pregunta.

"¿Con qué autoridad?" (11:27-33)

NOTA TEXTUAL

31. La inclusión en el Texto Occidental de la pregunta deliberativa τί εἴπωμεν; (obsérvese en UBS, no en UBS) no es necesaria para el sentido. Dado que ese tipo de redundancia es típica no solo de las lecturas occidentales sino también del estilo de Marcos, podría perfectamente ser original (véase el comentario para el discurso en general), su omisión en la mayoría de los testigos puede explicarse como una asimilación simplificadora a Mateo y a Lucas o como una haplografía con el otro εἴπωμεν que aparece seguidamente.

Las palabras y las obras de Jesús en Galilea fomentaron una sensación de ἐξουσία a la que el pueblo en general respondió con admiración (1:22, 27; 2:10, 12). Pero esta autoridad "carismática" difería mucho de la autorización oficial que se necesitaba para hacer valer una opinión decisiva en los asuntos de Jerusalén y de su templo. Lo que Jesús hizo desde su llegada a Jerusalén, y la manera en que el pueblo respondió, puso de manifiesto una autoridad que no podían ignorar los que tenían la responsabilidad oficial de la vida religiosa y comunitaria de la ciudad, y por tanto, el desafío del v. 28 no resulta sorprendente.

La narración marcana del incidente sugiere una intención hostil y no una solicitud desprejuiciada de información. Pero el matiz mesiánico de las acciones de Jesús en los vv. 1-17 indica que se trata de una pregunta que él mismo incitó, y para la cual tenía una clara respuesta, y podría hacernos esperar ahora una declaración abierta de su carácter mesiánico. El hecho de que eso no ocurra así puede atribuirse a dos factores. En primer lugar, en lo que respecta a la manera en que Marcos construye su trama mientras el secretismo anterior comienza a quebrantarse no solo por las acciones de Jesús sino también por el uso no contradicho de Bartimeo del título υἱὲ Δαυίδ y el subsiguiente empleo del mismo por parte de los peregrinos en 11:10, la declaración abierta de Jesús de su mesianidad se reservará para el momento culminante de 14:62, en un contexto mucho más formal que este encuentro en el atrio de los gentiles. Mientras tanto, Jesús declara su mesianidad solo por medio de acciones simbólicas que, aunque sus intenciones eran obvias, carecen de una manifestación verbal clara. En los diálogos posteriores todavía podrá observarse un elemento de encubrimiento, cuando Jesús reivindica su afirmación valiéndose únicamente de un personaje en una parábola (12:6), la cita indirecta de un salmo (12:10-11), y una pregunta incómoda que queda sin respuesta 12:35-37). En segundo lugar, en lo que respecta a la situación narrativa, no cabe duda de que una declaración abierta de la mesianidad de Jesús en este momento les habría ofrecido a sus adversarios, tal como ocurrirá en 14:62, el argumento que necesitaban para denunciarlo ante las autoridades romanas.

Por tanto, la respuesta de Jesús aquí también es aparentemente evasiva. Con otra pregunta que les hace a sus interlocutores los deja sin la posibilidad de responderle en la forma que seguramente deseaban y de esa forma, el encuentro termina en un punto muerto. Pero, por eficaz que haya sido esa estratagema en la disputa, el efecto de la respuesta de Jesús no es puramente evasivo, sino que, al igual que los diálogos que siguen, le aporta un elemento importante al desarrollo de la cristología en esta parte del Evangelio.[76] Al comparar su propia ἐξουσία con la de Juan el Bautista, Jesús invita a sacar dos conclusiones: en primer lugar, que su autoridad, del mismo modo que la de Juan, era ἐξ οὐρανοῦ, y en segundo lugar, que él, como mínimo, no es menos importante que el profeta escatológico cuya relevancia Marcos destacó en la gran cita combinada de 1:2-3. Los que vieron en Jesús un segundo Juan (6:14-16; 8:28) no estaban tan desacertados, aun cuando su valoración distaba mucho de la verdad completa. Los que escucharon atentamente la proclamación de Juan deben dar un paso más e identificar a Jesús como el "más fuerte", con una misión que remplaza a la de Juan (1:7-8). Estas implicaciones no se expresan, pero la afirmación velada de una autoridad divina y de una función que es al menos profética y escatológica se deja a la consideración del lector.

Por consiguiente, aunque en lo que respecta a una réplica explícita, esta pregunta acerca de la autoridad no ha recibido más respuesta de Jesús que la que ya había dado en Galilea en 8:11-12, para los que ahonden en el tema hay una respuesta bastante clara.

27-28 En el esquema de Marcos, esta es la tercera entrada de Jesús y sus discípulos en Jerusalén (véanse los vv. 11, 15), de ahí el adverbio πάλιν. La repetición del nombre Ἱεροσόλυμα en cada una de las entradas le recuerda con insistencia al lector que hemos llegado finalmente al lugar en el que va a cumplirse la predicción de Jesús acerca de su rechazo y sufrimientos. En 14:49 oiremos de labios de Jesús que él había estado enseñando cada día en el templo durante este período, y en los vv. 17-18 ya se había mencionado la enseñanza de Jesús allí y la respuesta de la multitud (aunque esa referencia en particular alude más específicamente a los comentarios de Jesús sobre el comercio en el templo y no a una enseñanza más general). La columnata del atrio de los gentiles ofrecía un amplio espacio sombreado para los grupos que se reunían en torno a un maestro, y con las multitudes festivas que se congregaban ahora resultaría extraño que el predicador galileo no tuviera un público regular. Por tanto, cuando Marcos dice que Jesús ἐν τῷ ἱερῷ περιπατῶν no se refiere a una visita "turística" casual sino al lugar en el que Jesús solía realizar sus actividades ahora que había llegado a Jerusalén. Para la lista completa de ἀρχιερεῖς καὶ γραμματεῖς καὶ πρεσβύτεροι véase el comentario sobre 8:31: la predicción de Jesús acerca de su rechazo por parte de todos los líderes oficiales de Israel va a comenzar a cumplirse ahora, y debemos considerar que se trataba de una

---

76. *Pace* Gundry, 667: "Todo el diálogo tiene que ver con algo tan simple como el hecho de salvar y perder el prestigio".

delegación casi oficial. Son ellos los que inician el diálogo (ἔρχονται πρὸς αὐτόν... καὶ ἔλεγον αὐτῷ). Cf. 8:11 para un desafío similar anterior que le lanzaron los fariseos en Galilea.

En el esquema narrativo de Marcos la pregunta tiene lugar al día siguiente del revuelo que había armado Jesús en este mismo atrio, por tanto, el pronombre demostrativo ταῦτα debe referirse principalmente a ese suceso. Cabría suponer que ellos ya habían oído algo acerca de la manera en que Jesús se había acercado a la ciudad y la bienvenida que le había dado la multitud de los peregrinos. Pero los acontecimientos del día anterior eran más que suficientes para llenarlos de preocupación y hacer que exigieran una explicación. Ποῖος aquí probablemente no difiere de τίς (cf. 12:28); la sugerencia de Gundry de que pensemos en los diferentes tipos de autoridad a los que podrían haber hecho referencia ("profética, sacerdotal, posibilidades reales y mesiánicas") es tal vez tan sutilmente teológica que no tiene cabida en este contexto. BAGD, 684b, 2.a.γ, propone que ποῖος se interprete como el equivalente de τίνος: ¿por la autoridad *de quién*? De ser así, la adición de la segunda pregunta, τίς σοι ἔδωκεν τὴν ἐξουσίαν ταύτην;, hace más claramente patente la implicación de la primera pregunta por su acusación implícita —"*Nosotros* no te la dimos". El predicador galileo carece de todo estatus oficial aquí en Jerusalén.

29-30 La secuencia de tiempos y modos verbales (futuro de indicativo —imperativo de aoristo— futuro de indicativo) conectados por medio de καί, aunque no resulta muy elegante, tiene un significado muy claro. La segunda cláusula funciona como una condición: os haré una pregunta..., y *si* la responden les diré... Ellos podrían haber impugnado el derecho de Jesús a poner esta condición para responder a su pregunta, pero la contrapregunta era una jugada que se permitía en los debates tanto helenísticos como rabínicos (cf. 10:3), y ellos no la cuestionan. Tal vez Marcos quiere que creamos que aunque ellos reconocían que la contrapregunta constituía un cambio de tema significativo, su respuesta correcta a la pregunta de Jesús proporcionaría, o al menos sugeriría, la respuesta a la que ellos habían formulado, y que su negativa a contestar la pregunta de Jesús mostraría su reticencia a aceptar su respuesta implícita a la de ellos.

La mención del bautismo de Juan, el rasgo más característico y memorable de su actividad pública y del que se había derivado el título por el que se le conocía, alude a todo su ministerio. En cuanto al impacto de ese ministerio en Judea y en Jerusalén, véase el comentario sobre 1:5. En su condición de precursor profético, cuya función era "preparar el camino del Señor", Juan había iniciado el movimiento de reforma entre los judíos que Jesús evidentemente heredaría. Existía una clara línea de continuidad, obvia para todos los observadores, entre ellos, y mucho más después de todo lo que Juan había dicho con respecto a uno "más fuerte" que vendría después de él. El mismo bautismo de Juan, según sus propias palabras, era un anticipo del bautismo más eficaz que administraría el "más fuerte" (1:8). Por tanto, el veredicto de ellos acerca del mensaje de Juan debía estar relacionado con su punto de vista sobre Jesús: si aceptaban la autoridad de Juan, tendrían también que aceptar la suya por cuanto él era el mayor. Marcos no ha hecho referencia a ninguna desaprobación de Juan por parte de las autoridades de Jerusalén (contrástese con Mt. 3:7-10; 11:16-19; 21:32, de ninguno de los cuales existen pasajes paralelos en Marcos), sino solamente a la hostilidad de Antipas y Herodías que lo condujo a su muerte. Pero la respuesta a la pregunta de Jesús en los vv. 31-32 presupone que ellos no compartieron el entusiasmo popular por Juan, y no "lo creyeron". La frase ἐξ οὐρανοῦ es una perífrasis respetuosa judía equivalente a "de Dios" (cf. el uso de οὐρανός en 1:11; 8:11; 11:25). En cuanto al contraste entre la evaluación divina y la humana, cf. 8:33.

31-33   La contrapregunta de Jesús los pone en un dilema[77] que no se deriva de ninguna duda que albergaran en su mente con respecto a Jesús. Su respuesta, si hubieran podido expresarla con toda libertad, aparentemente habría sido inequívoca: ἐξ ἀνθρώπων. La eficacia de la estratagema de Jesús depende de su percepción del sentimiento popular acerca del tema, lo que haría imprudente que ignoraran en este espacio público. En la introducción a 11:27–13:2 señalamos el papel importante aunque silencioso de la multitud como espectadores de esta serie de confrontaciones. La distancia entre los líderes y la multitud está obrando ya a favor de Jesús, y desempeñará una función cada vez más importante en el drama en 12:12 y 14:2, y solo en 15:11-15 el equilibrio sufrirá un cambio decisivo para permitir que Jesús sea destruido. Por el momento, Jesús está a salvo, y ellos lo saben.

La redacción y la sintaxis de su deliberación son toscas. Véase la nota textual con respecto a la probabilidad de que Marcos comenzara con la pregunta deliberativa τί εἴπωμεν; de la que se derivaban entonces las dos cláusulas siguientes como dos respuestas alternativas con sus esperadas consecuencias. La primera opción se expresa con bastante claridad, pero la segunda se interrumpe cuando Marcos presenta con sus propias palabras la causa de su dilema y no les permite completar su oración con una apódosis sobre el mismo tema (como sí ocurre, de manera más elegante aunque tal vez menos contundente, en Mateo y en Lucas). Las cuatro palabras que quedan, ἀλλὰ εἴπωμεν ἐξ ἀνθρώπων, pueden interpretarse como el principio de una segunda cláusula condicional que hace juego con la expresión ἐὰν εἴπωμεν ἐξ οὐρανοῦ en v. 31, aunque omite la conjunción ἐάν, o como otra pregunta deliberativa: "Pero, ¿diremos 'de los hombres'?", o incluso como una decisión tentativa de parte de ellos: "Pero digamos 'de los hombres'", que no tardan en descartar al darse cuenta del yerro diplomático que eso implicaría. Aunque el sentido general es claro, la sintaxis es torpe, y la decisión en cuanto a cómo debe puntuarse la aposiopesis después de ἀνθρώπων es una cuestión de gusto.

---

77. Myers, 307, traduce provechosamente διαλογίζομαι como "hablar con evasivas", e indica que Marcos siempre usa la palabra para referirse a algún tipo de "confusión ideológica" (2:6, 8; 8:16-17; 9:33).

En cuanto al significado de ἔχω como considerar o creer cf. Mateo 14:5; 21:46; Lucas 14:18-19; Filipenses 2:29. El adverbio ὄντως contrasta la realidad del caso con una afirmación de lo contrario que se había expresado o presupuesto anteriormente —"a fin de cuentas, es verdaderamente cierto que..."; véanse Lc 23:47; 23:34; 1Co 14:25. Lo contrario aquí se encuentra en la suposición por parte de los oficiales de que la autoridad de Juan era simplemente humana, y por ende, no era un profeta verdadero. El que es ὄντως προφήτης, por el contrario, debe tener su autoridad ἐξ οὐρανοῦ. El orden de las palabras resulta extraño, pero tal vez al poner ὄντως antes de la conjunción ὅτι Marcos desea subrayar que el pueblo, a diferencia de sus líderes, tiene razón.

La parábola de la viña (12:1-12)

Esta parábola aparentemente interrumpe la secuencia de las historias de controversia, por cuanto no es un diálogo sino un monólogo de Jesús (aunque con una nota editorial acerca de la reacción ante la misma, v. 12), y por esa razón, es fruto de su iniciativa, y no la respuesta a un desafío o a una pregunta de parte de los líderes. Pero la amenaza implícita en el v. 9 contribuye en gran medida al desarrollo de la confrontación, y las implicaciones cristológicas de la figura del "hijo" y de la cita del Salmo 118:22-23 refuerzan aún más el desafío que Jesús ha estado haciendo de manera dramática por medio de su llegada a Jerusalén y su protesta en el templo y en las implicaciones tácitas de su contrapregunta acerca de Juan el Bautista. No hay ningún cambio de ubicación ni de público en 12:1, y por ese motivo, tanto Gundry como Mann tratan 11:27-33 y 12:1-12 como una sola sección: "La perícopa... se divide en dos mitades, un diálogo entre el sanedrín y Jesús (11:27-33) y una parábola que él expone para y acerca de ellos (12:1-12)" (Gundry, 656).

Esta parábola en Mateo es el segundo elemento de una trilogía de parábolas polémicas que aparecen entre el desafío a la autoridad de Jesús y las demás historias de controversia, en cada una de las cuales hay un mensaje de sustitución: las autoridades religiosas son sustituidas por los publicanos y las prostitutas que respondieron a la predicación de Juan (21:31-32), los arrendatarios morosos son sustituidos por los que producirán fruto (21:41; otra "nación", 21:43), los que inicialmente fueron invitados son sustituidos por individuos traídos de los calles, "malos y buenos" (22:10). La ampliación de Mateo muestra claramente cómo funciona la parábola de la viña en su contexto de Jerusalén. Los que presencian la confrontación entre las autoridades religiosas y Jesús se ven ante la necesidad de hacer una elección, no hay lugar para ambas cosas. Por tanto, la pregunta teológica que plantea esta parábola es dónde se encuentra ahora el verdadero pueblo de Dios. Al decir la parábola "contra ellos" (v. 12) Jesús está afirmando implícitamente que es en él, y no en el antiguo régimen que ellos representan, que los designios de Dios para su pueblo serán cumplidos.

La selección de una viña como el escenario de la historia sugiere ya que tiene que ver con la larga saga de los tratos de Dios con Israel. La vid o la viña como imagen de Israel en su relación con Yahvé es un tema bien conocido del AT (p. ej., Sal. 80:8-18; Is. 27:2-6; Jer. 2:21; 12:10; Ez. 19:10-14; Os. 10:1). Pero la redacción del v. 1 es más específica por cuanto refleja detalladamente la introducción al cántico de la viña de Isaías (Is. 5:1-2), una alegoría, presentada en forma explícita, de la desilusión de Dios con su pueblo. La parábola de Jesús no desarrolla la imagen de la misma manera: la falla en Isaías es de la viña, aquí de los arrendatarios; en Isaías la viña será abandonada y devastada, aquí será confiada a otros arrendatarios. El mensaje de Isaías es de un desastre absoluto, mientras que la parábola de Jesús ofrece la esperanza de un nuevo comienzo. Pero el nuevo comienzo solo vendrá después del juicio del régimen vigente.

Las diferentes maneras en que se cuenta la parábola en los tres sinópticos y en el *Evangelio de Tom*ás 65 han dado lugar a diversas especulaciones sobre su forma original. La versión de *Tomás* es más simple y contiene varios elementos independientes que no son obviamente el resultado de una elaboración teológica ("un *buen* hombre"; solo dos siervos; al primero lo golpearon "hasta casi matarlo"; el informe de este siervo a su amo; la conclusión a la que llega el amo: "Tal vez no los reconoció [*sic*]"). Carece de los detalles que reflejan Isaías 5:1-2 y no alude a la expulsión de su hijo de la viña, y termina con la muerte del hijo sin más comentario o aplicación que "el que tenga oídos, que oiga" (aunque el siguiente logion es un dicho basado en el Sal. 118:22). La versión de *Tomás*, pues, suele considerarse más fiel a la parábola original,[1] y termina con el homicidio y sin la cita del Salmo 118:22-23,[2] y la de Lucas (que también carece de los detalles de Isaías 5:1-2, y en la que solo aparecen tres siervos, en contraste con el gran número de ellos en Marcos y en Mateo) como una elaboración relativamente modesta y Marcos y Mateo como desarrollos posteriores que siguen la misma trayectoria de un desarrollo más explícito de la alegoría y su aplicación a la confrontación de Jerusalén. Tras el debate sobre este tema subyacen, por supuesto, otras cuestiones más amplias, especialmente la visión general de las relaciones sinópticas que defiende el intérprete, la evaluación generalizada de la tradición de *Tomás* y la posibilidad de que esta haya conservado el material más antiguo, y el lugar que ocupa la alegoría en las parábolas de Jesús. Este es particularmente importante, y la erudición más moderna cada vez está menos dispuesta a aceptar que la versión más simple y menos "alegórica" es forzosamente la más antigua. Hace

1. Véase, no obstante, el argumento de B. Dehandschutter en M. Sabbe (ed.), *Marc*, 203-19, de que la versión de *Tomás* es una adaptación de la de Lucas, y por tanto, debemos partir de Marcos para buscar la forma original. Cf. también K. R. Snodgrass, *NTS* 21 (1974/5) 142-44.

2. Suele pensarse que la parábola y la cita del salmo originalmente no aparecían juntas, porque la primera es esencialmente pesimista, y el segundo optimista (así, p. ej., J. Marcus, *Way*, 111-12). Pero a no ser que eliminemos el v. 9 de la parábola, el contraste está exagerado, porque los nuevos arrendatarios indican un comienzo renovado y esperanzador. El rechazo y su revocación son, pues, esenciales tanto para la parábola como para la cita.

ya mucho tiempo que dejó de ser un axioma que Jesús nunca hizo uso de la alegoría y que sus parábolas no eran más que simples lecciones morales.[3]Pero no es esencial para nuestra interpretación de Marcos que podamos ponernos de acuerdo en cuanto a la originalidad relativa de las diferentes versiones de la parábola.[4] Tal como aparece en el Evangelio de Marcos está claro que el objetivo es que se interprete como un relato descriptivo de los tratos de Dios con Israel a través de los profetas que terminan con el envío de su "hijo", y el rechazo y la muerte de ese hijo a manos de aquellos a los que se les había confiado la nación de Israel, junto con una obvia amenaza de la sustitución y la destrucción de los arrendatarios que habían fallado (v. 9) y la cita de un salmo que resume hábilmente este cambio final de las tornas. Aún sin el comentario editorial del v. 12, habría resultado obvio a partir del contexto en el que Marcos ha ubicado la parábola que iba dirigida a los ἀρχιερεῖς καὶ γραμματεῖς καὶ πρεσβύτεροι con los que Jesús había estado dialogando en 11:27-33 y que constituyen el antecedente del pronombre αὐτοῖς del v. 1, y por tanto, también del pronombre αὐτούς del v. 12. Es a ellos, como los entonces representantes del liderazgo de Israel a través de los siglos, que se les había confiado la viña, y son ellos los que enfrentan la expropiación y el castigo. En lo que respecta a la identidad de los υἱὸς ἀγαπητός, Jesús guarda silencio, pero después de 1:11 y 9:7 (las únicas otras ocasiones en las que aparece la frase υἱὸς ἀγαπητός en el Evangelio) no cabe duda de que, aparte del claro simbolismo del homicidio y la expulsión de la viña, y la esperanza de que la piedra desechada se convierta en la κεφαλὴ γωνίας tras la muerte del hijo, para los lectores de Marcos debe haber simbolizado la vindicación de Jesús por medio de la resurrección.

En el contexto narrativo gran parte de esto tenía que ser incompresible al menos para los líderes judíos. Los propios discípulos de Jesús habrían necesitado tener una comprensión más firme del significado de sus predicciones de la pasión y la resurrección de la que razonablemente cabe pensar que habían alcanzado. Al igual que ocurre con todas las parábolas, la medida en que comunica su mensaje depende de la amplitud del conocimiento previo y de la agudeza teológica que aporta cada oyente. A los que tienen, se les dará más —y los lectores de Marcos tienen el privilegio de pertenecer a esa

---

3. J. D. M. Derrett, *JTS* 25 (1974) 426-32, cita una parábola rabínica curiosamente similar (*Sipre* Deut. 312) acerca de un rey que les arrendó un campo a una serie sucesiva de aparceros, que le robaron y tuvo que expulsarlos; después de haber expulsado al tercero, el rey tuvo un hijo y por tanto, nunca más volvió a arrendarlo. La parábola va seguida de una interpretación alegórica sobre la historia de Israel.

4. Se han hecho muchas sugerencias con respecto al propósito de la parábola en su forma presuntamente original, como por ejemplo, una defensa del anuncio del evangelio a los pobres (Jeremias, *Parables*, 70-77); una defensa del ministerio de Juan el Bautista ((Mann, 462-63); un ataque contra las tácticas implacables de los zelotes (J. E. y R. R. Newell, *NovT* 14 [1972] 226-37); un elogio del oportunismo decidido (J. D. Crossan, *JBL* 90[1971] 451-65); un manifiesto a favor de los derechos sobre la tierra palestina contra la expropiación aristocrática (J. D. Hester, *JSNT* 45 [1992] 27-57), etc. Por interesantes que puedan resultar estas reconstrucciones hipotéticas, no nos ayudan con la interpretación de *Marcos*.

categoría. Pero incluso para los líderes judíos de aquella época el comentario de Marcos en el v. 12 parece adecuado. En razón de la manera tan clara en la que la viña simboliza a Israel, la incapacidad de los arrendatarios para producir fruto y su consiguiente rechazo era obviamente una alusión πρὸς αὐτούς, y el homicidio del hijo tenía sin duda por objeto recordarles sus intenciones contra Jesús (11:18). De ser así, deben haberse percatado, aunque fuera vagamente, de que la imaginería del υἱὸς ἀγαπητός implicaba una denuncia atroz por parte de Jesús, aun cuando no tuvieran idea de cómo esperaba ser vindicado después de su muerte y convertirse en κεφαλὴ γωνίας.[5]

1 El pronombre αὐτοῖς (véanse los comentarios supra) se refiere al grupo de los que habían cuestionado la autoridad de Jesús en los vv. 27-28. Eran miembros de las tres partes constituyentes del sanedrín, y por tanto, representaban el liderazgo de Israel vigente en aquel momento. Para el significado de παραβολή, véanse las págs. 183-84. La frase ἐν παραβολαῖς funciona como un adverbio (cf. 3:23; 4:2, 11, y véase el comentario sobre 4:2); el plural no es importante. Este es el relato parabólico más elaborado en el Evangelio de Marcos y el que tiene una intención más claramente alegórica. Véase supra con respecto a las asociaciones simbólicas de la viña en el AT. Los detalles de la preparación de la viña, desde ἐφύτευσεν hasta ᾠκοδόμησεν πύργον, reflejan directamente el pasaje de Isaías 5:2 en la LXX, aunque los elementos no aparecen en el mismo orden.[6] La alusión es inconfundible para cualquiera que tenga conocimiento de Isaías: la viña representa a Israel.[7] En cuanto a ἐκδίδομαι (para la forma media del aoristo ἐξέδετο en lugar del clásico ἐξέδοτο véase BDF 94[1]) como un término comercial que se refiere al arrendamiento, véase MM), los cuales traducen la voz media como "la arrendó para sacarle ventaja"; es decir, no se trata de un acto de benevolencia sino de

5. Para un informe completo de la interpretación de la parábola hasta 1975, véase M. Hubaut, *Parabole*.

6. La expresión φραγμὸν περιέθηκα en la LXX representa dos verbos hebreos, *way'azzqēhû waysaqqlēhû*. El primero, 'āzaq, es un hápax legómenon en el AT, y normalmente se traduce como "cavar alrededor", pero en el hebreo moderno significa "rodear", "incluir" y el equivalente arameo significa "cercar" (BDB); el segundo, *sāqal*, significa "piedra", que en este contexto debe entenderse como "quitar las piedras del terreno". La cerca o muro alrededor a la que alude la LXX representa, por tanto, una manera diferente, aunque relacionada, de describir la preparación agrícola de la viña (¿usando tal vez las piedras que se quitaron para "cercarla"?), así Gundry, *Use* 44, citando también la Peshitta y la Vulgata para la misma traducción). Esto no constituye ninguna base sólida para el argumento de Jeremias (*Parables*, 70-71) de que el uso de la expresión en la LXX manifiesta una "actividad editorial secundaria", puesto que las palabras que Marcos registra, aunque fueran dichas en hebreo, arameo o griego, recordaban claramente la preparación cuidadosa de la viña que se describe en Is. 5:2. Véase mi obra "*Jesus and the OT*", 247.

7. Otro aspecto importante para el contexto marcano es el que señala B. D. Chilton, *Rabbi*, 111-14, a saber, que el tárgum interpretó la torre de Is. 5:2 como el templo; cualquiera que conociera esa interpretación podría, pues, relacionar la parábola con la última acción de Jesús en el templo y con el papel de los líderes judíos como guardianes del mismo. Cf también D. Juel, *Messiah*, 136-37. C. A. Evans, *BZ* 28 (1984) 82-86; J. Marcus, *Way*, 119-24 hacen un examen más profundo de esta asociación.

una transacción comercial que supone una gran inversión de capital y de la cual se espera obtener un retorno.[8] La relación entre el terrateniente ausente y el agricultor arrendatario era bien conocida en la Palestina del siglo I, donde gran parte de la tierra consistía de extensos latifundios que sus propietarios no labraban, a diferencia de lo que ocurría antes.[9] Este desarrollo de los acontecimientos, que había ido aumentando durante el período herodiano, produjo un gran crecimiento del número de campesinos judíos que no tenían tierras, y con ello, un sentimiento generalizado de descontento y desasosiego en el pueblo.[10]

2-5 El método normal de pago para el arrendatario era la entrega al terrateniente de una parte previamente acordada de los cultivos. En el caso de una viña nueva pasarían al menos cuatro años antes de la primera cosecha,[11] y por tanto, habría un largo intervalo entre el comienzo del arrendamiento y el καιρός para enviar al encargado de recibir la parte que le correspondía al terrateniente; los arrendatarios habían tenido tiempo para sentirse firmemente establecidos. El hecho de que los enviados a cobrar la renta fueran δοῦλοι no significa que pudieran ser fácilmente ignorados. El esclavo de un terrateniente rico era una persona importante. Además de rehusarse a pagarles lo acordado, los arrendatarios los agredieron e insultaron, y con ello, se negaron a reconocer el derecho del dueño sobre su viña y lo intimaron a que los obligara a pagarle si podía. En cuanto a κενὸν ἀποστέλλω en el sentido de enviar con las manos vacías, cf. la LXX en Génesis 31:42; Deuteronomio 15:13; Lucas 1:53. La descripción del maltrato de los esclavos es progresiva: δέρω (clásicamente "despellejar, desollar") en el NT es un término más general que denota abuso físico; κεφαλιόω (véase BDF 108[1] en lo que respecta a la forma) no aparece en ningún otro lugar, y se supone que significa "golpear en la cabeza" (aunque podría significar "decapitar": ¿hay aquí una alusión a Juan el Bautista?), mientras que ἀτιμάω empeora las cosas. El

---

8. En cuanto a la verosimilitud de la historia en el contexto socio-económico de la Palestina del siglo I, véanse especialmente J. Jeremias, *Parables*, 74-76; J. D. M. Derrett, *Law*, 286-312, cada uno con una gran variedad de detalles interesantes. El hecho de que la historia haya sido pensada como una alegoría no implica que su entorno no sea real, aun cuando sus detalles, como veremos más adelante, puedan tensar esa verosimilitud en aras de acomodar la intención alegórica.

9. Véase J. Jeremias, *Parables*, 74-75, aunque el verbo ἀπεδήμησεν que usa Marcos no indica forzosamente que se trata de un terrateniente *extranjero*. Myers, 308, aporta la sugerencia interesante de que los líderes religiosos en Jerusalén con los que Jesús está hablando también podrían ser terratenientes ausentes, y que los "oyentes de Marcos... tal vez disfrutaron plenamente de la inversión de papeles que degradó a la clase gobernante a la humilde condición de inquilinos rebeldes".

10. Véase J. D. Hester, *JSNT* 45 (1992) 34-36. El artículo de Hester argumenta también que la respuesta del pueblo a la historia de Jesús en su forma original fue una calida aceptación de los arrendatarios como héroes populares que restablecieron los derechos ancestrales sobre la tierra de Israel contra la expropiación aristocrática y plutocrática de la era herodiana (de modo que la piedra vindicada representaba originalmente a los arrendatarios, no al hijo), pero esa reinterpretación posterior los convirtió en villanos.

11. Así J. D. M. Derrett, *Law*, 289-90.

asesinato del tercer esclavo lleva la secuencia a su punto culminante, aunque las versiones de Tomás y de Lucas, que reservan la muerte solo para el hijo, podría decirse que tienen un efecto más dramático. Pero Marcos, y después Mateo, menciona también πολλοὺς ἄλλους,[12] y no solo los dos (Tomás) o tres (Lucas), y hace referencia a la muerte[13] como el destino final de varios de ellos y no de uno solo. Presuponiendo que el lector haya reconocido a los profetas veterotestamentarios bajo la figura de los esclavos, el relato sobrepasa los límites de la conducta probable del terrateniente o de los arrendatarios con el objetivo de reflejar la historia. Una gran cantidad de profetas, no solo dos o tres, fueron a Israel con exigencias de parte de Yahvé, y aunque muchos de ellos fueron desechados y maltratados, algunos también fueron asesinados (Jer. 26:20-23; 2Cr. 24:20-22; Mt. 23:34, 37; cf. las tradiciones sobre los martirios de Isaías, Jeremías, Ezequiel, Miqueas y Amós en "Las vidas de los profetas" [siglo I d.C.]). El último de ellos fue Juan el Bautista, cuya misión divina Jesús acababa de defender implícitamente en 11:29-33.

6 En la vida real es mucho más probable que el terrateniente hubiera evitado poner en peligro a su propio hijo después de las pruebas tan claras de las intenciones malvadas de los arrendatarios, esperando una respuesta diferente, y hubiera continuado enviando esclavos antes de llegar a ese punto. La alegoría tensa cada vez más la verosimilitud de la historia. Pero Marcos cuenta la historia por su mensaje, y desarrolla cuidadosamente la sensación de estar llegando a un clímax: ἔτι ἕνα εἶχεν... υἱόν... ἔσχατον... y la suposición del dueño de que a su hijo, a diferencia de lo que le ocurrió a los esclavos, al menos lo respetarían. No se trata de otro intento, sino de un último esfuerzo, el último llamado de Dios a su pueblo, y corre con ello un riesgo increíble. La ubicación del adjetivo ἕνα antes del verbo y separado de υἱὸν ἀγαπητόν pone de relieve la finalidad de este recurso (solo le queda una persona a la que puede enviar) y, desde el punto de vista teológico, la exclusividad del hijo frente a los muchos esclavos. La adición de ἀγαπητόν no solo le da mayor realce al drama sino que también evoca las palabras del cielo a las que se hace referencia en 1:11 y 9:7 (con su reflejo del sacrificio de Abraham de τὸν υἱόν σου τὸν ἀγαπητόν, ὅν ἠγάπησας en Gn. 22:2) para que el lector no tenga ninguna duda de quién representa el "hijo".[14] En el contexto narrativo de Marcos, aunque los destinatarios de la parábola no habían tenido el privilegio de oír la voz del cielo, era lógico que ellos también

---

12. El verbo que rige a la expresión πολλοὺς ἄλλους no puede ser ἀπέκτειναν, porque los participios que siguen especifican que solo algunos de ellos fueron asesinados, los demás fueron golpeados. Debemos, pues, sobrentender un verbo, como por ejemplo, "los trataron de la misma manera".

13. Para la forma ἀποκτέννω en contraste con el verbo ἀποκτείνω que Marcos usa normalmente, véase BDF 73.

14. Es interesante observar que en Is. 5:1-2, un pasaje al que se ha aludido tan claramente en el v. 1, se describe al dueño de la viña en dos ocasiones como ὁ ἠγαπημένος y al cántico propiamente dicho como ᾆσμα τοῦ ἀγαπητοῦ. ¿Podría haberse dado cuenta también cualquier lector bien informado y levemente predispuesto del matiz de que el hijo no solo representaba al dueño sino lo que en realidad era *su* viña?

interpretaran esta única figura climática como Jesús, casi inmediatamente después de la pregunta que le habían hecho acerca de la fuente de su autoridad y la propia implicación de Jesús de que procedía ἐξ οὐρανοῦ. Sin atribuirse directamente el título de "Hijo de Dios", Jesús ya ha dado con esta parábola motivos suficientes para que el jefe del sanedrín (a cuyos representantes él está refiriéndose aquí) le formule la pregunta que aparece en 14:61, Σὺ εἶ ... ὁ υἱὸς τοῦ εὐλογητοῦ;

7-8 Es mucho lo que se ha especulado sobre la extraña suposición de los arrendatarios de que si mataban al hijo podían apoderarse de la viña. ¿Presupusieron ellos acaso que el hijo había venido a hacerse cargo de todo porque su padre había muerto,[15] o que el dueño, que hasta ahora no se había presentado personalmente, era demasiado viejo o estaba demasiado lejos para poder oponerse a su usurpación o tomarse la molestia de hacerlo? No hay nada en la historia que diga que fuera así. J. D. M. Derrett propuso como alternativa que bajo la ley judía el hecho de haber poseído una parcela durante cuatro años sin pagar la renta constituía un título de propiedad, y la muerte del hijo les daba tiempo para apoderarse de la cosecha crucial del cuarto año; la base jurídica de su argumento, sin embargo, ha sido cuestionada.[16] Pero, de cualquier manera, tal vez no sea adecuado interpretar la historia de Jesús en función de derechos legales formales; lo que se pone de relieve aquí es piratería instintiva, no una política racional. En el desarrollo de la historia la esperanza de los arrendatarios de poseer la viña sirve como contraste de su expulsión definitiva de ella.

La expulsión del hijo de la viña simboliza obviamente el rechazo de Jesús, pero en el caso de la parábola, la muerte seguida de la expulsión sí resulta sorprendente (el orden de esos acontecimientos que Marcos y Lucas invierten refleja la muerte de Jesús fuera de Jerusalén). En lo que respecta a la historia propiamente dicha el homicidio seguido de la expulsión del cadáver (ni siquiera tuvo una sepultura decente) ofrece un clímax vívido, y es posible que esa fuera la única intención de Marcos, quien tampoco aprovecha el verbo ἐξέβαλον por cuanto no vuelve a usarlo en el v. 9 para referirse a la expulsión posterior de los arrendatarios por parte del dueño de la viña.

9 Como también ocurre en Isaías 5:3-4, se formula una pregunta para invitar a los oyentes a juzgar el caso. Mateo produce un efecto irónico con la respuesta que pone en boca de los interlocutores de Jesús, y con ella, el dictamen sobre su propio destino. Pero en Marcos, al igual que en Isaías 5:5-6, es el narrador quien se contesta a sí mismo. En lo que se refiere a la historia, el dueño de la viña tiene finalmente que regresar a la escena para ejecutar la sentencia, y es muy probable que no se haya previsto ninguna otra connotación simbólica para el verbo ἐλεύσεται (como por ejemplo, la "venida" de Dios para destruir el templo, o la "venida" del Hijo del Hombre). El verbo

---

15. La reconstrucción de la escena que hace J. Jeremias (*Parables*, 75-76) depende de esta suposición.

16. Véase K. Snodgrass, *Parable*, 38.

ἀπολέσει también podría tal vez ajustarse a la historia (pena capital para el asesinato de los esclavos y del Hijo del Hombre), pero la elección de ese verbo y no, por ejemplo, de ἀποκτείνω o [κατα]κρίνω transmite un mensaje más siniestro: no se trata simplemente de un castigo por el homicidio en la historia, sino de la destrucción de todo lo que había representado el antiguo régimen. Nos hace recordar también 3:6 y 11:18, donde el objetivo de las autoridades era eliminar (ἀπόλλυμι) a Jesús: los papeles se invertirán. Pero la destrucción de los arrendatarios no implica el final de la viña (contrástese con Is. 5:5-6) por cuanto esta se pondrá en manos de otros. El lenguaje sigue siendo el de la historia, y por tanto, no se especifica quienes serán los nuevos arrendatarios.[17] A los lectores de Marcos no les habría resultado difícil interpretar que los ἄλλοι eran la iglesia, pero a los que oyeron a Jesús en el templo no se les explicó a qué se referían sus palabras. Una interpretación como la que pueden ofrecer los vv. 10-11 sigue siendo enigmática, y mucho más por cuanto lo único que finalmente "prevalece" en esa cita es una "piedra" en singular y no un grupo plural que pueda identificarse con los ἄλλοι.

Aunque los detalles de la historia se distendieron para que se acomodara a la alegoría prevista, hasta ahora no se nos ha ofrecido ninguna guía explícita para su interpretación. El lenguaje de Isaías en la introducción y las extrañas características de la historia en la forma en que se ha desarrollado han invitado al oyente/lector a mirar más allá del argumento y reconocer la presencia de una παραβολή (tal como de hecho Marcos nos advirtió explícitamente en el v. 1), y la alusión a Israel, a los profetas y a Jesús se ha tornado cada vez más clara a medida que la historia ha ido desarrollándose, pero aun cuando los que la escucharon por primera vez hubieran podido identificar el probable significado de todos los detalles incluyendo el destino fatal del hijo, la destrucción y el remplazo de los arrendatarios seguiría constituyendo un enigma.

10-11 En cuanto al uso de la pregunta οὐδὲ τὴν γραφὴν ταύτην ἀνέγνωτε; para introducir una cita del AT con el fin de aclarar algún punto, cf. 2:25; 12:26. En ninguno de estos tres casos, a pesar de lo que podría sugerir la forma de la pregunta, se trata de la cita en la que el contexto podría hacernos pensar de manera natural. En los tres pasajes se transfiere creativamente un texto bíblico a un contexto diferente. El Salmo 118:22-23 (citado aquí tal como aparece en la LXX)[18] celebra una liberación divina y un cambio de suerte, que en el v. 21 se expresan en singular aunque en los vv. 23-24 son celebrados

---

17. Muchos comentaristas afirman sin ningún argumento que estos representan a los *gentiles* que remplazan a los judíos. Esto no solo no aparece en el texto de Marcos, sino que también está en conflicto con el hecho de que Jesús, de manera llamativa, evitó usar el lenguaje de Is. 5 acerca del abandono de la *viña*, y habló solamente de un cambio de arrendatarios.

18. El hecho de que la cita sea literal hace improbable la idea de Gundry (663) de que Marcos consideró que el pronombre femenino αὕτη en la tercera línea se refería a κεφαλή en la segunda línea. Αὕτη era una traducción literal sin modismos de la LXX del término hebreo *zō 't*, y Marcos simplemente la reprodujo.

por "nosotros" (en plural).[19] La opinión generalizada es que se refiere a un acontecimiento nacional, pero la piedra en singular se presta a una aplicación más individual,[20] y por esa razón, se ha convertido en un texto cristiano favorito para la vindicación de Jesús después de su rechazo y de su muerte: además de los pasajes paralelos aquí, véanse también Hechos 4:11; 1 Pedro 2:4, 7, y el desarrollo posterior de la imaginería de la "piedra" a través de diferentes textos en Romanos 9:32-33; véase el comentario sobre 8:31 para otro reflejo del Salmo 118:22.[21] Aquí, los temas del rechazo, la inversión de funciones, la supremacía, la obra de Dios y el asombro nos ayudan a comprender mejor la parábola precedente sobre el hijo desechado y el giro posterior de los acontecimientos por la intervención de su padre. La parábola, no obstante, no ofrece ninguna indicación de que el hijo desechado fuera después vindicado y ocupara el lugar supremo; de hecho, la imaginería de la parábola no lo habría permitido sin abandonar el contexto de la historia e incluir la posibilidad de la resurrección después de la muerte. Pero esta cita sí nos permite dar ese paso tan importante, y completar así el escenario total con la introducción del elemento final, y hasta ahora olvidado, de las tres predicciones de Jesús con respecto a su pasión. Este es un uso creativo de la Escritura que los oyentes de Jesús en ese tiempo no podrían sin duda haber esperado darle, a pesar de la represión implícita en la pregunta inicial.

A menudo se sugiere que la relación entre esta cita y la parábola se deriva de la asonancia de las palabras hebreas *bēn* (hijo) y ʿ*eben* (piedra). Esto solo podría funcionar en un entorno semítico,[22] y por tanto, para muchos de los lectores de Marcos habría pasado inadvertido. Aunque cualquiera que estuviera en condiciones de entender el juego de palabras, lo habría disfrutado, no es nada que resulte esencial para la relevancia del Salmo 118:22-23 en la parábola. En la literatura rabínica, a los escribas y a los eruditos, se les llama

19. Véase J. D. M. Derrett, *SE* 4 (1968) 180-86, para una interpretación mesiánica del salmo, con David como la piedra desechada original. Véase especialmente el *Tárgum* que en el v. 22 dice: "El *niño* que abandonaron los edificadores era de *los hijos de Isaí* y es digno de ser nombrado *rey y gobernante*". J. Marcus, *Way*, 114-15, analiza la interpretación escatológica del salmo en el judaísmo post bíblico como una profecía de la vindicación nacional para Israel. Marcus sugiere también que Marcos invirtió deliberadamente esta esperanza usando la cita del salmo para predecir la supremacía de la iglesia gentil *sobre* Israel; habla de la "guerra santa contra Israel y a favor de los gentiles descritos en Marcos 12:9". Pero en el v. 9 la viña (que representa a Israel) no es abandonada (como sí ocurre en Isaías) y mucho menos convertida en el blanco de la "guerra santa", sino que se le da una segunda oportunidad a manos de nuevos arrendatarios.

20. F. J. Matera, *Kingship*, 79-84, arguye que el salmo debe considerarse relacionado con la "realeza" tanto en su contexto original como en la interpretación judía en el período del NT, y que la piedra del v. 22 representa al rey. Véase, sin embargo, B. Gärtner, *Temple*, 133-36, con respecto a una interpretación colectiva de la "piedra" del AT en Qumrán como una referencia a la comunidad.

21. Sobre el desarrollo de la imaginería de la piedra en el NT, véase B. Lindars, *Apologetic*, 169-86.

22. En el Tárgum, de hecho, se lee "niño" en lugar de "piedra", como parte de su reescritura mesiánica del salmo, basándose presumiblemente en este juego de palabras.

con frecuencia "edificadores"[23], y es posible que esto ayudara a algunos de los oyentes a comprender la pertinencia de la cita en la situación de Jesús, a quien la élite de los escribas rechazaba cada vez más.

La imaginería de la cita exige que la κεφαλὴ γωνίας (cf. la ἀκρογωνιαῖος de Ef. 2:20; 1Pe. 2:6) sea la piedra más importante del edificio. Muchos intérpretes consideran que el término aquí se refiere a la piedra principal del cimiento, que sería la primera que había que colocar, la metáfora de la "cabeza" se usa por su importancia y no porque estuviera en la parte superior. Pero ese uso de κεφαλή (y del sustantivo hebreo rō'š), es, al parecer, muy poco natural, porque el término sugiere (al igual que ἀκρογωνιαῖος) una piedra en la cima del edificio; Símaco usa la palabra ἀκρογωνιαῖον en 2 Reyes 25:17 con referencia al capitel de una columna y también aquí en el Salmo 118:22.[24] Tal vez deberíamos pensar en la enorme piedra en la esquina de la hilera superior, que se instalaba en último lugar para completar el edificio, y que probablemente estaba decorada y atraía las miradas. Nuestro desconocimiento de la terminología arquitectónica hebrea en esta oportunidad, sin embargo, no afecta el sentido de la cita: el que fue desechado se ha convertido en el más importante de todos.

El segundo versículo de la cita podría constituir un buen lema para todo el Evangelio de Marcos. Marcos es el evangelio de la paradoja, de la admiración humana ante la obra inesperada de Dios. El reino de Dios se puso especialmente de manifiesto en el capítulo 10 exigiendo la inversión de los valores y las expectativas humanos. En él los primeros son los últimos y los últimos son primeros, la piedra desechada se convierte en la más importante de todo el edificio, y "nosotros" nos quedamos contemplando con admiración los caminos inescrutables de Dios a medida que van revelándose no solo en la enseñanza sino también en la experiencia de su Mesías.

12 En 11:32 ya se mencionó la inhibición de las autoridades debido a la postura contraria de la multitud en relación con sus puntos de vista acerca de Juan el Bautista. Aquí, el apoyo que la multitud le da a Jesús es más explícito, y esa misma inhibición estará detrás de la necesidad de los principales sacerdotes de obtener la ayuda de Judas para llevar a cabo un arresto secreto (14:1-2). El sujeto de ἔγνωσαν es ambiguo. Si, tal como cabría esperar, es el mismo que el del verbo anterior, es decir, las autoridades, no es fácil determinar cómo explica el temor que les inspira la multitud (presuponiendo que la cláusula con γάρ se relaciona con lo que aparece inmediatamente antes). Pero si el sujeto es la multitud (el último antecedente que se mencionó), por qué el hecho de que la multitud comprendiera el propósito de la parábola tendría que inspirarles

---

23. Véase J. Marcus, *Way*, 124-25.

24. De ahí los argumentos de J. Jeremias, resumidos en *TDNT*, 1.791-93, 4.274-75, basándose en el *Test. Sal.* 22:7 donde se usan ambos términos para referirse a la "piedra angular", o la última piedra del edificio. Véanse además M. Barth, *Ephesians 1-3*, 317-19; J. D. M. Derrett, *SE* 4 (1968) 181.

ese temor?[25] La oración está condensada, y tal vez sería mejor parafrasearla así: "Ellos estaban tratando de arrestarlo (pero no podían porque) tenían miedo de la multitud puesto que sabían (y eran conscientes de que la multitud también lo sabía) que él había hablado esta parábola contra ellos (y por esa razón la multitud ahora estaba más dispuesta a tomar partido en contra de ellos"). Por el momento, pues, no pueden hacer nada, y lo dejan salir airoso de la situación.

Pero aunque este grupo completo de ἀρχιερεῖς καὶ γραμματεῖς καὶ πρεσβύτεροι no volverá a aparecer hasta 14:43, el hecho de que no se anuncie ningún sujeto nuevo para el siguiente verbo, ἀποστέλλουσιν, indica que ellos permanecen activos desde las sombras.

El impuesto romano (12:13-17)

La serie de acercamientos a Jesús por parte de las autoridades, que se vio interrumpida en 12:1-12 por el monólogo de Jesús, se reanuda ahora con una pregunta que formulan los fariseos y los herodianos y que Marcos tilda explícitamente de hostil, ἵνα αὐτὸν ἀγρεύσωσιν λόγῳ. Además, los interrogadores no se acercan por iniciativa propia, sino que fueron "enviados", y la secuencia de verbos en plural sin ningún cambio expreso de sujeto desde 11:27 permite afirmar con bastante certeza que el sujeto de ἀποστέλλουσιν es también ἀρχιερεῖς καὶ γραμματεῖς καὶ πρεσβύτεροι. Se trata de una delegación oficial cuyo propósito es desacreditar a Jesús.[26] Todos los impuestos romanos (aranceles, peajes, etc.) eran muy mal vistos, pero el tributo al César (κῆνσος)[27] constituía una exigencia especialmente ofensiva para los patriotas judíos. Implantado por el gobernador Cirenio menos de una generación anterior por medio del censo que ordenó hacer cuando Judea se convirtió en una provincia romana gobernada directamente por el imperio en el año 6 d.C., y fue la causa inmediata de la rebelión liderada por Judas el galileo en ese año (Josefo, *Guerras* 2.118; *Ant.* 18.4-10, 23-25). Aunque dicha rebelión fue rápidamente aplastada, siguió siendo un motivo de inspiración para los líderes patrióticos posteriores y culminó en el movimiento zelote que precipitó la importante revuelta que se inició en el año 66 d.C. y el sitio subsiguiente que condujo a la destrucción de Jerusalén en el año 70 d.C. Esta pregunta, pues, era esencialmente política,

25. Algunas traducciones más recientes han eludido el problema cambiando el orden de las cláusulas de Marcos.

26. Para un estudio valioso de todo el incidente en su contexto histórico, véanse F. F. Bruce en E. Bammel y C. F. D. Moule (ed.), *Politics*, 249-63.

27. El término "impuesto" que normalmente se emplea para traducir la palabra prestada del latín κῆνσος es en realidad una simplificación excesiva. Entre los impuestos directos que recaudaban los romanos en las provincias estaba un *tributum soli* (impuesto sobre los productos agrícolas) y un *tributum capitis*, que literalmente significa "impuesto de capitación", pero en este caso, además de una tarifa fija de capitación incluía un impuesto sobre la propiedad. El propósito específico del censo de Cirenio en el año 6 d.C. era tasar la provincia para implantar el segundo (Josefo, *Ant.* 18.1-3). Véase Schürer, 1.401-4.

y tenía por objeto poner de manifiesto la postura de Jesús con respecto a la ideología de los "zelotes". Como galileo, no estaba obligado a pagar el κῆνσος, que se aplicaba solamente a las provincias que, al igual que Judea, estaban gobernadas directamente por Roma. Se le acercaron como a un visitante "extranjero" del que cabía esperar que ofreciera un juicio más "objetivo", pero con la expectativa de que su respuesta despertara el interés de las autoridades políticas de Judea.

Pero para Judas el asunto era tanto teológico como político. Josefo describe su llamado a la revuelta en estos términos: "Llamó cobardes a sus compatriotas por estar dispuestos a pagar el tributo a los romanos y por tolerar amos mortales en lugar de Dios [literalmente "después de Dios", μετὰ τὸν θεόν]' (*Guerras* 2.118); "Tienen un amor inconquistable por la libertad, puesto que han aceptado a Dios como su único líder y amo" (*Ant.* 18.23). La teología que subyace tras esas palabras es que la lealtad a Dios y al poder ocupante pagano de Roma son fundamentalmente incompatibles. Es a la luz de esta ideología que debe interpretarse la fórmula de Jesús.[28] Por lo general se considera que la "trampa" (ἀγρεύσωσιν) consistía en la imposibilidad de dar una respuesta a la pregunta que dejara satisfechos a todos. Un "sí" provocaría el rechazo de los patriotas judíos porque lo tomarían como una respuesta en favor de Roma, pero un "no" constituiría una buena base para acusar a Jesús de rebeldía ante las autoridades provinciales (Lc. 20:20 deja bien claro este último punto). El "asombro" de los que escucharon su respuesta sugiere que él pudo escapar con éxito del dilema, y desde entonces, los intérpretes no han logrado ponerse de acuerdo sobre cuál de las dos posturas se vio beneficiada con su declaración. Sin embargo, el ingenio de la misma no consiste solamente, ni siquiera en primer lugar, en la solución premeditada que ofreció, sino más bien en que él socavó la opinión de los interrogadores de dos maneras importantes, una esencialmente teológica, y la otra más *ad hominem*.

El elemento *ad hominem* en la respuesta de Jesús tiene que ver con la razón que lo llevó a pedir que le mostraran un denario y llamó la atención sobre su εἰκὼν καὶ ἐπιγραφή. El denario de plata era la moneda que se exigía para el pago del tributo, y mostraba una imagen del emperador junto con su título oficial, que en esos años del reinado de Tiberio incluiría las palabras DIVI AUG. FILIUS, "Hijo del divino Augusto". Para un judío estricto esto constituía una ofensa, no solo desde el punto de vista político sino también desde el punto de vista religioso, por cuanto implicaba el uso de una "imagen grabada" y de palabras que no debían aplicarse a ningún ser humano, y mucho menos a un romano pagano. Pero para las actividades comerciales diarias los judíos podían evitar la "idolatría" usando monedas de cobre que se acuñaban localmente y en las que no aparecía ninguna imagen.[29] Al pedirles a sus interrogadores que le

---

28. El *Ev. Tom.* 100 curiosamente añade, "y darme a mí lo que es mío".

29. En cuanto a la monedas que se usaban en la Palestina del siglo I, véase Schürer, 2.62-66, y especialmente en lo que respecta a las monedas no idólatras, Schürer, 1.379-81.

mostraran un denario Jesús los desconcertó. Al parecer, él no llevaba ningún denario consigo, pero sus interrogadores sí pudieron proporcionarle uno. No estaban, pues, en condiciones de criticar a Jesús por falta de patriotismo o de escrúpulos religiosos cuando ellos mismos tenían en su poder el dinero imperial "idólatra".[30]

La base teológica de la respuesta de Jesús tiene un alcance mucho mayor —a saber, que la ideología de los zelotes que subyacía al supuesto dilema era falsa. Lejos de contraponer la lealtad a Dios a la lealtad al César, las palabras de Jesús indican claramente que ambas cosas son posibles a la vez. No da ninguna orientación específica en cuanto a las obligaciones que conlleva cada una, pero su orden de ἀπόδοτε Καίσαρι después de reconocer que el denario llevaba el nombre del César implica sin duda que el uso del denario para pagar el tributo cae obviamente en la categoría de las cosas que hay que darle al César. Su declaración presupone que no existe ningún conflicto entre los derechos legítimos del César y los de Dios. Por consiguiente, no es una respuesta que un zelote habría dado, pero tampoco es una respuesta que solo favorecía a Roma: Dios también tiene sus derechos".[31] La respuesta de Jesús a esta pregunta constituye, pues, una base para la enseñanza más elaborada de los pasajes de Romanos 13:1-7 y 1 Pedro 2:13-17, en cada uno de los cuales se da por sentado que es posible ser leal al gobierno romano y a Dios a la vez y, de hecho, esa idea adquiere mayor solidez cuando a esta instrucción (que en Ro. 13:6-7 incluye específicamente el pago de los impuestos) se le suma la creencia de que las autoridades civiles (paganas) han sido establecidas por Dios. Ninguno de estos pasajes prevé un conflicto de lealtades, y por consiguiente, no ofrecen ninguna orientación con respecto a esas situaciones que a la iglesia muy pronto le resultaron demasiado familiares, y en las que Dios y el César parecían estar tirando en direcciones opuestas. Pero un punto de partida importante para analizar esos conflictos es reconocer que para Jesús, al igual que para Pablo y para Pedro, lo *normal* es que ambas lealtades fueran compatibles y no, como los zelotes solían afirmar, que existía un antagonismo entre la lealtad al César y la lealtad a Dios.

Por tanto, en esta perícopa, así como en cada episodio de los diálogos en el templo, Jesús no solo evadió una pregunta capciosa, sino que también contrarrestó la suposición de los "zelotes" que subyacía a la pregunta de los fariseos y de los herodianos con una valoración más positiva de la responsabilidad política del pueblo de Dios, incluso bajo dominio extranjero. La teocracia no es la única forma válida de gobierno. La lealtad a Dios no exige forzosamente que seamos desobedientes a las leyes civiles.

---

30. J. D. M. Derrett, *Law*, 313-37, proporciona un trasfondo muy útil para la confrontación.

31. En cuanto a la interpretación de, por ej., S. G. F. Brandon, *Zealots*, 345ss., que considera que los "derechos de Dios" incluyen la tierra de Israel y sus productos y por tanto, están en conflicto con el pago del tributo a un gobierno extranjero, véase F. F. Bruce, citando un artículo (pág. 464 n. 27) 259-60.

13 En cuanto al sujeto de ἀποστέλλουσιν véase el comentario sobre el v. 10. La composición de la "delegación" resulta interesante. Los Φαρισαῖοι no nos sorprenden: constituían una parte importante en el sanedrín (cf. Hch. 23:6-7) y ya habían ocupado un lugar destacado como críticos de la actividad de Jesús en Galilea (2:16, 24; 7:1-5; 8:11) y tal vez más al sur (10:2; véase nota textual allí). Oímos de su asociación con los Ἡρῳδιανοί en un complot contra Jesús en 3:6 (véanse sus notas),[32] pero aunque el interés herodiano era más natural en Galilea, llama la atención encontrar este grupo por separado aquí en Jerusalén (adonde pueden haber venido para acompañar a Antipas en su visita pascual, Lc. 23:7), y relacionado con una pregunta política que se aplicaba específicamente a Judea, no a las provincias que estaban bajo la jurisdicción herodiana. Sin embargo, la información tan limitada que tenemos acerca de los Ἡρῳδιανοί no nos permite definir con certeza cuáles eran sus intereses específicos.[33] El verbo ἀγρεύω, "cazar, sorprender" que normalmente se usa para referirse a lo que hacen los animales para procurarse alimentos, constituye una metáfora viva de los propósitos hostiles de esas personas (contrástese con el uso metafórico benigno del verbo derivado ζωγρέω en Lc. 5:10).

14 En cuanto a διδάσκαλε como un título para dirigirse a Jesús, véase el comentario sobre 9:17. Su uso en estos diálogos (cf. vv. 19, 32) refleja solamente la reputación de Jesús entre el pueblo, y era tal vez una fórmula establecida para referirse a él como ὁ διδάσκαλος, aunque después de la nota de Marcos con respecto a la hostilidad de sus interrogadores quizás también deberíamos percibir en dicha fórmula aquí y en el v. 19 la insinceridad propia de los aduladores. Las cláusulas que siguen muestran sin duda una adulación ostensible, y el v. 15 describe la actitud de ellos como ὑπόκρισις

Con respecto al adjetivo ἀληθής aplicado a un ser humano, 'veraz', "genuino", cf. Juan 7:18. Más que la falsedad, lo que se opone a la ἀληθεία es la parcialidad; una presentación veraz y desprejuiciada del ὁδὸς τοῦ θεοῦ no debe estar motivada por ningún interés particular. La expresión μέλει τινι περί tiene el sentido positivo de "preocuparse por, cuidarse de" en Juan 10:13; 12:6; 1 Pedro 5:7, pero aquí, la cláusula que sigue exige el sentido menos encomiable de "mostrar parcialidad hacia". En cuanto a βλέπω εἰς πρόσωπόν τινος como

---

32. M. J. Cook, *Treatment*, capítulo 3, sobre todo las págs. 40-48, alega que esta perícopa pertenecía originalmente a una colección anterior a Marcos de historias de controversias, en la que aparecía inmediatamente después de 3:1-5 y antes de 3:6; de ahí la mención de los fariseos y los herodianos juntos solo en estos dos pasajes. Alega más adelante (81-83) que esa es la razón por la que los herodianos aparecen solamente en un contexto galileo, pero no explica por qué una pregunta acerca del impuesto de Judea debía formularse en Galilea.

33. E. Trocmé, *Formation*, 91 n. 4, sugiere que los fariseos y los herodianos "eran dos grupos de antagonistas entre los que Jesús se vio obligado a abrirse paso con sumo cuidado para no atraer la hostilidad de ninguno de ellos". Esta reconstrucción imaginativa depende, al parecer, de la opinión de que los fariseos favorecían la "objeción de conciencia" individual a pagar los impuestos (pág. 90), mientras que los herodianos son "representantes del oportunismo político o incluso, podría decirse, de la policía secreta" (pág. 93 n. 2). Pero aparentemente, ninguna de esas caracterizaciones está bien fundada.

un modismo que alude a la parcialidad, cf. λαμβάνω πρόσωπον, Gálatas 2:6; θαυμάζω πρόσωπον, Judas 16, y el uso de προσωπολημψία y algunos términos cognados en Hechos 10:34; Romanos 2:11; Efesios 6:9; Colosenses 3:25; Santiago 2:1, 9; Lucas emplea aquí la expresión λαμβάνω πρόσωπον. El modismo era conocido ya desde el AT: en los pasajes de Levítico 19:15; Deuteronomio 10:17; Salmo 82:2; Proverbios 18:5 aparecen las palabras *nāśā' pānîm*, que la LXX traduce como λαμβάνω πρόσωπον o como θαυμάζω πρόσωπον.[34] El contraste esencial que se plantea aquí es entre los intereses de los ἄνθρωποι y el 'camino de Dios', es decir, la voluntad revelada de Dios; los interrogadores de Jesús afirman que lo reconocían como un portavoz desprejuiciado de Dios. No cabe duda de que esto era una adulación, pero aun así, Marcos seguramente esperaba que sus lectores tomaran estas palabras como una evaluación verdadera de Jesús el διδάσκαλος.

La pregunta, cuando aparece, gira en torno a lo que está "permitido" (ἔξεστιν). En todas las ocasiones anteriores en las que Marcos ha usado el verbo ἔξεστιν (2:24, 26; 3:4; 6:18; 10:2) se ha referido a lo que estaba permitido hacer bajo la ley *divina*, según lo expresaba directamente el AT o la interpretación del AT por parte de los escribas en aquel tiempo. Cuando el tema que se debate no tiene que ver solamente con algo que está "permitido" sino que es obligatorio hacer de acuerdo con la ley de la ocupación romana, la formulación de la pregunta en función de lo que está "permitido" podía sugerir la posibilidad de un conflicto entre la ley humana y la divina, e invitaba a Jesús a dictar una sanción divina que se opusiera al gobierno humano. La pregunta, pues, presuponía ya la ideología "zelótica" de una oposición fundamental entre el César y Dios. Καῖσαρ, originalmente el apellido de Julio, era en aquel entonces el título regular que en el lenguaje común se le daba al emperador romano. La pregunta, pues, se relaciona, en principio, con la función y no específicamente con la persona que portaba el título en aquel momento, a saber, Tiberio.

15-16 En cuanto al conocimiento que tiene Jesús de los pensamientos de las personas, cf. 2:8; 5:30. La palabra ὑπόκρισις es más típica de Mateo que de Marcos, y la única vez que se usa en Marcos el sustantivo ὑποκριτής (7:6) no sugiere la idea de una insinceridad consciente sino más bien de una perspectiva distorsionada. Aquí, sin embargo, su sentido se acerca más al de "hipocresía" en español. Con respecto al verbo πειράζω véase el comentario sobre 1:13, y para otros usos análogos del término relacionados con interrogadores hostiles, véanse 8:11 y 10:2.[35] En lo que se refiere a la petición de un denario, véanse

---

34. En vista de la familiaridad del modismo es muy poco probable que Marcos pretendiera una doble interpretación con la expresión "mirando el rostro en la moneda" (así Gundry, 693), una cuestión que, de todas formas, no entra en el texto hasta el v. 16.

35. En todos estos relatos en los que vemos que Jesús "es puesto a prueba por sus enemigos", pero especialmente en este pasaje en el que también están tratando de "sorprender" a Jesús, S. R. Garrett, *Temptations*, 66-69, cree que Marcos está reflejando deliberadamente el pasaje de Sab. 2:12-24 que trata acerca de los intentos de los impíos de poner a prueba y desacreditar a los verdaderos siervos de Dios.

los comentarios introductorios sobre esta sección. El denario era el salario diario reconocido de un trabajador (Mt. 20:2), y representaba una suma considerable, probablemente mucho mayor de la que el grupo itinerante de Jesús podía entregar en cualquier moneda. La inscripción completa que circundaba la efigie engalanada de Tiberio era TI[BERIUS] CAESAR DIVI AUG[USTI] F[ILIUS] AUGUSTUS. En el reverso de la moneda se leía el título PONTIF[EX] MAXIM[US], "sumo sacerdote", otra provocación para la sensibilidad judía".[36]

17 El verbo ἀπόδοτε pone de relieve la lógica de la declaración de Jesús. La pregunta había versado sobre el hecho de "dar" (δίδωμι, v. 14) el tributo al César, pero Jesús, en cambio, habla de "devolver", es decir, darle al destinatario lo que ya le pertenece, especialmente en pago de una deuda; en cuanto a este sentido de ἀποδίδωμι véanse, por ejemplo, Mateo 5:26; 18:25-34; Lucas 7:42; 10:35. El uso de la moneda del César simboliza la manera en que los súbditos del imperio romano dependían de los beneficios que recibían de este, y con el empleo de esa moneda para pagar el tributo reconocían y saldaban esa deuda. El verbo, pues, sugiere que el pago no solo era "permitido", sino que era sin duda correcto, y por tanto, la retención del mismo constituiría un fraude.[37] Lo que "pertenece al César" en este contexto es principalmente la obligación monetaria del tributo, aunque la amplitud de las palabras de Jesús permite considerar que también incluye la responsabilidad civil. Pero la segunda parte de la declaración (καὶ τὰ τοῦ θεοῦ τῷ θεῷ) carece de toda restricción, y es el lector quien debe completarla con su interpretación del derecho que Dios tiene sobre su pueblo.[38] Dicha interpretación será la que determine si los derechos de Dios y los del César están en conflicto, pero la manera en que aparece formulada la declaración sugiere que puede esperarse que dicho conflicto sea excepcional y no normal.[39] La forma verbal compuesta ἐκθαυμάζω (cf. ἐκθαμβέομαι en 9:15) intensifica el asombro.[40] El sujeto del verbo está omitido, pero el hecho de que

36. En lo que respecta a la moneda, véanse H. St.J. Hart en E. Bammel y C. F. D. Moule (ed.), *Politics*, 241-48.

37. Belo, 187, al parecer, interpreta la expresión Τὰ Καίσαρος ἀπόδοτε Καίσαρι como un veredicto negativo: "Esta moneda, con su imagen e inscripción, no pertenece a Dios ni a Israel; por el contrario, es la prueba de la inmundicia que el poder ocupante le ha impuesto al país; lo que Jesús rechaza es la ocupación". Aun cuando esta fuera una interpretación válida, no está claro cómo esa opinión pueda hacernos concluir que las palabras de Jesús no permiten el pago del tributo. ¿De qué otra forma debería "devolvérsele" al César su dinero "inmundo"?

38. La idea de que así como la moneda mostraba la imagen del César, los seres humanos mostramos la imagen de Dios, y por tanto, somos nosotros mismos los que debemos darnos a Dios (así, p. ej., C. H. Giblin, *CBQ* 33 [1971] 521-25), por atractiva que pueda ser, no es explícita en el texto y tampoco resulta necesaria para entender la declaración de Jesús.

39. Myers, 312, afirma que las obligaciones al César y a Dios "se exponen claramente como *antagónicas*", y sobre esta base, rechaza la exégesis "aburguesada" de que Jesús aprobó el pago del tributo. Si bien esta conclusión se adapta a la postura ideológica de Myers, él no explica por qué considera que las dos partes de la exhortación (unidas por καί) de Jesús son "antagónicas".

40. El verbo aparece solo aquí en el NT. En cuanto a su uso más amplio y su fuerza intensiva, véase T. Dwyer, *Wonder*, 171-72.

el diálogo tuviera lugar en la zona pública del atrio de los gentiles nos permite suponer que tanto la multitud como los interrogadores estaban incluidos, y por ello, esta nota le aporta un elemento al desarrollo gradual de los hechos que llegará hasta la conclusión en el v. 34 de que como resultado de las respuestas de Jesús nadie osó hacerle más preguntas.

Los saduceos y la resurrección (12:18-27)

NOTAS TEXTUALES

23. Las lecturas variantes plantean dos cuestiones principales (aparte de algunos cambios insignificantes en el orden de las palabras): (1) la presencia o ausencia de οὖν, (2) la presencia o ausencia de la cláusula ὅταν ἀναστῶσιν. La conjunción οὖν podría ser el resultado de una asimilación a Mateo y a Lucas, pero, de cualquier manera, está implícita en la conclusión del tema inconexo. La cláusula ὅταν ἀναστῶσιν está ampliamente confirmada en las versiones, aunque no aparece en los MSS más antiguos, y es muy probable que se omitiera porque parecía redundante (aunque véanse las notas más adelante) o por asimilación a Mateo y Lucas; no existe ninguna razón obvia para su inserción.

26. En el texto de Éxodo 3:6 en la LXX, la frase θεὸς Αβρααμ καὶ θεὸς Ισαακ καὶ θεὸς Ιακωβ, sin artículos (salvo que en la LXX A hay un artículo antes del primer θεός solamente), aparece después de la expresión introductoria ὁ θεὸς τοῦ πατρός σου que se omite en todas las citas sinópticas. Las tres citas sinópticas muestran variaciones textuales aquí, pero parece probable que Mateo incluyera artículos antes de todos los usos del término θεός en todos los casos, y Lucas solamente antes del primero. Es tal vez más probable que Marcos concordara con Lucas (y esencialmente con la LXX) al omitir los últimos dos artículos (y posiblemente el primero; así D W) y que fueran añadidos por asimilación a Mateo; pero se trata de una cuestión de interés estilístico y no exegético.

La pregunta que hicieron los fariseos y los herodianos era política, con un matiz teológico. La que formulan ahora los saduceos tiene un carácter puramente teológico y se basa en un ejemplo específico. La respuesta de Jesús a esta pregunta carecerá de toda importancia para el gobierno romano, pero al hacer hincapié en un tema polémico que en aquel tiempo provocaba una fuerte división entre los "partidos" predominantes en Jerusalén, llevaba aparejado el riesgo de ganarse la antipatía de una u otra facción entre los oyentes. Además, dado que los interrogadores aparentemente presuponen que Jesús apoya la noción "farisaica" de una vida después de la muerte, su respuesta les ofrecerá la posibilidad de cuestionar su reputación como maestro sabio una reductio ad absurdum de esa postura que cualquier maestro fariseo podría encontrar igualmente vergonzosa, y por tanto, lo haría quedar en ridículo delante de la multitud.

Según Josefo y algunas fuentes rabínicas, el sustantivo "saduceo", que se usa solo aquí en Marcos, denota, al parecer, un punto de vista teológico y jurídico relacionado con los elementos más "aristocráticos" de la sociedad judía, y no un "partido" bien organizado.[41] La mayoría de las principales familias sacerdotales apoyaban las opiniones saduceas, y por tanto, este punto de vista mantenía una posición predominante en el sanedrín (Josefo destaca enérgicamente la polarización de las opiniones dentro del sanedrín ilustrada en Hch. 23:6-8). Esta delegación, pues, representaba probablemente a los ἀρχιερεῖς a quienes Marcos alude a menudo a partir de 11:18, y son los mismos que desempeñaron un papel decisivo en la coalición contra Jesús (8:31; 10:33, etc.), el uso del sustantivo específico Σαδδουκαῖος aquí se debe a que el objeto de la polémica era un tema característico de esa posición teológica. El centro de sus opiniones peculiares lo ocupaba un punto de vista conservador sobre la autoridad religiosa que rechazaba la tradición oral más reciente y priorizaba la revelación escrita, y tomaba los cinco libros de la Torá como la autoridad canónica máxima.[42] Por esa razón, rechazaban la creencia relativamente reciente en una vida después de la muerte.

Hay tal vez solo dos pasajes en el AT que expresan claramente una creencia en la resurrección y la vida después de la muerte (Is. 26:19; Dn. 12:2), aunque podría considerarse, con una mirada retrospectiva, que algunos textos poéticos señalan en esa dirección (en particular, Sal. 16:9-11; 49:15; 73:23-26; Jb. 19:25-26).[43] A partir del siglo II a.C., esa creencia fue haciéndose cada vez más frecuente y explícita, de manera especial en los escritos apocalípticos y en las tradiciones con respecto a los mártires del período macabeo. Para los fariseos, con su buena disposición a recibir los nuevos desarrollos en el pensamiento religioso, era sin duda un concepto atractivo, y según Josefo, un concepto que ellos adoptaron con entusiasmo. Pero los saduceos no encontraban ninguna base en el Pentateuco para esa creencia, y las escasísimas referencias a una vida después de la muerte en el AT no eran suficientes para hacerles aceptar la idea. Para ellos, al igual que para la mayor parte de los escritores veterotestamentarios, el Seol era el lugar de descanso definitivo, y cualquier existencia posterior debía interpretarse en relación con la reputación y la posteridad del individuo, no como una supervivencia personal.

En su pregunta, los saduceos dan por sentado que Jesús comparte la creencia farisaica. En el resto de las tradiciones sinópticas no hay muchos pasajes que apoyen esta suposición, pero en contadas ocasiones sí se presupone la existencia de una vida después de la muerte (Lc. 14:14; 16:19-31; 23:43); las predicciones de Jesús acerca de su propia resurrección (8:31; 9:9, 31;

---

41. Para un provechoso análisis reciente de la evidencia histórica de los saduceos, véase G. G. Porton, *ABD*, 5.892-95. Más ampliamente, Schürer, 2.404-14.

42. Véase además Schürer, 2.407-9.

43. Con respecto a las creencias acerca de la resurrección en el AT y en el judaísmo posterior, véase C. Brown, *DNTT*, 3.261-75. Más ampliamente G. W. E. Nickelsburg, *Resurrection;* H. C. C. Cavallin, *Life after Death.*

10:34) constituyen, por supuesto, un caso especial. Sin embargo, es solamente en esta perícopa que Jesús aborda claramente el tema, y muestra su apoyo inequívoco al punto de vista "farisaico". Rechaza con términos enérgicos las presuposiciones de sus interrogadores tildándolas de erróneas (πλανάομαι, vv. 24, 27), y afirmando que están basadas en su ignorancia de las implicaciones de las Escrituras que, según ellos, eran su autoridad, y del carácter del Dios de quien dan testimonio (v. 24). El versículo 25 ofrece entonces una descripción de la vida después de la muerte, y los vv. 26-27 proporcionan un argumento escriturario para apoyar la creencia del pueblo de Dios en la resurrección. Este argumento escriturario curiosamente no está tomado de un pasaje poético tardío del AT, sino del relato sobre el encuentro de Moisés con Dios que aparece en Éxodo 3, un pasaje cuya autoridad los saduceos no podían cuestionar.[44] El argumento es tan sutil que resulta difícil culpar a los saduceos por no haber hecho esta deducción de la historia de Moisés. En algunas ocasiones se ha tomado como un argumento simplista a partir del tiempo verbal "Yo soy" en Éxodo 3:6, pero ni en el texto hebreo ni en la cita de Marcos aparece ningún verbo (contrástese con Mateo, que se ajusta a la LXX), y un argumento basado en el tiempo de un verbo *tácito* no sería sutil sino sencillamente inválido. Es preferible, pues, interpretar el argumento como una reflexión sobre el carácter del Dios del pacto con quien Moisés se había encontrado, un Dios que por medio de su nuevo nombre "YO SOY" se revela como el Dios viviente, el ayudador y el libertador omnipresente de su pueblo. Si ese Dios decide identificarse por los nombres de sus siervos muertos desde hace mucho tiempo Abraham, Isaac y Jacob, con quienes había establecido su pacto, y a quienes se comprometió a proteger, ellos no pueden estar simplemente muertos y olvidados: οὐκ ἔστιν θεὸς νεκρῶν ἀλλὰ ζώντων.[45] Se trata, por tanto, de un argumento enigmático y alusivo digno de un maestro rabínico,[46] pero la base del mismo, lejos de ser un tiempo verbal, se encuentra en la interpretación teológica fundamental de

44. En *b. San.* 90b se hace referencia a algunos esfuerzos rabínicos por derivar la doctrina de la resurrección de la Torá. Aunque por lo general, son más imaginativos que persuasivos, incluyen uno que puede compararse con el argumento de Jesús tal como se interpreta aquí: "R. Simai [c. 210 A.D.] dijo: ¿En qué lugar de la Torá se nos enseña acerca de la resurrección? —Del versículo: "Y yo establecí mi pacto con ellos [los patriarcas] para darles la tierra de Canaán": no dice "para darte", sino "para darles"; de este modo, la resurrección queda demostrada por la Torá".

45. Este enfoque, ampliamente aceptado ahora, lo presentó de manera convincente F. Dreyfus, *RB* 66 (1959) 213-24.

46. Esto no significa que el argumento siga las reglas de la hermenéutica rabínica; D. M. Cohn-Sherbok (*JSNT* 11 [1981] 64-73) afirma que no es así, y por tanto, demuestra que Jesús no era "diestro en el estilo argumentativo de los fariseos y los saduceos". Pero en realidad lo importante es que el enfoque "escriturariamente artístico" del argumento (Gundry, 703) se acerca más a la ingenuidad de la exégesis rabínica que a los convencionalismos modernos. F. G. Downing (*JSNT* 15 [1982] 42-50) sugiere que el uso que hace Filón del mismo texto en *Abr.* 50-55 se asemeja más al argumento de Jesús, pero se aparta bastante de los argumentos muy diferentes de que el tratamiento de Filón no se interesa en Abraham, Isaac y Jacob como hombres reales, sino en su potencial alegórico como representantes de las virtudes de φύσις, μάθησις y ἄσκησις. Como hombres, solo eran θνητοί; la ἀφθαρσία no se les atribuye a ellos, sino a las virtudes que representan.

Yahvé, el Dios viviente, y de las implicaciones del establecimiento de su "pacto eterno" con sus adoradores mortales.

Todo eso, sin embargo, fue la segunda etapa del argumento, en la que Jesús toma la iniciativa y cuestiona la hipótesis teológica en que se basaba la pregunta. En lo que respecta a la pregunta, τίνος αὐτῶν ἔσται γυνή;, aunque para los saduceos, al parecer, no era más que una estrategia para ganar el debate, basada en el escenario totalmente improbable de la contracción de múltiples matrimonios bajo la ley del levirato, debe reconocerse que, si creemos en una vida después de la muerte, se trata sin duda de un tema que tiene un enorme significado pastoral. Incluso sin una ley del levirato, las personas contraen nuevas nupcias, ya sea como resultado de la muerte o del divorcio, y la posibilidad de encontrar más de un cónyuge en la otra vida es un hecho real. ¿Qué ocurre entonces con el vínculo matrimonial monógamo cuando debe compartirse en la eternidad con más de una persona? Si bien es cierto que esta es una pregunta más apremiante en nuestra sociedad con su cultura de "poligamia en serie" con o sin un divorcio formal y un nuevo matrimonio, ya en la época de Jesús, y a pesar de su ética estricta de la indisolubilidad del matrimonio, el tema que se planteó tenía que ver con la contracción de nuevas nupcias después del fallecimiento del cónyuge.

En respuesta a esta preocupación, Jesús ofrece en el v. 25 una perspectiva de la vida eterna en la que el matrimonio aparentemente resulta irrelevante. Para los que consideran que el matrimonio es la base de la alegría y el amor más profundos en la tierra, esta es una declaración dura. Podría atenuarse esa dureza si tenemos en cuenta que lo que Jesús excluye de la vida después de la muerte es el *proceso* de "casarse y ser dado en casamiento" y no el *estado* resultante de estar casado; pero si ese estado se extiende a la próxima vida, las relaciones "rivales" seguirán constituyendo un problema. Jesús, en cambio, sugiere que la perspectiva terrenal, en la que la exclusividad del vínculo matrimonial ocupa un lugar central, no es adecuada para una nueva calidad de vida que no se asemeja a la de los seres humanos en la tierra sino que es propia de los "ángeles en el cielo".[47] La vida terrenal es transitoria, y por tanto, exige la procreación de otra vida, en el contexto del matrimonio, para garantizar su continuidad, pero la vida celestial es eterna, y no hay margen en ella para la procreación. El matrimonio y la reproducción pertenecen solamente a la esfera terrenal (obsérvese que lo que Jesús califica de inadecuado para el cielo no es el amor, sino el matrimonio). Los ángeles, que son seres eternos, no necesitan reproducirse. Y en ese contexto, el exclusivismo y los celos que caracterizan al matrimonio ya no resultan apropiados. Algo así parece ser la lógica del argumento tan reducido de Jesús, que se basa en una teología de los ángeles y del cielo que para nosotros es una cuestión de fe más que de experiencia, y por esa razón, podría dejar a muchos lectores muy insatisfechos. Su propósito, sin embargo, era cuestionar la hipótesis de los saduceos de que una vida después

47. Cf. *2Bar.* 51:10 con respecto a la teoría de que los difuntos son "como los ángeles".

de la muerte, en caso de que exista, debe ser como esta, y por tanto, puede justipreciarse en función de la vida en la tierra (cf. 1Co. 15:50). Esa hipótesis, no obstante, no tiene en cuenta τὴν δύναμιν τοῦ θεοῦ.

Por lo tanto, al igual que en los diálogos anteriores, Marcos nos muestra a Jesús respondiendo a una pregunta capciosa. Su respuesta, además de ser habilidosa, ofrece un positivo contenido teológico (y en este caso pastoral) que se adapta no solo a la situación inmediata de la controversia en el templo, sino también a la vida cotidiana de la iglesia. Aunque es breve y desalentadoramente enigmática, proporciona una base para la enseñanza teológica.

18-19 El tiempo presente de la cláusula οἵτινες λέγουσιν ἀνάστασιν μὴ εἶναι indica que no es una descripción específica de este grupo en particular sino que caracteriza la postura de los saduceos en general. Con su elección de este único aspecto de la creencia saducea, Marcos establece el contexto teológico para el diálogo e insinúa el carácter cínico de una pregunta basada en una creencia que ellos mismos no profesaban. El título διδάσκαλε (cf. v. 14) resulta especialmente idóneo para lo que aparenta ser un tema teológico sobre el que cabía esperar que un rabino manifestara su opinión. Y al igual que muchos temas rabínicos, parte de la base común del texto legal en el Pentateuco. Con respecto a la atribución específica de una regulación del pentateuco a Μωϋσῆς cf. 1:44; 7:10; 10:3-4. Lo que sigue es una paráfrasis de la ley esencial del levirato en Deuteronomio 25:5-6, que incorpora además un reflejo de la cláusula ἀνάστησον σπέρμα τῷ ἀδελφῷ σου que aparece en la LXX en Génesis 38:8, un ejemplo famoso de la práctica de esa ley. La ley del levirato se basaba en la hipótesis de que la "supervivencia" de un individuo dependía de la continuidad del linaje familiar, y para los que no eran capaces de pensar en ninguna otra forma de "resurrección", este seguía siendo un asunto importante. El uso del verbo ἐξαναστήσῃ en el reflejo de Génesis 38:8 (ἀνάστησον en la LXX), poco después del recordatorio de que los saduceos no creen en la ἀνάστασις, subraya claramente que este era el único tipo de "resurrección" que ellos podían imaginar. Aunque las pruebas de la observancia de esta ley en el AT son muy escasas (y en los dos ejemplos que se mencionan hay resistencia por parte del sobreviviente: Gn. 38:9-10; Ru. 4:6-8), la existencia de un extenso cuerpo de leyes rabínicas sobre el tema (Mishná, tratado *Yebamot*) indica que seguía vigente en los días de Jesús.

20-23 El caso propuesto probablemente debería considerarse ficticio (aunque la adición de la frase παρ' ἡμῖν por parte de Mateo, que se refleja en algunos MSS occidentales de Marcos, sugiere que, en su opinión, ellos pretendían que se tomara como un hecho real), creado para desacreditar una doctrina de la resurrección que podía conducir a esa vergonzosa conclusión. La historia de Sara, la sobreviviente de siete matrimonios no consumados (Tob. 3:8), puede haberles sugerido el escenario, aunque no hay nada en esa historia que haga pensar en el principio del levirato, sino simplemente en una viudez reiterada seguida de un nuevo matrimonio, con un final feliz. La cláusula ὅταν ἀναστῶσιν en el v. 23 (véase la nota textual), que pudiera parecer redundante después de ἐν τῇ ἀναστάσει, tal vez pone de relieve el aspecto más importante de la historia: "cuando *los ocho* resuciten".

24 Al igual que en el caso del tributo, la expresión de Jesús no es una simple respuesta a la pregunta, sino un rechazo de la hipótesis sobre la que se basaba. En esta ocasión, sin embargo, no se limita a desestimar su "error" (πλανάομαι; cf. también el v. 27), sino que lo analiza. Por lo general, διὰ τοῦτο, como ocurre en los otros dos usos marcanos de la frase (6:14; 11:24), alude a las palabras inmediatamente anteriores como la razón de lo que sigue,[48] pero aquí no está precedida por ninguna palabra de Jesús, y podría pensarse en forma más natural (del mismo modo que en las frases διὰ τοῦτο ὅτι y διὰ τοῦτο ἵνα) que introducen una razón que luego se detalla en la cláusula de participio μὴ εἰδότες.... La base de su error es doble. En primer lugar, no conocen τὰς γραφάς; en cuanto al plural cf. 14:49. Para los saduceos, que consideraban que su postura se basaba en la Escritura y no en ideas posteriores, esa acusación les resultaba particularmente hiriente, y según los vv. 26-27, Jesús se vio forzado a justificarla. Podría cuestionarse que ellos aceptaran que su interpretación de la Escritura fuera legítima. Pero lo que es más importante, ignoraban también τὴν δύναμιν τοῦ θεοῦ. La resurrección no depende del potencial humano sino del poder divino; pero ellos la rechazaban porque consideraban el asunto desde una perspectiva secular. Esta es la acusación que se desarrolla en el v. 25.

25 El verbo γαμέω normalmente denota la acción del novio, "casarse", γαμίζω, la acción del padre de "dar en casamiento" y los verbos se combinan de manera similar en Mateo 24:38; Lucas 17:27, aunque los usos de ambos pueden ser flexibles, y existen discrepancias en cuanto al sentido previsto en el otro uso neotestamentario de γαμίζω en 1 Corintios 7:38. Los dos verbos juntos hablan del matrimonio como una institución social, idónea para la vida terrenal pero no para la vida futura. El argumento no exige que los ángeles sean seres asexuales,[49] sino simplemente que no tienen necesidad de reproducirse ni, por tanto, de casarse.[50] Un argumento basado en la naturaleza de los ángeles tendría muy poco peso para los saduceos si, como alega Lucas, no creían en la existencia de los mismos (Hch. 23:8-10), pero la afirmación de Lucas (que no se refleja en los relatos de Josefo sobre los saduceos) resulta llamativa por cuanto en el Pentateuco, en el cual supuestamente se basaban las creencias saduceas, no son pocos los ángeles que se mencionan.

---

48. Gundry, 702, 705-6, defiende el mismo uso aquí, la razón a la que se hace referencia es la pregunta de los saduceos y lo que ella revela acerca de sus creencias; pero como tiene que interpretar el siguiente μὴ εἰδότες como una *segunda* razón, el resultado es innecesariamente complicado.

49. Con respecto a las creencias judías sobre la sexualidad de los ángeles, véanse W. D. Davies y D. C. Allison, *Matthew*, 3.229-30. Belo, 189, protesta en contra de la ideología griega que conduce a la creencia de que "la narración escatológica será asunto de los eunucos", y concluye que "aunque la procreación y el matrimonio estén excluidos, no entendemos por qué el amor sexual, que es un poder, deba excluirse a priori".

50. Cf. *1En.* 15:7 en cuanto a la idea de que no es adecuado para "los seres espirituales del cielo".

26-27   En cuanto al uso de περὶ δέ para indicar un cambio de tema, véase el comentario sobre 13:32. En este caso marca el cambio de la pregunta específica que formularon los saduceos al rechazo fundamental de la creencia en la resurrección que subyace tras ella, y que Jesús ahora cuestiona valiéndose de las γραφαί que acaba de acusarlos de ignorar. El cambio de la voz activa ἀναστῶσιν en los vv. 23, 25 a la voz pasiva ἐγείρονται podría tener por objeto hacer hincapié en el hecho de que la resurrección no es automática sino el resultado de un interés activo de Dios (tal como presupondrá el argumento de los vv. 26-27), una demostración del δύναμις τοῦ θεοῦ (v. 24). Con respecto a la expresión οὐκ ἀνέγνωτε; cf. 2:25; 12:10, introduce en cada caso un argumento de la Escritura que, como ocurre aquí, no resulta obvio a primera vista a partir del texto del AT, sino que deriva su fuerza del contexto en el que se inserta ese texto. Jesús ahora los remite a ese mismo Μωϋσῆς a quien ellos citaron en el v. 19. De manera inusual, la fuente del texto citado se identifica específicamente no solo por el libro donde se encuentra (ἐν τῇ βίβλῳ Μωϋσέως, una frase que denota tal vez el Pentateuco en general y no solo el libro de Éxodo en el que principalmente se narra la historia)[51] sino también por la sección, ἐπὶ τοῦ βάτου. En ausencia de números para los capítulos y los versículos, el uso de un elemento llamativo del texto, en este caso el encuentro de Moisés con Dios en la zarza ardiente, constituía un medio de referencia adecuado. Esas referencias por medio de palabras claves para señalar el contenido de un pasaje aparecen en la literatura rabínica y en Filón,[52] y hay un paralelo neotestamentario en Romanos 11:2, ἐν Ἠλίᾳ, 'en la historia de Elías'. La preposición ἐπί seguida del genitivo no debe interpretarse como un medio de referencia a un pasaje conocido como "la zarza", sino más bien como una parte de la frase ἐπὶ τοῦ βάτου, "en la zarza", que apunta a Éxodo 3:1ss (BAGD, 286a, I.a.γ).[53] La variación en los MSS con respecto a la presencia o la ausencia de artículos cada vez que aparece el sustantivo θεός en la cita de Éxodo 3:6 (véase la nota textual) no es importante desde el punto de vista exegético. La ausencia del verbo εἰμι de la LXX (aunque la versión latina y otras han tenido por supuesto que suplirlo) se ajusta a la sintaxis hebrea, y demuestra que el argumento no se basa en el tiempo del verbo.[54] En cuanto a la lógica de la conclusión de Jesús, véanse los comentarios introductorios sobre esta perícopa. Dicha lógica depende de una creencia en el Dios vivo y en el compromiso que él contrajo con su pueblo en virtud del pacto, el cual está firmemente cimentado no solo en Éxodo 3:6 sino en toda la historia y la teología del Pentateuco, y por esa razón, aun cuando los saduceos puedan haber considerado demasiado sutil

51. Véase G. Schrenk, *TDNT*, 1.616, con respecto al uso del singular βίβλος para referirse a todo el Pentateuco.

52. Para ejemplos, véanse W. Sanday y A. C. Headlam, *Romans*, 310-11.

53. Otra traducción posible sería "en el libro de Moisés en la zarza", tomando "Moisés en la zarza" como un "título". Pero el uso de βίβλος se opone a esto, y sugiere más bien el "Libro (o los libros) de Moisés'".

54. *Pace*, p. ej., R. N. Longenecker, *Exegesis*, 68-69; Anderson, 279.

la inferencia que extrajo de ese texto específico, deben reconocer la base escrituraria de la conclusión que saca. "Dios de muertos" no es un término que resulte adecuado para referirse a Yahvé tal como él se revela en los libros de Moisés.[55] La perícopa termina con un veredicto rotundo de Jesús sobre el error de los saduceos y no con una referencia a la reacción del pueblo como en los vv. 12, 17, 34, y 37, pero ese elemento se remplaza en el v. 28 por el reconocimiento del copista de que Jesús ha respondido bien.

El mandamiento más grande (12:28-34)

NOTA TEXTUAL

34. La omisión del pronombre αὐτόν en ℵ D W Θ y muchos otros MSS es una corrección obvia de la redundancia de la gramática de Marcos; su omisión en la mayoría de las versiones de la AL y algunas otras se explica naturalmente como una cuestión de traducción del idioma y no de diferencia textual.

Después de dos preguntas hostiles, aparece una que —aunque aborda un tema de intenso debate rabínico, y por ende, ofrece la posibilidad de una respuesta poco diplomática o impopular— Marcos presenta en forma positiva (a diferencia de Mateo y Lucas,[56] quienes consideran que este interrogador también había venido [ἐκ]πειράζων αὐτόν), no solo en su comentario inicial de que el interrogador quedó impresionado por la respuesta anterior de Jesús, sino también, cuando afirma más adelante que este hombre se sintió satisfecho por la manera en que Jesús había respondido a su propia pregunta. Además, el escriba añade a su expresión de agradecimiento una extensa declaración complementaria, a la que Jesús, a su vez, responde con el veredicto sorprendentemente positivo de que "no está lejos del reino de Dios", toda esta última sección solo aparece en Marcos.[57] Esta complacencia mutua le otorga a este último encuentro un ambiente bastante nuevo. Junto con la información de que a partir de ese momento nadie se atrevió a preguntarle nada más y el hecho de que la próxima pregunta no se le hace a Jesús sino que es él quien la formula (y queda sin respuesta), la manera en que Marcos narra este episodio sugiere que en la confrontación que ha venido desarrollándose desde 11:27 Jesús está destacándose como el obvio ganador. Aprovechará entonces esa

---

55. El texto de la *m. San.* 10:1 indica que Jesús no era el único que sostenía esta creencia, e incluye entre los que no tienen parte en el mundo futuro al "que dice que la Torá no prevé la resurrección de los muertos" (¿un ataque fariseico contra la creencia saducea?).

56. Aunque el contexto de la doble cita de Dt. 6:5 y Lv. 19:18b es muy diferente en Lucas, y es el νομικός y no Jesús quien las combina, los pasajes son paralelos en un sentido literario. Mateo, por otra parte, usa el término νομικός que aparece en Lucas y no el término γραμματεύς de Marcos.

57. Véase, sin embargo, el argumento de Gundry (710) de que Marcos desea que consideremos que inicialmente este interrogador era igualmente hostil, pero luego "cedió".

ventaja para hacer algunos comentarios cáusticos sobre los escribas (que han formado parte del grupo que se le opuso desde su llegada a Jerusalén) y sobre algunas otras personalidades influyentes en el templo.

Esta perícopa, pues, marca un cambio importante en la confrontación de Jerusalén. Y sin embargo, llama la atención que el interrogador que le da inicio y responde tan efusivamente a la enseñanza de Jesús sea εἷς τῶν γραμματέων, es decir, un miembro de un grupo que había sido uno de los principales adversarios de Jesús en Galilea, que había estado implicado en los cuestionamientos a los que Jesús había tenido que enfrentarse desde su llegada a la ciudad y que muy pronto será blanco de un ataque en los vv. 38-40. Resulta tal vez significativo que él no sea más que εἷς, y por ende, tanto su actitud positiva como su percepción espiritual ofrecen un marcado contraste con la conducta de los γραμματεῖς en general, los cuales volverán a aparecer en la narración de la pasión como partícipes de la coalición contra Jesús. Un escriba desprejuiciado simboliza lo que podría haber sido, pero está solo.[58] La pregunta del v. 14 fue eminentemente política con matices teológicos, y la del v. 23, esencialmente teológica. Aquí, tal como conviene a una pregunta formulada por un escriba, pasamos a un terreno más jurídico. La pregunta era moneda corriente en las discusiones de los escribas con respecto a la ley.[59] Dado que, según la cuenta de los escribas, hay 613 mandamientos distintos en los cinco libros de Moisés (R. Simlai [c. 250] en *b. Mak.* 23b), no era posible eludir la cuestión de la prioridad. Los rabinos analizaban qué mandamientos eran "pesados" y cuáles eran "ligeros", y a veces clasificaban ciertas categorías de la ley como más esenciales que otras.[60] Había un deseo natural de lograr un resumen conveniente de las exigencias de la ley, un principio único del que se derivara todo el resto de la Torá (los rabinos usaban el término *klāl* para referirse a ese principio sintetizador).[61] Véase *b. Šab.* 31a acerca de la famosa petición a Shammai y a Hillel, a saber, "enséñenme toda la Torá mientras estoy parado sobre un solo pie", a la cual respondió Hillel: "No le hagas a tu prójimo lo que tú detestas; esta es toda la Torá: el resto es un comentario". El resumen del propio Jesús en Mateo 7:12 es sorprendentemente similar, y contiene la misma cláusula: "Esto es la ley y los profetas".

58. En E. Trocmé, *Formation*, 94-99, aparece un análisis interesante de la actitud de Marcos hacia los escribas. En contraste con la hostilidad general hacia los escribas, este hombre es "la excepción que ponía a prueba la regla". Marcos lo presenta como "un llamado a los escribas honestos para que abandonen sus autoridades y partidos organizados y reconozcan la superioridad de Jesús como intérprete de la Escritura y representante de la mejor tradición rabínica" (pág. 97). Véase también J. F. Williams, *Followers*, 172-174.

59. Para muchos ejemplos, véase Str-B, 1.900-908.

60. Por ejemplo, t. *pe'ah* 4:19, "La caridad y las obras de misericordia pesan más que todos los demás mandamientos de la Torá". *M. Ḥag. 1:8* destaca ciertas categorías de la ley (con respecto a la pobreza, al culto en el templo y a la pureza) como los "principios básicos de la Torá".

61. En *b. Ber.* 63a Pr. 3:6 aparece como un "texto breve del que dependen todos los principios esenciales de la Torá". *b. Mak.* 24a considera que la ley se reduce a once principios en el Salmo 15, a seis en Is. 33:15-16, a tres en Mi. 6:8, a dos en Is. 56:1, y a uno en Am. 5:4b y en Hab. 2:4b.

El uso de Levítico 19:18b en este contexto es similar a la declaración de R. Akiba de que este texto es "un gran principio (*klāl*) en la Torá" (*Sipra* Lv. 19:18). La repetición dos veces al día de Deuteronomio 6:4-5 como la cláusula inicial del Šma' hacía que este pasaje también fuera reconocido como un resumen de la verdadera religión. Algunos escritos judíos unían el amor que sentimos por Dios con el amor por las demás personas (*Test. Dan* 5:3; *Test. Is.* 5:2; 7:6), aunque no por medio de citas reales del AT.[62] En algunas ocasiones, Filón expone un deber doble similar, y en *Spec. Leg.* 2.63 afirma que las dos ἀνωτάτω κεφάλαια son la piedad y la santidad para con Dios y la φιλανθρωπία la justicia para con los hombres.[63] Por tanto, aunque estas fuentes pueden variar en cuanto a la fecha y no representan todo el pensamiento palestino, parece probable que la esencia de la respuesta de Jesús a la pregunta no causó sorpresa. Pero en lo que respecta a su vínculo explícito con estos dos textos veterotestamentarios tan familiares no tenemos ningún precedente judío.[64] Su resumen de las exigencias de la ley en función del amor era obviamente importante, porque el amor no solo ocupa un lugar destacado en los relatos neotestamentarios de la enseñanza de Jesús y en las exhortaciones de los escritores de las cartas del NT, sino que Pablo enseña explícitamente que πλήρωμα νόμου ἡ ἀγάπη (Ro. 13:10, aludiendo a una cita concreta de Lv. 19:18b como la demanda en la que se resumen todos los demás mandamientos, ἀνακεφαλαιοῦται; de manera similar Gá. 5:14), y Stg. 2:8 le otorga un lugar preferente a Lv. 19:18b como la νόμος βασιλικός.

A Jesús le preguntan cuál de los mandamientos es el πρώτη, y para responder, enumera los dos mandamientos acerca del amor como πρώτη y δευτέρα, pero a continuación dice que estos dos mandamientos son "mayores" que los demás (cf. Mt. 22:38, donde el adjetivo πρώτη aparentemente se equipara con μεγάλη). Su interrogador, que está de acuerdo con él, declara que ese amor es περισσότερον que todos los mandamientos rituales relacionados con los sacrificios. Este lenguaje evaluativo no era típico de los rabinos, que si bien hablaban de mandamientos "ligeros" y "pesados", consideraban que todos ellos era igualmente válidos,[65] y aunque trataran de buscar principios

---

62. Cf. *Jub.* 36:7-8, que relaciona el deber de temer y adorar a Dios con el de amar a nuestro hermano.

63. Con la expresión ἀνωτάτω κεφάλαια Filón podría perfectamente referirse a las "inscripciones para las dos tablas del decálogo" (C. Burchard) y en *Decal.* 108-10 describe a los que observan las de la primera tabla como φιλόθεοι y los que observan las de la segunda tabla como φιλάνθρωποι. Filón consideraba que el decálogo era el resumen de la Torá (*Decal.* 20.154), con lo cual, se acerca, en principio, a la presentación del mandamiento doble del amor que hace Jesús aquí como un resumen de la ley. Cf también Filón, *Abr.* 208, para un resumen doble más breve.

64. Véase J. Piper, *Love*, 92-94, con respecto a la originalidad y la autenticidad de esta combinación por parte de Jesús, en respuesta a los argumentos en contra de C. Burchard en E. Lohse (ed.), *Das Ruf Jesu und die Antwort der Gemeinde*, 39-62.

65. Así especialmente *m.* 'Abot *2:1*: "Obedeced un mandamiento ligero con tanto cuidado como obedecéis uno pesado, porque no sabéis cómo será recompensado cada uno de ellos". 4Mac. 5:20 reconoce una diferencia entre μικρά y μεγάλα en la observancia de la ley, pero subraya que

sintetizadores, nunca habían catalogado, al parecer, los mandamientos individuales como "primeros" o "más importantes".[66] La diferencia tal vez no parecía relevante en ese momento, pero el tipo de lenguaje que Marcos usa aquí se presta a una discriminación cristiana posterior entre los elementos de la ley, especialmente en lo que se refiere a la continuidad del sacrificio animal. La "degradación" por parte del escriba de las leyes sacrificiales al ponerlas por debajo de la obligación a amar, y la cálida aceptación de Jesús de este punto de vista por cuanto indica la cercanía al reino de Dios, solo podían acelerar el abandono cristiano de los elementos rituales de la Torá.

28 Al igual que hizo con las preguntas anteriores, Marcos menciona específicamente que el interrogador se acerca de Jesús (cf. 11:27; 12:13-14, 18); Jesús, el maestro en el templo, ocupa un lugar fijo mientras que las demás personas vienen y van. Las otras preguntas fueron formuladas por grupos de individuos, que hacían pensar en delegaciones oficiales, pero esta procede de un individuo, cuya actitud pronto se hará claro que no coincide con la de la mayoría de los γραμματεῖς. Se acerca a Jesús con una disposición favorable, y mucho más favorable cuando se marcha. Ese investigador desprejuiciado prefigura el apoyo minoritario que Jesús y sus seguidores hallarán incluso en el sanedrín (15:43; Hch. 5:33-39; cf. Jn. 7:50-51; 19:38-40). Su impresión favorable se deriva de los diálogos anteriores que había escuchado (véanse los comentarios sobre 8:11; 9:14 con respecto al sentido de confrontación hostil en el verbo συζητέω). Καλῶς en este contexto no solo significa "ingeniosamente" (como para escapar de la trampa que le habían tendido o incluso para ganar en la discusión), sino que las respuestas de Jesús habían sido buenas, sanas, satisfactorias, y fomentaron en el escriba la esperanza de obtener una respuesta igualmente esclarecedora (no solo ingeniosa) para la pregunta más fundamental que iba a formularle; cf. la combinación de καλῶς con ἐπ' ἀληθείας en el v. 32.

Si ποῖος aquí se usara con su sentido clásico de "qué tipo de", la pregunta se relacionaría con una categoría de mandamientos y no daría lugar a esperar que se citara un texto específico. Pero en la época del NT este sentido casi había desaparecido, y ποῖος solía usarse como un término alternativo para τίς. En su respuesta, Jesús lo toma en ese sentido, tal como lo exige el adjetivo femenino singular πρώτη. La forma masculina neutra πάντων después del sustantivo ἐντολή resulta llamativa, y ha hecho que se sugiera que el adjetivo no se refiere a "todos (los otros) mandamientos" sino que simplemente significa "todo", con lo cual, la pregunta "trascendería los límites de la ley para abarcar los de la moral en general".[67] Pero aunque resulte bastante natural la idea de que un mandamiento sea el "primero" en un ranking de

---

ambos tienen la misma validez (ἰσοδύναμον). Véase además W. Grundmann, *TDNT*, 4.535-36.

66. Para algunos ejemplos de métodos rabínicos para eludir la fuerza de las leyes difíciles de aceptar sin negar su validez, véase E. P. Sanders, *Jesus*, 248-49.

67. R. J. Banks, *Law*, 165-66.

mandamientos, πρώτη πάντων no es la expresión más adecuada para indicar que algo es "más importante que todo lo demás". BDF 164 (1), describen πάντων aquí como una "forma masculina neutra congelada", a partir de la cual ellos presumiblemente interpretan que deriva su género del uso de un modismo estereotipado πρώτη πάντων y no del género del sustantivo ἐντολή. En cualquier caso, parece claro que a Jesús se le pide que identifique un "mandamiento como el primero".

29-30 Marcos es el único que da constancia del uso que Jesús hace de Deuteronomio 6:4 (el preámbulo teológico) junto con la exigencia ética de Deuteronomio 6:5. Es en torno a este, por supuesto, que gira la cita; Deuteronomio 6:4 no constituye ningún "mandato". Pero con su inclusión, Marcos no solo hace que el texto pueda identificarse con más facilidad como la parte inicial del Šma', sino que también relaciona directamente el "primer mandamiento" con el principio básico de la creencia judía, el monoteísmo, y con ello, confirma la ortodoxia teológica de Jesús.[68] La cita aparece tal como se lee en la LXX, pero con dos variaciones. En lugar de δυνάμεως en la última frase, Marcos usa ἰσχύος; no existe una gran diferencia en cuanto al significado, y ἰσχύος (Lucas emplea el mismo sustantivo) bien podría reflejar una versión griega alternativa de uso común en aquella época.[69] Dicho sustantivo es equivalente al término hebreo m'ōd, que la BDB traduce de manera maravillosa como 'mucho, fuerza, abundancia, extremadamente' y los tárgumes vertían como māmônā', "posesiones", y obviamente permite una gran variedad de traducciones posibles en griego. La segunda diferencia que presenta con la LXX es que Marcos añadió la frase καὶ ἐξ ὅλης τῆς διανοίας σου, y de ese modo, se leen cuatro frases donde en Deuteronomio solo había tres. Existe cierta variación en los tres sustantivos en las versiones de la LXX de Deuteronomio 6:5 y del texto relacionado de 2 Reyes 23:25. Entre las variantes están representados los cuatro sustantivos de Marcos, pero con la excepción de la revisión de Lucas (presumiblemente influenciada por algunos textos neotestamentarios) en ninguna versión de la LXX aparece otro sustantivo aparte de los tres del hebreo. Sin embargo, tanto en Marcos como en Lucas (de acuerdo con el texto más representativo) se leen cuatro sustantivos, aunque Marcos solo hace referencia a tres en el resumen del escriba en el v. 33. Mateo, al igual que Deuteronomio 6:5, no menciona más que tres, pero conserva el término adicional de Marcos, διάνοι, y omite ἰσχύς, y con ello, se queda sin ningún equivalente para el tercer sustantivo

---

68. Véase J. Marcus, *Way*, 145-46, con respecto a la hipótesis de que esa declaración ortodoxa fue colocada aquí deliberadamente para contrarrestar la sugerencia de 12:36-37 de que el hecho de que Jesús, "el Señor de David", sea entronizado al lado de Dios, da lugar a una sospechosa teología sobre "dos poderes".

69. En el texto relacionado de 2Re. 23:25 la LXX usa ἰσχύς en lugar de δύναμις. El mismo fenómeno en algunas versiones de Dt. 6:5 en la LXX se debe probablemente a la influencia neotestamentaria.

hebreo, *m'ōd*.[70] Estas variaciones muestran un texto al que solía dársele un uso litúrgico o catequético. Aunque no afectan mucho el sentido general de la declaración, la ampliación neotestamentaria de estos tres sustantivos a cuatro es, al parecer, una característica distintiva del uso que le da Jesús. Resulta difícil establecer una diferencia clara entre la fuerza de καρδία, ψυχή y διάνοια en el contexto del pensamiento hebreo, pero la inclusión de διάνοια (BAGD 187a: "entendimiento, inteligencia, mente, pensamiento") *podría* sugerir una extensión deliberada del texto conocido para destacar la facultad intelectual como un elemento clave en el culto a Dios.

31 A Jesús le preguntaron acerca de un "primer mandamiento", pero él respondió con dos, que en conjunto ocupan la posición más elevada. Los dos están relacionados por medio de la palabra clave ἀγαπήσεις[71] y por el hecho de que cada uno de ellos representa respectivamente la primera y la segunda partes del decálogo.[72] En 10:19 Jesús citó solamente los mandamientos de la "segunda tabla", por cuanto eran los más adecuados para el autoexamen ético que debía hacerse el joven rico, pero aquí, donde lo que se pide es una declaración general de prioridades, se alude a ambas "tablas", con una obvia preferencia entre ellas, πρώτη y δευτέρα: nuestro amor por las demás personas es genuino solo si depende de nuestro amor por Dios. Véase la introducción a esta sección con respecto a la percepción generalizada, judía y cristiana, de la idoneidad de Levítico 19:18b como un resumen ético, y cf. su uso en Mateo 19:18-19 junto con los mandamientos de la "segunda tabla". En lo tocante a la hipótesis realista del mismo de que es normal que nos amemos a nosotros mismos, podría parecer que está en conflicto con la auto negación que nos pide Jesús (8:34-37), pero ese pasaje no exige que nos subestimemos, sino que seamos más leales a las exigencias de Jesús.

Sin embargo, cabe preguntarse qué amplitud tiene la frase τὸν πλησίον σου. No cabe duda de que en el contexto veterotestamentario (obsérvese que la primera mitad del versículo prohíbe la venganza contra "los hijos de tu propio pueblo") denotaba un miembro de la comunidad del pacto (aunque Lv. 19:34 la hace extensiva al "extranjero residente"); aun en el caso de que el "corolario" καὶ μισήσεις τὸν ἐχθρόν σου que Jesús cita en Mt. 5:43 fuera una adición al texto, se basa en el significado probable de "prójimo" en su contexto original. El término πλησίον restringe al menos potencialmente el alcance del amor que se exige. Es por eso que cuando Lucas da testimonio de la aprobación por parte de Jesús de Levítico 19:18b como una guía ética, el diálogo continúa (Lc. 10:29) con la pregunta καὶ τίς ἐστίν μου πλησίον, que la parábola del buen samaritano

---

70. Las diferentes versiones y principales variantes textuales aparecen en una tabla en la pág. 22 de R. H. Gundry, *Use*, a la que debería añadirse la variedad de citas patrísticas que presenta Legg ad loc.

71. La relación puede haberla facilitado el hecho de que la forma verbal hebrea (el yusivo *w'āhabtā*) aparece en el AT solo en estos dos pasajes y en los textos que los "repiten" en Dt. 11:1 y Lv. 19:34.

72. Véase supra, pág. 477 n. 64.

procede a responder de una manera llamativamente inclusivista. El tema aquí no se analiza y es posible que el entusiasmo del escriba por la respuesta de Jesús se basara en una interpretación más limitada (y exegéticamente correcta) del "prójimo" que la que Jesús deseaba o la que la interpretación cristiana posterior le ha dado a este pasaje.

32-33 En cuanto a καλῶς como una exclamación en respuesta a lo que otro ha declarado ("¡bien dicho!", "¡muy bien!", "¡sí, señor!", "¡eso es!") cf. Romanos 11:20 (BAGD, 401b, 4.c). La paráfrasis del escriba en aprobación de la declaración de Jesús refleja y desarrolla la teología y la ética de esta. La cláusula εἷς ἐστιν se deriva claramente de Deuteronomio 6:4, pero οὐκ ἔστιν ἄλλος πλὴν αὐτοῦ es una fórmula más explícitamente monoteísta que evoca las palabras de Deuteronomio 4:35 y el lenguaje del deutero Isaías (p. ej., Is. 45:21), y vincula de nuevo el pensamiento con el decálogo, οὐκ ἔσονταί σοι θεοὶ ἕτεροι πλὴν ἐμοῦ (Ex. 20:3). La cita del escriba de Deuteronomio 6:5 presenta otra diferencia con ese texto tan adaptable, porque si bien vuelve a usar adecuadamente tres sustantivos, el segundo de ellos es ahora σύνεσις, que no aparece en ninguna otra parte de la tradición textual. Su significado no dista mucho del de διάνοια y posee un matiz similarmente "intelectual". No obstante, la diferencia que introduce el escriba en la cita tampoco afecta el sentido de manera significativa.

Pero aunque la alteración en la forma del texto citado no produce prácticamente ningún cambio en el sentido, las palabras que siguen son sorprendentes. El contraste del doble mandamiento del amor con πάντα τὰ ὁλοκαυτώματα καὶ θυσίαι le otorga a la fórmula general y final de Jesús μείζων τούτων ἄλλη ἐντολὴ οὐκ ἔστιν una dimensión más específica. Comparado con estos el doble mandamiento del amor es περισσότερον, "mucho más" (la forma comparativa es más enfática que el término περισσόν solo), y confirma la mayor importancia o prioridad que implica el adjetivo πρώτη en la pregunta y en la respuesta. Esta "degradación" radical de todo el régimen sacrificial del templo por parte de un escriba (gran parte de cuyo interés profesional giraba en torno a las regulaciones con respecto a los sacrificios) resulta muy llamativa,[73] aunque podría compararse con los resúmenes de la ley atribuidos a Hillel y a Akiba (véase supra, pág. 477). Los términos de dicha ley hacen recordar las palabras de Oseas 6:6, que en la LXX los mismos dos sustantivos, θυσία y ὁλοκαυτώματα están subordinados a ἔλεος (¿hacia otras personas?) y ἐπίγνωσις θεοῦ. Eso, por supuesto, no implica, como tampoco implicó en Oseas. 6:6 (y cf. por ej., 1Sa. 15:22; Is. 1:10-17; Jer. 7:22-23), que existiera alguna duda en cuanto a la validez del régimen sacrificial; lo que se pone de relieve es la importancia relativa del mismo.[74] Pero el elogio que le dedica

---

73. Contrástese con el famoso dicho de R. Simeón el justo: "Tres cosas son las que sustentan el mundo: la Torá, la adoración en el templo y las obras de amor" (*m.* ʾAbot *1:2*).

74. Una percepción similar se le atribuye a R. Johanan ben Zakkai en ʾAbot. R. Nat. 4:5 (20a): al ver el templo en ruinas, dijo: "Hijo mío, no te aflijas, porque nosotros tenemos otro medio

Jesús al sentido de perspectiva del escriba no habrá pasado inadvertido para los lectores de Marcos que, incluso antes que el régimen del templo fuera obligado por la fuerza a terminar en el año 70 d.C., se cuestionaban (o ya habían decidido) si los cristianos debían continuar observando los aspectos rituales de la ley a pesar de que Jesús ya la había "cumplido".

34 Tal vez sería demasiado sutil intuir en el adverbio inusual νουνεχῶς (con sentido común, discreción, *nous*) un reflejo deliberado de las frases ἐξ ὅλης τῆς διανοίας (v. 30), ἐξ ὅλης τῆς συνέσεως (v. 33), pero la respuesta del escriba le ha asegurado a Jesús que su mente está muy en sintonía con la perspectiva divina. Esta respuesta lo ubica οὐ μακρὰν ἀπὸ τῆς βασιλείας τοῦ θεοῦ, aparentemente no como una parte integrante del mismo todavía, pero, a diferencia de los ricos a los que les resultará tan difícil entrar en el reino de Dios (10:23, 24, 25) este hombre es un posible recluta prometedor.[75] Es una pena que no tengamos más información acerca de su progreso futuro. En las referencias anteriores al reino de Dios, hemos observado repetidamente un contraste entre la perspectiva divina y la humana, y una sensación de sorpresa, incluso de conmoción, cuando se mencionan los valores poco conocidos del reino de Dios. Ese secreto solo lo reciben los que siguen a Jesús y oyen su enseñanza (4:11). Pero aquí tenemos a un hombre que ya ha recorrido una buena parte del camino porque se ha reajustado a los valores que exige el reino de Dios, pero a la vez alguien con quien los discípulos habían estado lidiando en el camino a Jerusalén.

Después de ese comentario tan alentador nos llama la atención leer que nadie osara hacerle más preguntas. ¿Desea acaso Marcos que recordemos el desconcierto que experimentaron los interrogadores anteriores, o debemos suponer que el "sentido común" que muestra este hombre es tan excepcional, y las implicaciones de su declaración tan radicales, que los otros recelaban de relacionarse con él? Sin embargo, lo más probable es que Marcos no pretenda establecer un vínculo tan directo con la perícopa inmediatamente anterior, y que la cláusula final del v. 34 solo sea un pasaje de transición que tiene por objeto prepararnos para el nuevo patrón que comienza en el v. 35 y en el que es el propio Jesús quien plantea la pregunta o habla por iniciativa propia.[76]

---

de expiación que es igualmente eficaz, a saber, la práctica de la misericordia, conforme está establecido, porque misericordia quiero y no sacrificio".

75. J. F. Williams, *Followers*, 175, establece los vínculos entre esta perícopa y la que trata acerca del hombre rico, con respecto al cual alega que Marcos deliberadamente presentó al escriba como un contraste.

76. Esta interpretación de la última oración del v. 34 es razonable por sí misma, sin recurrir a la teoría de D. Daube de que los cuatro "diálogos" del capítulo 12 siguen el patrón de las preguntas y respuestas de la hagadá de la pascua, en el que la cuarta explicación se le da al que "no sabe cómo preguntar" (Stock, 15).

El estatus del Mesías (12:35-37)

NOTA TEXTUAL

36. El sustantivo ὑποπόδιον, el término que emplea la LXX, encuentra en la mayoría de las citas o de las alusiones al Salmo 110:1 (Lc. 20:43; Hch. 2:34; Heb. 1:13; 10:13). En 1 Corintios 15:25 solo aparece la preposición ὑπό, y en Mateo 22:44 (probablemente) ὑποκάτω, que podría derivarse de un recuerdo del Salmo 8:7 en la LXX. Teniendo en cuenta la forma del resto de la cita en la LXX, lo más probable tal vez es que Marcos se ajustara a la LXX en este punto también (como en una amplia gama de MSS y versiones) y que el texto fuera asimilado más tarde al de Mateo. Pero las autoridades para ὑποκάτω, aunque no son numerosas, también resultan impactantes.

La única pregunta que formula Jesús en la secuencia de los diálogos en el templo es[77] notablemente enigmática, y mucho más por cuanto no recibe respuesta y queda flotando en el aire.[78] Dicha pregunta plantea una cuestión aparentemente académica acerca del "Mesías", sin indicar de manera manifiesta que ese Mesías fuera Jesús, aunque en el contexto del Evangelio de Marcos, entre la declaración de Pedro en 8:29 y la afirmación abierta del propio Jesús sobre su mesianidad en 14:61-62 (en la que también aparecen palabras del Sal. 110:1 con respecto a su gloria futura), no cabe duda de que se espera que el lector le aplique a él esa prerrogativa. En el contexto narrativo, también, es muy improbable que los que tenían conocimiento de la cabalgata ostentosamente real de Jesús en dirección a la ciudad, con los gritos de Hosanna y la invocación del reino futuro de David, pudieran haber pensado que esta pregunta carecía de toda relevancia en lo tocante a la propia identidad de Jesús y su estatus, aun cuando la presentación académica de la misma impedía que se usara en su contra como una afirmación mesiánica.

El título "Hijo de David", que apareció explícitamente por primera vez en 10:47, 48, se hizo más claramente patente con los gritos de la multitud en 11:10. Dicho título, que era un equivalente popular para "Mesías", expresaba la esperanza que muchos albergaban de que Jesús fuera el largamente esperado "rey de los judíos", y la incapacidad de Jesús para ocultarlo cuando Bartimeo lo profirió o para refrenar el lenguaje mesiánico de la multitud fuera de Jerusalén parece indicar que él no lo consideró inaceptable. De hecho, podría decirse que la forma en que se acercó a la ciudad lo alentó activamente. Sin embargo,

---

77. Se ha cuestionado si esta perícopa representa un diálogo que tuvo lugar realmente durante la última semana de Jesús o si refleja un debate en la iglesia después de la resurrección. Según veremos, el argumento podría haber sido embarazoso para una iglesia que ya había establecido que Jesús, como Mesías, era el hijo de David. Para un análisis breve y contundente sobre la autenticidad de la perícopa, véase D. L. Bock, *Blasphemy*, 220-22.

78. D. M. Hay, *Glory*, 114, sugiere que "el motivo dominante de Marcos para incluir este dicho acerca del hijo de David era probablemente de índole literaria, a saber, crear una tensión en el Evangelio de Marcos que no se resolvería antes del juicio de Jesús".

el objetivo de esta perícopa aparentemente es al menos devaluar este título, por no decir rechazarlo por completo, y la frase "Hijo de David" no volverá a aparecer en la historia de Marcos. Si añadimos la naturaleza extremadamente abreviada y enigmática de la pregunta retórica de Jesús, no es de extrañar que esta perícopa haya dado lugar a interpretaciones tan divergentes.

Sin embargo, la idea esencial de la perícopa resulta bastante clara: el Mesías debe considerarse "señor" de David y no su "hijo".[79] La discusión se centra en la vía por la que se llega a esta conclusión a partir del Salmo 110:1 y las implicaciones cristológicas que puede esperarse que tenga.

En virtud a las suposiciones que hace Jesús (que el salmo es de David, que el "señor" del que habla es el Mesías y que aquel a quien se dirige como "señor" es superior al que usa el título), que analizaremos en las notas posteriores, puede inferirse con toda razón que el Mesías es superior a David, y es en este respecto que se cuestiona el título "Hijo de David". Pero, ¿qué sentido tiene plantear ese tipo de argumento?

Es prácticamente imposible, de acuerdo con la intención de Marcos o la interpretación de sus lectores, que Bartimeo y la multitud estuvieran equivocados y que Jesús no fuera el Hijo de David. Al parecer, en el cristianismo del siglo I existía la convicción indiscutible de que el título "Hijo de David", aun cuando la iglesia gentil no hiciera especial hincapié en él, era adecuado para referirse a Jesús. Su linaje davídico era un "dogma" de fe para Pablo (Ro. 1:3-4; cf. 2Ti. 2:8); fue el objeto de una minuciosa demostración en la genealogía de Mateo que condujo a la adopción formal de Jesús por parte de José, "hijo de David" (Mt. 1:20), y la frase "Hijo de David" aparece como un título siete veces en el Evangelio; desempeña un papel destacado en la narración de Lucas acerca de la infancia de Jesús (Lc. 1:27, 32, 69; 2:4, 11) y forma parte esencial de las credenciales de Jesús en Apocalipsis 5:5; 22:16. Es inconcebible que hubiera cristianos, incluso cristianos gentiles, después de la primera mitad del siglo I que no dieran por sentado que Jesús era el hijo de David. Si Marcos hubiera tenido la intención de suplantar esta creencia habría necesitado un enfoque mucho más directo que el que ofrecen estos tres versículos, y habría tenido que reformular 10:47-48 y 11:10.[80] Existen dos formas más probables de interpretarlo, que no son forzosamente excluyentes entre sí. En sentido negativo, el título "Hijo de

---

79. Esta interpretación se vio respaldada ya a finales del siglo I o principios del siglo II en *Barn.* 12:10-11, donde se parafrasea esta perícopa, y termina con estas palabras: "Ved cómo David lo llama 'señor' y no dice 'hijo'". Antes de la referencia al Sal. 110 aparece la declaración de que Jesús "no es el hijo de un hombre sino el Hijo de Dios".

80. B. D. Chilton, *JSNT* 14 (1982) 88-112, ofrece la novedosa propuesta de que, lejos de negar sus vínculos davídicos, Jesús afirma aquí que él es hijo de David pero "con la intención de desviar la sospecha cada vez mayor de que él afirmaba ser el mesías". Chilton alega que más allá de lo que "Hijo de David" pudiera significar para otros judíos, para Jesús no era un título mesiánico, sino que se refería a (1) su verdadero linaje y a (2) sus obras de sanidad y exorcismo: véase supra, la pág. 423 n. 53, con respecto a esta interpretación de 'Hijo de David. Para una respuesta breve y convincente, véase J. Marcus, *Way*, 151-52.

David", aunque estaba tan firmemente establecido en la tradición que era casi imposible suplantarlo, podía considerarse que alentaba una interpretación demasiado nacionalista y política de la misión de Jesús,[81] y por lo tanto, que esta perícopa tenía tal vez por objeto consignarlo a la categoría de "verdadero pero inadecuado", o "verdadero pero pasible de interpretaciones incorrectas". Después de los gritos entusiastas de la multitud de los peregrinos acerca del "reino venidero de nuestro padre David" (11:10) existía la posibilidad real de que tanto los amigos como los enemigos interpretaran la frase "Hijo de David" de un modo que Jesús no habría querido que se relacionara con él.[82] En un sentido más positivo, la pregunta que no se responde da la posibilidad de llenar el vacío que dejó la frase "Hijo de David" con un título más adecuado desde el punto de vista cristológico. En la versión de Mateo la pregunta original tiene un final abierto, Τίνος υἱός ἐστιν; y la desestimación de la respuesta τοῦ Δαυίδ deja la pregunta todavía abierta; no cabe duda de que Mateo y sus lectores habrían respondido diciendo "el Hijo de Dios", y Marcos podría haber esperado que sus lectores hicieran lo mismo, aunque la manera en que él formula el diálogo no los invita a ello de una forma tan manifiesta.[83]

Marcos, a diferencia de Mateo y de Lucas, identifica la creencia de que el Mesías es el Hijo de David como la enseñanza de los γραμματεῖς. Esta identificación proporciona un "contrincante" específico al igual que en los diálogos precedentes, y relaciona esta perícopa con el escriba que formuló la pregunta anterior (v. 28) y con la condenación general de los escribas que seguirá en los vv. 38-40. Por tanto, las últimas etapas de la confrontación pública en Jerusalén se centran especialmente en la diferencia de perspectiva entre Jesús y los escribas. En razón del lugar destacado que ocuparon los escribas en las controversias anteriores en Galilea y sus alrededores, y el papel principal que desempeñarán en la condenación de Jesús en los capítulos 14-15, esta diferencia de perspectiva aumenta la coherencia de la historia de Marcos. De

81. Así sobre todo J. Marcus, *Way*, 146-49, y el comentario de Lane. Cf. J. Jeremias, *Theology*, 259; E. Lohse, *TDNT*, 8.484-85.

82. Con respecto a esta interpretación, el título de "Hijo de David" que se le da aquí a Jesús guardaría un paralelismo estrecho con ὁ Χριστός en 8:29-33 (cf. 14:61-62); aunque eso no es incorrecto, sí resulta inadecuado y potencialmente errado, a la luz de la expectativa popular. D. M. Hay, *Glory*, 111, habla de un "rechazo deliberado de la interpretación común del Salmo 110 favorecido probablemente pos los asmoneos y otros judíos posteriores al exilio".

83. El argumento de J. Marcus, *NovT* 31 (1989) 125-41, con respecto a 14:61, ha arrojado mucha luz sobre esta enigmática perícopa. Él llega a la conclusión de que el título combinado ὁ Χριστὸς ὁ υἱὸς τοῦ εὐλογητοῦ no constituye un caso de "aposición explicativa" ("el Mesías, es decir, el Hijo de Dios") sino de "aposición especificativa" ("el Mesías Hijo de Dios" y no cualquier otro mesías). Marcos, en particular, contrasta esta supuesta afirmación de ser el "Mesías Hijo de Dios" con el título menor de "Mesías Hijo de David". En las págs. 135-37 Marcus interpreta 12:35-37 en este sentido: Jesús remplaza la función "restaurativa" de un Hijo de David con la función ("utópica") de mayor alcance de un Mesías que se sienta a la diestra de Dios. Y concluye, "aunque el título "Hijo de Dios" no se usa explícitamente en ninguna de las versiones sinópticas de esta perícopa, en los tres pasajes sinópticos tal vez está implícito que Jesús no es el Hijo de David solo porque es el Hijo de Dios".

esta manera, cualquier esperanza de acercamiento entre Jesús y los escribas que pudiera haber suscitado la historia del escriba desprejuiciado de los vv. 28-34 queda totalmente apagada.[84]

35 De acuerdo con lo que se mencionó en 11:27, los diálogos tuvieron lugar mientras Jesús andaba por el templo y los miembros del sanedrín se acercaron a él para cuestionar su autoridad. Desde entonces no se ha indicado ningún cambio de escenario, y ahora se nos recuerda otra vez que Jesús está enseñando ἐν τῷ ἱερῷ, donde permanecerá (tal como se confirmará en 12:41) hasta que haga su salida dramática en 13:1. En su condición de visitante de la pascua, sin ningún lugar propio en Jerusalén, ha hecho del espacio público del atrio de los gentiles su base de operaciones desde su llegada, y en estos momentos se está convirtiendo presumiblemente en una figura conocida allí.[85] La pregunta que Jesús plantea es de índole teológica, y por tanto, es adecuado que relacione la designación del Mesías como "Hijo de David" con la enseñanza de los escribas (cuya opinión acepta como punto de partida, tal como hizo con 9:11-13), aun cuando por aquel entonces ya era una creencia muy generalizada. El nombre ὁ Χριστός representa el término hebreo y arameo Mesías, "ungido", que, aunque su reconocimiento como un título para referirse al libertador escatológico era posterior al AT, ya formaba parte del pensamiento teológico y de la esperanza popular. En este título podrían incluirse muchas vertientes escatológicas diferentes, en dependencia de quién lo usara, pero entre ellas la opinión predominante, derivada del oráculo de 2 Samuel 7:12-16, era que Dios levantaría un nuevo rey del linaje de David que sería el eje de la liberación y de la restauración definitivas de su pueblo. La expresión υἱὸς Δαυίδ era un título que resumía convenientemente esta esperanza, y su uso en este sentido se confirmó por primera vez en el texto del siglo I de *Salmos de Salomón* 17:21.[86] Teniendo en cuenta la interpretación generalizada de que esa era la opinión de un grupo piadoso de Jerusalén, muy parecido a los fariseos, parece razonable concluir que refleja lo que los "escribas" (la mayoría de los cuales estaban relacionados con el partido fariseo) habrían enseñado mucho antes de la época de Jesús. La primera premisa del argumento de Jesús, por tanto, no es polémica: esa era en realidad la enseñanza de los escribas.[87]

36 El argumento depende ahora de la opinión de que las palabras del Salmo 110:1 son del αὐτὸς Δαυίδ, y que está refiriéndose al Mesías, ὁ κύριός μου. La gran mayoría de los eruditos del AT rechazan ambas suposiciones en la actualidad. Aunque nadie piensa ya que el Salmo 110 pertenezca al período

---

84. J. Marcus, *Way*, 133-37, alega que la cita del Sal. 110:1 en medio de una serie de perícopas que giran en torno a los escribas invita al lector a incluirlos entre esos "enemigos" a quienes se le pide al Mesías a la diestra de Dios que gobierne , según el Sal. 110:1-2.

85. Para un posible significado teológico en la ubicación en el templo, véase J. Marcus, *Way*, 137-39.

86. Cf. el "renuevo de David" anterior (Jer. 23:5; 33:15). Para un análisis útil de la tradición davídica en el AT y en el judaísmo posterior, véase J. A. Fitzmyer, *Essays*, 115-21.

87. Véase E. Lohse, *TDNT*, 8.480-82.

asmoneo, se toma como un salmo real típico, en el que el salmista anónimo prevé la petición que Dios le hace al rey, ὁ κύριός μου (probablemente en el momento de su entronización) de que se siente victorioso a su diestra. Si fuera posible vincular el salmo de alguna manera con David (y casi nadie le asignaría una fecha tan temprana al salmo), no sería como el autor sino como la persona a quien Dios se dirige.[88] Y con esa interpretación del salmo, el argumento de Jesús carece de base.

Hace treinta años, basándome en algunas de las opiniones vigentes entonces entre los eruditos del AT y en el carácter y el lenguaje excepcionales de este salmo, afirmé que no era un salmo real típico, y que las premisas del argumento de Jesús debían defenderse a pesar del consenso de la erudición moderna.[89] Al recordar ahora ese argumento, todavía considero que tenía valor. El Salmo 110 *es* diferente de los otros salmos reales, al menos en cuanto a la manera en que asocia el reinado con el sacerdocio en la misma persona, y la erudición posterior ha identificado una vertiente importante en la interpretación judía que considera que el κύριος a quien Dios se dirige es el Mesías.[90] Además, esta interpretación del salmo volverá a presuponerse en 14:62. Por tanto, en lo que respecta a los puntos de vista del siglo I al menos, el argumento de Jesús al que se alude tiene validez, porque nadie en esa época habría dudado de que un salmo que comienza con la fórmula *lDāvid mizmôr* hubiera sido escrito por David; y tampoco sería probable que Marcos y los demás evangelistas hubieran preservado el registro de un argumento con una premisa que era manifiestamente inaceptable. Si se tiene en cuenta la manera en que Jesús y sus contemporáneos interpretan el Salmo 110, el argumento resulta bastante convincente: David, el autor, se refirió al Mesías, el destinatario, como κύριος, y por ende, como su superior y no como su hijo. De lo no estaría tan seguro, como tampoco lo estuve hace treinta años, es de la afirmación adicional de que la interpretación que se aceptó en el siglo I ofrezca necesariamente una guía mejor para descubrir el origen y el sentido exegético del salmo que las opiniones de la erudición más reciente. Podría serlo, pero el argumento no fue formulado en atención a los críticos del siglo XX y tampoco tiene que pasar satisfactoriamente su escrutinio para que sea eficaz. Si se toma como una pregunta retórica que Jesús lanzó en el templo, sí logra su propósito.

88. Para un estudio representativo de los puntos de vista modernos acerca del salmo, véase L. C. Allen, *Psalms 101-150*, 111. La opinión general es que el salmo es davídico solo porque celebra la monarquía que comenzó con David, y mesiánico, no en su intención original sino porque transfiere, tal como ocurre con otros salmos reales, la monarquía histórica a un futuro rey idealizado.

89. *Jesus and the OT*, 163-69.

90. Véanse D. M. Hay, *Glory*, 26-33; D. Juel, *Exegesis*, 137-39. En otras palabras, los argumentos de Billerbeck con respecto a la interpretación rabínica del salmo que yo respeté en *Jesus and the OT*, 164-65, siguen siendo dignos de consideración. Véase además J. Marcus, *Way*, 133-34, para una "corriente de interpretación [escatológica] del salmo que tiene su origen en el Antiguo Testamento, pasó al judaísmo intertestamentario y llegó al Nuevo Testamento"; Marcus se basa especialmente en los vínculos entre el Sal. 110 y 11Q13 *(Melquisedec)*.

Con respecto al hecho de que David habló ἐν τῷ πνεύματι τῷ ἁγίῳ cf. 2 Samuel 23:2; Hechos 1:16, y en cuanto al Espíritu Santo como el medio de la inspiración profética cf. Hechos 28:25; 2 Pedro 1:21. En Hechos 2:30-31 se describe a David como un profeta y en *Ant.* 6.166 Josefo hace lo mismo, pero, de todas maneras, los salmos también se consideraban divinamente inspirados. Se sugiere a veces que el argumento de Jesús depende del texto de la LXX, con su doble uso de κύριος, y que no podría haberse derivado del mismo texto en hebreo o en arameo. Esta afirmación resulta muy curiosa porque la base del argumento (presuponiendo que David sea el autor y el Mesías el destinatario) es que el destinatario es superior al autor (y por tanto, no es su hijo), y que la deducción se hace válidamente a partir del término hebreo *dōnî* o del arameo *mārî*, cada uno de los cuales también denota superioridad.[91] La traducción normal del nombre divino en la LXX como ὁ Κύριος da lugar al juego de palabras κύριος τῷ κυρίῳ μου lo cual le da al texto griego un ingenio verbal especial, pero no afecta en modo alguno la idea esencial de la superioridad que implica el sustantivo "señor". En el hebreo oral, en el que se pronuncia la palabra *dōnay* en lugar del nombre divino, se lograría un juego de palabras muy similar: *nᵉʾumʾ dōnay laʾdōnî.*

37 Habida cuenta de las premisas que se analizaron en las notas sobre el v. 36, la conclusión implícita de la pregunta retórica de Jesús resulta clara.[92] Los personas no llaman a sus hijos "mi señor"; el Mesías es señor de David y no el hijo de David. Aunque desde el punto de vista cristológico esta conclusión es insatisfactoria, deja abierta la posibilidad de sustituir la frase "Hijo de David" por una cristología más adecuada.[93] Marcos (a diferencia de Mateo) no le sugiere al lector cuál debe ser esa cristología, pero tal vez en la época en que se escribió el Evangelio, no era necesario hacerlo. A la luz del énfasis cristológico del resto del Evangelio, y quizás también porque el título desechado introdujo la idea de filiación, lo más probable es que los lectores pensaran en el título "Hijo de Dios".[94] Sin embargo, a pesar del papel prominente que ha desempeñado la palabra κύριος en el argumento, no puede concluirse que κύριος como un título cristológico viniera a la mente de una manera natural,[95] y mucho menos que el

---

91. Véase mi obra *"Jesus and the OT"*, 163-64. F. J. Matera, *Kingship*, 88-89, alega que κύριος aquí funciona como un "sustituto de rey", y por tanto, "al dirigirse al Mesías como su Señor, David también lo saluda como su rey".

92. Véase R. E. Watts, *Exodus*, 287 y n. 277, con respecto a las ocasiones en las que πόθεν no indica una negación, sino 'un hecho inquietante o sorprendente que exige una explicación".

93. La sugerencia de N. T. Wright, *Victory*, 509, de que el carácter sacerdotal del rey en el Sal. 110:4 se hace patente e indica que "el rey [Jesús] remplazará al régimen sacerdotal actual", no se deriva de esta perícopa como tal sino de su interpretación general de la confrontación de Jerusalén en torno a la "autoridad de Jesús sobre el templo".

94. Véase J. Marcus, *Way*, 141-45, con respecto a la probabilidad de que Marcos deseara que sus lectores llegaran a esta conclusión. En *Bern.* 12:10, la afirmación de que Jesús es οὐχὶ υἱὸς ἀνθρώπου ἀλλὰ υἱὸς τοῦ θεοῦ, introduce el argumento del Sal. 110:1 (véase la pág. 483 n. 80 supra).

95. Véase J. D. Kingsbury, *Christology*, 110-11.

lector identificara el segundo κύριος de la cita del salmo con el primero.[96]En 11:18 ya se mencionó la aprobación de la enseñanza de Jesús por parte de la ὄχλος de Jerusalén, y también está implícita en 11:32; 12:12, 14:2. La próxima vez que oigamos hablar de la multitud en la escena del juicio en el capítulo 15, su actitud será muy diferente, y Marcos explicará que la causa de ese cambio fue la influencia de los ἀρχιερεῖς (15:11). Por ahora, sin embargo, no hay ninguna señal de esa influencia. Una multitud numerosa y favorable constituye un auditorio receptivo para las siguientes palabras de Jesús, que ahora ya no forman parte de un diálogo con interrogadores específicos, sino que son una advertencia contra los escribas dirigida a todo el público presente en el atrio de los gentiles (al igual que ocurre con muchas formulas de transición, el v. 37b podría adjuntarse a los vv. 35-37a o a los vv. 38-40).

De escribas y viudas (12:38-44)

NOTA TEXTUAL

41. No hay ninguna diferencia de significado entre κατέναντι y ἀπέναντι, y ambos términos aparecen adecuadamente representados en el NT. El uso que hace Marcos del primero en 11:2 y 13:3 es probablemente un asunto de preferencia estilística. La inclusión del nombre de Jesús para aclarar el sujeto (que es obvio a partir del contexto aunque no se especifica en esta perícopa) es tal vez una adición posterior.

Los versículos 38-40 están relacionados con las dos perícopas anteriores por la mención de los escribas y con los vv. 41-44 por la referencia a la viuda. Cualquier agrupación de estas últimas secciones del capítulo 12 resulta, por tanto, un poco arbitraria. Algunos comentaristas relacionan los vv. 35-37 con los vv. 38-40 para formar una sola sección ('Jesus' Exposé of the Scribes', Gundry; cf. Anderson). Yo prefiero relacionar los vv. 38-40 con los vv. 41-44, atendiendo a la inversión de estatus que presentan: en los vv. 38-40 los explotadores son los escribas ostentosos y las viudas son las víctimas, mientras que en los vv. 41-44 se usa la figura de una pobre viuda para poner en evidencia la ostentación de los ricos. Aunque a los ricos en el v. 41 no se les identifica como escribas, el tema de la ostentación relaciona los dos escenarios, y la doble mención de viuda(s) tiene sin duda por objeto sugerir una comparación que será muy desventajosa para los escribas y los que son como ellos. Pero Marcos no usó subtítulos, y las escenas de la enseñanza minuciosa de Jesús en el templo avanzan sin interrupción hacia su clímax contundente en 13:1-2.

---

96. Obsérvese la sugerencia de J. Marcus, *Way*, 145-46, de que la cita de Dt. 6:4 en 12:29 aparece deliberadamente antes de 12:35-37 para evitar cualquier insinuación de que Jesús aquí está siendo igualado a Dios, dando lugar con ello a una teología de "dos poderes".

Después del encuentro con el escriba perspicaz en 12:28-34, resulta sorprendente el exhaustivo ataque contra los escribas en general en los vv. 38-40. Aunque es muchísimo más corta que la diatriba ampliada contra los escribas y los fariseos en Mateo 23 (cf. Lc. 11:37-54), no es menos violenta e indiscriminada. Aparte de los vv. 28-34, lo que dice es innegable, todos los escribas que nos hemos encontrado en este Evangelio han sido detractores, por no decir enemigos abiertos, de Jesús, y aquí, en Jerusalén, su hostilidad ha llegado a un punto crítico tal como Jesús había predicho (8:31; 10:33). Pero no hay ninguna denuncia de los sacerdotes o ancianos que pueda compararse con esta. El imperativo βλέπετε ἀπό, sin embargo, sí nos recuerda una advertencia igualmente radical aunque menos específica contra los fariseos y Herodes en 8:15, que también se consideran enemigos de Jesús y su misión. Pero la advertencia aquí no está relacionada con lo que ellos tal vez estaban pensando hacerle a Jesús, sino con su carácter general que podía describirse como ostentoso, explotador e hipócrita (Lane, 439, usa el término "autointoxicación"). El propósito en este contexto es ofrecerle a la multitud una opción en cuanto al tipo de líder que van a seguir, y Jesús no se limita a la hora de exponer los defectos de los escribas en general. Cabría cuestionar hasta qué punto esto constituye una valoración válida y "objetiva" de los escribas del siglo I; no cabe duda de que 12:28-34 junto con la aceptación de Jesús de algunos principios de la enseñanza de los escribas (9:11-13; 12:35) apunta en otra dirección. Pero esto resulta polémico en el contexto de una confrontación sumamente cargada y potencialmente fatal,[97] y se aplica una generalización conveniente.

La ostentación de los escribas que se describe en los vv. 38-39 nos prepara de manera adecuada para los comentarios de Jesús sobre la generosidad muy visible de muchos ricos que visitaban el templo. El hecho tiene lugar en el atrio de las mujeres, al que llamaban así no solo porque era específicamente para las mujeres sino también porque era el punto más próximo al edificio del templo que era accesible a ellas. En ese lugar había una hilera de trece "cofres o trompetas" (*m. Šeq. 2:1*; 6:5; a los que presumiblemente se les denominaba así en razón de su forma) destinados a recibir ofrendas monetarias. En esos cofres no solo se depositaba el impuesto de medio siclo del templo sino también las "ofrendas voluntarias". El medio siclo era obligatorio para los hombres, pero las demás contribuciones que se depositaban en los demás cofres eran voluntarias, y no pasarían inadvertidas ante los ojos de cualquier persona que, al igual que Jesús y sus discípulos, estuviera mirando. Era tal vez una atracción turística reconocida.

El comentario de Jesús sobre la ofrenda de la viuda no constituye en sí mismo un ataque contra la riqueza de los opulentos, sino más bien contra la escala de valores que le otorga más importancia a la cantidad de lo que se da

---

97. Belo, 192: "El Mesías está ocupando el templo y realizando una protesta contra la ideología dominante".

que a la buena voluntad del dador.[98] Las palabras de Jesús amplían aún más la nueva perspectiva del reino de Dios que había estado enseñándoles con tanta persistencia a sus discípulos mientras caminaban hacia Jerusalén, sobre todo los comentarios que hizo a raíz del asombro que mostraron por el tratamiento que le había dado al hombre rico en 10:23-27. Estas consideraciones también van dirigidas especialmente a los discípulos (obsérvese el verbo προσκαλεσάμενος en el v. 43; cf. 8:34; 10:42) y no forman parte de la denuncia pública de los escribas. Jesús les pide de nuevo a los que le siguen que abandonen los criterios del mundo con respecto a lo que es importante: los primeros serán postreros y los postreros primeros. Y tal como volverá a hacer en 14:3-9, Jesús honra a una mujer desconocida que expresa su devoción de una manera práctica que sus discípulos varones pasan por alto.[99] Pero esta enseñanza privada concuerda perfectamente con el estilo de su notoria reprensión de los escribas, cuyo deseo de reconocimiento público caracteriza los valores superficiales de la sociedad convencional.[100]

38-39 Una nueva mención de la διδαχή (cf. 11:18; διδάσκω, 11:17; 12:14, 35; 14:49; διδάσκαλος, 12:14, 19, 32) de Jesús subraya la manera en que Marcos interpretó el eje central de su actividad en el templo desde que llegó a Jerusalén. El término aquí establece un contraste adecuado entre Jesús y los escribas, los "maestros" religiosos habituales, a quiénes él está a punto de atacar. La frase ἐν τῇ διδαχῇ αὐτοῦ (cf. 4:2) sugiere que las pocas palabras que se citan no son más que una selección del programa didáctico más amplio al que el propio Jesús se referirá en 14:49. Lo que aquí se lee, sin embargo, es más polémico que didáctico. El verbo θέλω, que suele ser un término bastante descolorido, tiene aquí un significado importante (BAGD, 355b, 4.a, 'amar', "agradarse de", "complacerse en"): estas son las ambiciones de los escribas. Los cuatro objetos de su deseo, todos los cuales son aspectos de prominencia

98. Con respecto a algunos dichos e historias similares en la literatura judía y de otro tipo, véase Pesch, 2.263; G. Stählin, *TDNT*, 9.449. En *Lv. Rab.* 3.5 aparece una historia que guarda una estrecha analogía, en la que se alude a un sacerdote que despreció a una mujer por la ofrenda que presentó de un puñado de harina, y se le dijo en sueños que al hacer aquella ofrenda era como si hubiera sacrificado su propia vida. Cf. la exhortación en Tob. 4:8 de que no temiera dar aun cuando lo que tuviera fuera poco.

99. Obsérvese el paralelismo entre ὃ ἔσχεν ἐποίησεν (14:8) y πάντα ὅσα εἶχεν ἔβαλεν (12:44). La escala de lo que se da, por supuesto, es enormemente diferente, pero no incluye el abandono temerario. Stock, 319-21, examina la relación entre estas dos perícopas, y describe a las mujeres como "dos *anawin* inolvidables", que "enmarcan" el discurso de despedida del capítulo 13.

100. A. G. Wright, *CBQ* 44 (1982) 256-65 (seguido de Mann, 494-95; Myers, 320-21), propone que Jesús no elogia el don de la viuda, sino que deplora que haya tenido que dar más de lo que podía presionada por el orden religioso establecido. Aunque esta interpretación podría estar muy de acuerdo con la alusión a "devorar las casa de las viudas" en el v. 40, encuentra muy poco respaldo en la forma en que aparecen expresados los vv. 41-44. Al igual que ocurre con muchos esfuerzos por revocar la exégesis aceptada, cabe preguntar por qué nadie pensó antes en interpretar el texto de esta manera. Como respuesta, véase E. S. Malbon, *CBQ* 53 (1991) 593-604. El artículo de Malbon ofrece una gama interesante de diferentes "contextos narrativos" a la luz de los cuales podría interpretarse la perícopa. Véase también J. F. Williams, *Followers*, 177-78 n. 3.

social, aparecen expresados de un modo un tanto extraño por cuanto todos son sustantivos con excepción del primero que es un infinitivo porque no existe ningún sustantivo conveniente para "andar". La στολή no era una prenda de vestir para todos los días, se usaba solamente en las fiestas y celebraciones (cf. Lc. 15:22; Ap. 6:11; 7:9)[101] y hace pensar en una vestidura "elegante".[102] Los ἀσπασμοί deferentes eran para las personas que gozaban de cierto estatus social (Mt. 23:7-12 amplía el punto). En cuanto a la importancia social de las primeras sillas en la sinagoga (es decir, las que estaban delante del arca, frente a la congregación) cf. los comentarios de Santiago 2:2-4 con respecto a la συναγωγῇ cristiana, y para los mejores asientos en las cenas cf. Lucas 14:7-10; véase Josefo, *Ant.* 15.21 acerca de la adulación por medio de los mejores puestos y los saludos.[103] Cf. Jn. 13:1-17 en cuanto a la ilustración gráfica del rechazo de una preocupación similar en torno al estatus y la reputación entre los propios discípulos de Jesús.

40 Los nominativos οἱ κατεσθίοντες... καὶ... προσευχόμενοι no se relacionan sintácticamente con la oración anterior, en donde los escribas se describen en caso genitivo, pero como no hay ningún verbo principal antes de λήμψονται, que tiene su propio sujeto, οὗτοι, deben tomarse probablemente como una *constructio ad sensum* después que la extensa descripción de las ambiciones de los escribas dejó muy atrás el sustantivo genitivo y el participio de los que dependía.[104] En ese caso los sujetos de estos participios no constituyen un grupo nuevo, ni siquiera un subgrupo de los escribas, sino que siguen siendo necesariamente los escribas en general.

La vulnerabilidad de las viudas es un tema recurrente en la literatura bíblica,[105] y por tanto, defraudarlas es una acción especialmente detestable. Κατεσθίοντες τὰς οἰκίας es una expresión vívida que connota la idea de aprovecharse de ellas (en otras palabras, "comerse todo lo que alguien tiene

---

101. Varios comentaristas (p. ej., Anderson, Cranfield, Hooker) presuponen que aquí se hace referencia al *ţallît* (manto de oración), añadiendo con ello un elemento de ostentación *religiosa*, pero el contexto no lo exige y no es un uso conocido de la στολή. Gundry, 727, sugiere que "Jesús se refiere a las ropas habituales decoradas con flecos más largos que de costumbre con fines de exhibición religiosa (Mt. 23:5)". Véanse además Mann, 489-90; H. Fleddermann *CBQ* 44 (1982) 54-57.

102. La palabra se usa para referirse a las vestiduras sacerdotales en Josefo, *Ant.* 3.151; 11.80; Ex. 28:2 en la LXX, y con respecto a las vestiduras reales en 2Cr. 18:9; Est. 6:8 en la LXX.

103. Lane, 439-40, ofrece un relato gráfico de la consideración social y el respeto que se les otorgaba a los escribas.

104. N. Turner, *Grammar*, 317, incluye esto en su lista de "solecismos excusables". La construcción alternativa, considerando que los participios nominativos constituyen el inicio de una nueva oración con "un *casus pendens* seguido de un οὗτοι' resumptivus" (Cranfield; de manera similar Gundry, 720, 727; varios comentaristas presuponen esta construcción, pero no la mayoría de las versiones, exceptuando REB) da lugar a una oración muy torpe, que puede interpretarse como un *non sequitur* si el sujeto previsto no es el mismo que el de los vv. 38-39; este sentido, sin embargo, exigiría alguna indicación del cambio de tema, como por ejemplo, δέ. Por otra parte, si el sujeto es el mismo, la opción de una explicación en cuanto a la construcción gramatical no produce ninguna diferencia en el sentido.

105. Véase S. Solle, *DNTT*, 3.1073-75.

en su casa"); cf. καταφαγών σου τὸν βίον (Lc. 15:30).[106] Cómo se suponía que los escribas lo hacían es solo una cuestión de especulación. Tal vez era por medio de tarifas legales excesivas, o de la mala administración para su propio provecho de algún patrimonio del que habían sido nombrados fideicomisarios,[107] tomando como garantía sus casas por deudas impagables, promoviendo el culto del templo que "devoraba" los recursos de los pobres piadosos,[108] o de manera más general, abusando de su hospitalidad y de su confianza.[109] La cláusula siguiente, καὶ προφάσει μακρὰ προσευχόμενοι, está estrechamente vinculada al hecho de "devorar" sus casas, y el término προφάσει describiría naturalmente los medios fraudulentos de los que se valdrían para lograrlo. En ese caso la referencia podría ser al pago que recibía un profesional religioso por sus oraciones, una práctica que se hizo común en el cristianismo medieval. Es cierto que πρόφασις puede indicar una razón (válida), como en Juan 15:22, pero su significado más usual es "pretexto", y eso es lo que significa en otros pasajes neotestamentarios (obsérvese Fil. 1:18, donde se contrasta con ἀλήθεια). La traducción de Mann, "para guardar las apariencias", es tal vez demasiado suave. La sugerencia de que pudiera significar algo como "con esa finalidad", dejando entrever un motivo ulterior,[110] no cambia casi nada su fuerza peyorativa en este contexto en el que la "finalidad" es devorar las casas de las viudas. Con respecto a la oración insincera cf. Mateo 6:5, aunque allí se hace hincapié en la exhibición pública y no en el largo de las oraciones.

De manera similar, aunque el sustantivo κρίμα denota a veces el acto de juzgar, el contexto aquí exige su significado normal de "condenación" o "castigo". No puede referirse a un juicio terrenal o humano (que difícilmente vería la ostentación como un delito punible), sino al juicio escatológico de Dios que Jesús describió con tanta intensidad en 9:42-48. Ese juicio no deja margen para la escala de castigos que, al parecer, se prevé en el adjetivo comparativo περισσότερον (aunque este podría entenderse simplemente como "muy severo"), pero en este contexto tal vez es preferible no tomar el comparativo como una alusión a diferentes niveles de condenación o castigo, sino más

---

106. Un lenguaje similar se usa en *Test. Moisés*. 7:6-10 con respecto a algunos funcionarios anónimos (¿tal vez escribas?) que "devoran los bienes de los pobres, alegando que actúan de conformidad con la justicia". Cf. *Sal. Sal*. 4, especialmente el v. 11.

107. Así J. D. M. Derrett, *NovT* 14 (1972) 1-9; comentario crítico de H. Fleddermann, *CBQ* 44 (1982) 61.

108. A. G. Wright (véase supra, pág. 490 n. 101); H. Fleddermann, *CBQ* 44 (1982) 61-66; Myers, 321-22. Fleddermann reconoce que μακρὰ προσευχόμενοι es una expresión poco natural para hablar de "promover el culto del templo".

109. J. Jeremias, *Jerusalem*, 111-16, ofrece un estudio fascinante sobre la situación económica de los escribas, y llega a la conclusión de que muchos de ellos eran pobres y que aunque algunos tenían empleos remunerados, "la mayoría de los escribas vivían de subsidios". Concluye que este pasaje se refiere a "la costumbre de los escribas de aprovecharse de la hospitalidad de personas con recursos limitados" (114). Para una información más general sobre los escribas de Jerusalén, véase J. Jeremias, *Jerusalem*, 233-45.

110. Así Derrett, cita de un artículo (p. 491 n. 108), 7-8.

bien a la culpa de estas personas que resultaba más evidente que la de otros pecadores menos manifiestos. Si fuera posible interpretar que los participios en caso nominativo del v. 40 se refieren a un grupo especialmente perversos de escribas, entonces el comparativo podría contrastarlos con la clase general de escribas cuya ostentación (descrita en los vv. 38-39) es un crimen menos grave, pero la sintaxis, como señalamos anteriormente, no lo permite.

41 Al igual que en el v. 38, no es necesario que el sujeto sea expreso (véase la nota textual) porque desde el v. 35 Jesús ha estado hablando ininterrumpidamente y nadie le ha respondido. El sustantivo γαζοφυλάκιον ("[arca del] tesoro") se usa en la LXX y en Josefo (a veces en plural) para referirse a las cámaras de valores que había en los edificios del templo, pero el contexto aquí obliga a pensar que se trata de los cofres para las ofrendas en el atrio de las mujeres, porque alude a una ὄχλος, incluyendo una mujer, que "echaban" donaciones allí. (Jn. 8:20 exige ese mismo sentido, por cuanto es prácticamente imposible que Jesús y la multitud a la que había estado hablándole estuvieran dentro de la "sala del tesoro"). El significado específico de χαλκός es "cobre" o "bronce", y las dos monedas de la viuda eran de cobre. Pero las grandes cantidades de dinero que donaban los ricos serían presumiblemente en monedas de plata u oro (como también lo eran los dos medio-siclos para el tributo del templo que había que pagar con monedas tirias de plata), por tanto, el término χαλκός se usa aquí en su sentido más general de "dinero". Los objetos para los que se daba dinero (aparte de los dos cofres para el tributo del tempo) se enumeran en la mishná como "ofrendas de aves", "pichones para holocaustos", "madera", "incienso", "oro para los *kappōret* [tal vez vasos sagrados]' y "ofrendas voluntarias" (seis de los cofres estaban dedicados a estas). Por tanto, todas las contribuciones eran para la obra del templo; las donaciones caritativas para los pobres se hacían por separado. En lo que respecta a las enormes cantidades de dinero aportadas, véase Schürer, 2.270-74.

42 Existe un marcado contraste entre las expresiones πολλοὶ πλούσιοι... πολλά en el v. 41 y μία χήρα πτωχή de este versículo.[111] No existe ninguna razón para pensar que esta mujer fuera la única persona de esa condición presente allí, pero Jesús la usa específicamente a ella como una lección objetiva. El λεπτόν (*prûṭâ* en hebreo), la moneda de menor denominación en aquel entonces, era una pieza de cobre con menos de un centímetro de diámetro y con un valor inferior a la centésima parte de un denario (el cual, a su vez, era equivalente a la mitad del medio siclo del tributo del templo).[112] Marcos identifica su valor por medio de la referencia al κοδράντης romano (una transliteración de *quadrans*,

---

111. Gundry afirma que "la pobreza de la viuda podría naturalmente atribuirse a algún escriba que hubiera devorado su patrimonio (v. 40)'. ¡Podría ser! Muchos no han observado esta interpretación "natural". Las viudas se describen a menudo como mujeres pobres sin aducir ninguna razón para ello.

112. Para las monedas de la Palestina romana, véase, p. ej., Schürer, 2.62-66.

que era la moneda romana de menor valor, la cuarta parte de un *as*). El uso del término latino no indica forzosamente que el Evangelio haya tenido un origen romano, puesto que las "designaciones romanas de las monedas en el siglo I d.C. ya eran más comunes en Palestina que las designaciones griegas y hebreas que aún se usaban";[113] Mateo también emplea el término (5:26).

43-44 El verbo προσκαλεσάμενος (véase la introducción a esta sección) y la fórmula ἀμὴν λέγω ὑμῖν (véase el comentario sobre 3:28) indican que lo que Jesús va a decir es digno de consideración porque no solo elogia la generosidad abnegada de la viuda poniéndola de ejemplo para todo el pueblo de Dios (*pace* Gundry, 730) sino que también (y tal vez esto sea más importante para su contexto en Marcos) cambia por completo la valoración humana normal de las personas. Lo que cuenta ante Dios no es lo que una persona tiene (y por ende, lo que puede dar sin que le duela) sino la devoción que la mueve a dar incluso a costa de un gran sacrificio personal, aun cuando el valor de la donación pueda ser totalmente insignificante en comparación con la enorme riqueza del templo. Para Dios, el dador es más importante que el don. Y de ahí se infiere que esta debe ser la base de la valoración de su pueblo. Según ese criterio, los primeros a menudo serán postreros, y los postreros primeros. Las dos *prûṭōt* valen πλεῖον que toda la plata y el oro juntos.

El tema se desarrolla en el texto del v. 44: la ὑστέρησις (indigencia) de la viuda se compara con la περίσσευον de ellos, la calderilla que les sobra y que nunca echarán de menos (cf. περίσσευμα, 8:8); ella ha dado πάντα ὅσα εἶχεν (cf. el ejemplo de los discípulos, 10:28, y la incapacidad del hombre rico para hacer lo mismo, 10:21); era ὅλος ὁ βίος αὐτῆς, y sin embargo, dio voluntariamente las dos monedas, y no solo una. Aunque Jesús no desestimaba la exageración a la hora de explicar un asunto, es muy posible que en la Palestina del siglo I la donación de las dos *prûṭōt* hubiera dejado a la viuda sin los medios necesarios para su próxima comida (cf. la viuda de Sarepta, 1Re. 17:12).

No hay futuro para el templo (13:1-2)

NOTA TEXTUAL

2. En el griego neotestamentario, λίθος ἐπὶ λίθον (como en Mateo) o λίθος ἐπὶ λίθῳ (como en Lucas) serían aceptables desde el punto de vista idiomático, pero el marcado predominio de la primera frase en los MSS de Marcos sugiere que la segunda es una corrección que hizo algún escriba del uso más "clásico" de Lucas; no obstante, el sentido no se ve afectado. El adverbio ὧδε también está sólidamente representado, pero sería una "aclaración" natural de un sentido que de otro modo solo lo indicaría el contexto (como ocurre en Lucas), y por tanto, podría deberse a una asimilación a Mateo.

---

113. Schürer, 2.64.

Aquí aparece otra división engañosa de capítulos. Aunque 13:1-2 es el contexto de la pregunta (13:3-4) que, a su vez, da lugar al discurso de 13:5-37, también constituye, y no es menos importante, el punto culminante de la extensa sección de la confrontación de Jesús con las autoridades en el templo que comenzó en 11:27, a raíz de sus acciones provocadoras en 11:11-25. Sin 13:1-2, la secuencia de diálogos en los capítulos 11–12 carecería de conclusión.

En la primera parte de la confrontación, Jesús se mantuvo, desde el punto de vista narrativo, principalmente a la defensiva, respondiendo las incómodas preguntas que formulaban los representantes de la clase dominante de la capital judía y del templo como institución —aunque sus respuestas distaron mucho de ser defensivas en razón de su tono y contenido. Pero ya en 12:1-12 y cada vez más a partir de 12:34 (οὐδεὶς οὐκέτι ἐτόλμα αὐτὸν ἐπερωτῆσαι) Jesús ha tomado la iniciativa, porque él es quien plantea la próxima pregunta (que no recibe ninguna respuesta) y pasa a denunciar a los representantes del poder religioso y a rechazar los valores convencionales relacionados con la importancia y el estatus. Es, pues, adecuado que todo el episodio no termine con una acción contra Jesús por parte de las autoridades (lo cual ocurrirá después), sino con la decisión del propio Jesús, que ahora es el ganador incuestionable de la contienda, de romper la conexión abandonando el templo y anunciando su ruina.

La admiración superficial del discípulo anónimo por la magnificencia de los edificios, en contraste con la declaración de Jesús acerca de su ruina definitiva, ofrece otro ejemplo de la reorientación a la nueva perspectiva del reino de Dios que les ha sido confiada a los discípulos, pero que aún tardan en comprender, y que Marcos espera que sus lectores adopten. La antigua estructura de autoridad en la que se ha centrado hasta ahora la relación de Dios con su pueblo debe ser sustituida. La referencia a un ναὸς ἀχειροποίητος que remplazará la estructura existente de confección humana (14:58) no es explícita en este momento, pero está claramente implícita. Tal como se lee en Mateo 12:6: "alguien mayor que el templo está aquí". El discurso que seguirá en los vv. 5-37 detallará la naturaleza de ese "alguien mayor".

Este pasaje, el único en Marcos en el que Jesús predice explícitamente la destrucción del templo (que había sido simbólicamente presagiada en el destino de la higuera; véanse los comentarios introductorios sobre 11:11-25), es la única base que Marcos ofrece para la acusación que será lanzada contra Jesús en su juicio (14:57-58) y quedó grabada en las mentes de los que se burlaban de él mientras estaba en la cruz (15:29-30). Aunque Marcos (a diferencia de Mateo) tilda de falsa dicha acusación 14:57) —y en términos formales indiscutiblemente lo era por cuanto en 13:2 no dice que *Jesús* destruirá el templo— no cabe duda de que estas palabras de Jesús desempeñaron un papel importante en su rechazo final y su condenación, y podrían haber sido responsables, en gran medida, de su pérdida de la voluntad popular que hasta aquí hemos observado. (Si bien Marcos presenta el v. 2 como una respuesta a un comentario individual y no como parte de la enseñanza pública de Jesús, esas palabras fueron pronunciadas en un lugar público [contrástese el entorno privado de los vv. 3-37] en el que otras personas podían oír lo que se decía; y no es improbable que una declaración de tan gran alcance Jesús la hiciera, o cuando menos la insinuara, en otras ocasiones y no solo aquí). Véanse los comentarios introductorios sobre 11:11-25 con respecto a la importancia del templo en la mente del pueblo de Jerusalén y al argumento de E. P. Sanders de que la actitud de Jesús hacia el templo fue lo que finalmente los unió a todos ellos contra él. Véase Hechos 6:13-14 sobre este tema como el eje de una persistente hostilidad hacia el movimiento cristiano.

Jesús no fue el primero que predijo la destrucción del templo. En las palabras que Dios le dirigió a Salomón en la dedicación del templo se preveía esa posibilidad si Israel era desobediente (1Re. 9:6-8), y Miqueas reiteró la amenaza (3:12), Jeremías también lo hizo repetidas veces (7:12-15; 12:7; 22:5; 26:6). Fue la simple evocación de la profecía de Miqueas la que salvó a Jeremías de ser ejecutado por traición sobre esta base (Jer. 26:10-19), pero otro profeta con el mismo mensaje, Urías, no resultó ser tan afortunado (Jer. 26:20-23). Una generación después de la muerte de Jesús, otro Jesús, el hijo de Ananías, fue sometido a juicio por amenazas contra la ciudad y su templo (Josefo, *Guerras* 6.300-309).[1] Jesús estaba embarcándose en una aventura peligrosa.

La expresión ἐκπορευομένου αὐτοῦ ἐκ τοῦ ἱεροῦ en sí misma no es muy precisa, pero su contexto más amplio sugiere que Marcos deseaba que no pasara inadvertida. Desde 11:27 Jesús no se ha movido del templo, pero ahora lo abandona, y de acuerdo con la narración de Marcos, nunca más regresará. La única otra cosa que oímos acerca del templo (aparte de la mención que se hace de él en la acusación contra Jesús en el juicio y en la cruz) es que el velo del mismo se rasgó de arriba abajo en el momento en que Jesús murió. Además, él sale del templo y se dirige al monte de los Olivos (v. 3), presumiblemente por la puerta oriental. No es necesario un conocimiento muy profundo del libro de Ezequiel para recordar la descripción dramática de la manera en que Dios abandona su templo cuando el trono en forma de carroza de la gloria de Dios se eleva del interior del templo, se detiene a la entrada de la puerta oriental y reposa sobre "el monte al oriente de la ciudad" (Ez. 10:18-19; 11:22-23). Y ahora de nuevo la presencia divina se retira del templo para que sea destruido.

1 La mayor parte de las enseñanzas de Jesús en el área del templo fueron impartidas en el atrio de los gentiles, pero en 12:41-44 él utilizó el área más restringida del atrio de las mujeres. Ahora regresa a través del atrio de los gentiles y llega presumiblemente a la puerta oriental del área del templo, a partir de la cual había un camino empinado que cruzaba el valle de Cedrón hasta el monte de los Olivos. La admiración del discípulo anónimo ante los edificios del templo era la reacción normal de cualquier galileo que visitaba

---

1. Cf. *b. Yom.* 39b para una predicción de la destrucción del templo que se le atribuye a un contemporáneo de Jesús, Johanan ben Zakkai. En *1 Enoc* 90:28-29 el templo debe ser destruido para que sea reedificado en una escala mayor.

a Jerusalén. Incluso Josefo, que conocía bien Jerusalén, emplea términos superlativos para referirse a la magnificencia del templo (*Guerras* 5.184-226; obsérvese especialmente el impacto visual de la combinación del oro y el mármol blanco que se describe en 5.222-23); un rabino posterior escribe que "solía decirse: el que no ha visto el templo en todo su esplendor nunca ha visto un bello edificio" (*b. Suk.* 51b; *b. B. Bat.* 4a).[2] Ποταπός significa "de qué tipo", pero en una exclamación así implica "¡qué magníficos(as)!". El sustantivo plural οἰκοδομαί podría referirse a cualquier parte del complejo del templo, como por ejemplo, el pórtico de Salomón a través del cual pasaba el acceso oriental, pero lo más probable es que aluda principalmente al propio santuario. La mención específica de λίθοι, que en el contexto de Marcos prepara para la frase λίθος ἐπὶ λίθον en el v. 2, se corresponde con la mención específica que hace Josefo de los enormes bloques de piedra que se usaron en el edificio (aunque un solo bloque de cuarenta y cinco codos de longitud, *Guerras* 5.224, resulta difícil de aceptar). El asombro del discípulo coincide incluso con el de los visitantes modernos cuando ven los enormes sillares en los muros herodianos que quedan, y estos eran solo la subestructura, no el templo propiamente dicho.

2 Da igual que leamos βλέπεις ταύτας τὰς μεγάλας οἰκοδομάς como una afirmación o como una pregunta, o que βλέπεις se interprete de manera general, como el equivalente del acto de señalar, o como una reprensión implícita ("No puedes apartar tus ojos de..."). Jesús sustituye el estupor turístico del discípulo por un realismo cruel. Por espléndida que pueda ser la estructura, su tiempo ha terminado. La respuesta de Jesús descarta la magnífica exhibición —en el contexto de su ministerio y su misión— por considerarla de enorme irrelevancia" (Mann, 495). En cuanto a λίθος ἐπὶ λίθον cf. Lucas 19:44, donde se hace referencia aparentemente a Jerusalén en general, y no solo al templo. Si se tienen en cuenta las inmensas dimensiones de las piedras del templo (véase el comentario sobre el v. 1), el lenguaje resulta particularmente vívido. Los dos subjuntivos de aoristo en voz pasiva (ἀφεθῇ; καταλυθῇ) junto con οὐ μή expresan una "negación rotunda".[3] Jesús no especifica en qué momento ni quién destruirá el templo (contrástese con la acusación en 14:58), pero antes del año 70 d.C. ya debe haber sido obvio que el cumplimiento literal de esta predicción sería solo cuestión de tiempo. Fue notablemente literal: Josefo (*Guerras* 7.1-3) afirma que el templo fue levantado de la tierra tras haber sido previamente incinerado (*Guerras* 6.249-66). El ahora sagrado Muro de los lamentos incluso no era parte del templo sino solamente la plataforma sobre la que se había construido. En este momento, no hay ningún comentario evaluativo, solo una predicción fáctica, pero el discurso que sigue explicará lo esto todo significa.[4]

---

2. Para detalles de los edificios del templo, véase J. Jeremias, *Jerusalem*, 21-25.

3. N. Turner, *Grammar*, 95-96.

4. M. A. Tolbert, *Sowing*, 259-60, sugiere que la presencia repetida en estos dos versículos de los términos λίθος y οἰκοδομή tiene por objeto recordarle al lector la λίθος y los οἰκοδομοῦντες

DISCURSO EXPLICATIVO:
EL FIN DEL ANTIGUO ORDEN (13:3-37)

NOTAS TEXTUALES

8. La adición de καί antes de ἔσονται (o en lugar de ἔσονται en algunos testigos) es una "mejora" natural del incómodo asíndeton de ἔσονται λιμοί, como una segunda cláusula que comienza con ἔσονται aunque más corta. La adición de λοιμοί en algunos textos podría deberse a un esfuerzo por asimilar el texto al de Lucas o a la semejanza con el término λιμοί en cuanto a la fonética y la ortografía, y además, porque esa adición y la inserción más común de καὶ ταραχαί ayudarían a completar la cláusula tan precaria ἔσονται λιμοί. La inclusión de ταραχαί está ampliamente confirmada, y no se debe a ninguna asimilación a otra versión, y por tanto, tiene más derecho a ser original que λοιμοί; aunque también podría ser el resultado de la malinterpretación por parte de un copista descuidado del sustantivo ἀρχή que se lee a continuación. El texto, al parecer, sufrió una ampliación imaginativa.

33. Es más adecuado que se incluya la oración y no que se omita, como una ampliación convencional de la exhortación a velar, sobre todo a la luz de 14:38 (cf. con ἀγρυπνέω, Lc. 21:36; Ef. 6:18), aunque aquí resulta menos idónea, especialmente porque da lugar a una serie incómoda de tres imperativos inconexos.

En mi análisis estructural del Evangelio señalé la función similar de los dos discursos principales de Marcos en relación con el primer y el tercer "acto" del drama. Cada uno de ellos aparece más o menos en mitad de su respectivo "acto", y, tras una secuencia compacta de acontecimientos y encuentros, le ofrece al lector la oportunidad de reflexionar sobre la importancia de lo que ha ocurrido en la historia hasta entonces. Después de cada discurso se reanuda la narración sin disminuir el ritmo, pero en ese momento ya hemos tenido la posibilidad de obtener una perspectiva real del drama subyacente y, a diferencia de los que se desempeñan como actores en él, podemos ver los episodios individuales como partes del conjunto más grande del propósito de Dios que se revela a través del ministerio, la vida, la muerte y la resurrección del Mesías.[5] El discurso en el capítulo 4 estuvo precedido por historias que ilustraban las profundas divisiones que el ministerio de Jesús comenzaba a provocar entre los testigos de sus enseñanzas y sus acciones, y ofreció una interpretación de esas divisiones basada en los μυστήριον τῆς βασιλείας τοῦ θεοῦ. En los capítulos 11–12 observamos una división similar entre los discípulos, la multitud y el oficialismo, pero ahora, el incremento más amenazador de la oposición a Jesús y su misión indica que los acontecimientos están avanzando con rapidez

---

del Sal. 118:22, tal como se citó en 12:10, e indicar así que la destrucción del templo es el preludio necesario a la elevación de la λίθος previamente rechazada. La teología se ajusta bien al discurso que sigue, aun cuando dudemos de que la alusión pueda ser fácilmente detectada.

5. Véase M. A. Beavis, *Audience*, 94, 127-29, para otro comentario sobre las semejanzas entre las funciones de los dos discursos dentro del Evangelio.

hacia el clímax del rechazo y la muerte que Jesús comenzó a predecir en 8:31. La hostilidad mutua entre Jesús y la clase dirigente de Jerusalén ha llegado ahora a su punto culminante con la predicción abierta de Jesús acerca de la destrucción del templo, con su poderoso simbolismo del fin del orden vigente y la implicación de que algo nuevo va a remplazarlo. Este tiempo estará caracterizado por una agitación sin precedentes en la vida y el liderazgo del pueblo de Dios. Jerusalén, junto con el templo que es el eje de su autoridad, está a punto de perder su papel decisivo en la economía de Dios. Por tanto, el gobierno divino, el βασιλεία τοῦ θεοῦ, debe encontrar un nuevo eje.

Todo esto se expondrá en el discurso que sigue.[6] La predicción de la destrucción del templo de la que recibe su inspiración es bastante clara, pero a medida que avanza el discurso su lenguaje se torna cada vez más alusivo, basándose en temas de la profecía apocalíptica y política del AT con la que la mayor parte de los lectores modernos no están tan familiarizados como sí lo estaba al menos una proporción de los lectores originales de Marcos.[7] Como resultado de esto se han propuesto interpretaciones muy divergentes del discurso, y sigue siendo el área más polémica en el estudio del Evangelio de Marcos. Mi intención en el relato que sigue es mantener claramente a la vista el contexto en el que está ubicado, y las preguntas a las que, por ende, cabe esperar que responda. Con la pregunta que aparece al inicio, los discípulos buscan el esclarecimiento de las palabras de Jesús con respecto a la destrucción del templo, y es esta pregunta la que debe marcar la agenda para nuestra interpretación del discurso que sigue, el cual trata acerca del "fin del antiguo orden".

En los estudios recientes se ha reconocido cada vez más que no es acertado catalogar a Marcos 13 como "apocalíptico". En el plano literario, un discurso breve que, al igual que este, aparece a lo largo de una narración histórica guarda muy poca semejanza con el tipo de "apocalipsis" que los escritores judíos produjeron alrededor del siglo I d.C. o incluso al que ha llegado a ser el último libro del NT. Ni tampoco incluye muchas de las características conocidas de la literatura "apocalíptica", como por ejemplo, la atribución a una figura profética antigua, los viajes celestiales y las revelaciones angélicas, el simbolismo de los números o de los animales o la sistematización de la historia del mundo pasada, presente y futura en un esquema coherente.[8]

---

6. Se ha sugerido con frecuencia que el capítulo 13 sigue el patrón de los conocidos "discursos de despedida" del AT y de los "Testamentos" judíos posteriores. Pero el contexto no es adecuado para un discurso de ese tipo, que en este caso se ofrece en respuesta a una pregunta con solo un puñado de discípulos presentes. Y este tampoco es el último discurso de Jesús en el Evangelio. Sus palabras en la última cena (delante de todos sus discípulos) podrían tomarse mejor como su "despedida". Véase Gundry, 751. Este no es el lugar para un discurso de despedida, sino para una reflexión provocativa sobre la importancia de los acontecimientos que están a punto de ocurrir en Jerusalén.

7. Mann, 500-504, presenta en forma de tabla una amplia gama de las citas y alusiones veterotestamentarias que aparecen en el discurso (basándose en las tres versiones sinópticas)

8. K. Grayston, *BJRL* 56 (1973/4) 379-80, coteja Marcos 13 con ocho temas apocalípticos

En lo que sí coincide con algunos escritos apocalípticos es en el hincapié que hace en lo que pronto va a suceder, la percepción de sucesos culminantes y de un juicio inminente y el llamado a la fidelidad y la vigilancia en una época de desintegración del status quo. En esa medida, el discurso presenta características apocalípticas en lo que respecta al contenido, aunque no en cuanto a la forma literaria, y el uso que hace del lenguaje conocido de algunos pasajes proféticos y apocalípticos del AT se adecua a esa orientación. Sin embargo, no se trata de "un apocalipsis",[9] y si lo catalogamos de esa manera corremos el riesgo de distorsionar gravemente el enfoque de un discurso que se preocupa más por amortiguar la excitación escatológica prematura que por alentarla,[10] y cuyo principal objetivo no solo es satisfacer la necesidad pastoral de preparar a los discípulos para los tiempos difíciles que se avecinan, sino también explicar el curso futuro de los acontecimientos.[11] Un discurso cuya elaboración gira principalmente en torno a ciertos imperativos de segunda persona dirigidos a los discípulos[12] no se asemeja a lo que normalmente consideramos "apocalíptico".[13] No sería apropiado acometer aquí la tarea (imposible en el ámbito de un comentario sobre todo el Evangelio) de ofrecer un resumen y una crítica adecuados de las opiniones académicas sobre Marcos 13 incluso dentro del siglo XX. Afortunadamente, la tarea resulta innecesaria, gracias a los trabajos de muchos años de G. R. Beasley-Murray, cuya obra anterior e insuperable, "*Jesus and the Future*" (Londres: Macmillan, 1954) se ha resumido y combinado ahora con una versión abreviada de otra obra suya titulada "*A commentary on Mark Thirteen*" (Londres: Macmillan 1962), y ambas se han actualizado íntegramente en "*Jesús and the Last Days: The Interpretation of the Olivet Discourse*" (Peabody, MA: Hendrickson, 1993). Aunque, como le resultará obvio a cualquiera que lea los breves comentarios de Beasley-Murray sobre mi publicación anterior acerca del tema,[14] yo no comparto el punto de vista sobre Marcos 13 que él invariablemente ha defendido, ni pienso que les

---

identificados por K. Koch, y llega a la conclusión de que "los rasgos apocalípticos son escasos".

9. El comentario de M. D. Hooker's, *BJRL* 65 (1982/3) 80-81, acerca del peligro de adjuntar etiquetas es apropiado: "Dudo muchísimo que Marcos se dijera: 'Voy a escribir un apocalipsis'... Debemos tener cuidado con las etiquetas autoadhesivas preelaboradas".

10. M. D. Hooker, *BJRL* 65 (1982/3) 95, comenta, "A mí me parece que insta a la inacción y no a la acción".

11. E. Trocmé, *Formation*, 208, describe de manera significativa el propósito de Marcos 13 diciendo que era "armar a los cristianos contra las múltiples tentaciones de lo apocalíptico".

12. βλέπετε en los vv. 5, 9, 23, 33; μὴ θροεῖσθε en el v. 7; μὴ προμεριμνᾶτε en el v. 11; προσεύχεσθε en el v. 18; μὴ πιστεύετε en el v. 21; μάθετε en el v. 28; γινώσκετε en los vv. 28 y 29; βλέπετε y ἀγρυπνεῖτε en el v. 33; γρηγορεῖτε en los vv. 35 y 37. Obsérvese también los imperativos de tercera persona en los vv. 14-16. K. Grayston, *BJRL* 56 (1973/4) 383-87, usa estos imperativos como una base para identificar un supuesto "núcleo original" del discurso, dando instrucciones directamente relacionadas con las crisis vigentes en la iglesia; y sugiere que este núcleo se amplió posteriormente con los comentarios en tercera persona que tenían el efecto de transformarlo en "un asunto de importancia final".

13. Cf. el veredicto de C. Rowland, *Heaven*, 43-48; L. Gaston, *No Stone*, 47-51.

14. *Jesus and the OT*, 227-39, que se analiza en Beasley-Murray, *Last Days*, 247-49.

ha hecho justicia a las consideraciones hermenéuticas que me han obligado a mí y a otros a adoptar un enfoque radicalmente diferente del discurso, me complace encomiar el valioso trabajo de sistematización y exposición de una amplia variedad de opiniones que él ha realizado, y remitir con gratitud al lector a su obra más reciente en la que encontrará un resumen considerable y ampliamente investigado de unos 150 años de estudios académicos sobre Marcos 13.

Aunque los estudios anteriores sobre Marcos 13 tenían que ver principalmente con la manera en que el capítulo había llegado a adoptar la forma que tiene en la actualidad[15] y con el origen de los materiales que contiene[16] (un interés ejemplificado por el período extraordinariamente largo durante el cual los estudios académicos estuvieron regidos por la teoría de 1864 de T. Colani acerca de un "pequeño apocalipsis" judeo-cristiano subyacente tras el discurso del Evangelio), en la última parte del siglo XX, de conformidad con la perspectiva de la crítica de la redacción y de algunas tendencias posteriores en la crítica literaria, la atención se ha centrado sobre todo (y sin duda con razón) en lo que el texto, tal y como aparece ahora, significa realmente, y por qué Marcos lo incluyó de esta forma en este punto de su Evangelio.[17] Aunque está claro que de la forma en que aparece en Marcos, el discurso se inspira en la predicción de Jesús con respecto a la destrucción del templo, hay opiniones divididas en cuanto a si el discurso sigue girando en torno a ese contexto o si abarca también una perspectiva escatológica más extensa que incluye la segunda venida de Jesús, y de ser así, en qué punto se hace la transición y cuál

15. Entre muchos estudios importantes debemos señalar especialmente el de L. Hartman, "*Prophecy*", un esfuerzo por averiguar el desarrollo de los materiales que componen Mr. 13 con especial referencia a su trasfondo en Daniel y otros textos apocalípticos veterotestamentarios y posteriores. El estudio se lleva a cabo en forma paralela a un estudio sobre la manera en que se compusieron algunas obras apocalípticas judías, y se basa en la identificación de Mr. 13 como apocalíptico, lo cual nos sentimos motivados a cuestionar. Hartman cautelosamente describe Mr. 13:5-27 esencialmente como una "midrash" sobre Daniel con su origen en la enseñanza de Jesús, a la que se le añadió otro material principalmente parenético, y todo eso entonces se vinculó con la destrucción del templo.

16. Para un análisis crítico reciente y detallado (y conscientemente "anticuado", p. 2) de las fuentes y la tradición de las versiones sinópticas del discurso y del material neotestamentario relacionado, véase D. Wenham, *Rediscovery*. Wenham llega a la audaz conclusión de que detrás de varios materiales neotestamentarios es posible discernir un discurso "pre-sinóptico" único y muy extenso que proviene de Jesús. El discurso redescubierto se reconstruye en *Rediscovery*, 359-64.

17. El capítulo 5 de Beasley-Murray, *Last Days,* ofrece resúmenes y críticas convenientes, aunque breves, de los estudios y comentarios más importantes (y algunos menores) entre 1952 y 1989. El último de estos que se publicó, T. J. Geddert, *Watchwords*, es un estudio independiente y ocasionalmente iconoclasta de "Mark 13 in Markan Eschatology" encaminado a relacionar los contenidos del discurso con temas característicos del Evangelio en general, para demostrar que "Marcos sí sabía realmente lo que estaba haciendo" (18). La obra de Geddert es idiosincrásica y a menudo polémica. Ofrece algunas perspectivas nuevas sobre el estudio de Mr. 13, pero su insistencia en el principio de la ambigüedad deliberada de Marcos, que se niega a responder el tipo de preguntas que los lectores antiguos y modernos desean formular, hace que su libro sea difícil de aceptar en lo que respecta a las opciones exegéticas.

es la naturaleza de la relación entre la destrucción del templo y la parusía.[18] La idea de que todo el discurso debe considerarse relacionado con la destrucción del templo y no contiene absolutamente ninguna referencia a la parusía, tiene el mérito de la simplicidad y de respetar el contexto en el que aparece, pero sigue siendo una opinión minoritaria. Está tal vez mejor ejemplificada ahora en la obra de N. T. Wright,[19] cuya publicación tan tardía impidió que se incluyera en el estudio de Beasley-Murray. La interpretación de Wright está de acuerdo, en cuanto a la mayor parte del discurso, con la opinión que hemos adoptado en este comentario, pero difiere de ella básicamente porque no reconoce una ruptura clara y un cambio de tema en el v. 32. Para los versículos cruciales 24-27 esta opinión concuerda con mi propia convicción de que el lenguaje apocalíptico de estos versículos, extraído casi por completo de algunos textos veterotestamentarios identificables, no se refiere, como tampoco se referían esos textos en sus propios contextos, al colapso del universo físico y el fin del mundo sino a un cambio político inminente y de gran alcance, en el contexto de la destrucción que se predice de Jerusalén. Desde este punto de vista, la "venida del Hijo del Hombre" no tiene nada que ver con un descenso escatológico de Jesús a la tierra sino, al igual que en la visión de Daniel de la que se deriva, con la vindicación y la entronización del Hijo del Hombre a la diestra de Dios, para recibir y ejercer la máxima autoridad. En otras palabras, lo que se describe en los vv. 24-27, así como en los pasajes veterotestamentarios de los que extraen sus expresiones, es un cambio de gobierno: el templo y todo lo que presentaba cede su lugar, y el Hijo del Hombre lo ocupa. El mismo tema reaparecerá, con un lenguaje similar, en la declaración culminante de la soberanía de Jesús en 14:61-62. Esta es la exégesis que voy a defender más adelante. Por ahora, es necesario solamente observar que su efecto es eliminar de un golpe el elemento más embarazoso del capítulo 13 para la interpretación cristiana tradicional, la afirmación totalmente inequívoca y muy contundente que aparece en el v. 30, a saber, que los acontecimientos que acaban de describirse tendrán lugar antes que haya pasado esta generación. ¡Y así fue!

¿Por qué entonces no me satisface, como a Wright, la idea de eliminar por completo la parusía de Marcos 13? En primer lugar, en el v. 32 hay un cambio definido de tema. No se trata simplemente de que la frase περὶ δέ tenga a menudo esa función en otros pasajes del NT, debemos tener en cuenta también que aunque en el discurso hasta ese momento Jesús ha hablado de "días" que vendrán y de acontecimientos a los que alude en forma general con la expresión ταῦτα (πάντα), el v. 32 habla, en cambio, de ἡ ἡμέρα ἐκείνη. Hasta ahora no se había mencionado ningún día (en singular) así, y existe un marcado contraste

---

18. T. J. Geddert, *Watchwords*, opina que esta cuestión ha seguido siendo polémica porque el propósito de Marcos era precisamente "provocar la misma incertidumbre que ha preocupado a los eruditos, y que él deliberadamente incorporó la misma ambigüedad que los eruditos quieren eliminar" (257).

19. N. T. Wright, *Victory*, 339-66.

entre la certeza de la predicción temporal con respecto a la fecha en que habrán de ocurrir ταῦτα πάντα (v. 30) y la ignorancia incluso por parte del Hijo acerca del "día y la hora" que se prevén ahora.[20] Con todo, si consideramos a Marcos en forma aislada podríamos alegar que se trata simplemente de una distinción entre la certeza acerca del período general (dentro de la generación) y la incerteza en cuanto al momento específico dentro de ese período. Pero Mateo también presenta un cambio de tema igualmente definido en el v. 36, y el uso que hace en dos ocasiones del término παρουσία en 24:37-39 para referirse al acontecimiento aludido en el v. 36 (y en el v. 27 para diferenciarlo de los demás sucesos relacionados con la caída de Jerusalén), así como su inserción del mismo en la pregunta inicial (24:3), no dan motivos para dudar de que a partir del v. 36 él sabía que Jesús estaba hablando de la parusía y no, como hasta ese momento, del destino fatal de la ciudad y el templo.[21] Su ampliación posterior del discurso hasta el final del capítulo 25 confirma que después de 24:36 Jesús pasó a hablar del momento del juicio final y universal y no de la destrucción de Jerusalén. En Mateo, pues, aun cuando interpretemos que el lenguaje de Marcos 13:24-27/Mateo 24:29-31 se refiere a los sucesos que acaecieron en el año 70 d.C., el discurso de Jesús procede a abarcar una perspectiva escatológica más definitiva, y la adaptación de la pregunta de los discípulos en 24:3 para incluir la παρουσία y el συντελεία τοῦ αἰῶνος confirma que esto era lo que él pensaba.[22] Por supuesto, el hecho de que Mateo interpretara el discurso de esa manera no demuestra que Marcos también lo hiciera, pero sí indica que el cambio de tema que yo descubro en Marcos 13:32 está en consonancia con otra lectura del siglo I de la misma tradición, y que en el contexto del cristianismo de esa época tenía sentido pensar que Jesús combinó una predicción de la caída de Jerusalén con la enseñanza acerca de su propia parusía concebida como un acontecimiento separado. Por tanto, aunque el lenguaje de Marcos 13:32-37 es menos claro con respecto a la parusía que el de Mateo 24:36-25:46, parece probable que ese sea su tema central, y que esto represente un traslado de la atención del lenguaje acerca de la "venida del Hijo del Hombre" (*no la* παρουσία) en el v. 26, que es una forma teológicamente cargada de describir la importancia de lo que ocurrió en el año 70 d.C.

---

20. Hooker, 300, que escribe dentro de las limitaciones de la interpretación tradicional de los vv. 24-27 acerca de la parusía, describe bien el cambio que tiene lugar en el v 32 cuando caracteriza los vv. 32-37 como "un pasaje que, al parecer, contradice todo lo que le precede al instar a la necesidad de velar constantemente por cuanto nadie conoce en qué momento ocurrirá la parusía. En eso consiste el verdadero conflicto de este capítulo".

21. El argumento de Wright en "*Victory*", 341-42, de que la παρουσία no es más que lo contrario de la ἀπουσία, y por ende, es adecuado para la "llegada" real del Hijo del Hombre a su autoridad celestial, no resulta convincente en vista del hecho de que en la época en que Mateo (que es el único de los evangelistas que usa la palabra en este contexto) escribió su Evangelio, la palabra se había convertido en un término técnico reconocido para referirse a la segunda venida de Jesús.

22. Esta interpretación se expone en mi obra "*Matthew*" (1985), 333ss.

Pero aunque no coincido con Wright en lo que respecta a los vv. 32-37, tengo la misma convicción que tenía en 1971 de que el tema del discurso hasta el v. 31 es para Marcos, como lo fue para Jesús, la destrucción del templo. La base de esta interpretación en las palabras de la sección clave de los vv. 24-27 se explicará en detalle más adelante, pero en este punto debemos también reconocer que encuentra una resistencia instintiva en casi todos los lectores cristianos por la sencilla razón de que se nos ha hecho creer que el tipo de lenguaje apocalíptico que se utiliza en los vv. 24-27, y en particular la visión de la "venida del Hijo del Hombre en las nubes" tiene que ver exclusivamente con la parusía y los acontecimientos relacionados con los "últimos días" (el título de la obra reciente de Beasley-Murray ilustra esta suposición). Incluso los que aceptan que los profetas hablaron del oscurecimiento del sol y de la luna y de la caída de las estrellas de manera simbólica para ilustrar los catastróficos sucesos políticos de sus propias épocas, y que la visión de Daniel de un hijo de hombre que venía con las nubes se refiere a una entronización celestial, y no a una "venida a la tierra", siguen afirmando que en el discurso del cristianismo del siglo I ese lenguaje alude a la "parusía". Esta interpretación instintiva está tan profundamente arraigada que resulta difícil que los que han asimilado el punto de vista tradicional puedan apreciar la fuerza de una exégesis que parte del sentido veterotestamentario de ese lenguaje y no de su desarrollo cristiano posterior.

Pero en cuanto al uso del mismo lenguaje de Daniel 7 (τὸν υἱὸν τοῦ ἀνθρώπου... ἐρχόμενον μετὰ τῶν νεφελῶν τοῦ οὐρανοῦ) en 14:62, como veremos cuando lleguemos a ese pasaje, la "opinión ha cambiado en forma considerable" en los últimos años y se ha llegado a la conclusión de que se trata de un texto que tiene que ver con la entronización y no es una predicción de la parusía. Sin embargo, ese mismo "cambio [de opinión]" no ha tenido cabida en lo que respecta a 13:26, presumiblemente porque una lectura de las palabras aquí con el sentido que tienen en Daniel impugnaría la interpretación tradicional de todo el discurso, no solo de un dicho individual, por muy crucial que este sea, y tal vez también porque la "imaginería cósmica" de los versículos inmediatamente anteriores continúa ejerciendo una influencia irresistible a favor de una interpretación del "fin del mundo". Pero cuando se acepta que en 14:62 Jesús usó el lenguaje de Daniel 7:13-14 para hablar de su inminente reivindicación a la diestra de Dios, no hay ninguna razón para seguir insistiendo en que en 13:26 ese mismo lenguaje tiene que referirse a la parusía.

En *"Jesus and the Old Testament"* intenté demostrar que dentro de la tradición sinóptica de los dichos de Jesús, Daniel 7:13-14 se aplicó indistintamente a períodos comprendidos entre la autoridad que Jesús recibió inmediatamente después de la resurrección (Mt. 28:18) y el juicio final (Mt. 25:31-34), pero que en ningún lugar la "venida" se interpretó como una venida a la tierra en la parusía.[23] Es posible que Apocalipsis 1:7 sea el pasaje en el que

23. *Jesus and the OT*, 139-48.

se usaron por primera vez las palabras de Daniel en este último sentido, y a partir de ahí, muy pronto ese uso quedó establecido en la exégesis patrística.[24] Pero para nuestra exégesis de Marcos es necesario ir detrás de este desarrollo cristiano posterior y tratar de interpretar la visión de Daniel de la manera en que Jesús y sus apóstoles la habrían interpretado.[25] En otras palabras, si nos enfrentamos a Marcos 13 presuponiendo que la exégesis cristiana tradicional es correcta, nos resultará difícil entender que podría significar otra cosa; pero si lo leemos en el contexto de la interpretación del siglo I del lenguaje profético y apocalíptico, la exégesis tradicional ya no es tan obvia.[26] El esquema siguiente (adaptado de mi obra "*Divine Government*", pág. 128) puede ayudar a aclarar mi interpretación del desarrollo del discurso, y la manera en que este responde la pregunta formulada en el v. 4, la cual se relaciona específicamente con el cumplimiento de la predicción de Jesús en el v. 2. Los distintos niveles del sangrado tienen por objeto mostrar el acercamiento gradual a la pregunta por medio de respuestas negativas ("todavía no") y una etapa preliminar de cumplimiento ("pero cuando...") hasta que aparece finalmente la respuesta en los vv. 24-27 ("pero en aquellos días"; "y entonces"; "y entonces"), después de la cual, el v. 32 introduce un tema nuevo (aunque relacionado), que no se incluyó en la pregunta original.

Indicaciones de tiempo y de secuencia en Marcos 13

v. 2 *(No aparece ninguna indicación de tiempo en la predicción)*

v. 4 ¿CUÁNDO? (y ¿qué señal habrá?)

> v. 5 *Mirad* —TODAVÍA NO es (v. 7b)

> v. 8 todo esto es solo EL PRINCIPIO

> v. 9 *Mirad* —TODAVÍA NO es

> v. 10 buenas nuevas para todas las naciones PRIMERO

> v. 13 el "fin" todavía en el futuro

---

24. En cuanto al NT véase "*Jesus and the OT*", 202-4, con respecto a la exégesis patrística 210-12, y para un resumen y conclusiones 214-17, 219-22.

25. Para una breve reseña en este respecto con especial referencia a Marcos, véase mi obra "*Divine Government*", 73-82.

26. En mi obra "*Divine Government*", 121 n. 20, analicé algunas respuestas (de D. Wenham y M. Casey) a mi estudio de 1971 sobre Marcos 13 y llegué a esta conclusión: "Tanto Wenham como Casey, cada uno a su manera, muestran que mi enfoque de Marcos 13 no es viable *si se toma en consideración la interpretación cristiana tradicional acerca de la venida del Hijo del Hombre;* pero es precisamente esa interpretación tradicional la que yo deseo cuestionar, y tampoco me parece que ellos hayan podido separarse de ese supuesto". Eso mismo tal vez podría decirse de los breves comentarios de Beasley-Murray (248-49).

v. 14 *Pero cuando...* es decir, a diferencia del TODAVÍA NO de los
vv. 5-13, aquí comienza la secuencia ("aquellos días", v. 19)

v. 21 *Entonces...* este todavía no es el fin

v. 23 *Mirad* habéis sido advertidos

v. 24 *Pero en aquellos días, después de esa tribulación* (con referencia al v. 19)

por ende, una oración ininterrumpida desde el *cuando* del v. 14

v. 26 *Y entonces* ⎫
            ⎬ Aquí, pues, por fin está la respuesta a ¿cuándo? (v. 4)
v. 27 *Y entonces* ⎭

v. 28s. La higuera (una parábola con una secuencia cronológica
necesaria) muestra que *estas cosas* indican que "está cerca")

v. 30s. Y por tanto, *todas estas cosas* tienen que ocurrir inevitablemente
dentro de *esta* generación.

---

v. 32 *PERO de AQUEL día o de la hora ...*

¿qué "día u hora"? —ningún "día" ni ninguna "hora" (en singular) se han
mencionado hasta aquí

v. 33 *Mirad* —puede ocurrir en CUALQUIER momento

Por tanto, a través de los vv. 32-37 se alude a un momento
DESCONOCIDO, que viene sin previo aviso, en contraste con
los

TODAVÍA NO

PERO CUANDO   ⎫
                  ⎬ de los vv. 5-31
ENTONCES

EN ESTA GENERACIÓN ⎭

Esta es la interpretación del discurso que se presupondrá en la exégesis que
sigue. Tendremos la oportunidad de explicar y de defender varios aspectos
específicos de algunas secciones y versículos individuales, pero la comprensión
de la interpretación en forma general le permitirá al lector entender cómo yo
veo de qué manera encaja cada parte en el conjunto.

Este discurso, al igual que el del capítulo 4, debe tratarse como una unidad. Pero para facilitar el análisis, como hicimos en el capítulo 4, trabajaremos con las siguientes subdivisiones:

3-4	La pregunta de los discípulos
5-8	Todavía no es el fin
9-13	La expectativa de la persecución
14-23	El principio del fin
24-31	La venida del Hijo del Hombre dentro de "esta generación"
32-37	Un día y una hora desconocidos: estén preparados.

La pregunta de los discípulos (13:3-4)

La secuencia geográfica del genitivo absoluto del v. 1 al del v. 3, en la que Jesús sale del templo y luego se sienta en el monte de los Olivos frente al templo, asegura que estos versículos están estrechamente relacionados con los vv. 1-2, como también el hecho de que sin la predicción de Jesús en el v. 2 no hay ningún antecedente para el pronombre demostrativo ταῦτα de la pregunta de los discípulos. Por tanto, el tema de la pregunta está claramente determinado no solo por el contexto sino también por la ubicación específicamente identificada como κατέναντι τοῦ ἱεροῦ. Trata acerca de la destrucción del templo.

El patrón ya es conocido: Jesús hace una declaración sorprendente o desconcertante en público (la parábola del sembrador, 4:3-9; la afirmación de que la contaminación no es exterior sino interior, 7:15; la prohibición del divorcio, 10:9) y los discípulos, en privado (κατὰ μόνας, 4:10; εἰς οἶκον ἀπὸ τοῦ ὄχλου, 7:17; εἰς τὴν οἰκίαν, 10:10; cf. 9:28), piden una explicación. En este caso no son todos los discípulos los que reciben la explicación, sino solamente los cuatro que se mencionan en 1:16-20.

La pregunta tiene dos partes unidas por la conjunción καί, y cada una de ellas tiene que ver con ταῦτα. Solo un prejuicio exegético, junto con la familiarización con la forma mateana de la pregunta, nos permite sugerir que las dos partes de la pregunta se refieren a dos cosas diferentes. Las palabras de Marcos no dejan entrever un segundo tema, y la suposición de que el segundo ταῦτα se refiere a un tema distinto del primero, cuando no se ha mencionado ningún otro, sería sin duda una proeza exegética.[27] Más insólita aún es la sugerencia de que ταῦτα πάντα alude específicamente a los contenidos de los vv. 5ss., con lo cual Marcos les habría atribuido a los discípulos un conocimiento previo de lo que Jesús iba a decir.[28] Si Marcos hubiera tenido la intención de

---

27. Gundry, 736-37, define bien la cuestión.
28. Así, p. ej., Anderson, Hooker, Mann.

introducir un segundo tema en la pregunta, tenía varias vías para decirlo, al igual que Mateo; pero no lo hizo.

La doble forma de la pregunta no introduce un tema nuevo, sino que le confiere una doble perspectiva a la preocupación de los discípulos por las palabras de Jesús acerca del templo. Ellos quieren saber no solo cuando será destruido, sino qué σημεῖον les permitirá prepararse para ello.

La primera parte de la pregunta, tras varios intentos fallidos, recibirá finalmente una respuesta muy específica, que es introducida por ὅταν (v. 14), y se desarrolla desde ἐν ἐκείναις ταῖς ἡμέραις (v. 24) hasta el clímax de καὶ τότε (v. 26), καὶ τότε (v. 27); la respuesta se sintetiza entonces en el marco de tiempo bastante definido, aunque no exacto, del v. 30: tendrá lugar dentro de esta generación.

La respuesta a la segunda parte de la pregunta, sin embargo, denota aparentemente menor inminencia. Las que parecían σημεῖα en los vv. 5-8 en el mejor de los casos no son concluyentes: todavía no es el fin (v. 7); este es solo el principio de los dolores de parto (v. 8). Es en el v. 14 que comenzamos a leer acerca de cosas más parecidas a σημεῖα, lo suficiente al menos para exigir una huida inmediata. Pero es en ese mismo contexto que encontramos la única mención de σημεῖον en el discurso, con un sentido fuertemente negativo, advirtiéndonos contra las σημεῖα espurias que manifiestan los ψευδόχριστοι. A partir de esto sería fácil concluir, tal como hace Geddert basándose en la única otra referencia a σημεῖα en 8:11-13,[29] que Marcos rechaza por completo el concepto de σημεῖα, y que debemos considerar que la segunda parte de la pregunta de los discípulos es un error porque pone de relieve su deseo desacertado de obtener una señal, un deseo que el discurso de Jesús tiene por objeto desvirtuar. No obstante, en los vv. 28-29, sin usar la palabra σημεῖον, Jesús hablará claramente de un acontecimiento (los primeros brotes de la higuera) que es el precursor de otro (el verano), y llegará a la conclusión de que la manifestación de ταῦτα les permitirá conocer que ἐγγύς ἐστιν. Resulta difícil establecer cualquier diferencia significativa entre ese lenguaje y el de una σημεῖον, y si agregamos la función de la βδέλυγμα τῆς ἐρημώσεως en el v. 14 como un aviso para huir antes que sea demasiado tarde, no parece, a pesar de que no se use σημεῖον en un sentido positivo, que el discurso de Jesús tenga por objeto descartar la segunda mitad de la pregunta de los discípulos por ser inapropiada.[30] Se trata, más bien, de una ampliación natural de la primera mitad: "¿Cuándo sucederá y cómo sabremos que ha llegado el momento?"[31]

---

29. T. J. Geddert, *Watchwords*, 29-58, 203-6.

30. Hooker, 301-2, tal vez se acerca más al objetivo con su distinción entre tres advertencias contra el hecho de dejarse engañar por señales falsas (vv. 5-8, 9-13, 21-23) y tres "señales verdaderas" en los vv. 14, 24 y 28. Pero prosigue sugiriendo que estas "señales verdaderas" están tan próximas a los acontecimientos que, al igual que la alerta nuclear de cuatro minutos, "no ofrecen ningún aviso real" porque ahora es demasiado tarde para prepararse; la idea central de los vv. 14-23, sin embargo, parece ser que esta es la última oportunidad para escapar —aún no es demasiado tarde.

31. Como señal de la torpeza de la interpretación tradicional de que el discurso se centra en

3 Al igual que en el v. 1, el genitivo absoluto es gramaticalmente inadecuado porque el sujeto del mismo forma parte de la cláusula principal, aunque esto no es inusual en Marcos, y los dos genitivos absolutos aquí marcan las etapas sucesivas de la profecía de Jesús acerca del templo, a saber, la predicción al marcharse de aquel lugar, y luego, la reflexión más extensa en torno a esa predicción cuando se sienta en el monte frente al templo. Véase el comentario sobre 11:1 en cuanto a la posibilidad de que se mencione el monte de los Olivos no solo porque era la ruta natural para regresar de Betania sino también en razón de sus vínculos mesiánicos.[32] Pero aquí, el efecto más obvio es recordar el lugar donde, según Ezequiel 11:23, Dios se detuvo después de abandonar el templo (véase el comentario sobre los vv. 1-2). La preposición κατέναντι debe tomarse simplemente como una indicación de lugar, que en este caso ofrecía una vista del templo semejante a la vista del tesoro que tuvo Jesús en 12:41; como tal es una alerta narrativa dirigida al lector para que reconozca que el discurso que sigue se refiere al destino del templo, el cual dominaba el paisaje mientras Jesús hablaba. Pero después de su abandono del templo y de la predicción de su destrucción, podría considerarse que la frase κατέναντι τοῦ ἱεροῦ también intenta subrayar que Jesús está "frente" al templo en un sentido más profundo (ἐναντίος significa "oponente [adversario]").[33]En cuanto a κατ᾽ ἰδίαν cf. 4:34 (y 4:10 κατὰ μόνας); 6:31-32; 7:33; 9:2, 28. Este es el único lugar después de 1:16-20 donde Andrés aparece unido al "círculo íntimo" (cf. 5:37; 9:2; 14:33), aunque se menciona después de ellos en 3:18. Su presencia aquí con su hermano y antiguos colegas (tal vez parientes) no resulta sorprendente ni es especialmente significativa. El sujeto del verbo en singular ἐπηρώτα debe ser Pedro, quien presumiblemente y como de costumbre, hace las veces de portavoz, los otros tres discípulos que se añaden también estaban presentes para oír la respuesta (cf. la forma verbal en singular κατεδίωξεν con el mismo sujeto plural en 1:36).

4 La opinión reiterada de que la segunda mitad de la pregunta tiene una referencia más "escatológica" que la primera mitad se debe principalmente a un juicio previo acerca del tema del discurso que sigue, pero a veces también se ve respaldada por el uso marcano del verbo συντελεῖσθαι, que para nosotros evoca la ampliación mateana de la pregunta para incluir también el συντέλεια τοῦ αἰῶνος. Sin embargo, a menos que presupongamos que cuando Marcos escribió el Evangelio sus lectores ya estaban familiarizados con la versión mateana de la pregunta (y esa aún sería una opinión minoritaria), la expresión

---

la parusía, Gundry, 738, dice que Jesús "ignora la pregunta de los cuatro discípulos" y la usa "como plataforma para hablar sobre diversos temas relacionados con el futuro". Es preferible, sin duda, una exégesis que considera que la respuesta responde a la pregunta en lugar de ignorarla.

32. Véase también S. C. Barton, *Discipleship*, 114-15.

33. Myers, 321, toma la preposición κατέναντι en 12:41 y 13:3 como una "acotación... proléptica de juicio". Resulta interesante que el egipcio que lideró una revuelta contra Roma algunos años más tarde reunió a sus seguidores en el monte de los Olivos, prometiéndoles que desde allí verían caer los muros de Jerusalén por orden suya (Josefo, *Ant.* 20.169-70).

de Mateo no es una buena guía para entender el sentido previsto del verbo de Marcos. Ταῦτα πάντα son las mismas ταῦτα de la primera mitad de la pregunta, las cosas que Jesús predijo en el v. 2, el plural presumiblemente se debe al reconocimiento de que el "suceso" específico de la destrucción del templo no ocurrirá en un instante sino que será un proceso extenso. El verbo συντελέω, completar enteramente, expresa con mucho acierto la finalización de este proceso, es decir, el momento en el que hasta la última piedra haya sido arrancada de su lugar. Aunque sería adecuado usar el verbo para describir una consumación escatológica, se usa normalmente (como en Lc. 4:2, 13; Hch. 21:27) con el sentido de "llevar a cabo", "realizar" o "terminar" un proceso. La expresión técnica ἡ συντέλεια τοῦ αἰῶνος en Mateo (cf. el uso que hace la LXX de συντέλεια para traducir el término *qēṣ* en Dn. 8:19; 11:27) es la que aporta una referencia específicamente escatológica (cf. Mt. 13:39, 40, 49; Heb. 9:26) que no le corresponde al verbo por sí mismo.

Aún no es el fin (13:5-8)

La nota con la que empieza el discurso constituye una de sus características más persistentes, a saber, la advertencia contra cualquier expectativa prematura. Comienza con un imperativo, βλέπετε, que se repetirá en los vv. 9, 23 y 33. A los discípulos, y a los que después de ellos leerán estas palabras, se les pide que tengan discernimiento y se les advierte contra el tipo de impresiones superficiales de "cumplimiento" que han sido la ruina de los estudiantes de la literatura apocalíptica y escatológica desde entonces. A veces son las propias personas las que se imponen esas impresiones falsas cuando interpretan ingenuamente los acontecimientos mundiales como "señales del fin" (vv. 7-8). Otras veces, sin embargo, las fomentan deliberadamente los que obtienen algún beneficio explotando la credulidad de los fieles (vv. 5-6). Mientras los discípulos de Jesús esperan el cumplimiento de sus palabras sobre la destrucción del templo estarán expuestos a ambos tipos de desinformación. Deben, pues, estar alertas.

Lo que conocemos a partir de Josefo de los cuarenta años aproximadamente que mediaron entre el ministerio de Jesús y la destrucción del templo ilustra ampliamente estas advertencias. Aunque el surgimiento de ψευδόχριστοὶ καὶ ψευδοπροφῆται sería una característica particularmente destacada de los años que duró la guerra contra Roma y el asedio de Jerusalén (vv. 21-23), mucho antes de eso hubo mesías autoproclamados (ἐπὶ τῷ ὀνόματί μου) más que dispuestos a llevar a sus seguidores a un desastroso conflicto con Roma, anticipando con ello la confrontación que finalmente provocaría la caída del templo (véase más adelante el comentario sobre el v. 6 para los detalles). En esa atmósfera habría sobradas oportunidades para "desviar a muchos", sobre todo si los impostores podían ofrecer σημεῖα convincentes.

Las guerras y los desastres naturales de los vv. 7-8 (véase la nota textual) podrían producir un efecto similar, como ha ocurrido a menudo, en los que desean una época de agitación. Esos acontecimientos aparecen frecuentemente en las profecías escatológicas.[34] Pero son pocas las ocasiones que pueden haber existido en la historia humana en las que esas cosas no se hicieron patentes en el plano de la historia seria. Para ejemplos extraídos de mediados del siglo I d.C., véanse los comentarios sobre los vv. 7-8 más adelante.

Esta es otra palabra que, en opinión de algunos, sugiere una referencia al fin del mundo, sin embargo, τέλος es un término muy general para referirse al "fin", es decir, a la consumación de un proceso (p. ej., 3:26; Mt. 26:58; Lc. 1:33), y la naturaleza de ese "fin" depende del contexto.[35] Aquí no se ha hablado de ningún otro fin que no sea el de la destrucción del templo, y con respecto a esto el término obvio que debe usarse en este contexto es τὸ τέλος. Los discípulos preguntaron cuándo se cumpliría (συντελέω) el suceso catastrófico predicho por Jesús, y para responder, él habla primeramente de cuándo *no* va a ocurrir esa consumación (τέλος).

Sin embargo, la lista de sucesos dramáticos en los vv. 7-8 no fue una pista totalmente falsa. No establecen el momento del τέλος, pero son al menos el ἀρχὴ ὠδίνων. Aquí es un término que aparentemente tiene una connotación más escatológica, porque la escatología judía imaginaba una época de sufrimientos anterior a la venida del Mesías que a veces describía como como "dolores de parto" (véase G. Bertram, *TDNT*, 9.671-72). Este lenguaje rabínico, no obstante, es posterior al período neotestamentario. En este contexto, como ocurre normalmente en el NT (véase el comentario sobre el v. 8 más adelante), se trata de una metáfora viva y muy poderosa de un período de grande sufrimiento, y deja entrever probablemente un anhelo por alcanzar lo que está más allá de ese sufrimiento. El sustantivo ὠδῖνες por sí mismo indicaría "aún no" (los dolores anteceden al nacimiento), pero la adición de ἀρχή hace que predomine el sentido de aplazamiento. Debemos esperar un nacimiento, pero las guerras, los terremotos y las hambrunas de los vv. 7-8 solo indican que ha de venir, no cuando. El simple hecho de hablar de un nacimiento fuerza demasiado la metáfora porque una expresión como ὠδῖνες τοῦ θανάτου no parece prever un nacimiento, sino solo dolor; pero a medida que se desarrolla el discurso veremos que la destrucción futura del templo traerá consigo un nuevo comienzo.

Por tanto, la respuesta que recibe la pregunta de los discípulos en los primeros cuatro versículos del discurso es negativa, y despeja la tendencia natural de buscar señales de la destrucción del templo en los sucesos emocionantes y siniestros que tendrán lugar en los próximos años, en el ámbito de la política y en el de los desastres naturales. Los discípulos no deben dejarse

---

34. Para numerosos ejemplos, véase Davies y Allison, *Matthew*, 3.339-41. También L. Hartman, *Prophecy*, cap. III, especialmente las págs. 71-77 acerca de los terremotos.

35. Resulta tal vez significativo que para traducir el término *qēṣ* y otros cognados, la LXX use con frecuencia τέλος con el sentido general de "final, límite, frontera", pero cuando *qēṣ* se emplea en forma escatológica, se traduce entonces como συντέλεια (véase el comentario sobre v. 4).

engañar. Será suficiente lo que tendrán que hacer para seguir dando testimonio de la verdad a través de esos días difíciles, tal como mostrarán los vv. 9-13, sin permitir que ninguna emoción prematura los distraiga.

5 Al igual que en 4:1 ἤρξατο λέγειν le avisa al lector que debe esperar un discurso sustancial. Sus palabras van dirigidas específicamente a los cuatro discípulos, pero el v. 37 las hará extensivas a "todos".[36] En cuanto al tono imperativo de todo el discurso, que se pone de relieve desde el inicio del mismo por medio del verbo βλέπετε, véase supra, pág. 499, n. 12. La repetición de βλέπετε en los vv. 9, 23 y 33, junto con los imperativos relacionados ἀγρυπνεῖτε (v. 33) y γρηγορεῖτε (vv. 35, 37) en la última parte del discurso, indica que se trata de una advertencia que exige de los discípulos, más que una compresión intelectual de la cronología futura (tal como podría implicar su pregunta), una actitud de preparación cuidadosa.[37]

6 Véase el comentario sobre 9:37 con respecto a ἐπὶ τῷ ὀνόματί μου en el sentido de actuar de conformidad con la autoridad de Jesús, o pretender representarlo (de ahí la advertencia en el v. 5 de no dejarnos engañar: esas personas emplean un lenguaje que cualquier discípulo aceptaría sin dudar).[38] Sin embargo, lo único que se nos dice concretamente en cuanto al peligro que representan estos impostores es que ellos afirmarán: Ἐγώ εἰμι (irónicamente las mismas palabras que Jesús empleará en 14:62 para exponer el papel que habrá de desempeñar). No hay ningún contexto válido en el judaísmo del siglo I en el que podamos encontrar que alguien hubiera afirmado que es Dios por el simple hecho de adoptar el nombre divino de Éxodo 3:14, y de todas formas, esa afirmación sería tan manifiestamente falsa que no exigiría ninguna advertencia. Debemos, pues, atribuirle algún predicado al verbo, y tal vez la mejor manera de interpretarlo a la luz de la escasa guía que ofrece el contexto es que ellos, más que alegar que actuaban de conformidad con la autoridad de Jesús, intentaban usurpar su lugar,[39] no porque afirmaran que eran Jesús

---

36. K. E. Brower, in K. E. Brower y M. W. Elliott (ed.), *Reader*, 140, describe los vv. 5 y 37 como una *inclusio*. El término podría sugerir una intención literaria demasiado técnica, pero es sin duda correcto que, según el v. 37 "Marcos tiene presente a sus lectores implícitos".

37. T. J. Geddert, *Watchwords*, ch. 3, indica correctamente que el discurso ofrece "una perspectiva marcana sobre el discernimiento", pero con su inclusión del uso de βλέπετε bajo el título de "epistemología" y al presuponer una intención constante y deliberada detrás de todos los usos marcanos de este verbo común, corre el riego de especificar demasiado un "término muy común" (palabras de él). El sentido general del discurso es menos "intelectual" que lo que sugiere Geddert al hablar de "epistemología".

38. E. Trocmé, *Formation*, 209, basándose en la expresión ἐπὶ τῷ ὀνόματί μου, afirma que los que aparecen descritos pertenecen sin duda a la comunidad cristiana. Son "las cabezas de la iglesia, que se jactan de ser sucesores de Jesús y de haber asumido, después de su muerte, su función de Mesías davídico.... Jacobo y su grupo son aquí el objeto de sus ataques". Gundry, 761-62, también se opone a la idea de que los engañadores no son judeocristianos, pero no identifica quienes pueden ser dentro de la comunidad cristiana. Schweizer, 268, propone a Simón el mago como un ejemplo posible, porque aunque estaba relacionado con la comunidad cristiana, constituía una amenaza para ella (así también M. Hengel, *Studies*, 21).

39. De ahí las sugerencias de que ἐπὶ τῷ ὀνόματί μου no debe traducirse aquí como "en mi

redivivus (un concepto sin duda demasiado inverosímil en este contexto) sino arrogándose la función que con toda razón era exclusivamente suya, a saber, la del Mesías (obsérvese que Mateo lo interpreta así, añadiendo ό Χριστός).[40] En ese caso, entrarán en la misma categoría de los que se describen en el v. 22 como ψευδόχριστοι καὶ ψευδοπροφῆται, que serán aclamados por alguien que diga Ἴδε ὧδε ὁ Χριστός. Si en ambas partes del discurso se toma en consideración el mismo tipo de personas, la razón para la repetición será que el tema aquí se centra en la situación anterior a la guerra, pero en los vv. 21-22 en el momento del asedio propiamente dicho.

En cuanto a ese tipo de líderes "mesiánicos" en los años que transcurrieron entre el ministerio de Jesús y la guerra judía, véase, por ejemplo, Josefo, *Ant.* 20.97-99 (Teudas), 102 (los hijos de Judas el galileo), 169-72 (el egipcio), 167-68, 188 (varios "impostores" anónimos). Algunos de los líderes rebeldes figuran simplemente como nacionalistas políticos, pero en la Judea del siglo I la política y la religión nunca estuvieron muy lejos. Teudas y el egipcio se autoproclamaron profetas, y Josefo alude a otros rebeldes a quienes distingue de los *sicarii* y los describe como individuos con "manos más puras pero con intenciones más impías.... engañadores e impostores, que bajo el pretexto de la inspiración divina" le prometieron al pueblo que habían llevado al desierto que Dios les daría σημεῖα ἐλευθερίας (*Guerras* 2.258-59). No se nos dice que alguno de estos insurgentes anteriores a Bar Kochba (c. 132 d.C.) se hubiera atribuido de hecho el título de Mesías, pero las designaciones de "profeta" y "rey" apuntan en esa dirección[41]. Debemos recordar también que casi toda la información que tenemos procede de Josefo, quien evitó con mucho empeño usar el término Χριστός, pues en todos sus escritos aparece solo en los dos lugares donde él (o su editor) lo emplea como un título para Jesús (*Ant.* 18.63; 20.200). Por tanto, si alguno de estos individuos se atribuyó prerrogativas específicamente mesiánicas, no cabría esperar que Josefo se hubiera referido a ellos como tales. Lo más que se acerca a un lenguaje "mesiánico" es lo que él dice acerca de los autoproclamados profetas que prometen señales milagrosas. Todos estos acontecimientos tuvieron lugar mucho antes que la guerra estallara en el año 66 d.C., y Josefo deja entrever que no son más que una selección.[42] Con respecto a πολλοὺς πλανήσουσιν (obsérvese que no se dice que estos

---

nombre" sino "con mi nombre" o "bajo mi nombre"; véanse G. R. Beasley-Murray, *Last Days*, 391 n. 49. Cf. Mann, "usando mi nombre".

40. Véanse además J. Gibson, *JSNT* 38 (1990) 48-49; Gundry, 737. E. Stauffer, *TDNT*, 2.353 se refiere a ἐγώ εἰμι en este contexto como una "fórmula técnica que usa Cristo para revelarse".

41. Después de la muerte de Herodes el grande, Simón y Atronges se autoproclamaron reyes (Josefo, *Ant.* 17.273-84). Josefo comenta entonces que en esa época cualquier individuo con un séquito de bandidos podía "hacerse rey" (Josefo, *Ant.* 17.273-84).

42. Cf. también el samaritano que en el año 35 d.C. prometió descubrir los vasos sagrados de Moisés en el monte de Gerizim (Josefo, *Ant.* 18.85-87). Obsérvese además la insurrección (de otro modo desconocida) que involucraba a Barrabás y que aparentemente tuvo lugar exactamente antes que se pronunciaran estas palabras (15:7).

πολλοί sean del grupo de los discípulos de Jesús) cf. la πλεῖστος ὄχλος que siguió a Teudas (400 según Hch. 5:36) y los cuatro mil *sicarii* que fueron en pos del egipcio, de acuerdo con Hechos 21:38 (30,000 según Josefo, *Guerras* 2.261).

7 Después de ἀκούσητε πολέμους la expresión adicional ἀκοὰς πολέμων resulta formalmente redundante, pero la declaración profética completa e inolvidable que produce es típica del estilo de Marcos.[43] Cf. Jeremías 51:46 con respecto al llamado a no dejarse perturbar por los "rumores de violencia". En cuanto al verbo θροέομαι, cf. 2 Tesalonicenses 2:2, donde aparece junto al mandato de no "dejarse mover fácilmente de vuestro modo de pensar" por las noticias de que el día del Señor ya ha llegado. Los discípulos deben permanecer tranquilos y no sacar conclusiones apresuradas;[44] las guerras sin duda tendrán lugar, pero cuando surjan, no debe atribuírseles ninguna importancia escatológica. Para οὔπω τὸ τέλος véanse las págs. 508-9 supra; es por eso que no deben entrar en pánico: la historia seguirá su curso regular.

Los años que mediaron entre los reinados de Tiberio y Nerón fueron relativamente pacíficos en el imperio romano en general, pero cualquier habitante de Palestina podría haber oído, por ejemplo, de las guerras en Partia en el año 36 d.C. y continuando esporádicamente a partir de ese momento, o de la guerra entre Antipas y Aretas el rey nabateo, de la que Roma también participó en los años 36-37 d.C., mucho antes que la propia Judea se viera envuelta en la guerra, sin mencionar la serie de levantamientos locales que los romanos reprimieron brutalmente en los años antes de la guerra (véase el comentario sobre el v. 6).

8 La conjunción γάρ indica que estas cláusulas son una nueva ampliación de la advertencia sobre las guerras en el v. 7, y el tiempo futuro de los verbos tiene el mismo efecto que δεῖ en el versículo anterior: estas cosas tienen que continuar sucediendo. Los conflictos que se describen son internacionales e involucran diferentes naciones y reinos, y no guerras civiles como la que dividió el imperio romano después de la muerte de Nerón en el año 68 d.C. La frase κατὰ τόπους significa "de un lugar a otro"; BAGD, 406a, II.1.a, citan un texto astrológico griego: λιμὸς καὶ λοιμὸς καὶ σφαγαὶ κατὰ τόπους (cf. la nota textual supra).

Los terremotos del siglo I[45] podrían incluir uno que tuvo lugar en

---

43. La distinción que hace Gundry (763) entre las guerras "que se oyen" porque están al alcance del oído y las "noticias de guerras" que tienen lugar a cierta distancia constituye una exégesis pedante y exagerada de una frase sonora.

44. Véase mi obra "*Jesus and the OT*", 254, en contra de T. F. Glasson. Al catalogar la alusión propuesta en estas palabras a Dn. 2:28-29 como "a lo sumo, posible", fui demasiado generoso. La fórmula apocalíptica "lo que va a suceder" no es igual a la afirmación simple de Jesús "[estas cosas] tienen que suceder".

45. Pesch, 2.280, propone que σεισμοί no se refiere a terremotos físicos, sino, tal como ocurre en Jer. 10:22; 47:3; Nah. 3:2 en la LXX, al estrépito de las ruedas de los carros de guerra, pero esta idea no solo es demasiado oscura para esperar que los lectores la adopten cuando el significado literal normal del término resulta tan adecuado, sino que también ignora la frecuencia de los terremotos como elementos en una lista profética de desastres.

Jerusalén en el año 67 d.C. (Josefo, *Guerras* 4.286-87; cf. 1.370 acerca de un terremoto severo anterior en Palestina), y un poco más adelante, en Hechos 16:26 se menciona un terremoto que ocurrió en Filipos, y es muy probable que ya hubieran llegado a Palestina las noticias acerca del terremoto que destruyó parcialmente la ciudad de Pompeya en el año 62 d.C., o del gran terremoto que tuvo lugar en Asia Menor en el año 61 d.C.[46] Durante el reinado de Claudio, c. 46 d.C., hubo una gran hambruna (Hechos 11:28; Josefo, *Ant.* 3.320; 20.101; Schürer, 1.457 n. 8).

Como se señaló anteriormente (en los comentarios introductorios sobre los vv. 5-8), cualquier indicio de un término técnico como "dolores de parto del Mesías" (siempre en singular para los rabinos) procede de un período posterior al NT.[47] Antes de esa fecha los dolores de parto solían usarse como metáfora de grandes sufrimientos en una amplia variedad de contextos. En la LXX el término ὠδῖνες se emplea a veces en sentido metafórico para referirse a la muerte (2Sa. 22:6; Sal. 18:4) pero más frecuentemente al sufrimiento de las naciones y ciudades en crisis (Is. 13:8, Babilonia; Jer. 6:24, Jerusalén; 22:23, Líbano; Mi. 4:9-10, Sion). Aunque a menudo resulta difícil separar la historia de la escatología en los profetas, estos pasajes, al parecer, se relacionan principalmente con la historia vigente entonces; Isaías 26:17-18 se acerca más a la imaginería escatológica rabínica posterior.[48] En el NT, fuera de este pasaje y de su paralelo en Mateo, la metáfora se utiliza solamente con referencia a los "dolores de la muerte" (Hch. 2:24, en alusión al Sal. 18:4-5), a los dolores de Pablo al engendrar a sus convertidos (Gá. 4:19), al anhelo agónico del mundo a lo largo de la historia hasta ahora mientras espera el momento de la salvación (Ro. 8:22), y para describir la irrupción *repentina* del día del Señor (no un período de preparación para él) en 1 Tesalonicenses 5:3 (cf. *1En.* 62:4, sobre la agonía de los que se enfrentarán al juicio final, no un sufrimiento previo); cf. la imaginería de los dolores de parto en Juan 16:21 con respecto a los sufrimientos temporales de los discípulos. Esa gama de usos sugiere una metáfora "viva", que es posible adaptar a una amplia variedad de usos, y no un término técnico

---

46. Plinio, *Hist. Nat.* 2.84; véanse además Gnilka, 2.188 y n. 14; B. Reicke, D. E. Aune (ed.), *Studies in NT and Early Christian Literature*, 131.

47. Cf. la conclusión de Gundry, 763: "Jesús corrige el uso rabínico, lo descarta o no lo conoce. O todavía no había aparecido". Con respecto al uso general, véanse G. Bertram, *TDNT*, 9.668-72 y los textos citados por Str-B, 1.950.

48. Los textos que cita D. S. Russell, *Method*, 272, para establecer un origen veterotestamentario para el concepto rabínico no hacen ninguna alusión al alumbramiento o se encuentran entre los que se citaron anteriormente. Le atribuye mucha importancia a 1QH 3[11]:7-10 como una previsión sectaria de la misma idea; se trata sin duda de un uso metafórico sorprendente del lenguaje relativo al parto, pero la interpretación de Russell de que se refiere a "la crisis del pueblo redimido de Dios como resultado de sus grandes trabajos y sufrimientos" no es más que una sugerencia. En Ap. 12:1-6 el nacimiento de un niño forma parte de la visión apocalíptica, pero la referencia a los dolores de parto en el v. 2 es simplemente un detalle de la "historia", no un término que en sí mismo aluda a un sufrimiento escatológico preliminar.

en el sentido rabínico posterior que conllevaría por tanto su propia aplicación escatológica ya elaborada.[49]

La expectativa de la persecución (13:9-13)

En el período de agitación descrito en los vv. 6-8, que habrá de tener lugar antes del cumplimiento de la predicción de Jesús, los discípulos no serán simples espectadores. Los que seguimos a Jesús podemos ciertamente esperar que, al igual que hicieron con él, nosotros también seremos blanco del odio y el maltrato de los que ostentan el poder. Este no es un tema característico de este discurso: Jesús ya nos advirtió con anterioridad acerca de los tiempos difíciles que se avecinan para los que lo seguimos (6:11; 8:15, 34-38; 10:30; cf. 4:17). De hecho, resulta significativo que Mateo y Lucas hayan considerado apropiado incluir una gran parte del contenido de esta porción del discurso en un punto anterior en la historia (Mt. 10:17-22; Lc. 12:11-12) relacionándolo con sucesos que tuvieron lugar durante los años del ministerio de Jesús y no en el intervalo entre su muerte y la destrucción del templo. En ese sentido, nada habrá cambiado. Pero en estos versículos puede percibirse una tensión creciente, y la mención específica en el v. 10 de que en este contexto de persecución la predicación universal de las buenas nuevas tendrá lugar πρῶτον, demuestra que la pregunta de los discípulos no ha sido olvidada. Aquí, pues, hay otro elemento de lo que debe ocurrir antes que llegue el τέλος. El período intermedio no debe ser un tiempo de espera pasiva sino de proclamación, de experiencia de persecución y de perseverancia fiel εἰς τέλος.

La sección anterior comenzó con un imperativo, βλέπετε, y prosiguió usando la segunda persona del plural para referirse a lo que los discípulos debían oír y cómo debían reaccionar (μὴ θροεῖσθε), pero por lo demás, era principalmente una descripción en tercera persona. Ahora, un segundo imperativo βλέπετε conduce a una sección del discurso en la que predomina el uso de la segunda persona del plural, introducida de manera adecuada por la expresión βλέπετε ὑμεῖς ἑαυτούς y concluye con una exhortación, ὁ ὑπομείνας εἰς τέλος οὗτος σωθήσεται, que funciona como un mandato y al mismo tiempo tranquiliza a los discípulos que están bajo presión. Incluso las dos "predicciones" en tercera persona que aparecen en esta sección (vv. 10 y 12) tienen por objeto subrayar el llamado de los discípulos, como testigos del εὐαγγέλιον (vv. 9 y 11) y como blanco del odio universal por seguir a Jesús (v. 13a).

Esta es, pues, la parte más "personalizada" de un discurso que en general, como ya señalamos antes, se caracteriza más por la exhortación y la preparación

---

49. Este análisis no tiene por objeto cuestionar el uso judío posterior del lenguaje relacionado con los "dolores de parto del Mesías", ni tampoco negar que la idea de un sufrimiento escatológico preliminar para el que usaban esa expresión ya era tal vez moneda corriente en el judaísmo antes de la era cristiana, sino simplemente afirmar que no tenemos ninguna prueba de que la metáfora de los dolores de parto fuera ya un método aceptado para expresar esa creencia en la época de Jesús (o de Marcos).

pastoral que por predicciones abstractas. Como resultado, aún con la inclusión de la proclamación necesaria de las buenas nuevas πρῶτον, el movimiento de la respuesta de Jesús a la pregunta de los discípulos parece haberse ralentizado casi hasta el punto de constituir una digresión. Jesús no tiene prisa por dejar atrás las "aparentes señales" de los vv. 5-8 y comenzar a hablar de las verdaderas señales en el v. 14. Los discípulos deben prepararse primero para lo que podría llegar a ser un tiempo más largo de espera del τέλος del que habían imaginado, un tiempo en el que su fe se verá severamente probada.

Los dichos que componen los vv. 9-13 no deben tomarse como un conjunto orgánico sino como una colección de dichos agrupados en torno a los temas de la persecución, la proclamación y la perseverancia, relacionados entre sí por la repetición triple del verbo παραδίδωμι (vv. 9, 11, 12). Las divisiones actuales de los versículos representan de manera muy adecuada la división natural del pasaje en unidades separadas, aunque observaremos que hay algunas conexiones de pensamiento que los relacionan incluso cuando estos no se ajustan fácilmente en cuanto a la forma o la expresión.[50]

9 Los demás usos de βλέπετε en este capítulo son un llamado más general a mantener una actitud vigilante, sin ningún complemento directo (aunque la cláusula con μή que sigue a βλέπετε en el v. 5 se aproxima mucho); cf. la expresión βλέπετε ἀπό de 8:15; 12:38 y βλέπετε τί ἀκούετε en 4:24. El complemento directo aquí, ἑαυτούς, le otorga a la advertencia un carácter más personal: son ellos los que están en peligro. No se les advierte que escapen de la persecución, sino que se preparen para soportarla fielmente. La falta de un sujeto expreso para παραδώσουσιν tiene el efecto de generalizar la amenaza: son todas las personas las que se levantarán contra ellos. Y la elección de este verbo, con sus reflejos de 9:31; 10:33, sugiere una conexión entre el tratamiento que ellos recibirán y el que recibió el propio Jesús.[51] En cuanto al uso marcano de παραδίδωμι para indicar las etapas sucesivas de la pasión de Jesús, así como el sufrimiento correlativo de Juan el Bautista y de los discípulos de Jesús, véanse 1:14; 9:31; 10:33; 13:9, 11, 12; 14:10-11, 18, 21, 41-42; 15:1, 15.

La oración con sus tres verbos (παραδώσουσιν, δαρήσεσθε, σταθήσεσθε) y tres frases preposicionales (εἰς συνέδρια, εἰς συναγωγάς, ἐπὶ ἡγεμόνων καὶ βασιλέων) tal vez sea mejor considerarla una serie de tres cláusulas con un verbo y una frase preposicional cada una, separadas por dos καί. El verbo aparece al inicio en la primera cláusula y al final en las otras dos. Podría objetarse ante todo que εἰς συνέδρια καὶ εἰς συναγωγάς constituye un par natural después de παραδώσουσιν (o, con otra interpretación, que precede y modifica a δαρήσεσθε) y en segundo lugar, que εἰς συναγωγὰς δαρήσεσθε es

---

50. B. Reicke, en D. E. Aune (ed.), *Studies in NT and Early Christian Literature*, 131-33, examina algunas formas en las que las predicciones de estos versículos se cumplieron realmente en los años que precedieron a la guerra judía.

51. El esfuerzo de R. H. Lightfoot por relacionar todo el discurso con la narración de la pasión (*Message*, ch. 4) resulta especialmente exitoso en lo que respecta a los vv. 9-13.

un modismo incómodo (que aparentemente podría traducirse como "serán llevados a las sinagogas para azotarlos"; o quizás que εἰς se usa solo como un equivalente de ἐν), pero estas consideraciones se ven contrarrestadas por la inconveniencia de interpretar δαρήσεσθε como una cláusula por sí sola y la secuencia desequilibrada de cláusulas que provoca.[52] Sobre la base de esa interpretación, las primeras dos cláusulas tienen un matiz judío (συνέδρια, συναγωγαί), mientras que la tercera se relaciona con las autoridades del imperio romano (ἡγεμόνες, βασιλεῖς: βασιλεύς podría aplicarse [aunque incorrectamente en el caso de Antipas] a los gobernantes herodianos como gobernantes "judíos" bajo el auspicio romano, pero se aplicaría en particular al emperador romano; ἡγεμῶν alude por lo general a un gobernador provincial romano). El sustantivo συνέδριον se usa regularmente en singular en el NT para referirse al sanedrín en Jerusalén, pero también había tribunales judíos locales a los que se les daba ese mismo nombre (véase *m. Sanh.* 1:6 con respecto a la constitución de estos tribunales de veintitrés miembros, que se diferenciaban del "sanedrín más amplio" de setenta y un miembros; cf. Schürer, 2.184-88, 225-26), y lo más probable es que fuera ante estos que se haría comparecer a los discípulos. En cuanto a las sinagogas como lugares de castigo corporal (δέρω es un término general que se usa para referirse a la acción de 'golpear'; cf. 12:3, 5; pero el marco de la sinagoga, después de la mención de συνέδρια, sugiere que se trata de un castigo oficial) cf. Mateo 23:34; Hechos 22:19; los treinta y nueve azotes que los judíos "le infligieron a Pablo (2Co. 11:24) fueron un castigo que le aplicó el "ministro" de la sinagoga (*m. Mak.* 3:10-12; cf. Dt. 25:1-3 para la base de esta práctica).[53] La atmósfera jurídica de las primeras dos cláusulas se mantiene en la tercera: para ἐπί con el genitivo con relación a la comparecencia ante un tribunal, véase BAGD, 286, I.1.a.δ; en realidad, es difícil imaginar en qué calidad aparte de la de discípulos podrían esperar comparecer ante gobernadores y reyes. Los discípulos, pues, tienen que estar preparados para la oposición oficial en los tribunales judíos y romanos (como ilustra muy bien el libro de los Hechos). Ambos tipos de tribunales se hallaban en Palestina, aunque el versículo que sigue sugiere una perspectiva más amplia.

Este cuadro sombrío está modificado por dos frases. En primer lugar, serán sometidos a juicio ἕνεκεν ἐμοῦ; véase el comentario sobre 8:35 (y cf. 10:29). Tendrán problemas por seguir a Jesús, quien también habrá de comparecer muy pronto ante el sanedrín y el gobernador, y por proclamar las

---

52. Gundry, 739, 765, opta por esta lectura alternativa, apoyándola en el uso más frecuente de la preposición εἰς que dicha lectura permite y haciendo una virtud del "énfasis" (que yo llamé "torpeza"; el propio Gundry lo llama más adelante "orfandad") provocado por el asíndeton de δαρήσεσθε desde este punto de vista. Mann, 512, lo traduce de la misma manera, aunque su comentario (516) parece ignorar de manera extraña la interpretación mayoritaria, a la cual nos sumamos en este comentario, y considera solo la alternativa (adoptada, p. ej., por Pesch) de vincular εἰς συνέδρια καὶ εἰς συναγωγάς con δαρήσεσθε, dejando así παραδώσουσιν ὑμᾶς por su cuenta como una cláusula introductoria.

53. Más detalles en C. Schneider, *TDNT*, 4.516; más brevemente, Lane, 461 n. 60.

buenas nuevas acerca de él, y si en esa causa aún perder la vida es ganancia (8:35), mucho más lo será una simple flagelación. En segundo lugar, la propia comparecencia de los discípulos ante el tribunal constituirá un testimonio. En cuanto a εἰς μαρτύριον αὐτοῖς véase el comentario sobre 1:44. Para observar en esta expresión y (probablemente) en 1:44 el mismo tono negativo de 6:11, debemos suponer que a los oficiales se les anunciará el εὐαγγέλιον, pero que ellos no lo aceptarán.[54]

10 Esta declaración puede parecer una incongruencia en medio de una sección que trata de la persecución y del proceso jurídico, y Marcos muy bien podría haberla insertado entre los vv. 9 y 11, que aparentemente no deben separarse. Pero si es así, lo hizo con una buena razón, porque la causa del juicio es el testimonio fiel de los discípulos acerca de Jesús, y les permitirá ofrecer su μαρτύριον aun ante los gobernadores gentiles. Por esta vía tan incómoda (y según cabe esperar, por otros métodos más convencionales también) el evangelio llegará εἰς πάντα τὰ ἔθνη.[55] La relación entre la proclamación de las buenas nuevas y la persecución quedó bien establecida en 6:11 y 8:35-38 (y con más detalles en el "discurso misionero" de Mateo 10 que contiene más material sobre la persecución que sobre la misión). Cf. 14:9 en cuanto a la previsión de que el εὐαγγέλιον continuará proclamándose en todo el mundo después de la muerte de Jesús. El εὐαγγέλιον que comenzó con el mensaje de Jesús (1:14-15) está en vías de convertirse en las buenas nuevas *acerca* de Jesús (1:1).

Y estas buenas nuevas están destinadas a πάντα τὰ ἔθνη. Las excursiones de Jesús por el territorio galileo (5:1-20; 7:24–8:10) y su séquito gentil en 3:8 comenzaron a prepararnos para esta visión, y en 7:24–8:10 observamos una extensión deliberada de las bendiciones del Mesías de Israel a los pueblos vecinos. Es posible que la inclusión específica de πάντα τὰ ἔθνη en la cita de Isaías en 11:17 apunte también en esa dirección, aun cuando ese no sea el eje central en el contexto. La confesión posterior de Jesús como Hijo de Dios por parte de un funcionario gentil constituirá un anticipo de la iglesia universal (15:39). Pero este versículo (y por implicación 14:9) es la indicación más explícita en el Evangelio de Marcos del alcance universal de las buenas nuevas, y por ende, de la misión cristiana, tal como se detallará en la comisión final de Mateo (28:19-20) y en toda la narración del segundo volumen de Lucas. Esa idea, como vamos a ver, se desarrollará aún más en el v. 27.

---

54. D. Wenham, *Rediscovery*, 278, comenta: "Si este testimonio es una bendición o una maldición para los que oigan dependerá de la manera en que reaccionen ante él". Muchos comentaristas creen que la expresión tiene aquí un tono especialmente positivo a la luz de la proclamación de las *buenas* nuevas en el versículo que sigue; su comparecencia en juicio será una oportunidad para evangelizar.

55. El argumento de G. D. Kilpatrick (en D. E. Nineham [ed.], *Studies in the Gospels*, 145-58; *JTS* 9 [1958] 81-86) de que καὶ εἰς πάντα τὰ ἔθνη (en consonancia con W Θ y varias versiones antiguas) debe considerarse parte de la oración anterior no ha sido favorablemente recibido, aunque Trocmé, *Formation*, 210-11 n. 2, lo encuentra "muy atractivo". Hooker, 310-11, se muestra también inusualmente positivo al respecto.

En este contexto de la respuesta a la pregunta de los discípulos, "¿cuándo... y qué señal?", la atención se centra especialmente en el adverbio πρῶτον. "Primero" implica que después hay algo más, pero la oración termina sin mencionarlo. Tampoco se menciona de manera obvia en los vv. 9-13: la persecución que se espera no es una consecuencia de la proclamación universal de las buenas nuevas, sin más bien el contexto en el cual se llevará a cabo. Si queremos encontrar una explicación para el πρῶτον, tenemos que recurrir al contexto más amplio del discurso y la pregunta que dio lugar a él. La proclamación del evangelio a todas las naciones es el preludio al acontecimiento sobre el que versaba la pregunta de los discípulos, y que, según dijimos ya, es la destrucción del templo. En ese caso, esta es otra "señal". El templo no será destruido (ni, junto con él, llegará a su fin el papel principal de Israel en los propósitos de Dios) hasta que las buenas nuevas ya hayan llegado a πάντα τὰ ἔθνη fuera de los límites de Israel, y entonces, el nuevo "templo" que remplaza el edificio físico no será solamente una institución judía. Esta perspectiva se pone de manifiesto en el v. 27 en la reunión de los elegidos de todo el mundo bajo la soberanía recién establecida del Hijo del Hombre. La proclamación del εὐαγγέλιον es la vía por la que se llevará cabo esta reunión, y por tanto, el alcance de esa proclamación tiene que ser universal. Además, tiene que ocurrir πρῶτον, para poder ser la base de ese nuevo comienzo que sigue al final del nuevo orden (y del templo que lo simboliza). Por consiguiente, antes que el templo sea destruido, las buenas nuevas tienen que proclamarse a todas las naciones.

¿Qué señal tan útil podría representar esta declaración? Algunos misioneros apasionados, presuponiendo que aquí se hace referencia a la parusía y no a la destrucción del templo, le han dado a este texto en ciertas ocasiones una interpretación muy literal y han llegado a la conclusión de que la parusía está retrasada y debe retrasarse hasta que la última nación de la tierra haya recibido las buenas nuevas. Sin embargo, el hecho de usar este versículo con esa referencia a la parusía plantea muchos problemas, como por ejemplo, qué constituye una ἔθνος, hasta qué punto ha de tomarse literalmente el adjetivo "todas" y en qué momento puede decirse que las buenas nuevas se le han proclamado a una ἔθνος determinada (¿la infiltración de un folleto evangelístico o una emisión radial, el establecimiento de una iglesia viable o qué?). Afortunadamente, esas preguntas son irrelevantes ante la postura que hemos adoptado en este comentario, por cuanto el acontecimiento antes del cual debía ocurrir ya tuvo lugar hace más de diecinueve siglos.

¿Es entonces el v. 10 una predicción que no se ha cumplido? Técnicamente tal vez no sea una predicción sino más bien la manifestación de una intención (δεῖ), pero de todas formas no hace hincapié en el número total de ἔθνη evangelizadas, sino en el hecho de que las buenas nuevas para los judíos se hayan convertido en las buenas nuevas para los gentiles. La perspectiva de Pablo también pone en tela de juicio cualquier cálculo demasiado detallado de los objetivos misioneros alcanzados, porque a mediados de los años 50 él aseguró que había "predicado en toda su plenitud" (¿? —el significado de πεπληρωκέναι es cuestionable) el evangelio de Cristo por toda la región desde Jerusalén hasta Ilírico de manera que ya no le quedaba por visitar ningún lugar en esa área (Ro. 15:19, 23; cf. Ro. 16:26; Col. 1:6, 23). Desde ese punto de vista, Marcos, mientras escribía en Roma algún tiempo después, no tuvo ningún reparo en asegurar que las buenas nuevas ciertamente habían sido proclamadas a πάντα τὰ ἔθνη cuando el templo todavía estaba en pie. Existía ya un pueblo de Dios internacional, aun cuando no todas las naciones hubieran escuchado las buenas nuevas (o ni siquiera se conocía de la existencia de las mismas en esa época).

11 Volvemos ahora con las escenas de juicio del v. 9 (obsérvese la función de reanudación del verbo παραδιδόντες) pero ahora con el elemento de proclamación (v. 10) como la preocupación principal del discípulo mientras está siendo juzgado. En cuanto al uso absoluto de παραδίδωμι, cf. 1:14, donde hace referencia a la detención y al encarcelamiento, mientras que aquí se centra aparentemente en el juicio. Προμεριμνάω aparece por primera vez en este pasaje, y es una acuñación bastante obvia del término común μεριμνάω (véase especialmente Mt. 6:25-34) cuando el objeto de la preocupación es un suceso futuro. La promesa de que las palabras les serán dadas es para los discípulos que están sometidos a la severa presión de un juicio, ¡no para los predicadores indolentes! En razón del bajo estatus social de la mayoría de los primeros discípulos de Jesús, la posibilidad de comparecer incluso ante un συνέδριον local resultaba bastante intimidante, y mucho más ante ἡγεμόνες καὶ βασιλεῖς, pero en su insuficiencia, recibirían la ayuda divina, para que no se perdiera la oportunidad de dar un μαρτύριον eficaz. Esta es una de las tres ocasiones en las que se menciona el Espíritu Santo en Marcos después del prólogo, y la única en la que se prevé la acción del Espíritu Santo en relación con los discípulos. La garantía que se ofrece nos recuerda el concepto joánico del παράκλητος: véase especialmente Juan 14:26; 15:26-27; 16:8-11 con respecto a la función del Espíritu como "fuerza motriz" para el testimonio de los discípulos. Lucas habla con entusiasmo del cumplimiento de esta promesa (Lc. 12:11-12; 21:12-15; en la última cita es el propio Jesús y no el Espíritu quien proporcionará las palabras) en las narraciones de Hechos 4:8, 31; 5:32; 6:10; 13:9, etc.

12 Este dicho, que evoca Miqueas 7:6,[56] sitúa la persecución oficial prevista en los vv. 9 y 11 en el contexto más amplio de los conflictos incluso dentro de la familia. La idea general, más que las palabras específicas, es la que nos hace recordar la profecía de Miqueas: los miembros de la familia que se mencionan son diferentes, y entre los verbos que se emplean solo ἐπαναστήσονται refleja el texto de la LXX. Contrástese con Mateo 10:35,

---

56. N. T. Wright, *Victory*, 347-48, considera que este es "un ejemplo clásico de la evocación de un pasaje completo [Mi. 7:2-10] por medio de una sola referencia". La versión de Mi. 7 en el Tárgum de Jonatán presenta nexos aún más estrechos con este pasaje, en particular una referencia específica a hermanos que entregan a la muerte a sus hermanos; véase L. Harman, *Prophecy*, 168-69.

donde se sigue muy de cerca el texto de Miqueas, aunque no en la forma en que aparece en la LXX. La advertencia de Miqueas se refería a un desmoronamiento general de la sociedad en Judá, de manera que "los enemigos del hombre son sus propios parientes", pero este dicho es más concreto por dos razones, a saber, porque el contexto indica que la hostilidad familiar está dirigida específicamente contra los que han decidido seguir a Jesús, y porque menciona dos veces no solo el odio sino también el homicidio, una violación casi impensable de nexos familiares como los que existen entre hermanos o entre padres e hijos. Este es un nivel de persecución contra los cristianos acerca del cual tenemos escasas pruebas claras en el siglo I al menos hasta la eliminación de los cristianos por parte de Nerón después del incendio de Roma en el año 64 d.C., aunque las muertes de Esteban y de los dos Jacobos (Hch. 12:1-3; Josefo, *Ant.* 20.200) y la persecución liderada por Saulo muestran lo que podría ocurrir incluso en un contexto judío. Παραδώσει εἰς θάνατον sugiere cuál es la función de los denunciantes: ya en la persecución de Nerón el hecho de ser cristiano era motivo suficiente para ser ejecutado, y las personas eran condenadas por el testimonio de otros (Tácito, *Ann.* 15.44); en la época del gobierno de Plinio en Bitinia c. 112 esa denuncia de los cristianos era normal (Plinio, *Ep.* 10.96.5-6).

13 La situación general que se describe en el v. 12 está adaptada a los discípulos.[57] Serán blanco del odio διὰ τὸ ὄνομά μου, específicamente por ser seguidores de Jesús (cf. ἕνεκεν ἐμοῦ, v. 9). En cuanto al nombre como un modismo que indica una relación con Jesús cf. ἐν/ἐπὶ τῷ ὀνόματί μου en 9:37, 38, 39 y 41. La previsión de la hostilidad general y el ostracismo es un tema joánico especialmente fuerte (Jn. 15:18-21; 16:1-4; 17:14-16; 1Jn. 3:13; 4:4-6), pero fue un elemento característico de gran parte de la mentalidad cristiana primitiva, y se refleja tal vez en la descripción notoriamente ambigua de Tácito sobre la razón de la persecución de los cristianos, *odian humano generis* (Tácito, *Ann.* 15.44). No cabe esperar que dicha hostilidad sea superada, hay que soportarla. Después del uso de τέλος en v. 7 como el horizonte para la discusión inmediata, a saber, la destrucción del templo, podría parecer natural tomarlo en el mismo sentido aquí, solo que en este caso no hay ningún artículo, y εἰς τέλος es una expresión estándar (que a menudo refleja el término hebreo *línea*, "para siempre"; para ejemplos neotestamentarios, véanse Lc. 18:5; Jn. 13:1) que tiene el significado general de "hasta", "para siempre", sin referirse a ningún τέλος específico (cf. nuestra expresión idiomática "durante el tiempo que sea necesario"), y tal vez sea mejor tomarla en ese sentido aquí. El discípulo es el que tiene que soportar lo que pueda venir sin rendirse y el que finalmente triunfará. En cuanto a σῴζω con este sentido más "espiritual" (contra su significado normal de restauración física en Marcos), véase el

---

57. Es posible que continúe la influencia de Miqueas 7, por cuanto la primera oración del v. 13 refleja de nuevo la idea de Mi. 7:6, mientras que la segunda oración tal vez está inspirada en las palabras de Mi. 7:7: "Pero yo miraré al Señor, esperaré al Dios de mi salvación" (LXX, ὑπομενῶ ἐπὶ τῷ θεῷ τῷ σωτῆρί μου).

comentario sobre 10:26. La secuencia carecería de sentido a partir del v. 12 si interpretáramos que σωθήσεται aquí significa "no lo matarán"; el sentido se aproxima más al de 8:35,[58] en cuanto a la verdadera vida que está garantizada para los que permanezcan fieles aunque tengan que perder su vida física en la causa de Jesús y de sus buenas nuevas. Esta última oración de la sección no es, pues, una predicción acerca del "fin" (y por ende, no ayuda directamente a responder la pregunta de los discípulos) sino más bien un llamado a la perseverancia, y garantiza que los que sufren por Jesús no serán, en última instancia, los que pierdan.

El principio del fin (13:14-23)

Para responder a la pregunta sobre el momento en que tendrá lugar la destrucción del templo, Jesús comenzó a hablar de algunos sucesos perturbadores que deben ocurrir, aunque "todavía no es el fin", y prosigue haciendo hincapié en la persecución que experimentarán los discípulos durante ese tiempo y los exhorta a permanecer fieles. En ese período también las buenas nuevas acerca de Jesús deben trascender las fronteras de Israel y llegar a πάντα τὰ ἔθνη. Será un tiempo incómodo de readaptación, porque la nueva situación provocada por la venida de Jesús exige una redefinición de los vínculos familiares, en preparación para el drástico desenlace que él predijo. Pero ahora ha llegado el momento de comenzar a responder a la pregunta de ellos de una manera más directa. La expresión ὅταν δὲ ἴδητε introduce una "señal" más específica y visible que cualquier cosa a la que se haya hecho referencia en los vv. 5-13, y eso indica que hemos dejado atrás el período de aplazamiento y hemos entrado en el período del cumplimiento.

La mención de la βδέλυγμα τῆς ἐρημώσεως vuelve a centrar nuestra atención en el templo, donde la profecía de Daniel había ubicado originalmente la presencia indeseada de una βδέλυγμα (Dn. 9:27; 11:31; 12:11), y en respuesta a su aparición allí, el pueblo de Judea deberá escapar a los montes (vv. 14-16). Suele admitirse que el tiempo de angustia que se vivirá entonces (vv. 17-20) se refiere, tal como lo exige su contexto, al período de la conquista romana de Judea y de la lucha interna judía en la capital que culminó con el asedio de Jerusalén y llegó a su clímax en el año 70 d.C. con la conquista y devastación de la ciudad y la destrucción del templo. Durante este período, al igual que en el período preliminar (v. 6), habrá de nuevo falsos mesías y un peligro real de ser "engañados" (vv. 21-22). Pero los discípulos deben estar en guardia; se les ha advertido (v. 23).

Esta sección, pues, presenta un relato sobre la situación que precede a la caída de la ciudad, desde la aparición de la βδέλυγμα τῆς ἐρημώσεως, la última oportunidad de escapar, hasta los horrores del asedio. Pero sigue sin darle una

---

58. El pasaje paralelo de Lucas (21:19) se acerca aún más: ἐν τῇ ὑπομονῇ ὑμῶν κτήσεσθε τὰς ψυχὰς ὑμῶν.

respuesta cabal a la pregunta de los discípulos: ofrece, sin duda, una σημεῖον, pero no incluye todavía en su alcance la destrucción del templo. La sección que sigue, sin embargo, comenzará con las palabras: ἀλλα ἐν ἐκείναις ταῖς ἡμέραις... Por tanto, en el v. 23 aún no hemos llegado al final de los acontecimientos que deben seguir a la aparición de la βδέλυγμα τῆς ἐρημώσεως: el clímax aún está por venir. En la próxima sección del discurso veremos de qué manera vendrá. Por ahora, seguimos en el período de preparación para el clímax, aunque vamos acercándonos angustiosamente a él.

Pero aunque el consenso general es que el contenido de esta parte del discurso se refiere a la guerra judía, no ocurre lo mismo con respecto al acontecimiento que la precede. El contexto le impone ciertas restricciones a nuestra interpretación de la βδέλυγμα τῆς ἐρημώσεως. (1) Debe identificarse de alguna manera con el significado que tiene en Daniel, a saber, una profanación del templo que implicaba la instalación de la βδέλυγμα τῆς ἐρημώσεως y el cese de los sacrificios regulares. El contexto en Daniel deja claro que esto se refiere a la abolición del culto del templo ordenada por Antíoco Epífanes en el año 167 a.C., y 1 Macabeos 1:54, 59 confirma que la βδέλυγμα ἐρημώσεως en sí misma representa el altar de Zeus que fue erigido en aquellas circunstancias sobre el altar de los holocaustos en el templo. No hay nada que pruebe que la frase se usara en cualquier otro sentido, y por tanto, los que lo oyeron deben haberlo entendido, si es que en realidad lo entendieron, en función de la profecía de Daniel. Dado que los sucesos específicos del período macabeo ya habían quedado muy lejos en el pasado, el uso de la frase en el siglo I solo podía tomarse como una alusión a un único suceso u objeto que en cierta forma era posible identificar con lo que había hecho Antíoco. El nivel de identificación entre ambas cosas, sin embargo, es una cuestión de criterio: el paréntesis ὁ ἀναγινώσκων νοείτω podría sugerir que exigía cierta sutileza en la interpretación. (2) El acontecimiento será tan reconocible que les indicará claramente a los que estén viviendo en Judea que ha llegado el momento de huir a toda prisa. (3) Ocurrirá poco antes del avance y el asedio romanos, cuando todavía sea posible escapar, pero el suceso será tan inminente que habrá que actuar de inmediato.

Ese sacrilegio marcará el comienzo del proceso que conduce a la destrucción del templo. La capacidad de discernir si esta advertencia se cumplió en un suceso histórico conocido concreto no incumbe tanto a la exégesis del texto como a la curiosidad histórica y la apologética teológica que se enfrenta a la pregunta: "¿lo entendió Jesús de la manera correcta?". Se han propuesto varias identificaciones históricas de ese tipo que se examinarán en las notas siguientes. No existe, empero, ningún acuerdo con respecto a ninguna de ellas, y en cualquier caso debemos tener en cuenta que, incluso con la ayuda de Josefo, no conocemos todo lo que ocurrió en Jerusalén en aquellos años.

La fecha del escrito de Marcos constituye, por supuesto, un factor importante para poder entender su texto en este momento. Si Marcos ya estaba contemplando retrospectivamente los sucesos del asedio y la caída de la ciudad, la naturaleza enigmática de su lenguaje es sorprendente (contrástese con el pasaje paralelo en Lc. 21:20), como también lo es nuestra incapacidad para encontrar una identificación razonablemente fiel del acontecimiento en el que él creía que se había cumplido la predicción de Jesús. ¿No podría haber elaborado un argumento más convincente que este a la luz de lo que en realidad sucedió? Lo más probable, pues, es que estuviera refiriéndose a una predicción conocida que Jesús había hecho antes del suceso, y por eso, no tenía forma de adaptar las palabras a los acontecimientos.[59] Sin embargo, existe también la opinión intermedia de que Marcos escribió entre la aparición de la βδέλυγμα y la caída de la ciudad, y que el llamado a escapar antes que fuera demasiado tarde era una invitación inmediata para sus primeros lectores, que el Evangelio, o al menos esta parte de él, era un volante sobre los tiempos, un panfleto político que instaba a una acción precipitada a la luz de un acontecimiento muy reciente y bien conocido que indicaba que el fin se acercaba. En virtud de esa interpretación, el lector no solo debe entender, sino actuar inmediatamente. Esa reconstrucción, con algunas variaciones, cuenta con una larga historia desde Colani en adelante. Pero presenta el mismo problema que la opinión *post eventum* más generalizada, a saber, que ese llamado a una acción inmediata exige sin duda una señal más claramente reconocible que las palabras enigmáticas del v. 14. Si para evitar este problema suponemos que el uso por parte de Marcos del lenguaje de Daniel fue un recurso enigmático del que él se valió para que en caso de que su escrito cayera en las manos equivocadas, les resultara inteligible solo a los que conocían el código (ὁ ἀναγινώσκων νοείτω), dicha suposición podría parecer el último recurso exegético al que pudo echarle mano, y dejaría pendiente la pregunta desconcertante de qué era a lo que Marcos podía temerle y quién inspiraba ese temor si hubiera sido más explícito.[60] Con todo, un *vaticinium ante eventum* tiene más sentido desde el punto de vista exegético.

La descripción de la crisis en los vv. 17-20, como una época de sufrimientos inigualables y de la cual nadie pudiera esperar sobrevivir sin la intervención divina, no supera la narración detallada y espeluznante del asedio en Josefo, *Guerra*, p. ej., 5.424-38, 512-18, 567-72; 6.193-213. Pero, ¿a quiénes va dirigida?

Esta sección, al igual que las dos secciones previas, está introducida por una expresión dirigida a la segunda persona del plural (ὅταν ἴδητε) y concluye con otro uso del imperativo βλέπετε en v. 23, acompañado del solemne recordatorio προείρηκα ὑμῖν πάντα. Se espera, pues, que los discípulos presten atención a estas advertencias y predicciones, y presumiblemente, reconozcan

59. El versículo 14 constituye la base del argumento de D. W. Chapman, *Orphan*, 142-57, de que Marcos escribió antes del año 68 d.C.; Chapman propone el año 50 d.C. como fecha más probable.

60. La siguiente explicación de Myers, 335: "No es posible que se refiera simple y claramente a las operaciones militares romanas, porque de hacerlo traicionaría a su comunidad de resistencia", no solo constituye una interpretación dudosa de βδέλυγμα τῆς ἐρημώσεως sino que también presupone un entorno de vida para Marcos que no es obvio. ¿A quién y qué estaría traicionando?

que estos acontecimientos preludian la destrucción del templo. Sin embargo, en medio de estas expresiones dirigidas a la segunda persona del plural, el discurso no parece centrarse de manera muy directa en la situación personal de los discípulos. Los imperativos de los vv. 14-16 están en tercera persona, y van dirigidos a los "que están en Judea" y no específicamente a los discípulos. Cualquier participación que ellos puedan tener en estos acontecimientos, es como habitantes de Judea, pero no desempeñan ningún papel especial propio. La mayor parte de la descripción del sufrimiento relacionado con la huida y el asedio en los vv. 17-20 aparece también en tercera persona e incluye una referencia específica a los problemas de las mujeres, aunque dentro de ella hay una exhortación en segunda persona del plural a orar para que la huida no sea en invierno. ¿Se les pide acaso a los discípulos que oren por otras personas afectadas por la guerra, particularmente las mujeres, o se verán ellos mismos afectados? ¿Podría ser que este imperativo no esté dirigido específicamente a los discípulos sino a cualquiera que se vea envuelto en la crisis? De manera similar, el tema de los falsos mesías al que nuevamente se hace alusión en los vv. 21-22 es introducido, al igual que en los vv. 5-6, por un imperativo de segunda persona que no debe pasarse por alto, y sin embargo, la descripción de los impostores se hace en forma genérica, y no se refiere concretamente a los discípulos sino más generalmente a los ἐκλεκτοί. La doble aparición de este término en los vv. 20-21, que vuelve a repetirse en el v. 27, pero no se usa en ningún otro lugar de Marcos, introduce una nueva complicación en lo que compete al alcance de esta sección del discurso.

Todo esto se suma a una variedad incomprensible de destinatarios y de referencias. Esto podría sin duda indicar que esta sección se originó en una serie de dichos independientes, pero eso no nos ayuda con la exégesis de estos versículos tal como aparecen en Marcos. Si fue él quien reunió esta pequeña colección, logró organizar los temas de una manera adecuada (desde la señal hasta la acción evasiva, los sufrimientos del período de crisis y el peligro de los impostores), pero no aclaró suficientemente la manera en que todo esto debía aplicarse a los discípulos. ¿Espera Jesús que estén presentes en Judea cuando llegue la crisis? ¿Son ellos los que tienen que huir? Y en ese caso, ¿tendrán tiempo de escapar o se contarán entre los que tengan que experimentar estos sufrimientos sin precedentes y oren por sí mismos junto con los demás para que no ocurran en invierno? ¿Se encontrarán los discípulos con los falsos mesías en Jerusalén en las proximidades del fin, o el radio de operación de estos será más amplio? Y, ¿quiénes son los ἐκλεκτοί? ¿Los discípulos, un grupo más numeroso de seguidores de Jesús o individuos que no pertenecen a una categoría específicamente cristiana?

Se trata, por tanto, de una sección del discurso bastante desconcertante, que permite un amplio margen para la variación exegética no solo en lo que respecta a los detalles sino también a su perspectiva general. Volveremos a referirnos a las preguntas anteriores en las notas que siguen, pero no siempre con una gran confianza en las respuestas que se proponen. Lo más importante, pues, es que recordemos en primer lugar que las incertidumbres en cuanto a la manera en que los propios discípulos encajan en los sucesos descritos no afectan la función principal de estos versículos dentro del hilo del discurso en general. Dicha función es trasladarnos de la época del "todavía no" y de la perseverancia al momento en que comienza la fase final del juego, y dejarnos preparados, cuando lleguemos al v. 24, para la última respuesta a la pregunta de los discípulos. En lo tocante a la estructura del discurso en general, los vv. 14-23 representan el principio del fin.

14 La frase τὸ βδέλυγμα τῆς ἐρημώσεως se encuentra en Daniel 12:11 en la LXX, y βδέλυγμα ἐρημώσεως en Daniel 12:11 en Teodoreto y en Daniel 11:31 en la LXX (donde en Teodoreto se lee βδέλυγμα ἠφανισμένον). En el texto correlativo de Daniel 9:27 en ambas versiones aparece βδέλυγμα τῶν ἐρημώσεων, y en Daniel 8:13 ambas contienen la expresión ἡ ἁμαρτία ἐρημώσεως. En todos estos pasajes, con excepción del último, la frase hebrea es šiqqûṣ (m)šômēm ("una cosa aborrecible [se usaba normalmente para referirse a los ídolos] que desola", o tal vez "espanta"),[61] y en todos los casos alude sin duda al mismo suceso, a saber, la profanación del santuario del templo y la supresión del holocausto continuo. No se ha conservado ningún otro uso de esta frase, salvo en el relato de 1 Macabeos 1:54 sobre la abolición del culto del templo en el año 167 a.C. (a la que los pasajes de Daniel también se refirieron claramente), y se identifica de manera específica con un altar que se erigió sobre el altar de los holocaustos (cf. 1Mac. 1:59). La referencia histórica es por tanto inconfundible, y la nota adicional de que este objeto está ὅπου οὐ δεῖ concuerda con la colocación del altar pagano encima del altar de los holocaustos en el templo. Al parecer, pues, a lo que los discípulos deben estar atentos es a que se repita de algún modo el sacrilegio del año 167 a.C.

El participio masculino de Marcos, ἑστηκότα,[62] resulta inesperado. El sustantivo βδέλυγμα es neutro, y por tanto, sería prácticamente imposible tomar el masculino como una *constructio ad sensum* cuando el sujeto es el altar. No hay nada en los pasajes de Daniel ni en 1 Macabeos que sugiera que pueda atribuírsele un carácter personal a la βδέλυγμα τῆς ἐρημώσεως. ¿Transformaría Marcos acaso el lenguaje para referirse a un violador personal del templo? Esa ha sido la conclusión a la que han llegado muchos de los que han relacionado este pasaje con la profecía de 2 Tesalonicenses 2:3-4 acerca del ἄνθρωπος τῆς ἀνομίας que se sentará en el ναὸς τοῦ θεοῦ y afirmará que es Dios, y han interpretado que no se refiere a los acontecimientos que precedieron a la destrucción del templo, sino al conflicto escatológico. Sin embargo, esa no es la única explicación acerca del masculino que usa Marcos, y el hecho de que su βδέλυγμα esté parada, y no sentada como el hombre de pecado, aunque no

---

61. Con respecto a la sugerencia de que la versión de la LXX no es una traducción exacta del hebreo y que el uso neotestamentario de la frase depende de la diferencia, véase mi obra *Jesus and the OT*, 254-55, especialmente n. 43.

62. Gundry, 772, considera y rechaza la posibilidad de que sea un plural neutro.

constituye en sí misma una diferencia decisiva, podría encaminarnos en una dirección diferente. Cuando los emisarios de Antíoco profanaron el templo y erigieron un altar pagano, también le cambiaron el nombre y lo llamaron el templo del Ζεὺς Ὀλύμπιος (2Mac. 6:2) e instalaron en él una estatua de su nuevo dios; si la intención de Marcos era buscar un equivalente de esa estatua del dios (masculino) Zeus, podría haber aludido a "aquel" que estaba parado (masculino) en el templo.[63] Mateo se refiere explícitamente a la profecía de Daniel, y por esa razón, el paréntesis ὁ ἀναγινώσκων νοείτω en su versión del discurso pudiera considerarse parte del estilo indirecto, para invitar al lector *de Daniel* a que preste atención. Marcos, en cambio, no nos ha dejado esa opción por cuanto no hace referencia a ningún texto escrito. La cláusula, por ende, tiene un paréntesis creado por el autor (para paréntesis similares, véanse 2:10; 3:30; 7:3-4, 19), para pedirle al lector de su discurso que repare en la cláusula anterior. Eso es todo lo que νοέω da a entender: el paréntesis es un *nota bene*.[64] Pero en vista de la naturaleza enigmática de la referencia a una βδέλυγμα en el lugar donde no debe estar, podría tratarse también de un aviso de que el significado no es obvio y habrá que pensar si el lector está en condiciones de interpretar adecuadamente esa "señal" (cf. Ap. 13:18; 17:9 con respecto a la necesidad de νοῦς para sacar provecho del simbolismo enigmático). Para comprender la relación que existe entre los sucesos futuros y la profanación del templo por parte de Antíoco podríamos necesitar tal vez algún pensamiento lateral.

En cuanto se perciba la presencia de la βδέλυγμα, será preciso actuar sin demora (τότε). La convocatoria no es para los moradores de Jerusalén sino para los que están ἐν τῇ Ἰουδαίᾳ. Marcos menciona a Judea solamente en tres ocasiones más, en dos de las cuales aparece Jerusalén como un elemento separado en la lista geográfica (1:5; 3:7), mientras que en la tercera (10:1) denota la llegada de Jesús a la provincia de camino a Jerusalén, adonde finalmente llegará en el próximo capítulo. Por lo tanto, parece improbable que Marcos usara el término de manera descuidada aquí como un sinónimo de Jerusalén (lo cual no es). Es la provincia de Judea la que está en peligro, y se exhorta al pueblo que huya de allí εἰς τὰ ὄρη. Dado que una gran parte de Judea, incluyendo a Jerusalén y muchas de las principales ciudades, estaba en "las montañas", esta convocatoria podría ser una invitación no tanto a emigrar a otra provincia (la teoría de Marxsen de que Marcos escribe para instar a la

---

63. Véase G. R. Beasley-Murray, *Last Days*, 409-10, para la literatura sobre la estatua y para esta explicación del masculino de Marcos. Str-B, 1.951, ofrece algunas referencias rabínicas para la estatua. L. Gaston, *No Stone,* 24, aunque está convencido de que no existió históricamente ninguna estatua, señala que "en toda la tradición judía, y en muchos de los padres de la iglesia, el šiqqûṣ de Daniel se interpretaba como un ídolo, es decir, una estatua colocada en el templo.

64. Gundry, 742-43, señala con razón que el "lector" era normalmente el que leía el texto en voz alta ante un auditorio. En ese caso, ¿cabría la posibilidad de que Marcos estuviera ordenándole que no se conformara solamente con entender lo que significaba, sino que también se lo explicara a sus oyentes?

iglesia a ir hacia el norte, a Galilea, para esperar la venida del Hijo del Hombre, no cuenta con ningún respaldo en el texto) como a abandonar las ciudades y esconderse en los montes. Véase el comentario sobre 3:13 con respecto al significado de εἰς τὰ ὄρη. Cf. Ezequiel 7:16 acerca de los montes como lugares de supervivencia cuando Judá fue invadida por los babilonios, y para otras referencias veterotestamentarias al hecho de refugiarse en los montes véanse, por ejemplo, Génesis 14:10 y Jeremías 16:16. Hay un precedente más cercano en 1 Macabeos 2:28 donde leemos que en el año 167 a.C., en cuanto Matatías hizo manifiesta su oposición a las nuevas políticas religiosas de Antíoco, ἔφυγεν εἰς τὰ ὄρη con sus hijos, dejando todas sus posesiones en la ciudad (cf. también 2Mac. 5:27).

Ese llamado podría concordar en algunos aspectos con lo que conocemos de la guerra en Judea. En el relato de Josefo, el verdadero asedio de Jerusalén no comenzó hasta la primera parte del año 70 d.C., y en ese momento la guerra en Judea ya se había prolongado en forma intermitente durante tres años y medio. Después de la malograda campaña inicial de Cestio Galo en Judea a fines del año 66, Vespasiano se concentró primeramente en Galilea y en Perea, pero más tarde, en la primera parte del año 68, tomó el control de casi toda Judea. Se suspendieron las operaciones a causa de la guerra civil romana, hasta que en otra campaña, a mediados del 69, quedó sometido el resto de la provincia con excepción de Jerusalén y las fortalezas de Herodión y de Masada. No fue hasta la pascua del año 70 d.C., después que Vespasiano había vuelto a suspender la guerra para ocupar el cargo de emperador, que el ejército de Tito llegó ante los muros de Jerusalén. La coyuntura en esta secuencia de acontecimientos en Judea en la que podría haber sido conveniente huir a los montes es una cuestión de especulación, pero nuestra interpretación del texto de Marcos, si él escribió antes que tuviera lugar cualquiera de estos acontecimientos, no se ve afectada. Judea va a enfrentarse a un período de grandes sufrimientos, y la gente común debe prepararse para los tiempos difíciles.

Entre las identificaciones históricas que se han propuesto de la βδέλυγμα τῆς ἐρημώσεως que habría de provocar esta huida, hay tres que vale la pena mencionar aquí. (a) La orden del emperador Cayo (Calígula) de que se erigiera una estatua de su propia persona en el templo de Jerusalén ofrece la atracción obvia de que una estatua masculina podría explicar la forma verbal masculina ἑστηκότα, y es difícil imaginar una profanación más espantosa del templo o más parecida a la de Antíoco. Sin embargo, hay dos problemas obvios que pesan más que la atracción: la orden nunca fue llevada a cabo, y de todas maneras, la fecha (40 d.C.) es tan anterior a la de la guerra en Judea que hace que la "señal" resulte deficiente, como Marcos debe haberlo sabido.[65] (b) Las legiones

---

65. Véase L. Gaston, *No Stone*, 25-27, con respecto a la opinión de que esta parte del discurso tuvo su origen como un oráculo profético en el invierno de los años 40-41 d.C., antes que la muerte de Cayo eliminara la amenaza. De ser así, resulta difícil justificar la reproducción de Marcos de ese oráculo algunas décadas después. El argumento de D. W. Chapman (véase la pág. 521 n. 61 supra) a favor de una fecha de Marcos alrededor del año 50 d.C. incluye la sugerencia de que las palabras

romanas portaban estandartes que los soldados contemplaban con admiración religiosa, pero para los judíos eran símbolos idolátricos; por esa razón, nunca fueron introducidos en Jerusalén para no provocar la hostilidad judía (cf. el intento malogrado de Pilato de hacerlo; Josefo *Ant.* 18.55-59). La presencia de esos estandartes en la zona del templo constituiría una profanación tan grave como la que había perpetrado Antíoco; Josefo incluso refiere que los soldados romanos ofrecían sacrificios a los estandartes en los atrios del templo mientras ardía el santuario (*Guerras* 6.316). La ventaja evidente que ofrece esta identificación es que relaciona la βδέλυγμα τῆς ἐρημώσεως de Marcos con el pasaje "paralelo" de Lucas, "Jerusalén rodeada de ejércitos", pero tampoco tiene ningún valor como una señal para huir: en el momento en que los estandartes estaban donde no debían estar, la huida era imposible, y la guerra de Judea ya había terminado.

(c) Josefo (*Guerras* 4.150-57) atestigua que en el invierno del 67/8 los zelotes liderados por Juan de Giscala se apoderaron del templo, lo convirtieron en su cuartel general, μεμιασμένοις τοῖς ποσὶ παρῄεσαν εἰς τὸ ἅγιον y designaron un sumo sacerdote falso para que realizara una parodia del ritual del templo; la indignación popular provocó una batalla dentro del propio templo (4.196-207) y la sangre de los zelotes contaminó el santuario 201). Cf. también *Guerras* 4.388 con respecto a una "antigua profecía" que anunciaba que la ciudad sería tomada y el templo incinerado tras haber sido contaminado por "manos nativas"; Josefo interpreta que esta profecía se cumplió en las acciones de los zelotes. Aun cuando se admita la extravagancia del lenguaje de Josefo, este ultraje pudiera haber recordado de alguna manera la profanación bajo Antíoco, y tuvo lugar antes de la primera campaña importante de Vespasiano en Judea, cuando todavía era posible huir a los montes. ¿Podría el lector de Marcos haber reconocido en estos acontecimientos la βδέλυγμα τῆς ἐρημώσεως, y tal vez incluso haberle atribuido el masculino ἑστηκότα a Juan Giscala? Es posible, pero no podemos decir con certeza si era eso en lo que Marcos o Jesús estaban pensando.

Tal como mencionamos ya, lo que leemos en los vv. 14-16 no sugiere claramente que los discípulos (que eran galileos) estuvieran involucrados en los problemas de Judea. Los imperativos de tercera persona van dirigidos "a quien pueda interesar". Eusebio, *H.E.* 3.5.3, hace referencia a una tradición de que πρὸ τοῦ πολέμου[66] la comunidad cristiana de Jerusalén emigró de la ciudad de Pela en la Decápolis (que, al ser una ciudad gentil, no participaba de dichos problemas), y que fueron impulsados a hacerlo por "un cierto oráculo que las personas autorizadas en aquel lugar recibieron por revelación". La sugerencia

---

de Jesús acerca de la βδέλυγμα "fueron trasladadas a la parte delantera de la iglesia palestina cuando Calígula amenazó con colocar una estatua de sí mismo en el templo" (155).

66. Epifanio, *De Mens.* 15, hace referencia a la misma tradición, y la sitúa cronológicamente "en el momento en que los romanos estaban a punto de conquistar la ciudad", pero le atribuye la advertencia a un ángel.

común[67] de que ese oráculo era Marcos 13:14 resulta dudosa por cuanto Pela no se encuentra en τὰ ὄρη; de hecho, está por debajo del nivel del mar, unos 3,000 pies más abajo que Jerusalén. Un gran número de eruditos, en consonancia con Brandon, ponen en duda la historicidad de la información de Eusebio.[68]

15-16 El equivalente lucano de estos versículos no se encuentra en el capítulo 21 sino en 17:31, pero no se refiere a la guerra en Judea sino a los "días del Hijo del Hombre". El lenguaje que se emplea tal vez sea normal cuando se trata de una emergencia (cf. Gn. 19:17; εἰς τὰ ὀπίσω podría tener por objeto recordar a la mujer de Lot, Gn. 19:26 en la LXX; cf. Lc. 17:31-32), pero si debemos tomarlo literalmente muestra que la situación prevista no es la del sitio de Jerusalén, sino la de personas que viven en los campos de Judea y todavía tienen la posibilidad de huir (aunque la manera en que un individuo pudiera huir desde un tejado sin bajar sería un misterio;[69] μὴ καταβάτω μηδὲ εἰσελθάτω podría reflejar la acción compuesta de bajar y entrar; cf. 'descender y entrar en la casa', según Mann). La distinción que hace Gundry entre el hombre que está en la azotea como un "hombre ocioso" y el que están en el campo como un "peón de campo" exagera mucho la estratificación social en lugares comunes.

17-18 La frase ἐν ἐκείναις ταῖς ἡμέραις debe referirse al momento en que se pone de manifiesto la βδέλυγμα τῆς ἐρημώσεως o al período en el que habrán de huir los que estén en Judea. Puesto que este sigue inmediatamente a aquel, la diferencia es inapreciable. La huida a los montes será difícil sobre todo para las mujeres embarazadas y las madres lactantes, y las condiciones climáticas invernales solo aumentarán la aflicción y dificultarán aún más la posibilidad de moverse con rapidez. Este último comentario refuerza la idea de que lo que se describe aquí no es el asedio en sí mismo, puesto que un clima invernal sería el menor de los problemas dentro de la ciudad (aunque de hecho el asedio ya había terminado antes del invierno); es la difícil situación de los refugiados en los montes o mientras se encaminan a ellos. Se invita a orar sin indicar claramente el asunto: ¿son los discípulos a los que Jesús está diciéndoles que oren acerca del momento de la huida, y de ser así, deben hacerlo altruistamente en beneficio de los que se verán afectados, o cabe esperar que ellos también se cuenten entre los refugiados? ¿Son acaso ahora las mujeres, en virtud de la construcción con οὐαί, las destinatarias

---

67. Por ejemplo, Pesch, 2.292, 295; Lane, 468.

68. Véase G. R. Beasley-Murray, *Last Days*, 412-13 y n. 106. S. Sowers, *TZ* 26 (1970) 305-20, responde detalladamente a los argumentos de Brandon; J. J. Gunther, *TZ* 29 (1973) 81-84 le da mayor apoyo a una forma modificada de la tradición de Pela.

69. Aunque la explicación de Beasley-Murray es creativa, también es especulativa: "bajar las escaleras del patio para entrar a la casa, elegir los bienes que ha de llevar consigo, subir las escaleras y entonces, bajar por la escalera exterior" (*Last Days*, 417). Alguna idea de ese tipo podría estar detrás de la adición de εἰς τὴν οἰκίαν después de καταβάτω en una variedad grande de MSS y versiones. Sin embargo, Gundry cita a Josefo, *Ant.* 13.140, en cuanto a la posibilidad de ir saltando de un techo a otro.

en este punto y por eso se les pide que oren por sus propios problemas? El uso de la segunda persona no continúa (hasta el v. 21), y al parecer, no se pone marcadamente de relieve aquí, por ende, tal vez sería preferible tomar προσεύχεσθε aquí como una exhortación generalizada a la oración dirigida a cualquiera a quien pueda interesarle.

19 No solo la conjunción γάρ sino sobre todo la frase αἱ ἡμέραι ἐκεῖναι (cf. v. 17, y se repite en el v. 24) relaciona estrechamente esta afirmación con el contexto de los versículos anteriores, a saber, la guerra en Judea. Pero ahora ya no se habla de huir a los montes y la referencia parece incluir de manera más específica el asedio en Jerusalén, los horrores del cual Josefo describe muy gráficamente (para referencias véase la introducción a esta sección); el "acortamiento del tiempo" en el v. 20 resulta más comprensible en relación con el asedio como tal y no con el conflicto general de Judea.

La expresión ἔσονται αἱ ἡμέραι θλῖψις carece de elegancia pero resulta efectiva: la magnitud del horror incesante de la situación convertirá aquellos días, no en el escenario de una θλῖψις, sino en una verdadera θλῖψις. El lenguaje recuerda las palabras de Daniel 12:1 en Teodoreto: θλῖψις οἵα οὐ γέγονεν ἀφ' οὗ γεγένηται ἔθνος ἐπὶ τῆς γῆς ἕως τοῦ καιροῦ ἐκείνου (similar en la LXX). En Daniel se hace referencia al conflicto escatológico que hará que las guerras del "tiempo del fin" lleguen a un punto culminante, pero dará por resultado la liberación de "tu pueblo, todos los que se hallen escritos en el libro". La protección de los ἐκλεκτοί en el v. 20 podría ser, por tanto, otra reflexión sobre este texto. Pero como este no es el tipo de lenguaje que se usa habitualmente para referirse a un gran desastre (cf. Éx. 9:18; 10:14; 11:6; Jl. 2:2; 1Mac. 9:27; 1QM 1:11-12; *Test. Mo.* 8:1; Ap. 16:18), sería tal vez imprudente defender con demasiado vigor cualquier relación específica con el texto de Daniel aquí. De los pasajes que acaban de mencionarse, Éxodo 10:14; 11:6; Joel 2:2 también incluyen la dimensión futura representada en nuestro texto por καὶ οὐ μὴ γένηται. Al parecer, se trata de expresiones fijas que se usan para referirse a un sufrimiento sin precedentes, y no deben tomarse en un sentido estrictamente literal (p. ej., preguntando si el holocausto no fue peor que la guerra judía). Sin embargo, es preciso señalar que καὶ οὐ μὴ γένηται no congenia muy bien con ninguna interpretación que considere que estas palabras describen el fin de la historia. La expresión ἀπ' ἀρχῆς κτίσεως ἣν ἔκτισεν ὁ θεός es un buen ejemplo de la fraseología expansiva de Marcos (en forma menos cortés, "redundancia") y no exige necesariamente que se haga especial hincapié en el papel divino en la creación.[70]

20 Véase el comentario sobre el versículo anterior en cuanto a la posibilidad de que este versículo también esté inspirado en el concepto de Daniel 12:1, aunque aquí no hay ningún reflejo verbal directo. La idea del acortamiento del tiempo para la liberación del pueblo de Dios (un tema al

---

70. No resulta obvio de qué manera "la segunda referencia tautológica a la creación enfatiza aún más el grado sin precedentes de la severidad" (Gundry, 777).

que más tarde se alude en *Bern.* 4:3) aparece ocasionalmente en los escritos apocalípticos; véanse 2 Esdras 2:13; 4Q385 fragmento 3, y de manera más general con respecto al "acortamiento del tiempo" por parte de Dios, Ben Sirá 36:10; *2 Baruc* 20:1-2; 54:1; 83:1. En lo tocante a la idea, por no decir al lenguaje, cf. Isaías 65:8, donde Dios desiste del juicio que había decretado en atención a sus "siervos" (y cf. Gn. 18:23-33, donde la presencia de incluso diez "justos" habría salvado a Sodoma). Las formas verbales del aoristo de ἐκολόβωσεν reflejan una acción futura de Dios que ya está determinada, y por tanto, podría decirse que ya está consumada. Aparte de las citas veterotestamentarias, Marcos usó ὁ κύριος para referirse a Dios en 5:19 y (probablemente) 11:3; κύριος debe tener el mismo significado aquí, pero la falta de un artículo resulta inesperada (aunque véanse las citas del AT en 1:3; 12:11, 29, 36). En el v. 13, el verbo σῴζω se aplicó a los discípulos y aludía a su salvación "final" a pesar de la persecución, pero aquí, donde se aplica a πᾶσα σάρξ (presumiblemente refiriéndose de manera específica a los que se vieron envueltos en la θλῖψις de v. 19) se aproxima más a su sentido normal en Marcos, y denota supervivencia física.

El asedio de Jerusalén, que ciertamente fue terrible, duró solamente cinco meses, y la relativa brevedad de ese período se atribuye al cuidado de Dios por sus ἐκλεκτοί (aunque πᾶσα σάρξ se benefició). El concepto de los ἐκλεκτοί de Dios, que aquí se ve reforzado por la expresión οὓς ἐξελέξατο (otro ejemplo de "redundancia", pero en este caso la repetición sin duda tiene por objeto hacer especial hincapié en la nueva iniciativa de Dios) y se repite en los vv. 22 y 27, no aparece en ningún otro lugar de Marcos, aunque sí se encuentra en las cartas neotestamentarias como un término reconocido para referirse a los miembros de la comunidad cristiana como objetos especiales de la gracia salvadora de Dios (Ro. 8:33; Col. 3:12; 2Ti. 2:10; cf. Ap. 17:14). Aquí, en consonancia con el eco de Daniel 12:1 en v. 19, tal vez refleja las expresiones "tu pueblo, todos los que se hallen escritos en el libro". El concepto de Israel como un pueblo escogido nos resulta familiar a partir del AT, y 1 Pedro aplica de manera significativa el término ἐκλεκτοί junto con otras descripciones judías habituales (παρεπίδημοι διασπορᾶς) a sus lectores gentiles (1Pe. 1:1; cf. 2:9). Aquí en Marcos, todavía no se ha hablado de ἐκλεκτοί gentiles (aunque véase el v. 10 con respecto a su futura inclusión y el v. 27 en cuanto al uso de ἐκλεκτοί en este sentido más amplio), pero si, de acuerdo con otra perspectiva cristiana, Marcos emplea el término para referirse a los discípulos de Jesús como un subgrupo escogido *dentro* de Israel, la afirmación es bastante audaz y hace recordar la teología profética del "remanente". No hay ninguna otra referencia obvia para el término en este contexto, pero otro uso neotestamentario sugiere que en la época de Marcos resultaba familiar como una descripción de la comunidad cristiana.[71] En ese caso, la presencia de la comunidad de discípulos

---

71. J. Jeremias, *Theology*, 131, lo describe como un "término técnico fijo para referirse a la comunidad mesiánica de salvación". Se usa así también con respecto a otros subgrupos judíos en *1*

dentro del Israel sufriente es la razón para el acortamiento misericordioso por parte de Dios del tiempo de angustia. Cf. Lucas 18:7-8 con respecto a la acción rápida de Dios para vindicar a sus ἐκλεκτοί, pero allí, según parece, ellos son los únicos beneficiarios.

21-22 Si hubo algún margen para los impostores mesiánicos en las décadas que transcurrieron entre el ministerio de Jesús y el estallido de la guerra (véase el comentario sobre el v. 6), durante los años de la guerra y el asedio el margen fue mayor. Suponiendo que se trate del mismo tipo de impostores a los que se hace referencia en el v. 6, podemos señalar las pretensiones reales de Menahem, hijo de Judas el galileo, quien (según Josefo, *Guerras* 2.433-48) alrededor del año 66 d.C. entró en Jerusalén "como si realmente fuera un rey" (434) y adoró en el templo "ataviado con vestiduras reales" (444); de manera similar, Simón bar Giora (*Guerras* 4.503-44, etc.) por el año 69 d.C. logró que sus compatriotas le obedecieran "como a un rey" (510).[72] Esas expresiones de lenguaje en un contexto judío sugieren pretensiones mesiánicas. En cuanto a los falsos profetas, Josefo nos ofrece ejemplos en *Guerras* 6.285-300 con referencia a las etapas posteriores del asedio, e incluye una variedad de σημεῖα καὶ τέρατα que precedieron a la caída de la ciudad. (En cuanto a ἐναργῆ τέρατα καὶ σημεῖα como la especialidad de los "impostores y engañadores", cf. Josefo, *Ant.* 20.167-68; la idea se remonta a Dt. 13:1-3, donde en la LXX se lee la expresión δίδωμι σημεῖον ἢ τέρας).[73] Sin embargo, el versículo 22 sugiere que la atención de los ψευδόχριστοι καὶ ψευδοπροφῆται estará centrada principalmente en los ἐκλεκτοί y no en las personas en general. Por la naturaleza del caso, Josefo, que hace lo posible para evitar cualquier referencia a los cristianos,[74] no nos ofrece ninguna ayuda para poder identificar a esas personas. Las declaraciones del v. 21 también difieren de las del v. 6 en cuanto a que aquí no se trata de una autoproclamación, sino de una pretensión de que ellos pueden mostrarles ὁ Χριστός. Tal vez esta podría ser una prueba de la preocupación cristiana con respecto a la esperanza de la parusía y que el Χριστός al que se alude sea el Jesús que regresa; en ese caso, esta sería una "escatología cumplida" similar a la que Pablo hace referencia en 2 Tesalonicenses 2:1-2 —pero el testimonio

---

Enoc, p. ej., 1:1; 38:2-4; 62:7-8, y en Qumrán, p. ej., 1QS 8:6; 1QH 2[10]:13.

72. A Simón finalmente lo hicieron desfilar y lo ejecutaron en el Triunfo de Tito en Roma, lo cual sugiere que los romanos también lo veían como el "rey" de los judíos (Josefo, *Guerras* 7.154).

73. J. Gibson, *JSNT* 38 (1990) 49-53, comenta sobre las "señales" de los falsos profetas en relación con los impostores de los años anteriores a la guerra y señala un vínculo estrecho con los milagros del éxodo. Llega a la conclusión (en consonancia con S. V. McCasland, *JBL* 76 [1957] 149-52) de que la frase σημεῖα καὶ τέρατα fue en realidad un término técnico que se usó para referirse a los milagros del éxodo y el período de la conquista.

74. La única vez que aparece el término Χριστιανός en todas sus obras es en el texto impugnado del *Testimonium Flavianum* (*Ant.* 18.64), que muy bien podría ser una reescritura cristiana de lo que escribió Josefo; la única mención de lo que podemos reconocer como un grupo cristiano se encuentra en el relato del asesinato de Jacobo (*Ant.* 20.200), y aún allí Josefo evita usar el nombre Χριστιανός o indicar que esta fuera la razón de la muerte de Santiago.

de 2 Tesalonicenses es que los ἐκλεκτοί se mostraron demasiado dispuestos a dejarse extraviar, especialmente ante la manifestación de las σημεῖα καὶ τέρατα (2Ts. 2:9-10).[75] En lo que respecta al verbo compuesto ἀποπλανάω cf. 1 Timoteo 6:1, que explicita la conclusión a la que probablemente se llegará de todas formas a partir del prefijo ἀπο-, se trata de un engaño que alejaría a los ἐκλεκτοί del discipulado cristiano. Sin embargo, la adición de εἰ δυνατόν, transmite la expectativa optimista de que la fe de ellos estará a la altura de la prueba.[76]

23 La posición enfática del pronombre ὑμεῖς al principio de la oración nos lleva de nuevo a los destinatarios inmediatos del discurso, a quienes también se dirigieron los dos usos anteriores del imperativo βλέπετε (vv. 5, 9). Es posible que no hayan participado personalmente de la situación de Judea en los años sesenta y del asedio de Jerusalén, de ahí la redacción más impersonal de las advertencias de los vv. 14-22; pero aun así, serán conscientes, como tendrá que serlo cualquier judío, de que estas cosas terribles están sucediendo, y deben sacar las conclusiones adecuadas. En razón de las predicciones de Jesús acerca de estos acontecimientos (προείρηκα ὑμῖν πάντα), los discípulos estarán preparados para lo que ha de venir y no serán tomados por sorpresa. Y en esta etapa del discurso, lo que ha de venir será sin duda la respuesta a su pregunta inicial sobre cuándo sería destruido el templo. Los sucesos de los vv. 14-22 constituyen ahora una σημεῖον más clara y más inmediata de la devastación predicha que la condición indispensable más prolongada de la proclamación universal de la buenas nuevas (v. 10). El fin comenzó.

La venida del Hijo del Hombre en "esta generación" (13:24-31)

Es especialmente en estos versículos que la interpretación del discurso que hemos adoptado en este comentario difiere de la opinión de la mayoría. Será, pues, también al principio que expondré a grandes rasgos el hilo del pensamiento tal como yo lo concibo (véase la tabla de "Indicaciones de tiempo y de secuencia en Marcos 13", supra, pág. 504).

La pregunta de los discípulos (vv. 3-4) tenía que ver con la destrucción del templo que Jesús predijo en el v. 2. Querían saber cuándo ocurriría y qué señal presagiaría ese suceso. Las señales a las que Jesús se refirió en los vv. 5-8 *no* son señales de ese acontecimiento: aún no es el fin. En los vv. 9-13 él hizo una "digresión" para hablar de las dificultades que tendrían los discípulos en el ínterin, pero también indicó que durante este período las buenas nuevas

---

75. M. D. Hooker, *BJRL* 65 (1982/3), considera que la idea principal de Marcos 13 gira en torno a una situación similar a la que se refleja en 2 Tesalonicenses. L. Hartman, *Prophecy*, dedica un largo capítulo (178-205) a establecer relaciones entre Marcos 13 y las cartas a los tesalonicenses, y llega a la conclusión de que Pablo usó una forma primitiva del discurso escatológico.

76. S. R. Garrett, *Temptations*, 151-59, alega que Marcos escribió especialmente para los que, a su entender, eran los que estaban "destinados a ser sometidos a prueba" por medio "no solo de la aflicción, sino también de la seducción".

debían πρῶτον anunciarse fuera de Israel —una "señal", por así decir, pero sin duda muy amplia. Entonces, en los vv. 14-22 hizo referencia a una señal más específica que exige una respuesta inmediata: la βδέλυγμα τῆς ἐρημώσεως dará paso a un tiempo de sufrimientos inigualables y casi insoportables, pero ese tiempo será acortado por causa de los ἐκλεκτοί. Sin embargo, Jesús no explica en el v. 20 de qué manera será acortado, y en el v. 22 todavía no ha hecho alusión a la destrucción del templo sino que se ha limitado a insinuar la profanación del mismo por medio de la βδέλυγμα τῆς ἐρημώσεως. Por consiguiente, cuando Jesús recapitula todo el discurso hasta aquí con las palabras προείρηκα ὑμῖν πάντα, tenemos la sensación irresistible de que el preámbulo ha concluido, y que la respuesta a la pregunta va a alcanzar ahora su punto culminante.

Hasta aquí, nada ha recibido una respuesta completa, pero la conjunción ἀλλά al principio del v. 24 nos avisa que vamos a entrar en una nueva etapa de cumplimiento. El contexto sigue siendo ἐν ἐκείναις ταῖς ἡμέραις, pero ahora dejamos atrás la θλῖψις del v. 19 y nos encaminamos a lo que viene inmediatamente después. Y así, llegamos por fin a la destrucción del templo, que no se describe con los términos corrientes del v. 2 sino con el lenguaje colorido y evocador de la profecía veterotestamentaria. Casi todas las palabras de los vv. 24b-27 están extraídas de los profetas, por tanto, vamos a examinar los reflejos específicos de las mismas en las notas siguientes. En los pasajes citados en los vv. 24b-25 se emplean expresiones relacionadas con la desintegración cósmica para denotar, como suele ocurrir en la profecía, cambios culminantes en el orden mundial existente. Las luces están apagándose en los centros de poder y va preparándose el camino para un nuevo orden mundial. Y en los vv. 26-27 llega: el cumplimiento de la visión de Daniel sobre la entronización del Hijo del Hombre se pondrá claramente de manifiesto, y ese Hijo del Hombre enviará a sus ángeles desde su trono celestial para reunir en su reino a los ἐκλεκτοί, pero ahora, no solo de Israel sino de todas las naciones.

Con eso, la pregunta queda respondida. La palabra "templo" no ha aparecido, pero la imaginería les ha comunicado de manera contundente a los que están familiarizados con la profecía veterotestamentaria el "cambio fundamental de gobierno" simbolizado por la destrucción de ese edificio ahora desacreditado de Jerusalén y todo lo que él representaba. De aquí en adelante, el santuario nacional no será el centro del pueblo de Dios, sino el Hijo del Hombre a quien ahora le ha sido entregado, tal como predijo Daniel 7:14, un dominio eterno y universal que incluye a todas las naciones y lenguas.

Y sin embargo, la respuesta a la pregunta todavía no está completa. Los discípulos querían conocer cuándo ocurriría y qué señal presagiaría el acontecimiento, y por tanto, los vv. 28-31 resumen finalmente las implicaciones de lo que Jesús dijo en este respecto. La breve analogía de la higuera refuerza la necesidad de los discípulos de estar preparados cuando vean que se cumplen ταῦτα. En las notas más adelante examinaremos lo que significa ταῦτα, pero son claramente una "señal" inmediata del desenlace que se acerca. Y en el v. 30, el momento en que estas cosas habrán de suceder se especifica de manera definitiva y categórica (ἀμὴν λέγω ὑμῖν), pero no por medio de algún simbolismo profético en esta ocasión, sino con palabras claras y comunes: todo esto acontecerá en "esta generación". Y para que no haya lugar a dudas, Jesús concluye todo el oráculo predictivo con la seguridad de que sus palabras son tan seguras y eternas como la palabra del propio Dios. Con esto, su respuesta a la pregunta del v. 4 está completa. Lo que sigue en el v. 32, introducido por la frase περὶ δέ, será sobre otro tema.

La clave de esta interpretación, en particular de los vv. 24-27, consiste en nuestra disposición y capacidad para percibir la imaginería profética del mismo modo que la habrían percibido en el lenguaje profético del AT los que vivieron en los días de Jesús, y no como la perciben "de manera natural" los lectores cristianos para quienes la "venida del Hijo del Hombre" ha adquirido desde entonces una connotación diferente por la relación que guarda con la idea de la παρουσία (una palabra que brilla por su ausencia en este discurso en Marcos). En la introducción al discurso en general hice un comentario sobre este detalle (supra, págs. 502-3), y sobre la resistencia inherente que esta exégesis "contextual" encuentra cuando las interpretaciones tradicionales se dan por sentadas simple y a menudo inconscientemente. Espero que el lector escéptico pueda estar preparado para concederme al menos una temporal "suspensión de la incredulidad" mientras expongo los detalles de la imaginería y su trasfondo. Y si la exégesis resultante ayuda a darle un sentido más coherente al hilo del discurso en general, como se señaló antes, esa suspensión tal vez podría hacerse permanente.[77]

24-25 En algunas ocasiones se ha sugerido que la conjunción "fuertemente adversativa ἀλλά"[78] indica un cambio de tema,[79] y le avisa al lector que la atención en este punto va a desviarse del tiempo de la guerra judía hacia una perspectiva más definitiva de la parusía y el fin del mundo (un tema supuestamente incluido en la segunda mitad de la pregunta de los discípulos — pero véase el comentario sobre el v. 4 supra). Eso, empero, sería inferir mucho de una conjunción ἀλλά. En realidad sí indica un contraste entre lo que ya se describió y lo que sigue, pero ese contraste no tiene por qué ser en lo que respecta al tiempo, sino a la magnitud de los acontecimientos, mientras nos alejamos del preludio, por horrible que pueda ser, y avanzamos hacia el punto culminante de la visión de Jesús sobre lo que vendrá. De hecho, las palabras que siguen descartan radicalmente cualquier sugerencia de que el discurso ahora se ha trasladado a una época o un lugar diferentes: la frase ἐν ἐκείναις ταῖς ἡμέραις no podría ser más explícita. Lo que va a exponerse en estos versículos

---

77. Para un análisis diferente de esta sección del discurso que refuerza enérgicamente el mismo enfoque interpretativo básico, véase N. T. Wright, *Victory*, 354-65.

78. Gundry, que usa esta frase (745), no descubre, sin embargo, el contraste en el tiempo sino entre "la forma personal y engañosa en que vendrán los falsos cristos y la manera abierta y abrumadora en la que vendrá el Hijo del Hombre". Cf. Lane, 473 n. 87.

79. Gnilka, 2.200: 'Mit "aber" (ἀλλά) wird die grosse Wende eingeleitet.' Pesch, 2.302: 'Der Neueinsatz mit ἀλλά deutet an, dass der "Übergang zu etwas Neuem" intendiert ist.'

tendrá lugar en el mismo período de los acontecimientos de los vv. 14-22. Es la secuela inmediata que se desprende directamente de (μετά) la θλῖψις que se describe en el v. 19. La suposición de que el v. 24a permite, por no decir exige, un cambio de escenario de la guerra judía por la parusía va en contra de lo que realmente dice.[80] Si los vv. 24b-27 se refieren a la parusía, entonces el v. 24a exige que entendamos que la parusía tuvo lugar en el momento de la guerra judía —y no muchos intérpretes se sienten cómodos con ese punto de vista, ya sea que sea de Marcos o por una cuestión de historia.[81] El lenguaje del v. 24b es muy parecido en varios aspectos al que se encuentra en la literatura profética (Ez. 32:7; Jl. 2:10, 31; 3:15; Am. 8:9) pero en lo tocante a las expresiones que se usan, guarda una relación más estrecha con Isaías 13:10 en la LXX, que forma parte del oráculo contra Babilonia, σκοτισθήσεται τοῦ ἡλίου ἀνατέλλοντος, καὶ ἡ σελήνη οὐ δώσει τὸ φῶς αὐτῆς. La conexión verbal más cercana del v. 25 es con el texto de Isaías 34:4 en la LXX[82], que forma parte del oráculo contra "todas las naciones" pero con especial referencia a Edom, καὶ τακήσονται πᾶσαι αἱ δυνάμεις τῶν οὐρανῶν... καὶ πάντα τὰ ἄστρα πεσεῖται...,[83] donde las "potencias que están en los cielos" tal vez deban tomarse como un sinónimo poético de las estrellas. En la mayoría de estos pasajes, la referencia inmediata es a la caída inminente de algunas naciones específicas (Egipto, Babilonia, Edom, Israel y Judá), aunque en Joel 3:15 se pone de relieve una perspectiva más universal (todas las naciones serán reunidas para ser juzgadas ante Jerusalén).[84] En el contexto profético original, por tanto, ese lenguaje "cósmico" transmite

---

80. Cabe destacar que para eludir el sentido obvio del pasaje Beasley-Murray, *Last Days*, 422-23, considera necesario suponer que estos versículos originalmente tenían un contexto diferente, en el que ἐν ἐκείναις ταῖς ἡμέραις se refería a los "últimos días", y que fue solo cuando Marcos ubicó este párrafo en este contexto que "adquirió un significado más restringido del que se había previsto", por lo cual insertó entonces μετὰ τὴν θλῖψιν ἐκείνην para crear un espacio ("después, no "durante"). Ese recurso poco natural sin duda nos llevará a cuestionar los supuestos exegéticos que lo requieran.

81. La teoría de que el discurso ubica la parusía en el momento de la destrucción del templo y que esta, de hecho, tuvo lugar en el año 70 d.C. fue presentada por J. S. Russell, *The Parousia* (publicado en forma anónima, Londres, 1878; 2da. ed. bajo el nombre del autor, Londres, 1887), y en esencia, afirma eso mismo A. Feuillet, en W. D. Davies y D. Daube (ed.), *The Background of the NT and Its Eschatology*, 261-80 (véase mi obra *Jesus and the OT*, 230 n. 12, para una crítica de Feuillet). L. Gaston, *No Stone*, 483-87, sugiere que Mateo interpretó a Marcos en este sentido, y también creía que la parusía había ocurrido en el año 70 d.C.

82. Otra alusión política sugerente, aunque no tan cercana verbalmente, la encontró N. T. Wright, *Victory*, 354-55, en el oráculo de Isaías 14 contra el rey de Babilonia, "el lucero de la mañana, caído del cielo". Así también B. M. F. Van Iersel, *Bib* 77 (1996) 88-89.

83. Este es el texto de las versiones B y Luciánica de la LXX, que Orígenes también consideró dudoso e hizo acotaciones al margen. La primera cláusula no aparece en otras versiones de la LXX, aunque sí en el texto hebreo. Para comentarios sobre el problema textual y la traducción de la LXX, véase mi obra *Jesus and the OT*, 255-56. Para más detalles, véase J. Verheyden in C. M. Tuckett (ed.), *Scriptures*, 536-38.

84. En la literatura apocalíptica posterior, aunque ese lenguaje es relativamente inusual, tiene, al parecer, una referencia sobre el "fin del mundo" que se ajusta más al enfoque de esas obras, p. ej., *Test. Mos.* 10:5; *Sib. Or.* 3:796-803; 4 Ezra 5:4-5.

un poderoso simbolismo de cambios políticos en la historia del mundo, y no debe interpretarse en forma natural como un colapso literal del universo al fin del mundo. Se trata, según dice Wright, de "una imaginería judía típica sobre acontecimientos dentro del orden presente que se toman y perciben como 'cósmicos', o, como diríamos nosotros, 'trascendentales'".[85] Los sucesos que se describen de esa manera son catastróficos para las naciones afectadas, y el uso de ese lenguaje añade una pesada carga ideológica de juicio divino. Dios está trazando de nuevo el mapa de la política mundial, y las estructuras conocidas de los asuntos internacionales nunca volverán a ser las mismas. Pero el colapso dramático de las estructuras de poder no es el final de la historia del mundo, sino el comienzo de una etapa nueva y mejor, en la que el propósito de Dios se cumplirá.[86] Cuando ese lenguaje se usa en un contexto judío, su sentido natural es indudablemente claro. El pasaje de Marcos 13:24b-27 no trata acerca del colapso del universo,[87] sino de los drásticos acontecimientos en el escenario mundial, interpretados a la luz del juicio y el propósito divinos.[88] Lo que sí resulta sorprendente en cuanto al uso de ese lenguaje por parte de Jesús no es que él emplee la misma imaginería que emplearon los profetas, sino que la emplee con relación al destino de *Jerusalén* y su templo. En casi todas las ocasiones en las que los profetas usaron ese lenguaje, el blanco era una nación gentil que representaba una amenaza para Israel o para Judá. Pero ahora, el blanco es la propia Jerusalén, y más específicamente, la casa de Dios en Jerusalén. Esto no es totalmente nuevo: el oscurecimiento del sol en Amós 8:9 se refería al destino de Israel, y en Joel 2:10 a la plaga de langostas en Judá. Los profetas veterotestamentarios tenían conocimiento del juicio de Dios contra su propio pueblo y también contra las naciones extranjeras, y en nuestro comentario sobre el v. 2 señalamos el precedente profético para la predicción de Jesús sobre la destrucción del templo. No obstante, resulta brutalmente irónico que Jesús usara las palabras tomadas de la denuncia patriótica de Isaías contra Babilonia y Edom para predecir ahora la caída del templo que para él había sido el símbolo de la presencia triunfante de Dios en medio de

---

85. N. T. Wright, *Victory*, 362.

86. Cf. G. R. Beasley-Murray, *Last Days*, 424-27, en cuanto a la naturaleza de la imaginería: "no hay nada que sugiera que el Hijo del Hombre venga a destruir el mundo; la única función de este lenguaje mitológico antiguo es poner de relieve la gloria de ese acontecimiento y colocarlo en su verdadera categoría: representa la intervención divina para juicio y salvación" (425). Con la frase "ese acontecimiento", él se refiere, por supuesto, a la parusía; sin esa suposición, sus palabras se avendrían incluso más a la forma en la que los profetas veterotestamentarios usaron ese lenguaje.

87. Cf. D. Lamont, *Christ and the World of Thought* (Edinburgh, 1934), 266: "Solo una lamentable banalidad podría imaginar que Jesús se refería a una caída real de las estrellas en la tierra".

88. B. M. F. Van Iersel, *Bib* 77 (1996) 84-92, alega que muchos de los lectores de Marcos no deben haber interpretado que el sol, la luna y las estrellas se referían a entidades políticas sino a los dioses y los dioses paganos de Roma. Aun cuando se acepte un origen romano para el evangelio, es improbable que Marcos, con sus raíces sólidamente judías, hubiera previsto esa interpretación, y especialmente cuando los términos que emplea están claramente extraídos de las escrituras judías.

su pueblo.[89] En la oración siguiente se pondrá de relieve la misma ironía de manera más marcada.

26 Si los vv. 24b-25 describieron el lado negativo de la predicción, a saber, el final del antiguo orden, en los vv. 26-27 encontramos el positivo, es decir, el nuevo orden que habrá de remplazarlo. Véase supra el comentario sobre 8:38 con respecto a la importancia del uso que hace Jesús del lenguaje de Daniel 7:13-14. El reflejo aquí es aún más explícito, todas las palabras de la expresión τὸν υἱὸν τοῦ ἀνθρώπου ἐρχόμενον ἐν νεφέλαις[90] evocan directamente la imaginería del v. 13. La visión de Daniel, según vimos en 8:38, se refiere a la entronización de "uno semejante a un hijo de hombre que comparece ante el trono de Dios para recibir el dominio universal y eterno". Es la imaginería del establecimiento de un reino nuevo para remplazar los regímenes fallidos de los imperios anteriores, y eso no tiene lugar en la esfera terrenal sino en la presencia de Dios en el cielo.[91] Esta es, pues, la máxima autoridad divinamente sancionada, a la que "todos los pueblos, naciones y lenguas" deben sujetarse ahora".[92]

En la visión de Daniel, el ser "semejante a un hijo de hombre" era una figura simbólica que representaba a los "santos del Altísimo". Pero Jesús ya ha usado tan repetidamente su título especial de ὁ υἱὸς τοῦ ἀνθρώπου, extraído de ese versículo, que no es posible dudar de que en su interpretación de la visión de Daniel, él es quien recibirá esa máxima autoridad. En calidad de Mesías de Israel recibe el reino en nombre del pueblo de Dios. Y sin embargo, el contexto, la destrucción del templo, no parece representar el triunfo sino la derrota de Israel. Este es un equivalente incluso más revelador de la ironía de los vv. 24-25. Las visiones proféticas allí de la caída de los enemigos de Israel tenían por

89. Véase en contra J. Verheyden en C. M. Tuckett (ed.), *Scriptures*, 540-46, que analiza el significado de la imaginería de los vv. 24-25 contando con que el pasaje trata acerca de la parusía, y llega a la conclusión de que el tema de la conmoción de los cielos no hace tanto hincapié en el juicio como en "una teofanía del Hijo del Hombre en gloria" (546). Verheyden concede que el sentido original de los pasajes del AT de los cuáles se derivan estos versículos tiene que ver con el juicio, pero debe concluirse que "cuando estos temas se sacan de ese contexto", como en Mr. 13:24-27, la connotación desaparece" (550).

90. Ἐν νεφέλαις no es significativamente diferente ni del ʿim del arameo ni del ἐπί de la LXX ni del μετά de Teodoreto. Véase Beasley-Murray, *Last Days*, 429.

91. Mann, 528, apoya la insistencia de J. A. T. Robinson de que la "venida" es a Dios, no a la tierra, y comenta: "Por mucho que investiguemos, no podemos encontrar ninguna tradición en el judaísmo de la época de Jesús sobre un Mesías que viene *de* Dios".

92. Esta interpretación de Dn. 7:13-14, y por ende, también de los dichos de Jesús que dependen de ella, en relación con la entronización y no con la parusía, ya la expusimos en 8:38, y la desarrollaremos aún más en 14:62, donde probablemente cuenta ahora con la aceptación de casi todos los intérpretes. El hecho de que la mayoría de ellos no sigan la lógica de ese reconocimiento en la interpretación de este versículo, con su lenguaje tan similar, se debe presumiblemente a una opinión anterior en cuanto al tema del que trata Mr. 13:24-27. Un buen ejemplo es L. Gaston, *No Stone*, 384-92, el cual demuestra que otras alusiones a Dn. 7 no se refieren a la parusía, pero da por sentado que 13:26 es la única excepción. El menor mérito de la interpretación que hemos adoptado aquí no es el de la coherencia.

objeto describir el juicio de Dios sobre Israel representado por el templo. Aquí una visión del triunfo de Israel se transfiere a un "Hijo de Hombre" cuya autoridad debe remplazar la que ha representado el templo de Jerusalén hasta ahora. Para los que aprecian los matices del lenguaje veterotestamentario, esta es una declaración sorprendente de la idea de que el propio Jesús, y por consiguiente la iglesia, es decir, el cuerpo internacional de personas que reconocen su soberanía, debe interpretarse ahora como el verdadero Israel, el pueblo de Dios por medio del cual el programa terrenal de Dios, que hasta aquí estuvo centrado en Jerusalén y su templo, va a llevarse a cabo ahora. Esta idea es bastante familiar en el resto del NT, especialmente en las cartas de Pablo, 1 Pedro y Hebreos, pero se anticipa claramente en el uso cargado que hace Jesús del lenguaje de la visión de Daniel para marcar la etapa radicalmente nueva de los tratos de Dios con su mundo que se hará visible cuando el templo de Israel deje de ser y él, el Hijo del Hombre, se siente a la diestra de Dios como soberano universal (cf. 14:62 para un desarrollo más amplio de esta imaginería).[93] ¿Cómo se "verá" (ὄψονται) esto, y quiénes lo verán? Si esta no es la predicción de un "descenso" visible del Hijo del Hombre a la tierra (y no hay nada en el lenguaje de Dn. 7:13-14 ni en el de este pasaje que lo sugiera), lo que se "verá" es una autoridad celestial. Resulta interesante observar que cada uno de los demás pasajes marcanos basados en Daniel 7:13-14 también están estrechamente relacionados con la acción de "ver" (8:38–9:1, ἕως ἂν ἴδωσιν; 14:62, ὄψεσθε): se espera que la entronización celestial tenga consecuencias "visibles", que en cada caso cabe prever que se pondrán de manifiesto en la generación existente. Véase el comentario sobre 9:1 para algunas de las sugerencias que se han hecho acerca de cómo y cuándo esto se podría "ver". El contexto inmediato aquí ofrece al menos dos posibilidades de evidencia terrenal de que el Hijo del Hombre está sentado en su trono: la destrucción del templo (expresada en la imaginería categóricamente "visual" de los vv. 24b-25) y la reunión del pueblo internacional de Dios (v. 27). Estos son los lados negativo y positivo de la transferencia de la autoridad del templo al Hijo del Hombre, del pueblo nacional de Dios a un pueblo internacional de Dios. El crecimiento poderoso de la iglesia dará testimonio dentro de la generación existente de que el Hijo del Hombre es ahora la suprema autoridad.[94]

93. G. B. Caird, un defensor constante del tipo de exégesis que seguimos en este comentario, merece citarse aquí: en la enseñanza de Jesús "la venida del Hijo del Hombre en las nubes del cielo nunca fue concebida como una forma primitiva de viaje especial, sino como un símbolo de los cambios contundentes que tienen lugar dentro de la historia y a nivel nacional" (*Jesus,* 20).

94. El sujeto de ὄψονται no se especifica, y al igual que ocurre con otras referencias de Marcos a un "ellos" inespecífico, es natural considerar que el pronombre alude a las personas en general, y equivaldría a la forma impersonal "se verá que...". Véase, sin embargo, O. J. F. Seitz, *SE* 6 (1972) 489-90, para la sugerencia de que el sujeto es αἱ δυνάμεις αἱ ἐν τοῖς οὐρανοῖς (v. 25), que no se interpretaría como las estrellas sino como "espíritus astrales o cósmicos". B. M. F. Van Iersel, *Bib* 77 (1996) 84-92, sugiere de manera similar que un "lector grecorromano reconocería en estos testigos a los dioses derrotados que ven que la entronización del hijo del hombre está ocurriendo ante sus ojos".

Los nexos estrechos entre los tres dichos basados en Daniel 7:13-14 incluyen no solo el elemento de la "visualización" y la limitación a la generación existente, sino también el lenguaje relacionado con el "poder" (9:1, ἐν δυνάμει; 13:26, μετὰ δυνάμεως πολλῆς καὶ δόξης; 14:62, ἐκ δεξιῶν τῆς δυνάμεως; obsérvese también el tema de la gloria en 8:38). Es de eso que trata toda la visión de Daniel, a saber, del poder trascendente de Dios que ha puesto fin a los usurpadores "poderes" humanos y ha establecido la soberanía definitiva y universal del Hijo del Hombre. Así también cuando el templo sea destruido, las δυνάμεις existentes σαλευθήσονται (v. 25), mientras que, por el contrario, el "poder y la gloria" recientemente establecidos del Hijo del Hombre se harán manifiestos para que todos los vean.

27 El Hijo del Hombre debe ejercitar la soberanía que se le ha otorgado (Dn. 7:14)[95] reuniendo a sus[96] ἐκλεκτοί de todo el mundo. Véase el comentario sobre el v. 20 para la identificación de los ἐκλεκτοί como la comunidad creciente de los discípulos de Jesús. Su "reunión" (ἐπισυνάξει) refleja las predicciones veterotestamentarias acerca de la "reunión" de los judíos en su tierra tras haber regresado de su exilio, sobre todo Dt. 30:4 (συνάξει en la LXX) y Zac. 2:10 (2:6 en las versiones en español); συνάξω en la LXX),[97] en los cuales también se habla de una reunión de los confines de la tierra (Dt. 30:4, ἀπ' ἄκρου τοῦ οὐρανοῦ ἕως ἄκρου τοῦ οὐρανοῦ; Zac. 2:10, ἐκ τῶν τεσσάρων ἀνέμων τοῦ οὐρανοῦ); la mayor parte del v. 27 parece ser una alusión combinada a estos dos textos.[98] Cf. también Salmo 147:2 (τὰς διασπορὰς Ἰσραὴλ ἐπισυνάξει). Aquí vemos de nuevo una inversión irónica del sentido del lenguaje veterotestamentario que se usa:[99] la reunión de los ἐκλεκτοί del Hijo del Hombre será de todas partes del mundo, y no extrayendo exiliados judíos de los lugares donde están cautivos, sino incluyendo personas de todas las naciones en lo que hasta ahora había sido la comunidad judía del pueblo de Dios. Este es el cumplimiento de la visión del v. 10, que el εὐαγγέλιον será predicado a todas las naciones.

---

95. "El presente versículo equivale en el apocalipsis sinóptico a la reunión de los "pueblos, lenguas y naciones" de Daniel 7:14" (Mann, 533).

96. A los ἐκλεκτοί no se los relaciona con ningún pronombre posesivo en los vv. 20 y 22, aunque la expresión οὓς ἐξελέξατο en el v. 20 cumple la misma función, e incluso con más fuerza, al identificarlos como escogidos *de Dios*". La omisión de αὐτοῦ aquí en D L W Ψ *f* etc. debe atribuirse tal vez a una asimilación al uso aparentemente absoluto en los versículos anteriores, o incluso al deseo de evitar atribuirles los ἐκλεκτοί a diferentes personas, a Dios en el v. 20 y al Hijo del Hombre aquí. El texto con αὐτοῦ se acepta generalmente como original.

97. La LXX aquí traduce incorrectamente el término hebreo *pēraśtî*, que tiene el significado contrario, "yo dispersé". El pasaje invita a los exiliados a que regresen, pero esta cláusula indica en forma parentética el alcance de la dispersión anterior de la cual deben regresar; la LXX, quizás bajo la influencia de Dt. 30:4, pasó por alto su naturaleza parentética y remplazó la reunión futura por la dispersión pasada.

98. Para comentarios sobre esta "cita combinada", véase mi obra *Jesus and the OT*, 256-57.

99. La regularidad con la que aparece este tipo de inversión irónica a través de varias alusiones escriturarias de los vv. 24-27 es otro argumento a favor del enfoque exegético que hemos adoptado aquí.

Si la "reunión" se refiere a la membresía creciente del pueblo de Dios, ¿qué papel desempeñan entonces los ἄγγελοι? En una ocasión yo alegué que, si se tiene en cuenta que el significado básico de ἄγγελος es 'mensajero' (aun cuando en el NT se use mayormente en el sentido secundario de "ángel"), "el contexto aquí favorece rotundamente el significado principal".[100] En ese caso, el v. 27 describiría la labor de los misioneros cristianos enviados por el Hijo del Hombre entronizado para atraer al verdadero pueblo de Dios de todas las naciones. En estos momentos, yo considero que esa interpretación es posible, pero no creo que sea necesaria para poder comprender el pasaje. En vista de la relación de los ángeles con el Hijo del Hombre entronizado en 8:38, y ante la ausencia de toda indicación clara de que el significado neotestamentario normal de ἄγγελος no sea adecuado aquí, yo creo ahora que lo más probable es que a los ángeles en este caso se les atribuya un papel "misionero" en la recolección del pueblo de Dios;[101] cf. la descripción de los ángeles en Hebreos 1:14 como λειτουργικὰ πνεύματα εἰς διακονίαν ἀποστελλόμενα διὰ τοὺς μέλλοντας κληρονομεῖν σωτηρίαν.

En cuanto a las expresiones geográficas ἐκ τῶν τεσσάρων ἀνέμων ἀπ' ἄκρου γῆς ἕως ἄκρου οὐρανοῦ, véanse los comentarios sobre la alusión combinada a Deuteronomio 30:4 y Zacarías 2:10 (2:6 en las versiones en español). Esos dos textos unidos representan la mayoría de las palabras específicas utilizadas, y la idea del alcance mundial de la recolección está basada en ellos.[102] Compárense las referencias a la recolección desde el oriente hasta el occidente, norte y sur en el Salmo. 107:3; Isaías 43:5-6; 49:12, de nuevo con referencia al regreso judío del exilio, pero que Jesús también refleja cuando habla de la reunión de un pueblo internacional de Dios (Mt. 8:11; Lc. 13:29).

28-29 La pregunta de los discípulos con respecto a una σημεῖον todavía no ha sido olvidada. La higuera ofrece una παραβολή, esta palabra se usa ahora con un sentido más cercano a la concepción habitual de un ejemplo ilustrativo.[103] De hecho, los versículos 28-29 son un símil ampliado: del mismo modo que pueden conocer la proximidad del verano al observar el comportamiento de la higuera, cuando observen ταῦτα γινόμενα, pueden conocer que "esto" está cerca. En cada caso, la aparición de una cosa es una σημεῖον infalible de la llegada de la otra.

100. *Jesus and the OT*, 238, con referencias a otros que han adoptado la misma interpretación, p. ej. R. A. Knox y P. Carrington.

101. L. Gaston, *No Stone*, 33-34, sugiere una base veterotestamentaria para esta función de los ángeles en Zac. 14:5, donde el contexto más amplio alude a una reunión de los sobrevivientes no solo de Israel sino también de otras naciones (14:16). Gundry, 784, declara, sin dar ninguna prueba, que "los ángeles reúnen a los escogidos, mientras que los seres humanos evangelizan a las naciones"; pero no explica en qué difieren las dos actividades.

102. La expresión resultante en general no encuentra ningún paralelismo claro en el AT, aunque sí en Filón, donde también se refiere a "los confines más lejanos de la tierra y el cielo"; cf también *1 Enoc* 57:2 (véase G. R. Beasley-Murray, *Last Days*, 433).

103. Véase Beasley-Murray, *Last Days*, 438-40, para similitudes entre esta parábola y las parábolas relacionadas con el crecimiento en el capítulo 4.

Las hojas de la higuera en Palestina brotan[104] entre marzo y abril (véase supra, págs. 439-40), y la cosecha temprana (los "primeros" higos) pueden esperarse entre mayo y junio. Aunque τὸ θέρος puede traducirse simplemente como verano, esta estación es la temporada de los frutos y de otros cultivos,[105] y por tanto, θέρος podría referirse específicamente a la época de la cosecha (ὁ θερισμός). Las hojas prometen indefectiblemente que el fruto vendrá después (y si esa promesa no se cumple, ¡pobre del árbol!, 11:12-14).

La elección de la higuera para este símil se debe tal vez al simple hecho de que, al ser uno de los pocos árboles caducifolios en Palestina, constituye un ejemplo obvio (suscitado probablemente por alguna que estaba cerca del monte de los Olivos; Gundry, 746; Lane, 479). Pero no debemos olvidar que en el capítulo 11 se usó la higuera para simbolizar el templo y su fracaso. Aquí representa el crecimiento normal y la fructificación, no la esterilidad, pero en este contexto de la destrucción del templo, el lector podría recordar esa otra higuera que no produjo fruto y que simbolizaba no el *momento* de la caída del templo, sino la consumación de su destrucción.

En la segunda parte del símil el equivalente de las hojas incipientes es ταῦτα γινόμενα, el del verano es el hecho de que ἐγγύς ἐστιν ἐπὶ θύραις (ἐπὶ θύραις, que Turner, 27, describe como un "modismo establecido", es un sinónimo gráfico de ἐγγύς, semejante a nuestra expresión "en el umbral"; cf. la yuxtaposición de ἤγγικεν y πρὸ τῶν θυρῶν en Sgo 5:8-9). Ninguna expresión es tan específica como podríamos desear. La segunda resulta incluso menos clara por la tendencia bastante injustificada de algunos a traducirla como "él está cerca" (RV, RSV, NRSV, JB, NJB, y en español, LBLA, NBLA, NTV). El término ἐγγύς es un adverbio, no es un adjetivo masculino, por tanto, la expresión significa "él/ella/eso está cerca", y deja que el contexto determine a quién se refiere. Y en este caso, el contexto deja poco margen para la duda. Los discípulos habían preguntado cuándo sería destruido el templo y cómo conocerían el momento en que eso habría de ocurrir. La respuesta de Jesús, dirigida enfáticamente de nuevo a los discípulos (καὶ ὑμεῖς... γινώσκετε), se centra ahora directamente en la última parte de la pregunta: es *así* cómo sabréis que (la destrucción del templo, el tema de la pregunta y de todo el discurso hasta aquí) está cerca; esta es la σημεῖον que pidieron.

Si ἐγγύς ἐστιν se refiere a la destrucción del templo, tal como lo exige el contexto, ¿cuáles son las ταῦτα que anunciarán su venida con tanta claridad como las hojas de la higuera anuncian la llegada del verano? Otra vez el contexto es el que debe decidir, y en este caso también el contexto nos ofrece un antecedente muy adecuado. La señal de que había llegado el momento

---

104. El sujeto de ἐκφύῃ (presente de subjuntivo activo) es específicamente (el) κλάδος y no el árbol en sí; la acentuación del verbo como ἐκφυῇ, que lo convierte en un aoristo de subjuntivo pasivo, implicaría un cambio innecesario de sujeto —"la rama se pone tierna y brotan las hojas"— pero de cualquier forma la imagen no varía.

105. θέρος tiene a veces ese significado en griego clásico (véase LSJ) y en los papiros (véase MM).

de huir era la βδέλυγμα τῆς ἐρημώσεως, y los acontecimientos a los que se alude en los vv. 14-22 describen el período de angustia que culminará con la caída de la ciudad; la repetición aquí de la expresión ὅταν ἴδητε del v. 14 también indica que ese es el antecedente. El término ταῦτα, por tanto, tiene que referirse a los asuntos expuestos en los vv. 14-22, después de los cuales ocurrirá la destrucción del templo sin demora e inevitablemente; casi no habrá tiempo para huir. Sería, pues, bastante inconveniente para el hilo del discurso interpretar que el v. 29 hace referencia a algo posterior a la destrucción del templo. Esa interpretación impediría que pudiera usarse como una señal en respuesta a la pregunta de los discípulos, y a la vez, introduciría un conflicto totalmente innecesario con el límite tan claro de tiempo establecido en el v. 30. Por consiguiente, el v. 29 resume todo lo que Jesús acabó de explicar en los vv. 14-27, el preludio en los vv. 14-22 (ταῦτα γινόμενα) y el propio clímax en los vv. 24-27 (ἐγγύς ἐστιν ἐπὶ θύραις).

30 Si no fuera por la vergüenza que les causa a los que piensan que Jesús está hablando aquí de la parusía (y, por supuesto, están equivocados),[106] este versículo no habría ofrecido grandes dificultades. Su lenguaje es claro y definido, no emplea símbolos sino que es una referencia clara a un límite de tiempo. Además, es categórico y lleno de autoridad (véase el comentario sobre 3:28 para ἀμὴν λέγω ὑμῖν, que se usa aquí por única vez en este discurso; la construcción οὐ μή hace que resulte aún más categórico); no debe, pues, soslayarse.

El límite de tiempo es la extinción de esta generación (cf. 9:1, οὐ μὴ γεύσωνται θανάτου ἕως...). Aunque en las demás ocasiones en que Marcos usa el sustantivo γενεά nunca lo ubica en un marco temporal, y hace referencia a los contemporáneos de Jesús simplemente como una γενεὰ ἄπιστος etc. (8:12, 38; 9:19), aquí, la construcción completa de la oración, así como la pregunta de los discípulos, "¿cuándo?", en el v. 4, exige el sentido temporal normal: las personas que están vivas mientras Jesús habla todavía estarán allí para ver el cumplimiento de sus palabras.

Los esfuerzos que se han hecho para evadir este sentido obvio (por parte de los que se interesan por la confiabilidad de Jesús —que no es el caso de todos los comentaristas) han seguido una de dos vertientes (o ambas), a saber, la reinterpretación de ἡ γενεὰ αὕτη como un grupo de personas que no eran las que estaban vivas en aquel momento, o la identificación de ταῦτα πάντα como algo diferente de los acontecimientos que Jesús había estado describiendo. Aunque este comentario se encuentra en la feliz posición de no tener que evitar ninguna vergüenza porque toma las palabras de Jesús al pie de la letra como una predicción de la destrucción del templo en esa generación, podría resultar conveniente hacer algunos comentarios con respecto a cada una de estas tácticas.

---

106. Gundry habla del deseo de "eludir el incumplimiento del v. 39" (788), y de "buscar una salida" (791).

La propuesta de interpretar ἡ γενεὰ αὕτη como la raza judía se remonta al menos a Jerónimo, pero tiene poco que alegar a su favor desde el punto de vista léxico o contextual. Aunque BAGD, 154a, 1, ofrecen el significado de "clan", "raza", "especie" en un solo caso (Lc. 16:8), y lo considera "posible, por ejemplo, en Mateo 23:36", en la inmensa mayoría de los casos se relaciona con el tiempo, y en particular con los "contemporáneos". La redacción de Mateo 23:36 (introducido también por ἀμὴν λέγω ὑμῖν) se asemeja bastante sin duda a la del presente dicho: ἥξει ταῦτα πάντα ἐπὶ τὴν γενεὰν ταύτην. Lejos de apoyar la interpretación de Jerónimo, refuerza el argumento en su contra, porque sigue a las palabras de Jesús con respecto al asesinato de los profetas y el desafío a sus contemporáneos por "llenar la medida de vuestros padres", y conduce inmediatamente a su predicción de la devastación de Jerusalén y la destrucción del templo. Por supuesto, la γενεά a la que se hace referencia allí es judía, pero hace hincapié en la generación contemporánea de judíos, y el hecho de que son ellos, y no ninguna generación futura, los que sufrirán el juicio divino a través de la destrucción del templo. Y aun cuando el léxico lo permitiera, la predicción de la continuidad de la raza judía en el presente contexto en Marcos hasta que ταῦτα πάντα γένηται en un futuro inespecífico, resultaría curiosamente irrelevante cuando lo que los discípulos querían saber era en qué momento iba a ser destruido el templo.

Otra sugerencia es que ἡ γενεὰ αὕτη no significa "esta generación" sino "esa generación", a saber, las personas que estén vivas en el momento en que comiencen a suceder las ταῦτα del v. 29 (considerando que se trata de algún período futuro que no guarda relación con la caída de Jerusalén). Aun en el caso en que nuestra interpretación del v. 29 fuera incorrecta, y dicho versículo aludiera a la era de la parusía, esta interpretación de ἡ γενεὰ αὕτη resultaría extraña: ¿no debería ser acaso ἡ γενεὰ ἐκείνη? En vista de nuestra manera de entender el v. 29, por supuesto, el intento de encontrar en la frase una generación que no sea la de Jesús no tiene ningún punto de referencia en el texto. Menos plausible aún es la sugerencia de que ἡ γενεὰ αὕτη pudiera denotar la raza humana en general, un sentido para el que no existe ningún paralelismo relevante, y que sin duda habría tenido que expresarse de una forma menos confusa.[107] Por otra parte, la identificación de ταῦτα πάντα como algo diferente de los acontecimientos que se describen en los versículos anteriores hasta el v. 27, depende también de todo un enfoque interpretativo del discurso que hemos considerado razonable rechazar, y que revela su debilidad en este punto porque si hay algún antecedente claro en el texto por medio del cual pueden identificarse ταῦτα πάντα es el uso de esas mismas palabras en la pregunta de los discípulos en el v. 4. Existe también una evidente continuidad entre la pregunta acerca de cuándo μέλλῃ ταῦτα συντελεῖσθαι πάντα y la respuesta de

---

107. Las palabras de Gundry (791) con respecto a cualquier esfuerzo por "extender" la generación son muy pertinentes: "La negación rotunda, "no pasará", resulta insípida. Esa generación, *por supuesto*, no pasaría si por definición pudiera extenderse indefinidamente".

que esta generación no pasará hasta que ταῦτα πάντα γένηται. Si la primera expresión aludía a la destrucción del templo (y, según vimos ya, no hay nada en ese contexto que sugiera ninguna otra cosa), lo mismo debe ocurrir con la segunda. Por tanto, en este contexto la frase ταῦτα πάντα se refiere sin duda a todo el conjunto de acontecimientos que Jesús acabó de predecir en los vv. 14-27.[108] La respuesta a la pregunta de los discípulos queda, pues, cabalmente redondeada con una escala de tiempo tan simple y definida como podrían haber deseado.

31 Esta categórica aseveración de la validez permanente de las palabras de Jesús subraya enérgicamente las implicaciones de la introducción a la declaración anterior, ἀμὴν λέγω ὑμῖν. Podemos confiar en él. Las palabras resultan muy llamativas porque reflejan la afirmación de Isaías 40:7-8, a saber, que aunque la hierba y las flores se marchiten, la Palabra de Dios permanece para siempre. La confiabilidad de la palabra de Jesús no es inferior a la de la palabra del propio Dios. En cuanto al orden establecido del universo creado como una garantía de la permanencia, cf. Isaías 51:6; 54:9-10; Jeremías 31:35-36; 33:20-21. Este versículo, pues, no alude a una desaparición futura del cielo y la tierra como un suceso que puede contemplarse, y menos aún como parte de lo que Jesús está prediciendo,[109] sino que, al igual que en Isaías y Jeremías, usa la naturaleza inconcebible de ese suceso como garantía de la verdad de lo que Jesús ha declarado. En Mateo 5:18; Lucas 16:17 se emplea la misma imaginería para referirse a la validez permanente de la ley; las λόγοι de Jesús, por tanto, se equiparan a la Torá en lo que respecta a su autoridad y permanencia.

---

108. Cabe alegar, por supuesto, que Jesús olvidó temporalmente los vv. 24-27, y se concentra ahora solo en los acontecimientos de los vv. 14-22, a pesar del nexo temporal tan marcado que se había establecido entre esos acontecimientos y los vv. 24b-27 por medio de las fórmulas conectoras que aparecen en el v. 24a. Esta interpretación, a la que en otros lugares me he referido como la exégesis "saltarina" (el discurso que salta del templo a la parusía, de esta al templo y de nuevo a la parusía), es tal vez la que se emplea más comúnmente en los esfuerzos que se hacen por escapar de la vergüenza que reporta el incumplimiento de la profecía en el v. 30, pero a menudo no se percibe con claridad en los estudios académicos. Uno de los más claros es Lane, 478. Véase además mi obra *Jesus and the OT*, 228, y la mención de algunos comentaristas más antiguos allí en el n. 5.

109. C. Fletcher-Louis, en K. E. Brower y M. W. Elliott (ed.), *Reader*, 145-69, alega que la desaparición del cielo y la tierra es otra imaginería simbólica de la destrucción del templo, y que este versículo, por tanto, predice de nuevo ese acontecimiento. La segunda mitad del versículo entonces declara presumiblemente que las palabras de Jesús sobrevivirán al templo. Pero esto diluiría la fuerza retórica del uso del final (imposible) del cielo y de la tierra como antítesis del fracaso aún más improbable de las palabras de Jesús, al igual que en los pasajes de Isaías y Jeremías que se citaron con anterioridad. Fletcher-Louis (148) comenta que "Marcos 13:31 está llamativamente ausente" de mi análisis de 1981 sobre Marcos 13. La razón de su ausencia no es, como él supone, que yo encontré que su contenido era incompatible con mi exégesis, sino que yo no creo que le añada *ningún* "contenido" a la agenda futura que se expone en Marcos 13, sino que su única función es subrayar lo que ya se dijo.

Un día y una hora desconocidos: ¡Estén preparados! (13:32-37)

Περὶ δέ... al inicio de un párrafo indica un cambio de tema. Se usa en varias ocasiones de esta manera en 1 Corintios cuando Pablo concluye un asunto y comienza a abordar el siguiente,[110] y según vimos ya, Marcos la usó de esa misma forma en 12:26, donde Jesús pasa del tema específico del lugar del matrimonio en la resurrección a la cuestión más general de la validez de la propia creencia en la resurrección. Aquí sugiere de un modo natural un cambio similar hacia un tema nuevo, y mucho más por cuanto el genitivo dependiente está compuesto por un par de frases (τῆς ἡμέρας ἐκείνης ἢ τῆς ὥρας) que aparecen en el discurso por primera vez. Aunque el plural αἱ ἡμέραι (ἐκεῖναι) se empleó en diversas ocasiones para describir el período del asedio de Jerusalén (vv. 17, 19, 20, 24), no se mencionó ningún día en singular que pueda constituir un antecedente adecuado para ἡ ἡμέρα ἐκείνη en el v. 32. Es más, la alegación de ignorancia con respecto a ese "día u hora" contrasta marcadamente con la rotunda certidumbre (ἀμὴν λέγω ὑμῖν) de la declaración de Jesús sobre el momento en que habrán de ocurrir las ταῦτα descritas en los versículos anteriores (v. 30). Nos hemos desplazado decididamente de la esfera de lo conocido a la de lo desconocido.[111] En lo que respecta al hilo del discurso, pues, el v. 32 parece exigir que se interprete como el inicio de un tema nuevo,[112] como ya argumenté con anterioridad (pp. 501-2) en contra de los que al igual que N. T. Wright, creen que el discurso completo se refiere solamente a la destrucción del templo. La naturaleza de este nuevo tema depende del significado que se le dé a ἡ ἡμέρα ἐκείνη ἢ ἡ ὥρα. En la versión de Mateo del discurso esto no representa ningún problema, porque la pregunta de los discípulos que le da paso en Mateo 24:3 alude *tanto* a la destrucción del templo *como* a la παρουσία de Jesús y la συντελεία τοῦ αἰῶνος. En Mateo 24:36, por tanto, el discurso responde la primera parte de la pregunta y pasa a la segunda, de manera que el ἡμέρα al que se hace referencia tiene que ser el de la παρουσία de Jesús, y esta interpretación es inmediatamente corroborada por la aparición del término παρουσία en 24:37, 39,[113] y por la naturaleza de las parábolas que componen la mayor parte del resto del discurso en lo que queda del capítulo 24 y a lo largo del capítulo 25. En Marcos no contamos

---

110. 1Co. 7:1, 25; 8:1; 12:1; 16:1. Cf también 1Ts. 4:9; 5:1; Hch. 21:25.

111. J. Winandy, *RB* 75 (1968) 63-79, pone claramente de relieve la marcada oposición que existe entre la caída de Jerusalén y el "día y la hora desconocidos", y hace especial hincapié en la importancia de la nueva terminología que se introduce en el v. 32.

112. Cf. P. Carrington, *According to Mark* (Cambridge: Cambridge University Press, 1960), 293-94, 298, quien, después de haber interpretado 13:24-27 como una referencia a la destrucción del templo, distingue 13:32-37 como una sección nueva y separada, titulada "las parábolas del advenimiento".

113. Obsérvese que la única vez que se usa el término παρουσία en el discurso mateano antes del v. 36 es para negar rotundamente que los acontecimientos del asedio constituyen el escenario de la parusía: cuando la parusía tenga lugar no dejará margen para especulaciones ni afirmaciones dudosas, será obvia para todos (Mt. 24:27).

con ninguna de estas directrices explícitas, aunque los temas de los vv. 33-37 son semejantes a los que encontramos en los contextos relacionados con la parusía, a saber, la llegada inesperada, el llamado a estar preparados y la parábola del portero que es como un resumen breve de la primera de las parábolas mateanas sobre la parusía que se leen en Mateo 24:45-51. Estas características sugieren que a pesar de la ausencia de un antecedente expreso para el ἡμέρα ἢ ὥρα en Marcos la referencia es la misma que en Mateo 24:36ss. La frase ἡ ἡμέρα ἐκείνη tiene este sentido en varios pasajes neotestamentarios que carecen igualmente de un antecedente explícito. En Mateo 7:22 y Lucas 10:12 el contexto exige que se refiera al día del juicio, pero la identidad del "día" en esos pasajes no es más explícita que aquí. La misma referencia al día del juicio es la que se prevé claramente en 2 Timoteo 1:12, 18; 4:8, aunque estos contextos tampoco cuentan con ningún antecedente expreso. En 1 Corintios 3:13 la frase ἡ ἡμέρα sola basta para manifestar la misma referencia. Parece, pues, que en la jerga cristiana primitiva "aquel día" o incluso solo "el día" era un término escatológico reconocido dondequiera que el contexto permitiera esa interpretación.[114] Marcos, pues, podía esperar que sus lectores detectaran en el uso de esta frase un cambio de los sucesos históricos de la guerra judía por una perspectiva más definitiva, sin tener que explicarlo. Cualquier lector y oyente que por alguna razón hubiera pasado por alto el modismo, se daría cuenta muy pronto del cambio de tema cuando leyera u oyera en los vv. 33-37 cómo sería la venida de ἡ ἡμέρα ἐκείνη.

Pero aun cuando el lenguaje de Marcos señale un cambio claro de tema, cabría preguntar si existía alguna razón para introducir este tema nuevo en el discurso si (a diferencia de lo que ocurre en Mateo) la pregunta que este va a responder tiene que ver solamente con el destino del templo. ¿Por qué Marcos informa entonces que Jesús añade un apéndice aparentemente irrelevante acerca de su parusía? Debe observarse que si estos versículos sí presentan el tema de la parusía, esta es la única ocasión en la que se trata dicho tema en el evangelio de Marcos. La extensa ampliación que hace Mateo del discurso (y su pregunta introductoria) para incluir las parábolas sobre la parusía indica, sin embargo, que él y sus lectores consideraban que existía un vínculo natural entre el juicio inminente sobre Jerusalén y el juicio más definitivo relacionado con la parusía del Hijo del Hombre, y es muy poco probable que esta opinión se limitara a los círculos para los que Mateo escribió. Si los lectores potenciales de Marcos (y de hecho, el propio Marcos) tenían presente ese vínculo, la parusía no era en modo alguno un tema irrelevante para añadirlo al discurso, especialmente cuando era preciso establecer una distinción temporal tan clara e importante entre los dos acontecimientos, por un lado, un juicio histórico que tendría lugar dentro de la generación, y por otro lado, un día desconocido

114. Para un uso similar del lenguaje en el AT, véase Beasley-Murray, *Last Days*, 457-58; Lane, 481 —aunque en casi todos los pasajes citados el contexto inmediato ofrece un antecedente más adecuado que el que aparece aquí.

para que el debemos estar preparados pero al que nadie puede asignarle una fecha. Cualesquiera que fueran los vínculos teológicos entre los dos momentos, no debían suponer que ambos también estaban cronológicamente unidos.

Este "apéndice" se relaciona con la primera parte del discurso por medio de la repetición de la palabra clave βλέπετε (vv. 5, 9, 23 y 33), que ahora, sin embargo, se ve reforzada por la adición de ἀγρυπνεῖτε (v. 33) y γρηγορεῖτε (dos veces, en los vv. 35 y 37, en los que aparece de nuevo el verbo de la parábola del portero en el v. 34). Pero el uso del imperativo también refleja el cambio de perspectiva del discurso a partir del v. 32. En dos de sus apariciones anteriores (vv. 5, 23) βλέπετε comunicó una advertencia contra el hecho de dejarse engañar por una expectativa prematura, especialmente por los que afirman falsamente que son el Mesías. Aquí expresa una advertencia casi contraria con respecto a la falta de preparación para la parusía del verdadero Mesías. El período anterior al cumplimiento de la predicción de Jesús acerca de la destrucción del templo exigirá una negativa fría y sensata a dejarse llevar demasiado pronto por la emoción, pero la expectativa del día y la hora desconocidos de la parusía demanda una actitud de constante vigilancia. La invitación a mantenerse despiertos se deriva de los vv. 34-35 de la parábola: es la actitud correcta de los que saben que su amo podría venir en cualquier momento.[115]

32 En cuanto a la identificación del ἡμέρα ἢ ὥρα como el momento de la parusía, véanse los comentarios introductorios anteriores. La lista de los que presumiblemente debían conocer el secreto se encuentra, al parecer, en un orden ascendente que ubica a ὁ υἱός por encima de los ángeles, y por debajo de ὁ πατήρ. Esa cristología tan elevada refleja las declaraciones divinas que se leen en 1:11 y 9:7, pero la afirmación en este caso se le atribuye al propio Jesús. El dicho, por supuesto, no se centra en la cristología sino en el momento de la parusía, y por tanto, el título ὁ υἱός se usa casi de pasada. Pero eso lo hace aún más llamativo: no es necesario explicarlo, se da por sentado. Ni siquiera se nos dice explícitamente que ὁ υἱός es Jesús, aunque es imposible que el lector del evangelio de Marcos pueda albergar alguna duda al respecto. El título es idóneo para la persona que se dirige a Dios en forma natural llamándole Ἀββὰ ὁ πατήρ (14:36). En cierta medida, se nos preparó para este uso excepcional por medio de la parábola de Jesús sobre el υἱὸς ἀγαπητός in 12:6, en la que la

---

115. M. D. Hooker, *BJRL* 65 (1982/3) 94-95, considera que los vv. 34-36 constituyen un "verdadero problema", porque la necesidad de velar depende de la expectativa de una llegada inmediata. "Esto sugiere que él ya está cerca, y la urgencia de este mandato no se corresponde con la primera parte del discurso, en la que se subraya que el fin no debe esperarse todavía... La última sección... aparentemente contradice *todos* (la cursiva es suya) los seis párrafos anteriores al insistir en la necesidad de velar constantemente, por cuanto nadie conoce el momento de la parusía". Hooker no ofrece ninguna solución para esta presunta inconsistencia, que ilustra la torpeza de la exégesis tradicional del capítulo. Si, por otra parte, como yo he argumentado, en el v.32 hay un marcado cambio de tema y de perspectiva, de manera que solo en esta última sección del discurso se pone de relieve la parusía, el "problema" al que se refiere Hooker se convierte en una característica natural y necesaria del discurso.

identificación de Jesús como el υἱός, el que está más cerca de Dios y por tanto, puede representarlo, es clara aunque no explicita. En 14:61-62 afirmará pública y definitivamente que él es ὁ υἱὸς τοῦ εὐλογητοῦ. Pero aquí, Marcos indica que sus discípulos más cercanos ya deberían haber podido reconocerlo como el Hijo[116] que en el orden de la jerarquía divina se encuentra por encima de los ángeles y al lado del propio Dios.

Es irónico que un dicho con esas trascendentales implicaciones cristológicas haya llegado a convertirse de hecho en una vergüenza cristológica en los debates teológicos. Para muchos, la alegación de ignorancia por parte de Jesús con respecto a un tema tan importante es incompatible con su estatus de Hijo de Dios.[117] Si este título implica que él mismo es divino, y Dios es omnisciente, ¿cómo es posible que el Hijo de Dios lo ignore? Más específicamente, si se trata de un asunto que el Padre sí conoce y el Hijo no, ¿debemos concluir que su condición de Hijo de Dios no le da la posibilidad de participar plenamente de los atributos divinos?

La propia formulación de estos temas de manera tan directa demuestra inmediatamente el reconocimiento de un cambio de contexto. Sin embargo, este lenguaje es propio del debate cristiano posterior, no del evangelio de Marcos. Independientemente de la manera en que hayan podido interpretarla después los lectores, la "confesión de ignorancia" de Jesús, al parecer, no suponía ningún motivo de vergüenza ni siquiera de sorpresa para Marcos. Es posible que no hubiera establecido una relación tan estrecha entre el título "Hijo de Dios" y la reivindicación de plena divinidad como la que desarrolló con posterioridad la teología encarnacional. O tal vez se habría sentido cómodo con lo que muchos siglos después se formularía como cristología kenótica, es decir, la creencia de que una vez que Dios se encarna, no resulta adecuado esperar la manifestación visible de atributos divinos como la omnisciencia dentro del marco temporal de una existencia auténticamente humana. No podemos saber de qué manera él habría reaccionado ante estas cuestiones posteriores, y es probable que ni a él ni a sus lectores se les hubiera ocurrido pensar en aquel entonces en este problema y la vergüenza que le causa a su texto en 13:32. Un análisis del mismo en un comentario sobre el evangelio de Marcos sería anacrónico.

La idea central del v. 32 no gira en torno a la cristología, sino a la escatología. A diferencia del final totalmente predecible del templo, solo Dios conoce cuándo tendrá lugar la parusía de Jesús. Incluso el propio Hijo, de quien más que de ningún otro podría esperarse que compartiera el secreto, no lo

---

116. Gundry, 794-95, señala con razón que el uso de la frase "el Hijo" y no de la forma completa "el Hijo de Dios" puede explicarse por la mención de "el Padre" inmediatamente después. Gundry demuestra que cada vez que los dos títulos aparecen juntos de manera similar, es normal que se use solamente "el Hijo".

117. De ahí la tendencia en muchos MSS del evangelio más común de Mateo a omitir la frase οὐδὲ ὁ υἱός (así, en Mt. 24:36, ℵ K L W si y la mayoría de los minúsculos y algunas versiones posteriores, así como las citas patrísticas a partir del siglo III). Marcos, al ser menos usado, no sufrió esta enmienda apologética.

conoce.[118] La situación no exige, por tanto, cálculos de fechas ni observaciones minuciosas de señales, sino una preparación constante.

33 En este versículo se sustituye acertadamente la frase ἡ ἡμέρα ἢ ἡ ὥρα por ὁ καιρός que hace referencia a lo mismo, a saber, al momento desconocido de la parusía. La enseñanza se deduce a partir de dos imperativos sorprendentes. Mientras que βλέπετε en los vv. 5 y 23 fue un llamado a mitigar las expectativas, y en el v. 9 una convocatoria a prepararse para los tiempos difíciles futuros, su tono aquí es más positivo. En combinación con ἀγρυπνεῖτε (véase la nota textual), constituye un llamado a la vigilancia, literalmente, a permanecer despiertos, una metáfora que continúa en la doble exhortación γρηγορεῖτε en los vv. 35 y 37; lo contrario es el peligro de ser hallado durmiendo (v. 36). La metáfora es vívida, pero aparentemente impráctica. Nadie puede permanecer todo el tiempo despierto, ni siquiera un portero (v. 34), y el conocimiento de que la parusía puede ocurrir en cualquier momento no nos libera de las actividades ordinarias de la vida. La parábola de Mateo sobre las diez vírgenes (Mt. 25:1-12) aborda curiosamente el tema, con su concepto de estar preparadas para la venida del esposo que, no obstante, es compatible con el hecho de que se hubieran quedado dormidas mientras esperaban (aunque la coda adjunta a la parábola en 25:13 parece ignorar todo lo que se dijo). Marcos no le hizo esa concesión a la realidad: tanto la exhortación como la parábola que la ilustra se centran resueltamente en el peligro que supone el hecho de ser sorprendidos sin estar preparados. Pero la manera en que podemos permanecer preparados mientras nos dedicamos a las responsabilidades de la vida (sí, y su esparcimiento) somos nosotros los que debemos determinarla.

34-36 El versículo 34 es una oración gramaticalmente incompleta. El adverbio ὡς introduce un símil o parábola que ilustra la exhortación del v. 33 a velar, y da lugar a una exhortación similar al principio del v. 35, después de la cual el símil y la exhortación se entrelazan mediante el uso de una expresión formulada en segunda persona dentro de la estructura de la parábola. El sentido es bastante claro: el dueño de la casa ausente que puede regresar en forma inesperada es el Hijo del Hombre, y los siervos son sus seguidores, a los cuales asignó tareas en el intervalo comprendido entre su partida y su regreso.

El sentido resulta más claro si se añade una expresión para introducir el v. 34, como por ejemplo, "es como si..." o "la situación es semejante a la de...". El tema de la ausencia del dueño de casa es conocido en la tradición del evangelio, no solo en las parábolas de Mateo sobre la parusía (24:45-51; 25:14-30) y en las parábolas relacionadas de Lucas sobre los siervos vigilantes (12:35-38; cf. 12:42-48) y las minas (Lc. 19:11-27), sino también anteriormente en Marcos con un escenario diferente en la parábola de los arrendatarios de la viña (12:1-12).[119] La descripción de la situación en el v. 34 resulta confusa

---

118. Para una restricción similar, véase 10:40: solo Dios, no Jesús, es el que asigna los puestos honoríficos.

119. R. J. Bauckham, *NTS* 23 (1976/7) 165-70 analiza en forma útil la compleja relación que

sin un verbo principal. La partida del dueño de casa se indica simplemente por medio del adjetivo ἀπόδημος, y la asignación de tareas a los siervos por medio de los participios ἀφείς y δούς. Las cláusulas que siguen al sustantivo τὴν ἐξουσίαν funcionan como modificadores del mismo, la primera carece de verbo (ἑκάστῳ τὸ ἔργον αὐτοῦ), pero la segunda se transforma en una cláusula coordinada con la adición de ἐνετείλατο ἵνα γρηγορῇ. El sentido es claro a pesar de la forma poco elegante de expresarlo, y el propósito de la introducción del verbo principal y la cláusula con ἵνα en la segunda es centrar la atención en la responsabilidad específica del portero y no en las diversas tareas asignadas a los demás esclavos. Por tanto, es al portero a quien debemos tomar como ejemplo, tal como lo explicarán los vv. 35-36.

El verbo para el portero, γρηγορέω, se convierte entonces en una exhortación directa a los lectores, γρηγορεῖτε οὖν... μὴ ἐλθὼν ἐξαίφνης εὕρῃ ὑμᾶς κὰεύδοντες, dentro de la cual aparece una cláusula explicativa, οὐκ οἴδατε γάρ... Esta cláusula también se expresa en función de la situación de la parábola, como si los propios lectores estuvieran en el lugar del portero. Es una manera sorprendente y eficaz de conducirnos directamente a la aplicación de la parábola.[120]

Suele señalarse que la parábola presupone un regreso de noche, lo cual en la vida real sería muy improbable (sobre todo después de una larga ausencia como la que sugiere el adjetivo ἀπόδημος), porque las personas en el mundo antiguo evitaban viajar de noche (véase, sin embargo, la excepción en Lc. 11:5-6). Como ocurre a menudo, los elementos inverosímiles en la historia ponen de relieve la intención de la parábola: la noche es el período más difícil e improbable para velar, y la parusía será igualmente inesperada. Será, pues, muy fácil sorprender a alguien durmiendo. Los cuatro términos relacionados con el tiempo (ὀψὲ y πρωῒ son adverbios, y los sustantivos μεσονύκτιον [acusativo de tiempo][121] y ἀλεκτροφωνίας [genitivo de tiempo, véase BDF 186 (2)] funcionan también como adverbios) representan la división romana convencional de las doce horas de la noche en cuatro cuartos o "vigilias" de tres horas cada una. (La versión de Marcos, por tanto, es más amplia que la de Lucas, quien en 12:38 solo menciona las dos vigilias del medio, en las que resulta más difícil velar).[122] Se espera que el infortunado portero se mantenga

---

existe entre las diversas parábolas de la parusía en los sinópticos.

120. R. J. Bauckham, *NTS* 23 (1976/7) 167-69, analiza esta técnica literaria bajo el título de "desparabolización".

121. El acusativo de tiempo, que normalmente se considera que denota un *período* de tiempo (BDF 161[2]), podría parecer inadecuado para referirse al momento exacto de la medianoche (o a la llegada del dueño de casa), aunque si μεσονύκτιον denota la vigilia completa de medianoche y no el momento específico dentro de las veinticuatro horas, la dificultad disminuye. Algunas lecturas alternativas (μεσονυκτίου, A D Θ y el "texto mayoritario"; μεσονυκτίῳ, Σ y unos cuantos minúsculos) reflejan esta incertidumbre gramatical.

122. Esto parece más probable que la suposición común de que Lucas sigue la tendencia judía de hablar de tres vigilias de cuatro horas, y por tanto, menciona las dos últimas.

velando a lo largo de las cuatro vigilias. El discípulo cristiano, al parecer, nunca está fuera de servicio (véanse los comentarios sobre el v. 33). En cuanto a καθεύδω como una metáfora sobre la insensibilidad espiritual, cf. Efesios 5:14; 1 Tesalonicenses 5:6-7.[123]

37 La conclusión del discurso amplía explícitamente su aplicación más allá de los cuatro oyentes originales (v. 3) y la hace extensiva a "todos" (cf. la pregunta de Pedro en Lc. 12:41, a saber, si la parábola sobre el ladrón, y tal vez también la parábola anterior acerca de los siervos vigilantes, se aplicaba πρὸς ἡμᾶς ἢ καὶ πρὸς πάντας). Si bien la cuestión de la fecha de la destrucción del templo se relacionaba directamente con un número limitado de oyentes, el cambio de perspectiva de los últimos versículos ha extendido la importancia del discurso a todos los discípulos, los cuales han de vivir con la expectativa de una parusía inesperada. El discurso, pues, concluye con un estimulante imperativo, γρηγορεῖτε.

PREPARACIÓN DEL CAMINO A LA PASIÓN (14:1-11)

La primera parte del tercer acto (antes del discurso aclaratorio en el capítulo 13) describió el enfrentamiento entre Jesús y las autoridades de Jerusalén que fue creciendo hasta llegar al punto de producir una ruptura definitiva. Por un lado, las autoridades no intentaron establecer ningún otro diálogo con Jesús, y por el otro, Jesús abandonó el área del templo en la que había transmitido sus enseñanzas y había entablado sus discusiones, y al marcharse, predijo la devastación futura del templo.

El capítulo 13 le ha dado al lector la oportunidad de pensar en las implicaciones de esta ruptura. La destrucción del templo que se avecina simboliza el final del antiguo orden, y la pérdida de relevancia de Jerusalén como el centro de la presencia y actividad de Dios en la tierra. En su lugar se establecerá la autoridad de Jesús, el Hijo de Hombre reivindicado y entronizado, que reunirá al verdadero pueblo de Dios de todos los rincones

---

123. T. J. Geddert, *Watchwords*, 89-103, ofrece una interpretación imaginativa de la parábola (basada en una sugerencia de R. H. Lightfoot, *Message*, 53, que también Stock, 346-47, desarrolló en forma independiente) y afirma que está directamente relacionada con la siguiente narración de la pasión, en la que las cuatro vigilias de la noche se corresponden con las etapas de la pasión que van desde de la última cena hasta la conclusión del juicio del sanedrín, haciendo especial hincapié en la historia de Getsemaní como el supremo llamado a velar, con respecto al cual los discípulos fracasaron pero Jesús demostró que era el "portero modelo". Si bien es cierto que el verbo γρηγορέω en Marcos solo aparece en 13:34-37 y 14:34-37, dos pasajes en los que ocupa un lugar destacado, y que ambos pasajes incluyen la secuencia "velar-venir-encontrar-dormir" (en consonancia con W. H. Kelber,. KeH *Passion* 48), esta base es muy débil para elaborar esa teoría tan compleja de una relación literaria deliberada, especialmente cuando el contexto aquí en el capítulo 13 no se refiere a la pasión inminente sino al hecho de estar atentos a la parusía. La aseveración de Geddert de que la relación está "elaborada demasiado meticulosamente para ser solo un producto de la imaginación de los lectores" no resulta obvia. Véase además, Gundry, 799-800.

de la tierra en una nueva comunidad de gracia. Todo esto es ahora inevitable porque la indestructible palabra de Jesús lo garantiza, y todo habrá de tener lugar en esta generación.

Por tanto, no queda nada por decir, ha llegado la hora en que deben desarrollarse los acontecimientos que Jesús predijo insistentemente desde Cesarea de Filipo, y que pondrán en marcha el programa tan vívidamente esbozado en el capítulo 13. El enfrentamiento entre las autoridades rivales llegará a su punto culminante en las últimas escenas del drama de Marcos, mientras se escenifica con toda seriedad la paradoja del Rey de los judíos rechazado y ejecutado. Y resulta simbólicamente adecuado que esta escenificación tenga lugar en la pascua, la fiesta que marcaba la instauración de Israel como el pueblo que hizo un pacto con Dios y fue rescatado de la esclavitud en Egipto. Habrá una nueva pascua, y un nuevo pacto, para el nuevo pueblo de Dios.

Este simbolismo constituirá un aspecto fundamental de la historia de la última cena de Jesús con sus discípulos, la cual le dará inicio muy pronto a la secuencia de acontecimientos relacionados con la pasión. Pero primero, Marcos presenta una ambientación cuidadosa de la escena en forma de un "doble sándwich", de la siguiente manera:

14:1a   La pascua está cerca
    14:1b-2   Los principales sacerdotes planean eliminar a Jesús
        14:3-9   Una mujer unge a Jesús anticipándose a su sepultura
    14:10-11   Judas ofrece la respuesta para los principales sacerdotes
14:12ss   Preparación para la pascua

La capa exterior del sándwich ubica los acontecimientos en su contexto simbólico, la fiesta de la pascua con su cena sacrificial. Dentro de esta estructura hay otro sándwich que contrasta la hostilidad de los líderes religiosos y la traición de uno de los principales discípulos de Jesús con el exceso de amor y de lealtad de una de sus más insignificantes seguidoras. Los que deberían actuar con mayor sensatez están decididos ahora a no detenerse ante nada para deshacerse de un rival problemático, mientras que una mujer desconocida se presenta como un modelo de verdadera devoción que ni siquiera los discípulos más cercanos de Jesús son capaces de apreciar. Como tan a menudo ocurre en Marcos, los primeros resultan ser postreros y los postreros primeros, cuando se trata de los valores del reino de Dios.

La pascua y los sacerdotes (14:1-2)

La pascua (τὸ πάσχα) se relaciona con los acontecimientos que tuvieron lugar en un período de unas doce horas que abarcó dos días judíos —el día judío comenzaba al atardecer, no a medianoche como estimamos nosotros (y también estimaban los romanos). El 14 de Nisán, durante la tarde, se sacrificaban en el templo los corderos para la cena pascual. Después de la puesta del sol (y por tanto, al siguiente día judío, 15 de Nisán) se celebraba esa cena. Por tanto, la pascua propiamente dicha incluía ambos días —el 14 y el 15 de Nisán. La fiesta de los panes sin levadura (τὰ ἄζυμα), que originalmente era una fiesta independiente, seguía inmediatamente a la pascua y duraba siete días, desde el 15 al 21 de Nisán (Nm. 28:15-16). En la práctica, no se hacía ninguna separación entre las dos fiestas y se consideraban un solo período de celebración; las frases τὸ πάσχα o τὰ ἄζυμα podían usarse indistintamente para referirse al conjunto total de esos ocho días, pero la utilización de las dos frases juntas aquí es más precisa. La fecha que se indica en el v. 1 es tal vez el 13 de Nisán (si se interpreta μετὰ δύο ἡμέρας de manera inclusiva; véase el comentario sobre 8:31), pero no hay nada que pueda deducirse a partir de la identificación de esa fecha aquí: el análisis cronológico comienza con el v. 12. Lo único que Marcos desea señalar en este caso es la proximidad de la fiesta para la que Jesús y muchos otros peregrinos de Galilea y de todo el mundo judío habían venido a celebrar.

Cualquier estimado de la cantidad de personas que acudían a Jerusalén y sus alrededores durante la pascua en el siglo I es forzosamente especulativo. La opinión generalizada es que la cifra que ofrece Josefo de cerca de tres millones (*Guerras* 2.280; 6.423-27) constituye una gran exageración, aunque resulta modesta si se compara con el relato rabínico de 1.200.000 corderos, lo cual implicaría unos 12 millones de participantes (*b. Pes.* 64b). El cálculo de J. Jeremias basado en las cantidades de corderos y el espacio disponible en el templo para sacrificarlos daba como resultado una cifra más razonable de 180.000.[1] Pero esta cantidad incluso es varias veces la población normal de la ciudad (tal vez 30.000, según Jeremias),[2] y un gran número de peregrinos tenían que quedarse fuera de la ciudad, muchos de ellos en campamentos provisionales (véase el comentario sobre 11:11).

La época festiva era, pues, un período potencialmente volátil, y la preocupación de las autoridades religiosas es comprensible. Los informes sobre la llegada tumultuosa de Jesús fuera de la ciudad, y el grado de apoyo popular que había recibido durante los días de discusiones en el recinto del templo (11:18, 32; 12:12, 37), ofrecían una seria posibilidad de que se produjera un θόρυβος si tomaban cualquier medida contra Jesús abiertamente. Es por eso que la propuesta de Judas de entregar a Jesús (en secreto) fue tan gratamente recibida; este era el tipo de δόλος que ellos estaban buscando.[3] La ἑορτή durante la cual no estaban dispuestos a actuar era presumiblemente el intervalo

---

1. J. Jeremias, *Jerusalem*, 77-84.

2. J. Jeremias, *Jerusalem*, 84. E. M. Meyers y J. F. Strange, *Archaeology*, 52, basándose en la obra de M. Broshi y J. Wilkinson, sugieren entre 37,000 y 44,000.

3. La situación de la pascua y la acción subsiguiente de Judas bastan para explicar la necesidad de un δόλος en el relato de Marcos. Según sugiere Marcus, *Way*, 172, podría verse aquí, aunque no necesariamente, una alusión deliberada al tema del justo que sufre en el Sal. 10:7-8.

completo de ocho días (y no la pascua por sí misma) puesto que ese era el período en el que cabía esperar que la gran multitud, incluyendo los peregrinos galileos, estuvieran en Jerusalén. De acuerdo con el esquema cronológico que se sigue en este comentario (véase la nota sobre el v. 12) ellos se ajustaron a este plan, porque la detención de Jesús tuvo lugar durante la noche que comenzó el 14 de Nisán (es decir, antes del comienzo de las ceremonias pascuales al día siguiente), aunque, por supuesto, la ciudad ya estaba llena de gente en ese momento, de manera que sin la ayuda de Judas habría sido imposible arrestar a Jesús antes de la fiesta.[4]En la narración sobre la pasión las autoridades religiosas que procedieron contra Jesús se describen de diversas maneras, pero los únicos que siempre se mencionan son los ἀρχιερεῖς. La lista completa de ἀρχιερεῖς, γραμματεῖς y πρεσβύτεροι (véase el comentario sobre 8:31) volverá a aparecer en 14:43, 53; 15:1, pero Marcos no considera necesario mencionar en cada ocasión a todos los miembros de la lista, y a partir del v. 10, los ἀρχιερεῖς serán cada vez más los que representen al grupo total de los adversarios. La inclusión de los γραμματεῖς y no de los πρεσβύτεροι aquí probablemente no es importante, a no ser porque refleja el mismo par que aparece en 11:18 donde se hizo referencia por primera vez a la trama contra Jesús, y por tanto, nos recuerda que existe una "coalición" entre ellos, y que no se trata simplemente de un grupo específico de ἀρχιερεῖς.[5]

El ungimiento de Jesús (14:3-9)

NOTA TEXTUAL

5. La omisión de ἐπάνω en algunos textos se asimila a la figura específica que aparece en Juan 12:5; podría deberse también a una aversión por el modismo que usa Marcos (BDF 185[4], describen ἐπάνω como "un sustituto vulgar de πλείων").

Los acontecimientos de la pasión comienzan con una escena que, por su estrecha relación con la muerte inminente de Jesús en los vv. 6-8, podría haber formado parte de la secuencia de episodios del segundo acto, donde los

---

4. J. Jeremias, *Words*, 71-73 (cf. Gundry, 807-8), apoya la teoría de que el arresto ocurrió el 15 de Nisán porque no traduce μὴ ἐν τῇ ἑορτῇ como "no durante la fiesta" sino como "no en presencia de la multitud festiva", una versión para la que él halla cierto respaldo léxico, pero que resulta muy difícil que sea el sentido natural cuando lo que acaba de destacarse en el v. 1 es precisamente la fecha de la fiesta y no la multitud. Aparte del hecho de que es muy posible que los sacerdotes no hayan respetado esta política debido al curso de los acontecimientos (particularmente la propuesta de Judas), la presunta incoherencia que la sugerencia de Jeremias se propone evitar depende de la fecha que él les asigna a los sucesos de la pasión, con la cual no está de acuerdo este comentario.

5. La mención específica que hace Marcos de los tres elementos más importantes del sanedrín en 8:31; 11:27, etc. milita en contra de la afirmación infundada de Mann, 553, de que "no estamos tratando con una política oficial del sanedrín, sino más bien un plan que habían puesto en marcha algunos de sus principales miembros".

discípulos ponen de manifiesto su falta de comprensión acerca de los valores del reino de Dios. Al igual que en 10:13-16, aquí también tenemos una secuencia de reproches y refutaciones, de desaprobaciones burdas que provocan que Jesús haga otra declaración subversiva de que los postreros son los primeros. No es la caridad hipócrita de los curiosos (presumiblemente varones) lo que se recordará, sino la extravagancia impulsiva de una mujer desconocida cuya devoción hacia Jesús no deja margen para evaluaciones piadosas.

De las cuatro historias del ungimiento en los evangelios, Mateo, Marcos y Juan ubican la escena en Betania durante la pascua, poco antes del arresto de Jesús, mientras que la narración de Lucas 7:36-50 tiene lugar en Galilea a principios del ministerio de Jesús y difiere sustancialmente en cuanto al contenido. En particular, no aparece en Lucas la relación con el ungimiento para la sepultura de Jesús, que constituye el concepto teológico central de la historia para Mateo, Marcos y Juan. Aparte del tema básico acerca de una mujer que unge a Jesús y él la defiende contra las críticas que se lanzan contra ella por esa acción (y la base de las críticas también varía: el derroche en Mateo, Marcos y Juan; el carácter moral en Lucas), Lucas coincide con Mateo y con Marcos solo en el nombre del anfitrión (pero no en lo que respecta a su estatus: un "leproso" en Mateo y en Marcos, un "fariseo" en Lucas), y Simón es un nombre tan común que no es probable que se trate de una coincidencia significativa. Ninguno de los escritores sinópticos menciona el nombre de la mujer: solo Juan la identifica como María, la hermana de Martha (y ubica el suceso en su casa). Efrén, en el siglo I, fue el primero en sugerir que era María de Magdala. Lucas concuerda con Juan al decir que la mujer ungió los pies de Jesús y los enjugó con sus cabellos (en Mateo y Marcos el ungüento se derramó sobre su cabeza). Este complejo patrón de relaciones indica probablemente que la narración de Lucas depende de una tradición separada, tal vez de un incidente diferente, aunque es probable que haya habido cierta asimilación de las historias en la transmisión.[6] La versión de Juan, que sitúa el incidente un poco antes en la semana (seis días antes de la Pascua) y en la casa de Marta, María y Lázaro y no en la de Simón, se acerca esencialmente en su contenido al de Marcos, pero su tendencia a proporcionar nombres (María y Judas) socava bastante el contraste revelador que establece Marcos entre la mujer desconocida y sus críticos, que probablemente incluían al menos a algunos de los discípulos de Jesús (tal como lo explicita Mateo), y no simplemente al atípico Judas. Para Juan, así como para Marcos y Mateo, el ungimiento hace pensar en la sepultura, y con ello, la historia constituye un prólogo adecuado para la narración de la pasión porque indica que Jesús ya tenía prácticamente "un pie en la tumba". Ninguno de los evangelistas dice que esta fuera la intención de la mujer; se trata más bien de un

---

6. J. D. M. Derrett, *Law*, 266-75 (= *SE* 2 [1964] 174-82), ofrece una reconstrucción imaginativa de la escena marcana sobre la base de que la mujer había sido, tal como dice Lucas, una prostituta, y por tanto, el valioso ungüento representaba la recaudación de sus ingresos inmorales. La versión de la historia que presenta Marcos no favorece mucho esa asimilación.

nivel adicional de significado que Jesús percibe en lo que aparentemente solo pretendía ser una expresión desbordada de amor. Al establecer esta relación, Jesús les recuerda a los discípulos una vez más el resultado predicho de su venida a Jerusalén, y les advierte que su muerte y su sepultura están ahora muy cerca. El final de la trayectoria ha comenzado.

Pero en este incidente Marcos intuye más que otra predicción de la pasión. La καλὸν ἔργον de la mujer ofrece un contraste revelador con la perspectiva limitada de los demás invitados en la casa de Simón. El interés que muestran por la responsabilidad rutinaria de cubrir las necesidades de los pobres, por encomiable que sea, pone de manifiesto la falta de un sentido adecuado de la ocasión. Esta es la hora de Jesús, el momento en que sus predicciones sobre su propio destino están en vías de cumplirse, y su ministerio está llegado a su punto culminante que aunque trágico, es esencial. Los pobres pueden esperar; algo más vital está teniendo lugar, y la mujer ha demostrado ser más sensible a ello que los propios compañeros más cercanos de Jesús. Y por esa razón, cuando la historia de estos días decisivos se cuente, la mujer ocupará en ella un lugar de honor. Esa mujer anónima formará parte de las buenas nuevas que pronto se esparcirán por todo el mundo, y aunque no se conozca su nombre, su καλὸν ἔργον siempre se recordará.

3   Los dos genitivos absolutos (ὄντος αὐτοῦ..., κατακειμένου αὐτοῦ) preparan el escenario; técnicamente no deberían ser absolutos, puesto que el pronombre αὐτοῦ in ambos casos es el mismo sujeto que el αὐτοῦ en la cláusula principal (a no ser que una oración separada comience con συντρίψασα; véase más adelante), pero la coordinación de las primeras dos cláusulas con este último αὐτοῦ habría producido una oración intolerablemente torpe. En 11:11-12 Marcos nos informó que Jesús y sus discípulos pasaron la primera noche en Betania, y puesto que, según 11:19, volvieron a salir de la ciudad al llegar la noche, cabría suponer con mucha razón que durmieron en Betania todos los días de la preparación para la pascua (Lc. 21:37 dice que pasaron las noches en el monte de los Olivos, en la ladera que estaba más allá de la que se encontraba Betania). Cabe suponer, pues, que la ocasión de este suceso fue una cena antes del comienzo de las festividades: el único significado del verbo κατάκειμαι en el caso de los enfermos es estar acostado (1:30; 2:4), pero cuando se trata de personas sanas, connota la idea de reclinarse a la mesa en una comida (véase el comentario sobre 2:15; Jn. 12:2 lo deja bien claro). El anfitrión, Simón, que no se menciona en ningún otro lugar, es presumiblemente un seguidor de Jesús al igual que Marta, María y Lázaro. El hecho de que pudiera organizar una cena en su cada indica que su título ὁ λεπρός no denotaba literalmente su condición actual. Es posible que hubiera sido leproso en otro tiempo, pero ahora estaba curado (¿por Jesús?), o que adquiriera su apodo por alguna otra asociación que ahora no podemos conocer; el nombre Simón era tan común que era necesario acompañarlo de algún título distintivo.

Al parecer, la mujer no se contaba entre los invitados porque de ella se dice que llegó (ἦλθεν) cuando Jesús ya estaba a la mesa; esto concuerda con la descripción que hace Lucas de la escena (7:37-38, 45) pero no con la de Juan, según la cual, María era una de las anfitrionas. El sustantivo ἡ ἀλάβαστρος (a menudo neutro: véase BDF 49[1] sobre las variaciones en cuanto a la forma y al género) denota un frasco de perfume, que por lo general (aunque no forzosamente) estaba hecho de lo que actualmente conocemos como alabastro. Los cuatro genitivos que Marcos usa para describir su contenido forman una expresión deliberadamente cargada que pone de relieve que no se trataba de un perfume ordinario. El sustantivo μύρον es un término general que se emplea para referirse a un perfume o un ungüento fragante, y νάρδος especifica que era el perfume altamente preciado hecho de nardo, cuyo aceite se importaba de la India y por tanto, era muy caro. Πιστικῆς (que concuerda con νάρδου, que es femenino) aparece relacionado con un ungüento solo aquí y en el pasaje paralelo en Juan, y se interpreta de diversas maneras: el adjetivo se utiliza a veces en el griego no bíblico como un derivado de πίστις, que significa "fiel", "confiable", y por tanto, se ha sugerido que podría indicar que el nardo era "genuino", "puro"; Liddel y Scott lo derivaron de πίνω, y por tanto, lo tradujeron como "líquido"; otros proponen un significado más técnico que refleja un nombre botánico (véase BAGD, 662a para varias sugerencias por el estilo). Al final, tenemos que confesar que no sabemos lo que significa πιστικός cuando se aplica al perfume, pero podría decirse que tiene por objeto aumentar el sentido de valor especial. El último término, πολυτελής, hace referencia explícitamente al valor monetario, y ese valor se especifica aún más en el v. 5: este único frasco de perfume tendría un costo equivalente al salario de todo un año.

La sintaxis parece chapucera: o hay una oración con dos verbos principales descoordinados (ἦλθεν y κατέχεεν), o más probablemente, debería colocarse un punto final después de πολυτελοῦς, lo cual daría lugar a un asíndeton incómodo en la segunda oración que comenzaría ahora con συντρίψασα donde, según el estilo normal de Marcos, debería haber una conjunción coordinante καί. Cuando el verbo συντρίβω se usa literalmente en relación con objetos significa romper o hacer pedazos. Solo Marcos menciona este detalle, que, al parecer, es un método ineficiente para extraer el perfume del frasco y ocasiona un derroche innecesario. Aparentemente, no existe ninguna base para la sugerencia común de que la única forma de sacar el perfume era rompiendo el cuello del frasco —como Gundry señala con toda razón, inicialmente tuvo que haber sido introducido en el frasco de algún modo. Gundry (802, 813), en consonancia con Cranfield, cree más bien que al romper el frasco ella "hace que no pueda dársele ningún uso ulterior", lo cual demuestra la plenitud del sacrificio, pero esto tal vez no sea más que una interpretación demasiado intelectual acerca de una acción precipitada e instintiva. Fue un gesto dramático e impulsivo y no un medio visual planeado de antemano.[7] Ungir la cabeza de un individuo con aceite perfumado (o al

---

7. Hooker, 329, sugiere un simbolismo adicional, en cuanto a que "los vasos de ungüento que se usaban para ungir a los muertos a menudo se quebraban y dejaban en la tumba".

menos con el aceite de oliva más barato, Lc. 7:46) era una señal conocida de regocijo y de compañerismo (Sal. 23:5; Am. 6:6); El Salmo 133:2 sugiere que la cantidad empleada podía ser bastante generosa, aunque un vaso lleno vertido sobre la cabeza de una persona iba mucho allá de la cortesía normal. Más que ungido, Jesús fue empapado con el aceite perfumado, y la comparación con la unción de todo el cuerpo en el v. 8 pone de relieve esta idea. Los comentaristas suelen atribuirle al ungimiento un sentido mesiánico[8] (de ahí que, de acuerdo con Mann, 555, el ungimiento de la cabeza y no de los pies en Lucas y en Juan sea "una señal de dignidad real y sacerdotal") en la interpretación de Marcos por no decir en la intención de la mujer, pero esto no es obvio en el texto, en el que no se usa el verbo χρίω ni ninguno de sus derivados, e interpreta el gesto festivo en función de la muerte y la sepultura y no de la misión mesiánica (véase además Gundry, 813-14).

4-5 Aunque la objeción a la acción de la mujer es un elemento común en todas las historias del ungimiento, los objetores varían. En Lucas es Simón, el anfitrión (para sus adentros), en Mateo son los discípulos en general, en Juan, solamente Judas. El pronombre τινες de Marcos es menos específico. Esos sujetos indefinidos constituyen un rasgo característico del estilo de Marcos (cf. 14:57, 65; 15:36 para un uso similar de τις, y, sin τις, 1:32; 2:3; 3:32; 6:55; 7:32, etc.). El contexto a menudo ofrece alguna pista que permite identificarlos, y aquí se trata presumiblemente de algunos invitados a la cena. Si se tiene en cuenta que durante estos días Jesús siempre estaba acompañado por sus discípulos, incluso en sus visitas a Betania por las noches (11:11-12, 19-20), es probable que ellos hubieran constituido una parte sustancial, por no decir la totalidad, del número de invitados en la casa de Simón. En ese caso, el τινες de Marcos no diferiría en realidad del οἱ μαθηταί de Mateo, pero no se expresa su identificación, y con ello, Marcos, de manera inusual, desaprovechó una oportunidad de destacar explícitamente la incapacidad de los discípulos para comprender los valores del reino de Dios.

Los críticos manifiestan enérgicamente su desagrado. El verbo ἀγανακτέω (que se usa para referirse a la respuesta de Jesús a los discípulos en 10:14 y del resto de los discípulos a Jacobo y a Juan en 10:41) expresa una fuerte indignación por una acción o una actitud ofensiva, mientras que ἐμβριμάομαι es incluso más vívido (véase el comentario sobre 1:43). Mann traduce esta oración como "ellos se volvieron contra ella enojados"; Gundry usa "gruñendo". La respuesta de Jesús en el v. 6 sugiere que la mujer se sintió intimidada por sus críticos. La frase ἀγανακτοῦντες πρὸς ἑαυτούς hace pensar no tanto en una indignación silenciosa (interior), sino en la manifestación abierta de esa indignación entre

---

8. J. K. Elliott, *ExpTim* 85 (1973/4) 105-6, alega que la unción de la cabeza era específicamente una señal de realeza, de manera que en el acontecimiento original "Jesús es aclamado como Mesías Rey", si bien Marcos consideró oportuno superponer a este significado original el tema de la preparación del cuerpo de Jesús para la sepultura (como un artificio apologético para eludir la vergüenza de la falta de ritos funerarios adecuados para Jesús).

los miembros del grupo; cf. los demás usos de πρὸς ἑαυτούς para referirse a emociones compartidas o consultas deliberativas en 1:27; 10:26; 11:31; 12:7; 16:3. Y el dativo que sigue al verbo ἐμβριμάομαι indica (al igual que en 1:43) que su hostilidad estaba claramente dirigida contra la mujer.

Su enojo se basaba en el presunto derroche de un recurso valioso.[9] No se enojaron porque se hubiera usado el perfume, sino porque habría sido más provechoso venderlo en beneficio de los pobres (tal como Jesús ya había exigido en otra ocasión, 10:21) que verterlo sobre la cabeza de Jesús. Su preocupación social era admirable (a diferencia del motivo indigno que Jn. 12:6 le imputa a Judas) y muchos se harían eco de ella en la actualidad. Solo una causa excepcional podía justificar ese gasto excesivo en lugar del beneficio indudable que les reportaría a muchas personas la venta del perfume. Y los presentes, a diferencia de la mujer, no podían apreciar esa causa en presencia de Jesús, quien tendrá que corregirlos con respecto a esa falta de perspicacia, y con ello, defender la acción intuitiva de la mujer.

El genitivo δηναρίων τριακοσίων cumple una función doble como el genitivo de precio (BDF 179) y como el genitivo regido por el adverbio ἐπάνω que se usa como una preposición inadecuada ("un vulgar sustituto de πλείων"; BDF 185[4]). La sintaxis abreviada continúa porque el sujeto de δοθῆναι debería ser el dinero recaudado por la venta y no el propio perfume tal como lo exige la gramática en sentido estricto. Pero, por abreviada que sea, la oración de Marcos es idiomáticamente clara y eficaz.

6-7 Κόπους παρέχω τινί es un modismo más o menos equivalente a nuestra expresión "hacer pasar a alguien por un mal momento", aunque menos bondadosa (cf. Lv. 11:7; 18:5; Gá. 6:17). La superioridad de la καλὸν ἔργον de la mujer no implica que ocuparse de Jesús[10] sea intrínsecamente mejor que ocuparse de los pobres, porque esto también es εὖ ποιῆσαι, sino que consiste más bien en el sentido de la ocasión que ella puso de manifiesto. Ocuparse de los pobres era una obligación normal (en la que se hacía especial hincapié durante el período pascual; Gundry, 811), pero en este momento histórico, esa ocupación rutinaria correcta quedaba relegada a un segundo plano.[11] En la reacción indignada de los invitados, lo bueno se ha convertido en el enemigo de lo mejor.

9. En cuanto al δηνάριον como el salario de un día, véase Mt. 20:1-15; de acuerdo con eso, ἐπάνω δηναρίων τριακοσίων es aproximadamente el salario de un año. En 6:37 la suma inferior de doscientos denarios se consideró suficiente para comprar alimentos para cinco mil personas.

10. Para ἐν ἐμοί como un modismo semítico (en el que εἰς sería más normal en griego), véase Gundry. Con respecto al uso ocasional de ἐν más un pronombre en dativo como equivalente a un dativo solo, véase BAGD, 261a, IV.4.a, aunque, de hecho, Mr. 14:6 se menciona, tal vez de manera menos adecuada, bajo I.2 (p. 258b).

11. Compárese la relegación de la observancia religiosa igualmente adecuada de ayunar durante el período de tiempo en el que Jesús "el esposo" está presente (2:19-20). Schweizer, 289, comenta: "Este es el tiempo del "esposo" (2:19), en el que los deberes religiosos de ayunar (2:19) y dar limosna (14:5) ya no poseen la principal importancia, porque la presencia de Jesús exige un tipo de conducta que sobrepasa las normas de la vida cotidiana".

La expresión ὅταν θέλητε podría sugerir que dar a los pobres era simplemente una supererogación opcional. Pero en el judaísmo del siglo I era mucho más que eso. La preocupación por los pobres expresada en Deuteronomio 15:1-11 (que incluye el reconocimiento, que Jesús repite aquí, de que "los pobres nunca faltarán en la tierra") se había convertido en la base de un sistema amplio y cuidadosamente regulado de donaciones destinadas a socorrer a los pobres, e incluía el "diezmo para los pobres", que era obligatorio, y muchas otras oportunidades para ejercer la caridad personal.[12] No es que sea posible descuidar las necesidades de los pobres, sino que esas necesidades pueden atenderse en cualquier momento: las ocasiones nunca faltarán.

8 ὃ ἔσχεν ἐποίησεν es una expresión abreviada, en la que ἔχω se usa probablemente con el sentido de "poder [ser capaz]"; para usos de ese tipo con el infinitivo, véase BAGD, 333, I.6.a, quienes proponen que aquí debe sobrentenderse el infinitivo ποιῆσαι. El empleo de ἔχω en lugar de δύναμαι podría deberse a la idea de que la mujer ya poseía el perfume, y por tanto, podía darle ahora este uso especial. Otros podrían ofrecer otros servicios; pero esta era la única contribución que ella estaba en condiciones de hacer. Προέλαβεν μυρίσαι es también una construcción abreviada y bastante incómoda; para construcciones semejantes de infinitivo, cf. BDF 392 (2). El significado es claro: se anticipó a ungir el cuerpo de Jesús para su próxima sepultura.[13] No hay por qué presuponer que la mujer le atribuyera conscientemente este simbolismo funerario (y mucho menos que pudiera saber que cuando el cuerpo de Jesús en realidad fue sepultado, su resurrección anticiparía y haría innecesario el proceso normal de la unción, 16:1).[14] Fue, más bien, el conocimiento especial de Jesús acerca de lo que ahora estaba a punto de suceder lo que centró su mente en la perspectiva de la muerte y la sepultura, y por tanto, lo llevó a descubrir este significado adicional en su acto de devoción.

9 La fórmula ἀμὴν λέγω ὑμῖν indica que lo que sigue es una declaración que es preciso tener en cuenta. La obra de la mujer debe recordarse con honor, y esa remembranza debe ser específicamente εἰς μνημόσυνον αὐτῆς. Y sin embargo, permanece anónima. Presumiblemente, lo que debe recordarse es el acto y su simbolismo (ὃ ἐποίησεν), y no la identidad de la persona que lo realizó,[15] no obstante, la última frase en ese caso es curiosamente personal.[16]

---

12. Véase J. Jeremias, *Jerusalem*, 126-34.

13. D. Daube, *The NT*, 313, encuentra aquí el equivalente de los términos rabínicos *qadham* o *hiqdîm* que se usaban con respecto a los servicios que se prestaban por adelantado.

14. J. Jeremias, *Theology*, 284, considera que la importancia consiste especialmente en la previsión de Jesús de que sería ejecutado como un criminal, y por tanto, le sería denegada la unción que acompaña a una sepultura apropiada. D. Daube, *The NT*, 312-24, analiza las historias sobre el ungimiento a la luz del concepto judío de la *niwwul* ("desgracia"): era un bochorno apologético que el cuerpo de Jesús hubiera sido sepultado sin los ritos adecuados que incluían la unción acostumbrada, y esta perícopa elude la crítica.

15. Myers, 359, sugiere que ella permanece anónima porque "representa el paradigma femenino, que en Marcos encarna no solo el 'servicio' sino también la capacidad para 'soportar' la cruz".

16. Gundry, 818 (en consonancia con J. Jeremias, *ZNW* 44 [1952/3] 103-7), basándose en

Esta frase se ha comparado a veces con la fórmula eucarística de 1 Corintios 11:24, 25; Lucas 22:19, pero cualquier sugerencia de que la obra de la mujer de alguna manera se pone al mismo nivel de la ofrenda de Jesús resulta muy poco probable por el hecho de que Marcos evitó el término eucarístico ἀνάμνησις (que tal vez ya era familiar en ese contexto en el momento en que él escribió) y usó el término más neutral μνημόσυνον.

Al igual que en 13:10, el εὐαγγέλιον, que en este mismo Evangelio había denotado con anterioridad el mensaje predicado por Jesús, se ha convertido ahora en un mensaje *acerca* de Jesús, y aquí, incluye específicamente la historia de sus últimos días. Además, ya no es solamente un llamado a los habitantes de Galilea, sino una proclamación que se hará εἰς ὅλον τὸν κόσμον (cf. 13:10, εἰς πάντα τὰ ἔθνη).[17] No resulta sorprendente que Marcos tuviera esa visión de la proclamación futura del evangelio a nivel mundial, pero lo que sí llama la atención es que él le atribuyera esa previsión a Jesús en los días inmediatamente anteriores a su muerte (y en un contexto en el que la muerte había sido la idea central del comentario precedente). Marcos desea que sus lectores entiendan que Jesús no consideraba que la muerte que había estado prediciendo con tanta insistencia era el final de la obra de su vida. Él aquí ya está mirando más allá de ella, y aunque no se hace ninguna mención explícita de la resurrección en este momento, es difícil pensar en lo que podría proclamar el εὐαγγέλιον si Jesús permanecía muerto y sepultado. Esta declaración no solo trascendió la muerte de Jesús, sino que aparentemente hizo que formara parte del εὐαγγέλιον, el cual debía incluir su unción para prepararlo para la sepultura. Podríamos preguntarnos cuántas de estas cosas cabía esperar que los discípulos (o incluso la mujer desconocida) entendieran en ese momento, pero Marcos no quiere que tengamos ninguna duda de que Jesús sabía hacia dónde se dirigía y ya contemplaba su pasión inminente dentro del marco del propósito redentor de Dios, el εὐαγγέλιον.

Los sacerdotes y Judas (14:10-11)

Judas Iscariote no desempeña ningún papel principal en el drama de Marcos. Aparte del lugar que ocupa junto con los doce en la lista de 3:19, su nombre se menciona solo aquí y en el relato sobre el arresto de Jesús en 14:43-45, mientras

---

el lenguaje veterotestamentario relacionado con el recuerdo, alega que no son las personas en la tierra quienes habrán de recordarla sino Dios y los ángeles. El pasaje no ofrece ningún indicio que confirme esta interpretación, y la referencia específica a la proclamación del evangelio *en la tierra* milita enérgicamente contra ella. Otra alternativa, "como su homenaje hacia *mí*" (J. H. Greenlee, *ExpTim* 71 [1959/60] 245, aceptando la sugerencia en la traducción de J. B. Phillips) parece aún más alejada del griego de Marcos.

17. Contra la sugerencia de J. Jeremias, *ZNW* 44 (1952/3) 103-7, de que la referencia no es a la predicación humana sino a una única proclamación por parte de los ángeles que tendrá lugar al fin de los tiempos a nivel mundial, véase Gundry, 817-18.

que en el pronóstico de la traición por uno de los doce en 14:18-21 se hace alusión a él sin identificarlo. Marcos no dice nada con respecto a la motivación que lo impulsó a hacer lo que hizo, y el dinero que recibió se menciona solo de pasada para indicar la aceptación ansiosa de su ofrecimiento por parte de los sacerdotes, y no como la razón de su acción. Judas es un elemento secundario, aunque esencial, en la narración de Marcos, pero (a diferencia de los demás evangelios y de Hechos) no parece ser ningún objeto de interés por sí mismo.

Cualquier comentario sobre Marcos puede, pues, eximirse de la especulación habitual acerca de los motivos de Judas. (Su origen posiblemente no galileo, con respecto al cual, véase el comentario sobre 3:19, proporciona una sugerente dimensión adicional que, sin embargo, no podría constituir por sí misma un motivo de traición). Pero incluso la simple mención de que uno de los seguidores más cercanos de Jesús se volvió violentamente contra él invita sin duda a hacer un comentario. En la época en que Marcos escribió el evangelio la traición ya se aceptaba como un hecho histórico que debía incluirse en la narración pero que aparentemente no exigía ninguna explicación, y menos aún los horribles relatos que ofrecen Mateo y Lucas acerca de la muerte posterior de Judas. La paradoja de un discípulo traidor encaja muy bien en el robusto e incómodo relato que hace Marcos sobre Jesús, el Mesías no reconocido y rechazado. Pero a diferencia de Pedro, el otro fracaso más espectacular entre los doce, Judas no merece ninguna consideración ulterior después que hizo lo que tenía que hacer.

El papel que Judas debía desempeñar era el de "entregar a Jesús" a los ἀρχιερεῖς. El verbo παραδίδωμι es el que normalmente se usa en los evangelios para describir su acción. Προδίδωμι ("traicionar") nunca se emplea de esa manera, y solo en Lucas 6:16 aparece el sustantivo προδότης para referirse a Jesús. A la luz de la descripción cristiana posterior de Judas como el traidor, la elección de este vocabulario resulta inesperada, y sobre esa base se ha alegado que originalmente la acción de Judas no se interpretó como una traición, sino más bien, como la de un "honesto intermediario" que organizó un encuentro entre Jesús y las autoridades con vistas a promover un diálogo constructivo —una gestión que en este caso, para su pesar, salió muy mal.[18] Esa teoría revisionista no ha convencido a muchos porque se opone al tono fuertemente negativo de todos los relatos evangélicos sobre Judas (tenemos la evidencia más antigua), especialmente en lo tocante a la función que cumplió en el arresto de Jesús, que difícilmente podría interpretarse como la organización de una reunión inocua; y tampoco concuerda con la manera en que Lucas usa el término προδότης como un equivalente funcional para παραδίδωμι en sus demás referencias a Judas. Aunque παραδίδωμι tal vez no sea la palabra que hubiéramos esperado, resulta difícil interpretarla como un acto que no sea hostil cuando las autoridades a las que Jesús iba a ser "entregado" son las mismas que a lo largo del evangelio se han descrito invariablemente como sus enemigos

18. Así W. Klassen, *Judas*. Véase supra, pág. 163 n. 29.

mortales. Véanse además los comentarios sobre 3:19 y 9:31 con respecto a las connotaciones del verbo. En el tiempo en que Marcos escribió, ese verbo se había convertido claramente en el término aceptado para describir no solo que Judas hizo, sino también, y de manera más general, lo que le sucedió a Jesús así como a Juan el Bautista. La función de Judas era solo una parte de la entrega más "completa" que Jesús había predicho para él mismo.

¿Por qué necesitaban los sacerdotes a Judas? Después de varios días de exposición pública en el área del templo, no podían tener ninguna dificultad para identificar a Jesús aún en medio de una multitud (aunque aparentemente los hombres que enviaron a detener a Jesús en el huerto de noche sí tenían necesidad de esa identificación, v. 44). En los vv. 1-2 se expuso una razón más probable, a saber, que para evitar la resistencia del pueblo ellos tenían que aprehender a Jesús en un sitio que fuera menos público que el área del templo, y para ello, precisaban de alguien que pudiera tenerles al tanto de sus movimientos, y en particular, del lugar donde podían encontrarlo por la noche.[19] Solo un miembro del grupo que vivía con Jesús podía proporcionarles esa información, de ahí el agrado que manifestaron los sacerdotes por el ofrecimiento de Judas. En su próxima aparición, en 14:43-44, será quién guíe a la cuadrilla que habrá de arrestar a Jesús.

Cuando Jesús sea enjuiciado en 14:53-65, veremos que el sumo sacerdote estaba bien informado acerca de las alegaciones que supuestamente él había hecho (14:61). Según el testimonio de Marcos, Jesús nunca afirmó de manera manifiesta que era el Mesías (de hecho, prohibió específicamente que se usara ese título en público con referencia a él, 8:30), aunque sus acciones en diversas momentos dejaron entreverlo; y la única vez que declaró implícitamente que él era el Hijo de Dios se valió de la forma velada de un personaje en una parábola (12:6-8). Era dentro del grupo de los discípulos que se empleaban esas expresiones de manera más abierta, y es posible que otra parte del servicio que Judas les brindó a los sacerdotes haya sido la de completar un expediente de las palabras y las acciones que pudieran usarse contra Jesús en su comparecencia ante el tribunal para demostrar que las palabras imprudentes de sus seguidores (11:9-10) no habían sido infundadas.

10 En cuanto a εἷς con el sentido de τις, como en 10:17, 14:47, véase BDF 247 (2) con la sugerencia de que ese término "establece un contraste con el resto del grupo"; la adición del artículo (aunque omitido en muchos MSS) aleja a εἷς aún más de su significado numérico, y lo deja simplemente como un pronombre descriptivo indefinido; cf. el modismo, ὁ εἷς... ὁ ἕτερος (Mt. 6:24 etc.). Le recuerda asimismo al lector la aparición anterior de Judas en la lista de los doce, 3:19. En los vv. 1-2 dejamos a los sacerdotes tramando la eliminación de Jesús, y ahora la expresión ἀπῆλθεν πρός pone de relieve la idea

---

19. La reacción impredecible de la multitud es una razón suficiente para esta necesidad; el texto no ofrece ninguna base para la sugerencia de Myers (360) de que "la comunidad había pasado a la clandestinidad", y 14:49 milita fuertemente contra ello.

de un bando contrario, y por tanto, con este movimiento físico Judas también cambió de bando.

11 En el breve relato sobre el cambio de Judas, su acción aparece como un fruto de su propia iniciativa, ante la cual los sacerdotes reaccionan con sorpresa y placer, y no como consecuencia de haber sido "reclutado" por ellos. La hostilidad de las autoridades de Jerusalén se hizo tan notoria en los enfrentamientos anteriores en el templo, que Judas comprendió claramente que su oferta tendría una respuesta inmediata; Juan 11:57 incluso indica que Jesús oficialmente ya era un "hombre buscado". La cantidad inespecífica de ἀργύριον (solo Mateo menciona la suma) no volverá a mencionarse, pero su inclusión aquí rebaja a Judas, independiente de la motivación que haya tenido, a la indigna condición de un informante pagado. El adverbio εὐκαίρως hace hincapié en el problema del momento oportuno al que los sacerdotes ya se habían referido en los vv. 1-2, y que hizo que se vieran en la necesidad de buscar un informante que pudiera ayudarlos a evitar una detención pública.

ÚLTIMAS HORAS CON LOS DISCÍPULOS (14:12-42)

Con el v. 12 regresamos a la capa exterior del sándwich correspondiente al v. 1a, porque nos recuerda que la fiesta de la pascua ya ha llegado, es decir, el escenario más significativo en el que ha de desarrollarse el último drama de la vida de Jesús. La trampa está lista, y las reiteradas predicciones de Jesús sobre el rechazo y la muerte que le aguardan en Jerusalén están a punto de cumplirse.

Pero primero hay algo muy importante que debe realizar. Jesús llegó a Jerusalén para la pascua, y está decidido a celebrarla aunque no sea en las circunstancias normales. La pascua es una experiencia colectiva, que se celebra en compañía de un grupo de familiares o amigos que se reúnen para compartir la cena que recuerda la razón de la existencia de Israel como pueblo de Dios. Por tanto, en la última etapa del drama, que finalmente se convertirá en la historia de Jesús solo contra las autoridades, aparecen Jesús y sus discípulos más cercanos juntos, tal como han estado a lo largo del evangelio. Desde el primer llamado de los pescadores galileos en 1:16-20, esta historia no ha girado solamente en torno a Jesús, sino en torno a Jesús y sus discípulos, un grupo de trabajo unido compuesto por hombres que han viajado, vivido, dormido y compartido recursos juntos. Ahora, pues, se reúnen para una cena de despedida, pero mucho más que eso, para la última pascua que celebrarán unidos, y en la que se dirán y harán cosas que tendrán un impacto vital en la eficacia futura del grupo cuando Jesús y no esté con ellos.

Hay una continuidad en la narración desde la preparación de la cena hasta que esta ocurre, y el diálogo al que da lugar y que prosigue hasta el jardín al cual se dirigen cuando abandonan el cenáculo; el grupo aquí es el mismo (con la excepción de Judas, cuya partida de la cena se presupone, no se menciona) que permanece unido hasta que la violenta interrupción de Judas y de sus ayudantes lo dispersa y deja a Jesús abandonado en las manos de sus enemigos, y seguirá solo de ahí en adelante. Por tanto, estos breves párrafos entre los vv. 12 y 42 no deben separarse y constituyen un relato de las últimas horas que Jesús pasó con el grupo de trabajo que había escogido. Es típico del estilo paradójico de la historia de Marcos que no concluyan con un inicio triunfal de la misión sino con la confusión y la derrota más absolutas, y con la disolución y la desmoralización del grupo de trabajo mientras su líder marcha hacia el escarnio y la muerte.

Aunque existe una coherencia en la sección de 14:12-42, tal como indicamos antes, esta sección sigue siendo solamente la primera etapa de la historia de la pasión. En particular, hay tres asuntos inconclusos en las tres predicciones de la traición y la deserción que Marcos incluyó en esta sección (vv. 18-21, 27-28, 29-31), cada uno de los cuales tendrá su cumplimiento en los acontecimientos que van a narrarse en el resto del capítulo 14. Véanse los comentarios introductorios sobre 14:26-31 con respecto a la manera en que Marcos unió su narración con el tema de la traición, predicha y cumplida.

La última cena (14:12-25)

NOTAS TEXTUALES

24. En un texto "litúrgico" en el que presumiblemente ocurrió una asimilación sobre la base del uso eucarístico conocido, el texto más corto, que es también el texto más probable en Mateo, es el que tiene más posibilidades de ser original. En particular, el reflejo teológicamente sugerente de Jeremías 31:31 en cuanto al adjetivo καινῆς que aparece en una construcción gramatical diferente en Lucas 22:20 y 1 Corintios 11:25 sería una inserción natural, aunque no habría ninguna buena razón para excluirlo una vez en el texto.

25. El adverbio οὐκέτι de A B y el texto mayoritario puede haber sido una glosa aclaratoria (con un efecto similar al de προσθῶ/προσθῶμεν of D Θ), pero tal vez lo más probable es que la lectura más corta sin οὐκέτι (ℵ C W etc.) haya sido una asimilación a Mateo.

La catalogación de la última cena como una "cena de despedida", aunque es correcta hasta cierto punto, pierde de vista la importancia capital que tiene para Marcos. Aquí no encontramos ninguno de los extensos discursos didácticos de despedida de Juan 13–16, sino la descripción básica de una cena pascual (con un relato sorprendentemente detallado acerca de su preparación) dentro de la cual Marcos deja constancia solamente de dos declaraciones memorables de Jesús, la predicción de la traición por parte de uno de los doce, y una interpretación simbólica del pan y de la copa que transforma el simbolismo tradicional de la pascua en algo totalmente nuevo.

Pero, ¿en qué sentido era una cena pascual? La discusión provocada por las diferencias entre las declaraciones de Juan y de los sinópticos ha sido extremadamente compleja, y el problema sigue sin solución. En su forma más simple, incluye la afirmación aparentemente clara de Marcos 14:12, 14, 16 (con la que Mateo y Lucas están de acuerdo, y que Lc. 22:15 refuerza) de que esta cena era τὸ πάσχα, lo cual contrasta con las implicaciones de Juan 13:1; 18:28; 19:14 de que la cena pascual todavía no había tenido lugar en el momento en que Jesús fue llevado a juicio. Sobre esta base suele concluirse que la última cena de los sinópticos era la cena pascual regular que se celebraba en la noche que le daba inicio al 15 de nisán (véanse las notas sobre las fechas en la pág. 548), mientras que la de Juan es una cena que ocurre en la noche que antecede al sacrificio de los corderos pascuales, al comienzo del 14 de nisán. Los esfuerzos que se han hecho para explicar esta divergencia han adoptado tradicionalmente uno de estos cuatro enfoques: (a) alegar sobre la base de las diferencias en el calendario que los distintos grupos en Jerusalén pudieran observar la pascua en días diferentes; (b) reinterpretar las declaraciones de Juan para permitir que su última cena también cayera el 15 de nisán; (c) afirmar que a pesar de las apariencias, la cena que describen los sinópticos no era en realidad la cena pascual; (d) postular que Jesús, deliberada e irregularmente, celebró su cena pascual un día antes, el 14 de nisán, y que los relatos sinópticos, desorientados por la naturaleza pascual de la cena, supusieron que la fecha era el 15 de nisán. Dentro de cada uno de estos enfoques (especialmente el primero)[20] hay muchas variaciones, pero explicarlas detalladamente estaría más allá del alcance de este comentario. En un artículo de 1986,[21] intenté hacer ese estudio que, aunque no incluye los matices más recientes, da una visión general razonable de las principales teorías que se ofrecen. Me limitaré aquí a exponer a grandes rasgos el punto de vista que considero más convincente, aunque sé que es una opinión minoritaria. Las notas detalladas sobre los vv. 12 y 17 explicarán la relación que guarda con el texto de Marcos.

1. Las pruebas fuera de los relatos del evangelio apuntan a la datación de Juan. La tradición rabínica de que Jesús murió "en la víspera de la pascua" (*b. Sanh.* 43a; cf. 67a) se refleja en el *Evangelio de Pedro* 2 (5), "el día antes de los ázimos, la fiesta de ellos", y 1 Corintios 5:7 ("Cristo, nuestra pascua sacrificada") armonizaría muy bien, aunque no lo exige forzosamente, con la cronología joánica. Las pruebas astronómicas indican claramente que si bien el 14 de nisán probablemente cayó un viernes (tal como lo exige la cronología

---

20. No solo incluyen la teoría bien conocida de A. Jaubert basada en las pruebas de la existencia de un calendario diferente en Qumrán, sino también algunos argumentos a partir de la divergencia en el calendario (por lo general, especulativos y no claramente probados) entre los fariseos y los saduceos (D. Chwolson, P. Billerbeck), entre Palestina y la Diáspora (M. H. Shepherd) y entre Galilea y Judea (J. Pickl, S. Dockx, H. W. Hoehner).

21. R. T. France, *Vox Evangelica* 16 (1986) 43-54. Para un estudio más reciente, véase R. E. Brown, *Death*, 1361-69.

joánica) en los años 30 y 33 d.C., no hubo ninguna fecha entre los años 27 y 34 en la que el 15 de nisán fuera un viernes.[22]

2. Si aceptamos, pues, que la última cena tuvo lugar en la noche del jueves que le daba inicio al 14 de nisán, ocurrió un día antes de la pascua oficial. Sin embargo, resulta abrumador el argumento de que aun así, sobre la base de los relatos sinópticos, la intención fuera celebrar una cena pascual.[23] Por tanto, lo más probable, al parecer, es que Jesús anticipara deliberadamente la fecha oficial movido por su deseo de celebrar una pascua con sus discípulos mientras todavía era posible (cf. Lc. 22:15), consciente de que en la fecha oficial ya no estaría allí para hacerlo. La ausencia de toda alusión a un cordero pascual como parte de la última cena[24] podría sugerir entonces que Jesús y su grupo, al igual que los judíos que tenían que celebrar la fiesta lejos de Jerusalén (y los que continuaron celebrándola después de la destrucción del templo),[25] no incluyeron ningún cordero en la cena, puesto que el cordero tenía que ser sacrificado en el templo y la fecha oficial para ese sacrificio aún no había llegado.[26]

3. Una conclusión joánica similar es a la que han llegado muchos que han presupuesto que los escritores sinópticos, por tanto, estaban equivocados en cuanto a la fecha que dieron. Sin embargo, yo sugeriría que las indicaciones cronológicas en Marcos que se han usado para señalar que él pensaba que la cena se celebró el 15 de nisán (la fecha "oficial") no necesariamente lo confirman. El tema en cuestión es el método judío de contar los días. Los comentaristas occidentales presuponen instintivamente que la noche que *seguía* a la matanza de los corderos en la tarde pertenecía al mismo "día", pero puesto que el día

---

22. J. Finegan, *Chronology*, 292-96; G. Ogg en D. E. Nineham et al., *History and Chronology in the NT*, 92-96.

23. Al argumento clásico de J. Jeremias, *Words*, 41-62, podría añadírsele ahora un nuevo análisis qua aparece en M. Casey, *Sources*, capítulo 6, el cual confirma que en el relato de Marcos se mencionan muchas de las características de una cena pascual habitual, y alega que, después de haber indicado en los vv. 12-16 que esa era sin duda una cena pascual, los lectores de Marcos, familiarizados con el ritual regular de la pascua, habrían sobrentendido las características que no se mencionan.

24. La ausencia de un cordero en la última cena no es más, por supuesto, que un argumento *a silentio*, y M. Casey, *Sources*, 222-24, da por sentado que φαγεῖν τὸ πάσχα solo puede significar "comer el *cordero* pascual", y por tanto, aunque no se mencione el cordero como tal, se sobrentiende. Véase además el comentario sobre el v. 12 con respecto a la interpretación de Casey de ὅτε τὸ πάσχα ἔθυον como "mientras *Jesús y sus discípulos* estaban sacrificando el cordero".

25. En cuanto a la celebración de la pascua sin un cordero cuando el sacrificio requerido en el templo ya no era posible, véase G. F. Moore, *Judaism*, 1.40-41. Cf. Schürer, 1.522-23.

26. Sin embargo, tal vez no era inevitable que una cena pascual que se celebrara el 14 de nisán careciera de un cordero. M. Casey, presuponiendo que una cena pascual sin un cordero es inconcebible (véase n. 24 supra), alega, a partir del dictamen de R. Joshua que aparece en *m. Zeb.* 1:3, que antes del año 70 d.C. sí se hacían sacrificios "prematuros" de las víctimas pascuales en el templo el 13 de nisán, "cuando había tantos peregrinos en Jerusalén que no era posible sacrificar todas las víctimas en la tarde del 14 de nisán. De lo cual se deduce que todos sabían que muchas de las víctimas se sacrificaban el 13 de nisán, y que esta era una práctica aceptada" (*Sources*, 224; cf. *TynB* 48 [1997] 245-47). D. I. Brewer, *TynB* 50 (1999) 295 (cf. 296-97) apoya el argumento de Casey.

judío, según se entendía normalmente, comenzaba al atardecer, formaba parte del "día" *siguiente*.[27] Por consiguiente, cuando Marcos 14:12, que es el texto clave para la supuesta "cronología sinóptica", ubica el tiempo de preparación para la cena en el "día" en que se sacrificaban los corderos, esto ocurrió, de acuerdo con la forma normal judía de contar los días, en la noche *que siguió* al sacrificio si los preparativos se hicieron antes de la puesta del sol. Sin embargo, si la cena se preparó (puesto que sin duda se consumió) *después de* la puesta del sol, solo pudo haber ocurrido el mismo "día" del sacrificio si esta tuvo lugar en la noche *anterior*. En base a esta interpretación, la cuidadosa nota de Marcos sobre la hora ubica sin duda la última cena, al igual que Juan, en la noche que le dio inicio al 14 de nisán, no en la siguiente.[28] En otras palabras: Marcos era claramente consciente, como también lo era Juan, de que Jesús celebró la cena pascual no en el día oficial, sino deliberadamente un día antes.

4. Debe señalarse que el propio Marcos valida esta datación joánica de la última cena cuando comenta en 14:2 que los principales sacerdotes planearon el arresto de Jesús μὴ ἐν τῇ ἑορτῇ. A menos que cambiaran de opinión, esto descarta la teoría de que Jesús fue arrestado en la noche en que todos estaban comiendo la cena pascual, mientras que en la noche anterior aún no había celebraciones pascuales.[29]

5. Esta interpretación del texto de Marcos exige no solo que la cena sino también los preparativos que se describen en los vv. 12-16 ocurrieran en las primeras horas (después de la puesta del sol) del 14 de nisán, es decir, el "día" en el que el sacrificio oficial debía tener lugar. En el v. 17 dice que la cena comenzó ὀψίας γενομένης, un término tan flexible (véase el comentario sobre el v. 17 más adelante) que permite que antes de la misma se desarrollaran muchas actividades después de la puesta del sol. Aunque una cena pascual era una ocasión muy especial, la preparación de una cena así para un grupo relativamente pequeño de personas no llevaría más de una hora o dos, al menos si no había que asar ningún cordero, y si el salón ya se había "preparado" con antelación (14:15). De acuerdo con Éxodo 12:8, la cena pascual debía comerse "durante la noche" (en contraste con cualquier cena normal, que se comía al final de la tarde).[30] La secuencia prevista para los sucesos de ese 14 de nisán (desde la noche del jueves hasta la puesta del sol del viernes) sería de la siguiente manera:

27. Gundry, 824, hace referencia a algunos estudios que afirman que hacia este período, los judíos usaban un método de contar los días desde un amanecer hasta el otro, junto con el método tradicional que los contaba desde una puesta del sol hasta la otra. Sin embargo, no se afirma que este fuera el método normal, y en defecto de cualquier indicación de lo contrario debemos suponer que se usaba el método tradicional.

28. L. C. Boughton, *TynB* 48 (1997) 257-59, presenta una opinión similar.

29. En cuanto al intento de Jeremias de evadir esta conclusión traduciendo μὴ ἐν τῇ ἑορτῇ como "no delante de la multitud festiva", véase supra, pág. 549 n. 4.

30. Véase J. Jeremias, *Words*, 44-46.

Después de la puesta del sol: los discípulos consultan acerca de los preparativos y los hacen.

Durante la noche: celebración de la cena pascual; y camino hacia Getsemaní; arresto y audiencia preliminar de Jesús.

Al amanecer: comparecencia ante Pilato; enjuiciamiento formal y condena.

mañana/mediodía: Crucifixión.

tarde: fecha oficial para el sacrificio de los corderos.

Esta secuencia, como ya se mencionó antes, es la que normalmente se toma como la cronología joánica, pero yo sostengo que si se considera que Marcos usó el método judío para computar un "día", eso también se aplica a su afirmación en 14:12, siempre que los preparativos para la cena se hubieran hecho durante las primeras horas de la noche, cuando el 14 de nisán ya había comenzado. En 15:46 (véanse las notas allí) Marcos va a presuponer esta cronología en su relato sobre las acciones que realizó José de Arimatea al final del día de la crucifixión de Jesús, las cuales habrían resultado inapropiadas y probablemente imposibles si ese día hubiera sido el 15 de nisán, en el que se aplicarían las mismas restricciones del día de reposo.[31] El siguiente comentario se basará en este esquema cronológico.[32] Por lo general, los intérpretes han supuesto (y el arte cristiano ha dado por sentado) que solo había trece personas presentes en esta cena pascual, a saber, Jesús y los doce. Este habría sido el número normal de comensales en un "hogar" para una cena pascual (se exigía un mínimo de diez personas para un solo cordero; *b. Pes.* 64b). Pero basándose en el hecho de que el salón escogido era μέγα (v. 15), Casey[33] alega que debe haber habido más personas, y que Jesús no habría excluido de esa importante ocasión "familiar" a sus otros seguidores fieles, incluyendo mujeres y, tal vez, niños; y estima que habría alrededor de treinta personas. No resulta nada claro, sin embargo, como sugiere Casey, que los δύο τῶν μαθητῶν que Jesús envió para que prepararan el salón (v. 13) no fueran parte de los doce (es más, Lucas nos dice que eran Pedro y Juan); la frase μετὰ τῶν δώδεκα (v. 17) se interpretaría normalmente como un uso de la designación acostumbrada ("un tecnicismo convencional", Mann) para indicar el grupo total que se reunió para

31. J. Jeremias, *Words*, 74-79, menciona y analiza varios aspectos más de los relatos sinópticos sobre los acontecimientos que ocurrieron después de la cena y que parecen incompatibles con la fecha del 15 de nisán que él apoya. Si bien Jeremias sugiere algunas vías para desviar la atención de la mayoría de estas objeciones por separado, el efecto acumulativo de las mismas tiene más fuerza que la que él admite.

32. Expongo y defiendo esta posición con más detalles en mi artículo en la *Vox Evangelica* 16 (1986) 50-54.

33. M. Casey, *Sources*, 227-28.

la cena cuando el resto de los discípulos se juntó con los dos que habían dio primero.[34] Y el hecho de que se diga por primera vez que el traidor era εἷς ἐξ ὑμῶν dirigiéndose a toda la compañía (v. 18) y luego εἷς τῶν δώδεκα (v 20) indica de manera más natural que solo los doce estaban presentes con él y no que el centro de atención se hubiera reducido en la segunda declaración. La afirmación específica de Marcos de que οἱ δώδεκα vinieron con Jesús para la cena apoya fuertemente la opinión tradicional.

La pascua era una cena simbólica con una interpretación explícita. En *M. Pes.* 10:1-7 se detallan las bendiciones tradicionales que se pronunciaban sobre las copas y la recitación del Hallel y las respuestas que daba el cabeza de familia a la pregunta que formulaba el hijo (conforme a la exigencia de Ex. 12:26-27 de explicarles a los hijos el significado de la cena), y algo semejante a este ritual probablemente ya era normal en los días de Jesús. Dicho ritual incluía una explicación específica de los elementos de la comida que se ingería. Por tanto, no es extraño que Jesús, como cabeza de la "familia", hiciera comentarios explicativos y bendijera el pan y el vino, y es muy posible que antes de añadir sus nuevas declaraciones, Jesús sí ofreciera primero las explicaciones tradicionales. De ser así, Marcos no consideró necesario recordarles a sus lectores lo que ya conocían. No es de las palabras tradicionales que deja constancia sino de algo radicalmente nuevo. La forma de las palabras en los tres relatos sinópticos y 1 Corintios 11:23-26 presentan variaciones que presumiblemente reflejan desarrollos en el uso litúrgico incluso en el tiempo en que se escribieron esos textos,[35] pero el contenido es llamativamente coherente: el pan representa el cuerpo de Jesús y el vino su sangre, y la recepción de estos elementos simboliza los efectos benéficos de su muerte inminente. No debemos permitir que el progreso tortuoso del análisis posterior acerca de la teología de la eucaristía oscurezca ese simbolismo claro pero profundo. En el contexto de la cena pascual, es decir, el memorial del rescate de la esclavitud del pueblo que hizo pacto con Dios y del cordero cuya muerte constituía una parte necesaria de esa liberación, estas palabras les dieron a los discípulos una dimensión totalmente nueva para poder entender la insistente predicción de Jesús de que él había venido a Jerusalén para morir.

12 Véase el comentario sobre 14:1-2 en cuanto a los términos cronológicos que se usan aquí. La expresión ἡ πρώτη ἡμέρα τῶν ἀζύμων, que en sentido estricto alude al 15 de nisán, el primero de los siete días de los panes sin levadura que seguían a la pascua propiamente dicha, también podía usarse para referirse al 14 de nisán, el primer día de todo el período festivo que incluía

---

34. Gundry, 835, sugiere que los dos regresaron después de hacer los preparativos para reunirse con el grupo y mostrarles el camino, y por consiguiente, fueron literalmente οἱ δώδεκα los que llegaron con Jesús.

35. I. H. Marshall, *Supper*, 43-51, analiza si la forma marcana o la lucana/paulina de las palabras sobre el pan y la copa representa la forma más antigua, y favorece "la mayor originalidad de la redacción lucana/paulina", aunque señala que "los elementos básicos incorporados a las diversas formas de los dichos son primitivos".

la pascua y los panes sin levadura (Josefo, *Guerras* 5.99 llama al 14 de nisán ἡ τῶν ἀζύμων ἡμέρα; la eliminación de la levadura de las casas comenzaba en la noche que marcaba el inicio del 14 de nisán, *m. Pes.* 1:1-3; para la designación de la pascua como ἄζυμα cf. Josefo, *Ant.* 17.213; 18.29; 20.106).[36] No cabe duda de que la expresión se usa aquí de esta manera, porque se relaciona con la referencia específica al sacrificio de la πάσχα, que tenía lugar en la tarde que le ponía fin al 14 de nisán.

El sujeto del verbo ἔθυον[37] no se especifica. M. Casey lo relaciona directamente con la cláusula que sigue, y de esa manera, la pregunta fue formulada mientras *Jesús y sus discípulos* estaban sacrificando su cordero en el templo. Con mayor frecuencia, la cláusula se asocia con el dato cronológico que la antecede, y el verbo en imperfecto se toma como impersonal, proporcionando una nota que especifica cuál es el día al que se hace referencia: "el día del sacrificio pascual". En ese caso, la cláusula no determina si la hora del sacrificio regular ya había pasado, era esa o aún estaba por llegar, sino solamente que era en ese mismo día. Si se tiene en cuenta la interpretación cronológica que se señaló antes, se trataba de algo futuro y ocurriría en la tarde en la que concluía el 14 de nisán (que el cálculo moderno del tiempo llamaría el "día" siguiente). La cláusula de Lucas, ᾗ ἔδει θύεσθαι τὸ πάσχα (Lc. 22:7), también sugiere un ritual que todavía no había tenido lugar.

¿Fue entonces prematura la pregunta de los discípulos? No necesariamente, porque aun cuando esperaran comer la cena pascual a la hora normal al día siguiente, era prudente hacer los preparativos con antelación, y especialmente cuando todavía no sabían que el salón ya estaba ἐστρωμένον ἕτοιμον (v. 15). Pero si Jesús deliberadamente tenía la intención de anticipar la fecha normal para la pascua, no había ninguna razón para que no se lo confiara a los discípulos y diera lugar así a esta pregunta. Era necesario que preguntaran "¿dónde?" porque la cena pascual debía comerse dentro de la ciudad, y su lugar normal en Betania no cumplía con ese requisito. Por tanto, los que visitaban la ciudad solían hacer arreglos para usar el salón de otra persona para esa ocasión. La referencia a Jesús en singular (ἵνα φάγῃς) en lugar de "nosotros" resulta llamativa, y deja bien claro que, aunque la compartía con los doce, esta era, en gran medida, la cena *de Jesús*.

13-16 En cuanto al envío de los discípulos en grupos de a dos con propósitos específicos, cf. 6:7; 11:1. Con más claridad incluso que en 11:1-3, las instrucciones que reciben los discípulos son tan detalladas y seguras que indican un plan organizado de antemano: Jesús tenía un contacto en Jerusalén con el que había hecho arreglos para usar sus instalaciones con ocasión de esta cena especial. En realidad, si se tiene en cuenta las dificultades que suponía encontrar un espacio en Jerusalén durante la época pascual, es muy poco probable que hubiera podido conseguir un salón adecuado sin un convenio

---

36. Véase además M. Casey, *Sources*, 221.
37. M. Casey, *Sources*, 222-23.

previo. No se nos dice dónde se formuló la pregunta, aunque la necesidad de ir primero εἰς τὴν πόλιν (y la descripción de la acción de los discípulos en el v. 16) resulta difícil de reconciliar con la sugerencia de Casey de que ellos ya estaban en el templo (véase el comentario sobre el v. 12); lo más probable es que todavía estuvieran en Betania (la ubicación narrativa más reciente, vv. 3-9) o en algún lugar intermedio.

La expresión ἀπαντήσει ὑμῖν (en lugar de "vosotros encontraréis") sugiere que el hombre estaba buscándolos y no que fue un encuentro casual. Sería fácil de identificar porque solo las mujeres solían transportar los cántaros de agua para abastecer las necesidades domésticas (para cargar el agua los hombres usaban un odre y no un cántaro) —al parecer, pues, se trataba de una señal acordada de antemano para que pudieran reconocerlo y él los llevara entonces a la casa del οἰκοδεσπότης con el que Jesús había hecho un acuerdo previo. Sería interesante preguntarnos quién era este οἰκοδεσπότης en el que Jesús confiaba tan plenamente, porque en la narración de Marcos no encontramos ninguna base para suponer que Jesús tuviera seguidores, ni siquiera conocidos, en Jerusalén. Este es uno de los diversos elementos que pone de relieve la artificialidad de la estructura narrativa de Marcos, y la probabilidad de que, tal como indica Juan, Jesús sin duda ya había estado en Jerusalén, tal vez varias veces, durante su ministerio. De todas formas, el οἰκοδεσπότης era alguien que no tendría ninguna dificultad para reconocer a Jesús bajo el título de ὁ διδάσκαλος, ni se ofendería por la manera en que él se refirió a su mejor salón como τὸ κατάλυμά μου. Además, era un individuo que ya se había encargado de hacer los preparativos básicos colocando alfombras (ἐστρωμένον)[38] y presumiblemente divanes para que los invitados se reclinaran. Lo único que les quedaba hacer a los discípulos era ocuparse de la cena.

Κατάλυμα designa un lugar para descansar o pasar la noche, a veces una tienda, pero también una habitación para invitados,[39] aunque en 1 Samuel 9:22 en la LXX se refiere a un cenáculo que admitía unas treinta personas. La otra descripción de la habitación como un "gran aposento alto" indica que se trataba de un hogar relativamente rico y no de la casa de una sola planta de una familia campesina, pero cualquier esfuerzo por imaginar su ubicación a partir del texto de Marcos resulta inútil.

17 La cena pascual debía comerse por la noche (Éx. 12:8; *m. Pes.* 10:1). Si, tal como dijimos antes, los dos discípulos prepararon la cena después de la puesta del sol en la noche que comenzó el 14 de nisán, Jesús y los otros diez

---

38. Véase Josefo, *Ant.* 8.134 acerca del uso de ἐστρωμένος para referirse a las habitaciones "soladas" con tablas de cedro; sin ninguna otra especificación, sin embargo, el uso normal de στρώννυμι y otros términos cognados sugeriría cierto mobiliario sencillo, particularmente cuando se trata de la preparación de un local para una cena festiva.

39. La tradición convencional de este término como "mesón" en Lc. 2:7, desafiando el uso que hace Lucas de πανδοχεῖον en 10:34 donde *sí* se refiere a un "mesón" y de κατάλυμα en 22:11 donde no ocurre así, no se debe tanto a una forma antigua del uso del término como a un desarrollo de la tradición occidental.

se reunieron con ellos unas dos horas o más después de la puesta del sol. La expresión ὀψίας γενομένης resulta bastante elástica; en 15:42 se usa para referirse a un momento claramente anterior a la puesta del sol, y en otros lugares, a un momento después que la jornada de trabajo (o el descanso del día de reposo) había concluido a la puesta del sol (1:32; Mt. 20:8), pero en 6:47 alude a una hora bien entrada la noche, aparentemente no muy distante del amanecer porque acto seguido se hace mención de la cuarta vigilia de la noche (véase el comentario sobre 6:47-48). El término, pues, nos permite imaginar que la cena comenzó entre la puesta del sol y la medianoche (para dar margen a los acontecimientos posteriores que se narrarán antes de la comparecencia ante Pilato en las primeras horas de la mañana, 15:1; la cena pascual podía prolongarse hasta la medianoche, pero no más allá, *m. Pes.* 10:9).

18 La pascua era una cena especial, y el salón donde tenía lugar era más lujoso y formal que el que normalmente se destinaba a las cenas comunitarias del grupo de los discípulos con Jesús. En ese contexto era adecuado reclinarse (ἀνακεῖμαι) para comer, de la manera en que preferían hacerlo las clases más pudientes y en las ocasiones más festivas, aunque no tenemos forzosamente que imaginar que se trataba de la disposición completa de un *triclinium* romano. Para la cena pascual, a diferencia de las comidas ordinarias, esta era la práctica establecida.[40] Jesús ya había dicho que sería "entregado" a sus enemigos (9:31; 10:33), pero no mencionó quién habría de hacerlo. El lector, por supuesto, ahora sabe de quién se trata (vv. 10-11), pero para los discípulos esta era la primera insinuación de una traición dentro de sus propias familias. La expresión formal ἀμὴν λέγω ὑμῖν ὅτι pone de relieve la magnitud de esa idea, y la redacción de la predicción con las palabras ὁ ἐσθίων μετ᾽ ἐμοῦ evoca el Salmo 41 con su queja de que "aún el mi íntimo amigo en quien yo confiaba, el que de mi pan comía, contra mí ha levantado su calcañar" (Sal. 41:9). La traición perversa que experimentó el salmista prefiguraba lo que habría de sucederle a otro justo que sufriría, a saber, "al Hijo del hombre, según está escrito él" (v. 21).[41]

19-20 Con respecto al "vulgarismo" fácil de comprender, aunque "tosco" desde el punto de vista gramatical, εἷς κατὰ εἷς, véase BDF 305. Aparentemente, todos los discípulos, aparte de Judas, participaban de la

---

40. J. Jeremias, *Words*, 48-49. La descripción que ofrece el cuarto evangelio del discípulo amado ἀνακείμενος ἐν τῷ κόλπῳ τοῦ Ἰησοῦ/ἀναπεσὼν ἐπὶ τὸ στῆθος τοῦ Ἰησοῦ (Jn. 13:23, 25; 21:20) presupone esta disposición.

41. Así J. Marcus, *Way*, 172-73. En cuanto a la sugerencia de que el Sal. 41 debe tomarse como una referencia a la traición de Ahitofel, que presagió la de Judas, véase, p. ej., T. F. Glasson, *ExpTim* 85 (1973/4) 118-19. M. Casey, *Sources* 229-30, sugiere que el Sal. 41 influyó en la redacción del relato completo de Marcos sobre la traición de Judas, e incluso contribuyó mucho a la comprensión de los discípulos acerca de la resurrección de Jesús. F. W. Danker, *JBL* 85 (1966) 467-72, sugiere que este salmo "ofreció los ingredientes que se usaron para narrar Marcos 14:1-25", y que en el ungimiento de Jesús y en el tema de "la esperanza del triunfo definitivo del que padece" también aparecen reflejos del mismo".

combinación de incredulidad y falta de confianza[42] que provocó la pregunta "Μήτι ἐγώ;". En el relato de Marcos sobre la cena no se hace especial hincapié en Judas, ni aludiendo a su pregunta en forma separada (Mt. 26:25) ni a través de la pregunta del discípulo amado y el ofrecimiento del "bocado" que hizo que Judas abandonara la cena (Jn. 13:23-30). La respuesta de Jesús en Marcos es bastante inespecífica y solo indica que era uno de los doce, los cuales sin duda habían estado mojando el pan en el mismo plato que Jesús en la cena. Tampoco se nos dice que en ese momento Judas dejara el grupo para juntar a su pandilla y llevarlos a Getsemaní. Pero, al parecer, se marchó sin ningún obstáculo, y por tanto, cabe suponer que los demás discípulos siguieron sin saber cuál de ellos sería. En ausencia de toda mención de su partida después del v. 21 (de la que Juan sí da testimonio, Jn. 13:30), nos queda a nosotros suponer que él estuvo presente hasta el final de la cena, y por tanto, fue uno de los que recibió el pan y el vino en los vv. 22-24; la declaración ἔπιον ἐξ αὐτοῦ πάντες en el v. 24 sugiere enfáticamente que fue así.

21 Se nos recordó ya que el rechazo y la muerte del Hijo del Hombre estaban en consonancia con las Escrituras (9:12; cf. el verbo δεῖ de 8:31: véanse los comentarios allí). Ese podría ser el único propósito de la cláusula καθὼς γέγραπται περὶ αὐτοῦ aquí, pero como el contexto se centra principalmente en su traición, y en la cláusula que sigue se predice el destino del traidor, podría existir una intención escrituraria más específica, muy probablemente la que ya se mencionó en el v. 18, la tipología del amigo traicionero en el Salmo 41.[43] M. Casey sugiere que otro texto que tal vez se tuvo en cuenta puede haber sido un versículo tomado del Hallel que se cantaría en la cena pascual: "Estimada es a los ojos del Señor la muerte de los justos" (Sal. 116:15).[44] El verbo ὑπάγω, es de por sí un término bastante neutral para expresar la acción de "irse",[45] se usa aquí como un equivalente funcional del verbo παραδίδοται que aparece más adelante, y resume el destino al que ya se hizo referencia en las predicciones anteriores de la pasión (y quizás intente recordarnos la predicción de Jesús en el v. 7, ἐμὲ οὐ πάντοτε ἔχετε). La suerte final del traidor no se explica en detalle, pero el efecto de οὐαί junto con la cláusula καλὸν αὐτῷ εἰ οὐκ ἐγεννήθη resulta bastante vigoroso. Si bien Marcos no volverá a aludir al destino posterior de

---

42. Gundry, 836, afirma de manera convincente que la partícula μήτι en la estructura de la pregunta debe interpretarse aquí con su connotación habitual y que la respuesta que se espera (y se desea) es no. Pero el simple hecho de que la pregunta se formule justifica el término "falta de confianza". M. Casey sugiere el uso en el original del término arameo n 'nh, que más que una pregunta (*Sources*, 230-231), constituía una protesta negativa: "¡ciertamente no soy yo!". Pero aun en ese caso, debemos interpretar el texto a la luz de la elección de Marcos de una forma interrogativa para traducirla.

43. Así J. Marcus, *Way*, 173.

44. M. Casey, *Sources*, 233.

45. En el cuarto evangelio se menciona varias veces que Jesús "va" a su muerte según la voluntad de Dios, pero esta es la única vez que se usa de esta manera en los evangelios sinópticos. M. Casey, *Sources*, 233-36, lo deriva del término arameo y hebreo 'zl (irse, desaparecer), que ocasionalmente se usa para referirse a la muerte.

Judas (contrástese con Mt. 27:3-5; Hch. 1:18-19), no hay nada que sugiera que su traición, a pesar de estar "de acuerdo con las Escrituras", no fuera una decisión culpable[46] e irrevocable. El uso de διά en lugar de ὑπό para referirse a la intervención de Judas podría tener por objeto indicar que su acción no fue simplemente una iniciativa propia, sino parte de un plan divino; pero eso no atenúa su responsabilidad en el caso. El uso doble de ὁ ἄνθρωπος ἐκεῖνος mantiene de manera llamativa el anonimato de la predicción de Jesús.

22 El relato de Marcos acerca de las acciones y las palabras de Jesús sobre el pan y la copa, de las que se deriva el rito cristiano de la cena del Señor, es el más corto y el más básico de los cuatro en el NT (los evangelios sinópticos y 1Co. 11:23-26), si se presupone la autenticidad del texto más largo en Lucas 22:19-20. Resulta, pues, muy llamativo que a pesar de ello contenga todos los verbos "eucarísticos" claves (λαμβάνω, εὐλογέω/εὐχαριστέω, κλάω, δίδωμι), con respecto a los cuales, véase el comentario sobre 6:31-44 supra, junto con las palabras interpretativas que identifican el simbolismo del pan y de la copa. En Marcos, a diferencia de Mateo, no aparece ningún orden explícito de "comer" y "beber", pero ambas podrían considerase razonablemente implícitas en el imperativo λάβετε que sigue al repartimiento del pan y en la afirmación de que todos bebieron de la copa. Marcos tampoco incluye el mandato τοῦτο ποιεῖτε εἰς τὴν ἐμὴν ἀνάμνησιν que sí se lee en Lucas y en Pablo, pero en la época en que se escribió su evangelio esto se habría dado por sentado en razón de la experiencia litúrgica habitual. Sin embargo, la idea principal del relato, tal como lo presenta Marcos, no gira en torno a la prescripción litúrgica ni a la "conmemoración" como tal sino más bien al simbolismo de la muerte de Jesús ὑπὲρ πολλῶν (vv. 22-24) y a la dimensión escatológica (v. 25). Estos aspectos de las palabras de Jesús eran los que afectaban más inmediatamente a los discípulos en ese momento, y esa relevancia inmediata en el contexto pascual original, y no su función como base de la adoración eucarística cristiana, es lo que Marcos decidió poner de relieve al contar la historia de la última cena de Jesús con sus discípulos.

El ἄρτος es el pan sin levadura de la cena pascual.[47] En calidad de anfitrión, Jesús naturalmente lo tomó, lo bendijo y lo partió, que eran las acciones que normalmente realizaba el cabeza del hogar en una cena familiar. La "bendición" (εὐλογέω) no era ningún acto especial de consagración (obsérvese que el verbo paralelo en el v. 23 es εὐχαριστέω, que no podría tener esa connotación),

---

46. Véase el comentario sobre vv. 10-11 supra con respecto a la teoría de W. Klassen de que Judas obró de buena fe y para bien. Al parecer, Marcos no comparte esta opinión.

47. Él término ἄρτος por sí mismo no determina de qué pan se trata, pero el contexto pascual no deja lugar a dudas. En cuanto al pan sin levadura que se describe como ἄρτος y no específicamente como ἄζυμος cf. Josefo, *Ant.* 3.143, 256 (cf. 3.142 con respecto a que no está leudado); en la LXX también se usa ἄρτος para referirse al pan (sin levadura) de la proposición. El hecho de que Marcos no mencione específicamente el carácter no leudado del pan hace que sea improbable la opinión de V. K. Robbins (en W. H. Kelber [ed.], *Passion*, 26-28) sobre un supuesto uso polémico de la imaginería de la levadura detrás del relato de Marcos aquí.

sino presumiblemente la "bendición" acostumbrada, a saber, "Bendito seas tú, Señor nuestro Dios, por este pan, fruto de la tierra". La "acción de gracias" por la copa en el v. 24 tendría, pues, una forma similar haciendo referencia a la "creación de Dios y al fruto de la viña".[48] Pero siguieron otras palabras.

El pan sin levadura, junto con el cordero pascual y las hierbas amargas, era uno de los elementos con respecto a los cuales debía ofrecerse una explicación verbal como parte de la ceremonia pascual, en la que el tema específico del simbolismo era "porque nuestros padres fueron redimidos de Egipto" (*m. Pes.* 10:5). Pero la explicación que da Jesús es muy diferente. Si bien el simbolismo de la redención pasada puede estar implícito, no se incluye en la fórmula que Marcos presenta. En las versiones más completas de Lucas y de Pablo, la expresión τὸ ὑπὲρ ὑμῶν [διδόμενον] indica un significado redentor, aunque en el presente y no en el pasado, pero en Marcos no se dice nada al respecto. Las palabras simples y claras τοῦτό ἐστιν τὸ σῶμά μου dejan que los discípulos lo piensen, hasta que las palabras sobre la copa en el v. 24 proporcionan el matiz de una muerte vicaria.

Cuando el pan partido se interpreta como el cuerpo de Jesús, el simbolismo más obvio es sencillamente la muerte.[49] Jesús ya había predicho varias veces su muerte, y ahora la representa en forma simbólica para ellos, a fin de que no les quepa ninguna duda de que eso era precisamente a lo que se había referido. Este simbolismo, en sí mismo, era ya bastante poderoso para ellos en ese momento, pero tenían inevitablemente que ahondar más en esa idea porque Jesús dijo λάβετε —es decir, debían compartir y comer del pan partido, para que en algún sentido todavía indefinido también pudieran participar de lo que su muerte implicaba. Y es posible que el contexto de la pascua, con su simbolismo redentor normal del pan sin levadura, ya hubiera despertado en ellos pensamientos relacionados con lo que posteriormente se convirtió en la base de la teología eucarística, sin que Marcos tuviera que ofrecer ninguna otra explicación en este momento. Más adelante abundarían las reflexiones teológicas, pero por el momento las palabras de Jesús sobre el pan, incluso en la forma rudimentaria en la que Marcos las presenta, aluden en forma simbólica pero muy clara a la muerte inevitable de la que, en cierto sentido, ellos se beneficiarían.[50] He usado el término "simbolismo" deliberadamente, sin pretender ninguna definición más precisa de la fuerza de ἐστιν. Generalmente se acepta que en arameo la declaración de Jesús no habría

---

48. Para la equivalencia entre εὐλογέω y εὐχαριστέω en este contexto, véase I. H. Marshall, *Supper*, 41.

49. Gundry, 831, alega con razón que el uso del término σῶμα constituye una referencia deliberada no tanto a la *persona* de Jesús como a su *muerte*, y sugiere la traducción: "este es mi cuerpo". Cf. el uso análogo de σῶμα con respecto al cuerpo muerto de Jesús inmediatamente antes de esta narración (14:8).

50. I. H. Marshall, *Supper*, 87-89, analiza algunos intentos de hacer más precisa la imaginería del sacrificio apelando a la propia pascua, al sacrificio del pacto, a las muertes de los mártires y al siervo mencionado en Isaías.

incluido un verbo expreso, por tanto, los elaborados esfuerzos que se han hecho en los análisis eucarísticos posteriores por determinar la naturaleza de la "presencia eucarística" de Jesús a partir del verbo griego no cuentan con un cimiento sólido. El término "simbolismo" es el mejor que podemos encontrar y usar con confianza, y no se necesita ningún otro para entender las palabras de Jesús en su contexto pascual original.[51]

23-24 En los relatos rabínicos acerca de la pascua se mencionan copas individuales, pero las palabras de Marcos dejan bien claro que en esta ocasión se usó una copa común, ya sea porque Jesús deliberadamente decidió hacerlo así o porque la costumbre rabínica posterior aún no gozaba de aceptación general.[52] La referencia específica al hecho de que πάντες bebieron de la copa incluye indudablemente a Judas. De acuerdo con las normas posteriores de la Mishná, debían beberse al menos cuatro copas de vino en una cena pascual. Después de beber la segunda copa (antes que comenzara la comida principal) se recitaba el relato completo acerca de lo que había acontecido en la pascua en respuesta a la pregunta formulada por el hijo (*m. Pes.* 10:4), y es posible que esa fuera la coyuntura que Jesús eligió para hablar de un nuevo acto de redención que estaba a punto de suceder (cf. las dos copas de Lucas, con las palabras de la muerte vicaria que Jesús pronunció sobre la segunda, Lc. 22:17-20); o que él haya añadido su interpretación especial después de la bendición tradicional formulada sobre la tercera copa, la "copa de bendición" que seguía al plato principal. Marcos sencillamente no explica de qué manera las palabras recordadas de Jesús encajan en la estructura normal de la cena.[53] La fórmula τοῦτό ἐστιν τὸ αἷμά μου sola sería claramente semejante a las palabras sobre el pan, y comunican el mismo sentido de una muerte inevitable de la que ellos habrían de beneficiarse. Pero en esta ocasión la naturaleza de ese beneficio no se deja a la imaginación, sino que se expresa en las palabras profusamente alusivas τῆς διαθήκης[54] y τὸ ἐκχυννόμενον ὑπὲρ πολλῶν.[55]Hay unas cuantas alusiones

---

51. Las siguientes palabras de I. H. Marshall, *Supper*, 86, ilustran adecuadamente el peligro de darle demasiada importancia al término griego ἐστιν: "Podríamos compararlo con un individuo que al mostrarles una fotografía suya a un grupo de amigos les dice mientras señala hacia ella: 'este soy yo'".

52. I. H. Marshall, *Supper*, 63, analiza brevemente las pruebas que confirman la costumbre judía con respecto a este asunto, y llega a la conclusión de que no podemos estar seguros de que se practicara en el siglo I.

53. G. J. Bahr, *NovT* 12 (1970) 181-202, expone detalladamente la estructura tradicional de la cena, pero llega a la conclusión de que el relato de Marcos, a diferencia del de Lucas, no nos permite ubicar las palabras de Jesús en ningún punto específico de la misma.

54. En contra de la afirmación común de que τὸ αἷμά μου τῆς διαθήκης refleja una construcción que sería imposible en arameo, véanse los comentarios sensatos de M. Casey, *Sources*, 241, y principalmente, su artículo en *JTS* 41 (1990) 1-12.

55. L. C. Boughton, *TynB* 48 (1997) 249-70, presenta pruebas lingüísticas de lo que de todas formas es una implicación totalmente obvia de la fraseología de Marcos, a saber, que el participio ἐκχυννόμενον apunta al futuro, y no se refiere al vertimiento del vino en la cena sino al derramamiento de la sangre de Jesús en la cruz al día siguiente.

bíblicas que vienen enseguida a nuestra mente.[56] Tò αἷμα τῆς διαθήκης nos hace pensar en Éxodo 24:8, las palabras de Moisés en la ceremonia original del pacto en Sinaí, que, por supuesto, tuvo lugar poco después de los sucesos de la pascua y del éxodo, y consumó el proceso de formación de Israel, el pueblo de Dios, después de su rescate de Egipto. Así como el pacto original fue sellado con un sacrificio de sangre, y esa sangre fue rociada sobre los que iban a ser miembros de la comunidad del pacto, así también un nuevo pacto debía inaugurarse con un sacrificio y la sangre del mismo, debía repartirse entre los miembros del pueblo del nuevo pacto. Aunque el texto de Marcos probablemente evita la mención explícita de un *nuevo* pacto que sí aparece en Lucas y en Pablo (véase la nota textual), es imposible extraer el simbolismo implícito por el reflejo de Éxodo 24:8 sin usar esa misma expresión de lenguaje y recordar entonces la profecía del nuevo pacto en Jeremías 31:31-34, y parece probable que tanto Jesús como Marcos entendieran las palabras de Jesús sobre el pacto en ese sentido. La frase ἐν αἵματι διαθήκης en Zacarías 9:11 en la LXX ofrece otro reflejo posible en un contexto que también alude a la redención, a saber, el regreso de los cautivos de Israel después del exilio.[57] Pero son las palabras de Éxodo 24:8 las que acuden en forma natural a nuestra mente, sobre todo en el marco de una cena pascual. Del mismo modo que Dios rescató primero a su pueblo de Egipto y estableció su pacto con ellos en Sinaí, asimismo hay ahora un nuevo comienzo para el pueblo de Dios que no depende de ningún ritual de sacrificio animal sino que tiene lugar por medio de la muerte inminente de Jesús. Aquí constituye la base de una eclesiología cristiana profunda en relación con el pueblo de Dios en el AT, pero por el momento se mantiene en el nivel de una alusión.

Pero ese no es el único simbolismo que puede extraerse de las palabras de Jesús sobre la copa. El "derramamiento" de sangre también alude al sacrificio (cf. ἐνέχεεν, προσέχεεν en Éx. 24:6), pero la adición de ὑπὲρ πολλῶν introduce otro sugerente reflejo textual del uso reiterado de πολλοῖς, πολλούς, πολλῶν en Isaías 53:11-12 en la LXX, también en el contexto del derramamiento de la sangre y de la redención por medio de la muerte vicaria, para referirse a los que se beneficiarán de la muerte del siervo de Dios. En Isaías 53:12 su muerte se describe como un "derramamiento de su vida/alma" (el término hebreo *he 'râ;* παρεδόθη en la LXX elimina prosaicamente la metáfora). Por consiguiente, la expresión τὸ ἐκχυννόμενον ὑπὲρ πολλῶν evoca vívidamente las palabras de la sección final de la profecía del Siervo sufriente de Yahvé en Isaías 53, el punto en el que el significado redentor de la muerte del siervo se hace más explícito.[58] En sus palabras sobre la copa, pues, Jesús retoma

---

56. Para un análisis detallado del origen vetcrotestamentario de este dicho, véase R. E. Watts, *Exodus*, 351-62.

57. Así, e.g., J. Marcus, *Way*, 157.

58. Véase mi obra *"Jesus and the OT"*, 120-23, para un análisis más completo de la alusión y su significado. También *"Jesus and the OT"*, 244 n. 18, contra la sugerencia de que *he 'râ* en Is. 53:12 significa "expuso, puso al descubierto" en lugar de "derramó".

el concepto de la muerte vicaria que ya había presentado en 10:45, con un nuevo reflejo deliberado de ese mismo pasaje notable de Isaías; véase también el análisis sobre la alusión a Isaías 53 en 10:45 supra.[59] No debemos olvidar tampoco el contexto pascual de estas palabras; el derramamiento de la sangre de los corderos pascuales conmemoraba el acontecimiento del éxodo cuando la muerte de los corderos fue una parte integral de la provisión divina para el rescate de los israelitas de la esclavitud en Egipto, como resultado del cual fueron al Sinaí, donde Yahvé los hizo entrar en una relación de pacto con él como pueblo especial de su propiedad.[60]

Cabría preguntarse qué parte de todo este entramado de la alusión veterotestamentaria pudieron entender los discípulos en ese momento. Es probable que la idea totalmente escandalosa, para un judío, de "beber sangre", y aún más, la de beber la sangre de su Señor, les resultara tan abrumadora que dejara muy poco espacio para cualquier análisis teológico. Pero aun cuando no hubieran podido darse cuenta de los reflejos específicos, era casi imposible que dejaran de reconocer el vocabulario relacionado con el sacrificio y de entender que Jesús estaba refiriéndose a su muerte inminente como la base de la redención de "muchos". Y el hecho de que se les invitara a beber del vino que comporta este simbolismo dejaba bien claro que ellos se contaban entre esos "muchos". En esos momentos, sin embargo, ellos no podían determinar con certeza el grado de amplitud que llegaría a tener la aplicación de ese término.

25 El segundo elemento en las palabras de Jesús sobre el pan y el vino es la dimensión escatológica.[61] Las palabras introductorias ἀμὴν λέγω ὑμῖν indican que la declaración que sigue merece especial atención. Al igual que el simbolismo anterior del cuerpo partido y la sangre vertida, este versículo también destaca que la vida de Jesús sobre la tierra se acerca a su fin: no volverá a beber vino aquí.[62] Pero ahora, el versículo contempla además un "día", más allá de la muerte inminente, en el que Jesús beberá de nuevo τὸ γένημα τῆς ἀμπέλου (la expresión que se usa en la oración tradicional de acción de gracias por el vino). Y no se tratará simplemente de una restauración del status

---

59. J. Jeremias, *Theology*, 291, llega a la siguiente conclusión: "Sin Isaías 53 las palabras eucarísticas resultan incomprensibles". El análisis completo de R. E. Watts, *Exodus*, 354-62, respalda firmemente este veredicto.

60. Mann, 575, hace hincapié acertadamente en este aspecto del simbolismo.

61. "El término 'hasta'… está indeleblemente grabado en la enseña que cubre cada celebración de la cena del Señor" (Anderson, 315).

62. J. Jeremias (acompañado por numerosos comentaristas) describe este dicho como una "confesión de abstinencia" (*Words*, 207-18). Pero lo que se pone de relieve en el contexto es sin duda el tema positivo de una fiesta futura y no el elemento negativo de la "abstención". En contra de la idea de un "voto" aquí, véase J. A. Ziesler, *Colloquium* 5/1 (1972) 12-14 (la respuesta de D. Palmer, *Colloquium* 5/2 [1973] 38-41, y la respuesta de Ziesler, *Colloquium* 6/1 [1973] 49-50). El adverbio οὐκέτι junto con el tiempo futuro hace improbable la conclusión a la que llegó Jeremias de que Jesús no bebió del vino en la última cena (véase Gundry, 833). La idea que él se abstuvo para "interceder por su pueblo engañado" es una especulación infundada. Para un examen general del análisis sobre la opinión de Jeremias, véase A. M. Ambrozic, *Kingdom*, 191-95.

quo, porque el vino será καινός, y eso ocurrirá en el βασιλεία τοῦ θεοῦ. Las referencias anteriores al βασιλεία τοῦ θεοῦ previeron una realidad que ya estaba surgiendo a través del ministerio terrenal de Jesús (véase el análisis sobre 1:15, y las referencias al hecho de entrar en el βασιλεία τοῦ θεοῦ o recibirlo en 10:15, 23-25), pero aquí, la perspectiva es claramente futura, "cuando Dios haya establecido su reino".[63] El reino de Dios cuya llegada Jesús ya ha anunciado todavía no se ha manifestado en toda su plenitud; cf. la esperanza en 9:1 de que algunas personas aún debían ver que había venido ἐν δυνάμει, y la esperanza que fomenta 4:30-32 de que su desarrollo total iba a ser un proceso gradual. Jesús beberá vino de nuevo cuando el reino de Dios haya alcanzado un cumplimiento más pleno que el que solo se vislumbró en la cena pascual antes de la muerte de Jesús.

Las palabras de este versículo no son específicas en cuanto al momento previsto para que estas cosas ocurran. La referencia a un "vino nuevo" podría hacernos pensar en la esperanza del "banquete mesiánico" después que Dios haya hecho nuevas todas las cosas (véanse, p. ej., Is. 25:6-9; *1En.* 62:13-16; *2Bar.* 29:5-8; 1QSa[28a] 2:11-22; Mt. 8:11-12; Ap. 19:9). Si bien es cierto que una visión clásica del banquete futuro promete que el vino tendrá un buen grado de añejamiento y maduración (Is. 25:6), las frecuentes referencias al "vino nuevo" *(tîrôš)* en el AT demuestran que la frase denotaba prosperidad y buena calidad de vida ((Gn. 27:28; Dt. 33:28; Jo. 3:18; Zac. 9:17, etc.); 1QSa[28a] 2:17-19 menciona específicamente el hecho de beber del *tîrôš* en la presencia del Mesías. El adjetivo "nuevo" era el término clave que se usaba para referirse a todo lo se esperaba que Dios hiciera en el momento de la salvación final.[64] Jesús, pues, espera una época buena en el futuro, después (y, tal como sugieren los vv. 22-24, como resultado de) su muerte inminente. Pero el momento y el lugar no se especifican. Es poco probable que la visión de Jesús aquí no se extienda, como sugirió Karl Barth,[65] más allá de los cuarenta días posteriores a la resurrección en los que él continuará mostrándose en la tierra con sus discípulos, porque en ese caso no resulta claro por qué el vino que bebió en ese período (Hch. 10:41 menciona específicamente que comió y bebió con los discípulos) debería describirse como καινός. Por tanto, la mayoría de los comentaristas han dado por sentado que la frase ἐν τῇ βασιλείᾳ τοῦ θεοῦ se refiere, más bien, a esa autoridad celestial que Jesús muy pronto asumirá, "al sentarse a la diestra del poder" (14:62).

Los versículos 22-24 y 25 presentan, pues, dos aspectos contrastantes y sugestivamente relacionados de lo que va a suceder. La "copa de la muerte" (v. 24) y la "copa de la gloria futura" (v. 25) no solo mantienen el contraste

---

63. J. Jeremias, *Theology*, 98 n. 2. J. Marcus, *Way*, 156-57, encuentra en este versículo un reflejo de Zacarías 14:9 donde se alude al tema del reino de futuro de Yahvé por medio de la frase "en aquel día".

64. Véase J. Behm, *TDNT*, 3.449; A. M. Ambrozic, *Kingdom*, 189-91.

65. Cranfield, 428.

marcano entre el aspecto presente del reino venidero de Dios, oculto en el rechazo y el sufrimiento, y su gloria futura[66] sino que también relacionan ambas cosas como parte de un solo propósito: la salvación, que representa la consumación del reino de Dios, se logrará mediante la muerte inminente de Jesús ὑπὲρ πολλῶν.

Predicción del fracaso de los discípulos (14:26-31)

NOTAS TEXTUALES

28. El texto de las SBU omite acertadamente toda mención del llamado fragmento de Fayum (texto en Aland, 444), un papiro del siglo III que incluye una versión de estos versículos sin el v. 28. Por lo demás, el fragmento es una cita bastante libre y drásticamente abreviada de la narración y no una copia del texto del Evangelio como tal, y lo más probable es que la omisión se deba más a una abreviación que a una tradición textual más corta. Véase además Gundry, 852-53.

30. Las variaciones en la posición del adverbio δίς en los MSS que lo contienen ponen de manifiesto un alto grado de incertidumbre en la tradición textual, y la omisión de δίς cuenta con un importante respaldo (ℵ D W y varios MSS de la Antigua Latina), y especialmente porque B, en el que aparece δίς aquí, omite, sin embargo, el primer canto del gallo en el v. 68. Pero es tan obvio que la omisión de δίς es un recurso armonizador para eliminar el doble canto del gallo (que solo aparece en Marcos) que de todas formas debería rechazarse, puesto que resulta difícil entender por qué hubo que añadir el bochorno de un segundo canto del gallo a la tradición si originalmente no aparecía.[67] En lo que respecta a la secuencia narrativa, estos versículos forman un puente entre el relato de la única cena y los acontecimientos en Getsemaní donde las predicciones de Jesús sobre su destino comenzarán a cumplirse. Pero en la estructura general de la narración de Marcos acerca de la pasión, dichos versículos desempeñan una función más importante. En los vv. 10-11 y 18-21 nos enteramos de la traición de uno de los

---

66. Así A. M. Ambrozic, *Kingdom*, 200-201.

67. Véase, sin embargo, la interesante sugerencia de J. W. Wenham, *NTS* 25 (1978/9) 523-25, de que toda la confusión textual con respecto a este tema aquí y en los vv. 68 y 72 se explica mejor por la aparición de un solo canto del gallo originalmente en Marcos, al igual que en los demás evangelios; la interpolación temprana de καὶ ἀλέκτωρ ἐφώνησεν en el v. 68 propició entonces todas las demás variantes para darle coherencia interna a Marcos, pero terminó afectando incluso a un texto como B que había rechazado la inserción. La solución de Wenham tiene, como dice él, "una sencillez semejante a la de Ockham", pero no explica por qué una inserción accidental (que se justificaría débilmente alegando que "los ojos del copista tropezaron con la expresión καὶ ἀλέκτωρ ἐφώνησεν en el v. 72", cuatro versículos después) se aceptó en gran parte de la tradición textual cuando había creado una desarmonía tan obvia. (Véase D. Brady, *JSNT* 4 [1979] 43, con respecto a algunas ideas posteriores de Wenham sobre la interpolación que había propuesto). Wenham tiene razón cuando destaca la notable confusión en las pruebas textuales sobre este punto, pero su sugerencia podría ser tal vez una advertencia útil contra cualquier suposición de que la corrupción textual siempre siguió una trayectoria simplemente trazada.

doce, pero ahora, esa perspectiva funesta se ve equilibrada por la tragedia incluso más trascendental del fracaso de todo el grupo que debía apoyar a Jesús cuando llegara el momento. La cena pascual se encuentra, pues, "enmarcada" por dos predicciones de traición.[68] Además, la predicción de Jesús acerca del fracaso de los doce provoca en Pedro una declaración imprudente de lealtad que, a su vez, suscita una advertencia personal sobre su propia negación inminente del maestro. Ambas predicciones se cumplirán cabalmente, la que se relaciona con los doce en 14:50-52 y la que tiene que ver con Pedro en 14:66-72. Por tanto, todo el cúmulo narrativo hasta el juicio y la muerte de Jesús se entremezcla con el tema de la traición y la deserción por parte de sus seguidores que fueron predichas y se cumplieron de la siguiente manera:

A. 14:18-21   *Predicción* de la traición de un discípulo
    14:22-25   La cena pascual
B. 14:26-28   *Predicción* de la deserción de los doce, que lleva a la
C. 14:29-31   *Predicción* de la negación de Pedro
    14:32-42   La oración en Getsemaní
A[1]. 14:43-49   *Cumplimiento* de la traición predicha de Judas
B[1]. 14:50-52   *Cumplimiento* de la deserción predicha de los doce
    14:53-65   El "juicio" del sanedrín
C[1]. 14:66-72   *Cumplimiento* de la negación predicha de Pedro.

El propósito de esta estructura tan marcada es hacer hincapié en dos temas de capital importancia para la presentación general de Marcos acerca de la historia de Jesús. En primer lugar, la debilidad y el fracaso de los discípulos (que se pusieron de manifiesto de manera muy destacada en el segundo acto, pero ahora llegan a un clímax ignominioso), y en segundo lugar, el control absoluto que la aparente víctima, Jesús, ejerce sobre todos los acontecimientos. Por sus reiteradas predicciones sobre la pasión, Jesús demostró que lo que sucedería en Jerusalén no es ni un accidente ni una derrota, sino el cumplimiento del propósito divino, y ahora, a medida que va desarrollándose cada etapa de la tragedia, la precisión de sus predicciones deja bien claro que no hay nada que pueda tomarlo por sorpresa. Lo que, al parecer, constituye una victoria para las fuerzas que se despliegan contra él, forma parte, de hecho, de su presciencia y propósito en lo que respecta a la realización de lo está "escrito del Hijo del Hombre".

Y así como la traición de Judas tendría lugar καθὼς γέγραπται περὶ αὐτοῦ (v. 21), lo mismo ocurriría con la deserción de los demás discípulos (v. 27). Las predicciones de Jesús no dependen simplemente de su presciencia personal, sino del patrón trazado ya en la Escritura. Los discípulos del Hijo del Hombre participan junto con él del cumplimiento de lo que está escrito.

26 El canto del "Hallel egipcio" (Sal. 113–118) constituía una parte invariable del ritual de la cena pascual. De acuerdo con la Mishná, los Salmos

---

68. Así, con razón, Myers, 355.

113-114 debían cantarse antes de la cena y los Salmos 115-118 después de la misma (*m. Pes.* 10:5-7). Marcos no especifica qué cantó el grupo antes de abandonar el κατάλυμα, pero podríamos suponer con toda razón que fueron los Salmos 115-118, o al menos una parte de ellos.[69] Si el verbo ὑμνέω nos sugiere algo parecido a los himnos que cantamos en nuestros cultos dominicales, deberíamos tener en cuenta el comentario de Casey sobre el canto del Hallel en el templo: "No sonaba como el *Mesías* de Handel. Para nuestros oídos, sería un ruido extraño, fuerte y estridente".[70] A diferencia de lo que habían hecho las noches anteriores, el grupo no regresó a Betania, sino que llegó solamente hasta la ladera más próxima al monte de los Olivos, que para los propósitos de la fiesta pascual se consideraba dentro de los límites de la ciudad aunque en realidad estaba fuera de los muros de la misma y la dominaba a través del valle del Cedrón. Judas sabía dónde podía encontrarlos, por tanto, esta intención debe haber sido convenida antes que él dejara el grupo (tal vez al final de la cena). Ya se había hecho referencia al Ὄρος τῶν Ἐλαιῶν como el lugar en el que Jesús comenzó su acercamiento dramático a Jerusalén en calidad de rey (11:1), y al que regresó para dictar sentencia contra su templo después que su solicitud fuera rechazada (13:3; véase el comentario sobre 13:1-2 con respecto a un posible reflejo de la visión de Ezequiel); por tanto, es un lugar adecuado para pasar sus últimos momentos libres antes de enfrentarse a la realidad del rechazo y la muerte que estuvo prediciendo.

27 El verbo σκανδαλίζομαι de por sí no es muy específico, pero el verbo διασκορπισθήσονται de la cita que sigue precisa más el sentido, y el acontecimiento lo complementará (v. 50). En 4:17 σκανδαλίζομαι denotó lo que aparentemente era la pérdida definitiva de la eficacia en un discípulo, y una implicación igualmente drástica tal vez está detrás del uso de σκανδαλίζω en 9:42-47 (véase el comentario sobre 9:42). Aquí, el "tropiezo" es indudablemente grave, pero no definitivo. Caerán para volver a levantarse. Sin embargo, eso es lo que nosotros y los lectores de Marcos conocemos a posteriori; los discípulos en el camino a Getsemaní todavía no tenían esa seguridad (aunque véase el versículo siguiente). Dispersos como ovejas y con su pastor abatido, la perspectiva a la que se enfrentaban era terrible. Si la predicción en el v. 18 de que *uno* de ellos iba a traicionar a Jesús fue suficiente para hacer que todos ellos dudaran de su propia capacidad para permanecer fieles, esta declaración reforzaba el mensaje y no dejaba margen para pensar que Jesús se refería a otras personas. Lo que ahora se predecía no era una traición sino una "dispersión", pero implicaba que la lealtad de ellos no podría soportar la tensión de los sucesos venideros, tal como deja bien claro la respuesta indignada de Pedro.

Esta es al menos la segunda vez que se ha usado la segunda parte del libro de Zacarías como patrón para la pasión de Jesús —la tercera, en caso de que

---

69. R. E. Brown, *Death*, 122-23, alberga dudas acerca de los esfuerzos por identificar lo que cantaron.

70. M. Casey, *Sources*, 222.

haya un reflejo intencionado de Zacarías 9:11 junto con el de Éxodo 24:8 en el v. 24.[71] El mismo libro profético que alude al Mesías como un rey que entra en Jerusalén montado en un asno (véase el comentario sobre 11:1-10) también presenta al pastor rechazado, descrito como el "compañero" de Yahvé, pero aparentemente herido por la espada del propio Dios (Zac. 13:7-9).[72] Si se trata de dos aspectos de la misma perspectiva profética,[73] el pasaje constituye una fuente excepcionalmente adecuada para la interpretación de Jesús acerca de sus propios sufrimientos mesiánicos, y Mateo aprovecha aún más la ventaja que Marcos ofrece aquí e incluye también no solo una cita explícita de Zacarías 9:9-10, sino alusiones a Zacarías 12:10 y 11:12-13 (Mt. 21:4-5; 24:30; 27:9-10), todas relacionadas con aspectos de la pasión de Jesús como el "Pastor-Rey" rechazado por su propio pueblo ("rebaño"). La importancia de este tema de Zacarías 9–14 para el desarrollo progresivo de la tradición cristiana de la pasión se ha señalado con frecuencia,[74] y ya está presente en un estado menos desarrollado en Marcos. No hay ninguna razón para dudar de que lo que fue tan obvio para los intérpretes cristianos posteriores también le habría resultado claro al propio Jesús por cuanto él se enfrentó a la realidad de su misión como el Mesías rechazado.

Zacarías 13:7-9 es un pasaje breve, aunque enigmático, dentro de este complejo profético más amplio, y prevé la destrucción parcial del pueblo de Dios después de la muerte de su líder, a quien Yahvé describe como "mi pastor, el hombre compañero mío". Sin embargo, el resultado final no será un desastre total, porque una tercera parte del rebaño será preservada y, después de haber

71. En cuanto a la sugerencia adicional de J. Marcus de una alusión a Zac. 14:9 en 14:25 véase supra. Marcus, *Way*, 154-58, encuentra reflejos de Zac. 9–14 en cada versículo de Mr. 14:24-28, pero algunos de ellos tienen un carácter muy general (monte de los Olivos, pastor, resurrección) y no incluyen alusiones a textos específicos.

72. Con respecto al verbo πατάξω de Marcos, en el texto hebreo y las versiones antiguas aparece en imperativo, y es la orden que le da Yahvé a la espada de herir al pastor. El modo indicativo de Marcos se explica mejor no como un texto variante sino como una adaptación gramatical que necesitaba la cita abreviada, la cual no incluye en la primera línea del oráculo la mención explícita de la "espada", a la que se dirige la orden. Puesto que Yahvé es quien dirige el imperativo a su espada, al presentarlo como un indicativo simple, "heriré", transmite el mismo sentido de una manera más sobria. Véase mi obra "*Jesus and the OT, 107-8*", 241, 246. Pero véase también J. Marcus, *Way*, 161-63, para la sugerencia de que la intención deliberada de Marcos con el uso de la primera persona del indicativo es contrarrestar las connotaciones militares que la imaginería del pastor y las ovejas tiene con frecuencia en el AT poniendo de relieve que el sufrimiento del pastor procede del propio Dios, al igual que en Isaías 53. Gundry, 845, 847, sin embargo, afirma que el sujeto de πατάξω no se identifica de manera intencionada, para "exonerar a Dios de culpa", pero no explica cómo un lector que conocía el texto de Zacarías no iba a darse cuenta de que el sujeto era Dios. Véase además Van Iersel, 429-30.

73. Yo argumenté esto, basándome en P. Lamarche, *Zacharie IX-XIV* (Paris: Gabalda, 1961), en mi obra "*Jesus and the OT*", 103-5.

74. C. F. Evans, *JTS* 5 (1954) 5-8; F. F. Bruce, *BJRL* 43 (1960/61) 336-53; idem, *This Is That*, 101-14; B. Lindars, *Apologetic*, 110-34; R. T. France, *Jesus and the OT*, 103-10 y cap. 5 *pássim*; H. Cunliffe-Jones, *Word;* D. J. Moo, *The OT*, 173-224; J. Marcus, *Way*, 154-64; I. Duguid en P. E. Satterthwaite (ed.), *Anointed*, 265-80.

sido refinada por medio del sufrimiento, Dios la reconocerá de nuevo como pueblo de su propiedad. Si los discípulos conocían bastante bien el libro de Zacarías, podrían haber recordado este final feliz del oráculo profético, pero no existe esa esperanza en las palabras que Jesús cita aquí, y en ese ambiente premonitorio es poco probable que hayan encontrado algún lugar para el consuelo en la clara predicción de Jesús acerca de su "tropiezo".

28 Pero no todo es sombrío. Así como todas las predicciones acerca de la pasión en 8:31; 9:31; 10:33-34 concluyeron con la resurrección después de tres días, y la copa de muerte en la cena de la pasión ha sido compensada por el vino nuevo del reino de Dios, ahora también hay una esperanza más allá del desastre.[75] La propia resurrección de Jesús se ha mencionado ya tantas veces que no es necesaria ninguna otra explicación, y simplemente se da por sentada en la expresión μετὰ τὸ ἐγερθῆναί με. El cambio del verbo de la voz activa ἀνίστημι en las predicciones de la pasión (el futuro en voz media en 9:31; 10:34 tiene un sentido activo) a la voz pasiva de ἐγείρω tal vez no es significativo. Ambas locuciones aparecen con mucha frecuencia en el NT, sin ninguna diferencia clara en cuanto al sentido; ἐγείρω es la más común, tanto en voz activa como en voz pasiva con Dios como sujeto. Forzaríamos demasiado nuestra exégesis si interpretáramos que ἐγείρω se usa para hacer hincapié en la iniciativa de Dios mientras que ἀνίστημι se centra en el poder de Jesús sobre la muerte, y no existe ninguna razón obvia por la que Marcos en este punto hubiera deseado pasar de lo segundo a lo primero. En lo que respecta a la resurrección de Jesús, los dos verbos, a todos los efectos, son sinónimos.[76] La nota nueva en esta ocasión es la inclusión de los discípulos junto con Jesús en esta esperanza futura. Después de la abrumadora predicción del v. 27, esto es lo que ellos necesitaban escuchar. Su propio "tropiezo" y la dispersión del rebaño no serán definitivos (en contraste con el destino de Judas, v. 21). Existe una simetría satisfactoria en los vv. 27 y 28: la "herida" del pastor dará como resultado la dispersión de las ovejas, pero su resurrección hará que vuelvan a reunirse.[77] Aparte del pasaje paralelo en 16:7, el único otro uso transitivo de προάγω en Marcos se encuentra en 10:32, donde presenta la imagen impactante del avance de Jesús hacia Jerusalén y hacia la muerte mientras su desconcertado rebaño lo sigue con temor. Después de la imagen

---

75. "Este primer anuncio del final de la historia es probablemente la señal narrativa más importante en la segunda mitad del Evangelio, una especie de "salvavidas literario" que Marcos le arroja al lector" (Myers, 365).

76. La forma pasiva de ἐγείρω se usa a veces con un sentido intransitivo, como si fuera una voz media; véase, p. ej., 2:12; 13:8, 22; 14:42. En tales casos, puede ser prácticamente indistinguible de ἀνίστημι. Pero en lo que respecta a la resurrección de los muertos, el significado pasivo habitual de ἐγείρω es más probable, sobre todo porque en muchos casos se usa la voz activa con Dios como sujeto.

77. En contra de la sugerencia de E. Lohmeyer de que este versículo no se refiere a un encuentro después de la resurrección sino a la parusía, véase, en forma breve, W. R. Telford, *Theology*, 147-49; de manera más completa R. H. Stein, *NTS* 20 (1973/4) 445-52.

del pastor y las ovejas en el v. 27, el verbo (que simplemente podría significar "preceder"; cf. su uso intransitivo en 6:45) nos hace pensar, de manera natural, en el pastor palestino que camina delante de su rebaño en búsqueda de nuevos pastos (cf. Jn. 10:3-4),[78] y este versículo, en forma aislada, nos haría esperar un relato posterior en el que Jesús resucitado lleva a sus discípulos con él de Jerusalén a Galilea.[79] Pero en 16:7 descubriremos, de hecho, que será cuando lleguen a Galilea que lo verán. Si alguna vez existió un relato de una aparición relacionada con la resurrección en Marcos (véase la introducción a 16:1-8), es probable que fuera semejante al de Mateo 28:16-20, donde (tal como sugiere 16:7) los discípulos fueron a Galilea y se encontraron con Jesús.[80] Por tanto, la imaginería pastoril del verbo προάγω aquí probablemente no debería forzarse e interpretarla como un viaje literal posterior a la resurrección.[81]

La mención específica de Galilea en la trama del Evangelio de Marcos resulta importante. Esa provincia, que era la cuna de Jesús y sus discípulos y había sido escenario de los conmovedores acontecimientos y esperanzas del primer acto, seguía siendo el lugar natural en el que podía ubicarse una esperanza futura. Para Jesús, Jerusalén es el lugar del rechazo y de la muerte, y para los discípulos, el lugar del fracaso ignominioso, pero Galilea es el lugar de la resurrección y la restauración. Tal vez no sea del todo casual que se mencione dos veces a Jerusalén en el primer acto (3:22; 7:1), y en ambos casos como la fuente de la oposición oficial que finalmente habrá de conducir a Jesús a la muerte, mientras que en el tercer acto, también se menciona dos veces a Galilea (14:28; 16:7) como el lugar en el que será restaurada la esperanza después del desastre de Jerusalén.

78. Esta imagen es tan obvia que no parece necesario, tal como indica J. Marcus, *Way*, 155, derivarla específicamente de la imaginería del pastor que se repite a lo largo de Zac. 9–14.

79. C. F. Evans, *JTS* 5 (1954) 9-11, demuestra que, tanto en la literatura clásica como en la bíblica, el verbo προάγω normalmente significa "guiar" y no preceder, aunque Mateo constituye una notable excepción a esta regla. Véase el comentario sobre 16:7 con respecto a la opinión de Evans de que este dicho no se refiere a un viaje literal posterior a la resurrección sino a la misión futura a favor de los gentiles (simbolizada por "Galilea").

80. En razón de la prominencia de Pedro en este pasaje y su mención explícita en 16:7 O. Cullmann, *Peter*, 61, sugirió que Marcos originalmente incluía la aparición a Pedro que se menciona pero no se narra en 1Co. 15:5: Lc. 24:34.

81. E. Best, *Following*, 199-203, acepta que el significado más natural de προάγω aquí es "ir a la cabeza de" y no "preceder", y llega a la conclusión de que no apunta a una aparición literal posterior a la resurrección sino a la vida permanente de Jesús al frente de su comunidad ("Galilea" se usa en un sentido simbólico no literal). Pero el reconocimiento del significado simbólico de Galilea no excluye un regreso literal allí. Van Iersel, 497-500, 505-6 (retomando su argumento en *ETL* 58 [1982] 365-70), descarta aún más cualquier significado literal cuando traduce εἰς τὴν Γαλιλαίαν como "en Galilea" y considera que el versículo no se refiere a un viaje sino a una situación permanente en el futuro cuando "Jesús irá al frente dondequiera que haya personas que estén dispuestas a seguirlo". Aunque Van Iersel tiene razón al decir que en la época del NT εἰς *podía* significar "en" y no "hacia", no demuestra que este sea el significado que se exige aquí, y si se trata de una cuestión de preferencia, la prioridad debe dársele sin duda al que todavía era el significado habitual de la preposición.

29-31 La singularización de Pedro como portavoz está en consonancia con el papel que desempeña a lo largo del Evangelio, pero aquí, cumple el propósito específico de preparar al lector para la historia de su fracaso en los vv. 66-72. El versículo 31 demuestra que él sí habló por el resto del grupo, aunque en su declaración personal se refiere específicamente a él mismo aun cuando los demás no estén dispuestos a secundarlo.[82] Esta presuntuosa confianza en sí mismo contrasta notablemente con la inseguridad del v. 19, pero hay dos factores que han cambiado la situación. En primer lugar, el anuncio de la traición por parte de un miembro de los doce los tomó por sorpresa en la cena, pero ahora han tenido tiempo de reflexionar acerca de ello y de tomar la decisión resuelta de permanecer fieles. En segundo lugar, el tema allí tenía que ver con una traición activa; aquí, con la experiencia más pasiva de "tropezar" y ser esparcidos, y piensan que están preparados para enfrentarse a eso.

Sin embargo, la atención se centra claramente en Pedro, y la predicción de Jesús en el v. 30 tiene que ver con su propia experiencia personal. La impulsiva promesa de Pedro recibe por respuesta un solemne ἀμὴν λέγω σοι seguido de una referencia cronológica específica, σήμερον ταύτῃ τῇ νυκτί: la bravuconería de Pedro sería tan fugaz como eso. La frase ταύτῃ τῇ νυκτί se torna aún más específica por la mención del canto del gallo que constituirá una característica tan conmovedora en la historia de la negación de Pedro. El canto del gallo tradicionalmente indica la proximidad del amanecer, y a pesar de algunas declaraciones notables sobre la puntualidad de los gallos en Jerusalén[83] para marcar las horas nocturnas habituales, los textos del Evangelio no exigen que seamos más explícitos al respecto. Los esfuerzos que se han hecho por dotar a esta frase de mayor especificidad relacionándola no con el canto literal de un gallo sino con el llamado de la trompeta desde las barracas romanas que señalaba el final de la tercera vigilia de la noche (la vigilia conocida como ἀλεκτοροφωνία) han sido acertadamente criticados por no hacerle justicia a

---

82. Gundry, 845, afirma que el indicativo σκανδαλισθήσονται "sugiere que Pedro considera muy posible el tropiezo de sus condiscípulos", en contraste con su confianza en sí mismo. Mann, 585, extrae la misma implicación de εἰ καί.

83. Especialmente H. Kosmala, *ASTI* 2 (1963) 118-20; 6 (1968) 132-34, quien alega, a partir de los hábitos de los gallos del siglo XX en Jerusalén, que los cantos se producían en momentos regulares y diferentes alrededor de las 12:30 a.m., 1:30 a.m. y 2:30 a.m; en virtud de esta opinión, el segundo canto del gallo al que se hace referencia en el texto de Marcos ocurrió a la 1:30 a.m. D. Brady, *JSNT* 4 (1979) 46-52, compara las observaciones de Kosmala con otros puntos de vista y encuentra una variación considerable, pero la aceptación generalizada de que al igual que para darle la bienvenida al amanecer los gallos pueden cantar varias veces entre la medianoche y las 3 a.m. Sin embargo, no encuentra ninguna prueba que avale el uso de un "segundo canto del gallo" como una señal reconocida de tiempo (aunque véase Juvenal, *Sat.* 9-107-8 con respecto al "segundo canto del gallo" para denotar un momento antes del amanecer), y piensa que es probable que Marcos, al referirse al gallo que canta dos veces, aludiera simplemente al canto repetido que cabía esperar antes del amanecer. Esto entones nos adentraría en forma natural en la narración que sigue en 15:1, donde el encuentro tiene lugar πρωΐ.

la redacción de Marcos.[84] La predicción de Jesús es que Pedro lo negará tres veces antes que la noche haya llegado a su fin.

Podría haberse planteado la cuestión, tal como ocurre en los demás evangelios, mencionando simplemente el canto de un gallo. ¿Por qué, entonces, Marcos, dice aquí que el gallo canta *dos veces*, y más adelante, en los vv. 68, 72, hace referencia a ambos cantos (véase la nota textual)? La explicación más sencilla, sobre todo para los que toman en serio la tradición de que el propio Pedro aportó una gran parte del material que aparece en el Evangelio de Marcos, es que Marcos conserva el relato en su forma más completa y detallada (tal como Pedro lo habría recordado y repetido), pero que la memoria personal vívida del doble canto del gallo se omitió en los demás relatos porque se consideró un detalle adicional innecesario. A fin de cuentas, no hay nada improbable en un canto repetido del gallo: sería incluso bastante difícil que un gallo cantara una sola vez, se detuviera y que otros gallos en el vecindario continuaran en su lugar.

Al parecer, resulta más sencillo aceptar esta explicación que buscar alguna razón por la que Marcos deseara insertar un segundo canto del gallo. Una sugerencia es que Marcos se sintió atraído por la repetición de δίς-τρίς, y consideró importante la comparación. D. Brady respalda esta sugerencia con la siguiente paráfrasis: "Esta misma noche, antes de que un gallo haya alzado su voz dos veces para darle testimonio de su vigilia al amanecer que se aproxima, tú, Pedro, alzarás tu voz no solo dos sino tres veces, y no para dar testimonio de tu vigilia, sino para dar testimonio de la inconstancia de tu lealtad hacia mí". Desde ese punto de vista, "el incidente forma parte... de un tema bíblico frecuente: la reprensión del hombre por parte de la creación inferior".[85]Lo que Jesús predice ahora para Pedro es peor incluso que el "tropiezo" y la deserción a los que se hizo referencia en el v. 27 y que Pedro repudió tan enérgicamente. Una triple negación no es meramente una rendición momentánea ante la presión, sino una disociación deliberada. Eso no es una simple debilidad sino un acto de apostasía, y no es de extrañar que la insinuación provocara un rechazo aún más vehemente (ἐκπερισσῶς)[86] de la idea. Si una deserción era inconcebible, cuánto más una negación. Véase el comentario sobre 8:34 con respecto al único otro uso del verbo ἀπαρνέομαι en Marcos, y cf. Lucas 12:9 donde la persona que niega a Jesús delante de otras será "repudiada" en presencia de los ángeles.

La protesta de Pedro en el v. 31 demuestra claramente que al menos él (y presumiblemente los demás discípulos) había comprendido la seriedad de las insistentes predicciones de Jesús sobre la pasión. Jesús va a morir, y la alternativa

---

84. Véase D. Brady, *JSNT* 4 (1979) 44-46; R. E. Brown, *Death*, 606.

85. *JSNT* 4 (1979) 54-55.

86. Este término, al parecer, es una acuñación del propio Marcos (aunque cf. el superlativo incluso más fuerte ὑπερεκπερισσοῦ/-ῶς en 1Ts. 3:10; 5:13; Ef. 3:20), "es comparable en algunos aspectos a la acuñación bastante reciente en inglés americano de 'humongous' [mastodóntico] (Mann, 585).

a la disociación podría ser estar dispuesto a morir con él. Pedro es realista acerca de esa perspectiva, aunque no de su propia capacidad para hacerlo.

La oración de Jesús en Getsemaní (14:32-42)

NOTAS TEXTUALES

39. Sería fácil explicar que la adición de estas palabras era un deseo de expresar el contenido de la segunda oración de Jesús (tal como hace Mateo de manera más explícita), las propias palabras se derivan del relato de Mateo sobre la tercera oración (26:44). La expresión, sin embargo, está muy bien confirmada aquí, y también es posible que se omitiera en D y en algunos MSS de la Antigua Latina por accidente o porque no aparece en Mateo en este punto.

41. La inserción de τὸ τέλος (y el cambio subsiguiente de ἦλθεν por καί de D etc.) podrían explicarse tal vez como un deseo de completar el modismo sobrio y desconocido de ἀπέχει para formar una oración independiente. La omisión de ἀπέχει (Ψ etc.) es una solución alternativa para la misma dificultad.

Después de las perturbadoras predicciones de traición y deserción en los vv. 18-21, 27-31 el lector está preparado para la acción violenta. Pero primero hay una pausa, un período de quietud en el monte que les da tiempo para orar, e incluso para dormir. El tiempo, sin embargo, no es mucho porque hay un gran número de acontecimientos que aún habrán de ocurrir esa noche antes que llegue la mañana en 15:1. Pero en estos momentos, se le da al lector una breve oportunidad para hacer un balance de lo que se dijo en la cena pascual y después, y también a nosotros para que observemos cómo se preparan Jesús y sus discípulos para la dura experiencia que se avecina. El contraste resulta llamativo: Jesús, que hasta aquí había hablado de una manera más imparcial y en tercera persona acerca de los futuros sufrimientos del Hijo del Hombre, se muestra ahora profundamente conmovido por su conocimiento del destino que ya no puede eludir, y se dedica a hacer una oración insistente y seria, mientras que sus tres discípulos más íntimos con igual persistencia se quedan dormidos y son incapaces de compartir la vigilia de su maestro; muy pronto, además, pondrán de manifiesto su incapacidad para mantenerse a su lado en presencia de sus enemigos. Las tres veces que Jesús ora compensan los tres períodos en los que ellos duermen, a pesar de que Jesús les había ordenado explícitamente que permanecieran velando (v. 34).

La escena de Getsemaní es, por tanto, un estudio acerca de la debilidad humana, incluso de la debilidad de los discípulos más confiables de Jesús. Pero eso no es más que una trama secundaria. El tema principal se centra en el propio Jesús, y de manera más especial, en la relación de Jesús con su Padre. En algunas ocasiones se nos ha dicho que Jesús oraba (1:35; 6:46), pero nunca nos enteramos del contenido de su oración, y en dos oportunidades tuvimos el privilegio de oír al propio Dios hablando acerca de su Hijo (1:11; 9:7), pero aquí nos adentramos tanto como Marcos nos permite en el corazón de esa relación misteriosa. Se resume en el título filial Ἀββὰ ὁ πατήρ, tanto más llamativo porque aparece en arameo y en griego, y se revela como una mezcla de dos voluntades, que aunque tiran en dos direcciones opuestas, se reúnen por medio de la sumisión voluntaria del Hijo al propósito del Padre. Esta es la materia prima para una gran parte del análisis cristológico posterior, pero en el contexto narrativo nos presenta claramente a Jesús como el Hijo obediente, firme en su sumisión al sufrimiento y a la muerte,[87] en contraste con los discípulos que, a pesar de la fanfarronada de Pedro, caerán ante el primer obstáculo. Esta escena extraordinaria es probablemente la que subyace tras el relato vívido que aparece en Hebreos 5:7-10 sobre las "oraciones y súplicas" de Jesús, "con grandes clamores y lágrimas, al que podía salvarlo de la muerte".[88] La versión de Marcos de esta escena, aunque se parece mucho a la de Mateo, es un poco más sobria, porque cita las palabras de Jesús en su oración una sola vez (aunque añade un resumen introductorio antes del discurso directo). Marcos usa la fórmula τὸν αὐτὸν λόγον εἰπών para la segunda oración y no para la tercera como ocurre en Mateo, y omite toda referencia específica a la tercera oración. Lucas es menos extenso (a menos que Lc. 22:43-44 sea auténtico), y elimina la triple oración y el retorno así como el papel especial que desempeñan Pedro, Jacobo y Juan. El resultado, pues, es una simple ausencia de Jesús del grupo de los discípulos, a los que encuentra dormidos cuando regresa. Sin embargo, la oración básica es la misma en los tres relatos sinópticos.

32 A partir del v. 26 sabemos que su destino era el monte de los Olivos, y no hay ninguna razón para poner en duda la tradición de que Γεθσημανί (un nombre de otro modo desconocido) se hallaba en la ladera occidental de dicho monte, justo al otro lado del valle del Cedrón desde Jerusalén. Quedaba, pues, dentro de los límites ampliados de la ciudad de Jerusalén a la que, debido al gran hacinamiento de personas durante la época festiva, se le daba el nombre de "la Jerusalén más grande" a los efectos de las celebraciones pascuales (véase el comentario sobre 11:11), mientras que Betania, donde habitualmente se alojaban, se encontraba fuera de ella. En la noche de la pascua, a los que celebraban la fiesta se les exigía que permanecieran dentro de estos límites. De acuerdo con el esquema cronológico que seguimos en este comentario, Jesús no habría tenido que obedecer esas restricciones ya que esta era la noche *antes* de la pascua, aunque en su caso, no obstante, la observancia de estos convencionalismos sería coherente con su forma de

---

87. A pesar de la insistencia de Marcos en la realidad de la angustia emocional de Jesús en esta perícopa, lo que constituye la nota dominante es su disposición a cumplir la voluntad del Padre; contrástese con la opinión de W. H. Kelber, *Passion*, 44, de que en esta escena Jesús está "a punto de retractarse de sus predicciones sobre la pasión y próximo a negar su vocación como el sufriente Hijo del Hombre".

88. En cuanto a la relación entre la escena de Getsemaní y Heb. 5:7-10 véase R. E. Brown, *Death*, 227-34.

tratar su última comida juntos como una verdadera cena pascual aun cuando haya tenido lugar el día anterior.

El sustantivo χωρίον por sí mismo no nos da mucha información acerca de la naturaleza del lugar, aunque sí da a entender que se trataba de una parcela de tierra sin edificaciones; la descripción de Juan como un "jardín" resulta plausible (κῆπος; el hecho de que Juan afirme que Jesús "entró" en él con sus discípulos implica que era un jardín vallado), y su nombre Γεθσημανί, derivado del término hebreo y arameo que significa "prensa de aceite", hace pensar en un huerto de olivos, de los cuales sin duda había muchos en el monte de los Olivos en aquella época como también los hay actualmente por toda la zona; las prensas de aceite se hallaban habitualmente en los huertos destinados al cultivo de la aceituna. Cualquier identificación más específica acerca de la ubicación depende enteramente de la tradición y no de datos que procedan de los relatos del Evangelio. Lucas (21:37; 22:39) y Juan (18:2), ninguno de los cuales usa el sustantivo Γεθσημανί, indican que era un lugar en el que solían reunirse Jesús y los discípulos, lo cual explicaría el conocimiento que tenía Judas del sitio donde era posible encontrar a Jesús, aunque el hincapié que ha hecho Marcos en Betania no dejó margen para que lo mencionara antes de esta ocasión.

Las dos ocasiones anteriores en las que Marcos presentó a Jesús en oración (1:35; 6:46) estaba orando solo, tras haber tomado medidas específicas para alejarse incluso de sus discípulos más cercanos. Y ahora también se aleja de los discípulos para orar. La oración para Jesús (a diferencia de otros, 12:40) no era una representación pública.

33-34 Por tanto, lo más llamativo en esta ocasión es que, mientras que al resto del grupo de los discípulos lo deja a cierta distancia, al "círculo íntimo" de Pedro, Jacobo y Juan sí le permite compartir esta experiencia personal, del mismo modo que también a ellos solos les había permitido con anterioridad presenciar los momentos especiales en los que reveló su relación exclusiva con Dios al resucitar a un difunto y en la transfiguración (5:37; 9:2). Otro detalle que puede resultar significativo es que estos tres discípulos específicamente son los que ya habían manifestado su disposición a compartir los sufrimientos de Jesús (10:38-39; 14:29, 31); y ahora tienen la oportunidad de actuar en consonancia con su valiente declaración. En el monte de los Olivos, al igual que en el monte de la transfiguración,[89] estos tres demostrarán su incapacidad para compartir plenamente la experiencia, pero sí podrán expresar lo suficiente para garantizar que este momento significativo sea recordado en la tradición cristiana.

Sin embargo, las palabras de Jesús indican que no fue solo como testigos que los tomó consigo lejos de los demás. El Hijo de Dios era también humano

---

89. En cuanto a algunas relaciones que pueden establecerse entre la transfiguración y las perícopas de Getsemaní en Marcos, véase Lane, 521 n. 91, inspirándose en A. Kenny, *CBQ* 19 (1957) 444-52.

y necesitaba apoyo en este momento de prueba, porque ahora hay un nuevo matiz en la perspectiva de Jesús con respecto a su muerte.[90] En todos los demás lugares Marcos usa el verbo ἐκθαμβέομαι como un término particularmente fuerte para referirse a la sorpresa o a la conmoción que manifiestan las personas cuando contemplan algo excepcional e inesperado (9:15; 16:5; cf. también ἔκθαμβος en Hch. 3:11, el único otro lugar donde se usa este término compuesto en el NT; pero véanse las notas sobre 9:15 supra); el verbo contiene un elemento de temor.[91] La "conmoción" de Jesús aquí, no obstante, no fue la causa de un acontecimiento que hubiera presenciado sino la previsión de lo que ha de suceder. Un término fuerte que hace más explícita la idea de la angustia es ἀδημονεῖν: Jesús está perturbado porque el cumplimiento de sus predicciones se acerca. Un tercer término de carácter fuertemente emocional, περίλυπος, intensifica la impresión de que Jesús está llegando al límite. La LXX emplea περίλυπος con respecto al estado de ánimo de Caín antes de asesinar a Abel (Gn. 4:6) y Marcos lo usó en 6:26 para referirse al remordimiento de Antipas por el juramento fatal que había hecho. Sin embargo, la combinación del término aquí con la frase ἡ ψυχή μου, se debe particularmente a un reflejo del estribillo que aparece en el Salmo 42:5, 11; 43:5, ἵνα τί περίλυπος εἶ, ψυχή;[92] Es posible que la aceptación final por parte de Jesús de la voluntad de su Padre en Getsemaní se haya inspirado en cierta medida en su conocimiento de ese salmo, en el que la desesperación termina por darle paso a una confianza tranquila en Dios: "Espera en Dios, porque aún he de alabarle, ayuda mía y mi Dios". En este punto de la narración, sin embargo, esa aceptación todavía es un hecho futuro, y la agitación emocional que expresa esta sucesión poderosa de palabras no encuentra alivio. De hecho, es una tristeza ἕως θανάτου, que podría ser un término fuerte que denota una conmoción emocional "mortífera"[93] (cf. el "enojo hasta la muerte" de Jonás: en la LXX, λελύπημαι ἕως θανάτου, Jon. 4:9) o, lo que es más probable en este contexto, que se refiera explícitamente a la causa de esa emoción (tristeza "ante la cercanía de la muerte"), puesto que la muerte que Jesús había estado prediciendo desde hacía tanto tiempo llena ahora el horizonte.[94] Bajo esta sombra oscura de aprensión Jesús les pide

90. Mann, 588-89, llama acertadamente la atención sobre el uso marcano de ἤρξατο aquí para indicar un nuevo elemento.

91. En Ben Sirá 30:9 en la LXX se usa para referirse al efecto negativo de un niño mimado sobre su padre: NEB lo traduce aquí como "conmocionar", NRSV 'aterrorizar'. J. D. G. Dunn, *Spirit*, 19, resume el sentido como "espanto estremecedor" (así también Cranfield, Lane y Stock). Véase además T. Dwyer, *Wonder*, 178-79: "un asombro estremecedor en un encuentro con lo santo".

92. Con respecto a la alusión, véase mi obra *"Jesus and the OT"*, 57-58. Véase además R. E. Brown, *Death*, 154-55.

93. REB, "Mi corazón está a punto de deshacerse a causa del dolor", transmite bien este sentido.

94. J. W. Holleran, *Gethsemane*, 14-16 (en consonancia con J. Héring en W. C. Van Unnik (ed.), *Neotestamentica et Patristica*, 65-69), analiza algunas interpretaciones de ἕως θανάτου, y acepta la preferencia de Héring con respecto al significado "tan triste que deseo morir"; Héring justifica esto a la luz de la oración posterior de Jesús para evitar la muerte alegando que es la cruz lo que Jesús desea evitar, y por eso, una muerte pacífica ahora en Getsemaní sería mucho mejor. Véase

a sus discípulos que lo apoyen permaneciendo cerca de él y manteniéndose despiertos mientras él ora.[95]

35 Προελθὼν μικρόν sugiere que él se mantenía a corta distancia,[96] de manera que Pedro, Jacobo y Juan, a diferencia de los demás discípulos, eran testigos de su oración, aunque cuánto pudieron ver y oír antes de quedarse dormidos solo puede dejarse a la imaginación. El hecho de que el contenido de la oración lograra llegar a la tradición cristiana podría sugerir que no se durmieron inmediatamente, pero también es posible que el propio Jesús hablara acerca de la experiencia de Getsemaní en sus encuentros con sus discípulos después de su resurrección.[97] La postración de una persona con su rostro hacia la tierra (Mateo especifica que Jesús ἔπεσεν ἐπὶ πρόσωπον, y la expresión ἔπιπτεν ἐπὶ τῆς γῆς de Marcos probablemente sugiere la misma postura) era una actitud reconocida de súplica (Lc. 5:12; 17:16) o de adoración por parte de los que presenciaban algún acontecimiento sobrenatural o experimentaban la presencia de Dios (Mt. 17:6; Lc. 24:5; 1Co. 14:25; Ap. 7:11; 11:16). Hasta donde sabemos, no era la postura normal para la oración cotidiana, y aquí tiene por objeto subrayar la profundidad de la emoción de Jesús (aunque el término "pánico" [Gundry, 855] parece demasiado exagerado).

El resumen de la oración que Marcos hace en discurso indirecto, utiliza un lenguaje diferente del discurso directo del v. 36, por cuanto la condición implícita en πάντα δυνατά σοι se hace explícita aquí en la expresión εἰ δυνατόν ἐστιν (que Mt. 26:39 incluye en la propia oración), y la imaginería del apartamiento de la copa se reformula de un modo menos descriptivo cuando Jesús pide que "pase" de él ἡ ὥρα. La repetición del término ἡ ὥρα en 14:41, por tanto, dejará bien claro que su petición no fue concedida. Este uso de ἡ ὥρα para referirse a la pasión de Jesús tiene un tono joánico (el término se emplea de manera similar en el relato del "Getsemaní joánico", Jn. 12:27), pero la alusión a la liberación de "la hora" no resulta forzada en este contexto en el que el acontecimiento predicho es inminente.[98] La expresión εἰ δυνατόν ἐστιν subraya aún más la impresión creada por las predicciones de Jesús y las referencias al cumplimiento de la Escritura (especialmente 14:21, que se repite en el v. 49) de que la sumisión voluntaria de Jesús debe interpretarse, no obstante, en el contexto de un propósito divino ya declarado.

---

también R. E. Brown, *Death*, 155-56.

95. R. E. Brown, *Death*, 156-57, analiza algunos puntos de vista sobre las razones por las que Jesús quería que permanecieran despiertos. Brown está a favor de un tono escatológico similar al del llamado a velar en la parábola del portero (13:33-37).

96. Era normal orar en alta voz, incluso estando solos; véase Gundry, 864. Con respecto a la distancia a la que se alude en Lc. 22:41, ὡσεὶ λίθου βολήν.

97. Para algunos comentarios razonables sobre lo que él llama "la objeción del 'ateo del pueblo'" de que los discípulos, que estaban dormidos y alejados, no podrían haber sabido lo que Jesús dijo, véase R. E. Brown, *Death*, 174.

98. Véase Gundry, 868, quien previene contra el hecho de tomar ὥρα aquí como un término técnico escatológico. Contra R. E. Brown, *Death*, 167-68.

36   La opinión generalizada es que la práctica normal y una característica propia de Jesús en la oración era dirigirse a Dios como "Padre" (la única excepción en la tradición del Evangelio es Mr. 15:34; véanse los comentarios allí), aunque no era una costumbre de la piedad judía general en esa época.[99] Aquí encontramos, y por única vez en los Evangelios, el término arameo Ἀββά (en vocativo enfático)[100] que aparece acompañado por su equivalente griego.[101] El argumento tan cuestionado de J. Jeremias de que esa forma de dirigirse a Dios como Ἀββά es desconocida en la literatura judía y pone de relieve un sentido exclusivo de intimidad con Dios, mantiene su validez a pesar de haberse visto empañado con mucha frecuencia por la afirmación que hacen los predicadores de que este término familiar equivale al vocativo en español "papá". El argumento de J. Barr de que "Abba no es papá" goza de buena aceptación porque no hay nada infantil en la relación especial implícita (lo usaban también, por ejemplo, los discípulos para dirigirse a su rabino), pero no era eso a lo que se refería Jeremias. El término expresa la intimidad respetuosa de un hijo en una familia patriarcal. Y es en ese sentido que el uso por parte de Jesús de esta forma de tratamiento al dirigirse a Dios resultaba llamativo e inédito,[102] hasta que fue adoptado por sus discípulos: Pablo presenta el término Ἀββά como la señal de una relación asombrosa, y hasta ese momento inadmisible, de cada creyente con Dios (Ro. 8:15; Gá. 4:6).

La invocación de Jesús a su Padre se basa en dos hipótesis que van de la mano, por una parte, que πάντα δυνατά σοι, y por la otra, que Dios tiene una voluntad que debemos aceptar y no alterar por medio de la oración. La combinación de estas dos convicciones es lo que le otorga a la oración su dinamismo misterioso y frustra cualquier perspectiva "festinada". El lector que recuerda 11:22-25 sabrá que todas las condiciones que exige la oración eficaz

99. J. Jeremias, *Abba*, 15-67 (publicado en inglés como *Prayers*, 11-65; véanse especialmente 54-62); idem, *Theology*, 61-68; J. D. G. Dunn, *Spirit*, 21-26.

100. Así también R. E. Brown, *Death*, 172, cuando resume las conclusiones de J. A. Fitzmyer.

101. En cuanto al uso del nominativo griego con el artículo en lugar del vocativo más habitual πάτερ, véase BDF 147. J. W. Holleran, *Gethsemane*, 24-26, analiza si deberíamos pensar que Jesús usó los términos arameo y griego juntos, pero llega a la conclusión de que presumiblemente usó solamente el arameo y que la expresión dual Ἀββὰ ο πατήρ, que aparece como una fórmula de oración de manera idéntica en Ro. 8:15 y Gá. 4:6, es más probable que haya tenido su origen en las comunidades cristianas primitivas.

102. Los judíos, por supuesto, sí se referían a ciertas personas como "hijos de Dios", normalmente en plural, pero a veces en singular, incluyendo a algunos rabinos especiales: las pruebas se resumen convenientemente en G. Vermes, *Jew*, 194-200, 206-10. Pero un esfuerzo ulterior de Vermes por descubrir paralelismos para el uso que hace Jesús de Ἀββά como una forma de dirigirse a Dios en oración (210-11) resultó singularmente improductivo. Vermes llevó más lejos el argumento en *Judaism*, 39-43, pero los ejemplos que presenta son del plural "Padre Nuestro" o de declaraciones acerca de Dios, no del vocativo que usa un individuo. En Ben Sirá 23:1, 4 se usa el vocativo πάτερ para dirigirse a Dios como parte de una colección de títulos, pero no como un tratamiento por separado, y hay un solo caso en Sabiduría 14:3, pero estos, tal como indica Jeremias, reflejan el uso que se le daba en la Diáspora bajo "la influencia del mundo griego" (*Theology*, 63). R. E. Brown, *Death*, 172-75, resume muy bien el análisis sobre la afirmación de Jeremias.

estaban cumplidas, y por tanto, la liberación de Jesús *era* posible.[103] Pero no nos corresponde a nosotros, ni siquiera a Jesús como Hijo de Dios, presuponer que el Dios que "puede" responder cada petición estará necesariamente dispuesto a hacerlo. La oración, concebida de esta manera, no tiene por objeto cambiar la mentalidad de Dios sino alinearnos con su voluntad. Cada vez que un deseo nuestro no está de acuerdo con el propósito de Dios, es aquel el que debe ceder: οὐ τί ἐγὼ θέλω ἀλλὰ τί σύ.[104] y si eso fue cierto para ὁ υἱός μου ὁ ἀγαπητός (1:11; 9:7), cuánto más lo será para el resto de nosotros.[105] Es en la aceptación instintiva de este sentido de prioridad que Jesús encontrará la fortaleza para vivir las próximas veinticuatro horas. En esa medida, aunque no de la manera que él hubiera deseado, su oración fue respondida.

La petición específica de Jesús (que finalmente fue infructuosa) es que τὸ ποτήριον τοῦτο sea apartada de él, pero no como resultado de la acción impersonal que denota la expresión παρέρχομαι ἀπό del v. 35, sino por medio de la intervención directa del Padre apartándola (παραφέρω ἀπό).[106] La imaginería de la copa del sufrimiento y el juicio nos resulta conocida de 10:38-39 (véanse las notas allí).[107] Ese uso metafórico es el que proporciona el contexto de la oración de Jesús, y no la ποτήριον del v. 23, que, más allá de las connotaciones simbólicas que haya llegado a tener, era una copa literal y fue a los discípulos a quienes se les ofreció para que la bebieran, no a Jesús. El hecho de que la copa del sufrimiento le sea entregada a Jesús por su Padre (quien también puede apartarla de él) expresa de manera llamativa la convicción que subyace tras la narración de Marcos de la pasión, a saber, que Dios tiene el control de todo el proceso que culmina con la muerte de Jesús. Al mismo tiempo, el hecho de que Jesús, quien en 10:38-39 habló con aparente calma de la copa que le estaba reservada, se muestre ahora tan consternado ante esa perspectiva que pide que se le libre de ella, expone vívidamente la realidad y el costo humano de esa pasión.[108] Esto contrasta fuertemente con algunas

---

103. S. E. Dowd, *Prayer*, 151-58, analiza la escena de Getsemaní a la luz de la enseñanza sobre la oración que aparece en 11:22-25, y hace hincapié en el problema de teodicea de que "el Dios que desea mover montañas no siempre deseará apartar la copa".

104. En cuanto al uso de τί como un pronombre relativo, véase BDF 298(4); Mann, 591, habla de la "quasi impaciencia de Marcos con la gramática" aquí. El uso de οὐ en lugar de μή indica que las cláusulas elípticas deben tomarse en modo indicativo y no imperativo, "busco, procuro" o "será" en vez de "sea"; pero el sentido de aceptación es muy similar si se hubiera usado el imperativo. Cf. S. E. Dowd, *Prayer*, 133 n. 1 y 156: "Lo importante no es lo que yo quiero sino lo que quieres tú".

105. R. E. Brown, *Death*, 175-78, analiza esta cláusula a la luz de la oración del Señor.

106. Cf. Is. 51:22 donde el propio Dios aparta de Jerusalén "la copa de aturdimiento... el cáliz de mi ira".

107. R. E. Brown, *Death*, 168-70, desea separar los conceptos del sufrimiento y del juicio, y toma el primero como la idea central aquí. Véase además S. R. Garrett, *Temptations*, 93, que encuentra en la copa una imaginería del juicio escatológico.

108. Para algunos comentarios razonables sobre el aparente conflicto entre el conocimiento de Jesús y el propósito de Dios y su oración para ser librado, véase R. E. Brown, *Death*, 166-67.

descripciones idealizadas de mártires que se encaminan con mucho gusto a su muerte.[109] El Jesús que acepta la voluntad del Padre no lo hace con una indiferencia "docética" sino con una agonía mental y física que alcanzará su clímax aterrador con el grito desde la cruz en 15:34.[110]

37-38 El hecho de que los tres discípulos pudieran quedarse dormidos con tanta rapidez a pesar de que Jesús les había pedido específicamente que permanecieran despiertos (v. 34) —y que en un breve espacio de tiempo volvieran a dormirse dos veces más después que él los despertó— podría tal vez justificarse por la hora tan avanzada (¿y una abundante cena?) y por la tensión extrema a la que se habían visto sometidos, pero es probable que, más que la verosimilitud del hecho, debamos buscar la función literaria de contraste que desempeña el sueño reiterado de los discípulos con la oración repetida y la vigilia de Jesús. La situación, pues, provoca palabras de reproche y advertencia que Marcos sin duda esperaba que sus lectores aplicaran, no solo a los primeros discípulos, sino también a ellos mismos. (Cf. 13:35, 37 con respecto al imperativo γρηγορεῖτε para no ser hallados durmiendo, 13:36, aunque allí se refiere a una venida escatológica y el sueño es parte de una imaginería parabólica).[111] La represión que se dirige específicamente a Pedro[112] nos hace recordar su reciente protesta de lealtad hasta la muerte (vv. 29-31): no comenzó bien. El uso del verbo ἰσχύω en lugar de δύναμαι implica una falta de fortaleza o resistencia, una acusación especialmente hiriente para el pretencioso Pedro. Pero la represión también incluye claramente a los demás discípulos, y todas las advertencias que siguen en el v. 38 aparecen en plural. Los editores difieren en cuanto a la puntuación del v. 38: si se pone una coma después de γρηγορεῖτε pero no después de προσεύχεσθε la cláusula con ἵνα que sigue se convierte en el tema de la oración (así Gundry, 872), mientras que si se coloca una coma solo después de προσεύχεσθε, la cláusula con ἵνα pasa a ser el propósito del mandato combinado γρηγορεῖτε καὶ προσεύχεσθε. Pero puesto que la vigilia y la oración, de todos modos, están estrechamente relacionadas, las distintas interpretaciones de la sintaxis afectan muy poco el

---

109. "No hay ningún romanticismo en el martirio, solo en los martirologios" (Myers, 366).

110. S. R. Garrett, *Temptations*, 104-15, alega en contra de R. E. Brown que la ποτήριον debe interpretarse como una "copa de ira", no en el sentido de que el propio Jesús sea el objeto de la ira de Dios, sino porque él experimentará en la cruz lo qué esa ira consiste.

111. El uso de un lenguaje similar no implica, *a pesar de* Kellber, *Passion*, 48-49, que el hecho de que los discípulos se quedaran dormidos en Getsemaní deba considerarse forzosamente que tenga "repercusiones escatológicas". No obstante, S. R. Garrett, *Temptations*, 91-94, hace hincapié en las relaciones escatológicas de este lenguaje.

112. Algunos han sugerido (p. ej., W. H. Kelber, *Passion*, 54, following H. B. Swete) que el uso que hace Jesús del nombre Σίμων en lugar de Πέτρος constituye de por sí una represión, porque indica que no se mantuvo a la altura de la fuerza que implicaba su "nombre apostólico". Pero el apodo no se ha explicado en Marcos (como sí ocurre en Mt. 16:18), y puesto que esta es la única vez en el Evangelio de Marcos que Jesús se dirige a él por nombre, la elección de Σίμων y no de Πέτρος no es importante (en Mt. 17:25, después de presentar y explicar el apodo Πέτρος, el vocativo Σίμων sigue empleándose sin ninguna intención peyorativa).

sentido. Fue en ambas cosas, tanto en la vigilia como en la oración, que los discípulos fracasaron.

Esta es la única ocasión en la que Marcos usa el sustantivo πειρασμός, pero en lo que respecta al verbo, véase el comentario sobre 1:13; la gama de significados que se analiza allí se aplica también al sustantivo. El tema de si "tentación" o "prueba" es el término que mejor transmite el sentido en español es muy similar aquí al debate interminable con respecto a la traducción de la oración del Señor, cuya expresión en cuanto a ser "llevado a" πειρασμός se asemeja a la locución ἔρχομαι εἰς πειρασμόν aquí.[113] Los discípulos se enfrentan en este punto a una "prueba", es decir, a una experiencia muy difícil que serán incapaces de enfrentar, y a una "tentación" por cuanto en su instinto de escapar se sentirán impulsados a poner su propia salvación antes que la lealtad a Dios y a su Hijo. Sin embargo, es interesante que el objeto de su vigilia y de su oración no se exprese como la búsqueda de fortaleza para soportar la πειρασμός (al igual que en la oración del Señor) sino como el hecho de mantenerse alejados de ella. Con la distinción que hace nuestro idioma entre los dos sentidos de πειρασμός podríamos haber deseado una matización mayor: "que cuando la prueba venga, no se sientan tentados a ser desleales". Pero la amplitud del sustantivo griego πειρασμός admite una expresión más concisa aun cuando sea menos específica.

La razón para desear mantenerse alejados de la πειρασμός se expone en el dicho τὸ μὲν πνεῦμα πρόθυμον, ἡ δὲ σὰρξ ἀσθενής, que sin duda se aplica de manera especial a los discípulos en vista de su incapacidad para permanecer despiertos, pero aparece expresada con los términos más generales de un veredicto gnómico sobre la naturaleza humana. La construcción clásica μὲν... δὲ... es poco frecuente en Marcos, y les otorga un equilibrio de tipo proverbial a las dos mitades de la declaración. El contraste πνεῦμα/σάρξ, tan típico de Pablo, aparece solo aquí en Marcos, y no tiene el mismo peso teológico. La σάρξ aquí no es mala, solo débil. Pero podría resultar tal vez demasiado simple interpretarlo como un contraste meramente cartesiano entre las dos "partes" de una persona, a saber, la material y la inmaterial; el πνεῦμα representa, más bien, las aspiraciones más "elevadas" de la humanidad en el mejor de los casos (con respecto al uso de πνεῦμα para denotar el "ser interior" de una persona, cf. 2:8; 8:12) mientras que la σάρξ es la naturaleza "inferior" que se conforma con el camino fácil de la comodidad y el interés propio en vez de procurar lograr esas aspiraciones.[114] En virtud de esta interpretación, la advertencia de Jesús sin duda incluye la debilidad física que les ha impedido a los discípulos

---

113. Véase Mann, 592, con respecto a la opinión de que tanto aquí como en la oración del Señor, el término πειρασμός tiene un sentido específicamente escatológico; no se trata de un período de prueba cualquiera, sino de *la* prueba en la que "todos los conflictos del ministerio... estaban llegando ahora a un punto único e inexorable".

114. Para un estudio sobre la interpretación del contraste carne/espíritu aquí, véase J. W. Holleran, *Gethsemane*, 39-45. Véase también R. E. Brown, *Death*, 198-99, con especial referencia al uso de esta terminología en Qumrán; S. R. Garrett, *Temptations*, 94-95.

permanecer despiertos, pero también se extiende más allá de las limitaciones puramente físicas. R. E. Brown[115] alega que las palabras de Jesús se aplican a él mismo y también a los discípulos: el propósito de su oración ha sido vencer su debilidad humana que retrocede ante la perspectiva de cumplir la voluntad del Padre.

39-40 Tras haber ofrecido un relato de la oración de Jesús y su reprensión a los discípulos, Marcos (a diferencia de Mateo) no considera necesario repetir los detalles,[116] y usa la fórmula resumida τὸν αὐτὸν λόγον εἰπών (véase la nota textual). Pero la incapacidad reiterada de los discípulos para mantenerse despiertos suscita una nueva nota de explicación y de comentario con respecto al desconcierto que manifiestan (la cual presupone que Jesús les ha hecho un reproche similar al que se encuentra en los vv. 37-38). En realidad, la "explicación" ἦσαν γὰρ αὐτῶν οἱ ὀφθαλμοὶ καταβαρυνόμενοι solo pone de relieve su somnolencia en vez de explicarla, pero tal vez tiene por objeto recordarnos lo avanzado de la hora. La explicación obviamente no es adecuada porque se describe a los discípulos abochornados por no haber podido mantenerse despiertos. Su silencio avergonzado evoca el de 9:34; una vez más la culpa es de los discípulos (cf. también 9:6, donde no es la vergüenza sino más bien el desconcierto el que los hace permanecer callados).

41-42 No existe ninguna narración acerca de la tercera secuencia de oración y regreso, pero se presupone en la referencia al acercamiento de Jesús a los discípulos τὸ τρίτον. Sus palabras nos permiten inferir que los discípulos se habían quedado dormidos otra vez. No resulta fácil seguir las palabras de Jesús desde Καθεύδετε hasta el final del v. 42 como un discurso hilvanado. Podrían tomarse, más bien, como una serie entrecortada de dichos que parecen presuponer un lapso de tiempo, o al menos un cambio de situación, entre el aparente permiso para dormir y el llamado a levantarse.[117] Por lo general, la dificultad se resuelve interpretando la pregunta Καθεύδετε τὸ λοιπὸν καὶ ἀναπαύεσθε no como una orden que les da permiso para dormir en esta ocasión sino como un comentario irónico o una pregunta indignada; la mayoría de las versiones recientes eligen esta opción.[118] De acuerdo con esta interpretación, la frase τὸ λοιπόν resulta chocante: cabría esperar "de nuevo" o "todavía", pero la traducción más natural de τὸ λοιπόν es "de ahora en adelante" o "durante el tiempo restante".[119] De ahí la versión de la Nueva Biblia de Jerusalén: "Ahora

---

115. R. E. Brown, *Death*, 199-200.

116. Gundry, 854, sugiere que los tiempos imperfectos de ἔπιπτεν, προσηύχετο y ἔλεγεν (vv. 35-36) tienen por objeto abarcar la triple repetición de la postura y las palabras de la oración.

117. El MS Latino Antiguo k (códice bobiensis) ha restructurado los vv. 41-42, insertando "Y al rato, mientras los despertaba diciendo" antes de "la hora ha venido"; véase Metzger, *Textual Commentary*, 114-15.

118. La sugerencia de Gundry (857) de que se trata de un "mandato exasperado" se ubica entre estas dos opciones.

119. La sugerencia en BAGD, 480a, 3.a.α, "¿Tienen la intención de seguir durmiendo indefinidamente?" es un esfuerzo por adaptarlo al contexto y no un uso reconocido de τὸ λοιπόν. Su

ya podéis dormir y descansar. Basta ya. Llegó la hora". Esta versión indica que el tercer regreso de Jesús a sus discípulos es diferente de los otros dos, porque ahora ya había acabado de orar y no necesitaba que siguieran velando con él. Esta interpretación le otorga un sentido más natural a τὸ λοιπόν, pero deja sin resolver la torpeza de la transición inmediata a "¡Levantaos! ¡Vamos!". Tal vez debemos presuponer que después de las primeras palabras de Jesús se oyeron sonidos que indicaban el acercamiento del grupo que iba a arrestarlo y Jesús tuvo que revocar su permiso para dormir.

La sintaxis entrecortada continúa con ἀπέχει como una oración independiente de una sola palabra (véase la nota textual).[120] La mayor parte de los intérpretes derivan su significado aquí del uso habitual del verbo ἀπέχω en los papiros para referirse a un recibo financiero "por un pago total", y lo toman casi como un sinónimo de la expresión que sigue ἦλθεν ἡ ὥρα, que podría traducirse como "es suficiente",[121] o "todo terminó".[122] Esta, pues, sería la "aceptación de Jesús" de que ahora está a punto de recibir la "copa". Ese uso metafórico de ἀπέχω, sin ningún complemento expreso, no es frecuente,[123] y se ha sugerido un sentido más literal aquí con Judas como sujeto: "se le pagó" y ahora está listo para actuar).[124] Pero esa presuposición parece excesiva en un contexto en el que no se ha hecho ninguna alusión directa a Judas (no se menciona hasta el próximo versículo). La misma objeción se aplica a la hipótesis de Gundry de que el término indica que "él [Judas] está distante", a lo cual seguirá el anuncio en el próximo versículo de que él ha llegado.[125] A

---

sugerencia alternativa "mientras tanto", respaldada por un uso en Josefo, *Ant.* 18.272, no se ajusta fácilmente al contexto después de haber hecho dos reprensiones similares. En la sugerencia de BDF 451(6), '¡Así que todavía están durmiendo!", τὸ λοιπόν aparentemente está representado por el término "así" y no por "todavía". J. W. Holleran, *Gethsemane*, 51, alega que "así" puede ser una traducción adecuada para τὸ λοιπόν en el NT; lo mismo opina R. E. Brown, *Death*, 208.

120. J. W. Holleran, *Gethsemane*, 52-56, examina algunos de los esfuerzos por descubrir un sentido adecuado en este verbo en este contexto.

121. Esta es la traducción de la Vulgata, pero los testimonios griegos a favor de este significado prácticamente no existen.

122. M. A. Tolbert, *Sowing*, 216-17, opta por un significado similar pero con otro referente, a saber, los discípulos. Basándose en su punto de vista de que Marcos presenta a los discípulos como "terrenos pedregosos", Tolbert interpreta el triple llamado de Jesús a mantenerse despiertos como su última oportunidad, la cual no supieron aprovechar. "Todo ha fracasado, su factura ha quedado totalmente pagada, el libro de cuentas a su nombre ahora está cerrado; su destino está sellado".

123. BDF 129, mencionan algunos paralelismos remotos para un uso "impersonal" que significa "acertadamente que 'el recibo cubrió el pago total', la cuenta está liquidada". H. Hanse, *TDNT*, 2.828, admite con franqueza que "no existen paralelos y tenemos que decidir lo mejor que podamos", y sugiere la expresión "está fuera de lugar", basándose presumiblemente en otro sentido de ἀπέχω, "estar distante". No especifica *qué* está "fuera de lugar" —¿tal vez el sueño?

124. J. de Zwaan, *Expositor* 6 xii (1905) 452ss. Su propuesta se tiene en cuenta regularmente, pero no tiene seguidores. G. H. Boobyer, *NTS* 2 (1955/6) 44-48, admite que Judas es el sujeto, pero sugiere que, a la luz de lo que sigue, Jesús es el complemento: "Él va a hacerse de (mí)" (o, como diríamos nosotros, '¡Me atrapó!')".

125. Gundry, 857, 874-75. Hooker, 350, toma en cuenta esta posibilidad, pero interpreta ἀπέχει como una pregunta, así: "¿Lejos? ¡No! ¡Ya está aquí!". Gundry, tomándolo como una afir-

fin de cuentas, todas las interpretaciones de esta interjección tan oscura son meras especulaciones, y en el contexto "basta" o "ya está decidido" parecen interpretaciones tan buenas como cualquier otra.[126] La expresión ἦλθεν ἡ ὥρα no solo alude al sustantivo ὥρα del v. 35 sino a toda la secuencia de las predicciones de la pasión de Jesús que culminaron en el doble anuncio de la traición y de la muerte en la cena pascual: ha llegado el momento en que habrán de cumplirse. Y el primer acto en esa secuencia va a ser la traición. El verbo παραδίδοται en el v. 21 por sí solo podría interpretarse como un "pasivo divino" (con Dios como el que "entrega") o de manera totalmente impersonal (el Hijo del hombre va a caer en manos de pecadores, sin ninguna indicación del que llevará a cabo la acción). Pero la repetición del verbo en el v. 42 con referencia específica a Judas deja bien claro que Jesús está hablando del acto de traición que había predicho tan recientemente (vv. 18-21).[127] En lugar de la entrega εἰς χεῖρας ἀνθρώπων que Jesús había pronosticado antes (9:31) nos encontramos ahora con la expresión más cargada εἰς τὰς χεῖρας τῶν ἁμαρτωλῶν. El propio Judas es sin duda un ἁμαρτωλός al volverse contra el Hijo de Dios, pero la descripción de los que entregarán a Jesús también como ἁμαρτωλοί resulta menos obvia a primera vista. Si la referencia es al grupo que debía arrestarlo, cabría preguntarse si estaban haciendo algo más que su deber oficial; si se refiere a las autoridades religiosas que los habían enviado, su estatus como ἁμαρτωλοί (en algo más que el sentido general que se aplica a todas las personas) depende de la perspectiva del que habla. Desde el punto de vista de Marcos y su iglesia, ahora se sabía que eran las autoridades de Jerusalén las habían cometido el pecado más grande al rechazar al Hijo de Dios, pero en el contexto narrativo parece que su culpabilidad ya se ha dado por sentada.[128] La entrada en escena de Judas (en cuanto al uso de ἤγγικεν para indicar llegada, véase el comentario sobre 1:15)[129] es el estímulo para la acción.

---

mación, debe presuponer que en el v. 41 Jesús vio a Judas y a su pandilla a la distancia, y por tanto, les permitió a sus discípulos dormir un poco más antes de despertarlos en el versículo siguiente cuando Judas llegó.

126. Cf. el comentario de W. H. Kelber, *Passion*, 55: "Tal vez debemos dejar que el término se exprese con su sugerida ambigüedad. Ha llegado un momento muy significativo. El destino de Jesús y el de sus discípulos está sellado. 'La deuda está saldada'". Para una lista más completa de las versiones que se han sugerido, véase R. E. Brown, *Death*, 1379-83.

127. El intento de R. E. Brown, *Death*, 211-13, de relacionar este uso con el contexto más amplio del lenguaje de la "entrega" hace perder el enfoque específico en este contexto en el que la acción de Judas está a punto de relatarse.

128. Habida cuenta de que los judíos solían referirse a los gentiles como ἁμαρτωλοί, se ha sugerido a veces que lo que se pone de relieve aquí es la muerte de Jesús finalmente "a manos de los romanos (tal como se había predicho en 10:33) y no los acontecimientos de las próximas horas cuando todavía se encuentra en manos de los judíos. Gundry, 876, sugiere que puesto que el término lo usaban los judíos para referirse tanto a los gentiles como a los "judíos impíos", aquí se vuelve deliberadamente en contra de los (judíos) que lo habrían usado de esa manera. S. R. Garrett, *Temptations*, 100-104, alega que la "entrega en manos de los pecadores" connota también la idea de una entrega al poder de Satanás para ser probado (como ocurrió con Job, según Job 2:6).

129. La sugerencia de W. H. Kelber, *Passion*, 45, de que el uso del mismo verbo "crucial"

La orden ἐγείρεσθε ἄγωμεν en otro contexto podría parecer un llamado a huir, pero ese no puede ser su significado aquí porque, como ya hemos mostrado en repetidas ocasiones, Jesús tiene la intención de seguir adelante con todos los acontecimientos que ha predicho, y porque en la oración que acaba de concluir aceptó la voluntad del Padre. Es, pues, un llamado a avanzar y no a retirarse. Tal vez simplemente van a reunirse con los demás discípulos que están cerca y prepararse para esperar la llegada de la cuadrilla prevista.

EL ARRESTO Y LOS JUICIOS DE JESÚS (14:43-15:15)

Hasta este momento en el relato de Marcos sobre esta fatídica pascua hemos leído la historia de Jesús y de sus discípulos. Han estado juntos, y el diálogo se ha centrado en el grupo en general, las actitudes de los discípulos hacia Jesús y lo que él va a hacer por ellos, su vulnerabilidad y falta de preparación para lo que vendrá a continuación. Desde el momento en que Judas llega a Getsemaní los discípulos desaparecen del centro de atención, y no tardarán mucho en apartarse físicamente de Jesús por el resto de la historia. La única excepción es Pedro, pero su presencia, lejos de ser una ayuda, será una vergüenza para Jesús. A partir de ahora, Jesús ya no estará en compañía de sus partidarios, por desconfiables que sean, sino de sus enemigos. Hasta aquí él ha sido quien ha tomado la iniciativa en todo lo que se ha hecho y dicho, pero ahora se convierte en la víctima pasiva, sus palabras son pocas (aunque importantes) y su destino está en las manos de otros. Ha llegado, pues, la hora en que todo lo que predijo a lo largo del segundo y tercer actos del drama de Marcos va a hacerse realidad: el Hijo del Hombre es entregado en manos de los pecadores (v. 41).

La secuencia de los acontecimientos resulta bastante conocida y es similar en los cuatro evangelios: el arresto en Getsemaní, la vista oral ante los líderes judíos por la noche (Juan menciona el tiempo que pasó en la casa de Caifás, 18:24, 28, pero no nos dice nada acerca de la vista oral allí, y en cambio, nos ofrece un breve relato de una vista preliminar ante Anás, 18:13-14, 19-23), la decisión que se tomó temprano en la mañana de llevarlo ante el prefecto romano y el juicio formal en presencia de Pilato (que Juan narra con muchos más detalles, y en el que Lucas inserta una breve comparecencia antes Herodes Antipas, 23:7-12) que condujo a la imposición del castigo de la crucifixión. Más adelante, examinaremos el tema de la naturaleza y el estatus legal de la vista judía, pero actualmente existe el acuerdo general de que, cualquiera que fuera la opinión de los judíos con respecto a su estatus, el "verdadero" juicio, y el único que podía alcanzar un veredicto conducente a la pena de muerte, era el que tenía lugar ante el prefecto romano. Existe, pues, una secuencia adecuada,

---

aquí le otorga una dimensión escatológica a la pasión de Jesús al vincularla con la "venida" del reino de Dios se aprovecha demasiado del hecho de que la misma forma verbal aparece dos veces en el espacio de catorce capítulos.

y sin duda necesaria, en los acontecimientos que componen esta sección del relato de la pasión, y por tanto, las perícopas que vamos a examinar aquí constituyen una unidad coherente.

El arresto (14:43-52)

La justificación que se dio anteriormente para tratar 14:43–15:15 como una unidad integral y 14:43, por ende, como un punto de transición, es válida en cuanto al contenido de las perícopas incluidas en este pasaje, pero, por supuesto, Marcos no usa unidades independientes para escribir su relato de la pasión, y no hay nada que indique que ese relato se interrumpe entre 14:42 (el anuncio de la llegada de Judas) y 14:43 (la narración de esa llegada); la ubicación sigue siendo Getsemaní. De hecho, la relación es tan estrecha que Van Iersel, 432, alega que los sucesos que tuvieron lugar en Getsemaní, a los que se hace referencia en 14:32-52, deben tratarse desde el punto de vista literario como "un solo episodio" (Gundry, sin ningún argumento explícito, hace los mismo). Esa diferencia en la división del texto ilustra la artificialidad de las subdivisiones a las que se ven obligados a recurrir los comentaristas para imponer una estructura a su análisis de lo que Marcos deseaba que fuera una sola narración fluida. Tanto la división de Van Iersel como la que presentamos aquí, con sus diferentes formas, se basan en observaciones válidas de lo que aparece en el texto, y la elección de cuáles son las áreas de continuidad y de desarrollo en la trama que deben tener prioridad a la hora de estructurar un comentario es una cuestión de gusto y de conveniencia. En mi opinión, destacar la transición en la narración cuando los acontecimientos predichos comienzan a desarrollarse resulta más esclarecedor que centrarse en la continuidad literaria indudable de las dos partes de la historia de Getsemaní, de ahí las divisiones que hemos adoptado aquí.

La primera parte del relato sobre el arresto de Jesús trata acerca de la traición de Judas. La predicción de Jesús había sido clara y específica (uno de los doce), y ahora se cumple al pie de la letra. Pero en cuanto desempeña su papel, Judas pasa a un segundo plano, y a partir del v. 46 la narración se centra de manera global en la cuadrilla de los que vinieron a arrestarlo. A lo largo de la perícopa Jesús aparece totalmente consciente y preparado para lo que va a venir. Sus únicas palabras (vv. 48-49; contrástense los relatos de Mateo y de Juan en los que Jesús dice muchas más cosas) constituyen un reproche por haber recurrido a fuerzas armadas, dando a entender con ello que deberían haber sabido que él no iba a oponer ninguna resistencia). Todo está ocurriendo ἵνα πληρωθῶσιν αἱ γραφαί, y a Jesús le complace que sea así. Él, que físicamente es la víctima y el cautivo, da la impresión de tener, en un sentido más profundo, el control de la situación. Los discípulos, en cambio, se desmoronan. Al intento desganado de resistencia armada por parte de uno de sus seguidores (v. 47) le sigue la fuga ignominiosa de los discípulos, y la breve y extraña historia del joven que huyó desnudo pone de relieve la capitulación total de los partidarios de Jesús, dejándolo solo en las manos de los enemigos. Pero esto también Jesús lo había predicho específicamente, porque esto también estaba de acuerdo con las Escrituras (14:27).

Es, pues, en los vv. 43-45 que Judas ocupa brevemente el centro del escenario. Desempeña un rol esencial en la historia como enlace entre el grupo de Jesús y las autoridades judías y como el individuo cuya traición fue el tema de una escena muy sorprendente durante la cena pascual. Pero una vez que hubo cumplido esta función necesaria, Marcos no se interesa más por Judas y no volverá a mencionarlo. Es como si la tradición cristiana no le hubiera dejado a Marcos más opción que incluir a Judas en su historia, y él se hubiera alegrado de usar su traición para desarrollar el tema del cumplimiento de las Escrituras y de la predicción del propio Jesús, pero es hasta ahí que llega el interés de Marcos por Judas. Más allá de lo que haya sido para los demás escritores de los Evangelios (Mt. 27:3-10; Hch. 1:15-26; Jn. 12:4-6; 13:26-30), y para la tradición cristiana posterior con su demonización progresiva de Judas, para Marcos, Judas es solo un detalle poco importante en la historia. Es Jesús, y no Judas, quien constituye el centro de interés al concluir la historia de Getsemaní.

43 La llegada de Judas ἔτι αὐτοῦ λαλοῦντος no solo vincula estrechamente los acontecimientos que siguen con la escena de la oración de Jesús y la debilidad de los discípulos, sino que también demuestra que Jesús está al tanto de la situación, que no lo toma por sorpresa. La descripción de Judas (de nuevo) como εἷς τῶν δώδεκα ya no es necesaria para que el lector pueda identificarlo, pero sí hace hincapié una vez más en la profundidad de su traición. La lista completa de los grupos que integraban el sanedrín (véase el comentario sobre 8:31, y cf. 11:27; 14:53; 15:1) destaca que no se trataba de una pandilla cualquiera[130] sino de una cuadrilla de individuos autorizados oficialmente para arrestarlo (entre los cuales se hallaba "el siervo del sumo sacerdote"). Marcos no especifica quiénes eran los que componían dicha cuadrilla, pero el hecho de que hubieran sido enviados por las autoridades del templo y que Jesús aluda en el v. 49 a la oportunidad que habían tenido de arrestarlo en el templo mientras estaba πρὸς ὑμᾶς hace que el lector piense naturalmente en los guardias judíos del templo y no en una fuerza romana (como, al parecer, sí sugiere Juan cuando menciona a una σπεῖρα comandada por un χιλίαρχος diferente de la de los siervos de los sacerdotes, Jn. 18:3, 12). No hay todavía ninguna razón para que los romanos participen. En cuanto a los guardias del templo, véase Schürer, 2.284-87; en la época del NT, constituían una fuerza sustancial, estaban organizados como un ejército con oficiales conocidos por títulos militares y estaban bajo las órdenes de un στρατηγός

---

130. Algunos comentaristas piensan que el término ὄχλος y la mención de los palos (ξύλα) sugiere una "turba" (Hooker) o una "muchedumbre reunida apresuradamente" (Anderson) y no una fuerza oficial, pero ninguno de los términos exige esa connotación, y el lenguaje "oficial" de Marcos es evidente.

(Hch. 4:1; 5:24-26).[131] A un destacamento de estos guardias se le encomendó la tarea de ir con Judas para efectuar el arresto.[132]

44-46 Después de los acontecimientos de la última semana en el templo podríamos pensar que Jesús en estos momentos ya era una figura bastante bien conocida, especialmente para los guardias del templo, y por tanto, cualquier señal de identificación resultaba innecesaria; pero Getsemaní estaría oscuro, y Jesús era solo uno más entre una multitud de galileos que visitaban la ciudad y que estaban allí. Aunque se hace referencia a la célebre señal del beso, Marcos no abunda sobre ella como sí lo hace Lucas (Lc. 22:48). El beso era un saludo social habitual (Lc. 7:45; Hch. 20:37; Ro. 16:16, etc.) sobre todo entre los rabinos y sus discípulos, que por sí mismo no causaría ninguna sorpresa;[133] por tanto, identificaría convenientemente a la persona a la que se debía arrestar sin despertar sospechas.[134] El uso del término ʽΡαββί no constituye tampoco un motivo de sorpresa en Marcos, donde (a diferencia de Mateo) los discípulos ya lo habían empleado para dirigirse a Jesús (9:5; 11:21; cf. 10:51 para ʽΡαββουνί usado por un suplicante), y en hebreo equivale al título griego διδάσκαλε. La instrucción que Judas les da a los guardias, κρατήσατε αὐτὸν καὶ ἀπάγετε ἀσφαλῶς, sugiere que él esperaba resistencia, ya fuera de parte de Jesús o de los demás discípulos, y los guardias debían aprehender a Jesús físicamente para impedir que escapara.

47 Los cuatro Evangelios relatan el suceso memorable de la oreja que le fue cortada al siervo del sumo sacerdote, pero Juan es el único que menciona los nombres del agresor (Pedro) y de la víctima. La frase ὁ δοῦλος τοῦ ἀρχιερέως (no *un* esclavo cualquiera) podría insinuar que se trataba de una persona de cierta importancia, que tal vez fue elegida para el ataque por cuanto estaba al frente de la cuadrilla de los que debían efectuar el arresto.[135] En Lucas,

---

131. Con respecto a la pertinencia de las espadas y los palos para esa fuerza, véase Lane, 524.

132. J. Blinzler, *Trial*, 61-70, analiza la composición de la cuadrilla encargada del arresto basándose en los cuatro Evangelios, y llega a la conclusión de que todos ellos (incluyendo a Juan) hablan de individuos judíos, no romanos , y sugiere que la ὄχλος que describe Marcos es más probable que hayan sido "siervos de la policía o de la corte" que estaban a disposición del sanedrín y no los levitas, que constituían la guardia del templo propiamente dicha, mientras que el lenguaje más militar de Juan indica la presencia también de "la guardia del templo, comandada por el coronel del templo".

133. Véase R. E. Brown, *Death*, 254-55. Mann, 596, alega, sin embargo, que a un discípulo no se le permitía tomar la iniciativa al saludar a su maestro; sobre esa base, el beso de Judas también fue un "insulto calculado".

134. Algunos comentaristas consideran que el uso del verbo καταφιλέω en el v. 45, en lugar de φιλέω en el v. 44, indica un abrazo inusualmente prolongado y fervoroso, pero no hay ninguna certeza de que la costumbre apoye esta distinción. Véase BAGD, 420a: las referencias allí a Josefo, *Ant.* 7.284 y 8.387 no sugieren nada que no sea un saludo normal. MM, 334b, dudan acerca de la distinción que se propone en el margen de la RV (Versión Revisada en inglés) en Mt. 26:49, "lo besó mucho".

135. Así Gnilka, 2.270. G. W. H. Lampe en E. Bammel y C. F. D. Moule (ed.), *Politics*, 343-45, tras señalar que este incidente no parece estar directamente relacionado ni con lo que precede ni con lo que sigue, y que ocurre de manera bastante inadecuada después del arresto en vez de tratar de prevenirlo, alega que Marcos hace referencia a él por su significado simbólico. La víctima, que se

el agresor es uno de los discípulos (εἷς τις ἐξ αὐτῶν, 22:50 —y ellos hacía muy poco que habían estado hablando acerca de la necesidad de espadas, 22:35-38), y la expresión de Mateo εἷς τῶν μετὰ Ἰησοῦ implica lo mismo, pero las palabras de Marcos, εἷς τις τῶν παρεστηκότων, resultan inesperadas y darían a entender de manera muy natural que se trataba de un espectador que no tenía ninguna relación con Jesús (tal como ocurre con los demás usos que hace Marcos de este verbo: 14:69, 70; 15:35, 39). Si hubiera querido referirse a un discípulo podría haberlo hecho explícitamente, o haber usado la frase εἷς τῶν δώδεκα. No se nos ha informado que hubiera otra persona presente en el monte (aunque sí encontraremos a alguien más en los vv. 51-52), y se hizo referencia a la oración de Jesús como una ocasión privada de la solo participaron Pedro, Jacobo y Juan, pero con la aglomeración que había en Jerusalén en el período pascual es muy posible que hubiera otras personas por allí, atraídas tal vez por la marcha tan característica del destacamento de los guardias del templo y siguiéndolos para ver lo que iba a ocurrir. No sería nada extraño que ese espectador, especialmente si era otro peregrino galileo, se viera envuelto en el incidente y hiciera algo a favor de Jesús, y eso podría ser lo que Marcos quiso dar a entender con su inesperada alusión a "uno de los que estaban allí".[136] Resulta difícil determinar si en realidad era probable que un espectador "civil" portara una espada por la noche en un monte en los alrededores de Jerusalén durante el período pascual, pero el hecho de que la guardia viniera armada para enfrentar una posible resistencia (véase el comentario sobre el v. 48) no lo hace tan inverosímil. Ni ese hecho ni el extraño diálogo que aparece en Lucas 22:35-38 ofrecen la base suficiente para elaborar una teoría de que el movimiento de Jesús estaba relacionado con una fuerza insurreccional de tipo zelótica: las armas se llevaban para protección en aquel entonces al igual que ahora.

48-49 En Marcos, a diferencia de los demás Evangelios, Jesús no interpela directamente a la persona que atacó al siervo. ¿Es esto tal vez otro indicio de que Marcos no pensaba que se trataba de uno de los discípulos de Jesús? En su lugar, ridiculiza todo el carácter militar de la expedición (y por inferencia, la resistencia armada que ha provocado) alegando que es adecuada para el arresto de un λῃστής. La implicación es que Jesús no es así, y ellos ya deberían saberlo. Λῃστής es un término peyorativo que nadie

---

describe como ὁ δοῦλος τοῦ ἀρχιερέως, es una persona importante, que representa a su amo. En el insulto deliberado de cortar su oreja, hay un gesto de desprecio contra el propio sumo sacerdote; de hecho, si esta lesión la hubiera sufrido el sumo sacerdote, le habría incapacitado para continuar en el pontificado. Es, pues, un símbolo de la secularización de Caifás que demostró que no era apto para su oficio. La sugerencia está respaldada por el testimonio interesante acerca de la eliminación de las orejas en el mundo antiguo, pero se ve afectado por el hecho de que siervo no es el sumo sacerdote, y que Marcos no dé ninguna señal de este insulto simbólico ni en la forma en que cuenta esta historia ni en ninguna referencia posterior a ella. No desempeña ninguna función en el juicio de Jesús.

136. Gundry, 860, en consonancia con Pesch, 2.400, sugiere que fue uno de los de la cuadrilla que iba a efectuar el arresto (los únicos que tendrían espadas) el que hirió por accidente a un compañero suyo.

probablemente usaría en alusión a su propia persona: el uso que le da Josefo casi como un término técnico para referirse a los zelotes y a los miembros de otros movimientos relacionados con estos está condicionado por su deseo de distanciarse a sí mismo de esos individuos. La manera en que Jesús emplea la palabra aquí refuerza la ironía de que él terminará crucificado entre dos λῃσταί (15:27), como alguien de la misma calaña. Por consiguiente, desde el principio de los acontecimientos de la pasión hasta su final Jesús se ve involuntariamente asociado a los λῃσταί, de cuya ideología él se había distanciado tanto y en forma deliberada en 12:13-17. Pero en este contexto, no hay ninguna razón por la que el término deba tener su connotación política posterior. Aquí tal vez es suficiente interpretarlo simplemente como ladrón (al igual que en la cita de Jeremías en 11:17). De ser así, la queja de Jesús resulta más reveladora: después de haber presenciado sus discusiones sobre asuntos teológicos con los sacerdotes en el templo, ahora vienen por él como si fuera un ladrón común. Por tanto, la referencia que hace a su enseñanza en el templo en el v. 49 no solo les recuerda la oportunidad que desaprovecharon (por motivos válidos, sin duda, en vista de la popularidad de Jesús con al menos algunos de la multitud en el templo) sino que también pone de relieve la inadecuación del papel que le endilgaron al venir por él con espadas y palos. La escueta expresión ἀλλ᾽ ἵνα πληρωθῶσιν αἱ γραφαί presupone una cláusula principal que indique que "esto está sucediendo..." (como aparece en forma detallada en Mt. 26:56; véase BDF 448[7]); no se cita específicamente ningún texto veterotestamentario para justificar el modo en que se lleva a cabo el arresto de Jesús, y el pensamiento de Marcos podría ser más general (véase los comentarios sobre 8:31; 9:12 con respecto a la base escrituraria de la predicción de la pasión), pero sí es posible que haya tenido presente el pasaje que cita Lucas para justificar la necesidad de una espada en esta coyuntura, καὶ μετὰ ἀνόμων ἐλογίσθη (Lc. 22:37 citando Is. 53:12).

50 La protesta de Jesús no produce, y probablemente no se esperaba que produjera, ningún efecto en la guardia. Jesús sabe lo que va a suceder, y está preparado para que las Escrituras se cumplan. El efecto, más bien, es en sus discípulos, que ahora ya no pueden dudar ni por un instante de que Jesús no tiene ninguna intención de oponerse al arresto, y está dispuesto a encarar su muerte. Los crecientes temores de estos últimos días han demostrado su validez, y el ánimo de ellos decae. Las cinco palabras de este versículo dicen todo que hay que decir. Más que una acusación, es una declaración fáctica, y en estas circunstancias es difícil determinar qué otra opción tenían los discípulos después que Jesús dejó bien claro que él no iba a aprobar ninguna resistencia violenta. Era muy difícil que se ofrecieran voluntariamente a acompañarlo: los guardias, de todos modos, habían venido a arrestar solo a Jesús. Y tampoco cabía esperar que lograran algo por el simple hecho de seguir subrepticiamente tras los guardias, como hizo Pedro (v. 54), en cuyo caso esta fue la vía que lo condujo a una desgracia aún más profunda. Los discípulos huyeron porque no había nada más que hacer.

51-52 Después de ese trágico clímax, la historia misteriosa del joven con la sábana podría parecernos un anticlímax, casi un ligero alivio. Pero no hay ninguna señal de que Marcos tuviera esa intención. La historia refuerza aún más el sentido del abandono de Jesús, por cuanto no solo los once sino también este partidario anónimo lo único que pudieron hacer fue huir.[137] No sabemos quién era, pero podríamos suponer razonablemente que era alguien que tal vez conocían los lectores de Marcos y que podía corroborar la historia de su indigno escape a través de los olivares (cf. la mención de los dos hermanos, por lo demás irrelevantes, Alejandro y Rufo, 15:21). Fuera de eso, todo lo demás es conjetura, incluyendo la sugerencia, santificada por la repetición frecuente, de que se trataba de Marcos, quien escribió anónimamente acerca de sí mismo en su propia historia desempeñando un papel secundario al mejor estilo de Alfred Hitchcock.[138] La conjetura posiblemente es bastante buena porque al menos sí ofrece alguna razón para la inclusión de lo que de otro modo parece una coda muy trivial de la historia de Getsemaní.[139] Muchos comentaristas consideran que este episodio es tan trivial que no merece el lugar que ocupa en la narración en un nivel puramente fáctico, y por tanto, buscan un propósito simbólico.[140] No son muchos los que se han dejado convencer por el intento de derivarlo del AT.[141] Se señala más a menudo que el sustantivo σινδών también se usa en 15:46 con respecto al sudario con el que envolvieron a Jesús cuando lo colocaron en el sepulcro, y sobre esta base algunos sugieren que esta historia, de algún modo, prefigura el relato de la resurrección, en el que también se mencionará a un νεανίσκος que estaba περιβεβλημένος στολὴν

---

137. Anderson, 324, sugiere que los tiempos verbales de κρατέω en los vv. 46 y 51 pretenden establecer un contraste entre el hecho de que Jesús fue arrestado (aoristo) sin resistencia y el intento de arrestar (presente) a este hombre que se vio frustrado por su escape.

138. Gundry, 882, resume provechosamente algunas de las formas en que se ha desarrollado esta conjetura, incluyendo la explicación de que la vestimenta inadecuada del hombre se debe al hecho de que había tenido que salir de la cama a toda prisa. E. Best, *Story*, 26, ubica el origen de su popularidad en la segunda mitad del siglo XIX.

139. Resulta interesante y un tanto irónico que uno de los intentos más elaborados de relacionar al νεανίσκος aquí con otras figuras en Marcos (no solo el νεανίσκος junto al sepulcro [véase el próximo párrafo] sino también con el endemoniado gadareno, y asimismo una relación tangencial con la hija de Jairo), termina con algo muy parecido a la opinión del siglo XIX de que el νεανίσκος es el propio autor que "se incluye anónimamente en la narración con la intención clara de establecer la autoridad del texto por medio de un informe presencial": S. R. Johnson, *Forum* 8 (1992) 123-39.

140. Para un examen de una variedad de interpretaciones simbólicas de 14:51-52 véase E. Best, *Story*, 26-27; R. E. Brown, *Death*, 299-304.

141. La sugerencia de que el pasaje tiene la intención de evocar las palabras de Am. 2:16, "el más intrépido de entre los valientes huirá desnudo aquel día", es sumamente improbable. No solo no hay nada en el contexto de Am. 2:16 que sugiera su adecuación a la historia del arresto de Jesús, sino que el νεανίσκος τις también sería una figura extraña que difícilmente nos haría recordar al "intrépido de entre los valientes". (Lane, 527, se muestra inusualmente solidario con esta supuesta alusión). Y es mucho menos probable aún que la historia tenga alguna similitud con la de José cuando huyó de la esposa de Potifar, dejando su ropa en las manos de ella (Gn. 39:12).

λευκήν (16:5) y se hará referencia a una huida (16:8).[142] Myers, 368-69, afirma que las interpretaciones no simbólicas del incidente "insultan la integridad literaria del Evangelio", y considera que está relacionado con la perícopa de la resurrección por cuanto el joven, que representa a los discípulos, aparece allí también "vestido" de una túnica blanca, como símbolo de la vestidura espiritual que habrá de recibir la comunidad de los discípulos. Muchos sugieren también un tema bautismal que subyace tras la acción del joven al dejar su σινδών, cuando esta asocia a la στολή λευκή de 16:5.[143] Pero las conexiones verbales que se usan para respaldar cualquier asociación de este νεανίσκος con el que aparece en 16:5 son demasiado débiles para apoyar la presunta relación (véase el comentario sobre 16:5 más adelante); y la gama de interpretaciones rivales y a veces contradictorias basadas en esta supuesta relación tampoco inspiran confianza.[144] Si tomamos al pie de la letra esta breve historia dentro del contexto narrativo, nos enfrentamos aquí a un individuo aparte de los once, a los que se hizo referencia en el v. 50. La frase νεανίσκος τις sugiere que se trata de alguien que no reviste ninguna importancia especial; además, alguien que hubiera venido directamente de la cena pascual a Getsemaní no habría estado vestido como lo estaba este joven. Sin embargo, su identificación con el grupo de Jesús era la suficiente para que los guardias lo aprehendieran. Aquí, pues, aparece un espectador bien dispuesto (obsérvese συνηκολούθει αὐτῷ, una expresión que podría denotar un tipo de "discípulo asociado", aunque pudiera referirse solamente a un individuo atraído por la curiosidad).[145] En el v. 47 consideramos la posibilidad de que en el momento del arresto de Jesús hubiera espectadores, aunque este, lejos de estar armado, estaba obviamente vestido de un modo muy inadecuado, la σινδών, según cabe suponer, era una vestimenta que se usaba como un ἱμάτιον suelto, fácil de quitar, y no un χιτών con mangas. La huida ignominiosa de este simpatizante anónimo en el contexto narrativo pone de relieve el fracaso total de los amigos de Jesús para apoyarlo cuando era necesario. Aparte de sus captores, Jesús abandona Getsemaní solo.

142. Así, p. ej., Gundry, 862-63, al sugerir que el escape del joven tiene por objeto crear un "paralelismo que anticipará la resurrección de Jesús"; asimismo anteriormente A. Vanhoye, *Bib* 52 (1971) 401-6.

143. Así sobre todo R. Scroggs y K. I. Groff, *JBL* 92 (1973) 531-48; véase también Stock, 373-75.

144. Mann, 599-601, analiza varios esfuerzos por relacionar las dos perícopas, pero se muestra reacio a adoptar cualquiera de las explicaciones que se han propuesto con respecto a las relaciones verbales que él, no obstante, considera "que son tantas que no pueden atribuirse a la casualidad". En ausencia de cualquier explicación más plausible que las anteriores, yo considero que una alternativa más convincente sería atribuirlo a la "casualidad". Para algunos comentarios juiciosos sobre la falta de conexión entre los dos νεανίσκοι véase H. Fleddermann, *CBQ* 41 (1979) 414-15, 418.

145. Para H. Fleddermann, *CBQ* 41 (1979) 415-18, la historia del νεανίσκος es "una dramatización de la huida unánime de los discípulos". Señala acertadamente la estrecha conexión verbal con el relato anterior de los acontecimientos en Getsemaní a través de la repetición de los términos κρατέω y φεύγω, y continúa sugiriendo que la desnudez involuntaria del joven contrasta con la desnudez de Jesús en la cruz, voluntariamente aceptada.

(Véase el comentario sobre 10:32-34 con respecto al papel que desempeña este misterioso joven en el "Evangelio Secreto").

El juicio judío (14:53-65)

NOTAS TEXTUALES

62. La lectura "cesarea" de Θ ƒ y algunos minúsculos σὺ εἶπας ὅτι ἐγώ εἰμι en lugar de la simple afirmación ἐγώ εἰμι no se incluye en el aparato de USB, pero debe mencionarse por su importancia exegética si es auténtica, y porque unos cuantos críticos e intérpretes, en especial Streeter y Taylor, la han defendido. La inmensa mayoría la consideran una asimilación a las respuestas equívocas en Mateo y en Lucas (y a Pilatos en Marcos). Para un análisis detallado y prudente del tema, véase R. Kempthorne, *NovT* 19 (1977) 197-208.

65. La sustitución de αὐτῷ por τῷ προσώπῳ αὐτοῦ en D y algunas AL, aunque omite el cubrimiento del rostro, es claramente una asimilación al texto de Mateo. Θ hizo la sustitución sin omitir la segunda cláusula, dando como resultado una torpe mención del rostro dos veces.

65. Los diversos textos más largos pueden explicarse mejor como ampliaciones de la simple expresión original Προφήτευσον que se consideraba demasiado oscura; dichos textos reflejan distintos aspectos de las versiones más completas de Mateo 26:68 y Lucas 22:64 (véase además P. Benoit en W. C. Van Unnik [ed.], *Neotestamentica et Patristica*, 97-100).

Marcos prosigue tejiendo todos los hilos del relato de la pasión en una trama ininterrumpida en la que los actores principales ocupan alternativamente la escena. El versículo 53 nos transporta junto con la cuadrilla de los que efectuaron el arresto desde Getsemaní hasta el lugar donde ocurrirá el próximo acontecimiento importante, a saber, la casa del sumo sacerdote. Pero dentro de ese lugar hay dos escenas separadas que le dan cabida a una trama secundaria que va a desarrollarse junto con la principal, y el interés se trasladará de una escena a la otra. La escena principal es la reunión de los miembros del sanedrín, presumiblemente en el salón más importante de la casa (al parecer, en un nivel más alto que el patio; véase κάτω in v. 66), y aquí, el que absorbe toda nuestra atención es Jesús. Pero en el patio de afuera es otro grupo centrado en Pedro. Ahora que los demás discípulos están fuera de la escena, el objeto principal del interés será Pedro, el único que se atrevió, aunque de manera secreta, a seguir a Jesús (demostrando hasta ese momento que era cierta la lealtad de la que se había jactado en 14:29, 31). De este modo, en el resto del capítulo 14 Marcos va a trasladar nuestra atención de aquí para allá, primero al salón más importante (v. 53), luego, al patio de afuera (v. 54) y entonces, de nuevo al salón donde tendrá lugar el acontecimiento principal (vv. 55-65), y luego, otra vez al patio para presenciar la prueba durísima de Pedro (vv. 66-72), antes de regresar por última vez al salón en 15:1 a tiempo para retomar la historia cuando los protagonistas pasan a una nueva ubicación y a un nuevo y muy diferente juicio.

El efecto que se persigue con esta forma de contar la historia (en contraste con Lucas, que relata la negación de Pedro antes de la vista de Jesús) es establecer un marcado contraste entre Jesús y Pedro. Aunque cada de uno ellos se verá sometido a fuertes presiones, Jesús, tanto en su silencio como en su última declaración dramática, se mantendrá firme, pero Pedro se desmoronará. Jesús se encaminará a su muerte, pero con el testimonio de su misión intacto; Pedro escapará, pero a costa de su integridad como discípulo de Jesús. Sus ejemplos, pues, constituyen un estudio sobre lo que significa dar testimonio bajo presión —la forma en que debe hacerse y lo que no debe hacerse. En ese sentido, cabe esperar que le ofrezca un alimento sólido al pensamiento de los lectores de Marcos mientras evalúan su propia fidelidad y acopian fuerzas para testificar en un mundo potencialmente hostil.

Pero, por supuesto, en este respecto es mucho más que un paradigma para el discipulado. Este es el punto culminante al que ha ido conduciendo toda la narración del evangelio, en particular desde Cesarea de Filipo. Jesús predijo en repetidas ocasiones su rechazo por parte de οἱ ἀρχιερεῖς καὶ οἱ πρεσβύτεροι καὶ οἱ γραμματεῖς, y ahora, aquí, se encuentra cara a cara con ellos, no en la arena más neutral del atrio de los gentiles lleno de una multitud de personas potencialmente fáciles de ganar, sino en una reunión privada en la casa del sumo sacerdote. Desde su llegada a Jerusalén, el conflicto en torno al tema de la autoridad se ha hecho cada vez más manifiesto (11:27-33). Jesús decidió cuestionar su liderazgo usando los propios argumentos en los que ellos se basaban, y ahora ha llegado el momento de averiguar quién es el que realmente tiene razón. Han llegado a un punto en el que, tomando prestada una expresión de las películas de vaqueros, "esta ciudad no es bastante grande para los dos".

Pero esto es más que una lucha por el liderazgo. A pesar de su gesto mesiánico al entrar en la ciudad cabalgando en un asno, Jesús no vino a asumir el control de Jerusalén. Él insinuó, y a veces más que eso, una autoridad superior y una misión en otro nivel. Este es el tema que ahora debe pasar a un primer plano, y asimismo, ir al fondo de las cuestiones que se plantearon en el salón del sumo sacerdote, en primer lugar, la supuesta amenaza de remplazar el templo, y luego, algo que sigue muy de cerca a esto: la pregunta clave, "Σὺ εἶ ὁ Χριστὸς ὁ υἱὸς τοῦ εὐλογητοῦ;". Este es el asunto hacia el que todo conduce, y es solo en ese momento que Jesús romperá su irritante silencio con la resonante declaración del v. 62, que no constituye una apología sino una expresión de desafiante autoridad. Después de eso, ya no queda margen para hacer concesiones, y el rechazo predicho alcanza su pleno cumplimiento, sintetizado en un veredicto casi jurídico de culpabilidad y de burla agresiva.

Es decir, que en esta perícopa, y particularmente en el v. 62, hemos alcanzado el clímax cristológico del Evangelio. Y en ese clímax llegamos al núcleo de la presentación paradójica que hace Marcos de Jesús: en el plano narrativo, está abrumado y no puede salvarse a sí mismo; en el plano teológico, reina supremo.

Muchos de los temas importantes que plantean estos versículos tan controvertidos se abordan mejor cuando examinamos las etapas sucesivas del juicio versículo por versículo. Pero hay dos temas más generales que debemos tratar primero, a saber, la manera en que Marcos presenta la acusación contra Jesús, y el carácter formal y la legalidad de este "juicio".[146]

1. La acusación contra Jesús

La oposición oficial a Jesús se remonta casi al comienzo del relato marcano de su ministerio en Galilea. Los escribas locales y otras figuras impugnaron su pretensión de perdonar pecados, su amistad con los "pecadores", su opinión libre con respecto al ayuno y su disposición a invalidar las concepciones que ellos defendían sobre la observancia correcta del día de reposo (2:7, 16, 18, 24; 3:2). Por estas razones, según 3:6, los adversarios de Jesús en Galilea ya habían acordado destruirlo. Más adelante en la historia, los escribas de Jerusalén su unieron a sus homólogos galileos para denunciar a Jesús por estar aliado con el diablo y por no obedecer estrictamente las leyes de la pureza (3:22; 7:1). El ministerio en Galilea terminó con una separación entre Jesús y los fariseos locales (8:11-13). Todos estos eran argumentos bastante fuertes que podían usar contra un predicador del norte con ideas peligrosamente libres, pero desde el punto de vista de las autoridades de Jerusalén, seguía siendo un problema lejano.

Con su llegada a Jerusalén, el problema no solo llegó a sus umbrales, sino que Jesús, al parecer, hizo todo lo posible por provocarlos con sus acciones simbólicas al entrar cabalgando en la ciudad como el líder de una multitud de galileos entusiastas e interrumpir los negocios que tenían lugar en el atrio de los gentiles; todo esto ocasionó naturalmente que cuestionaran la autoridad en virtud de la cual realizaba esas acciones. La respuesta que les dio implicaba que él se atribuía la misma autoridad de Juan el Bautista, es decir, la autoridad del propio Dios, y con la polémica parábola de la viña los colocó intencionadamente en el papel de arrendatarios morosos, y a sí mismo en el del hijo único del dueño, Dios. Sus esfuerzos por incriminarlo haciéndole preguntas incómodas resultaron fallidos, y lo dejaron en posesión de la situación, mientras la multitud lo escuchaba con agrado.

Todo esto fue suficiente para que tildaran a Jesús de alborotador y para que se sintieran motivados a eliminarlo. Él, sin embargo, empeoró aún más las

---

146. En cuanto a la manera en que un informe sobre el proceso real puede haber llegado a la tradición cristiana, véanse los sensatos comentarios de D. L. Bock, *Blasphemy*, 195-97. Para un análisis más amplio de muchas de las objeciones críticas y literarias que se han formulado contra la validez del informe de Marcos acerca de la vista oral, véanse K. Schubert en E. Bammel y C. F. D. Moule (ed.), *Politics*, 385-402.

cosas cuando acusó primeramente a los escribas de ser parásitos pretenciosos y luego, prediciendo la desaparición inminente incluso del propio templo, el verdadero cimiento de la estructura judía de poder encabezada por los principales sacerdotes. Un hombre así era peligroso no solo para la posición de liderazgo que ellos ocupaban en la sociedad sino también para el orden público y la moral.

Dentro de esta creciente confrontación había suficientes incentivos para proceder contra Jesús, y un material abundante que podía usarse como pruebas contra él. Marcos tal vez desea que presupongamos que algunos de los asuntos que se mencionaron antes pueden haber sido planteados entre las diversas alegaciones que se desestiman en forma colectiva en el v. 56 como ψευδομαρτυρία por cuanto no podía garantizarse con el apoyo necesario de dos o tres testigos (Dt. 19:15).

Pero lo que ellos habían decidido era la pena de muerte (14:1), y para ello era necesario demostrar que se había cometido un delito muy grave. En el relato de Marcos sobre la vista oral se mencionan dos cargos específicos. A la luz de lo que hemos leído, el primero no resulta nada extraño, a saber, que Jesús planeaba destruir el templo (vv. 57-59). Marcos insiste en que incluso en lo que respecta a esta acusación ellos no podían probar que contaba con el acuerdo necesario entre los testigos (aunque Mt. 26:60-61 disiente con él en este respecto), no obstante, desempeñó obviamente un rol fundamental en la vista, y seguía siendo la base del rechazo público de Jesús en Jerusalén (15:29), como de hecho se hizo patente en el intento de eliminar el movimiento cristiano después de su muerte (Hch, 6:13-14; 7:44-50). No fue específicamente de este cargo que Jesús fue declarado culpable, pero es innegable que jugó un papel importante en su rechazo no solo por parte del sanedrín sino también de la población más amplia de Jerusalén.

A primera vista, el segundo cargo parece muy diferente del primero, y casi incongruente después de los vv. 57-59. Se presenta en forma de pregunta, Σὺ εἶ ὁ Χριστὸς ὁ υἱὸς τοῦ εὐλογητοῦ; y es la respuesta positiva de Jesús a esta pregunta la que hace que lo acusen de βλασφημία, el delito por el que, desde la perspectiva judía, él fue ejecutado. En las notas sobre el v. 64 nos ocuparemos de la definición de βλασφημία y la razón por la que la respuesta de Jesús en el v. 62 constituía una blasfemia, pero aquí tenemos que señalar que, en cierto modo, esa razón estaba relacionada con su supuesta afirmación de que él era el Mesías. Marcos nunca ha dicho que Jesús dijera abiertamente que era el Mesías; sino más bien, todo lo contrario (8:29-30). Pero la autoridad que sus acciones y su enseñanza manifestaban implícitamente no provenía sin duda de ninguna concesión humana. Además, aun cuando no se hubiera dicho explícitamente, su cabalgata hacia la ciudad y su demostración en el templo eran, tal como ya indicamos con anterioridad, acciones implícitamente mesiánicas. Sus palabras acerca de la futura destrucción del templo y la autoridad universal del Hijo del Hombre que, una vez entronizado, pasaría a ocupar el lugar del templo, según dijimos ya, que en Marcos aparecen solo como un discurso dirigido a cuatro discípulos escogidos (aunque no hay ninguna razón para pensar que los otros no oyeran la predicción decisiva de 13:2, que Jesús formuló cuando todavía estaba en el recinto del templo), obviamente habían llegado, de alguna manera, a oídos de un público más numeroso, y constituían una declaración de proporciones asombrosas para los que podían darse cuenta de que se trataba de una referencia de Jesús a sí mismo bajo el lenguaje velado acerca del Hijo del Hombre.

La secuencia dentro de esta perícopa —de la acusación del templo a la pregunta acerca de la mesianidad— no es, por tanto, incongruente. Es, más bien, un esfuerzo del sumo sacerdote por extender la acusación e incluir en forma más directa la adjudicación de una autoridad exclusiva y otorgada por Dios que está implícita en la supuesta amenaza al templo, un cargo sobre el que Jesús se negó a comentar. Al unir esta evidente atribución de la autoridad mesiánica con la afirmación aún más escandalosa de ser Hijo de Dios que Jesús había dejado entrever en la parábola de la viña, el sumo sacerdote intenta poner al descubierto la razón por la que Jesús aparentemente se había colocado por encima de la autoridad debidamente constituida de los líderes nombrados de Israel. La respuesta no solo es tan positiva como el sumo sacerdote podría haber deseado, sino que Jesús también pasa a reafirmar esa autoridad exclusiva en una declaración desafiante que termina revelando con toda claridad quien es él. Después de este culminante desafío, se llega fácilmente a un veredicto, y Jesús es condenado a muerte por blasfemo. Esa blasfemia, sin embargo, no consiste en ningún abuso del lenguaje en sentido estricto, sino en una declaración integral que toda la vida pública y la enseñanza de Jesús ha contribuido a formar, y que irrevocablemente lo hace entrar en conflicto con las autoridades de Jerusalén. Véase además el comentario sobre el v. 64 más adelante.

2. ¿Fue este un juicio legal?

Este tema se ha analizado exhaustivamente, y casi siempre dando por sentado que las reglas que se exponen en el tratado "*Sanedrín*" de la mishná para los procesos capitales constituyen el patrón jurídico adecuado que debe usarse para analizar la narración de Marcos. Se han señalado algunas discrepancias, especialmente que, según la mishná, los procesos capitales debían tener lugar durante las horas diurnas, pero nunca en la víspera de una festividad, debían celebrarse en una de tres salas específicas que no incluyeran la casa del sumo sacerdote,[147] y comenzar escuchando los argumentos de la defensa, y por último, no debía dictarse ninguna sentencia condenatoria el mismo día del inicio del proceso.[148] El hecho de que en el relato de Marcos sobre lo que ocurrió en la casa del sumo sacerdote, no se tuviera en cuenta, al parecer, ninguna de estas

---

147. J. Blinzler, *Trial*, 112-14, analiza los lugares oficiales para las reuniones del sanedrín.

148. Para una lista más completa y un examen de las supuestas ilegalidades, véase R. E. Brown, *Death*, 357-63.

provisiones, ha hecho que muchos comentaristas hayan llegado a la conclusión de que en este juicio se rompieron las reglas. No obstante, hay dos problemas con esta hipótesis.

En primer lugar, es imposible asegurar hasta qué punto las provisiones que fueron codificadas en la mishná c. 200 d.C. representaban la práctica de casi doscientos años antes, y sobre todo, en vista de los cambios trascendentales a los que se vieron sometidas las instituciones judías por la destrucción del templo en el año 70 d.C. y la reorganización posterior en Yavne del orden rabínico establecido cuando los fariseos se convirtieron en el partido dominante. Además, las reglas mishnaicas no reflejaban las condiciones de la ocupación romana y presuponían que el tribunal judío tenía el derecho de dictar cualquier sentencia capital que implicara la ejecución por medio de la lapidación, la hoguera, la decapitación o el estrangulamiento. Por lo tanto, cabría al menos cuestionar si en Jerusalén, en la época de Tiberio, las reglas, tal como aparecen ahora en la mishná, ya estaban vigentes y, por ende, era factible romperlas.[149] En segundo lugar, no está nada claro que lo que ocurrió en la casa del sumo sacerdote aquella noche pretendiera ser un "juicio" formal al que podían aplicarse esas reglas. Ante el incumplimiento de tantas reglas de la mishná (si aún estaban vigentes) sería más adecuado que cuestionáramos la naturaleza supuestamente formal del proceso y no que acusáramos a las autoridades del sanedrín de ignorar sus propias reglas. Este tema se ha examinado detalladamente en una obra reciente de D. L. Bock, el cual llega a la conclusión de que "esta reunión nunca se consideró ni pretendió ser un caso formal de un proceso capital judío, sino una especie de vista oral preliminar para determinar si Jesús era tan peligroso como pensaban los líderes y si podían razonablemente enviarlo a Roma". Dado que las autoridades judías no tenían ningún derecho a ejecutar a nadie,[150] lo que se buscaba desde el principio era un veredicto romano. Cuando llevaron a Jesús a la casa del sumo sacerdote,

---

149. Gundry, 893, añade la consideración adicional de que si se tienen en cuenta las provisiones rabínicas posteriores con respecto a las "irregularidades para las emergencias y la protección de la Torá", es muy probable que en la época de Jesús también se hubiera permitido que el sanedrín procediera en forma irregular en un caso que ellos trataron como "una emergencia cargada de un grave peligro para la Torá".

150. Casi todos (aunque no todos) los académicos más recientes, sobre todo después del estudio de A. N. Sherwin-White, *Society*, 32-47, aceptan que la afirmación en este sentido en Jn. 18:31 (respaldada por la declaración que se lee en el Talmud de Jerusalén de que los judíos perdieron el derecho a realizar ejecuciones "cuarenta años antes de la destrucción del templo") refleja la situación histórica. Las excepciones constatadas del apedreamiento de Esteban (Hch. 7:58-60) y de Jacobo el Justo (Josefo, *Ant.* 20.200) pueden interpretarse mejor como linchamientos *ultra vires*, del segundo se dice específicamente que fue llevado a cabo cuando no había ningún procurador en funciones para impedirlo. Se alega que el permiso para ejecutar a los gentiles que cruzaban la barrera en el templo era una concesión especial (Josefo, *Guerras* 6.126) —la excepción que confirma la regla. Para un análisis más completo de la competencia del sanedrín, con detalles de los argumentos a favor y en contra de la exactitud de Jn. 18:31, véase Schürer, 2.218-23. Véase también R. E. Brown, *Death*, 363-72, para un estudio reciente del análisis.

hubo un apresurado "intento de reunir pruebas contra él, para armar un caso que pudieran presentarse ante Roma y Pilato" .[151] Esta descripción se ajusta al relato de Marcos, que no lo interpreta como un juicio basado en una acusación ya formulada, sino como la búsqueda de algún cargo que pudieran endilgarle.[152]

De ser así, y pienso que es lo que mejor se ajusta a las pruebas, la cuestión del procedimiento jurídico correcto no tiene sentido. Se reunieron unos miembros del sanedrín que podían reunirse a aquella hora tan incómoda de la noche, y es posible que durante la vista se hayan agregado otros miembros, hasta que en las primeras horas de la mañana ya contaban con el quórum suficiente para elaborar y ponerse de acuerdo en la acusación que iban a presentar ante Pilato (15:1). Desde el punto de vista romano no podía ser más que eso, porque un "juicio" que podía terminar con una sentencia de muerte, como lo era aquel, estaba más allá de la jurisdicción del sanedrín. Desde el punto de vista judío, tal vez, la posición formal resultaba menos importante, y la conclusión del sanedrín de que Jesús era peligroso y debía ser eliminado tenía más peso que la formalidad de una sentencia romana. A los ojos de los judíos, entonces, lo que ocurrió en la casa del sumo sacerdote podría considerarse el "verdadero" juicio de Jesús, y yo he conservado el término familiar "juicio" en mi encabezamiento en atención a esta percepción; pero hablando formalmente, esa es una palabra demasiado grande para referirse a esta vista oral preliminar.

53 Después del breve relato de la huida de los discípulos y del joven, regresamos a la cuadrilla de los que efectuaron el arresto (v. 46), que ahora concluyen su tarea entregando a Jesús sin ningún percance a quienes los habían enviado a arrestarlo. La frase completa οἱ ἀρχιερεῖς καὶ οἱ πρεσβύτεροι καὶ οἱ γραμματεῖς (cf. 8:31; 11:27; 14:43) pone de relieve la solemnidad y el carácter oficial de la ocasión, y la adición del adjetivo πάντες en esta oportunidad aumenta más la tensión al contrastar la figura solitaria de Jesús con la reunión de los representantes del judaísmo oficial.[153] Los comentarios anteriores sobre la naturaleza menos que formal del proceso sugirieron que a esta hora de la noche tal vez no se hallaban presentes los setenta y un miembros del sanedrín, o que algunos miembros continuaron llegando durante el proceso (aunque, por

---

151. D. L. Bock, *Blasphemy*, 189-95 (citas de las págs. 191 y 194). El hecho de que Bock haya evitado deliberadamente el uso del término familiar "juicio" en el título de su libro, está en consonancia con esta conclusión. Mann, 613, le pone fin a un largo estudio sobre la naturaleza de la vista oral del sanedrín afirmando que aquello "no fue absolutamente ningún juicio, ni siquiera lo que podría describirse como una investigación del 'gran jurado'".

152. En este respecto el relato de Marcos coincide curiosamente con el relato totalmente independiente de la vista oral preliminar ante Anás, que en el cuarto Evangelio toma el lugar de una vista ante Caifás, en la que Anás "le preguntó a Jesús acerca de sus discípulos y su enseñanza", pero no se hace ninguna acusación específica (Jn. 18:19).

153. J. Blinzler, *Trial*, 93-97, ofrece detalles de los grupos e individuos que componían el sanedrín en aquella época. La mención explícita que hace Marcos de los grupos constitutivos hace que resulte poco probable la sugerencia de J. D. M. Derrett, *Law*, 407 n. 1, de que la causa de Jesús no fue vista por el propio sanedrín sino por "el comité sacerdotal", un cuerpo independiente y más pequeño con respecto al cual hay algunos testimonios en la mishná.

supuesto, es posible que el sumo sacerdote, tras haber planeado tener a Jesús bajo custodia en este período, hubiera enviado por adelantado un despacho a todos los miembros para obligarlos a venir). En ese caso, el adjetivo πάντες no intenta expresar una exactitud numérica sino lograr un efecto literario.[154] El nombre del ἀρχιερεύς nunca se menciona en el evangelio de Marcos (y por ende, no se mencionará en este comentario); Mateo y Juan son los que nos dicen que era Caifás, sumo sacerdote desde el año 18 hasta el 37; el período de su mandato, al igual que el de Pilato, incluye todas las fechas que pueden plausiblemente sugerirse por otros motivos para el juicio y la muerte de Jesús.[155] Si se tiene en cuenta la ambigüedad de la situación que se refleja en la referencia de Lucas a dos sumos sacerdotes (Lc. 3:2), por cuanto Anás, el predecesor y suegro de Caifás todavía conservaba la dignidad, por no decir la función formal, del sumo sacerdocio (y al que aún se alude simplemente como ὁ ἀρχιερεύς en Jn. 18:19-23, a pesar de los detalles explícitos de Juan acerca de su estatus en 18:13), podría sugerirse que Marcos aquí estaba pensando en Anás y no en Caifás, pero no hay nada que lo indique, y en ausencia de cualquier dato que demuestre lo contrario, debemos suponer que él usó el término en su sentido oficial. La ubicación no se especifica, pero es normal y probablemente correcto considerar que la frase πρὸς τὸν ἀρχιερέα, junto con la referencia posterior a ἡ αὐλὴ τοῦ ἀρχιερέω, indica con mucha razón que se trataba de la casa del sumo sacerdotes y no de una de las salas formales para reuniones en las que, según *m. Sanh.* 11:2, se reunía el sanedrín para los procesos en los que estaba en juego la pena capital.

54 Marcos nos prepara ahora para el acontecimiento que va a relatar en los vv. 66-72 desviando la atención hacia la αὐλή, el área cerrada aunque sin techo en torno a la cual se había construido una casa muy próspera (y en este caso en un nivel inferior al de las habitaciones principales; véase κάτω [v. 66]). Aquí podían reunirse los siervos y varios visitantes menos distinguidos, y en esta ocasión es probable que algunos o todos los integrantes de la cuadrilla que habían llevado a cabo el arresto se encontraran todavía allí después de completar su misión. El hecho de que Pedro aparentemente pudiera unirse a la multitud sin que nadie lo notara (contrástese con Jn. 18:15-16) deja entrever que se trataba de una zona semipública y muy concurrida. La frase ἀπὸ μακρόθεν que Marcos usa para describir la manera en que él había seguido a Jesús sugiere secretismo y una falta absoluta de voluntad de ser identificado públicamente con el prisionero, pero ἕως ἔσω indica que lo siguió hasta donde le fue posible. De esta manera, Pedro al menos, a diferencia de todos los demás discípulos, aún no ha abandonado a Jesús; su jactancia en los vv. 29 y 31 no resultó totalmente insustancial. La forma verbal θερμαινόμενος

---

154. Gundry, 896-97, alega, sin embargo, que la intención era lograr que los setenta y un miembros estuvieran presentes.

155. Para detalles de Caifás y del extraordinariamente largo mandato, véase J. Blinzler, *Trial*, 91-93.

deja bien claro que la frase τὸ φῶς se usa aquí para referirse a un fuego (que, por supuesto, también iluminaba su rostro; véase el v. 67): BAGD, 871b-872a, 1.b.α, menciona unos cuantos usos análogos a este (cf. MM, 680); en Lucas 22:55-56 se emplean πῦρ y φῶς como sinónimos.[156] Un fuego en el patio no era nada extraño: a partir de mi propia experiencia puedo testificar que durante el tiempo pascual las noches en Jerusalén pueden ser muy frías.

55-56 Con respecto a la frase ὅλον τὸ συνέδριον véase el comentario sobre el adjetivo πάντες en el v. 53. En los juicios judíos no había ningún fiscal oficial; el enjuiciamiento se realizaba a partir del testimonio de los testigos. Pero la expresión ἐζήτουν μαρτυρίαν εἰς τὸ θανατῶσαι αὐτόν nos permite sacar dos conclusiones importantes acerca de la naturaleza de esta vista oral. En primer lugar, era, como dijimos antes, una vista que tenía por objeto buscar un motivo para acusarlo, y no un juicio basado en una acusación ya formulada. En segundo lugar, aunque el motivo todavía no estaba decidido, el veredicto sí lo estaba. Con este modo de presentar el asunto, Marcos ya ha declarado que la vista, más que una comparecencia judicial imparcial, era una "farsa". El único propósito que perseguía esta reunión era el que ya se había manifestado en 14:1, a saber, matar a Jesús, por tanto, cualquier procedimiento que se siguiera tendría por objeto elaborar la acusación de un delito capital necesaria para llevarla ante el prefecto romano.[157] Si esta opinión acerca de la vista es correcta, resulta muy notable que Marcos deje constancia de un esfuerzo por observar un procedimiento legal adecuado en el que se descartaron las acusaciones en las que los testigos no concordaban.[158] El desacuerdo presumiblemente se había puesto de manifiesto en el interrogatorio al que habían sido sometidos los testigos, conforme lo que establecía *m. Sanh.* 4:5–5:4. Por tanto, a las autoridades les preocupaba que todos entendieran que se había hecho justicia y que la acusación por la que Jesús iba a ser llevado ante el prefecto se ajustaba a la exigencia judía normal de la existencia de un acuerdo entre dos o tres testigos (Nm. 35:30; Dt. 17:6; 19:15). Los líderes judíos no podían quedar como culpables de condonar el ψευδομαρτυρία, una de las prohibiciones esenciales del decálogo (Éx. 20:16; Dt. 5:20); y ellos mismos, convencidos de la rectitud de su causa, tampoco lo deseaban.

---

156. H. C. Waetjen, *Reordering*, 219, alega que Marcos debe haber tenido alguna razón especial para usar un término tan inusual, y ofrece la sorprendente explicación siguiente: "Pedro está beneficiándose del calor que le brinda cierto tipo de luz, y la suposición más razonable, al parecer, es que la fuente de esa luz es Jesús... La luz que emana de Jesús es tan fuerte que él, Pedro, puede extraer calor de ella para su propio beneficio".

157. Myers, 371, lo expresa con su estilo habitual: "Las autoridades condenan injustamente a Jesús porque saben que él procura derrocarlas; en los juicios políticos, la justicia se subordina a la necesidad de una condena". D. Juel, *Messiah*, 62-64, presenta las pruebas que respaldan la opinión de Marcos sobre un "tribunal que se ve obligado a pronunciar un veredicto de culpabilidad".

158. No hay casi nada que apoye la sugerencia de que el hincapié que hace Marcos en los falsos testigos tiene por objeto evocar las palabras de Sal. 27:12; 35:11; véanse D. J. Moo, *The OT*, 247-48; D. Juel, *Messiah*, 121-22.

57-59 Marcos deja muy claro que en virtud de este criterio la propia acusación acerca del templo tampoco pudo sostenerse: se trataba también de un ψευδομαρτυρία (v. 57), y a los testigos les fue imposible ponerse de acuerdo (v. 59). Mateo evidentemente discrepa de Marcos, porque él separa esta acusación del ψευδομαρτυρία, introduciéndola por medio de la frase ὕστερον δέ y como el testimonio unido de dos testigos (Mt. 26:60). No hay manera de descubrir si desde el punto de vista histórico Marcos o Mateo tenía razón, pero parece claro que la acusación, más allá de su estatus legal, fue un elemento importante entre otros muchos argumentos contra Jesús, y fue este, y no su supuesta blasfemia, el que recordaron los espectadores al pie de la cruz (15:29).[159] Para juzgar la gravedad de ese cargo bastaría recordar la experiencia de Jeremías, que a duras penas escapó con vida cuando se le acusó de predecir la destrucción del templo, y la de Urías, el cual no pudo escapar (Jer. 26:7-24).

Sin embargo, parece que Marcos, a pesar de estigmatizar la acusación como ψευδομαρτυρία, la considera, no obstante, teológicamente importante.[160] No ha dicho en ningún momento que Jesús haya amenazado con destruir el templo con sus propias manos, ni que haya prometido reedificarlo, pero las palabras de Jesús en 13:2 ofrecen un inolvidable punto de partida para la primera parte de esa acusación aun cuando no completen el resto del supuesto dicho. La predicción de Jesús sobre el destino del templo fue, según nos dice Marcos, la respuesta a los comentarios admirados de un discípulo, mientras, al parecer, todavía estaban en el área del templo; tras la reciente demostración de Jesús en el templo, esas palabras, que las escucharon personas ajenas al grupo de los discípulos, proporcionarían la base para una percepción pública perjudicial del objetivo profético de Jesús.[161] En cuanto a la reedificación διὰ τριῶν ἡμερῶν, los únicos dichos remotamente relevantes hasta ahora en Marcos, Jesús los pronunció solo en privado ante los discípulos, y tenían que ver con su propia resurrección μετὰ τρεῖς ἡμέρας (8:31; 9:31; 10:34); no guardaban ninguna relación con el templo. Juan es el que conecta las dos ideas (Jn. 2:19-22), y nada en Marcos nos prepara para esa conexión simbólica. Pero en las palabras de la acusación, tal como Marcos las registra, hay una alusión clara a algo superior

---

159. E. P. Sanders, *Jesus*, ha hecho especial hincapié en la importancia de la aparente hostilidad de Jesús hacia el templo como tal vez la razón principal de su pérdida de popularidad así como del apoyo oficial. Analiza los dichos relacionados con la destrucción y la reedificación del templo en las págs. 71-76 y a pesar de sus criterios notablemente estrictos sobre la autenticidad, llega a la conclusión de que algunos de esos dichos deben derivarse de lo que Jesús realmente dijo e hizo. Cf. Myers, 375 (en consonancia con G. Theissen): "Una plataforma basada en el rechazo de la función del templo no habría resultado muy popular entre los que económicamente dependían de él —que era una buena parte de la población de Jerusalén".

160. Véase D. Juel, *Messiah*, 118.

161. Gundry, 905-6, analiza la posible trayectoria desde las palabras de Jesús en 13:2 hasta esta acusación valiéndose de la información que Judas les facilitó a las autoridades. En la práctica, piensa él, la predicción de 13:2 ha llegado a "confundirse" con las predicciones de Jesús acerca de su propia resurrección.

a la demolición física y la restauración del templo de Jerusalén. Hay cuatro aspectos en esas palabras que exigen nuestra atención.

En primer lugar, aquí (y en 15:29) encontramos el término ναός — que por lo general se considera que designa al edificio del santuario— y no ἱερόν, el término más amplio que se usa para referirse a todo el complejo del templo incluyendo el enorme atrio de los gentiles. Este segundo término es el que Marcos ha empleado invariablemente hasta ahora para indicar el lugar de la enseñanza y la actividad de Jesús en Jerusalén, y fue la admiración que le causó ese ἱερόν al discípulo la que hizo que Jesús formulara su predicción de destrucción haciendo especial hincapié en αὗται αἱ μεγάλαι οἰκοδομαί, incluyendo aparentemente otros edificios además del ναός. La introducción de un término nuevo, "santuario" en sustitución de "templo", indica, por tanto, que hay una intencionalidad diferente aquí, y en particular pone distancia a esta supuesta amenaza de lo que Jesús en realidad predijo acerca del destino del ἱερόν.[162] En segundo lugar, solo en Marcos encontramos los dos adjetivos χειροποίητος y ἀχειροποίητος que se usan para contrastar el amenazado ναός con su remplazo. Χειροποίητος se emplea en la LXX para referirse a los ídolos "de manufactura humana" en contraposición al Dios viviente, y la forma negativa ἀχειροποίητος es obviamente una acuñación para expresar lo contrario. El santuario que va a ser destruido es entonces una construcción humana y física, pero su remplazo en tres días será muy diferente, y su hechura no será humana. El uso de χειροποίητος en Hechos 7:48 (cf. Hch. 17:24) para cuestionar la morada de Dios en un templo físico refleja la misma idea, en un contexto en el que la retórica de Esteban usa deliberadamente el pensamiento de Jesús para responder a la acusación de que el movimiento cristiano se opone al templo (Hch. 6:13-14).[163] Compárese con Hebreos 9:11, 24, donde se establece un contraste entre el santuario terrenal y el verdadero santuario de Cristo οὐ χειροποίητος, τοῦτ' ἔστιν οὐ ταύτης τῆς κτίσεως.[164]

En tercer lugar, solo en esta versión del dicho acerca del templo (contrástese con Mt. 26:61; Jn. 2:19, e incluso la referencia posterior del propio Marcos a este tema en 15:29) el santuario futuro es el que se describe como ἄλλον, es decir, no es una reconstrucción de la estructura vigente sino de otra, como también indica sin duda el contraste χειροποίητον/ἀχειροποίητον.

162. Con respecto al uso que hace Marcos de los dos términos, véase D. Juel, *Messiah*, 127-28.

163. Mann, 623-24, cita de una carta de A. Spiro alegando que el ataque contra el templo de Jerusalén como "hecho de mano" refleja la polémica samaritana y sugiriendo que Marcos tiene inclinaciones (afinidades) samaritanas.

164. En cuanto al uso de la misma terminología para diferenciar la forma terrenal de la celestial o espiritual en otros contextos, véase 2Co. 5:1 ("casa" = cuerpo); Ef. 2:11; Col. 2:11 (circuncisión). Estos usos más recientes junto con los usos hebreos que se señalaron anteriormente constituyen la base de la conclusión de D. Juel, *Messiah*, 156, de que los términos indican "un contraste entre lo que es natural y lo innatural, entre lo que es de manufactura humana y lo milagroso, entre algo de este orden y algo de otro orden". Juel analiza extensamente la interpretación de (ἀ)χειροποίητος en las págs. 144-57.

En cuarto lugar, el concepto físicamente absurdo de una reedificación διὰ τριῶν ἡμερῶν (una expresión que por sí misma expresa un breve espacio de tiempo, como en Os. 6:2, pero con otras resonancias para el lector cristiano) coloca esta declaración por encima del nivel de una reconstrucción literal.

Presumiblemente la parte más grave de la acusación que presentaron ante el sumo sacerdote era la supuesta amenaza de Jesús de destruir el templo, literalmente. Pero con esta forma de relatarlo, Marcos ha ido mucho más allá de lo que un testigo hostil probablemente hubiera querido o, de hecho, hubiera podido alcanzar, y ha entremezclado con la acusación (falsa) una declaración (verdadera)[165] de lo que en esta época constituía un tema importante en la predicación y la apologética cristianas, a saber, el tema de un nuevo santuario. El concepto aparece repetidas veces en el NT (en especial, Mt. 12:6; 1Co. 3:16-17; 6:19; 1Pe. 2:4-5), con la implicación de que la presencia de Dios ya no está ubicada en un edificio sino en su pueblo de manera individual, y más a menudo, en forma colectiva.[166] Este es el ναὸς ἀχειροποίητος al que alude el versículo, y ningún lector cristiano, incluso sin conocer el pasaje de Juan 2:19-22, dejaría de reconocer en la idea de la edificación de ese santuario διὰ τριῶν ἡμερῶν una referencia a la resurrección de Jesús, mediante la cual esta nueva relación con Dios se torna posible.[167] Todo esto es una buena teología cristiana, pero es muy improbable que forme parte del ψευδομαρτυρία que se le ofreció al sumo sacerdote. Marcos, si bien descarta la acusación como falsa, aprovecha la oportunidad para recordarles a sus lectores que la predicción en la que se basaba (13:2) tenía implicaciones de un alcance mucho mayor que la simple destrucción de un edificio.[168]

Dentro del contexto de la vista oral, aun cuando fuera técnicamente falsa, la acusación contribuye al desarrollo del proceso contra Jesús. La destrucción y la reedificación del templo obviamente no son tareas que competan a un predicador común, y existen pruebas de que algunos judíos en el siglo I creían que el templo vigente en aquel momento sería remplazado por uno nuevo en los días postreros.[169] Y aunque esto normalmente se consideraba una obra del

---

165. E. Best, *Following*, 214, desarrolla el tema de la verdad de lo que dijeron los "falsos" testigos en Marcos. Para un esfuerzo cuidadoso por seguir la evolución en la interpretación cristiana de la misión de Jesús que condujo a esta formulación "verdadera/falsa", véase R. E. Brown, *Death*, 448-53.

166. Para un estudio completo sobre este tema, véase B. Gärtner, *Temple*; R. J. McKelvey, *Temple*. D. Juel, *Messiah*, 159-68 (following G. Klinzing, *Umdeutung*), recapitula las pruebas de que la comunidad de Qumrán también se veía a sí misma bajo la imagen de un "templo".

167. Cf. B. Gärtner, *Temple*, 112-13. E. E. Ellis en J. B. Green y M. M. B. Turner (ed.), *Jesus of Nazareth: Lord and Christ*, 201-2, considera que la alusión a la resurrección de Jesús aquí forma parte de una creciente revelación de la "divina y cristológica" que él observa en algunos otros textos marcanos (192-203). Cf. también Gundry, 899-900, en cuanto al punto de vista de que la acusación implícita aquí es que Jesús "se arrogó funciones divinas".

168. Contrástese la versión de este dicho en el *Ev. Tom.* 71, donde se lee simplemente: "Destruiré esta casa y no habrá nadie que pueda reedificarla".

169. Ez. 40–48 ofrece la base de la esperanza de un nuevo templo. Véanse también, p. ej.,

propio Dios, había algunos que pensaban que la labor de reedificación sería una tarea del Mesías.[170] En ese caso, la próxima cuestión que se plantea en el v. 61 es, tal como dijimos en la introducción a esta sección, una extensión lógica de la idea implícita en la acusación acerca del templo de que Jesús está haciendo declaraciones que solo son válidas para el Mesías.

60 Al ponerse en pie y ocupar el centro de la escena, el sumo sacerdote indica que la vista oral ha llegado a su etapa decisiva. En lugar de enfrentar las acusaciones poco convincentes de varias personas, Jesús se ve sometido ahora a un interrogatorio directo por parte del propio sumo sacerdote. Su primera pregunta, sin embargo, no le da paso a un tema nuevo, sino que desafía a Jesús a que responda a las acusaciones que ya se habían formulado. En un sentido, no había nada a lo que pudiera responder, porque todavía no se había ofrecido ningún testimonio que contara con el acuerdo debido. Pero el silencio de Jesús ante la lista cada vez mayor de cargos contra él puede haberse interpretado como un desprecio, y eso sin duda no facilitaba en lo más mínimo que la vista oral llegara a su fin deseado. Las palabras del sumo sacerdote pueden interpretarse mejor como dos preguntas, con un signo de interrogación después de οὐδέν y otro después de καταμαρτυροῦσιν. La primera, pues, es un desafío retórico al silencio de Jesús, la segunda una invitación directa a responder. Pero si la tomamos como una sola pregunta, cuando el pronombre τί desempeña una función relativa (BDF 298[4], 299[1]), aunque gramaticalmente resulta incómodo, tendría el mismo sentido.

61 La intervención directa del sumo sacerdote recibe el mismo silencio como respuesta. En el v. 60 Marcos deja que se presuponga el silencio de Jesús, pero ahora, lo afirma de manera enfática y formal valiéndose de una de sus típicas expresiones dobles.[171] El silencio es impresionante en sí mismo, y coloca a Jesús por encima de la sucesión nada edificante de ψευδομαρτυρία, pero para un lector cristiano familiarizado con la profecía del siervo sufriente en Isaías 53 reafirmaba sin duda también el cumplimiento de esa función por

---

1Enoc 90:28-29; 91:13; *Jub.* 1:17, 27. Véase además R. E. Brown, *Death*, 441-43. El repudio del templo de Jerusalén por parte de la comunidad de Qumrán no indicaba que no necesitaran un templo, sino que esperaban uno nuevo; véase 4Q174 *(Florilegio)* 1:1-7; 11Q19 *(Templo)* 29:8-10.

170. Esta creencia se deriva de 2Sa. 7:13 y de Zac. 6:12, y aparece claramente en la literatura rabínica. Las pruebas que reflejan explícitamente esta creencia para el siglo I d.C. no son abundantes (es más frecuente encontrar referencias al propio Dios como el que edifica), pero véanse los tárgumes sobre Is. 53:5 y Zac. 6:12-13; 4Ez. 13:36. En 4Q174 *(Florilegio)* la edificación del nuevo templo está relacionada con la venida del Mesías, aunque no dice que él sea el constructor, una omisión que Gundry, 899, considera importante porque "dejó pasar una oportunidad de oro". En cuanto al texto del *Florilegio*, véase además D. Juel, *Messiah*, 172-81, y con respecto a las pruebas de los tárgumes Juel, *Messiah*, 172-81. Para un resumen reciente y útil de los análisis sobre este tema, véase D. L. Bock, *Blasphemy*, 213 n. 69. Obsérvese la importancia de 2Sa. 7:12-14 como un punto de partida para esta creencia; véase J. D. G. Dunn, *Partings*, 52.

171. En otros lugares Marcos siempre presenta el aoristo de ἀποκρίνομαι en la forma pasiva. Aquí, usa la voz media, un uso clásico que en los papiros (así como en la LXX) se empleó específicamente en contextos jurídicos formales para responder a una acusación (MM, 64b-65a).

parte de Jesús (Is. 53:7), aunque Marcos no repite explícitamente el texto de ese pasaje.[172] El sumo sacerdote, por tanto, se ve obligado a tomar de nuevo la iniciativa, y en esta ocasión, con una pregunta que tiene que ver directamente con la razón por la que han hecho comparecer a Jesús ante él.

Lohmeyer, 328, comentó que Σὺ εἶ era una forma categórica de introducir la pregunta, y la describió como "spöttisch oder ingrimmig" (sarcástica o furiosa). Indica, pues, el fastidio del sumo sacerdote y da a entender que para alguien en la posición indefensa de Jesús era ridículo hacer esas afirmaciones tan grandiosas. Esta sugerencia podría muy bien reflejar el probable estado de ánimo del sumo sacerdote, pero no sería posible llegar a la misma conclusión a partir de la simple expresión Σὺ εἶ porque resulta difícil determinar de qué otro modo podría haberse formulado una pregunta así; el pronombre expreso que en una afirmación llamaría la atención por su redundancia constituye una parte necesaria cuando se trata de una pregunta sobre la identidad de alguna persona. En la introducción a esta sección analicé los términos en los que se formula la pregunta, y sugerí que constituyen la base de la autoridad implícita en las palabras y acciones públicas de Jesús desde su llegada a Jerusalén (y sin duda antes), junto con el estatus especial que él insinuó al ponerse en el lugar del hijo único del dueño de la viña. Aunque Marcos nunca ha dicho que Jesús declarara abiertamente que él era el Mesías o el Hijo de Dios, en estas obras y palabras públicas había material suficiente para incentivarlos a lanzar esa acusación. También es posible que una parte del ofrecimiento de Judas a los principales sacerdotes fuera ponerlos al corriente de la enseñanza más privada de Jesús a los discípulos.

Ambos términos son los que el propio Jesús ha utilizado hasta ahora en Marcos con cautela, si acaso lo utilizó. Aparte de que solo una vez se da testimonio de que él se refirió a sí mismo, atípicamente, como ὁ Χριστός (véase el comentario sobre 9:41), Jesús les ordenó a sus discípulos que no emplearan ese título cuando hablaran de él (8:30) y lo remplazó manifiestamente por el de ὁ υἱὸς τοῦ ἀνθρώπου para referirse a su propia persona y a su misión (8:31 etc.).[173] Sin embargo, el título en sí mismo no expresaba las implicaciones "mesiánicas" de lo que él dijo e hizo (en particular, la cabalgata a Jerusalén). En cuanto a la frase "Hijo de Dios", aunque tanto Dios como los demonios ya la habían usado (1:11; 9:7; 3:11; 5:7), Jesús se refirió claramente a sí mismo como ὁ υἱός en una sola ocasión, ante un auditorio privado de cuatro discípulos (13:32), y en público se conformó con la insinuación velada de un personaje de una parábola que no estaba explícitamente identificado.[174] La pregunta del

---

172. D. J. Moo, *The OT*, 148-51; R. E. Watts, *Exodus*, 363-64, hace un análisis útil de la alusión.

173. La relación entre este pasaje y 8:29-31 es clara porque ambos giran en torno a la declaración de la mesianidad de Jesús, y el secretismo de uno contrasta con la declaración abierto del otro. No resulta tan obvio que los dos pasajes hayan sido deliberadamente construidos en forma paralela y sin embargo, contrastante, tal como sugiere M. A. Beavis, *Audience*, 116-19.

174. En cuanto a la importancia de 12:1-12 como la base para el texto actual, véase J. D. Kingsbury, *Christology*, 117-19.

sumo sacerdote, pues, está bien formulada para sacar a luz lo que hasta ahora ha sido un tema de implicaciones indirectas.[175] Se ha sugerido a veces que a ningún sumo sacerdote judío a principios del siglo I se le habría ocurrido combinar los dos títulos ὁ Χριστός y ὁ υἱὸς τοῦ θεοῦ (εὐλογητοῦ). Sin embargo, a partir de algunas referencias en Qumrán ahora está claro que el concepto del Mesías como "Hijo de Dios" no era ajeno al judaísmo de este período,[176] aunque no en el sentido metafísico de la teología cristiana posterior. De todas formas, lo que une los dos títulos en el contexto narrativo de Marcos no es ninguna conexión preexistente entre ellos sino el reconocimiento de que Jesús había estado manifestando ambas cualidades, no necesariamente juntas, sino como dos aspectos de sus presuntas afirmaciones de poseer una autoridad especial. Con la combinación de los dos conceptos en una sola pregunta cargada el sumo sacerdote resume hábilmente lo que se interpretaba que Jesús había querido decir acerca de sí mismo.[177] La mención de εὐλογητός en lugar de θεός refleja la costumbre judía de evitar el uso directo del nombre de Dios. En este contexto en el que se discute acerca de la "blasfemia", el uso es importante, puesto que la última definición formal de blasfemia implica "la pronunciación del nombre como tal" (m. Sanh. 7:5). Resulta, pues, muy notable que en su respuesta en el v. 62 Jesús muestre el mismo tacto empleando ἡ δύναμις en vez de 'Dios'. La frase aislada ὁ εὐλογητός como un título para Dios (en lugar del uso adjetival frecuente, "Bendito sea Dios...", Lc. 1:68; Ef. 1:3; 1Pe. 1:3, etc.) no aparece en ningún otro lugar en la literatura bíblica, pero de su idoneidad en un contexto judío dan testimonio algunas fórmulas como "Bendito el Señor que debe ser bendecido (hammbārûk)' (m. Ber. 7:3); en 1 Enoc 77:1 se describe a Dios como "el Bendito por siempre".[178]

---

175. Un estudio interesante sobre "El silencio de Jesús" de J. C. O'Neill, NTS 15 (1968/9) 153-67, afirma que aunque Jesús sí pensaba que era el Mesías, y lo mostraba por su manera de actuar, se abstuvo de declarar su propia mesianidad porque los judíos de aquella época consideraban "que el Mesías no podría atribuirse esa condición, sino que debía esperar a que Dios lo entronizara" (165). Lamentablemente, la confesión de Jesús en 14:62, ἐγώ εἰμι, no se ajusta a ese patrón, y O'Neill considera necesario defender la lectura de Θ etc. allí (véase la nota textual sobre el v. 62) la cual asimila el texto de Marcos al de Mateo y Lucas con una respuesta aparentemente ambigua.

176. Véanse 4Q174 (Florilegium); 4Q246 (ps. Dan.) 2:1; quizás 1QSa[28a] 2:11-12. A partir de 4Q174, puede verse claramente que esta forma de uso no era una innovación de Qumrán porque se basaba en 2Sa. 7:14, que, junto con el Sal. 2:7, se consideraba desde hacía mucho tiempo que se refería al Mesías. Véanse además M. Hengel, Son of God, 43-45; D. Juel, Messiah, 108-14.

177. J. Marcus, NovT 31 (1989) 125-41, plantea la pregunta significativa de si debe considerarse que los dos títulos en la frase ὁ Χριστὸς ὁ υἱὸς τοῦ εὐλογητοῦ están en una "aposición no restrictiva" (y por ende, son verdaderamente sinónimos), o están en una "aposición restrictiva", en la que el segundo modifica y restringe al primero, y con ello, indica qué tipo de Mesías Jesús dice que es. En vista de la variedad conocida de modelos mesiánicos en el pensamiento judío del siglo I, Marcos aboga por la segunda opción: A Jesús no se le pregunta simplemente si él es un "Mesías, Hijo de David" (una afirmación que, por cuestionable que sea, no es blasfema) sino si él es el "Mesías, Hijo de Dios", un concepto nuevo y perturbador que "introduce una idea de una cuasi-divinidad que es la base de la condenación de Jesús".

178. Véase además D. L. Bock, Blasphemy, 215-17, con referencias judías posteriores

62 Con este versículo llegamos al clímax cristológico del Evangelio. Si tenemos en cuenta el tema persistente del secretismo que ha recorrido este Evangelio, incluyendo específicamente el secretismo con respecto al estatus mesiánico de Jesús (8:29-30), es muy llamativo que sea solo en Marcos que Jesús responda a la pregunta del sumo sacerdote con una afirmación simple y categórica, Ἐγώ εἰμι.[179] En Mateo y en Lucas la respuesta, aunque en esencia es afirmativa, es cautelosa y está llena de circunloquios (σὺ εἶπας en Mateo; en Lucas la pregunta aparece en dos partes, a la primera [sobre el Mesías], Jesús respondió diciendo: "Si os lo dijere, no creeréis", y a la segunda [sobre el Hijo de Dios], respondió con las palabras ὑμεῖς λέγετε ὅτι ἐγώ εἰμι). En Marcos aparecerá la misma circunlocución cuando Jesús responda a la pregunta de Pilato: ¿eres tú el rey de los judíos?" (15:2), pero aquí, ante la máxima autoridad de Israel, presenta a un Jesús que no vacila.[180] El tiempo de esconderse ha terminado,[181] y la verdad debe declarárseles de manera firme y abierta a los que pretenden erigirse en jueces suyos.

De hecho, en contraste con su silencio anterior, Jesús ahora parece ansioso por dar a conocer su interpretación acerca de su estatus y su misión. La expresión ἐγώ εἰμι va seguida de καί, mientras que Mateo, en razón de la expresión más cautelosa σὺ εἶπας tiene que contrastar la declaración positiva que sigue con la conjunción πλήν (cf. δέ en Lucas). Jesús procede entonces a exponer las implicaciones que tienen los títulos que acaba de reconocer, aunque resulta significativo que aquí, al igual que en 8:29-31, tras haber recibido el título de ὁ Χριστός de parte del sumo sacerdote, lo obvia y, en su lugar, emplea el que él prefiere, ὁ υἱὸς τοῦ ἀνθρώπου. En 8:31, sin embargo, Jesús usó el título para referirse a su futuro rechazo y su muerte; aquí, lo usa para hablar

---

adicionales. Bock rechaza con eficacia la afirmación de D. Juel, *Messiah*, 79, de que ὁ υἱὸς τοῦ εὐλογητοῦ es una "expresión seudo judía creada por el autor".

179. E. Stauffer, *Jesus*, 102 (y cf. 142-59), alegó que las palabras de Jesús reflejan delibera-damente el 'nî hû' de Is. 43:10, 13 etc., y otros han sugerido de manera similar que el Ἐγώ εἰμι de Jesús fue en realidad una pronunciación del nombre divino (cf. Éx. 3:14); Hooker, 362, considera que esta es una "posibilidad", y Stock 381, descubre en la expresión ἐγώ εἰμι una "afirmación de paridad" (con Dios). Pero, más allá de que una pronunciación del nombre divino no responde a la pregunta del sumo sacerdote, eso sería sacar demasiadas conclusiones a partir de una expresión grie-ga común. A la pregunta Σὺ εἶ...; la única manera natural y correcta de dar una respuesta afirmativa es Ἐγώ εἰμι. Véanse supra los comentarios sobre 6:50 (p. 273 n. 71) y sobre 13:6. En *TDNT*, 2.352 el propio Stauffer menciona a Mr. 14:62 como un "uso ordinario" ἐγώ εἰμι en lugar del "sentido enfático completo" de una auto-revelación divina. Véase además D. Juel, *Messiah*, 99.

180. Myers, 376, en consonancia con Vincent Taylor, favorece la lectura de Θ σὺ εἶπας ὅτι ἐγώ εἰμι (véase la nota textual), y sugiere en ese sentido una "traducción alternativa" audaz y, hasta donde yo sé, sin precedentes: "Jesús devuelve la burla del sumo sacerdote: '¿Soy yo?'".

181. Belo, 219, explica por qué ya no hay peligro de que se malinterprete su "mesianidad" y se le atribuyan connotaciones de tipo zelótica: "No solo el hecho de que él fuera un nazareno, un galileo, un carpintero, un rabino para los pecadores y los publicanos, porque todo esto era conocido en el pasado... Lo nuevo aquí es su situación como prisionero, la *debilidad* de su cuerpo, la interrup-ción de su práctica por parte de las fuerzas del CSO [la abreviatura de Belo para el "código social", es decir, el status quo]".

de gloria y de poder. La declaración se compone casi por completo de palabras de dos pasajes del AT, el Salmo 110:1 y Daniel 7:13.[182] Ambos textos están entrelazados porque su primera expresión acerca de "ver al Hijo del Hombre", típica de Daniel, precede a la imaginería del Salmo 110, que se completa entonces con el contenido de la visión del profeta. Pero aunque las palabras (exceptuando el "eufemismo" τῆς δυναμέως que se mencionó anteriormente) están extraídas de estos dos pasajes, el efecto total es mayor que la suma de las partes, y coloca ambos textos bajo una nueva perspectiva.

En primer lugar, el verbo "ver" en Daniel 7:13 aludía a la propia visión del profeta, pero aquí son los jueces de Jesús los que "verán al Hijo del Hombre". A diferencia de Mateo y de Lucas, Marcos no especifica *cuándo* lo verán, pero en los comentarios que siguen voy a demostrar que él tiene el mismo sentido de inminencia que expresan las frases ἀπ᾽ ἄρτι de Mateo y ἀπὸ τοῦ νῦν de Lucas. Eso es, ni más ni menos, lo que implicaría en forma natural el pronombre de segunda persona: los que lo verán serán los que están oyendo hablar a Jesús, no los de alguna generación futura.[183] Pero la suposición equivocada de que estas palabras tienen que ver con la parusía es lo único que ha hecho que algunos piensen de otra manera (y traten de evadir la contundencia de las clarísimas referencias cronológicas en Mateo y en Lucas con "traducciones" injustificables, como por ejemplo, la de la NVI en Mt. 26:64, "en el futuro"). En la introducción al análisis de 13:3-37 ya mencioné[184] que el reconocimiento cada vez más generalizado entre los intérpretes de que la expresión "viniendo en las nubes" aquí, al igual que en su contexto original en Dn. 7:13, no hace referencia a un regreso a la *tierra* (en la parusía). Aunque relativamente pocos comentaristas ya han aceptado que 13:26 se refiere a una "venida" dentro del marco de la historia para recibir autoridad de parte de Dios, en 14:62 esa interpretación ahora ha quedado firmemente (aunque de ningún modo universalmente) establecida.[185] La combinación del Salmo 110:1 con Daniel

---

182. C. F. D. Moule, *Origin*, 24-26, considera favorablemente la sugerencia que hicieron en forma independiente C. H. Dodd y O. J. F. Seitz de que lo que unía a ambos pasajes era el Sal. 80:16, 18, donde también se alude a un "hijo de hombre" como "el hombre de la diestra [de Dios], pero llega a la conclusión de que los dos pasajes ya están tan estrechamente relacionados en lo que respecta a su contenido que no necesitan ese catalizador para unirlos. En *SE* 6 (1973) 481-88 se exponen los argumentos de Seitz.

183. N. Perrin en W. H. Kelber (ed.), *Passion*, 91-92, trata de evadir este planteamiento bastante obvio especulando que Marcos intenta que sus lectores entiendan que el pronombre de segunda persona aquí se refiere a ellos mismos. Según su acertado comentario sobre esta audaz reinterpretación: "Por la propia naturaleza del caso no hay nada que pueda probarse".

184. Supra, págs. 502-3.

185. Entre los comentaristas que están a favor de la interpretación contraria a la parusía aquí se encuentran Gnilka, Hooker y Mann. G. R. Beasley-Murray, *Kingdom*, 300, habla de "un enorme cambio de opinión" en esta dirección en los últimos años, provocado especialmente por la obra de T. F. Glasson y J. A. T. Robinson. M. D. Hooker, *Son of Man*, 167-71, fue un precursor temprano de este cambio. Beasley-Murray afirma, de un modo bastante exagerado, que la interpretación contraria a la parusía es la que ahora goza del "mayor consenso", aunque sus comentarios posteriores sugieren que él mismo no está totalmente convencido. La parusía sigue siendo un referente para

7:13 da como resultado una mezcla de metáforas que algunos han considerado preocupante, porque no pueden imaginar que alguien esté "sentado" y "viniendo", al menos en ese orden.[186] (El problema se agrava si se interpreta que la "venida" es *a la tierra*, pero puesto que eso no es lo que dicen ni Daniel ni Marcos, no es necesario que sigamos esa pista falsa). Por tanto, en algunas ocasiones se ha dado por sentado que la conjunción simple καί con la que Marcos une ambas metáforas oculta una pausa: primero, se sienta, y luego, viene. Pero esto tampoco es lo que Marcos dice, y todo el problema tiene su origen en la incapacidad para interpretar las metáforas veterotestamentarias conocidas como lo que realmente son —metáforas. Ambos pasajes, de hecho, expresan, cada uno en su forma peculiar, el mismo concepto de una autoridad soberana. Esto es obvio en el caso del salmo, "sentado a la diestra de [Dios]", pero si Daniel 7:13 se interpreta en su contexto, trasmite el mismo mensaje, por cuanto el que viene ante Dios en las nubes del cielo recibe inmediatamente "el dominio, la gloria y el reino" que son universales y eternos (con respecto a la interpretación de las referencias de Jesús a Dn. 7:13 véase los comentarios supra sobre 8:38 y otros comentarios en 13:26). En otras palabras, Daniel 7:13-14 es, al igual que el Salmo 110:1, un oráculo sobre la entronización,[187] y es ese dominio universal y eterno el que Jesús declara aquí que él va a recibir ahora —y ellos lo verán.[188] No se explica de qué manera lo verán. Pero cuando el prisionero que está a punto de ser condenado y ejecutado declara que sus jueces verán su autoridad divina, no cabe duda de que estamos en el ámbito de la vindicación, una vindicación que habría de comenzar con la resurrección de Jesús y, según Lucas, sería confirmada de un modo más visible por medio de su ascensión (de la que no serían testigos presenciales, como tampoco de

---

Lane y Gundry, mientras que un número sorprendente de comentaristas logran evitar manifestarse claramente sobre este tema.

186. En una ocasión memorable en un seminario en Cambridge, G. M. Styler ilustró el hecho de que el orden en el que se mencionan los elementos no tiene forzosamente que ser cronológico e hizo referencia a un cartel colocado a la entrada del aparcamiento de los trabajadores de la universidad de St. Catherine, en el que se leía: "Estas puertas pueden cerrarse en cualquier momento y retirarse los vehículos no autorizados".

187. "Aunque la expresión "sentado a la diestra…". es una clara alusión al Sal. 110:1, también concuerda con la imagen descrita en Dn. 7:13-14 de la figura con apariencia humana que se presentó ante el Anciano de Días y fue nombrado corregente suyo". (J. Marcus, *Way*, 165). Véase también O. J. F. Seitz, *SE* 6 (1973) 484-88.

188. En cuanto al tema de "ver" en los textos del martirologio judío, véanse D. L. Bock, *Blasphemy*, 207; J. Marcus, *Way*, 165-67. Ambos hacen especial hincapié en *1Enoc* 62:3-5, donde se habla de altos dignatarios que verán al Hijo del Hombre entronizado en gloria y se sentirán aterrorizados. (La relación ya la había establecido, p. ej., F. H. Borsch, *NTS* 14 [1967/8] 565-67.) Si pudiéramos garantizar que las *Similitudes de Enoc* datan de una fecha anterior a la época de Jesús y de Marcos, podríamos considerar que esto probablemente influyó sobre las palabras de la declaración de Jesús aquí, pero la fecha de esa parte de *1 Enoc* sigue siendo demasiado incierta y no nos permite hacer ninguna afirmación segura. No obstante, constituye un testimonio de un desarrollo paralelo del tema de la vindicación basado en la imaginería de Dn. 7.

su resurrección, los miembros del sanedrín, sino sus discípulos). La expresión acerca de "sentarse a la diestra de Dios" muy pronto se consolidó en la tradición cristiana para denotar la soberanía universal del Jesús resucitado, "esperando que sus enemigos fueran puestos por estrado de sus pies" (Heb. 10:12-13, y numerosas alusiones al Sal. 110:1 en Hebreos). Esa soberanía comenzó a hacerse visible fuera del grupo de los discípulos con el poderoso crecimiento de la iglesia neotestamentaria, y en un sentido negativo, en el derrocamiento de Jerusalén y su templo como centro del gobierno de Dios en la tierra (en relación con lo cual ya vimos el uso que se hizo de Dn. 7:13 en 13:26; véanse las notas allí). Todo esto ofrece una gama de interpretaciones similar a la que examinamos en torno a "ver" en 9:1, y de nuevo aquí está vinculada con el "poder". No necesitamos ser más específicos puesto que Marcos no lo es, pero dentro de este conjunto de acontecimientos, sería ciertamente posible que en el transcurso de sus vidas, los jueces de Jesús vieran que el "Mesías" que ellos pensaron que habían destruido, en realidad había sido vindicado y exaltado al lugar de la autoridad suprema.

Analizamos ya el significado "mesiánico" del Salmo 110:1 (véase el comentario sobre 12:35-37) y de Daniel 7:13 (véanse los comentarios sobre 8:38; 13:26) y no es necesario volver sobre el mismo tema. En vista de sus múltiples apariciones en la tradición del Evangelio y, en el caso del Salmo 110:1, en la interpretación cristiana posterior acerca de Jesús, es razonable concluir que cada uno de esos textos por separado, pero más aún la combinación de ambos como aquí, le ofrecieron al propio Jesús una base esencial para entender hacia dónde se dirigía su misión. Esto también se pone de relieve en el hecho de que él haya adoptado del segundo de estos dos pasajes su término preferido para referirse a su misión, ὁ υἱὸς τοῦ ἀνθρώπου. El uso que hace de ese título aquí en remplazo del que había empleado el sumo sacerdote, ὁ Χριστός, acentúa el contraste entre esta visión y las connotaciones que podría haber evocado el término Χριστός para la mayoría de los judíos de aquella época. Él *es* el Mesías (ἐγώ εἰμι), pero su visión mesiánica se encuentra en un plano totalmente diferente del que el sumo sacerdote puede haber implicado. Cualquier concepto del Mesías como un libertador nacionalista en un sentido político ha quedado muy atrás: El "triunfo" de Jesús es estar a la diestra de Dios. Pese a que la acusación que se presentó ante Pilato va a resucitar las connotaciones más políticas del término Χριστός, en esta culminante declaración, Jesús ha vuelto a distanciarse de manera contundente de ese tipo de interpretaciones acerca de su misión.

Con respecto al uso que hace Jesús de ἡ δύναμις en lugar de pronunciar directamente el nombre de Dios,[189] análogo al uso de ὁ εὐλογητός por parte del sumo sacerdote, véanse los comentarios sobre el v. 61 supra. Hay varios

---

189. O. J. F. Seitz, *SE* 6 (1973) 494, ofrece testimonios veterotestamentarios de la naturalidad del uso de "el Poder" como una "metonimia o sustituto reverente para el nombre divino".

paralelismos rabínicos de esta sustitución, empleando el término hebreo *haggbûrâ*.[190]

63 Según las reglas de la mishná, cuando en una audiencia pública se demuestre que alguien ha blasfemado usando eufemismos, se le pedirá al testigo principal que repita literalmente las palabras ofensivas en una sesión cerrada para que el resto de las personas no puedan escucharlas, y entonces "los jueces se pondrán de pie y rasgarán su vestidura, y no podrán volver a remendarla" (*m. Sanh.* 7:5; en cuanto al hecho de rasgarse la ropa como una expresión de aflicción, véanse Gn. 37:34; Jos. 7:6; 2Sa. 1:11 y en respuesta a una blasfemia 2Re. 18:37; 19:1). En este caso, no se necesitaba ningún testigo porque los mismos jueces habían oído las palabras ofensivas, y el gesto dramático del sumo sacerdote (que ya estaba en pie, v. 60) habla por todos ellos. Es posible que los demás integrantes del grupo, de conformidad con lo que prescribían algunas reglas posteriores, también se rasgaran sus vestiduras, pero el silencio de Marcos en este respecto sugiere que el procedimiento aún no se había formalizado en esa medida. Resulta sorprendente el sustantivo plural χιτῶνες porque normalmente se llevaba puesta una sola χιτών, aunque véase Josefo, *Ant.* 17.136, en cuanto a la posibilidad de que se usaran dos túnicas a la vez. Dado que la túnica del sumo sacerdote, aun cuanto no estuviera oficiando en el templo, era sin duda más elaborada que las del uso diario normal,[191] puede haber tenido una prenda de vestir adicional que podría describirse libremente con el término común χιτών, o tal vez, de manera inusual, χιτῶνες aquí alude a la ropa en general (así BAGD, 882a) tal como ocurre con el término ἱμάτια en el pasaje paralelo en Mateo y más generalmente.[192]

64 El uso no clásico del genitivo τῆς βλασφημίας después del verbo ἀκούω (contrástese con la frase τὴν βλασφημίαν de Mateo) para referirse a lo que se ha oído (y no a la persona) carece probablemente de importancia puesto que el NT ofrece varios ejemplos de esta forma de uso (BAGD, 32a, 1.b.γ). Se han hecho muchos análisis para tratar de determinar en qué consistía la βλασφημία. Por lo general se aceptaba que una afirmación de ser el Mesías por sí misma, aun cuando fuera falsa, no podía realmente considerarse blasfema.[193]

---

190. D. L. Bock, *Blasphemy*, 217-19. Algunos de los pasajes citados se refieren al privilegio exclusivo de Moisés de oír la voz del "Todopoderoso", aunque ninguno de ellos llega hasta el punto de decir que se sentó a su lado. Para un estudio más detallado sobre el uso judío, véase A. M. Goldberg, *BZ* 8 (1964) 284-93, quien alega que ἡ δύναμις, más que un "sustituto" general del nombre de Dios, es un término más específico para referirse a Dios en su función de juez ('die zum Gericht herrlich erscheinende Gottheit').

191. No debemos pensar que Marcos esté refiriéndose a las vestiduras formales del sumo sacerdote, que se mantenían guardadas bajo llave en el fuerte de Antonia y solo se sacaban para el uso litúrgico en los días de fiesta (Josefo, *Ant.* 18.91-94; cf. 15.403-4).

192. La sugerencia de que Marcos imaginó específicamente un "desgarramiento de las vestiduras hasta mostrar la piel desnuda" (Gundry, 887; cf. 914) supone probablemente una interpretación demasiado literal del término que él eligió.

193. A la luz del análisis de J. Marcus (véase supra, pág. 610 n. 32), esta frecuente observación debería matizarse: no era blasfemo afirmar que era el "Mesías, Hijo de David", pero la

Pero el relato de Marcos no ofrece ninguna base para creer que Jesús hubiera cometido una blasfemia de acuerdo con la definición formal posterior de blasfemia como "la pronunciación del Nombre en sí" (*m. Sanh.* 7:5); de hecho, Jesús, al igual que el sumo sacerdote, evitó a todas luces hacerlo, y para ello usó el sustituto aceptable ἡ δύναμις.[194] Aunque siempre es posible alegar[195] que Jesús en realidad sí pronunció el nombre de Dios (que en su cita del Sal. 110:1 fue reproducido en griego por medio del término ὁ κύριος de la LXX), y que el nombre sustituto se incorporó posteriormente al relato tradicional para evitar ofensas, esta explicación parece innecesariamente complicada, sobre todo si se toma en consideración el hecho de que en otros lugares de Marcos no causa, al parecer, ningún desconcierto encontrar que Jesús se refiere a Dios como θεός o como κύριος, incluyendo su otra cita del Salmo 110:1 en 12:36. La sugerencia se deriva de la suposición de que en la época de Jesús, "blasfemia" significaba específicamente (y sólo) lo que se definió más tarde en la mishná, pero esta suposición es muy cuestionable.[196]

Afortunadamente, contamos con un estudio reciente, exhaustivo y detallado, sobre este tema realizado por D. L. Block,[197] y sus conclusiones serán la base de estos comentarios. Bock examina las referencias a la blasfemia en una amplia gama de literatura judía desde el período del AT hasta el NT y más allá, y concluye que la definición de la mishná es más estrecha que el uso general. Las palabras arrogantes e incluso las acciones contra Dios y contra su pueblo (y aun contra el templo) en algunos círculos judíos convencionales podían interpretarse como "blasfemas" y ser castigadas como tales. Por tanto, hay mucho más margen en las supuestas palabras y acciones de Jesús para respaldar una acusación de blasfemia que el simple uso explícito del nombre de Dios.

Bock pasa entonces a analizar otro tema relacionado, a saber, hasta qué punto se consideraba legítimo en el judaísmo de este período hablar de alguien "sentado a la diestra" de Dios.[198] Un estudio también completo sobre este tema mucho menos trillado concluye que si bien era concebible que algunos individuos muy especiales en el pasado (en particular, Moisés y Enoc) pudieran

---

presunta categoría nueva de Jesús como "Mesías, Hijo de Dios" era un asunto totalmente diferente.

194. En cuanto a la sugerencia de que Jesús pronunció el Nombre cuando respondió Ἐγώ εἰμι, véase supra, pág. 610 n. 34.

195. Como hace Gundry, 915-18; C. A. Evans, *Jesus*, 412-13. Véase la respuesta de D. L. Bock, *Blasphemy*, 197-200.

196. R. E. Brown, *Death*, 522-23, señala que gran parte del análisis sobre este tema no viene al caso, porque la definición de la mishná está en hebreo, mientras que en lo que respecta al uso griego, "resulta muy difícil encontrar un solo ejemplo de una palabra de la raíz "blasfem-" que se use precisa y específicamente para referirse a la mención del Nombre divino".

197. D. L. Bock, *Blasphemy*. El análisis de la blasfemia ocupa las págs. 30-112, y se resume convenientemente en las págs. 110-12.

198. D. Juel, *Messiah*, 104, en consonancia con O. Linton, llama la atención sobre el paralelismo con la "condenación" de Esteban, que Juel alega que fue también por blasfemia, cuando dijo que veía al Hijo de Dios sentado a la diestra de Dios (Hch. 7:56).

considerarse en algunos círculos judíos dignos del honor de sentarse junto a Dios, era impensable que alguien hiciera semejante declaración con respecto a sí mismo, y "que si alguno se igualaba a Dios corría el riesgo de pensar de manera blasfema".[199]

En las conclusiones de los estudios de Bock tenemos un material abundante que nos permite explicar el veredicto de βλασφημία del sumo sacerdote. Teniendo en cuenta este clima de pensamiento, no era simplemente alguna palabra que Jesús hubiera usado la que lo había llevado a esa convicción, sino la naturaleza completa de la afirmación de tener una relación especial con Dios que con toda razón podía intuirse detrás de esas palabras. Que una persona dijera entre sus contemporáneos tales cosas acerca de otra ya se consideraba malo; que lo dijera un predicador galileo con respecto a sí mismo resultaba escandaloso.

Además, Jesús dijo que los que estaban oyéndolo lo "verían" en su función de gobernante y juez a la diestra de Dios.[200] Esta era una asombrosa inversión de papeles, y colocaba al predicador galileo en el rol de juez sobre ellos, los líderes designados del pueblo de Dios. Aquí había otra base para la acusación de blasfemia, porque Éxodo. 22:27 (EVV 22:28) equipara la acción de "maldecir a un líder de tu pueblo" al hecho de "vilipendiar a Dios", y no cabe duda de que las palabras de Jesús los han degradado de la función de liderazgo que Dios les había otorgado. Ese lenguaje amenazador, pues, era imperdonable.[201] Por consiguiente, lo que dijo Jesús en el v. 62 proporcionaba una prueba más que suficiente para dictaminar que era culpable de blasfemia (a menos, por supuesto, que lo que dijo fuera cierto, y que sorprendentemente, al parecer, no se haya contemplado como una explicación posible). Cranfield, 445, sugiere que la expresión más bien torpe[202] αὐτὸν ἔνοχον εἶναι θανάτου pone de relieve el reconocimiento por parte de Marcos de que este no era un juicio formal, y por tanto, "no dictaron ninguna sentencia sino que manifestaron una opinión jurídica"; Mann, 615, va más allá: "No hubo ningún proceso jurídico ni siquiera quasi-jurídico ante el sanedrín... Marcos solo puede decir —en el mejor de los casos— que se llegó a un acuerdo de que Jesús 'merecía' morir". En lo que respecta al estatus jurídico de esta vista oral, eso es probablemente correcto, pero con el uso del verbo κατακρίνω Marcos deja bien claro que los miembros del sanedrín tenían la intención de condenar a Jesús a muerte, aun cuando no tenían la capacidad formal para llevarlo a cabo.

---

199. D. L. Bock, *Blasphemy*, 183, resume el análisis fascinante e innovador de las págs. 113-83.

200. Véase J. Marcus, *Way*, 165-67, con respecto al elemento de "juicio" implícito en la imaginería de Dn. 7 y sus implicaciones irónicas para esta escena en la que Jesús oficialmente es el que está siendo juzgado. La desestimación de este elemento por parte de Gundry, 914, depende de una separación demasiado rígida entre las funciones del Anciano de Días y el Hijo del Hombre en Dn. 7.

201. D. L. Bock, *Blasphemy*, 206-9 describe muy bien este aspecto de la acusación de blasfemia.

202. R. E. Brown, *Death*, 529, trata de expresar el doble sentido de ἔνοχος ("culpable de" y "castigado con") por medio de la expresión "culpable, es digno de muerte".

El castigo para la blasfemia era la muerte por lapidación (Lv. 24:10-16; *m. Sanh.* 7:4-5). Si les hubiera asistido ese derecho, eso es presumiblemente lo que el sanedrín habría deseado hacer, pero bajo la ocupación romana carecían de esa capacidad[203] (aunque de vez en cuando lo llevaban a cabo *ultra vires*, Hch. 7:58-60; Josefo, *Ant.* 20.200; el segundo caso tuvo lugar de manera significativa en un momento en el que no había ningún fiscal en ejercicio) y por tanto, tenían que buscar la manera de hacer que la ejecución se realizara bajo la ley romana, y con métodos romanos.[204] En un tribunal romano la βλασφημία, tal como la interpretaban los judíos, no constituiría ningún delito capital, pero el reconocimiento abierto de Jesús de su estatus como ὁ Χριστός proporcionaba la base para una acusación a la que podía dársele la apariencia de una traición política. Llegaremos a esta próxima etapa del proceso en 15:1-2.

65 Pero primero Marcos va a dejar constancia de un comportamiento insólito por parte de los principales ciudadanos de Jerusalén. Lucas, considerando tal vez que esa conducta tan indigna no era adecuada para los propios miembros del sanedrín, les atribuye el maltrato de Jesús a "los hombres que lo custodiaban", pero Marcos descarta esa opción al mencionar a οἱ ὑπηρέται por separado y con posterioridad. El pronombre τινες que usa solo puede referirse a los miembros del sanedrín. Esto tal vez podría explicarse por el hecho de que, en Marcos, a diferencia de lo que ocurre en Lucas, esta acción tiene lugar inmediatamente después que hubieron llegado al veredicto de blasfemia; al igual que el desgarramiento de las vestiduras, el abuso físico del condenado también puede haber formado parte del ritual vigente, para demostrar a todas luces que se desmarcaban de su blasfemia. Este es el argumento de J. D. M. Derrett,[205] quien continúa afirmando que la orden que le dan a Jesús con los ojos vendados de que "profetice" debe explicarse de manera similar como una consecuencia de la condena, puesto que (sobre la base de Is. 11:3) solía pensarse que alguien que había declarado que era el Mesías debía ser capaz de reconocer a su agresor sin verlo por el olor. De todas formas, una vez que nos deshacemos de la idea de que se trata de un juicio formal, son menos, al parecer, las razones que tenemos para dudar de que algunos de los del sanedrín pudieran desear expresar su odio

---

203. Véase supra, pág. 602 n. 5.

204. Por lo general se piensa que la crucifixión es una forma característicamente romana de castigo (aunque ya había sido copiada de manera célebre por el gobernador judío Alejandro Janeo hacía más de un siglo), pero algo muy parecido, al parecer, ya se había previsto para un delito similar en el contexto estrictamente judío del Qumrán: en 11Q19 *(Temple)* 64:6-13 se habla de "colgar de un madero (o árbol)" como el castigo adecuado para alguien que le "ha hecho mal a su pueblo" divulgando información acerca de ellos y traicionándolos con una potencia extranjera. Aunque esto podía tomarse como una traición simple, D. L. Bock, *Blasphemy*, 208, sugiere también una relación con la blasfemia por cuanto el pueblo es también el pueblo *de Dios*. Aún antes que se publicara el texto de 11Q19, E. Bammel, en E. Bammel (ed.), *Trial*, 162-65, formuló un argumento a favor del uso judío de la crucifixión desde el siglo II a.C. Véase además M. Hengel, *Crucifixion*, 84-85, donde alega que después de Herodes el grande no tuvo lugar ninguna crucifixión judía.

205. J. D. M. Derrett, *Law*, 407-8.

y desdén hacia el "blasfemo" de ese modo tan directo. No es probable que el lector pase por alto la ironía de su sarcástica orden de que Jesús "profetice" cuando el trato al que están sometiéndolo es sin duda un cumplimiento claro de lo que él había predicho que sería su destino en Jerusalén (así como el incidente que sigue inmediatamente en los vv. 66-72 cumplirá con exactitud otra predicción más reciente).

En su última predicción de la pasión (10:33-34), Jesús incluyó los esputos, pero como una acción que llevarían a cabo los gentiles (como en realidad ocurrirá en 15:19). Una forma universalmente conocida de manifestar desprecio e insulto es escupir (Job 30:9-10; cf. su uso jurídico formal en Dt. 25:9), y con ese fin, formaba parte del destino que tenía que enfrentar el Siervo de Yahvé y al que se hace alusión en Isaías 50:6; por tanto, encaja adecuadamente en este contexto judío. La venda sobre los ojos y los golpes, que posiblemente solo fueran unos cuantos maltratos más, podrían relacionarse más específicamente con el mandato Προφήτευσον, tal como sugiere Derrett. Marcos no explica en detalle de qué manera esperaban que Jesús "profetizara"[206] (véase la nota textual), pero la ampliación en Mateo y Lucas con la pregunta τίς ἐστιν ὁ παίσας σε; indica una intención mucho más específica, a saber, la capacidad de este supuesto Mesías para identificar a los que lo golpeaban; la otra adición de Mateo del sustantivo Χριστέ refuerza la sugerencia de Derrett, que seguiría careciendo de un fundamento firme si se basa únicamente en el texto de Marcos, a pesar de que Marcos menciona explícitamente la venda sobre los ojos que Mateo solo presupone (véase la nota textual).[207] A la luz de Mateo 5:39, el sentido de ῥαπίσμασιν ἔλαβον[208] (ῥαπίζω en otros lugares a menudo significa golpear con un palo o con un látigo) tal vez no difiere mucho del de κολαφίζειν, golpear con la mano o con el puño (aunque Mt. 26:67 tal vez establece una diferencia entre las dos acciones); pero ῥαπίσματα añade un reflejo adicional del texto de la LXX en Isaías 50:6.[209] La participación de οἱ ὑπηρέται amplía el sentido del rechazo de Jesús por parte de su propio pueblo, y también nos prepara para el cambio de escenario que tendrá lugar en el v.

206. J. Jeremias, *Theology*, 77-78, alega que este "especie de juego de la gallina ciega" demuestra que la esencia de la supuesta falta de Jesús era la de ser un falso profeta. D. J. Moo, *The OT*, 346-47, analiza la posibilidad de que esto se derive de la idea de que él dijo que era "el profeta semejante a Moisés".

207. P. Benoit, en W. C. Van Unnik (ed.), *Neotestamentica et Patristica*, 92-97, analiza la relación entre los diferentes relatos del Evangelio, y examina una variedad de presuntos paralelismos del incidente en la literatura antigua, ninguno de los cuales (salvo Is. 50:4-6) se aproxima tanto a la dinámica de la condenación de Jesús por parte del sanedrín que pueda contribuir significativamente a nuestra comprensión de este versículo. Para más detalles sobre algunos juegos afrentosos antiguos en los que se vendaban los ojos, véase D. L. Miller, *JBL* 90 (1971) 309-13.

208. En cuanto al modismo poco usual (un "término coloquial crudo"; Mann, 628) como un latinismo "vulgar", véase BDF 5(3b), 198(3). R. E. Brown, *Death*, 576-77, sugiere la traducción "le recibieron a bofetadas".

209. Con respecto a la probabilidad de que este versículo aluda deliberadamente a Is. 50:6, véanse D. J. Moo, *The OT*, 139-44; R. E. Watts, *Exodus*, 363.

66 con la experiencia contrastante de Pedro entre los siervos que estaban en el patio exterior. (Gundry, 888, 919-20, piensa que la última cláusula del v. 65 implica que después que los miembros del sanedrín abusaron de Jesús lo sacaron y lo pusieron en manos de los ὑπηρέται que estaban en el patio, donde también estaba sentado Pedro).

El repudio de Jesús por parte de Pedro (14:66-72)

NOTAS TEXTUALES

68 y 72. Casi todas las variantes textuales en estos versículos se derivan de los dos cantos del gallo que (en caso de ser auténticos) constituyen un rasgo distintivo de la narración de Marcos en contraposición a los otros tres Evangelios, y representan esfuerzos para armonizar a Marcos con la tradición más familiar de un solo canto del gallo. Véase la nota textual sobre 14:30 supra, y el análisis posterior (pág. 573 n. 68) de los argumentos de Wenham y Brady. De conformidad con el punto de vista adoptado allí, sería preferible considerar que la omisión de καὶ ἀλέκτωρ ἐφώνησεν en el v. 68 y de ἐκ δευτέρου y de δίς en el v. 72 forman parte de la misma tendencia armonizadora. El hecho de que los MSS disten tanto de ser coherentes en cuanto al grado de su armonización insinúa una tensión continua entre el deseo de armonizar y el de respetar el texto recibido. La omisión de καὶ ἀλέκτωρ ἐφώνησεν en el v. 68 en B W y en algunas versiones, aunque conservan ἐκ δευτέρου in el v. 72, podría tomarse como una edición descuidada o presuponer que la frase ἐκ δευτέρου hacía innecesaria la mención específica del primer canto del gallo. Otras variantes en la última parte del v. 72 son, al parecer, intentos de armonizar, tal y como se hizo en el v. 30, o de evitar la ubicación inconveniente de los adverbios δίς y τρίς. Los vv. 30 y 72 muestran una variedad notable en el orden de las palabras y la construcción.

72. La forma verbal ἔκλαυσεν (ℵ* A* C) parece una simple armonización con el tiempo del verbo en Mateo y en Lucas (que, de todas formas, resulta más natural en el contexto). El término ἤρξατο (D Θ) es probablemente un esfuerzo por expresar en un griego mejor el presunto significado del extraño participio ἐπιβαλών (sobre el cual véase más adelante), del mismo modo que lo han traducido la mayoría de las versiones.

En nuestro comentario sobre el v. 54 señalamos la manera en que la narración nos preparaba para la escena que sigue ahora y que se desarrolla en el patio fuera de la sala del sumo sacerdote en la que se había realizado la vista oral de Jesús, y en nuestra nota sobre el v. 65 dijimos que la mención de los ὑπηρέται indicaba el cambio a esa escena secundaria. De este modo, llegamos ahora al segundo de los relatos contrastantes de Marcos sobre individuos que se hallan bajo presión. De hecho, la interrupción de la narración después del v. 65, más que un comienzo realmente nuevo, es una cuestión de conveniencia, y Gundry (883) tiene una buena razón para tratar todo el pasaje de los vv. 53-72 como una sola unidad de la narración en la que las negaciones de Pedro contrastan deliberadamente con la osada afirmación de Jesús y no constituyen simplemente "detalles incidentales del juicio de Jesús".

Este es el momento en el que la predicción muy específica de Jesús en el v. 30 tendrá también un cumplimiento específico, así como lo tuvo en Getsemaní la predicción más general del 27. La determinación de Pedro de ser leal a Jesús (vv. 29, 31) lo llevó mucho más lejos que los otros discípulos, pero él también va a descubrir ahora la veracidad de la declaración de Jesús de que aunque el espíritu esté presto, la carne es débil (v. 38). Su disposición a adentrarse mucho más en el peligro multiplicó las dificultades, y por consiguiente, su caída resultó ser dramáticamente más seria, hasta el punto incluso de llegar a maldecir en público a su maestro. Después de esa flagrante deslealtad, la narración de Marcos solo puede dejar a Pedro llorando, y él, al igual que Judas, desaparece del resto del relato, con lo cual, Jesús se queda solo, traicionado y sin apoyo.

Pero existe una diferencia vital entre Pedro y Judas. Si bien es cierto que Pedro no volverá a aparecer en la narración de Marcos, su nombre *sí* se mencionará específicamente en el mensaje de esperanza del joven que estaba sentado junto al sepulcro en 16:7. Pedro ya no es simplemente un miembro sino el miembro principal del grupo de los discípulos, y como tal, es convocado al relanzamiento triunfal de la misión de Jesús en Galilea. Marcos no explica claramente la razón por la que la deserción de Judas es definitiva y la de Pedro solo temporal, pero tal vez la respuesta podría hallarse, en parte, en la palabra que denota la última acción que Pedro realiza en la narración, ἔκλαιεν. Su arrepentimiento, en contraste con la deslealtad aparentemente inmutable de Judas, sugiere que fue un error cometido bajo presión y no un cambio deliberado de lealtad, y para eso, tal como los lectores de Marcos habrán observado con alivio, aún existe la perspectiva del perdón y la rehabilitación.

La triple negación de Pedro constituye una secuencia narrativa inolvidable. De acuerdo con la manera en Marcos lo cuenta, los tres cuestionamientos y las negaciones que provocan siguen una escala ascendente. El primer cuestionamiento procede de una esclava que, al parecer, se dirige a Pedro en privado, el segundo, de la misma esclava, pero en esta ocasión, dirigiéndose a un grupo de curiosos, y el tercero, de todo el grupo de curiosos. Para responder al primero, Pedro solo tuvo que contradecir lo que alegaba una persona, en el caso del segundo, se vio forzado a hacer una negación pública, y en cuanto al tercero, no se conformó con desmentirlo, sino que pronunció un juramento que debe hacer estremecer a cualquier lector cristiano. El progreso de su prueba también está marcado por un cambio de escena después de la primera negación, cuando abandona su posición más expuesta cerca del fuego y se retira a una zona tal vez menos iluminada, el προαύλιον, y por supuesto, por el repetido canto del gallo después de la primera y la tercera negaciones, para recordarle al lector lo que Jesús había predicho.

66-67 Véase el comentario sobre el v. 54 con respecto a la ubicación de Pedro cerca del fuego (y por tanto, visible a la luz del mismo; véase el uso allí del sustantivo φῶς en lugar de πῦρ); el verbo θερμαινόμενον nos recuerda esa escena. La casa de un individuo de la importancia social del sumo sacerdote habría contado con un gran número de esclavos, de ambos sexos, que como no estaban de servicio, era natural que se reunieran en el αὐλή. El primer cuestionamiento procede de una de estas personas.[210] El diminutivo femenino παιδίσκη puede tener por objeto destacar la insignificancia de su posición social —una persona a la que Pedro difícilmente podría temer. Pero en el NT (donde el masculino παιδίσκος no se usa) παιδίσκη no suele desempeñarse como un diminutivo, y podría funcionar simplemente como la forma femenina de παῖς (véase Lc. 12:45). El verbo ἐμβλέψασα (que, después de ἰδοῦσα, sugiere una mirada más escrutadora) presupone que ella reconoció a Pedro porque lo había visto antes con Jesús[211], tal vez en Getsemaní, pero más probablemente como uno de los miembros del grupo de galileos que jugó un papel destacado en el recinto del templo durante los días previos a la pascua. Al describir a Jesús como ὁ Ναζαρηνός, el título que ya le habían asignado públicamente personas ajenas al círculo de sus propios seguidores (1:24; 10:47), la criada hace hincapié en la extranjería de este grupo norteño, a la que también aludirán los curiosos en el v. 70. Podría haber también un elemento de sarcasmo en el uso de un término que en otros pasajes neotestamentarios tiene "connotaciones importantes de separación y de desprecio a la vez".[212]

68 La única intención del verbo simple ἀρνέομαι debería ser expresar que la declaración anterior es falsa (tal como ocurre en Lc. 8:45; Jn. 1:20, etc.). Pero después del uso de με/σε ἀπαρνέομαι en los vv. 30 y 31 es posible que el lector detecte también el sentido más pleno de "repudiar" a Jesús (véase el comentario supra sobre 8:34 con respecto a este sentido de la forma compuesta; y cf. Mt. 10:33; Lc. 12:9 para un uso similar del verbo simple); aunque el verbo (ἀπ)αρνέομαι no se usó en 8:38, el lector podría recordar las palabras amenazadoras de Jesús acerca de las consecuencias que tiene el hecho de "avergonzarse" de él en esta generación. La expresión pleonástica típicamente marcana οὔτε οἶδα οὔτε ἐπίσταμαι[213] es prácticamente tautológica, un recurso retórico para reafirmar la fuerza de la negación.[214] Σὺ τί λέγεις debe entenderse mejor como una pregunta indirecta que expresa el contenido de la ignorancia declarada de Pedro,[215] en lugar de puntuarla como una pregunta separada tal

210. Gundry, 920, sugiere que el uso de μία en lugar de τις podría tener el propósito de subrayar "la manera en que la narración va reduciendo el número de actores: de todos los miembros del sanedrín (vv. 53, 55) a algunos de ellos y a sus siervos (v. 65) y ahora a una criada".

211. Solo un lector excepcionalmente alerta podría detectar en este uso de μετά un reflejo del llamado original de los discípulos a estar μετ' αὐτοῦ en 3:14; así Gnilka, 2.292.

212. K. H. Rengstorf, *DNTT*, 2.334. Mann, 630, considera que "el tono de burla" aquí es "convincente".

213. BDF 445(2), considera que este uso de οὔτε... οὔτε... es 'inadmisible', y la lectura οὐκ... οὐδὲ... que aparece en unos cuantos MSS es "correcta". Sin embargo, la mayoría de los primeros copistas griegos, al parecer, consideraron que el modismo de Marcos era claro y aceptable.

214. Mann, 629, sugiere una diferenciación de los dos verbos de la siguiente manera: "'No sé nada' —respondió— 'no entiendo lo que dices'".

215. Para una fórmula similar de negación, véase *m. Šebu. 8:3, 6*: "No sé de qué hablas".

como ocurre en la nota marginal tan torpe de la Versión Revisada (inglés): "Yo ni conozco, ni entiendo: tú, ¿qué dices tú?".

El desplazamiento de Pedro al προαύλιον (probablemente la entrada o el vestíbulo que conducía al atrio desde la calle de afuera), según cabe suponer, fue un esfuerzo por escapar de un encuentro incómodo, y a la vez, acceder a una zona menos iluminada lejos del fuego. Pero su partida no fue total; al parecer, todavía se mantenía aferrado a su pretensión jactanciosa de ser el único que permanecería con Jesús (14:31). En cuanto al primer canto del gallo, véase la nota textual sobre 14:30 y sobre el v. 68 supra, y las notas sobre 14:29-31 con respecto a la probabilidad de repetidos cantos del gallo durante las horas previas al amanecer. La mención del canto del gallo aquí aumenta la tensión para el lector que recuerda la predicción de Jesús; dicho canto aparentemente no produce ningún efecto en Pedro.

69 El artículo indica (y πάλιν confirma) que ἡ παιδίσκη es la misma persona a la que se alude en el v. 66; siguió a Pedro hasta fuera del vestíbulo (o tal vez podía verlo allí mientras hablaba de él con los que estaban cerca de ella)[216] e insiste en identificarlo como un seguidor de Jesús. Pero en esta ocasión recurre a otros para que corroboren su afirmación. Entre los curiosos que estaban en el patio del sumo sacerdote probablemente se encontraban algunos del grupo de los que habían arrestado a Jesús, que, por ende, estarían en mejores condiciones de identificar a Pedro como uno de los hombres con los que se habían enfrentado allí. La identificación de Pedro en este caso como uno ἐξ αὐτῶν, y no simplemente como uno que había estado con Jesús, sugiere que aunque Jesús era el único a quien se les había enviado a arrestar, a sus seguidores se les consideraba un grupo coherente de alborotadores.[217] Su rápida huida de Getsemaní, y el relato posterior de Juan con respecto a su reunión a puertas cerradas "por miedo de los judíos", confirma que ellos mismos se veían como un grupo sospechoso.

70 La segunda negación de Pedro, al igual que la segunda oración de Jesús en Getsemaní, solo se menciona sin dar detalles, aunque sí resulta llamativo el cambio del tiempo verbal. ¿Indica acaso el imperfecto del verbo una negación continua o repetida en lugar de una simple declaración, o podría tener una fuerza negativa: trató de negarlo? La diferencia con la primera negación no tiene que ver con su contenido sino con el auditorio que, en este caso, es un grupo de curiosos que oyeron la acusación de la criada. Pero esta negación más pública tampoco resulta convincente, y le seguirá otro cuestionamiento μετὰ μικρόν (¿para darles tiempo tal vez a volver a escuchar el acento de Pedro?). Esta vez son todos los curiosos juntos los que repiten

---

216. Así R. E. Brown, *Death*, 602.

217. G. W. H. Lampe, *BJRL* 55 (1972/3) 346-68, evalúa la relevancia de la historia de las negaciones de Pedro para los cristianos que más tarde se enfrentaron a la persecución oficial, en una época en la que ser "uno de ellos" era peligroso, y encuentra algunos aspectos de su uso en los escritores patrísticos.

la acusación, usando la frase que usó la criada para identificarlo, ἐξ αὐτῶν, pero ahora, ratificándola con la observación de que Pedro es Γαλιλαῖος. Aún en la temporada pascual, cuando la ciudad estaba llena de peregrinos de otras regiones, la presencia de un galileo en Jerusalén (y en particular, dentro del patio del sumo sacerdote) era algo tan peculiar que llamaba la atención, y Jesús y sus discípulos habían sido públicamente identificados desde el principio como un grupo de galileos (véanse los comentarios introductorios sobre 11:1-10). Si se toma en consideración la opinión generalmente baja que los judíos tenían de los galileos, es probable que en la expresión Γαλιλαῖος εἶ haya un tono de desprecio, y tal vez también de amenaza. Marcos, a diferencia de Mateo, no dice de qué manera identificaron a Pedro como galileo, pero la explicación que da Mateo de que su acento norteño lo traicionaba parece cierta, sobre todo si tenemos razón cuando consideramos que el imperfecto ἠρνεῖτο indica que Pedro continuó tratando de salir del paso con bravuconadas.

71 El verbo ἤρξατο pone de relieve un nuevo elemento en la tercera negación de Pedro. Las palabras que pronunció, οὐκ οἶδα τὸν ἄνθρωπον τοῦτον ὃν λέγετε, constituyen un repudio más explícito de Jesús que las que se leen en el v. 68, y la frase τὸν ἄνθρωπον τοῦτον es una forma llamativamente despectiva que Pedro no debería haber usado para hablar de la persona a quien antes había aclamado como ὁ Χριστός. Pero el factor nuevo y más revelador es la doble mención de un juramento. El segundo término, ὀμνύναι ὅτι, es la manera natural de decir que Pedro confirmó su declaración jurando que era cierta, y para ello, usó algún tipo de fórmula como "Que Dios me... si yo...". Si el verbo precedente ἀναθεματίζειν significa "pronunciar una maldición contra uno mismo", tal como sugieren algunas versiones (NTV, NVI) y han dan dado por sentado muchos comentaristas, expresaría entonces el mismo sentido. Marcos a veces usa dos expresiones más o menos sinónimas para destacar algo que quiere señalar, pero cabría preguntarse si es eso lo que hace aquí, porque el verbo ἀναθεματίζω por sí mismo no significa jurar en el sentido de "pronunciar una maldición contra uno mismo". Es un verbo transitivo,[218] que esencialmente connota la idea de dedicar algo a Dios (Nm. 18:14 en la LXX), pero casi siempre se utiliza en la LXX en el sentido negativo de "destinar a la destrucción", de ahí "maldecir". Esta manera de emplearlo subyace tras el uso paulino de ἀνάθεμα como una fórmula de maldición (1Co. 12:3; 16:22; Gá. 1:8, 9). Los demás pasajes en los que aparece el verbo en el NT, en Hechos 23:12, 14, 21, el sentido reflexivo se logra con la adición del pronombre ἑαυτούς; sin el cual su significado es maldecir algo o a alguien que no es uno mismo. (Mateo usa aquí el verbo poco usual καταθεματίζω, que no es perceptiblemente diferente en lo que respecta a su significado). En este contexto debemos entender que el objeto natural de la maldición es Jesús, y por tanto, Marcos presenta a Pedro haciendo voluntariamente lo que a Plinio se le

---

218. BAGD, 54b, no ofrece ninguna justificación para catalogar este uso específico como "intransitivo".

informó más adelante que a los "verdaderos cristianos" no podía obligárseles a hacer (Plinio, *Ep.* 10.96.5), a saber, maldecir a Jesús.[219] Esta interpretación del texto, que los exégetas cristianos naturalmente consideran indeseable (de ahí algunas traducciones como NTV, NVI), es el sentido más probable de las palabras de Marcos, aunque para evitar una ofensa demasiado flagrante, dejó sin mencionar el complemento del verbo.[220]

72 El conector narrativo típico de Marcos, καὶ εὐθύς, relaciona directamente la tercera negación con lo que Jesús dijo que iba a ocurrir después. Véanse las notas textuales supra y en 14:30 acerca de los problemas de armonización que se derivan del segundo canto del gallo. En lo que respecta únicamente a Marcos, no hay ningún problema: el segundo canto del gallo es precisamente la señal que Jesús mencionó en su predicción en 14:30, y la repetición de la expresión completa el patrón de predicción y cumplimiento. La fraseología bastante complicada de Marcos lo pone claramente de relieve: "la palabra (ῥῆμα, un término que Marcos usa solo aquí y en 9:32 para referirse a otra predicción de Jesús igualmente categórica y desagradable), que Jesús le había dicho...".[221] La leve variación en el orden de las palabras en la predicción citada, si el texto impreso por la UBS es correcto (véanse las notas textuales aquí y en 14:30), tiene el efecto de colocar δίς y τρίς uno al lado del otro, un juego de palabras extraño pero inolvidable. Solo podemos conjeturar por qué Pedro, al parecer, no hizo caso de la advertencia que recibió con el primer canto del gallo, sino que rompió a llorar después del segundo.

Las tres palabras que expresan su reacción, καὶ ἐπιβαλὼν ἔκλαιεν, resultan desconcertantes. Un aoristo, como en Mateo y en Lucas, habría sido más natural para referirse al "llanto en el que prorrumpió", y traducirlo como "lloró incontrolablemente" o algo parecido, sería cargar demasiado el tiempo imperfecto.[222] Pero el verbo ἐπιβαλών es todavía menos natural. BAGD, 290a, 2.b, no pueden identificar este uso con ninguno de los significados reconocidos de ἐπιβάλλω (un verbo "de amplio alcance, pero curiosamente intransigente"; Mann, 632), y ofrecen una variedad de sugerencias incluyendo "cubriendo su cabeza", "pensando en ello" y "comenzando [a llorar] o "poniéndose [a llorar]", esta última opción cuenta con el apoyo de un papiro y un uso de Diógenes

---

219. H. Merkel in E. Bammel (ed.), *Trial*, 66-71, defendió clásicamente esta interpretación, y también lo hizo en forma independiente, G. W. H. Lampe in *BJRL* 55 (1972/3) 354.

220. J. Behm, *TDNT*, 1.355, y K. E. Dewey en W. H. Kelber (ed.), *Passion*, 101, creen que Marcos permite deliberadamente que el complemento del verbo permanezca ambiguo, aunque difieren en cuanto a la naturaleza de la ambigüedad. E. Best, *Disciples*, 168 n. 31, discrepa, alegando que "esas ambigüedades no constituyen una característica marcana".

221. Véase J. N. Birdsall, *NovT* 2 (1958) 272-75, con respecto al efecto de este uso de ὡς para referirse "no a un simple recuerdo por parte de Pedro de una predicción que Jesús había hecho hacía poco, sino al torrente de ideas que el segundo canto del gallo trajo de nuevo a su mente acerca de la situación que se nos describió en Mr. 14:17-31".

222. Cf. F. Hauck, *TDNT*, 1.529: "él comenzó a llorar amargamente". Mann, 632, considera que el tiempo verbal denota "un dolor continuo y persistente que siguió al conocimiento demoledor de sí mismo".

Laercio en el siglo III y también de algunos textos variantes (véase la nota textual) que probablemente constituyen esfuerzos por entender el significado de ἐπιβαλών.[223] Una sugerencia nueva de M. Casey[224] es que el verbo significa "lanzando [más reproches], reflejando un modismo siro-arameo, pero socava su propuesta cuando sugiere que esto podría ser el resultado del trabajo de un traductor griego que confundió el verbo arameo *sr ʿ* ("comenzar") con *sd ʿ* ("lanzar"); con lo cual, confirma que el significado original es "comenzando", aun cuando no sea eso lo que Marcos pensó que significaba.

Es imposible conocer la razón por la que Marcos eligió ese modismo, pero el sentido esencial es indudable: cuando Pedro se da cuenta de que ha caído precisamente en la trampa de la que Jesús le había advertido, sus audaces negaciones le causan remordimiento. Con eso, termina el relato de Marcos, y nos queda a nosotros imaginar cómo reaccionaron los curiosos ante su evidente confesión de culpabilidad y cómo escapó él de su comprometida situación en el προαύλιον de la casa del sumo sacerdote.

El juicio romano (15:1-15)

NOTAS TEXTUALES

1. La lectura ἐποίησαν (D Θ y muchas versiones) simplemente "mejora" la sintaxis con sus dos cláusulas de participio antes del verbo principal. La elección entre ποιήσαντες y ἑτοιμάσαντες para el primer participio depende de la interpretación que se le dé al sustantivo συμβούλιον, ya sea como "plan" o como "reunión consultiva o del concilio". La lectura ἑτοιμάσαντες en ℵ C L presupone la primera opción, mientras que el verbo ποιήσαντες que aparece en la mayoría de los MSS (respaldado también por casi todas las versiones) armonizaría con ambas. La mayor confirmación con la que cuenta y el hecho de que la lectura de D también se deriva de ella sugieren que es original y que ἑτοιμάσαντες fue un esfuerzo por componer el primer significado (que también se encuentra en Mateo, aunque con ἔλαβον) y evitar con ello una repetición de la reunión del sanedrín en 14:53.

8. La repentina llegada (ἀναβάς) de la multitud resulta llamativa, y el verbo ἀναβαίνω menos natural que el συνάγομαι de Mateo. Por lo tanto, ἀναβοήσας (un verbo que Marcos no usa en ningún otro lugar) parece una lectura "mejorada" que remplaza el movimiento físico de la multitud por su actividad vocal, que es el tema del resto de la oración.

12. Θέλετε ποιήσω es una frase tan poco elegante (de ahí la adición de ἵνα en algunos MSS posteriores) que no inspira deseos de enmendarla, y el hecho de que en

---

223. Para una variedad más completa de usos clásicos y en el griego helenístico de ἐπιβάλλω véase F. Hauck, *TDNT*, 1.528-29; él también apoya el significado "comenzando". Así también BDF 308. R. E. Brown, *Death*, 609-10, enumera nueve significados que se sugieren aquí.

224. M. Casey, *Sources*, 85-86.

Mateo no aparezca el verbo θέλετε en este versículo incrementa la probabilidad de que fue omitido en א B C W etc. con el fin de armonizar y también mejorar el estilo. El verbo θέλετε que se lee en Mateo 27:21 es diferente en cuanto al sentido y la sintaxis, y no sería probable que sugiriera una adición armonizadora aquí. La construcción paralela θέλετε ἀπολύσω en v. 9 respalda la originalidad de θέλετε aquí también.

12. Es más probable que ὃν λέγετε fuera omitido por un copista deseoso de mantener la dignidad del título de Jesús (y para ajustarse al uso irrestricto que hace Pilato del título en el v. 9; cf. Jn. 18:39) y no que se añadiera (aquí, pero no en el v. 9) pensando en la improbabilidad histórica (¿o inconveniencia teológica?) del uso irrestricto del título por parte de Pilato. La omisión de ὃν en B da como resultado una oración sin sentido, y por ende, es probablemente accidental; en ese caso, B se suma a las sólidas pruebas a favor de la lectura más larga.

Dijimos antes que la vista oral judía, por más importante que haya sido para que los líderes de Jerusalén manifestaran su repudio hacia Jesús, no fue una "vista" oficial, por cuanto no se formuló ninguna acusación y el sanedrín no tenía autoridad para decidir sobre la vida de ninguna persona. Consistió, más bien, en buscar un cargo convincente que pudieran presentar contra Jesús en un juicio oficial que, por un delito punible con la pena capital, no podría dejar de celebrarse ante el prefecto romano, que era el único que podía dictar una sentencia de muerte. Por tanto, la "blasfemia" que confirmaron los líderes judíos con su opinión de que Jesús tenía que ser ejecutado había que transformarla en una acusación con un matiz más político que el gobernador romano pudiera entender y se viera obligado a tomar en serio. La tarea no era difícil puesto que el tema central en la vista oral de Jesús había sido la afirmación de una autoridad especial superior incluso a la de los líderes judíos debidamente constituidos, y en ese sentido, Jesús no solo había aceptado gustoso el título Χριστός sino que se había arrogado una autoridad aún más alta. Era innegable que los términos de su afirmación habían sido teológicos y no abiertamente políticos, pero ofrecieron una base amplia para acusarlo de que él estaba atribuyéndose una autoridad real entre su propio pueblo, y esa atribución bajo la ocupación romana sería naturalmente considerada una traición, incluyendo a Jesús en la categoría de los líderes nacionalistas que, tal como había hecho Judas de Galilea, rechazaban el gobierno romano como incompatible con el estatus del pueblo de Dios. Esa interpretación subyace tras el título ὁ βασιλεὺς τῶν Ἰουδαίων que ocupa el lugar central del juicio romano y su veredicto (vv. 2, 9, 12, 18, 26, 32), y la equiparación de Jesús con el reconocido στασιαστής Barrabás. Aunque Marcos no dice claramente quién introdujo el título real en el proceso, la frase ὃν λέγετε que usa en el v. 12 confirma lo que a todas luces era probable, a saber, que este título fue el que escogió el sanedrín para resumir la acusación contra Jesús ante el prefecto.

En presencia del sanedrín mantuvo un silencio irritante, pero finalmente lo provocaron para que declarara con claridad quién era. Ante Pilato dijo menos aún. Una simple respuesta aparentemente evasiva en el v. 2 es su última palabra antes de la cruz, y Marcos llama la atención sobre ese hecho (vv. 4-5). Jesús, al parecer, ya había dicho todo lo que tenía que decir, y ahora deja que los acontecimientos sigan su curso predecible. Lo único que importa ahora es saber si pueden persuadir a Pilato para que coopere, pero ese problema se resolverá pronto. Los esfuerzos de Pilato por frustrar el plan de los líderes judíos (debido tal vez a una percepción real de que se trataba de una injusticia, o más probablemente por una indisposición natural a recibir órdenes de personas que él despreciaba) parecen ser más desganados en Marcos que en Lucas o (sobre todo) en Juan, y cuando las inclinaciones de la gente reunida se ponen claramente de relieve, no encuentra ninguna razón para continuar resistiéndose.

Aparte de su participación necesaria en la concesión del permiso para sepultar a Jesús en los vv. 43-44, esta es la primera y única vez que Poncio Pilato aparece en la historia de Marcos, prefecto de Judea durante los años 26-36 d.C. Aunque el nombramiento del prefecto procedía directamente de Roma, gobernaba la pequeña provincia de Judea bajo la supervisión del legado de la provincia imperial de Siria. Por lo general, residía en Cesarea, pero durante el tiempo pascual, cuando Jerusalén estaba llena de peregrinos, se instalaba en su "prætorium" (residencia oficial) en Jerusalén, probablemente el antiguo palacio de Herodes en la colina occidental, en lo que ahora se conoce como la ciudadela al sur de la puerta de Jaffa.[1] Pero como Marcos no le concede ninguna atención al lugar donde se celebró el juicio de Jesús, la identificación de la residencia oficial de Pilato no resulta importante para la exégesis.

Pilato no puede haber disfrutado de su estancia en Jerusalén, porque era allí donde habían tenido, o aun tendrían, lugar algunas de sus violentas confrontaciones con el sentimiento judío (Lc. 13:1; Josefo, *Ant.* 18.55-59, 60-62; Filón, *Leg. Gai.* 299-305). Filón (*Leg. Gai.* 301) describe a Pilato como un individuo "naturalmente inflexible, voluntarioso e implacable", y los incidentes registrados de su carrera fuera de los Evangelios confirman la imagen de un hombre que no podía o no quería entender la sensibilidad religiosa y patriótica judía (o samaritana), y para quien los enfrentamientos y la supresión brutal de la disidencia le resultaban más naturales que la diplomacia.[2] El sanedrín

---

1. Todavía prosigue la discusión acerca de si la residencia habitual de Pilato en Jerusalén era el antiguo palacio de Herodes (tal como había sucedido cuando estaba en Cesarea) o el fuerte de Antonia (en el lado norte del recinto del templo), pero en mi opinión, los argumentos a favor del palacio de Herodes (que Filón, *Leg. Gai.* 299, describe como "la residencia de los prefectos") llevan la ventaja (véase el argumento detallado de P. Benoit, *RB* 59 (1952) 531-50, publicado en inglés en su obra "*Jesus*", 1.167-88; más brevemente, J. Blinzler, *Trial*, 173-76; J. Wilkinson, *Jerusalem*, 137-40; R. E. Brown, *Death*, 705-10; Schürer, 1.361, especialmente n. 38). En un análisis reciente, B. Pixner, *ABD*, 5.447-49, ofrece una tercera opción basada en la tradición cristiana primitiva, y alega que el lugar donde residía se hallaba al otro lado del valle del Tiropeón viniendo desde el templo, un antiguo palacio real asmoneo en lo que ahora es el barrio judío; Pixner descarta categóricamente la posibilidad de que la ubicación sea Antonia.

2. Para algunos relatos breves acerca de Pilato y el período de su mandato, véanse J. Blinzler, *Trial*, 177-84; R. E. Brown, *Death*, 693-705. Brown alega que Pilato era un gobernador mejor de

sabía que no era fácil convencer a un gobernador con esas características para que accediera a su demanda, y el relato de Marcos sobre la manera en que lo abordan pone de relieve una planificación cuidadosa. Al final, no fue, al parecer, la insistencia de los líderes del sanedrín la que forzó su mano, sino la posibilidad de otra revuelta popular a favor de Barrabás y en contra de Jesús. Sin embargo, Marcos se asegura de que veamos la mano del sanedrín detrás de la demostración "popular" (v. 11).

Marcos presenta cuidadosamente su relato sobre el día de la crucifixión en un marco temporal explícito que él divide en intervalos de tres horas:

Versículo 1:	πρωΐ (= amanecer; véase más adelante)	Entrega a Pilato
Versículo 25:	ὥρα τρίτ	Crucifixión
Versículo 33:	ὥρα ἕκτη	Comienzan las tinieblas
Versículo 34:	ὥρα ἐνάτη	Grito y muerte de Jesús
Versículo 42:	ὀψίας γενομένης	Sepultura

Véase más adelante los comentarios sobre los respectivos versículos; aunque los problemas surgen sobre todo a causa del v. 25, el bosquejo obviamente fue elaborado de un modo que resultara fácil de recordar.

1 Un nuevo uso de la frase καὶ εὐθύς (véase el comentario sobre 14:72) lleva rápidamente la narración a su próxima etapa. Marcos no quiere que tomemos la decisión matutina como un acontecimiento independiente después de un intervalo, sino como la continuación directa de la vista oral del sanedrín que se relató en 14:53-65[3] (compárese con la narración de Lucas que ubica los detalles del proceso del sanedrín por la mañana, ὡς ἐγένετο ἡμέρα, después de la negación de Pedro y el canto del gallo, mientras que Marcos y Mateo ubican esos detalles por la noche y ofrecen solamente un resumen por la mañana). El segundo canto del gallo nos acercó al amanecer (véanse los comentarios sobre 14:29-31), y el adverbio πρωΐ prosigue la narración a partir de ahí. El traslado al prætorium, el juicio, las burlas y el viaje hasta el Gólgota tuvieron que ocurrir antes de la hora tercera (9 a.m.), 15:25, por tanto, πρωΐ aquí tiene que referirse al amanecer o incluso antes del amanecer.[4] Los actores son los mismos tres grupos con los que ya nos hemos familiarizado en 8:31; 11:27; 14:43, 53, pero la subordinación en este caso de los πρεσβύτεροι καὶ γραμματεῖς a los ἀρχιερεῖς por medio de la preposición μετά deja bien claro quienes dirigen el juego, y

---

lo sugiere Filón, y que la manera en que abordó el caso de Jesús de Nazaret estuvo muy de acuerdo con su naturaleza.

3. Véase J. Blinzler, *Trial*, 145-48.

4. Véase A. N. Sherwin-White, *Society*, 45-46, para algunos comentarios sobre el cronograma diario de un funcionario romano, para apoyar la probabilidad de que su comparecencia ante Pilato tuvo lugar "cuando llegó la mañana". Cf. J. Blinzler, *Trial*, 172-73.

a partir de 15:3 solo se menciona a los ἀρχιερεῖς como acusadores de Jesús.[5] A fin de cuentas, fue el líder del grupo sacerdotal el que actuó como vocero durante la vista oral. Sin embargo, en esta ocasión se añade la frase καὶ ὅλον τὸ συνέδριον. Dado que los tres grupos que acaban de mencionarse componían la membresía del sanedrín, esta frase no puede denotar un grupo adicional. Su única función es destacar (más enérgicamente que el adjetivo πάντες de 14:53) que se trataba de una reunión completa del sanedrín, facultada para redactar un caso que pudieran presentar ante Pilato. Es probable que los miembros hubieran ido llegando a medida que se desarrollaba la vista nocturna, de modo que hacia esta hora ya tenían el quórum suficiente (y la expresión de Marcos sugiere que mucho más incluso que un simple quórum) para ratificar formalmente la conclusión de los procedimientos de la noche.

En este contexto συμβούλιον ποιήσαντες (véase la nota textual) podría significar "celebraron una reunión de consulta/del consejo" (es decir, se constituyeron formalmente en un órgano decisorio) o "trazaron un plan" (es decir, acordaron cuál sería la acusación que presentarían y las tácticas que seguirían en su inminente visita al prefecto; cf. 3:6, la única vez que Marcos vuelve a usar el sustantivo συμβούλιον). Mateo (ἔλαβον) y los textos ℵ C L de Marcos (ἑτοιμάσαντες) presuponen el segundo significado para συμβούλιον, pero si tuvimos razón al considerar relativamente informal y extraoficial el proceso de 14:53-65, ambos significados resultarían adecuados aquí en Marcos, y no importa mucho cuál de ellos elijamos:[6] esta era la cuestión de decisión formal sobre la que debía basarse el planteamiento que le hicieran a Pilato.

Esta es la primera vez que se dice que Jesús fue atado, aunque el arresto por la fuerza en 14:46 podría haber incluido esta acción (así Jn. 18:12). Ahora es un preso acusado formalmente y lo tratan como tal.[7] El verbo παραδίδωμι se usa con su sentido natural sin ningún matiz teológico especial, pero el lector atento puede recordar las palabras de Jesús en 10:33, παραδώσουσιν αὐτὸν τοῖς ἔθνεσιν. El verbo παραδίδωμι que llamó nuestra atención en las predicciones sobre la pasión de 9:31 y 10:33-34 aparece de nuevo varias veces en la narración de Marcos, no solo con referencia a la acción de Judas (14:10, 11, 18, 21, 41, 42, 44) sino también con relación a las etapas posteriores del camino de Jesús hacia la cruz aquí y en los vv. 10 y 15 que marcan el cumplimiento progresivo de esas predicciones.

---

5. E. Trocmé, *Formation*, 100-101, comenta: "A los ojos del evangelista, los ἀρχιερεῖς eran una especie de colegio ejecutivo que constituía el núcleo del sanedrín sin ser idéntico a él (14:55), y hacía cumplir sus decisiones".

6. F. J. Matera, *Kingship*, 8-10, sugiere que el participio no hace referencia a una parte de la acción que se informa en el v. 1 sino que debe tomarse como una recapitulación de la escena anterior: "los principales sacerdotes, tras haber celebrado un consejo (durante la noche), ahora ataron a Jesús y se lo llevaron". Esta es una lectura posible del participio, pero es menos natural desde el punto de vista idiomático. Ninguna lectura exige que este versículo se interprete como el informe de una reunión distinta.

7. Véase E. Bammel en E. Bammel y C. F. D. Moule (ed.), *Politics*, 415.

2 El relato de Marcos sobre el interrogatorio de Jesús por parte de Pilato es muy conciso, se compone de dos preguntas y una respuesta ambivalente. Dicho relato va seguido de una negociación de Pilato con los sacerdotes y la multitud, durante la cual Jesús no desempeña ningún otro papel. Marcos no ofrece detalles jurídicos, ni siquiera un veredicto formal, por tanto, cualquier reconstrucción del proceso real a la luz de los procedimientos judiciales romanos es forzosamente especulativa.[8] La primera pregunta de Pilato (que adopta la misma forma de la del sumo sacerdote en 14:61; véanse los comentarios allí sobre el peligro de darle demasiada importancia a la frase σὺ εἶ;) solo puede basarse en la información que proporcionó el sanedrín. La frase ὁ βασιλεὺς τῶν Ἰουδαίων no había aparecido hasta ahora en el Evangelio, Jesús ha estado entre los judíos, y para ellos el título ὁ Χριστός (o υἱὸς Δαυίδ, 10:47-48; 12:35-37) sería más natural. Alguien que no fuera judío usaría más probablemente el título ὁ βασιλεὺς τῶν Ἰουδαίων, y es así cómo se usa a lo largo de este capítulo (en 15:32 los líderes judíos emplean la forma más judaica ὁ βασιλεὺς Ἰσραήλ haciendo alusión deliberadamente a la inscripción [gentil] sobre la cruz). En ese sentido, era una "traducción" adecuada de la afirmación mesiánica de Jesús a un lenguaje que un gobernador romano entendería y reconocería de inmediato como potencialmente traicionero.[9] Pero también es un título que a todas luces tiene una implicación fuertemente positiva para Marcos. El reino de Jesús, recién introducido ahora (porque el reino que se había mencionado antes era el de Dios), se convierte en el tema central para el resto del relato marcano de la pasión, y se hace referencia explícita a él en seis ocasiones (vv. 2, 9, 12, 18, 26 y 32); además, ese tema subyace de manera especial tras el relato de la burla de los soldados en los vv. 16-20. Cabe esperar que el lector reconozca que Jesús sí entró en su verdadero reino, paradójicamente entronizado sobre la cruz, a pesar de lo inadecuada que resultara para la comprensión humana de aquella época la acusación en el juicio y en el letrero sobre la cruz, y a pesar de las burlas de los incomprensivos soldados romanos y de los propios líderes judíos.[10]

La respuesta de Jesús contrasta notablemente con la osada afirmación de 14:62. Aunque la expresión σὺ λέγεις pudiera considerarse una negación: "*Tú* lo dices, no yo",[11] el consenso entre los intérpretes recientes es interpretarlo como un "sí, pero...", con "un contenido afirmativo, y con una formulación

---

8. R. E. Brown, *Death*, 710-22, examina esos esfuerzos.

9. Josefo, *Ant.* 17.285, menciona que los líderes rebeldes potenciales se autodenominaban βασιλεύς. Para algunos ejemplos específicos, véanse *Ant.* 17.271-72 (Judas), 273-74 (Simón); *Guerras* 2.60-62 (Atronges). Josefo también afirma que el título ὁ τῶν Ἰουδαίων βασιλεύς fue adoptado por Alejandro Janeo (¿o Aristóbulo?; y fue el título de Herodes el grande (*Ant.* 16.311; cf. 15.373), por tanto, sus implicaciones políticas resultaban innegables.

10. Para una exposición sostenible de la centralidad de este tema para Mr. 15, véase F. J. Matera, *Kingship*.

11. Gundry, 932-33, aboga por un sentido negativo. Van Iersel, 459, va más allá: "Jesús dio una respuesta que parece más negativa que una negación rotunda".

perifrástica".[12] Dado que ὁ βασιλεὺς τῶν Ἰουδαίων equivale a ὁ Χριστός, la expresión refleja correctamente lo que Jesús ya declaró que era en 14:62, pero si el que pronuncia ese título es un gobernador romano receloso, las connotaciones políticas del mismo no se ajustan a la percepción de Jesús acerca de su propia función, ni a lo que Marcos nos ha dicho con respecto a su ministerio. Obviamente, la forma de la breve respuesta de Jesús fue tan ambigua que Pilato no quedó convencido de las implicaciones políticas de la acusación, aunque su uso constante del título ὁ βασιλεὺς τῶν Ἰουδαίων sugiere que no tomó lo que dijo Jesús como una respuesta negativa.

3-5 Al igual que en la vista oral ante el sanedrín, se nos habla de numerosas acusaciones inespecíficas contra Jesús (los términos πολλά y πόσα juntos sugieren que se hicieron varias acusaciones diferentes y no simplemente que se repitió varias veces la acusación principal).[13] Es posible que algunas de ellas fueran las mismas que se plantearon en la vista anterior (incluyendo la de pretender destruir y remplazar el templo), pero bajo un disfraz que dejara claras sus implicaciones revolucionarias. En cuanto al silencio de Jesús, véanse los comentarios sobre 14:60-61. En esta ocasión su silencio permanecerá inalterable.[14] Si se tiene en cuenta la sospecha que albergaba Pilato sobre las razones que motivaban a los sacerdotes (v. 10) es muy posible que una declaración de inocencia por parte de Jesús hubiera logrado que Pilato se pusiera más claramente de su lado, pero no era la primera vez que Jesús desaprovechaba una oportunidad para influir en el resultado del juicio y evitar así el destino que aceptó en Getsemaní como la voluntad del Padre. El verbo θαυμάζω comporta a menudo un tono de admiración, y los esfuerzos posteriores de Pilato para garantizar la liberación de Jesús sugieren que él se sintió impresionado por el contraste entre la vehemencia de los sacerdotes y el silencio de Jesús.[15]

6 Aunque las amnistías políticas y la liberación de prisioneros se han usado a menudo como gestos de buena voluntad y para señalar ocasiones de celebración, la costumbre concreta que se presupone aquí y en los otros tres Evangelios no está confirmada por ningún testimonio independiente.[16] Juan

---

12. D. R. Catchpole, *NTS* 17 (1970/1) 226, resume un estudio cuidadoso del modismo en algunas fuentes judías y en sus diversas apariciones neotestamentarias.

13. Interpretando πολλά y πόσα como acusativos del complemento y no en forma adverbial (usando la construcción clásica [BAGD 423a, 1.a] de κατηγορέω con el genitivo de la persona y el acusativo de la acusación; cf. Hch. 28:19), tal como prefiere Gundry, 924-25, 933.

14. E. Bammel comenta: "El silencio es el final decidido y la postura adoptada por el que ya invocó la justicia divina contra el sanedrín y ahora no está dispuesto a continuar defendiéndose" (Bammen y Moule [ed.], *Politics*, 422).

15. En cuanto a la posibilidad de un reflejo de Is. 52:15 en el asombro de Pilato, véase J. Marcus, *Way*, 187-88.

16. La referencia en un entorno pascual que se hace en *m. Pes.* 8:6 a "alguien a quien le habían prometido sacarlo de la cárcel" podría basarse en esa costumbre (así J. Blinzler, *Trial*, 218-21; C. B. Chavel, *JBL* 60 [1941] 273-78) pero no lo exige por sí misma, y no es posible suponer que una norma mishnaica reflejaría las condiciones específicas del período de Pilato como prefecto casi

18:39 especifica que era una costumbre de la pascua; Mateo y Marcos emplean la frase más general κατὰ ἑορτήν que, debido a la ausencia del artículo, podría indicar que se trataba de algo que se hacía en todos los festivales (una posibilidad prevista por BAGD, 280a), pero en este contexto es más probable que se refiera también a la pascua.[17] Blinzler da testimonio de amnistías similares en otros lugares en el mundo romano.[18] En Judea existía un precedente en la liberación de presos por parte de Arquelao previa solicitud (Josefo, *Guerras* 2.4, 28), y más tarde, Albino lo hizo más de una vez (Josefo, *Ant.* 20.208-10, 215), aunque ninguna de estas ocasiones es lo mismo que una costumbre anual. Por consiguiente, aunque no podamos hallar ningún paralelismo exacto con la costumbre a la que se hace referencia en los Evangelios, no es improbable que Pilato encontrara una concesión similar políticamente oportuna; la liberación anual de un solo preso era una concesión muy modesta en comparación con muchas amnistías políticas. Si dicha costumbre en realidad no existió, no resulta fácil determinar de dónde pudo haberse originado esa parte tan consolidada de la tradición cristiana de la pasión.[19] En cuanto al derecho del pueblo para elegir, cf. la costumbre en las competencias de gladiadores de preguntarle al pueblo si el concursante debía vivir o morir.

7   La frase ὁ λεγόμενος no tiene aquí el sentido peyorativo de "al [a los] que llaman…" (como en 1Co. 8:5; Ef. 2:11), sino que introduce un nuevo personaje en la historia: "Había un hombre llamado Barrabás…". (Cf. Lc. 22:47 para un uso similar, aunque en ese caso el personaje no es nuevo en la narración). Βαραββᾶς es un patronímico arameo;[20] Mateo es el único que dice que su nombre propio es Ἰησοῦς.[21] En las tradiciones del Evangelio desempeña solamente un papel secundario, a saber, establecer un contraste con Jesús de Nazaret en el momento en que el pueblo tiene que elegir, pero

---

doscientos años antes de la compilación de la mishná.

17. R. E. Brown, *Death*, 795.

18. J. Blinzler, *Trial*, 205-8. Véase además R. E. Brown, *Death*, 814-19, y en especial R. L. Merritt, *JBL* 104 (1985) 57-68, con respecto a algunas costumbres relacionadas en Asiria, Babilonia, Grecia y Roma, basándose en la teoría que propone Merrit de que la historia de Marcos (que él no cree que tenga ningún fundamento histórico) deliberadamente "reflejaba las costumbres reconocidas de liberar presos en las fiestas en el mundo antiguo".

19. E. Bammel en Bammel y Moule (ed.), *Politics*, 427-28, defiende la autenticidad del relato.

20. El nombre, al parecer, era bastante común (así BAGD, 133a), y suele interpretarse como "hijo de un maestro (Rabban)" o "hijo de Abba", Abba es un nombre personal bien confirmado. (R. E. Brown, *Death*, 799-800; cf. Schürer, 1.385 n. 138).

21. Se ha sugerido a veces (p. ej., Cranfield, 450, en consonancia con Deissmann) que el nombre Ἰησοῦς aparecía originalmente también en Mr. 15:7 (lo cual le otorgaría un sentido más normal a la frase ὁ λεγόμενος al introducir su apellido para distinguirlo de Jesús de Nazaret), y que fue eliminado de la tradición textual por los mismos escrúpulos cristianos (bien representados por Orígenes) que lo eliminaron de la mayoría de los textos en Mateo. Aunque esto es totalmente posible, la falta de cualquier indicio del nombre en la tradición textual marcana hace que esta hipótesis no sea más que una especulación. Véase además Mann, 637. (Mann, al parecer, alega en la pág. 637 que el nombre de Jesús para Barrabás "se encuentra en algunos manuscritos de Marcos"; no dice en cuáles, y el listado exhaustivo de Legg no ofrece ningún ejemplo).

eso es suficiente para indicar que no se trataba de un criminal común sino de un hombre bien conocido con muchos seguidores entre el pueblo.[22] Juan 18:40 lo describe como un ληστής, el término que usa Josefo para referirse a los sediciosos romanos. Aunque Juan no empleó forzosamente el término con ese sentido especial, sí está de acuerdo con la información que ofrece Marcos de que Barrabás estaba en la cárcel μετὰ τῶν στασιαστῶν. No contamos con ningún otro dato acerca de esta στάσις específica durante el gobierno de Pilato,[23] pero esas cosas ocurrieron esporádicamente a partir del año 6 d.C. hasta la guerra judía de los años 66-73 d.C.,[24] y Barrabás, que era un miembro de ese grupo disidente (y presumiblemente, un miembro destacado, puesto que fue elegido para la amnistía), sería naturalmente un héroe popular. Marcos no dice de una manera explícita que Barrabás fuera un στασιαστής ni que él mismo hubiera cometido un homicidio, pero su presencia en la cárcel junto con un grupo de personas de esas características resulta muy elocuente. Es posible que los otros dos λησταί que más tarde fueron crucificados junto con Jesús (v. 27) formaran parte de ese mismo grupo que permaneció en la cárcel después que Barrabás fue liberado. Por consiguiente, Jesús se vio en compañía de gente muy comprometida; el hecho de que hubiera ocurrido una στάσις tan recientemente que sus perpetradores todavía estaban en la cárcel esperando su ejecución indica que estos eran días muy peligrosos para cualquiera que fuera acusado en Jerusalén de decir que era ὁ βασιλεὺς τῶν Ἰουδαίων; y los sacerdotes sin duda habían contado con eso.

En su "novela histórica", "*The Shadow of the Galilean*", G. Theissen destaca de manera convincente la dinámica de la situación, y presenta a su héroe de ficción, Andreas, como un antiguo amigo y admirador de Jesús Barrabás, a quien describe como un patriota idealista que decidió que la única opción honrosa era la vía de la resistencia armada. Paralelamente a esa ideología Andreas oye hablar de otro Jesús, de Nazaret, que predica, en cambio, un

---

22. S. L. Davies, *NTS* 27 [1980/1] 260-62, resume y amplía los argumentos anteriores de H. A. Rigg y H. Z. Maccoby de que "Bar-abba" ("Hijo del Padre") originalmente era un título para Jesús de Nazaret, y que no existió ningún Barrabás histórico. En contra de esto, véanse Mann, 638-39; R. E. Brown, *Death*, 811-12.

23. La sugerencia de Belo, 224, de que la referencia es "a las secuelas mesiánicas relacionadas con la entrada de Jesús en Jerusalén y en el templo" depende de su "hipótesis" (carente de apoyo, hasta dónde yo sé) de que en esa ocasión "varios *sicarii*, fieles a su práctica habitual, se aprovecharon del movimiento que Jesús había iniciado" (330 n. 194). P. W. Barnett, *NTS* 21 (1974/5) 568, especula si esta στάσις pudiera ser el mismo acontecimiento al que se alude en Lc. 13:1 y también si fue el resultado de la apropiación del dinero del templo por parte de Pilato para construir su acueducto (Josefo, *Guerras* 2.175-77; *Ant.* 18.60-62).

24. La lacónica aseveración de Tácito de que en Judea *sub Tiberio* no era necesario forzar la *quies* para excluir la posibilidad de cualquier levantamiento local: los relatos sobre la prefectura de Pilato en Josefo y en Filón distan mucho de apoyar la idea de una *quies* total. Véase además Gundry, 934-35. Para un resumen accesible de los testimonios de figuras "revolucionarias" en la Palestina del siglo I y los títulos que usaban, haciendo hincapié en la atmósfera política más volátil después del restablecimiento de un gobierno directo en el año 44 d.C., véase R. E. Brown, *Death*, 679-93.

mensaje sobrenatural aunque atractivo acerca del amor que las personas deben tributarles a sus enemigos. Andreas, pues, tiene que elegir entre estos dos programas contrastantes pero igualmente exigentes, y contempla impotente la opción que Pilato le ofrece al pueblo de escoger entre estos dos líderes; el resultado no constituye ninguna sorpresa, y el pacifista muere en lugar del luchador por la libertad. En una carta a Andreas, Barrabás, ya liberado, confiesa la superioridad del camino de Jesús, pero insiste en que ninguna de estas ideologías puede prosperar en ausencia de la otra. Este es un material que debería hacernos reflexionar.[25]

8 La ὄχλος aparece de repente en la narración. Podría pensarse tal vez que en esta mañana de la pascua se sabía que Pilato iba a ejercer su derecho de declarar una amnistía, y un gran número de ciudadanos de Jerusalén (¿seguidores de Barrabás?, según Cranfield) se reunieron, al igual que en cualquier otra pascua, para presenciar, y si era posible, influir en su elección. Pero el v. 11 sugiere que este año tal vez hayan intervenido otros factores: los principales sacerdotes que guiaron al pueblo a la hora de hacer su elección fueron posiblemente también los que reclutaron e instruyeron a una multitud para que respaldara sus argumentos contra Jesús, aun cuando en ese momento no podían haber previsto la actuación de Pilato al proponer al prisionero de ellos para la amnistía de la pascua. Una "multitud" reunida fuera de la residencia del gobernador tan temprano por la mañana no tiene por qué haber sido muy numerosa, ni forzosamente representativa de todas las personas que se encontraban en Jerusalén con motivo de la pascua. Es sumamente improbable que dentro de esta multitud de la ciudad hubiera muchos, o de hecho, algunos, de los que habían formado parte de la "multitud" de visitantes de la pascua que habían acompañado a Jesús al acercarse a la ciudad (véanse los comentarios introductorios sobre 11:1-10, donde señalamos que los peregrinos galileos fueron los que gritaron "Hosanna", mientras que la multitud de Jerusalén fue la que gritó "¡crucifícalo!").

El verbo ἀναβάς resulta idóneo porque el palacio de Herodes estaba construido sobre una elevación desde la que se dominaba la parte inferior de la ciudad y el área del templo, pero eso solo significa "subir" en el sentido de llegar; deberíamos tal vez imaginar que la multitud reunida fuera de la residencia era la delegación oficial del sanedrín que entró con su prisionero. Su petición en este momento no es por la liberación de una persona específica (son los sacerdotes los que promoverán el nombre de Barrabás en el v. 11), aunque con un líder popular como Barrabás en la cárcel no sería difícil para ellos ni para Pilato anticipar el resultado probable. En la sintaxis condensada de Marcos el imperfecto ἐποίει de la cláusula subordinada funciona también como el complemento de la petición: "que hiciese como siempre les había hecho".

9 Marcos normalmente usa un infinitivo después del verbo θέλω, y en algunas ocasiones emplea la conjunción ἵνα (véase la nota textual sobre el v.

---

25. G. Theissen, *Shadow*. "Barabbas letter" está en la pág. 177.

12), pero la construcción menos elegante con un aoristo de subjuntivo (y en la que ἵνα presumiblemente se sobrentiende; cf. BDF 366[3]) también apareció en 10:36, 51, en el primero de esos versículos ha generado varias enmiendas textuales para mejorar el estilo (véase la nota textual allí).

El acto inesperado de Pilato no fue muy atinado (a no ser que se basara en una equivocación: ¿Les oyó pedir la liberación de Jesús [es decir, de Barrabás] y pensó que se referían a Jesús de Nazaret?, Cranfield, 451). Para él tal vez un posible βασιλεὺς τῶν Ἰουδαίων se parecía mucho al otro, y sus sospechas de que la acusación contra Jesús era infundada hacían que se inclinara por el que, a simple vista, era el menos culpable de los dos. Desde el punto de vista político, la amenaza que suponía Jesús debía parecerle mucho menor que la de Barrabás. Pero el objetivo de la amnistía era ganarse la aprobación popular, y no había casi nada que sugiriera que el habitante promedio de Jerusalén pudiera considerar seriamente la posibilidad de que este recién llegado de Galilea fuera su representante. La respuesta favorable a su acusación ante las autoridades en el recinto del templo (11:18; 12:12, 37) no lo había colocado en la categoría de un líder potencial que pudieran comparar con Barrabás; de hecho, su respuesta al desafío político con respecto al pago de los impuestos (12:13-17) habría ocasionado que muchos quedaran insatisfechos con su postura patriótica, y su actitud hacia el templo (véase el comentario sobre 14:58, en especial la pág. 605 n. 14) no le habría ganado el favor de los habitantes de Jerusalén. Es posible que Pilato fuera inducido a error por la acusación contra Jesús e imaginara que era una figura más popular e importante en Jerusalén de lo que era en realidad. En lo que respecta al apoyo del pueblo con relación a Barrabás no había objeción. Por consiguiente, la única vez que Pilato toma la iniciativa en este contexto, no tiene éxito. Son otros los que llevan la voz cantante.

10 La sospecha de Pilato sobre las motivaciones de los principales sacerdotes[26] se derivaba presumiblemente de la diferencia que había observado entre la actitud de ellos y la de Jesús durante el interrogatorio en los vv. 2-5, y quizás también del conocimiento general que tenía acerca de las políticas religiosas de sus súbditos. Desde la perspectiva de los lectores de Marcos el sustantivo φθόνος resume convenientemente el tono de las atribuciones rivales de autoridad que se pusieron de manifiesto en la vista oral precedente. Y tal vez refleja también la popularidad anterior de Jesús con la multitud frente a las autoridades (11:18; 12:12, 37), una popularidad que los había decidido a proceder con cautela a la hora de efectuar su arresto (14:1-2).[27] **11** En el v. 6 se nos informó que la elección del preso que debía

---

26. La frase οἱ ἀρχιερεῖς está omitida en unos cuantos MSS y versiones, tal vez de manera accidental porque la misma frase aparece inmediatamente después, o posiblemente porque en Mateo no aparece allí. Pero a partir del contexto anterior se infiere claramente que Marcos consideraba que los principales sacerdotes eran el sujeto de la oración, expreso o no.

27. R. E. Brown, *Death*, 802-3, conjuga el significado normal de φθόνος como "envidia" con el significado más positivo de "fervor celoso" (por la ley), pero es muy poco probable que Marcos haya querido darle esta connotación más elogiosa ni en lo que respecta a los propios sacerdotes ni a

ser puesto en libertad no dependía de Pilato sino del pueblo (el pronombre tácito e indefinido "ellos" allí deja abierta la vía por la cual solía decidirse esta elección y se le comunicaba a él). Su propuesta en el v. 9, por tanto, no era más que una sugerencia que habría sido imprudente tratar de imponer, y permitía la posibilidad de hacer una contrapropuesta. Según se señaló antes, es posible que Barrabás ya fuera el candidato obvio del pueblo, y los sacerdotes astutamente lo respaldaron (la única vez que vuelve a aparecer en el NT el verbo ἀνασείω con el sentido de "agitar" o "incitar" es, de manera llamativa, en el pasaje paralelo en Lc. 23:5, y lo usan los sacerdotes en su versión acerca de lo que *Jesús* había estado haciendo con el pueblo). Barrabás, aunque estaba privado de la compañía de sus seguidores, todavía podía constituir un motivo de vergüenza política para el *modus vivendi* que ellos habían establecido con Roma, pero el desafío que representaba para su autoridad había demostrado ser menos directo que el de Jesús.

12 Véanse las notas textuales, y con respecto a la sintaxis de θέλετε ποιήσω véase el comentario sobre el v. 9. No está claro si el pronombre αὐτοῖς se refiere a los sacerdotes (que técnicamente constituyen el sujeto de la oración anterior) o a la multitud, a cuya petición (dirigida por los sacerdotes) Pilato está respondiendo; véanse los comentarios sobre los vv. 13-14 sobre algunas razones para pensar que se trata de la multitud, pero si se tiene en cuenta que ellos fueron incitados por los sacerdotes, el referente del pronombre no es importante. Si la expresión ὃν λέγετε es auténtica aquí, la pregunta que Pilato formula tiene que ver con la manera en que ha de interpretarse el título bajo el cual han hecho comparecer a Jesús ante él. Al ofrecer una amnistía para ὁ βασιλεὺς τῶν Ἰουδαίων en el v. 9 Pilato debe haber pensado que algunos de la multitud al menos acogerían favorablemente a Jesús bajo ese título. Sin embargo, ahora que su oferta ha sido rechazada, le recuerda a la multitud que fueron sus sacerdotes los que le habían dado ese título; pero si no quieren que libere a su "rey", ¿qué es lo que quieren?

13-14 La ambigüedad con respecto a la referencia de αὐτοῖς en el v. 12 continua con la repetición de οἱ δέ en estos versículos. Dado que el verbo ἔκραξαν es más adecuado cuando se trata de una multitud vociferante, y solamente el clamor de la multitud en los vv. 8 y 11 le ofrece al adverbio πάλιν el antecedente necesario, y si tenemos en cuenta el hecho de que en el v. 15 dice que era la ὄχλος a la que Pilato estaba tratando de complacer, deberíamos tal vez interpretar que el sujeto aquí (y por tanto, también el antecedente de αὐτοῖς en el v. 12) es la multitud, no obstante, este asunto es absolutamente intrascendente porque Marcos dejó bien claro en el v. 11 que la multitud y los sacerdotes actuaban de forma conjunta. La crucifixión era el castigo romano habitual para los rebeldes políticos provinciales (por lo demás, se reservaba para los esclavos, salvo en casos muy extremos),[28] y por tanto, la forma de ejecución

---

la evaluación que hace Pilato de ellos.

28. El estudio completo de M. Hengel, *Crucifixion*, muestra que esta generalización común,

que pedía la multitud era coherente con la acusación de que Jesús afirmaba que era un βασιλεύς, y de hecho, esa era la única opción realista si Pilato lo declaraba culpable de este cargo. Resulta desconcertante que esta solicitud la hiciera una multitud judía (los métodos de ejecución aprobados entre los judíos eran la lapidación, la hoguera, la decapitación o el estrangulamiento, *m. San.* 7:1),[29] pero en la *Realpolitik* de la ocupación romana ellos sabían que este era el castigo que se le aplicaba a cualquiera que fuera hallado culpable de insurrección, y ese era el destino que ya les aguardaba a los compañeros de Barrabás. Las predicciones de Jesús acerca de su muerte no especificaban el modo de ejecución, pero su desafío después de la primera de esas predicciones de que el discípulo fiel ἀράτω τὸν σταυρὸν αὐτοῦ (8:34) ha preparado al lector para la realidad de lo que esa muerte implicaba bajo los auspicios oficiales en Jerusalén. El imperativo singular directo σταύρωσον, que se repite dos veces (contrástese con el imperativo de tercera persona σταυρωθήτω en Mateo), destaca que esto podía ocurrir únicamente si el propio Pilato lo decidía.

La multitud hace caso omiso de la pregunta de Pilato Τί γὰρ ἐποίησεν κακόν; y en el contexto narrativo tal vez no sea necesario considerarla una pregunta para la que cabía esperar una respuesta razonada. El κακόν al que Pilato se refiere ya había sido explicado detalladamente en la acusación contra Jesús, a saber, que él afirmaba que era el ὁ βασιλεὺς τῶν Ἰουδαίων, aunque el v. 11 mostró que Pilato no se dejó impresionar por esa acusación después de lo que había visto y oído de Jesús. El principal objetivo de la pregunta aquí es ofrecerle al lector una confirmación más de que la ejecución de Jesús fue un error judicial, por cuanto el propio gobernador romano "imparcial" por cuyo veredicto fue condenado a muerte no estaba convencido de que en realidad fuera culpable.[30]

15 La expresión idiomática τὸ ἱκανὸν ποιῆσαι τινι probablemente significa "satisfacer" (de la acepción de ἱκανός como "suficiente", un latinismo equivalente a *satis facere*), aunque BAGD, 374b, 1.c, encuentra al menos otro uso de él en el sentido de "hacerle un favor a alguien".[31] Pilato no podía ni estaba dispuesto a contravenir ningún aspecto de la exigencia de la multitud. La ejecución de Jesús, sin embargo, no debía ser un linchamiento, sino que tenía que seguir el debido procedimiento romano; a αὐτοῖς, pues, les soltó a Barrabás, pero a Jesús lo entregó al proceso oficial correspondiente a la ejecución (con respecto a παραδίδωμι véase el comentario sobre el v. 1).[32] Ese

---

aunque no es una exposición exhaustiva, representa con justicia el equilibro de las pruebas.

29. Véase, sin embargo, pág. 616 n. 59 supra, para la posibilidad de la crucifixión como un método judío de ejecución.

30. Véase J. D. Kingsbury, *Christology*, 126-27, para algunas referencias a través de toda esta sección al hecho de que "Marcos no escatima esfuerzos para mostrar que Pilato no cree ni por un momento que Jesús sea en realidad el rey de los judíos, es decir, un insurrecto".

31. En el pasaje que ellos citan de Hermas, *Sim.* 6.5.5, significa "dar rienda suelta a los deseos pecaminosos".

32. La afirmación de Hooker, 366, de que en el relato de Mateo "nunca se dicta sentencia",

proceso habitualmente comenzaba con una flagelación; cf. Josefo, *Guerras* 2.306-8; 5.449; 7.200-202 con respecto a la flagelación antes de la crucifixión.[33] Φραγελλόω es un préstamo lingüístico del latín (*flagello*), y denota la acción de flagelar con azotes normalmente hechos de cuero y a veces recargados con piezas de metal o de hueso, un proceso brutal que infligía daños severos y en algunas ocasiones hasta podía ser fatal.[34] Esto también, al igual que la "entrega" a los gentiles, formaba parte de la predicción de Jesús en 10:34.

LA CRUCIFIXIÓN, LA MUERTE Y LA SEPULTURA DE JESÚS (15:16-47)

En 14:43–15:15 hemos seguido el inexorable curso de los acontecimientos que tuvieron lugar desde el arresto de Jesús hasta que el gobernador romano dictó formalmente su sentencia de muerte. Varios personajes han participado de estos sucesos, Judas, los guardias del templo, el sanedrín, el sumo sacerdote, la multitud de Jerusalén y el propio gobernador; cada uno de ellos, a su manera, contribuyó al resultado final de esta historia, y todos ellos se unieron para rechazar al "rey de los judíos". Pero de los discípulos y los demás seguidores que ocuparon un lugar tan destacado en la primera parte de la historia no hemos oído nada aparte de la brevísima nota acerca de su dispersión en Getsemaní y del deprimente relato sobre el solitario aunque fallido intento de Pedro de mantenerse cerca de su maestro. Jesús está ahora definitivamente en las manos de sus enemigos, y no muestra ninguna intención de oponerse a su voluntad, aun cuando pudiera hacerlo. La sentencia dictada por el gobernador marcó el comienzo del proceso que conduciría a su ejecución, y a partir de 15:16 ese proceso adquiere velocidad. Los actores principales siguen siendo los enemigos de Jesús, y a su número se añaden ahora los soldados romanos que serán los que verdaderamente llevarán a cabo la sentencia y lo ejecutarán, mientras sus adversarios judíos le hacen blanco de sus burlas más encarnizadas. Jesús muere abandonado, no solo por sus compañeros humanos, sino incluso, según oiremos con incredulidad, aparentemente también por su propio Padre.

No obstante, dentro de esta escena tan angustiosa, hay algunos destellos de luz que ponen de relieve lo que el lector cristiano, por supuesto, ya sabe: que esta no es la historia de la derrota final del Mesías de Dios, sino la ocasión de su paradójica victoria. Un número reducido de personajes secundarios

---

aunque formalmente es correcta, es un argumento ex silentio innecesario. La declaración marcana de que Pilato entregó a Jesús (no, como a Barrabás, a los judíos, sino) para que fuera azotado y crucificado presupone que él había autorizado oficialmente la ejecución, así como también la colocación de un ἐπιγραφή oficial sobre la cruz (v. 26). Véanse además Lane, 558; J. Blinzler, *Trial*, 238-43; R. E. Brown, *Death*, 853-55.

33. En cuanto a la frecuencia de la flagelación y otras formas de tortura antes de la crucifixión, véase M. Hengel, *Crucifixion*, 25-29.

34. Véanse C. Schneider, *TDNT*, 4.317, 319; J. Blinzler, *Trial*, 222-23.

también pasan por el escenario, pero cada uno de ellos le da al lector algunos motivos de esperanza: Simón, Rufo y Alejandro, el centurión romano con su elocuente exclamación, José de Arimatea, y especialmente las mujeres fieles que permanecieron firmes en su lugar cuando todos los hombres se marcharon, y que en la última escena de la historia de Marcos tendrán el privilegio de ser las primeras en presenciar el amanecer de los nuevos tiempos. Y dentro de la propia historia hay indicios contundentes de que en estos terribles acontecimientos en los que los enemigos de Dios parecen triunfar, es Dios sin duda quien está cumpliendo su propósito. Algunos reflejos de la Escritura, sobre todo del Salmo 22, entretejidos en la narración, nos recuerdan insistentemente que "el Hijo del Hombre va, según está escrito de él". Las mismas burlas contra Jesús como un "rey de los judíos" fracasado dejan entrever, para los que conocen el final de la historia, verdades que los escarnecedores, romanos y judíos, no son capaces de percibir; lo que ellos proclaman en broma, es indudablemente cierto.[35] El escrito con intenciones sarcásticas que fue colocado en la cruz declaraba, en efecto, lo que Jesús era en realidad, y es justamente la presencia de Jesús en la cruz la que demostrará la veracidad del mismo. La ruptura del velo del templo y la exclamación del líder del escuadrón de ejecución le indican al lector que la escandalosa afirmación que Jesús había hecho en las últimas palabras que les había dirigido a los líderes judíos ya estaba cumpliéndose.

No tenemos que esperar hasta el capítulo 16 para darnos cuenta del mensaje de triunfo y esperanza de Marcos.

La burla de los soldados (15:16-20)

La secuencia de los acontecimientos varía entre los evangelios, y la burla de los soldados (que los cuatro evangelios reseñan de alguna manera) aparece antes de la sentencia (aunque después de la flagelación) en Juan 19:1-3. Por otra parte, Jesús es transferido a Herodes y a sus soldados en Lucas 23:11 y por tanto, antes de (proponer) la flagelación. La secuencia de Marcos podría seguir cualquiera de estas, pero no podemos estar seguros.

Así como el veredicto judío provocó burlas violentas por parte de los miembros del sanedrín y sus siervos contra el supuesto "profeta" en 14:65, ahora, después de la sentencia del gobernador, los soldados romanos, que por primera vez tienen en su poder al pretendido rey,[36] simulan una ceremonia de entronización falsa[37] en la que la brutalidad y el sarcasmo se mezclan por

---

35. J. D. Kingsbury, *Christology*, 128: "Lo que dicen los gentiles y los judíos 'a modo de burla' (15:20, 31) es —según la opinión de Marcos— cierto, a saber, que Jesús es de hecho el "Rey de los judíos", o "el Mesías, el Rey de Israel".

36. Belo, 225: "El cuerpo de Jesús es vestido y desvestido a capricho de los soldados, con el objetivo de poner de relieve continuamente la impotencia del mismo en este espacio dominado por la fuerza de las armas".

37. Filón, *Flacc.* 6.36-39, da testimonio de un incidente parecido que ocurrió en Alejandría

igual.[38] Después de la flagelación que se menciona en el v. 15 Jesús debió haber ofrecido ya un espectáculo lamentable, casi sin poder permanecer en pie, e incapaz sin duda de oponer resistencia aun cuando lo hubiera querido. De todas formas, poco faltaba para su ejecución, y por tanto, no había nada que pudiera refrenar el disfrute que les reportaba esta oportunidad de humillar al "rey de los judíos", y el desprecio por los judíos en general, que se ilustra con tanta amplitud en la literatura del imperio romano, se proyectaba ávidamente en este ejemplo ridículo de un judío que se había atrevido a desafiar el poder imperial.[39] No era una escena atractiva.[40]

16 Los στρατιῶται no son ahora los guardias del templo que arrestaron a Jesús sino miembros del ejército de ocupación de Pilato. El prefecto romano en esta época en Judea no solo tenía a su disposición tropas de legionarios romanos sino también auxiliares elegidos de entre los habitantes no judíos de las zonas vecinas (en el caso de Pilato las tropas eran principalmente de Cesarea y de Sebaste [Samaria]).[41] La probabilidad de que existieran prejuicios contra los judíos entre esas fuerzas es, en todo caso, mayor que la que habría existido entre los propios romanos. El αὐλή aquí en el palacio de Herodes[42] era más espacioso que el lugar en el que Pedro había estado sentado en la casa del sumo sacerdote (14:54, 66), y la preposición ἔσω sugiere que era un área cerrada dentro del palacio que se usaba para acuartelar las tropas. El término πραιτώριον podría referirse a la sede central del gobernador en general (así probablemente en Jn. 18:28, 33; 19:9; cf. Hch. 23:35), pero la designación del

---

algunos años más tarde cuando el rey judío Agripa I fue hecho objeto de la burla de una multitud antisemita que constituyó por "rey" a un imbécil judío, con un manto, una corona y un cetro improvisados hecho con materiales ordinarios. Para un pasaje judío casi paralelo, aunque no en un contexto regio, véase Josefo, *Guerras* 4.155-57, donde un grupo de λῃσταί que se había apoderado del templo instalaron a un campesino ignorante como sumo sacerdote en una ceremonia falsa similar. Para otros paralelismos que se han propuesto, véanse Taylor, 646-48; R. E. Brown, *Death*, 873-77.

38. En contra de la opinión de que originalmente solo había una burla de ese tipo, y que una u otra de las dos escenas es un "duplicado" de la otra, véase P. Benoit, in W. C. Van Unnik (ed.), *Neotestamentica et Patristica*, 107-10.

39. T. E. Schmidt, *NTS* 41 (1995) 1-18, alega que Marcos relató este incidente junto con la marcha posterior hacia la cruz y la burla que siguió con una alusión deliberada a un triunfo imperial romano. Su argumento, tal como él mismo reconoce, es más fuerte con respecto a los vv. 16-20, en los que la parodia de una regalía imperial romana es clara aun cuando no se trate específicamente de una procesión triunfal. Más allá de eso, no es tan obvio que ni Marcos ni sus lectores pensaran concretamente en un triunfo; la nota de burla, y del reinado paradójico de Jesús en la cruz, resulta bastante clara de todas formas.

40. Belo, 330-31 n. 198, establece una analogía moderna: "La escena muestra a personas que fueron objeto de una disciplina militar estricta y son liberadas... Este tipo de cosas a menudo se hace patente en la ferocidad que manifiestan los oficiales de la policía de un rango inferior cuando tratan con presos políticos".

41. Con respecto a las fuerzas militares en Judea en este período, véase Schürer, 1.362-67.

42. Véase supra, pág. 625 n. 1, con respecto al lugar donde tuvo lugar el juicio. La redacción de Marcos no permite, al parecer, un traslado de Jesús desde palacio de Herodes hasta la fortaleza Antonia, que era la base militar principal en la ciudad, por tanto, el lugar que se describe aquí se encuentra dentro del complejo palatino.

αὐλή como el πραιτώριον sugiere que la palabra tiene aquí un sentido más limitado, como por ejemplo, "cuartel" o "barracas".[43] La expresión ἀπήγαγον ἔσω, por tanto, presupone que el juicio (y tal vez la flagelación) tuvo lugar fuera del palacio[44] (como, de hecho, exige la presencia de la multitud), pero que ahora los soldados tomaron a Jesús y lo llevaron dentro. Si el sustantivo σπεῖρα se usa aquí con su sentido militar técnico para referirse a una cohorte (como en Hch. 10:1; 27:1), podría haber habido unos seiscientos hombres allí, aunque el tamaño de las cohortes era variable; sin embargo, la palabra griega no es forzosamente tan específica (no tenemos por qué creer que se necesitaran seiscientos hombres para arrestar a Jesús, Jn. 18:3, 12), y pudiera indicar simplemente que todos los soldados allí que estaban de servicio se reunieron.

17 El verbo poco usual ἐνδιδύσκω (el verbo neotestamentario habitual es ἐνδύω) vuelve a aparecer en el NT solamente en Lucas 16:19, y allí también está relacionado con la πορφύρα; es posible que el verbo más elaborado tenga la connotación más amplia de "vestirse elegantemente"; en ese caso, su presencia aquí aumenta la intensidad de la burla. Mateo ofrece un relato más detallado sobre la manera en que los soldados emplearon objetos que son fáciles de conseguir (la capa de un soldado, ramas de espinas y una caña) para parodiar las galas reales (el manto, la corona y el cetro). La πορφύρα de Marcos podría hacernos pensar en el manto regio de color púrpura que solían usar los reyes, pero al margen de la improbabilidad de que los soldados pudieran conseguir una vestidura tan cara, su combinación con una corona hecha de espinas deja bien claro que esto también era una burla; la explicación mateana de que ellos usaron un manto militar de color rojo parece más plausible.[45] Marcos tampoco menciona que la κάλαμος con la que lo golpearon (v. 19) inicialmente la habían puesto en su mano como si fuera un cetro.

Στέφανος no tiene una connotación regia tan específica como el término "corona" en español; se usaba también para referirse a la corona hecha de hojas de laurel con la que se condecoraba a los atletas ganadores, o de una manera más general, como una señal de recompensa o de regocijo. Pero en este contexto su sentido es obvio: la corona de espinas simbolizaba una corona real. El adjetivo ἀκάνθινος (espinosa) no especifica la planta que se usó para confeccionarla, y las posibilidades botánicas son innumerables;[46] los soldados, sin embargo,

---

43. Es posible, sin embargo, que αὐλή se use aquí con un sentido diferente del que tiene en 14:54, 66 y aluda al palacio en general (así en 1Mac. 11:46; Josefo, *Life* 66, aunque Mann, 642, considera que el uso del término en 1 Macabeos es "el único ejemplo que tenemos"), y en ese caso, πραιτώριον comportaría su significado más normal, y la referencia sería a un traslado al interior del palacio desde el espacio al aire libre donde tuvo lugar el juicio.

44. Josefo, *Guerras* 2.301, dice que una generación más tarde, el procurador Floro estableció un tribunal en frente del palacio en Jerusalén con vistas a celebrar juicios públicos.

45. BAGD, 694a, menciona un uso de ἡ πορφύρα en el siglo II d.C. para referirse a la capa roja de un soldado, pero es poco probable que el término, en forma aislada, pudiera haberse interpretado de esa manera en la época de Marcos. Πορφύρα sugiere opulencia y realeza; el contexto, y no la palabras, es el que nos indica que era una farsa.

46. R. E. Brown, *Death*, 866-67, examina algunas de ellas.

emplearon la que tenían a mano en ese momento, aunque el término sí indica que se trataba de una planta espinosa y por tanto, cabe suponer que además de incitar a la burla también tenía por objeto producir dolor.[47]Para darnos cuenta de la crueldad de la burla, a los detalles concretos que Marcos menciona debemos añadir la reciente flagelación de Jesús. La imagen del "rey" que debe haber presentado era patética y ridícula.

18-19   La mezcla de burla y de crueldad por parte de los soldados mientras disfrazaban a Jesús se puso de manifiesto también en sus acciones, porque combinaron el homenaje de sus aclamaciones reales y sus postraciones delante del "rey" con golpes y esputos. Aunque el verbo ἀσπάζομαι es un término bastante general que normalmente se traduce como saludar, en 12:38 vimos que el sustantivo ἀσπασμός se usó para referirse a una expresión más formal de respeto (cf. Josefo, *Ant.* 10.211, donde Nabucodonosor lo empleó al rendirle homenaje a Daniel "de la manera en que las personas adoran a Dios"); Χαῖρε, βασιλεῦ parodia la frase con la que habitualmente se saludaba al emperador, *Ave, Cæsar.* Con sus burlas del título que había constituido la base de la condenación de Jesús, los soldados confirman la opinión de Pilato de que Jesús no representaba ninguna amenaza real; al ser miembros de los grupos étnicos vecinos (véase el comentario sobre el v. 16) les divertía mucho la idea de un "rey" judío (y *de ese* rey). Las acciones de arrodillarse (cf. γονυπετέω en 1:40; 10:17; el latinismo más elaborado [véase BDF 5 (3b)] aquí, τίθημι τὰ γόνατα, añade una nota de formalidad) y προσκυνέω (que a menudo se traduce como "adorar") nos hacen pensar en un culto de carácter religioso, pero ambos términos comúnmente se usan para referirse al homenaje que se le rinde a una persona de una clase social superior, y en este contexto formaban parte natural del reconocimiento burlesco de la "majestad" real de Jesús. Al golpear a Jesús con una caña los soldados no hacen más que añadir a la brutalidad de la flagelación a la que lo habían sometido anteriormente (contrástese con 14:65, donde la golpiza de los judíos iba acompañada de una demanda: Προφήτευσον), la caña tal vez era la misma que ya habían colocado de manera burlesca en su mano derecha a modo de cetro (según Mateo). Los esputos acentúan aún más el desprecio que expresan sus burlas. Al igual que en 14:65, la mención específica de esos esputos le recuerdan nuevamente al lector la violencia, el insulto y los salivazos que padeció el siervo de Yahvé en Is. 50:6,[48] así como los de la propia predicción de Jesús en 10:34.

---

47. H. St.J. Hart, *JTS* 3 (1952) 66-75, alega que las espinas pretendían imitar los rayos semejantes a los del sol que adornaban las coronas de algunos reyes orientales (lo cual ilustra ampliamente por medio de monedas), y sugiere que los soldados pueden haber usado las largas espigas puntiagudas que se encuentran en la base de las hojas de las palmas datileras. Ese ese caso, las "espinas" no se clavarían sino que sobresaldrían de la cabeza, y la idea central giraría en torno a la burla y no a la tortura. Sin embargo, es dudoso que las hojas de las palmeras, o incluso partes de ellas, se describieran como ἄκανθαι.

48. Véase D. J. Moo, *The OT*, 139-44.

20 El verbo ἐμπαίζω completa el cumplimiento literal de la predicción de Jesús en 10:34 sobre lo que le ocurriría cuando fuera entregado a τὰ ἔθνη: las acciones descritas por los cuatro verbos (ἐμπαίζω, ἐμπτύω, μαστιγόω y ἀποκτείνω) se reflejan en lo que le ha sucedido o está a punto de sucederle a manos de los soldados romanos. Resulta llamativo que cuando despojan a Jesús del manto "real", vuelven a vestirlo con sus propias ropas que finalmente le quitarán en el momento de la crucifixión. A los condenados solía crucificárseles desnudos. A Jesús lo despojarán de sus vestiduras en el momento de crucificarlo (v. 24), pero el hecho de que lo revistieran para marchar al Gólgota puede haber sido una concesión atendiendo a las sensibilidades judías, que consideraban ofensivo cualquier tipo de desnudez pública (véase *m. Sanh.* 6:3; *Jub.* 3:30-31). Marcos no dice qué le sucedió a la corona de espinas. Blinzler (*Trial*, 244-45) afirma que tuvieron que quitársela porque a los soldados no se les permitía burlarse públicamente de los judíos (en la persona de su "rey"), y que, por ende, la imagen tradicional de Jesús en la cruz portando todavía la corona es incorrecta. Sin embargo, es dudoso que la crueldad de los soldados hacia un hombre condenado pudiera haberse interpretado como una burla hacia los judíos en general, y el hecho de que Marcos mencione la eliminación del manto y no de la corona respalda la imagen tradicional.

La crucifixión (15:21-32)

NOTA TEXTUAL

27. La adición del v. 27, para indicar el cumplimiento de una cita tomada de Is. 53:12, solo aparece en algunos testigos relativamente tardíos, y es, al parecer, una glosa que refleja el texto de Lucas 22:37, aunque en un contexto diferente y con una introducción diferente.

Después del relato relativamente extenso de la burla de los soldados, la reseña de Marcos sobre la crucifixión es breve pero contundente.[49] No hace tanto hincapié en el sufrimiento físico implícito (aunque sus lectores sabían muy bien lo que significaba σταυροῦσιν αὐτόν sin necesidad de que nadie se lo explicara) como en el abuso verbal que sufrió Jesús a causa del letrero burlesco que colgaron en la cruz y de los dichos de varios curiosos y de sus propios compañeros de suplicio. La ironía que observamos en la escena anterior continúa manifestándose vigorosamente a través de estos versículos, no solo por la asociación de Jesús como βασιλεὺς τῶν Ἰουδαίων con los dos λῃσταί

---

49. "La historia no podía contarse de manera más concisa... Elude el sentimentalismo y no trata de despertar ni la simpatía ni el odio" (Schweizer, 346). Esta perspectiva parece mejor que la sugerencia de Stock (397) de que el estilo sencillo de Marcos aquí "es el discurso de alguien que está casi agobiado por la emoción".

condenados sino también porque, tal como los lectores pueden observar, los títulos de honor, que los enemigos de Jesús han convertido ahora en un sarcástico abuso, siguen poniendo de relieve la verdadera naturaleza de su misión como rey (Mesías), sustituto del templo y salvador. La invitación de sus enemigos a que descienda de la cruz nos recuerda con fuerza que es precisamente para cumplir estas funciones que él está allí y debe permanecer hasta que se haya consumado el sacrificio del que habló en la cena pascual, y haya entregado su vida en λύτρον ἀντὶ πολλῶν.

El claro reflejo del Salmo 22 en el v. 24 le da paso a un nuevo nivel de reflexión. El Salmo 22 es uno de los que describe los sufrimientos del siervo fiel de Dios a merced de la malicia de los impíos, y desde los primeros años del cristianismo se aceptó (en consonancia con el uso que hizo Jesús de sus palabras iniciales en la cruz) que prefiguraba la pasión de Jesús. El salmo no se citará en forma literal hasta el v. 34, pero sus reflejos aparecen a lo largo de toda la narración del Gólgota. Marcos no los menciona en forma explícita, pero es evidente que el modo en que cuenta la historia está moldeado en cierta medida por la fraseología de este salmo que pondrá en boca de Jesús las únicas palabras que pronunció desde la cruz en este evangelio. Los siguientes reflejos son obvios:

Marcos 15:24	Salmo 22:18
Marcos 15:29	Salmo 22:7
Marcos 15:34	Salmo 22:1

y es probable que haya otros reflejos en el tema general de la burla (cf. Sal. 22:6) y en las palabras escarnecedoras de los vv. 30-31 con respecto a la imposibilidad de "salvarse" (cf. Sal. 22:8), aunque en este caso el reflejo no se hace patente en forma verbal como sí ocurre en Mateo.[50] En las notas que siguen consideraremos las alusiones, pero el efecto acumulativo de este lenguaje le asegura al lector familiarizado con el Salmo 22 (y no cabe duda de que en la época en que Marcos escribió ya se aceptaba ampliamente la relevancia de este salmo para la historia de la crucifixión) que lo que está sucediendo es, incluso en los detalles, "conforme a la Escritura", tal como Jesús había predicho.[51] Un reflejo adicional del Salmo 69 (véase más adelante el comentario sobre el v. 36), otro salmo que versa sobre los sufrimientos del siervo fiel de Dios, refuerza el mensaje, mientras que las burlas al siervo de Dios recuerdan el desprecio por parte de los espectadores en Isaías 53:3-4.[52]

---

50. Para una lista más completa de los reflejos que se han sugerido del Sal. 22 en Marcos, véase F. J. Matera, *Kingship*, 128-29.

51. Para una visión general de la interpretación cristiana del Sal. 22 y su uso en las narraciones de la pasión, véanse R. E. Brown, *Death*, 1455-65; J. H. Reumann, *Int* 28 (1974) 39-58. A. Y. Collins, en C. M. Tuckett (ed.), *Scriptures*, 237-40, ofrece pruebas de una interpretación mesiánica del salmo por parte de un grupo judío libre de toda influencia cristiana "quizás ya en el siglo III d.C.".

52. "La burla de Cristo en la cruz está influenciada por el AT en mayor medida tal vez que cualquier otro pasaje neotestamentario" (D. J. Moo, *The OT*, 257).

21 La σταυρός que llevaba el condenado hasta el lugar de la ejecución era probablemente la pieza transversal, que debía encajarse en un poste que ya se había erigido en ese sitio. El término ἀγγαρεύω, de origen persa, denota la costumbre, frecuente en el mundo antiguo, en virtud de la cual los soldados de una fuerza de ocupación podían exigir los servicios de los ciudadanos locales o de sus animales para transportar el equipaje (Mt. 5:41; Josefo, *Ant.* 13.52; cf. sobre 11:2 con respecto al derecho de los reyes para requisar medios de transporte, y cf. *m. B. Meṣ. 6:3*, donde se usa una forma del verbo). Por lo general, era el propio condenado el que cargaba con la pieza transversal para la cruz, tal como se lee en Juan 19:17 que hizo Jesús (podría suponerse que Juan no conocía el papel que había desempeñado Simón o que decidió no mencionarlo;[53] el hecho está tan firmemente arraigado en la tradición, y es tan insignificante en sí mismo, que no cabe pensar que se trate de una inserción posterior). La necesidad de que alguien llevara la cruz se deriva del estado de debilidad en el que se hallaba Jesús después de la flagelación (recuérdese la manera inusualmente repentina en que murió, v. 44); el hecho de que a Simón se le describa como alguien que παράγων sugiere que cuando salieron del πραιτώριον Jesús ya llevaba la viga, pero que no pudo continuar. No es necesario considerar que Σίμων fuera un visitante de la pascua, sino que es probable que fuera un miembro de la comunidad de judíos de Cirene establecida en Jerusalén (cf. Hch. 6:9; y con respecto a Antioquía, véanse Hch. 11:20; 13:1).[54] Su llegada ἀπ' ἀγροῦ no significa que volviera de trabajar en los campos (era solo media mañana), sino que podría haber estado fuera de la ciudad y se encontró casualmente con el escuadrón de ejecución cuando regresaba. De otra manera, no sería un personaje conocido (¿por qué habría de serlo?), pero el comentario aparentemente innecesario de Marcos de que sus hijos eran Alejandro y Rufo sugiere que los lectores de Marcos sí conocían a estos dos hombres (y tal vez a su padre) porque se habían convertido al cristianismo, posiblemente como resultado de esta participación involuntaria en la historia de Jesús. No sería conveniente para el contexto narrativo sugerir que el hecho de que Simón "llevara la cruz" (se usa aquí el mismo verbo αἴρω que en 8:34) simboliza su entrada a una vida de discipulado, pero los lectores de Marcos pueden haber visto en su acción una ilustración sorprendente de

---

53. Se ha sugerido que él suprimió la parte de Simón en la historia porque ciertos grupos docetistas estaban afirmando (tal como todavía creen algunos musulmanes) que fue a Simón al que crucificaron en lugar de Jesús (Ireneo, *Haer.* 1.24.4; *Second Treatise of the Great Seth* [Nag Hammadi Codices VII.2] 56.6-19).

54. Para pruebas de un cementerio para los judíos cirenios fuera de Jerusalén en este período, véase N. Avigad, *IEJ* 12 (1962) 9-12. La inscripción (en griego) del osario que le interesa particularmente a Avigad es la de un "Alejandro, hijo de Simón", a quien también se le describe en la tapa del osario en hebreo como Alejandro QRNYT, que *podría* significar "de Cirene"; los nombres son comunes, por tanto la identificación de este hombre con el Ἀλέξανδρος que menciona Marcos debe seguir siendo especulativa, como también la sugerencia de que el Ῥοῦφος de Ro. 16:13 debe identificarse con el otro hijo de Simón.

la costosa identificación con un Mesías sufriente que Jesús había pedido en el dicho anterior.

22 En algunas ocasiones se ha pensado que el uso del verbo φέρουσιν aquí en lugar de ἐξάγουσιν para referirse al comienzo de la marcha a la salida del πραιτώριον (v. 20), tiene por objeto denotar mayor fuerza,[55] o incluso que Jesús ya no podía caminar sin ayuda; pero es probable que con esa interpretación estemos dándole demasiada importancia a un verbo que se usa de maneras muy variadas, y cuya única función aquí es indicar que llegaron al Gólgota (así Pesch, 2.477-78).[56] Si el πραιτώριον se hallaba en el palacio de Herodes, la distancia hasta el sitio tradicional de la crucifixión no era muy larga, no mucho más de trescientos metros. No hay razones firmes para cuestionar el sitio tradicional, actualmente en el interior de la iglesia del Santo Sepulcro, aunque es poco probable que puedan llegar a encontrarse pruebas convincentes; su ubicación fuera de los muros de la ciudad en aquella época, y la presencia de algunas tumbas judías del mismo período cerca de allí, son rasgos propios de un lugar de ejecución pública, próximo a la ciudad pero fuera de ella (cf. Jn. 19:17, 20). Los relatos neotestamentarios no lo describen nunca como un "monte", sino simplemente como un τόπος; es en los registros de los peregrinos del siglo IV que se le llama montecillo (*monticulus*). El nombre Γολγοθᾶ refleja el término arameo *gulgultā* ' (en hebreo, *gulgōlet*), que simplemente significa "calavera" (es por eso que la expresión marcana κρανίου τόπος, más que una traducción exacta, es una interpretación). El origen del nombre es desconocido: la identificación decimonónica del "Calvario de Gordon" al norte de la ciudad presuponía que era un monte al que se le había dado ese nombre porque se parecía a una calavera,[57] pero es al menos igualmente probable que el nombre se derive de su uso como un lugar de ejecución y sepultura, o incluso como

---

55. La sugerencia de Gundry (Gundry, 954) de que el verbo hace referencia al "gancho que se usaba para arrastrar a los criminales condenados al lugar de su ejecución" resulta quizás demasiado escabrosa, aunque cf. el relato en Josefo, *Guerras* 7.154, sobre la ejecución del líder rebelde judío Simón bar-Giora en Roma después de la caída de Jerusalén, "arrastrado hasta el lugar de su ejecución con un nudo alrededor del cuello mientras era golpeado por sus guardias".

56. J. A. Fitzmyer, en E. H. Barth y R. E. Cocroft (ed.), *Festschrift to Honor F. Wilbur Gingrich*, 147-60, examina detalladamente (con otro propósito) los usos de φέρω y ἄγω en los sinópticos, a la luz de la sugerencia de que "en la época helenística el verbo φέρειν usurpaba la función de ἄγειν adoptando la acepción de "guiar" o "traer", con referencia a animales o personas, en lugar de su significado clásico "llevar". Él demuestra que ya en Homero los dos verbos podían usarse como sinónimos, y su estudio sugiere precaución a la hora de extraer conclusiones exegéticas a partir de la elección del verbo.

57. La identificación proviene de Otto Thenius (1842), pero se popularizó en un artículo póstumo del general Charles Gordon en el *Quarterly Statement* del Fondo para la exploración de Palestina en 1885, que fue reimpreso en J. Wilkinson, *Jerusalem*, 198-200. Los argumentos de Gordon, que no son históricos ni geográficos, sino que se derivan de una interpretación tipológica de Lv. 1:11 junto con otras razones más "fantasiosas" (citando sus propias palabras), no inspiran confianza en cuanto a su juicio histórico. Se ha sugerido también a menudo que el montículo rocoso más pequeño (de unos cuatro metros de altura) del sitio tradicional en la iglesia del Santo Sepulcro podría haber sido llamado Gólgota porque se asemejaba (a la parte superior de) una calavera.

un "lugar de votación" (Gundry, 955). En cuanto a la traducción de Marcos de las palabras arameas, cf. 5:41; 14:36; 15:34. El nombre de un lugar en sí mismo no exige una "traducción", pero las implicaciones siniestras del nombre se amoldaban claramente a la interpretación cristiana de la historia de la crucifixión, y Marcos no quiso que sus lectores pasaran por alto ese matiz.

23 El sujeto de ἐδίδουν está omitido, pero como el sujeto del versículo anterior y del que sigue es los soldados, ese sería el sentido más natural aquí también. Esta es, al parecer, la manera en que Mateo interpreta el incidente, como un acto hostil por parte de los soldados, porque él menciona la χολή (bilis, una sustancia amarga) en lugar de la mirra, con lo cual refleja las palabras del Salmo 69:21, donde la acción es claramente hostil (y donde la LXX emplea χολή para traducir el término hebreo *rō'š*, que por lo general era considerado un veneno).[58] Marcos probablemente hará alusión al mismo pasaje cuando mencione la segunda vez que le ofrecieron una bebida a Jesús en el v. 36, pero no hay ningún reflejo verbal aquí, y el tono de su relato es diferente al de Mateo.[59] Marcos dice explícitamente que el vino estaba mezclado con mirra (el verbo σμυρνίζω es poco usual, pero en otros lugares se emplea, al parecer, para referirse específicamente a la condimentación con mirra, y no con especias en un sentido más general), una goma resinosa que se usaba para perfumar y sazonar (incluso al vino) y como un ungüento embalsamador. La combinación del vino y la mirra (con respecto a lo cual véase Plinio, *Nat. Hist.* 14.15, 92-93, era un lujo, al igual que el "vino especiado" [οἶνος μυρεψικός] de Ct. 8:2) parece un gesto amable y no hostil, y se ha sugerido que la oferta del vino drogado no provino de los soldados sino de los curiosos compadecidos y deseosos de aliviar los dolores de la crucifixión por medio de un tosco narcótico. Esta posibilidad está respaldada por lo que se lee en *b. Sanh.* 43a con respecto a las mujeres de Jerusalén, que, guiadas por Proverbios 31:6, solían ofrecerles a los que conducían al lugar donde serían ejecutados una bebida de "vino que contenía un grano de incienso" para atenuar el dolor; el pasaje talmúdico, empero, no dice quién administraba la droga. El ingrediente al que Marcos alude específicamente no es el incienso sino la mirra, que no suele considerarse un narcótico,[60] pero combinado con el vino podría tener un efecto similar.[61] A la luz de los vv. 16-20 es poco probable que los soldados hubieran suministrado voluntariamente una bebida destinada a aliviar el dolor;[62]

---

58. W. D. Davies y D. C. Allison, *Matthew*, 3.613, sugiere que tomemos el veneno en forma literal y tomemos la oferta en Mateo como "una invitación a suicidarse", pero esto depende más del sentido del término hebreo *rō'š* que del significado normal de χολή.

59. D. J. Moo, *The OT*, 250-51, minimizó la diferencia.

60. W. Michaelis, *TDNT*, 7.458-59. Pero Michaelis pasó por alto la referencia del médico castrense Dioscórides (siglo I d.C.) a las propiedades narcóticas de la mirra (Dioscórides 1.64.3).

61. Véase además R. E. Brown, *Death*, 941.

62. W. Michaelis, *TDNT*, 7.458-59, sin embargo, piensa que puede haber sido "un vino de los soldados que los verdugos les ofrecían a los que se sentían agotados en el camino hacia el lugar de la ejecución". Gundry, 956, sugiere que los soldados se lo dieron como "un gesto de burla relacionado

por tanto, a pesar de que no se especifica un cambio de sujeto, deberíamos posiblemente considerar que esta acción fue realizada por sus seguidores, tal vez por algunas mujeres como las que se mencionan en el pasaje talmúdico (cf. las mujeres compadecidas de Jerusalén en Lc. 23:27-31). El tiempo imperfecto, en contraste con el presente de los verbos en los vv. 22 y 24, sugiere quizás una "trama secundaria" paralela a la acción de los soldados, aunque también podría desempeñar una función conativa, porque Marcos nos dice que Jesús rechazó la oferta: mientras los soldados estaban ocupados en su tarea, las mujeres trataron (sin éxito) de administrar el narcótico.

No se explica por qué Jesús rechazó la oferta. Se ha relacionado con su determinación desde Getsemaní de "beber el cáliz" del sufrimiento que le había sido asignado hasta consumirlo por completo, con su deseo de permanecer en posesión de sus sentidos y no caer en la inconsciencia o con la promesa que había hecho en la cena pascual de no volver a beber del fruto de la vid hasta el día en que bebiera el vino nuevo del reino de Dios; es posible que algunas de estas cosas o todas hayan influido, pero Marcos no lo dice.

24 Los métodos de crucifixión variaban,[63] y Marcos no especifica. Pero a partir de Juan 20:25 (y tal vez también de la mención de las manos y los pies de Jesús en Lc. 24:39-40) sabemos que no se usaron sogas sino clavos.[64] El principal interés de Marcos no es exponer los sufrimientos físicos sino demostrar el cumplimiento de las Escrituras en lo que ocurrió con sus vestidos[65] tras haberlo despojado de ellos para crucificarlo, y en su descripción se acerca mucho a las palabras de la LXX en el Salmo 21:19[22:18], con la adición de la cláusula explicativa τίς τί ἄρῃ para justificar las suertes que echaron sobre ellos y que se mencionan en el pasaje del salmo.

25 El resumen abruptamente paratáctico de Marcos introduce el primero de una serie de datos cronológicos específicos en la historia de la crucifixión que tienen por efecto dividirla en tres períodos de tres horas (véase el comentario en la pág. 626). Si se toma la historia de Marcos en forma aislada, no hay ninguna dificultad inherente en la afirmación (que no aparece en ningún otro evangelio) de que Jesús fue crucificado a la hora tercera (9 a.m.).[66]

---

con su presunta realeza", aunque Marcos no indica cuál fue su intención.

63. Véase, p. ej., M. Hengel, *Crucifixion*, 24-32, y para un erudito anterior J. Blinzler, *Trial*, 263-65. En *ISBE*, 1.825-30 también aparece un relato muy extenso.

64. Una ilustración gráfica del uso de clavos en esta época en Palestina la ofrece el clavo que atraviesa los huesos de los talones en el osario de un tal Johanan, que fue crucificado alrededor de este mismo período en Jerusalén; véase N. Hass, *IEJ* 20 (1970) 49-59. Véase además R. E. Brown, *Death*, 950-51.

65. Véase A. N. Sherwin-White, *Society*, 46, con respecto al "derecho reconocido del escuadrón de ejecución de repartirse los bienes secundarios de su víctima".

66. A. Mahoney, *CBQ* 28 (1966) 292-99, sugiere que puede lograrse una armonía con Jn. 19:14 haciendo una pausa después de τρίτη, de manera que la hora a la que se hace referencia no es la de la crucifixión sino la de la distribución de los vestidos de Jesús, que, según Mahoney, ocurrió cuando Jesús fue flagelado, no en la cruz. Como resultado de esto, la secuencia de la narración de Marcos es gratuitamente condenada a la confusión con tal de armonizarla con el texto de Juan

La transferencia de Jesús a Pilato comenzó πρωῒ (v. 1), que, según dijimos ya, indicaba probablemente algún momento cerca del amanecer, y para el juicio (que en el relato de Marcos no parece haber sido muy prolongado), las burlas de los soldados y la caminata hacia el Gólgota no se necesitarían más de tres horas como máximo. El relato que sigue de casi nueve horas en la cruz, con un período intermedio de tres horas de tinieblas desde el mediodía hasta la hora novena (vv. 33-34) y la remoción del cuerpo ὀψίας γενομένης, antes del comienzo del día de reposo a la hora duodécima (vv. 42-46), resulta totalmente plausible e intrínsecamente coherente. Aun en esta escala cronológica, la muerte de Jesús antes de la puesta del sol tuvo lugar muy poco después de haberlo crucificado (v. 44).

Aunque Mateo y Lucas no mencionan la hora de la crucifixión, sus relatos concuerdan con el de Marcos por cuanto presuponen que tuvo lugar en algún momento antes del mediodía (Mt. 27:45; Lc. 23:44), y presentan el mismo horario a partir de ahí. El problema que plantea este versículo, pues, no es fruto de consideraciones internas en la propia historia de Marcos o dentro de la tradición sinóptica sino de su conflicto con la afirmación joánica de que fue ὥρα ὡς ἕκτη cuando Pilato dictó la sentencia (Jn. 19:14).[67] Las dos afirmaciones no pueden ser ciertas, y la lectura ὥρα ἕκτη en este versículo en Θ si es un intento obvio de lograr una armonización (como también lo es la lectura más ampliamente confirmada de τρίτη en Jn. 19:14).[68] La sugerencia de Eusebio de que el problema se deriva de una confusión entre los numerales griegos Γ (3) y Ϝ (6), por más convincente que pudiera resultar por sí misma,[69] no elimina la discrepancia en el que claramente es el texto original de los dos Evangelios.

Es posible alegar que quien se equivocó fue Marcos, y tratar de buscar alguna justificación para el hecho de haber insertado una referencia a la hora tercera, con la intención tal vez de dividir deliberadamente el día completo en secciones de tres horas a fin de facilitar la memorización o de adaptar algún supuesto esquema litúrgico,[70] o más específicamente, para vincular el

---

(incluyendo lo que puede tomarse como una contradicción directa en el v. 20, donde a Jesús vuelven a ponerle sus vestidos después de la flagelación y las burlas).

67. La sugerencia de B. F. Westcott, *The Gospel According to St. John* (Londres: John Murray, 1896), 282, de que Juan usó el método moderno de contar las horas desde la medianoche hasta el mediodía, y que por ese motivo, la hora a la que se hace referencia en Jn. 19:14 es "alrededor de las 6.30 *a.m.*", no ha tenido apoyo; véase J. V. Miller, *JETS* 26 (1983) 158-63.

68. J. Blinzler, *Trial*, 267-69, resuelve el problema de manera sencilla, aunque sin ningún apoyo textual, con "la hipótesis de que Mr. 15:25 fue insertado por un revisor".

69. Debe señalarse, no obstante, que en la época del NT el número 6, al parecer, solía representarse no por la digamma (Ϝ) sino por el estigma (para lo cual véase BAGD, 335, y los comentarios críticos sobre Ap. 13:18), y eso eliminaría la base de la propuesta de Eusebio.

70. Así Stock, 355-56, en consonancia con el argumento de J. Navone, *New Blackfriars* 65 (1984) 125, de que Marcos se inspiró en el ciclo de tres horas de la oración litúrgica judía. Otros (p. ej., Anderson, 342) han sugerido que el esquema se basaba en la liturgia de la iglesia primitiva o fue creado para ella. Sin embargo, debe señalarse que aunque se mencionan los intervalos de tres horas,

sacrificio de Jesús con la hora en que se ofrecía cada día el holocausto *tāmîd* en el templo.[71] Pero no es posible aislar a Marcos de esa manera, porque aunque en Mateo y Lucas no existe ningún versículo paralelo a este (y por ende, ninguna secuencia explícita de períodos de tres horas a lo largo del día), ellos presuponen que Jesús ya había estado en la cruz por algún tiempo antes que comenzaran las tinieblas. La credibilidad general del cronograma que presenta Marcos milita enérgicamente a su favor, sobre todo si tenemos en cuenta el hecho de que era muy raro que los crucificados murieran enseguida, muchos de ellos sobrevivían por varios días.

La alternativa es tratar de explicar Juan 19:14 como una alteración deliberada o accidental de la tradición. Podría sugerirse que Juan modificó la cronología recibida para situar la hora de la muerte de Jesús lo más cerca posible del sacrificio pascual. Su relato más extenso del juicio romano también parece exigir un período más largo después del amanecer que el más somero de la versión sinóptica (aunque la inclusión lucana de un "juicio" en presencia de Antipas también encuentra problemas aquí, Lc. 23:6-11). Por otra parte, es posible que la ὥρα ἕκτη de Juan se derive de la importancia de la misma frase en los relatos sinópticos, y que se haya colocado erróneamente en la narración acerca del veredicto, porque hubo alguien que no se dio cuenta de que no representaba el comienzo del período que Jesús pasó en la cruz sino el momento crucial cuando empezaron las tinieblas.[72] El tema debe permanecer abierto, pero es importante para nuestra lectura de Marcos que reconozcamos que es algo que tiene que ver con la armonización del evangelio y no con la propia coherencia interna de Marcos.

26 En la literatura romana existen pruebas de que un letrero (*titulus*, un término que dio origen a la transliteración τίτλος en Jn. 19:19) en el que se detallaban los crímenes se colgaba a veces del cuello de los condenados o se llevaba delante de ellos cuando se dirigían al lugar de la ejecución,[73] y aunque no hay ningún testimonio fuera del NT que confirme la presencia de este letrero que se fijó a la cruz, no hay nada inverosímil al respecto, porque el propósito era que el escrito se viera desde la mayor distancia posible. Marcos, en realidad, no declara *dónde* estaba ἐπιγεγραμμένη; es Juan el que dice que estaba sobre la cruz, y está respaldado por la afirmación mateana de

---

la historia no está estructurada en secciones equilibradas para proporcionar tres lecturas el viernes santo, por cuanto no habría contenido para el período comprendido entre la sexta y la novena horas incluidas en el v. 33.

71. J. Pobee en E. Bammel (ed.), *Trial*, 95.

72. D. A. Carson, *John*, 605, explica la discrepancia basándose en la observación de la posición del sol por parte de distintas personas (en un tiempo en el que no había relojes): "Si el sol estaba desplazándose hacia su cenit, dos observadores que hubieran mirado al cielo, podrían haber dicho respectivamente que era 'la hora tercera' o 'alrededor de la hora sexta'". Cf. Mann, 646: "una aproximación en el mejor de los casos y una vaga idea en el peor". J. V. Miller, *JETS* 26 (1983) 163-166, también prefiere una armonización basada en la opinión de que "las referencias horarias son aproximaciones".

73. E. Bammel en E. Bammel y C. F. D. Moule (ed.), *Politics*, 353-54.

que *el letrero* se hallaba sobre la cabeza de Jesús (la frase de Lucas, ἐπ' αὐτῷ, también podría indicar que pendía del cuello de Jesús). El título ὁ βασιλεὺς τῶν Ἰουδαίων es el mismo que se usó en el juicio (v. 2) y representa el cargo por que el Jesús había sido condenado. No describe claramente a Jesús como un rebelde ni como un insurrecto, pero si alguien afirmaba que era un rey bajo el imperio romano (a no ser que fuera un mandato confirmado por Roma) se tomaba como una traición.[74] Aquel letrero colocado encima de un hombre moribundo en agonía y en desgracia era un chiste cruel y tenía un poderoso efecto disuasorio.

27 El término λῃστής, que Josefo usó más tarde casi como un término técnico para hablar de los revolucionarios judíos bajo el imperio romano, no tenía necesariamente ese mismo significado en la época en que Marcos escribió. Es un término general que se emplea para referirse a un ladrón o un bandido, y según vimos ya, se usó en ese sentido en la cita de Jeremías 7:11 en la versión de la LXX en 11:17, y tal vez también en 14:48 (aunque no es posible descartar un matiz más político en el segundo pasaje). Y no hay nada en Marcos ni, de hecho, en ninguno de los Evangelios que permita relacionar estos dos λῃσταί específicamente con Barrabás o con cualquier otro movimiento nacionalista. Pero la coincidencia de que en el momento del arresto de Jesús unos hombres estuvieran esperando ser ejecutados acusados de insurrección, que uno de ellos fuera liberado en lugar de Jesús y que el presunto crimen de Jesús era la traición política es suficiente para convencer a la mayoría de los intérpretes de que estos dos eran λῃσταί en el sentido de Josefo, y por tanto, que el βασιλεὺς τῶν Ἰουδαίων estaba adecuadamente ubicado entre otros dos "revolucionarios" de quienes, a los ojos de Roma, él podía diferenciarse solamente porque su afirmación de que era un βασιλεύς era más audaz que las de ellos —de ahí su lugar en medio del grupo.[75] Sin embargo, ἕνα ἐκ δεξιῶν καὶ ἕνα ἐξ εὐωνύμων[76] αὐτοῦ es una forma bastante engorrosa de decir "entre", pero Marcos probablemente espera que el lector recuerde la petición de Jacobo y de Juan de sentarse a la derecha y a la izquierda de Jesús en su gloria (10:37, 40). De ser así, hay margen para una reflexión irónica en cuanto al tipo de δόξα que Jesús disfruta ahora y sobre las características de los que participarán de ella junto con él,[77] y quizás también con respecto al hecho de que ahora que

---

74. E. Bammel, in *Politics*, 357-58, afirma que el crimen que denota es *læsa majestas* y no un intento de insurrección.

75. Los evangelios mencionan solo tres individuos que fueron crucificados ese día, pero puede haber habido más (así E. Bammel en E. Bammel y C. F. D. Moule [ed.], *Politics*, 443 n. 207), sobre todo porque es poco probable que el στάσις de 15:7 hubiera dado lugar únicamente a tres arrestos. Pero para los propósitos de Marcos no es necesario mencionar más que a Jesús y a sus vecinos inmediatos.

76. Con respecto a εὐώνυμος véase supra, pág. 415 n. 42.

77. La adición de una referencia a Is. 53:12 en muchos MSS y versiones posteriores (véase la nota textual) refleja una tendencia cristiana creciente a establecer vínculos entre la historia de la pasión e Isaías 53, pero no hay nada en las palabras de Marcos aquí que sugiera que él tenía la intención de hacer tal alusión; véase D. J. Moo, *The OT*, 154-55.

llegó el momento, Jacobo y Juan no están allí para cumplir con aquello de lo que se habían jactado en 10:39.

29-30 Véase la nota textual con respecto a la omisión del v. 28. La burla implícita del *títulus* se ve reforzada ahora por la burla manifiesta de los curiosos que estaban junto a la cruz. El sujeto en los vv. 29-30 es bastante general, οἱ παραπορευόμενοι;[78] en los vv. 31-32 se señalarán grupos más específicos. En su relato acerca de la suma de todas estas burlas, Marcos, por supuesto, refleja el efecto que esa humillación y castigo públicos siempre han evocado en cualquier cultura, pero también indica que aunque las autoridades sacerdotales habían sido las promotoras de que Jesús fuera sentenciado a muerte, no encontraron ninguna resistencia por parte del pueblo. El apoyo popular que la enseñanza de Jesús había al menos comenzado a lograr durante la semana anterior ya se ha evaporado; su desafío a las autoridades fracasó, y él ha quedado desacreditado. Βλασφημέω se usa aquí en su sentido más general de abuso verbal (véanse los comentarios sobre 3:28-30, y cf. 7:22), y no de dichos contra Dios. La expresión aparentemente innecesaria κινοῦντες τὰς κεφαλὰς αὐτῶν tiene por objeto recordarle de nuevo al lector el Salmo 22, en el que ἐκίνησαν κεφαλήν (Sal. 21:8LXX [22:7])[79] forma parte de la descripción de los que contemplan los sufrimientos del salmista y se burlan de él asegurándole la liberación de Dios.

Οὐά, que en los léxicos se define como una exclamación de asombro (y no se usa en ningún otro lugar en la literatura biblica, aunque οὐαί sí aparece con frecuencia como una expresión de sufrimiento o angustia), es un tipo de manifestación verbal que, al igual que "¡ah!", adquiere su sentido a partir del tono de voz, y no de algún significado léxico. Las palabras que siguen sugieren que expresa un sarcasmo vengativo. La repetición de la acusación acerca del templo de 14:58 indica que este aspecto en particular del presunto programa de Jesús era el que había impresionado y perturbado a los habitantes comunes de Jerusalén. Es poco probable que la asociación visible de Jesús en la cruz con dos λῃσταί se sumara a esa hostilidad catalogándolo como un "hombre (¿potencialmente?) violento contra el templo",[80] porque para los patriotas judíos, el templo, más que un posible objetivo, era un talismán.[81] Las palabras de Jesús acerca de la destrucción del templo podía expresarlas tanto un λῃστής como cualquier otro patriota judío.

La relación que presumiblemente existe entre la supuesta amenaza/promesa con respecto al templo y la invitación a descender de la cruz es que alguien que tenía la habilidad sobrenatural de hacer lo primero debía ser

---

78. La frase no es forzada, sobre todo si el lugar de la ejecución estaba junto al camino, pero muchos comentaristas sugieren que se deriva de la burla contra Jerusalén en Lm. 2:15 (cf 1:12), en la que también se habla de movimientos despectivos de la cabeza; cf. D. J. Moo, *The OT*, 258.

79. En cuanto al modismo cf. también Lm. 2:15. Hay otro paralelismo en el Sal. 109:25 que no guarda una relación tan estrecha (en la LXX se lee ἐσάλευσαν), y en vista de las demás alusiones al Sal. 22 es menos probable que se hubiera tomado en consideración.

80. K. E. Brower en K. E. Brower y M. W. Elliott (ed.), *Reader*, 128-30.

81. N. T. Wright, *Victory*, 420, citado por Brower a este respecto.

capaz también de hacer lo segundo. La impotencia obvia de Jesús en la cruz desmiente cualquier pretensión de ejercer poderes especiales. La orden σῶσον σεαυτόν refleja también el concepto de Jesús como un Salvador, acerca de lo cual véase el comentario sobre el versículo siguiente. Marcos no incluye la repetición directa del Salmo 22:8 con la que Mateo (27:43) concluye las palabras de burla de los sacerdotes, pero después de la alusión a ese salmo en la expresión κινοῦντες τὰς κεφαλάς sus lectores podrían haber recordado que también se burlaban de la víctima allí con respecto a la posibilidad de que Dios lo rescatara.

31   El verbo (ἐμπαίζω) que se usa para referirse a las burlas de los principales sacerdotes y los escribas (se mencionan los dos grupos que representan la clase dirigente del sanedrín en general, al igual que en 11:18; 14:1) es el mismo que Marcos empleó con respecto a los soldados romanos en el v. 20; los métodos son diferentes (en este caso se trata de mofas verbales) pero la actitud es idéntica. El verbo σῴζω y sus cognados no habían aparecido antes en Marcos ni en la presentación que hace el propio Jesús de la función que iba a realizar ni en los relatos de otros acerca de él, salvo en el sentido de sanidad y restauración físicas. Cabría atribuirles ese sentido también a las palabras de los sacerdotes:[82] fue capaz de restaurar el bienestar físico de otras personas pero no puede preservar su propia vida.[83] Sin embargo, en el juicio de Jesús, las sanidades que él había realizado no se mencionaron como un problema, y lo más probable es que Marcos desee que tomemos el verbo σῴζω aquí en su sentido más teológico, tal vez como una extrapolación del título Χριστός (que aparecerá en la oración siguiente), interpretándolo como el libertado enviado por Dios. De todas formas, la expresión ἄλλους ἔσωσεν en este caso no funciona como una afirmación (y por ende, no exige que los sacerdotes puedan decir cuándo y cómo) sino como un contraste irónico para la burla ἑαυτὸν οὐ δύναται σῶσαι. Un "libertador" que ni siquiera puede garantizar su propia supervivencia es un Χριστός muy deficiente para los demás.

32   Con la unión del título real escrito en el letrero y el término que había ocupado el lugar central en la vista oral ante el sanedrín, ὁ Χριστός, los sacerdotes ponen claramente de manifiesto el argumento que se había usado para elaborar la acusación oficial. La forma ὁ βασιλεὺς Ἰσραήλ es la expresión más natural que hubiera utilizado un judío, mientras que οἱ Ἰουδαῖοι es el término que emplearían los gentiles para referirse a los judíos o que estos podrían usar para identificarse en su trato con los gentiles. (Marcos usó οἱ Ἰουδαῖοι de este modo en 7:3 y en 15:2, 9, 12, 18 y 26, donde el título ὁ βασιλεὺς τῶν Ἰουδαίων fue concebido y usado por el prefecto romano y sus

---

82. T. J. Weeden en W. H. Kelber (ed.), *Passion*, 118-19, alega que este sentido de un poder sanador milagroso se pone de relieve aquí, de modo que "*sozein* en 15:30, 31 comporta intencionalmente una orientación soteriológica del hombre divino".

83. El uso de σῴζω en 5:23 en relación con la restauración de la vida le da a este sentido un matiz especialmente irónico.

tropas). La expresión ὁ βασιλεὺς Ἰσραήλ, pues, tiene un matiz más patriótico, e incluso teológico, que hace que a manera de burla en boca de los líderes de Israel resulte especialmente patético. La propuesta de que un descenso de la cruz haría que ellos "vieran y creyeran"[84] nos recuerda la demanda de una σημεῖον en 8:11-12, pero también refleja el desafío de Jesús en 14:62, ὄψεσθε: si realmente va a sentarse a la diestra de Dios, este es el momento de mostrarlo. Es lo mínimo que puede exigirse de un rey de Israel.[85] Temas y títulos derivados de la vista oral ante el sanedrín se han puesto de relieve a lo largo de esta escena de burla: el remplazo del templo, el título ὁ Χριστός, y la liberación que este implica, y subyacente a todo eso, el título real que no deja de proclamar en tono de burla desde el *titulus* lo que Jesús declaró que era. La imposibilidad de que cualquiera de estas cosas pudiera demostrar su veracidad en el caso de un hombre deshonrado y moribundo era la base de la burla. Pero los lectores de Marcos saben que en un plano más profundo todas ellas son ciertas, y que, irónicamente, es por estar donde está que Jesús está llevando a cabo su misión. Es precisamente porque no descendió de la cruz que la burla demostraría a la larga que había sido desacertada. Si se hubiera salvado a sí mismo, no podría haber salvado a los demás. Los lectores de Marcos bien pueden recordar las palabras paradójicas de Jesús (8:35) de que para salvar (σῴζω) la ψυχή es necesario perderla.

La última afrenta es los insultos, incluso de los dos λῃσταί.[86] Marcos, al igual que Lucas, no nos explica lo que decían, y nos permite presuponer que estaba en consonancia con las burlas de los curiosos. Las burlas de los tres grupos se expresan en tiempo imperfecto, lo cual sugiere que continuaron por algún tiempo.

La muerte de Jesús (15:33-39)

NOTAS TEXTUALES

34. La variedad de lecturas de los textos hebreo y arameo del Salmo 22:1 que se citan en Mateo y en Marcos respectivamente deja margen para muchas dudas con respecto a la forma que Marcos usó y las palabras hebreas y arameas que transliteró; el texto א impreso en UBS/NA refleja la aceptación generalizada de que la intención original era que la cita de Marcos estuviera en arameo, y que las lecturas "hebraizantes" se deben a

---

84. C. D. Marshall, *Faith*, 205, comenta que "la expresión 'veamos y creamos'... invierte el patrón establecido a lo largo de toda su historia en la que la fe es la premisa del milagro, no su consecuencia inevitable".

85. En la demanda de una señal visible puede observarse un reflejo de la persecución del justo en Sab. 2, especialmente en 2:17-18; pero Marcos, a diferencia de Mt. 27:40, 43, no llamó la atención sobre ese pasaje mediante una cita textual.

86. "Los dos zelotes, que están del mismo lado que Jesús en relación con los espectadores, se ponen no obstante, del lado de los espectadores, y Jesús está estrictamente *solo*" (Belo, 228).

una asimilación al texto de Mateo (aunque el sustantivo ἠλί de Mateo, que a menudo se considera un término hebreo, es en realidad la forma que aparece en el tárgum que se conserva del Salmo 22:1); véanse R. H. Gundry, *Use*, 63-66; J. A. Fitzmyer, *Aramean*, 93. En la versión griega es más probable que el orden de las palabras ἐγκατέλιπές με, que concuerda con el Salmo 21:2[22:1] en la LXX, se haya alterado para que armonizara con el orden de Mateo με ἐγκατέλιπες y no lo contrario. La sustitución por ὠνείδισάς με en algunos textos occidentales puede ser un esfuerzo por evitar el desconcierto teológico que representa el abandono de Jesús por parte de Dios (sobre esta lectura, véase además D. J. Moo, *The OT*, 269-70).

39. La cuestión aquí es determinar si este versículo contenía originalmente una referencia al grito en alta voz del v. 37. La mayoría de los testimonios contienen esa referencia en diversas formas, y es posible que en algunos testimonios alejandrinos se haya omitido κράξας porque se pensó que una segunda referencia al grito resultaba redundante en este punto (sobre todo por cuanto Mateo no la incluye aquí). Pero marginalmente podría ser más probable que se haya añadido κράξας (tal vez bajo la influencia de Mt. 27:50) porque se consideró que la presencia de un adverbio οὕτως en el original exigía una explicación, y que οὕτως se haya eliminado entonces de unos cuantos textos (pero no de la mayoría) porque la frase se había tornado demasiado engorrosa.

En la sección anterior Jesús fue el objeto pasivo de la crucifixión y la burla. Ahora que la narración de la pasión llega al punto culminante con su muerte, aunque los temas de la burla, y tal vez la crueldad, no desaparecen en los vv. 35-36, se ven eclipsados por una nueva centralización en la figura de Jesús. La presencia anormal de las tinieblas nos indica que esta crucifixión es diferente de cualquier otra, y nos prepara para escuchar el último y espantoso grito de Jesús desde la cruz, y para presenciar a continuación la manera sorprendente en que murió. Su muerte es tan extraordinaria como su vida, y las implicaciones trascendentales de la misma se ponen de manifiesto en el símbolo físico de la rasgadura del velo del templo y en la declaración asombrada del centurión, que con su uso del título υἱὸς θεοῦ concluye la revelación del verdadero significado de Jesús que comenzó en la afirmación introductoria de Marcos en 1:1, y en el plano narrativo, con la voz del cielo en 1:11. El título se ha hecho patente en distintos momentos de la narración, pero esta es la primera vez que un testigo humano lo haya pronunciado con convicción (en contraste con el escepticismo del sumo sacerdote, 14:61). La identidad de ese testigo, un soldado pagano que no tenía ningún conocimiento de teología judía ni había sido discípulo de Jesús, concuerda bien con el tema persistente de Marcos sobre la incapacidad de los líderes judíos, o incluso de los propios discípulos de Jesús, para reconocer quién es él, y hace que los lectores de Marcos se den cuenta de que lo que ahora ha tenido lugar constituye la base de las buenas nuevas εἰς πάντα τὰ ἔθνη (13:10), εἰς ὅλον τὸν κόσμον (14:9).

En el v. 39, pues, el relato marcano de la muerte indefensa y humillante de Jesús alcanza, en forma inesperada, un clímax cristológico triunfal. Pero esto parece muy ilógico por cuanto esta última escena no está dominada por un grito de triunfo sino por algo muy semejante a un grito de desesperación. Marcos optó por citar como últimas palabras de Jesús (aunque no las últimas palabras acerca de Jesús) no un clamor confiado a Dios como Ἀββά sino un grito torturado de abandono. Es posible que Marcos no conociera ninguna tradición sobre otras palabras menos devastadoras desde la cruz como las que citan Lucas y Juan. Pero con esta última exclamación de la que deja constancia expone la suprema paradoja de su paradójica historia. Por tanto, los dos versículos, 34 y 39, crean los dos polos de una impactante antinomia, que Marcos deja que sean sus lectores los que la resuelvan. Y tampoco ofrecerá mucha ayuda en ese sentido en el resto de la narración: el mensaje de que el Jesús que fue crucificado está vivo otra vez (16:6-7) nos asegurará sin duda que ahora todo está bien, que cualquiera que haya sido la realidad que lo causara, el grito de desesperación de Jesús no fue el final de la historia. Pero ese grito en sí mismo permanece sin explicación, a menos que se tome como el reflejo de una narración en la que se ha declarado repetidamente que la muerte de Jesús es la meta de su ministerio, que con ella se cumplirá la Escritura y que el propósito de la misma se ha insinuado en algunas breves y sugerentes afirmaciones acerca de un rescate por muchos (10:45) y acerca de la sangre del pacto (14:24). Estos materiales básicos nos permiten elaborar una interpretación teológica sobre la muerte de Jesús en la que podrían hallar cabida las duras palabras del v. 34, pero Marcos no nos da ninguna ayuda para poder elaborarla. Su teología de la cruz sigue expresada como una paradoja.

Estos siete versículos contienen una serie de incidentes breves, algunos de los cuales están deliberadamente relacionados entre sí (el episodio de Elías con el grito del v. 34 en razón de un supuesto malentendido, y la exclamación del centurión basada en el relato de la muerte de Jesús en el v. 37), pero en la mayoría de los casos, aparecen en forma sucesiva sin que se indique ningún vínculo causal. Más adelante señalaremos algunos esfuerzos de los intérpretes por añadir esos vínculos (en particular la hipótesis que muchos aceptan de que el centurión presenció la rasgadura del velo del templo, aunque Marcos no lo dice), pero es necesario proceder con cautela al tratar de "interpretar el pensamiento de Marcos" de esta manera. El impacto general de esta serie de incidentes breves es poderoso, pero su coherencia estructural no resulta tan obvia.[87]

---

87. Para un esfuerzo interesante por adaptar toda la perícopa a una estructura quiástica elaborada, véase K. E. Brower, *JSNT* 18 (1983) 88-93. El marco externo consta de dos acciones divinas (vv. 33, 38), dentro de este marco están los dos gritos de Jesús (vv. 35, 36b), entre los cuales aparecen dos referencias a Elías, y en el centro el ofrecimiento de una bebida (v. 36a); el comentario del centurión en el v. 39 concluye entonces toda la sección (y, de hecho, el relato completo de la pasión) con un resumen cristológico. Esta es una percepción válida de todo el contenido de la perícopa, pero no resulta tan fácil demostrar que Marcos lo planeó de esta manera, y es bastante desalentador observar que el lugar central de la estructura propuesta lo ocupa el episodio menos importante del ofrecimiento de una bebida y no lo que sin duda constituye el clímax dramático de la perícopa, a saber, la muerte de Jesús.

33 Γενομένης ὥρας ἕκτης, junto con la referencia a la hora tercera en 15:25, sugiere que todo lo que se relató en los versículos anteriores ocurrió antes del mediodía, aunque el tiempo imperfecto de los verbos en los vv. 29, 31 y 32 admite la posibilidad de que la burla que había comenzado por la mañana continuó. Pero para el período comprendido entre el mediodía y la hora novena no se menciona ningún otro acontecimiento, simplemente el paso del tiempo. Lo nuevo en este período no pertenece a la esfera de la actividad humana, sino unas tinieblas anormales que empezaron al mediodía y prosiguieron aparentemente no hasta la puesta del sol, sino solo hasta cerca del momento de la muerte de Jesús que, según el esquema de Marcos, parece haber tenido lugar poco después de la hora novena. Las tinieblas durante las horas constituyen una señal visible del desagrado y el juicio de Dios (Dt. 28:29; Am. 8:9, Jer. 15:9, y cf. el comentario sobre 13:24 supra para otras expresiones de lenguaje semejantes acerca de juicios "cósmicos" en Is. 13:10 etc.),[88] y el ejemplo supremo de ese fenómeno en el AT, a saber, las tinieblas que vinieron sobre Egipto y que fueron la penúltima plaga en los días de la primera pascua (Éx. 10:21-23), se refleja en las palabras de Marcos (Éx. 10:22 en la LXX: ἐγένετο σκότος ... ἐπὶ πᾶσαν γῆν Αἰγύπτου). Ese paralelismo sugiere lo que de todas formas es más probable, que γῆ aquí debe tomarse en su sentido más limitado, es decir, la tierra de Judea, y no como unas tinieblas a nivel mundial (es así como se interpreta en *Ev. Pe.*[89] 5[15]).[90] Si tenemos en cuenta la importancia simbólica de las tinieblas como una forma de comunicación divina no tiene mucho sentido tratar de especular sobre su causa natural: un eclipse solar no podía ocurrir durante el plenilunio pascual, aunque una tormenta de arena ("siroco") o una nubosidad espesa sí son posibles.[91] La imprecisión del lenguaje de Marcos no nos permite saber si, en su opinión, el grito del v. 34 y los acontecimientos que siguieron tuvieron lugar en medio de las tinieblas o cuando estas ya habían pasado, sin embargo, esas tinieblas físicas podrían simbolizar muy bien la desolación a la que se hace referencia en el v. 34.

34 Los relatos sobre las crucifixiones en la antigüedad indican una pérdida gradual de las fuerzas y la consciencia en las víctimas, por tanto, conviene destacar la rotunda afirmación de Marcos de que estas últimas palabras de Jesús fueron un clamor φωνῇ μεγάλῃ (βοάω es un término fuerte, "un tanto obsoleto" según Gundry; 948, que Marcos usó en otro lugar solamente cuando

---

88. Véase además D. J. Moo, *The OT*, 342-44. Este conocido tema del AT hace que resulte innecesario buscar un origen (principalmente) en los relatos griegos y romanos sobre eclipses u otras tinieblas poco naturales que señalaron el deceso de grandes figuras (Davies y Allison, *Matthew* 3.622 nn. 61, 62, dan una lista de referencias; Gundry, 963, las expone de manera más completa).

89.

90. Pesch, 2.493; cf. H. Sasse, *TDNT*, 1.677 (contra H. Conzelmann, *TDNT*, 7.439). Con más detalles S. Légasse, *Procès*, 2.113-15.

91. *Ev. Pe.* 5(18) embellece la narración con un relato sobre algunas personas que pensaban que era de noche y por tanto, encendían lámparas y (probablemente) iban a acostarse o andaban tropezando (el griego no es claro).

citó la profecía de Isaías de la proclamación en el desierto, 1:3). En el v. 37, incluso en el momento de la muerte de Jesús, volverá a hablar de una φωνὴ μεγάλη. Jesús no saldrá de este mundo con un gemido quejumbroso, sino en plena posesión de sus facultades. La sonoridad del grito también pone de relieve la profundidad de la emoción que expresa.

Ἐλωΐ ἐλωΐ λεμὰ σαβαχθάνι; es probablemente (véase la nota textual) una transliteración de las palabras iniciales del Salmo 22:1 en arameo (aunque no del tárgum que se conserva, en el cual aparece la forma "hebrea" ēlî como en la versión de Mateo, y *miṭṭûl mâ* en lugar de *lmā'*), mientras que la traducción griega refleja, pero no reproduce exactamente, la expresión de la LXX "Ο θεὸς ὁ θεός μου, πρόσχες μοι· ἵνα τί ἐγκατέλιπές με;". La confusión textual no nos permite asegurarlo, pero, al parecer, la reproducción de la forma aramea que hace Marcos pone deliberadamente en boca de Jesús en el momento supremo de la prueba su lengua vernácula, y no el original hebreo, para citar la Escritura.[92] Esta es la tercera vez que Marcos nos presenta las palabras de Jesús en arameo y también en la traducción griega, en una ocasión cuando ejerció su poder divino sobre la muerte (5:41), y aquí y en 14:36 hablando directamente con Dios en oración. Pero en este caso, el contraste con 14:36 resulta muy llamativo: allí, llamó Padre a Dios y aceptó lealmente su voluntad; aquí (por única vez en las oraciones de Jesús que se mencionan en los cuatro Evangelios) no llama Padre a Dios sino ὁ θεός μου, y en su "oración" manifiesta desconcierto y alejamiento. Esta es, por supuesto, la única oración de todas las que aparecen en los evangelios en la que Jesús no usa sus propias palabras sino la cita de un salmo, pero el hecho de que fuera esa cita la que acudió a su mente en esta coyuntura, y no alguna otra que expresara una relación de confianza en Dios, resulta muy elocuente. Aunque la frase ὁ θεός μου expresa una relación continua con Dios,[93] es una relación que se siente abandonada. Es cierto, por supuesto, que el Salmo 22 que comenzó con ese tono de desesperación, concluye veinte versículos más adelante con notas de esperanza y de acción de gracias, pero Jesús no reprodujo la última parte del salmo sino el comienzo,[94] y si intentáramos elaborar a partir de estas breves

---

92. Para un examen de los estudios que se han realizado con vistas a descubrir si la cita de Marcos debió estar en hebreo o en arameo, véanse D. J. Moo, *The OT*, 264-68; R. E. Brown, *Death*, 1051-53, y ambos se inclinan por el arameo. M. Casey, *Sources*, 88, llega a la conclusión de que en este "momento de máximo estrés", Jesús usó la lengua que solía emplear para *explicar* la Escritura: "Él leía las escrituras en hebreo, y las explicaba en arameo".

93. Anderson, 346, comenta: "Él no va de dejar que Dios lo abandone, y se atreve a aferrarse a él y sigue llamándolo '"Dios mío, Dios mío'". M. A. Tolbert, *Sowing*, 283, considera que la forma del grito de Jesús resulta irónica por cuanto "Jesús dirige sus palabras al mismo Dios que, según él, lo ha abandonado... Jesús es abandonado por Dios, pero a la vez, Dios está a su alcance y puede invocarlo".

94. J. Jeremias no apoya su sugerencia de que "se cita el principio del Salmo 22 para indicar que Jesús recitó el salmo completo" (*Theology*, 189). Los comentaristas sugieren más a menudo que Marcos (y no Jesús) tenía la intención de hacerle recordar al lector el salmo completo. Así opina, p. ej., F. J. Matera, *Kingship*, 132-35. Para el lector, esto "se transforma en el grito mesiánico de Jesús" (Matera, *Kingship*, 137).

palabras atormentadas una exégesis de todo el salmo, invertiríamos el efecto que Marcos creó por medio de este grito enérgico y enigmático de agonía.[95] Seis horas después de haber sido crucificado, y tras tres horas de tinieblas, Jesús se sintió abandonado por Dios.

No sabemos cuánto duró esa sensación. Marcos no nos dice cuál fue el contenido del segundo grito a gran voz de Jesús en el v. 37 (contrástese con τετέλεσται, Jn. 19:30), pero la reacción del centurión en el v. 39 cuando vio la manera en que murió indica que en ese momento Jesús no daba la impresión de que hubiera fracasado o estuviera desesperado, sino de que era υἱὸς θεοῦ, lo cual difiere mucho del tono de este versículo. A partir de las notas cronológicas de Marcos, podría deducirse que las tinieblas cesaron "a la hora novena", es decir, en el momento en que Jesús gritó, y por tanto, ese grito marcó el final del periodo de alejamiento; eso, sin embargo, supondría leer demasiadas cosas entre líneas. Pero si Marcos no nos dice cuánto tiempo duró la sensación de abandono, no nos da ninguna razón para suponer que no haya sido en el momento del grito de Jesús, muy real e inclusivo. No deja margen para la serenidad heroica de la muerte de Jesús la reconstrucción docética posterior.[96] Un comentario sobre Marcos no ofrece el marco adecuado para analizar cómo encaja esta sensación de abandono en la cristología y el trinitarianismo de la ortodoxia cristiana posterior. Marcos, al parecer, no considera que este grito sea incompatible con la condición de Jesús como υἱὸς θεοῦ en el v. 39. El cristiano, en general, se siente instintivamente inclinado a interpretar estas palabras a la luz de una doctrina de la expiación en virtud de la cual Jesús entra temporalmente en el estado de abandono divino del que es preciso rescatar a los seres humanos pecadores (cf., p. ej., 2Cor. 5:21; Gá. 3:13), y al beber esa "copa" hasta las heces (14:36) ἀντὶ πολλῶν (10:45; cf. 14:24) los hace libres; a partir de entonces, tras haber completado su obra redentora, su relación con el Padre es restaurada. Pero esta reconstrucción teológica, aunque se basa

---

95. Con respecto a algunos comentarios sanos sobre este asunto y otros esfuerzos por evadir la fuerza del grito de Jesús, véase D. J. Moo, *The OT*, 271-74. Véase en contra, J. Marcus, *Way*, 180-82, quien defiende y desarrolla el punto de vista de H. Gese de que gran parte del relato de la crucifixión se basa en el Salmo 22, incluyendo el tema del reino y la vindicación y también del sufrimiento. T. E. Schmidt, *BBR* 4 (1994) 145-53, ofrece la opinión poco usual de que la última parte del Salmo 22 se centra en "una sentencia de carácter universal", y que con la cita del comienzo del salmo Jesús intentaba expresar este concepto: su propia muerte es el juicio de Israel (la variante pronominal "me" se refiere, pues, a la nación judía), después del cual la salvación llegará a todas las naciones, representadas por el centurión en el v. 39.

96. El *Ev. Pe.* 4(10) dice que en el momento de la crucifixión, Jesús "se mantuvo en silencio, como si no sintiera ningún dolor" y emite el presente grito en la forma (5[19]) ἡ δύναμίς μου, ἡ δύναμις, κατέλειψάς με, inmediatamente después que "fue levantado", una versión que, al parecer, refleja el abandono por parte de Dios en una disminución de las fuerzas físicas (o tal vez en una pérdida del poder milagroso para escapar de la cruz) cuando Jesús intercambia la vida terrenal por la celestial. Ese origen para el uso del término δύναμις parece más probable que la sugerencia de que se deriva de una confusión en este Evangelio griego o en su fuente entre los términos hebreos ʾēlî y ḥēlî, "fuerza mía" (así, p. ej., B. Lindars, *Apologetic*, 89-90). Véase además R. E. Brown, *Death*, 1056-58.

indudablemente en algunas insinuaciones que Marcos ha hecho a medida que Jesús fue hablando de lo que le aguardaba en Jerusalén, trasciende con mucho lo que él está dispuesto a revelar en este momento. Marcos quiere que sintamos la agonía de Jesús, no que la expliquemos.

35-36 La identidad de los παρεστηκότες no se especifica, pero no es importante. El hecho de que piensen instintivamente en Elías indica que son judíos y no miembros del escuadrón de ejecución, pero su anonimato los coloca en la categoría de los παραπορευόμενοι del v. 29 y no entre los sacerdotes burlones. La idea de que Jesús había pronunciado el nombre de Elías sería un error más natural si hubiera usado la forma 'Ηλί en lugar del nombre 'Ελωΐ que aparece en Marcos, pero incluso este nombre (que refleja el sustantivo arameo ʾlāhî) al ser pronunciado en un grito agónico podría haberse interpretado como el nombre del profeta.[97] El error, si en realidad debemos considerarlo así y no una distorsión maliciosa de lo que habían escuchado,[98] resultaba muy natural en vista de la creencia cada vez mayor en un regreso escatológico de Elías para "restaurar todas las cosas" (véanse los comentarios sobre 9:11-13), a la que posteriormente la piedad judía añadió la esperanza de que podía descender del cielo para ayudar en momentos de necesidad".[99] El ofrecimiento de una bebida no es forzosamente una consecuencia directa de la supuesta invocación a Elías, pero tal vez se ofrecieron con la idea de que ayudaría a Jesús a sobrevivir hasta que viniera el profeta. Esto sería coherente con el siguiente Ἄφετε, que posiblemente usaron en el sentido de "¡déjenlo!",[100] no para evitar alguna interferencia específica, sino más bien, para pedirles, de manera general, a los curiosos y/o a los soldados que dejaran

97. Así D. J. Moo, *The OT*, 268. R. E. Brown, *Death*, 1061-62, señala acertadamente que a los lectores griegos de Marcos (y tal vez al propio Marcos) no les preocupaba la pronunciación semítica exacta, y aceptaron simplemente lo que dijo Marcos en cuanto a que Ἐλωΐ y a Ἠλίας se pronunciaban de manera semejante.

98. F. J. Matera, *Kingship*, 122-25, insiste en que no se trata de una malinterpretación "ni en el plano histórico ni en el literario", sino de una burla. Pero en el contexto, la naturaleza de la burla tiene que ver sin duda con el grito del v. 34, y por ende, sugiere un reflejo deliberado, aunque no una verdadera creencia de que Jesús hubiera pronunciado el nombre de Elías.

99. J. Jeremias, *TDNT*, 2.930; Str-B, 4/2.769-79. Por ejemplo, según *b. ʿAbod. Zar.* 17b un tal R. Eleazar fue rescatado de un juicio romano por Elías, que (disfrazado de funcionario romano) interceptó a un mensajero imperial enviado como testigo y "lo lanzó a una distancia de 400 parasangas, después de lo cual, se fue y no regresó". La presencia de Elías bajo el disfraz de alguna forma humana adecuada es una característica propia de ese tipo de historias. Detrás de esta creencia se encuentra no solo la función de Elías como profeta de la "restauración", sino también el testimonio de la manera en que ayudó a una mujer en apuros (1Re. 17:8-24); desde que fue llevado al cielo sin morir (2Re. 2:11), siempre está disponible y presto para ayudar.

100. En lugar de tomar el imperativo ἄφετε como una petición de dejar en paz a Jesús, su función podría ser introducir el subjuntivo deliberativo ἴδωμεν (así BDF 364[2]), y con ello, la expresión completa significaría "veamos" ("tras haber eliminado una ἵνα epexegética", Gundry, 969), aunque el único paralelismo neotestamentario para este uso del verbo ἀφίημι es la forma singular ἄφες ἐκβάλω en Mt. 7:4/Lc. 6:42. En Marcos sin duda cabe la redundancia, pero cuando el imperativo tiene un sentido adecuado propio en el contexto, esta interpretación parece innecesaria.

el campo libre para que Elías interviniera si así lo deseaba. En el contexto narrativo, el término ὄξος se refiere quizás al "vinagre de vino" barato "que era la bebida preferida de las clases más bajas de la sociedad y de los que vivían con cierta moderación, especialmente, los soldados", y sin duda apagaba la sed (BAGD, 574a).[101] Juan (19:29) dice que había allí una vasija llena de esa bebida, presumiblemente para el uso de la soldadesca, y Lucas (23:36, refiriéndose al período anterior al mediodía) indica que los soldados le ofrecieron ὄξος a Jesús como parte de sus burlas. Pero Marcos no da a entender que los soldados tuvieran alguna participación en esto, y con respecto al τις que le ofrece la bebida podría pensarse con más naturalidad que era uno de los παρεστηκότες judíos, especialmente por la manera en que vuelve a hacer alusión a la burla acerca de Elías. No podía acercarse a Jesús sin el consentimiento de los soldados, por supuesto, y es posible, de hecho, que haya usado parte del ὄξος del que ellos disponían, a lo cual no tendrían ninguna razón para oponerse por cuanto era un acto que no interfería con el proceso de la ejecución. En ese caso, no hay nada en la narración de Marcos que sugiera que aquel ὄξος tuviera por objeto causarle desagrado, a pesar del contexto de burlas en el que le fue ofrecido. Pero la palabra ὄξος aquí, junto con ποτίζω, hace recordar el texto de la LXX en el Salmo 68:22[69:21] que, según señalamos anteriormente con respecto al v. 23, se refiere a un acto hostil y menciona el veneno en conjunción con el ὄξος. Si Marcos deseaba, tal como sugieren sus palabras, hacer esa alusión aquí (aunque no en el v. 23), podría decirse que, bajo la influencia del pasaje del salmo, elaboró un argumento más siniestro a partir de lo que en sí mismo era un acto inofensivo y hasta amable, aun cuando fuera realizado en medio de todas aquellas burlas. No se nos dice, empero, en esta ocasión si Jesús aceptó la oferta, aunque pudiera interpretarse que, al igual que ἐδίδουν en el v. 23, el imperfecto ἐπότιζεν tiene una función conativa, de lo cual se infiere que el intento fracasó. El hecho de haber tenido que usar una esponja en una caña para poder llegar hasta la boca de Jesús indica que la cruz que habían usado era bastante alta, y no con la altura mínima para elevar los pies del suelo,[102] y los verbos compuestos prefijados por κατα- en los vv. 30, 32 y 36 sugieren lo mismo.

37 Marcos no indica si en este segundo clamor a gran voz[103] (la traducción de Van Iersel "emitió un profundo suspiro" no es lo que dice Marcos) Jesús pronunció palabras, como sí ocurre en los relatos diferentes de

---

101. Plinio, *Nat. Hist.* 23.27, enumera una amplia variedad de usos medicinales del vinagre *(acetum)*, pero la referencia que hace a los efectos analgésicos del mismo, al parecer, es únicamente a usos externos.

102. Así Lane, 565-66; en cuanto a la altura de las cruces, véanse también J. Blinzler, *Trial*, 249-50; R. E. Brown, *Death*, 948-49.

103. En contra de la sugerencia de que el v. 37 hace referencia al mismo grito del v. 34, y que en la narración solo hay un grito, y por tanto, Jesús murió antes que le ofrecieran la bebida (así Gundry, 948-49; cf. F. J. Matera, *Kingship*, 125-27; R. E. Brown, *Death*, 1079), véase J. D. Kingsbury, *Christology*, 131 n. 221.

Lucas 23:46 y Juan 19:30, o si se trató simplemente de un grito inarticulado, y por ende, no es posible deducir a partir de su relato si continuaba expresando la desolación del v. 34 o si denotaba un nuevo estado de ánimo, ya sea de confianza (Lucas) o de triunfo (Juan). El único indicio que tenemos es la reacción del centurión en el v. 39, en especial si aceptamos como la razón de esa reacción el grito que se menciona específicamente en la lectura allí (véase la nota textual sobre el v. 39). El reconocimiento en Jesús de un υἱὸς θεοῦ se desprendería de manera más natural de una muerte "noble" y pacífica que de la que le hubiera acaecido a una persona en medio de una depresión sin alivio, con las que sin duda estaba bien familiarizado un centurión acostumbrado a presidir ejecuciones.

Marcos no especifica la hora de la muerte, pero nos permite suponer que ocurrió poco después de la hora novena; de todas formas, tuvo que ser antes de la puesta del sol (v. 42). Los cuatro evangelios describen la muerte real de Jesús[104] con un lenguaje del πνεῦμα pero de distintas formas. El verbo ἐκπνέω, que usan Marcos y Lucas, es la forma más simple, y ofrece menos margen que las expresiones relativas al πνεῦμα de Mateo y Juan para ver en la escena cualquier referencia al Espíritu Santo.[105] Significa simplemente "espirar", y al igual que nuestro verbo "expirar", es un eufemismo natural de morir, y se usa sobre todo en contextos más poéticos o solemnes. El verbo ἀποθνῄσκω habría transmitido el mismo sentido, pero tal vez se consideró demasiado "ordinario" para describir un momento tan solemne,[106] aunque no se dudó en usarlo retrospectivamente para referirse a la muerte de Jesús en las epístolas. En breve señalaremos (y rechazaremos) una sugerencia con respecto a otra razón para la elección por parte de Marcos de ἐκπνέω en lo tocante al velo del templo.

38 Al describir el mobiliario del templo, la LXX usa el sustantivo καταπέτασμα para denotar la cortina a través de la cual se pasaba del atrio al lugar santo, donde se ofrecía el incienso (Éx. 26:37), y también la que separaba el lugar santo del santuario interior, el lugar santísimo (Éx. 26:31). En el templo de Salomón, las divisiones correspondientes las hacían puertas de madera, pero en el templo de Herodes, Josefo se refiere de nuevo a dos καταπετά σματα en estas dos posiciones (Josefo, *Guerras* 5.212, 219; cf. *Ant.* 8.75); y dice que la enorme cortina exterior estaba colgada delante de las puertas y tenía la misma altura de estas, que era de veinticinco codos, pero

---

104. Sobre la posible causa fisiológica de la muerte, véanse J. Wilkinson, *ExpTim* 83 (1971/2) 104-7; R. E. Brown, *Death*, 1088-92; el tema no despierta el interés de los evangelistas, y por esa razón, no ofrecen datos específicos.

105. Véase supra, pág. 74 n. 58. El artículo de S. Motyer al que se hace referencia allí (*NTS* 33 [1987] 155-57) interpreta la acción de Jesús de "entregar su Espíritu" como el Pentecostés de Marcos, en cumplimiento de la profecía de Juan el Bautista en 1:8. Gundry, 949, alude en forma misteriosa a "una exhalación del Espíritu, el cual es su aliento". Van Iersel, 477, es más inclusivo: "tanto el aliento de vida como el Espíritu estuvieron activos en él desde el principio de su ministerio".

106. J. D. M. Derrett, *Audience*, 195-96, alega que Marcos eligió la palabra para comunicar que Jesús "entregó el espíritu", es decir, murió en forma prematura y voluntaria.

no indica la altura de la cortina de adentro (aunque el vestíbulo que dividía tenía una altura de sesenta codos). La cortina exterior, que Josefo describe con embeleso como una magnífica obra de tapicería babilónica en tonos vivos que simbolizaban la tierra, el mar y el cielo (*Guerras* 5.212-14), era la única que podía ver cualquier persona, con excepción, por supuesto, de los sacerdotes que oficiaban en el lugar santo. Marcos no dice a qué cortina él se refiere, y no hay ningún testimonio del uso regular de la frase τὸ καταπέτασμα τοῦ ναοῦ en singular para denotar específicamente la una o la otra.[107] La rasgadura[108] de la cortina exterior era un acontecimiento público importante, pero, desde el punto de vista teológico, el simbolismo de la apertura violenta del lugar santísimo con el rasgadura de arriba abajo de la cortina interior podría considerarse más revelador,[109] y fue aparentemente en este sentido que el escritor de Hebreos interpretó la tradición por cuanto se refiere a esta cortina como τὸ δεύτερον καταπέτασμα (Heb. 6:19; 9:3; 10:19-20).[110] Pero no podemos presuponer que Marcos hubiera compartido el mismo simbolismo teológico de Hebreos. Las referencias de Jesús al templo hasta ahora en este Evangelio han tenido que ver con su destrucción y su remplazo, y la rasgadura de la cortina exterior más visible y magnífica era más natural que volviera a aludir a este tema. Después de las burlas de los vv. 29-30, esta sería una réplica divina especialmente adecuada: el proceso de la destrucción y el remplazo del templo, de hecho, había comenzado, incluso mientras Jesús estaba colgado en la cruz.[111] Este "vandalismo divino" refuta también de manera idónea las burlas

107. Para un análisis detallado de las dos (o tal vez tres) cortinas, véase R. E. Brown, *Death*, 1109-13; Brown termina diciendo que, desde el punto de vista exegético, es un tema insignificante determinar de cuál de las dos cortinas se trataba.

108. Véanse los comentarios supra sobre 1:10 (también la pág. 74) para la sugerencia de que el verbo σχίζω, que Marcos usa solo en ese versículo y aquí, es un reflejo deliberado de esa "rasgadura/apertura" anterior a la que también siguió una revelación de Jesús como el υἱὸς θεοῦ. (Véase también R. H. Lightfoot, *Message*, 55-56). Pero por más cautivadora que sea la metáfora de la "rasgadura" del cielo, σχίζω es el verbo que suele usarse para referirse a la rasgadura de una cortina y no es necesario que conlleve ningún otro sentido.

109. M. A. Tolbert, *Sowing*, 280-81, señala la interpretación de Josefo del lugar santísimo como representación del cielo (*Ant.* 3.123, 181), y sugiere que la rasgadura de la cortina del templo indicó el "tránsito de Jesús del mundo humano al celestial", con lo cual creó una "brecha permanente en la división, y permitió un acceso más libre al mundo divino de los elegidos".

110. K. E. Bailey, *ExpTim* 102 (1990/1) 103-4, descubrió un simbolismo relacionado en Marcos, para el cual, se basó en un elaborado esquema quiástico que él observa a través de los vv. 20-39: Bailey encuentra el paralelismo quiástico con la "develación" del lugar santísimo en la "develación" de Jesús en la cruz: "el nuevo lugar santísimo es un salvador moribundo, develado en la cima de un monte ante el mundo entero". (Para un enlace quiástico similar, véase M. A. Tolbert, *Sowing*, 279-80). H. L. Chronis, *JBL* 101 (1982) 107-14, llega a una conclusión parecida por una vía muy diferente, e interpreta la rasgadura de la cortina no como un augurio de la destrucción y la reedificación del templo, sino como la revelación divina de Jesús acerca de sí mismo como el nuevo templo "no hecho de manos" que toma su lugar.

111. Josefo nos cuenta que la apertura espontánea de la puerta del templo en el año 70 d.C. (véase más adelante) se interpretó como una señal de su próxima destrucción. En *Lives of the Prophets* 12:12 se predice que la cortina del lugar santísimo será desmenuzada cuando "una nación

de los principales sacerdotes (vv. 31-32): la muerte de Jesús presagia el final del templo del que dependía el poder y la influencia que ellos tenían. "Para Marcos, este suceso es el cumplimiento de la "profecía" hecha en 14:58 y 15:29. Con la muerte de Jesús, el antiguo orden religioso llega a su fin; los que rechazaron a Jesús, los líderes religiosos, ahora han sido rechazados por Dios".[112] Me referí a la rasgadura de la cortina como una "réplica divina" porque con su declaración de que la rasgadura fue hecha ἀπ' ἄνωθεν ἕως κάτω Marcos indica que ningún ser humano habría podido rasgarla de esa manera (sobre todo si se trataba de la cortina exterior con una altura de unos veinticinco metros). Cuando Jesús muere, Dios hace una obra con el fin de mostrar cuál será el resultado de su muerte. Esta, al parecer, es una explicación más plausible del lenguaje de Marcos que la extraña sugerencia de que él usó el verbo ἐξέπνευσεν en el v. 37 para referirse a una ráfaga de viento (o la liberación "del Espíritu") que (junto con la gran voz que dio Jesús) rompió la cortina, haciendo con ello a Jesús directamente responsable de aquella rasgadura.[113] No existe ningún registro histórico de este acontecimiento fuera de los Evangelios (y en Lucas aparece antes, y no después, de la muerte de Jesús), aunque se ha alegado que existe un confuso reflejo del mismo en la declaración de *b. Yom.* 39b de que "durante los últimos cuarenta años antes de la destrucción del templo las puertas del santuario se abrirían por sí mismas".[114] Menos relevantes son las historias similares que se han referido sobre los acontecimientos que ocurrieron en el año 70 d.C.: Josefo, *Guerras* 6.293-96, cuenta que la puerta oriental del atrio interior del templo se abrió espontáneamente durante la época pascual ese año, y Tácito, *Hist.* 5.13, dice que las puertas del templo se abrieron súbitamente y una voz sobrehumana exclamó: "Los dioses se marchan".[115] Pero la razón de Marcos para incluir esta aparente digresión obviamente no es dejar constancia de un hecho interesante por sí mismo, sino ilustrar la importancia de la muerte de Jesús. Se han hecho muchas sugerencias con respecto a su simbolismo,[116] pero ante la ausencia de cualquier indicio por parte de Marcos, todas ellas son forzosamente especulativas; sin embargo, algo que se sugirió con anterioridad

---

occidental" destruya el templo, pero no está claro si esto se escribió antes o después del año 70 d.C., ni tampoco si está influenciado por la tradición cristiana.

112. D. Juel, *Messiah*, 206.

113. H. M. Jackson, *NTS* 33 (1987) 27-28; Van Iersel, 477-79. Gundry, 949-50, combina de forma creativa tres significados distintos de πνεῦμα en su declaración de que "Jesús exhala el viento del Espíritu que rasga el velo", y sigue hablando del "aliento-viento-Espíritu". Jackson apoya su exegesis basándose en la idea que aparece en Is. 11:4 del "uso punitivo que hace de su aliento la figura mesiánica" (30).

114. Así H. W. Montefiore, *NovT* 4 (1960) 150-51, señalando que lo más probable es que la muerte de Jesús ocurriera cuarenta años antes de la destrucción del templo.

115. Van Iersel, 479, trata de apoyar el incidente con la declaración de Josefo de que en el botín que fue llevado a Roma había materiales que se necesitaban para reparar la cortina del templo, e incluso considera la posibilidad de que la cortina rasgada se haya exhibido públicamente en el triunfo de Roma, aunque admite que esto no es más que una "simple especulación".

116. Geddert, *Watchwords*, 140-45, enumera (sin documentarlas) treinta y cinco sugerencias.

en ese sentido parece ajustarse mejor a la "teología del templo" que se desarrolló a lo largo del tercer acto del drama marcano, y cuenta con apoyo patrístico[117] y moderno.

39 El relato de la rasgadura de la cortina aparece entre la muerte de Jesús y la reacción del centurión ante esa muerte (repitiéndose el verbo ἐξέπνευσεν para unir ambas cosas). Por ese motivo, muchos intérpretes han llegado a la conclusión de que Marcos desea que nosotros incluyamos la rasgadura de la cortina en lo que vio el centurión y constituyó la base de su exclamación.[118] Pero Marcos no dice que el centurión la hubiera visto, y a nivel narrativo esto no era posible, porque para ver la cortina tendría que haber estado en la zona oriental del templo (y más cerca de él que cualquier otra ubicación probable del Gólgota).[119] La narración con respecto a la cortina es para que los lectores de Marcos la tengan en cuenta a la hora de valorar la importancia que tiene la muerte de Jesús, no para que la relacionen con la mención del centurión que aparece después; el comentario del centurión es causado simplemente por la manera en que Jesús murió.

El centurión (Marcos usa el término latino prestado κεντυρίων en lugar de las formas griegas ἑκατοντάρχης ο ἑκατόνταρχος que siempre emplean Mateo y Lucas), que se hallaba παρεστηκὼς ἐξ ἐναντίας αὐτοῦ,[120] estaba al mando del escuadrón de ejecución (véanse los comentarios sobre los vv. 44-45), que ahora vigilaban a las víctimas mientras morían. El centurión era un oficial de baja graduación en las fuerzas auxiliares (los centuriones por lo general eran soldados comunes que habían ido ascendiendo de categoría, y no "oficiales de carrera") y por tanto, es probable que fuera un miembro no judío de las naciones vecinas (véase el comentario sobre el v. 16). Marcos no explica con claridad qué aspecto de la muerte (οὕτως) de Jesús causó en él aquella impresión tan profunda, pero su narración sugiere algunas posibilidades: las

117. Por ejemplo, Tertuliano, *Adv. Marc.* 4.42; Crisóstomo, *Hom. Mt.* 88.2; *Pseudo- Clementine Recognitions* 1.41. (El último de estos alude al tema como una "lamentación" por la inminente destrucción del templo; D. Daube, *The NT*, 23-25, respalda esta idea basándose en la rasgadura εἰς δύο, que refleja la acción de Eliseo cuando rompió su manto en dos partes en señal de duelo por Elías [2Re. 2:12].) Cf. los elementos cristianos incorporados en el *Test. Leví* 10:3; *Test. Ben.* 9:3, y el relato del acontecimiento en un "evangelio escrito con letras hebreas" que Jerónimo conocía en el cual la rasgadura de la cortina fue remplazada por el desplome de un enorme dintel, *superliminare* (Jerónimo, *Ep.* 120.8 *y su comentario sobre Mt.* 27:51).

118. Uno de los argumentos recientes más contundentes en favor de este punto de vista es el de H. M. Jackson, *NTS* 33 (1987) 16-37. Jackson cree que la rasgadura de la cortina no es simplemente una causa sino *la* causa de la reacción del centurión.

119. H. M. Jackson, *NTS* 33 (1987) 24-25, aboga por una ubicación del Gólgota en el monte de los Olivos (en el pensamiento de Marcos, si no era así en la realidad) a fin de mantener abierta la posibilidad de que el centurión viera la rasgadura de la cortina. E. L. Martin, *Secrets*, alega que históricamente era así. Sin embargo, Brown sí piensa (1144-45) que Marcos desea que creamos que el centurión vio la rasgadura de la cortina, y afirma que ni Marcos ni sus oyentes eran conscientes de la imposibilidad de este hecho desde el punto de vista geográfico.

120. Gundry, 950, 973, sugiere en forma inusual que el antecedente de αὐτοῦ es el templo, y por tanto, Marcos describe al centurión "de pie frente al templo".

tinieblas anormales (v. 33) podrían haberle sugerido que Jesús era alguien especial; las últimas palabras de Jesús en el v. 34, aunque distaban mucho de ser heroicas, pudieron haberle impresionado por su seriedad religiosa; el grito a gran voz en el momento de la muerte (v. 37; si κράξας aparece aquí, véase la nota textual, este aspecto tendría prioridad) sería inusual para un hombre crucificado, porque implicaría una muerte repentina en pleno vigor y no una disminución lenta de la vida, y el hecho de que Jesús muriera tan rápidamente (v. 44) hace llegar a la misma conclusión. Todos esos indicios se encuentran en el texto; hay otras sugerencias que no cuentan con un fundamento tan firme, pero incluyen la posibilidad de que las palabras tácitas de la "gran voz" expresaran confianza en Dios o incluso triunfo, y que la actitud de Jesús en el momento de su muerte (en contraste con su grito a la hora novena) fue noble y hasta pacífica (véase el comentario sobre el v. 37).

La exclamación del centurión constituye el clímax de la escena de la crucifixión, y uno de los puntos cristológicos culminantes del Evangelio. Yo había descrito ya el texto de 14:62 como 'el clímax cristológico del Evangelio', y sí lo fue, porque en ese momento Jesús se declaró abiertamente Mesías e Hijo de Dios. No hay ningún contenido cristológico nuevo aquí, pero lo que sí resulta novedoso es la fuente de la que procede la declaración, a saber, el primer testigo humano que describe a Jesús como υἱὸς θεοῦ y lo dice en serio, y ese testigo no es un discípulo, ni siquiera un judío, sino un oficial gentil del ejército que nunca tuvo ninguna relación con Jesús. Lo que los líderes judíos habían negado y tildaron de blasfemia e incluso los discípulos todavía no habían entendido, este soldado común lo percibe en el inverosímil contexto de la derrota final y la muerte de Jesús. Tuvo que hablar en pasado porque Jesús ya había muerto: la forma en que murió demostró la verdad de lo que había sido su vida. Las palabras ὁ ἄνθρωπος,[121] que no son necesarias para expresar el significado de la oración, subrayan aún más la naturaleza extraordinaria de su percepción. Lo que ve frente a él es, por supuesto, un hombre, y por demás, un hombre moribundo, pero también ve al hijo de Dios.

Para los lectores de Marcos, este es un momento de un elevado contenido cristológico, y para los teólogos posteriores la unión de ἄνθρωπος y υἱὸς θεοῦ ofrece un material interesante para una cristología de dos naturalezas, pero en el plano narrativo no hay ninguna razón para pensar que el centurión albergara esas ideas tan sofisticadas, y mucho menos que pueda describirse como el primer convertido cristiano. Sus palabras indican, en primer lugar, que Jesús no es lo que sugieren las apariencias externas, es decir, un simple sedicioso

---

121. ¿No es acaso significativo que la única otra vez en el evangelio de Marcos en la que se describe a Jesús como οὗτος ὁ ἄνθρωπος haya sido en las palabras despectivas de la última negación de Pedro (14:71)? P. G. Davis, *JSNT* 35 (1989) 3-18, señala que normalmente en Marcos el término ἄνθρωπος "representa lo contrario a Dios", mientras que a Jesús se le ha descrito como alguien que "trasciende la naturaleza humana". Davis, pues, considera que la declaración del centurión resuelve finalmente la paradoja que ha estado presente a lo largo de todo el Evangelio de Marcos del "hombre que hace lo que solo Dios puede hacer". "El hombre que hace cosas divinas es divino".

fracasado (ἀληθῶς transmite ese sentido del triunfo de la verdad sobre las apariencias)[122] y en segundo lugar, que las categorías religiosas son las que mejor expresan la verdad acerca de él. El título υἱὸς θεοῦ pronunciado por un soldado pagano no implica forzosamente que reconociera en él una divinidad personal ni una relación exclusiva con Dios.[123] Va más allá del δίκαιος de Lucas solamente porque explicita la conexión religiosa: el centurión entendió no solo que Jesús era inocente y admirable sino también que su carácter especial provenía de la relación con el Dios a quién había invocado en el v. 34. Pero la frase "hijo de Dios" en un contexto pagano no tenía el peso teológico que sí tenía en el judaísmo.

Desde el punto de vista del contexto narrativo, pues, no parece tener mucho sentido cuestionar si la frase que usó el centurión debería traducirse como "un hijo de Dios" o como "el hijo de Dios", aduciendo con respecto a esta segunda variante que la construcción sin artículo es sintácticamente normal cuando el verbo va precedido por un predicado nominal (como en Jn. 1:1) y no una elusión deliberada del artículo definido.[124] Para el centurión el artículo definido probablemente significaba muy poco y no le atribuía ninguna importancia. Es a los lectores de Marcos a los que sí les resulta importante, y para ellos, después de tantas y tan variadas ocasiones en las que

---

122. J. Pobee, en E. Bammel (ed.), *Trial*, 101-2, va demasiado lejos cuando describe las palabras del centurión como un "grito de derrota para el perseguidor": el reconocimiento de que esta muerte en particular era una injusticia, incluso un "martirio", para usar el término preferido de Pobee, no era necesariamente una "admisión del fracaso de todo lo que él representaba como diputado del gobierno romano". En contraste con Pobee, y de manera sorprendente, Myers, 393-94, analiza el v. 39 en un trabajo titulado "Roma derrotó a Jesús", e infiere de la postura del centurión "contraria" a Jesús que él no es ningún "convertido" sino un representante del poder imperial que, a semejanza de los demonios que habían usado antes el título υἱὸς θεοῦ, pretende "adquirir poder sobre Jesús 'mencionando su nombre'". Este es un ejemplo interesante de la manera en que la ideología puede conducir la exégesis en direcciones opuestas.

123. Véase E. S. Johnson, *JSNT* 31 (1987) 12-13, para información sobre las creencias religiosas en el ejército romano, aunque su material parece relacionarse principalmente con las legiones romanas y no con las tropas auxiliares provinciales. Johnson señala la importancia del culto al emperador, en el que se describía a los emperadores pasados y presentes como hijos de Dios, pero cuestiona con mucho acierto si es posible ver aquí una comparación directa con el emperador.

124. E. S. Johnson, *JSNT* 31 (1987) 3-7 analiza a fondo el asunto y la pertinencia aquí de la "regla de Colwell". Con respecto a la cuestión gramatical, cf. C. F. D. Moule, *Idiom-Book*, 115-16. En un artículo interesante, P. B. Harner, *JBL* 92 (1973) 75-87, va más allá de la "regla de Colwell" y alega que para la exégesis de Marcos el problema fundamental no es determinar si un predicado sin artículo que precede al verbo debe considerarse "definido" o "indefinido", sino cuál es la función del mismo; y llega a la conclusión de que ese predicado tiene por objeto "principalmente expresar la naturaleza o el carácter del sujeto", y que con este propósito en algunos casos la pregunta más formal de si son "definidos" o no, es secundaria e incluso irrelevante. Harner sugiere, pues, que sería mejor traducir 15:39 como: "Verdaderamente este hombre era hijo de Dios". Para responderles a Harner y a Johnson, P. G. Davis, *JSNT* 35 (1989) 11-12, señala con mucho acierto que un lector de Marcos no evaluaría la frase estableciendo comparaciones entre paralelismos gramaticales sino que pensaría en referencias anteriores a Jesús como el Hijo de Dios. Para un estudio más amplio desde el punto de vista de Marcos y de su público, véase R. E. Brown, *Death*, 1146-50.

en este Evangelio se ha declarado que Jesús es el Hijo de Dios en un sentido exclusivo (1:1; 1:11; 3:11; 5:7; 9:7; 12:6; 13:32; 14:61-62), no cabe dudarlo. Aunque no se dieran cuenta de la improbabilidad de que el centurión hubiera comprendido el significado teológico de las palabras que pronunció, para ellos, esta es la declaración definitiva, en el momento de su aparente fracaso, de que Jesús es el verdadero Hijo de Dios, que estaba en la cruz cumpliendo la voluntad de su Padre.[125]

La sepultura y los testigos (15:40-47)

NOTA TEXTUAL

44. La lectura de B D W Θ εἰ ἤδη constituye probablemente un esfuerzo por suavizar la expresión menos elegante de Marcos, εἰ πάλαι, asimilándola a la frase que ya se había usado en la cláusula anterior (una asimilación que se ve reforzada en D W Θ también con el nuevo uso del tiempo perfecto aquí), pero esto, al igual que la omisión simple de πάλαι en si, debilita la progresión natural que va de la noticia de que él "ya estaba muerto" a la pregunta de "si hacía mucho tiempo que había muerto". La lectura Δ καὶ εἶπεν, que presumiblemente exige la presencia de ἀπέθανεν para que pueda tomarse como una pregunta directa, pierde también esa progresión.

Los dos versículos que describen la presencia de las mujeres en el Gólgota (vv. 40-41) se adjuntan con frecuencia a la perícopa anterior como la conclusión de la escena de la crucifixión. Al igual que muchos otros pasajes de transición en Marcos, cualquier forma de vincularlos es posible. Yo preferí adjuntarlos al relato de la sepultura de Jesús por dos razones, en primer lugar, porque el v. 39 lleva la historia del juicio y la muerte de Jesús a un clímax tan eficaz que la inclusión de estos versículos adicionales en la misma perícopa podría parecer una especie de anticlímax, pero en segundo lugar, y más importante aún, porque las mujeres se mencionan aquí no como un detalle incidental de la escena de la crucifixión, sino como el grupo de enlace al que vuelve a hacerse referencia en el v. 47 y en 16:1. La presencia de ellas en el Gólgota, en el contexto de la sepultura, y luego, cuando descubren la tumba vacía, une íntimamente las últimas escenas del Evangelio, y le asegura al lector que estas mujeres, los únicos testigos humanos de la resurrección de Jesús en el Evangelio de Marcos, tuvieron una participación tan estrecha en toda la secuencia de acontecimientos, que es preciso descartar cualquier posibilidad de error, por ejemplo, con respecto a la ubicación de la tumba. Ellas lo vieron morir, vieron dónde lo sepultaron y vieron esa misma tumba vacía. La función de los vv. 40-41 a medida que la historia de Marcos se acerca a su fin debe ser, más bien,

---

125. H. L. Chronis, *JBL* 101 (1982) 101-6, alega que la frase υἱὸς θεοῦ en este contexto connota divinidad y no simplemente un título mesiánico real.

introducir esta última secuencia y no concluir la escena del Gólgota. Van Iersel va más lejos y separa 15:40–16:8 de su "Parte III: Pasión en Jerusalén' como el "Epílogo: En la tumba".[126]La aparición en este punto de la narración de Marcos de un grupo de mujeres, en torno a las cuales girará el resto de la historia, indica un cambio notable en el énfasis del Evangelio. El lector del Evangelio de Marcos podría haber concluido hasta este momento que el movimiento que Jesús inició era un movimiento enteramente masculino. No se ha hecho mención de ninguna mujer que lo apoyara, como sí ocurre en Lucas 8:2-3, ni de mujeres específicas que estuvieran asociadas a dicho movimiento como Marta y María (Lc. 10:38-42). En la narración de Marcos, las mujeres siempre han aparecido como beneficiarias del ministerio de liberación de Jesús, pero lo más cercano a una seguidora que hemos podido encontrar es la mujer que ungió a Jesús en 14:3-9, y era una figura anónima a la que solo se hace referencia en este incidente. Es únicamente en este punto, cuando todos los seguidores masculinos de Jesús (exceptuando al enigmático José de Arimatea, en caso de que deba considerársele un partidario) se quedaron por el camino, que Marcos nos informa que el séquito de Jesús nunca careció de un elemento femenino, a saber, unas cuantas mujeres que ahora están listas para reanudar la marcha donde los hombres la dejaron. Las tres mujeres que se mencionan representan un círculo más amplio de seguidoras (γυναῖκες... ἐν αἷς...) cuya relación estrecha con el grupo de los discípulos se pone de relieve por medio de los verbos ἀκολουθέω y διακονέω, aunque el término μαθητής se reservó solamente para los doce (varones); y además, hay un círculo más numeroso de ἄλλαι πολλαί que formaban parte del grupo procedente del sur que había venido a Jerusalén. Es solo ahora, cuando las mujeres pasan a ocupar el centro de la escena para la etapa final de la narración, que Marcos revela la naturaleza mixta del séquito de Jesús en el período galileo.

Uno de los temas de esta perícopa, pues, es la presencia, al principio y al fin de la misma, de las mujeres como testigos. El otro es la sepultura de Jesús, que en el caso de un crucificado no era, en manera alguna, algo que pudiera darse por sentado; de hecho, en la ley romana se prohibía con frecuencia (véase Tácito, *Ann.* 6.29, con respecto a la situación en Roma en este tiempo), aunque un magistrado local podía dar permiso para hacerlo. De lo contrario, después de una muerte lenta, los cadáveres de los crucificados solían dejarse en la cruz hasta que se descomponían; o tal vez se arrojaban a una pila de otros cadáveres o se dejaban sobre la tierra para que las aves carroñeras dieran cuenta de ellos.[127] En Judea existían escrúpulos locales en cuanto a

---

126. Cf. P. L. Danove, *End*, 134-36, aunque Danove comienza la sección en 15:42, no en 15:40, en consonancia con el punto de vista anterior de Van Iersel, *Reading*, 20-22, de que 15:40-41 era una "bisagra" y no una parte del "epilogo". Danove alega que 15:42–16:8 fue planeado como un pasaje paralelo a 1:2-15.

127. Para un resumen cauteloso de los testimonios con respecto a la práctica romana, véase R. E. Brown, *Death*, 1207-9, y con respecto a las actitudes y prácticas judías 1209-11. Su artículo en *CBQ* 50 (1988) 234-38 expone los datos.

los cadáveres insepultos (Dt. 21:22-23), y por esa razón, era probable que los soldados los enterraran con rapidez en una fosa común (Josefo, *Guerras* 4.317, atestigua que en Judea, de forma excepcional, se sepultaba a los crucificados; cf. *m. Sanh.* 6:5 acerca de la tradición de lugares especiales para sepultar a los criminales ejecutados). Una sepultura honorable en una tumba verdadera cavada en una roca era altamente improbable, y en este caso, dependió de la buena voluntad de un miembro acaudalado e influyente del sanedrín, que, al parecer, no había estado de acuerdo con el veredicto de sus colegas con respecto a Jesús y usó su posición social para conseguir que le dieran permiso para enterrar a un individuo. José de Arimatea, por tanto, entra en la tradición cristiana no solo como un extraño bien dispuesto, a semejanza de Simón de Cirene o del centurión, sino como al menos un discípulo potencial (véase el comentario más adelante acerca del significado de la descripción προσδεχόμενος τὴν βασιλείαν τοῦ θεοῦ), y el hecho de que Marcos lo presente en esta forma tan elogiosa sugiere que seguía gozando de buena reputación en la iglesia de la que Marcos obtuvo su información.

La necesidad de una sepultura rápida dependía no solo del requisito general de que los cadáveres no permanecieran insepultos a la caída del sol (Dt. 21:23) sino también del hecho de que esta era προσάββατον y las leyes para ese día prohibían los entierros después de la caída del sol. Marcos tampoco menciona aquí la relevancia de la temporada pascual, pero si el esquema cronológico en este comentario es correcto, ese día de reposo era particularmente solemne porque coincidía con el 15 de nisán, es decir, el día que comenzaba después de la puesta del sol con la cena pascual (Jesús fue crucificado en la víspera de la pascua). La petición de José deja claro el asunto que ya señalamos sobre la subitaneidad de la muerte de Jesús en la cruz. La sorpresa de Pilato se basaba sin duda en una larga experiencia con las crucifixiones: la muerte normalmente no sobrevenía con tanta rapidez. Este hecho, junto con los gritos en alta voz que se mencionaron en los vv. 34 y 37, completa la impresión de que se trataba de una muerte inusual, como si Jesús permaneciera teniendo el control de su destino y muriera una vez que su obra había terminado en lugar de esperar que el proceso natural siguiera su lento curso.

40-41   La distinción entre las mujeres (y Marcos, a diferencia de Juan, menciona solamente discípulas en la escena, después que los hombres salieron huyendo en Getsemaní) y los curiosos escarnecedores y los soldados, es que ellas estaban mirando ἀπὸ μακρόθεν.[128] Lo único que podían hacer era mirar, pero esa contemplación resultará muy importante porque será la base del papel que desempeñarán como testigos de lo que vendrá a continuación.

---

128. Esta nota totalmente natural, para distinguir a las mujeres de los escarnecedores y de los soldados, no es necesario explicarla por medio de una supuesta alusión al Sal. 38:11 (así Gnilka, 2.325; J. Marcus, *Way*, 174, en consonancia con R. E. Brown, *John*, 2.904). Y el hecho de que la misma palabra μακρόθεν aparezca en 14:54 en relación con Pedro antes de su negación tampoco exige que descubramos una nota similarmente negativa aquí, tal como alega J. F. Williams, *Followers*, 188.

Habían seguido a Jesús durante mucho tiempo, desde el período galileo. Su función en la διακονία se expone más detalladamente en la descripción que hace Lucas del grupo de mujeres que durante el ministerio itinerante de Jesús διηκόνουν αὐτοῖς ἐκ τῶν ὑπαρχόντων αὐταῖς (Lc. 8:3). En la historia de Marcos esto constituye un atisbo poco usual no solo del aspecto práctico del estilo de vida itinerante de Jesús, que requería un grupo de ayuda y la satisfacción de las necesidades materiales a partir de las contribuciones de los simpatizantes, sino también del hecho de que el grupo al que Marcos se ha referido con frecuencia como "Jesús y sus discípulos" o "Jesús y los doce" era en realidad el núcleo de un grupo más amplio de seguidores que incluía un buen número de mujeres. Además, estas mujeres no solo habían proporcionado ayuda material, sino que también ἠκολούθουν αὐτῷ; y esta expresión alude al discipulado y sugiere que ellas, al igual que los doce, eran miembros regulares del grupo.[129] Este grupo antiguo de simpatizantes femeninas contaba con muchas más mujeres que las tres que se mencionan aquí (de ahí, la frase ἐν αἷς), y aparte de este grupo más numeroso, había otra categoría, a saber, los que habían subido con él a Jerusalén, que aparentemente eran peregrinos de la pascua procedentes de Galilea que habían aunado fuerzas con los partidarios de Jesús en el viaje y por tanto, se habían adherido también al grupo de los discípulos. Esta información nos permite completar el trasfondo del relato de la llegada de Jesús a Jerusalén en 11:1-10, particularmente la presencia de una ὄχλος ἱκανός (10:46) de galileos que subieron con Jesús desde Jericó y, mientras se acercaban a la ciudad, los que προάγοντες καὶ ἀκολουθοῦντες manifestaban a gritos su apoyo a Jesús como el rey que había de venir (11:8-10). Su entusiasmo sobrevivió lo suficiente para mantenerlos apartados, incluso en esta escena espantosa, de los ciudadanos escarnecedores de Jerusalén.

Las tres mujeres cuyos nombres se citan específicamente se mencionan aquí por primera vez en Marcos. A Μαρία ἡ Μαγδαληνή no era necesario presentársela a los lectores de Marcos; se había hecho bien conocida en la tradición cristiana principalmente por el papel que desempeñó (en los cuatro Evangelios) en las narraciones acerca de la resurrección, a lo cual se agregó sin duda el relato de Lucas sobre la liberación excepcional que Jesús había efectuado en ella (Lc. 8:2). Σαλώμη, que aparecerá nuevamente junto con María Magdalena en 16:1, no se menciona en ningún otro Evangelio, y Marcos no nos da ninguna pista sobre su identidad;[130] en el pasaje paralelo de Mateo se hace referencia a la madre de los hijos de Zebedeo sin nombrarla, y no hay ninguna razón que impida identificarlas, aunque el nombre Σαλώμη,

---

129. Véase R. E. Brown, *Death*, 1155-57, con respecto a la pregunta sobre si estas mujeres eran "discípulas". Su conclusión es la siguiente: "¿Consideraría Marcos discípulas a estas mujeres, si se le hubiera preguntado? (Sospecho que sí). ¿Pensó Marcos en ellas cuando escribió la palabra "discípulos" al describir el ministerio?" (Tal vez no).

130. Con respecto al desarrollo extraordinario y diverso de las tradiciones posteriores acerca de esta Salomé y una hermana de Jesús del mismo nombre, véase R. J. Bauckham, *NovT* 33 (1991) 245-75.

que lo había llevado la reina judía Alexandra un siglo antes, era común.[131] La otra Μαρία, a la que Marcos alude como ἡ Ἰακώβου τοῦ μικροῦ καὶ Ἰωσῆτος μήτηρ,[132] se ha identificado a veces con María, la madre de Jesús, entre cuyos hijos encontramos los nombres Ἰάκωβος y Ἰωσῆς en 6:3, pero resultaría extraño que Marcos la identificara por medio de estos hijos más jóvenes y menos conocidos y no (al igual que en 6:3) como la madre de Jesús, y la mencionara después de María Magdalena. Además, lo que hemos oído de la madre de Jesús con anterioridad en el Evangelio (3:21, 31-35) no sugiere que ella estuviera entre los que seguían y servían a Jesús en Galilea.[133] Ἰάκωβος era un nombre común, pero su sobrenombre ὁ μικρός, que no se lee en ningún otro lugar del NT,[134] sugiere que se trataba de un individuo que la iglesia conocía bien, y es muy posible que fuera el hijo de Alfeo (véase el comentario sobre 3:18), al que se le designaba de esa manera para diferenciarlo del otro Ἰάκωβος más conocido entre los doce, es decir, el hijo de Zebedeo —sobre todo si la Salomé cuyo nombre aparece a continuación era la madre del segundo.[135] En ese caso, su hermano Ἰωσῆς es desconocido para nosotros, aunque presumiblemente no para los lectores de Marcos (cf. la mención de los nombres de los dos hijos de Simón en 15:21, tal vez por la misma razón). Pero todos los nombres en el v. 41 son comunes, y por tanto, no podemos estar seguros de la identidad de las dos compañeras de María Magdalena, aun cuando es obvio que Marcos sí esperaba que sus lectores las conocieran.[136] El importante papel que desempeñaron estas mujeres en las últimas etapas de la narración de Marcos (y de hecho, su papel

---

131. Según T. Ilan, *JJS* 40 (1989) 186-200, María (Mariam) y Salomé eran los nombres de mujeres más comunes en la Palestina de aquella época, y entre ambos representaban prácticamente el 50 por ciento de las mujeres cuyos nombres aparecen en las fuentes que se conservan.

132. Pesch, 2.504-7, sigue de manera inusual la lectura B que coloca un artículo antes de Ἰωσῆτος y con ello, permite que parezca que en el texto se mencionan cuatro mujeres, María Magdalena, "María [¿hija, madre, esposa?] de Jacobo el menor", [María] madre de José, y Salomé. Él pues se refiere a "María de José" (15:47) y a "María de Jacobo" (16:1) como dos mujeres distintas fuera de esta lista. Pero una lectura que se encuentra solo en B Ψ 131, y sin el apoyo de ninguna versión, no constituye una base sólida. Con respecto a algunos argumentos contextuales en contra de Pesch, véase Gundry, 976.

133. Véase además S. C. Barton, *Discipleship*, 68 n. 44. G. W. Trompf, *NTS* 18 (1971/2) 309-11, está entre los que mantienen que la referencia es a la madre de Jesús.

134. En la tradición posterior de la iglesia, a Jacobo, hijo de Alfeo, llegó a conocerse como "Jacobo el menor", presumiblemente porque se creía que era el Jacobo al que Marcos se refiere aquí.

135. Gundry, 977, alega que esta María es la madre de Jesús, y sugiere que el sobrenombre ὁ μικρός se deriva simplemente del hecho de que Jacobo era más joven que Jesús. Pero no es probable que el hombre que, en la época en que Marcos escribió, se había convertido en una figura importante por su liderazgo en la iglesia de Jerusalén, y al que los escritores patrísticos conocían como "Jacobo el Justo", todavía fuera identificado como ὁ μικρός, aun cuando se le hubiera conocido de esa manera durante la vida de Jesús (con respecto a la cual no hay ninguna prueba).

136. Para un análisis razonable de los nombres de estas mujeres, véase R. J. Bauckham, *Jude*, 9-19; quien llega a la conclusión de que "entre las discípulas que mencionan los evangelistas sinópticos, no aparece ninguna que estuviera emparentada con Jesús". Véase Taylor, 651-53, con respecto al punto de vista de que Marcos tenía dos tradiciones diferentes de los nombres de las mujeres que citó en 15:47 y 16:1, y fusionó las dos tradiciones para producir la extraña lista que aparece en 15:40.

anterior en Galilea, revelado ahora por primera vez) indicó algo nuevo en el movimiento iniciado por Jesús que contrasta fuertemente con la dominación masculina de la sociedad de esta época (y de la de Marcos). Cuando todos los discípulos varones desertaron, las mujeres siguieron allí, fieles hasta el fin.[137] Y es a ellas a quienes primeramente se les confía el mensaje de la resurrección. En una sociedad que no le otorgaba ningún estatus jurídico al testimonio de las mujeres (p. ej. Josefo, *Ant.* 4.219; *m. Roš HaŠ. 1:8; m.* Šebu. *4:1; Sipre* sobre Dt. 19:15), todo dependerá, no obstante, del testimonio que ellas dan de lo que han visto y oído. Por consiguiente, tal como señala entusiasmado Myers, 396-97: "estas mujeres se han convertido ahora en el 'salvavidas' de la narración del discipulado... Ellas son las verdaderas discípulas... Este es el último ejemplo —y si tenemos en cuenta las funciones de género sumamente estructuradas de la época, el más radical sin duda— de la subversión narrativa de Marcos de los cánones de la ortodoxia social".

42 En cuanto a la gran variedad de períodos de tiempo a los que podría aplicarse la expresión ὀψίας γενομένης, véanse los comentarios sobre 6:47; 14:17. Si la muerte de Jesús ocurrió poco después de las 3 p.m. (véase el comentario sobre el v. 37), la iniciativa de José se enmarcaría en un intervalo aproximado de tres horas a partir de ese momento y hasta la puesta del sol puesto que el objetivo de su petición era sepultar el cadáver antes del comienzo del día de reposo. Con respecto a ἡ παρασκευή para referirse al "viernes", véase Josefo, *Ant.* 16.163. Marcos, consciente de que sus lectores gentiles tal vez no entenderían el modismo, lo explica valiéndose del término προσάββατον que la LXX emplea en Judit 8:6 y en el título del Salmo 92[93], pero cuyo significado de todas formas es obvio aún para alguien que no sea judío. Esta es la primera vez que Marcos ha indicado que la muerte de Jesús tuvo lugar un viernes, un hecho con el que todos los Evangelios están de acuerdo. La ley de Deuteronomio 21:23 exigía que el cadáver fuera sepultado antes del anochecer, y las regulaciones para el día de reposo no permitían que se realizara ninguna obra relacionada con la sepultura después de la puesta del sol.

43 En las narraciones de los Evangelios, José de Arimatea (probablemente una ciudad de la Sefela al nordeste de Jerusalén) aparece relacionado únicamente con la sepultura de Jesús (a diferencia de la leyenda medieval posterior que lo llevó a Glastonbury). Según el Evangelio de Juan, en el momento de la sepultura se le unió Nicodemo, otro miembro destacado de la clase dirigente en Jerusalén. El término βουλευτής se usa para designar al miembro de un concilio, en este caso presumiblemente el sanedrín[138] (al

---

137. M. A. Tolbert, *Sowing*, 291-93, que considera que Marcos presenta a los doce como verdaderos fracasados ("terreno pedregoso"), indica que no solo las mujeres que se mencionan aquí, sino todas las mujeres que menciona Marcos, salvo Herodías y su hija, "representan la buena tierra".

138. Con respecto al uso de βουλευταί sin calificativos para referirse aparentemente a los miembros del sanedrín, cf. Josefo, *Guerras* 2.405. Había otros concilios locales menos importantes (13:9), pero el sanedrín es el único al que se ha hecho referencia en la narración de Marcos; véase J. F. Williams, *Followers*, 189.

igual que Nicodemo, Jn. 7:50), porque para poder acercarse a Pilato con esa petición tan irregular, y también para poder usar una tumba cavada en la roca cerca de la ciudad, era necesario que ocupara una posición social importante. Marcos no dice que José fuera el propietario de la tumba (aunque sí Mt. 27:60; Mateo también describe a José como un hombre πλούσιος, tal como lo exigiría el hecho de que fuera dueño de una tumba de esas características),[139] pero sería difícil entender de qué otro modo podría haber tenido acceso a una tumba disponible y lista para usar. Se le describe además como εὐσχήμων, "respetable", un término de aprobación social que probablemente también implica que gozaba de una posición económica acomodada.

José, por tanto, es una figura destacada en Jerusalén, y a la luz de los acontecimientos de la semana anterior resulta llamativo que un hombre así tomara, por su cuenta, una iniciativa tan riesgosa a favor del profeta galileo a quien el propio sanedrín de José había condenado por blasfemo. El adjetivo πάντες de Marcos en 14:64 tal vez no debe tomarse en forma literal (como también supone Lc. 23:51), o quizás José no estuvo presente en la vista oral. Su intervención podría atribuirse a una preocupación porque no era correcto dejar un cadáver en la cruz ("piedad judía tradicional"; Gundry 983) y no específicamente porque se tratara de Jesús, aunque incluso esto, al parecer, implicaría una desobediencia a lo que estaba establecido (no hay ningún indicio de que la clase dirigente en general hubiera previsto un entierro). Además, no se dice que José se preocupara por los otros hombres que estaban crucificados, y de todos modos, una facilidad menos opulenta que una costosa tumba cavada en una roca habría bastado para cumplir con los requisitos de la ley.[140] Por consiguiente, José debe considerarse un partidario de Jesús,[141] aunque no un discípulo manifiesto (así en Jn. 19:38), y Marcos lo deja entrever con la frase enigmática προσδεχόμενος τὴν βασιλείαν τοῦ θεοῦ (contrástese con Mt. 27:57, ἐμαθητεύθη τῷ Ἰησοῦ). Véase el comentario sobre 1:15 con respecto al significado y el uso general de ἡ βασιλεία τοῦ θεοῦ en Marcos. El término en sí mismo no implica forzosamente ninguna relación con Jesús. Cualquier judío piadoso oraría regularmente en la sinagoga por la venida del reino de Dios en el rezo del kadish: "Que su reino gobierne en vuestra vida, y en vuestros días y en la vida de toda la casa de Israel, rápidamente y pronto".[142] En ese

---

139. Cf. Is. 22:16 para las implicaciones sociales del hecho de labrar una tumba en una roca para uno mismo y para su familia.

140. R. E. Brown, *Death*, 1216-19, alega que José actuó como un judío piadoso y no como un partidario de Jesús, y afirma que el "talón de Aquiles" de la hipótesis de que José era un "discípulo" es la falta de cooperación entre José y las mujeres galileas. Este es un sorprendente argumentum ex silentio, y en especial, porque se indica específicamente que las mujeres galileas presenciaron la sepultura.

141. Así J. F. Williams, *Followers*, 189-91, el cual señala que Marcos presenta algunos de sus "personajes menores" en el tercer acto como excepciones del grupo de ellos (el escriba entendido de 12:28-34, el centurión de 15:39, y José); en cada caso, el grupo en general se describió como hostil a Jesús. Aunque no eran propiamente "discípulos", estos "personajes menores" se ponen del lado de Jesús (cf. Williams, *Followers*, 173, 183).

142. J. Jeremias, *Theology*, 198. En cuanto a algunos otros usos judíos (en su mayoría bastan-

contexto, la expresión προσδεχόμενος τὴν βασιλείαν τοῦ θεοῦ podría significar algo semejante a la descripción que hace Lucas de Simeón, προσδεχόμενος παράκλησιν τοῦ Ἰσραήλ (Lc. 2:25). Pero para Marcos el βασιλεία τοῦ θεοῦ está íntimamente relacionado con la misión de Jesús, y por tanto, todo aquel que se interesa por el βασιλεία τοῦ θεοῦ debe estar del lado de Jesús.[143] Es posible que Marcos eligiera esta frase en lugar del lenguaje más explícito acerca del discipulado para indicar que se trataba de un simpatizante y no de un miembro abiertamente comprometido del grupo (alguien en una situación comparable con la del escriba en 12:34 que se ganó el elogio: οὐ μακρὰν εἶ ἀπὸ τῆς βασιλείας τοῦ θεοῦ), pero él quiere que entendamos que, más allá de la impresión que podamos haber recibido de los últimos capítulos, no todos en Jerusalén, y sin duda no todos en el sanedrín, habían decidido en contra de Jesús.[144] Para José, de manera sorprendente, a pesar de la muerte humillante que experimentó, Jesús siguió siendo una figura digna de respeto.[145] Dada la irregularidad de su petición, José debía formularla ante la esfera gubernamental más alta, y no podía garantizarse que sería otorgada por cuanto el objetivo de la crucifixión era maximizar el efecto disuasivo de la ejecución, y un entierro tranquilo y decente reduciría dicho efecto. José tal vez confiaba en que Pilato personalmente no estaba convencido de que Jesús debería haber sido ejecutado (vv. 9-15), pero aún en ese caso, el temperamento de Pilato no animaba a esperar que él accediera a una circunstanciada petición que podría parecer que cuestionaba la legitimidad de la justicia romana. Es por eso que Marcos añade el término τολμήσας: la petición requería de valor.[146]

44-45 Pilato se sorprendió porque él sabía que la muerte por crucifixión solía ser un proceso largo que duraba días y no horas, aunque

---

te posteriores) del "reino de Dios" para referirse a un acontecimiento escatológico esperado, véase D. C. Allison, *End*, 103.

143. Es, sin embargo, demasiado sutil detectar en esta frase "una nota característicamente irónica: José no debe seguir esperando, porque el reino de Dios se ha manifestado ahora con la revelación del reinado del Jesús crucificado" (J. Marcus, *Way*, 182).

144. El apoyo a Jesús por parte de José puede ser una de las pruebas incidentales de que, a pesar de la estructura dramática de Marcos, Jesús había estado realmente en Jerusalén con anterioridad y era conocido allí.

145. Al igual que con el centurión (véase supra, pág. 660 n. 73), lo que casi todos los intérpretes consideran un acto de respeto, o por lo menos, de piadoso interés, Myers, 394-96, lo interpreta como "un entierro a toda prisa, la humillación final", negándole a Jesús los ritos funerarios adecuados que sus seguidores habrían realizado. Lo que motivó a José era la preservación del día de reposo, y por tanto, Jesús "es objeto de un último insulto —una sepultura indebida— en aras de mantener el orden del día de reposo" (que él había impugnado sin éxito). De este modo, "los enemigos de Jesús, literalmente, tuvieron la última palabra". Myers no explica por qué en este caso tuvo que hacer aquel gasto tan extraordinario de cavar una tumba en una roca en vez de usar el lugar normal donde sepultaban a los criminales ejecutados.

146. Contrástese con *Ev. Pe.* 2[3], donde se elude el problema presentando a José como "amigo de Pilato y del Señor", e hizo arreglos aún antes de la crucifixión para que le dieran el cadáver. El *Ev. Pe.* 6[2-3] justifica la acción de José alegando que él "había visto todo el bien que [Jesús] había hecho".

la gravedad de la flagelación preliminar podía acortarlo, como puede haber sucedido en el caso de Jesús. Pero con los detalles que Marcos ofrece con respecto a la información que Pilato le pidió al centurión, junto con su relato anterior sobre la muerte de Jesús dando una gran voz, él desea que sus lectores sepan que Jesús no padeció una agonía prolongada como sucedía en la mayoría de los casos. El contexto es el que determina la duración del intervalo implícita en el adverbio πάλαι (véase la nota textual): la idea aquí es que Pilato, sorprendido al oír que Jesús ya estaba muerto (ἤδη τέθνηκεν, tiempo perfecto) preguntó qué tiempo hacía que había muerto (εἰ πάλαι ἀπέθανεν, aoristo). El uso del verbo δωρέομαι en lugar de δίδωμι se adecua al contexto más formal de un permiso oficial que se otorga como un favor. El sustantivo πτῶμα se lee raras veces en el NT, y solamente en relación con cadáveres que necesitan sepultura (cf. 6:29); su uso aquí en lugar de σῶμα (v. 43) pone de relieve la realidad del fallecimiento.[147]

46 Aparte de la necesidad de "bajar a Jesús de la cruz", este versículo describe un entierro normal respetuoso aunque apresurado. Marcos no dice que hubieran lavado el cadáver, pero esta era una parte tan importante del ritual funerario judío (permitido incluso en el día de reposo, *m. Šab. 23:5*) que es muy poco probable que no lo hayan hecho por muy grande que fuera la prisa. Normalmente cabría esperar que se incluyeran especias o ungüentos perfumados con el cadáver amortajado, pero en un plazo tan breve presumiblemente fue imposible, de ahí la necesidad de las mujeres de reparar la omisión después del día de reposo (16:1). La mención por parte de Juan de las especias en el momento del entierro (Jn. 19:39-40) refleja la costumbre habitual, pero la descripción específica de Marcos de un procedimiento irregular a causa del apuro, parece justificar su omisión. La σινδών constituía una parte natural del proceso funerario, y por tanto, no atrae nuestra atención de manera especial ni es necesario vincularla con 14:51-52 para explicar su mención aquí (véase el comentario sobre 14:51-52); Marcos, sin embargo, no podía saber que al mencionarla estaba sentando las bases para la incipiente ciencia de la "sindonología", es decir, el estudio de la supuesta mortaja de Jesús que ahora se venera en Turín.

El hecho de que José pudiera comprar una sábana, y además, encargarse de toda la "faena" que implicaba bajar a Jesús de la cruz y sepultarlo, confirma aún más la cronología que se ha presupuesto en este comentario (véanse las notas introductorias sobre 14:12-25), porque si aquel viernes era el propio día de la Pascua (15 de nisán) esa labor y ese comercio estarían prohibidos del mismo modo que en un día de reposo (*m. Beṣah 5:2*; *m. Meg. 1:5*). Pero

---

147. F. J. Matera, *Kingship*, 97-100, sugiere que su uso aquí tiene por objeto recordar su único otro uso marcano en 6:29 y establecer así la relación entre el sufrimiento del Hijo del Hombre y el de Juan el Bautista, tal como fue predicho en 9:12-13. Aunque la relación allí está presente sin duda en el pensamiento de Marcos, esta palabra por sí sola no es suficiente para evocar en forma deliberada un acontecimiento que ocurrió con tanta antelación en el libro.

si el 15 de nisán en ese año coincidió con el día de reposo, tal como yo he afirmado, estos detalles no causan ningún problema; el viernes era un día normal de trabajo.

La expresión καθελὼν αὐτόν oculta lo que debe haber sido una operación colosal (que el arte cristiano desde entonces ha representado cada vez con más detalles), que requeriría no solo el permiso oficial que José obtuvo de Pilato sino también un grupo de obreros, presumiblemente siervos de José (obsérvese el plural ἔθηκαν en 16:6). Se necesitaron también algunos hombres para colocar la piedra que tres mujeres confesaron que eran incapaces de mover (16:3). La presencia de ese grupo (oculto detrás de los verbos en singular que usa Marcos) tal vez ayuda a aliviar el problema de la improbabilidad de que un miembro del sanedrín se contaminara durante siete días por su contacto con un cadáver (Nm. 19:11) justo antes del día de la pascua que era también un día de reposo (una contaminación más grave que la que, según Jn. 18:28, temían los sacerdotes): él no tenía que tocar el cadáver.

Cualquiera que haya explorado unas cuantas de las muchas tumbas cavadas en las rocas todavía accesibles en la zona que rodea la ciudad vieja de Jerusalén actualmente[148] sabe que es probable que la μνήμειον λελατομημένον ἐκ πέτρας fuera una tumba familiar opulenta (Mateo dice que era propiedad de José; véase el comentario sobre el v. 43) y no un sepulcro individual. La labor que implicaba la excavación de una tumba nueva, y la necesidad de adquirir un sitio apropiado, hacían que una vez que se iniciaba la elaboración de una tumba solía extenderse internamente, de manera que algunas de ellas tenían varias cámaras, con plataformas o "túneles" (kōkîm, espacios individuales excavados en la roca y suficientemente grandes para alojar un cadáver) para docenas de cadáveres (la más grande que visité tenía cámaras en dos niveles, con una capacidad total para más de setenta). Se ingresaba a ese complejo a través de un solo túnel bajo, al que posteriormente se le añadieron enormes puertas de roca con bisagras para impedir el acceso, pero en el período neotestamentario la entrada se cerraba normalmente con una piedra rodante (de las cuales algunas se conservan todavía, mientras que otras tumbas tienen canales excavados en la roca para facilitar el movimiento de la piedra). Que la tumba en la que pusieron a Jesús admitía más ocupantes está corroborado por el hecho de que en 16:6 las mujeres que ya habían entrado en la tumba (v. 5) aún tuvieron necesidad de que se les indicara el τόπος ὅπου ἔθηκαν αὐτόν, presumiblemente la plataforma o el "túnel" dentro de la cámara funeraria que específicamente se había usado en esa ocasión. Si esta era la tumba familiar de José, cabría esperar que ya estuviera ocupada por algunos miembros de la familia, pero los demás escritores del evangelio señalan que se trataba de una tumba nueva (Mt. 27:60; Jn. 19:41) en la que nadie había sido sepultado todavía (Lc. 23:53; Jn. 19:41);

---

148. Para diseños de tumbas en Palestina, véase J. Finegan, *Archeology*, 181-202, y para Jerusalén, específicamente M. Avi-Yonah (ed.), *Encyclopaedia*, 2.627-41.

es posible que José y su familia se hubieran mudado a Jerusalén hacía poco tiempo, o que no vivieran allí sino en Arimatea.[149]

47 Dos de las mujeres que Marcos presentó como testigos de la muerte de Jesús aparecen también ahora como testigos de su sepultura (véanse los comentarios introductorios sobre esta sección con respecto a la importancia de este tema). Sin embargo, no estaban allí solo para ver, sino también para saber el lugar al que debían regresar después del día de reposo. Con la expresión ποῦ τέθειται Marcos tal vez desea hacernos entender que las mujeres entraron realmente en la tumba con el grupo de enterradores y vieron la plataforma o "túnel" específico donde fue puesto el cuerpo de Jesús, pero podría significar simplemente que ellas solo observaron al grupo que entró en la tumba, y por esa razón, necesitarían más adelante, según 16:6, que se les indicara el lugar concreto dentro de la tumba donde lo habían puesto. La omisión de Ἰάκωβος ὁ μικρός en la identificación de la segunda María tiene por único objeto, al parecer, evitar una repetición innecesaria después del v. 40, y se ve compensada por la mención de Ἰάκωβος aunque no de Ἰωσῆς en el siguiente versículo; se trata obviamente de la misma María.[150]

LA TUMBA VACÍA (16:1-8)

NOTAS TEXTUALES

1. La omisión en D y en algunos MSS de la AL de los nombres de las tres mujeres se debe posiblemente a un deseo de evitar una repetición después de 15:47 (aunque las listas no son las mismas) y la omisión en el mismo MSS del genitivo absoluto διαγενομένου τοῦ σαββάτου podría deberse a un deseo similar de evitar una redundancia puesto que el día de la visita a la tumba (aunque no de la compra) se indicará claramente en el v. 2. En ese caso se incluyó el verbo πορευθεῖσαι para suavizar la transición de 15:47, y luego se retuvo en una lectura combinada en Θ y en unas cuantas versiones. El texto, tal como está impreso, con su nota cronológica más clara, cuenta con un respaldo tan fuerte, que no puede desestimarse fácilmente, y el hecho de que la lista de las mujeres sea diferente indica que no se trata de una repetición de 15:47; y tampoco se asimila a Mateo.

2. Las variantes textuales surgen a partir de la discrepancia con Juan 20:1, donde se lee que cuando María fue a la tumba todavía estaba oscuro (y posiblemente también de la opinión de que la frase marcana λίαν πρωΐ indicaba algún momento antes del amanecer). D W si y algunos otros testigos omiten el adverbio λίαν, e it omite también πρωΐ. Otras corrigen ἀνατείλαντος τοῦ ἡλίου: el participio de presente ἀνατέλλοντος (D y algunas AL) es un esfuerzo obvio por adelantar la hora de Marcos, como también

---

149. R. E. Brown, *Death*, 1213 n. 17, menciona que algunos judíos que vivían fuera de Jerusalén deseaban, no obstante, que se les enterrara allí, y por esa razón, tenían tumbas cerca de la ciudad.

150. R. E. Brown, *Death*, 1154 n. 34, menciona una gran variedad de esfuerzos académicos por explicar las distintas designaciones de esta María en las tres ocasiones en que Marcos la menciona.

ocurre con el ἔτι de K W Θ etc., aunque la combinación de esto con el participio aoristo da como resultado una expresión extraña. La única prueba externa para la omisión de la expresión ἀνατείλαντος τοῦ ἡλίου por completo (la forma sin duda más fácil de armonizar) es el códice bobiense de la AL (donde tampoco aparece λίαν), que también se destaca por su manera más radical de abordar los problemas del final de Marcos (véanse más adelante, págs. 684, 685; también pág. 675 n. 20); Taylor, 604-5, ofrece a modo de "conjetura" (alegando erróneamente que no existe ninguna prueba textual que la respalde) la omisión de ἀνατείλαντος τοῦ ἡλίου como una "corrupción primitiva" o "una glosa muy temprana de algún copista".

8. El estatus textual de los finales de Marcos, el más largo y el más corto, que se encuentran a veces después del v. 8, se analiza en una nota adjunta después de esta sección.

Con esta escena breve y sugerente llegamos (en opinión de todos los académicos salvo una ínfima minoría) al final del texto auténtico de Marcos, tal como ha llegado a nosotros (véase la nota adjunta). Sin embargo, si este final del evangelio de Marcos es también el que se planeó, es un asunto diferente. La mayoría de los intérpretes actuales piensan que sí lo es,[1] y que la sensación de "inconclusión" del texto tal y como aparece que llevó a la iglesia desde una fecha muy temprana a proporcionar finales "adecuados" es una parte deliberada de la hábil presentación que ofrece Marcos de la historia de Jesús.[2] Según alegan, es muy oportuno que un evangelio que ha hecho tanto uso de la paradoja termine con ese tono paradójico de una aparición anunciada pero no narrada del Jesús resucitado, y el encargo del mensaje central del evangelio cristiano a un grupo de mujeres desalentadas que tienen miedo de decir algo al respecto. Por tanto, oímos mucho acerca de la historia "del final abierto" de Marcos, que deja que sean los propios lectores los que determinen las implicancias:[3] en la tumba vacía y en el mensaje del joven tienen todos los materiales básicos que necesitan para hacerlo, y Marcos no va a explicarles

---

1. Es interesante observar que este es un desarrollo relativamente reciente, que suele atribuirse (al menos entre los académicos angloparlantes) a la influencia del estudio de R. H. Lightfoot en 1950 (*Message*, 80-97). Antes de esa época, aunque algunos creían que los "finales" existentes de Marcos tenían cierto vestigio de autenticidad, la mayoría creía que Marcos no tuvo la intención de terminar en 16:8. Resulta tentador preguntarnos hasta qué punto este cambio "moderno" de opinión se derivó de una mejor comprensión del mundo de Marcos y hasta qué punto de un cambio en el estilo literario del siglo XX.

2. H. Räisänen, *Secret*, 210, sugiere incluso que la frase inicial de Marcos, Ἀρχὴ τοῦ εὐαγγελίου..., constituye una advertencia de que Marcos no tiene la intención de terminar la historia, que ya la conocían sus lectores en la liturgia.

3. E. Best, en *Story*, 132, presenta en forma atractiva esta interpretación: "Por su propia naturaleza, la conclusión nos obliga a reflexionar sobre el desafío del Evangelio... es como una de las parábolas de Jesús: el lector se ve forzado a seguir pensando". Pero tal vez deberíamos recordar que el Jesús de Marcos sí interpretaba sus parábolas para los "que estaban dentro", y que es para los que están dentro que Marcos está escribiendo.

todo.[4] Esa es una tarea que queda a cargo del predicador.[5] Pero desde que la inautenticidad del final más largo recibido (vv. 9-20) obtuvo un reconocimiento general, ha habido algunos que, a pesar de ello, creen que Marcos no puede haber tenido la intención de dejarlo así, que el instinto que guio a los primeros cristianos que consideraban que el Evangelio necesitaba un final más "satisfactorio" fue muy acertado y que ellos estaban mucho más cerca del pensamiento de Marcos que los eruditos modernos.[6] Estos han alegado que el gusto literario que encuentra el misterioso final de Marcos más poderoso que las conclusiones más "obvias" de los demás Evangelios es un gusto mas bien moderno, y que los autores antiguos preferían decir con toda claridad lo que pensaban y las conclusiones que deseaban que sus lectores extrajeran antes que alentar al lector[7] con promesas incumplidas y con mensajes sin destino.[8] El hecho de que la historia de Marcos esté llena de paradojas no implica que

4. J. Camery-Hoggatt, *Irony*, 177, escribe: "Frente a esa catástrofe [la crucifixión], el epílogo no proporciona una conclusión adecuada para el libro. Y ese es precisamente el punto. Las ironías en Marcos han dejado al lector con una profunda sensación de que lo que está sucediendo es más de lo que puede verse, que la trascendencia de esta historia —incluida su catástrofe— se halla en una dimensión a la que no es posible acceder con facilidad de manera superficial. El lector se ve forzado a adentrarse de nuevo en el libro".

5. A. J. M. Wedderburn, *Resurrection*, 135-44, ofrece un análisis útil de una gama extraordinariamente variada de esfuerzos recientes por explicar el final abrupto de Marcos sobre la base de que esta era la conclusión que él había planeado. Resulta tentador tratar de imaginar la reacción de Marcos ante tantas "lecturas de su pensamiento", ingeniosas aunque contradictorias, de estudiosos que trabajaron dentro de los parámetros filosóficos del siglo XX.

6. J. L. Magness, *Sense*, ha tomado muy en serio este planteamiento, y a partir de la literatura moderna, demuestra, en primer lugar, que "los finales ausentes" pueden ser un artificio literario eficaz (cap. 2), y propone entonces algunos ejemplos de "finales suspendidos" en la literatura clásica (cap. 3) y tanto en el AT (cap. 4) como en el NT (cap. 5). El lector es quien debe juzgar si los ejemplos de Magness son realmente paralelos en cuanto al efecto literario del supuesto impacto del "final ausente" de Marcos, pero mi impresión personal es que (más allá de que sea o no adecuado comparar a Marcos con, digamos, una tragedia, una épica o un romance griegos) muy pocos de ellos, si es que hay alguno, producen el mismo susto y la misma sensación de haber sido engañados que sentí yo cuando llegué a Marcos 16:8 y descubrí que eso era todo. Mi mayor problema no es la ausencia de las apariciones de la resurrección que se habían prometido, sino más bien la subversión repentina y decepcionante de esa promesa en el v. 8. Incluso el final abrupto de Jonás no produce esto en el lector; y comparar el final triunfalmente inconcluso de Hechos con Mr. 16:8 es sin duda una creación magistral.

7. M. A. Tolbert, *Sowing*, 297-99, considera que esta burla (un término mío) es exactamente el objetivo de este final: el lector, que esperaba que después del fracaso de los discípulos varones, estas mujeres fieles, al menos, demostraran que eran un "buen terreno", se ve frustrado cuando descubre al final que incluso ellas no eran más que un "terreno pedregoso". ¿Quién queda, pues, para cumplir la tarea de sembrar la palabra? Solo los propios lectores. Y eso es precisamente lo que Marcos previó mientras "creaba al discípulo perfecto para el papel de audiencia autoral", a quien ahora, por tanto, se le asigna la tarea. Véase en contra J. F. Williams, *Followers*, 201-2, especialmente 202 n. 1.

8. F. Kermode, *Genesis*, 68, expresa muy bien la elección entre la interpretación "antigua" y la "moderna de un Evangelio que terminaba en 16:8: "La conclusión es intolerablemente torpe, o increíblemente sutil". Y la intención de Kermode no es atribuirle al adverbio "increíblemente" el sentido débil de "muy", sino el sentido literal de "inverosímilmente". El propio Kermode disiente de este juicio, y defiende la supuesta sutileza de Marcos.

tenga que concluir en un tono incierto; el Marcos que comenzó su historia con un tono claro de fe en Jesús como el Mesías y el Hijo de Dios (1:1) y que les ha recordado de vez en cuando a sus lectores esa fe en forma bastante manifiesta, no es probable que deje algún margen para dudar de su realidad al final. En la época en que Marcos escribió su Evangelio, el mensaje de la resurrección y las historias de los encuentros con el Jesús resucitado estaban tan ampliamente difundidas y eran tan importantes para la vida de la iglesia cristiana que su ocultación no reportaba ningún beneficio: ¿qué se lograba con mostrarse evasivo en relación con algo que todos ya conocían? Y el propio Marcos nos ha ofrecido tantas predicciones explícitas de la resurrección de Jesús (8:31; 9:9; 9:31; 10:34) y aún más específicamente de un futuro encuentro con él en Galilea (14:28; 16:7), y ha hablado con tanta confianza de las buenas nuevas que debían continuar predicándose en todo el mundo tras haber concluido ministerio de Jesús (13:10; 14:9), que terminar su Evangelio sin un relato de lo que todos sabían que era el resultado de esas predicciones no habría sido un acto de destreza literaria ni de desafío teológico sino un anticlímax frustrante, dejando al lector esperando incómodamente lo que venía después.[9] Algunos han añadido a este argumento la consideración literaria de que concluir un libro con una cláusula de dos palabras terminando con la conjunción γάρ era demasiado torpe desde el punto de vista estilístico incluso para Marcos. No cabe duda de que ἐφοβοῦντο γάρ constituye un final sorprendentemente abrupto, pero existen cláusulas explicativas después de una exposición narrativa que son análogas a esa, por ejemplo, en Génesis 18:15; 45:3 en la LXX, y la búsqueda de analogías incluso para terminar un libro con γάρ no ha sido del todo infructuosa.[10] Marcos era un escritor tan poco convencional que pudo haberlo hecho si realmente tenía la intención de terminar aquí. La cláusula ἐφοβοῦντο γάρ difiere estilísticamente de la cláusula explicativa ἔκφοβοι γὰρ ἐγένοντο de 9:6 solo en que la formulación perifrástica de la segunda permite que el verbo aparezca después de la conjunción γάρ.[11] Para mí, la "brusquedad" del final no se debe principalmente a la forma estilística de su última oración, sino a la naturaleza "inconclusa" de su contenido.[12]

9. Después de escribir esta cláusula, descubrí el uso que hace N. R. Petersen, *Int* 34 (1980) 154-55, de la misma analogía en este sentido. Esa coincidencia tan repetida confirma el efecto del final "insatisfactorio" de Marcos, aunque Petersen, a diferencia de mí, considera que se trata de una acción deliberada por parte de Marcos. Pero elude la insatisfacción que produce esta conclusión alegando que 16:8 tiene un carácter irónico: "Nuestro narrador no quiere decir lo que dice en 16:8" (162). (Para una exposición de esta supuesta ironía en el lenguaje del estructuralismo, véase además P. L. Danove, *End*, 225-28). Lamentablemente, la mayoría de los lectores de Marcos no se han dado cuenta de este "hábil remplazo de lo obvio" (163); parece sospechosamente una admisión exegética de derrota por parte de un intérprete que reconoce que, si se toma en forma literal, 16:8 es un final imposible.

10. BAGD, 151b, 1.a; P. W. Van der Horst, *JTS* 23 (1972) 121-24. Véase el resumen del análisis en P. L. Danove, *End*, 128-29.

11. F. Kermode, *Genesis*, 67, lo traduce con exactitud como ἐφοβοῦντο γάρ, "estaban asustadas, ¿veis?".

12. Uno de los esfuerzos más elaborados por justificar la conclusión "insatisfactoria" del

La decisión entre estas dos interpretaciones acerca del final de Marcos (y reducirlas solo a dos constituye, por supuesto, una simplificación excesiva y drástica) depende inevitablemente del gusto literario y teológico, y en ausencia de cualquier texto autenticado más allá de 16:8, cualquier teoría sobre otra manera en la que Marcos podría haber deseado terminar su libro y por qué el texto, tal como aparece actualmente, carece de ese final, es especulativa. No obstante, es preciso tomar una decisión, incluso en un comentario que debe limitarse al texto que tenemos, porque nuestro reconocimiento de lo que Marcos incluye en 16:1-8 se ve ineludiblemente afectado por el hecho de que creamos o no que él escribió, o tuvo la intención de escribir, algo más allá de estas palabras. Y mi propia inclinación es unirme a la minoría[13] cada vez más pasada de moda que considera que un final deliberado en 16:8 es una opción inaceptablemente "moderna".[14] ¿Qué ocurrió, entonces, con el final de Marcos? Solo podemos hacer conjeturas. Es posible que debido a circunstancias adversas, enfermedad o muerte, nunca se escribiera. Es posible también que sí se hubiera escrito pero luego se perdió accidentalmente[15] o se eliminó a propósito; en ese caso la pérdida tuvo que haber ocurrido en una etapa muy temprana para que no dejara ninguna huella en la tradición

---

Evangelio como una intención deliberada de Marcos es el de P. L. Danove, *End*. Según alega él, es precisamente por presentarla como una "historia fallida" que la narración "atrapa" al lector implícito (especialmente, págs. 208-10), y lo obliga a volver a evaluar las impresiones que había recibido de la historia hasta aquí. Como resultado, el lector implícito reconoce que solo por medio de él puede tener lugar la proclamación del mensaje ahora, y con ello, desafía al lector real a desarrollar un discipulado eficaz (220-22). Se llega a esta conclusión, que es similar a la de Tolbert, véase supra, pág. 671 n. 7, tomando el mazo estructuralista de unas 230 páginas de un análisis cuidadosamente empaquetado en un lenguaje técnico y con frecuencia opaco para cascar la nuez exegética marcana, y deja al menos a este lector (real) preguntándose de qué parte de la sutileza retórica que se le atribuye Marcos habría sido consciente.

13. Myers, 399, considera "obsoleto" este enfoque, pero aun así, opina que es necesario oponerse al intento ("imperial") de "traicionar el Evangelio 'reescribiéndolo'" (401).

14. Sería tal vez preferible decir "post-moderna", no solo en lo que respecta a la naturaleza de los argumentos literarios utilizados, sino también para reconocer que solo en los últimos años un final deliberado por parte de Marcos en 16:8 se ha convertido en la opción preferida (véase supra, p. 670 n. 1). Hooker, 394, suele expresar la naturaleza de esta interpretación "post-moderna" cuando afirma que aun cuando la lectura que propuso no es lo que Marcos deseaba, "el final del Evangelio al menos nos ofrece un buen ejemplo del valor de la crítica de la "reacción de los lectores", porque nos ofrece una interpretación del texto a la pueden contribuir tanto el autor como el lector —una interpretación que se corresponde con la experiencia de muchos lectores del Evangelio, aunque no estuviera en la mente del evangelista". Contrástese con T. J. Geddert, *Watchwords*, 172: "Puede haber varias formas de leer un texto, pero si una de ellas ayuda a entender por qué fue escrito de la manera en que aparece, es esa la que debe preferirse".

15. En respuesta al planteamiento que se hace a menudo de que como la última sección de un pergamino se encuentra en la parte interior del mismo, es la que menos probabilidades tiene de desprenderse, Gundry, 1017, replica que no era probable que se desprendiera si el pergamino estaba enrollado, y que la última sección podría tal vez estar "sujeta a una tensión mayor por estar enrollada con más firmeza". El daño accidental que sí han sufrido algunos manuscritos y la desaparición de amplias secciones de muchas obras antiguas por esa razón, son hechos que toma en consideración la crítica textual clásica.

de los manuscritos ni de las versiones.[16] Simplemente no lo sabemos, pero, al parecer, no tiene sentido especular.

Pero tal vez sí valdría la pena especular sobre lo que podría haber sido el contenido del final original, ya sea que se haya perdido o que nunca hubiera sido escrito. En ese respecto hay dos pistas importantes que debemos seguir. Una de ellas es el conjunto de indicaciones de acontecimientos futuros que aparecen en el texto de Marcos que se conserva, en particular la doble mención de un reencuentro del Jesús resucitado con sus discípulos en Galilea (14:28; 16:7) y el hecho de que las mujeres cuyo papel como testigos quedó tan claramente establecido en 15:40-41, 47; 16:1-8 no le habían transmitido, sin embargo, ese testimonio a nadie hasta 16:8 (para remediar esta última omisión deberíamos considerar que su silencio temeroso en el v. 8 fue solo temporal, tal vez porque se sentían sobrecogidas ante la posibilidad de un encuentro posterior con el propio Jesús y una repetición del mensaje, como en Mt. 28:9-10). La otra pista es el Evangelio de Mateo. Marcos y Mateo guardan un parecido muy estrecho en su exposición de la pasión, aun cuando Mateo tiene algunos detalles independientes que no aparecen en Marcos. El relato mateano de la tumba vacía, aunque descriptivamente es más dramático con sus guardas, el terremoto y el ángel que removió la piedra, estructuralmente es muy similar al de Marcos hasta 28:8, incluyendo el mensaje del ángel a los discípulos para que se encontraran con Jesús en Galilea. En el momento en que el texto de Marcos se detiene, comienzan las apariciones de la resurrección en Mateo, la primera a las mujeres en Jerusalén, y luego, a los once discípulos en Galilea. Sería, pues, razonable conjeturar (no puede hacerse otra cosa) que el final original de Marcos (planificado o realizado) habría seguido una pauta similar[17] (dejando aparte a Mt. 28:11-15 respecto a los guardas, que no forman parte del escenario de Marcos), y con ello, se habría cumplido la promesa de 14:28 y 16:7 con el relato de un encuentro en Galilea que completaría acertadamente el marcado contraste entre Galilea y Jerusalén que ha estado presente en todo este Evangelio y también en el de Mateo. Si sugiriéramos que el final de Mateo estaba basado realmente en el final original perdido de Marcos estaríamos forzando la conjetura hasta el límite, pero decir que Marcos al menos intentó algo similar como la conclusión de su obra, es una

---

16. G. W. Trompf, *NTS* 18 (1971/2) 327-29, explica la pérdida del final original sugiriendo que una "segunda edición" de Marcos del siglo II, con el final original remplazado ahora por 16:9-20, pasó a ser el texto reconocido en el momento en que se estableció el canon de los cuatro Evangelios, y a causa de eso, no sobrevivió ninguno de los MSS de la "primera edición", por lo cual, aunque algunos de los primeros copistas y escritores patrísticos conocían el origen posterior de la lectura más larga, no disponían del final original.

17. G. W. Trompf, *NTS* 18 (1971/2) 315-25, arguye enérgicamente a favor de un final perdido de Marcos que fue la base de Mt. 28:9-10, y probablemente también contenía palabras de seguridad que subyacen tras el dicho Οὔπω ἔχετε πίστιν; ἴδετε, ἐγώ εἰμι que aparece en el fragmento Περὶ ἀναστάσεως que tradicionalmente se le atribuye a Justino. Trompf no se basa de manera similar en Mt. 28:16-20, y por tanto, desafortunadamente erra en presentar de Mateo la misma aparición que Mr. 16:7 parece exigir.

sugerencia que, al parecer, se ajusta razonablemente a las características de su Evangelio y su relación con Mateo.[18] Este comentario tratará, como debe ser, solo con el texto real que se conserva de Marcos, vv. 1-8. Pero al considerar esos versículos, tendré en cuenta que tal vez ese no haya sido el final de lo que Marcos al menos tenía intención de escribir.[19] Lo que encontramos en 16:1-8 es, al igual que en los demás Evangelios, aunque en todos ellos con detalles diferentes, un relato sobre algunas mujeres que descubrieron que la tumba de Jesús estaba vacía y recibieron el mensaje de que había resucitado. Ninguno de los Evangelios incluye un relato acerca de la resurrección de Jesús de entre los muertos propiamente dicha,[20] y todos presuponen que esta tuvo lugar en algún momento anterior al hallazgo de la tumba vacía.[21] La escena del descubrimiento es notablemente realista: unas mujeres se dirigen al sepulcro para cumplir el deber previamente omitido de ungir el cuerpo de Jesús con perfumes, y mientras caminan, se muestran preocupadas pensando en la manera en que podrían entrar en el sepulcro, pero al llegar allí se encuentran con un joven que les dice que Jesús ha resucitado y les da un mensaje para los discípulos y para Pedro, y tras este encuentro inesperado, huyen despavoridas. Esto no es el contenido de una épica heroica, menos aún de una historia de magia y prodigios, y sin embargo, el eje en torno al cual gira es un acontecimiento que excede la comprensión humana, a saber, que el Jesús que ellas habían visto morir y a quien habían enterrado unas cuarenta horas antes ya no estaba muerto sino que había resucitado, καθὼς εἶπεν ὑμῖν. Es en esta combinación incongruente de lo cotidiano con lo incomprensible que muchos han hallado uno de los

---

18. Véase Gundry, 1009-11, para un argumento similar, con detalles más específicos con respecto a los indicadores en el texto que se conserva. El argumento de G. R. Osborne, *Resurrection*, 58-65, sigue una orientación similar, pero va más allá cuando trata de hacer una reconstrucción real del final "perdido" a partir de las palabras de Mt. 28:9-10 y quizás 16-20.

19. Gundry, 1009-21, no trata el v. 8 como la conclusión de la perícopa sobre la visita de las mujeres a la tumba sino como el versículo inicial de un relato, el resto del cual ahora está perdido, acerca de la manera en que un encuentro de ellas con Jesús (como en Mateo) y el mensaje debidamente entregado y cumplido con un encuentro en Galilea venció el temor que las hacía permanecer en silencio. Aunque estoy de acuerdo con su sugerencia en cuanto a lo que puede haber seguido al v. 8, me parece que separar el v. 8 del contexto existente de esta forma le otorga demasiado peso a la reconstrucción basada en conjeturas.

20. Contrástese con el *Ev. Pe.* 9-10 (35-42). El códice k (bobiense) de la AL inserta al principio del v. 4 una sección breve que, al parecer, describe una escena igual a la del *Evangelio de Pedro*, con ángeles que descienden a la tumba y vuelven a ascender al cielo llevando consigo a Jesús, aunque el texto es incierto. D. W. Palmer, *JTS* 27 (1976) 113-22, sugiere que la oración interpolada originalmente no se refería a la resurrección sino a "la asunción de Jesús de la cruz", comparable con las tradiciones judías acerca de Elías y Enoc.

21. Van Iersel, 483-84, comenta sobre la "brecha narrativa por excelencia" entre 15:47 y 16:1, y entrevé en 15:40–16:8 una "estructura concéntrica" que inusualmente solo tiene silencio en su centro, e interpreta este "centro vacío" como una invitación de Marcos al lector para que llene la brecha imaginando la "obra" que Dios hizo en el día de reposo al resucitar a Jesús. Aun cuando se ponga en duda el plan estructural propuesto por Van Iersel, la falta de toda descripción de la resurrección en sí misma sigue siendo un rasgo significativo de la forma en que se narra la historia.

aspectos más poderosos y convincentes de los relatos neotestamentarios, pero no de la resurrección de Jesús (porque no hay ninguno), sino de la manera en que los primeros discípulos descubrieron que había resucitado.

Dentro de esta mezcla ilusoria de lo realista con lo sobrenatural, Mateo y Juan mencionan uno o más ángeles en la tumba, pero en Marcos encontramos la figura inesperada de un νεανίσκος περιβεβλημένος στολὴν λευκήν como el mensajero que revela la verdad. ¿Podría decirse que se trataba simplemente de un ser humano que, al igual que las mujeres, había ido a visitar la tumba y que, por el hecho de haber llegado primero, estaba en condiciones de dar la noticia? ¿Se originó acaso toda la tradición de los ángeles en la tumba en la interpretación crédula de las mujeres de la presencia fortuita de este joven en un lugar numinoso y con una historia extraordinaria que contar? En las notas sobre el v. 5 voy a analizar algunas razones que nos permiten rechazar esta lectura del νεανίσκος, pero dejando de lado su improbabilidad intrínseca, la idea de que Marcos (o incluso las personas que le comunicaron la historia) deseaba referirse a un simple ser humano se torna insostenible cuando se toma en consideración la naturaleza de su mensaje. No se limita a informar lo que descubrió, sino que lo explica de manera sencilla y autorizada, ἠγέρθη, y pasa entonces a transmitirles un mensaje de parte del propio Jesús, en el que recapitula lo que él les había dicho en privado a los doce en 14:28, y no les hace ninguna observación sino que les da una orden. Un joven anónimo no hablaría así. Sin embargo, por sorprendente que pueda parecer, Marcos usa una palabra tan moderada como νεανίσκος para describir a un ángel (había hablado de ἄγγελοι en la única otra ocasión que tuvo de mencionar a los ángeles en su narración, 1:13) en un contexto en el que solo ese podía ser su significado, pero nuestra sorpresa tal vez se mitigaría al observar que Lucas, en el mismo lugar (24:4), usa la expresión ἄνδρες δύο ἐν ἐσθῆτι ἀστραπτούσῃ (no muy lejos del νεανίσκος περιβεβλημένος στολὴν λευκήν de Marcos) para referirse a los que más adelante (24:23) llama ἄγγελοι.

Las mujeres son las que reciben el mensaje del joven, pero el destino final del mismo es explícitamente οἱ μαθηταὶ αὐτοῦ καὶ ὁ Πέτρος. Esta es una nota que el lector debe escuchar antes que la historia termine. Desde la primera acción pública reconocida de Jesús en Galilea hasta la debacle en Getsemaní, la historia que Marcos contó no fue la de Jesús sino la de Jesús y sus discípulos. El Evangelio giró en torno a las experiencias y la formación de estos hombres, y Jesús dedicó una gran parte de su tiempo y de sus esfuerzos a capacitarlos para que se convirtieran en el grupo de trabajo que lo remplazaría en la proclamación del reino de Dios. En el destino de ellos estaba en juego el futuro del εὐαγγέλιον, porque el hecho de que la historia de Marcos haya terminado con diez de los doce como desertores, uno como un traidor y Pedro, blasfemando y apartándose de Jesús, hubiera podido arruinar todo lo que Marcos había tratado de hacer. Pero en el v. 7 (y más aún en el relato acerca de la reunión de ellos con Jesús que, en mi opinión, Marcos tuvo la intención de continuar) nos enteramos de que todo saldrá bien. El crecimiento oculto de la semilla no se había frustrado.

1 El día de reposo del que 15:42 nos avisó que era inminente transcurrió normalmente y sin nada que informar en el plano de la actividad humana. Puesto que el día de reposo terminó con la caída del sol el sábado, la expresión διαγενομένου τοῦ σαββάτου probablemente se refiere a la noche del sábado, la primera ocasión después de la sepultura apresurada de Jesús en la que sería posible comprar especias aromáticas. (La opinión de Lucas en cuanto a que ellas prepararon los ungüentos antes del día de reposo resulta menos fácil de reconciliar con la presencia de las mujeres en el entierro si se tiene en cuenta la brevedad del período de tiempo disponible antes de la caída del sol el viernes). Pertrechadas de esa manera, las mujeres están listas al amanecer del día siguiente (domingo) para completar las formalidades funerarias que se vieron interrumpidas por la llegada del día de reposo.[22] La mención por segunda vez de los mismos tres nombres (véase la nota textual) que leímos en 15:40 corrobora la continuidad del testimonio de las mujeres. Salomé, que, al parecer, estuvo ausente en el momento del entierro (15:47), está de nuevo junto con las demás. La segunda María aparece identificada ahora por el nombre de su otro hijo (véase el comentario sobre 15:47).

Marcos no especifica la naturaleza de los ἀρώματα que ellas compraron, pero el verbo ἀλείφω indica que eran ungüentos o perfumes líquidos (como el que se usó en 14:3) y no las λίτραι ἑκατόν (aproximadamente cien libras) de especias sólidas que, según Juan, se emplearon en el momento de la sepultura. Aunque los cadáveres judíos no se embalsamaban en el sentido técnico egipcio (véase Gn. 50:2-3 con respecto al proceso tan elaborado que esto conllevaba), se utilizaban especias aromáticas y ungüentos (cf. Lc. 23:56: ἀρώματα καὶ μύρα) como señal de respeto[23] y tal vez para conservar el cadáver fresco el mayor tiempo posible. La intención de las mujeres indica, *pace* Juan, que José no había podido honrar el cadáver de Jesús de esta manera en razón de la prisa del anochecer del viernes, y si ellas tenían conocimiento de la unción que Jesús había recibido en Betania cuando todavía estaba vivo (14:3-9) presumiblemente no consideraron que ese hecho excluía el respeto adecuado hacia su cadáver, a pesar de las enigmáticas palabras de Jesús en aquella ocasión (14:8). Pero la fraseología de Marcos aquí no sugiere que él quiera recordarle al lector la experiencia de 14:3-9, donde se usan términos muy diferentes. El hecho de que ellas pensaran en una unción sugiere que, si, tal como se insinúa en 15:41, ellas estuvieron con Jesús en su camino hacia Jerusalén y oyeron, por ende, sus predicciones sobre la pasión, no tomaron en serio su expectativa de resucitar después de tres días.

22. La sugerencia de que una unción unas treinta y seis horas después de la muerte sería demasiado tardía porque la descomposición ya habría comenzado, no toma en consideración la temperatura fresca de Jerusalén (y aún más la de una tumba cavada en una roca en Jerusalén) durante la época pascual; véase supra acerca de la necesidad de un fuego, 14:54.

23. Gundry, 989, alega que el término ἀρώματα sugiere un honor funerario "propio de un rey" y no el óleo más barato que se usaba para la gente común, pero cabría preguntar si el término es tan específico.

2 Marcos parece ser muy exigente en cuanto al momento en que las mujeres llegaron a la tumba (ἔρχονται ἐπί; no entrarán sino en el v. 5), y sin embargo, las frases (véase la nota textual) confunden a los comentaristas.[24] La expresión λίαν πρωΐ por sí sola podría indicar algún momento antes del amanecer, como en Juan 20:1 (véase el comentario sobre el adverbio πρωΐ en 15:1 supra), pero no exige que sea así; Mateo (τῇ ἐπιφωσκούσῃ εἰς μίαν σαββάτων) y Lucas (ὄρθρου βάέως) implican aquí también una hora muy temprana, pero no son tan específicos como Juan. Sin embargo, las palabras adicionales de Marcos, ἀνατείλαντος τοῦ ἡλίου, nos aseguran que ya era de día, y por tanto ellas podían ver con claridad;[25] Juan incluso afirma que María "vio" la piedra en cuanto llegó. Marcos prosigue recordándonos el día de la semana que era, aunque la expresión διαγενομένου τοῦ σαββάτου ya había hecho innecesaria esta información (véase la nota textual sobre el v. 1). Pero la frase ἡ μία τῶν σαββάτων[26] se lee en todos los relatos de los evangelios sobre el descubrimiento de la tumba vacía (Mt. 28:1; Lc. 24:1; Jn. 20:1, 19), porque, al parecer, se había convertido en un elemento esencial en la historia, importante por cuanto constituyó la base para la elección de este día como el día santo cristiano (Hch. 20:7; 1Co. 16:2), que más tarde se conocería como ἡ κυριακή (Ap. 1:10, y regularmente en escritos cristianos posteriores; *Ev. Pe.* 9[35], 12[50] usa anacrónicamente el término ya en su relato de la resurrección). Ninguno de los Evangelios, por supuesto, dice que la resurrección *ocurrió* el primer día de la semana, sino solamente que ese fue el día en que se descubrió la tumba vacía, de lo cual puede inferirse que ya había estado vacía por algún tiempo. Si suponemos que Jesús resucitó durante el día de reposo o la noche antes que las mujeres vinieran a la tumba, el intervalo entre la muerte y la resurrección fue a lo sumo no mucho más de treinta y seis horas. En cuanto a la compatibilidad de esta hipótesis con la interpretación judía de la frase μετὰ τρεῖς ἡμέρας que aparece en las narraciones de las predicciones de Jesús acerca de su pasión, véase supra el comentario sobre 8:31. Es obvio que Marcos, con el especial hincapié que hace en los días en 15:42 y aquí, no halló ninguna discrepancia.

3-4 La preocupación de las mujeres con respecto a la piedra (que Marcos subraya con el comentario de que era μέγας σφόδρα, aunque para mover cualquier piedra capaz de bloquear la entrada de una tumba probablemente no habría sido suficiente la fortaleza de tres mujeres) le añade un toque acogedor y casi humorístico a la escena: habían hecho los demás

---

24. Mann, 664-65, le dedica mucho espacio a este "problema insoluble", pero, al parecer, exige un uso innecesariamente puntilloso del lenguaje de Marcos.

25. La sugerencia de que λίαν πρωΐ describe el momento en el que ellas se pusieron en marcha (antes del amanecer) y ἀνατείλαντος τοῦ ἡλίου el momento en que llegaron a la tumba (poco después de la salida del sol) resulta de por sí convincente, pero no es lo que dice Marcos realmente. En cuanto a la costumbre de Marcos de añadir una segunda cláusula para definir una referencia cronológica, cf. 1:32, 35; 14:12; 15:42.

26. Con respecto al uso de εἰς en lugar del número ordinal en expresiones de tiempo, véase BAGD, 231b-32a, 4. No se trata solamente de un modismo semítico.

preparativos pero habían olvidado este obstáculo elemental. En lugar de hacer arreglos con los siervos de José para que las acompañaran, confiaban en la posibilidad de que hubiera alguien cerca que las ayudara. Pero desde el punto de vista dramático su ansiedad es importante porque contrasta con su sorpresa al descubrir que el problema ya estaba resuelto. No se nos dice cómo o cuándo la piedra había sido removida, porque la voz pasiva de ἀποκεκύλισται no revela cuál fue la causa (compárese con Mt. 28:2), ni tampoco indica si fue removida para que Jesús pudiera salir (como en el *Ev. Pe.* 9-10[37-40], aunque en Mateo la tumba aparentemente ya estaba vacía cuando la piedra fue removida). Pero la única otra persona en el entorno de esta escena es el νεανίσκος del v. 5, y ese tal vez es otro dato que confirma la improbabilidad de que la intención de Marcos era que lo considéraramos un personaje simplemente humano porque un joven solo sin duda tampoco habría podido remover la piedra. La inexplicada remoción de la piedra, por tanto, comienza a crear la sensación de una intervención sobrehumana en la narrativa.

5 La sensación de lo sobrenatural continúa con la visión de un νεανίσκος vestido con ropas blancas dentro de la tumba abierta. La expresión εἰσελθοῦσαι εἰς τὸ μνημεῖον nos hace dejar atrás la impresión que habían tenido aquellas mujeres al contemplar la entrada de la tumba desde afuera. Tras haber atravesado el "túnel" de la entrada, ahora han llegado a la cámara interior donde se colocaban los cadáveres (véase el comentario sobre 15:46). Por tanto, el νεανίσκος no es simplemente un observador interesado: está sentado al lado derecho dentro de la tumba. Señalamos anteriormente (en la introducción a esta sección) la improbabilidad de que las palabras que está a punto de pronunciar pudieran provenir de un personaje anónimo y simplemente humano que participó del descubrimiento. El hecho de que esté sentado (la postura tradicional del que enseña o habla con autoridad) transmite la misma impresión. Hay otras características en la descripción de Marcos que añaden a la impresión sobrenatural: él está vestido de blanco y las mujeres aterrorizadas. Las vestiduras blancas, por supuesto, se usaban en ocasiones festivas o en algún acontecimiento formal, como por ejemplo, un matrimonio, pero para que las vestiduras aparecieran blancas en la oscuridad de la cámara funeraria era necesario que su blancura fuera mayor de lo normal: la mención lucana de ἐσθὴς ἀστράπτουσα probablemente indica el tipo de blancura al que Marcos deseaba referirse aquí, y nos hace recordar las vestiduras de Jesús en la transfiguración, στίλβοντα λευκὰ λίαν, οἷα γναφεὺς ἐπὶ τῆς γῆς οὐ δύναται οὕτως λευκᾶναι (9:3). En cuanto a las vestiduras blancas y/o resplandecientes en el NT como distintivo de un visitante celestial, véanse también Mateo 28:3; Juan. 20:12; Hechos 1:10; 10:30 y la mención frecuente de vestiduras blancas para los invitados a unirse a la adoración celestial en Apocalipsis, y en cuanto al trasfondo judío más amplio, véase, por ejemplo, Daniel 7:9; *1 Enoc* 62:15-16; 87:2; 2 Macabeos 3:26 (en el último caso es interesante observar que los que claramente son visitantes celestiales se describen, al igual que aquí en Marcos, como jóvenes, νεανίαι).

La reacción de las mujeres, aunque no debemos pasar por alto el efecto "escalofriante" del entorno, también sugiere que vieron a un joven poco común. En cuanto a ἐκθαμβέομαι véase el comentario sobre 14:33: este verbo transmite una poderosa mezcla de conmoción y temor, que va seguida de τρόμος καὶ ἔκστασις, los cuales provocan una huida precipitada de la tumba en 16:8. Esa reacción es más acorde a un encuentro con un ángel que con un joven común, y las primeras palabras que este les dirige a las mujeres causan la misma impresión (véase el comentario sobre el v. 6). Un νεανίσκος resulta inusual en ese contexto, pero existen otros ejemplos: en 2 Macabeos 3:26, 33 los dos visitantes claramente angelicales se describen simplemente como νεανίαι; Josefo, *Ant.* 5.277, habla del "ángel de Yahvé", que se le apareció a la madre de Sansón como un νεανίᾳ καλῷ παραπλήσιον καὶ μεγάλῳ; in Hermas, *Vis.* 3.1.6, el visionario ve seis νεανίσκοι, que más tarde son identificados como ángeles (3.4.1). Al parecer, Marcos hace aquí lo mismo que Lucas en algunas ocasiones, a saber, usa un lenguaje humano para describir la forma en la que los testigos humanos ven a un ángel (Lc. 24:4 con 23; Hch. 1:10; 10:30; cf. Tob. 5:5, 7, 10 donde Tobías se dirige al ángel Rafael como νεανίσκε porque no se da cuenta de que es un ángel y ve solamente un joven). Cf. *Ev. Pe.* 9 (36-37), que describe a los ángeles en la escena de la resurrección primero como ἄνδρες y luego como νεανίσκοι.

Comenté anteriormente sobre la sugerencia de que este νεανίσκος debe relacionarse con el que huyó en Getsemaní (véase la nota sobre 14:51-52). Las palabras que conectan esos dos pasajes son νεανίσκος y περιβεβλημένος, y ambas aparecen solamente en estos dos lugares de Marcos. Sin embargo, son palabras muy comunes (en el NT, se usa el "diminutivo" νεανίσκος en lugar del término clásico νεανίας que no tiene ninguna fuerza perlocutiva de diminutivo, y περιβάλλομαι es el verbo que suele emplearse para referirse al uso de las prendas de vestir) y por tanto, el hecho de que aparezcan (incluso unidas) una vez dentro de una obra de la longitud del Evangelio de Marcos no exige una relación deliberada entre ellas. El término σινδών, que a menudo se considera un vínculo verbal adicional por cuanto se lee en 14:51-52 y en 15:46, llamativamente *no* se usa con referencia a este νεανίσκος.[27] Algunos esfuerzos como los que se mencionaron antes por encontrar algún vínculo significativo entre los dos jóvenes no solo discrepan entre ellos sino que su propia artificialidad también refuerza la conclusión de que el vocabulario común entre los dos pasajes es puramente casual y no una conexión literaria.

---

27. S. R. Johnson, *Forum* 8 (1992) 125-26, hace de la necesidad una virtud cuando discierne "en el hecho de despojarse de sus vestidos y volver a vestirse un tema que vincula simbólicamente al νεανίσκος de 14:51-52 con Jesús y el νεανίσκος de 16:5", de manera que con la σινδών de la que se despojó el νεανίσκος se cubre a Jesús, y entonces, el segundo νεανίσκος (que en realidad es el mismo) puede revestirse. "Por consiguiente, junto con la σινδών que Jesús toma en su propia muerte, toma también la muerte simbólica del νεανίσκος, lo cual da lugar a la transformación de este (tal y como simbolizan sus vestiduras blancas)". Con eso, sin embargo, son demasiadas las conclusiones que se están extrayendo a partir del hecho de que las dos palabras, νεανίσκος y σινδών, aparezcan en dos pasajes diferentes al final del libro.

6 El mensaje del νεανίσκος en este versículo se expresa en el estilo staccato de cinco dichos breves sin ningún tipo de conjunción. La palabra reconfortante (aun cuando no produzca un resultado exitoso, v. 8) es un rasgo habitual en las apariciones angélicas; cf. Daniel 10:12, 19; Mateo 28:5; Lucas 1:13, 30; 2:10; Hechos 27:24. El νεανίσκος habla desde una posición de autoridad y de conocimiento privilegiado, no como un igual. La sugerencia de que en el verbo ζητεῖτε hay una represión implícita (Lane, 587-88, en consonancia con R. H. Lightfoot) le concede demasiada importancia al hecho de que casi todos los usos que hace Marcos de este verbo común aparecen en contextos negativos; aunque ahora podría decirse que su intento resultó inútil, no obstante, no fue inadecuado. Al parecer, no hay ningún significado especial en el uso del título ὁ Ναζαρηνός por parte del joven; al igual que en 10:47, su única función es identificar a qué Jesús se refiere. El efecto es confirmar la continuidad del Jesús del ministerio (que al principio fue presentado como ἀπὸ Ναζαρέτ, 1:9) al Jesús de la resurrección. La frase τὸν ἐσταυρωμένον, sin embargo, sí describe de manera conmovedora lo que las mujeres ya creían que era la verdad acerca de Jesús. Después de haberlo visto morir en la cruz, han venido ahora a atender ese cuerpo torturado, y era eso lo que esperaban hallar en la tumba. Todo ese trágico escenario se invierte con un simple mensaje de una sola palabra, ἠγέρθη, aunque las cláusulas que siguen explicarán más detalladamente las implicaciones de este emocionante verbo. El verbo que se usó en las predicciones de Jesús sobre su resurrección fue ἀνίστημι en lugar de ἐγείρομαι, salvo en la promesa de una reunión en Galilea (14:28) a la que se hará alusión en el próximo versículo, pero cuando se trata de una persona muerta no hay ninguna diferencia funcional entre ambos (véanse 8:31; 14:28), y la idoneidad de ἐγείρομαι para denotar vida post-mortem se pone claramente de relieve en el uso de dicho verbo en 12:26 con referencia a los muertos en general.[28] Las mujeres, aun cuando no recordaran las predicciones de Jesús, no podían confundir el significado de este verbo en este contexto. Pero el νεανίσκος procede a aclarar entonces que no está refiriéndose simplemente a una supervivencia después de la muerte, sino a un acontecimiento físico: el lugar donde había sido puesto el cadáver de Jesús (véase supra el comentario sobre 15:46 en cuanto a que el sustantivo τόπος no se refiere a la tumba en general sino a la plataforma o "túnel" específico dentro de la tumba que se había usado para el cadáver de Jesús) ahora está vacío. El cadáver no está, y a partir de la promesa que aparece en el versículo siguiente está claro que su ausencia no es producto de una remoción pasiva sino que abandonó aquel lugar en la forma de un Jesús vivo e itinerante. Por más que la filosofía y la teología consideren que es posible asimilar el acontecimiento, es obvio que

---

28. J. D. Kingsbury, *Christology*, 134-35, sugiere que el verbo fue elegido aquí para recordar la predicción de Jesús sobre la piedra desechada que "resucitó" para convertirse en la piedra angular (12:10-11), pero ante la ausencia de todo reflejo verbal, esto sería atribuirle demasiada importancia a uno de los verbos neotestamentarios que normalmente se usan para referirse a la resurrección.

Marcos está refiriéndose a una resurrección corporal a la que sigue la vida y la actividad en la tierra.[29]

7 El anuncio de la resurrección de Jesús no es un fin en sí mismo, sino la base para la acción, que en el caso de las mujeres, consiste en entregar un mensaje urgente, y para los discípulos a quienes se les envía ese mensaje, es un viaje a Galilea en preparación para el encuentro prometido con Jesús (14:28).[30] La vida, el discipulado y la causa del reino de Dios deben continuar. La orden de entregar el mensaje presupone que, a pesar de su dispersión en Getsemaní, los discípulos incluyendo a Pedro todavía constituyen un grupo, por desmoralizado que esté. Cabría esperar que el hecho de que Jesús todavía tuviera un mensaje que darles, y aún más, que ese mensaje incluyera la promesa repetida de un encuentro posterior a la resurrección, venciera su desesperación y recordaran que la predicción anterior de un encuentro en Galilea tuvo lugar inmediatamente después que Jesús predijera que serían "dispersados" (14:27). Es obvio que él esperaba que su dispersión solo fuera temporal. La inclusión específica de Pedro no reflejaba en primer lugar la función de liderazgo que él ejercía en el grupo sino más bien su fracaso específico y más público a la hora de demostrar su lealtad hacia Jesús: a pesar de la maldición que profirió cuando el gallo cantó por segunda vez, Pedro no fue borrado de la lista. También es posible (Gundry, 1003) que fuera necesario que se mencionara a Pedro en forma individual porque, a causa del dolor que sintió después de su humillante fracaso, él no había vuelto a reunirse con los otros discípulos. Por consiguiente, tanto para Pedro como para el resto de los once μαθηταί que quedaban, el mensaje enviado por las mujeres implicaba una garantía de perdón y restauración, que resultaba más impresionante por cuanto no se decía en forma explícita.[31] A veces se sugiere que Marcos minusvalora deliberadamente la importancia y el liderazgo de los discípulos originales en la iglesia posterior a la resurrección, porque su narración se centra por completo en la experiencia de las mujeres y no hace referencia a ninguna aparición de Jesús a los discípulos. Pero debemos señalar que Marcos,

---

29. E. L. Bode, *Easter*, 29-31, demuestra que las palabras del mensaje del ángel se avienen al kerigma de los primeros capítulos de Hechos, sobre todo Hechos 4:10, y a las cartas paulinas.

30. En contra de la sugerencia otrora popular de que este versículo debe tomarse como una predicción de la parusía, no de una aparición posterior a la resurrección (una idea especialmente propugnada por E. Lohmeyer, R. H. Lightfoot y W. Marxsen), véase A. T. Lincoln, *JBL* 108 (1989) 285; también R. H. Stein, *NTS* 20 (1973/4) 445-52. Véase además E. Best, *Story*, 76-78, respondiendo a la versión de N. Perrin de la interpretación de la parusía.

31. Contrástese con el punto de vista de W. R. Telford, *Theology*, 149-50, quien, a partir de la ausencia de toda aparición posterior a la resurrección en Marcos, llega a la conclusión de que este evangelio "no le muestra al lector ninguna restauración de Pedro después de su negación, no les promete a los discípulos originales ninguna autoridad para perdonar o retener los pecados ni les da ninguna promesa ni dotación del Espíritu en relación con esa comisión". Esto, sin embargo, sería interpretar a Marcos por su omisión de lo que otros dicen, y no por lo que realmente aparece en su texto. Un mensaje de parte del Jesús resucitado específicamente para los discípulos y para Pedro y un encuentro prometido con ellos en Galilea, a mi juicio, valen más que lo que Marcos *no* dice.

a diferencia de Mateo, tampoco dice que Jesús se apareció a las mujeres (a no ser, por supuesto, que el final que previó originalmente contuviera ese encuentro, tal como se sugirió antes), y que la única aparición posterior a la resurrección a la que sí alude (aunque no narra) es precisamente a οἱ μαθηταὶ αὐτοῦ καὶ ὁ Πέτρος. Más cuestionable aún es que la ubicación en Galilea tenga por objeto desplazar la atención de una iglesia judía a una misión gentil:[32] tanto el lugar como los discípulos que van a congregarse allí siguen siendo judíos. "Galilea de los gentiles" no es una frase marcana, ni tampoco expresa una perspectiva marcana. El verdadero contraste deliberado entre Jerusalén y Galilea a lo largo de este Evangelio no es un contraste entre judíos y gentiles.

Προάγει ὑμᾶς εἰς τὴν Γαλιλαίαν repite exactamente la promesa de 14:28, aparte del cambio necesario en la persona y el tiempo del verbo. Véanse los comentarios allí, especialmente con respecto al significado de προάγω;[33] aquí, la cláusula que sigue aclara que no habrá ninguna reunión antes de Galilea, y por tanto, el verbo προάγω no indica que Jesús vaya a conducirlos literalmente hacia el norte. Lo que indica, más bien, es que en cuanto se hayan marchado del territorio hostil de Jerusalén y regresado a su provincia de origen, donde comenzó toda la historia, se encontrarán de nuevo con él, y la función que deben desempeñar como discípulos suyos podrá ser restaurada después de su fracaso temporal.[34] La expresión αὐτὸν ὄψεσθε denota, al igual que ocurrió con el v. 6, una acción física, no promete ninguna experiencia visionaria. El cuerpo que las mujeres no pudieron ver en la tumba porque ya no estaba allí, será el que los discípulos verán en Galilea. La cláusula final, καθὼς εἶπεν ὑμῖν, no se refiere específicamente a la promesa de ver a Jesús, puesto que Marcos no ha empleado ese lenguaje en relación con ninguna promesa, sino más bien a la perspectiva general del encuentro en Galilea, con respecto al cual, de acuerdo con la manera en que se expone en 14:28, podría inferirse que verían a Jesús, pero no se señala explícitamente.

8 El tono (aunque sí los detalles) del relato de las mujeres en la tumba hasta ahora no ha diferido sustancialmente del de los demás Evangelios, y cabría

32. W. R. Telford, *Theology*, 150-51, afirma que él "interpreta la referencia a Galilea de manera teológica y no literal". Este punto de vista se asocia especialmente con C. F. Evans, *JTS* 5 (1954) 3-18. Evans alega primeramente que el significado de προάγω tiene que ser "conducir" y no "preceder", pero como no encuentra ninguna base que apoyara la idea de que el Jesús resucitado iba a conducir literalmente a sus discípulos hacia el norte, toma el dicho como una referencia simbólica a la misión futura en la que sí habría de "conducirlos". Evans presupone con excesiva facilidad que cuando se menciona a Galilea, τῶν ἐθνῶν debe sobrentenderse en forma natural, y que, por esa razón, "si el nombre del lugar debe comportar algún significado más allá de su sentido geográfico claro, no cabe duda de cuál sería ese significado" (pág. 13). Véase en contra de Gundry, 849.

33. Véase también la pág. 577 n. 82 con respecto a la propuesta de Van Iersel de que εἰς τὴν Γαλιλαίαν se traduzca como "en Galilea".

34. T. J. Geddert, *Watchwords*, 166-69, afirma de manera convincente que en la idea de un regreso a Galilea está latente una "renovación del discipulado". Siempre que haya un llamado a la misión, esa misión es parte de la tarea esencial del discipulado, no un fin en sí misma. Ha llegado el momento en que ellos, a su vez, deben "tomar su cruz" y seguir a Jesús.

esperar que, al igual que en Mateo 28:8, ellas se pusieran inmediatamente en marcha para entregarles el mensaje a los discípulos, y que la entrega exitosa del mismo conduciría, también como en Mateo 28:16, a un encuentro en Galilea con el Jesús resucitado que llevaría el evangelio a su punto culminante. El propio relato de Lucas con respecto al escepticismo de los discípulos (Lc. 24:11) es solo un contratiempo temporal, y las mujeres llevan a cabo fielmente la orden que se les da (cf. también Lc. 24:22-23; Jn. 20:2, 18). Por tanto, la manera en que Marcos concluye la escena es extraordinaria (aun cuando no se hubiera previsto que el v. 8 fuera el final del Evangelio).

No es extraño que las mujeres tuvieran miedo y huyeran; Mateo 28:8 dice también lo mismo. El temor en presencia de lo sobrenatural es normal, y es un tema que hemos encontrado a lo largo del Evangelio (4:41; 5:15, 33; 6:50; 9:6), y una característica recurrente de las teofanías o angelofanías veterotestamentarias; con respecto a algunas huidas en tales circunstancias, cf. Daniel 10:7; *1 Enoc* 106:4-6 (y cf. 5:14 supra). Los sustantivos τρόμος (cf. 5:33, τρέμουσα) y ἔκστασις (cf. 5:42 y ἐξίστημι en 2:12; 5:42; 6:51) forman también parte del vocabulario que usa Marcos para referirse a la reacción humana ante el poder sobrenatural. Pero si bien Mateo 28:8 conjuga este temor comprensible con un χαρὰ μεγάλη, en Marcos la sensación de pánico es absoluta.[35] Lo que las mujeres oyeron era una buena noticia, pero su reacción inmediata, al parecer, no fue absorber el mensaje de las palabras, sino escapar lo más rápido posible de la situación inesperadamente numinosa en la que se habían visto atrapadas.[36] La nota de pánico en sí misma es una manera sorprendente que tiene Marcos de continuar la historia, y aún más de concluir toda su obra. Pero mucho más inexplicable es su comentario de que las mujeres, a las que se les acaba de dar un mensaje de suprema importancia para que lo transmitan, no dijeron nada a nadie. La expresión que emplea, οὐδενὶ οὐδὲν εἶπαν,[37] no podría ser más definida: el mensaje no fue entregado. Nosotros sabemos, por supuesto,

35. T. Dwyer, *Wonder*, 185-93, alega que la nota dominante en la conclusión de Marcos no es el temor sino el asombro, y que en el v. 8 "Dios irrumpió en la escena y produjo una estupefacción radical, que no debe ser eclipsada por el silencio (temporal) de las mujeres" (195). Esa interpretación ofrecería sin duda un final más satisfactorio para el Evangelio, pero la combinación en el v. 8 de los temas de la huida, el temblor, el silencio (que *no* se dice que sea temporal y contradice directamente el mandato del v. 7) y el temor, a mi entender, hablan más de pánico que de un temor reverente y positivo ante el poder que Dios demostró en la resurrección.

36. A. T. Lincoln, *JBL* 108 (1989) 285-87, concluye, a partir de un estudio sobre el uso marcano, que el temor aquí debe interpretarse como un fracaso, no como una reacción correcta; en forma similar, T. J. Geddert, *Watchwords*, 170-71; contra Gundry, 1015.

37. ¿Hay aquí acaso un reflejo deliberado de 1:44, Ὅρα μηδενὶ μηδὲν εἴπῃς, un mandato de guardar silencio que fue desobedecido con la misma flagrancia que las mujeres desobedecieron el mandato de hablar? (así, p. ej., E. L. Bode, *Easter*, 42-43). Sin embargo, parece exageradamente sutil interpretar el silencio de las mujeres como un encubrimiento por parte de ellas del "secreto mesiánico" ahora que el "límite de tiempo" para mantenerlo oculto (9:9) ha llegado a su final (así A. T. Lincoln, *JBL* 108 [1989] 290-91), y sobre todo porque el mensaje que se les confió a las mujeres no era un anuncio de la mesianidad de Jesús.

y también lo sabían los lectores de Marcos, que el mensaje de la resurrección de alguna manera sí se anunció, ya fuera por medio de las tres mujeres o a pesar de ellas, pero parece extraño que Marcos elaborara con tanto esmero un argumento acerca del papel exclusivo de las mujeres como las primeras testigos de la resurrección para derribarlo en su última oración cuando insiste en el silencio absoluto que guardaron. Una cosa es subrayar y aprovechar los elementos paradójicos dentro de la historia del ministerio y la pasión de Jesús, tal como hemos visto que hace Marcos en repetidas ocasiones, y otra muy distinta concluir su evangelio con una nota que aparentemente socava no solo su propio mensaje sino también la tradición recibida de la iglesia dentro de la cual estaba escribiendo.

Este extraordinario *faux pas*, al parecer, es el que ha suscitado el número cada vez mayor de esfuerzos, no obstante, por tratar de encontrar una función literaria y comunicativa plausible del final de Marcos, si aceptamos que él deseaba que su historia terminara en 16:8. En la introducción a esta sección comenté que a mí no me resulta convincente ninguno de esos esfuerzos, porque todos ellos parecer presuponen una interpretación inoportunamente "moderna" de la técnica literaria en cuanto a la manera en que escribieron los autores y también, en cuanto a la manera en que cabía esperar que reaccionaran los lectores.[38] La respuesta natural al v. 8 es sin duda presumir que este anticlímax perjudicial desde el punto de vista apologético *no puede* ser el final. En la época en que escribió Marcos todos en las iglesias sabían, y por ende, debemos suponer que también lo sabían los lectores de Marcos, que el mensaje de la tumba vacía *sí* fue anunciado y que los discípulos *sí* se encontraron con Jesús (si fue en Galilea o en algún otro lugar dependerá de las tradiciones que estemos siguiendo).

Creo, pues, que lo más probable es que Marcos sí deseaba que su evangelio se extendiera más allá de este versículo y que contuviera un relato sobre el cumplimiento de la promesa del v. 7. Pero incluso sobre la base de esa hipótesis debe admitirse que al escribir el 8 Marcos, al parecer, se puso a sí mismo un obstáculo con lo que añadió al final. Si hubiera incluido algunas palabras que indicaran que el silencio de las mujeres era solo temporal, habría

---

38. A. T. Lincoln, *JBL* 108 (1989) 283-300, hace un atractivo esfuerzo por extraer el aguijón del final de Marcos al señalar que son los vv. 7 y 8 *juntos* los que conforman el final, y de ese modo, establecen un "paradigma típicamente marcano para la interacción entre la promesa divina y el fracaso humano en la existencia cristiana". J. F. Williams, *Followers*, 194, considera que el artículo de Lincoln es "la solución más satisfactoria" para el final enigmático de Marcos. Pero el argumento de Lincoln, en mi opinión, resulta sospechoso cuando admite (pág. 299) que "aunque para los lectores antiguos la noción del fracaso de las mujeres fue lo que inicialmente los enajenó, para los lectores modernos podría ser muy bien el aspecto del fracaso en la historia lo que más los atrajera". Es precisamente el rasgo "enajenante" el que permanece si se intenta que la narración de Marcos termine en el v. 8, y la promesa divina del v. 7 queda incumplida dentro de la presentación de Marcos en razón del fracaso de las mujeres. Por consiguiente, el argumento de Lincoln, al igual que el de otros que toman 16:8 como el final deseado, a mi entender, depende demasiado de lo que atrae a un lector moderno en detrimento del propio contexto literario de Marcos.

dado margen para el vencimiento posterior del temor que las había embargado y su anuncio del mensaje.[39] Pero οὐδενὶ οὐδὲν εἶπαν no ofrece la posibilidad de interpretarlo de esa manera. Tal vez no resulte sorprendente que esta cláusula incómoda, junto con ἐφοβοῦντο γάρ, no aparezca en el códice bobiense de la AL, y se remplace por el final más corto que se opone claramente a ella al afirmar que las mujeres sí entregaron el mensaje a οἱ περὶ τὸν Πέτρον. Pero resulta más sorprendente que ninguno de los otros MSS y versiones que están en contra del final en el v. 8 y continúan con el final más largo (con o sin el más corto también) den otro paso más y eliminen las palabras controvertidas.

Ante la inexistencia de esa cirugía textual solo podemos especular que en caso de que Marcos hubiera tenido la intención de agregar algún texto más, este debería haber incluido algunas palabras (que sin duda seguirían de manera torpe) que declararan que las mujeres más tarde se armaron de valor para anunciar el mensaje, o tal vez mejor, un relato (subyacente a Mt. 28:9-10) sobre un encuentro posterior con Jesús durante el cual se les dio de nuevo la orden, que en esta ocasión sí tuvo un resultado exitoso porque el mensaje llegó a los discípulos y ellos se pusieron en camino a Galilea para encontrarse con Jesús (así Gundry, 1010-11). La segunda opción, en la que la desobediencia de las mujeres no solo se olvida, aunque de un modo torpe, sino que se ve neutralizada por la force majeure del mandato del propio Jesús, en mi opinión, es la menos insatisfactoria de las interpretaciones que se han propuesto con respecto al enigmático versículo final de Marcos.

---

39. Por consiguiente, T. Dwyer, *Wonder*, 191-92, en consonancia con J. L. Magness, propone que el silencio de las mujeres se considere "provisional en el sentido de que no se lo dijeron a nadie, o que no se lo dijeron a nadie hasta que se lo dijeron a los discípulos". Magness lo expresa de manera más concreta: "Es posible que no le dijeran "nada a nadie" solo hasta que, después que pasaron los soldados que remplazaban a los que estaban de guardia y los mercaderes abrieron sus puestos y los compradores emprendieron su camino hacia el mercado, ellas llegaron a donde estaban los discípulos" (J. L. Magness, *Sense*, 100). Todo esto resulta muy convincente en una situación de la vida real, pero lamentablemente Marcos no dice eso.

NOTA ADJUNTA

LAS PRUEBAS TEXTUALES PARA EL FINAL DE MARCOS

Esta nota no tiene por objeto volver a abogar por lo que es el veredicto virtualmente unánime de la erudición textual moderna,[40] a saber, que el texto auténtico de Marcos que está a nuestro alcance termina en 16:8, sino más bien exponer de la forma más simple y clara posible (lo cual supone inevitablemente una simplificación un tanto excesiva) la información que ha contribuido a ese consenso.[41]

A. Pruebas textuales

1. El texto termina en 16:8 en los principales códices del siglo IV ℵ y B y en algunos MSS de las versiones, en particular la siríaca sinaítica. Clemente de Alejandría y Orígenes, al parecer, no tenían conocimiento de ningún texto más allá del v. 8, y tanto Eusebio como Jerónimo afirman que el final tradicional más largo (vv. 9-20) no se encontraba en la mayoría de los MSS griegos a los que tenían acceso. La forma más antigua de los cánones de Eusebio (que se derivan de Amonio, de principios del siglo III) no preveían lecturas en Marcos después de 16:8.

2. El códice bobiense de la AL omite las últimas seis palabras del v. 8 y continúa, no con los vv. 9-20, sino con el final más corto que informa brevemente (en treinta y cuatro palabras) que las mujeres llevaron la noticia a los discípulos y Jesús envió entonces por medio de ellos a todo el mundo "la proclamación santa e inmortal de la salvación eterna. Amén". No incluye ningún relato de una aparición de Jesús posterior a la resurrección, aunque esto sin duda puede inferirse de la declaración de que αὐτὸς ὁ Ἰησοῦς ordenó la proclamación del evangelio (y unos cuantos MSS añaden ἐφάνη).

---

40. W. R. Farmer, *The Last Twelve Verses of Mark*, se destaca como el único esfuerzo serio en los últimos años por defender la autenticidad de 16:9-20. A los lectores de la obra de Farmer no se les ha escapado que una conclusión de Marcos que consta mayormente de lo que yo he llamado más adelante "un pastiche de elementos extraídos de los demás Evangelios y de Hechos" se acomodaría con más holgura a la teoría de Griesbach defendida por Farmer sobre los orígenes del Evangelio que a la opinión más común de que Marcos fue el primer Evangelio. Para un repaso detallado de la crítica textual del argumento de Farmer, véase J. N. Birdsall, *JTS* 26 (1975) 151-60.

41. Para una exposición reciente y bien documentada de la información y el resumen del análisis, véase P. L. Danove, *End*, 119-31.

3. Sin ninguna modificación del v. 8, dos fragmentos del siglo VII (099, 0112), dos del siglo VIII (L Ψ) y unos cuantos unciales posteriores usan el mismo final más corto, pero a continuación, añaden una parte o todo el final más largo. Eso mismo ocurre en algunos MSS coptos y etíopes y en el margen del siríaco arcleano (el texto principal del cual contiene el final más largo).

4. Algunos MSS minúsculos posteriores (ƒ22 etc.) usan el final más largo pero agregan señales o comentarios marginales para indicar que su estatus textual es dudoso.

5. El resto de los MSS y las versiones (que constituyen, por supuesto, la gran mayoría, aunque en general son posteriores a los que se mencionaron antes) contienen el final más largo (vv. 9-20), a partir del v. 8 sin hacer ningún comentario. Dicho final se conocía al menos desde los tiempos de Taciano e Ireneo en la última parte del siglo II.

6. El códice W del siglo V, uno de los primeros MSS en el que aparece el final más largo, contiene una adición sustancial de ochenta y nueve palabras (el "logion más libre") al principio del v. 15, que, según la descripción de B. M. Metzger, tiene "un obvio y penetrante sabor apócrifo",[42] y consta de un diálogo entre Jesús y sus discípulos con respecto al poder de Satanás y la verdad y la justicia a las que ahora tenemos acceso por medio de la muerte de Cristo. Jerónimo cita las mismas palabras adicionales y dice que fueron encontradas en algunos MSS griegos.

B. Consideraciones literarias

1. La mayor parte del contenido del final más largo (vv. 9-20) repite, normalmente en forma abreviada, elementos que aparecen en las historias de la resurrección de Mateo, Lucas y Juan como se indica a continuación:

v. 9	Aparición a María Magdalena	Jn. 20:11-17 (con Lc. 8:2)
v. 10	María Magdalena como mensajera	Jn. 20:18
vv. 11, 13	Incredulidad de los discípulos	Lc. 24:11, 41
vv. 12-13	Camino a Emaús	Lc. 24:13-35
v. 14	Aparición a los once	Lc. 24:36-49; Jn. 20:19-23
v. 14	Represión de la incredulidad	Jn. 20:24-29 [?]
v. 15	Comisión evangelística	Mt. 28:19; Lc. 24:47
v. 19	Ascensión	Lc. 24:50-51 (junto con la teología de Hebreos sobre el hecho de "sentarse a la diestra, etc.

42. B. M. Metzger, *Text*, 227.

Las partes del final más largo que no se mencionan en esta lista son las que van más allá de las apariciones de la resurrección y describen la predicación y la actividad de la iglesia. Por consiguiente, en el v. 16 encontramos una síntesis de una soteriología bautismal básica que tiene el sabor de un dualismo joánico (y se basa posiblemente en el elemento bautismal que aparece en Mateo 28:19-20), en los vv. 17-18 se reseñan algunas de las "señales" que se mencionan en Hechos, y el v. 20 es prácticamente un resumen en miniatura de todo el libro de los Hechos.

En todo el final más largo el único elemento que no puede explicarse con facilidad sobre la base de la familiaridad con los demás Evangelios y Hechos es el hincapié que se hace en el v. 18 en las serpientes venenosas y en la bebida de un veneno: lo primero tal vez refleja el único caso de manipulación (involuntaria) de una serpiente en Hechos 28:3-6,[43] pero la perspectiva de que estas dos actividades fueran "señales" regulares es la única contribución distintiva que hace el final más largo. En todos los demás aspectos, los vv. 9-20 tienen cierto sabor de "segunda mano", y parecen un pastiche de elementos extraídos de los demás Evangelios y Hechos.

2. Es difícil caracterizar el estilo del final más largo en general porque es una mezcla de elementos procedentes de otras fuentes, pero parece sin duda muy diferente cuando se lee en la narración animada y amplia de Marcos, y contiene una concentración notable de palabras que no se usan en ningún otro lugar de Marcos.[44] En particular, tanto el v. 20 como la parte principal del final más corto se parecen más a los resúmenes piadosos de las tareas posteriores a la resurrección y las experiencias de la iglesia que a la manera en que Marcos escribe en su Evangelio.

3. Ninguno de los finales sigue en forma natural al v. 8 porque ambos contradicen la última declaración del mismo (a no ser que se omitan las seis palabras que aparecen al final del v. 8, tal como ocurre excepcionalmente en el códice bobiense). El final más largo tiene además otros problemas puesto que el v. 9 comienza con Jesús como sujeto aunque sin nombrarlo, mientras que el sujeto del v. 8 fueron las mujeres y Jesús no estuvo presente en la escena anterior, y alude entonces a María Magdalena como si no se hubicra mencionado ya en 15:40, 47 y 16:1.

Por estas razones, la conclusión casi unánime de los académicos modernos es que tanto el final más corto como el más largo, en sus distintas formas, representan esfuerzos bienintencionados, de tal vez algún momento en el siglo II,[45] por llenar el vacío obvio que dejó el final "inconcluso" en 16:8,

---

43. Aunque en el NT no hay ningún relato sobre algún veneno que se haya bebido con impunidad, la tradición cristiana posterior compensó el déficit con una historia que aparece en Eusebio, *H.E.* 3.39.9, acerca de Barsabás, el candidato al apostolado que se menciona en Hechos 1:23 y que no fue elegido.

44. J. K. Elliott, *TZ* 27 (1971) 258-62, menciona las "características distintivas" del final más largo y del más corto.

45. Véase M. Hengel, *Studies* 167-69 (n. 47), con respecto a las pruebas que confirman una

basándose eclécticamente, en el caso del final más largo, en lo que para ese entonces ya eran las tradiciones familiares de la iglesia post-apostólica, y que esos finales, particularmente el más largo, se establecieron en el uso general, y por tanto, hacia el siglo IV ya aparecían en muchos MSS, aunque, por supuesto, no en todos (así Eusebio y Jerónimo). Con el paso del tiempo, el texto que terminaba en 16:8 fue olvidándose cada vez más, y prácticamente todos los MSS posteriores incluyeron uno (y ocasionalmente dos) de los finales. Este es un proceso histórico inteligible que explica, de la manera más sucinta posible, la diversidad de los datos que se mencionaron anteriormente.

---

fecha en la primera parte del siglo II para el final más largo. En un MS armenio del siglo X, las palabras "del presbítero Aristón" aparecen intercaladas entre los renglones al principio del final más largo: sobre esta base, algunos le han atribuido su autoría al presbítero Aristion a quien Papias se refirió como un conservador de las tradiciones de la iglesia hacia el final del siglo I (Eusebio, *H.E.* 3.39.5, 14), pero esta nota aislada tantos siglos después no constituye ninguna base sólida para esa atribución, sobre todo porque la forma del nombre no es la misma.

ÍNDICE DE AUTORES CONTEMPORÁNEOS

Las referencias a los comentarios sobre Marcos listados en las páginas xix-xx no están incluidas en este índice. (Cuando se hace mención de los nombres de autores de esos comentarios en esta lista, las referencias son a otras obras y no a esos comentarios).

ÍNDICE DE PALABRAS Y FRASES GRIEGAS

Este índice solo lista una selección de argumentos exegéticos de ciertas palabras y frases griegas, no todas las citas.

789

ÍNDICE DE FUENTES BÍBLICAS Y OTRAS FUENTES ANTIGUAS